ŒUVRES ILLUSTRÉES

DE

GEORGE SAND

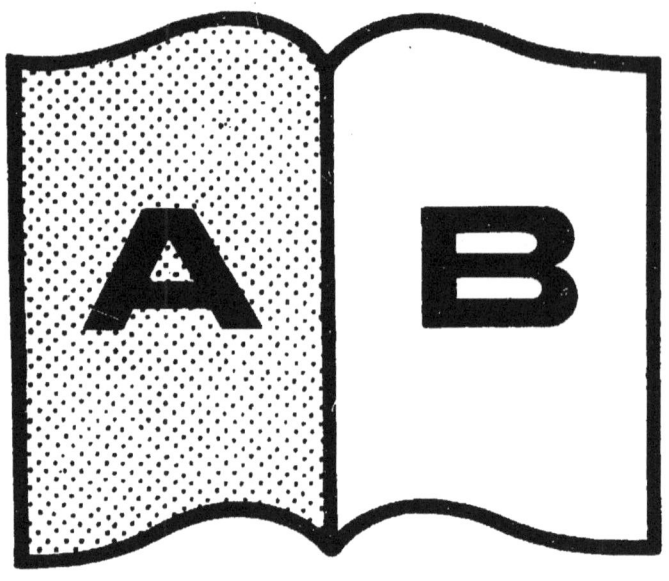

Contraste insuffisant
NF Z 43-120-14

CE VOLUME CONTIENT :

Le Meunier d'Angibault — Cora — Téverino — Horace — Les Mères de famille — Leone-Leoni — Quelques réflexions sur J.-J. Rousseau

OEUVRES ILLUSTRÉES

DE

GEORGE SAND

PRÉFACES ET NOTICES NOUVELLES PAR L'AUTEUR

DESSINS

DE TONY JOHANNOT

ET MAURICE SAND

ÉDITION J. HETZEL

LIBRAIRIE BLANCHARD **1853** LIBRAIRIE MARESCQ ET C.ⁱᵉ

RUE RICHELIEU, 78. 5 RUE DU PONT-DE-LODI.

PARIS

LE MEUNIER D'ANGIBAULT

NOTICE

Ce roman est, comme tant d'autres, le résultat d'une promenade, d'une rencontre, d'un jour de loisir, d'une heure de *far niente*. Tous ceux qui ont écrit, bien ou mal, des ouvrages d'imagination ou même de science, savent que la vision des choses intellectuelles part souvent de celle des choses matérielles. La pomme qui tombe de l'arbre fait découvrir à Newton une des grandes lois de l'univers. A plus forte raison le plan d'un roman peut-il naître de la rencontre d'un fait ou d'un objet quelconque. Dans les œuvres du génie scientifique, c'est la réflexion qui tire du fait même la raison des choses. Dans les plus humbles fantaisies de l'art, c'est la rêverie qui habille et complète ce fait isolé. La richesse ou la pauvreté de l'œuvre n'y fait rien. Le procédé de l'esprit est le même pour tous.

Or, il y a dans notre vallée un joli moulin qu'on appelle Angibault, dont je ne connais pas le meunier, mais dont j'ai connu le propriétaire. C'était un vieux monsieur, qui, depuis sa liaison à Paris avec *M. de Robespierre* (il l'appelait toujours ainsi), avait laissé croître autour de ses écluses tout ce qui avait voulu pousser : l'aune et la ronce, le chêne et le roseau. La rivière, abandonnée à son caprice, s'était creusé, dans le sable et dans l'herbe, un réseau de petits torrents qu'aux jours d'été, dans les eaux basses, les plantes fontinales couvraient de leurs touffes vigoureuses. Mais le vieux monsieur est mort; la cognée a fait sa besogne; il y avait bien des fagots à tailler, bien des planches à scier dans cette forêt vierge en miniature. Il y reste encore quelques beaux arbres, des eaux courantes, un petit bassin assez frais, et quelques buissons de ces ronces gigantesques qui sont les lianes de nos climats. Mais ce coin de paradis sauvage que mes enfants et moi avions découvert en 1844, avec des cris de surprise et de joie, n'est plus qu'un joli endroit comme tant d'autres.

Le château de *Blanchemont* avec son paysage, sa garenne et sa ferme, existe tel que je l'ai fidèlement dépeint; seulement il s'appelle autrement, et les Bricolin sont des types fictifs. La folle qui joue un rôle dans cette histoire, m'est apparue ailleurs : c'était aussi une folle par amour. Elle fit une si pénible impression sur mes compagnons de voyage et sur moi, que malgré vingt lieues de pays que nous avions faites pour explorer les ruines d'une magnifique abbaye de la renaissance, nous ne pûmes y rester plus d'une heure. Cette malheureuse avait adopté ce lieu mélancolique pour sa promenade machinale, constante, éternelle. La fièvre avait brûlé l'herbe sous ses pieds obstinés, la fièvre du désespoir !

GEORGE SAND.

Nohant, 5 septembre 1852.

A SOLANGE ***.

Mon enfant, cherchons ensemble.

PREMIÈRE JOURNÉE.

I.

INTRODUCTION.

Une heure du matin sonnait à Saint-Thomas-d'Aquin, lorsqu'une forme noire, petite et rapide, se glissa le long du grand mur ombragé d'un de ces beaux jardins qu'on trouve encore à Paris sur la rive gauche de la Seine, et qui ont tant de prix au milieu d'une capitale. La nuit était chaude et sereine. Les daturas en fleurs exhalaient de suaves parfums, et se dressaient comme de grands spectres blancs sous le regard brillant de la pleine lune. Le style du large perron de l'hôtel de Blanchemont avait encore un vieux air de splendeur, et le jardin vaste et bien entretenu rehaussait l'opulence apparente de cette demeure silencieuse, où pas une lumière ne brillait aux fenêtres.

Cette circonstance d'un superbe clair de lune, donnait bien quelque inquiétude à la jeune femme en deuil qui se dirigeait, en suivant l'allée la plus sombre, vers une petite porte située à l'extrémité du mur. Mais elle n'y allait pas moins avec résolution, car ce n'était pas la première fois qu'elle risquait sa réputation pour un amour pur et désormais légitime ; elle était veuve depuis un mois.

Elle profita du rempart que lui faisait un massif d'acacias pour arriver sans bruit jusqu'à la petite porte de dégagement qui donnait sur une rue étroite et peu fréquentée. Presque au même moment, cette porte s'ouvrit, et le personnage appelé au rendez-vous entra furtivement et suivit son amante, sans rien dire, jusqu'à une petite orangerie où ils s'enfermèrent. Mais, par un sentiment de pudeur non raisonnée, la jeune baronne de Blanchemont, tirant de sa poche une jolie et menue boîte de cuir de Russie, fit jaillir une étincelle, alluma une bougie placée et comme cachée d'avance dans un coin, et le jeune homme, craintif et respectueux, l'aida naïvement à éclairer l'intérieur du pavillon. Il était si heureux de pouvoir la regarder !

La serre était fermée de larges volets en plein bois. Un banc de jardin, quelques caisses vides, des instruments d'horticulture, et la petite bougie qui n'avait même pas d'autre flambeau qu'un pot à fleurs demi-brisé, tel était l'ameublement et l'éclairage de ce boudoir abandonné qui avait servi de retraite voluptueuse à quelque marquise du temps passé.

Leur descendante, la blonde Marcelle, était aussi chastement et aussi simplement mise que doit l'être une veuve pudique. Ses beaux cheveux dorés tombant sur son fichu de crêpe noir étaient sa seule parure. La délicatesse de ses mains d'albâtre et de son pied chaussé de satin, étaient les seuls indices révélateurs de son existence aristocratique. On eût pu d'ailleurs la prendre pour la compagne naturelle de l'homme qui était à genoux auprès d'elle, pour une grisette de Paris ; car il est des grisettes qui ont au front une dignité de reine et une candeur de sainte.

Henri Lémor était d'une figure agréable, plutôt intelligente et distinguée que belle. Ses cheveux noirs et abondants assombrissaient sa physionomie déjà brune et fort pâle. On voyait bien là que c'était un enfant de Paris, fort par sa volonté, délicat par son organisation. Son habillement, propre et modeste, n'annonçait que l'humble médiocrité ; sa cravate assez mal nouée révélait une grande absence de coquetterie ou une habitude de préoccupation ; ses gants bruns suffisaient à prouver que ce n'était pas là, comme se seraient exprimés les laquais de l'hôtel de Blanchemont, un homme fait pour être le mari ou l'amant de madame.

Ces deux jeunes gens, à peine plus âgés l'un que l'autre, avaient passé plus d'une fois de doux instants dans le pavillon pendant les heures mystérieuses de la nuit ; mais, depuis un mois qu'ils ne s'étaient vus, de grandes anxiétés avaient assombri le roman de leur amour. Henri Lémor était tremblant et comme consterné. Marcelle de Blanchemont semblait glacée de crainte. Il se mit à genoux devant elle comme pour la remercier de lui avoir accordé un dernier rendez-vous ; mais il se releva bientôt sans lui rien dire, et son attitude était contrainte, presque froide.

— Enfin !... lui dit-elle avec effort en lui tendant une main qu'il porta à ses lèvres par un mouvement presque convulsif, et sans que sa physionomie s'éclairât du moindre rayon de joie.

Il ne m'aime plus, pensa-t-elle en portant ses deux mains devant ses yeux. Et elle resta muette et glacée d'effroi.

— *Enfin ?* répéta Lémor. N'est-ce pas *déjà* que vous vouliez dire ? J'aurais dû avoir la force d'attendre plus longtemps ; je ne l'ai pas eue, pardonnez-moi.

— Je ne vous comprends pas ! dit la jeune veuve en laissant retomber ses mains avec accablement.

Lémor vit ses yeux humides, et se méprit sur la cause de son émotion.

— Oh ! oui, reprit-il, je suis coupable ; je vois à votre douleur les remords que je vous cause. Ces quatre semaines m'ont paru si longues, à moi, que je n'ai pas eu le courage de me dire que c'était trop peu ! Aussi, à peine vous avais-je écrit, ce matin, pour vous demander la permission de vous voir, que je m'en suis repenti. J'ai rougi de ma lâcheté, je me suis reproché les scrupules que je forçais votre conscience à étouffer ; et quand j'ai reçu votre réponse, si sérieuse et si bonne, j'ai compris que la pitié seule me rappelait auprès de vous.

— Oh ! Henri, que vous me faites de mal en parlant ainsi ! Est-ce un jeu, est-ce un prétexte ? Pourquoi avoir demandé de me voir, si vous me revenez avec si peu de bonheur et de confiance ?

Le jeune homme tressaillit, et se laissant retomber aux pieds de sa maîtresse :

— J'aimerais mieux de la hauteur et des reproches, dit-il ; votre bonté me tue !

— Henri ! Henri ! s'écria Marcelle, vous avez donc eu des torts envers moi ? Oh ! vous avez l'air d'un criminel ! Vous m'avez oubliée ou méconnue, je le vois bien !

— Ni l'un, ni l'autre ; pour mon malheur éternel, je vous respecte, je vous adore, je crois en vous comme en Dieu, je ne puis aimer que vous sur la terre !

— Eh bien ! dit la jeune femme en jetant ses bras autour de la tête brune du pauvre Henri, ce n'est pas un si grand malheur de m'aimer ainsi, puisque je vous aime de même. Écoutez, Henri, me voilà libre, je n'ai peu à me reprocher. J'ai si peu souhaité la mort de mon mari, que jamais je ne m'étais permis de penser à ce que je ferais de ma liberté si elle venait à m'être rendue. Vous le savez, nous n'avions jamais parlé de cela, vous n'ignoriez pas que je vous aimais avec passion, et pourtant voici la première fois que je vous le dis aussi hardiment ! Mais, mon ami, que vous êtes pâle ! vos mains sont glacées, vous paraissez tant souffrir ! Vous m'effrayez !

— Non, non, parlez, parlez encore, répondit Lémor succombant sous le poids des émotions les plus délicieuses et les plus pénibles en même temps.

— Eh bien, continua madame de Blanchemont, je ne peux pas avoir ces scrupules et ces agitations de la conscience que vous redoutez pour moi. Quand on me rapporta le corps sanglant de mon mari, tué en duel pour une autre femme, je fus frappée de consternation et d'épouvante, j'en conviens ; en vous annonçant cette terrible nouvelle, en vous disant de rester quelque temps éloigné de moi, je crus accomplir un devoir ; oh ! si c'est un crime d'avoir trouvé ce temps bien long, votre obéissance scrupuleuse m'en a assez punie ! Mais depuis un mois que je vis retirée, occupée seulement d'élever mon fils et de consoler de mon mieux les parents de M. de Blanchemont, j'ai bien examiné mon cœur, et je ne le trouve plus si coupable. Je ne pouvais pas aimer cet homme qui ne m'a jamais aimée, et tout ce que je pouvais faire, c'était de respecter son honneur. A présent, Henri, je ne dois plus à sa mémoire qu'un respect extérieur pour les convenances. Je vous verrai en secret, rarement, il le faudra bien !... jusqu'à la fin de mon deuil ; et dans un an, dans deux ans, s'il le faut...

— Eh bien ! Marcelle, dans deux ans?

— Vous me demandez ce que nous serons l'un pour l'autre, Henri ? Vous ne m'aimez plus, je vous le disais bien !

Ce reproche n'émut point Henri. Il le méritait si peu ! Attentif jusqu'à l'anxiété à toutes les paroles de son amante, il la supplia de continuer :

— Eh bien ! reprit-elle en rougissant avec la pudeur d'une jeune fille, ne voulez-vous donc pas m'épouser, Henri ?

Henri laissa tomber sa tête sur les genoux de Marcelle, et resta quelques instants comme brisé par la joie et la reconnaissance ; mais il se releva brusquement, et ses traits exprimaient le plus profond désespoir.

— N'avez-vous donc pas fait du mariage une assez triste expérience? dit-il avec une sorte de dureté. Vous voulez encore vous remettre sous le joug?

— Vous me faites peur, dit madame de Blanchemont après un moment d'effroi silencieux. Sentez-vous donc en vous-même des instincts de tyrannie, ou bien est-ce pour vous que vous craignez le joug de l'éternelle fidélité ?

— Non, non, ce n'est rien de tout cela, répondit Lémor avec abattement ; ce que je redoute, ce à quoi il m'est impossible de vous soumettre et de me soumettre moi-même, vous le savez ; mais vous ne voulez pas, vous ne pouvez pas le comprendre. Nous en avons tant parlé cependant, alors que nous ne pensions pas que de pareilles discussions dussent un jour nous intéresser personnellement, et devenir pour moi un arrêt de vie ou de mort !

— Est-il possible, Henri, que vous soyez attaché à ce point à vos utopies ? Quoi ! l'amour même ne saurait les vaincre ? Ah ! que vous aimez peu, vous autres hommes ! ajouta-t-elle avec un profond soupir. Quand ce n'est pas le vice qui vous dessèche l'âme, c'est la vertu, et de toutes façons, lâches ou sublimes, vous n'aimez que vous-mêmes.

— Écoutez, Marcelle, si je vous avais demandé, il y a un mois, de manquer à vos principes à vous, si mon amour avait imploré ce que votre religion et vos croyances vous eussent fait regarder comme une faute immense, irréparable...

— Vous ne me l'avez pas demandé, dit Marcelle en rougissant.

— Je vous aimais trop pour vous demander de souffrir et de pleurer pour moi. Mais si je l'eusse fait, répondez donc, Marcelle !

— La question est indiscrète et déplacée, dit-elle en faisant un effort d'aimable coquetterie, pour éluder la réponse.

Sa grâce et sa beauté firent frémir Lémor. Il la pressa contre son cœur avec passion. Mais, s'arrachant aussitôt à ce moment d'ivresse, il s'éloigna, et reprit, d'une voix altérée, en marchant avec agitation derrière le banc où elle était assise :

— Et si je vous le demandais, à présent, ce sacrifice que la mort de votre époux rendrait, à coup sûr, moins terrible... moins effrayant...

Madame de Blanchemont redevint pâle et sérieuse.

— Henri, répondit-elle, je serais offensée et blessée jusqu'au fond du cœur d'une semblable pensée, lorsque je viens de vous offrir ma main et que vous semblez la refuser.

— Je suis bien malheureux de ne pouvoir me faire comprendre, et d'être pris pour un misérable, quand je sens en moi l'héroïsme de l'amour !...... reprit-il avec amertume. Le mot vous paraît ambitieux et doit vous faire sourire de pitié. Il est vrai pourtant, et Dieu me tiendra compte de ma souffrance..... elle est atroce, elle est au-dessus de mon courage, peut-être.

Et Henri fondit en larmes.

La douleur du jeune homme était si profonde et si sincère, que madame de Blanchemont en fut effrayée. Il y avait dans ces larmes brûlantes comme un refus invincible de l'amour, comme un adieu éternel à toutes les illusions de l'amour et de la jeunesse.

— O mon cher Henri ! s'écria Marcelle, quel mal avez-vous donc résolu de nous faire à tous deux? Pourquoi ce désespoir, quand vous êtes le maître de ma vie, quand rien ne nous empêche plus d'être l'un à l'autre devant Dieu et devant les hommes ? Est-ce donc mon fils qui est un obstacle entre nous? ne vous sentez-vous pas l'âme assez grande pour répartir sur lui une part de l'affection que vous avez pour moi ! Craignez-vous d'avoir à vous reprocher un jour le malheur et l'abandon de cet enfant de mes entrailles ?

— Votre fils ! dit Henri en sanglotant, j'aurais une crainte plus sérieuse que celle de ne l'aimer pas. Je craindrais de l'aimer trop, et de ne pouvoir me résigner à voir sa vie s'engager en sens inverse de la mienne dans le courant du siècle. L'usage et l'opinion me commanderaient de le laisser au monde, et je voudrais l'en arracher, dussé-je le rendre malheureux, pauvre et désolé avec moi... Non, je ne pourrais le regarder avec assez d'indifférence et d'égoïsme pour consentir à en faire un homme semblable à ceux de sa classe ; non ! non !..... cela, et autre chose, et tout, dans votre position et dans la mienne, est un obstacle insurmontable. De quelque côté que j'envisage un tel avenir, il n'y vois que lutte insensée, malheur pour vous, anathème sur moi !... C'est impossible, Marcelle, à jamais impossible ! je vous aime trop pour accepter des sacrifices dont vous ne pouvez ni prévoir les résultats ni mesurer l'étendue. Vous ne me connaissez pas, je le vois bien. Vous me prenez pour un rêveur indécis et faible. Je suis un rêveur obstiné et incorrigible. Vous m'avez peut-être accusé quelquefois d'affectation ; vous avez cru qu'un mot de vous me ramènerait à ce que vous croyez la raison et la vérité. Oh ! je suis plus malheureux que vous ne pensez, et je vous aime plus que vous ne pouvez le comprendre maintenant. Plus tard... oui, plus tard, vous me remercierez au fond de vos pensées d'avoir su être malheureux tout seul.

— Plus tard? et pourquoi? et quand donc? que voulez-vous dire?

— Plus tard, vous dis-je, quand vous vous éveillerez de ce rêve sombre et maudit où je vous ai entraînée, quand vous retournerez au monde et que vous en partagerez les enivrements faciles et doux ; quand vous ne serez plus un ange, enfin, et que vous redescendrez sur la terre.

— Oui, oui, quand je serai desséchée par l'égoïsme et corrompue par la flatterie ! Voilà ce que vous voulez dire, voilà ce que vous augurez de moi ! Dans votre orgueil sauvage, vous ne me croyez pas capable d'embrasser vos idées et de comprendre votre cœur. Tranchons le mot, vous ne me trouvez pas digne de vous, Henri !

— Ce que vous dites est affreux, Madame, et cette lutte ne peut se supporter plus longtemps. Laissez-moi fuir, car nous ne pouvons pas nous comprendre maintenant.

— Vous me quittez ainsi?

— Non, je ne vous quitte pas ; je vais, loin de votre

présence, vous contempler en moi-même et vous adorer dans le secret de mon cœur. Je vais souffrir éternellement, mais avec l'espoir que vous m'oublierez, avec le remords d'avoir désiré et recherché votre affection, avec la consolation du moins de n'en avoir pas lâchement abusé.

Madame de Blanchemont s'était levée pour retenir Henri. Elle retomba brisée sur son banc.

— Pourquoi donc avez-vous désiré de me voir? lui demanda-t-elle d'un ton froid et offensé en le voyant s'éloigner.

— Oui, oui, dit-il, vous avez raison de me le reprocher. C'est une dernière lâcheté de ma part; je le sentais, et je cédais au besoin de vous voir encore une fois... J'espérais que je vous retrouverais changée pour moi; votre silence me l'avait fait croire; j'étais dévoré de chagrin, et je croyais trouver dans votre froideur la force de me guérir. Pourquoi suis-je venu? Pourquoi m'aimez-vous? Ne suis-je pas le plus grossier, le plus ingrat, le plus sauvage, le plus haïssable des hommes? Mais il vaut mieux que vous me voyiez ainsi, et que vous sachiez bien qu'il n'y a rien à regretter en moi... Cela vaut mieux ainsi, et j'ai bien fait de venir, n'est-ce pas?

Henri parlait avec une sorte d'égarement, ses traits graves et purs étaient bouleversés, sa voix, ordinairement sympathique et douce avait un timbre mat et dur qui faisait mal à entendre. Marcelle voyait bien sa souffrance, mais la sienne propre était si poignante qu'elle ne pouvait rien faire et rien dire pour leur mutuel soulagement. Elle restait pâle et muette, les mains crispées l'une dans l'autre et le corps raide comme une statue. Au moment de sortir, Henri se retourna, et la voyant ainsi, il vint tomber à ses pieds qu'il couvrit de larmes et de baisers. — Adieu, dit-il, la plus belle et la plus pure de toutes les femmes, la meilleure des amies, la plus grande des amantes! Puisses-tu trouver un cœur digne de toi, un homme qui t'aime comme je t'aime, et qui ne t'apporte pas en dot le découragement et l'horreur de la vie! Puisses-tu être heureuse et bienfaisante sans traverser les luttes d'une existence comme la mienne! Enfin, s'il est encore dans le monde où tu vis un reste de loyauté et de charité humaine, puisses-tu le ranimer de ton souffle divin, et trouver grâce devant Dieu pour ta caste et pour ton siècle que tu es digne de racheter à toi seule!

Ayant ainsi parlé, Henri se précipita dehors, oubliant qu'il laissait Marcelle au désespoir. Il semblait poursuivi par les furies.

Madame de Blanchemont demeura longtemps comme pétrifiée. Lorsqu'elle retourna son appartement, elle marcha lentement dans sa chambre jusqu'aux premières lueurs du matin, sans verser une larme, sans troubler par un soupir le silence de la nuit.

Il serait téméraire d'affirmer que cette veuve de vingt-deux ans, belle, riche et remarquée dans le monde pour sa grâce, ses talents et son esprit, ne fut pas humiliée et indignée jusqu'à un certain point de voir refuser sa main par un homme sans naissance, sans fortune et sans aucune renommée. La fierté offensée de cette jeune femme lui tint probablement lieu de courage dans les premiers moments. Mais bientôt la véritable noblesse de ses sentiments lui suggéra des réflexions plus sérieuses, et, pour la première fois, elle plongea un profond regard dans sa propre vie et dans la vie générale des êtres dont elle était entourée. Elle se rappela tout ce que Henri lui avait dit en d'autres temps, alors qu'il ne pouvait être question entre eux que d'un amour sans espoir. Elle s'étonna de n'avoir pas assez pris au sérieux ce qu'elle considérait alors comme des idées romanesques chez ce jeune homme véritablement austère. Elle commença à le juger avec le calme qu'une volonté généreuse et forte ramène au milieu des plus violentes émotions du cœur. A mesure que les heures de la nuit s'écoulaient et que les horloges lointaines se jetaient l'une à l'autre, d'une voix argentine et claire, dans le silence de la grande ville endormie, Marcelle arrivait à cette lucidité d'esprit que le recueillement d'une longue veille apporte à la douleur.

Élevée dans d'autres principes que ceux de Lémor, elle avait été pourtant prédestinée en quelque sorte à partager l'amour de ce plébéien, et à s'y réfugier contre toutes les langueurs et toutes les tristesses de la vie aristocratique. Elle était de ces âmes tendres et fortes à la fois, qui ont besoin de se dévouer, et qui ne conçoivent pas d'autre bonheur que celui qu'elles donnent. Malheureuse dans son ménage, ennuyée dans le monde, elle s'était laissée aller avec la confiance romanesque d'une jeune fille à ce sentiment dont elle s'était bientôt fait une religion. Sincèrement dévote dans son adolescence, elle était nécessairement devenue passionnée pour un amant qui respectait ses scrupules et adorait sa chasteté. La piété même l'avait poussée à s'exalter dans cet amour et à vouloir le consacrer par des liens indissolubles aussitôt qu'elle s'était vue libre. Elle avait songé avec joie à sacrifier courageusement les intérêts matériels que prise le monde et les préjugés étroits de la naissance qui n'avaient jamais trompé son jugement. Elle croyait faire beaucoup, la pauvre enfant, et c'était beaucoup en effet; car le monde l'eût blâmée ou raillée. Elle n'avait pas prévu que ce n'était rien encore, et que la fierté du plébéien repousserait son sacrifice presque comme un affront.

Éclairée tout à coup par l'effroi, la douleur et la résistance de Lémor, Marcelle repassait dans son esprit consterné tout ce qu'elle avait entrevu de la crise sociale où s'agite le siècle. Il n'y a plus rien d'étranger dans les hautes régions de la pensée aux femmes de notre temps. Toutes, suivant la portée de leur intelligence, peuvent désormais, sans affectation et sans ridicule, lire chaque jour sous toutes les formes, journal ou roman, philosophie, politique ou poésie, discours officiel ou conversation intime, dans le grand livre triste, diffus, contradictoire et cependant profond et significatif de la vie actuelle. Elle savait donc bien, comme nous tous, que ce présent engourdi et malade est aux prises avec le passé qui le retient et l'avenir qui l'appelle. Elle voyait de grands éclairs se croiser sur sa tête, elle pouvait pressentir une grande lutte plus ou moins éloignée. Elle n'était pas d'une nature pusillanime; elle n'avait pas peur et ne fermait pas les yeux. Les regrets, les plaintes, les terreurs et les récriminations de ses grands parents l'avaient tant lassée et tant dégoûtée de la crainte! La jeunesse ne veut pas maudire le temps de sa floraison, et ses années charmantes lui sont chères, quelque chargées d'orages qu'elles soient. La tendre et courageuse femme se disait que, sous le tonnerre et la grêle, on peut sourire, à l'abri du premier buisson, avec l'être qu'on aime. Cette lutte menaçante des intérêts matériels lui paraissait donc un jeu. Qu'importe d'être ruiné, exilé, emprisonné? se disait-elle, lorsque la terreur planait autour d'elle sur les prétendus heureux du siècle. On ne déportera jamais l'amour; et puis moi, grâce au ciel, j'aime un homme de rien qui sera épargné.

Seulement elle n'avait pas encore pensé qu'elle pût être atteinte jusque dans ses affections, par cette lutte sourde et mystérieuse qui s'accomplit en dépit de toutes les contraintes officielles et de tous les découragements apparents. Cette lutte des sentiments, et des idées est des à présent profondément engagée, et Marcelle s'y voyait précipitée tout à coup au milieu de ses illusions comme au sortir d'un rêve. La guerre intellectuelle et morale était déclarée entre les diverses classes, imbues de croyances et de passions contraires, et Marcelle trouvait une sorte d'ennemi irréconciliable dans l'homme qui l'adorait. Épouvantée d'abord de cette découverte, elle se familiarisa peu à peu avec cette idée, qui lui suggérait de nouveaux desseins plus généreux et plus romanesques encore que ceux dont elle s'était nourrie depuis un mois, et au bout de sa longue promenade à travers ses appartements silencieux et déserts, elle trouva le calme d'une résolution qu'elle seule peut-être pouvait envisager sans sourire d'admiration ou de pitié.

Ceci se passait tout récemment, peut-être l'année dernière.

II.

VOYAGE.

Marcelle, ayant épousé son cousin-germain, portait le nom de Blanchemont, après comme avant son mariage. La terre et le château de Blanchemont formaient une partie de son patrimoine. La terre était importante, mais le château, abandonné depuis plus de cent ans à l'usage des fermiers, n'était même plus habité par eux, parce qu'il menaçait ruine et qu'il eût fallu de trop grandes dépenses pour le réparer. Mademoiselle de Blanchemont, orpheline de bonne heure, élevée à Paris dans un couvent, mariée fort jeune, et n'étant pas initiée par son mari à la gestion de ses affaires, n'avait jamais vu ce domaine de ses ancêtres. Résolue de quitter Paris et d'aller chercher à la campagne un genre de vie analogue aux projets qu'elle venait de former, elle voulut commencer son pèlerinage par visiter Blanchemont, afin de s'y fixer plus tard si cette résidence répondait à ses desseins. Elle n'ignorait pas l'état de délabrement de son castel, et c'était une raison pour qu'elle jetât de préférence les yeux sur cette demeure. Les embarras d'affaires que son mari lui avait laissés, et le désordre où lui-même paraissait avoir laissé les siennes, lui servirent de prétexte pour entreprendre un voyage qu'elle annonça devoir être de quelques semaines seulement, mais auquel, dans sa pensée secrète, elle n'assignait précisément ni but ni terme, son but véritable, à elle, étant de quitter Paris et le genre de vie auquel elle y était astreinte.

Heureusement pour ses vues, elle n'avait dans sa famille aucun personnage qui pût s'imposer aisément le devoir de l'accompagner. Fille unique, elle n'avait pas à se défendre de la protection d'une sœur ou d'un frère aîné. Les parents de son mari étaient fort âgés, et, un peu effrayés des dettes du défunt, qu'une sage administration pouvait seule liquider, ils furent à la fois étonnés et ravis de voir une femme de vingt-deux ans, qui jusqu'alors n'avait montré nulle aptitude et nul goût pour les affaires, prendre la résolution de gérer les siennes elle-même et d'aller voir par ses yeux l'état de ses propriétés. Il y eut pourtant bien quelques objections pour ne pas la laisser ainsi partir seule avec son enfant. On voulait qu'elle se fit accompagner par son homme d'affaires. On craignait que l'enfant ne souffrit d'un voyage entrepris par un temps très-chaud. Marcelle objecta aux vieux Blanchemont, ses beau-père et belle-mère, qu'un tête à tête prolongé avec un vieux homme de loi n'était pas précisément un adoucissement aux ennuis qu'elle allait s'imposer; qu'elle trouverait chez les notaires et les avoués de province des renseignements plus directs et des conseils mieux appropriés aux localités; enfin, que ce n'était pas une chose si difficile que de compter avec des fermiers et de renouveler des baux. Quant à l'enfant, l'air de Paris le rendait de plus en plus débile. La campagne, le mouvement et le soleil ne pouvaient que lui faire grand bien. Puis, Marcelle, devenue tout à coup adroite pour triompher des obstacles qu'elle avait prévus et médités durant sa veillée rapportée au précédent chapitre, fit valoir les obligations que lui imposait le rôle de tutrice de son fils. Elle ignorait encore en partie l'état de la succession de M. de Blanchemont; s'il s'était fait faire des avances considérables par ses fermiers, s'il n'avait pas donné de fortes hypothèques sur ses terres, etc. Son devoir était d'aller vérifier toutes ces choses, et de ne s'en remettre qu'à elle-même, afin de savoir sur quel pied elle devait vivre ensuite sans compromettre l'avenir de son fils. Elle parla si sagement de ces intérêts, qui, au fond, l'occupaient fort peu, qu'au bout de douze heures elle avait remporté la victoire et amené toute la famille à approuver et à louer sa résolution. Son amour pour Henri était demeuré si secret, qu'aucun soupçon ne vint troubler la confiance des grands parents.

Soutenue par une activité inaccoutumée et par un espoir enthousiaste, Marcelle ne dormit guère mieux la nuit qui suivit celle de sa dernière entrevue avec Lémor. Elle fit les rêves les plus étranges, tantôt riants, tantôt pénibles. Enfin, elle s'éveilla tout à fait avec l'aube, et, jetant un regard rêveur sur l'intérieur de son appartement, elle fut frappée pour la première fois du luxe inutile et dispendieux déployé autour d'elle. Des tentures de satin, des meubles d'une mollesse et d'une ampleur extrêmes, mille recherches ruineuses, mille babioles brillantes, enfin tout l'attirail de dorures, de porcelaines, de bois sculptés et de fantaisies qui encombrent aujourd'hui la demeure d'une femme élégante. « Je voudrais bien savoir, pensa-t-elle, pourquoi nous méprisons tant les filles entretenues. Elles se font donner ce que nous pouvons nous donner à nous-mêmes. Elles sacrifient leur pudeur à la possession de ces choses qui ne devraient avoir aucun prix aux yeux des femmes sérieuses et sages, et que nous regardons pourtant comme indispensables. Elles ont les mêmes goûts que nous, et c'est pour paraître aussi riches et aussi heureuses que nous qu'elles s'avilissent. Nous devrions leur donner l'exemple d'une vie simple et austère avant de les condamner! Et si l'on voulait bien comparer nos mariages indissolubles avec leurs unions passagères, verrait-on beaucoup plus de désintéressement chez les jeunes filles de notre classe? Ne verrait-on pas chez nous aussi souvent que chez les prostituées une enfant unie à un vieillard, la beauté profanée par la laideur du vice, l'esprit soumis à la sottise, le tout pour l'amour d'une parure de diamants, d'un carrosse et d'une loge aux Italiens? Pauvres filles! On dit que vous nous méprisez aussi de votre côté; vous avez bien raison! »

Cependant, le jour bleuâtre et pur qui perçait à travers les rideaux faisait paraître enchanteur le sanctuaire qu'en d'autres temps madame de Blanchemont s'était plu à décorer elle-même avec un goût exquis. Elle avait presque toujours vécu loin de son mari, et cette jolie chambre si chaste et si fraîche, où Henri lui-même n'avait jamais osé pénétrer, ne lui rappelait que des souvenirs mélancoliques et doux. C'était là que, fuyant le monde, elle avait lu et rêvé au parfum de ces fleurs d'une beauté sans égale que l'on ne trouve qu'à Paris et qui font aujourd'hui partie de la vie des femmes aisées. Elle avait rendu cette retraite poétique autant qu'elle l'avait pu; elle l'avait ornée et embellie pour elle-même; elle s'y était attachée comme à un asile mystérieux, où les douleurs de sa vie et les orages de son âme s'étaient toujours apaisés dans le recueillement et la prière. Elle y promena un long regard d'affection, puis elle prononça, en elle-même, la formule d'un éternel adieu à tous ces muets témoins de sa vie intime... vie cachée comme celle de la fleur qui n'aurait pas une tache à montrer au soleil, mais qui penche sa tête sous la feuillée par amour de l'ombre et de la fraîcheur.

— Retraite de mon choix, ornements selon mon goût, je vous ai aimés, pensa-t-elle; mais je ne puis plus vous aimer, car vous êtes les compagnons de la richesse et de l'oisiveté. Vous représentez à mes yeux, désormais, tout ce qui me sépare d'Henri. Je ne pourrais donc plus vous regarder sans dégoût et sans amertume. Quittons-nous avant de nous haïr. Sévère madone, tu cesserais de me protéger; glaces pures et profondes, vous me feriez détester ma propre image; beaux vases de fleurs, vous n'auriez plus pour moi ni grâces ni parfums!

Puis, avant d'écrire à Henri, comme elle l'avait résolu, elle alla sur la pointe du pied contempler et bénir le sommeil de son fils. La vue de ce pâle enfant, dont l'intelligence précoce s'était développée aux dépens de sa force physique, lui causa un attendrissement passionné. Elle lui parla dans son cœur comme s'il eût pu, dans son sommeil, écouter et comprendre les pensées maternelles.

— Sois tranquille, lui disait-elle, je ne *l'aime* pas plus que toi. N'en sois pas jaloux. S'il n'était le meilleur et le plus digne des hommes, je ne te le donnerais pas pour père. Va, petit ange, tu es ardemment et fidèlement aimé. Dors bien, nous ne nous quitterons jamais!

Marcelle, toute baignée de larmes délicieuses, rentra dans sa chambre et écrivit à Lémor ce peu de lignes :

« Vous avez raison, et je vous comprends. Je ne suis
« pas digne de vous; mais je le deviendrai, car je le veux.
« Je vais partir pour un long voyage. Ne vous inquiétez
« pas de moi, et aimez-moi encore. Dans un an, à pareil
« jour, vous recevrez une lettre de moi. Disposez votre
« vie de manière à être libre de venir me trouver en quel-
« que lieu que je vous appelle. Si vous ne me jugez pas
« encore assez convertie, vous me donnerez encore un
« an... un an, deux ans, avec l'espérance, c'est presque
« le bonheur pour deux êtres qui, depuis si longtemps,
« s'aiment sans rien espérer. »

Elle fit porter ce billet de grand matin. Mais on ne trouva point M. Lémor. Il était parti la veille au soir, on ne savait pour quel pays, ni pour combien de temps. Il avait donné congé de son modeste logement. On assurait pourtant que la lettre lui parviendrait, parce qu'un de ses amis était chargé de venir tous les jours retirer sa correspondance pour la lui faire passer.

Deux jours après, madame de Blanchemont avec son fils, une femme de chambre et un domestique, traversait en poste les déserts de la Sologne.

Arrivée à quatre-vingts lieues de Paris, la voyageuse se trouva à peu près au centre de la France et coucha dans la ville la plus voisine de Blanchemont dans cette direction. Blanchemont était encore éloigné de cinq à six lieues, et, dans le centre de la France, malgré toutes les nouvelles routes ouvertes à la circulation depuis quelques années, les campagnes ont encore si peu de communication entre elles, qu'à une courte distance il est difficile d'obtenir des habitants un renseignement certain sur l'intérieur des terres. Tous savent bien le chemin de la ville ou du district forain où leurs affaires les appellent de temps en temps. Mais demandez dans un hameau le chemin de la ferme qui est à une lieue de là, c'est tout au plus si on pourra vous le dire. Il y a tant de chemins!... et tous se ressemblent. Réveillés de grand matin pour disposer le départ de leur maîtresse, les domestiques de madame de Blanchemont ne purent donc obtenir ni du maître de l'auberge, ni de ses serviteurs, ni des voyageurs campagnards qui se trouvaient là encore à moitié endormis, aucune lumière sur la terre de Blanchemont. Personne ne savait précisément où elle était située. L'un venait de Montluçon, l'autre connaissait Château-Meillant; tous avaient cent fois traversé Ardentes et La Châtre; mais on ne connaissait de Blanchemont que le nom.

— C'est une terre qui a du rapport, disait l'un, je connais le fermier, mais je n'y ai jamais été. C'est très-loin de chez nous, c'est au moins à quatre grandes lieues.

— Dame! disait un autre, j'ai vu les bœufs de Blanchemont à la foire de la Berthenoux, pas plus tard que l'an dernier, et j'ai parlé à M. Bricolin, le fermier, comme je vous parle à cette heure. Ah oui! ah oui! je connais Blanchemont! mais je ne sais pas de quel côté ça se trouve.

La servante, comme toutes les servantes d'auberge, ne savait rien des environs. Comme toutes les servantes d'auberge, elle était depuis peu de temps dans l'endroit.

La femme de chambre et le domestique, habitués à suivre leur maîtresse dans de brillantes résidences connues à plus de vingt lieues à la ronde, et situées dans des contrées civilisées, commençaient à se croire au fond du Sahara. Leurs figures s'allongeaient, et leur amour-propre souffrait cruellement d'avoir à demander sans succès le chemin du château qu'ils allaient honorer de leur présence.

— C'est donc une baraque, une tanière? disait Suzette avec un air de mépris à Lapierre.

— C'est le palais des *Corybantes*, répondait Lapierre, qui avait chéri dans sa jeunesse un mélodrame à grand succès intitulé le *Château de Corisande*, et qui appliquait ce nom, en l'estropiant, à toutes les ruines qu'il rencontrait.

Enfin, le garçon d'écurie fut frappé d'un trait de lumière.

— J'ai là-haut dans l'abat-foin, dit-il, un homme qui vous dira ça, car son métier est de courir le pays de jour et de nuit. C'est le Grand-Louis, autrement dit le grand farinier.

— Va pour le grand farinier, dit Lapierre d'un air majestueux, il paraît que sa chambre à coucher est au bout de l'échelle?

Le grand farinier descendit de son grenier en tiraillant et en faisant craquer ses grands bras et ses grandes jambes. En voyant cette structure athlétique et cette figure décidée, Lapierre quitta son ton de grand seigneur facétieux et l'interrogea avec politesse. Le farinier était, en effet, des mieux renseignés; mais, aux éclaircissements qu'il donna, Suzette jugea nécessaire de l'introduire auprès de madame de Blanchemont, qui prenait son chocolat dans la salle avec le petit Édouard, et qui, loin de partager la consternation de ses gens, se réjouissait d'apprendre d'eux que Blanchemont était un pays perdu et quasi introuvable.

L'échantillon du terroir qui se présentait en cet instant devant Marcelle avait cinq pieds huit pouces de haut, taille remarquable dans un pays où les hommes sont généralement plus petits que grands. Il était robuste à proportion, bien fait, dégagé, et d'une figure remarquable. Les filles de son endroit l'appelaient le beau farinier, et cette épithète était aussi bien méritée que l'autre. Quand il essuyait du revers de sa manche la farine qui couvrait habituellement ses joues, il découvrait un teint brun et animé du plus beau ton. Ses traits étaient réguliers, largement taillés comme ses membres, ses yeux noirs et bien fendus, ses dents éblouissantes, et ses longs cheveux châtains ondulés et crépus comme ceux d'un homme très-fort, encadraient carrément un front large et bien rempli, qui annonçait plus de finesse et de bon sens que d'idéal poétique. Il était vêtu d'une blouse gros-bleu et d'un pantalon de toile grise. Il portait peu de bas, de gros souliers ferrés, et un lourd bâton de cormier terminé par un nœud de la branche en faisait une espèce de massue.

Il entra avec une assurance qu'on eût pu prendre pour de l'effronterie, si la douceur de ses yeux d'un bleu clair, et le sourire de sa grande bouche vermeille n'eussent témoigné que la franchise, la bonté, et une sorte d'insouciance philosophique, faisaient le fond de son caractère.

— Salut, Madame, dit-il en soulevant son chapeau de feutre gris à grands bords, mais sans le détacher précisément de sa tête; car autant le vieux paysan est respectueux et disposé à saluer tout ce qui est mieux habillé que lui, autant celui qui date d'après la Révolution est remarquable par l'adhérence de son couvre-chef à sa chevelure. — On me dit que vous voulez savoir de moi la route de Blanchemont?

La voix forte et sonore du grand farinier avait fait tressaillir Marcelle qui ne l'avait pas vu entrer. Elle se retourna vivement, un peu surprise d'abord de son aplomb. Mais tel est le privilège de la beauté, qu'en s'examinant mutuellement, le jeune meunier et la jeune dame oublièrent aussitôt cette sorte de méfiance que la différence des rangs inspire toujours au premier abord. Seulement Marcelle, le voyant disposé à la familiarité, crut devoir lui rappeler, par une grande politesse, les égards dus à son sexe...

— Je vous remercie beaucoup de votre obligeance, lui dit-elle en le saluant, et je vous prie, Monsieur, de vouloir bien me dire s'il y a un chemin praticable pour les voitures d'ici à la ferme de Blanchemont.

Le grand farinier, sans y être invité, avait déjà pris une chaise pour s'asseoir; mais en s'entendant appeler *monsieur*, il comprit avec la rare perspicacité dont il était doué qu'il avait affaire à une personne bienveillante et respectable pour elle-même. Il ôta tout doucement son chapeau sans se déconcerter, et appuyant ses mains sur le dossier de la chaise, comme pour se donner une contenance :

— Il y a un chemin vicinal, pas très-doux, dit-il, mais où l'on ne verse pas quand on y prend garde; le tout c'est de le suivre et de n'en pas prendre un autre. J'expliquerai cela à votre postillon. Mais le plus sûr serait de prendre ici une pataehe, car les dernières pluies d'orage ont endommagé plus que de raison la Vallée-Noire, et je ne dis pas que les petites roues de votre voiture puissent sortir des ornières. Ça se pourrait, mais je n'en réponds pas.

— Je vois que vos ornières ne plaisantent pas, et qu'il sera prudent de suivre votre conseil. Vous êtes sûr qu'avec une pataehe je ne verserai pas?

— Oh! n'ayez pas peur, Madame.

— Je n'ai pas peur pour moi, mais pour ce petit enfant. Voilà ce qui me rend prudente.

— Le fait est que ce serait dommage d'écraser ce petit-là, dit le grand farinier en s'approchant du jeune Édouard d'un air de bienveillance sincère. Comme c'est mignon et gentil, ce petit homme!

— C'est bien délicat, n'est-ce pas? lui dit Marcelle en souriant.

— Ah dame! ça n'est pas fort, mais c'est joli comme une fille. Vous allez donc venir dans le pays de chez nous, Monsieur?

— Tiens, ce grand-là! s'écria Édouard en s'accrochant au farinier qui s'était penché vers lui. Fais-moi donc toucher le plafond!

Le meunier prit l'enfant et, l'élevant au-dessus de sa tête, le promena le long des corniches enfumées de la salle.

— Prenez garde! dit madame de Blanchemont, un peu effrayée de l'aisance avec laquelle l'hercule rustique maniait son enfant.

— Oh! soyez tranquille, répondit le Grand-Louis; j'aimerais mieux casser tous les *alochons* de mon moulin, qu'un doigt à ce *monsieur*.

Ce mot d'*alochon* réjouit fort l'enfant, qui le répéta en riant et sans le comprendre.

— Vous ne connaissez pas ça? dit le meunier; ce sont les petites ailes, les morceaux de bois qui sont à cheval sur la roue et que l'eau pousse pour la faire tourner. Je vous montrerai ça si vous passez jamais par chez nous.

— Oui, oui, *alochon*! dit l'enfant en riant aux éclats et en se renversant dans les bras du meunier.

— Est-il moqueur, ce petit coquin-là! dit le Grand-Louis en le replaçant sur sa chaise. Allons, Madame, je m'en vais à mes affaires. Est-ce tout ce qu'il y a pour votre service?

— Oui, mon ami, répondit Marcelle, à qui la bienveillance faisait oublier sa réserve.

— Oh! je ne demande pas mieux que d'être votre ami! répondit gaillardement le meunier avec un regard qui exprimait assez que, de la part d'une personne moins jeune et moins belle, cette familiarité n'eût pas été de son goût.

— C'est bon, pensa Marcelle en rougissant et en souriant; je me tiendrai pour avertie.

Et elle ajouta:

— Adieu, Monsieur, et au revoir sans doute, car vous êtes habitant de Blanchemont?

— Proche voisin. Je suis le meunier d'Angibault, à une lieue de votre château, car m'est avis que vous êtes la dame de Blanchemont?

Marcelle avait défendu à ses gens de trahir son incognito. Elle désirait passer inaperçue dans le pays; mais elle vit bien, aux manières du farinier, que sa qualité de propriétaire ne faisait pas tant de sensation qu'elle l'avait craint. Un propriétaire qui ne réside pas dans ses terres est un étranger dont on ne s'occupe point. Le fermier qui le représente et auquel on a constamment affaire est un bien autre personnage.

Malgré le projet qu'elle avait fait de partir de bonne heure et d'arriver à Blanchemont avant la chaleur de midi, Marcelle fut forcée de passer la plus grande partie de la journée dans cette auberge.

Toutes les pataches de la ville étaient en campagne à cause d'une grande foire aux environs, et il fallut attendre le retour de la première venue. Ce ne fut que vers trois heures de l'après-midi que Suzette vint, d'un ton lamentable, apprendre à sa maîtresse qu'une espèce de panier d'osier, horrible et honteux, était le seul véhicule qui fût encore à sa disposition.

Au grand étonnement de sa merveilleuse soubrette, madame de Blanchemont n'hésita pas à s'en accommoder. Elle prit quelques paquets de première nécessité, remit les clefs de sa calèche et de ses malles à l'aubergiste, et partit dans la pataehe classique, ce respectable témoignage de la simplicité de nos pères, qui devient chaque jour plus rare, même dans les chemins de la Vallée-Noire. Celle que Marcelle eut la mauvaise chance de rencontrer était de la plus pure fabrication indigène, et un antiquaire l'eût contemplée avec respect. Elle était longue et basse comme un cercueil; aucune espèce de ressort ne gênait ses allures; les roues, aussi hautes que la capote, pouvaient braver ces fossés bourbeux qui sillonnent nos routes de traverse et que le meunier avait bien voulu qualifier d'ornières, sans doute par amour-propre national; enfin, la capote elle-même n'était qu'un tissu d'osier confortablement enduit, à l'intérieur, de bourre et de terre gâchée dont une main un peu accentuée détachait des fragments sur la tête des voyageurs. Un petit cheval entier, maigre et ardent, traînait assez lestement ce carrosse champêtre, et le *patachon*, c'est-à-dire le conducteur, assis de côté sur le brancard, les jambes pendantes, vu que nos pères trouvaient plus commode d'approcher une chaise pour monter en voiture que de s'embarrasser les jambes dans un marchepied, était le moins étouffé et le moins compromis de la caravane. Il existe peut-être encore dans notre pays deux ou trois pataches de ce genre chez de vieux campagnards riches qui n'ont pas voulu déroger à leurs habitudes, et qui soutiennent que les voitures suspendues donnent des *mâsés* [1], c'est-à-dire des engourdissements dans les mollets.

Cependant le voyage fut à peu près supportable tant qu'on put suivre la grande route. Le *patachon* était un gars de quinze ans, roux, camard, effronté, ne doutant de rien, ne se gênant point pour exciter son cheval par tous les jurements de son riche dictionnaire, sans respect pour la présence des dames, et se plaisant à épuiser l'ardeur du courageux poney qui n'avait de sa vie goûté à l'avoine, et que la vue des prés verdoyants suffisait à mettre en belle humeur. Mais quand ce dernier se fut enfoncé dans une lande aride, il commença à baisser la tête d'un air plus mécontent que rebuté, et à tirer son fardeau avec une sorte de rage, sans avoir égard aux inégalités du chemin, qui imprimaient à la voiture un mouvement de roulis tout à fait cruel.

III.

LE MENDIANT.

Ce fut bien pis lorsqu'on sortit des sables pour descendre dans les terres grasses et fortes de la Vallée-Noire. Aux lisières de ce plateau stérile, madame de Blanchemont avait admiré l'immense et admirable paysage qui se déroulait sous ses pieds pour se relever jusqu'aux cieux en plusieurs zones d'horizons boisés d'un violet pâle, coupé de bandes d'or aux feux du couchant. Il n'est guère de plus beaux sites en France. La végétation, vue en détail, n'y est pourtant pas d'une grande vigueur. Aucun grand fleuve ne sillonne ces campagnes où le soleil ne se mire dans aucun toit d'ardoise. Point de montagnes pittoresques, rien de frappant, rien d'extraordinaire dans cette nature paisible; mais un développement grandiose de terres cultivées, un morcellement infini de champs, de prairies, de taillis et de larges chemins communaux offrant la variété des formes et des nuances, dans une harmonie générale de verdure sombre tirant sur le bleu; un pêle-mêle de clôtures plantureuses, de chaumines cachées sous les vergers, de rideaux de peupliers, de pacages touffus dans les profondeurs; des champs plus pâles et des haies plus claires sur les plateaux faisant ressortir les masses voisines; enfin, un accord et un ensemble remarquables sur une étendue de

[1] *Mâsé*, fourmi, en berrichon.

L'échantillon du terroir qui se présentait.. (Page 6.)

cinquante lieues carrées, que du haut des chaumières de Labreuil ou de Corlay on embrasse d'un seul regard.

Mais notre voyageuse eut bientôt perdu de vue ce magnifique panorama. Une fois engagée dans les versants de la Vallée-Noire, on change de spectacle. Descendant et gravissant tour à tour des chemins encaissés de buissons élevés, on ne côtoie point de précipices, mais ces chemins sont des précipices eux-mêmes. Le soleil, en s'abaissant derrière les arbres, leur donne une physionomie particulière étrangement gracieuse et sauvage. Ce sont des fuyants mystérieux sous d'épais ombrages, des *traines* d'un vert d'émeraude qui conduisent à des impasses ou à des mares stagnantes, des tournants rapides qu'on ne peut plus remonter quand on les a descendus en voiture, enfin, un enchantement continuel pour l'imagination, avec des dangers très-réels pour ceux qui vont, à l'aventure, essayer, autrement qu'à pied, et tout au plus à cheval, ces détours séduisants, capricieux et perfides.

Tant que le soleil fut sur l'horizon, l'automédon aux crins roux se tira assez bien d'affaire. Il suivit le chemin le plus battu, et par conséquent le plus rude, mais aussi le plus sûr. Il traversa deux ou trois ruisseaux en s'attachant aux traces de roues de charrettes empreintes sur les rives. Mais quand le soleil fut couché, la nuit se fit vite dans ces chemins creux, et le dernier paysan auquel on s'adressa répondit d'un air d'insouciance :

— Marchez ! marchez ! vous n'avez plus qu'une petite lieue, et le chemin est toujours bon.

Or, c'était le sixième paysan qui, depuis environ deux heures, annonçait qu'on n'avait plus qu'une petite lieue à faire, et ce chemin, toujours si bon, était tel que le cheval était exténué, et les voyageurs au bout de leur patience. Marcelle elle-même commençait à craindre de verser ; car si le patachon et son bidet choisissaient en plein jour leur passage avec beaucoup d'adresse, il était impossible, qu'en pleine nuit, ils pussent éviter ces fausses voies que la coupure inégale des terrains rend aussi dangereuses que pittoresques, et qui, en s'interrompant tout à coup, vous exposent à un saut de dix ou douze pieds à pic. Le gamin n'avait jamais pénétré aussi avant dans la Vallée-Noire ; il s'impatientait, jurait comme un possédé chaque fois qu'il était forcé de retourner sur ses pas pour reprendre la voie ; il se plaignait de la soif, de la faim,

Nos voyageurs embarrassés s'adressèrent à un mendiant. (Page 9.)

se lamentait sur la fatigue de son cheval, tout en le rouant de coups, et se donnait des airs de citadin pour vouer à tous les diables ce pays sauvage et ses stupides habitants.

Plus d'une fois, voyant le chemin rapide, mais sec, Marcelle et ses gens avaient mis pied à terre; mais on ne pouvait marcher cinq minutes sans arriver à un de ces fonds où le chemin se resserre et se trouve entièrement occupé par une source à fleur de terre, sans écoulement, et formant une mare liquide impossible à franchir à pied pour une femme délicate. La Parisienne Suzette aimait mieux verser, disait-elle, que de laisser sa chaussure dans ces bourbiers, et Lapierre, qui avait passé sa vie en escarpins sur des parquets bien luisants, était tellement gauche et démoralisé, que madame de Blanchemont n'osait plus lui laisser porter son fils.

La réponse ordinaire du paysan, quand on lui demande n'importe quel chemin, c'est de vous dire : *Marchez tout droit, toujours tout droit.* C'est tout simplement une facétie, une espèce de calembour qui signifie qu'on doit marcher sur ses jambes, car il n'y a pas un seul chemin tout droit dans la Vallée-Noire. Les nombreux ravins de l'Indre, de la Vauvre, de la Couarde [1], du Gourdon et de cent autres moindres ruisseaux qui changent de nom dans leur cours, et qui n'ont jamais été avilis sous le joug d'aucun pont ni chaussée, vous forcent à mille détours pour chercher un endroit guéable, de sorte que vous êtes souvent obligé de tourner le dos au lieu vers lequel vous vous dirigez.

Arrivés à un carrefour surmonté d'une croix, endroit sinistre que l'imagination des paysans peuple toujours de démons, de sorciers et d'animaux fantastiques, nos voyageurs embarrassés s'adressèrent à un mendiant qui, assis sur la *pierre des morts* [2], leur criait d'une voix monotone : « Ames charitables, ayez pitié d'un pauvre malheureux ! »

La grande taille voûtée de cet homme très-vieux, mais

[1] La *Couarde* est ainsi nommée, parce que son cours est partout caché sous les buissons, où elle semble avoir peur d'être découverte. C'est un ruisseau noir, étroit et profond, qui coule en silence, et qui est, disent les paysans, plus traître qu'il n'est gros. La *Tarde* est une autre rivière molle et paresseuse qui arrose aussi de délicieuses prairies.
[2] C'est une pierre creuse où chaque enterrement qui passe dépose et laisse au pied de la croix une petite croix de bois grossièrement taillée.

encore robuste, et armé d'un bâton énorme, avait un aspect peu rassurant, dans le cas d'une attaque seul à seul. On ne distinguait pas bien ses traits sévères, mais il y avait, dans l'inflexion de sa voix rauque, quelque chose de plus impérieux que suppliant. Son attitude triste et ses haillons immondes contrastaient avec l'intention évidemment facétieuse qui lui faisait porter un vieux bouquet et un ruban fané à son chapeau.

— Mon ami, lui dit Marcelle en lui donnant une pièce d'argent, indiquez-nous le chemin de Blanchemont, si vous le connaissez.

Au lieu de lui répondre, le mendiant continua gravement à prononcer à haute voix un *Ave Maria* en latin, qu'il avait entamé à son intention.

— Répondez donc, lui dit Lapierre, vous marmotterez vos patenôtres après.

Le mendiant tourna la tête vers le laquais d'un air de mépris, et continua son oraison.

— Ne parlez pas à cet homme-là, dit le patachon, c'est un vieux gueux qui bat la campagne et qui ne sait jamais où il va ; on le rencontre partout, et nulle part on ne le trouve dans son bon sens.

— Le chemin de Blanchemont ? dit enfin le mendiant lorsqu'il eut achevé sa prière ; vous n'y êtes pas, mes enfants ; il faut retourner et prendre le premier qui descend à droite.

— En êtes-vous sûr ? dit Marcelle.

— J'y ai passé plus de six cents fois. Si vous ne me croyez pas, faites comme vous voudrez ; ça m'est égal, à moi.

— Il paraît sûr de son fait, dit Marcelle à son conducteur. Écoutons-le ; quel intérêt aurait-il à nous tromper ?

— Bah ! le plaisir de mal faire, répondit le patachon soucieux. Je me méfie de cet homme-là.

Marcelle insista pour suivre l'avis du mendiant, et bientôt la patache s'enfonça dans une traîne étroite, tortueuse et singulièrement rapide.

— Je dis, moi, reprit en jurant le patachon, dont le cheval trébuchait à chaque pas, que ce vieux sournois nous égare.

— Avancez, dit Marcelle, puisqu'il n'y a pas moyen de reculer.

Plus on avançait, plus le chemin devenait quasi impossible ; mais il était trop étroit pour retourner la voiture : deux haies splendides la serraient de près. Après avoir fait des miracles de force et de dévouement, le petit cheval arriva en bas, sous un massif de vieux chênes qui paraissait être la lisière d'un bois. Le chemin s'élargit tout à coup, et l'on se vit en face d'une grande flaque d'eau dormante qui ne ressemblait guère qu'au gué d'une rivière. Le patachon s'y engagea pourtant ; mais, au beau milieu, il enfonça tellement qu'il voulut tirer de côté ; ce fut le dernier exploit de son maigre Bucéphale. La patache pencha jusqu'au moyeu, et l'animal s'abattit en brisant ses traits. Il fallut le dételer. Lapierre se mit dans l'eau jusqu'aux genoux, en gémissant comme un homme à l'agonie ; et, quand il eut aidé le patachon à tirer d'affaire, tous leurs efforts furent vains (ils n'étaient forts ni l'un ni l'autre) pour relever la voiture. Alors le patachon sauta lestement sur la bête, et pestant contre le sorcier de mendiant, jurant par tous les diables de l'enfer, il partit au grand trot, promettant d'aller chercher du secours, mais d'un ton qui faisait présager qu'il se reprocherait fort peu de laisser ses voyageurs dans le bourbier jusqu'au jour.

La patache n'avait pas été culbutée. Nonchalamment penchée dans le marécage, elle était encore fort habitable, et Marcelle s'arrangea sur la banquette du fond avec son fils étendu sur elle pour le faire dormir plus commodément ; car il y avait longtemps qu'Édouard demandait son souper et son lit, et quelques friandises, mises en réserve dans la poche de Suzette, ayant apaisé sa faim, il ne se fit pas prier pour commencer son somme. Madame de Blanchemont jugeant que son conducteur ne se presserait pas de revenir, dans le cas où il trouverait un bon gîte, engagea Lapierre à aller voir aux environs s'il ne découvrirait pas quelqu'une de ces chaumières si bien tapies sous la feuillée, si bien fermées et silencieuses après le coucher du soleil, qu'il faut les toucher pour les voir, et les prendre d'assaut pour y trouver l'hospitalité à cette heure indue. Le vieux Lapierre n'avait qu'un souci : c'était de trouver du feu pour se sécher les pieds, et se garantir d'un rhumatisme. Il ne se fit donc pas prier pour sortir du marais, après s'être toutefois assuré que la patache, appuyée sur le tronc renversé d'un vieux saule, ne risquait pas d'enfoncer davantage.

La plus désolée était Suzette qui avait grand'peur des voleurs, des loups et des serpents, trois fléaux inconnus dans la Vallée-Noire, mais qui ne sauraient sortir de l'esprit d'une femme de chambre en voyage. Cependant le sang-froid enjoué de sa maîtresse l'empêcha de se livrer tout haut à ses terreurs, et, s'étant *calée* de son mieux sur la banquette de devant, elle prit le parti de pleurer en silence.

— Eh bien ! qu'avez-vous donc, Suzette ? lui dit Marcelle lorsqu'elle s'en aperçut.

— Hélas ! Madame, répondit-elle en sanglotant, n'entendez-vous pas chanter les grenouilles ? Elles vont venir sur nous et remplir la voiture...

— Et nous dévorer, sans doute ? reprit madame de Blanchemont en éclatant de rire.

En effet, les vertes habitantes du marécage, un instant troublées par la chute du cheval et les clameurs du phaéton, avaient repris leur psalmodie monotone. On entendait aussi aboyer et hurler les chiens, mais si loin, qu'il n'y avait guère lieu de compter sur une prompte assistance. La lune ne se levait pas encore, mais les étoiles brillaient dans l'eau stagnante du marécage qui avait repris sa limpidité. Une brise tiède soufflait dans les grands roseaux qui s'élevaient en touffes épaisses sur la rive.

— Allons, Suzette, dit Marcelle qui se livrait déjà à une rêverie poétique, on n'est pas si mal que je l'aurais cru dans un bourbier, et si vous le voulez bien, vous y dormirez comme dans votre lit.

— Il faut que Madame ait perdu l'esprit, pensa Suzette, pour se trouver bien dans une pareille situation.

Ô ciel ! Madame ! s'écria-t-elle après un moment de silence, il me semble que j'entends hurler un loup ! Est-ce que nous ne sommes pas au milieu d'une forêt ?

— La forêt n'est, je crois, qu'une saulée, répondit Marcelle ; et, quant au loup qui hurle, c'est un homme qui chante. S'il se dirigeait de notre côté, il pourrait nous aider à gagner la terre ferme.

— Et si c'était un voleur ?

— En ce cas, c'est un voleur bienveillant qui chante pour nous avertir de prendre garde à nous. Écoutez, Suzette, sans plaisanterie, il vient par ici, la voix se rapproche.

En effet, une voix pleine, et d'une mâle harmonie, quoique rude et sans art, planait sur les champs silencieux, accompagnée comme en mesure par le pas lent et régulier d'un cheval ; mais cette voix était encore éloignée, et rien n'assurait que le chanteur marchât dans la direction du marécage, qui pouvait bien n'être qu'une impasse. Quand la chanson fut finie, soit que le cheval marchât sur l'herbe, soit que le villageois se fût détourné, on n'entendit plus rien.

En ce moment, Suzette, rendue à ses terreurs, vit une ombre silencieuse qui se glissait le long du marécage, et qui, reflétée dans l'eau, paraissait gigantesque. Elle laissa échapper un cri, et l'ombre, s'enfonçant dans le bourbier, vint droit vers la patache, quoique avec lenteur et précaution.

— N'ayez pas peur, Suzette, dit madame de Blanchemont qui, en ce moment, n'était pas très-rassurée elle-même ; c'est notre vieux mendiant de tout à l'heure ; il nous indiquera peut-être une maison d'où l'on pourra venir nous porter du secours.

— Mon ami, dit-elle avec beaucoup de présence d'esprit, mon domestique, *qui est là*, va aller auprès de vous pour que vous lui montriez le chemin d'une habitation quelconque.

— Ton domestique, ma petite ? répondit familièrement le mendiant, il n'est pas là ; il est déjà loin... Et d'ailleurs, il est si vieux, si bête, si faible, qu'il ne te servirait de rien ici.

Pour le coup, Marcelle eut peur.

IV.

LE MARÉCAGE.

Cette réponse ressemblait à la bravade farouche d'un homme qui a de mauvaises intentions. Marcelle saisit Édouard dans ses bras, résolue à le défendre au prix de sa vie, s'il le fallait : et elle allait sauter dans l'eau du côté opposé à celui par lequel s'approchait le mendiant, lorsque la chanson rustique qui s'était fait déjà entendre reprit un second couplet, et cette fois à une distance très-rapprochée.

Le mendiant s'arrêta.

— Nous sommes perdues, murmura Suzette, voilà le reste de la bande qui arrive.

— Nous sommes sauvées, au contraire, lui répondit Marcelle, c'est la voix d'un brave paysan.

En effet, cette voix était pleine de sécurité, et ce chant calme et pur annonçait la paix d'une bonne conscience. Le pas du cheval se rapprochait aussi. Évidemment le villageois descendait le chemin qui conduisait au marécage.

Le mendiant recula jusqu'au bord et resta immobile, paraissant montrer plus de prudence que de frayeur.

Marcelle se pencha alors en dehors de la patache pour appeler le passant ; mais il chantait trop fort pour l'entendre, et si son cheval, effrayé à l'aspect de la masse noire que la patache présentait devant lui, ne se fût arrêté en soufflant avec force, le maître eût passé à côté sans y faire attention.

— Que diable est-ce là ? cria enfin une voix de stentor qui n'exprimait aucune crainte, et que madame de Blanchemont reconnut aussitôt pour celle du grand farinier. Holà hé ! les amis ! votre carrosse ne roule guère. Êtes-vous tous morts là dedans, que vous ne dites rien ?

Quand Suzette eut reconnu le meunier, dont la belle prestance l'avait déjà frappée agréablement le matin, malgré son peu de toilette, elle redevint fort gracieuse. Elle exposa le cas piteux où sa maîtresse et elle se trouvaient réduites, et le Grand-Louis, après avoir ri sans façon de leur mésaventure, assura que rien n'était plus facile que de les délivrer. Il alla d'abord se débarrasser d'un gros sac de blé qu'il portait sur son cheval, en travers devant lui, et apercevant le mendiant, qui ne paraissait pas songer à se cacher :

— Tiens, vous êtes donc là, père Cadoche ? lui dit-il d'un ton bienveillant. Rangez-vous que je jette mon sac !

— J'étais là pour essayer d'aider à ces pauvres enfants ! répondit le mendiant ; mais il y a tant d'eau, que je n'ai pas pu avancer.

— Restez tranquille, mon vieux, et ne vous mouillez pas inutilement. À votre âge, c'est dangereux. Je tirerai bien les femmes de là sans vous. Et il revint chercher madame de Blanchemont, en s'enfonçant dans la vase jusqu'au poitrail de sa bête : « Allons, Madame, dit-il gaiement, avancez un peu sur le brancard, et asseyez-vous derrière moi ; il n'y a rien de plus facile. Vous ne vous mouillerez pas seulement le bout des pieds, car vous n'avez pas les jambes si longues que votre serviteur. Faut-il que votre patachon soit bête pour vous avoir fourrées là dedans, quand, à deux pas sur la gauche, il n'y a pas six pouces de fange ! »

— Je suis désolée de vous faire prendre un si vilain bain de jambes, dit Marcelle, mais mon enfant...

— Ah ! le petit monsieur ? C'est juste ! lui dit-il d'abord. Passez-le-moi... c'est cela... le voilà devant moi. Soyez tranquille, la selle ne le blessera pas, mon cheval n'en use guère, ni moi non plus. Allons, asseyez-vous derrière moi, ma petite dame, et n'ayez pas peur. La Sophie a les reins forts et les jambes sûres.

Le meunier déposa doucement la mère et l'enfant sur le gazon.

— Et moi, criait Suzette, allez-vous me laisser là dedans ?

— Non pas, Mademoiselle, dit le Grand-Louis en retournant la chercher. Donnez-moi aussi vos paquets, nous sortirons tout, soyez tranquille.

— À présent, dit-il, quand il eut effectué le débarquement complet, ce patachon de malheur viendra chercher sa carcasse de voiture quand il voudra. Je n'ai ni traits ni cordes pour y atteler Sophie ; mais je vas vous conduire où vous voudrez, mes petites dames.

— Sommes-nous bien loin de Blanchemont ? demanda Marcelle.

— Diable, oui ! votre patachon a pris un drôle de chemin pour vous y conduire ! Il y a d'ici deux lieues de pays, et quand nous y arriverons tout le monde sera couché ; ce ne sera pas chose aisée que de nous faire ouvrir. Mais si vous voulez, nous ne sommes qu'à une petite lieue de mon moulin d'Angibault ; ça n'est pas riche, mais c'est propre, et ma mère est une bonne femme qui ne fera pas la grimace pour se relever, pour mettre des draps blancs dans les lits, et pour tordre le cou à deux poulets. Ça vous va-t-il ? sans façon, allons, Mesdames ! à la guerre comme à la guerre, au moulin comme au moulin. Demain matin on aura ramassé et décrotté la patache, qui ne s'enrhumera pas pour passer la nuit au frais, et on vous conduira à Blanchemont à l'heure que vous voudrez.

Il y avait de la cordialité et même une sorte de délicatesse dans la brusque invitation du meunier. Marcelle, gagnée par son bon cœur et par la mention qu'il avait faite de sa mère, accepta avec reconnaissance.

— C'est bien, vous me faites plaisir, dit le farinier ; je ne vous connais pas, vous êtes peut-être la dame de Blanchemont, mais ça m'est égal ; quand vous seriez le diable (et on dit que le diable se fait beau et joli quand il veut), je serais content de vous avoir pu empêcher de passer une mauvaise nuit. Ah çà ! je ne peux pas laisser mon sac de blé ; je vas le charger sur Sophie, le petit s'assoira dessus, la maman derrière ; ça ne vous gênera pas, au contraire, ça vous servira à vous appuyer. La demoiselle viendra à pied avec moi, en causant avec le père Cadoche, qui n'est pas très-bien mis, mais qui a beaucoup d'esprit. Mais où a-t-il passé, ce vieux lézard ? dit-il en cherchant des yeux le mendiant qui avait disparu. Holà hé ! père Cadoche ! Venez-vous coucher à la maison ?... Il ne répond pas ; allons, ce n'est pas son idée pour ce soir. Marchons, Mesdames.

— Cet homme nous a beaucoup effrayées, dit Marcelle. Vous le connaissez donc ?

— Depuis que je suis au monde. Ce n'est pas un méchant homme, et vous avez eu tort de le craindre.

— Il me semble pourtant qu'il nous a fait des menaces, et sa manière de me tutoyer m'a paru peu amicale.

— Il vous a tutoyée ? Vieux farceur ! Il n'est pas honteux, celui-là ! Mais c'est sa manière d'être ; n'y faites pas attention. C'est un homme sans malice, un original ! c'est le père Cadoche enfin, l'*oncle à tout le monde*, comme on l'appelle, et qui promet sa succession à tous les passants, quoiqu'il soit aussi gueux que son bâton.

Marcelle chemina fort commodément sur la robuste et pacifique Sophie. Le petit Édouard, qu'elle tenait bien serré devant elle, « goûtait fort cette façon d'aller, » comme dit le bon La Fontaine. Il talonnait de ses deux petits pieds l'encolure de la bête, qui ne le sentait pas et n'en allait pas plus vite. Elle marchait comme un vrai cheval de meunier, sans avoir besoin d'être guidée, connaissant son chemin par cœur, et se dirigeant dans l'obscurité, à travers l'eau et les pierres, sans jamais se tromper ni faire un faux pas. À la requête de Marcelle, qui craignait, pour son vieux serviteur, une nuit passée à la belle étoile, le meunier fit retentir sa voix tonnante à plusieurs reprises, et Lapierre, qui s'était égaré dans un taillis voisin, et tournait, depuis une demi-heure, dans l'espace d'un arpent, vint bientôt rejoindre la petite caravane.

Au bout d'une heure de marche le bruit d'une écluse se fit entendre, et les premières blancheurs de la lune éclairèrent le toit couvert de pampre du moulin, et les bords argentés de la rivière, jonchés de menthe et de saponaire.

Marcelle sauta légèrement sur ce tapis parfumé, après avoir remis dans les bras du meunier l'enfant, qui, tout joyeux et tout fier de son voyage équestre, lui jeta ses petits bras autour du cou, en lui disant :

— Bonjour, *alochon*.

Ainsi que le Grand-Louis l'avait annoncé, sa vieille mère se releva sans humeur, et avec l'aide d'une petite servante de quatorze à quinze ans, les lits furent bientôt prêts. Madame de Blanchemont avait plus besoin de repos que de souper : elle empêcha la vieille meunière de lui servir autre chose qu'une tasse de lait, et, brisée de fatigue, elle s'endormit avec son enfant attaché à son flanc maternel, dans un lit de plume, appelé *couette*, d'une hauteur démesurée et d'un moelleux recherché. Ces lits, dont tout le défaut est d'être trop chauds et trop doux, composent, avec une paillasse rebondie, tout le coucher des habitants aisés ou misérables d'un pays où les oies abondent, et où les hivers sont très-froids.

Fatiguée d'un long voyage de quatre-vingts lieues fait très-rapidement, et surtout de la course en patache qui en avait été pour ainsi dire le bouquet, la belle Parisienne eût volontiers dormi la grasse matinée ; mais à peine l'aube eut-elle paru, que le chant des coqs, le *tic-tac* du moulin, la grosse voix du meunier et tous les bruits du travail rustique la forcèrent de renoncer à un plus long repos. D'ailleurs, Edouard qui n'était pas fatigué le moins du monde et que l'air de la campagne stimulait déjà, commençait à gambader sur son lit. Malgré tout le tapage du dehors, Suzette, couchée dans la même chambre, dormait si profondément, que Marcelle se fit conscience de la réveiller. Commençant donc le genre de vie nouveau qu'elle avait résolu d'embrasser, elle se leva et s'habilla sans l'aide de sa femme de chambre, fit elle-même avec un plaisir extrême la toilette de son fils, et sortit pour aller souhaiter le bonjour à ses hôtes. Elle ne trouva que le garçon de moulin et la petite servante, qui lui dirent que le maître et la maîtresse venaient d'aller au bout du pré pour s'occuper du déjeuner. Curieuse de savoir en quoi consistaient ces préparatifs, Marcelle franchit le pont rustique qui servait en même temps de pelle au réservoir du moulin, et laissant sur sa droite une belle plantation de jeunes peupliers, elle traversa la prairie en longeant le cours de la rivière, ou plutôt du ruisseau, qui, toujours plein jusqu'aux bords et rasant l'herbe fleurie, n'a guère en cet endroit plus de dix pieds de large. Ce mince cours d'eau est pourtant d'une grande force, et aux abords du moulin il se forme un bassin assez considérable, immobile, profond et uni comme une glace, où se reflètent les vieux saules et les toits moussus de l'habitation. Marcelle contempla ce site paisible et charmant, qui parlait à son cœur sans qu'elle sût pourquoi. Elle en avait vu de plus beaux ; mais il est des lieux qui nous disposent à je ne sais quel attendrissement invincible, et où il semble que la destinée nous attire pour nous y faire accepter des joies, des tristesses ou des devoirs.

V.

LE MOULIN.

Quand Marcelle pénétra dans les vastes bosquets où elle comptait trouver ses hôtes, elle crut entrer dans une forêt vierge. C'était une suite de terrains minés et bouleversés par les eaux, couverts de la plus épaisse végétation. On voyait que la petite rivière faisait là de grands ravages à la saison des pluies. Des aunes, des hêtres et des trembles magnifiques à demi renversés, et laissant à découvert leurs énormes racines sur le sable humide, semblables à des serpents et à des hydres entrelacés, se penchaient les uns sur les autres dans un orgueilleux désordre. La rivière, divisée en nombreux filets, découpait, suivant son caprice, plusieurs enceintes de verdure, où, sur un gazon couvert de rosée, s'entre-croisaient des festons de ronces vigoureuses, et cent variétés d'herbes sauvages hautes comme des buissons et abandonnées à la grâce incomparable de leur libre croissance. Jamais jardin anglais ne pourrait imiter ce luxe de la nature, ces masses si heureusement groupées, ces bassins nombreux que la rivière s'est creusés elle-même dans le sable et dans les fleurs, ces berceaux qui se rejoignent sur les courants, ces accidents heureux du terrain, ces digues rompues, ces pieux épars que la mousse dévore et qui semblent avoir été jetés là pour compléter la beauté du décor. Marcelle resta plongée dans une sorte de ravissement, et, sans le petit Edouard qui courait comme un faon échappé, avide d'imprimer le premier la trace de ses pieds mignons sur les sables fraîchement déposés au rivage, elle se fût oubliée longtemps. Mais la crainte de le voir tomber dans l'eau réveilla sa sollicitude ; et, s'attachant à ses pas, courant après lui, et s'enfonçant de plus en plus dans ce désert enchanté, elle croyait faire un de ces rêves où la nature nous apparaît si complète dans sa beauté, qu'on peut dire avoir vu parfois, en songe, le paradis terrestre.

Enfin le meunier et sa mère se montrèrent sur l'autre rive ; l'un jetant l'épervier et pêchant des truites, l'autre trayant sa vache.

— Ah ! ah ! ma petite dame, déjà levée ! dit le farinier. Vous voyez, nous nous occupons de vous. Voilà la vieille mère qui se tourmente de n'avoir rien de bon à vous servir ; mais moi je dis que vous vous contenterez de notre bon cœur. Nous ne sommes ni cuisiniers ni aubergistes, mais quand on a bon appétit d'un côté et bonne volonté de l'autre...

— Vous me traitez cent fois trop bien, mes braves gens, répondit Marcelle en se hasardant sur la planche qui servait de pont, avec Edouard dans ses bras, pour aller les rejoindre ; jamais je n'ai passé une si bonne nuit, jamais je n'ai vu une aussi belle matinée que chez vous. Les belles truites que vous prenez là, monsieur le meunier ! Et vous, la mère, le beau lait blanc et crémeux ! Vous me gâtez, et je ne sais comment vous remercier.

— Nous sommes assez remerciés si vous êtes contente, dit la vieille en souriant. Nous ne voyons jamais du si beau monde que vous, et nous ne connaissons pas beaucoup les compliments ; mais nous voyons bien que vous êtes une personne honnête et sans exigence. Allons, venez à la maison, la galette sera bientôt cuite, et le *petit* doit aimer les fraises. Nous avons un bout de jardin où il s'amusera à les cueillir lui-même.

— Vous êtes si bons, et votre pays est si beau, que je voudrais passer ma vie ici, dit Marcelle avec abandon.

— Vrai ? dit le meunier en souriant avec bonhomie ; eh ! si le cœur vous en dit... Vous voyez bien, mère, que notre pays n'est pas si laid que vous croyez. Quand je vous dis, moi, qu'une personne riche pourrait s'y trouver bien !

— Oui ! dit la meunière, à condition d'y bâtir un château, et encore ce serait un château bien mal placé.

— Est-il possible que vous vous déplaisiez ici ? reprit Marcelle étonnée.

— Oh ! moi, je ne m'y déplais pas, répondit la vieille. J'y ai passé ma vie et j'y mourrai, s'il plaît à Dieu. J'ai eu le temps de m'y habituer, depuis soixante et quinze ans que j'y *règne* ; et, d'ailleurs, on est bien forcé de se contenter du pays qu'on a. Mais vous, Madame, s'il vous fallait passer l'hiver ici, vous ne diriez pas que le pays est beau. Quand les grandes eaux couvrent tous nos prés, et que nous ne pouvons plus même sortir dans notre cour, non, non, ça n'est pas joli !

— Bah ! bah ! les femmes s'effraient toujours, dit le Grand-Louis. Vous savez bien que les eaux n'emporteront pas la maison, et que le moulin est bien garanti. Et puis quand le mauvais temps vient, il faut bien le prendre comme il est. Tout l'hiver, vous demandez l'été, mère, et tant que dure l'été, vous ne songez qu'à vous inquiéter de l'hiver qui viendra. Moi, je vous dis qu'on pourrait vivre ici heureux et sans souci.

— Et pourquoi donc ne fais-tu pas comme tu dis ? reprit la mère. Es-tu sans souci, toi ? Te trouves-tu heureux d'être meunier et d'avoir ta maison dans l'eau si souvent ? Ah ! si je répétais tout ce que tu dis quelquefois sur le malheur de ne pas être bien logé, et de ne pouvoir pas faire fortune !

— C'est très-inutile de répéter toutes les bêtises que je dis quelquefois, mère, vous pouvez bien vous en épargner la peine. » En parlant ainsi d'un ton de reproche, le grand meunier regardait sa mère avec une douceur affectueuse et presque suppliante. Leur entretien ne paraissait pas aussi banal à madame de Blanchemont qu'il peut jusqu'ici le paraître au lecteur. Dans la situation de son esprit, elle désirait savoir comment cette vie rustique, la moins dure encore pour les gens pauvres, était sentie et appréciée par ceux-là même qui étaient forcés de la mener. Elle ne venait pas l'examiner et l'essayer avec des idées trop romanesques. Henri, en doutant de son aptitude à l'embrasser, lui en avait bien fait sentir les privations et les souffrances réelles. Mais elle pensait que ces souffrances n'étaient pas au-dessus de son courage, et ce qui l'intéressait dans l'opinion de ses hôtes du moulin, c'était le degré de philosophie ou d'insensibilité dont les avait pourvus la nature, comparé avec celui que le sentiment poétique et l'amour, sentiment plus religieux et plus puissant encore, pouvaient lui donner à elle-même. Elle laissa donc paraître un peu de curiosité dès que le Grand-Louis se fut éloigné pour porter ses truites, comme il disait, dans la poêle à frire.

— Ainsi, dit-elle à la vieille meunière, vous ne vous trouvez pas heureuse, et votre fils lui-même, malgré son air de gaieté, se tourmente quelquefois ?

— Eh ! Madame, quant à moi, répondit la bonne femme, je me trouverais assez heureuse et assez contente de mon sort si je voyais mon fils heureux. Défunt mon pauvre homme était à son aise ; son commerce allait bien ; mais il est mort avant d'avoir pu élever sa famille, et il m'a fallu mener à bien et établir de mon mieux tous mes enfants. A présent la part de chacun n'est pas grosse ; le moulin est resté à mon Louis, qu'on appelle le Grand-Louis, comme on appelait son père le Grand-Jean, et comme on m'appelle la Grand'Marie. Car, Dieu aidant, on pousse assez bien dans notre famille, et tous mes enfants étaient de belle taille. Mais c'est là le plus clair de notre bien ; le reste est si peu de chose, qu'il n'y a pas de quoi se faire de fausses espérances.

— Mais enfin, pourquoi voudriez-vous être plus riches ? Souffrez-vous de la pauvreté ? Il me semble que vous êtes bien logés, que votre pain est beau, votre santé excellente.

— Oui, oui, grâce au bon Dieu, nous avons le nécessaire, et bien des gens qui valent peut-être mieux que nous, n'ont pas tout ce qu'il leur faudrait ; mais voyez-vous, Madame, on est heureux ou malheureux, suivant les idées qu'on se fait...

— Vous touchez la vraie question, dit Marcelle, qui remarquait dans la physionomie et dans le langage de la meunière de la finesse naïve et un sens juste. Puisque vous appréciez si bien les choses, d'où vient donc que vous vous plaignez ?

— Ce n'est pas moi qui me plains, c'est mon Grand-Louis ! ou, pour mieux parler, c'est moi qui me plains parce que je le vois mécontent, et c'est lui qui ne se plaint pas parce qu'il a du courage et craint de me faire de la peine. Mais quand il en a trop lui-même, ça lui échappe, le pauvre enfant ! Il ne dit qu'un mot, mais ça me fend le cœur. Il dit comme ça : « *Jamais, jamais, ma mère !* » et ce mot veut dire qu'il n'espère plus rien. Mais ensuite, comme il est naturellement porté à la gaieté (comme défunt son pauvre cher père), il a l'air de se faire une raison, et il me dit toutes sortes de contes, soit qu'il veuille me consoler, soit qu'il s'imagine que ce qu'il s'est mis dans la tête finira par arriver.

— Mais qu'a-t-il dans la tête ? c'est donc de l'ambition ?

— Oh ! oui, c'est une grande ambition, c'est une vraie folie ! ce n'est pourtant pas l'amour de l'argent, car il n'est pas avare, tant s'en faut ! Dans son partage de famille, il a cédé à ses frères et sœurs tout ce qu'ils ont voulu, et quand il a gagné quelque peu, il est prêt à le donner au premier qui a besoin de lui. Ce n'est pas la vanité non plus, car il porte toujours ses habits de paysan, quoiqu'il ait reçu de l'éducation et qu'il ait le moyen d'aller aussi bien vêtu qu'un bourgeois. Enfin, ça n'est ni la mauvaise conduite, ni le goût de la dépense, car il se contente de tout et ne va jamais courir où il n'a pas affaire.

— Eh bien, qu'est-ce donc ? dit Marcelle, dont la douce figure et le ton cordial attiraient insensiblement la confiance de la vieille femme.

— Eh ! qu'est-ce que vous voulez que ce soit, si ce n'est pas l'amour ? dit la meunière avec un sourire mystérieux et ce je ne sais quoi de fin et de délicat qui, sur le chapitre du sentiment, établit en un clin d'œil l'abandon et l'intérêt entre les femmes, malgré les différences d'âge et de rang.

— Vous avez raison, dit Marcelle en se rapprochant de la Grand'Marie, c'est l'amour qui est le grand trouble-fête de la jeunesse ! Et cette femme qu'il aime, elle est donc plus riche que lui ?

— Oh ! ce n'est pas une femme ! mon pauvre Louis a trop d'honneur pour en conter à une femme mariée ! C'est une fille, une jeune fille, une jolie fille, ma foi, et une bonne fille, il faut en convenir. Mais elle est riche, riche, et nous avons beau y penser, jamais ses parents ne voudront la donner à un meunier.

Marcelle, frappée du rapport qui existait entre le roman du meunier et celui de sa propre vie, éprouva une curiosité mêlée d'émotion.

— Si elle aime votre fils, dit-elle, cette belle et bonne fille, elle finira par l'épouser.

— C'est ce que je me dis quelquefois ; car elle l'aime, cela j'en suis sûre, Madame, quoique mon Grand-Louis ne le soit pas. C'est une fille sage, et qui n'irait pas dire à un homme qu'elle veut l'épouser malgré la volonté de ses parents. Et puis, elle est bien un peu rieuse, un peu coquette ; c'est de son âge, cela n'a que dix-huit ans ! Son petit air malin désespère mon pauvre garçon ; aussi, pour le consoler, quand je vois qu'il ne mange pas et qu'il fait sa grosse voix avec la Sophie (notre jument, *en parlant par respect*), je ne peux pas m'empêcher de lui dire ce que j'en pense. Et il me croit un peu, car il voit bien que j'en sais plus long que lui sur le cœur des femmes. Moi, je vois bien que la belle rougit quand elle le rencontre, et qu'elle le cherche des yeux quand elle vient se promener par ici ; mais j'ai tort de dire cela à ce garçon, car je l'entretiens dans sa folie, et je ferais mieux de lui dire qu'il n'y faut pas songer.

— Pourquoi ? dit Marcelle ; l'amour rend tout possible. Soyez sûre, ma bonne mère, qu'une femme qui aime est plus forte que tous les obstacles.

— Oui, je pensais cela étant jeune. Je me disais que l'amour d'une femme est comme la rivière, qui casse tout quand elle veut passer, et qui se moque des barrages et des empellements. J'étais plus riche que mon pauvre Grand-Jean, moi, et pourtant je l'ai épousé. Mais il n'y avait pas la même différence qu'entre nous maintenant et mademoiselle...

Ici, le petit Édouard interrompit la meunière en disant à sa mère :

— Tiens ! Henri est donc ici ?

VI.

UN NOM SUR UN ARBRE.

Madame de Blanchemont tressaillit et faillit laisser échapper un cri du fond de son cœur, en cherchant des yeux ce qui avait pu motiver l'exclamation de l'enfant.

En suivant la direction des regards et des gestes d'Édouard, Marcelle remarqua un nom creusé au canif sur l'écorce d'un arbre. L'enfant commençait à savoir lire, surtout certains mots qui lui étaient familiers, certains noms qu'on lui avait peut-être fait épeler de préférence. Il avait parfaitement reconnu celui d'Henri inscrit sur le tronc lisse d'un peuplier blanc, et il s'imaginait que son ami venait de le tracer. Entraînée par l'imagination de son fils, Marcelle se persuada avec lui, pendant quelques instants, qu'elle allait voir Henri Lémor sortir des bosquets d'aunes et de trembles. Mais il ne lui fallut pas beaucoup réfléchir pour sourire tristement de sa facilité à se faire illusion. Cependant, comme on ne renonce pas volontiers à une espérance, si folle qu'elle soit, elle ne put se défendre de demander à la meunière si quelque personne de sa famille ou de son entourage portait le nom d'Henri.

— Aucune que je sache, répondit la mère Marie. Je ne connais point cela. Il y a bien au bourg de Nohant une famille Henri, mais ce sont des gens comme moi, qui ne savent écrire ni sur le papier ni sur les arbres... A moins que le fils qui revient de l'armée... mais bon ! il y a plus de deux ans qu'il n'est venu par ici.

— Vous ne savez donc pas qui peut avoir écrit ce nom?

— Je ne savais pas seulement qu'il y eût là quelque chose d'écrit. Je n'y ai jamais fait attention. Et quand je l'aurais vu, je ne sais pas lire. J'avais pourtant le moyen d'être bien éduquée, mais dans mon temps ce n'était guère la mode. On faisait une croix sur les actes en guise de signature, et c'était aussi bon devant la loi.

Le meunier était revenu avertir que le déjeuner était prêt. En voyant l'attention de Marcelle fixée sur ce nom, lui qui savait très-bien lire et écrire, mais qui n'avait rien remarqué jusqu'alors, il chercha à expliquer le fait.

— Je ne vois que l'homme de l'autre jour qui ait pu s'amuser à cela, dit-il, car il ne vient guère de gens de la ville par ici.

— Et qu'est-ce que c'est que l'homme de l'autre jour? demanda Marcelle en s'efforçant de prendre un air d'indifférence.

— C'était un monsieur qui ne nous a pas dit son nom, répondit la vieille. Nous ne savons pas grand'chose, et pourtant nous savons que la curiosité est malhonnête. Louis est comme moi là-dessus, et, au contraire des gens de notre pays qui interrogent à tort et à travers tous les étrangers qu'ils rencontrent, nous ne désirons jamais savoir que ce qu'on désire que nous sachions. Ce monsieur-là avait l'air de vouloir garder son nom et ses intentions pour lui seul.

— Et cependant il faisait beaucoup de questions, ce garçon-là, observa le Grand-Louis, et nous aurions été en droit de lui en faire à notre tour. Je ne sais pas pourquoi je n'ai pas osé. Il n'avait pourtant pas la mine bien méchante, et je ne suis pas très-honteux de mon naturel; mais il avait un air tout drôle et qui me faisait de la peine.

— Quel air avait-il donc? demanda Marcelle, dont la curiosité et l'intérêt s'éveillaient à chaque mot du meunier.

— Je ne saurais vous dire, répondit celui-ci ; je n'y faisais pas grande attention pendant qu'il était là, et quand il a été parti, je me suis mis à y penser. Vous souvenez-vous, ma mère?

— Oui, tu me disais : « Tenez, mère, en voilà un qui est comme moi, il n'a pas tout ce qu'il désire. »

— Bah! bah ! je ne disais pas cela, reprit le Grand-Louis, qui craignait que sa mère ne laissât échapper son secret, et ne se doutait pas qu'il fût déjà révélé. Je disais simplement: Voilà un particulier qui n'a pas l'air bien content d'être au monde.

— Il était donc fort triste? dit Marcelle émue.

— Il avait l'air de penser beaucoup. Il est resté au moins trois heures tout seul, assis par terre, là où vous êtes maintenant, et il regardait couler la rivière, comme s'il eût voulu compter toutes les gouttes d'eau. J'ai cru qu'il était malade, et je lui ai été, par deux fois, lui offrir d'entrer à la maison pour se rafraîchir. Quand j'approchais de lui, il sautait comme un homme qu'on réveille, et il prenait un air fâché. Puis, tout de suite, il avait un visage très-doux et très-bon, et il me remerciait. Il a fini par accepter un morceau de pain et un verre d'eau, pas davantage.

— C'est Henri! s'écria le petit Édouard, qui, pendu à la robe de sa mère, écoutait avec attention. Tu sais bien, maman, qu'Henri ne boit jamais de vin.

Madame de Blanchemont rougit, pâlit, rougit encore, et d'une voix qu'elle s'efforçait en vain d'assurer, elle demanda ce que cet étranger était venu faire dans le pays.

— Je n'en sais rien, répondit le farinier qui, fixant son regard pénétrant sur le beau visage ému de la jeune dame, se dit en lui-même :

— En voilà encore une qui a, comme moi, son idée dans la tête!

Et, voulant satisfaire autant que possible la curiosité de Marcelle sur l'étranger, et la sienne propre sur les sentiments de son hôtesse, il entra complaisamment dans tous les détails qu'elle attendait avec anxiété.

L'étranger était arrivé à pied, il y avait environ quinze jours. Il avait erré deux jours dans la Vallée-Noire, et on ne l'avait plus revu. On ne savait pas où il avait passé la nuit ; le meunier présumait que c'était à la belle étoile. Il ne paraissait pas très-nanti d'argent. Il avait pourtant offert de payer son maigre repas au moulin; mais sur le refus du meunier, il avait remercié avec la simplicité d'un homme qui ne rougit pas d'accepter l'hospitalité d'un homme de même condition que lui. Il était vêtu comme un ouvrier propre ou comme un bourgeois de campagne, avec une blouse et un chapeau de paille. Il avait un petit havre-sac sur le dos, et, de temps en temps, il le mettait sur ses genoux, en tirait du papier et avait l'air d'écrire comme s'il eût pris des notes. Il avait été à Blanchemont, à ce qu'il disait, mais personne ne l'y avait vu. Cependant, il parlait de la ferme et du vieux château comme un homme qui a tout examiné. En mangeant son pain et buvant son eau, il avait fait beaucoup de questions au meunier sur l'étendue des terres, sur leur rapport, sur les hypothèques dont elles étaient grevées, sur la réputation et le caractère du fermier, sur les dépenses de feu M. de Blanchemont, sur ses autres terres, etc.; enfin, on avait fini par le prendre, au moulin, pour un homme d'affaires envoyé par quelque acheteur, pour avoir des informations et reconnaître la qualité du terrain.

— Car il paraît que la terre de Blanchemont va être mise en vente, si elle ne l'est pas déjà, ajouta le meunier, qui n'était pas tout à fait dégagé de la fièvre de curiosité particulière aux paysans de l'endroit, que prétendait sa mère.

Marcelle, qu'une bien autre sollicitude agitait, entendit à peine la réflexion qui terminait ce récit.

— Quel âge pouvait avoir cet étranger? demanda-t-elle.

— Si sa figure ne ment pas, dit la meunière, il peut avoir l'âge de Louis, de vingt-quatre à vingt-cinq ans environ.

— Et... comment est-il de figure? Est-il brun, de moyenne taille?

— Il n'est pas grand et il n'est pas blond, dit le meunier. Il n'a pas une vilaine figure, mais il est pâle comme un homme qui ne jouit pas d'une grosse santé.

— Ce pourrait être Henri, pensa Marcelle, bien que ce portrait un peu rudement esquissé, ne répondît pas assez à l'idéal qu'elle portait dans son cœur.

— C'est un homme qui ne sera peut-être pas très-*coulant* en affaires, reprit le Grand-Louis : car pour obliger M. Bricolin, le fermier de Blanchemont, qui veut se porter acquéreur, et pour dégoûter un peu celui-là, je m'amusais à déprécier la propriété; mais ce garçon ne se laissait pas endormir. La terre vaut ceci et cela, disait-il, et il comptait le revenu, les charges, les frais sur le bout de ses doigts, comme un quelqu'un qui s'y connaît, et qui n'a pas besoin de longues paroles, le verre en main, à la mode du pays, pour voir le fort et le faible d'une affaire.

— Allons, je suis folle, pensa madame de Blanchemont, cet étranger est le premier venu, quelque régisseur chargé de placer des fonds dans le pays, et son air triste, sa rêverie au bord de l'eau, c'est tout simplement le résultat de la chaleur et de la fatigue. Quant à ce nom d'Henri, c'est un hasard qu'il le porte, si tant est que ce soit lui qui l'ait écrit là. Jamais Henri ne s'est occupé d'affaires ; jamais il n'a su la valeur d'aucune propriété, la source et le cours d'aucune richesse de ce monde. Non, non, ce n'est pas lui. D'ailleurs, n'était-il pas à Paris, il y a quinze jours? Il y en a trois que je l'ai vu, et il ne m'a pas dit qu'il se fût absenté récemment. Que serait-il venu faire dans la Vallée-Noire? Savait-il seulement que la terre de Blanchemont, dont je ne me souviens pas de lui avoir jamais parlé, fût située dans cette province?

Ayant détaché, non sans quelque effort, ses regards de l'inscription mystérieuse qui avait tant fait travailler sa pensée, elle suivit ses hôtes à la maison, et trouva un excellent déjeuner servi sur une table massive recouverte d'une nappe bien blanche. La fromentée (le mets favori du pays), pâte compacte de blé crevé dans l'eau et *habillé* dans le lait, le gâteau de poires à la crème poivrée, les truites de la Vauvre, les poulets maigres et tendres, mis tout palpitants sur le gril, la salade à l'huile de noix bouillante, le fromage de chèvre et les fruits un peu verts ; tout cela parut exquis au petit Édouard. On avait mis le couvert des deux domestiques et des deux hôtes à la même table que madame de Blanchemont, et la meunière s'étonnait beaucoup du refus de Lapierre et de Suzette, de s'asseoir à côté de leur maîtresse. Mais Marcelle exigea qu'ils se conformassent à l'usage de la campagne, et elle commença gaiement cette vie d'égalité dont l'idée lui souriait.

Les manières du meunier étaient brusques, ouvertes, et jamais grossières. Celles de sa mère étaient un peu plus obséquieuses, et, malgré les remontrances de Grand-Louis, à qui le bon sens tenait lieu de savoir vivre, elle persécutait bien un peu ses convives pour les forcer à manger plus que leur appétit ne le comportait; mais il y avait tant de sincérité dans son empressement, que Marcelle ne songea point à la trouver importune. Cette vieille avait du cœur et de l'intelligence, et son fils tenait d'elle à tous égards. Il avait de plus qu'elle un bon fonds d'éducation élémentaire. Il avait suivi l'école primaire; il savait lire et comprendre beaucoup plus de choses qu'il n'était pressé de le faire voir. En causant avec lui, Marcelle trouva plus d'idées justes, de notions saines et de goût naturel, qu'elle n'eût attendu la veille de la part du grand farinier à sa rencontre dans l'auberge. Tout cela avait d'autant plus de prix que, loin d'en faire montre et d'en tirer vanité, il affectait des manières de paysan plus rudes que celles dont il n'ignorait pas l'usage. On eût dit qu'il craignait par-dessus tout de passer pour un bel esprit de village, et qu'il avait un profond mépris pour ceux qui renient leur vraie race et leur honnête condition, en prenant des airs ridicules. Il parlait avec assez de pureté, à l'ordinaire, sans toutefois dédaigner les locutions naïves et pittoresques du terroir. Quand il s'oubliait, c'est alors qu'il parlait tout à fait bien et qu'on ne sentait plus du tout le meunier. Mais bientôt, comme s'il eût été honteux de s'écarter de sa sphère, il revenait à ses plaisanteries sans fiel et à sa familiarité sans insolence.

Cependant Marcelle fut un peu embarrassée, lorsque le patachon étant revenu se mettre à sa disposition vers sept heures du matin, elle voulut, tout en prenant congé de ses hôtes, payer la dépense qu'elle avait faite chez eux. Ils se refusèrent à rien recevoir.

— Non, ma chère dame, non, lui dit le meunier sans emphase, mais d'un ton ferme; nous ne sommes pas aubergistes. Nous pourrions l'être, ce ne serait pas au-dessous de nous. Mais, enfin, nous ne le sommes pas, et nous ne prendrons rien.

— Comment ! dit Marcelle, je vous aurai causé tout ce dérangement et toute cette dépense sans que vous me permettiez de vous indemniser? car je sais que votre mère m'a donné sa chambre, qu'elle a pris votre lit et que vous avez couché dans le foin de votre grenier. Vous vous êtes dérangé de vos occupations ce matin pour pêcher. Votre mère a chauffé le four, elle a pris de la peine, et nous avons fait une certaine consommation chez vous.

— Oh! ma mère a très-bien dormi et moi encore mieux, répondit Grand-Louis. Les truites de la Vauvre ne me coûtent rien, c'est aujourd'hui dimanche, et ces jours-là je pêche toute la matinée. Pour un peu de lait, de pain et de farine qui ont servi à votre déjeuner, avec quelque mauvaise volaille, nous ne serons pas ruinés. Ainsi, le service n'est pas grand, et vous pouvez l'accepter de nous sans regret. Nous ne vous le reprocherons pas, d'autant plus que nous ne vous reverrons peut-être jamais.

— J'espère que si, répondit Marcelle, car je compte rester quelques jours au moins à Blanchemont; je veux revenir remercier votre mère et vous d'une hospitalité si cordiale et que je suis pourtant un peu honteuse d'accepter ainsi.

— Et pourquoi avoir honte de recevoir un petit service des honnêtes gens? Quand on est content de leur bon cœur, on est quitte envers eux. Je sais bien que dans les grandes villes tout se paie, jusqu'à un verre d'eau. C'est une vilaine coutume, et dans nos campagnes, on serait bien malheureux si on ne s'obligeait pas les uns les autres. Allons, allons, n'en parlons plus.

— Mais vous ne voulez donc pas que je revienne vous demander à déjeuner? vous me forcez à m'abstenir de ce plaisir ou à devenir indiscrète.

— Cela c'est autre chose. Nous n'avons fait que notre devoir, en vous donnant comme vous dites l'hospitalité; car enfin nous sommes élevés à regarder cela comme un devoir ; et, bien que la bonne coutume s'en aille un peu, bien qu'aujourd'hui les pauvres gens, sans demander qu'on leur paie ces petits services, acceptent presque tout ce qu'on leur donne en partant, nous ne sommes pas d'avis, ma mère et moi, de changer les vieux usages quand ils sont bons. S'il y avait eu aux environs une auberge passable, je vous y aurais conduite hier soir, pensant que vous y seriez mieux que chez nous, et voyant bien que vous aviez le moyen de payer votre gîte. Mais il n'y en a point, ni bonne, ni mauvaise, et, à moins d'être un homme sans cœur, je ne pouvais pas vous laisser passer la nuit dehors. Croyez-vous que je vous aurais invitée à venir chez nous, si j'avais eu l'intention de vous faire payer? Non, puisque, comme je vous le dis, je ne suis pas aubergiste. Voyez, nous n'avons ni houx, ni genêt à notre porte.

— J'aurais dû remarquer cela en entrant, dit Marcelle, et mettre plus de discrétion dans ma conduite ici. Mais que répondez-vous à ma question? Vous ne voulez donc pas que je revienne?

— Cela c'est autre chose. Je vous invite à revenir tant que vous voudrez. Vous trouvez l'endroit joli, votre petit aime nos galettes. Ça m'encourage à vous dire que toutes les fois que vous reviendrez, vous nous ferez plaisir.

— Et vous me forcerez comme aujourd'hui à accepter tout *gratis* ?

— Puisque je vous y invite ? Je me suis donc mal expliqué ?

— Et vous ne voyez pas que, selon moi, ce serait abuser de votre bon cœur?

— Non, je ne vois pas cela. Quand on est invité, on use de son droit en acceptant.

— Allons, dit madame de Blanchemont, vous avez la vraie politesse, je le comprends, et dans notre monde on ne l'a pas. Vous m'enseignez que la discrétion, cette qualité si vantée et malheureusement si nécessaire parmi nous, est devenue telle depuis que la bienveillance s'est changée en compliments, et depuis que le savoir-vivre n'est plus l'expression de la sincère obligeance.

— Vous parlez bien, dit le meunier dont la figure s'éclaira d'un rayon de vive intelligence, et je suis bien aise d'avoir en cette occasion de vous obliger, foi d'homme !

— En ce cas, vous me permettrez de vous recevoir à mon tour quand vous viendrez à Blanchemont?

— Ah ! cela, pardon ! mais je n'irai pas chez vous. J'irai chez vos fermiers, comme j'y vais souvent, porter du blé; et je vous saluerai avec plaisir, voilà tout.

— Ah! ah! monsieur Louis, vous ne voulez pas déjeuner chez moi?

— Oui et non. Je mange souvent chez vos fermiers ;

Marcelle remarqua un nom creusé au canif sur un arbre (Page 13.)

mais si vous êtes là, ça sera changé. Vous êtes une dame noble, suffit.

— Expliquez-vous, je ne comprends pas.

— Voyons, est-ce que vous n'avez pas conservé les usages des anciens seigneurs? N'enverriez-vous pas votre meunier manger à la cuisine avec vos valets, et sans vous bien sûr? Moi, ça ne me fâcherait pas de manger avec eux, puisque je l'ai bien fait aujourd'hui chez moi; mais ça me paraîtrait drôle de vous avoir fait asseoir chez moi, et de ne pouvoir pas m'asseoir chez vous, au coin du feu, et votre chaise à côté de la mienne. Voilà, je suis un peu fier. Je ne vous blâmerais pas, chacun suit ses idées et ses usages; c'est pourquoi je n'ai pas besoin d'aller me soumettre à ceux des autres quand je n'y suis pas forcé.

Marcelle fut très-frappée du bon sens et de la sincère hardiesse du meunier. Elle sentit qu'il lui donnait une excellente leçon, et elle se réjouit d'avoir adopté des projets qui lui permettraient de la recevoir sans rougir.

— Monsieur Louis, lui dit-elle, vous vous trompez sur mon compte. Ce n'est pas ma faute, si j'appartiens à la noblesse; mais il se trouve que par bonheur ou par hasard, je ne veux plus me conformer à ses usages. Si vous venez chez moi, je n'oublierai pas que vous m'avez reçue comme votre égale, que vous m'avez servie comme votre prochain, et, pour vous prouver que je ne suis pas ingrate, je mettrai, s'il le faut, votre couvert et celui de votre mère moi-même à ma table, comme vous avez mis le mien à la vôtre.

— Vrai, vous feriez cela? dit le meunier en regardant Marcelle avec un mélange de surprise, de doute respectueux et de sympathie familière. En ce cas, j'irai..... ou plutôt non, je n'irai pas; car je vois bien que vous êtes une honnête personne.

— Je ne comprends pas non plus à quel propos cette réflexion.

— Ah! dame! si vous ne comprenez pas... je suis un peu en peine de m'expliquer mieux.

— Allons, Louis, je crois que tu es fou, dit la vieille Marie qui tricotait d'un air grave en écoutant toute cette conversation. Je ne sais pas où tu prends tout ce que tu dis à notre dame. Excusez, Madame, ce garçon est un sans-souci qui a toujours dit à tout le monde, petits et grands, tout ce qui lui passait par la tête. Il ne faut

Mais le seul aspect de Blanchemont... (Page 18.)

pas que cela vous fâche. Au fond, il a bon cœur, croyez-moi, et je vois bien à sa mine qu'il se jetterait dans le feu pour vous à cette heure.

— Dans le feu, pas sûr, dit le meunier en riant; mais dans l'eau, c'est mon élément. Vous voyez bien, mère, que madame est une femme d'esprit, et qu'on peut lui dire tout ce qu'on pense. Je le dis bien à M. Bricolin, son fermier, qui est certainement plus à craindre qu'elle, ici!

— Dites donc, maître Louis, parlez! je suis très-disposée à m'instruire. Pourquoi, parce que je suis une honnête personne, ne viendriez-vous pas chez moi?

— Parce que nous aurions tort de nous familiariser avec vous, et que vous auriez tort de nous traiter en égaux. Ça vous attirerait des désagréments. Vos pareils vous blâmeraient; ils diraient que vous oubliez votre rang, et je sais que cela passe pour très-mal à leurs yeux. Et puis, la bonté que vous auriez avec nous, il faudrait donc l'avoir avec tous les autres, ou cela ferait des jaloux et nous attirerait des ennemis. Il faut que chacun suive sa route. On dit que le monde est grandement changé depuis cinquante ans; moi je dis qu'il n'y a rien

de changé que nos idées à nous autres. Nous ne voulons plus nous soumettre, et ma mère que voilà, et que j'aime pourtant bien, la brave femme, voit autrement que moi sur bien des choses. Mais les idées des riches et des nobles sont ce qu'elles ont toujours été. Si vous ne les avez pas, ces idées-là, si vous ne méprisez pas un peu les pauvres gens, si vous leur faites autant d'honneur qu'à vos pareils, ce sera peut-être tant pis pour vous. J'ai vu souvent votre mari, défunt M. de Blanchemont, que quelques-uns appelaient encore le seigneur de Blanchemont. Il venait tous les ans au pays et restait deux ou trois jours. Il nous tutoyait. Si ç'avait été par amitié, passe; mais c'était par mépris; il fallait lui parler debout et toujours chapeau bas. Moi, cela ne m'allait guère. Un jour, il me rencontra dans le chemin et me commanda de tenir son cheval. Je fis la sourde oreille, il m'appela butor, je le regardai de travers; s'il n'avait pas été si faible, si mince, je lui aurais dit deux mots. Mais ç'aurait été lâche de ma part, et je passai mon chemin en chantant. Si cet homme-là était vivant et qu'il vous entendît me parler comme vous faites, il ne pourrait pas être content. Tenez! rien qu'à la figure de vos domestiques, j'ai bien vu aujourd'hui qu'ils vous trouvaient trop sans façon avec nous autres et même avec eux. Allons, Madame, c'est à vous de revenir vous promener au moulin, et à nous qui vous aimons, de ne pas aller nous attabler au château.

— Pour le mot que vous venez de dire, je vous pardonne tout le reste, et je me promets de vous convaincre, dit Marcelle en lui tendant la main avec une expression de visage dont la noble chasteté commandait le respect, en même temps que ses manières entraînaient l'affection. Le meunier rougit en recevant cette main délicate dans sa main énorme, et, pour la première fois, il devint timide devant Marcelle, comme un enfant audacieux et bon dont l'orgueil est tout à coup vaincu par l'émotion.

— Je vas monter sur Sophie, et vous servir de guide jusqu'à Blanchemont, dit-il après un instant de silence embarrassé; ce patachon de malheur vous égarerait encore, quoiqu'il n'y ait pas loin.

— Eh bien! j'accepte, dit Marcelle; direz-vous encore que je suis fière?

— Je dirai, je dirai, s'écria le Grand-Louis en sortant avec précipitation, que si toutes les femmes riches étaient comme vous...

On n'entendit pas la fin de sa phrase, et sa mère se chargea de la terminer.

— Il pense, dit-elle, que si la fille qu'il aime était aussi peu fière que vous, il n'aurait pas tant de tourment.

— Et ne pourrais-je pas lui être utile? dit Marcelle en songeant avec plaisir qu'elle était riche et saintement prodigue.

— Peut-être qu'en disant du bien de lui devant la demoiselle, car vous la connaîtrez bien vite.... Mais bah! elle est trop riche!

— Nous reparlerons de cela, dit Marcelle en voyant rentrer ses domestiques qui venaient chercher ses paquets. Je reviendrai tout exprès, bientôt, demain, peut-être.

Le patachon roux et rageur avait passé la nuit sous un arbre, n'ayant pu découvrir, à travers l'obscurité, une maison dans la Vallée-Noire. À la pointe du jour, il avait aperçu le moulin, et il y avait été hébergé et restauré lui et son cheval. Dans sa mauvaise humeur, il était fort disposé à répondre avec insolence aux reproches qu'il s'attendait à recevoir. Mais, d'une part, Marcelle ne lui en fit aucun, et de l'autre, le farinier l'accabla de tant de moqueries, qu'il ne put lui dire le dernier avec lui, et remonta tout penaud sur son brancard. Le petit Édouard supplia sa mère de le laisser aller à cheval devant le meunier qui le prit dans ses bras avec amour, en disant tout bas à la vieille Marie:

— Si nous en avions un comme ça pour nous réjouir à la maison? hein, mère? Mais ça ne sera jamais!

Et la mère comprit qu'il ne voulait se marier qu'avec celle à laquelle il ne pouvait raisonnablement prétendre.

VII.

BLANCHEMONT.

Marcelle ayant embrassé la meunière et largement récompensé en cachette les serviteurs du moulin, remonta gaiement dans l'infernale patache. Son premier essai d'égalité avait épanoui son âme, et la suite du roman qu'elle voulait réaliser se présentait à ses yeux sous les plus poétiques couleurs. Mais le seul aspect de Blanchemont rembrunit singulièrement ses pensées, et son cœur se serra dès qu'elle eut franchi la porte de son domaine.

En remontant le cours de la Vauvre, et après avoir gravi un mamelon assez raide, on se trouve sur le *tré* ou *terrier*, c'est-à-dire le tertre de Blanchemont. C'est une belle pelouse ombragée de vieux arbres, et dominant un site charmant, non pas des plus étendus de la Vallée-Noire, mais frais, mélancolique et d'un aspect assez sauvage, à cause de la rareté des habitations dont on aperçoit à peine les toits de chaume ou de tuile brune au milieu des arbres.

Une pauvre église et les maisonnettes du hameau entourent ce tertre incliné vers la rivière, qui fait en cet endroit de gracieux détours. De là un étage chemin raboteux conduit au château situé un peu en arrière au-dessous du tertre, au milieu des champs de blé. On rentre en plaine, on perd de vue les beaux horizons bleus du Berri et de la Marche. Il faut monter aux seconds étages du château pour les retrouver.

Ce château n'a jamais été d'une grande défense: les murs n'ont pas plus de cinq à six pieds d'épaisseur en bas, les tours élancées sont encorbellées. Il date de la fin des guerres de la féodalité. Cependant la petitesse des portes, la rareté des fenêtres, et les nombreux débris de murailles et de tourelles qui lui servaient d'enceinte, signalent un temps de méfiance où l'on se mettait encore à l'abri d'un coup de main. C'est un castel assez élégant, un carré long renfermant à tous les étages une seule grande pièce, avec quatre tours contenant de plus petites chambres aux angles, et une autre tour sur la face de derrière servant de cage à l'unique escalier. La chapelle est isolée par la destruction des anciens communs; les fossés sont comblés en partie, les tourelles d'enceinte sont tronquées à la moitié, et l'étang qui baignait jadis le château du côté du nord est devenu une jolie prairie oblongue, avec une petite source au milieu.

Mais l'aspect encore pittoresque du vieux château ne frappa d'abord que secondairement l'attention de l'héritière de Blanchemont. Le meunier, en l'aidant à descendre de voiture, la dirigeait vers ce qu'il appelait le château neuf et les vastes dépendances de la ferme, situées au pied du manoir antique et bordant une très-grande cour fermée d'un côté par un mur crénelé, de l'autre par une haie et un fossé plein d'eau bourbeuse. Rien de plus triste et de plus déplaisant que cette demeure des riches fermiers. Le château neuf n'est qu'une grande maison de paysan, bâtie, il y a peut-être cinquante ans, avec les débris des fortifications. Cependant les murs solides, fraîchement recrépis, et la toiture en tuiles neuves d'un rouge criard, annonçaient de récentes réparations. Ce rajeunissement extérieur jurait avec la vétusté des autres bâtiments d'exploitation et la malpropreté insigne de la cour. Ces bâtiments sombres, et offrant des traces d'ancienne architecture, mais solides et bien entretenus, formaient un développement de granges et d'étables d'un seul tenant qui faisait l'orgueil des fermiers et l'admiration de tous les agriculteurs du pays. Mais cette enceinte, si utile à l'industrie agricole, et si commode pour l'emménagement du bétail et de la récolte, enfermait les regards et la pensée dans un espace triste, prosaïque et d'une saleté repoussante. D'énormes monceaux de fumier enfoncés dans leurs fosses carrées en pierres de taille, et s'élevant encore à dix ou douze pieds de hauteur, laissaient échapper des ruisseaux immondes qu'on faisait écouler à dessein en toute liberté vers les terrains inférieurs pour réchauffer les légumes du potager. Ces provisions d'engrais, richesse favorite du cultivateur, charment sa vue et font glorieusement palpiter son cœur satisfait, lorsqu'un confrère vient les contempler avec l'admiration de l'envie. Dans les petites exploitations rustiques, ces détails n'offensent pourtant ni les yeux ni l'esprit de l'artiste. Leur désordre, l'encombrement des instruments aratoires, la verdure qui vient tout encadrer, les cachent ou les relèvent; mais sur une grande échelle et sur un terrain vaste, rien de plus déplaisant que cet horizon d'immondices. Des nuées de dindons, d'oies et de canards se chargent d'empêcher qu'on puisse mettre le pied avec sécurité sur un endroit épargné par l'écoulement des *fumerioux* (les tas de fumier). Le terrain, inégal et pelé, est traversé par une voie pavée, qui en cet instant, n'était pas plus praticable que le reste. Les débris de la vieille toiture du château neuf étant restés épars sur le sol, on marchait littéralement sur un champ de tuiles brisées. Il y avait pourtant près de six mois que le travail des couvreurs était terminé; mais ces réparations étaient à la charge du propriétaire, tandis que le soin d'enlever le déchet et de nettoyer la cour regardait le fermier. Il se promettait donc de le faire quand les occupations de l'été auraient cessé et que ses serviteurs pourraient s'en charger. D'une part, il y avait le motif d'économiser quelques journées d'ouvrier ; de l'autre, cette profonde apathie du Berrichon, qui laisse toujours quelque chose d'inachevé, comme si, après un effort l'activité épuisée demandait un repos indispensable et les délices de la négligence avant la fin de la tâche.

Marcelle compara cette grossière et repoussante opulence agricole, au poétique bien-être du meunier ; et elle lui aurait adressé quelque réflexion à cet égard, si, au milieu des cris de détresse des dindons effarouchés et pourtant immobiles de terreur, du sifflement des oies mères de famille, et des aboiements de quatre ou cinq chiens maigres au poil jaune, elle eût pu placer une parole. Comme c'était le dimanche, les bœufs étaient à l'étable et les laboureurs sur le pas de la porte, dans leurs habits de fête, c'est-à-dire en gros drap bleu de Prusse, de la tête aux pieds. Ils regardèrent entrer la patache avec beaucoup d'étonnement, mais aucun ne se dérangea pour la recevoir et pour avertir le fermier de l'arrivée d'une visite. Il fallut que Grand-Louis servît d'introducteur à madame de Blanchemont ; il n'y fit pas beaucoup de façons et entra sans frapper, en disant :

— Madame Bricolin, venez donc ! voilà madame de Blanchemont qui vient vous voir.

Cette nouvelle imprévue causa un si vif saisissement aux trois dames Bricolin qui venaient de rentrer de la messe, et qui étaient en train de manger debout une légère collation, qu'elles restèrent stupéfaites, se regardant comme pour se demander ce qu'il fallait dire et faire en pareille circonstance ; et elles n'avaient pas encore bougé de leur place lorsque Marcelle entra. Le groupe qui se présenta à ses regards était composé de trois générations. La mère Bricolin, qui ne savait ni lire ni écrire, et qui était vêtue en paysanne ; madame Bricolin, épouse du fermier, un peu plus élégante que sa belle-mère, ayant à peu près la tenue d'une gouvernante de curé : celle-là savait signer son nom lisiblement, et trouver les heures du lever du soleil et les phases de la lune dans l'almanach de Liége ; enfin, mademoiselle Rose Bricolin, belle et fraîche en effet comme une rose du mois de mai, qui savait très-bien lire des romans, écrire la dépense de la maison et danser la contredanse. Elle était coiffée en cheveux, et portait une jolie robe de mousseline couleur de rose, qui dessinait à merveille une taille charmante, un peu trop modelée par l'exagération du corsage et des manches collantes, à la mode du moment. Cette ravissante figure, dont l'expression était fine et naïve à la fois, effaça chez Marcelle le fâcheux effet de la mine aigre et dure de sa mère. La grand'mère, hâlée et ridée comme une campagnarde éprouvée, avait une physionomie ouverte et hardie. Ces trois femmes restaient la bouche béante ; la mère Bricolin se demandant de bonne foi si cette belle jeune dame était la même qu'elle avait vue venir quelquefois au château trente ans auparavant, c'est-à-dire la mère de Marcelle, qu'elle savait pourtant bien être morte depuis longtemps ; madame Bricolin, la fermière, s'apercevant qu'elle avait remis trop vite, en rentrant de la messe, un tablier de cuisine sur sa robe de mérinos marron ; et mademoiselle Rose pensant rapidement qu'elle était irréprochablement vêtue et chaussée, et qu'elle pouvait, grâce au dimanche, être surprise par une élégante Parisienne, sans avoir à rougir de quelque occupation domestique trop vulgaire.

Madame de Blanchemont avait toujours été, aux yeux de la famille Bricolin, un être problématique qui existait peut-être, qu'on n'avait jamais vu et qu'on ne verrait certainement jamais. On avait connu monsieur son mari, qu'on n'aimait point parce qu'il était hautain, qu'on n'estimait pas parce qu'il était dépensier, et qu'on ne craignait guère parce qu'il avait toujours besoin d'argent et qu'il s'en faisait avancer à tout prix. Depuis sa mort, on pensait n'avoir jamais à traiter qu'avec des hommes d'affaires, vu que le défunt avait dit maintes fois, en produisant la complaisante signature de sa femme : Madame de Blanchemont est un enfant qui ne s'occupera jamais de tout cela, et qui s'inquiète fort peu d'où lui vient l'argent, pourvu que je lui en apporte. Bien entendu que le mari avait coutume de mettre sur le compte des goûts dispendieux de sa femme les prodigalités qu'il faisait à ses maîtresses. On ne soupçonnait donc nullement le caractère véritable de la jeune veuve, et madame Bricolin crut faire un rêve en la voyant tomber en personne au beau milieu de la ferme de Blanchemont. Devait-elle s'en réjouir ou s'en affliger ? Cette apparition bizarre était-elle d'un bon ou d'un mauvais augure pour la prospérité des Bricolin ? Venait-on réclamer ou demander ?

Tandis que, livrée à ces soudaines perplexités, la fermière examinait Marcelle à peu près comme une chèvre qui se met sur la défensive à la vue d'un chien étranger au troupeau, Rose Bricolin, subitement gagnée par l'air affable et la mise simple de l'étrangère, avait eu le courage de faire deux pas vers elle. La grand'mère fut la moins embarrassée des trois. Le premier moment de surprise dissipé, et sa tête affaiblie ayant fait un effort pour comprendre à qui elle avait affaire, elle s'approcha de Marcelle avec une brusque franchise, et lui fit accueil à peu près dans les mêmes termes, quoique avec moins de distinction et de grâce que la meunière d'Angibault. Les deux autres, un peu rassurées par l'air doux et bienveillant avec lequel Marcelle leur demanda l'hospitalité pour deux ou trois jours, ayant, disait-elle, à s'entretenir de ses affaires avec M. Bricolin, s'empressèrent bientôt de lui offrir à déjeuner.

Le refus de Marcelle fut motivé sur l'excellent repas qu'elle avait pris une heure auparavant au moulin d'Angibault, et c'est alors seulement que les regards des trois dames Bricolin se portèrent sur le Grand-Louis qui se tenait près de la porte, causant farine avec la servante comme pour avoir prétexte à rester un peu. Ces trois regards furent très-différents. Celui de la grand'mère fut amical, celui de sa belle-fille plein de dédain, celui de Rose incertain et indéfinissable comme s'il eût été mêlé de l'un et de l'autre sentiment intérieur.

— Comment s'écria madame Bricolin d'un ton dolent et railleur, lorsque Marcelle eut raconté en peu de mots ses aventures de la nuit, vous avez été forcée de coucher dans ce moulin ? Et nous ne le savions pas ! Eh ! pourquoi cet imbécile de meunier ne vous a-t-il pas amenée ici tout de suite ? Ah ! mon Dieu ! quelle mauvaise nuit vous avez dû passer, Madame !

— Excellente, au contraire, j'ai été traitée comme une reine, et j'ai mille obligations à M. Louis et à sa mère.

— Mais ça ne m'étonne pas, dit la mère Bricolin ; la Grand'Marie est une si brave femme, et elle tient sa maison si proprement ! C'est mon amie de jeunesse, à moi ; nous avons gardé les moutons ensemble, sauf votre respect ; nous étions deux jolies filles dans ce temps-là, à ce qu'on disait, quoiqu'il n'y paraisse plus, n'est-ce pas, Madame ? Nous n'en savions pas plus long l'une que l'autre : filer, tricoter, faire les fromages, et voilà tout. Nous nous sommes mariées bien différemment ; elle a pris plus pauvre qu'elle, et moi j'ai épousé plus riche que moi. C'est l'amour qui a fait ces deux mariages-là ! ça se voyait dans notre temps ; à présent on ne se marie que par intérêt, et les écus comptent plus que les sentiments. Ce n'en est pas mieux, n'est-ce pas, madame de Blanchemont ?

— Je suis tout à fait de votre avis, dit Marcelle.

— Eh ! mon Dieu ! ma mère, quels contes faites-vous là à Madame ? reprit aigrement madame Bricolin. Croyez-vous que vous l'amusez avec vos vieilles histoires ? Eh ! meunier, ajouta-t-elle d'un ton impératif, allez donc voir si M. Bricolin est dans la garenne ou à son champ d'avoine derrière la maison. Vous lui direz de venir saluer madame.

— M. Bricolin, répondit le meunier avec un regard clair et un air de bravade enjouée, n'est ni à son champ d'avoine, ni à la garenne ; je l'ai aperçu en passant qui buvait chopine et pinte avec M. le curé au presbytère.

— Ah ! oui ! dit la mère Bricolin, il doit être au *précipitère*. M. le curé a grand soif et grand faim après la grand'messe, et il aime qu'on lui tienne compagnie. Dis-moi, Louis, mon enfant, veux-tu aller le chercher, toi qui es si complaisant?

— J'y vas tout de suite, dit le meunier qui n'avait pas eugé à l'injonction de la fermière.

Et il sortit en courant.

Si vous le trouvez complaisant, celui-là, grommela madame Bricolin en regardant sa belle-mère avec humeur, vous n'êtes pas difficile.

— Oh! maman, il ne faut pas dire cela, dit d'une voix douce la belle Rose Bricolin. Grand-Louis a bien bon cœur.

— Et qu'est-ce que vous voulez en faire de son bon cœur? risposta la Bricolin avec une irritation croissante. Qu'est-ce que vous avez donc pour lui toutes les deux, depuis quelque temps?

— Mais, maman, c'est toi qui es injuste avec lui depuis quelque temps, répondit Rose, qui ne paraissait pas craindre beaucoup sa mère, habituée qu'elle était à la protection de son aïeule. Tu le rudoies toujours, et pourtant tu sais que papa l'estime beaucoup.

— Toi, tu ferais mieux, dit la fermière, d'aller, au lieu de raisonner, préparer la chambre, qui est la mieux arrangée de la maison, pour madame, qui aura peut-être envie de se reposer avant l'heure du dîner. Madame nous excusera si elle n'est pas très-bien logée ici. C'est seulement l'année dernière que défunt M. de Blanchemont a consenti à faire arranger un peu le château neuf, qui était quasi aussi délabré que l'ancien, et c'est alors seulement que nous avons pu commencer à nous meubler un peu convenablement au renouvellement de notre bail. Rien n'est terminé, les papiers ne sont pas encore collés dans toutes les chambres, et nous attendons des commodes et des lits qui ne sont pas encore arrivés de Bourges. Nous en avons aussi qui ne sont pas encore déballés. Nous sommes vraiment sens dessus dessous depuis que les ouvriers ont tout bouleversé ici.

Les embarras domestiques que madame Bricolin signalait ainsi par un discours de rigueur, étaient absolument motivés comme ceux que Marcelle avait pu remarquer à l'extérieur de la maison. L'économie, jointe à l'apathie, faisait traîner les dépenses en longueur, et reculait indéfiniment le moment de jouir du luxe qu'on voulait, qu'on pouvait, et qu'on n'osait encore se permettre. La pièce triste et enfumée où l'on avait été surpris par la châtelaine était la plus laide et la plus malpropre du château neuf. C'était à la fois une cuisine, une salle à manger et un parloir. Les poules y avaient accès, à cause de la porte au rez-de-chaussée constamment ouverte, le soin de les chasser étant une des occupations incessantes de la fermière, comme si l'état de colère et les actes de rigueur perpétuelle où l'entretenaient les récidives de la volaille eussent été nécessaires à son besoin d'agir et de châtier. C'est là qu'on recevait les paysans avec lesquels on avait des relations de tous les instants; et, comme leurs pieds crottés et le sans-gêne de leurs habitudes eussent inévitablement gâté les parquets et les meubles, on n'y faisait usage que de grossières chaises de paille et de bancs de bois posés sur les dalles nues et inutilement balayées dix fois par jour. Les mouches, qui y tenaient cour plénière, et le feu qui brûlait à toute heure et en toute saison dans la vaste cheminée ornée de crémaillères de toutes dimensions, rendaient cette pièce fort désagréable en été. Et pourtant c'est là que se tenait continuellement la famille, et lorsqu'on fit passer Marcelle dans la pièce voisine, il lui fut aisé de voir que cette espèce de salon était encore vierge, quoiqu'il fût arrangé depuis un an. Il était décoré avec le luxe grossier des chambres d'auberge. Le parquet tout neuf n'avait pas encore reçu l'encaustique et le cirage. Les rideaux d'indienne voyante étaient suspendus par leurs ornements de cuivre estampés d'un goût détestable. La garniture de la cheminée répondait à l'éclat et à la laideur de ces ornements prétendus renaissance. Un guéridon fort riche, sur lequel on devait un jour prendre le café, avait tous ses bronzes dorés encore enveloppés de papier et de ficelle. Le meuble était couvert de housses à carreaux rouges et blancs, sous lesquelles le damas de laine était destiné à s'user sans voir le jour; et, comme on ne connaît point encore dans ces fermes la distinction du salon avec la chambre à coucher, deux lits d'acajou, non encore garnis de rideaux, étaient disposés en long, les pieds en avant vers la fenêtre, à droite et à gauche de la porte d'entrée. On se disait à l'oreille dans la famille que ce serait la chambre de noces de Rose.

Marcelle trouva cette maison si déplaisante, qu'elle résolut de n'y pas demeurer. Elle déclara qu'elle ne voulait pas causer le moindre dérangement à ses hôtes, et qu'elle chercherait dans le hameau quelque maison de paysan où elle pût prendre gîte, à moins qu'il n'y eût dans le vieux château quelque chambre habitable. Cette dernière idée parut causer quelque souci à madame Bricolin, et elle n'épargna rien pour en détourner son hôtesse.

— Il est bien vrai, dit-elle, qu'il y a toujours au vieux château ce qu'on appelle la chambre du maître. Lorsque M. le baron, votre défunt mari, nous faisait l'honneur de passer par ici, comme il nous écrivait toujours d'avance pour nous prévenir de son arrivée, nous avions soin de tout nettoyer, afin qu'il ne s'y trouvât pas trop mal. Mais ce malheureux château est si triste, si délabré..! Les rats et les oiseaux de nuit font là dedans un vacarme si épouvantable, et, d'ailleurs, les toitures sont en si mauvais état, et les murs si branlants, qu'il n'y a vraiment pas de sûreté à y dormir. Je ne conçois pas le goût que M. le baron avait pour cette chambre. Il n'en voulait pas accepter chez nous, et on aurait dit qu'il se serait cru dégradé s'il eût passé une nuit ici ailleurs que sous le toit de son vieux château.

— J'irai voir cette chambre, dit Marcelle, et pour peu qu'on y puisse dormir à couvert, c'est tout ce qu'il me faut. En attendant, je vous supplie de ne rien déranger chez vous. Je ne veux en aucune façon vous être à charge.

Rose exprima le désir qu'elle aurait au contraire à céder son appartement à madame de Blanchemont, dans des termes si aimables et avec une physionomie si prévenante, que Marcelle lui prit doucement la main pour la remercier, mais sans changer de résolution. L'aspect du château neuf, joint à une répugnance instinctive pour madame Bricolin, lui firent refuser obstinément l'hospitalité qu'elle avait fini par accepter de grand cœur au moulin.

Elle se débattait encore contre les cérémonieuses importunités de la fermière, lorsque M. Bricolin arriva.

VIII.

LE PAYSAN PARVENU.

M. Bricolin était un homme de cinquante ans, robuste et d'une figure régulière. Mais l'embonpoint avait envahi ses membres ramassés, ainsi qu'il arrive à tous les campagnards à leur aise, qui, passant leurs journées au grand air, à cheval la plupart du temps, et menant une vie active mais non pénible, ont juste assez de fatigue pour entretenir l'exubérance de leur santé et la complaisance de leur appétit. Grâce à ce stimulant d'un air vif et d'un exercice continuel, ces hommes supportent quelque temps sans malaise des excès de table journaliers, et, quoique dans leurs occupations champêtres ils soient vêtus d'une manière peu différente du paysan, il est impossible de les confondre avec eux, même au premier coup d'œil. Tandis que le paysan est toujours maigre, bien proportionné et d'un teint basané qui a sa beauté, le bourgeois de campagne est toujours, dès l'âge de quarante ans, affligé d'un gros ventre, d'une démarche pesante et d'un coloris vineux qui vulgarisent et enlaidissent les plus belles organisations.

Parmi ceux qui ont fait leur fortune eux-mêmes et qui ont commencé leur vie par la sobriété forcée du paysan, on ne trouverait guère d'exception à cet épaississement de la forme et à cette altération de la peau. Car c'est une observation proverbiale que lorsque le paysan commence à se nourrir de viande et à boire du vin à discrétion, il devient incapable de travailler, et que le retour à ses premières habitudes lui serait infailliblement et promptement mortel. On peut donc dire que l'argent passe dans leur sang, qu'ils s'y attachent de corps et d'âme, et que la vie ou la raison doit fatalement succomber chez eux à la perte de leur fortune. Toute idée de dévouement à l'humanité, toute notion religieuse, sont presque incompatibles avec cette transformation que le bien-être opère dans leur être physique et moral. Il serait fort inutile de s'indigner contre eux. Ils ne peuvent pas être autrement. Ils s'engraissent pour arriver à l'apoplexie ou à l'imbécillité. Leurs facultés pour l'acquisition et la conservation de la richesse, très-développées d'abord, s'éteignent vers le milieu de leur carrière, et, après avoir fait fortune avec une rapidité et une habileté remarquables, ils tombent de bonne heure dans l'apathie, le désordre et l'incapacité. Aucune idée sociale, aucun sentiment de progrès ne les soutient. La digestion devient l'affaire de leur vie, et leur richesse si vigoureusement acquise est, avant qu'ils l'aient consolidée, engagée dans mille embarras et compromise par mille maladresses... sans parler de la vanité qui les précipite dans des spéculations au-dessus de leur crédit; si bien que tous ces riches sont presque toujours ruinés au moment où ils font le plus d'envieux.

M. Bricolin n'en était pas encore là. Il était à cet âge où l'activité et la volonté dans toute leur force, peuvent encore lutter contre la double ivresse de l'orgueil et de l'intempérance. Mais il suffisait de voir ses yeux un peu bridés, son vaste abdomen, son nez luisant, et le tremblement nerveux que l'habitude du coup du matin (c'est-à-dire les deux bouteilles de vin blanc à jeun en guise de café), donnait à un homme robuste, pour présager l'époque prochaine où cet homme si dispos, si matinal, si prévoyant et si impitoyable en affaires, perdrait la santé, la mémoire, le jugement et jusqu'à la dureté de son âme, pour devenir un ivrogne épuisé, un bavard très-lourd, et un maître facile à tromper.

Sa figure avait été belle, quoique dépourvue absolument de distinction. Ses traits courts et fortement accentués annonçaient une énergie et une âpreté peu communes. Il avait l'œil vif, noir et dur, la bouche sensuelle, le front étroit et bas, les cheveux crépus, la parole brève et rapide. Il n'y avait point de fausseté dans son regard, ni d'hypocrisie dans ses manières. Ce n'était point un homme fourbe, et le grand respect qu'il avait pour le tien et le mien, aux termes de la société actuelle, le rendait incapable de friponnerie. D'ailleurs, le cynisme de sa cupidité l'empêchait de farder ses intentions, et quand il avait dit à son semblable : « Mon intérêt est contraire au tien, » il pensait lui avoir démontré qu'il agissait en vertu du droit le plus sacré, et qu'il avait fait acte de haute loyauté en le lui annonçant.

Demi-bourgeois, demi-manant, il portait le dimanche un costume mixte entre le paysan et le *monsieur*. Son chapeau avait la forme plus basse que celui des uns, et les bords moins larges que celui des autres. Il avait une blouse grise à ceinture et à plis fixés sur sa taille courte, qui lui donnait l'aspect d'une barrique cerclée. Ses guêtres exhalaient une odeur d'étable indélébile, et sa cravate de soie noire était d'un luisant graisseux. Ce personnage, court et brusque, fit une impression désagréable sur Marcelle, et sa conversation prolixe, roulant toujours sur l'argent, lui fut conversation moins sympathique que les prévenances désobligeantes de sa moitié.

Voici quel fut à peu près le résumé du bavardage de deux heures qu'elle eut à subir de la part de maître Bricolin. La propriété de Blanchemont était chargée d'hypothèques pour un grand tiers de sa valeur. Feu M. le baron avait en outre demandé des avances considérables sur les fermages, et avec des intérêts énormes que M. Bricolin *avait été forcé d'exiger*, vu la difficulté de se procurer de l'argent et le taux usuraire établi dans le pays. Madame de Blanchemont devait se soumettre à des conditions encore plus dures, si elle voulait continuer le système auquel son mari avait été autorisé par elle; ou bien, avant de demander les revenus, elle devait payer l'arriéré, capital et intérêts, et intérêt des intérêts, somme qui s'élevait à plus de cent mille francs. Quant aux autres créanciers, ils voulaient rentrer dans leurs fonds entièrement, ou garder leur créance entière à titre de placement. Il fallait donc vendre la terre ou trouver promptement des capitaux ; en un mot, la terre valait huit cent mille francs, elle était grevée de quatre cent mille francs de dettes, sans compter celle envers M. Bricolin. Il restait trois cent mille francs, unique fortune désormais de madame de Blanchemont, indépendante de celle que son mari avait ou n'avait pas laissée à son fils et dont elle ne connaissait pas encore la situation.

Marcelle était loin de s'attendre à de si grands désastres, elle n'en avait pas prévu la moitié. Les créanciers n'avaient pas encore réclamé, et, bien nantis de leurs titres, ils attendaient, M. Bricolin tout le premier, que la veuve s'informât de sa position pour lui demander le paiement intégral ou la continuation du revenu que l'emprunt leur assurait. Lorsqu'elle demanda à Bricolin pourquoi, depuis un mois qu'elle était veuve, il ne lui avait pas fait connaître l'état de ses affaires, il lui répondit avec une brutale franchise qu'il n'avait pas de raison pour se presser, que sa créance était bonne, et que chaque jour d'indifférence de la part du propriétaire était un jour de profit pour le fermier, pendant lequel il cumulait les intérêts de son argent sans rien aventurer. Ce raisonnement péremptoire éclaira promptement Marcelle sur le genre de moralité de M. Bricolin.

— C'est juste, lui répondit-elle en souriant avec une ironie que le fermier ne daigna pas comprendre. Je vois que c'est ma faute si chaque jour que je laisse écouler dévore plus que le revenu auquel je croyais pouvoir prétendre. Mais, dans l'intérêt de mon fils, je dois mettre un terme à cette espèce de débâcle, et j'attends de vous, monsieur Bricolin, un bon conseil à cet égard.

M. Bricolin, très-surpris du calme avec lequel la dame de Blanchemont venait d'apprendre qu'elle était à peu près ruinée, et encore plus de la confiance avec laquelle elle le consultait, la regarda entre les deux yeux. Il vit dans sa physionomie une sorte de défi malicieux porté par la plus parfaite candeur à sa cupidité.

— Je vois bien, dit-il, que vous voulez me tenter, mais je ne veux pas m'exposer à des reproches de la part de votre famille. Cela fait tort à un homme d'être accusé de complaisance intéressée à des prêts usuraires. Il faut, madame de Blanchemont, que je vous parle sérieusement ; mais ici les murs sont trop minces, et ce que j'ai à vous dire n'a pas besoin d'être ébruité. Si vous voulez faire semblant de venir avec moi examiner le vieux château, je vous dirai, 1° ce que je vous conseillerais de faire si j'étais votre parent ; 2° ce que, étant votre créancier, je désire que vous fassiez ; vous verrez s'il y a un troisième avis à examiner. Je ne le pense pas.

Si le vieux château n'eût pas été entouré d'orties, de mares stagnantes et fétides, et de mille décombres mutilés qui n'avaient plus aucune autre physionomie que celle d'un désordre barbare, c'eût été un débris du passé assez pittoresque. Il y avait un reste de fossé avec de grands roseaux, de superbes lierres lui faisant une face du bâtiment, et un éboulement où des cerisiers sauvages avaient acquis un développement magnifique. Ce côté ne manquait pas de poésie. M. Bricolin montra à Marcelle la chambre que son mari avait coutume d'habiter en passant. Il y avait un reste d'ameublement du temps de Louis XVI, très-malpropre et très-fané. Cependant cette pièce était habitable, et madame de Blanchemont résolut d'y passer la nuit.

— Cela contrariera un peu ma femme, qui tenait à honneur de vous recevoir dans ses meubles, dit M. Bricolin ; mais je ne connais rien de plus mal à propos que de tourmenter les personnes. Si le vieux château vous plaît, il ne faut pas disputer des goûts, comme on dit, et j'y ferai transporter vos effets. On mettra un lit de sangle dans ce cabinet pour votre *fille de chambre*. En attendant, je vais vous parler sérieusement de vos affaires, madame de Blanchemont ; c'est le plus pressé.

Et, tirant un fauteuil, Bricolin s'y installa et commença ainsi :

— D'abord, permettez-moi de vous demander si vous avez par devers vous une autre fortune que la terre de

Blanchemont? je ne crois pas, si je suis bien informé.

— Je n'ai à moi rien autre chose, répondit Marcelle avec tranquillité.

— Et pensez-vous que votre fils ait à hériter d'une grosse fortune du chef de son père?

— Je n'en sais rien. Si les propriétés de M. de Blanchemont sont aussi grevées que la mienne...

— Ah! vous n'en savez rien? Vous ne vous occupez donc pas de vos affaires? c'est drôle! Mais tous les nobles sont comme cela. Moi, je suis obligé de connaître votre position. C'est mon métier et mon intérêt. Or donc, voyant que feu M. le baron allait grand train, et ne prévoyant pas qu'il mourrait si jeune, j'ai dû m'assurer des brèches qu'il pouvait avoir faites à sa fortune, afin d'être en garde contre des emprunts qui auraient pu excéder un jour la valeur des terres d'ici, et me laisser sans garantie. J'ai donc fait courir et fureter les gens du métier, et je sais, à un sou près, ce qui reste, *au jour d'aujourd'hui*, à votre petit bonhomme.

— Faites-moi donc le plaisir de me l'apprendre, monsieur Bricolin.

— C'est facile, et vous pourrez le vérifier. Si je me trompe de dix mille francs, c'est tout le bout du monde. Votre mari avait environ un million de fortune, il reste cela au soleil, sauf qu'il y a neuf cent quatre-vingt ou quatre-vingt-dix mille francs de dettes à payer.

— Ainsi, mon fils n'a plus rien? dit Marcelle troublée de cette révélation nouvelle.

— Comme vous dites. Avec ce que vous avez il aura encore trois cent mille francs un jour. C'est encore joli si vous voulez rassembler et liquider cela. En terres, ça représente six ou sept mille livres de rente. Si vous voulez le manger, c'est encore plus joli.

— Je n'ai pas l'intention de détruire l'unique avenir de mon fils. Mon devoir est de me dégager autant que possible des embarras où je me trouve.

— En ce cas, écoutez: Vos terres et les siennes rapportent deux pour cent. Vous payez les intérêts de vos dettes quinze et vingt pour cent; avec les intérêts cumulés, vous arriverez promptement à augmenter sans fin le capital de la dette. Comment allez-vous faire?

— Il faut vendre, n'est-ce pas?

— Comme vous voudrez. Je crois que c'est dans votre intérêt bien entendu, à moins que, pourtant, comme vous avez pour longtemps la jouissance du bien de votre fils, vous ne préfériez profiter du désordre, et faire votre part.

— Non, monsieur Bricolin, telle n'est pas mon intention.

— Mais vous pourrez encore tirer de l'argent de cette fortune-là, et comme le petit a encore des grands parents dont il héritera, il pourrait n'être pas banqueroutier à l'époque de sa majorité.

— C'est très-bien raisonné, dit froidement Marcelle; mais je veux agir tout autrement. Je veux tout vendre afin que les dettes de la succession n'excèdent pas le capital; et quant à ma fortune, je veux la liquider, afin d'avoir le moyen d'élever convenablement mon fils.

— En ce cas, vous voulez vendre Blanchemont?

— Oui, monsieur Bricolin, tout de suite.

— Tout de suite? Oh! je le crois bien; quand on est dans votre position, et qu'on veut en sortir franchement, il n'y a pas un jour à perdre, puisque chaque jour fait un trou à la bourse. Mais croyez-vous que ce soit bien facile de vendre une terre de cette importance tout de suite, soit en bloc, soit en détail? Autant vaudrait dire que du jour au lendemain on va vous bâtir un château comme celui-ci, assez solide pour durer cinq ou six cents ans. Sachez donc *qu'au jour d'aujourd'hui* on ne remue de fonds que dans l'industrie, les chemins de fer et autres grosses affaires où il y a cent pour cent à perdre ou à gagner. Quant aux propriétés territoriales, c'est le diable à déloger. Dans notre pays, tout le monde voudrait vendre, et personne ne veut acheter, tant on est las d'enterrer dans les sillons de gros capitaux pour un mince revenu. La terre est bonne pour quiconque y réside, en vit et y fait des économies; c'est la vie des campagnards comme moi. Mais pour vous autres gens des villes, c'est un revenu misérable. Ainsi donc, un bien de cinquante, cent mille francs au plus, trouvera parmi mes pareils des acquéreurs empressés. Un bien de huit cent mille francs dépasse généralement nos moyens, et il vous faudra chercher, dans l'étude de votre notaire à Paris un capitaliste qui ne sache que faire de ses fonds. Pensez-vous qu'il y en ait beaucoup *au jour d'aujourd'hui*? Quand on peut jouer à la bourse, à la roulette, aux *z'houlières*, aux chemins de fer, aux places et à mille autres gros jeux? Il vous faudra donc rencontrer quelque vieux noble peureux qui aime mieux placer son argent à deux pour cent, dans la crainte d'une révolution, que de se lancer dans les belles spéculations qui tentent tout le monde *au jour d'aujourd'hui*. Encore faudrait-il qu'il y eût une belle maison d'habitation où un vieux rentier pût venir finir ses jours. Mais vous voyez votre château? je n'en voudrais pas pour les matériaux. La peine de le jeter par terre ne vaudrait pas ce qu'on en retirerait de charpente pourrie et de moellons fendus. Ainsi donc, vous pouvez bien, en faisant afficher votre terre, la vendre en bloc un de ces matins; mais vous pouvez bien aussi attendre dix ans; car votre notaire aura beau dire et imprimer sur ses pancartes, comme c'est l'usage, qu'elle rapporte trois et trois et demi; on verra mon bail, et on saura que, les impôts défalqués, elle n'en rapporte pas deux.

— Votre bail a peut-être été conclu en raison des avances que vous aviez faites à M. de Blanchemont? dit Marcelle en souriant.

— Comme de juste! répondit Bricolin avec aplomb, et mon bail est de vingt ans; il y en a d'écoulé, reste dix-neuf. Vous le savez bien, vous l'avez signé. Après cela, vous ne l'avez peut-être pas lu... Dame! c'est votre faute.

— Aussi, je ne m'en prends à personne. Donc, je ne puis pas vendre en bloc, mais en détail?

— En détail, vous vendrez bien, vous vendrez cher, mais on ne vous paiera pas.

— Pourquoi cela?

— Parce que vous serez forcée de vendre à beaucoup de gens dont la plupart ne seront pas solvables, à des paysans qui, les meilleurs, s'acquitteront sou par sou à la longue, et, les plus gueux, qui se laisseront tenter par l'amour de posséder un peu de terre, comme ils font tous *au jour d'aujourd'hui*, qu'il vous faudra exproprier au bout de dix ans, sans avoir touché de revenu. Cela vous ennuiera de les tourmenter?

— Et je ne m'y résoudrai jamais. Ainsi, monsieur Bricolin, selon vous, je ne puis ni vendre ni conserver?

— Si vous voulez être raisonnable, ne pas vendre cher et palper du comptant, vous pouvez vendre à quelqu'un que je connais.

— A qui donc?

— A moi.

— A vous, monsieur Bricolin?

— A moi, Nicolas-Étienne Bricolin.

— En effet, dit Marcelle, qui se rappela en cet instant quelques paroles échappées au meunier d'Angibault; j'ai entendu parler de cela. Et quelles sont vos propositions?

— Je m'arrange avec vos créanciers hypothécaires, je démembre la terre, je vends à ceux-ci, j'achète à ceux-là, je garde ce qui est à ma convenance et je vous paie le reste.

— Et les créanciers, vous les payez comptant aussi? Vous êtes énormément riche, monsieur Bricolin?

— Non, je les fais attendre, et, d'une manière ou de l'autre, je vous en débarrasse.

— Je croyais qu'ils voulaient tous être remboursés immédiatement; vous me l'aviez dit?

— Ils seraient exigeants avec vous; ils me feront crédit, à moi.

— C'est juste. Je passe pour insolvable peut-être?

— Possible! *au jour d'aujourd'hui*, on est très-méfiant. Voyons, madame de Blanchemont! vous me devez cent mille francs, je vous en donne deux cent cinquante mille, et nous sommes quittes.

— C'est-à-dire que vous voulez payer deux cent cinquante mille francs ce qui en vaut trois cent mille?

— C'est un petit *boni* qu'il est juste que vous m'accordiez ; je paie comptant. Vous direz que c'est mon avantage de ne pas servir d'intérêts ayant l'argent. C'est votre avantage aussi de palper votre fortune, dont vous n'aurez plus ni sou ni maille si vous tardez.

— Ainsi, vous voulez profiter des embarras de ma position pour réduire d'un sixième le peu qui me reste ?

— C'est mon droit, et tout autre que moi exigerait davantage. Soyez sûre que je prends vos intérêts autant que possible. Allons, mon premier mot sera le dernier. Vous y penserez.

— Oui, monsieur Bricolin, il me semble qu'il faut y penser.

— Diable ! je le crois bien ! Il faut d'abord vous assurer que je ne vous trompe pas, et que je ne me trompe pas moi-même sur votre situation et sur la valeur de vos biens. Vous voilà ici ; vous vous renseignerez, vous verrez tout par vous-même, vous pourrez même aller visiter les terres de votre mari du côté du Blanc, et quand vous serez au courant, dans un mois environ, vous me direz votre réponse. Seulement, vous pouvez bien résumer mes offres en établissant ainsi votre calcul sur une base dont je ne crains pas la vérification : vous pouvez, 1° vendre ce qui vous reste de net le double de ce que je vous en offre, mais vous n'en toucherez pas la moitié, ou bien vous attendrez dix ans, durant lesquels vous aurez à servir tant d'intérêts qu'il ne vous restera rien ; 2° vous pouvez me trouver à un sixième de perte et toucher, d'ici à trois mois, deux cent cinquante mille francs en bon or ou en bon argent, ou en jolis billets de banque, à votre choix. Allons, j'ai dit ! maintenant revenez à la maison dans une petite heure, vous dînerez avec nous. Il faudra faire chez nous comme chez vous, entendez-vous, madame la baronne ? Nous sommes en affaires, et si vous ne me demandez pas d'autre *pot de vin*, ce ne sera pas grand'chose.

La position où Marcelle se trouvait désormais vis-à-vis des Bricolin lui ôtait tout scrupule, et nécessitait d'ailleurs l'acceptation de cette offre. Elle promit donc d'en profiter ; mais elle demanda, en attendant l'heure du repas, à rester au vieux château pour écrire une lettre, et M. Bricolin la quitta pour lui envoyer ses domestiques et ses paquets.

IX.

UN AMI IMPROVISÉ.

Pendant quelques instants qu'elle demeura seule, Marcelle fit rapidement beaucoup de réflexions, et bientôt elle sentit que l'amour lui donnait une énergie dont elle n'eût pas été capable peut-être sans cette toute-puissante inspiration. Au premier aspect, elle avait été un peu effrayée de ce triste manoir, l'unique demeure qui lui restait en propre. Mais en apprenant que cette ruine même n'allait bientôt plus lui appartenir, elle se prit à sourire en la regardant avec une curiosité complètement désintéressée. L'écusson seigneurial de sa famille était encore intact au manteau des vastes cheminées.

— Ainsi, se dit-elle, tout va être rompu entre moi et le passé. Richesse et noblesse s'éteignent de compagnie, *au jour d'aujourd'hui*, comme dit ce Bricolin. O mon Dieu ! que vous êtes bon d'avoir fait l'amour de tous les temps et immortel comme vous-même !

Suzette entra, apportant le nécessaire de voyage que sa maîtresse avait demandé pour écrire. Mais, en l'ouvrant, Marcelle jeta par hasard les yeux sur sa soubrette, et lui trouva une si étrange expression en contemplant les murailles nues du vieux castel, qu'elle ne put s'empêcher de rire. La figure de Suzette se rembrunit davantage, et sa voix prit un diapason de révolte bien marqué. — Ainsi, dit-elle, Madame est résolue à coucher ici ?

— Vous le voyez bien, répondit Marcelle, et vous avez là un cabinet pour vous, avec une vue magnifique et beaucoup d'air.

— Je suis fort obligée à madame, mais madame peut être assurée que je n'y coucherai pas. J'y ai peur en plein jour ; que serait-ce la nuit ? on dit qu'il y revient, et je n'ai pas de peine à le croire.

— Vous êtes folle, Suzette. Je vous défendrai contre les revenants.

— Madame aura la bonté de faire coucher ici quelque servante de la ferme, car j'aimerais mieux m'en aller tout de suite à pied de cet affreux pays...

— Vous le prenez tragiquement, Suzette. Je ne veux vous contraindre en rien, vous coucherez où vous voudrez ; cependant je vous ferai observer que si vous preniez l'habitude de me refuser vos services, je me verrais dans la nécessité de me séparer de vous.

— Si Madame compte rester longtemps dans ce pays-ci, et habiter cette masure...

— Je suis forcée d'y rester un mois, et peut-être davantage ; qu'en voulez-vous conclure ?

— Que je demanderai à madame de vouloir bien me renvoyer à Paris ou dans quelque autre terre de madame, car je fais serment que je mourrais ici au bout de trois jours.

— Ma chère Suzette, répondit Marcelle avec beaucoup de douceur, je n'ai plus d'autre terre, et je ne retournerai probablement jamais demeurer à Paris. Je n'ai plus de fortune, mon enfant, et il est probable que je ne pourrai vous garder longtemps à mon service. Puisque ce séjour vous est odieux, il est inutile que je vous l'impose durant quelques jours. Je vais vous payer vos gages et votre voyage. La patache qui nous a amenées n'est pas repartie. Je vous donnerai de bonnes recommandations, et mes parents vous aideront à vous placer.

— Mais comment madame veut-elle que je m'en aille comme cela toute seule ? Vraiment, c'était bien la peine de m'amener si loin dans un pays perdu !

— J'ignorais que j'étais ruinée, et je viens de l'apprendre à l'instant même, répondit Marcelle avec calme ; ne me faites donc pas de reproches, c'est involontairement que je vous ai causé cette contrariété. D'ailleurs, vous ne partirez pas seule ; Lapierre retournera à Paris avec vous.

— Madame renvoie aussi Lapierre ? reprit Suzette consternée.

— Je ne renvoie pas Lapierre. Je le rends à ma belle-mère, qui le lui avait donné, et qui reprendra avec plaisir ce vieux et bon serviteur. Allez dîner, Suzette, et préparez-vous à partir.

Confondue du sang-froid et de la tranquille douceur de sa maîtresse, Suzette fondit en larmes, et, par un retour d'affection, peut-être irréfléchi, elle le supplia de lui pardonner et de la garder auprès d'elle.

— Non, ma chère fille, répondit Marcelle, vos gages sont désormais au-dessus de ma position. Je vous regrette malgré vos travers, et peut-être me regretterez-vous aussi malgré mes défauts. Mais c'est un sacrifice inévitable, et le moment où nous sommes n'est pas celui de la faiblesse.

— Et que va devenir madame ? sans fortune, sans domestiques, et avec un petit enfant sur les bras, dans un pareil désert ! Ce pauvre petit Édouard !

— Ne vous affligez pas, Suzette ; vous vous placerez certainement chez quelqu'un de ma connaissance. Nous nous reverrons. Vous reverrez Édouard. Ne pleurez pas devant lui, je vous en supplie !

Suzette sortit ; mais Marcelle n'avait pas encore mis sa plume dans l'encre pour écrire, que le grand farinier parut devant elle, portant Édouard sur un bras, et un sac de nuit sur l'autre.

— Ah ! lui dit Marcelle en recevant l'enfant qu'il déposa sur ses genoux, vous êtes donc toujours occupé à m'obliger, monsieur Louis ? Je suis bien aise que vous ne soyez pas encore parti. Je ne vous avais presque pas remercié, et j'aurais eu du regret de ne pas vous dire adieu.

— Non, je ne suis pas encore parti, dit le meunier, et à dire vrai, je ne suis pas très-pressé de m'en aller. Mais tenez, Madame, si ça vous est égal, vous ne m'appellerez plus *monsieur*. Je ne suis pas un monsieur, et

Le groupe qui se présentait se composait de trois générations. (Page 49.)

de votre part ça me contrarie à présent, cette cérémonie! vous m'appellerez Louis tout court, ou Grand-Louis, comme tout le monde.

— Mais je vous ferai observer que cela sera très-contraire à l'égalité, et que d'après vos réflexions de ce matin...

— Ce matin j'étais une bête, un cheval, et un cheval de moulin qui pis est. J'avais des préventions... à cause de la noblesse et de votre mari... que sais-je? Si vous m'aviez appelé Louis, je crois que je vous aurais appelée... Comment vous appelez-vous?

— Marcelle.

— J'aime assez ce nom-là, madame Marcelle! Eh bien! je vous appellerai comme cela: ça ne me rappellera plus monsieur le baron.

— Mais si je ne vous appelle plus monsieur, vous m'appellerez donc Marcelle tout court? dit madame de Blanchemont en riant.

— Non, non, vous êtes une femme... et une femme comme il y en a peu, le diable m'emporte!... Tenez, je ne m'en cache pas, je vous porte dans mon cœur, surtout depuis un moment.

— Pourquoi depuis un moment, Grand-Louis? dit Marcelle qui commençait à écrire et qui n'écoutait plus le meunier qu'à demi.

— C'est que pendant que vous causiez avec votre fille de chambre, tout à l'heure, j'étais là dans l'escalier avec votre coquin d'enfant qui me faisait mille niches pour m'empêcher d'avancer, et, malgré moi, j'ai entendu tout ce que vous disiez. Je vous en demande pardon.

— Il n'y a pas de mal à cela, dit Marcelle; ma position n'est pas un secret, puisque je la faisais connaître à Suzette, et, d'ailleurs, je suis certaine qu'un secret serait bien placé entre vos mains.

— Un secret de vous serait placé dans mon cœur, reprit le meunier attendri. Ah çà! vous ne saviez donc pas, avant de venir ici, que vous étiez ruinée?

— Non, je ne le savais pas. C'est M. Bricolin qui vient de me l'apprendre. Je m'attendais à des pertes réparables, voilà tout.

— Et vous n'en avez pas plus de chagrin que cela?

Marcelle, qui écrivait, ne songea pas à répondre, mais au bout d'un instant, elle leva les yeux sur le Grand-Louis, et le vit debout devant elle, les bras croisés et la

M. Bricolin était un homme de cinquante ans. (Page 20.)

contemplant avec une sorte d'enthousiasme naïf et d'étonnement profond.

— C'est donc bien surprenant, lui dit-elle, de voir une personne qui perd sa fortune sans perdre l'esprit. D'ailleurs, ne me reste-il pas de quoi vivre?

— Ce qui vous reste, je le sais à peu près. Je connais vos affaires peut-être mieux que vous; car le père Bricolin, quand il a bu un coup, aime à causer, et il m'a assez cassé la tête de tout cela, alors que ça ne m'intéressait guère. Mais c'est égal, voyez-vous; une personne qui voit sans sourciller un million d'un côté et un demi-million de l'autre, s'en aller de devant elle... crac! en un clin d'œil!... je n'ai jamais vu cela, et je ne le comprends pas encore!

— Vous comprendriez encore moins si je vous disais que, quant à ce qui me concerne, cela me fait un plaisir extrême.

— Ah! mais par rapport à votre fils! dit le meunier en baissant la voix pour que l'enfant qui jouait dans la pièce voisine n'entendît pas ses paroles.

— Au premier moment j'ai été un peu effrayée, répondit Marcelle, et puis, je me suis bientôt consolée. Il y a longtemps que je me dis que c'est un malheur que de naître riche, et d'être destiné à l'oisiveté, à la haine des pauvres, à l'égoïsme et à l'impunité que donne la richesse. J'ai regretté bien souvent de n'être pas fille et mère d'ouvrier. A présent, Louis, je serai du peuple, et les hommes comme vous ne se méfieront plus de moi.

— Vous ne serez pas du peuple, dit le meunier; il vous reste encore une fortune qu'un homme du peuple regarderait comme immense, quoique ce ne soit pas grand'chose pour vous. D'ailleurs ce petit enfant a des parents riches qui ne le laisseront pas élever comme un pauvre. Tout cela, madame Marcelle, c'est donc des romans que vous vous faites; mais où diable avez-vous donc pris ces idées-là? Il faut que vous soyez une sainte, le diable m'enlève! Ça me fait un singulier effet de vous entendre dire des choses pareilles, quand toutes les autres personnes riches ne songent qu'à le devenir davantage. Vous êtes la première de votre espèce que je vois. Est-ce qu'il y a à Paris d'autres riches et d'autres nobles qui pensent comme vous?

— Il n'y en a guère, je dois en convenir. Mais ne m'en faites pas tant de mérite, Grand-Louis. Un jour viendra où je pourrai peut-être vous faire comprendre pourquoi je suis ainsi.

— Faites excuse, mais je m'en doute.

— Non.

— Si fait, et la preuve, c'est que je ne peux pas vous le dire. Ce sont des affaires délicates, et vous me diriez que je suis trop osé de vous questionner là-dessus. Si vous saviez pourtant, comme sur ce chapitre-là, je suis penaud et capable de comprendre les peines des autres ! Je vous dirai mes soucis, moi ! Oui, le tonnerre m'écrase ! je vous les dirai. Il n'y aura que vous et ma mère qui saurez cela. Vous me direz quelques bonnes paroles qui me remettront peut-être l'esprit.

— Et si je vous disais, à mon tour, que je m'en doute ?

— Vous devez vous en douter ! preuve qu'il y a de l'amour et de l'argent mêlés dans toutes ces affaires-là.

— Je veux que vous me fassiez vos confidences, Grand-Louis ; mais voici le vieux Lapierre qui monte. Nous nous reverrons bientôt, n'est-ce pas ?

— Il le faut, dit le meunier en baissant la voix, car j'ai sur vos affaires avec le Bricolin des choses à vous demander. J'ai peur que ce gaillard-là ne vous mène un peu trop durement, et qui sait ! tout paysan que je suis, je pourrais peut-être vous rendre service. Voulez-vous me traiter en ami ?

— Certainement.

— Et vous ne ferez rien sans m'avertir ?

— Je vous le promets, ami. Voici Lapierre.

— Faut-il que je m'en aille ?

— Allez ici à côté, avec Édouard. J'aurai peut-être besoin de vous consulter, si vous avez le temps d'attendre quelques minutes de plus.

— C'est dimanche... D'ailleurs, ça serait tout autre jour...!

X.

CORRESPONDANCE.

Lapierre entra. Suzette lui avait déjà tout dit. Il était pâle et tremblant. Vieux et incapable d'un service pénible, il n'était pour Marcelle qu'un porte-respect en voyage. Mais, sans le lui avoir jamais exprimé, il lui était sincèrement attaché, et, malgré l'aversion qu'il éprouvait déjà, aussi bien de Suzette, pour la Vallée-Noire et le vieux château, il refusa de quitter sa maîtresse et déclara qu'il la servirait pour aussi peu de gages qu'elle jugerait à propos de lui en donner.

Marcelle, touchée de son noble dévouement, lui serra affectueusement les mains, et vainquit sa résistance en lui démontrant qu'il lui serait plus utile en retournant à Paris qu'en restant à Blanchemont. Elle voulait se défaire de son riche mobilier, et Lapierre était très-capable de présider à cette vente, d'en recueillir le prix et de le consacrer au paiement des petites dettes courantes que madame de Blanchemont avait pu laisser à Paris. Probe et entendu, Lapierre fut flatté de jouer le rôle d'une espèce d'homme d'affaires, d'un homme de confiance, à coup sûr, et de rendre service à celle dont il se séparait à regret. Les arrangements de départ furent donc faits. Ici, Marcelle, qui pensait à tous les détails de sa position avec un sang-froid remarquable, rappela le Grand-Louis et lui demanda s'il pensait qu'on pût vendre dans le pays la calèche qu'elle avait laissée à ***.

— Ainsi vous brûlez vos vaisseaux ? répondit le meunier. Tant mieux pour nous ! Vous resterez peut-être ici, et je ne demande qu'à vous y garder. Je vais souvent à *** pour des affaires que j'y ai, et pour voir une de mes sœurs qui y est établie. Je sais à peu près tout ce qui se passe dans ce pays-là, et je vois bien d'ailleurs que tous nos bourgeois, depuis quelques années, ont la rage des belles voitures et de toutes les choses de luxe. J'en sais un qui veut en faire venir une de Paris ; la vôtre est toute rendue, ça lui épargnera la dépense du transport, et dans notre pays, tout en faisant de grosses folies, on regarde encore aux petites économies. Elle m'a paru belle et bonne, cette voiture. Combien cela vaut-il, une affaire comme ça ?

— Deux mille francs.

— Voulez-vous que j'aille avec M. Lapierre jusqu'à *** ? Je le mettrai en rapport avec les acheteurs, et il touchera l'argent, car chez nous on ne paie comptant qu'aux étrangers.

— Si ce n'était pas abuser de votre temps et de votre obligeance, vous feriez seul cette affaire.

— J'irai avec plaisir ; mais ne parlez pas de cela à M. Bricolin, il serait capable de vouloir l'acheter, lui, la calèche !

— Eh bien ! pourquoi non ?

— Ah bon ! il ne manquerait plus que ça pour faire tourner la tête à... aux personnes de sa famille ! D'ailleurs, le Bricolin trouverait moyen de vous la payer moitié de ce qu'elle vaut. Je vous dis que je m'en charge.

— En ce cas, vous me rapporterez l'argent, s'il est possible ? car je croyais avoir à en toucher ici, au lieu qu'il me faudra sans doute en restituer.

— Eh bien, nous partirons ce soir ; à cause du dimanche, ça ne me dérangera pas ; et si je ne reviens pas demain soir ou après-demain matin avec deux mille francs, prenez-moi pour un vantard.

— Que vous êtes bon, vous ! dit Marcelle en songeant à la rapacité de son riche fermier.

— Il faudra que je vous rapporte aussi vos malles, que vous avez laissées là-bas ? dit le Grand-Louis.

— Si vous voulez bien louer une charrette et me les faire envoyer...

— Non pas ! à quoi bon louer un homme et un cheval ? Je mettrai Sophie au tombereau, et je parie que mademoiselle Suzette aimera mieux voyager en plein air sur une botte de paille, avec un bon conducteur comme moi, qu'avec cet enragé patachon dans son panier à salade. Ah ça ! tout n'est pas dit. Il vous faut une servante, celles de M. Bricolin ont trop d'occupation pour amuser votre coquin d'enfant du matin au soir. Ah ! si j'avais le temps, moi ! nous ferions une belle vie ensemble, avec ça que j'adore les enfants et que celui-là a de l'esprit comme moi ! je vais vous prêter la petite Fanchon, la servante à ma mère. Nous nous en passerons bien pendant quelque temps. C'est une petite fille qui aura soin du petit comme de la prunelle de ses yeux, et qui fera tout ce que vous lui commanderez. Elle n'a qu'un défaut, c'est de dire trois fois *plaît-il ?* à chaque parole qu'on lui adresse. Mais que voulez-vous, elle s'imagine que c'est une politesse, et qu'on la gronderait si elle ne faisait pas semblant d'être sourde.

— Vous êtes ma Providence, dit Marcelle, et j'admire que, dans une situation qui devait me susciter mille embarras, il se trouve sur mon chemin un cœur excellent qui vienne à mon secours.

— Bah ! bah ! ce sont de petits services d'amitié, que vous me rendrez d'une autre façon. Vous m'avez déjà grandement servi, sans vous en douter, depuis que vous êtes ici !

— Et comment cela ?...

— Ah ! dame ! nous causerons de cela plus tard, dit le meunier d'un air mystérieux, et avec un sourire où le sérieux de sa passion faisait un étrange contraste avec l'enjouement de son caractère.

Le départ du meunier et des domestiques ayant été résolu d'un commun accord pour le soir même, *à la fraîche*, comme disait Grand-Louis, Marcelle, n'ayant plus que quelques instants pour écrire avant le dîner de la ferme, traça rapidement les deux billets suivants :

PREMIER BILLET.

Marcelle, baronne de Blanchemont, à la comtesse de Blanchemont, sa belle-mère.

« Chère maman,

« Je m'adresse à vous comme à la plus courageuse des femmes et à la meilleure tête de la famille, pour vous annoncer et vous charger d'annoncer au respectable comte et à nos autres chers parents, une nouvelle qui vous affectera, j'en suis sûre, plus que moi. Vous m'avez souvent fait part de vos appréhensions, et nous avons trop causé du sujet qui m'occupe en ce moment pour que vous ne m'entendiez pas à demi-mot. *Il n'y a plus rien* (mais rien) *de la fortune d'Édouard*. De la mienne, il reste deux cent cinquante mille ou trois cent mille francs Je ne connais encore ma situation que par un homme qui serait intéressé à exagérer le désastre, si la chose était possible, mais qui a trop de bon sens pour tenter de me tromper, puisque demain, après-demain, je puis m'instruire par moi-même. Je vous renvoie le bon Lapierre, et n'ai pas besoin de vous engager à le reprendre chez vous. Vous me l'aviez donné pour qu'il mît un peu d'ordre et d'économie dans les dépenses de la maison. Il a fait son possible; mais qu'était-ce que ces épargnes domestiques, lorsqu'au dehors la prodigalité était sans contrôle et sans limites? De petites raisons qu'il vous expliquera lui-même me forcent à brusquer son départ ; voilà pourquoi je vous écris en courant, et sans entrer dans des détails que je ne possède pas moi-même, et qui viendront plus tard. Je tiens à ce que Lapierre vous voie seule et vous remette ceci, afin que vous ayez quelques heures ou quelques jours au besoin pour préparer le comte à cette révélation. Vous l'adoucirez en lui disant mille fois tout ce que vous savez de moi, combien je suis indifférente aux jouissances de la richesse, et combien je suis incapable de maudire qui que ce soit et quoi que ce soit dans le passé. Comment ne pardonnerais-je pas à celui qui a eu le malheur de me faire vivre assez pour tout réparer ! Chère maman, que sa mémoire reçoive de votre cœur et du mien une entière et facile absolution !

« Maintenant, deux mots sur Édouard et sur moi, qui ne faisons qu'un dans cette épreuve de la destinée. Il me restera, je l'espère, de quoi pourvoir à tous ses besoins et à son éducation. Il n'est pas d'âge à s'affliger de pertes qu'il ignore et qu'il sera bon de lui laisser ignorer autant que possible lorsqu'il sera capable de les comprendre. N'est-il pas heureux pour lui que ce changement dans sa situation s'opère avant qu'il ait eu le besoin de vivre dans l'opulence? Si c'est un malheur d'être réduit au nécessaire (ce n'en est pas un à mes yeux), il ne le sentira pas, et, habitué désormais à vivre modestement, il se croira assez riche. Puisqu'il était destiné à tomber dans une condition médiocre, c'est donc un bienfait de la Providence de l'y avoir fait descendre dans un âge où la leçon, loin d'être amère, ne peut que lui être utile. Vous me direz que d'autres héritages lui sont réservés. Je suis étrangère à cet avenir, et ne veux, en aucune façon, en profiter d'avance. Je refuserais presque comme un affront les sacrifices que sa famille voudrait s'imposer pour me procurer ce qu'on appelle un genre de vie honorable. Dans l'appréhension de ce que je viens d'apprendre, j'avais déjà fait mon plan de conduite. Je viens de m'y conformer, et rien au monde ne m'en fera départir. Je suis résolue à m'établir au fond d'une campagne, où j'habituerai les premières années de mon fils à une vie laborieuse et simple, et où il n'aura pas le spectacle et le contact de la richesse d'autrui pour détruire le bon effet de mes exemples et de mes leçons. Je ne perds pas l'espérance d'aller vous le présenter quelquefois, et vous verrez avec plaisir un enfant robuste et enjoué, au lieu de cette frêle et rêveuse créature pour l'existence de laquelle nous n'avions cessé de trembler. Je sais les droits que vous avez sur lui et le respect que je dois à vos volontés et à vos conseils ; mais j'espère que vous ne blâmerez pas mon plan, et que vous me laisserez gouverner cette enfance durant laquelle les soins assidus d'une mère et les salutaires influences de la campagne seront plus utiles que les leçons superficielles d'un professeur grassement payé, des exercices de manège et des promenades en voiture au bois de Boulogne. Quant à moi, ne vous inquiétez nullement ; je n'ai aucun regret à ma vie nonchalante et à mon entourage d'oisiveté. J'aime la campagne et de passion, et j'occuperai les longues heures que le monde ne me volera plus à m'instruire pour instruire mon fils. Vous avez eu jusqu'ici quelque confiance en moi,

voici le moment d'en avoir une entière. J'ose y compter, sachant que vous n'avez qu'à interroger votre âme énergique et votre cœur profondément maternel pour comprendre mes desseins et mes résolutions.

« Tout cela rencontrera bien quelque opposition dans les idées de la famille ; mais quand vous aurez prononcé que j'ai raison, tous seront de votre avis. Je remets donc notre présent et notre avenir entre vos mains, et je suis avec dévouement, tendresse et respect, à vous pour la vie. MARCELLE. »

Suivait un post-scriptum relatif à Suzette, et la demande d'envoyer l'homme d'affaires de la famille au Blanc, afin qu'il pût constater la ruine de cette fortune territoriale et s'occuper activement de la liquidation. Quant à ses affaires personnelles, Marcelle voulait et pouvait les liquider elle-même avec l'aide des hommes compétents de la localité.

La seconde lettre était adressée à Henri Lémor :

« Henri, quel bonheur ! quelle joie ! je suis ruinée. Vous ne me reprocherez plus ma richesse, vous ne haïrez plus mes chaînes dorées. Je redeviens une femme que vous pouvez aimer sans remords, et je n'ai plus de sacrifices à s'imposer pour vous. Mon fils n'a plus de riche héritage à recueillir, du moins immédiatement. J'ai le droit désormais de l'élever comme vous l'entendez, d'en faire un homme, de vous confier son éducation, de vous livrer son âme tout entière. Je ne veux pas vous tromper, nous aurons peut-être une petite lutte à soutenir contre la famille de son père, dont l'aveugle tendresse et l'orgueil aristocratique voudront le rendre au monde en l'enrichissant malgré moi. Mais nous triompherons avec de la douceur, un peu d'adresse et beaucoup de fermeté. Je me tiendrai assez loin de leur influence pour la paralyser, et nous entourerons d'un doux mystère le développement de cette jeune âme. Ce sera l'enfance de Jupiter au fond des grottes sacrées. Et quand il sortira de cette divine retraite pour essayer sa puissance, quand la richesse viendra le tenter, nous lui aurons fait une âme forte contre les séductions du monde et la corruption de l'or. Henri, si vous me bercez des plus douces espérances, ne venez pas les détruire avec des doutes cruels et des scrupules que j'appellerais alors pusillanimes. Vous me devez votre appui et votre protection, maintenant que je vais m'isoler d'une famille pleine de sollicitude et de bonté, mais que je quitte et vais combattre par la seule raison qu'elle ne partage pas vos principes. Ce que je vous ai écrit, il y a deux jours, en quittant Paris, est donc pleinement et facilement confirmé par ce billet. Je ne vous appelle pas auprès de moi maintenant, je ne le dois pas, et la prudence, d'ailleurs, exige que je reste assez longtemps sans vous voir, pour qu'on n'attribue pas à mes sentiments pour vous l'exil que je m'impose. Je ne vous dis pas le lieu que j'aurai choisi pour ma retraite, je l'ignore. Mais dans un an, Henri, cher Henri, à partir du 15 août, vous viendrez me rejoindre où je serai fixée alors et où je vous appellerai. Jusque là, si vous ne partagez pas ma confiance en moi-même, j'aime mieux que vous ne m'écriviez pas... Mais aurai-je la force de vivre un an sans rien savoir de vous ! Non, ni vous non plus ! Écrivez donc deux mots, seulement pour dire : *J'existe et j'aime !* Et vous adresserez pour moi à mon fidèle vieux Lapierre à l'hôtel de Blanchemont. Adieu, Henri. Oh ! si vous pouviez lire dans mon cœur et voir que je vaux mieux que vous ne pensez ! — Édouard se porte bien, il ne vous oublie pas. Lui seul désormais me parlera de vous. M. B. »

Ayant cacheté ces deux lettres, Marcelle qui n'avait plus d'autre vanité au monde que la beauté angélique de son fils, rafraîchit un peu la toilette d'Édouard, et traversa la cour de la ferme. On l'attendait pour dîner, et, pour lui faire honneur, on avait mis le couvert dans le salon, vu qu'on n'avait pas d'autre salle à manger que la cuisine, où l'on ne craignait pas de salir les meubles, et où madame Bricolin se trouvait beaucoup plus à portée des mets qu'elle confectionnait elle-même avec l'aide de sa belle-mère et de sa servante ; Marcelle s'aperçut bientôt de cette dérogation aux habitudes de la famille. Madame Bricolin, dont l'empressement était instinctivement empreint de la mauvaise humeur qui constitue la seule mauvaise éducation en ce genre, eut soin de l'en instruire en lui demandant à tout propos pardon de ce que le service se faisait si mal et déroutait complétement ses servantes. Marcelle demanda et exigea dès lors qu'on reprît le lendemain les habitudes de la maison, assurant avec un sourire enjoué, qu'elle irait dîner au moulin d'Angibault, si on la traitait avec cérémonie.

— Et à propos de moulin, dit madame Bricolin après quelques phrases de politesse mal tournées, il faut que je fasse une scène à M. Bricolin. — Ah! le voilà justement! Dis donc, monsieur Bricolin, est-ce que tu as perdu l'esprit, d'inviter ce meunier à dîner avec nous, un jour où madame la baronne nous fait l'honneur d'accepter notre repas?

— Ah! diable! je n'y avais pas songé, répondit naïvement le fermier, ou plutôt... je pensais, quand j'ai invité Grand-Louis, que madame ne nous ferait pas cet honneur-là. M. le baron refusait toujours, tu sais bien... on le servait dans sa chambre, ce qui n'était guère commode, par parenthèse... Enfin, Thibaude, si ça déplaît à madame de manger avec ce garçon-là, tu le lui diras, toi qui n'as pas ta langue dans ta poche; moi, je ne m'en charge pas : j'ai fait la bêtise, ça me coûte de la réparer.

— Et ça me regarde comme de coutume! dit l'aigre madame Bricolin, qui, étant l'aînée des filles Thibault, conservait son nom de famille féminisé, suivant l'ancien usage du pays. Allons, je vais renvoyer ton beau Louis à sa farine.

— Ce serait me faire beaucoup de peine, et je crois que je m'en irais moi-même, dit madame de Blanchemont d'un ton ferme et même un peu sec, qui imposa à la fermière; j'ai déjeuné ce matin avec ce garçon, chez lui, et je l'ai trouvé si obligeant, si poli et si aimable, que ce serait un vrai chagrin pour moi de dîner sans lui ce soir.

— Vraiment? dit la belle Rose, qui avait écouté Marcelle avec beaucoup d'attention et dont les yeux animés exprimaient une surprise mêlée de plaisir; mais elle les baissa et devint toute rouge en rencontrant le regard scrutateur et menaçant de sa mère.

— Il en sera comme madame voudra, dit madame Bricolin; et elle ajouta tout bas s'adressant à sa servante qui avait le privilége de ses observations confidentielles quand elle était en colère :

— Ce que c'est que d'être un bel homme !

La Chounette (diminutif de Fanchon) sourit d'un air malicieux qui la rendit plus laide que de coutume. Elle trouvait le meunier un fort bel homme, en effet, et lui en voulait de ce qu'il ne lui faisait pas la cour.

— Allons! dit M. Bricolin, le meunier dînera donc avec nous. Madame a raison de ne pas être fière. C'est le moyen de trouver toujours de la bonne volonté chez les autres. Rose, va donc appeler le Grand-Louis qui est par là dans la cour. Dis-lui que la soupe est sur la table. Ça m'aurait coûté de faire un affront à ce garçon. Savez-vous, madame la baronne, que j'ai raison de tenir à ce meunier-là? C'est le seul qui ne retienne pas double mesure et qui ne change pas le grain. Oui, c'est le seul du pays, le diable me confonde! Ils sont tous plus voleurs les uns que les autres. D'ailleurs, le proverbe du pays le dit; « Tout meunier, tout voleur. » Je les ai tous essayés, et je n'ai encore trouvé que celui-là qui ne fît pas de mauvais comptes et de vilains mélanges. Outre qu'il a toute sorte d'attentions pour nous, il ne moudrait jamais mon froment à la meule qui vient de broyer de l'orge et du seigle. Il sait que cela gâte la farine et lui ôte sa blancheur. Il met de l'amour-propre à me contenter, parce qu'il sait que je tiens à avoir du beau pain sur ma table. C'est ma seule fantaisie, à moi! Je suis humilié quand quelqu'un, venant chez moi, ne me dit pas : Ah! le beau pain! Il n'y a que vous, maître Bricolin, pour faire du pareil blé! — Tout blé d'Espagne, mon cher, on s'en flatte!

— Il est certain qu'il est magnifique, votre pain! dit Marcelle, pour faire valoir le meunier autant que pour satisfaire la vanité de M. Bricolin.

— Ah! mon Dieu! que de soucis pour un œil de plus ou de moins dans le pain, et pour un boisseau de plus ou de moins par semaine! dit madame Bricolin. Quand nous avons des meuniers beaucoup plus près, et un moulin au bas du terrier, avoir affaire à un homme qui demeure à une lieue d'ici!

— Qu'est-ce que ça te fait? dit M. Bricolin, puisqu'il vient chercher les sacs et qu'il les rapporte sans prendre un grain de blé de plus que la mouture[1]? D'ailleurs, il a un beau et bon moulin, deux grandes roues neuves, un fameux réservoir, et l'eau ne manque jamais chez lui. C'est agréable de ne jamais attendre.

— Et puis, comme il vient de loin, dit la fermière, vous vous croyez toujours obligé de l'inviter à dîner ou à goûter; voilà une économie!

Le meunier en arrivant mit fin à cette discussion conjugale. M. Bricolin se contentait, quand sa femme le grondait, de hausser un peu les épaules, et de parler un peu plus vite que de coutume. Il lui pardonnait son humeur acariâtre, parce que l'activité et la parcimonie de sa ménagère lui étaient fort utiles.

— Allons, donc, Rose, s'écria madame Bricolin à sa fille, qui rentrait avec le Grand-Louis, nous t'attendons pour nous mettre à table. Tu aurais bien pu faire avertir le meunier par la Chounette, au lieu d'y courir toi-même.

— Mon père me l'avait commandé, dit Rose.

— Et vous n'y seriez pas venue sans cela, j'en suis bien sûr, dit le meunier tout bas à la jeune fille.

— C'est pour me remercier d'être grondée à cause de vous que vous me dites cela? répondit Rose sur le même ton.

Marcelle n'entendit pas ce qu'ils se disaient, mais ces paroles furtives échangées entre eux, la rougeur de Rose, et l'émotion du Grand-Louis la confirmèrent dans les soupçons que lui avait déjà fait concevoir l'aversion de madame Bricolin pour le pauvre farinier : la belle Rose était l'objet des pensées du meunier d'Angibault.

XI.

LE DINER A LA FERME.

Désireuse de servir les intérêts de cœur de son nouvel ami, et n'y voyant pas de danger pour mademoiselle Bricolin, puisque son père et sa grand'mère paraissaient favoriser le Grand-Louis, madame de Blanchemont affecta de lui parler beaucoup durant le repas, et d'amener la conversation sur les sujets où véritablement son instruction et son intelligence le rendaient très-supérieur à toute la famille Bricolin, peut-être à la charmante Rose elle-même. En agriculture, considérée comme science naturelle plus que comme expérimentation commerciale, en politique, considérée comme recherche du bonheur et de la justice humaine; en religion et en morale, le Grand-Louis avait des notions élémentaires, mais justes, élevées, marquées au coin du bon sens, de la perspicacité et de la noblesse de l'âme, qui n'avaient jamais été mises en lumière à la ferme. Les Bricolin n'y avaient jamais eu des sujets de conversation grossièrement vulgaires, et tout l'esprit qu'on y dépensait était tourné en propos dénigrants et peu charitables contre le prochain. Grand-Louis, n'aimant ni les lieux communs ni les méchancetés, y parlait peu et n'avait jamais fait remarquer sa capacité. M. Bricolin avait décrété qu'il était fort sot comme tous les beaux hommes, et Rose, qui l'avait toujours trouvé amoureux craintif ou mécontent, c'est-à-dire

[1]. On ne paie jamais les meuniers dans la Vallée-Noire : ils prélèvent leur part de grain avec plus ou moins de fidélité sur la mouture, et ils sont généralement plus honnêtes que ne le prétend M. Bricolin. Quand ils ont beaucoup de pratiques, ils retirent de cette industrie beaucoup plus que leur consommation, et peuvent se livrer à un petit commerce de grains.

taquin ou timide, ne pouvait l'excuser de son manque d'esprit qu'en vantant son excellent cœur. On fut donc étonné d'abord de voir madame de Blanchemont causer avec lui avec une sorte de préférence, et quand elle l'eut amené à oublier le trouble que lui causait la présence de Rose et le mauvais vouloir de sa mère, on fut bien plus étonné encore de l'entendre si bien parler. Cinq ou six fois, M. Bricolin, qui, ne se doutant nullement de son amour pour sa fille, l'écoutait avec bienveillance, fut émerveillé, et s'écria en frappant sur la table :

— Tu sais donc cela, toi? Où diable as-tu péché tout cela?

— Bah! dans la rivière! répondait Grand-Louis avec gaieté.

Madame Bricolin tomba peu à peu dans un silence sombre en voyant le succès de son ennemi; elle formait la résolution d'avertir le soir même M. Bricolin de la découverte qu'elle avait faite ou cru faire des sentiments de ce paysan pour *sa demoiselle*.

Quant à la vieille mère Bricolin, elle ne comprenait rien du tout à la conversation; mais elle trouvait que le meunier parlait comme un livre, parce qu'il assemblait plusieurs phrases de suite, sans hésiter et sans se reprendre. Rose n'avait pas l'air d'écouter, mais elle ne perdait rien; et involontairement ses yeux s'arrêtaient sur le Grand-Louis. Il y avait là un cinquième Bricolin auquel Marcelle fit peu d'attention. C'était le vieux père Bricolin, vêtu en paysan comme sa femme, mangeant bien, ne disant mot, et n'ayant pas l'air d'en penser davantage. Il était presque sourd, presque aveugle, et paraissait complètement idiot. Sa vieille moitié l'avait amené à table en le conduisant comme un enfant. Elle s'occupait beaucoup de lui, remplissait son assiette et son verre, lui ôtait la mie de son pain, parce que, n'ayant plus de dents, ses gencives, durcies et insensibles, ne pouvaient broyer que les croûtes les plus dures, et ne lui adressait pas une parole, comme si c'eût été peine perdue. Lorsqu'il s'assit, elle lui fit entendre cependant qu'il fallait ôter son chapeau à cause de madame de Blanchemont. Il obéit, mais ne parut pas comprendre pourquoi, et il le remit aussitôt, liberté que, d'après l'usage du pays, M. Bricolin, son fils, se permit également. Le meunier, qui n'y avait pas dérogé le matin au moulin, fourra cependant son bonnet dans sa poche sans qu'on s'en aperçût, partagé entre un nouvel instinct de déférence que Marcelle lui inspirait pour les femmes, et la crainte de paraître jouer au freluquet pour la première fois de sa vie.

Cependant, tout en admirant ce qu'il appelait le beau *bagout* du grand farinier, M. Bricolin se trouva bientôt d'un autre avis que lui sur toutes choses. En agriculture, il prétendait qu'il n'y avait rien de neuf à tenter, que les savants n'avaient jamais rien découvert, qu'en voulant innover on se ruinait toujours; que, depuis que le *monde est monde jusqu'au jour d'aujourd'hui*, on avait toujours fait de même, et qu'on ne ferait jamais mieux.

— Bon ! dit le meunier. Et les premiers qui ont fait ce que nous faisons aujourd'hui, ceux qui ont attelé des bœufs pour ouvrir la terre et pour ensemencer, ils ont fait du nouveau cependant, et on aurait pu les en empêcher en se persuadant qu'une terre qu'on n'avait jamais cultivée ne deviendrait jamais fertile? C'est comme en politique; dites donc, monsieur Bricolin, s'il y a cent ans, on vous avait dit que vous ne paieriez plus ni dîmes ni redevances; que les couvents seraient détruits...

— Bah! bah! je ne l'aurais peut-être pas cru, c'est vrai; mais c'est arrivé parce que ça devait arriver. Tout est pour le mieux *au jour d'aujourd'hui ;* tout le monde est libre de faire fortune, et on n'inventera jamais mieux que ça.

— Et les pauvres, les paresseux, les faibles, les *bêtes,* qu'est-ce que vous en faites?

— Je n'en fais rien, puisqu'ils ne sont bons à rien. Tant pis pour eux!

— Et si vous en étiez, monsieur Bricolin, ce qu'à Dieu ne plaise! (vous en êtes bien loin) diriez-vous : « Tant pis pour moi? » Non, non, vous n'avez pas dit ce que vous pensiez, en répondant tant pis pour eux! vous avez trop de cœur et de religion pour ça.

— De la religion, moi? Je m'en moque, de la religion, et toi aussi. Je vois bien que ça essaie de revenir, mais je ne m'en inquiète guère. Notre curé est un bon vivant, et je ne le contrarie pas. Si c'était un cagot, je l'enverrais joliment promener. Qu'est-ce qui croit à toutes ces bêtises-là *au jour d'aujourd'hui?*

— Et votre femme, et votre mère, et votre fille, disent-elles que ce sont des bêtises?

— Oh! ça leur plaît, ça les amuse. Les femmes ont besoin de ça à ce qu'il paraît.

— Et nous autres paysans, nous sommes comme les femmes, nous avons besoin de religion.

— Eh bien! vous en avez une sous la main; allez à la messe, je ne vous en empêche pas, pourvu que vous ne me forciez pas d'y aller.

— Cela peut arriver cependant, si la religion que nous avons redevient fanatique et persécutante comme elle l'a été si fort et si souvent.

— Elle ne vaut donc rien? laissez-la tomber. Je m'en passe bien, moi?

— Mais puisqu'il nous en faut une absolument, à nous autres, c'est donc une autre qu'il faudrait avoir?

— Une autre! une autre! diable! comme tu y vas! Fais-en donc une, toi !

J'en voudrais avoir une qui empêchât les hommes de se haïr, de se craindre et de se nuire.

— Ça serait neuf, en effet! J'en voudrais bien une comme ça qui empêcherait mes métayers de me voler mon blé la nuit, et mes journaliers de mettre trois heures par jour à manger leur soupe.

— Cela serait, si vous aviez une religion qui vous commandât de les rendre aussi heureux que vous-même.

— Grand-Louis, vous avez la vraie religion dans le cœur, dit Marcelle.

— C'est vrai, cela ! dit Rose avec effusion.

M. Bricolin n'osa répliquer. Il tenait beaucoup à gagner la confiance de madame de Blanchemont et à ne pas lui donner mauvaise opinion de lui. Grand-Louis, qui vit le mouvement de Rose, regarda Marcelle avec un œil plein de feu qui semblait lui dire : Je vous remercie.

Le soleil baissait, et le dîner, qui avait été copieux, touchait à sa fin. M. Bricolin, qui s'appesantissait sur sa chaise, grâce à une large réfection et à des rasades abondantes, eût voulu se livrer à son plaisir favori qui était de prendre du café arrosé d'eau-de-vie et entremêlé de liqueurs, pendant deux ou trois heures de la soirée. Mais le Grand-Louis, sur lequel il avait compté pour lui tenir tête, quitta la table et alla se préparer au départ. Madame de Blanchemont alla recevoir les adieux de ses domestiques et régler leurs comptes. Elle leur remit la lettre pour sa belle-mère, et prenant le meunier à l'écart, elle lui confia celle qui était adressée à Henri, en le priant de la mettre lui-même à la poste.

— Soyez tranquille, dit-il, comprenant qu'il y avait là un peu de mystère; cela ne sortira de ma main que pour tomber dans la boîte, sans que personne y ait jeté les yeux, pas même vos domestiques, n'est-ce pas?

— Merci, mon brave Louis.

— Merci! vous me dites merci, quand c'est moi qui devrais vous dire cela à deux genoux. Allons, vous ne savez pas ce que je vous dois! Je vais passer par chez nous, et dans deux heures la petite Fanchon sera auprès de vous. Elle est plus propre et plus douce que la grosse Chounette d'ici.

Quand Louis et Lapierre furent partis, Marcelle eut un instant de détresse morale en se trouvant seule à la merci de la famille Bricolin. Elle se sentit fort attristée, et prenant Édouard par la main, elle s'éloigna vers un petit bois qu'elle voyait de l'autre côté de la prairie. Il faisait encore grand jour, et le soleil, en s'abaissant derrière le vieux château, projetait au loin l'ombre gigantesque de ses hautes tours. Mais elle n'alla pas loin sans être rejointe par Rose, qui se sentait une grande attraction pour elle, et dont l'aimable figure était le seul objet agréable qui pût frapper ses regards en cet instant.

— Je veux vous faire les honneurs de la garenne, dit la jeune fille ; c'est mon endroit favori, et vous l'aimerez, j'en suis sûre.

— Quel qu'il soit, votre compagnie me le fera trouver agréable, répondit Marcelle en passant familièrement son bras sous celui de Rose.

L'ancien parc seigneurial de Blanchemont, abattu à l'époque de la révolution, était clos désormais par un fossé profond, rempli d'eau courante, et par de grandes haies vives, où Rose laissa un bout de garniture de sa robe de mousseline, avec la précipitation et l'insouciance d'une fille dont le trousseau est au grand complet. Les anciennes souches des vieux chênes s'étaient couvertes de rejets, et la garenne n'était plus qu'un épais taillis sur lequel dominaient quelques *sujets* épargnés par la cognée, semblables à de respectables ancêtres étendant leurs bras noueux et robustes sur une nombreuse et fraîche postérité. De jolis sentiers montaient et descendaient par des gradins naturels établis sur le roc, et serpentaient sous un ombrage épais quoique peu élevé. Ce bois était mystérieux. On y pouvait errer librement, appuyée au bras d'un amant. Marcelle chassa cette pensée qui faisait battre son cœur, et tomba dans la rêverie en écoutant le chant des rossignols, des linottes et des merles qui peuplaient le bocage désert et tranquille.

La seule avenue que le taillis n'eût pas envahie était située à la lisière extrême du bois, et servait de chemin d'exploitation. Marcelle en approchait avec Rose, et son enfant courait en avant. Tout d'un coup il s'arrêta et revint marcher sur ses pas, indécis, sérieux et pâle.

— Qu'est-ce qu'il y a ? lui demanda sa mère, habituée à deviner toutes ses impressions, en voyant qu'il était combattu entre la crainte et la curiosité.

— Il y a une vilaine femme là-bas, répondit Édouard.

— On peut être vilain et bon, répondit Marcelle. Lapierre est bien bon et il n'est pas beau.

— Oh ! Lapierre n'est pas laid ! dit Édouard, qui, comme tous les enfants, admirait les objets de son affection.

— Donne-moi la main, reprit Marcelle, et allons voir cette vilaine femme.

— Non, non, n'y allez pas, c'est inutile, dit Rose d'un air triste et embarrassé, sans pourtant manifester aucune crainte. Je ne pensais pas qu'*elle* était là.

— Je veux habituer Édouard à vaincre la peur, lui répondit Marcelle à demi-voix.

Et Rose n'osant la retenir, elle doubla le pas. Mais lorsqu'elle fut au milieu de l'avenue, elle s'arrêta, frappée d'une sorte de terreur à l'aspect de l'être bizarre qui venait lentement à sa rencontre.

XII.

LES CHATEAUX EN ESPAGNE.

Sous le majestueux berceau que formaient les grands chênes le long de l'avenue, et que le soleil son déclin coupait de fortes ombres et de brillants reflets, marchait à pas comptés une femme ou plutôt un être sans nom qui paraissait plongé dans une méditation farouche. C'était une de ces figures égarées et abruties par le malheur, qui n'ont pas plus d'âge que de sexe. Cependant, ses traits réguliers avaient eu une certaine noblesse qui n'était pas complètement effacée, malgré les affreux ravages du chagrin et de la maladie, et ses longs cheveux noirs en désordre s'échappant de dessous son bonnet blanc surmonté d'un chapeau d'homme d'un tissu de paille brisé et déchiré en mille endroits, donnaient quelque chose de sinistre à la physionomie étroite et basanée qu'ils ombrageaient en grande partie. On ne voyait, de cette face jaune comme du safran et dévastée par la fièvre, que deux grands yeux noirs d'une fixité effrayante, dont on rencontrait rarement le regard préoccupé, un nez très-droit et d'une forme assez belle quoique très-prononcée, et une bouche livide à demi entr'ouverte.

Son habillement, d'une malpropreté repoussante, appartenait à la classe bourgeoise ; une mauvaise robe d'étoffe jaune dessinait un corps informe où les épaules hautes et constamment voûtées avaient acquis en largeur un développement disproportionné avec le reste du corps qui semblait étique, et sur lequel flottait la robe détachée et traînante d'un côté. Ses jambes maigres et noires étaient nues, et des savates immondes défendaient mal ses pieds contre les cailloux et les épines auxquels du reste ils semblaient insensibles. Elle marchait gravement, la tête penchée en avant, le regard attaché sur la terre et les mains occupées à rouler et à presser un mouchoir taché de sang.

Elle venait droit sur madame de Blanchemont, qui, dissimulant son effroi pour ne pas le communiquer à Édouard, attendait avec angoisse qu'elle prît à gauche ou à droite, pour passer auprès d'elle. Mais le spectre, car cette créature ressemblait à une apparition sinistre, marchait toujours, sans paraître prendre garde à personne, et sa physionomie, qui n'exprimait pas l'idiotisme, mais un désespoir sombre passé à l'état de contemplation abstraite, ne semblait recevoir aucune impression des objets extérieurs. Cependant, lorsqu'elle arriva jusqu'à l'ombre que Marcelle projetait à ses pieds, elle s'arrêta comme si elle eût rencontré un obstacle infranchissable, et tourna brusquement le dos pour reprendre sa marche incessante et monotone.

— C'est la pauvre *Bricoline*, dit Rose sans baisser la voix, quoiqu'elle fût à portée d'être entendue. C'est ma sœur aînée, qui est *dérangée* (c'est-à-dire folle, en termes du pays). Elle n'a que trente ans, quoiqu'elle ait l'air d'une vieille femme, et il y en a douze qu'elle ne nous a pas dit un mot, ni paru entendre notre voix. Nous ne savons pas si elle est sourde. Elle n'est pas muette, car lorsqu'elle se croit seule, elle parle quelquefois, mais cela n'a aucun sens. Elle veut toujours être seule, et elle n'est pas méchante quand on ne la contrarie pas. N'en ayez pas peur ; si vous avez l'air de ne pas la voir, elle ne vous regardera seulement pas. Il n'y a que quand nous voulons la *rapproprier* un peu, qu'elle se met en colère et se débat en criant comme si nous lui faisions du mal.

— Maman, dit Édouard qui essayait de cacher son épouvante, ramène-moi à la maison, j'ai faim.

— Comment aurais-tu faim ? Tu sors de table, dit Marcelle qui n'avait pas plus envie que son fils de contempler plus longtemps ce triste spectacle. Tu te trompes assurément ; viens dans une autre allée : peut-être qu'il fait encore trop de soleil dans celle-ci, et que la chaleur te fatigue.

— Oui, oui, rentrons dans le taillis, dit Rose ; ceci n'est pas gai à voir. Il n'y a pas de risque qu'elle nous suive, et d'ailleurs, quand elle est dans une allée, elle ne la quitte pas souvent ; vous pouvez voir que dans celle-ci, l'herbe est brûlée au milieu, tant elle y a passé et repassé, toujours au même endroit. Pauvre sœur, quel dommage ! elle était si belle et si bonne ! Je me souviens du temps où elle me portait dans ses bras et s'occupait de moi comme vous vous occupez de ce bel enfant-là. Mais depuis son malheur elle ne me connaît plus et ne se souvient pas seulement que j'existe.

— Ah ! ma chère mademoiselle Rose, quel affreux malheur en effet ! Et quelle en est la cause ? Est-ce un chagrin ou une maladie ? Le sait-on ?

— Hélas ! oui, on le sait bien. Mais on n'en parle pas.

— Je vous demande pardon si l'intérêt que je vous porte m'a entraînée à vous faire une question indiscrète.

— Oh ! pour vous, Madame, c'est bien différent. Il me semble que vous êtes si bonne qu'on n'est jamais humilié devant vous. Je vous dirai donc, entre nous, que ma pauvre sœur est devenue folle par suite d'*une amour contrariée*. Elle aimait un jeune homme très-bien et très-honnête, mais qui n'avait rien, et nos parents n'ont pas voulu consentir au mariage. Le jeune homme s'est engagé et a été se faire tuer à Alger. La pauvre Bricoline, qui avait toujours été triste et silencieuse depuis son départ, et à qui on ne supposait seulement de l'humeur et un chagrin qui passerait avec le temps, apprit sa mort d'une manière un peu trop cruelle. Ma mère, croyant qu'en perdant toute espérance elle en prendrait enfin son parti, lui jeta cette mauvaise nouvelle à la tête, avec des termes assez durs et dans un moment où une émotion pareille pouvait être mortelle. Ma sœur ne parut pas entendre et ne répondit rien. On était en train de souper, je m'en souviens comme d'hier, quoique je fusse bien jeune. Elle laissa tomber sa fourchette et regarda ma mère pendant plus d'un quart d'heure sans dire un mot, sans baisser les yeux, et d'un air si singulier que ma mère eut peur et s'écria : Ne dirait-on pas qu'elle veut me dévorer? — Vous en ferez tant, dit ma grand'mère, qui est une femme excellente et qui aurait voulu marier Bricoline avec son amoureux, vous lui donnerez tant de soucis que vous la rendrez folle.

Ma grand'mère n'avait que trop bien jugé. Ma sœur était folle, et depuis ce jour-là, elle n'a plus jamais mangé avec nous. Elle ne touche à rien de ce qu'on lui présente, et elle vit toujours seule, nous fuyant tous, et se nourrissant de vieux restes qu'elle va ramasser elle-même dans le fond du bahut quand il n'y a personne dans la cuisine. Quelquefois elle se jette sur une volaille, la tue, la déchire avec ses doigts et la dévore toute sanglante. C'est ce qu'elle vient de faire, j'en suis sûre, car elle a du sang aux mains et sur son mouchoir. D'autres fois elle arrache des légumes dans le jardin et les mange crus. Enfin elle vit comme une sauvage, et fait peur à tout le monde. Voilà les suites d'*une amour contrariée*, et mes pauvres parents ne sont que trop punis d'avoir mal jugé le cœur de leur fille. Cependant ils ne parlent jamais de ce qu'ils feraient pour elle si c'était à recommencer.

Marcelle crut que Rose faisait allusion à elle-même, et, désirant savoir à quel point elle partageait l'amour du Grand-Louis, elle encouragea sa confiance par un ton de douceur affectueuse. Elles étaient arrivées à la lisière de la garenne opposée à celle où se promenait la folle. Marcelle se sentait plus à l'aise, et le petit Édouard avait oublié déjà sa frayeur. Il avait repris sa course folâtre à portée de l'œil de sa mère.

— Votre mère me parait un peu rigide, en effet, dit madame de Blanchemont à sa compagne; mais M. Bricolin a l'air d'avoir pour vous plus d'indulgence.

— Papa fait moins de bruit que maman, dit Rose en secouant la tête. Il est plus gai, plus caressant; il fait plus de cadeaux, il a plus d'attentions aimables, et enfin il aime bien ses enfants, c'est un bon père!... Mais, sous le rapport de la fortune et de ce qu'il appelle la convenance, sa volonté est peut-être plus inébranlable encore que celle de ma mère. Je lui ai entendu dire cent fois qu'il valait mieux être mort que misérable et qu'il me tuerait plutôt que de consentir...

— À vous marier à votre gré? dit Marcelle voyant que Rose ne trouvait pas d'expressions pour rendre sa pensée.

— Oh! il ne dit pas comme cela, reprit Rose d'un air un peu prude. Je n'ai jamais pensé au mariage, et je ne sais pas encore si mon gré ne serait pas le sien. Mais enfin, il a beaucoup d'ambition pour moi, et se tourmente déjà de la crainte de ne pas me trouver un gendre digne de lui. Ce qui fait que je ne serai pas mariée de si tôt, et j'en suis bien aise, car je ne désire pas quitter ma famille, malgré les petites contrariétés que j'y éprouve de la part de maman.

Marcelle crut voir chez Rose un peu de dissimulation, et, ne voulant pas brusquer sa confiance, elle fit l'observation que Rose avait sans doute beaucoup d'ambition pour elle-même.

— Oh! pas du tout! répondit Rose avec abandon. Je me trouve beaucoup plus riche que je n'ai besoin et souci de l'être. Mon père a beau dire que nous sommes cinq enfants (car j'ai deux sœurs et un frère établis), et que, par conséquent la part de chacun ne sera déjà pas si grosse, cela m'est bien égal. J'ai des goûts simples, et d'ailleurs je vois bien, par ce qui se passe chez nous, que plus on est riche, plus on est pauvre.

— Comment cela?

— Chez nous autres cultivateurs, du moins, c'est la vérité. Vous, les nobles, vous vous faites en général honneur de votre fortune; on vous accuse même chez nous de la prodiguer, et, en voyant la ruine de tant d'anciennes familles, on se dit qu'on sera plus sage, et on vise avec soin, comment dirai-je?... avec passion, à établir sa race dans la richesse. On voudrait toujours doubler et tripler ce qu'on possède; voilà du moins ce que mon père, ma mère, mes sœurs et leurs maris, mes tantes et mes cousines, m'ont répété sur tous les tons depuis que j'existe. Aussi, pour ne pas s'arrêter dans le travail de s'enrichir, on s'impose toutes sortes de privations. On fait de la dépense devant les autres de temps en temps, et puis, dans le secret du ménage, on tondrait, comme on dit, sur un œuf. On craint de gâter ses meubles, ses robes, et de trop donner à ses aises. Du moins, c'est le système de ma mère, et c'est un peu dur d'épargner toute sa vie et de s'interdire toute jouissance quand on est à même de se les donner. Et quand il faut économiser sur le bien-être, le salaire et l'appétit des autres, quand il faut être dur aux gens qui travaillent pour nous, cela devient un fait triste. Quant à moi, si j'étais maîtresse de me gouverner comme je l'entends, je voudrais ne rien refuser aux autres ni à moi-même. Je mangerais mon revenu, et peut-être que le fonds ne s'en porterait pas plus mal. Car enfin on m'aimerait, on travaillerait pour moi avec zèle et avec fidélité. N'est-ce pas ce que Grand-Louis disait à dîner? Il avait raison.

— Ma chère Rose, il avait raison en théorie.

— En théorie?

— C'est-à-dire en appliquant ses idées généreuses à une société qui n'existe pas encore, mais qui existera un jour, certainement. Quant à la pratique actuelle, c'est-à-dire quant à ce qui peut se réaliser aujourd'hui, vous vous feriez illusion, si vous pensiez qu'il suffirait à quelques-uns d'être bons, au milieu de tous les autres qui ne le sont pas, pour être compris, aimés et récompensés dès cette vie.

— Ce que vous dites là m'étonne. Je croyais que vous penseriez comme moi. Vous croyez donc qu'on a raison d'écraser ceux qui travaillent à notre profit?

— Je ne pense pas comme vous, Rose, et pourtant je suis bien loin de penser comme vous le supposez. Je voudrais qu'on ne fît travailler personne pour soi, mais qu'en travaillant chacun pour tous, on travaillât pour Dieu et pour soi-même par contre-coup.

— Et comment cela pourrait-il se faire?

— Ce serait trop long à vous expliquer, mon enfant, et je craindrais de le faire mal. En attendant que l'avenir que je conçois se réalise, je regarde comme un très-grand malheur d'être riche, et, pour ma part, je suis fort soulagée de ne l'être plus.

— C'est singulier, dit Rose; celui qui est riche peut cependant faire du bien à ceux qui ne le sont pas, et c'est là le plus grand bonheur!

— Une seule personne bien intentionnée peut faire si peu de bien, même en donnant tout ce qu'elle possède, et alors elle est si tôt réduite à l'impuissance!

— Mais si chacun faisait de même?

— Oui, si chacun! Voilà ce qu'il faudrait; mais il est impossible maintenant d'amener tous les riches à un pareil sacrifice. Vous-même, Rose, vous ne seriez pas disposée à le faire entièrement. Vous voudriez bien, avec votre revenu, soulager le plus de souffrances possible, c'est-à-dire sauver quelques familles de la misère; mais ce serait toujours à la condition de conserver votre fonds, et moi qui vous prêche, je m'attache aux derniers débris de ma fortune pour sauver ce qu'on appelle l'*honneur* de mon fils en lui conservant de quoi faire face aux dettes de son père, sans tomber lui-même dans un dénûment absolu, d'où résulterait le manque d'éducation, un travail excessif, et probablement la mort d'un être délicat issu d'une race d'oisifs, héritier d'une organisation chétive, et, sous ce rapport, très-inférieure à celle du paysan. Vous voyez donc qu'avec nos bonnes intentions, nous autres qui ne savons pas comment la société pourrait apporter remède à de telles alternatives, nous ne pouvons rien, sinon préférer pour nous-mêmes la mé-

C'est la pauvre *Bricoline*, dit Rose. (Page 30.)

diocrité à la richesse et le travail à l'oisiveté. C'est un pas vers la vertu, mais quel pauvre mérite nous avons là, et combien peu il apporte remède aux misères sans nombre qui frappent nos yeux et contristent notre cœur!

— Mais le remède? dit Rose stupéfaite. Il n'y a donc pas de remède? Il faudrait qu'un roi trouvât cela dans sa tête, puisqu'un roi peut tout.

— Un roi ne peut rien, ou presque rien, répondit Marcelle en souriant de la naïveté de Rose. Il faudrait qu'un peuple trouvât cela dans son cœur.

— Tout cela me fait l'effet d'un rêve, dit la bonne Rose. C'est la première fois que j'entends parler de ces choses-là. Je pense bien quelquefois toute seule, mais chez nous personne ne dit que le monde ne va pas bien. On dit qu'il faut s'occuper de soi, parce que notre bonheur est la seule chose dont les autres ne s'occuperont pas, et que tout le monde est le grand ennemi de chacun ; cela fait peur, n'est-ce pas?

— Et il y a là une étrange contradiction. Le monde va bien mal puisqu'il n'est rempli que d'êtres qui se détestent et se craignent entre eux!

— Mais votre idée pour sortir de là? car enfin on ne s'aperçoit pas du mal sans avoir l'idée du mieux?

— On peut avoir cette idée claire quand tout le monde l'a conçue avec vous et vous aide à la produire. Mais quand on est quelques-uns seulement contre tous, qui vous raillent d'y songer et qui vous font un crime d'en parler, on n'a qu'une vue trouble et incertaine. C'est ce qui arrive, je ne dis pas aux plus grands esprits de ce temps-ci, je n'en sais rien, je ne suis qu'une femme ignorante, mais aux cœurs les mieux intentionnés, et voilà où nous en sommes aujourd'hui.

— Oui, *au jour d'aujourd'hui!* comme dit mon papa, dit Rose en souriant. Puis elle ajouta d'un air triste : Que ferai-je donc moi? que ferai-je pour être bonne, étant riche?

— Vous conserverez dans votre cœur, comme un trésor, ma chère Rose, la douleur de voir souffrir, l'amour du prochain que l'Évangile vous enseigne, et le désir ardent de vous sacrifier au salut d'autrui, le jour où ce sacrifice individuel deviendrait utile à tous.

— Ce jour-là viendra donc?

— N'en doutez pas.

— Vous en êtes sûre?

Une paysanne pour conduire son âne. (Page 35.)

— Comme de la justice et de la bonté de Dieu.
— C'est vrai, au fait Dieu ne peut pas laisser durer le mal éternellement. C'est égal, madame la baronne; vous m'avez rempli le cerveau d'éblouissements, et j'en ai mal à la tête : mais il me semble pourtant que je comprends maintenant pourquoi vous perdez si tranquillement votre fortune, et je me figure par instants, que, moi-même, je deviendrais *médiocre* avec plaisir.
— Et s'il fallait devenir pauvre, souffrir, travailler?
— Dame! si cela ne servait à rien, ce serait affreux.
— Et si l'on commençait à voir pourtant que cela sert à quelque chose? S'il fallait passer par une crise de grande détresse, par une sorte de martyre, pour arriver à sauver l'humanité?
— Eh bien! dit Rose, qui regardait Marcelle avec étonnement, on le supporterait avec patience.
— On s'y jetterait avec enthousiasme, s'écria Marcelle avec un accent et un regard qui firent tressaillir Rose, et qui l'entraînèrent comme un choc électrique, quoiqu'à sa très-grande surprise.

Edouard commençait à ralentir ses jeux, et la lune montait à l'horizon. Marcelle jugea qu'il était temps de mener coucher l'enfant, et Rose la suivit en silence, encore tout étourdie de la conversation qu'elles venaient d'avoir ensemble; mais, retombant dans la réalité de sa vie en approchant de la ferme et en écoutant au loin la voix retentissante de sa mère, elle se dit en regardant marcher la jeune dame devant elle :

— Est-ce qu'elle ne serait pas *dérangée* aussi?

XIII.

ROSE.

Malgré cette appréhension, Rose sentait un attrait invincible pour Marcelle. Elle l'aida à coucher son fils, l'entoura de mille prévenances charmantes, et, en la quittant, elle prit sa main pour la baiser. Marcelle, qui l'aimait déjà comme un enfant bien doué de la nature, l'en empêcha en l'embrassant sur les deux joues. Rose, encouragée et ravie, hésitait à partir.

— Je voudrais vous demander une chose, lui dit-elle enfin. Est-ce que le Grand-Louis a vraiment assez d'esprit pour vous comprendre?

— Certainement, Rose! Mais qu'est-ce que cela vous fait? répondit Marcelle avec un peu de malice.

— C'est que cela m'a paru bien singulier, de voir aujourd'hui que, de nous tous, c'était notre meunier qui avait le plus d'idées. Il n'a pourtant pas reçu une bien belle instruction, ce pauvre Louis!

— Mais il a tant de cœur et d'intelligence! dit Marcelle.

— Oh! du cœur, oui. Je le connais beaucoup, moi, ce garçon-là. J'ai été élevée avec lui. C'est sa sœur aînée qui m'a nourrie et j'ai passé mes premières années au moulin d'Angibault... Est-ce qu'il ne vous l'a pas dit?

— Il ne m'a pas parlé de vous, mais j'ai cru voir qu'il vous était fort dévoué.

— Il a toujours été très-bon pour moi, dit Rose en rougissant. La preuve qu'il est excellent, c'est qu'il a toujours aimé les enfants. Il n'avait que sept ou huit ans quand j'étais en nourrice chez sa sœur, et ma grand'-mère dit qu'il me soignait et m'amusait comme s'il eût été d'âge à être mon père. Il paraît aussi que j'avais pris tant d'amitié pour lui que je ne voulais pas le quitter, et que ma mère, qui ne le haïssait pas dans ce temps-là comme aujourd'hui, le fit venir à la maison quand je fus sevrée, pour me tenir compagnie. Il y resta deux ou trois ans, au lieu de deux ou trois mois dont on était convenu d'abord. Il était si actif et si serviable, qu'on le trouvait fort utile chez nous. Sa mère avait alors des embarras, et ma grand'mère, qui est son amie, trouvait fort bien qu'on la débarrassât d'un de ses enfants. Je me rappelle donc bien le temps où Louis, ma pauvre sœur et moi étions toujours à courir et à jouer ensemble, dans le pré, dans la garenne, dans les greniers du château. Mais quand il fut en âge d'être utile à sa mère en travaillant à la farine, elle le rappela au moulin. Nous eûmes tant de regret de nous séparer, et je m'ennuyais tellement sans lui, sa mère et sa sœur (ma nourrice) m'étaient si attachées, qu'on me conduisait à Angibault tous les samedis soir pour me ramener ici tous les lundis matin. Cela dura jusqu'à l'âge où on me mit en pension à la ville, et quand j'en sortis, il ne fut plus question de camaraderie entre un garçon comme le meunier et une jeune fille qu'on traitait de demoiselle. Cependant nous nous sommes toujours vus souvent, surtout depuis que mon père, malgré la distance, l'a pris pour son meunier et qu'il vient ici trois ou quatre fois par semaine. De mon côté, j'ai toujours eu un grand plaisir à revoir Angibault et la meunière, qui est si bonne et qui m'aime tant!... Eh bien, Madame, concevez-vous que, depuis quelque temps, ma mère s'avise de trouver cela mauvais et qu'elle m'empêche d'aller m'y promener? Elle a pris le pauvre Grand-Louis en horreur, elle fait son possible pour le mortifier, et elle m'a défendu de danser avec lui dans les *assemblées*, sous prétexte qu'il est trop au-dessous de moi. Cependant, nous autres demoiselles de campagne, comme on nous appelle, nous dansons toujours avec les paysans qui nous invitent; et d'ailleurs on ne peut pas dire que le meunier d'Angibault soit un paysan. Il a pour une vingtaine de mille francs de bien et il a été mieux élevé que bien d'autres. A vous dire le vrai, mon cousin Honoré Bricolin n'écrit pas l'orthographe aussi bien que lui, quoiqu'on ait dépensé plus d'argent pour l'instruire, et je ne vois pas pourquoi on veut que je sois si fière de ma famille.

— Je n'y comprends rien non plus, dit Marcelle, qui voyait bien qu'un peu de finesse était nécessaire avec mademoiselle Rose, et qu'elle ne se confesserait pas avec l'ardente expansion du Grand-Louis. Est-ce que vous ne voyez rien dans les manières du bon meunier qui ait pu motiver le mécontentement de votre mère?

— Oh! rien du tout. Il est cent fois plus honnête et plus convenable que tous nos bourgeois de campagne, qui s'enivrent presque tous et sont parfois très-grossiers. Jamais il n'a dit à mes oreilles un mot qui m'ait portée à baisser les yeux.

— Mais votre mère ne se serait-elle pas forgé la singulière idée qu'il peut être amoureux de vous?

Rose se troubla, hésita, et finit par avouer que sa mère pouvait bien s'être persuadé cela.

— Et si votre mère avait deviné juste, n'aurait-elle pas raison de vous mettre en garde contre lui?

— Mais, c'est selon! Si cela était et s'il m'en parlait!... Mais il ne m'a jamais dit un mot qui ne fût de pure amitié.

— Et s'il était très-épris de vous sans jamais oser vous le dire?

— Alors, où serait le mal? dit Rose avec un peu de coquetterie.

— Vous seriez très-coupable d'entretenir sa passion sans vouloir l'encourager sérieusement, répondit Marcelle d'un ton assez sévère. Ce serait vous faire un jeu de la souffrance d'un ami, et ce n'est pas dans votre famille, Rose, qu'on doit traiter légèrement les *amours contrariées!*

— Oh! dit Rose d'un air mutin, les hommes ne deviennent pas fous pour ces choses-là! Cependant, ajouta-t-elle naïvement et en penchant la tête, il faut avouer qu'il est quelquefois bien triste, ce pauvre Louis, et qu'il parle comme un homme qui est au désespoir... sans que je puisse deviner pourquoi! Cela me fait beaucoup de peine.

— Pas assez pourtant pour que vous daigniez le comprendre?

— Mais quand il m'aimerait, que pourrais-je faire pour le consoler?

— Sans doute. Il faudrait l'aimer ou l'éviter.

— Je ne peux ni l'un ni l'autre. L'aimer, c'est quasi impossible, et l'éviter, j'ai trop d'amitié pour lui pour me résoudre à lui faire cette peine-là. Si vous saviez quels yeux il fait quand j'ai l'air de ne pas prendre garde à lui! Il en devient tout pâle, et cela me fait mal.

— Pourquoi dites-vous donc qu'il vous serait impossible de l'aimer?

— Dame! peut-on aimer quelqu'un qu'on ne peut pas épouser?

— Mais on peut toujours épouser quelqu'un qu'on aime.

— Oh! pas toujours! Voyez ma pauvre sœur! Son exemple me fait trop de peur pour que je veuille risquer de le suivre.

— Vous ne risquez rien, ma chère Rose, dit Marcelle avec un peu d'amertume; quand on dispose de son amour et de sa volonté avec tant d'aisance, on n'aime pas, et on ne court aucun danger.

— Ne dites pas cela, répondit Rose avec vivacité. Je suis aussi capable qu'une autre d'aimer et de risquer d'être malheureuse. Mais me conseillerez-vous d'avoir ce courage-là?

— Dieu m'en préserve! Je voudrais vous aider seulement à constater l'état de votre cœur, afin que vous ne fassiez pas le malheur de Louis par votre imprudence.

— Ce pauvre Grand-Louis!... Mais voyons, Madame, que puis-je donc faire? Je suppose que mon père, après bien des colères et des menaces, consente à me donner à lui; que ma mère, effrayée de l'exemple de ma sœur, aime mieux sacrifier ses répugnances que de me voir tomber malade, tout cela n'est guère probable... Mais enfin, pour en arriver là, voyez donc que de disputes, que de scènes, que d'embarras!

— Vous avez peur, vous n'aimez pas, vous dis-je; vous pouvez avoir raison, c'est pourquoi il faut éloigner le Grand-Louis.

Ce conseil, sur lequel Marcelle revenait toujours, ne paraissait nullement du goût de Rose. L'amour du meunier flattait extrêmement son amour-propre, surtout depuis que madame de Blanchemont l'avait tant relevé à ses yeux, et peut-être aussi, à cause de la rareté du fait. Les paysans sont peu susceptibles de passion, et dans le monde bourgeois où Rose vivait, la passion devenait de plus en plus inouïe et inconnue, au milieu des préoccupations de l'intérêt. Rose avait lu quelques romans; elle était fière d'inspirer un amour disproportionné, impossible, et dont, un jour ou l'autre, tout le pays parlerait peut-être avec étonnement. Enfin, le Grand-Louis était la coqueluche de toutes les paysannes, et il n'y avait pas assez de distance entre leur race et la bourgeoisie de fraîche date des Bricolin, pour qu'il n'y eût pas quelque enivrement à l'emporter sur les plus belles filles de l'endroit.

— Ne croyez pas que je sois lâche, dit Rose après un instant de réflexion. Je sais fort bien répondre à maman quand elle accuse injustement ce pauvre garçon, et si, une fois, je m'étais mis en tête quelque chose, aidée de vous qui avez tant d'esprit, et que mon père désire tant se rendre favorable dans ce moment-ci... je pourrais bien triompher de tout. D'abord je vous déclare que je ne perdrais pas la tête, comme ma pauvre sœur! Je suis obstinée et on m'a toujours trop gâtée pour ne pas me craindre un peu. Mais je vais vous dire ce qui me coûterait le plus.

— Voyons, Rose, j'écoute.

— Que penserait-on de moi dans le pays, si je faisais ces esclandres-là dans ma famille? Toutes mes amies, jalouses peut-être de l'amour que j'inspirerais, et qu'elles ne trouveront jamais dans leurs mariages d'argent, me jetteraient la pierre. Tous mes cousins et prétendants, furieux de la préférence donnée à un paysan sur eux, qui se croient d'un si grand prix, toutes les mères de famille, effrayées de l'exemple que je donnerais à leurs filles, enfin les paysans eux-mêmes, jaloux de voir un d'entre eux faire ce qu'ils appellent un gros mariage, me poursuivraient de leur blâme et de leurs moqueries. « Voilà une folle, dirait l'un', c'est dans le sang, et bientôt elle mangera de la viande crue comme sa sœur. Voilà une sotte, dirait l'autre, qui prend un paysan, pouvant épouser un homme de sa sorte! Voilà une méchante fille, dirait tout le monde, qui fait de la peine à des parents qui ne lui ont pourtant jamais rien refusé. Oh! l'effrontée, la dévergondée, qui fait tout ce scandale pour un manant parce qu'il a cinq pieds huit pouces! pourquoi pas pour son valet de charrue? pourquoi pas pour l'oncle Cadoche, qui va mendiant de porte en porte? » Enfin, cela ne finirait pas, et je crois que ce n'est pas joli pour une jeune fille de s'exposer à tout cela pour l'amour d'un homme.

— Ma chère Rose, dit Marcelle, vos dernières objections ne me paraissent pas si sérieuses que les premières, et pourtant je vois que vous auriez beaucoup plus de répugnance à braver l'opinion publique que la résistance de vos parents. Il faudra nous examiner mûrement ensemble, le pour et le contre, et comme vous m'avez raconté votre histoire, je vous dois la mienne. Je veux vous la raconter, bien que ce soit un secret, tout le secret de ma vie! mais il est si pur qu'une demoiselle peut l'entendre. Dans quelque temps, ce n'en sera plus un pour personne, et, en attendant, je suis certaine que vous le garderez fidèlement.

— Oh! Madame, s'écria Rose en se jetant au cou de Marcelle, que vous êtes bonne! on ne m'a jamais dit de secrets, et j'ai toujours eu envie d'en savoir un afin de le bien garder. Jugez si le vôtre me sera sacré! Il m'instruira de bien des choses que j'ignore; car il me semble qu'il doit y avoir une morale en amour comme en toutes choses, et personne ne m'en a jamais voulu parler, sous prétexte qu'il n'y a pas ou qu'il ne doit pas y avoir d'amour. Il me semble pourtant bien... mais parlez, parlez, ma chère madame Marcelle! Je me figure qu'en ayant votre confiance, je vais avoir votre amitié.

— Pourquoi non, si je puis espérer d'être payée de retour? dit Marcelle en lui rendant ses caresses.

— Oh! mon Dieu! dit Rose dont les yeux se remplirent de larmes; ne le voyez-vous pas que je vous aime? que dès la première vue mon cœur a été vers vous, et qu'il est à vous tout entier, depuis seulement un jour que je vous connais? Comment cela se fait-il? je n'en sais rien. Mais je n'ai jamais vu personne qui me plût autant que vous. Je n'en ai vu que dans les livres, et vous me faites l'effet d'être, à vous seule, toutes les belles héroïnes des romans que j'ai lus.

— Eh bien, ma chère enfant, votre noble cœur a besoin d'aimer! Je tâcherai de n'être pas indigne de l'occasion qui me favorise.

La petite Fanchon était déjà installée dans le cabinet voisin, et déjà elle ronflait de façon à couvrir la voix des chouettes et des engoulevents qui commençaient à s'agiter dans les combles des vieilles tours. Marcelle s'assit auprès de la fenêtre ouverte, d'où l'on voyait briller les étoiles sereines dans un ciel magnifiquement pur, et prenant la main de Rose, dans les siennes, elle parla ainsi qu'il suit :

XIV.

MARCELLE.

« Mon histoire, chère Rose, ressemble, en effet, à un roman ; mais c'est un roman si simple et si peu nouveau qu'il ressemble à tous les romans du monde. Le voici en aussi peu de mots que possible.

« Mon fils, à l'âge de deux ans, était d'une santé si mauvaise, que je désespérais de le sauver. Mes inquiétudes, ma tristesse, les soins continuels dont je ne voulais me remettre à personne, me fournirent une occasion toute naturelle de me retirer du monde, où je n'avais fait qu'une courte apparition, et pour lequel je n'avais aucun goût. Les médecins me conseillèrent de faire vivre mon enfant à la campagne. Mon mari avait une belle terre à vingt lieues de celle-ci, comme vous savez ; mais la vie bruyante et licencieuse qu'il y menait avec ses amis, ses chevaux, ses chiens et ses maîtresses, ne m'engageait pas à m'y retirer, même aux époques où il vivait à Paris. Le désordre de cette maison, l'insolence des valets dont on souffrait le pillage, ne pouvant leur payer régulièrement leur salaire, un entourage de voisins de mauvais ton, me furent si bien dépeints par mon vieux Lapierre, qui y avait passé quelque temps, que je renonçai à y tenter un établissement. M. de Blanchemont, ne se souciant pas que je vinsse vivre ici, à portée de connaître ses dérèglements, me fit croire que ce lieu-ci était affreux, que le vieux château était inhabitable, et, sous ce dernier rapport, il ne faisait qu'exagérer un peu, vous en conviendrez. Il parla de m'acheter une maison de campagne aux environs de Paris ; mais où eût-il pris de l'argent pour cette acquisition, lorsqu'à mon insu il était déjà à peu près ruiné ?

« Voyant que ses promesses n'aboutissaient à rien et que mon fils dépérissait, je me hâtai de louer à Montmorency (un village près de Paris dans une situation admirable, au voisinage des bois et des collines les plus sainement exposés), une moitié de maison, la première que je pus trouver, la seule dans ce moment-là. Ces habitations sont fort recherchées par les gens de Paris qui s'y établissent, même des personnes riches, plus que modestement, pour quelque temps de la belle saison. Mes parents et mes amis vinrent m'y voir assez souvent d'abord, puis de moins en moins, comme il arrive toujours quand la personne qu'on visite aime sa retraite et n'y attire, ni par le luxe, ni par la coquetterie. Vers la fin de la première saison, il se passait souvent quinze jours sans que je visse venir personne de Paris. Je ne m'étais liée avec aucune des notabilités de l'endroit. Édouard se portait mieux, j'étais calme et satisfaite ; je lisais beaucoup, je me promenais dans les bois, seule avec lui, une paysanne pour conduire son âne, un livre, et un gros chien, gardien très-jaloux de nos personnes. Cette vie me plaisait extrêmement. M. de Blanchemont était enchanté de n'avoir pas à s'occuper de moi. Il ne venait jamais me voir. Il m'envoyait de temps en temps un domestique pour savoir des nouvelles de son fils et s'enquérir de mes besoins d'argent qui étaient fort modestes, heureusement pour moi : il n'eût pu les satisfaire.

— Voyez! s'écria Rose, il nous disait ici que c'était pour vous qu'il mangeait ses revenus et les vôtres ; qu'il vous fallait des chevaux, des voitures, tandis que vous alliez peut-être à pied dans les bois pour économiser le loyer d'un âne!

— Vous l'avez deviné, chère Rose. Lorsque je demandais quelque argent à mon mari, il me faisait de si longues et de si étranges histoires sur la pénurie de ses fermiers, sur la gelée de l'hiver, sur la grêle de l'été, qui les avait ruinés, que, pour ne plus entendre tous ces détails, et, la plupart du temps, dupe de sa généreuse commisération pour vous, je l'approuvais et m'abstenais de réclamer la jouissance de mes revenus.

« La vieille maison que j'habitais était propre, mais presque pauvre, et je n'y attirais l'attention de personne. Elle se composait de deux étages. J'occupais le premier. Au rez-de-chaussée habitaient deux jeunes gens, dont l'un était malade. Un petit jardin très-ombragé et entouré de grands murs, où Édouard jouait sous mes yeux avec sa bonne, lorsque j'étais assise à ma fenêtre, était commun aux deux locataires, M. Henri Lémor et moi.

« Henri avait vingt-deux ans. Son frère n'en avait que quinze. Le pauvre enfant était phthisique, et son aîné le soignait avec une sollicitude admirable. Ils étaient orphelins. Henri était une véritable mère pour le pauvre agonisant. Il ne le quittait pas d'une heure, il lui faisait la lecture, le promenait et le soutenant dans ses bras, le couchait et le rhabillait comme un enfant, et, comme ce malheureux Ernest ne dormait presque plus, Henri, pâle, exténué, creusé par les veilles, semblait presque aussi malade que lui.

« Une vieille femme excellente, propriétaire de notre maison et occupant une partie du rez-de-chaussée, montrait beaucoup d'obligeance et de dévouement à ces malheureux jeunes gens ; mais elle ne pouvait suffire à tout, je dus m'empresser de la seconder. Je le fis avec zèle et sans m'épargner, comme vous l'eussiez fait à ma place, Rose ; et même dans les derniers jours de l'existence d'Ernest, je ne quittai guère son chevet. Il me témoignait une affection et une reconnaissance bien touchantes. Ne connaissant pas et ne sentant plus la gravité de son mal, il mourut sans s'en apercevoir, et presque en parlant. Il venait de me dire que je l'avais guéri, lorsque sa respiration s'arrêta et que sa main se glaça dans les miennes.

« La douleur d'Henri fut profonde, il en tomba malade, et, à son tour, il fallut le soigner et le veiller. La vieille propriétaire, madame Joly, était au bout de ses forces. Édouard heureusement était bien portant, et je pouvais partager mes soins entre lui et Henri. Le devoir d'assister et de consoler le pauvre Henri retomba sur moi seule, et à la fin de l'automne, j'eus la joie de l'avoir rendu à la vie.

« Vous concevez bien, Rose, qu'une amitié profonde, inaltérable, s'était cimentée entre nous deux au milieu de toutes ces douleurs et de tous ces dangers. Quand l'hiver et l'insistance de mes parents me forcèrent de retourner à Paris, nous nous étions fait une si douce habitude de lire, de causer, et de nous promener ensemble dans le petit jardin, que notre séparation fut un véritable déchirement de cœur. Nous n'osâmes pourtant nous promettre de nous retrouver à Montmorency l'année suivante. Nous étions encore timides l'un avec l'autre, et nous aurions tremblé de donner le nom d'amour à cette affection.

« Henri n'avait guère songé à s'enquérir de ma condition, ni moi de la sienne. Nous faisions à peu près la même dépense dans la maison. Il m'avait demandé la permission de me voir à Paris ; mais quand je lui donnai mon adresse chez ma belle-mère, à l'hôtel de Blanchemont, il parut surpris et effrayé. Quand je quittai Montmorency dans le carrosse armorié que mes parents avaient envoyé pour me prendre, il eut l'air consterné, et quand il sut que j'étais riche (je croyais l'être et je passais pour telle), il se regarda comme à jamais séparé de moi. L'hiver se passa sans que je le revisse, sans que j'entendisse parler de lui.

« Lémor était pourtant lui-même réellement plus riche que moi à cette époque. Son père, mort une année auparavant, était un homme du peuple, un ouvrier qu'un petit commerce et beaucoup d'habileté avaient mis fort à l'aise. Les enfants de cet homme avaient reçu une très-bonne éducation, et la mort d'Ernest laissait à Henri un revenu de huit ou dix mille francs. Mais les idées de lucre, l'indélicatesse, l'effroyable dureté et l'égoïsme profond de ce père commerçant avaient révolté de bonne heure l'âme enthousiaste et généreuse d'Henri. Dans l'hiver qui suivit la mort d'Ernest, il se hâta de céder, presque pour rien, son fonds de commerce à un homme que Lémor le père avait ruiné par les manœuvres les plus rapaces et les plus déloyales d'une impitoyable concurrence. Henri distribua à tous les ouvriers que son père avait longtemps pressurés le produit de cette vente, et, se dérobant, avec une sorte d'aversion, à leur reconnaissance (car il m'a dit souvent que ces hommes malheureux avaient été corrompus et avilis eux-mêmes par l'exemple et les procédés de leur maître), il changea de quartier et se mit en apprentissage pour devenir ouvrier lui-même. L'année précédente, et avant que la maladie de son frère le forçât d'habiter la campagne, il avait déjà commencé à étudier la mécanique.

« J'appris tous ces détails par la vieille femme de Montmorency, à qui j'allai faire une ou deux visites à la fin de l'hiver, autant, je l'avoue, pour savoir des nouvelles d'Henri que pour lui témoigner l'amitié dont elle était digne à tous égards. Cette femme avait de la vénération pour Lémor. Elle avait soigné le pauvre Ernest comme son propre fils ; elle ne parlait d'Henri que les mains jointes et les yeux pleins de larmes. Quand je lui demandai pourquoi il ne venait pas me voir, elle me répondit que ma richesse et ma position dans le monde ne pouvaient permettre que des rapports naturels s'établissent entre une personne comme moi et un homme qui s'était jeté volontairement dans la pauvreté. C'est à cette occasion qu'elle me raconta tout ce qu'elle savait de lui et tout ce que je viens de vous rapporter.

« Vous devez comprendre, chère Rose, combien je fus frappée de la conduite de ce jeune homme, qui s'était montré à moi si simple, si modeste et si parfaitement ignorant de sa grandeur morale. Je ne pus penser à autre chose ; dans le monde, comme dans ma chambre solitaire, au théâtre comme à l'église, son souvenir et son image étaient toujours dans mon cœur et dans ma pensée. Je le comparais à tous les hommes que je voyais, et alors il me paraissait si grand !

« Dès la fin de mars je retournai à Montmorency, n'espérant point y retrouver mon intéressant voisin. J'eus un instant de véritable douleur, lorsque, descendant au jardin avec une parente qui m'avait accompagnée pour m'aider malgré moi à me réinstaller à la campagne, j'appris que le rez-de-chaussée était loué à une vieille dame. Mais ma compagne ayant fait quelques pas loin de moi, la bonne madame Joly me dit à l'oreille qu'elle avait fait ce petit mensonge parce que ma parente lui paraissait curieuse et babillarde, mais que Lémor était là, et qu'il se tenait caché pour ne me voir que lorsque je serais seule.

« Je pensai m'évanouir de joie, et je supportai l'obligeance et les attentions de ma pauvre cousine avec une patience dont je faillis mourir. Enfin elle partit, et je revis Lémor, non pas seulement ce jour-là, mais tous les jours et presque à toutes les heures de la journée, depuis la fin de l'hiver jusqu'à l'extrême fin de l'automne suivant. Les visites, toujours rares et assez courtes que l'on me rendait, mes courses indispensables à Paris, nous volèrent tout au plus, en rassemblant toutes les heures, deux semaines de notre délicieuse intimité.

« Je vous laisse à penser si cette vie fut heureuse et si l'amour s'empara en maître absolu de notre amitié. Mais ce dernier sentiment fut aussi chaste sous les yeux de Dieu et de mon fils que l'avait été une amitié formée au lit de mort du frère d'Henri. On en jasa pourtant peut-être un peu chez les indigènes de Montmorency ; mais la bonne réputation de notre hôtesse, sa discrétion sur nos sentiments qu'elle devinait bien, son ardeur à défendre notre conduite, la vie cachée que nous menions, et le soin que nous eûmes de ne jamais nous montrer ensemble hors de la maison ; enfin, l'absence de tout scandale, empêchèrent la malveillance de s'en mêler : aucun propos ne parvint jamais aux oreilles de mon mari ni d'aucun de mes parents.

« Jamais amours ne furent plus religieusement sentis et plus salutaires pour les deux âmes qu'elles remplirent. Les idées d'Henri, fort singulières aux yeux du monde, mais les seules vraies, les seules chrétiennes aux miens, transportèrent mon esprit dans une nouvelle sphère. Je connus l'enthousiasme de la foi et de la vertu en même temps que celui de l'affection. Ces deux sentiments se liaient dans mon cœur et ne pouvaient plus se passer l'un de l'autre. Henri adorait mon fils, mon fils que son père oubliait, délaissait et connaissait à peine ! Aussi Édouard avait pour Lémor la tendresse, la confiance et le respect que son père eût dû lui inspirer.

« L'hiver nous arracha encore à notre paradis terrestre, mais cette fois il ne nous sépara point. Lémor vint me voir en secret de temps en temps, et nous nous écrivions presque tous les jours. Il avait une clef du jardin de l'hôtel, et quand nous ne pouvions nous y rencontrer la nuit, une fente dans le piédestal d'une vieille statue recevait notre correspondance.

« C'est tout récemment, vous le savez, que M. de Blanchemont a perdu la vie d'une manière tragique et inattendue, dans un duel à mort avec un de ses amis, pour une folle maîtresse qui l'avait trahi. Un mois après, j'ai vu Henri, et c'est de ce moment que datent mes chagrins. Je croyais si naturel de m'engager à lui pour la vie ! Je voulais le revoir un instant et fixer avec lui l'époque où les devoirs de ma position me permettraient de lui donner ma main et ma personne comme il avait mon cœur et mon esprit. Mais le croiriez-vous, Rose ? son premier mouvement a été un refus plein d'effroi et de désespoir. La crainte d'être riche, oui, l'horreur de la richesse, l'ont emporté sur l'amour, et il s'est comme enfui de moi avec épouvante !

« J'ai été offensée, consternée, je n'ai pas su le convaincre, je n'ai pas voulu le retenir. Et puis, j'ai réfléchi, j'ai trouvé qu'il avait raison, qu'il était conséquent avec lui-même, fidèle à ses principes. Je l'en ai estimé, je l'en ai aimé davantage, et j'ai résolu d'arranger ma vie de manière à ne plus le blesser, de quitter le monde entièrement, de venir me cacher bien loin de Paris au fond d'une campagne, afin de rompre toutes mes relations avec les puissants et les riches que Lémor considère comme des ennemis tantôt féroces, tantôt involontaires et aveugles de l'humanité.

« Mais à ce projet, qui n'était que secondaire dans ma pensée, j'en associais un autre qui coupait le mal dans sa racine et détruisait à jamais tous les scrupules de mon amant, de mon époux futur. Je voulais imiter son exemple, et dissiper ma fortune personnelle en l'appliquant à ce qu'autrefois nous appelions les bonnes œuvres, à ce que Lémor appelle l'œuvre de rémunération, à ce qui est juste envers les hommes et agréable à Dieu dans toutes les religions et dans tous les temps. J'étais libre de faire ce sacrifice sans nuire à ce que les riches auraient appelé le bonheur futur de mon fils, puisque je le croyais encore destiné à un héritage considérable ; et, d'ailleurs, dans mes idées à moi, en m'abstenant de jouir de ses revenus durant les longues années de sa minorité, en accumulant et en plaçant les rentes, j'aurais travaillé aussi à son bonheur. C'est-à-dire que l'élevant dans des habitudes de sobriété et de simplicité, et lui communiquant l'enthousiasme de ma charité, je l'aurais mis à même un jour de consacrer à ces mêmes bonnes œuvres une fortune considérable, augmentée par mon économie et par le devoir que je m'imposais de n'en jouir en aucune façon pour mon propre compte, malgré les droits que la loi me donnait à cet égard. Il me semblait que cette âme si naïve et si tendre de mon enfant répondrait à mon enthousiasme, et que j'entasserais ces richesses terrestres pour son salut futur. Riez-en un peu, si vous voulez, chère Rose, mais il me semble encore que je réussirai, dans des conditions plus restreintes, à faire envisager les choses à mon Édouard sous ce point de vue. Il n'a plus à hériter de son père, et ce qui me reste lui sera désormais consacré dans le même but. Je ne me crois plus le droit de me dépouiller de ce peu d'aisance qui nous est laissée à tous d'eux. Je me figure que rien ne m'appartient plus en propre, puisque mon fils n'a plus rien de certain à attendre de moi. Cette pauvreté, dont j'aurais pu faire vœu pour moi seule, c'est un baptême nouveau que Dieu ne me permet peut-être pas d'imposer à mon enfant avant qu'il soit en âge de l'accepter ou de le rejeter librement. Pouvons-nous, étant nés dans le siècle, et ayant donné la vie à des êtres destinés aux jouissances et au pouvoir dans la société, les priver violemment et sans les consulter, de ce que la société considère comme de si grands avantages et des droits si sacrés ? Dans ce *sauve qui peut* général où la corruption de l'argent a lancé tous les humains, si je venais à mourir en laissant mon fils dans la misère avant le temps nécessaire pour lui enseigner l'amour du travail, à quels vices, à quelle abjection ne risquerais-je pas d'abandonner ses bons mais faibles instincts ? On parle d'une religion de fraternité et de communauté, où tous les hommes seraient heureux en s'aimant, et deviendraient riches en se dépouillant. On dit que c'est un problème que les plus grands saints du christianisme comme les plus grands sages de l'antiquité ont été sur le point de résoudre. On dit encore que cette religion est prête à descendre dans le cœur des hommes, quoique tout semble, dans la réalité, conspirer contre elle ; parce que du choc immense, épouvantable, de tous les intérêts égoïstes, doivent naître la nécessité de tout changer, la lassitude du mal, le besoin du vrai et l'amour du bien. Tout cela, je le crois fermement, Rose ! Mais, comme je vous le disais tout à l'heure, j'ignore quels jours Dieu a fixés pour l'accomplissement de ses desseins. Je ne comprends rien à la politique, je n'y vois pas d'assez vives lueurs de mon idéal ; et, réfugiée dans l'arche comme l'oiseau durant le déluge, j'attends, je prie, je souffre et j'espère, sans m'occuper des railleries que le monde prodigue à ceux qui ne veulent pas approuver ses injustices, et se réjouir des malheurs de leur temps.

« Mais dans cette ignorance du lendemain, dans cette tempête déchaînée de toutes les forces humaines les unes contre les autres, il faut bien que je serre mon fils dans mes bras, et que je l'aide à surmonter le flot qui nous porte peut-être aux rives d'un monde meilleur dès ici-bas. Hélas ! chère Rose, dans un temps où l'argent est tout, tout se vend et s'achète. L'art, la science, toutes les lumières, et par conséquent toutes les vertus, la religion elle-même, sont interdites à celui qui ne peut payer l'avantage de boire à ces sources divines. De même qu'on paie les sacrements à l'église, il faut, à prix d'argent, acquérir le droit d'être homme, de savoir lire, d'apprendre à penser, à connaître le bien du mal. Le pauvre est condamné, à moins d'être doué d'un génie exceptionnel, à végéter, privé de sagesse et d'instruction. Et le mendiant, le pauvre enfant qui apprend pour tout métier l'art de tendre la main et d'élever une voix plaintive, dans quelles obscures et fausses notions est forcée de se débattre son intelligence infirme et impuissante ! Il y a quelque chose d'affreux à penser que la superstition est la seule religion accessible au paysan, que tout son culte se réduit à des pratiques qu'il ne comprend pas, dont il ne saura jamais ni le sens ni l'origine, et que Dieu n'est pour lui qu'une idole favorable aux moissons et aux troupeaux de celui qui lui vote un cierge ou une image. En venant ce matin ici, j'ai rencontré une procession arrêtée autour d'une fontaine pour conjurer la sécheresse. J'ai demandé pourquoi on priait là plutôt qu'ailleurs. Une femme m'a répondu, en me montrant une petite statue de plâtre cachée dans une niche et ornée de guirlandes comme les dieux du paganisme[1], « c'est que cette *bonne dame* est la « meilleure de toutes pour la pluie. »

« Si mon fils est indigent, le faudra-t-il donc qu'il soit idolâtre, au rebours des premiers chrétiens qui embrassaient la vraie religion avec la sainte pauvreté ? Je sais bien que le pauvre a le droit de me demander : Pourquoi ton fils plutôt que le mien connaîtrait-il Dieu et la vérité ? Hélas ! je n'ai rien à lui répondre, sinon que je ne puis sauver son fils qu'en sacrifiant le mien. Et quelle réponse inhumaine pour lui ! Oh ! les temps de naufrage sont affreux ! Chacun court à ce qui lui est le plus cher et abandonne les autres. Mais encore une fois, Rose, que pouvons-nous donc, nous autres pauvres femmes, qui ne savons que pleurer sur tout cela ?

---

1. Les Pères de l'Église primitive condamnaient amèrement cet usage païen d'orner les statues des dieux. Minutius Felix s'en explique clairement et admirablement. L'Église du moyen âge a rétabli les pratiques de l'idolâtrie, et l'Église d'aujourd'hui continue cette spéculation lucrative.

« Ainsi, les devoirs que nous impose la famille sont en contradiction avec ceux que nous impose l'humanité. Mais nous pouvons encore quelque chose pour la famille, tandis que pour l'humanité, à moins d'être très-riches, nous ne pouvons rien encore. Car dans ce temps-ci, où les grandes fortunes dévorent les petites si rapidement, la médiocrité, c'est la gêne et l'impuissance.

« Voilà pourquoi, continua Marcelle en essuyant une larme, je vais être forcée de modifier les beaux rêves que j'avais faits en quittant Paris il y a deux jours. Mais je veux faire encore de mon mieux, Rose, pour ne pas m'entourer de petites jouissances inutiles aux dépens des autres. Je veux me réduire au nécessaire, acheter une maison de paysan, vivre aussi sobrement qu'il me sera possible sans altérer ma santé (puisque je dois ma vie à Édouard), mettre de l'ordre dans ce petit capital pour le lui donner un jour, après lui en avoir indiqué l'usage que Dieu nous aura révélé utile et pieux dans ce temps-là; et, en attendant, consacrer la moindre partie possible de mon humble revenu à mes besoins et à la bonne éducation de mon fils, afin d'avoir toujours de quoi assister les pauvres qui viendront frapper à ma porte. C'est là, je crois, tout ce que je peux faire, s'il ne se forme pas bientôt une association vraiment sainte, une sorte d'église nouvelle, où quelques croyants inspirés appelleront à eux leurs frères pour les faire vivre en commun sous les lois d'une religion et d'une morale qui répondent aux nobles besoins de l'âme et aux lois de la véritable égalité. Ne me demandez pas quelles seraient précisément ces lois. Je n'ai pas mission de les formuler, puisque Dieu ne m'a pas donné le génie de les découvrir. Toute mon intelligence se borne à pouvoir les comprendre quand elles seront révélées, et mes bons instincts me forcent à rejeter les systèmes qui se posent aujourd'hui un peu trop fièrement sous des noms divers. Je n'en vois encore aucun où la liberté morale se trouve respectée, où l'athéisme et l'ambition de dominer ne se montrent par quelque endroit. Vous avez entendu parler peut-être des saint-simoniens et des fouriéristes. Ce sont là des systèmes nés sans religion et sans amour, des philosophies avortées, à peine ébauchées, où l'esprit du mal semble se cacher sous les dehors de la philanthropie. Je ne les juge pas absolument, mais j'en suis repoussée comme par le pressentiment d'un nouveau piège tendu à la simplicité des hommes.

« Mais il se fait tard, ma bonne Rose, et vos beaux yeux qui brillent encore luttent pourtant contre la fatigue de m'écouter. Je n'ai rien à conclure pour vous de tout ceci; sinon que nous sommes toutes les deux aînées par des hommes pauvres, et que l'une de nous aspire à s'affranchir de l'alliance des riches, tandis que l'autre hésite et s'effraie de leur opinion.

— Ah! Madame, dit Rose, qui avait écouté Marcelle avec une religieuse attention, que vous êtes grande et bonne! comme vous savez aimer, et comme je comprends bien maintenant pourquoi je vous aime! Il me semble que votre histoire et l'explication de votre conduite m'ont fait grossir la tête de moitié! Quelle triste et mesquine vie nous menons, au prix de celle que vous rêvez! Mon Dieu, mon Dieu! je crois que je mourrai le jour où vous partirez d'ici!

— Sans vous, chère Rose, je serais fort pressée, je vous le confesse, d'aller bâtir ma chaumière auprès de celle de plus pauvres gens; mais vous me ferez aimer votre ferme, et même ce vieux château... Ah! j'entends votre mère qui vous appelle. Embrassez-moi encore et pardonnez-moi de vous avoir dit quelques paroles dures. Je me les reproche en voyant combien vous êtes sensible et affectueuse. »

Rose embrassa la jeune baronne avec effusion, et la quitta. Cédant à une habitude d'enfant mutin, elle se donna le petit plaisir de laisser crier sa mère tout en se rendant avec lenteur à son appel. Puis elle se le reprocha et se mit à courir; mais elle ne put se résoudre à lui parler avant d'être tout à fait auprès d'elle : cette voix glapissante lui faisait l'effet d'un ton faux après la douce harmonie des paroles de Marcelle.

Encore fatiguée de son voyage, madame de Blanchemont se glissa dans le lit où reposait son enfant, et, tirant ses rideaux de toile d'orange à grands ramages, elle commençait à s'endormir sans songer aux revenants indispensables du vieux château, lorsqu'un bruit incompréhensible la força de prêter l'oreille et de se relever un peu émue.

DEUXIÈME JOURNÉE.

XV.

LA RENCONTRE.

Le bruit qui troublait le sommeil de notre héroïne était celui d'un corps quelconque passant et repassant à l'extérieur sur la porte de sa chambre avec une obstination et une maladresse singulières. Ce toucher était trop sec et trop inintelligent pour être celui d'une main humaine cherchant à trouver la serrure dans l'obscurité, et, pourtant comme le bruit ne ressemblait pas à celui qu'eût pu faire un rat, Marcelle ne put s'arrêter à aucune autre hypothèse. Elle pensa que quelqu'un de la ferme couchant dans le vieux château, peut-être un serviteur ivre qui se trompait d'étage, et cherchait son gîte à tâtons. Se rappelant alors qu'elle n'avait pas ôté la clef de sa chambre, elle se leva afin de réparer cet oubli, aussitôt que la personne se serait éloignée. Mais le bruit continuait, et Marcelle n'osait entr'ouvrir la porte pour effectuer son dessein, dans la crainte, en se montrant, d'être insultée par quelque lourdaud. Cette petite anxiété commençait à devenir fort désagréable, lorsque la main incertaine s'impatienta, et gratta la porte de telle façon que Marcelle crut reconnaître les griffes d'un chat, et, souriant de son émotion, elle se décida à ouvrir pour accueillir ou chasser cet habitué de son appartement. Mais à peine eut-elle entr'ouvert, avec un reste de précaution, que la porte fut repoussée sur elle avec violence, et que la folle s'offrit à ses regards sur le seuil de sa chambre.

Cette visite parut à Marcelle la plus déplaisante des suppositions qu'elle aurait pu faire, et elle hésita si elle ne repousserait pas par la force ce personnage inquiétant, malgré ce qu'on lui avait dit de la tranquillité habituelle de sa démence. Mais le dégoût que lui inspirait l'état de malpropreté de cette malheureuse, et encore plus un sentiment de compassion, l'empêchèrent de s'arrêter à cette idée. La folle ne paraissait pas s'apercevoir de sa présence, et il était probable que, dans son goût pour la solitude, elle se retirerait aussitôt que Marcelle se ferait remarquer. Madame de Blanchemont jugea donc à propos d'attendre, et d'observer quelle serait la fantaisie de sa fâcheuse hôtesse, et, reculant, elle alla s'asseoir sur le bord de son lit, dont elle ferma les rideaux derrière elle, afin qu'Édouard, s'il venait à s'éveiller, ne vît pas la *vilaine femme* dont il avait eu peur dans la garenne.

La Bricoline (nous avons déjà dit que chez nous toutes les aînées de familles de paysans et de bourgeois de campagne portaient le nom héréditaire féminisé en guise de prénom) traversa la chambre avec une certaine précipitation, et s'approcha de la fenêtre qu'elle ouvrit après beaucoup d'efforts inutiles, la faiblesse de ses mains étiques, et la longueur de ses ongles qu'elle ne voulait jamais laisser couper, la rendant fort maladroite. Quand elle y fut parvenue, elle se pencha dehors, et, d'une voix étouffée à dessein, elle appela *Paul*. C'était sans doute le nom de son amant, qu'elle attendait toujours, et à la mort duquel elle ne pouvait se résoudre à croire.

Ce lamentable appel n'ayant éveillé aucun écho dans le silence de la nuit, elle s'assit sur le banc de pierre qui, dans toutes les antiques constructions de ce genre, occupe l'embrasure profonde de la fenêtre, et resta muette, roulant toujours son mouchoir ensanglanté, et paraissant se résigner à l'attente. Au bout de dix minutes environ, elle se releva, et appela encore, toujours à voix basse, comme si elle eût cru son amant caché dans les broussailles du fossé, et comme si elle eût craint d'éveiller l'attention des gens de la ferme.

Pendant plus d'une heure l'infortunée continua ainsi, tantôt nommant Paul et tantôt l'attendant avec une patience et une résignation extraordinaires. La lune éclairait en plein son visage décharné et son corps difforme. Peut-être y avait-il pour elle une sorte de bonheur dans cette vaine espérance. Peut-être se faisait-elle illusion au point de rêver toute éveillée qu'il était là, qu'elle l'écoutait et lui répondait. Et puis, quand le rêve s'effaçait, elle le ramenait en appelant de nouveau son mort bien aimé.

Marcelle la contemplait avec un profond déchirement de cœur; elle eût voulu surprendre tous les secrets de sa folie, dans l'espérance de trouver quelque moyen d'adoucir une telle souffrance; mais les fous de cette nature ne s'expliquent pas, et il est impossible de deviner s'ils sont absorbés par une pensée qui les ronge sans relâche, ou si l'action de la pensée est suspendue en eux par intervalles.

Lorsque la misérable fille quitta enfin la fenêtre, elle se mit à marcher dans la chambre avec la même lenteur et la même gravité qui avaient frappé Marcelle dans l'allée de la Garenne. Elle ne paraissait plus songer à son amant, et sa physionomie, fortement contractée, ressemblait à celle d'un vieux alchimiste perdu dans la recherche de l'absolu. Cette promenade régulière dura encore assez longtemps pour fatiguer extrêmement madame de Blanchemont, qui n'osait ni se coucher ni quitter son fils pour aller éveiller la petite Fanchon. Enfin, la folle prit son parti, et montant un étage, elle alla à une autre fenêtre recommencer à appeler Paul par intervalles et à l'attendre en se promenant.

Marcelle songea alors qu'elle devait aller avertir les Bricolin. Sans doute ils ignoraient que leur fille s'était échappée de la maison et qu'elle courait peut-être le danger de se suicider ou de se laisser tomber involontairement par une fenêtre. Mais la petite Fanchon, qu'elle éveilla, non sans peine, afin qu'elle se tînt auprès du lit d'Édouard pendant qu'elle irait elle-même au château neuf, la détourna de ce projet.

— Eh! non, Madame, lui dit-elle; les Bricolin ne se dérangeront pas pour cela. Ils sont habitués à voir courir cette pauvre demoiselle la nuit comme le jour. Elle ne fait pas de mal, et il y a longtemps qu'elle a oublié de *se périr*. On dit qu'elle ne dort jamais. Il n'est pas étonnant que, par les temps de lune, elle soit plus éveillée encore. Fermez bien votre porte, pour qu'elle ne vienne plus vous ennuyer. Vous avez bien fait de ne lui rien dire; ça aurait pu la choquer et la rendre méchante. Elle va faire son train là-haut jusqu'au jour, comme les *caboches* (les chouettes); mais puisque vous savez ce que c'est, à présent, ça ne vous empêchera pas de dormir.

La petite Fanchon en parlait à son aise, elle qui, grâce à ses quinze ans et à son tempérament paisible, eût dormi au bruit du canon, pourvu qu'elle eût su ce que c'était. Marcelle eut un peu de peine à suivre son exemple, mais enfin la fatigue l'emporta, et elle s'endormit au pas régulier et continuel de la folle, qu'elle entendait au-dessus de sa chambre ébranler les solives tremblantes du vieux château.

Le lendemain, Rose apprit avec regret, mais sans surprise, l'incident de la nuit.

— Eh! mon Dieu! dit-elle, nous l'avions pourtant bien enfermée, sachant qu'elle a l'habitude d'errer de tous côtés, et dans le vieux château de préférence pendant la lune. (C'est pour cela que ma mère ne se souciait pas de vous y loger.) Mais elle aura encore trouvé moyen d'ouvrir sa fenêtre et de s'en aller par là. Elle n'est ni forte ni adroite de ses mains, mais elle a tant de patience! Elle n'a qu'une idée, elle ne s'en repose jamais. M. le baron, qui n'avait pas le cœur aussi humain que vous, et qui riait des choses les moins risibles, prétendait qu'elle cherchait... attendez si je me souviendrai de son mot!... la quadrature... Oui, c'est cela, la quadrature du cercle; et quand il la voyait passer : « Eh bien! nous disait-il, votre philosophe n'a pas encore résolu son problème? »

— Je ne me sens pas d'humeur à plaisanter sur un sujet qui navre le cœur, répondit Marcelle, et j'ai fait des rêves lugubres cette nuit. Tenez, Rose, nous voilà bonnes amies, nous le deviendrons j'espère de plus en plus, et puisque vous m'avez offert votre chambre, je l'accepte, à condition que vous ne la quitterez pas, et que nous la partagerons. Un canapé pour Édouard, un lit de sangle pour moi, il n'en faut pas davantage.

— Oh! vous me comblez de joie, s'écria Rose, en lui sautant au cou. Cela ne me causera aucun dérangement. Il y a deux lits dans toutes les chambres, c'est l'habitude de la campagne où l'on est toujours prêt à recevoir quelque amie ou quelque parente, et je vais être si heureuse de causer avec vous tous les soirs!...

L'amitié des deux jeunes femmes fit en effet beaucoup de progrès dans cette journée. Marcelle y mettait d'autant plus d'abandon que c'était la seule douceur qu'elle pût trouver chez les Bricolin. Le fermier la promena dans une partie de ses dépendances, lui parlant toujours d'argent et d'arrangements. Il dissimulait son désir d'acheter, mais c'était en vain, et Marcelle qui, pour en finir plus vite avec des préoccupations si antipathiques à son esprit, était prête à lui faire une partie des sacrifices qu'il exigeait, aussitôt qu'elle se serait assurée de l'exactitude de ses calculs, usa pourtant d'un peu d'adresse avec lui pour le tenir dans l'inquiétude. Rose lui avait fait entendre qu'elle pouvait avoir, dans cette circonstance, beaucoup d'influence sur sa destinée, et d'ailleurs, Grand-Louis lui avait fait promettre de ne rien décider sans le consulter. Madame de Blanchemont se sentait une pleine confiance dans cet ami improvisé, et elle résolut d'attendre son retour pour faire choix d'un conseil compétent. Il connaissait tout le monde, et il avait trop de jugement pour ne pas la mettre en bonnes mains.

Nous avons laissé le brave meunier partant pour la ville de ***, avec Lapierre, Suzette, et le patachon. Ils y arrivèrent à dix heures du soir, et, le lendemain, dès la pointe du jour, Grand-Louis ayant embarqué les deux domestiques dans la diligence de Paris, se rendit chez le bourgeois auquel il avait intention de faire acheter la calèche. Mais en passant devant le poste aux lettres, il se dirigea vers l'entrée du bureau pour remettre au buraliste en personne celle que Marcelle l'avait chargé d'affranchir. La première figure qui frappa ses regards fut celle du jeune inconnu qui était venu, quinze jours auparavant, errer dans la Vallée-Noire, visiter Blanchemont, et que le hasard avait amené au moulin d'Angibault. Ce jeune homme ne fit aucune attention à lui : debout à l'entrée du bureau, il lisait avidement et d'un air fort ému, une lettre qu'il était venu recevoir. Grand-Louis tenant dans ses mains celle de madame de Blanchemont, et se rappelant que le nom d'*Henri*, gravé sur un arbre au bord de la Vauvre, avait beaucoup préoccupé cette jeune dame, jeta un regard furtif sur l'adresse de la lettre que lisait le jeune homme et qui se trouvait à la portée de sa vue, l'inconnu tenant ce papier devant lui de manière à en bien cacher le contenu et à en montrer parfaitement l'extérieur. En un clin d'œil rapide et d'une curiosité bienveillante, le meunier vit le nom de M. Henri Lémor tracé de la même main que l'adresse de la lettre dont il était porteur; aucun doute, ces deux lettres étaient de Marcelle, et l'inconnu était... le meunier n'y mit pas de façons dans sa pensée, l'amant de la belle veuve.

Grand-Louis ne se trompait pas : le premier billet que Marcelle avait écrit de Paris, et qu'un ami de Lémor, chargé de ce soin, lui avait fait tenir poste restante à ***, venait d'arriver en cet instant sous les mains du jeune homme, et il était loin de s'attendre au bonheur d'en recevoir immédiatement un second, lorsque Grand-Louis passa facétieusement ce trésor entre ses yeux et celui qu'il était en train de relire pour la troisième fois.

Henri tressaillit, et se jetant avec impétuosité sur cette lettre, il allait s'en emparer, lorsque le meunier lui dit,

Ce garçon-là est entêté comme tous les diables. (Page 43.)

en la lui retirant : —Non! non! pas si vite, mon garçon! Le buraliste nous voit peut-être du coin de l'œil, et je n'ai pas envie qu'il me fasse payer l'amende, qui n'est pas mince. Nous allons causer un peu plus loin, car je ne pense pas que vous ayez la patience d'attendre que cette jolie lettre revienne de Paris, où on l'enverrait certainement, malgré vos réclamations et votre passe-port, puisqu'elle n'est pas adressée ici poste restante. Suivez-moi au bout de la promenade.

Lémor le suivit, mais un scrupule était déjà venu alarmer le meunier. Attendez, dit-il, quand ils eurent gagné un endroit convenablement isolé, vous êtes bien l'individu dont le nom est sur cette lettre?

— Vous n'en doutez pas, sans doute, et vous me connaissez apparemment, puisque vous me l'avez présentée?

— C'est égal, vous avez bien un passe-port?

— Certainement, puisque je viens de le produire à la poste pour retirer ma correspondance.

— C'est encore égal; dussiez-vous me prendre pour un gendarme déguisé, voyons-le, dit le meunier en lui donnant la lettre. Donnant, donnant.

— Vous êtes fort méfiant, dit Lémor en se hâtant de lui donner ses papiers.

— Un petit moment encore, reprit le prudent meunier. Je veux pouvoir faire serment, si les gens de la poste m'ont vu vous donner cette lettre, que je vous l'ai remise décachetée! Et il brisa le cachet très-lestement, mais sans se permettre d'ouvrir la lettre qu'il remit à Henri tout en prenant son passe-port.

Tandis que le jeune homme lisait avidement, le meunier, qui n'était pas fâché de satisfaire sa curiosité, prenait connaissance des titres et qualités de son inconnu.

Henri Lémor, âgé de vingt-quatre ans, natif de Paris, profession d'ouvrier mécanicien, se rendant à Toulouse, Montpellier, Nîmes, Avignon et peut-être Toulon et Alger, pour y chercher de l'emploi et y exercer son industrie.

— Diable! se disait le meunier, ouvrier mécanicien! aimé d'une baronne! cherchant de l'ouvrage et pouvant peut-être épouser une femme qui a encore trois cent mille francs! Ce n'est donc que chez nous qu'on préfère l'argent à l'amour, et que les femmes sont si fières! Il n'y a pas tant de distance entre la petite-fille

Il lui sembla voir une forme vague. (Page 45.)

du père Bricolin le laboureur et le petit-fils de mon grand-père le meunier, qu'entre cette baronne et ce pauvre diable! Ah! mademoiselle Rose! je voudrais bien que madame Marcelle vous apprît le secret d'aimer! Puis, faisant lui-même le signalement du jeune homme sans regarder celui du passe-port, Grand-Louis se disait en examinant Henri absorbé dans sa lecture : Taille médiocre, visage pâle... assez joli, si l'on veut, mais cette barbe noire, c'est vilain. Tous ces ouvriers de Paris ont l'air de porter toute leur force au menton. Et le meunier comparait avec une secrète complaisance ses membres athlétiques à l'organisation plus délicate de Lémor. Il me semble, se disait-il, que s'il ne faut pas être plus remarquable que ça pour tourner la tête à une femme d'esprit... et à une belle dame... mademoiselle Rose pourrait bien s'apercevoir que son très-humble serviteur n'est pas plus mal tourné qu'un autre. Après cela, ces Parisiens, ça vous a une certaine grâce, une tournure, des yeux noirs, je ne sais quoi qui nous fait paraître patauds à côté d'eux. Et puis, sans doute que celui-là a plus d'esprit qu'il n'est gros. S'il pouvait m'en donner un peu, et m'enseigner, lui aussi, son secret pour être aimé!

XVI.

DIPLOMATIE.

Au beau milieu de ses réflexions, maître Louis s'aperçut que le jeune homme, dans ses préoccupations beaucoup plus vives, s'éloignait sans songer à lui.

— Holà! mon camarade! lui dit Grand-Louis en courant après lui; vous voulez donc me laisser votre passe-port?

— Ah! mon cher ami, je vous oubliais, et je vous en demande pardon! répondit Lémor. Vous m'avez rendu le service de me remettre cette lettre, et je vous dois mille remercîments..... Mais je vous reconnais à présent. Je vous ai déjà vu, il n'y a pas longtemps. C'est à votre moulin que j'ai reçu l'hospitalité... Un endroit superbe... et une si bonne mère! Vous êtes un homme heureux! vous! car vous êtes franc et serviable aussi, cela se voit!

— Oui! une belle hospitalité! dit le meunier; parlons en! Après cela, c'est votre faute si vous n'avez voulu accepter que du pain et de l'eau... Ça m'avait donné un peu mauvaise opinion de vous, avec ça que vous avez une barbe de capucin! Cependant, vous n'avez pas plus que moi la mine d'un jésuite, et si ma figure vous revient, la vôtre me revient aussi... Quant à être un homme heureux... je vous conseille de porter envie aux autres, et surtout à moi! C'est donc pour vous moquer.

— Je ne sais pas ce que vous voulez dire. Avez-vous éprouvé quelque malheur depuis que je ne vous ai vu?

— Bah! il y a longtemps que je porte un malheur qui finira Dieu sait comment! Mais je n'ai pas plus envie d'en parler que vous de m'écouter, car vous avez aussi, je le vois bien, beaucoup de tic-tac dans la cervelle. Ah çà! est-ce que vous n'allez pas me donner un mot de réponse pour la personne qui vous a écrit? quand ce ne serait que pour attester que j'ai bien fait ma commission?

— Vous connaissez donc cette personne? dit Lémor tout tremblant.

— Tiens! vous n'aviez pas encore pensé à me le demander. Où sont donc vos esprits?

L'air de bienveillance un peu goguenarde du Grand-Louis commençait à inquiéter Lémor. Il craignait de compromettre Marcelle, et cependant la physionomie de ce paysan n'était pas faite pour inspirer de la méfiance. Mais Henri crut devoir affecter une sorte d'indifférence.

— Je ne connais pas beaucoup moi-même, dit-il, la dame qui m'a fait l'honneur de m'écrire. Comme le hasard m'avait conduit dernièrement dans le pays où elle possède des biens, elle a pensé que je pourrais lui donner quelques renseignements...

— A d'autres, interrompit le meunier, elle ne sait pas du tout que vous y êtes venu, encore moins pourquoi vous l'avez fait, et voilà ce que je vous prie de me dire, si vous ne voulez pas que je le devine.

— C'est à quoi je répondrai un autre jour, dit Lémor avec un peu d'impatience et de fierté ironique. Vous êtes curieux, l'ami, et je ne sais pourquoi vous voulez voir du mystère dans ma conduite.

— Il y en a, l'ami! Je vous dis qu'il y en a, puisque vous ne *lui* avez pas fait savoir que vous étiez venu dans la Vallée-Noire!

La persistance du meunier devenait de plus en plus embarrassante, et Henri, craignant de tomber dans quelque piége et de commettre quelque imprudence, songea à se délivrer de ses investigations bizarres.

— Je ne sais ni de qui, ni de quoi vous voulez me parler, répondit-il en haussant les épaules. Je vous renouvelle mes remercîments, et je vous salue. Si la lettre que vous m'avez remise exige une réponse ou un reçu, je l'enverrai par la poste. Je pars dans une heure pour Toulouse, et n'ai pas le loisir de m'arrêter plus longtemps avec vous.

— Ah! vous partez pour Toulouse, dit le meunier en doublant le pas pour le suivre. J'aurais cru que vous alliez venir avec moi à Blanchemont.

— Pourquoi à Blanchemont?

— Parce que si vous avez à donner des conseils à la dame de Blanchemont sur ses affaires, comme vous le prétendez, il serait plus obligeant d'aller vous expliquer avec elle que d'écrire deux mots à la hâte. C'est une personne qui vaut bien la peine qu'on se dérange de quelques lieues pour lui rendre service, et moi, qui ne suis qu'un meunier, j'irais au bout du monde s'il le fallait.

Lémor, informé, presque malgré lui, du lieu que Marcelle avait choisi momentanément pour sa retraite, ne put se décider à se séparer brusquement d'un homme qui la connaissait et qui semblait si disposé à lui parler d'elle. L'espèce de proposition et de conseil qu'on lui adressait d'aller à Blanchemont faisait passer des éblouissements dans cette jeune tête volontairement stoïque, mais profondément bouleversée par la passion. Agité de désirs et de résolutions contradictoires, il laissait paraître sur son visage toutes les perplexités qu'il croyait renfermer dans son âme, et le pénétrant meunier ne s'y trompait pas. — Si je croyais, dit enfin Lémor, que des explications verbales fussent nécessaires... mais en vérité, je ne le pense pas... *cette dame* ne m'indique rien de semblable...

— Oui, dit le meunier d'un ton railleur; *cette dame* vous croyait à Paris, et on ne fait pas venir un homme de si loin pour quelques paroles. Mais peut-être que si elle vous avait su si près, elle m'aurait commandé de vous ramener avec moi.

— Non, monsieur le meunier, vous vous trompez, dit Henri, effrayé de la pénétration du Grand-Louis. Les questions qu'on me fait l'honneur de m'adresser n'ont pas assez d'importance pour cela. Décidément, j'y répondrai par écrit.

Et en s'arrêtant à ce dernier parti, Henri sentait son cœur se briser. Car, malgré sa soumission aux ordres de Marcelle, l'idée de la revoir encore une fois avant de s'en éloigner pour une année entière, avait fait bouillonner tout son sang énergique. Mais ce maudit meunier, avec ses commentaires, pouvait, soit par malice, soit par légèreté, rendre sa démarche compromettante pour la jeune veuve, et Lémor devait s'en abstenir.

— Vous ferez ce qui vous plaît, dit le Grand-Louis, un peu piqué de sa réserve, mais comme *elle* me fera sans doute quelques questions sur votre compte, je serai forcé de lui dire que l'idée de venir la voir ne vous a pas souri du tout.

— Ce qui lui fera assurément beaucoup de peine? répondit Lémor avec un éclat de rire un peu forcé.

— Oui, oui! jouez au plus fin avec moi, mon camarade! reprit le meunier. Mais vous ne riez pas de bon cœur.

— Monsieur le meunier, répliqua Lémor perdant patience, vos insinuations, autant que je puis les comprendre, commencent à être assez déplacées. Je ne sais pas si vous êtes aussi dévoué à la personne en question que vous le prétendez; mais il ne me semble pas que vous en parliez avec autant de respect que moi, qui la connais à peine.

— Vous vous fâchez? A la bonne heure, c'est plus franc, et cela me taquine moins que vos moqueries. Maintenant, je sais à quoi m'en tenir sur votre compte.

— C'en est trop, dit Lémor irrité, et cela ressemble à une provocation personnelle. J'ignore quelles folles idées vous voulez m'attribuer, mais je vous déclare que ce jeu me fatigue et que je ne souffrirai pas plus longtemps vos impertinences.

— Vous fâchez-vous tout de bon? dit le Grand-Louis d'un ton calme. Je suis bon pour vous répondre. Je suis beaucoup plus fort que vous; mais sans doute vous êtes compagnon de quelque Devoir, et vous connaissez la canne. Et d'ailleurs, vous autres Parisiens, on dit que vous savez tous jouer du bâton comme des professeurs. Nous autres, nous ne connaissons pas la théorie, nous n'avons que la pratique. Vous êtes plus adroit que moi, probablement; moi, je cognerai un peu plus dur que vous, ça égalisera la partie. Allons derrière le vieux rempart si vous voulez, ou bien au café du père Robichon. Il y a une petite cour où l'on peut s'expliquer sans témoins, car il n'y a pas de danger qu'il appelle la garde, il sait trop bien vivre pour cela.

— Allons, se dit Lémor, j'ai voulu être ouvrier, et les lois de l'honneur sont aussi rigides au bâton qu'à l'épée. Je ne connais pas l'art féroce de tuer mon semblable avec une arme plus qu'avec une autre. Mais si cet Hercule gaulois veut se donner le plaisir de m'assommer, je ne l'éviterai pas en lui parlant raison. Ce sera, d'ailleurs, la seule manière de me débarrasser de ses questions, et je ne vois pas pourquoi je serais plus patient qu'un gentilhomme.

Le généreux et pacifique meunier n'avait aucune envie de chercher querelle à Henri comme celui-ci le supposait, faute de comprendre l'intérêt qu'il portait réellement à madame de Blanchemont et à lui, par conséquent; mais ce dernier sentiment était mêlé d'une méfiance dont le Grand-Louis eût voulu se guérir l'esprit par une sincère explication. N'ayant pas réussi, à son tour il se croyait provoqué, et en prenant le chemin du café Robichon, chacun des deux adversaires se persuadait qu'il était forcé de répondre à la fantaisie belliqueuse de l'autre.

Six heures sonnaient à l'horloge d'une église voisine, lorsqu'ils arrivèrent au café Robichon. C'était une maisonnette décorée de ce titre fastueux qu'on voit maintenant jusque sur les plus humbles cabarets des provinces les plus arriérées. « *Café de la Renaissance.* » On y entrait par une étroite allée plantée de jeunes acacias et de dahlias superbes. La petite cour aux explications était adossée au mur de l'église gothique, revêtu en cet endroit de lierre et de roses grimpantes. Des berceaux de chèvrefeuille et de clématite interceptaient le regard des voisins et parfumaient l'air matinal. Cette cachette fleurie, déserte encore et proprement sablée, semblait destinée à des rendez-vous d'amour beaucoup plus qu'à des scènes tragiques.

En y introduisant Lémor, le Grand-Louis ferma la porte derrière lui, puis s'asseyant à une petite table de bois peinte en vert :

— Ah çà ! dit-il, sommes-nous venus ici pour nous allonger des coups ou pour prendre le café ensemble ?

— C'est comme il vous plaira, répondit Lémor. Je me battrai avec vous si vous voulez ; mais je ne prendrai pas de café.

— Vous êtes trop fier pour ça ! c'est tout simple ! dit le Grand-Louis en haussant les épaules. Quand on reçoit des lettres d'une baronne !

— Vous recommencez donc ? Allons, laissez-moi m'en aller, ou battons-nous tout de suite.

— Je ne peux pas me battre avec vous, dit le meunier. Vous n'avez qu'à me regarder, je crois, pour voir que je ne suis pas un capon, et cependant je refuse la partie que vous m'avez proposée. Madame de Blanchemont ne me le pardonnerait jamais, et cela perdrait toutes mes affaires.

— Qu'à cela ne tienne ! si vous pensez que madame de Blanchemont vous blâme d'être querelleur, vous n'êtes pas forcé de lui dire que vous m'avez cherché noise.

— Ah ! c'est donc moi qui vous ai cherché noise à présent ? qu'est-ce qui a parlé le premier de se battre ?

— Il me semble que vous êtes le seul qui en ayez parlé, mais peu importe. J'accepte la proposition.

— Mais qu'est-ce qui a insulté l'autre ? Je ne vous ai rien dit que d'honnête, et vous m'avez traité d'impertinent.

— Votre manière d'interpréter mes paroles et mes pensées était incivile. Je vous ai signifié de me laisser en paix.

— Oui, c'est ça, vous m'avez ordonné de me taire ! Et si je ne veux pas, moi, voyons ?

— Je vous tournerai le dos, et si vous le trouvez mauvais, nous nous battrons.

— Ce garçon-là est entêté comme tous les diables ! s'écria le Grand-Louis en frappant de son large poing sur la petite table qui se fendit par la moitié. Tenez, monsieur le Parisien ! vous voyez bien comme j'ai la main lourde ! Votre fierté me donnerait envie de savoir si votre tête est aussi dure que cette planche de chêne ; car il n'y a rien de plus insolent au monde que de dire à un homme : « Je ne veux pas vous écouter. » Et pourtant je ne dois pas, je ne peux faire tomber un cheveu de cette tête de fer. Écoutez, il faut en finir. Je vous veux pourtant du bien, j'en veux surtout à une personne pour qui je me ferais casser bras et jambes, et qui a, j'en suis sûr, la fantaisie de s'intéresser à vous. Il faut s'expliquer ; je ne vous ferai plus de questions, puisque c'est peine perdue, mais je vous dirai tout ce que j'ai sur le cœur pour ou contre vous, et quand j'aurai dit, si cela ne vous convient pas, nous nous battrons ; et si ce dont je vous soupçonne est vrai, je n'aurai aucun regret de vous casser la mâchoire. Allons, il faut bien s'entendre avant de se mesurer, et savoir pourquoi on se bat. Nous allons prendre le café, car je suis à jeun depuis hier et mon estomac crie misère. Si vous êtes trop grand seigneur pour me laisser payer l'écot, convenons que le moins étrillé des deux s'en chargera après l'affaire.

— Soit, dit Henri, qui, se regardant comme en état d'hostilité avec le meunier, ne craignait plus de s'oublier avec lui par bienveillance.

Le père Robichon apporta le café lui-même, en faisant toutes sortes d'amitiés au Grand-Louis. « C'est donc un de tes amis ? lui dit-il en regardant Lémor avec la curiosité des industriels peu affairés des petites villes. Je ne le connais pas, mais c'est égal ; ce doit être quelque chose de bon, puisque tu me l'amènes. Voyez-vous, mon garçon, ajouta-t-il en s'adressant à Lémor, vous avez fait là, en arrivant dans notre pays, une bonne connaissance. Vous ne pouviez pas mieux tomber. Le Grand-Louis est estimé d'un chacun et de tout le monde. Pour moi, je l'aime comme mon fils. Oh ! c'est qu'il est sage, honnête et doux... doux comme un agneau, malgré qu'il soit le plus *fort homme* du pays ; mais je peux bien dire que jamais, au grand jamais, il n'a fait de scandale nulle part, qu'il ne donnerait pas une chiquenaude à un enfant, et que je ne l'ai jamais entendu élever la voix dans ma maison. Dieu sait pourtant qu'il y rencontre bien des gens querelleurs, mais il met la paix partout.

Cet éloge si singulièrement placé dans un moment où le Grand-Louis amenait un étranger au café Robichon pour vider une querelle avec lui, fit sourire les deux jeunes gens.

XVII.
LE GUÉ DE LA VAUVRE.

Cependant le panégyrique paraissait si sincère, que Lémor, déjà disposé précédemment à une grande sympathie pour le meunier, réfléchit à la singularité de sa conduite en cette circonstance, et commença à se dire que cet homme devait avoir de puissants motifs pour l'interroger. Ils prirent le café ensemble avec beaucoup de politesse mutuelle, et quand le père Robichon les eut débarrassés de sa présence, le meunier commença ainsi :

— Monsieur (il faut bien que je vous appelle comme ça, puisque je ne sais pas si nous sommes amis ou ennemis), vous saurez d'abord que je suis amoureux, ne vous en déplaise, d'une fille trop riche pour moi, et qui ne m'aime que juste ce qu'il faut pour ne pas me détester. Ainsi je peux parler d'elle sans la compromettre ; et d'ailleurs vous ne la connaissez pas. Je n'aime pourtant pas à parler de mes amours, c'est ennuyeux pour les autres, surtout quand ils ont été piqués de la même mouche, et qu'ils sont, comme on l'est en général dans cette maladie-là, égoïstes en diable, et soucieux d'eux-mêmes, du prochain, point. Cependant, comme en travaillant tout seul à remuer une montagne, on n'avance à rien, m'est avis que si on s'entr'aidait un peu par l'amitié, on ferait au moins quelque chose. Voilà pourquoi j'aurais voulu votre confiance comme j'ai celle de la dame que vous savez bien, et pourquoi je vous donne la mienne sans trop savoir si elle sera bien placée.

« Donc, j'aime une fille qui aura en dot trente mille francs de plus que moi, et, par le temps qui court, c'est comme si je voulais épouser l'impératrice de la Chine. Je me soucie de ses trente mille francs comme d'un fétu ; même je peux dire que je voudrais les envoyer au fin fond de la mer, puisque c'est là ce qui nous sépare. Mais jamais les empêchements n'ont fait entendre raison à l'amour, et j'ai beau être gueux, je suis amoureux ; je n'ai que cela en tête, et si la dame que vous savez bien ne vient pas à mon secours comme elle me l'a fait espérer... je suis un homme perdu ; je suis capable !... je ne sais pas de quoi je suis capable !

Et en disant cela, la figure ordinairement enjouée du meunier, s'altéra si profondément, que Lémor fut frappé de la force et de la sincérité de sa passion.

— Eh bien, lui dit-il avec cordialité, puisque vous avez la protection d'une dame si bonne et si éclairée... on la dit telle du moins !...

— Je ne sais pas ce *qu'on dit* d'elle, répondit Grand-Louis, impatienté de la réserve obstinée du jeune homme ; je sais ce que j'en pense, moi, et je vous dis que cette femme-là est un ange du ciel. Tant pis pour vous si vous ne le savez pas.

— En ce cas, dit Lémor, qui se sentait vaincu intérieurement par cet hommage si sincère rendu à Marcelle, où voulez-vous en venir, mon cher monsieur Grand-Louis ?

— Je veux vous dire que, voyant cette femme si bonne, si respectable, et d'un cœur si pur, disposée en ma faveur, et en train déjà de me donner de l'espérance lorsque je croyais tout perdu, je me suis attaché à elle tout d'un coup, et pour toujours. L'amitié m'est venue, comme on dit dans les romans que l'amour vient, en un clin d'œil; et maintenant, je voudrais rendre, d'avance, à cette femme tout le bien qu'elle a l'intention de me faire. Je voudrais qu'elle fût heureuse comme elle le mérite, heureuse dans ses affections, puisqu'elle n'estime que cela au monde et méprise la fortune, heureuse de l'amour d'un homme qui l'aimât pour elle-même et ne s'occupât pas de supputer ce qui lui reste d'une richesse qu'elle perd si joyeusement, ne songeant, lui, qu'à s'informer de ce qu'elle possède ou ne possède pas... afin de savoir s'il doit la rejoindre ou s'en aller bien loin d'elle... l'oublier sans doute, et essayer si sa jolie figure fera quelque autre conquête plus lucrative... car enfin...

Lémor interrompit le meunier.

— Quelle raison avez-vous donc, dit-il en pâlissant, de craindre que cette dame respectable ait si mal placé ses affections? Quel est le lâche à qui vous supposez de si honteux calculs dans l'âme?

— Je n'en sais rien, dit le meunier qui observait attentivement le trouble d'Henri, ne sachant encore s'il devait l'attribuer à l'indignation d'une bonne conscience ou à la honte de se voir deviné. Tout ce que je sais, c'est qu'il est venu à mon moulin, il y a quinze jours environ, un jeune homme dont la mine et les manières semblaient fort honnêtes, mais qui paraissait avoir du souci, et puis qui, tout à coup, s'est mis à parler d'argent, à faire des questions, à prendre des notes, enfin à établir par francs et centimes sur un bout de papier, qu'il restait encore à la dame de Blanchemont un assez joli débris de sa fortune.

— En vérité, vous pensez que ce garçon-là était prêt à déclarer son amour au cas seulement où le mariage lui paraîtrait avantageux? Alors, c'était un misérable; mais pour l'avoir si bien deviné, il faut être soi-même...

— Achevez, Parisien! ne vous gênez pas, dit le meunier dont les yeux brillèrent comme l'éclair; puisque nous sommes ici pour nous expliquer!

— Je dis, reprit Lémor non moins irrité, que pour interpréter ainsi la conduite d'un homme qu'on ne connaît pas et dont on ne sait rien, il faut être soi-même fort amoureux de la dot de la belle.

Les yeux du meunier s'éteignirent et un nuage passa sur son front.

— Oh! dit-il d'une voix triste, je sais bien qu'on peut dire cela, et je parie que bien des gens le diraient si je parvenais à me faire aimer! Mais son père n'a qu'à la déshériter, ce qui arriverait certainement si elle m'aimait, et alors on verra si je fais sur mes doigts le compte de ce qu'elle aura perdu !

— Meunier! dit Lémor d'un ton brusque et franc, je ne vous accuse pas, moi. Je ne veux pas vous soupçonner. Mais comment se fait-il qu'avec une âme honnête, vous n'ayez pas supposé ce qui était le plus vraisemblable et le plus digne de vous?

— Ce qui pourrait expliquer les sentiments du jeune homme, ce serait sa conduite ultérieure. S'il courait avec transport vers sa chère dame!... je ne dis pas, mais s'il s'en va au diable, c'est différent!

— Il faudrait supposer, répondit Lémor, qu'il regarde son amour comme insensé, et qu'il ne veut pas s'exposer à un refus.

— Ah! je vous y prends! s'écria le meunier; voilà les mensonges qui recommencent! Je sais pertinemment, moi, que la dame est enchantée d'avoir perdu sa fortune, qu'elle a même pris courageusement son parti de la ruine totale de son fils, et tout cela parce qu'elle aime quelqu'un

qu'on lui aurait peut-être fait un crime d'épouser, sans toutes ces catastrophes-là.

— Son fils est ruiné? dit Henri en tressaillant; totalement ruiné? Est-ce possible! En êtes-vous certain?

— Très-certain, mon garçon ! répondit le meunier d'un air narquois. La tutrice, qui aurait pu, pendant une longue minorité, partager avec un amant ou un mari les intérêts d'un gros capital, n'aura maintenant plus que des dettes à payer, si bien que son intention, elle me le disait hier soir, est de faire apprendre à son enfant quelque métier pour vivre.

Henri s'était levé. Il se promenait avec agitation dans la petite cour, et l'expression de sa figure était indéfinissable. Grand-Louis, qui ne le perdait pas de vue, se demanda s'il était au comble du bonheur ou du désappointement. Voyons, se dit-il, est-ce un homme comme *elle* et comme moi, haïssant l'argent qui contrarie les amours, ou bien un intrigant qui s'est fait aimer d'elle à l'aide de je ne sais quel sortilége, et dont l'ambition vise plus haut que la jouissance du petit revenu qui lui reste?

Ayant rêvé quelques instants, Grand-Louis qui tenait à honneur de donner une grande joie à Marcelle, ou de la débarrasser d'un perfide en le démasquant, s'avisa d'un stratagème.

— Allons, mon garçon, dit-il en adoucissant sa voix, vous êtes contrarié! il n'y a pas de mal à cela. Tout le monde n'est pas romanesque, et si vous avez pensé au solide, c'est que vous êtes fait comme tous les gens de ce temps-ci. Vous voyez donc que je ne vous ai pas rendu un si mauvais service, en me querellant avec vous; je vous ai appris que le douaire était à la sécheresse. Sans doute vous comptiez sur les bénéfices de la tutelle du jeune héritier, car vous saviez bien que les fameux trois cent mille francs étaient une dernière, une pure illusion de la veuve?...

— Comment dites-vous? s'écria Lémor en suspendant sa marche agitée. Cette dernière ressource lui est enlevée?

— Sans doute; ne faites donc pas semblant de l'ignorer; vous avez trop bien été aux renseignements pour ne pas savoir que la dette envers le fermier Bricolin est quadruple de ce qu'on la supposait, et que la dame de Blanchemont va être obligée de postuler pour un bureau de poste ou de tabac, si elle veut avoir de quoi envoyer son fils à l'école.

— Est-il possible? répéta Lémor, stupéfait et comme étourdi de cette nouvelle. Une révolution si prompte dans sa destinée! Un coup du ciel!

— Oui, un coup de foudre ! dit le meunier avec un rire amer.

— Eh! dites-moi, n'en est-elle pas affectée du tout?

— Oh! du tout. *Tant s'en faut qu'au contraire* elle se figure que vous ne l'en aimerez que mieux. Mais vous? Pas si bête, n'est-ce pas?

— Mon cher ami, répondit Lémor sans écouter les paroles du Grand-Louis, que m'avez-vous dit là? Et moi qui voulais me battre avec vous! Vous me rendez un grand service ! lorsque j'allais... Vous êtes pour moi l'envoyé de la Providence.

Grand-Louis, attribuant cette effusion à la satisfaction qu'éprouvait Lémor d'être averti à temps de la ruine de ses cupides espérances, détourna la tête avec dégoût, et resta quelques instants absorbé par une profonde tristesse.

— Voir une femme si confiante et si désintéressée, se disait-il, abusée par un freluquet pareil! Il faut qu'elle ait aussi peu de raison qu'il a peu de cœur. J'aurais dû penser qu'en effet elle était fort imprudente, puisque dans un seul jour, où je n'ai vue pour la première fois de ma vie, elle m'a laissé découvrir tous ses secrets. Elle est capable de livrer son bon cœur au premier venu. Oh! il faudra que je la gronde, que je l'avertisse, que je la mette en garde contre elle-même en toutes choses! et, pour commencer, il faut que je la délivre de ce drôle-là. On peut déchirer un peu l'oreille de ce faquin, on peut faire à son joli museau une égratignure qui l'empêche de se montrer de si tôt devant les belles... — Holà! monsieur le Parisien, dit-il sans se retourner et en tâchant de rendre sa voix calme et claire, vous m'avez entendu, et à présent vous savez le cas que je fais de vous. Je sais ce que je voulais savoir, vous n'êtes qu'une canaille. Voilà mon opinion, et je vais vous la prouver tout de suite, si vous voulez bien le permettre.

En parlant ainsi, le meunier avait, avec assez de flegme, retroussé ses manches, ne voulant faire usage que de ses poings ; il se leva et se retourna, surpris de la lenteur de son antagoniste à lui répondre. Mais à sa grande surprise, il se trouva seul dans la cour. Il parcourut l'allée aux dahlias, explora tous les coins du café Robichon, arpenta toutes les rues voisines ; Lémor avait disparu. Personne ne l'avait vu sortir. Grand-Louis, indigné et presque furieux, le chercha vainement dans toute la ville.

Après une heure d'inutiles perquisitions, le meunier essoufflé, commença à se lasser et à se décourager.

— C'est égal, se dit-il en s'asseyant sur une borne, il ne partira pas une diligence ni une patache de la ville aujourd'hui, dont je n'aille compter et regarder les voyageurs sous le nez ! Ce monsieur ne s'en ira pas sans que... mais bah ! je suis fou ! Ne voyage-t-il pas à pied, et un homme qui tient à ne pas payer une dette d'honneur ne prend-il pas *le pays par pointe* sans tambour ni trompette ?... Et puis, ajouta-t-il en se calmant peu à peu, ma chère madame Marcelle me saurait sans doute bien mauvais gré de rosser son galant. On ne se défait pas comme cela d'une si forte *attache*, et la pauvre femme ne voudra peut-être pas me croire quand je lui dirai que son Parisien est un vrai *Marchois*[1]. Comment vais-je m'y prendre pour la désabuser ? C'est mon devoir, et pourtant quand je songe à la peine que je vais lui faire... Chère dame du bon Dieu ! Est-il possible qu'on se trompe à ce point !

En devisant ainsi avec lui-même, le meunier se rappela qu'il avait une calèche à vendre, et alla trouver un ex-fermier enrichi, qui, après avoir bien examiné et marchandé longtemps, se décida par la crainte que M. Bricolin ne vînt à s'emparer de cet objet de luxe et de ce bon marché. Achetez ! monsieur Ravalard, disait Grand-Louis avec l'admirable patience dont sont doués les Berrichons, lorsque, comprenant bien qu'on est décidé à s'accommoder de leur denrée, ils se prêtent par politesse à feindre d'être dupes de la prétendue incertitude du chaland. Je vous l'ai dit deux cents fois déjà, je vas vous le répéter tant que vous voudrez. C'est du beau et du bon, du fin et du solide. Ça sort des premiers fabricants de Paris, c'est *rendu-conduit* gratis. Vous me connaissez trop pour croire que je m'en mêlerais s'il y avait une attrape là-dessous. De plus, je ne vous demande pas ma commission, qu'il vous faudrait pourtant bien payer à un autre. Voyez ! c'est tout profit.

Les irrésolutions de l'acheteur durèrent jusqu'au soir. Le déboursement des écus lui déchirait l'âme. Quand Grand-Louis vit le soleil baisser, — Allons, dit-il, je ne veux pas coucher ici, moi, je m'en vais. Je vois bien que vous ne voulez pas de cette jolie brouette si reluisante et si bon marché. J'y vas atteler Sophie, et je m'en retournerai à Blanchemont fier comme Artaban. Ça sera la première fois de ma vie que je roulerai carrosse ; ça m'amusera, et ça m'amusera encore plus de voir le père et la mère Bricolin *se carrer* là-dedans pour aller le dimanche à La Châtre ! M'est avis pourtant que vous et votre dame, vous y auriez fait meilleure figure.

Enfin, la nuit approchant, M. Ravalard compta l'argent et fit remiser la belle voiture sous son hangar. Grand-Louis chargea les effets de madame de Blanchemont sur sa charrette, mit les deux mille francs dans une ceinture de cuir et partit au grand trot de Sophie, assis sur une malle et chantant à tue-tête, en dépit des cahots et du vacarme de ses grandes roues sur le pavé.

Il marchait vite, ne courant pas le risque de se tromper

----
[1]. Les habitants de la Marche sont, à tort ou à raison, en si mauvaise odeur chez leurs voisins du Berri, que *Marchois* y est synonyme d'aigrefin.

de voie comme le patachon, et il avait dépassé le joli hameau de Mers que la lune n'était pas encore levée. La vapeur fraîche qui, dans la Vallée-Noire, même durant les chaudes nuits d'été, nage sur de nombreux ruisseaux encaissés, coupait de nappes blanches qu'on aurait prises pour des lacs, la vaste étendue sombre qui se déployait au loin. Déjà les cris des moissonneurs et les chants des bergères avaient cessé. Des vers luisants semés de distance en distance dans les buissons qui bordent le chemin furent bientôt les seules rencontres que put faire le meunier.

Cependant comme il traversait une de ces landes marécageuses que forment les méandres des rivières dans ce pays d'ailleurs si fertile et si méticuleusement cultivé, il lui sembla voir une forme vague qui courait dans les joncs devant lui, et qui s'arrêta au bord du gué de la Vauvre comme pour l'attendre.

Grand-Louis était peu sujet au mal de la peur. Cependant comme il avait, ce soir-là, à défendre une petite fortune dont il était plus jaloux que si elle lui eût appartenu, il se hâta de rejoindre sa charrette dont il s'était un peu écarté, ayant fait un bout de chemin à pied, autant pour se dégourdir que pour soulager sa fidèle Sophie. La ceinture de cuir qui le gênait avait été déposée par lui dans un sac de blé. Quand il fut remonté sur son char, qu'il appelait facé-ieusement dans le style du pays, son équipage suspendu en *cuir de brouette*, c'est-à-dire en bois pur et simple, il s'assura sur ses jambes, s'arma de son fouet dont la lourde poignée faisait une arme à deux fins ; et, debout, comme un soldat à son poste, il marcha droit sur le voyageur de nuit, en chantant gaiement un couplet de vieux opéra-comique que Rose lui avait appris dans son enfance.

> Notre meunier chargé d'argent
> Revenait au village.
> Quand tout à coup v'là qu'il entend
> Un grand bruit dans l'feuillage.
> Notre meunier est homm' de cœur,
> On dit pourtant qu'il est grand peur...
> Or, écoutez mes chers amis,
> Si vous voulez m'en croire,
> N'allez pas, n'allez pas dans la *Vallée-Noire*.

Je crois que la chanson dit : *dans la Forêt-Noire* ; mais Grand-Louis, qui se moquait de la césure comme des voleurs et des revenants, s'amusait à adapter les paroles à sa situation ; et ce couplet naïf, jadis fort en vogue, mais qui ne se chantait plus guère qu'au moulin d'Angibault, charmait souvent les ennuis de ses courses solitaires.

Lorsqu'il fut près de l'homme qui l'attendait de pied ferme, il jugea que le poste était assez bien choisi pour une attaque. Le gué était, sinon profond, du moins encombré de grosses pierres qui forçaient les chevaux d'y marcher avec précaution, et de plus, pour descendre dans l'eau, il fallait s'occuper de soutenir la bride, le *raidillon* étant assez rapide pour exposer l'animal à s'abattre.

— Nous verrons bien, se disait Grand-Louis avec beaucoup de prudence et de calme.

XVIII.

HENRI.

Le voyageur s'avança en effet à la tête du cheval, et déjà Grand-Louis qui, pendant sa chanson, avait dextrement attaché une balle de plomb, percée à cet effet, à la mèche de son fouet, levait le bras pour lui faire lâcher prise, lorsqu'une voix connue lui dit amicalement :

— Maître Louis, permettez-moi de monter sur votre voiture pour passer l'eau.

— Oui-da, cher Parisien ! répondit le meunier : enchanté de vous rencontrer. Je vous ai assez cherché ce matin ! Montez, montez, j'ai deux mots à vous dire.

— Et moi, j'ai plus de deux mots à vous demander, répliqua Henri Lémor en sautant dans la charrette et en s'asseyant sur la malle à côté de lui, avec la confiance d'un homme qui ne s'attend à rien de fâcheux.

— Voilà un gaillard bien osé, se dit le meunier qui, dans le premier retour de sa rancune, avait peine à se contenir jusqu'à l'autre rive. Savez-vous, mon camarade, dit-il en lui mettant sa lourde main sur l'épaule, que je ne sais ce qui me retient de faire demi-tour à droite et d'aller vous faire faire un plongeon au-dessous de l'écluse?

— L'idée est plaisante, répondit tranquillement Lémor, et réalisable jusqu'à un certain point. Je crois pourtant, mon cher ami, que je me défendrais fort bien, car, pour la première fois depuis longtemps, je tiens ce soir à ma vie, avec acharnement.

— Minute! dit le meunier en s'arrêtant sur le sable après avoir traversé le ruisseau. Nous voici plus à l'aise pour causer. D'abord et avant tout, faites-moi l'amitié, mon cher monsieur, de me dire où vous allez.

— Je n'en sais trop rien, dit Lémor en riant. Je crois que je vais au hasard devant moi. Ne fait-il pas beau pour se promener?

— Pas si beau que vous croyez, mon maître, et vous pourriez vous en retourner par un mauvais temps, si tel était mon bon plaisir. Vous avez voulu venir sur ma charrette; c'est mon fort détaché, à moi, et on n'en descend pas toujours comme on y monte.

— Trêve de bons mots, Grand-Louis, répondit Lémor, et fouettez votre cheval. Je ne puis rire, je suis trop ému...

— Vous avez peur, enfin, convenez-en.

— Oui, j'ai *grand'peur* comme le meunier de votre chanson, et vous le comprendrez quand je vous aurai parlé... si je puis parler... je n'ai guère ma tête à moi.

— Enfin, où allez-vous? dit le meunier qui commençait à craindre d'avoir mal jugé Lémor, et qui, reprenant sa raison un peu ébranlée par la colère, se demandait si un coupable viendrait ainsi se remettre entre ses mains.

— Où allez vous vous-même? dit Lémor. A Angibault? bien près de Blanchemont!... et moi, je vais de ce côté-là, sans savoir si j'oserai aller jusque-là. Mais vous avez entendu parler de l'aimant qui attire le fer.

— Je ne sais pas si vous êtes de fer, reprit le meunier, mais je sais qu'il y a aussi pour moi une fameuse pierre d'aimant de ce côté-là. Allons, mon garçon, vous voudriez donc...

— Je ne veux rien, je n'ose rien vouloir! et cependant elle est ruinée, tout à fait ruinée! Pourquoi m'en irais-je?

— Pourquoi vouliez-vous donc aller si loin, en Afrique, au diable?

— Je la croyais encore riche; trois cent mille francs, je vous l'ai dit, comparativement à ma position, c'était l'opulence.

— Mais puisqu'elle vous aimait malgré cela?

— Et moi, vous jugez que j'aurais dû accepter l'argent avec l'amour? Car je ne puis plus feindre avec vous, ami. Je vois qu'on vous a confié des choses que je ne vous aurais pas avouées, eussions-nous dû en venir aux coups. Mais j'ai réfléchi, après vous avoir quitté un peu brusquement, sans trop savoir ce que je faisais, et me sentant le cœur si gros de joie que je n'aurais pu me taire... Oui, j'ai réfléchi à tout ce que vous m'avez dit, j'ai vu que vous saviez tout et que j'étais insensé de craindre l'indiscrétion d'un ami si dévoué à...

— Marcelle! dit le meunier, un peu vain de pouvoir prononcer familièrement ce nom *chrétien*, comme il le définissait dans sa pensée, par opposition au nom nobiliaire de la dame de Blanchemont.

Ce nom fit tressaillir Lémor. C'était la première fois qu'il résonnait à ses oreilles. N'ayant jamais eu de relations avec l'entourage de madame de Blanchemont, et n'ayant jamais confié le secret de ses amours à personne, il ne connaissait pas dans la bouche d'autrui le son de ce nom chéri, qu'il avait lu au bas de maint billet avec tant de vénération, et que lui seul avait osé prononcer dans des moments de désespoir ou d'ivresse. Il saisit le bras du meunier, partagé entre le désir de le lui faire répéter et la crainte de le profaner en le livrant aux échos de la solitude.

— Eh bien! dit Grand-Louis, touché de son émotion, vous avez enfin reconnu que vous ne deviez pas, que vous ne pouviez pas vous méfier de moi? Mais moi, voulez-vous que je vous dise la vérité? Je me méfie encore un peu de vous. C'est malgré moi, mais cela me poursuit, cela me quitte et me reprend. Voyons, où avez-vous donc passé la journée? Je vous ai cru caché dans une cave.

— Je l'aurais fait, je pense, s'il s'en était trouvé une à ma portée, dit Lémor en souriant, tant j'avais besoin de cacher mon trouble et mon enivrement. Savez-vous, ami, que je m'en allais en Afrique avec l'intention de ne jamais revoir... celle que vous venez de nommer. Oui, malgré le billet que vous m'avez remis, qui me commandait de revenir dans un an; je sentais que ma conscience m'ordonnait un affreux sacrifice. Et encore aujourd'hui j'ai eu bien de l'effroi et de l'incertitude! car si je n'ai plus à lutter contre la honte, moi, prolétaire, d'épouser une femme riche, il reste encore l'inimitié de races, la lutte du plébéien contre les patriciens, qui vont persécuter cette noble femme à cause d'un choix réputé indigne. Mais il y aurait peut-être de la lâcheté à éviter cette crise. Ce n'est pas sa faute, à elle, si elle est du sang des oppresseurs, et d'ailleurs, la puissance des nobles a passé dans d'autres mains. Leurs idées n'ont plus de force, et peut-être que... celle qui daigne me préférer... ne sera pas universellement blâmée. Cependant, c'est affreux, n'est-ce pas, d'entraîner la femme qu'on aime dans un combat contre sa famille, et d'attirer sur elle le blâme de tous ceux parmi lesquels elle a toujours vécu! Par quelles autres affections remplacerai-je autour d'elle ces affections secondaires, il est vrai, mais nombreuses, agréables, et qu'un généreux cœur ne peut pas rompre sans regret? Car je suis isolé sur la terre, moi, le pauvre l'est toujours, et le peuple ne comprend pas encore comment il devrait accueillir ceux qui viennent à lui de si loin, et à travers tant d'obstacles. Hélas! j'ai passé une partie du jour sous un buisson, je ne sais où, dans un lieu retiré où j'avais été au hasard, et ce n'est qu'après plusieurs heures d'angoisses et de méditation laborieuse que je me suis résolu à vous chercher pour vous demander à me procurer une heure d'entretien avec elle... Je vous ai cherché en vain, peut-être de votre côté aussi me cherchiez-vous, car c'est vous qui m'avez mis en tête cette idée brûlante d'aller à Blanchemont. Mais je crois que vous êtes imprudent et moi insensé, car *elle* m'a défendu de savoir même où elle s'est retirée, et elle a fixé, pour les convenances de son deuil, le délai d'un an.

— Tant que cela? dit Grand-Louis un peu effrayé de l'idée ingénieuse qu'il avait cru avoir, le matin, en provoquant, chez l'amant de Marcelle, la tentation de venir la voir. Ces histoires de convenances dont vous me parlez là sont-elles si sérieuses dans vos idées, et faut-il, qu'après la mort d'un méchant mari, un an s'écoule, ni plus ni moins, sans qu'une honnête femme voie le visage d'un honnête homme qui songe à l'épouser? C'est donc l'usage à Paris?

— Pas plus à Paris qu'ailleurs. Le sentiment religieux qu'on porte au mystère de la mort est sans doute partout l'arbitre intime du plus ou du moins de temps qu'on accorde au souvenir des funérailles.

— Je sais que c'est un bon sentiment qui a établi la coutume de porter le deuil sur ses habits, dans ses paroles, dans toute sa conduite; mais cela n'a-t-il pas l'inconvénient de dégénérer en hypocrisie, quand le défunt est vraiment peu regrettable, et que l'amour parle honnêtement en faveur d'un autre? Résulte-t-il de l'état de décence où doit vivre une veuve que son prétendant soit forcé de s'expatrier, ou bien de ne jamais passer devant sa porte, et de ne pas la regarder du coin de l'œil quand elle a l'air de n'y pas faire attention?

— Vous ne connaissez pas, mon brave, la méchanceté de ceux qui s'intitulent *gens du monde*, singulière dénomination, n'est-ce pas? et juste pourtant à leurs yeux, puisque le peuple ne compte pas, puisqu'ils s'arrogent l'empire du monde, puisqu'ils l'ont toujours eu, et qu'ils l'ont encore pour un certain temps !

— Je n'ai pas de peine à croire, s'écria le meunier, qu'ils sont plus méchants que nous !.... Et pourtant, ajouta-t-il tristement, nous ne sommes pas aussi bons que nous devrions l'être ! Nous aussi, nous sommes souvent bavards, moqueurs, et portés à condamner le faible. Oui, vous avez raison, nous devons prendre garde de faire mal parler de cette chère dame. Il lui faudra du temps pour se faire connaître, chérir et respecter comme elle le mérite ; il ne faudrait qu'un jour pour qu'on l'accusât de se gouverner follement. Mon avis est donc que vous n'alliez pas vous montrer à Blanchemont.

— Vous êtes un homme de bon conseil, Grand-Louis, et j'étais sûr que vous ne me laisseriez pas faire une mauvaise chose. J'aurai le courage d'écouter les avis de votre raison, comme j'ai eu la folie de m'enflammer au premier mouvement de votre bienveillance. Je vais causer avec vous jusqu'à ce que vous soyez arrivé auprès de votre moulin, et alors je m'en retournerai à *** pour partir demain et continuer mon voyage.

— Allons ! allons ! vous allez d'une extrémité à l'autre, dit le meunier qui, tout en causant avec Lémor, faisait toujours cheminer au pas la patiente Sophie. Angibault est à une lieue de Blanchemont, et vous pouvez bien y passer la nuit sans compromettre personne. Il ne s'y trouve pas d'autre femme ce soir que ma vieille mère, et ça ne fera pas jaser. Vous avez fait, de *** jusqu'ici, une jolie promenade, et je n'aurais ni cœur ni âme si je ne vous forçais d'accepter une petite *couchée* avec un souper *frugal*, comme dit M. le curé, qui ne les aime guère de cette façon-là. D'ailleurs, ne faut-il pas que vous écriviez ? Vous trouverez chez nous tout ce qu'il faut pour cela... peut-être pas de joli papier à lettres, par exemple ! Je suis l'adjoint de ma commune, et je ne fais pas mes actes sur du vélin ; mais quand même vous coucheriez votre prose amoureuse sur du papier marqué au timbre de la mairie, ça n'empêchera pas qu'on la lise, et plutôt deux fois qu'une. Venez, vous dis-je, je vois déjà la fumée de mon souper qui monte dans les arbres, nous allons trotter un peu, car je parie que ma vieille mère a faim et qu'elle ne veut pas manger sans moi. Je lui ai promis de revenir de bonne heure.

Henri mourait d'envie d'accepter l'offre du bon meunier. Il se fit un peu prier pour la forme ; les amants sont dissimulés comme les enfants. Il avait renoncé pourtant à la folie d'aller à Blanchemont, mais il était poussé dans cette direction comme par un charme magique, et chaque pas de *Sophie*, qui le rapprochait de ce foyer d'attraction, remuait son cœur, naguère brisé par une lutte au-dessus de ses forces.

Lémor céda pourtant, bénissant dans son cœur l'insistance hospitalière du meunier.

— Mère ! dit celui-ci à la Grand'-Marie en sautant à bas de sa charrette, vous ai-je manqué de parole ? Si l'horloge du bon Dieu n'est pas dérangée, les étoiles de la croix marquent dix heures sur le chemin de Saint-Jacques.[1]

— Il n'est guère plus, dit la bonne femme ; c'est seulement une heure plus tard que tu ne l'étais annoncé. Mais je ne te gronde pas ; je vois que tu as fait les commissions de notre chère dame. Est-ce que tu comptes aller porter tout cela à Blanchemont ce soir ?

— Ma foi non ! il est trop tard. Madame Marcelle m'a dit qu'un jour de plus ou de moins lui importait peu. Et d'ailleurs, peut-on entrer au château neuf après dix heures ? N'ont-ils pas fait réparer le vieux créneau de la cour et mettre des barres de fer à la grand'porte ? Ils sont capables de faire faire un pont-levis sur leur fossé sans eau. Le diable me confonde ! M. Bricolin se croit déjà seigneur de Blanchemont, et il aura bientôt des armes sur sa cheminée. Il se fera appeler de Bricolin... Mais dites donc, mère, je vous amène de la compagnie. Reconnaissez-vous ce garçon-là ?

— Eh ! c'est le monsieur du mois dernier ! dit la Grand'-Marie ; celui que nous prenions pour un homme d'affaires de la dame de Blanchemont ? Mais il paraît qu'elle ne le connaît pas.

— Non, non, elle ne le connaît pas du tout, dit Grand-Louis, et il n'est pas homme d'affaires ; c'est un employé au cadastre pour la nouvelle répartition de l'impôt. Allons, géomètre, asseyez-vous et mangez chaud.

— Dites donc, Monsieur, fit la meunière quand le premier service, c'est-à-dire la soupe aux raves fut dépêchée, est-ce vous qui avez écrit votre nom sur un de nos arbres au bord de la rivière ?

— C'est moi, dit Henri. Je vous en demande pardon ; peut-être cette sotte fantaisie d'écolier a-t-elle fait mourir ce jeune saule ?

— Sauf votre respect, c'est un peuplier blanc, dit le meunier. Vous êtes bien un vrai Parisien, et sans doute vous ne connaissez pas le chanvre d'avec la pomme de terre. Mais n'importe. Nos arbres se moquent de vos coups de canif, et ma mère vous demande cela pour causer.

— Oh ! je ne vous ferais pas de reproche pour un petit arbre. Nous en avons de reste ici, dit la meunière ; mais c'est que votre jeune dame s'est tant tourmentée pour savoir qui avait pu mettre ce nom-là ! Et son petit qui l'a lu tout seul ! oui, Monsieur, un enfant de quatre ans, qui voit ce que je n'ai jamais pu voir dans des lettres !

— Elle est donc venue ici ? dit étourdiment Lémor, qui n'avait pas bien sa raison dans ce moment.

— Qu'est-ce que ça vous fait, puisque vous ne la connaissez pas ? répondit Grand-Louis en lui donnant un grand coup de genou pour l'engager à feindre, surtout devant son garçon de moulin.

Lémor le remercia du regard, bien que son avertissement eût été un peu rude, et, craignant de divaguer, il ne desserra plus les dents que pour manger.

Lorsque l'on se fut séparé pour la *nuitée*, comme disait la meunière, Lémor, qui devait partager la petite chambre du meunier au rez-de-chaussée, tout en face de la porte du moulin, pria Grand-Louis de ne pas s'enfermer encore et de le laisser promener un quart d'heure au bord de la Vauvre.

— Pardieu, je vas vous y conduire, dit Grand-Louis que le roman de son nouvel ami intéressait beaucoup par la ressemblance qu'il avait avec le sien propre. Je sais où vous allez rêvasser, et je ne suis pas si pressé de dormir que je ne puisse faire un tour avec vous au clair de la lune ; car la voici qui se lève et qui va se mirer dans l'eau. Venez voir, mon Parisien, comme elle est blanche et fière dans le bassin de la Vauvre, et vous me direz si c'est à Paris que vous avez une aussi belle lune et une aussi belle rivière ! Tenez ! ajouta-t-il lorsqu'ils furent au pied de l'arbre, voilà où *elle* était appuyée en lisant votre nom ; elle était comme cela contre la barrière, et elle regardait avec des yeux..... que je ne peux pas faire, quand je passerais deux heures à ouvrir les miens. Ah çà, vous saviez donc qu'elle viendrait ici, que vous lui aviez laissé là votre signature ?

— Ce qu'il y a de plus étrange, c'est que je l'ignorais, et que le hasard seul... un caprice d'enfant, m'a suggéré de marquer ainsi mon passage dans ce bel endroit où je ne croyais pas devoir jamais revenir. J'avais ouï dire à Paris qu'*elle* était ruinée. Je l'espérais ! j'étais venu savoir à quoi m'en tenir, et quand j'ai appris qu'elle était encore trop riche pour moi, je n'ai plus songé qu'à lui dire adieu.

— Voyez ! il y a un Dieu pour les amants ; car sans cela vous n'y seriez pas revenu, en effet. C'est cela, c'est l'air de madame Marcelle m'interrogeant sur le jeune voyageur qui avait écrit ce nom, qui m'a fait deviner tout d'un coup qu'elle l'aimait et que son amant s'appelait Henri. C'est ce qui m'a éclairci l'esprit pour deviner le reste, car on ne m'a rien dit, j'ai tout deviné ; il faut bien que je m'en accuse et que je m'en vante.

— Quoi ! on ne vous avait rien confié, et moi j'ai tout avoué ! La volonté de Dieu soit faite ! Je reconnais sa main dans tout cela, et je ne me défends plus de la confiance absolue que vous m'inspirez.

— Je voudrais pouvoir vous en dire autant, répondit Grand-Louis en lui prenant la main, car le diable me

---

[1] La croix est la constellation du cygne, et le chemin de Saint-Jacques la voie Lactée.

Tenez, ajouta-t-il lorsqu'ils furent au pied de l'arbre. (Page 47.)

broie si je ne vous aime pas! Et pourtant il y a quelque chose qui me chiffonne toujours.

— Comment pouvez-vous me soupçonner encore quand je reviens dans votre Vallée-Noire, seulement pour respirer l'air qu'elle a respiré, lorsque je sais enfin qu'elle est pauvre?

— Mais ne pourriez-vous pas avoir été courir chez les avoués et les notaires pendant que je vous cherchais ce matin par la ville? Et si vous aviez appris qu'elle est encore assez riche?

— Que dites-vous, serait-il vrai? s'écria Lémor avec un accent douloureux. Ne jouez pas ainsi avec moi, ami! vous m'accusez de choses si ridicules, que je ne pense pas même à m'en justifier. Mais il y en a une que je veux vous dire en deux mots. Si madame de Blanchemont est encore riche, voulût-elle agréer l'amour d'un prolétaire comme moi, il faut que je la quitte pour toujours! Oh! si cela est, s'il faut que je l'apprenne... pas encore, au nom du ciel? Laissez-moi rêver le bonheur jusqu'à demain, jusqu'à ce que je quitte ce pays pour un an ou pour jamais!

— Alors vous êtes un peu fou, l'ami, s'écria le meunier. Et même vous me paraissez si exagéré dans ce moment-ci, que je crains que ce ne soit une affectation pour me tromper.

— Vous n'êtes donc pas comme moi, vous! vous ne haïssez donc pas la richesse?

— Non, par Dieu! je ne la hais ni ne l'aime pour elle-même, mais bien à cause du mal ou du bien qu'elle peut me faire. Par exemple, je déteste les écus du père Bricolin, parce qu'ils m'empêchent d'épouser sa fille... Ah! diable! je lâche des noms que j'aurais aussi bien fait de vous laisser ignorer... Mais je sais vos affaires, après tout, et vous pouvez bien savoir les miennes... Je dis donc que je déteste ces écus-là; mais j'aimerais beaucoup trente ou quarante mille francs qui me tomberaient du ciel et qui me permettraient de prétendre à Rose.

— Je ne pense pas comme vous. Si je possédais un million, je ne voudrais pas le garder.

— Vous le jetteriez dans la rivière plutôt que de vous faire un titre pour rétablir l'égalité entre *elle* et vous? Vous êtes encore un drôle de corps.

— Je crois que je le distribuerais aux pauvres, comme les communistes chrétiens des premiers temps, afin de

Marcelle de Blanchemont était plus petite de taille. (Page 51.)

m'en débarrasser, quoique je sache fort bien que je ne ferais pas là une bonne œuvre véritable ; car en abandonnant leurs biens, ces premiers disciples de l'égalité fondaient une société. Ils apportaient aux malheureux une législation qui était en même temps une religion. Cet argent était le pain de l'âme en même temps que celui du corps. Ce partage était une doctrine et faisait des adeptes. Aujourd'hui, il n'y a rien de semblable. On a l'idée d'une communauté sainte et providentielle, on n'en sait pas encore les lois. On ne peut pas recommencer le petit monde des premiers chrétiens, on sent qu'il faudrait la doctrine ; on ne l'a pas, et d'ailleurs, les hommes ne sont pas disposés à la recevoir. L'argent qu'on distribuerait à une poignée de misérables n'enfanterait chez eux que l'égoïsme et la paresse, si on ne cherchait à leur faire comprendre les devoirs de l'association. Et, d'une part, je vous le répète, ami, il n'y a pas encore assez de lumières dans l'initiation, de l'autre, il n'y a pas encore assez de confiance, de sympathie et d'élan chez les initiés. Voilà pourquoi lorsque Marcelle... (et moi aussi j'ose la nommer puisque vous avez nommé *Rose*) m'a proposé de faire comme les apôtres et de donner aux pauvres ces richesses qui me faisaient horreur, j'ai reculé devant un sacrifice que je ne me sens pas la science et le génie de faire fructifier réellement entre ses mains pour le progrès de l'humanité. Pour posséder la richesse et la rendre utile comme je l'entends, il faut être plus qu'un homme de cœur, il faut être un homme de génie. Je ne le suis pas, et, en songeant aux vices profonds, à l'épouvantable égoïsme qu'impose la fortune à ceux qui la possèdent, je me sens pénétré d'effroi. Je remercie Dieu de m'avoir rendu pauvre, moi aussi, qui ai failli hériter de beaucoup d'argent, et je fais le serment de ne jamais posséder que le salaire de ma semaine !

— Ainsi, vous remerciez Dieu de vous avoir rendu sage par un pur effet de sa bonté, et vous profitez du hasard qui vous a préservé du mal ? C'est de la vertu très-facile, et je n'en suis pas si émerveillé que vous croyez. Je comprends maintenant pourquoi madame Marcelle était si contente hier d'être ruinée. Vous lui avez mis en tête toutes ces belles choses-là ! C'est joli, mais ça ne signifie rien. Qu'est-ce que c'est que des gens qui disent : Si j'étais riche, je serais méchant, et je suis enchanté de ne l'être pas ? C'est l'histoire de ma grand'mère qui disait :

Je n'aime pas l'anguille, et j'en suis bien contente, parce que si je l'aimais, j'en mangerais. Voyons, pourquoi ne seriez-vous pas riche et généreux? Eh, quand vous ne pourriez pas faire d'autre bien que de donner du pain à ceux qui en manquent autour de vous, ce serait déjà quelque chose, et la richesse serait mieux placée dans vos mains que dans celles des avares... Oh! je sais bien votre affaire! J'ai compris; je ne suis pas si bête que vous croyez, et j'ai lu de temps en temps des journaux et des brochures qui m'ont appris un peu ce qui se passe hors de nos campagnes, où il est vrai de dire qu'il ne se passe rien de nouveau. Je vois que vous êtes un faiseur de nouveaux systèmes, un économiste, un savant!

— Non. C'est peut-être un malheur; mais je connais la science des chiffres moins que toute autre, et je ne comprends rien à l'économie politique telle qu'on l'entend aujourd'hui. C'est un cercle vicieux où je ne conçois pas qu'on s'amuse à tourner.

— Vous n'avez pas étudié une science sans laquelle vous ne pouvez rien essayer de neuf? En ce cas, vous êtes un paresseux.

— Non, mais un rêveur.

— J'entends, vous êtes ce qu'on appelle un poète.

— Je n'ai jamais fait de vers, et maintenant je suis un ouvrier. Ne me prenez pas tant au sérieux. Je suis un enfant, et un enfant amoureux. Tout mon mérite, c'est d'avoir su apprendre un métier, et je vais l'exercer.

— C'est bien! gagnez votre vie comme je fais, moi, et ne vous tourmentez plus de la manière dont va le monde, puisque vous n'y pouvez rien.

— Quel raisonnement, ami! Vous verriez une barque chavirer sur cette rivière, et il y aurait là une famille à laquelle, vous, attaché à cet arbre, je suppose, vous ne pourriez porter secours, et vous la verriez périr avec indifférence?

— Non, Monsieur, je casserais l'arbre, fût-il dix fois plus gros. J'aurais si bonne volonté que Dieu ferait ce petit miracle pour moi.

— Et pourtant la famille humaine périt, s'écria Lémor douloureusement, et Dieu ne fait plus de miracles!

— Je le crois bien! personne ne croit plus en lui. Mais moi, j'y crois, et je vous déclare, puisque nous en sommes à ne nous rien cacher, que, dans le fond de ma pensée, je n'ai jamais désespéré d'épouser Rose Bricolin. Amener son père à accepter un gendre pauvre, c'est pourtant un miracle plus conséquent que de casser avec mes bras, sans cognée, le gros arbre que vous voyez là. Eh bien! ce miracle se fera, je ne sais comment : j'aurai cinquante mille francs. Je les trouverai dans la terre en plantant mes choux, ou dans la rivière en jetant mes filets; ou bien il me viendra une idée... n'importe sur quoi. Je découvrirai quelque chose, puisqu'il suffit, dit-on, d'une idée pour remuer le monde.

— Vous découvrirez le moyen d'appliquer l'égalité à une société qui n'existe que par l'inégalité, n'est-ce pas? dit Henri avec un triste sourire.

— Pourquoi pas, Monsieur? répondit le meunier avec une vivacité enjouée. Quand j'aurai fait fortune, comme je ne veux pas être avare et méchant, et, comme je suis bien sûr, moi, de ne jamais le devenir, pas plus que ma grand'mère n'est venue à bout d'aimer l'anguille qu'elle ne pouvait pas souffrir, alors il faudra que je devienne tout à coup plus savant que vous, et que je trouve dans ma cervelle ce que vous n'avez pas trouvé dans vos livres, à savoir le secret de faire de la justice avec ma puissance et des heureux avec ma richesse. Ça vous étonne? Et pourtant, mon Parisien, je vous déclare que j'en sais moins que vous sur l'économie politique, et je n'y entends ni *a* ni *b*. Mais qu'est-ce que cela fait, puisque j'ai la volonté et la croyance? Lisez l'Évangile, Monsieur. M'est avis que vous, qui en parlez si bien, vous avez un peu oublié que les premiers apôtres étaient des gens de rien, ne sachant rien comme moi. Le bon Dieu souffla sur eux, et ils en surent plus long que tous les maîtres d'école et tous les curés de leur temps.

— O peuple! tu prophétises! s'écria Lémor en serrant le meunier contre son cœur. C'est pour toi, en effet, que Dieu fera des miracles, c'est sur toi que soufflera l'Esprit Saint! Tu ne connais pas le découragement, toi; tu ne doutes de rien. Tu sens que le cœur est plus puissant que la science, tu sens ta force, ton amour, et tu comptes sur l'inspiration! Et voilà pourquoi j'ai brûlé mes livres, voilà pourquoi j'ai voulu retourner au peuple, d'où mes parents m'avaient fait sortir. Voilà pourquoi je vais chercher, parmi les pauvres et les simples de cœur, la foi et le zèle que j'ai perdus en grandissant parmi les riches!

— J'entends! dit le meunier; vous êtes un malade qui cherche la santé.

— Ah! je la trouverais si je vivais près de vous.

— Je vous la donnerais de bon cœur si vous me promettiez de ne pas me donner votre maladie. Et pour commencer, parlez-moi donc raisonnablement; dites-moi que, quelle que soit la position de madame Marcelle, vous l'épouserez si elle y consent.

— Vous réveillez mon angoisse. Vous m'avez dit qu'elle n'avait plus rien; puis vous avez semblé vous raviser et me faire entendre qu'elle était encore riche.

— Allons, sachez la vérité, c'était une épreuve. Les trois cent mille francs subsistent encore, et le père Bricolin aura beau faire, je la conseillerai si bien qu'elle les conservera. Avec trois cent mille francs, mon camarade, vous pourrez faire du bien, j'espère, puisque avec cinquante mille que je n'ai pas, moi, je prétends sauver le monde!

— J'admire et j'envie votre gaieté, dit Lémor accablé; mais vous m'avez remis la mort dans l'âme. J'adore cette femme, cet ange, et je ne peux pas être l'époux d'une femme riche! Le monde a sur l'honneur des préjugés que j'ai subis malgré moi, et que je ne saurais secouer. Je ne pourrais pas regarder comme mienne cette fortune qu'elle doit et qu'elle veut sans doute conserver à son fils. Je ne pourrais donc songer à me rendre utile, par ma richesse, sans manquer à ce qu'on regarde comme la probité. Et puis j'aurais certains scrupules de condamner à l'indigence une femme pour laquelle je sens une tendresse infinie, et un enfant dont je respecte l'indépendance future. Je souffrirais de leurs privations, je frémirais à toute heure de les voir succomber à une vie trop rude. Hélas! cet enfant, cette femme n'appartiennent pas à la même race que nous, Grand-Louis. Ce sont les maîtres détrônés de la terre qui demanderaient à leurs anciens esclaves les soins et les recherches auxquels ils sont habitués. Nous les verrions languir et dépérir sous le travail. Leurs mains trop faibles seraient brisées par le travail, et notre amour ne les soutiendrait peut-être pas jusqu'au bout de cette lutte qui nous brise déjà nous-mêmes...

— Voilà encore votre maladie qui vous reprend et la foi qui vous abandonne, dit le Grand-Louis en l'interrompant. Vous ne croyez même plus à l'amour; vous ne voyez pas qu'*elle* supporterait tout pour vous, et qu'elle se trouverait heureuse comme cela? Vous n'êtes pas digne d'être si grandement aimé, vrai!

— Ah! mon ami, qu'elle devienne pauvre, tout à fait pauvre, sans que j'aie à me reprocher d'y avoir contribué, et vous verrez si je manque de courage pour la soutenir.

— Eh bien! vous travaillerez pour gagner un peu d'argent, comme nous travaillons tous? Pourquoi mépriser tant l'argent qu'elle a, et qui est tout gagné?

— Il n'a été gagné par le travail du pauvre; c'est de l'argent volé.

— Comment ça?

— C'est l'héritage des rapines féodales de ses pères. C'est le sang et la sueur du peuple qui ont cimenté leurs châteaux et engraissé leurs terres.

— C'est vrai cela! mais l'argent ne conserve pas cette espèce de rouille. Il a le don de s'épurer ou de se salir, suivant la main qui le touche.

— Non! dit Lémor avec feu. Il y a de l'argent souillé et qui souille la main qui le reçoit.

— C'est une métaphore! dit tranquillement le meunier. C'est toujours l'argent du pauvre, puisqu'il lui a été extorqué par le pillage, la violence et la tyrannie. Faudra-t-il que le pauvre s'abstienne de le reprendre, parce que la main des brigands l'a longtemps manié! Allons nous coucher, mon cher, vous déraisonnez; vous n'irez pas à Blanchemont. Moins que jamais j'en suis d'avis, puisque vous n'avez que des sottises à dire à ma chère dame ; mais, par la cordieu ! vous ne me quitterez pas que vous n'ayez renoncé à vos... attendez que je trouve le mot... à vos utopies ! Est-ce cela ?

— Peut-être ! dit Lémor tout pensif, et entraîné par son amour à subir l'ascendant de son nouvel ami.

TROISIÈME JOURNÉE.

XIX.

PORTRAIT.

Nous ne savons pas s'il est bien conforme aux règles de l'art de décrire minutieusement les traits et le costume des gens qu'on met en scène dans un roman. Peut-être les conteurs de notre temps (et nous tous les premiers) ont-ils un peu abusé de la mode des portraits dans leurs narrations. Cependant, c'est un vieil usage, et tout en espérant que les maîtres futurs, condamnant nos minuties, esquisseront leurs figures en traits plus larges et plus nets, nous ne nous sentons pas la main assez ferme pour ne pas suivre la route battue, et nous allons réparer l'oubli où nous sommes tombés jusqu'ici, en omettant le portrait d'une de nos héroïnes.

Ne semble-t-il pas, en effet, que quelque chose de capital manque à l'intérêt d'une histoire d'amour, tant véridique soit-elle, lorsqu'on ignore si le personnage féminin est doué d'une beauté plus ou moins remarquable ? Il ne suffit même pas qu'on nous dise : *elle est belle*; si ses aventures ou l'excentricité de sa situation nous ont tant soit peu frappés, nous voulons savoir si elle est blonde ou brune, grande ou petite, rêveuse ou animée, élégante ou simple dans ses ajustements ; si on nous dit qu'elle passe dans la rue, nous courons aux fenêtres pour la voir, et, selon l'impression que sa physionomie produit en nous, nous sommes disposés à l'aimer ou à l'absoudre d'avoir attiré sur elle l'attention publique.

Tel était sans doute l'avis de Rose Bricolin ; car le lendemain de la première nuit où elle avait partagé la chambre avec madame de Blanchemont, couchée encore languissamment sur son oreiller, tandis que la jeune veuve, plus active et plus matinale, achevait déjà sa toilette, Rose l'examinait attentivement, se demandant si cette beauté parisienne éclipserait la sienne à la fête du village, qui devait avoir lieu le jour suivant.

Marcelle de Blanchemont était plus petite de taille qu'elle ne le paraissait, grâce à l'élégance de ses proportions et à la distinction de toutes ses attitudes. Elle était très-franchement blonde , mais non d'un blond fade, ni même d'un blond cendré, couleur trop vantée et qui éteint presque toujours la physionomie, parce qu'elle est souvent l'indice d'une organisation sans puissance. Elle était d'un blond vif, chaud et doré, et ses cheveux étaient une des plus grandes beautés de sa personne. Dans son enfance elle avait eu un éclat extraordinaire, et au couvent on l'appelait le chérubin; à dix-huit ans elle n'était plus qu'une fort agréable personne, mais à vingt-deux, elle était telle qu'elle avait inspiré plus d'une passion sans s'en apercevoir. Cependant ses traits n'étaient pas d'une grande perfection , et sa fraîcheur était souvent fatiguée par une animation un peu fébrile. On voyait autour de ses yeux d'un bleu éclatant des teintes sombres qui annonçaient le travail d'une âme ardente, et que l'observateur intelligent eût pu attribuer aux agitations d'une nature voluptueuse ; mais il était impossible d'être chaste soi-même sans comprendre que cette femme vivait par le cœur plus que par l'esprit, et par l'esprit plus que par les sens. Son teint variable, son regard droit et franc, un léger duvet blond aux coins de sa lèvre, étaient chez elle les indices certains d'une volonté énergique, d'un carac-

tère dévoué, désintéressé, courageux. Elle plaisait au premier coup d'œil sans éblouir, elle éblouissait ensuite de plus en plus sans cesser de plaire, et tel qui ne l'avait pas crue jolie au premier abord, n'en pouvait bientôt détacher ses yeux ni sa pensée.

La seconde transformation qui s'était opérée en elle était l'ouvrage de l'amour. Laborieuse et enjouée au couvent, elle n'avait jamais été rêveuse ni mélancolique avant de rencontrer Lémor ; et même depuis qu'elle l'aimait, elle était restée active et décidée jusque dans les plus petites choses. Mais une affection profonde, en dirigeant vers un but unique toutes les forces de sa volonté, avait accentué ses traits et donné un charme étrange et mystérieux à toutes ses manières. Personne ne savait qu'elle aimait; tout le monde sentait qu'elle était capable d'aimer passionnément, et tous les hommes qui s'étaient approchés d'elle avaient désiré de lui inspirer de l'amour ou de l'amitié. A cause de ce puissant attrait, il y avait eu un moment dans le monde où les femmes, jalouses d'elle, mais ne pouvant attaquer ses mœurs , l'avaient accusée de coquetterie. Jamais reproche ne fut moins mérité. Marcelle n'avait pas de temps à perdre au puéril et impudique amusement d'inspirer des désirs. Elle ne pensait pas même qu'elle pût en inspirer, et, en s'éloignant brusquement du monde, elle n'avait pas à se faire le reproche d'y avoir marqué volontairement son passage.

Rose Bricolin, incontestablement plus belle, mais moins mystérieuse à suivre et à deviner dans ses émotions enfantines, avait entendu parler de la jeune baronne de Blanchemont comme d'une beauté des salons de Paris, et elle ne comprenait pas bien comment, avec une mise si simple et des manières si naturelles, cette blonde fatiguée pouvait s'être fait une telle réputation. Rose ne savait pas que, dans les sociétés très-civilisées, et par conséquent très-blasées, l'animation intérieure répand un prestige sur l'extérieur de la femme, qui efface toujours la majesté classique de la froide beauté. Cependant Rose sentait qu'elle aimait déjà Marcelle à la folie ; elle ne se rendait pas encore bien compte de l'attraction exercée par son regard ferme et vif, par le son affectueux de sa voix, par son sourire fin et bienveillant, par les allures décidées et généreuses de tout son être. Elle n'est pourtant pas si belle que je croyais ! pensait-elle ; d'où vient donc que je voudrais lui ressembler? Rose se surprit, en effet, occupée à attacher ses cheveux comme elle, et à imiter involontairement sa démarche, sa manière brusque et gracieuse de tourner la tête, et jusqu'aux inflexions de sa voix. Elle y réussit assez bien pour perdre en peu de jours un reste de gaucherie rustique qui avait pourtant son charme; mais il est vrai de dire que cette vivacité fut plus d'inspiration que d'emprunt, et qu'elle sut bientôt se l'approprier assez pour rehausser beaucoup en elle les dons de la nature. Rose n'était pas non plus dépourvue de courage et de franchise ; Marcelle était plutôt destinée à développer son naturel étouffé par les circonstances extérieures qu'à lui en suggérer un factice et de pure imitation.

XX.

L'AMOUR ET L'ARGENT.

Tout en allant et venant par la chambre, Marcelle entendit une voix étrange qui partait de la pièce voisine et qui était à la fois forte comme celle d'un bœuf et enrouée comme celle d'une vieille femme. Cette voix, qui semblait ne sortir qu'avec effort d'une poitrine caverneuse et ne pouvoir ni s'exhaler ni se contenir, répéta à plusieurs reprises :

— Puisqu'ils m'ont tout pris !... tout pris, jusqu'à mes vêtements !

Et une voix plus ferme, que l'on reconnaissait pour celle de la grand'mère Bricolin, répondait :

— Taisez-vous donc, *notre maître* [1] ! je ne vous parle pas de ça.

---

[1]. Dans nos campagnes, les femmes âgées suivent encore l'ancienne coutume de dire en parlant de leur mari, *notre maître*. Celles de notre génération disent *notre homme*.

Voyant l'étonnement de sa compagne, Rose se chargea de lui expliquer ce dialogue.—Il y a toujours eu du malheur dans notre maison, lui dit-elle, et même avant ma naissance et celle de ma pauvre sœur, le mauvais sort était dans la famille. Vous avez bien vu mon grand-papa, qui paraît si vieux, si vieux? C'est lui que vous venez d'entendre. Il ne parle pas souvent; mais comme il est sourd, il crie si haut que toute la maison en résonne. Il répète presque toujours à peu près la même chose : *Ils m'ont tout pris, tout pillé, tout volé.* Il ne sort guère de là, et si ma grand'mère, qui a beaucoup d'empire sur lui, ne l'avait pas fait taire, il vous l'aurait dit hier à vous-même en guise de bonjour.

— Et qu'est-ce que cela signifie? demanda Marcelle.

— Est-ce que vous n'avez pas entendu parler de cette histoire-là? dit Rose. Elle a fait pourtant assez de bruit; mais il est vrai que vous n'êtes jamais venue dans ce pays, et que vous ne vous êtes jamais occupée de ce qui avait pu s'y passer. Je parie que vous ne savez pas que, depuis plus de cinquante ans, les Bricolin sont fermiers des Blanchemont?

— Je savais cela, et même je sais que votre grand-père, avant de venir se fixer ici, a tenu à ferme une terre considérable du côté du Blanc, appartenant à mon grand-père.

— Eh bien, en ce cas, vous avez entendu parler de l'histoire des chauffeurs?

— Oui, mais c'est du plus loin que je me souvienne, car c'était déjà une vieille histoire quand je n'étais encore qu'un enfant.

— Cela s'est passé, il y a plus de quarante ans, autant que je puis savoir moi-même, car on ne parle pas volontiers de cela chez nous. Cela fait trop de mal et trop de peur. Monsieur votre grand-père avait, à l'époque des assignats, confié à mon grand-papa Bricolin une somme de cinquante mille francs en or, en le priant de la cacher dans quelque vieille muraille du château, pendant qu'il se tiendrait caché lui-même à Paris, où il réussit à n'être pas dénoncé. Vous connaissez cela mieux que moi. Voilà donc que mon grand-papa avait cet or-là caché avec le sien dans ce vieux château de Beaufort, dont il était fermier, et qui est à plus de vingt lieues d'ici. Je n'y ai jamais été. Votre grand-père ne se pressant pas de lui redemander son dépôt, il eut le malheur, en voulant lui faire écrire une lettre à cet effet, de mettre un scélérat d'avoué dans sa confidence. La nuit suivante les chauffeurs vinrent et soumirent mon pauvre grand-père à mille tortures jusqu'à ce qu'il eût dit où était caché l'argent. Ils emportèrent tout, le sien et le vôtre, et jusqu'au linge de la maison et aux bijoux de noces de ma grand'mère. Mon père, qui était un enfant, avait été garrotté et jeté sur un lit. Il vit tout et faillit en mourir de peur. Ma grand'mère était enfermée dans la cave. Les garçons de ferme furent battus et attachés aussi. On leur tenait des pistolets sur la gorge pour les empêcher de crier. Enfin, quand les brigands eurent fait main-basse sur tout ce qu'ils purent enlever, ils se retirèrent sans grand mystère et demeurèrent impunis, on ne sait pas pourquoi. Et de cette affaire-là, mon pauvre grand-papa qui était jeune est devenu vieux tout à coup. Il n'a jamais pu retrouver sa tête, ses idées se sont affaiblies; il a perdu la mémoire de presque tout, excepté de cette abominable aventure, et il ne peut guère ouvrir la bouche sans y faire allusion. Le tremblement que vous lui voyez, il l'a toujours eu depuis cette nuit-là, et les jambes qui ont été desséchées par le feu, sont restées si minces et si faibles qu'il n'a jamais pu travailler depuis. Votre grand-père qui était un digne seigneur, à ce qu'on dit, ne lui a jamais rien réclamé son argent, et même il a abandonné à ma grand'mère, qui était devenue tout à coup l'homme de la famille par sa bonne tête et son courage, tous les fermages échus depuis cinq ans, et qu'il ne s'était pas fait payer. Cela a rétabli nos affaires, et quand mon père a été en âge de prendre la ferme de Blanchemont il avait déjà un certain crédit. Voilà notre histoire; jointe à celle de ma pauvre sœur, vous voyez qu'elle n'est pas très-gaie.

Ce récit fit beaucoup d'impression sur Marcelle, et l'intérieur des Bricolin lui parut encore plus sinistre que la veille. Au milieu de leur prospérité, ces gens-là semblaient voués à quelque chose de sombre et de tragique. Entre la folle et l'idiot, madame de Blanchemont se sentit saisie d'une terreur instinctive et d'une tristesse profonde. Elle s'étonna que l'insouciante et luxuriante beauté de Rose eût pu se développer dans cette atmosphère de catastrophes et de luttes violentes, où l'argent avait joué un rôle si fatal.

Sept heures sonnaient au coucou que la mère Bricolin conservait avec amour dans sa chambre, encombrée de tous les vieux meubles rustiques mis à la réforme dans le château neuf, et contiguë à celle qu'occupaient Rose et Marcelle, lorsque la petite Fanchon vint toute joyeuse annoncer que *son maître* venait d'arriver.

— Elle parle du Grand-Louis, dit Rose. Qu'a-t-elle donc à nous proclamer cela comme une grande nouvelle?

Et, malgré son petit ton dédaigneux, Rose devint vermeille comme la mieux épanouie des fleurs dont elle portait fièrement le nom.

— Mais c'est qu'il apporte tout plein d'affaires et qu'il demande à vous parler, dit Fanchon un peu déconcertée.

— A moi? dit Rose, rougissant de plus en plus, tout en haussant les épaules.

— Non, à madame Marcelle, dit la petite.

Marcelle se dirigeait vers la porte que la petite Fanchon tenait toute grande ouverte, lorsqu'elle fut forcée de reculer pour laisser entrer un garçon de la ferme chargé d'une malle, puis le Grand-Louis qui en portait lui-même une encore plus lourde et qui la déposa sur le plancher avec beaucoup d'aisance.

— Et toutes vos commissions sont faites! dit-il en posant aussi un sac d'écus sur la commode.

Puis, sans attendre les remercîments de Marcelle, il jeta les yeux sur le lit qu'elle venait de quitter, et où dormait Édouard, beau comme un ange. Entraîné par son amour pour les enfants, et surtout pour celui-là, qui avait des grâces irrésistibles, Grand-Louis s'approcha du lit pour le regarder de plus près, et Édouard, en ouvrant les yeux, lui tendit les bras, en lui donnant le nom d'*Alochon*, dont il l'avait obstinément gratifié.

— Voyez comme il a déjà bonne mine depuis qu'il est dans notre pays! dit le meunier en prenant une de ses petites mains pour la baiser... Mais il se fit un brusque mouvement de rideaux derrière lui, et en se retournant, Grand-Louis vit le joli bras de Rose qui, toute honteuse et toute irritée de cette invasion de son appartement, s'enfermait à grand bruit dans ses courtines brodées. Grand-Louis, qui ne savait pas que Rose eût partagé sa chambre avec Marcelle, et qui ne s'attendait pas à l'y trouver, resta stupéfait, repentant, honteux, et ne pouvant cependant détacher ses yeux de cette main blanche qui tenait assez maladroitement les franges du rideau.

Marcelle s'aperçut alors de l'inconvenance qu'elle avait laissée commettre, et se reprocha ses habitudes aristocratiques qui l'avaient dominée à son insu en cet instant. Accoutumée à ne pas traiter à tous égards un porte-faix comme un homme, elle n'avait pas songé à défendre l'appartement de Rose contre le valet de ferme et le meunier qui apportaient ses effets. Honteuse et repentante à son tour, elle allait avertir Grand-Louis qui semblait pétrifié à sa place, de se retirer au plus vite, lorsque madame Bricolin parut tout hérissée au seuil de la chambre et resta muette d'horreur en voyant le meunier, son mortel ennemi, debout et troublé entre les deux lits jumeaux des jeunes dames.

Elle ne dit pas un mot et sortit brusquement, comme une personne qui trouve un voleur dans sa maison et qui court chercher la garde. Elle courut en effet chercher M. Bricolin qui prenait son *coup du matin* pour la troisième fois, c'est-à-dire son troisième pot de vin blanc, dans la cuisine.

— Monsieur Bricolin! fit-elle d'une voix étouffée; viens vite, vite! m'entends-tu?

— Qu'est-ce qu'il y a? dit le fermier, qui n'aimait pas

à être dérangé dans ce qu'il appelait son *rafraichissement*. Est-ce que le feu est à la maison?

— Viens, te dis-je, viens voir ce qui se passe chez toi! répondit la fermière à qui la colère ôtait presque la parole.

— Ah! ma foi! s'il y a à se fâcher pour quelque chose, dit Bricolin, habitué aux bourrasques de sa moitié, tu t'en chargeras bien sans moi. Je suis tranquille là-dessus.

Voyant qu'il ne se dérangeait pas, madame Bricolin s'approcha, et, faisant avec effort le mouvement d'avaler, car elle éprouvait une véritable strangulation de fureur :

— Te dérangeras-tu? dit-elle enfin, en s'observant assez pourtant pour n'être pas entendue des valets qui allaient et venaient; je te dis que ton manant de meunier est dans la chambre de Rose, pendant que Rose est encore au lit.

— Ah! cela, c'est *inconvenable*, très-*inconvenable*, dit M. Bricolin en se levant, et je m'en vas lui dire deux mots... Mais, pas de bruit, ma femme, entends-tu? à cause de la petite!

— Va donc, et ne fais pas de bruit toi-même! Ah! j'espère que tu me croiras, maintenant, et que tu vas le traiter comme un malappris et un impudent qu'il est!

Au moment où M. Bricolin allait sortir de la cuisine, il se trouva face à face avec le Grand-Louis.

— Ma foi, monsieur Bricolin, dit celui-ci avec un air de candeur irrésistible, vous voyez quelqu'un de bien étonné de la sottise qu'il vient de faire.

Et il raconta le fait naïvement.

— Tu vois bien qu'il ne l'a pas fait exprès? dit Bricolin en se tournant vers sa femme.

— Et c'est comme cela que tu prends la chose? s'écria la fermière donnant un libre cours à sa fureur. Puis elle courut pousser les deux portes, et, revenant se placer entre le meunier et M. Bricolin, qui déjà offrait de se *rafraîchir* avec lui : — Non, monsieur Bricolin, s'écria-t-elle, je ne comprends pas ton imbécillité! Tu ne vois pas que ce vaurien-là a envers notre fille des manières qui ne conviennent qu'à des gens de son espèce, et que nous ne pouvons pas supporter plus longtemps? Il faut donc que je me charge de le lui dire, moi, et de lui signifier...

— Ne signifie rien encore, madame Bricolin, dit le fermier en élevant la voix à son tour, et laisse-moi un peu faire mon métier de père de famille. Ah! si l'on t'en croyait, je sais bien qu'on attacherait son haut de chausses avec des épingles, et que tu mettrais une paire de bretelles à ton cotillon! Voyons, ne me casse pas la tête dès le matin. Je sais ce que j'ai à dire à ce garçon-là, et je ne veux pas qu'un autre s'en charge. Allons, ma femme, dis à la Chounette de nous monter un pichet de vin frais, et va-t'en voir tes poules.

Madame Bricolin voulut répliquer. Son époux prit un gros bâton de houx qui était toujours appuyé contre sa chaise pendant qu'il buvait, et se mit à en frapper la table en cadence à tour de bras. Ce bruit retentissant couvrit si bien la voix de madame Bricolin qu'elle fut forcée de sortir en jetant les portes avec fracas derrière elle.

— Qu'est-ce qu'il y a pour votre service, notre maître? dit la Chounette accourant au bruit.

M. Bricolin prit majestueusement le pichet vide et le lui tendit en roulant les yeux d'une façon terrible. La grosse Chounette devint plus légère qu'un oiseau pour exécuter les ordres du potentat de Blanchemont.

— Mon pauvre Grand-Louis, dit le gros homme lorsqu'ils furent seuls, avec un pot de vin entre leurs verres, il faut que tu saches que ma femme est enragée contre toi; elle t'en veut à *mort*, et, sans moi, elle t'aurait mis à la porte. Mais nous sommes de vieux amis, nous avons besoin l'un de l'autre, et nous ne nous brouillerons pas comme ça. Tu vas me dire la vérité; je suis sûr que ma femme se trompe. Toutes les femmes sont sottes ou folles, que veux-tu? Voyons, peux-tu me répondre la main sur ta conscience?

— Parlez! parlez! dit Grand-Louis d'un ton qui semblait promettre sans examen, et en faisant un grand effort pour donner à sa figure un air d'insouciance et de tranquillité, sentiments bien contraires à ce qu'il éprouvait en cet instant.

— Eh bien donc! je n'y vas pas par quatre chemins, moi! dit le fermier. Es-tu ou n'es-tu pas amoureux de ma fille?

— Voilà une drôle de question! répondit le meunier, payant d'audace. Que voulez-vous qu'on y réponde? Si on dit oui, on a l'air de vous braver; si on dit non, on a l'air de faire injure à mademoiselle Rose; car enfin elle mérite qu'on en soit amoureux, comme vous méritez qu'on vous porte respect.

— Tu plaisantes! c'est bon signe; je vois bien que tu n'es pas amoureux.

— Attendez, attendez! reprit Grand-Louis, je n'ai pas dit cela. Je dis au contraire, que tout le monde est forcé d'en être amoureux, parce qu'elle est belle comme le jour, parce qu'elle est tout votre portrait, parce qu'enfin tous ceux qui la regardent, vieux ou jeunes, riches ou pauvres, sentent quelque chose pour elle, sans trop savoir si c'est le plaisir de l'aimer ou le chagrin de ne pas pouvoir se le permettre.

— Il a de l'esprit comme trente mille hommes! dit le fermier en se renversant sur sa chaise avec un rire qui faisait bondir son gilet proéminent. Le tonnerre m'écrase si je ne voudrais pas que tu fusses riche de cent mille écus! Je te donnerais ma fille de préférence à tout autre!

— Je le crois bien! mais comme je ne les ai pas, vous ne me la donnerez guère, n'est-il pas vrai?

— Non, le tonnerre de Dieu m'aplatisse! mais enfin, j'en ai du regret, et ça te prouve mon amitié.

— Grand merci, vous êtes trop bon!

— Ah! c'est que, vois-tu, ma carogne de femme s'est mis dans la tête que tu en contais à Rose!

— Moi? dit le meunier, parlant cette fois avec l'accent de la vérité, jamais je ne lui ai dit un mot que vous n'auriez pas pu entendre.

— J'en suis bien sûr. Tu as trop de raison pour ne pas voir que tu ne peux pas penser à ma fille, et que je ne peux pas la donner à un homme comme toi. Ce n'est pas que je te méprise, da! Je ne suis pas fier, et je sais que tous les hommes sont égaux devant la loi. Je n'ai pas oublié que je sors d'une famille de paysans, et que quand mon père a commencé sa fortune, qu'il a si malheureusement perdue comme tu sais, il n'était pas plus gros monsieur que toi, puisqu'il était meunier aussi! mais *au jour d'aujourd'hui*, mon vieux, monnaie fait tout, comme dit l'autre, et puisque j'en ai, et que tu n'en as pas, nous ne pouvons pas faire affaire ensemble.

— C'est concluant et péremptoire, dit le meunier avec une amère gaieté. C'est juste, raisonnable, véritable, équitable et salutaire, comme dit la préface à M. le curé.

— Dame! écoute donc, Grand-Louis, chacun agit de même. Tu n'épouserais pas, toi qui es riche pour un paysan, la petite Fanchon, la servante, si elle se prenait d'amour pour toi?

— Non; mais si je me prenais d'amour pour elle, ce serait différent.

— Veux-tu dire par là, grand farceur, que ma fille en pourrait bien tenir pour toi?

— Moi, j'ai dit cela? quand donc?

— Je ne t'accuse pas de l'avoir dit, quoique ma femme soutienne que tu es capable de parler légèrement si on te laisse prendre tant de familiarité chez nous.

— Ah ça! monsieur Bricolin, dit le Grand-Louis, qui commençait à perdre patience et qui trouvait la formule de son arrêt assez brutale sans qu'on y joignît l'insulte, est-ce pour *rire ou pour plaisanter*, comme dit l'autre, que depuis cinq minutes vous me dites toutes ces choses-là? Parlez-vous sérieusement? Je ne vous ai pas demandé votre fille, je ne vois donc pas pourquoi vous vous donnez la peine de me la refuser. Je ne suis pas homme à parler d'elle sans respect; je ne vois donc pas non plus pourquoi vous me rapportez les mauvais propos de madame Bricolin sur mon compte. Si c'est pour me dire de m'en aller, me voilà tout prêt. Si c'est pour me retirer votre pratique, je ne m'y oppose pas; j'en ai d'autres. Mais parlez franchement et quittons-nous en honnêtes gens, car je vous avoue que tout ceci me fait l'effet d'une mauvaise querelle qu'on veut me chercher, comme si quelqu'un ici voulait me mettre dans mon tort pour cacher le sien.

En parlant ainsi, le Grand-Louis s'était levé et faisait mine de vouloir sortir. Se brouiller avec lui n'était ni du goût ni de l'intérêt de M. Bricolin.

— Qu'est-ce que tu dis-là, grand benêt? lui répondit-il d'un ton amical, en le forçant à se rasseoir. Es-tu fou? quelle mouche te pique? Est-ce que j'ai parlé sérieusement? Est-ce que je fais attention aux sottises de ma femme? Règle générale, une guêpe qui vous bourdonne à l'oreille, une femme qui vous taquine et vous contredit, c'est à peu près la même chanson. Achevons notre pichet, et restons amis, crois-moi, Grand-Louis. Ma pratique est bonne, et j'ai à me louer de te l'avoir donnée. Nous pouvons nous rendre mutuellement bien des petits services, ce serait donc fort niais de nous quereller pour rien. Je sais que tu es un garçon d'esprit et de bon sens, et que tu ne peux pas en conter à ma fille. D'ailleurs j'ai trop bonne opinion d'elle pour ne pas penser qu'elle saurait bien te rembarrer si tu t'écartais du respect... ainsi...

— Ainsi, ainsi!... dit Grand-Louis en frappant avec son verre sur la table dans un mouvement de colère bien marquée, toutes ces raisons-là sont inutiles et finissent par m'ennuyer, monsieur Bricolin. Au diable votre pratique, vos petits services, et mes intérêts, s'il faut que j'entende seulement supposer que je suis capable de manquer de respect à votre fille, et qu'elle aura un jour ou l'autre à me remettre à ma place. Je ne suis qu'un paysan, mais je suis aussi fier que vous, monsieur Bricolin, ne vous en déplaise; et si vous ne trouvez pas pour moi des façons plus délicates de vous exprimer, laissez-moi vous souhaiter le bonjour et m'en aller à mes affaires.

M. Bricolin eut beaucoup de peine à calmer le Grand-Louis qui se sentait fort irrité, non des soupçons de la fermière qu'il savait bien mériter dans un certain sens, ni du style grossier de Bricolin, auquel il était fort habitué, mais de la cruauté avec laquelle ce dernier faisait, sans le savoir, saigner la plaie vive de son cœur. Enfin, il s'apaisa après s'être fait faire amende honorable par le fermier, qui avait ses raisons pour se montrer fort pacifique et pour ne pas écouter les craintes de sa femme, du moins pour le moment.

— Ah çà! lui dit celui-ci, en l'invitant à entamer, après le fromage, un nouveau pichet de son *vin gris;* tu es donc en grande amitié avec notre jeune dame?

— En grande amitié! répondit le meunier avec un reste d'humeur, et s'abstenant de boire, malgré l'insistance de son hôte : c'est une parole aussi raisonnable que l'amour dont vous me défendez de parler à votre fille!

— Ma foi! si le mot est *inconvenable*, ce n'est pas moi qui l'ai inventé; c'est elle-même qui nous a dit plusieurs fois hier (ce qui faisait bien enrager la Thibaude!) qu'elle avait beaucoup d'amitié pour toi. Dame! tu es un beau garçon, Grand-Louis, c'est connu, et on dit que les grandes dames... Allons! vas-tu encore te fâcher?

— M'est avis que vous avez un pichet de trop dans la tête ce matin, monsieur Bricolin! dit le meunier pâle d'indignation.

Jamais le cynisme de Bricolin, dont il avait pris son parti jusqu'alors, ne lui avait inspiré autant de dégoût.

— Et toi, tu as, je crois, ce matin, répondit le fermier, vidé la pelle de ton moulin dans ton estomac, car tu es triste et quinteux comme un buveur d'eau. On ne peut donc plus rire avec toi à présent? Voilà du nouveau! Eh bien, parlons donc sérieusement puisque tu le veux. Il est certain que d'une manière ou de l'autre, tu as conquis l'estime et la confiance de la jeune dame, et qu'elle te charge de ses commissions sans en rien dire à personne.

— Je ne sais pas ce que vous voulez dire.

— Tiens! tu vas à *** pour elle, tu lui rapportes ses effets, son argent!... car la Chounette t'a vu lui remettre un gros sac d'écus! Tu fais ses affaires enfin.

— Comme vous voudrez; je sais que je fais les miennes, et que, par la même occasion, je lui rapporte sa bourse et ses malles de l'auberge où elle les avait laissées en dépôt; si c'est là faire ses affaires, à la bonne heure, je le veux bien.

— Qu'est-ce que c'est donc que ce sac? Est-ce de l'or ou de l'argent?

— Est-ce que je le sais, moi? Je n'y ai pas regardé.

— Ça ne t'aurait rien coûté, et ça ne lui aurait pas fait de tort.

— Il fallait me dire que ça vous intéressait. Je ne l'ai pas deviné!

— Écoute, Grand-Louis, mon garçon, sois franc! cette dame a causé avec toi de ses affaires?

— Où prenez-vous ça?

— Je le prends *là!* dit le fermier en portant l'index à son front étroit et basané. Je sens dans l'air une odeur de confidences et de cachotteries. La dame a l'air de se méfier de moi et de te consulter!

— Quand cela serait! répondit Grand-Louis en regardant fixement Bricolin avec quelque intention de le braver.

— Si cela était, Grand-Louis, je ne pense pas que tu voudrais m'être défavorable?

— Comment l'entendez-vous?

— Comme tu l'entends bien toi-même. J'ai toujours eu confiance en toi, et tu ne voudrais pas en abuser. Tu sais bien que j'ai envie de la terre, et que je ne voudrais pas la payer trop cher?

— Je sais bien que vous ne voudriez pas la payer son prix.

— Son prix! son prix! ça dépend de la position des personnes. Ce qui serait mal vendu pour une autre, sera heureusement vendu pour *elle*, qui a grand besoin de sortir du pétrin où son mari l'a laissée!

— Je sais cela, monsieur Bricolin, je sais vos idées là-dessus, et vos ambitions sur le bout de mon doigt. Vous voulez enfoncer de cinquante mille francs la dame venderesse, comme disent les gens de loi.

— Non! pas enfoncer du tout! J'ai joué cartes sur table avec elle. Je lui ai dit ce que valait son bien. Seulement je lui ai dit que je ne le paierais pas toute sa valeur, et dix mille millions de tonnerres m'écrasent si je veux et si je peux monter d'un liard.

— Vous m'avez parlé autrement, il n'y a pas encore si longtemps! vous m'avez dit que vous pouviez le payer son prix, et que s'il fallait absolument en passer par là...

— Tu radotes! je n'ai jamais dit ça!

— Pardon, excuse! rappelez-vous donc! c'était à la foire de Cluis, à preuve que M. Grouard, le maire, était là.

— Il n'en pourrait pas témoigner, il est mort!

— Mais moi, j'en pourrais lever la main!

— Tu ne le feras pas!

— Ça dépend.

— Ça dépend de quoi?

— Ça dépend de vous.

— Comment ça?

— La conduite qu'on aura avec moi dans votre maison réglera la mienne, monsieur Bricolin. Je suis las des malhonnêtetés de votre dame et des affronts qu'elle me fait; je sais qu'on m'en tient d'autres en réserve, qu'il est défendu à votre fille de me parler, de danser avec moi, de venir voir sa nourrice à mon moulin, et toutes sortes de vexations dont je ne me plaindrais pas si je les avais méritées, mais que je trouve insultantes, ne les méritant pas.

— Comment, c'est là tout, Grand-Louis? et un joli cadeau, un billet de cinq cents francs, par exemple, ne te ferait pas plus de plaisir?

— Non, Monsieur! dit sèchement le meunier.

— Tu es un niais, mon garçon. Cinq cents francs dans la poche d'un honnête homme valent mieux qu'une bourrée dans la poussière. Tu tiens donc bien à danser avec ma fille?

— J'y tiens pour mon honneur, monsieur Bricolin. J'ai

toujours dansé la bourrée avec elle devant tout le monde. Personne ne l'a trouvé mauvais, et si je recevais d'elle maintenant l'affront d'un refus, on croirait aisément ce que trompette déjà votre femme, à savoir que je suis un malhonnête et un malappris. Je ne veux pas être traité comme ça. C'est à vous de savoir si vous voulez me fâcher, oui ou non.

— Danse avec Rose, mon garçon, danse! s'écria le fermier avec une joie mêlée de malice profonde, danse tant que tu voudras! s'il ne faut que cela pour te contenter!...

— Eh bien, nous verrons! pensa le meunier, satisfait de sa vengeance. Voilà la dame de Blanchemont qui vient par ici, dit-il. Votre femme, avec son esclandre, ne m'a pas donné le temps de lui rendre compte de ses commissions. Si elle me parle de ses affaires, je vous dirai ses intentions.

— Je te laisse avec elle, dit M. Bricolin en se levant. N'oublie pas que tu peux les influencer, ses intentions! Les affaires l'ennuient, elle a hâte d'en finir. Fais-lui bien comprendre que je serai inébranlable... Moi, je vais trouver la Thibaude pour lui faire la leçon en ce qui te concerne.

— Double coquin! se dit le Grand-Louis, en voyant s'enfuir lourdement le fermier; compte sur moi pour te servir de compère! Oui-da! pour m'en avoir cru seulement capable, je veux qu'il t'en coûte cinquante mille francs, et vingt mille en plus.

XXI.

LE GARÇON DE MOULIN.

— Ma chère dame dit en toute hâte le meunier qui entendait Rose venir derrière Marcelle, j'ai deux cents choses à vous dire, mais je ne peux pas débiter tout cela en deux minutes! Ici d'ailleurs (je ne parle pas de mademoiselle Rose), les murs ont des oreilles très-longues, et si je vais me promener seul avec vous, ça donnera des soupçons sur certaines affaires... Enfin, il faut que je vous parle, comment ferons-nous?

— Il y a un moyen bien simple, répondit madame de Blanchemont. J'irai me promener aujourd'hui, et je trouverai bien le chemin d'Angibault.

— D'ailleurs, si mademoiselle Rose voulait vous le montrer, dit Grand-Louis au moment où Rose entrait, et entendait les dernières paroles de Marcelle... Si tant est, ajouta-t-il, qu'elle ne soit pas trop en colère contre moi...

— Ah! grand étourdi! vous allez me faire gronder par ma mère d'une belle façon! répondit Rose. Elle ne m'a encore rien dit, mais avec elle ce qui est différé n'est pas perdu.

— Non, mademoiselle Rose, non, ne craignez rien. Votre maman, cette fois, ne dira mot, Dieu merci! Je me suis justifié, votre papa m'a pardonné, il s'est chargé d'apaiser madame Bricolin, et pourvu que vous ne me gardiez pas rancune de ma sottise...

— Ne parlons plus de cela, dit Rose en rougissant. Je ne vous en veux pas, Grand-Louis. Seulement vous auriez pu me crier votre justification un peu moins haut en sortant; vous m'avez *réveillée en peur*.

— Vous dormiez donc? Je ne croyais pas.

— Allons, vous ne dormiez pas, petite rusée, dit Marcelle, puisque vous avez fermé vos rideaux avec fureur.

— Je dormais à moitié, dit Rose en tâchant de cacher son embarras sous un air de dépit.

— Ce qu'il y a de plus clair là dedans, dit le meunier avec une douleur ingénue, c'est qu'elle m'en veut!

— Non, Louis, je te pardonne, puisque tu ne me vais pas là, dit Rose, qui avait eu trop longtemps l'habitude de tutoyer le Grand-Louis, son ami d'enfance, pour ne pas y retomber soit par distraction, soit à dessein. Elle savait bien qu'un seul mot de sa bouche accompagné de ce délicieux *tu* changeait en joie expansive toutes les tristesses de son amoureux.

— Et pourtant, dit le meunier, dont les yeux brillèrent de plaisir, vous ne voulez pas venir vous promener au moulin aujourd'hui avec madame Marcelle?

— Comment donc faire, Grand-Louis, puisque maman me l'a défendu, je ne sais pas pourquoi?

— Votre papa vous le permettra. Je me suis plaint à lui des duretés de madame Bricolin, et il les désapprouve et m'a promis d'ôter à *sa dame* les préventions qu'elle a contre moi... je ne sais pas pourquoi non plus.

— Ah! tant mieux! s'il en est ainsi, s'écria Rose avec abandon. Nous irons à cheval, n'est-ce pas, madame Marcelle? vous monterez ma petite jument, et moi, je prendrai le bidet à papa; il est très-doux et va très-vite aussi.

— Et moi, dit Édouard, je veux monter à cheval aussi.

— Cela est plus difficile, répondit Marcelle. Je n'oserais pas te prendre en croupe, mon ami.

— Ni moi non plus, dit Rose, nos chevaux sont un peu trop vifs.

— Oh! je veux aller à Angibault, moi! s'écria l'enfant. Maman, emmène-moi au moulin!

— C'est trop loin pour vos petites jambes, dit le meunier; mais moi je me charge de vous, si votre maman y consent. Nous partirons les premiers dans ma charrette, et nous irons voir traire les vaches pour que ces dames trouvent de la crème en arrivant.

— Vous pouvez bien le lui confier, dit Rose à Marcelle. Il est si bon pour les enfants! j'en sais quelque chose, moi!

— Oh! vous, vous étiez si gentille! dit le meunier tout attendri, vous auriez dû rester toujours comme cela!

— Merci du compliment, Grand-Louis!

— Je ne veux pas dire que vous ne soyez plus gentille, mais que vous auriez dû rester petite. Vous m'aimiez tant dans ce temps-là! vous ne pouviez pas me quitter; toujours pendue à mon cou!

— Il serait plaisant, dit Rose moitié troublée, moitié railleuse, que j'eusse conservé cette habitude!

— Allons, reprit le meunier s'adressant à Marcelle, j'emmène le petit, c'est convenu?

— Je vous le confie en toute sécurité, dit madame de Blanchemont en lui mettant son fils dans les bras.

— Ah! quel bonheur! s'écria l'enfant. *Alochon*, tu me mettras encore au bout de tes bras pour me faire attraper des prunes noires aux arbres tout le long du chemin!

— Oui, Monseigneur, dit le meunier en riant; à condition que vous ne m'en ferez plus tomber sur le nez.

Grand-Louis cheminant et jouant sur sa charrette avec le bel Édouard qui faisait battre son cœur en lui rappelant les grâces, les caresses et les malices de Rose enfant, approchait de son moulin, lorsqu'il aperçut dans la prairie Henri Lémor qui venait à sa rencontre, mais qui retourna aussitôt sur ses pas et rentra précipitamment dans la maison pour se cacher, en reconnaissant Édouard à côté du meunier.

— Mène Sophie au pré, dit Grand-Louis à son garçon de moulin en s'arrêtant à quelque distance de la porte. Et vous, ma mère, amusez-moi cet enfant-là. Ayez-en soin comme de la prunelle de vos yeux; moi, j'ai un mot à dire au moulin.

Il courut alors retrouver Lémor, qui s'était enfermé dans sa chambre, et qui lui dit, en ouvrant avec précaution:

— Cet enfant me connaît; j'ai dû éviter ses regards.

— Et qui diable pouvait se douter que vous seriez encore là! dit le meunier qui avait peine à revenir de sa surprise. Moi qui vous avais fait mes adieux ce matin et qui vous croyais déjà mettant à la voile pour l'Afrique! Quel chevalier errant, ou quelle âme en peine êtes-vous donc?

— Je suis une âme en peine, en effet, mon ami. Ayez compassion de moi. J'ai fait une lieue; je me suis assis au bord d'une fontaine, j'ai rêvé, j'ai pleuré, et je suis revenu: je ne peux pas m'en aller!

— Eh bien, c'est comme cela que je vous aime, s'écria le meunier en lui secouant la main avec force. Voilà comme j'ai été plus de cent fois! Oui, plus de cent fois,

Lemor blotti dans son grenier. (Page 58.)

j'ai quitté Blanchemont en jurant de n'y jamais remettre les pieds, et il y avait toujours au bord du chemin quelque fontaine où je m'asseyais pour pleurer, et qui avait la vertu de me faire retourner d'où je venais. Mais écoutez, mon garçon, il faut être sur vos gardes : je veux bien que vous restiez chez nous tant que vous ne pourrez pas vous décider à vous en aller. Ce sera long, je le prévois. Tant mieux, je vous aime; je voulais vous retenir ce matin, vous revenez, j'en suis heureux, et je vous en remercie. Mais pour quelques heures il faut vous éloigner. *Elles* vont venir ici.

— Toutes les deux! s'écria Lémor, qui comprenait Grand-Louis à demi-mot.

— Oui, toutes les deux. Je n'ai pas pu dire un mot de vous à madame de Blanchemont. Elle vient pour que je lui parle de ses affaires d'argent, sans savoir que j'ai à lui parler de ses affaires de cœur. Je ne veux pas qu'elle vous sache ici avant d'être bien sûr qu'elle ne me grondera pas de vous y avoir amené... D'ailleurs, je ne veux pas la surprendre, surtout devant Rose, qui ne sait sans doute rien de tout cela. Cachez-vous donc. Elles ont demandé leurs chevaux comme je partais. Elles auront déjeuné comme déjeunent les belles dames, c'est-à-dire comme des fauvettes ; leurs montures n'ont pas les épaules froides, elles peuvent être ici d'un moment à l'autre.

— Je pars... je m'enfuis! dit Lémor tout pâle et tout tremblant : ah! mon ami, elle va venir ici!

— J'entends bien! ça vous saigne le cœur de ne pas la voir! oui, c'est dur, j'en conviens!... Si on pouvait compter sur vous... si vous pouviez jurer de ne pas vous montrer, de ne bouger ni pied ni patte tout le temps qu'elles seront par ici... je vous fourrerais bien dans un endroit d'où vous la verriez sans être aperçu.

— Oh! mon cher Grand-Louis, mon excellent ami, je promets, je jure! cachez-moi, fût-ce sous la meule de votre moulin.

— Diable! il n'y ferait pas bon, la *Grand'-Louise* a les os plus durs que vous. Je vas vous serrer plus mollement. Vous monterez dans mon grenier à foin, et par le trou de la lucarne vous pourrez voir passer et repasser ces dames. Je ne serai pas fâché que vous voyiez Rose Bricolin; vous me direz si vous avez connu à Paris beaucoup de duchesses plus jolies que ça. Mais attendez que j'aille voir ce qui se passe!

Le mendiant toisait d'un air dédaigneux Lemor. (Page 62.)

Et le Grand-Louis gravit un peu la côte de Condé d'où l'on découvrait les tours de Blanchemont et à peu près tout le chemin qui y mène. Quand il se fut assuré que les deux amazones ne paraissaient pas encore, il retourna auprès de son prisonnier.

— Çà, mon camarade, lui dit-il, voilà un miroir de deux sous et un vrai rasoir de meunier, vous allez me jeter bas cette barbe de bouc. C'est déplacé dans un moulin. C'est un nid à farine. Et puis, si par malheur on apercevait le bout de votre museau, ce changement vous rendrait moins facile à reconnaître.

— Vous avez raison, dit Lémor, et je vous obéis bien vite.

— Savez-vous, reprit le meunier, que j'ai mon idée en vous faisant mettre bas cette toison noire?

— Laquelle?

— Je viens d'y penser, et j'ai arrêté ce qui suit : vous allez rester chez moi jusqu'à ce que vous vous soyez décidé à ne plus faire de peine à ma chère dame, et à changer vos folles idées sur la fortune. Quand même vous n'y resteriez que peu de jours, il ne faut pas qu'on sache qui vous êtes, et votre barbe vous donne un air citadin qui attire les yeux. J'ai dit en l'air, hier soir, à ma bonne femme de mère, que vous étiez un arpenteur. C'est le premier mensonge qui m'est venu, et il est absurde. J'aurais mieux fait de dire tout de suite votre état. Au reste, ma mère, qui ne s'étonne de rien, trouvera tout simple que du cadastre vous ayez passé dans la mécanique. Vous allez donc être meunier, mon cher, ça vous va mieux. Vous vous occuperez, ou vous aurez l'air de vous occuper au moulin ; vous avez certainement des connaissances dans la partie, et vous serez censé me conseiller pour l'établissement d'une nouvelle meule. Vous serez une rencontre utile que j'aurai faite à la ville. Comme cela, votre présence chez moi n'étonnera personne. Je suis adjoint, je réponds de vous, personne ne demandera à voir votre passe-port. Le garde champêtre est un peu curieux et bavard. Mais avec une ou deux pintes de vin on endort sa langue. Voilà mon plan. Il faut vous y conformer ou je vous abandonne.

— Je me soumets, je serai votre garçon de moulin, je me cacherai, pourvu que je ne parte pas sans revoir, ne fût-ce que d'ici et pour un instant...

— Chut! j'entends des fers sur les cailloux..... *tric*

tric... c'est la jument noire à mademoiselle Rose ; *trac trac*..... c'est le bidet gris à M. Bricolin. Vous voilà assez rasé, assez lavé, et je vous assure que vous êtes cent fois mieux comme ça. Courez au foin et poussez sur vous le volet de la lucarne. Vous regarderez par la fente. Si mon garçon y monte, faites semblant de dormir. Une sieste dans le foin est une douceur que les gens du pays se donnent souvent, et une occupation qui leur paraît plus chrétienne que celle de réfléchir tout seul les bras croisés et les yeux ouverts.... Adieu ! voilà mademoiselle Rose. Tenez, la première en avant ! voyez comme ça trottine légèrement et d'un air décidé !

— Belle comme un ange ! dit Lémor qui n'avait regardé que Marcelle.

XXII.

AU BORD DE L'EAU.

Grand-Louis, qui avait toutes les délicatesses d'un cœur candidement épris, avait donné, en passant, des ordres pour que le lait et les fruits de la collation fussent servis sous une treille qui ornait le devant de sa porte, juste en face et à très-peu de distance du moulin, d'où Lémor, blotti dans son grenier, pouvait voir et même entendre Marcelle.

La collation rustique fut fort enjouée, grâce à l'espiègle intimité d'Édouard avec le meunier et aux charmantes coquetteries de Rose envers celui-ci.

— Prenez garde, Rose ! dit madame de Blanchemont à l'oreille de la jeune fille, vous vous faites adorable aujourd'hui, et vous voyez bien que vous lui tournez la tête. Il me semble que vous vous moquez beaucoup de mes sermons, ou que vous vous engagez trop.

Rose se troubla, resta un moment rêveuse, et recommença bientôt ses vives agaceries, comme si elle eût pris intérieurement son parti d'accepter l'amour qu'elle provoquait. Il y avait toujours eu au fond de son cœur une vive amitié pour le Grand-Louis ; il n'était donc guère probable qu'elle se fit un jeu de le railler, si elle n'eût senti la possibilité de faire faire, en elle-même, un grand progrès à cette amitié fraternelle. Le meunier, sans vouloir se flatter, éprouvait cependant une confiance instinctive, et son âme loyale lui disait que Rose était trop bonne et trop pure pour le torturer froidement.

Il se trouvait donc heureux de la voir si enjouée et si animée près de lui, et il eut grand'peine à la laisser avec sa mère la dernière à table. Mais il avait vu Marcelle s'éloigner un peu et lui faire signe à la dérobée qu'il eût à la suivre de l'autre côté de la rivière.

— Eh bien ! mon cher Grand-Louis, lui dit madame de Blanchemont, il me semble que vous n'êtes plus si triste de l'autre jour, et j'en ai deviné la cause !

— Ah ! madame Marcelle, vous savez tout, je le vois bien, et je n'ai rien à vous apprendre. C'est vous qui pourriez m'en dire plus long que je n'en sais ; car il me semble qu'on doit savoir et qu'on a grande confiance en vous.

— Je ne veux pas compromettre Rose, dit Marcelle en souriant. Les femmes ne doivent pas se trahir entre elles. Cependant je crois pouvoir espérer avec vous qu'il ne vous sera pas impossible de vous faire aimer.

— Ah ! si on m'aimait !... je serais content, et je crois que je n'en demanderais pas davantage ; car le jour où elle me le dirait, je serais capable d'en mourir de joie.

— Mon ami, vous aimez sincèrement et noblement, c'est pour cela qu'il ne faudrait pas trop désirer d'être payé de retour avant de songer à détruire les obstacles qui viennent de la famille. Je présume que c'est là ce dont vous avez à m'entretenir, et c'est pourquoi je me suis rendue avec empressement à votre invitation. Voyons, le temps est précieux, car on va sans doute venir nous rejoindre... En quoi puis-je influencer les idées du père, ainsi que Rose me l'a fait entendre ?

— Rose vous a fait entendre cela ! s'écria le meunier transporté. Elle y songe donc ? Elle m'aime donc ? Ah ! madame Marcelle ! et vous ne me disiez pas cela tout de suite !... Eh ! que m'importe le reste si elle m'aime, si elle désire m'épouser ?...

— Doucement, mon ami. Rose ne s'est pas engagée si avant. Elle a pour vous l'affection d'une sœur, elle désirait vous voir révoquer la sentence qui lui interdisait de vous parler, de venir chez vous, de vous traiter enfin en ami, comme elle l'avait fait jusqu'à ce jour. Voilà pourquoi elle m'a priée de vous protéger auprès de ses parents et de prendre votre parti, tout en montrant quelque fermeté dans mes affaires avec eux. Et voici ce que j'ai compris, en outre, Grand-Louis : M. Bricolin veut ma terre à bon marché, et peut-être que si Rose vous aimait, je pourrais assurer son bonheur et le vôtre en imposant votre mariage comme une condition de mon consentement. Si vous le croyez, ne doutez pas que je sois très-heureuse de faire ce léger sacrifice.

— Ce léger sacrifice ! vous n'y songez pas, madame Marcelle ! vous vous croyez encore riche ; vous parlez de cinquante mille francs comme d'un rien. Vous oubliez que c'est désormais une bonne part de votre existence. Et vous croyez que j'accepterais ce sacrifice-là ? Oh ! j'aimerais mieux renoncer à Rose tout de suite.

— C'est que vous ne comprenez pas la véritable valeur de l'argent, mon ami ; ce n'est qu'un moyen de bonheur, et le bonheur qu'on peut procurer aux autres est le plus certain et le plus pur qu'on puisse se procurer à soi-même.

— Vous êtes bonne comme Dieu, pauvre dame ! mais il y a là un bonheur plus certain et plus pur encore pour vous-même. C'est celui que vous devez ménager à votre fils. Et que diriez-vous un jour, grand Dieu ! si, faute des cinquante mille francs que vous auriez sacrifiés pour vos amis, votre cher Édouard était forcé, à son tour, de renoncer à une femme qu'il aimerait, et que vous ne pourriez plus lui faire obtenir ?

— Mon cœur est pénétré de votre bon raisonnement ; mais en fait d'intérêts matériels, il n'y a point, pour l'avenir, de calculs absolus. Ma position n'est pas rigidement dessinée comme vous la feriez ; en m'abstenant de vendre cher je perdrai du temps, et, vous le savez, chaque jour d'hésitation m'entraîne à ma ruine. En terminant vite, je me libère des dettes qui me rongent, et, certes, il peut y avoir un tout petit profit pour moi à avoir su prendre mon parti sans regret puéril et sans parcimonie déplacée. Vous voyez donc que je ne suis pas si généreuse, et que j'agis dans mes intérêts en servant ceux de votre amour.

— En voilà une pauvre tête en affaires ! s'écria le meunier avec un sourire triste et tendre. Une sainte du paradis ne dirait pas mieux. Mais ça n'a pas le sens commun, permettez-moi de vous le dire, ma chère dame. Vous trouverez, d'ici à quinze jours, des acquéreurs pour votre terre, et qui seront bien contents de ne la payer que son prix.

— Mais qui ne seront pas solvables comme M. Bricolin ?

— Ah ! oui, voilà son orgueil ! c'est d'être *solvable*. *Solvable* ! le grand mot ! Il croit être le seul au monde qui puisse dire : Je suis *solvable*, moi ! C'est-à-dire, il sait bien qu'il y en a d'autres, mais il vous éblouit avec cela. Ne l'écoutez pas. C'est un fin matois. Faites seulement mine de conclure avec un autre, fallût-il faire des démarches et des contrats simulés. Je ne me gênerais pas à votre place. À la guerre comme à la guerre, avec les juifs comme avec les juifs ! Voulez-vous me laisser agir ? Dans quinze jours, je vous jure, comme voilà de l'eau, que M. Bricolin vous donnera vos trois cent mille francs bien comptés et un beau pot-de-vin par-dessus le marché.

— Je n'aurais jamais l'habileté de suivre vos conseils, et je trouve beaucoup plus vite fait de rendre chacun de nous heureux à sa manière, vous, Rose, moi, M. Bricolin, et mon fils qui me dira un jour que j'ai bien fait.

— Romans ! romans ! dit le meunier. Vous ne savez pas ce que pensera votre fils dans quinze ans d'ici sur l'argent et sur l'amour. N'allez pas faire cette folie ; je ne m'y prêterais pas, madame Marcelle.. non, non, n'y comptez pas, je suis aussi fier que qui que ce soit, et têtu comme un mouton... du Berri qui plus est! D'ailleurs, écoutez, ce serait en pure perte. M. Bricolin promettrait tout et ne tiendrait rien. Il faut, vu votre position, que votre contrat de vente soit signé avant la fin du mois, et certes ce n'est pas d'ici à un mois que je pourrais espérer d'épouser Rose. Il faudrait pour cela qu'elle fût folle de moi, et cela n'est rien. Il faudrait l'exposer à un bruit, à des scandales! Je ne m'y résoudrais jamais. Quelle rage aurait sa mère! quels étonnements et quels dénigrements de la part de ses voisines et de ses connaissances! Et que ne dirait-on pas? Qui est-ce qui comprendrait que vous avez imposé cela à M. Bricolin par pure grandeur d'âme et par sainte amitié pour nous! Vous ne connaissez pas la malice des hommes; et celle des femmes, si vous saviez ce que c'est! votre bonté pour moi... non, vous ne pouvez pas vous imaginer, et je n'oserais jamais vous dire comment M. Bricolin tout le premier serait capable de l'interpréter... Ou bien encore on dirait que Rose, pauvre sainte fille! a fait un faux pas, qu'elle vous l'a confié, et que vous vous êtes dévouée, pour sauver son honneur, à doter le coupable... Enfin, cela ne se peut pas, et voilà plus de raisons qu'il n'en faut, j'espère, pour vous en convaincre. Oh! ce n'est pas comme cela que je veux obtenir Rose! Il faut que cela arrive naturellement, et sans faire crier personne contre elle. Je sais bien qu'il faut un miracle pour que je devienne riche, ou un malheur pour qu'elle devienne pauvre. Dieu me viendra en aide si elle m'aime... et elle m'aimera peut-être, n'est-ce pas?

— Mais, mon ami, je ne puis travailler à enflammer son cœur pour vous si vous m'ôtez les moyens de dominer la cupidité de son père. Je ne l'aurais pas entrepris si je n'avais eu cette pensée; car précipiter cette jeune et charmante fille dans une passion malheureuse serait un crime de ma part.

— Ah! c'est la vérité! dit le Grand-Louis soudainement accablé, et je vois bien que je suis un fou... Aussi n'était-ce ni de moi, ni de Rose que je voulais vous parler en vous priant de venir ici, madame Marcelle; vous vous êtes trompée là-dessus dans votre excellente bonté. Je voulais vous parler de vous seule, quand vous m'avez prévenu en me parlant de moi-même. Je me suis laissé aller comme un grand enfant à vous écouter, et puis force m'a été de revenir à mon but, qui est de vous forcer à vous occuper de vos affaires. Je sais celles de M. Bricolin; je sais ses intentions et son ardeur d'acheter vos terres, il n'en démordra pas, et pour en avoir trois cent mille francs, il faut lui en demander trois cent cinquante mille. Vous les auriez si vous vous obstiniez; mais, de toutes façons, il ne faut pas qu'il paie le bien au-dessous de sa valeur. Il en a trop d'envie, ne craignez rien.

— Je vous répète, mon ami, que je ne saurai pas soutenir cette lutte, et que, depuis deux jours qu'elle dure, elle est déjà au-dessus de mes forces.

— Aussi, ne faut-il pas vous en mêler. Vous allez remettre vos affaires à un notaire honnête et habile. J'en connais un; j'irai lui parler ce soir, et vous le verrez demain, sans vous déranger. C'est demain la fête patronale de Blanchemont. Il y a grande assemblée sur le terrier devant l'église. Le notaire viendra s'y promener et causer, suivant l'habitude, avec ses clients de la campagne; vous entrerez comme par hasard dans une maison où il vous attendra. Vous signerez une procuration, vous lui direz deux mots, il vous en dira quatre, et vous n'aurez plus qu'à renvoyer M. Bricolin batailler avec lui. S'il ne se rend pas, pendant ce temps-là votre notaire vous aura trouvé un autre acquéreur. Il n'y aura qu'un peu de prudence à garder pour que le Bricolin ne se doute pas que je vous ai indiqué cet homme d'affaires au lieu du sien, qu'il vous a peut-être déjà proposé, et que vous avez peut-être fait la folie d'accepter!

— Non! je vous avais promis de ne rien faire sans vos conseils.

— C'est bien heureux! Allez donc demain, à deux heures sonnant, vous promener au bord de la Vauvre, comme pour voir du bas du terrier le joli coup d'œil de la fête. Je serai là et je vous ferai entrer chez une personne sûre et discrète.

— Mais, mon ami, si M. Bricolin découvre que vous me dirigez dans cette affaire contre ses intérêts, il vous chassera de sa maison, et vous ne pourrez jamais revoir Rose.

— Il sera bien fin s'il le découvre! Mais si ce malheur arrivait... je vous l'ai dit, madame Marcelle, Dieu me viendrait en aide par un miracle, d'autant plus que j'aurais fait mon devoir.

— Ami loyal et courageux, je ne puis me résoudre à vous exposer ainsi.

— Et ne vous dois-je pas cela quand vous vouliez vous ruiner pour moi? Allons, pas d'enfantillage, ma chère dame, nous sommes quittes...

— Voici Rose qui vient vers nous, dit Marcelle. Il me reste à peine le temps de vous remercier...

— Non! mademoiselle Rose tourne du côté de l'avenue avec ma mère, qui a le mot pour la retenir un peu, car je n'ai pas fini, madame Marcelle, j'ai bien autre chose à vous dire! Mais vous devez être lasse de marcher si longtemps. Puisque la cour est libre et le moulin silencieux, venez vous asseoir sur ce banc auprès de la porte. Mademoiselle Rose nous croit de l'autre côté et ne reviendra par ici qu'après avoir fait le tour du pré. Ce que j'ai à vous dire est un peu plus intéressant pour vous que vos affaires, et demande plus de secret encore.

Marcelle, étonnée de ce préambule, suivit le meunier et s'assit avec lui sur le banc, juste au-dessous de la lucarne du grenier à foin, d'où Lémor pouvait la voir et l'entendre.

— Dites donc, madame Marcelle, balbutia le meunier un peu embarrassé pour entrer en matière, vous savez bien cette lettre que vous m'aviez confiée?

— Eh bien, mon cher Grand-Louis! répondit madame de Blanchemont, dont le visage calme et un peu éteint s'enflamma tout à coup, ne m'avez-vous pas dit ce matin que vous l'aviez fait partir?

— Pardon, excuse... c'est que je ne l'ai pas mise à la poste.

— Vous l'avez oubliée?

— Oh! non, certes!

— Perdue peut-être?

— Encore moins. J'ai fait mieux que de la jeter dans la boîte, je l'ai remise à son adresse.

— Que voulez-vous dire? Elle était adressée à Paris!

— Oui, mais la personne à qui elle était destinée s'étant trouvée sur mon chemin, j'ai cru mieux faire de la lui remettre.

— Mon Dieu! vous me faites trembler, Louis! dit Marcelle redevenue pâle. Vous aurez fait quelque méprise.

— Pas si sot! Je connais bien M. Henri Lémor, peut-être!...

— Vous le connaissez! et il est dans ce pays-ci? dit Marcelle avec une émotion qu'elle ne cherchait pas à dissimuler.

En quatre mots Grand-Louis expliqua la manière dont il avait reconnu Lémor pour le voyageur qui était déjà venu à son moulin, et pour le destinataire de la lettre à lui confiée.

— Et où donc allait-il? et que fait-il à ***? demanda Marcelle oppressée.

— Il allait en Afrique. Il passait! répondit le meunier qui voulait voir venir. C'est bien le chemin par Toulouse. Il avait pris l'heure du déjeuner de la diligence pour aller à la poste.

— Et où est-il maintenant?

— Je ne vous dirai pas bien où il peut être ; mais il n'est plus à ***.

— Il va en Afrique, dites-vous? Et pourquoi si loin?

— Pour aller bien loin précisément. Voilà ce qu'il a répondu à ma question.

— La réponse est plus claire que vous ne pensez! dit Marcelle, dont l'agitation augmentait, et qui ne songeait pas même à la rendre moins évidente. Mon ami, vous n'êtes pas si malheureux que vous croyez! Il est des cœurs plus brisés que le vôtre.

— Le vôtre, par exemple, ma pauvre chère dame ?
— Oui, mon ami, le mien.
— Mais n'est-ce pas un peu de votre faute ? Pourquoi ordonniez-vous à ce pauvre jeune homme de rester un an sans entendre parler de vous ?
— Comment ! il vous a donc fait lire ma lettre ?
— Oh ! non ! il est assez méfiant et cachottier, allez ! Mais je l'ai tant questionné, tant obsédé, tant deviné, qu'il a été forcé de m'avouer que je ne me trompais guère. Ah dame ! voyez-vous, madame Marcelle, je suis très-curieux des secrets de ceux que j'aime, moi, parce que, tant qu'on ne sait pas ce qu'ils pensent, on ne sait pas comment les servir. Ai-je tort ?
— Non, ami, je suis bien aise que vous ayez mes secrets comme j'ai les vôtres. Mais, hélas ! quelle que soit ici votre bonne volonté et votre bon cœur, vous ne pouvez rien pour moi. Répondez-moi, pourtant. Ce jeune homme ne vous a-t-il transmis aucune réponse ni par écrit, ni verbalement ?
— Il vous a écrit ce matin un tas de billevesées dont je n'ai pas voulu me charger.
— Vous m'avez rendu un mauvais service ! Ainsi, je ne puis savoir ses intentions ?
— Il n'a su me dire que ceci : « Je l'aime, *mais* j'ai du courage ! »
— Il a dit : *Mais ?*
— Il a peut-être dit : *Et !*
— Ce serait si différent ! Rappelez-vous, Grand-Louis !
— Il a dit tantôt l'un, tantôt l'autre, car il l'a répété souvent.
— Ce matin, dites-vous ? Vous n'avez donc quitté la ville que ce matin ?
— J'ai voulu dire hier soir. Il était tard, et nous prenons, nous autres, le matin dès minuit.
— Mon Dieu ! qu'est-ce à dire ? Pourquoi pas de lettre ? Vous avez donc vu celle qu'il m'écrivait ?
— Un peu ! il en a déchiré quatre.
— Mais que disaient ces lettres ? Il était donc bien irrésolu ?
— Tantôt il vous disait qu'il ne pouvait jamais vous revoir, tantôt qu'il allait venir vous voir tout de suite.
— Et il a résisté à cette dernière tentation ? Il a bien du courage, en effet !
— Ah ! écoutez donc ! il a été tenté plus que saint Antoine ; mais, d'une part, je l'en détournais ; de l'autre, il craignait de vous désobéir ?
— Et que pensez-vous d'un amant qui ne sait pas désobéir ?
— Je pense qu'il aime trop, et qu'on ne lui en saura aucun gré.
— Je suis injuste, n'est-ce pas, mon cher Grand-Louis ? je suis trop émue, je ne sais ce que je dis. Mais pourquoi, vous, ami, l'avez-vous détourné de vous suivre ? Car il en a eu la pensée ?
— Oh ! je crois bien ! Il a même fait un bout de chemin sur ma charrette. Mais moi, excusez ! j'avais trop peur de vous mécontenter.
— Vous aimez, et vous croyez les autres si sévères !
— Dame ! qu'auriez-vous dit si je l'avais amené dans la Vallée-Noire ? Par exemple, dans ce moment-ci... si je vous disais que je l'ai engagé à se cacher dans mon moulin ! Ah ! pour le coup, vous me traiteriez comme je le mériterais !
— Louis ! dit Marcelle en se levant d'un air de résolution exaltée, il est ici. Vous en convenez !
— Non pas, Madame ; c'est vous qui me faites dire cela.
— Mon ami, reprit-elle en lui prenant la main avec effusion, dites-moi où il est, et je vous pardonne.
— Et si cela était, dit le meunier un peu effrayé de la spontanéité de Marcelle, mais enthousiasmé de sa franchise, vous ne craindriez donc pas de faire jaser sur votre compte ?
— Quand il me quittait volontairement et que j'avais l'esprit abattu, je pouvais songer au monde, prévoir des dangers, me créer des devoirs rigides, exagérés peut-être ; mais quand il revient vers moi, quand il est si près d'ici, à quoi voulez-vous que je songe, et que voulez-vous que je craigne ?
— Il faut pourtant craindre que quelque imprudence ne rende vos projets plus malaisés à exécuter, dit Grand-Louis en faisant un geste pour indiquer à Marcelle la fenêtre au-dessus de sa tête.
Marcelle leva les yeux et rencontra ceux de Lémor, qui, palpitant et penché vers elle, était prêt à sauter du haut du toit pour abréger la distance.
Mais le meunier toussa de toute sa force, et d'un autre geste, indiquant aux deux amants Rose qui s'approchait avec la meunière et le petit Édouard :
— Oui, Madame, dit-il en élevant la voix, un moulin comme ça rapporte peu ; mais si je pouvais tant seulement établir une grande meule que j'ai dans la tête, il me rapporterait bien... huit cents francs par an !...

XXIII.

CADOCHE.

Le regard des deux amants avait été brûlant et rapide. Un calme souverain succéda à cette commotion. Ils s'aimaient, ils étaient sûrs l'un de l'autre. Ils s'étaient tout dit, tout expliqué, tout persuadé mutuellement dans le choc électrique de ce regard. Lémor se jeta au fond du grenier, et Marcelle, maîtresse d'elle-même parce qu'elle se sentait heureuse, accueillit Rose sans trouble et sans regret. Elle se laissa emmener dans le délicieux taillis voisin, et après une heure de promenade elle remonta à cheval avec sa compagne, et reprit le chemin de Blanchemont, après avoir dit tout bas au meunier :
— Cachez-le bien, je reviendrai.
— Non, non, pas trop tôt, avait répondu Grand-Louis. J'arrangerai une entrevue sans dangers ; mais laissez-moi prendre mes mesures. Je vous reconduirai votre fils ce soir, et je vous parlerai encore si je peux.
Quand Marcelle fut partie, Lémor sortit de sa cachette, où la joie et l'émotion, plus que l'odeur enivrante du foin, commençaient à lui donner des vertiges.
— Ami, dit-il gaiement au meunier, je suis votre garçon de moulin, et je ne prétends pas être à votre charge sans travailler pour vous. Donnez-moi de l'ouvrage, et vous verrez que le Parisien a d'assez bons bras, malgré son peu d'apparence.
— Oui, répondit Grand-Louis, quand le cœur est content, les bras sont assez souples. Vos affaires vont mieux que les miennes, mon garçon, et quand nous causerons ce soir, ce sera à votre tour de me donner du courage. Mais, à cette heure, vous l'avez dit, il faut s'occuper. Je ne puis pas passer mon temps à parler d'amour, et vous pourriez devenir fou de contentement si vous restiez oisif. Le travail est salutaire à tous, il entretient la joie et distrait de la peine ; ce qui veut peut-être dire qu'il est fait pour tous dans les idées du bon Dieu. Allons, vous allez m'aider à lever ma pelle et à mettre la *Grand'Louise* en danse. Sa chanson a la vertu de me remettre l'esprit quand je me détraque.
— Ah ! mon Dieu ! cet enfant va me reconnaître ! dit Lémor en apercevant Édouard qui s'était échappé des bras de la meunière, et qui montait avec les pieds et les mains l'escalier rapide du moulin.
— Il vous a déjà vu, répondit le meunier ; ne vous cachez pas et ne faites semblant de rien. Il n'est pas sûr qu'il vous reconnaisse, affublé comme vous voilà.
En effet, Édouard s'arrêta incertain et interdit. Depuis un mois que Marcelle avait brusquement quitté Montmorency pour se rendre auprès de son mari expirant, son fils n'avait pas revu Lémor, et un mois est un siècle dans la mémoire d'un si jeune enfant. Celui-là était pourtant exceptionnel par le développement précoce de ses facultés ; mais Lémor sans barbe, le visage barbouillé de farine, et affublé d'une blouse de paysan, était assez peu reconnaissable. Édouard resta comme pétrifié devant lui pendant une minute ; mais ayant rencontré le regard sévère et indifférent de l'ami qui d'ordinaire courait à lui les bras ouverts, il baissa les yeux avec une sorte d'em-

barras et même de peur, sentiment qui, chez les enfants, est presque toujours mêlé à l'étonnement ; puis il s'approcha du meunier et lui dit de l'air sérieux et méditatif qu'il avait souvent :

— Qu'est-ce que c'est donc que cet homme-là ?

— Ça ? c'est mon garçon de moulin, c'est Antoine.

— Tu en as donc deux ?

— Bon ! j'en ai par douzaines, des garçons ! Celui-là, c'est *Alochon n° 2*.

— Et Jeannie est Alochon 3 ?

— Comme vous dites, mon général !

— Est-il méchant, ton Antoine ?

— Non, non ! Mais il est un peu bête, un peu sourd, et ne joue pas avec les enfants.

— En ce cas, je m'en vais jouer avec Jeannie, dit Édouard en s'éloignant avec insouciance. A quatre ans, on ne sait ce que c'est que d'être trompé, et la parole de ceux qu'on aime est plus puissante sur l'esprit que le témoignage des sens.

On apporta à la meule le blé que le meunier devait rendre le soir même en farine. C'était celui de M. Bricolin, contenu dans deux sacs marqués chacun de deux énormes initiales.

— Voyez, dit le Grand-Louis en riant cette fois avec un peu d'amertume, *Bricolin de Blanchemont*, comme qui dirait Bricolin, demeurant à Blanchemont. Mais quand il aura acheté la terre il faudra qu'il mette un autre petit *b* entre les deux grands. Ça voudra dire : Bricolin, baron de Blanchemont.

— Comment, dit Lémor occupé d'une autre pensée, c'est là le blé de Blanchemont ?

— Oui, répondit le meunier qui le devinait avant qu'il eût parlé, c'est le blé qui fera la farine.. dont on fera le pain... que mangeront madame Marcelle et mademoiselle Rose. On dit que Rose est trop riche pour épouser un homme comme moi : c'est pourtant moi qui lui fournis le pain qu'elle mange !

— Ainsi, nous travaillons pour *elles !* reprit Lémor.

— Oui, oui, garçon. Attention au commandement ! Il ne s'agit pas de mal fonctionner. Diable ! je travaillerais pour le roi que je n'y mettrais pas tant de cœur.

Cette circonstance toute vulgaire dans les habitudes du moulin prit une couleur romanesque et quasi poétique dans le cerveau du jeune Parisien, et il se mit à aider le meunier avec tant de zèle et d'attention, qu'au bout de deux heures il était parfaitement au courant du métier. Il ne lui fut pas difficile de s'habituer au mécanisme élémentaire et presque barbare de l'établissement. Il comprenait les améliorations qu'avec un peu d'argent comptant (le fruit défendu au paysan) on eût pu apporter à la machine rustique. Il eut bientôt appris en patois les noms techniques de chaque pièce et de chaque fonction. Jeannie le voyant si actif et si bien traité par son maître, eut un peu d'inquiétude et de jalousie. Mais quand Grand-Louis eut pris soin de lui expliquer que le Parisien n'était là qu'en passant, et que sa place à lui, Jeannie, ne menaçait pas d'être envahie, il se rassura et se décida même, en bon Berrichon qu'il était, à céder une partie de son travail pendant quelques jours à un compagnon officieux. Il en profita pour reporter à Blanchemont Édouard qui commençait à s'ennuyer et à s'effrayer d'être si longtemps séparé de sa mère. La meunière ne réussissait plus à l'amuser, la petite Fanchon étant venue le retrouver, Jeannie ne fut pas fâché d'accompagner sa jeune camarade jusqu'au château.

La tâche terminée, Lémor, le front baigné de sueur et le visage animé, se sentit plus souple de corps et plus fort de volonté qu'il ne l'avait été depuis longtemps. Les longues rêveries qui dévoraient sa jeunesse firent place à cette sorte de bien-être physique et moral que la Providence a attaché à l'accomplissement du travail de l'homme quand le but en est bien senti et la fatigue mesurée à ses forces. Ami, s'écria-t-il, le travail est beau et saint par lui-même ; vous aviez raison de le dire en commençant ! Dieu l'impose et le bénit. Il m'a semblé doux de travailler pour nourrir ma maîtresse ; oh ! qu'il serait plus doux encore de travailler en même temps pour alimenter la vie d'une famille d'égaux et de frères ! Quand chacun travaillera pour tous et tous pour chacun, que la fatigue sera légère, que la vie sera belle !

— Oui, ma profession serait, dans ce cas-là, une des plus gentilles ! dit le meunier avec un sourire de vive intelligence. Le blé est la plus noble des plantes, le pain le plus pur des aliments. Mes fonctions mériteraient bien quelque estime, et, les jours de fête, on pourrait mettre une couronne d'épis et des bleuets à la pauvre *Grand'-Louise*, à laquelle personne ne fait attention maintenant ; mais que voulez-vous ? *au jour d'aujourd'hui*, comme dit M. Bricolin, je ne suis qu'un mercenaire employé par lui, et il se dit en pensant à moi : « Un homme *comme ça* songerait à ma fille ! Un malheureux qui broie le grain, quand c'est moi qui sème le blé et possède la terre ! » Voyez pourtant la belle différence ! Mes mains sont plus propres que les siennes qui remuent le fumier ; voilà tout. Ah ça ! mon garçon, l'ouvrage est fait ; dépêchons la soupe. Je parie que vous la trouverez meilleure que ce matin, quand même elle serait dix fois plus salée, et puis je m'en irai à Blanchemont porter ces deux sacs ?

— Sans moi ?

— Tiens ! sans doute. Vous avez donc envie de vous faire voir à la ferme ?

— Personne ne m'y connaît.

— C'est vrai. Mais qu'y ferez-vous ?

— Rien ; je vous aiderai à décharger les sacs.

— Et à quoi ça vous avancera-t-il ?

— A voir peut-être passer *quelqu'un* dans la cour.

— Et si *quelqu'un* n'y passe pas ?

— Je verrai la maison qu'elle habite. J'entendrai peut-être prononcer son nom.

— M'est avis que c'est un plaisir que nous nous donnons bien sans aller si loin.

— C'est à deux pas d'ici !

— Vous avez réponse à tout. Vous ne ferez pas d'imprudence ?

— Vous croyez donc que je ne l'aime pas ? Est-ce que vous en feriez à ma place, vous ?

— Peut-être ! si l'on m'aimait ! Voyons ! vous ne la regarderez pas comme vous faisiez du haut de la lucarne ? Savez-vous que j'ai cru que vous mettriez le feu à mon foin avec vos yeux enflammés ?

— Je ne la regarderai pas du tout.

— Et vous ne lui parlerez mie ?

— Quel prétexte aurais-je pour lui parler ?

— Vous n'en chercherez pas ?

— Je n'entrerai pas même dans la cour si vous me le défendez. Je regarderai les murailles de loin.

— Ce serait le plus sage. Je vous permets de flairer, de la porte, le vent qui passe sur le château ; voilà tout.

Les deux amis se mirent en route à la tombée du jour ; Sophie, chargée des deux sacs, marchait magistralement devant eux. Grand-Louis, qui avait le cœur triste, parlait peu et n'exprimait ses idées noires que par de grands coups de fouet allongés à droite et à gauche sur les buissons chargés de mûres sauvages et de pâles chèvrefeuilles plus parfumés que ceux qu'on cultive dans nos jardins.

Ils avaient dépassé un groupe de chaumières qu'on appelle le *Cortioux*, lorsque Lémor, qui côtoyait le fossé du chemin, s'arrêta, surpris de voir un homme étendu tout de son long sous la haie, la tête appuyée sur une besace très-rebondie.

— Oh ! oh ! dit le meunier sans s'étonner, vous avez failli marcher sur *mon oncle !*

La voix sonore de Grand-Louis réveilla en sursaut le dormeur. Il se souleva brusquement, saisit à deux mains son grand bâton étendu à son flanc, et articula un jurement énergique.

— Ne vous fâchez pas, mon oncle ! dit le meunier en riant. Ce sont amis qui passent, avec votre permission ; car quoique les chemins soient à vous, comme vous le dites, vous ne défendez à personne de s'en servir, n'est-ce pas ?

— Oui-da ! répondit, en se levant tout à fait, cet homme d'une taille gigantesque et d'un aspect repoussant ; je suis le meilleur des propriétaires, tu le sais, *mon petit* ?

Mais c'est abuser un peu de ma bonté que de me marcher sur la figure. Quel est-il donc ce mauvais chrétien, qui ne voit pas un honnête homme étendu sur son lit ? Je ne le connais pas, moi qui connais tout le monde ici, et ailleurs !

Et en parlant ainsi, le mendiant toisait d'un air dédaigneux Lémor, qui le considérait de son côté avec répugnance. C'était un vieillard osseux, couvert de haillons immondes, et dont la barbe dure, mêlée de noir et de blanc, ressemblait à l'armure d'un hérisson. Son chapeau, à forme haute, tombant en lambeaux, était surmonté, comme d'un trophée dérisoire, d'un nœud de rubans blancs et d'un bouquet de fleurs artificielles hideusement fané.

— Rassurez-vous, mon oncle, dit le meunier, celui-là est un bon chrétien, allez !

— Et à quoi le reconnaît-on ? reprit l'oncle Cadoche en ôtant son chapeau qu'il tendit à Henri.

— Allons, dit le meunier à Lémor, vous ne comprenez pas ? mon oncle vous demande un sou.

Lémor jeta son obole dans le chapeau de l'oncle, qui la prit aussitôt et la tourna dans ses longs doigts avec une sorte de volupté.

— C'est un gros sou ! dit-il avec un ignoble sourire. Dix décimes révolutionnaires peut-être ! Non ! Dieu soit béni ! c'est un Louis XV, c'est mon roi ! un roi dont j'ai vu le règne ! ça me portera bonheur, et à toi aussi, mon neveu, ajouta-t-il en appuyant sa grande main crochue sur l'épaule de Lémor. Tu peux dire à présent que tu es de ma famille, et que je te reconnaîtrai quand même tu serais déguisé des pieds à la tête.

— Allons, allons, bonsoir, mon oncle, dit Grand-Louis en joignant son aumône à celle de Lémor. Sommes-nous amis ?

— Toujours ! répondit le mendiant d'une voix solennelle. Toi, tu as toujours été un bon parent, le meilleur de toute ma famille. Aussi, c'est à toi, Grand-Louis, que je veux laisser tout mon bien. Il y a longtemps que je te l'ai dit, et tu verras si je tiens parole !

— Tiens ! parbleu, j'y compte bien ! reprit le meunier avec gaieté. Le bouquet en sera-t-il aussi ?

— Le chapeau, oui ! Mais le bouquet et le ruban seront pour ma dernière maîtresse.

— Diable ! je tenais pourtant au bouquet !

— Je le crois bien ! dit le mendiant qui s'était mis à marcher derrière les deux jeunes gens et qui les suivait d'un pas assez alerte encore malgré son grand âge. Le bouquet est ce qu'il y a de plus précieux dans la succession. C'est béni, vois-tu ! c'est de la chapelle de Sainte-Solange.

— Comment un homme aussi dévot que vous vous en donnez l'air peut-il parler de ses maîtresses ? dit Henri, à qui ce personnage ridicule n'inspirait qu'un profond dégoût.

— Tais-toi, mon neveu, répondit l'oncle Cadoche en le regardant de travers ; tu parles comme un sot.

— Excusez-le, c'est un enfant, dit le meunier qui s'amusait du *grand oncle* par habitude. Ça n'a pas encore de barbe au menton et ça se mêle de raisonner ! Mais où donc où allez-vous si tard, mon oncle ? Comptez-vous coucher chez vous cette nuit ? C'est bien loin d'ici !

— Oh non ! je m'en vas de ce pas à Blanchemont pour la fête de demain.

— Ah ! c'est vrai, c'est un bon jour pour vous ! Vous y *cueillez* au moins quarante gros sous.

— Non ; mais toujours de quoi faire dire une messe au bon saint de la paroisse.

— Vous les aimez donc toujours, les messes ?

— La messe et l'eau-de-vie, mon neveu, et un peu de tabac avec, c'est toute le salut de l'âme et du corps.

— Je ne dis pas non, mais l'eau-de-vie ne réchauffe pas assez pour qu'on dorme comme cela dans les fossés à votre âge, mon oncle.

— On dort où l'on se trouve, mon neveu. On est fatigué, on s'arrête ; on fait un somme sur une pierre ou sur sa besace, quand elle n'est pas trop plate.

— M'est avis que la vôtre est assez ronde, ce soir.

— Oui ; tu devrais, mon neveu, me la laisser mettre sur ton cheval, elle me fatigue un peu.

— Non ! Sophie est assez chargée. Mais donnez-la-moi, je vous la porterai jusqu'à Blanchemont !

— C'est juste ! Tu es jeune, tu dois servir ton oncle. Tiens, la voilà. Ta blouse est-elle propre ? ajouta-t-il d'un air dégoûté.

— Oh ! c'est de la farine ! dit le meunier en prenant le sac du mendiant ; ça ne fait pas la guerre au pain. Mille tonnerres ! il y en a là dedans, des vieilles croûtes !

— Des croûtes ? je n'en reçois pas. Je voudrais bien que quelqu'un s'avisât de m'en offrir, je saurais bien les lui jeter au nez, comme j'ai fait une fois à la Bricolin.

— C'est donc depuis ce jour-là qu'elle a peur de vous ?

— Oui ! elle dit que je pourrais bien mettre le feu à ses granges, dit le mendiant d'un air sinistre. Puis il ajouta d'un ton patelin : Pauvre chère femme du bon Dieu ! comme si j'étais méchant. A qui ai-je fait du mal, moi ?

— A personne, que je sache, répondit le meunier. Si vous en aviez fait, vous ne seriez pas où vous êtes.

— Jamais, jamais, je n'ai fait tort à personne, reprit l'oncle Cadoche, en élevant sa main vers le ciel, puisque jamais je n'ai été repris de justice pour quoi que ce soit. Ai-je fait un seul jour de prison dans ma vie ? J'ai toujours servi le bon Dieu, et le bon Dieu m'a toujours protégé depuis quarante ans que je cherche ma pauvre vie.

— Quel âge avez-vous donc au juste, mon oncle ?

— Je ne sais pas, mon enfant, car mon acte de baptême a été égaré dans les temps comme tant d'autres, mais je dois avoir quatre-vingts ans passés. J'ai environ dix ans de plus que le père Bricolin, qui paraît cependant plus vieux que moi.

— C'est la vérité, vous êtes joliment conservé, et lui... mais il est vrai qu'il a eu des accidents qui n'arrivent pas à tout le monde.

— Oui, dit le mendiant avec un profond soupir de componction. Il a eu du malheur !...

— C'est une histoire de votre temps, cela ? N'êtes-vous pas de ce pays-là ?

— Oui, je suis né natif de Ruffec, près Beaufort, où l'accident est arrivé.

— Et vous étiez dans le pays alors ?

— Oh ! je le crois bien, bonne sainte Vierge ! Je n'y peux pas penser sans trembler ! Avait-on peur dans ce temps-là !

— Est-ce que vous avez peur de quelque chose, vous, qui êtes toujours tout seul à toute heure par les chemins ?

— Oh ! à présent, mon bon fils, que veux-tu que craigne un pauvre homme comme moi qui ne possède que les trois guenilles qui le couvrent ? Mais dans ce temps-là j'avais un peu de bien, et les brigands me l'ont fait perdre.

— Comment ! est-ce que les chauffeurs ont été chez vous aussi ?

— Oh ! nenni ! je n'avais pas assez pour les tenter ; mais j'avais une petite maison que je louais à des journaliers. Quand la peur des brigands s'est répandue dans le pays, personne n'a plus voulu l'habiter. Je n'ai pas pu la vendre ; je n'avais plus de quoi la faire réparer. Elle me tombait en ruines sur le corps. Il a fallu faire des dettes que je n'ai pu payer. Alors, mon champ, la maison, et une jolie chenevière que j'avais, ont été vendus par expropriation forcée. J'ai donc été forcé de prendre la besace ; j'ai quitté le pays, et depuis ce temps-là je voyage toujours comme les enfants du bon Dieu.

— Mais vous ne quittez guère le département ?

— Sans doute, j'y suis connu ; j'y ai ma clientèle et toute ma famille.

— Je vous croyais tout seul ?

— Et tous mes neveux, donc !

— C'est vrai, j'oubliais ; moi, par exemple, mon camarade que voilà, et tous ceux qui vous refusent jamais votre sou pour acheter du tabac. Mais, dites donc, mon oncle, ces chauffeurs dont nous parlions, quels gens étaient-ils ?

— Demande-le au bon Dieu, mon pauvre enfant, lui seul peut le savoir.
— On dit qu'il y avait là dedans des gens riches et qui passaient pour huppés?
— On dit qu'il y en a qui vivent encore, qui sont gros et gras, qui ont de bonnes terres, de bonnes maisons, qui font figure dans le pays et qui ne donneraient pas seulement deux liards à un pauvre. Ah! si c'étaient des gens comme moi on les aurait tous pendus!
— C'est vrai, ça, père Cadoche!
— J'ai encore eu du bonheur de n'être pas accusé; car on soupçonnait tout le monde dans ce temps-là, et la justice ne courait sus qu'aux pauvres. On en a mis en prison qui étaient blancs comme neige, et quand on a eu la main sur les vrais coupables, il est venu des ordres d'en haut pour les relâcher.
— Et pourquoi ça?
— Parce qu'ils étaient riches, sans doute. Quand donc as-tu vu, mon neveu, qu'on ne faisait pas grâce aux riches?
— C'est encore la vérité. Allons, mon oncle, nous voilà tout à l'heure à Blanchemont. Où voulez-vous que je porte votre sac à pain?
— Rends-le-moi, mon neveu. Je vais aller coucher dans l'étable à M. le curé : c'est un saint homme qui ne me renvoie jamais. C'est comme toi, Grand-Louis, tu ne m'as jamais fait mauvaise mine. Aussi, tu en seras récompensé; tu seras mon héritier, je te l'ai toujours promis. Excepté le bouquet que je veux donner à la petite Borgnotte, tu auras tout, ma maison, mes habits, ma besace et mon cochon.
— C'est bon, c'est bon, dit le meunier; je vois bien que je serai trop riche à la fin, et que toutes les filles voudront m'épouser.
— J'admire votre cœur, Grand-Louis, dit Lémor lorsque le mendiant eut disparu derrière les haies des enclos, qu'il coupait en droite ligne sans s'inquiéter des clôtures et sans chercher les sentiers. Vous traitez ce mendiant comme s'il était véritablement votre oncle.
— Pourquoi pas, puisque c'est son plaisir de faire le grand parent et de promettre son héritage à tout le monde! Bel héritage, ma foi! Sa hutte de terre où il couche avec son cochon, ni plus ni moins que saint Antoine, et sa défroque qui fait mal au cœur! Si je n'ai que cela pour être agréé de M. Bricolin, mes affaires sont en bon train!
— Malgré le dégoût que sa personne inspire, vous avez pourtant pris sa besace sur vos épaules pour le soulager. Louis, vous avez l'âme vraiment évangélique.
— Belle merveille! Faut-il refuser un si petit service à un pauvre diable qui mendie encore son pain à quatre-vingts ans? C'est un brave homme, après tout. Tout le monde s'intéresse à lui parce qu'il est honnête, quoique un peu trop cagot et libertin.
— C'est ce qu'il me semble.
— Bah! quelles vertus voulez-vous que ces gens-là puissent avoir? C'est beaucoup quand ils n'ont que des vices et qu'ils ne commettent pas de crimes. Est-ce qu'il ne raisonne pas bon sens, malgré tout?
— A la fin, j'en ai été frappé. Mais pourquoi se croit-il l'oncle de tout le monde? Est-ce un grain de folie?
— Oh! non, c'est un genre qu'il se donne. Beaucoup de gens de son métier affectent quelque manie pour se rendre plaisants, attirer l'attention et amuser les gens qui ne feraient l'aumône ni par charité ni par prudence. C'est malheureusement l'usage chez nous que les pauvres fassent l'office de bouffons aux portes des riches... Mais nous voici à la ferme de Blanchemont, mon camarade. Tenez, n'entrez pas, croyez-moi. Vous pouvez être maître de vous, je n'en doute pas. Mais *elle*, qui n'est pas prévenue, pourrait faire un cri, dire un mot... Laissez-moi au moins la prévenir.
— Mais tout le monde est encore debout dans le hameau; la présence d'un inconnu ne sera-t-elle pas remarquée si je reste ici à vous attendre?
— Aussi, vous allez me faire l'amitié d'entrer dans la garenne; à cette heure-ci, personne ne s'y promène. Asseyez-vous bien raisonnablement dans un coin. En re-passant, je sifflerai comme si j'appelais un chien, sauf votre respect, et vous viendrez me rejoindre.

Lémor se résigna, espérant que l'ingénieux meunier trouverait un moyen d'amener Marcelle de ce côté. Il suivit donc lentement le sentier couvert qui traversait la garenne, s'arrêtant à chaque instant pour prêter l'oreille, retenant sa respiration et revenant sur ses pas, pour être plus à portée d'une bienheureuse rencontre.

Il ne fut pas longtemps sans entendre des pas légers qui semblaient effleurer le gazon, et un frôlement dans le feuillage le convainquit qu'une personne approchait. Il entra dans le fourré pour s'assurer qu'il ne se trompait pas, et vit venir vers lui une forme vague qui était celle d'une femme assez petite. On croit aisément à ce qu'on désire, et Henri, ne doutant pas que ce ne fût Marcelle, envoyée par le meunier, se montra et marcha à la rencontre du fantôme. Mais il s'arrêta en entendant une voix inconnue qui appelait avec précaution : Paul! Paul! Es-tu là, Paul?

Henri voyant qu'il s'était mépris et pensant qu'il tombait dans un rendez-vous destiné à lui nuire, voulut s'éloigner. Mais il fit du bruit en marchant sur des branches sèches, et la folle qui l'aperçut, au milieu de son rêve d'amour, s'élança sur ses traces avec la rapidité d'une flèche, en criant d'une voix lamentable : Paul! Paul! me voilà! Paul! c'est moi!..., ne t'en va pas! Paul! Paul! tu t'en vas toujours!

XXIV.

LA FOLLE.

Lémor ne s'inquiéta pas d'abord beaucoup de l'aventure. Il pensait qu'à la faveur de la nuit il lui serait facile d'éviter cette femme qu'il n'avait pas distinguée assez pour soupçonner son état de démence. Il se flattait naturellement de courir beaucoup mieux qu'elle. Mais il vit bientôt qu'il se trompait, et que ce n'était pas trop de toute l'agilité dont il était capable pour se maintenir à quelque distance. Forcé de traverser toute la garenne, il se trouva bientôt dans l'avenue du fond, que la Bricoline avait l'habitude de parcourir pendant des heures entières, et dont l'herbe avait été rasée par ses pieds en certains endroits. Le fugitif, que les racines à fleur de terre et les aspérités du sentier avaient un peu gêné jusque-là, déploya toutes ses forces dans l'avenue pour gagner du terrain. Mais la folle, lorsqu'elle était sous l'influence d'une pensée ardente, devenait légère comme une feuille sèche emportée par l'orage. Elle le suivit donc si rapidement que Lémor, confondu de surprise, et tenant beaucoup à n'être pas vu d'assez près pour être reconnu plus tard, s'enfonça de nouveau dans le taillis et s'efforça de se perdre dans l'ombre. Mais la folle connaissait tous les arbres, tous les buissons, et, pour ainsi dire, toutes les branches de la garenne. Depuis douze ans qu'elle y passait sa vie, il n'était pas un recoin où son corps n'eût pris machinalement l'habitude de pénétrer, bien que l'état de son esprit l'empêchât de se livrer à aucune observation raisonnée. En outre, l'exaltation de son délire la rendait complètement insensible à la douleur physique. Elle eût laissé aux ronces du taillis les lambeaux de sa chair sans s'en apercevoir, et cette disposition, pour ainsi dire cataleptique, lui donnait un avantage non équivoque sur celui qu'elle voulait atteindre. Elle était d'ailleurs si menue, son corps occupait si peu de volume, qu'elle se glissait comme un lézard entre des tiges serrées, où Lémor était obligé de se frayer un passage avec effort, et que plus souvent encore il lui fallait tourner.

Se voyant plus embarrassé qu'auparavant, il regagna l'avenue, toujours serré de près, et se décida à franchir le fossé sans en apprécier la largeur, à cause des buissons touffus qui le couvraient. Il prit son élan et alla tomber sur ses genoux dans les épines. Mais il avait à peine eu le temps de se relever, que le fantôme, traversant cet obstacle sans le sauter par-dessus, et sans s'occuper des pierres ni des orties, se trouva à ses côtés cram-

En se voyant saisi par cet être... (Page 61.)

ponné à ses vêtements. En se voyant saisi par cet être vraiment effroyable, Lémor, dont l'imagination était vive comme celle d'un artiste et d'un poëte, se crut sous la puissance d'un rêve, et, se débattant comme s'il eût été aux prises avec le cauchemar, il parvint à se dégager de la folle qui poussait des cris inarticulés, et à reprendre sa course à travers champs.

Mais elle s'élança sur ses traces, aussi agile dans les sillons hérissés d'une paille fraîchement moissonnée, raide et blessante, qu'elle l'avait été dans le fourré du parc. Au bout du champ, Lémor franchit une nouvelle clôture et se trouva dans un chemin couvert qui descendait rapidement. Il n'y avait pas fait dix pas qu'il entendit derrière lui le spectre criant toujours d'une voix étouffée : *Paul! Paul! pourquoi t'en vas-tu?*

Cette course avait quelque chose de fantastique qui s'emparait de plus en plus de l'imagination de Lémor. Il avait pu, en se dégageant de l'étreinte de la folle, distinguer vaguement par la nuit claire et constellée, cette apparition bizarre, cette face cadavéreuse, ces bras étiques couverts de blessures, ces longs cheveux noirs flottants sur des haillons ensanglantés. Il ne lui était pas venu à l'esprit que cette malheureuse créature fût aliénée. Il se croyait poursuivi par une amante jalouse, folle pour le moment puisqu'elle s'obstinait à le prendre pour un autre. Il hésita s'il ne s'arrêterait pas pour lui parler et la détromper ; mais comment alors expliquer sa présence dans la garenne? Lui, inconnu, et se glissant dans l'ombre comme un voleur, n'éveillerait-il pas, dès le début, d'étranges soupçons à la ferme, et ne devait-il pas éviter, par-dessus tout, de marquer son apparition dans le pays par une aventure scandaleuse ou ridicule?

Il se décida donc à courir encore, et cet exercice étrange dura près d'une demi-heure sans interruption. Le cerveau de Lémor s'échauffait malgré lui, et, par instants, il se sentait devenir fou lui-même, en voyant l'obstination inconcevable et la rapidité surnaturelle du fantôme acharné à sa poursuite. Cela pouvait se comparer à ce qu'on raconte des willies et des fées malfaisantes de la nuit.

Enfin Lémor trouva la Vauvre au fond du vallon, et, quoique baigné de sueur, il allait s'y jeter à la nage, comptant que cet obstacle mis entre lui et le spectre le délivrerait enfin, lorsqu'il entendit derrière lui un cri

Les *cornemuseux* arrivent en jouant. (Page 67.)

horrible, déchirant, et qui fit passer un froid subit dans tout son être. Il se retourna et ne vit plus rien. La folle avait disparu.

Le premier mouvement de Henri fut de profiter de ce qui pouvait n'être qu'un moment de répit pour s'éloigner davantage et faire perdre entièrement ses traces. Mais ce cri affreux lui laissait une impression trop pénible. Était-ce bien cette femme qui l'avait fait entendre? Le son n'avait presque rien d'humain, et cependant quelle douleur, quel désespoir atroce il semblait exprimer! Se serait-elle grièvement blessée en tombant? pensa Lémor; ou bien, en me perdant de vue derrière ces saules, a-t-elle cru que je m'étais noyé? Est-ce un cri d'agonie ou de terreur? Ou bien est-ce la rage de n'avoir pu me suivre jusque dans l'eau, où elle peut présumer que je me suis jeté?

Mais si elle-même était tombée dans quelque fossé, dans un précipice que je n'aurai pas vu en courant? Si cette malencontreuse rencontre coûtait la vie à une infortunée? Non, quoi qu'il puisse en résulter, il est impossible que je l'abandonne aux horreurs de l'agonie.

Lémor retourna sur ses pas et chercha l'inconnue sans la trouver. Le chemin rapide qu'il avait parcouru côtoyait l'extrémité de la garenne; il y avait là de hauts buissons de clôture et point de fossé; aucune mare, aucun puisard où elle eût pu se noyer. Le chemin sablonneux ne portait point, autant que Lémor put le distinguer, les traces de la chute d'un corps. Il chérchait toujours, se perdant en conjectures, lorsqu'il entendit siffler à plusieurs reprises, comme pour appeler un chien. D'abord il y fit peu d'attention, tant il était ému et préoccupé de son aventure. Mais enfin il se souvint que c'était le signal convenu avec le meunier, et, désespérant de retrouver sa *poursuiveuse*, il répondit par un autre sifflement à l'appel du Grand-Louis.

— Vous avez le diable au corps, lui dit ce dernier à voix basse quand ils se furent rejoints dans la garenne, d'aller vous promener si loin, quand je vous avais recommandé de ne pas bouger! Voilà un quart d'heure que je vous cherche dans ce bois, n'osant vous appeler trop fort et perdant patience... Mais comme vous voilà fait! tout haletant et tout déchiré! Le diable m'emporte, ma blouse a passé un mauvais quart d'heure sur vos épaules, à ce que je vois. Mais parlez donc, vous avez l'air d'un lapin *battu de l'oiseau*, ou plutôt d'un homme poursuivi par le follet.

— Vous l'avez dit, mon ami. Ou ce que Jeannie raconte des lutins nocturnes de la Vallée-Noire a un fond de réalité inexplicable, ou j'ai eu une hallucination. Mais il y a une heure, je crois (peut-être un siècle, je n'en sais rien!), que je me débats contre le diable.

— Si vous ne buviez pas obstinément de l'eau claire à tous vos repas, répondit le meunier, je penserais que vous vous êtes mis justement dans la disposition où il faut être pour rencontrer la *Grand'Bête, la levrette blanche*, ou *Georgeon, le meneur des loups*. Mais vous êtes un homme trop savant et trop raisonnable pour croire à ces histoires-là. Il faut pourtant qu'il vous soit arrivé quelque chose. Un chien enragé, peut-être?

— Pire que cela, dit Lémor en reprenant ses esprits peu à peu ; une femme enragée, mon ami! une sorcière qui courait plus vite que moi et qui a disparu, je ne sais comment, au moment où j'allais me jeter à l'eau pour m'en débarrasser.

— Une femme? oh! oh! et que disait-elle?

— Elle me prenait pour un certain Paul qui lui tient fort au cœur, à ce qu'il paraît.

— Je m'en doutais, c'est cela! c'est la folle du château. Faut-il que je sois étourdi de ne pas avoir prévu que vous pouviez la rencontrer ici? Vrai, cela m'était sorti de la tête! Nous sommes si accoutumés à la voir trotter le soir comme une vieille belette, que nous n'y faisons plus d'attention. Et pourtant, c'est un malheur à fendre le cœur quand on y songe! Mais comment diable s'est-elle mise après vous? Elle a coutume de s'enfuir quand elle voit venir de son côté. Il faut que son mal ait empiré depuis peu ; la dose était pourtant assez bonne comme cela, pauvre fille !

— Quelle est donc cette infortunée créature?

— On vous contera cela plus tard. Doublons le pas, s'il vous plaît! vous avez l'air *vanné* de fatigue.

— Je crois que je me suis brisé les genoux en tombant.

— Pourtant, il y a là au bout du sentier *quelqu'un* qui s'impatiente à vous attendre, dit le meunier en baissant la voix encore plus.

— Oh! s'écria Lémor, je me sens plus léger que le vent de la nuit!

Et il se mit à courir.

— Doucement! dit le meunier en le retenant. Ne courez que sur l'herbe. Pas de bruit! Elle est là sous ce grand arbre. Ne quittez pas l'endroit. Je vas faire la ronde tout autour en cas de surprise.

— Y a-t-il donc quelque danger pour elle à venir ici? dit Lémor effrayé.

— Si je le pensais, je l'aurais bien empêchée d'y venir! Ils sont tous occupés, au château neuf de la fête de demain. Mais quand je ne servirais qu'à écarter la folle, s'il lui prend fantaisie de revenir vous tourmenter!

Henri, tout à son bonheur, oublia tout le reste, et alla se précipiter aux pieds de Marcelle, qui l'attendait sous un massif de chênes, dans l'endroit le moins fréquenté du bois.

Aucune explication ne trouva place dans leur première expansion. Chastes et retenus, comme ils l'avaient toujours été, ils éprouvaient pour une ivresse qu'aucune parole humaine n'eût pu exprimer à leur gré. Ils étaient comme stupéfaits de se revoir si tôt, après avoir cru presque à une éternelle séparation, et cependant ils ne cherchaient pas à se faire comprendre l'un à l'autre tout ce qui s'était passé en eux pour les amener à rétracter si vite tous leurs projets de courage et de sacrifice. Ils devinaient bien mutuellement quelles souffrances inacceptables et quel entraînement irrésistible les avaient forcés à courir l'un vers l'autre, au moment où ils venaient de jurer de se fuir.

— Insensé! qui voulais me quitter pour toujours! disait Marcelle en abandonnant sa belle main à Lémor.

— Cruelle! qui voulais me bannir pour un an! répondit Henri en couvrant cette main de ses lèvres embrasées.

Et Marcelle comprenait bien que sa résolution d'un an de courage avait été plus sincère à ses propres yeux que l'exil éternel auquel Lémor avait essayé de se condamner.

— Aussi quand ils purent se parler, effort dont ils ne furent capables qu'après s'être longtemps regardés dans le silence du ravissement, Marcelle revint-elle la première à un dessein vraiment louable.

Lémor, dit-elle, ceci n'est qu'un rayon de soleil entre deux nuages. Il faut obéir à la loi du devoir. Quand même nous ne nous rencontrerions ici aucun obstacle à la sécurité de nos relations, il y aurait quelque chose de profondément irréligieux à nous réunir si vite, et nous devons nous revoir à cette heure pour la dernière fois jusqu'à l'expiration de mon deuil. Dites-moi vous m'aimez et que je serai votre femme, et j'aurai toute la force nécessaire pour vous attendre.

— Ne me parlez pas de séparation maintenant! dit Lémor avec impétuosité. Oh! laissez-moi savourer cet instant qui est le plus beau de ma vie. Laissez-moi oublier ce qui était hier, et ce qui sera demain. Voyez comme cette nuit est douce, comme ce ciel est beau! Comme ce lieu-ci est tranquille et embaumé! Vous êtes là! c'est bien vous, Marcelle, ce n'est pas votre ombre! Nous sommes là tous les deux! Nous nous sommes retrouvés par hasard et involontairement! Dieu l'a voulu et nous avons été si heureux d'obéir, *tous les deux!* vous aussi, Marcelle! autant que moi? Est-ce possible! non, je ne rêve pas, car vous êtes ici, près de moi! avec moi! seuls! heureux! nous nous aimons tant! nous n'avons pas pu nous quitter, nous ne le pouvons pas, nous ne le pourrons jamais!

— Et pourtant, ami...

— Je sais! je sais ce que vous voulez dire. Demain, un autre jour, vous m'écrirez, vous me ferez dire votre volonté. J'obéirai, vous le savez bien! Pourquoi m'en parlez-vous ce soir? pourquoi gâter ce moment qui n'a pas eu son pareil dans toute ma vie? Laissez-moi me persuader qu'il ne finira jamais. Marcelle, je vous vois! Oh! que je vous vois bien, malgré la nuit! que vous êtes embellie depuis trois jours... depuis ce matin, où vous étiez déjà si belle! Oh! dites-moi que votre main ne sortira plus jamais de la mienne! je la tiens si bien!

— Ah! vous avez raison, Lémor! Soyons heureux de nous retrouver, et ne pensons pas maintenant qu'il faudra se quitter... demain... un autre jour.

— Oui, un autre jour, un autre jour! s'écria Henri.

— Faites-moi donc le plaisir de parler plus bas, dit le meunier en se rapprochant. J'entends malgré moi tout ce que vous dites, monsieur Henri.

Les deux amants restèrent pendant près d'une heure plongés dans une pure extase, faisant les plus doux rêves d'avenir et parlant de leur bonheur, comme s'il devait, non pas s'interrompre, mais commencer le lendemain. La brise secouait sur eux les parfums de la nuit, et les étoiles sereines passaient sur leurs têtes sans qu'ils voulussent s'apercevoir de la marche inévitable du temps, qui ne s'arrête que dans le cœur des amants heureux.

Mais le meunier, après avoir donné de loin plus d'un signe d'impatience, vint les interrompre lorsque l'inclinaison des étoiles polaires lui indiqua dix heures au cadran céleste.

— Mes amis, dit-il, impossible à moi de vous laisser là, et impossible aussi de vous attendre un instant de plus. Je n'entends plus chanter les bouviers dans la cour de la ferme, et les lumières s'éteignent aux fenêtres du château neuf. Il n'y a plus que celle de mademoiselle Rose qui brille ; elle attend madame Marcelle pour se coucher. M. Bricolin va venir faire sa ronde ici avec ses chiens, comme il fait toujours la veille des jours de fête. Partons vite.

Lémor se récria : il ne faisait, disait-il, que d'arriver.

— C'est possible, dit le meunier; mais moi, savez-vous qu'il faut que j'aille à la Châtre ce soir?

— Comment! pour mes affaires? dit Marcelle.

— S'il vous plaît! Je veux voir votre notaire avant

qu'il se couche, et je ne me soucie pas d'aller lui parler demain au jour pour que M. Bricolin ait avis que je conspire contre lui.

— Mais, Grand-Louis, dit Marcelle, je ne veux pas que, pour moi, vous risquiez...

— Assez, assez causé, répondit le meunier. Je veux faire ce qui me plait, moi... Et tenez! j'entends aboyer les chiens jaunes! Rentrez dans le pré, madame Marcelle, et nous, mon Parisien, prenons par le chemin d'en haut, s'il vous plaît. Détalons!

Les amants se séparèrent sans se rien dire : ils craignaient trop de se rappeler qu'ils devaient regarder cette entrevue comme la dernière. Marcelle n'avait pas la force de fixer un jour pour le départ de Henri, et celui-ci, craignant qu'elle ne le fixât, se hâta de s'éloigner après avoir dix fois baisé sa main en silence.

— Eh bien! qu'avez-vous décidé? lui demanda le meunier, lorsqu'ils eurent gagné la lisière du parc.

— Rien, mon ami, dit Lémor. Nous n'avons parlé que de notre bonheur...

— Futur; mais le présent?

— Il n'y a pas de présent, pas d'avenir. Tout cela, c'est la même chose quand on s'aime.

— Voilà que vous battez la campagne. J'espère pourtant que vous allez vous tenir tranquille et ne pas trop me faire *trimer* la nuit dans les bois avec des transes mortelles. Allons, mon garçon, vous voilà dans votre chemin. Vous saurez bien retourner tout seul à Angibault?

— Parfaitement. Mais ne voulez-vous pas que je vous accompagne à la ville où vous allez?

— Non, c'est trop loin. L'un de nous deux serait à pied et retarderait l'autre, à moins de faire à la mode du pays et de monter tous deux sur Sophie; mais la pauvre bête a *trop d'âge*, et, d'ailleurs, elle n'a pas encore soupé. Je m'en vais la chercher à un arbre où je l'ai attachée là-bas après avoir fait mine de reprendre le chemin du moulin. Savez-vous que ça m'a donné du souci, de laisser comme ça cette pauvre Sophie à la garde de Dieu? Je l'ai bien cachée dans les branches; mais si quelque vagabond, comme il en vient de toutes sortes pour l'Assemblée, s'était avisé de me la dénicher! Pendant que vous roucouliez là-bas, Sophie me trottait dans la tête!...

— Allons ensemble la chercher!

— Non pas, non pas! vous êtes toujours prêt à retourner du côté du château, vous! je le vois bien! Allez-vous-en dire à ma mère de se coucher sans inquiétude; je rentrerai peut-être un peu tard. M. Tailland, le notaire, voudra me garder à souper. C'est un bon vivant, un fin gourmand et un aimable homme. J'aurai comme ça le temps de lui parler des affaires de Blanchemont, et Sophie mangera son picotin chez lui sans demander de consultation.

Lémor n'insista pas pour accompagner son ami. Quelque affection et quelque reconnaissance que le bon meunier lui inspirât, il préférait être seul, après les émotions de la soirée. Il avait besoin de penser à Marcelle sans préoccupation, et de recommencer, en se le retraçant, le doux songe qu'il venait de faire à ses pieds. Il reprit donc le chemin d'Angibault à peu près comme un somnambule retrouve celui de son lit. J'ignore s'il suivit bien la route, s'il traversa la rivière sur le pont, s'il ne fit pas le double de son étape, s'il ne s'oublia pas maintes fois au bord des fontaines. La nuit était pleine de volupté, et, depuis le coq qui jetait sa fanfare aux échos des chaumières jusqu'au grillon qui chuchotait mystérieusement dans les herbes, tout lui semblait répéter, en triomphe comme en secret, le nom chéri de Marcelle.

Mais en arrivant au moulin, il se sentit tellement brisé de fatigue, qu'aussitôt après avoir averti la bonne meunière de ne pas attendre son fils, il alla se jeter sur le petit lit que Louis lui avait fait dresser dans sa propre chambre. La Grand'Marie ayant bien recommandé à Jeannie de ne pas trop faire attendre son maître pour se réveiller, quand il faudrait mettre Sophie à l'étable, alla reposer aussi. Mais la tendresse maternelle ne dort que d'un œil, et l'orage s'étant élevé, la bonne femme s'éveilla en sursaut à tous les roulements de tonnerre qui passaient sur la vallée, croyant entendre son fils frapper à la porte de Jeannie, qui couchait dans le moulin. Quand le jour parut, elle se leva avec précaution et alla lui recommander de ne pas faire trop de bruit, parce que Grand-Louis, étant sans doute rentré tard, devait avoir besoin de dormir un peu plus que de coutume. Elle fut donc fort surprise et presque effrayée lorsque Jeannie lui répondit que son maître n'était pas encore rentré.

— Pas possible! dit-elle. Il ne découche jamais quand il ne va qu'à Blanchemont.

— Ah! bah! notre maîtresse, c'est la veille de la fête. Personne ne dort là-bas. Les cabarets sont ouverts toute la nuit. Les *cornemuseux* arrivent en jouant leurs plus belles marches. Ça met le cœur en danse. On voudrait déjà être au lendemain; on ne songe pas à se coucher, on a peur de se réveiller trop tard et de perdre un *tant si peu de la divertissance*. Notre maître se sera amusé, il aura fait nuit blanche.

— Le maître ne passe pas ses nuits au cabaret, répondit la meunière en secouant la tête, après avoir ouvert la porte de l'écurie pour bien voir si Sophie n'était pas au râtelier. Je croyais, ajouta-t-elle, qu'il serait rentré sans vouloir te réveiller, Jeannie. Ça lui coûte; il aime mieux se servir lui-même que de déranger un enfant comme toi qui dors *à pleins yeux*. Mais lui n'a pas dormi! Il a bien fatigué aussi avant-hier, il a été loin. Il s'est couché tard l'autre nuit, et celle-ci, pas du tout!...

La meunière alla faire sa toilette du dimanche avec un profond soupir. *Scélérate* d'amour! pensait-elle, c'est là ce qui le tourmente et le tient sur pied le jour et la nuit. Comment tout ça finira-t-il pour lui?

QUATRIÈME JOURNÉE.

XXV.

SOPHIE.

La bonne meunière était plongée dans de tristes pensées, et, suivant l'habitude de quelques vieillards, elle les exprimait tout haut, en allant de son armoire à son dressoir, occupée machinalement de préparer son corsage antique à longues basques et le tablier d'indienne à carreaux qu'elle gardait précieusement depuis sa jeunesse, l'estimant beaucoup parce qu'il avait coûté dans ce temps-là quatre fois plus qu'une étoffe plus belle ne coûte aujourd'hui.

— Ne vous faites pas de chagrin, ma mère, dit le Grand-Louis qui l'écoutait du seuil de la porte où il venait d'arriver sans qu'elle l'aperçût; tout cela finira comme ça pourra; mais votre fils tâchera toujours de vous rendre heureuse.

— Eh! mon pauvre enfant, je ne te voyais pas! dit la meunière un peu honteuse encore à son âge d'être surprise par son fils avec ses longs cheveux gris déroulés sur ses épaules; car les paysannes de la Vallée-Noire mettaient, de son temps, une extrême pudeur à ne jamais montrer leur chevelure. Mais la Grand'Marie oublia bientôt ce mouvement de pruderie surannée en voyant le désordre et la pâleur du meunier.

— Jésus, mon Dieu! dit-elle en joignant les mains, comme te voilà fatigué! On dirait que tu as reçu toute la pluie de cette nuit! Eh! vraiment! tu es encore tout humide. Va donc vite te changer. Comment donc n'as-tu pas trouvé une maison pour te mettre à l'abri? Et quelle mauvaise mine tu as ce matin! Ah! mon pauvre enfant, on dirait que tu veux te rendre malade!

— Eh non! mère, ne vous tourmentez donc pas comme ça! dit le meunier en s'efforçant de prendre son air de gaieté habituelle. J'ai passé la nuit à l'abri chez des amis... des gens à qui j'avais affaire et qui m'ont fait bien souper. Je ne me suis mouillé qu'un peu tantôt, parce que je suis revenu à pied.

— A pied! et qu'as-tu donc fait de Sophie?

— Je l'ai prêtée à..., chose... de là-bas...

— Qui donc, chose de là-bas?...

— Vous savez bien? Bah! Je vous dirai ça plus tard. Si vous voulez aller à l'Assemblée, je prendrai la petite noire, et je vous mènerai en croupe.

— Tu as tort de prêter Sophie, mon enfant. C'est une bête qui n'a pas sa pareille et qui mériterait d'être épargnée. J'aimerais mieux te voir prêter les deux autres.

— Et moi aussi. Mais que voulez-vous? ça s'est trouvé comme ça. Allons, mère, je vais m'habiller, et quand vous voudrez partir, vous m'appellerez.

— Non, non, je vois bien que tu n'as pas *goûté de dormir* cette nuit, et je veux que tu ailles faire un somme. Nous avons encore du temps de reste jusqu'à l'heure de la messe. Ah! Grand-Louis, quelle mine, quelle mine! ça ne vaut rien de courir comme ça!

— Soyez tranquille, mère, je ne me sens pas malade, et ça ne recommencera pas souvent. Il faut bien s'étourdir un peu quelquefois.

Et le meunier, encore plus triste d'affliger sa mère dont l'inquiétude et le mécontentement ne s'exprimaient jamais qu'avec une extrême douceur et une sage retenue, alla se jeter sur son lit avec un certain mouvement de colère qui réveilla Lémor.

— Vous vous levez déjà? lui dit ce dernier en se frottant les yeux.

— Non pas, je me couche avec votre agrément, répondit le meunier qui remuait son lit à coups de poing.

— Ami! vous avez du chagrin, reprit Lémor, réveillé tout à fait par les signes non équivoques de la rage intérieure du Grand-Louis.

— Du chagrin? oui, Monsieur, j'en conviens, peut-être plus que ne vaut la chose; mais enfin, ça me fait plus de peine que je ne voudrais, je ne peux pas m'en empêcher.

Et de grosses larmes roulaient dans les yeux fatigués du meunier.

— Mon ami! s'écria Lémor en sautant à bas de son lit et en s'habillant à la hâte, il vous est arrivé un malheur cette nuit, je le vois bien! Et moi je dormais là tranquillement! Mon Dieu, que puis-je faire? où dois-je courir?

— Ah! ne courez pas, c'est inutile, dit Grand-Louis en haussant les épaules, comme s'il eût rougi de sa faiblesse, j'ai assez couru cette nuit pour rien, et me voilà sur les dents... pour une bêtise, après tout! mais que voulez-vous, on s'attache aux animaux comme aux gens, et on regrette un vieux cheval comme un vieux ami. Vous ne comprendriez pas ça, vous autres gens de la ville; mais nous, bonnes gens de paysans, nous vivons avec les bêtes, dont nous ne différons guère!

— Et vous avez perdu Sophie, je comprends.

— Perdu, oui; c'est-à-dire qu'on me l'a volée.

— Peut-être hier dans la garenne?

— Précisément. Vous souvenez-vous que j'en avais comme un mauvais présage dans la tête! Quand vous m'avez eu quitté, je suis retourné dans un endroit où je l'avais bien cachée, et d'où la pauvre bête, patiente comme un mouton, ne serait certainement pas détachée... De sa vie elle n'a cassé bride ni licou. Eh bien! Monsieur, cheval et bride, tout avait disparu. J'ai cherché, j'ai couru, rien! Avec ça que je n'osais pas trop la demander, surtout à la ferme; ça aurait donné à penser! On m'aurait demandé à moi-même comment, étant parti monté sur ma bête, j'étais perdu en route. On aurait cru que j'étais ivre, et madame Bricolin n'aurait pas manqué de rapporter devant mademoiselle Rose que j'avais eu quelque vilaine aventure indigne d'un homme qui ne pense qu'à elle au monde. J'ai cru d'abord que quelqu'un avait voulu me faire niche. Je suis entré dans toutes les maisons. Tout le bourg quasiment était encore sur pied. J'ai flâné chez l'un, chez l'autre, sans faire semblant de rien. Je suis entré dans toutes les écuries,

et même dans celle du château sans qu'on m'ait aperçu: point de Sophie! Blanchemont est, à cette heure, rempli de gens de toute farine, et il se sera certainement trouvé dans le nombre quelque rusé coquin qui étant venu à pied, s'en est retourné à cheval en se disant que la fête a été assez bonne pour lui avant de commencer, sans qu'il soit besoin d'en voir davantage. Allons, il n'y faut plus penser. Heureusement qu'au milieu de tout cela, je n'ai pas trop perdu la tête. J'ai été de mon pied léger à la Châtre. J'ai vu mon notaire; il était un peu tard, il avait fini de souper, et la digestion le rendait un peu lourd; mais il sera tantôt à la fête, il me l'a promis. En le quittant, j'ai encore fureté partout et battu les buissons comme un chasseur de nuit. J'ai trotté par la pluie et le tonnerre jusqu'au jour, espérant toujours que je découvrirais mon larron caché quelque part. Inutile! Je ne veux pas faire *tambouriner* mon accident, ça ferait du scandale, et si l'on en venait à une enquête, nous serions propres, avec cette histoire de cheval caché dans la garenne et abandonné là pendant une heure sans que je puisse expliquer pourquoi et comment. Je l'avais mis bien loin de votre rendez-vous, afin que s'il venait à remuer un peu, le bruit n'attirât pas l'attention de votre côté. Pauvre Sophie! J'aurais dû me fier à son bon sens. Elle n'aurait pas bougé!

— Ainsi, c'est moi qui suis la cause de cette mésaventure! Grand-Louis, j'en ai plus de chagrin que vous, et vous me permettrez certainement de vous indemniser autant qu'il me sera possible.

— Taisez-vous, Monsieur; je me moque bien du peu d'argent que la vieille bête pouvait valoir en foire! Croyez-vous que pour une centaine de francs j'aurais tant de souci? Oh! non pas : ce que je regrette, c'est elle, et non pas son prix, elle n'en avait pas pour moi. Elle était si courageuse, si intelligente, elle me connaissait si bien! Je suis sûr qu'à l'heure qu'il est elle pense à moi, et regarde de travers celui qui la soigne! Pourvu au moins qu'il la soigne bien! Si j'en étais sûr, j'en serais quasi consolé. Mais il la pansera à coups de manches de fouet, et il la nourrira avec des cosses de châtaignes! Car ça doit être quelque filou marchois qui l'emmènera dans sa montagne pâturer dans un champ de pierres, au lieu de son joli petit pré au bord de l'eau, où elle vivait si bien et où elle faisait encore la folle avec les jeunes pouliches, tant elle s'y sentait de bonne humeur à la vue de la verdure. Et ma mère ! que c'elle qui en aura du regret! avec cela que je ne pourrai jamais lui expliquer comment ce malheur-là m'est arrivé. Je n'ai pas encore eu le courage de le lui dire. Ne lui en parlez donc pas jusqu'à ce que j'aie trouvé dans ma cervelle quelque histoire pour lui rendre la nouvelle moins amère.

Il y avait dans les regrets naïfs du meunier quelque chose de comique et de touchant à la fois, et Lémor, désolé d'être la cause de son chagrin, s'en affecta tellement lui-même que le bon Louis s'efforça de l'en consoler.

— Allons, allons, dit-il, c'est assez de niaiseries comme cela pour une créature à quatre pieds. Je sais bien que ce n'est pas votre faute, et je n'ai pas eu un instant la pensée de vous le reprocher. Que ça ne gâte pas le souvenir de votre bonheur, l'ami; c'est bien peu de chose au prix d'une si belle soirée que vous passiez pendant ce temps-là! Et si j'avais jamais un rendez-vous avec Rose, moi, je me soucierais bien d'aller toute ma vie à cheval sur un manche à balai! N'allez pas parler de cela à madame Marcelle; elle serait capable de me donner un cheval de mille francs, et vrai, cela me ferait de la peine. Je ne veux plus m'attacher aux bêtes. Il y a bien assez de souci comme ça dans la vie avec les gens! vous, dis-je; pensez à vos amours et faites-vous beau, mais toujours paysan, pour aller à la fête, car il faut bien que l'on s'habitue un peu à votre figure dans le pays. Ça vaudra mieux que de vous cacher, ce qui donnerait des soupçons tout de suite. Vous verrez madame Marcelle; vous ne lui parlerez pas, par exemple! D'ailleurs, vous n'aurez pas l'occasion, elle ne dansera pas : elle est en grand deuil!..... mais Rose n'y est pas, jarnigué! et je compte bien danser avec elle jusqu'à la nuit, à présent que le papa mignon y consent. Ça me fait penser qu'il faut que je dorme une couple d'heures pour n'avoir pas l'air d'un déterré. Ne vous chagrinez plus, dans cinq minutes vous allez m'entendre ronfler.

Le meunier tint parole et quand, vers dix heures, on lui amena sa jument noire, beaucoup plus belle, mais moins aimée que Sophie, quand revêtu de sa veste de drap fin des dimanches, le menton bien rasé, le teint clair et l'œil brillant, il serra sa monture robuste dans ses grandes jambes, la meunière en s'asseyant derrière lui à l'aide d'une chaise et du bras de Lémor, ressentit un mouvement d'orgueil d'être la mère du beau farinier.

On n'avait guère mieux dormi à la ferme qu'au moulin, et nous sommes forcés de revenir un peu sur nos pas pour mettre le lecteur au courant des événements qui s'y passèrent la nuit qui précéda la fête.

Lémor, partagé entre l'agitation pénible que lui avait causé son étrange rencontre avec la folle, et la joie enivrante de revoir Marcelle, n'avait pas remarqué, dans la garenne, que le meunier n'était pas beaucoup plus calme que lui. Grand-Louis avait trouvé la cour de la ferme remplie de mouvement et de tumulte. Deux patackes et trois cabriolets, qui avaient apporté dans leurs flancs solides toute la parenté des Bricolin, reposaient inclinés sur leurs bras fatigués le long des étables et des fumiers. Toutes les pauvres voisines, avides de gagner un mince salaire, avaient été mises en réquisition pour aider à préparer le souper de ces hôtes plus nombreux et plus affamés qu'on ne s'y attendait au château neuf. M. Bricolin, plus vain de montrer son opulence que contrarié des frais qu'il allait entraîner, était de la meilleure humeur. Ses filles, ses fils, ses cousines, ses neveux et ses gendres, venaient, chacun à son tour, lui demander à l'oreille quel jour on pendrait la crémaillère au vieux château restauré et rebadigeonné, avec le chiffre des Bricolin en guise d'écusson sur la porte. — Car enfin tu vas être seigneur et maître de Blanchemont, lui disait-on refrain banal, et tu administreras un peu mieux ta fortune que tous ces comtes et barons auxquels tu vas succéder, à la plus grande gloire de l'aristocratie nouvelle, de la noblesse des bons écus. Bricolin était donc ivre d'orgueil, et, tout en répondant avec un sourire malicieux à ses chers parents : « Pas encore, pas encore! Peut-être jamais! » il prenait avec délices toute l'importance d'un seigneur châtelain. Il ne regardait plus à la dépense, il donnait des ordres à ses valets, à sa mère, à sa fille et à sa femme d'une voix tonnante et en gonflant son gros ventre jusqu'au menton. Toute la maison était bouleversée, la mère Bricolin plumait des poulets, à peine morts, par douzaine, et madame Bricolin, qui avait été d'abord d'une humeur massacrante en gouvernant le tumulte de la cuisine, commençait à s'égayer aussi à sa manière, en voyant le repas copieux, les chambres préparées et ses hôtes ravis d'admiration. Ce fut à la faveur de tout ce désordre que le meunier put facilement parler à Marcelle, et qu'elle-même, s'excusant par une migraine, avait pu se soustraire au souper et aller rejoindre, pendant ce festin, Lémor au fond de la garenne.

Rose, elle-même, tandis qu'on mettait le couvert, avait trouvé plus d'un excellent prétexte pour errer dans la cour et pour dire en passant quelques paroles amicales au Grand-Louis, suivant sa coutume. Mais sa mère, qui ne la perdait guère de vue, avait trouvé de son côté un moyen d'éloigner promptement le meunier. Forcée de se soumettre aux ordres de son mari, qui lui avait impérativement enjoint de ne pas faire mauvaise mine à ce dernier, elle avait imaginé, pour assouvir sa haine et pour faire honte à Rose de son amitié pour lui, de le ridiculiser auprès de ses autres filles et de ses autres parentes, toutes assez malicieuses et insolentes, les jeunes comme les vieilles. Elle leur avait rapidement confié, à chacune en particulier, que ce bel esprit de village se flattait de plaire à sa fille, que Rose n'en savait rien et n'y faisait nulle attention; que M. Bricolin, n'y voulant pas croire, le traitait avec beaucoup trop de bonté ; mais qu'elle possédait de bonne source un fait curieux : à savoir, que *le beau farinier*, la coqueluche de toutes les filles de mauvaise vie de la campagne, s'était maintes fois vanté de plaire à la plus riche bourgeoise qu'il lui conviendrait de courtiser, à celle-ci tout aussi bien qu'à celle-là... Et là-dessus, madame Bricolin nommait les personnes présentes, et riait d'une manière âcre et méprisante en retroussant son tablier et mettant le poing sur sa hanche.

De la partie féminine de la famille, la confidence avait promptement passé, de bouche en bouche et d'oreille en oreille, à tous les Bricolin de l'autre sexe, si bien que Grand-Louis, qui ne songeait qu'à s'en aller rejoindre Lémor, se vit bientôt assailli d'épigrammes si plates qu'elles étaient incompréhensibles, et accompagné, dans sa retraite, de rires mal étouffés et de chuchotements de la dernière impertinence. Ne concevant rien à la gaieté qu'il excitait, il était sorti de la ferme inquiet, soucieux, et plein de mépris pour le gros sel de messieurs les bourgeois de campagne rassemblés à Blanchemont ce soir-là.

D'après la recommandation de madame Bricolin, on eut soin que M. Bricolin ne s'aperçût pas de la conspiration, et on se donna parole pour persécuter le meunier le lendemain en présence de Rose. C'était, disait sa mère, une nécessité d'humilier ce manant sous ses yeux, afin qu'elle apprît à ne pas trop écouter son bon cœur, et à tenir les paysans à distance.

Après le souper, on fit venir les ménétriers et on dansa dans la cour par anticipation du lendemain. C'était dans un intervalle de repos que le meunier, inquiet et pressé de se rendre à la Châtre, avait assuré que la soirée de plaisir était close au château neuf, et qu'il avait forcé les deux amants à se séparer beaucoup plus tôt qu'ils ne l'eussent souhaité.

Lorsque Marcelle revint à la ferme, on avait recommencé à se divertir, et, se sentant le même besoin de solitude et de rêverie qui avait emporté Lémor dans les traînes de la Vallée-Noire, elle retourna dans la garenne et s'y promena lentement jusqu'à minuit. Le son de la cornemuse, uni à celui de la vielle, écorche un peu les oreilles de près; mais, de loin, cette voix rustique qui chante parfois de si gracieux motifs rendus plus originaux par une harmonie barbare, a un charme qui pénètre les âmes simples et qui fait battre le cœur de quiconque en a été bercé dans les beaux jours de son enfance. Cette forte vibration de la musette, quoique rauque et nasillarde, et le grincement aigu et le *staccato* nerveux de la vielle sont faits l'un pour l'autre et se corrigent mutuellement. Marcelle les écouta longtemps avec plaisir, et, remarquant que l'éloignement leur donnait de plus en plus de charme, elle se trouva à l'extrémité de la garenne, perdue dans le rêve d'une vie pastorale dont on pense bien que son amour faisait tous les frais.

Mais elle s'arrêta tout à coup en rencontrant presque sous ses pieds la folle étendue par terre, sans mouvement et comme morte. Malgré le dégoût que lui inspirait la malpropreté inouïe de ce malheureux être, elle se décida, après avoir vainement essayé de l'éveiller, à la soulever dans ses bras et à la traîner à quelque distance. Elle l'appuya contre un arbre, et, ne sentant pas la force de la porter plus loin, elle se disposait à aller lui chercher du secours à la ferme, lorsque la Bricoline commença à sortir de sa torpeur et à soulever, avec sa main décharnée, ses longs cheveux hérissés d'herbes et de gravier qui lui pesaient sur le visage. Marcelle l'aida à écarter ce voile épais qui gênait sa respiration, et, pour la première fois, osant lui adresser la parole, elle lui demanda si elle souffrait.

— Certainement, je souffre! répondit la folle avec une indifférence effrayante, et du ton dont elle eût dit : j'existe encore; puis elle ajouta d'une voix brève et impérieuse : L'as-tu vu? Il est revenu. Il ne veut pas me parler. T'a-t-il dit pourquoi?

— Il m'a dit qu'il reviendrait, répondit Marcelle essayant de flatter sa manie.

— Oh ! il ne reviendra pas, s'écria la folle en se levant avec impétuosité; il ne reviendra plus ! Il a peur de moi. Tout le monde a peur de moi, parce que je suis très-riche, très riche, si riche que l'on m'a défendu de vivre. Mais je ne veux plus être riche ; demain je serai pauvre. Il est temps que cela finisse. Demain tout le monde sera pauvre. Tu seras pauvre aussi, Rose, et tu ne feras plus peur. Je punirai les méchants qui veulent me tuer, m'enfermer, m'empoisonner...

— Mais il y a des personnes qui vous plaignent et ne veulent que du bien, dit Marcelle.

— Non, il n'y en a pas, répondit la folle avec colère et en s'agitant d'une manière effrayante. Ils sont tous mes ennemis. Ils m'ont torturée, ils m'ont enfoncé un fer rouge dans la tête. Ils m'ont attachée aux arbres avec des clous, ils m'ont jetée plus de deux mille fois du haut des tours sur le pavé. Ils m'ont traversé le cœur avec de grandes aiguilles d'acier. Ils m'ont écorchée vive ; c'est pour cela que je ne peux plus m'habiller sans souffrir des douleurs atroces. Ils voudraient m'arracher les cheveux, parce que cela me défend un peu de leurs coups... Mais je me vengerai ! J'ai rédigé ma plainte ! j'ai mis cinquante-quatre ans à l'écrire dans toutes les langues pour la faire parvenir à tous les souverains de l'univers. Je veux qu'on me rende Paul qu'ils ont caché dans leur cave et qu'ils font souffrir comme moi. Je l'entends crier toutes les nuits quand on le torture... Je connais sa voix. Tenez, tenez, l'entendez-vous ? ajouta-t-elle d'un ton lugubre en prêtant l'oreille aux sons enjoués de la cornemuse. Vous voyez bien qu'on lui fait souffrir mille morts ! Ils veulent le dévorer, mais ils seront punis, punis ! Demain je les ferai souffrir aussi, moi ! Ils souffriront tant que j'en aurai pitié moi-même...

En parlant ainsi avec une volubilité délirante, l'infortunée s'élança à travers les buissons et se dirigea vers la ferme, sans qu'il fût possible à Marcelle de suivre sa course rapide et ses bonds impétueux.

XXVI.

LA VEILLÉE.

La danse était plus obstinée que jamais à la ferme. Les domestiques s'étaient mis de la partie, et une poussière épaisse s'élevait sous leurs pieds, circonstance qui n'a jamais empêché le paysan berrichon de danser avec ivresse, non plus que les pierres, le soleil, la pluie ou la fatigue des moissons et des fauchailles. Aucun peuple ne danse avec plus de gravité et de passion en même temps. A les voir avancer et reculer à la bourrée, si mollement et si régulièrement que leurs quadrilles serrées ressemblent au balancier d'une horloge, on ne devinerait guère le plaisir que leur procure cet exercice monotone, et on soupçonnerait encore moins la difficulté de saisir ce rhythme élémentaire que chaque pas et chaque attitude du corps doivent marquer avec une précision rigoureuse, tandis qu'une grande sobriété de mouvements et une langueur apparente doivent, pour atteindre à la perfection, en dissimuler entièrement le travail. Mais quand on a passé quelque temps à les examiner, on s'étonne de leur infatigable ténacité, on apprécie l'espèce de grâce molle et naïve qui les préserve de la lassitude, et, pour peu qu'on observe les mêmes personnages dansant dix ou douze heures de suite sans courbature, on peut croire qu'ils ont été piqués de la tarentule, ou constater qu'ils aiment la danse avec fureur. De temps en temps la joie intérieure des jeunes gens se trahit par un cri particulier qu'ils exhalent sans que leur physionomie perde son imperturbable sérieux, et, par moments, en frappant du pied avec force, ils bondissent comme des taureaux pour retomber avec une souplesse nonchalante et reprendre leur balancement flegmatique. Le caractère berrichon est tout entier dans cette danse. Quant aux femmes, elles doivent invariablement glisser terre à terre en rasant le sol, ce qui exige plus de légèreté qu'on ne pense, et leurs grâces sont d'une chasteté rigide.

Rose dansait la bourrée aussi bien qu'une paysanne, ce qui n'est pas peu dire, et son père était orgueilleux en la regardant. La gaieté s'était communiquée à tout le monde ; les musiciens, largement abreuvés, n'épargnaient ni leurs bras ni leurs poumons. La demi-obscurité d'une belle nuit faisait paraître les danseuses plus légères, et surtout Rose, cette fille charmante qui semblait glisser comme une mouette blanche sur des eaux tranquilles, et se laisser porter par la brise du soir. La mélancolie, répandue ce soir-là dans tous ses mouvements, la rendait plus belle que de coutume.

Cependant Rose, qui était, au fond du cœur, une vraie paysanne de la Vallée-Noire, dans toute sa simplicité native, trouvait du plaisir à danser, ne fût-ce que pour s'exercer à répondre le lendemain aux nombreuses invitations que le Grand-Louis ne manquerait pas de lui faire. Mais tout à coup le *cornemuseux* trébucha sur le tonneau qui lui servait de piédestal, et l'air contenu dans son instrument s'échappa dans un ton bizarre et plaintif qui força tous les danseurs stupéfaits à s'arrêter et à se tourner vers lui. Au même moment, la vielle, brusquement arrachée des mains de l'autre ménétrier, alla rouler sous les pieds de Rose, et la folle sautant de l'orchestre champêtre où elle s'était élancée d'un bond semblable à celui d'un chat sauvage, se jeta au milieu de la bourrée en criant : — « Malheur, malheur aux assassins ! malheur aux bourreaux ! » — Puis elle se précipita sur sa mère qui s'était avancée pour la retenir, lui appliqua ses griffes sur le cou, et l'eût infailliblement étranglée si la vieille mère Bricolin ne l'en eût empêchée en la prenant à bras le corps. La folle ne s'était jamais portée à aucun acte de violence envers sa grand'mère, soit qu'elle eût conservé pour elle, sans la reconnaître une sorte d'amour instinctif, soit qu'elle la reconnût seule parmi tous les autres et qu'elle eût gardé le souvenir des efforts que la bonne femme avait faits pour favoriser son amour. Elle ne fit aucune résistance et se laissa emmener par elle dans la maison, en poussant des cris déchirants qui jetèrent la consternation et l'épouvante dans tous les esprits.

Lorsque Marcelle, qui avait suivi mademoiselle Bricolin l'aînée, d'aussi près que possible, arriva dans la cour, elle trouva la fête interrompue, tout le monde effrayé, et Rose presque évanouie. Madame Bricolin souffrait sans doute au fond de l'âme, ne fût-ce que de voir cette plaie de son intérieur exposée ainsi à tous les yeux ; mais, dans son activité à réprimer la fureur de l'aliénée et à étouffer le bruit de ses cris, il y avait quelque chose de violent et d'énergique qui ressemblait à la fermeté d'un gendarme incarcérant un perturbateur, plus qu'à la sollicitude d'une mère au désespoir. La mère Bricolin y mettait autant de zèle et plus de sensibilité. C'était un spectacle douloureux que de voir cette pauvre vieille avec sa voix rude et ses manières viriles caresser la folle et lui parler comme à un petit enfant qu'on gourmande et qu'on flatte tour à tour : « Allons, ma mignonne, lui disait-elle, toi qui es si raisonnable ordinairement, tu ne voudrais pas faire de chagrin à ta grand'mère ? Il faut te mettre au lit tranquillement, ou bien je me fâcherai et ne t'aimerai plus. » La folle ne comprenait rien à ces discours et ne les entendait même pas. Cramponnée au pied de son lit, elle poussait des hurlements épouvantables, et son imagination malade lui persuadait qu'elle subissait en cet instant les châtiments et les tortures dont elle avait fait le tableau fantastique à Marcelle.

Cette dernière, s'étant assurée avant tout que son enfant dormait tranquillement sous les yeux de Fanchon, eut à s'occuper de Rose, qui était égarée par la peur et le chagrin. C'était la première fois que la Bricoline exhalait la haine amassée depuis douze ans dans son âme brisée. Une fois tout au plus par semaine elle criait et pleurait quand sa grand'mère la décidait à changer de vêtements. Mais c'étaient alors les cris d'un enfant, et maintenant c'étaient ceux d'une furie. Elle n'avait jamais adressé la parole à personne, et elle venait, pour la première fois, depuis douze ans, de proférer des menaces. Elle n'avait jamais frappé personne, et elle venait de chercher à tuer sa mère. Enfin, depuis douze ans, cette victime muette de la cupidité de ses parents avait promené à l'écart son inexprimable souffrance, et presque tout le monde s'était habitué à ce spectacle déplorable avec une sorte d'indifférence brutale. On n'en avait plus peur, on était las de la plaindre, on subissait sa présence comme un mal inévitable, et si l'on avait des remords, on ne se les avouait peut-être pas à soi-même. Mais cet épouvantable mal qui la dévorait devait avoir ses phases de recrudescence, et on arrivait à celle où son martyre devenait dangereux pour les autres. Il fallait bien enfin s'en occuper. M. Bricolin, assis dehors devant la porte, écoutait d'un air hébété les condoléances grossières de sa famille.

— C'est un grand malheur pour vous, lui disait-on, et vous l'avez supporté trop longtemps sous vos yeux. C'est une patience au-dessus des forces humaines, et il faudrait bien vous décider enfin à mettre cette malheureuse dans une maison de fous.

— On ne la guérira pas! répondit-il en secouant la tête. J'ai essayé de tout. C'est impossible; son mal est trop grand, il faudra qu'elle en meure!

— C'est ce qui pourrait arriver de plus heureux pour elle. Vous voyez bien qu'elle est trop à plaindre sur la terre. Mais enfin si on ne la guérit pas, on vous soulagera de la peine de la soigner et de la voir. On l'empêchera de vous faire du mal. Si vous n'y faites pas attention, elle finira par tuer quelqu'un ou se tuer elle-même devant vous. Ce sera affreux.

— Mais que voulez-vous? je l'ai dit cent fois à sa mère, et sa mère ne veut pas s'en séparer. Au fond, elle l'aime encore, croyez-moi, et ça se conçoit. Les mères sentent toujours quelque chose pour leurs enfants, à ce qu'il paraît.

— Mais elle sera mieux qu'ici, soyez-en sûr. On les soigne très-bien maintenant. Il y a de beaux établissements où ils ne manquent de rien. On les tient propres, on les fait travailler, on les occupe, on dit même qu'on les amuse, qu'on les mène à la messe et qu'on leur fait entendre de la musique.

— En ce cas ils sont plus heureux que chez eux, dit M. Bricolin. Il ajouta après avoir rêvé un instant : Et tout cela, ça coûte-t-il bien cher?

Rose était profondément affectée. Elle était la seule, avec sa grand-mère, qui ne fût pas devenue insensible à la douleur de la pauvre Bricoline. Si elle évitait d'en parler, c'est parce qu'elle ne pouvait le faire sans accuser ses parents du parricide moral commis par eux; mais vingt fois le jour elle se surprenait à frissonner d'indignation en entendant dans la bouche de sa mère les maximes d'égoïsme et d'avarice auxquelles on avait immolé sa sœur sous ses yeux. Aussitôt que sa défaillance fut dissipée, elle voulut aider sa grand-mère à calmer la folle; mais madame Bricolin, qui craignait que ce spectacle ne lui fît trop d'impression, et qui avait un vague instinct que l'excessive douleur peut devenir contagieuse, même dans ses résultats physiques, la renvoya avec la dureté qu'elle portait jusque dans sa sollicitude la mieux fondée. Rose fut outrée de ce refus, et revint dans sa chambre, où elle se promena une partie de la nuit, en proie à une vive exaltation, mais n'en voulant point parler, de crainte de s'exprimer avec trop de force devant Marcelle, sur le compte de ses parents.

Cette nuit qui avait commencé par une douce joie, fut donc extrêmement pénible pour madame de Blanchemont. Les cris de la folle cessaient par intervalles, et reprenaient ensuite plus terribles, plus effrayants. Lorsqu'ils s'arrêtaient, ce n'était pas par degrés et en s'affaiblissant peu à peu, c'était au contraire brusquement, au milieu de leur plus grande intensité, et comme si une mort violente les eût soudainement interrompus.

— Ne dirait-on pas qu'on la tue? s'écriait alors Rose, pâle et pouvant à peine se soutenir en marchant dans sa chambre. Oui, cela ressemble à un supplice!

Marcelle ne voulut pas lui dire quels atroces supplices en effet la folle croyait subir et subissait par la pensée dans ces moments-là. Elle lui cacha l'entretien qu'elle avait eu avec elle dans le parc. De temps en temps elle allait voir la malade; elle la trouvait alors étendue sur le carreau, les bras étroitement enlacés autour du pied de son lit, et comme suffoquée par la fatigue de crier; mais les yeux ouverts, fixes, et l'esprit évidemment toujours en travail. La grand'mère, agenouillée auprès d'elle, essayait en vain de glisser un oreiller sous sa tête, ou d'introduire, dans sa bouche contractée une cuillerée de potion calmante. Madame Bricolin, assise vis-à-vis sur un fauteuil, pâle et immobile, portait, dans ses traits énergiques fortement creusés, la trace d'une douleur profonde qui ne voulait pas se confesser à Dieu même de son crime. La grosse Chounette, debout dans un coin, sanglotait machinalement sans offrir ses services et sans qu'on songeât à les réclamer. Il y avait un profond découragement sur ces trois figures. La folle seule, lorsqu'elle ne hurlait pas, paraissait rouler de sombres pensées de haine dans son cerveau. On entendait ronfler dans la chambre voisine; mais ce lourd sommeil de M. Bricolin n'était pas sans agitation. De temps à autre il paraissait interrompu par de mauvais rêves. Plus loin encore, le long de la cloison opposée, on entendait tousser et geindre le père Bricolin; étranger aux souffrances des autres, il n'avait pas trop du peu de forces qui lui restaient pour supporter les siennes propres.

Enfin, vers trois heures du matin, la pesanteur de l'orage parut accabler les organes excédés de la folle. Elle s'endormit par terre, et on parvint à la mettre au lit sans qu'elle s'en aperçût. Il y avait sans doute bien longtemps qu'elle n'avait goûté un instant de sommeil, car elle s'y ensevelit profondément, et tout le monde put se reposer, même Rose à qui madame de Blanchemont s'empressa de porter cette meilleure nouvelle.

Si Marcelle n'eût trouvé là l'occasion de se dévouer à la pauvre Rose, elle eût maudit la malheureuse inspiration qui l'avait poussée dans cette maison souillée par l'avarice et le malheur. Elle se fût hâtée de chercher un autre gîte que celui-là, si antipathique à la poésie, si déplaisant dans la prospérité, si lugubre dans la disgrâce. Mais quelque nouvelle contrariété qu'elle pût être exposée à y subir encore, elle résolut d'y rester tant qu'elle pourrait être secourable à sa jeune compagne. Heureusement la matinée fut calme. Tout le monde s'éveilla fort tard, et Rose dormait encore lorsque madame de Blanchemont, à peine éveillée elle-même, reçut de Paris, grâce à la rapidité des communications actuelles, la réponse suivante à la lettre que trois jours auparavant elle avait écrite à sa belle-mère.

Lettre de la comtesse de Blanchemont à sa belle-fille, Marcelle, baronne de Blanchemont.

« MA FILLE,

« Que la Providence qui vous envoie tout ce courage daigne vous le conserver! Il ne m'étonne pas de votre part, quoiqu'il soit grand. Ne louez pas le mien. A mon âge on n'a pas longtemps à souffrir! Au vôtre... heureusement, on ne se fait pas une idée nette de la longueur et de la difficulté de l'existence. Ma fille, vos projets sont louables, excellents, et d'autant plus sages qu'ils sont nécessaires; encore plus nécessaires que vous ne pensez. Nous aussi, ma chère Marcelle, nous sommes ruinés! et nous ne pourrons peut-être rien laisser en héritage à notre petit-fils bien-aimé. Les dettes de mon malheureux fils surpassent tout ce que vous en connaissez, tout ce qu'on pouvait prévoir. Nous temporiserons avec les créanciers; mais nous acceptons la responsabilité, et c'est en privant l'avenir d'Édouard de l'honorable fortune à laquelle il devait aspirer après notre décès. Elevez-le donc avec simplicité. Apprenez-lui de bonne heure même des ressources par ses talents et à maintenir son indépendance par la dignité avec laquelle il saura supporter le malheur. Quand il sera en âge d'homme nous ne serons plus du monde. Qu'il respecte la mémoire de vieux parents qui ont préféré l'honneur d'un gentilhomme à ses plaisirs, et qui ne lui auront laissé en héritage qu'un nom pur et sans reproche. Le fils d'un banqueroutier n'aurait eu dans la vie que des jouissances condamnables; le fils d'un père coupable aura, du moins, quelque

Se jeta au milieu de la *bourrée* en criant malheur. (Page 70.)

obligation à ceux qui auront su mettre sa vie à l'abri du blâme public.

« Demain je vous écrirai des détails, aujourd'hui je suis sous le coup de la découverte d'un nouvel abîme. Je vous l'annonce en peu de mots. Je sais que vous pouvez tout comprendre et tout supporter. Adieu, ma fille, je vous admire et je vous aime. »

— Edouard! dit Marcelle en couvrant de baisers son fils endormi, il était donc écrit au ciel que tu aurais la gloire et peut-être le bonheur de ne pas succéder à la richesse et au rang de tes pères! Ainsi périssent les grandes fortunes, ouvrage des siècles, en un seul jour! Ainsi les anciens maîtres du monde, entraînés par la fatalité, plus encore que par leurs passions, se chargent d'accomplir eux-mêmes les décrets de la sagesse divine, qui travaille insensiblement à niveler les forces de tous les hommes! Puisses-tu comprendre un jour, ô mon enfant! que cette loi providentielle t'est favorable, puisqu'elle te jette dans le troupeau de brebis qui est à la droite du Christ, et te sépare des boucs qui sont à sa gauche. Mon Dieu, donnez-moi la force et la sagesse nécessaires pour faire de cet enfant un homme! Pour en faire un patricien, je n'avais qu'à me croiser les bras et laisser agir la richesse. A présent j'ai besoin de lumières et d'inspirations; mon Dieu, mon Dieu! vous m'avez donné cette tâche à remplir, vous ne m'abandonnerez pas!

« Lémor! écrivait-elle un instant après, mon fils est ruiné, ses parents sont ruinés. Mon fils est pauvre. Il eût été peut-être un riche indigne et méprisable. Il s'agit d'en faire un pauvre courageux et noble. Cette mission vous était réservée par la Providence. A présent, parlerez-vous jamais de m'abandonner? Cet enfant, qui était un obstacle entre nous, n'est-il pas un lien cher et sacré? A moins que vous ne m'aimiez plus dans un an, Henri, qui peut s'opposer maintenant à notre bonheur? Ayez du courage, ami, partez. Dans un an, vous me retrouverez dans quelque chaumière de la Vallée-Noire, non loin du moulin d'Angibault. »

Marcelle écrivit ce peu de lignes avec exaltation. Seulement, lorsque sa plume traça cette phrase : « *A moins que vous ne m'aimiez plus dans un an,* » un imperceptible sourire donna à ses traits une expression ineffable. Elle joignit à ce billet celui de sa belle-mère pour expli-

Aimons-nous, s'écria Marcelle. (Page 76.)

cation, et, cachetant le tout, elle le mit dans sa poche, pensant bien qu'elle ne tarderait pas à revoir le meunier et peut-être Lémor lui-même sous cet habit de paysan qui lui allait si bien.

La folle dormit toute la journée. Elle avait la fièvre; mais depuis douze ans elle ne l'avait point quittée un seul jour, et cet anéantissement, où on ne l'avait jamais vue, faisait croire à une crise favorable. Le médecin qu'on avait appelé de la ville et qui était habitué à la voir, ne la trouva pas malade relativement à son état ordinaire. Rose, bien rassurée, et rendue aux doux instincts de la jeunesse, s'habilla lentement avec beaucoup de coquetterie. Elle voulait être simple pour ne pas effaroucher son ami, en faisant devant lui l'étalage de sa richesse ; elle voulait être jolie pour lui plaire. Elle chercha donc les plus ingénieuses combinaisons, et réussit à être modeste comme une fille des champs et belle comme un ange du paradis. Sans vouloir s'en rendre compte, au milieu de toutes ses douleurs, elle avait un peu tremblé à l'idée de perdre cette riante journée. A dix-huit ans, on ne renonce pas sans regret à enivrer tout un jour l'homme dont on est aimée, et cette crainte était venue, à l'insu d'elle-même, se mêler à la sincère et profonde douleur que sa sœur lui avait fait éprouver. Lorsqu'elle parut à la grand'messe, il y avait longtemps que Louis guettait son entrée. Il s'était placé de manière à ne pas la perdre de vue un instant. Elle se trouva comme par hasard auprès de la Grand'Marie, et il la vit avec attendrissement mettre son joli châle sous les genoux de la meunière, en dépit du refus de la bonne femme.

Après l'office, Rose prit adroitement le bras de sa grand'mère, qui avait coutume de ne pas quitter la meunière, son ancienne amie, quand elle avait le plaisir de la rencontrer. Ce plaisir devenait chaque année plus rare à mesure que l'âge rendait aux deux matrones la distance de Blanchemont à Angibault plus difficile à franchir. La mère Bricolin aimait à causer. Continuellement *rembarrée*, comme elle disait, par sa belle-fille, elle avait un flux de paroles rentrées à verser dans le sein de la meunière, qui, moins expansive, mais sincèrement attachée à sa compagne de jeunesse, l'écoutait avec patience et lui répondait avec discernement.

De cette façon, Rose espérait échapper toute la journée à la surveillance de madame Bricolin et même à la société de ses autres parents, la grand'mère aimant beaucoup mieux l'entretien des paysans ses pareils que celui des parvenus de sa famille.

Sous les vieux arbres du terrier, en vue d'un site charmant, la foule des jolies filles se pressait autour des ménétriers placés deux à deux sur leurs tréteaux à peu de distance les uns des autres, faisant assaut de bras et de poumons, se livrant à la concurrence la plus jalouse, jouant chacun dans son ton et selon son prix, sans aucun souci de l'épouvantable cacophonie produite par cette réunion d'instruments braillards qui s'évertuaient tous à la fois à qui contrarierait l'air et la mesure de son voisin. Au milieu de ce chaos musical, chaque quadrille restait inflexible à son poste, ne confondant jamais la musique qu'il avait payée avec celle qui hurlait à deux pas de lui, et ne frappant jamais du pied à faux pour marquer le rhythme, tour de force de l'oreille et de l'habitude. Les ramées retentissaient de bruits non moins hétérogènes, ceux-ci chantant à pleine voix, ceux-là parlant de leurs affaires avec passion; les uns trinquant de bonne amitié, les autres menaçant de se jeter les pots à la tête, le tout rehaussé de deux gendarmes indigènes circulant d'un air paterne au milieu de cette cohue, et suffisant, par leur présence, à contenir cette population paisible qui, des paroles, en vient rarement aux coups.

Le cercle compacte qui se formait autour des premières bourrées s'épaississait encore lorsque la charmante Rose ouvrit la danse avec le grand farinier. C'était le plus beau couple de la fête et celui dont le pas ferme et léger électrisait tous les autres. La meunière ne put s'empêcher de le faire remarquer à la mère Bricolin, et même elle ajouta que c'était un malheur que deux jeunes gens si bons et si beaux ne fussent pas destinés l'un à l'autre.

— Fié pour moi (c'est-à-dire, quant à moi), répondit sans hésiter la vieille fermière, je n'en ferais ni une ni deux, si j'étais la maîtresse; car je suis sûre que ton garçon rendrait ma petite-fille plus heureuse qu'elle ne le sera jamais avec un autre. Je sais bien que Grand-Louis l'aime; ça se voit de reste, quoiqu'il ait l'esprit de n'en rien dire. Mais que veux-tu, ma pauvre Marie? on ne pense qu'à l'argent, chez nous. J'ai fait la bêtise d'abandonner tout mon bien à mon fils, et depuis ce temps-là, on ne m'écoute pas plus que si j'étais morte. Si j'avais agi autrement, j'aurais aujourd'hui le droit de marier Rose à mon gré en la dotant. Mais il ne me reste que les sentiments, et c'est une monnaie qui ne se rend pas chez nous en bons procédés.

Malgré l'adresse que Rose sut mettre à passer d'un groupe à l'autre pour éviter de se retrouver toujours, soit à côté, soit vis-à-vis de son ami, madame Bricolin et sa société réussirent à la rejoindre et à se fixer autour d'elle. Ses cousins la firent danser jusqu'à la fatiguer, et Grand-Louis s'éloigna prudemment, sentant qu'à la moindre querelle sa tête s'échaufferait plus que de raison. On avait bien essayé de l'*entreprendre* par des plaisanteries blessantes; mais le regard clair et hardi de ses grands yeux bleus, son calme dédaigneux et sa haute stature avaient contenu aisément la bravure des Bricolin. Quand il se fut retiré, on s'en donna à cœur joie, et Rose fut tout surprise d'entendre ses sœurs, ses belles-sœurs et ses nombreuses cousines décréter, autour d'elle, que ce grand garçon avait l'air d'un sot, qu'il dansait ridiculement, qu'il paraissait bouffi de prétentions, et qu'aucune d'elles ne voudrait danser avec lui pour *tout un monde*. Rose avait de l'amour-propre. On avait trop obstinément travaillé à développer ce défaut en elle pour qu'elle ne fût pas sujette à y tomber quelquefois. On avait tout fait pour corrompre et rabaisser cette bonne et franche nature, et si l'on n'y avait guère réussi, c'est qu'il est des âmes incorruptibles sur lesquelles l'esprit du mal a peu de prise. Cependant elle souffrit d'entendre dénigrer si obstinément et si amèrement son amoureux. Elle ne prit pas de l'humeur, n'osa plus se promettre de danser encore avec lui, et, déclarant qu'elle avait mal à la tête, elle rentra à la ferme, après avoir vainement cherché Marcelle, dont l'influence lui eût rendu, elle le sentait bien, le courage et le calme.

XXVII.

LA CHAUMIÈRE.

Marcelle avait été attendre le meunier au bas du terrier, ainsi qu'il le lui avait expressément recommandé. Au coup de deux heures, elle le vit entrer dans un enclos très-ombragé et lui faire signe de le suivre. Après avoir traversé un de ces petits jardins de paysan, si mal tenus, et par conséquent si jolis, si touffus et si verts, elle entra, en se glissant sous les haies, dans la cour d'une des plus pauvres chaumières de la Vallée-Noire. Cette cour était longue de vingt pieds sur six, fermée d'un côté par la maisonnette, de l'autre par le jardin, à chaque bout par des appentis en fagots recouverts de paille, qui servaient à rentrer quelques poules, deux brebis et une chèvre, c'est-à-dire toute la richesse de l'homme qui gagne son pain au jour le jour et qui ne possède rien, pas même la chétive maison qu'il habite et l'étroit enclos qu'il cultive; c'est le véritable prolétaire rustique. L'intérieur de la maison était aussi misérable que l'entrée, et Marcelle fut touchée de voir par quelle excessive propreté le courage de la femme luttait là contre l'horreur du dénûment. Le sol inégal et raboteux n'avait pas un grain de poussière, les deux ou trois pauvres meubles étaient clairs et brillants comme s'ils eussent été vernis; la petite vaisselle de terre, dressée à la muraille et sur des planches, était lavée et rangée avec soin. Chez la plupart des paysans de la Vallée-Noire, la misère la plus réelle, la plus complète, se dissimule discrètement et noblement sous ces habitudes consciencieuses d'ordre et de propreté. La pauvreté rustique y est attendrissante et affectueuse. On vivrait de bon cœur avec ces indigents. Ils n'inspirent pas le dégoût, mais l'intérêt et une sorte de respect. Il faudrait si peu du superflu du riche pour faire cesser l'amertume de leur vie, cachée sous ces apparences de calme poétique!

Cette réflexion frappa Marcelle au cœur lorsque la *Piaulette* vint à sa rencontre, avec un enfant dans ses bras et trois autres pendus à son tablier; tout cela, en habits du dimanche, était frais et propre. Cette Piaulette (ou Pauline), était jeune encore, et belle, quoique fanée par les fatigues de la maternité et l'abstinence des choses les plus nécessaires à la vie. Jamais de viande, jamais de vin, pas même de légumes pour une femme qui travaille et allaite! Cependant les enfants auraient revendu de la santé à celui de Marcelle, et la mère avait le sourire de la bonté et de la confiance sur ses lèvres pâles et flétries.

— Entrez chez nous et asseyez-vous, Madame, dit-elle en lui offrant une chaise de paille couverte d'une serviette de grosse toile de chanvre bien lessivée. Le monsieur que vous attendez est déjà venu, et, ne vous trouvant pas, il a été faire un tour à l'assemblée, mais il reviendra tout à l'heure. Si je pouvais vous offrir quelque chose en attendant!... Voilà des prunes toutes fraîchement cueillies et des noisettes. Allons, Grand-Louis, prends donc un fruit de mon jardin, toi aussi?... Je voudrais tant pouvoir t'offrir un verre de vin, mais nous n'en cueillons pas, tu le sais bien, et si ce n'était de toi, nous n'aurions pas toujours du pain.

— Vous êtes très-pauvre? dit Marcelle, en glissant une pièce d'or dans la poche de la petite fille qui touchait avec étonnement sa robe de soie noire; et Grand-Louis, qui n'est pas bien riche lui-même, vient à votre secours?

— Lui? répondit la Piaulette, c'est le meilleur cœur d'homme que le bon Dieu ait fait! Sans lui nous serions morts de faim et de froid depuis trois hivers; mais il nous donne du blé, du bois, et nous prête ses chevaux pour aller en pèlerinage quand nous avons des malades, il...

— En voilà bien assez, Piaulette, pour me faire passer pour un saint, dit le meunier en l'interrompant. Vraiment, c'est bien beau de ma part de ne pas avoir abandonné un bon ouvrier comme ton mari!

— Un bon ouvrier! dit la Piaulette en secouant la tête.

Pauvre cher homme! M. Bricolin dit partout que c'est un lâche parce qu'il n'est pas fort.

— Mais il fait ce qu'il peut. Moi j'aime les gens de bonne volonté; aussi je l'emploie toujours.

— C'est ce qui fait dire à M. Bricolin que tu ne seras jamais riche et que tu n'as pas de bon sens d'employer des gens de petite santé.

— Eh bien, si personne ne les emploie, il faudra donc qu'ils meurent de faim? Beau raisonnement!

— Mais vous savez, dit tristement Marcelle, la moralité que tire de là M. Bricolin : *tant pis pour eux!*

— Mam'selle Rose est bien bonne, reprit la Piaulette. Si elle pouvait, elle secourrait les malheureux; mais elle ne peut rien, la pauvre demoiselle, que d'apporter en cachette un peu de pain blanc pour faire la soupe à mon petit. Et c'est bien malgré moi; car si sa mère la voyait; oh! la rude femme! Mais le monde est comme ça. Il y a des méchants et des bons. Ah! voilà M. Tailland qui vient. Vous n'attendrez pas longtemps.

— Piaulette, tu sais ce que je t'ai recommandé, dit le meunier en posant le doigt sur ses lèvres.

— Oh! répondit-elle, j'aimerais mieux me faire couper la langue que de dire un mot.

— C'est que, vois-tu...

— Tu n'as pas besoin de m'expliquer le pourquoi et le comment, Grand-Louis; il suffit que tu me commandes de me taire. Allons, enfants, dit-elle à ses trois marmots qui jouaient sur la porte; allons-nous-en voir un peu l'assemblée.

— Cette dame a mis un louis d'or dans la poche de la petite, lui dit tout bas le Grand-Louis. Ce n'est pas pour payer ta discrétion; elle sait bien que tu ne la vends pas. Mais c'est qu'elle a vu que tu étais dans le besoin. Serre-le, l'enfant le perdrait, et ne remercie pas; la dame n'aime pas les compliments, puisqu'elle s'est cachée en te faisant cette charité.

M. Tailland était un honnête homme, très-actif pour un Berrichon, assez capable en affaires, mais seulement un peu trop ami de ses aises. Il aimait les bons fauteuils, les jolies petites collations, les longs repas, le café bien chaud et les chemins sans cahots pour son cabriolet. Il ne trouvait rien de tout cela à la fête de Blanchemont. Et cependant, tout en pestant en lui-même contre les plaisirs de la campagne, il y restait volontiers tout le jour pour rendre service aux uns et pour faire ses affaires avec les autres. En un quart d'heure de conversation, il eut bientôt démontré à Marcelle la possibilité, la probabilité même de vendre cher. Mais quant à vendre vite et à être payée comptant, il n'était pas de l'avis du meunier. Rien ne se fait vite dans notre pays, dit-il. Cependant ce serait une folie de ne pas essayer de gagner cinquante mille francs sur le prix offert par Bricolin. Je vais y mettre tous mes soins. Si, dans un mois, je n'ai pas réussi, je vous conseillerai peut-être, vu votre position particulière, de céder. Mais il y a cent à parier contre un que d'ici là Bricolin, qui grille d'être seigneur de Blanchemont, aura composé avec vous, si vous savez feindre une grande âpreté, qualité sauvage, mais nécessaire, dont je vois bien, Madame, que vous n'êtes pas trop pourvue. Maintenant, signez la procuration que je vous apporte, et je me sauve, parce que je ne veux pas avoir l'air d'avoir fait concurrence, par mes menées, à mon collègue M. Varin, que votre fermier aurait bien voulu vous faire choisir.

Grand-Louis reconduisit le notaire jusqu'à la sortie de l'enclos, et chacun disparut de son côté. Il avait été convenu que Marcelle sortirait seule, la dernière, quelques instants plus tard, et qu'elle tiendrait les *huisseries* de la maison fermées, afin que si quelque curieux observait leurs mouvements, on crût la maison déserte.

Ces *huis* de la chaumière se composaient d'une seule porte coupée en deux transversalement, la partie supérieure servant de fenêtre pour donner de l'air et du jour. Dans les anciennes constructions de nos paysans, les croisées indépendantes de la porte et garnies de vitres étaient inconnues. Celle de la Piaulette avait été bâtie il y a cinquante ans, pour des gens aisés, tandis qu'aujourd'hui les plus pauvres, pour peu qu'ils habitent une maison neuve, ont des croisées à espagnolettes et des portes à serrure. Chez la Piaulette, la porte à deux fins fermait en dedans et en dehors à l'aide d'un *coret*, c'est-à-dire d'une cheville en bois que l'on plante dans un trou de la muraille, d'où vient le vieux mot *coriller* et *décoriller*, pour dire fermer et ouvrir.

Lorsque Marcelle se fut renfermée ainsi, elle se trouva dans une obscurité profonde, et alors elle se demanda quelle pouvait être l'existence intellectuelle de gens qui, trop pauvres pour avoir de la chandelle, étaient obligés, dès que la nuit venait, de se coucher en hiver, ou de se tenir le jour dans les ténèbres pour se préserver du froid. Je me disais, je me croyais ruinée, pensa-t-elle, parce que j'étais forcée de quitter mon appartement doré, ouaté et tendu de soie; mais que de degrés encore à parcourir dans l'échelle des existences sociales avant d'en venir à cette vie du pauvre qui diffère si peu de celle des animaux! Pas de milieu entre supporter à toute heure les intempéries du climat, ou s'ensevelir dans le néant de l'oisiveté comme le mouton dans la bergerie! A quoi s'occupe cette triste famille dans les longues soirées de l'hiver? A parler? Et de quoi parler si ce n'est de ses maux! Ah! Lémor a raison, je suis trop riche encore pour oser dire à Dieu que je n'ai rien à me reprocher.

Cependant les yeux de Marcelle s'habituaient à l'obscurité. La porte, mal jointe, laissait pénétrer une lueur vague qui devenait plus claire à chaque instant. Tout à coup Marcelle tressaillit en voyant qu'elle n'était pas seule dans la chaumière, mais son second frisson ne fut pas causé par la peur : Lémor était à ses côtés. Il s'était caché, à l'insu de tous, derrière le lit en forme de corbillard, garni de rideaux de serge. Il s'était enhardi jusqu'à rechercher un tête-à-tête avec Marcelle, se disant que c'était le dernier, et qu'il faudrait partir après.

— *Puisque vous voilà*, lui dit-elle, dissimulant, avec une tendre coquetterie, la joie et l'émotion de sa surprise, je veux vous dire tout haut ce que je pensais. Si nous étions réduits à habiter cette chaumière, votre amour résisterait-il à la souffrance du jour et à l'inaction du soir? Pourriez-vous vivre privé de livres, ou ne pouvant vous en servir faute d'une goutte d'huile dans la lampe, et de temps aux heures où le travail occuperait vos bras? Après quelques années d'ennuis et de privations de tous genres, trouveriez-vous cette demeure pittoresque dans son délabrement et la vie du pauvre poétique dans sa simplicité?

— J'avais les mêmes pensées précisément, Marcelle, et je songeais à vous demander la même chose. M'aimeriez-vous si je vous entretenais, par mes utopies, dans une pareille misère?

— Il me semble que oui, Lémor.

— Et pourquoi doutez-vous de moi? Ah! vous n'êtes pas sincère en me répondant oui?

— Je ne suis pas sincère? dit Marcelle en mettant ses deux mains dans celles de Lémor. Mon ami, je veux être digne de vous, c'est pourquoi je me préserve de l'exaltation romanesque qui peut pousser, même une femme du monde, à tout affirmer, à tout promettre, sauf à ne rien tenir, et à se dire le lendemain : « J'ai composé hier un joli roman. » Moi, je ne passe pas un jour sans adresser à ma conscience les plus sévères interrogations, et je crois être sincère en vous répondant que je ne puis me représenter une situation, fût-ce l'horreur d'un cachot, où je cesserais de vous aimer à force de souffrir!

— O Marcelle! chère et grande Marcelle! Mais pourquoi donc doutez-vous de moi?

— Parce que l'esprit de l'homme diffère du nôtre. Il est habitué à d'autres aliments que la tendresse et la solitude. Il lui faut de l'activité, du travail, l'espoir d'être utile, non-seulement à sa famille, mais à l'humanité.

— Aussi, n'est-ce pas un devoir de se précipiter volontairement dans cette impuissance de la misère!

— Nous vivons donc dans un temps où les devoirs se contredisent? car on n'a la puissance de l'esprit qu'avec les lumières de l'instruction, et l'instruction qu'avec la puissance de l'argent : et pourtant, tout ce dont on jouit, tout ce qu'on acquiert, tout ce qu'on possède, est au détriment de celui qui ne peut rien acquérir, rien posséder des biens célestes et matériels.

— Vous me prenez par mes propres utopies, Marcelle. Hélas! que vous répondrai-je, sinon que nous vivons, en effet, dans un temps d'énorme et inévitable inconséquence, où les bons cœurs veulent le bien et sont forcés d'accepter le mal? On ne manque pas de raisons pour se prouver à soi-même, comme font tous les heureux du siècle, qu'on doit soigner, édifier et poétiser sa propre existence pour faire de soi un instrument actif et puissant au service de ses semblables; que se sacrifier, s'abaisser et s'annihiler comme les premiers chrétiens du désert, c'est neutraliser une force, c'est étouffer une lumière que Dieu avait envoyée aux hommes pour les instruire et les sauver. Mais que d'orgueil dans ce raisonnement, tout juste qu'il semble dans la bouche de certains hommes éclairés et sincères! C'est le raisonnement de l'aristocratie. Conservons nos richesses pour faire l'aumône, disent aussi les dévots de votre caste. C'est nous, disent les princes de l'Église, que Dieu a institués pour éclairer les hommes. C'est nous, disent les démocrates de la bourgeoisie, nous seuls, qui devons initier le peuple à la liberté! Voyez pourtant quelles aumônes, quelle éducation et quelle liberté ces puissants ont données aux misérables! Non! la charité particulière ne peut rien, l'Eglise ne veut rien, le libéralisme moderne ne sait rien. Je sens mon esprit défaillir et mon cœur s'éteindre dans ma poitrine quand je songe à l'issue de ce labyrinthe où nous voilà engagés, nous autres qui cherchons la vérité et à qui la société répond par des mensonges ou des menaces. Marcelle, Marcelle, aimons-nous, pour que l'esprit de Dieu ne nous abandonne pas!

— Aimons-nous, s'écria Marcelle en se jetant dans les bras de son amant; et ne me quitte pas, ne m'abandonne pas à mon ignorance, Lémor, car tu m'as fait sortir de l'étroit horizon catholique où je faisais tranquillement mon salut, mettant la décision de mon confesseur au-dessus de celle du Christ, et me consolant de ne pouvoir être chrétienne à la lettre, lorsqu'un prêtre m'avait dit : *Il est avec le ciel des accommodements.* Tu m'as fait entrevoir une sphère plus vaste, et aujourd'hui je n'aurais plus un instant de repos si je t'abandonnais sans guide dans ce pâle crépuscule de la vérité.

— Mais moi, je ne sais rien, répondit Lémor avec douleur. Je suis l'enfant de mon siècle. Je ne possède pas la science de l'avenir, je ne sais que comprendre et commenter le passé. Des torrents de lumière ont passé devant moi, et comme tout ce qui est jeune et pur aujourd'hui, j'ai couru vers ces grands éclairs qui nous détrompent de l'erreur sans nous donner la vérité. Je hais le mal, j'ignore le bien. Je souffre, oh! je souffre, Marcelle, et je ne trouve qu'en toi le beau idéal que je voudrais voir régner sur la terre. Oh! je t'aime de tout l'amour que les hommes repoussent du milieu d'eux, de tout le dévouement que la société paralyse et refuse d'éclairer, de toute la tendresse que je ne puis communiquer aux autres, de toute la charité que Dieu m'avait donnée pour toi et pour eux, mais que toi seule comprends et ressens comme moi-même lorsque tous sont insensibles ou dédaigneux. Aimons-nous donc sans nous corrompre en nous mêlant à ceux qui triomphent, et sans nous abaisser avec ceux qui se soumettent. Aimons-nous comme deux passagers qui traversent les mers pour conquérir un nouveau monde, mais qui ne savent pas s'ils l'atteindront jamais. Aimons-nous, non pour être heureux comme dans l'*égotisme à deux*, comme on appelle l'amour, mais pour souffrir ensemble, pour porter ensemble, pour chercher ensemble ce qu'à nous deux, pauvres oiseaux égarés dans l'orage, nous pouvons faire, jour par jour, pour conjurer ce fléau qui disperse notre race, et pour rassembler sous notre aile quelques fugitifs brisés comme nous d'épouvante et de tristesse!

Lémor pleurait comme un enfant en pressant Marcelle contre son cœur. Marcelle, entraînée par une sympathie brûlante et un respect enthousiaste, tomba à genoux devant lui comme une fille devant son père, en lui disant :

— Sauve-moi, ne me laisse pas périr! Tu étais là, tout à l'heure, tu m'as entendue consulter un homme d'argent sur des affaires d'argent. Je me laisse persuader de lutter contre la pauvreté pour sauver mon fils de l'ignorance et de l'impuissance morale; si tu me condamnes, si tu me prouves que mon fils sera meilleur et plus grand en subissant la pauvreté, j'aurai peut-être l'effroyable courage de faire souffrir son corps pour fortifier son âme!

— O Marcelle! dit Lémor en la forçant à se rasseoir et en se mettant à son tour à genoux devant elle, tu as la force et la résolution des grandes saintes et des fières martyres du temps passé. Mais où sont les eaux du baptême, pour que nous y portions ton enfant? l'église des pauvres n'est pas édifiée, ils vivent dispersés dans l'absence de toute doctrine, suivant des inspirations diverses ; ceux-ci résignés par habitude, ceux-là idolâtres par stupidité, d'autres féroces par vengeance, d'autres encore avilis par tous les vices de l'abandon et de l'abrutissement. Nous ne pouvons pas demander au premier mendiant qui passe d'imposer les mains à ton fils et de le bénir. Ce mendiant a trop souffert pour aimer, c'est peut-être un bandit! Gardons ton fils à l'abri du mal autant que possible, enseignons-lui l'amour du bien et le besoin de la lumière. Cette génération la trouvera peut-être. Ce sera peut-être à elle de nous instruire un jour. Garde ta richesse, comment pourrais-je te la reprocher, quand je vois que ton cœur en est entièrement détaché et que tu la regardes comme un dépôt dont le ciel te demandera compte? Garde ce peu d'or qui te reste. Le bon meunier le disait l'autre jour : Il est des mains qui purifient comme il en est qui souillent et corrompent. Aimons-nous, aimons-nous, et comptons que Dieu nous éclairera quand son jour sera venu. Et maintenant, adieu Marcelle, je vois que tu désires que ce courage vienne de moi. Je l'aurai. Demain j'aurai quitté cette douce et belle vallée où j'ai vécu deux jours si heureux malgré tout! Dans un an j'y reviendrai : que tu sois dans un palais ou dans une chaumière, je vois bien qu'il faut que je me prosterne à ta porte et que j'y suspende mon bâton de pèlerin pour ne jamais le reprendre.

Lémor s'éloigna , et, quelques moments après, Marcelle quitta la chaumière à son tour. Mais quelque précaution qu'elle mît à dissimuler sa retraite, elle se trouva face à face au bord de l'enclos avec un enfant de mauvaise mine, qui, tapi derrière le buisson, semblait l'attendre au passage. Il la regarda fixement d'un air effronté, puis, comme enchanté de l'avoir surprise et reconnue, il se mit à courir dans la direction d'un moulin qui est situé sur la Vauvre de l'autre côté du chemin. Marcelle, à qui cette laide figure ne parut pas inconnue, se rappela, après quelque effort, que c'était là le *Patachon* qui l'avait tout récemment égarée dans la Vallée-Noire et abandonnée dans un marécage. Cette tête rousse et cet œil vert de mauvais augure lui causèrent quelques inquiétudes, bien qu'elle ne pût concevoir quel intérêt cet enfant pouvait avoir à surveiller ses démarches.

XXVIII.

LA FÊTE.

Le meunier était retourné à la danse, espérant y retrouver Rose débarrassée de ce qu'il appelait dédaigneusement sa *cousinaille*. Mais Rose boudait contre ses parents, contre la danse et un peu aussi contre elle-même. Elle avait des remords de ne pas se sentir le courage d'affronter les brocards de sa famille.

Son père l'avait prise à l'écart le matin.

— Rose, lui avait-il dit, ta mère t'a défendu de danser avec le Grand-Louis d'Angibault, moi je te défends de lui faire cet affront. C'est un honnête homme, incapable de te compromettre; et d'ailleurs, qui pourrait s'aviser de faire un rapprochement entre toi et lui? Ce serait trop *inconvenable*, et *au jour d'aujourd'hui*, on ne peut pas supposer qu'un paysan oserait en conter à une fille de ton rang. Danse donc avec lui; il ne faut pas humilier ses inférieurs; on a toujours besoin d'eux un jour ou l'autre, et on doit se les attacher quand ça ne coûte rien.

— Mais si maman me gronde? avait dit Rose, à la fois heureuse de cette autorisation, et blessée du motif qui la dictait.

— Ta mère ne dira rien. Je lui ai fait la morale, avait répondu M. Bricolin; et en effet, madame Bricolin n'avait rien dit. Elle n'eût osé désobéir à son seigneur et maître, qui lui permettait d'être méchante avec les autres, à la seule condition qu'elle fléchirait devant lui. Mais comme il n'avait pas jugé à propos de l'instruire de ses vues, comme elle ignorait l'importance qu'il attachait à se conserver l'alliance du meunier dans l'affaire diplomatique de l'acquisition du domaine de Blanchemont, elle avait su éluder ses ordres, et sa condescendance ironique était plus fâcheuse pour le Grand-Louis qu'une guerre ouverte.

Ennuyé de ne pas voir Rose, et comptant sur la protection de son père, qu'il avait vu rentrer à la ferme, Grand-Louis s'y rendit, cherchant quelque prétexte pour causer avec lui et apercevoir l'objet de ses pensées. Mais il fut assez surpris de trouver dans la cour M. Bricolin en grande conférence avec le meunier de Blanchemont, celui dont le moulin était situé au bas du terrier, juste en face de la maison de la Piaulette. Or, M. Bricolin était, peu de jours auparavant, irrévocablement brouillé avec ce meunier, qui avait eu quelque temps sa pratique, et qui, selon lui, l'avait abominablement volé sur son grain. Ledit meunier, innocent ou coupable, regrettant fort la pratique de la ferme, avait juré haine et vengeance à Grand-Louis. Il ne cherchait qu'une occasion de lui nuire, et il venait de la trouver. Le propriétaire de son moulin était précisément M. Ravalard, à qui le meunier d'Angibault avait vendu la calèche de Marcelle. Heureux et fier d'essayer et de montrer son carrosse à ses vassaux, M. Ravalard, tout en venant donner le coup d'œil du maître aux propriétés qu'il avait à Blanchemont, mais n'ayant pas de domestique qui sût conduire deux chevaux à la fois, avait requis les talents du patachon roux qui faisait le métier de conducteur du louage, et qui se vantait de connaître parfaitement les chemins de la Vallée Noire. M. Ravalard était arrivé, non sans peine, mais du moins sans accident, le matin de ce jour de fête. Il avait mis ses chevaux à son moulin et n'avait pas fait remiser *sa carrosse*, afin que, du haut du terrier, tout le monde pût la contempler et savoir à qui elle appartenait.

La vue de cette brillante calèche avait déjà fort indisposé M. Bricolin, qui détestait M. Ravalard, son rival en richesse territoriale dans la commune. Il était descendu au chemin qui longe la Vauvre pour l'examiner et la critiquer. Le meunier Grauchon, rival de Grand-Louis, était venu lier conversation avec M. Bricolin, sans avoir l'air de se rappeler leur inimitié, et il n'avait pas manqué de le narguer adroitement en lui faisant comprendre que son maître était mieux en position que lui de rouler carrosse. Là-dessus, M. Bricolin de dénigrer le carrosse, de dire que c'était une vieille voiture du préfet mise à la réforme, une brouette sans solidité, et qui ne sortirait peut-être pas de la Vallée Noire aussi pimpante qu'elle y était entrée. Grauchon de défendre le discernement de son bourgeois et la qualité de la marchandise; puis de dire que cela *sortait de chez* madame de Blanchemont et que le Grand-Louis avait été le commissionnaire de cette acquisition. M. Bricolin, surpris et choqué, écouta les détails de l'affaire, et sut que le meunier d'Angibault avait décidé M. Ravalard à s'emparer de cet objet de luxe en lui disant que cela ferait enrager M. Bricolin. Le fait n'était malheureusement que trop vrai. M. Ravalard avait fait conversation tout le long de son chemin avec le patachon. Celui-ci, habile à se ménager un bon *pourboire*, et voyant le bourgeois enivré de sa nouvelle voiture, ne lui avait pas parlé d'autre chose. Il n'y avait rien de plus beau, de plus léger, de plus *aimable à conduire* que cette voiture-là. Ça devait avoir coûté au moins quatre mille francs, et ça en valait le double dans le pays. M. Ravalard, doucement flatté de cette naïve admiration, avait confié à son guide tous les détails de l'affaire, et ce dernier, en déjeunant au moulin de Blanchemont, en avait bavardé avec le meunier Grauchon. Voyant là que Grand-Louis excitait la haine et l'envie, il avait envenimé les choses autant pour le plaisir de jaser et de se faire écouter, que par suite de la rancune qu'il gardait au Grand-Louis pour l'avoir raillé cruellement le jour de l'aventure du bourbier.

Peu d'instants après que M. Bricolin eut quitté Grauchon, le front plissé et l'air rogue, ledit Grauchon vit entrer Grand-Louis et Marcelle chez la Piaulette. Ce rendez-vous, qui sentait le mystère, le frappa, et il se creusa la cervelle pour trouver là une nouvelle occasion de nuire à son ennemi. Il mit le patachon en embuscade, et, au bout d'une heure, il sut que le Grand-Louis, un inconnu qui avait l'air d'être un nouveau garçon de moulin engagé à son service, la jeune dame de Blanchemont et M. Tailland, le notaire, avaient été enfermés en grande conférence chez la Piaulette; qu'ils en étaient tous sortis séparément et en prenant d'inutiles précautions pour n'être pas remarqués; enfin, qu'il se tramait là quelque complot, une affaire d'argent, à coup sûr, puisque le notaire s'en était mêlé. Grauchon n'ignorait pas que cet honnête notaire était la bête noire et la terreur de Bricolin. Devinant à moitié la vérité, il se hâta d'aller informer complaisamment Bricolin de tous ces détails, et de lui faire compliment de la manière dont son favori le meunier d'Angibault servait ses intérêts. C'est cette délation que Grand-Louis surprit en entrant dans la cour de la ferme.

En toute autre circonstance, notre honnête meunier eût été droit à son accusateur et l'eût forcé à s'expliquer devant lui. Mais voyant Bricolin lui tourner le dos brusquement, et Grauchon le regarder en dessous d'un air sournois et railleur, il se demanda avec inquiétude quelle grave question pouvait s'agiter ainsi entre deux hommes qui, la veille, ne *se seraient pas donné un coup de bonnet derrière l'église*, c'est-à-dire qui ne se seraient pas salués en se rencontrant nez à nez dans le chemin le plus étroit du bourg. Grand-Louis ne savait pas de quoi il s'agissait, ni même s'il était l'objet de cet *à parte* affecté; mais sa conscience lui reprochait quelque chose. Il avait voulu jouer au plus fin avec M. Bricolin. Au lieu de le repousser avec mépris lorsque celui-ci lui avait offert de l'argent pour servir ses intérêts au détriment de ceux de Marcelle, il avait feint de transiger avec lui pour une ou deux bourrées avec Rose; il lui avait laissé l'espérance, et, pour se venger de l'outrage de ses offres, il l'avait trompé.

« Je mériterais bien, pensa-t-il, que ma belle mine fût éventée. Voilà ce que c'est que de *finasser* ! Ma mère m'a toujours dit que c'était une habitude du pays qui portait malheur, et moi, je n'ai pas su m'en préserver. Si je m'étais montré honnête homme à ce maudit fermier, comme je le suis au fond du cœur, il m'aurait haï, mais respecté et peut-être craint davantage qu'il ne va le faire à présent, s'il découvre que je lui ai dit des paroles de Marchois! Grand-Louis, mon ami, tu as fait une sottise. Toutes les mauvaises actions sont bêtes; puisses-tu ne pas boire la tienne! »

Tourmenté, intimidé et mécontent de lui-même, il alla rejoindre sa mère sur le terrier pour lui proposer de la reconduire à Angibault. Les vêpres étaient finies, et la meunière était déjà partie avec quelques voisines, recommandant à Jeannie de dire à son maître de s'amuser encore un peu, mais de ne pas rentrer trop tard.

Grand-Louis ne sut pas profiter de la permission. Livré à mille anxiétés, il erra jusqu'au coucher du soleil sans prendre goût à rien, attendant ou que Rose reparût, ou que son père vînt lui faire connaître ses intentions.

C'est à l'entrée de la nuit que les habitants du hameau s'amusent le mieux un jour de fête. Les gendarmes, fatigués de n'avoir rien à faire, commencent à reprendre leurs chevaux; les gens de la ville et des environs grimpent dans leurs carrioles de toute espèce, et s'en vont, pour éviter les mauvais chemins, de nuit. Les petits marchands plient bagage, et le curé va souper gaiement avec quelque confrère venu pour regarder danser, tout en soupirant peut-être de ne pouvoir prendre part à ce coupable plaisir. Les indigènes restent donc seuls en possession du terrain avec celui des ménétriers qui n'a pas fait une bonne journée, et qui s'en dédommage en la prolongeant. Là, tous se connaissent, et, une fois en train, se dédommagent d'avoir été dispersés, observés et peut-être raillés par les étrangers; car on appelle étrangers, dans la Vallée-Noire, tout ce qui sort du rayon d'une lieue. Alors, toute la petite population de la localité se met en danse, même les vieilles parentes et amies qu'on n'eût pas osé produire au grand jour, même la grosse servante du cabaret, qui s'est éventuée depuis le matin à servir ses pratiques, et qui retrousse son tablier enfumé pour se trémousser avec des grâces surannées; même le petit tailleur bossu, qui eût fait rougir les jeunes filles en les embrassant à la *belle heure*, et qui dit, en fendant sa bouche jusqu'aux oreilles, *qu'à la nuit tous les chats sont gris*.

Rose, ennuyée de bouder, retrouva l'envie de se divertir lorsque tous ses parents furent partis. Avant de retourner à la fête, elle voulut voir la folle, qui avait dormi tout le jour sous la garde de la grosse Chounette. Elle entra doucement dans sa chambre, et la trouva éveillée, assise sur son lit, l'air pensif et presque calme. Pour la première fois, depuis bien longtemps, Rose osa lui toucher la main et lui demander de ses nouvelles, et, pour la première fois depuis douze ans, la folle ne retira pas sa main et ne se retourna pas du côté de la ruelle avec humeur.

— Ma chère sœur, ma bonne Bricoline, répéta Rose enhardie et joyeuse, te sens-tu mieux?

— Je me sens bien, répondit la folle d'une voix brève. J'ai trouvé en m'éveillant ce que je cherchais *depuis cinquante-quatre ans*.

— Et que cherchais-tu, ma chérie?

— *Je cherchais la tendresse!* répondit la Bricoline d'un ton étrange et en posant un doigt sur ses lèvres d'un air mystérieux. Je l'ai cherchée partout: dans le vieux château, dans le jardin, au bord de la source, dans le chemin creux, dans la garenne surtout! Mais elle n'est pas là, Rose, et tu la cherches en vain, toi-même. Ils l'ont cachée dans un grand souterrain qui est sous cette maison, et c'est sous des ruines qu'on pourra la trouver. Cela m'est venu en dormant, car en dormant je pense et je cherche toujours. Sois tranquille, Rose, et laisse-moi seule! Cette nuit, pas plus tard que cette nuit, je trouverai la tendresse et je t'en ferai part. C'est alors que nous serons riches! *Au jour d'aujourd'hui*, comme dit ce gendarme qu'on a mis ici pour nous garder, nous sommes si pauvres que personne ne veut de nous. Mais demain, Rose, pas plus tard que demain, nous serons mariées toutes les deux, moi avec Paul, qui est devenu roi d'Alger; et toi avec cet homme qui porte des sacs de blé et qui te regarde toujours. J'en ferai mon premier ministre, et son emploi sera de faire brûler à petit feu ce gendarme qu'on dit toujours la même chose et qui nous a fait tant souffrir. Mais tais-toi, ne parle de cela à personne. C'est un grand secret, et le sort de la guerre d'Afrique en dépend.

Ce discours bizarre effraya beaucoup Rose, et elle n'osa parler davantage à sa sœur, dans la crainte de l'exalter de plus en plus. Elle ne voulut pas la quitter que le médecin, qu'on attendait à cette heure-là, ne fût venu, et même elle oublia son envie de danser et resta pensive auprès du lit de la folle, la tête penchée, les deux mains croisées sur son genou et le cœur rempli d'une tristesse profonde. C'était un contraste frappant que ces deux sœurs, l'une si horriblement dévastée par la souffrance, si repoussante dans son abandon d'elle-même, l'autre si bien parée, brillante de fraîcheur et de beauté; et cependant, il y avait de la ressemblance dans leurs traits; toutes deux aussi couvaient, à des degrés différents, dans leur sein, *une amour contrariée*, comme on dit dans les pays; toutes deux étaient tristes et graves. La moins abattue des deux était la folle, qui roulait dans son esprit égaré des espérances et des projets fantastiques.

Le médecin arriva très-exactement. Il examina la folle avec l'espèce d'apathie d'un homme qui n'a rien à espérer, rien à tenter dans un cas depuis longtemps désespéré.

— Le pouls est le même, dit-il. Il n'y a pas de changement.

— Pardonnez-moi, docteur, lui dit Rose en l'attirant à part. Il y a du changement depuis hier soir. Elle crie, elle dort, elle parle autrement que de coutume. Je vous assure qu'il se fait en elle une révolution. Ce soir, elle cherche à rassembler ses idées et à les exprimer, quoique ce soient les idées du délire; est-ce pire, est-ce mieux que son abattement ordinaire? Qu'en pensez-vous?

— Je ne pense rien, répondit le médecin. On peut s'attendre à tout dans ces sortes de maladies, et on ne peut rien prévoir. Votre famille a eu tort de ne pas faire les sacrifices nécessaires pour l'envoyer dans un de ces établissements où des gens de l'art s'occupent spécialement des cas exceptionnels. Moi, je ne me suis jamais vanté de la guérir, et je pense que, même les plus habiles, ne pourraient en répondre aujourd'hui. C'est trop tard. Tout ce que je désire, c'est que sa manie de silence et de solitude ne dégénère pas en fureur. Évitez de la contrarier en ne la faites pas parler, afin que sa pensée ne se fixe pas sur un même objet.

— Hélas! dit Rose, je n'ose vous contredire, et pourtant c'est si affreux de vivre toujours seule, en horreur à tout le monde! Lorsqu'elle semble enfin chercher quelque sympathie, quelque pitié, faudra-t-il opposer à ce besoin d'affection un silence glacé? Savez-vous ce qu'elle me disait tout à l'heure? Elle disait que depuis qu'elle est folle (elle prétend qu'il y a cinquante-quatre ans), elle était occupée à chercher la tendresse. Pauvre fille, il est certain qu'elle ne l'a guère trouvée!

— Et disait-elle cela en termes raisonnables?

— Hélas, non! elle y mêlait des idées effrayantes et des menaces épouvantables.

— Vous voyez bien que ces épanchements du délire sont plus dangereux que salutaires. Laissez-la seule, croyez-moi, et, si elle veut sortir, empêchez qu'on ne gêne en rien ses habitudes. C'est la seule manière d'éviter que la crise d'hier soir ne revienne.

Rose obéit à regret; mais Marcelle, qui désirait se retirer dans sa chambre pour écrire et qui voyait sa compagne triste et préoccupée, la conjura d'aller se distraire, et lui promit qu'au premier cri, au premier symptôme d'agitation de sa sœur, elle l'enverrait avertir par la petite Fanchon. D'ailleurs, madame Bricolin était occupée aussi à la maison, et la grand'mère pressait Rose de venir encore danser une bourrée sous ses yeux avant la clôture de l'assemblée.

— Songe, lui dit-elle, que je compte maintenant les jours de fête, en me disant chaque année que je ne verrai peut-être pas la suivante. Il faut que je te voie encore danser et t'amuser aujourd'hui, autrement il m'en resterait une idée triste, et je me figurerais que ça doit me porter malheur.

Rose ne fit point trois pas sur le terrier sans voir Grand-Louis à ses côtés.

— Mademoiselle Rose, lui dit-il, votre papa ne vous a-t-il rien dit contre moi?

— Non. Il m'a, au contraire, presque commandé ce matin de danser avec toi.

— Mais... depuis ce matin?

— Je l'ai à peine vu; il ne m'a pas parlé. Il paraît très-occupé de ses affaires.

— Allons, Louis, dit la grand'mère, tu ne fais donc pas danser Rose? tu ne vois donc pas qu'elle en a envie?

— Est-ce vrai, mam'selle Rose? dit le meunier en prenant la main de la jeune fille; auriez-vous fantaisie de danser encore ce soir avec moi?

— Je veux bien danser, répondit-elle avec une nonchalance assez piquante.

— Si c'est avec quelque autre que moi, dit Grand-Louis en pressant le bras de Rose sur son cœur agité, dites, j'irai le chercher!

— Cela veut peut-être dire que vous souhaiteriez que ce ne fût pas vous? répondit la malicieuse fille en s'arrêtant.

— Vous pensez ça? s'écria le meunier transporté d'amour. Eh bien, vous allez voir si j'ai les jambes engourdies!

Et il l'entraîna, il l'emporta presque au milieu de la danse, où, au bout d'un instant, oublieux l'un et l'autre de leurs inquiétudes et de leurs chagrins, ils rasèrent légèrement le gazon, se tenant la main un peu plus serrée que la bourrée ne l'exigeait absolument.

Mais cette enivrante bourrée n'était pas finie, que M. Bricolin, qui avait attendu ce moment pour rendre l'affront plus sanglant à la face de tout le village, s'élança au beau milieu des danseurs, et, d'un geste interrompant la cornemuse, qui eût couvert sa voix:

— Ma fille! s'écria-t-il en prenant le bras de Rose, vous êtes une honnête et respectable fille; ne dansez donc plus jamais avec des gens que vous ne connaissez pas!

— Mademoiselle Rose danse avec moi, monsieur Bricolin! répondit Grand-Louis fort animé.

— C'est à cause de ça que je le lui défends, comme je vous défends, à vous, de vous permettre de l'inviter, ni de lui adresser la parole, ni de jamais passer ma porte, ni...

La voix tonnante du fermier fut étouffée par cet excès d'éloquence, et, la colère le faisant bégayer, Grand-Louis l'arrêta.

— Monsieur Bricolin, lui dit-il, vous êtes le maître de commander en père à votre fille, vous êtes le maître de me défendre votre maison, mais vous n'êtes pas le maître de m'offenser en public avant de m'avoir donné une explication en particulier.

— Je suis le maître de faire tout ce que je veux, reprit Bricolin exaspéré, et de dire à un mauvais sujet tout ce que je pense de lui!

— A qui dites-vous ça, monsieur Bricolin? demanda Grand-Louis, dont les yeux se remplirent d'éclairs; car bien qu'il se fût dit, dès le début de cette scène: « Nous y voilà! j'ai ce que je mérite jusqu'à un certain point, » il lui était impossible de supporter patiemment un outrage.

— Je dis cela à qui bon me semble! répondit Bricolin d'un air majestueux, mais, au fond, intimidé subitement.

— Si vous parlez à votre bonnet, peu m'importe! reprit Grand-Louis, essayant de se modérer.

— Voyez un peu cet enragé! répliqua M. Bricolin en se renfonçant dans le groupe de curieux qui se pressait autour de lui; ne dirait-on pas qu'il veut m'insulter parce que je lui défends de parler à ma fille? N'en ai-je pas le droit?

— Oui, oui! vous en avez parfaitement le droit, reprit le meunier en s'efforçant de s'éloigner; mais non pas sans m'en dire la raison, et j'irai vous la demander quand vous serez de sang-froid et moi aussi.

— Tu me fais des menaces, malheureux? s'écria Bricolin alarmé; et, prenant l'assemblée à témoin : « Il me fait des menaces! » ajouta-t-il d'un ton emphatique, et comme pour invoquer l'assistance de ses clients et de ses serviteurs contre un homme dangereux.

— Dieu m'en garde! monsieur Bricolin, dit Grand-Louis en haussant les épaules; vous ne m'entendez pas...

— Et je ne veux pas t'entendre. Je n'ai rien à écouter d'un ingrat et d'un faux ami. Oui, ajouta-t-il, voyant que ce reproche causait plus de chagrin que de colère au meunier, je te dis que tu es un faux ami, un Judas!

— Un Judas? non, car je ne suis pas un juif, monsieur Bricolin.

— Je n'en sais rien! reprit le fermier, qui s'enhardissait lorsque son adversaire semblait faiblir.

— Ah! doucement, s'il vous plaît, répliqua Grand-Louis d'un ton qui lui ferma la bouche. Pas de gros mots; je respecte votre âge, je respecte votre mère, et votre fille aussi, plus que vous-même peut-être; mais je ne réponds pas de moi si vous vous emportez trop en paroles. Je pourrais répondre et faire voir que si j'ai un petit tort, vous en avez un grand. Taisons-nous, croyez-moi, monsieur Bricolin, ça pourrait nous mener plus loin que nous ne voulons. J'irai vous parler, et vous m'entendrez.

— Tu n'y viendras pas! Si tu y viens, je te mettrai dehors honteusement, s'écria M. Bricolin lorsqu'il vit le meunier, qui s'éloignait à grands pas, hors de portée de l'entendre. Tu n'es qu'un malheureux, un trompeur, un intrigant!

Rose qui, pâle et glacée de terreur, était restée jusque-là immobile au bras de son père, fut prise d'un mouvement d'énergie dont elle-même ne se serait pas crue capable un instant auparavant.

— Mon papa, dit-elle en le tirant avec force de la foule, vous êtes en colère, et vous dites ce que vous ne pensez pas. C'est en famille qu'il faut s'expliquer, et non pas devant tout le monde. Ce que vous faites là est très-désobligeant pour moi, et vous n'êtes guère soigneux de me faire respecter.

— Toi, toi? dit le fermier étonné et comme vaincu par le courage de sa fille. Il n'y a rien contre toi dans tout cela, rien qui doive faire parler sur ton compte. Je t'avais permis de danser avec ce malheureux, je trouvais cela honnête et naturel, comme tout le monde doit le trouver. Je ne savais pas que cet homme-là était un scélérat, un traître, un...

— Tout ce que vous voudrez, mon père, mais en voilà bien assez, dit Rose en lui secouant le bras avec la force d'un enfant mutiné. Et elle réussit à l'entraîner vers la ferme.

XXIX.

LES DEUX SŒURS.

Madame Bricolin ne s'attendait pas à voir revenir si tôt son monde. Son époux l'avait consignée à la maison sans lui dire l'esclandre qu'il méditait; il ne voulait pas qu'elle vînt nuire par des criailleries à la majesté de son rôle en public. Lors donc qu'elle le vit rentrer, cramoisi de colère, essoufflé, grondant sourdement, et traînant à son bras Rose très-animée, très-oppressée aussi et les yeux gros de larmes qu'elle ne pouvait retenir, tandis que la grand'mère les suivait en trottinant et en joignant les mains d'un air consterné, elle recula de surprise: puis, élevant sa chandelle à la hauteur de leur visage:

— Qu'est-ce qu'il y a donc? dit-elle; qu'est-ce qui vient de se passer?

— Il y a que mon fils a grandement tort, et qu'il parle sans raison, répondit la mère Bricolin en se laissant tomber sur une chaise.

— Oui, oui, c'est le refrain de la vieille, dit le fermier, à qui la vue de sa moitié rendit une partie de sa colère. Assez causé! Le souper est-il prêt? Allons, Rose, as-tu faim?

— Non, mon père, dit Rose assez sèchement.

— C'est donc moi qui t'ai coupé l'appétit?

— Oui, mon père.

— C'est un reproche, ça?

— Oui, mon père, j'en conviens.

— Ah çà! dit donc, Rose, reprit le fermier, qui avait pour sa fille autant de condescendance que possible, mais qui, pour la première fois, la voyait un peu révoltée contre lui : tu le prends sur un ton qui ne me va guère. Sais-tu que la mauvaise humeur me donnerait à penser? tu ne le voudrais pas, j'espère?

— Parlez, parlez, mon père. Dites ce que vous pensez; si vous vous trompez, mon devoir est de me justifier.

— Je dis, ma fille, que tu aurais mauvaise grâce de prendre le parti d'un manant de meunier, à qui je romprai mon rotin sur le dos un de ces quatre matins s'il rôde autour de ma maison.

— Mon père, répondit Rose avec feu, j'oserai vous dire, moi, dussiez-vous me rompre votre bâton sur le

Là-dessus, M. Bricolin de dénigrer le carrosse. (Page 77.)

dos à moi-même, que tout cela est cruel et injuste; que je suis humiliée de servir à votre vengeance en public, comme si j'étais responsable des torts qu'on a ou qu'on n'a pas envers vous, qu'enfin tout cela me fait de la peine et blesse ma grand'mère, vous le voyez bien.

— Oui, oui, ça m'afflige et ça me fâche, dit la mère Bricolin avec son ton franc et bref, qui cachait cependant une grande douceur et une grande bonté (et c'est en cela que Rose lui ressemblait, ayant le parler vif et l'âme tendre). Ça me *saigne l'âme*, continua la vieille, de voir maltraiter en paroles un honnête garçon que j'aime quasiment comme un de mes enfants, d'autant plus que je suis amie depuis plus de soixante ans avec sa mère et avec toute sa famille... Une famille de braves gens, oui ! et à qui Grand-Louis n'est pas fait pour porter déshonneur !

— Ah ! c'est donc à propos de ce joli monsieur-là que votre mère grogne, dit madame Bricolin à son mari, et que votre fille pleure? Regardez-la, la voilà toute larmoyante! Oui-da! vous nous avez embarqués dans de jolies affaires, monsieur Bricolin, avec votre amitié pour ce grand âne! Vous en voilà récompensé! Voyez si ce n'est pas une honte de voir votre mère et votre fille prendre son parti contre vous, et en verser des larmes comme si... comme si... Vrai Dieu! je ne veux pas en dire plus long, j'en rougirais!

— Dites tout, ma mère, dites, s'écria Rose tout à fait irritée. Puisqu'on est si bien en train de m'humilier aujourd'hui, qu'on ne se refuse donc rien! Je suis toute prête à répondre si l'on m'interroge sérieusement et sincèrement sur mes sentiments pour Grand-Louis.

— Et quels sont vos sentiments, Mademoiselle? dit le fermier courroucé, en prenant sa plus grosse voix : dites-nous ça bien vite, s'il vous plaît, puisque la langue vous démange.

— Mes sentiments sont ceux d'une sœur et d'une amie, répliqua Rose, et personne ne m'en fera changer.

— Une sœur! la sœur d'un meunier! dit M. Bricolin en ricanant et en contrefaisant la voix de Rose; une amie! l'amie d'un paysan! Voilà un beau langage et fort convenable pour une fille comme vous! Le tonnerre m'écrase si, au *jour d'aujourd'hui*, les jeunes filles ne sont pas toutes folles. Rose, vous parlez comme on parlerait aux Petites-Maisons!

Le chemin était sombre et désert. (Page 87.)

En ce moment, des cris perçants retentirent dans la chambre de la folle; madame Bricolin tressaillit, et Rose devint pâle comme la mort.

— Écoutez! mon père, dit-elle en saisissant avec force le bras de M. Bricolin; écoutez bien, et osez donc rire encore de la folie des jeunes filles! Plaisantez sur les maisons des fous, vous qui semblez oublier qu'une fille de *notre rang* peut aimer un homme sans fortune, jusqu'à tomber dans un état pire que la mort!

— Ainsi, elle l'avoue, elle le proclame! s'écria madame Bricolin, partagée entre la rage et le désespoir; elle aime ce manant, et elle nous menace de *tourner* comme sa sœur!

— Rose! Rose! dit M. Bricolin épouvanté, taisez-vous! et vous, Thibaude, allez-vous-en voir la Bricoline, ajouta-t-il d'un ton impérieux.

Madame Bricolin sortit. Rose restait debout, la figure bouleversée, effrayée de ce qu'elle venait de dire à son père.

— Ma fille, tu es malade, dit M. Bricolin tout ému. Il faut reprendre tes sens.

— Oui, vous avez raison, mon père, je suis malade, dit Rose fondant en larmes et en se jetant dans les bras de son père.

M. Bricolin avait été effrayé, mais il lui était impossible de s'attendrir. Il embrassa Rose comme un enfant qu'on apaise, mais non comme une fille qu'on adore. Il était vain de sa beauté, de son esprit, et plus encore de la richesse qu'il voulait placer sur sa tête. Il eût mieux aimé l'avoir mise au monde laide et sotte, mais inspirant l'envie par son argent, que parfaite et pauvre, et inspirant la pitié.

— Petite, lui dit-il, tu n'as pas le sens commun, ce soir. Va te coucher, et que ce meunier et vos belles amitiés te sortent de la cervelle. Sa sœur t'a nourrie, c'est vrai; mais elle a été, parbleu! bien payée. Ce garçon a été ton camarade d'enfance, c'est encore vrai; mais il était notre domestique, et il ne faisait que son devoir en t'amusant. Il me plaît de le chasser au *jour d'aujourd'hui*, parce qu'il m'a joué un vilain tour; c'est ton devoir de trouver que j'ai raison.

— Oh! mon père, dit Rose en pleurant toujours dans les bras du fermier, vous révoquerez cet ordre-là. Vous lui permettrez de se justifier, car il n'est pas coupable.

c'est impossible, et vous ne me forcerez pas à humilier mon ami d'enfance, le fils de la bonne meunière qui m'aime tant !

— Rose, tout ça commence à m'ennuyer particulièrement, répondit Bricolin en se débarrassant des caresses de sa fille. C'est trop bête qu'il faille faire une affaire de famille de l'expulsion d'un pareil *va-nu-pieds*. Allons, flanque-moi la paix, je te prie. Écoute comme ta pauvre sœur *braille*, et ne t'occupe pas tant d'un étranger quand le malheur est dans notre maison.

— Oh! si vous croyez que je n'entends pas la voix de ma sœur, dit Rose avec une expression effrayante, si vous croyez que ses cris ne disent rien à mon âme, vous vous trompez, mon père! je les entends bien, et je n'y pense que trop!

Rose sortit en chancelant, mais comme elle se dirigeait vers la chambre de sa sœur, on l'entendit rouler sur le plancher du corridor. Les deux dames Bricolin accoururent effrayées. Rose était évanouie et comme morte.

On s'empressa de porter Rose dans la chambre où Marcelle écrivait en l'attendant, sans se douter de l'orage où s'agitait sa pauvre amie. Elle l'entoura des plus tendres soins et eut seule la présence d'esprit d'envoyer voir dans le bourg si le médecin n'était pas reparti. Il vint, et trouva la jeune fille dans une violente contraction nerveuse. Elle avait les membres raidis, les dents serrées, les lèvres bleuâtres. La connaissance lui revint quand on eut exécuté quelques prescriptions ; mais son pouls passa d'une atonie effrayante à une ardente énergie. La fièvre brillait dans ses grands yeux noirs, et elle parlait avec agitation, sans trop savoir à qui. Frappée de lui entendre prononcer plusieurs fois de suite le nom de Grand-Louis, Marcelle réussit à éloigner ses parents alarmés et à rester seule avec elle, tandis que le médecin se rendait auprès de mademoiselle Bricolin l'aînée, qui commençait à présenter des symptômes de fureur comme la veille.

— Ma chère Rose, dit Marcelle en pressant sa compagne dans ses bras, vous avez du chagrin, c'est la cause de votre mal. Apaisez-vous ; demain vous me conterez tout cela, et je ferai tout au monde pour voir cesser vos peines. Qui sait si je ne trouverai pas quelque moyen ?

— Ah ! vous êtes un ange, vous, répondit Rose en se jetant à son cou. Mais vous ne pouvez rien pour moi. Tout est perdu, tout est rompu, Louis est chassé de la maison ; mon père, qui le protégeait ce matin, le hait et le maudit ce soir. Je suis trop malheureuse, en vérité !

— Vous l'aimez donc bien ? dit Marcelle étonnée.

— Si je l'aime ! s'écria Rose ; puis-je ne pas l'aimer ! Et quand donc en avez-vous douté ?

— Hier encore, Rose, vous m'en conveniez pas.

— C'est possible, je n'en serais peut-être jamais convenue si on ne l'eût pas persécuté, si on ne m'eût pas poussée à bout comme on l'a fait aujourd'hui. Imaginez-vous, dit-elle en parlant d'une manière précipitée, et en tenant à deux mains son front brûlant, qu'ils ont cherché à l'humilier devant moi, à l'avilir à mes yeux, parce qu'il est pauvre et qu'il ose m'aimer! Ce matin, quand on l'accablait de railleries, j'étais lâche ; j'étais en colère, et je n'osais pas le faire paraître. Je l'ai laissé vilipender sans songer à le défendre, je rougissais presque de lui. Et puis je suis rentrée, prise tout à coup d'un grand mal de tête, et me demandant si j'aurais jamais la force de braver pour lui tant d'insultes. Je me suis figuré que je ne voulais plus l'aimer, et alors il m'a semblé que j'allais mourir, que cette maison, qui m'a toujours semblé belle, parce que j'y ai été élevée et que je m'y trouvais heureuse, devenait noire, malpropre, triste et laide comme elle vous le paraît sans doute à vous-même. Je me suis crue dans une prison, et ce soir, quand ma pauvre sœur me disait dans sa folie que notre père était un gendarme qui nous gardait à vue pour nous faire souffrir, il y a eu instant où j'étais comme folle aussi, et où je me figurais voir tout ce que voyait ma sœur. Oh ! que cela m'a fait de mal ! Et quand j'ai repris ma raison, j'ai bien senti que sans mon pauvre Louis il n'y avait pour moi rien d'agréable, rien de supportable dans ma vie. C'est parce que je l'aime que j'ai accepté gaiement jusqu'à ce jour toutes mes peines, l'humeur terrible de ma mère, l'insensibilité de mon père, le fardeau de notre richesse, qui ne fait que des malheureux et des jaloux autour de nous, et le spectacle des maladies affreuses qui frappent depuis si longtemps sous mes yeux ma sœur et mon grand-père. Tout cela m'a paru hideux quand je me suis vue seule, n'osant plus aimer, et forcée de subir tout cela sans la consolation d'être chérie par un être beau, noble, excellent, dont l'attachement me dédommageait de tout. Oh ! c'est impossible ! je l'aime, je ne veux plus essayer de m'en guérir. Mais j'en mourrai, voyez-vous, madame Marcelle ; car ils l'ont chassé, et, j'aurai beau souffrir, ils seront impitoyables. Je ne pourrai plus le voir ; si je lui parle en secret, ils me gronderont et me persifleront jusqu'à ce que j'aie perdu la tête... Ma pauvre tête, que je croyais si saine, si forte, et qui me fait tant de mal qu'il me semble qu'elle se brise... Oh ! je ne me laisserai pas devenir comme ma sœur, n'ayez pas peur de moi, ma chère madame Marcelle ! Je me tuerai plutôt si je sens que son mal me gagne. Mais cela ne se gagne pas, n'est-il pas vrai ?... Pourtant, quand je l'entends crier, cela me déchire le cœur, cela fait passer du feu et de la glace dans mon sang. Une sœur, une pauvre sœur ! c'est le même sang que nous, et son mal se ressent dans notre corps comme dans notre âme ! Oh ciel ! Madame, oh ! mon Dieu, l'entendez-vous ? Tenez ! ils ont beau fermer les portes, je l'entends encore, je l'entends toujours !... Comme elle souffre, comme elle aime, comme elle appelle ! ma sœur, ô ma pauvre amie, que j'ai vue si belle, si sage, si douce, si gaie, et qui rugit à présent comme une louve !...

La pauvre Rose éclata en sanglots, et peu à peu ses larmes, longtemps étouffées par un violent effort de sa volonté, devenaient des cris inarticulés, puis des cris perçants. Sa figure s'altérait, ses yeux égarés semblaient rentrer et s'éteindre, ses mains crispées pressaient les bras de Marcelle jusqu'à le meurtrir, et elle finit par cacher sa figure dans son oreiller en criant d'une manière déchirante, imitant par un instinct fatal et irrésistible les cris effroyables de sa malheureuse sœur.

La famille, frappée de cet écho sinistre, quitta l'aînée pour la cadette. Le médecin accourut, et, sachant ce qui s'était passé, n'attribua pas seulement cette violente attaque de nerfs à l'impression produite sur l'imagination de Rose par la démence de sa sœur aînée. Il réussit à la calmer ; mais lorsqu'il se retrouva seul avec les Bricolin, il leur parla assez sévèrement : — Vous avez commis une longue imprudence, leur dit-il, d'élever cette jeune fille en présence d'un aussi triste spectacle. Il serait opportun de l'y soustraire, d'envoyer l'aînée dans un établissement d'aliénés, et de marier la cadette pour dissiper la mélancolie qui pourrait bien s'emparer d'elle.

— Comment, monsieur Lavergne ! mais certainement ! dit madame Bricolin, nous ne demandons qu'à la marier. Elle en a trouvé dix fois l'occasion, et, aujourd'hui encore, nous avions là son cousin Honoré, qui est un très-bon parti ; il aura bien un jour cent mille écus. Si elle le voulait, il ne demanderait pas mieux et nous aussi, mais elle ne veut pas en entendre parler ; elle refuse tous ceux que nous lui présentons !

— C'est peut-être que vous ne lui présentez pas celui qui lui plairait, répondit le docteur. Je n'en sais rien, et je ne me mêle pas de vos affaires ; mais vous savez bien la cause du malheur de l'autre, et je vous conseille fort de vous conduire autrement avec celle-ci.

— Oh ! celle-ci, dit M. Bricolin, ce serait trop grand dommage, une si belle fille, hein, monsieur le docteur ?

— L'autre aussi était une belle fille ; vous ne vous en souvenez pas !

— Mais enfin, Monsieur, dit madame Bricolin plus irritée que pénétrée de la franchise du docteur, est-ce que vous croiriez que ma fille n'aurait pas la tête saine ? Le malheur de l'autre est un accident, un chagrin qu'elle a eu de la mort de son amant...

— Que vous ne lui aviez pas permis d'épouser !

— Monsieur, vous n'en savez rien; nous le lui aurions peut-être permis, si nous avions su que ça devait tourner si mal. Mais Rose, Monsieur, c'est une fille bien organisée, bien raisonnable, et, Dieu merci, ce n'est pas un mal héréditaire chez nous. Il n'y a jamais eu de fous, que je sache, dans la famille des Bricolin ni dans celle des Thibaut! Moi, j'ai toujours eu la tête froide et forte; j'ai d'autres filles qui sont comme moi: je ne conçois pas pourquoi Rose ne l'aurait pas aussi bonne que les autres.

— Vous en penserez ce que vous voudrez, reprit le médecin; mais je vous déclare que vous jouez gros jeu si vous contrariez jamais les inclinations de votre fille cadette. C'est un tempérament nerveux des mieux conditionnés, et assez semblable à celui de l'aînée. De plus, la folie, si elle n'est pas héréditaire, est contagieuse...

— Oh! nous enverrons l'autre dans une maison de santé; nous nous déciderons à cela quoi qu'il en puisse coûter, dit madame Bricolin.

— Et il ne faut pas contrarier Rose, entends-tu, ma femme? dit le fermier en se versant du vin à pleins verres pour s'étourdir sur ses chagrins domestiques. Il y a des acteurs à la Châtre, il faudra la mener voir la comédie. Nous lui achèterons une robe neuve, deux s'il faut. Nous avons, sapredié, bien le moyen de ne lui rien refuser!...

M. Bricolin fut interrompu par madame de Blanchemont, qui lui demandait un entretien particulier.

XXX.

LE CONTRAT

— Monsieur Bricolin, dit Marcelle en suivant le fermier dans une espèce de cabinet sombre et mal rangé où il entassait ses papiers pêle-mêle avec divers instruments aratoires et ses échantillons de semence, êtes-vous disposé à m'écouter avec calme et douceur?

Le fermier avait beaucoup bu pour se donner de l'aplomb avant d'aller insulter Grand-Louis sur le terrier. En revenant, il avait encore bu pour se calmer et se rafraîchir. En troisième lieu, il avait bu pour conjurer la tristesse répandue autour de lui et chasser les idées noires qui le gagnaient. Son pichet de faïence à fleurs bleues, en permanence sur la table de la cuisine, lui servait ordinairement de contenance ou de stimulant contre la première pesanteur de l'ivresse. Quand il se vit seul avec la dame de Blanchemont et privé du secours de son vin blanc, il se sentit mal à l'aise, et machinalement le mouvement de chercher sur sa table à écrire un verre qui ne s'y trouvait point, et, en voulant offrir une chaise, il en fit tomber deux. Marcelle s'aperçut alors que ses jambes, sa face rouge, sa langue et son cerveau étaient passablement avinés, et, malgré le dégoût que lui inspirait ce redoublement d'attrait du personnage, elle résolut d'affronter une franche explication avec lui, se rappelant le proverbe *in vino veritas*.

Voyant qu'il avait à peine entendu ses premières paroles, elle revint à l'assaut. — Monsieur Bricolin, lui dit-elle, j'ai eu le plaisir de vous demander si vous étiez disposé à écouter avec bienveillance et tranquillité une demande assez délicate que j'ai à vous faire.

— Qu'est-ce qu'il y a, Madame? répondit le fermier d'un ton peu gracieux, mais sans énergie. Il en voulait beaucoup à Marcelle, mais il était trop appesanti pour le lui témoigner.

— Il y a, monsieur Bricolin, reprit-elle, que vous avez chassé de votre maison le meunier d'Angibault, et que je désirerais savoir la cause de votre mécontentement contre lui.

Bricolin fut étourdi de cette franche manière d'aborder la question. Il y avait dans l'extérieur de Marcelle une sincérité hardie qui le gênait toujours, et surtout dans un moment où il n'avait pas le libre exercice de ses facultés. Dominé comme par une volonté supérieure à la sienne, il fit le contraire de ce qu'il eût fait à jeun, il dit la vérité.

— Vous la savez, Madame, répondit-il, la cause de mon mécontentement! je n'ai pas besoin de vous la dire.

— C'est donc moi? dit madame de Blanchemont.

— Vous? non. Je ne vous accuse pas. Vous songez à vos propres intérêts, c'est tout simple, comme je songe aux miens... mais je trouve que c'est le fait d'une canaille de faire semblant d'être mon ami, et d'aller, pendant ce temps-là, vous donner des conseils contre moi. Écoutez-les, profitez-en, payez-les bien, vous n'en manquerez pas. Mais moi, je mets à la porte l'ennemi qui me nuit auprès de vous. Voilà!... Tant pis pour ceux qui le trouvent mauvais... Je suis le maître chez moi; car enfin, voyez-vous, madame de Blanchemont, je vous le dis, chacun pour soi!... Vos intérêts sont vos intérêts à vous, mes intérêts sont mes intérêts à moi. La canaille est de la canaille... Au *jour d'aujourd'hui*, chacun songe à soi. Je suis le maître dans ma maison et dans ma famille, vous avez vos intérêts comme j'ai les miens; pour des conseils contre moi, vous n'en manquerez guère, je vous le dis...

Et M. Bricolin continua ainsi pendant dix minutes à se répéter fastidieusement sans s'en apercevoir, perdant à chaque parole le souvenir d'avoir dit déjà cent fois la même chose.

Marcelle, qui avait vu rarement de près des gens ivres, et qui n'avait jamais causé avec aucun, l'écoutait avec étonnement, se demandant s'il était devenu tout à coup idiot, et songeant avec effroi que le sort de Rose et de son amant dépendait d'un homme dur et opiniâtre à jeun, stupide et sourd quand le vin avait apaisé sa rudesse. Elle le laissa ressasser pendant quelque temps les mêmes lieux communs ignobles, puis, voyant que cela pouvait durer jusqu'à ce que le sommeil le prît sur sa chaise, elle essaya de le dégriser en touchant brusquement la corde la plus sensible.

— Voyons, monsieur Bricolin, dit-elle en l'interrompant, vous voulez absolument acheter Blanchemont? Et si j'acceptais le prix que vous m'en offrez, seriez-vous encore fâché?

Bricolin fit un effort pour relever ses paupières dilatées, et pour regarder fixement Marcelle qui, de son côté, le regardait avec attention et assurance. Peu à peu l'œil du fermier s'éclaircit, sa face lourde et gonflée parut se raffermir, et l'on eût dit qu'un voile tombait de dessus ses traits. Il se leva et fit deux ou trois tours dans la chambre, comme pour essayer ses jambes et rassembler ses idées. Il craignait de rêver. Quand il revint s'asseoir vis-à-vis de Marcelle, son attitude était solide et son teint presque pâle.

— Pardon, madame la baronne, lui dit-il, qu'est ce que vous m'avez fait l'honneur de me dire?

— Je dis, reprit Marcelle, que je suis capable de vous laisser ma terre pour deux cent cinquante mille francs, si...

— Si quoi? demanda Bricolin d'un ton bref et avec un regard de lynx.

— Si vous voulez me promettre de ne pas faire le malheur de votre fille.

— Ma fille! Qu'est-ce que ma fille a à faire dans tout cela?

— Votre fille aime le meunier d'Angibault; elle est fort malade, elle peut en perdre la raison comme sa sœur. Entendez-vous, comprenez-vous, monsieur Bricolin?

— J'entends, et ne comprends guère. Je vois bien que ma fille a une espèce d'amourette dans la tête. Ça peut passer d'un jour à l'autre, comme ça est venu. Mais quel si grand intérêt portez-vous à ma fille?

— Que vous importe? Puisque vous ne comprenez pas qu'on puisse avoir de l'amitié et de la compassion pour une fille charmante qui souffre, vous comprenez du moins l'avantage d'être propriétaire de Blanchemont?

— C'est un jeu, madame la baronne. Vous vous moquez de moi. Vous avez parlé aujourd'hui à mon plus grand ennemi, à Tailland le notaire, qui vous aura certainement conseillé de me tenir la dragée haute!

— Sans aucune animosité contre vous, il m'a donné

les renseignements nécessaires sur ma position. Or, je sais que je pourrais trouver un acquéreur très-prochainement, et vous tenir, comme vous dites, la dragée très-haute.

— Et c'est le meunier d'Angibault qui vous a procuré ce bon conseiller-là en cachette de moi?

— Qu'en savez-vous? Vous pourriez vous tromper. D'ailleurs, toute explication à ce sujet est inutile; si je me contente de vos offres, que vous importe le reste?

— Mais le reste... le reste, c'est qu'il faut que ma fille épouse un meunier!

— Votre père l'était avant d'entrer comme fermier chez mes parents.

— Mais il a ramassé du bien, et, au *jour d'aujourd'hui*, je suis en position d'avoir un gendre qui m'aidera à acheter votre terre.

— A l'acheter trois cent mille francs, et peut-être plus?

— C'est donc une condition *sinet quoi nomme*? Vous voulez que ce meunier épouse ma fille? Quel intérêt avez-vous à cela?

— Je vous l'ai dit, l'amitié, le plaisir de faire des heureux, toutes choses qui vous paraissent bizarres; mais chacun son caractère.

— Je sais bien que défunt M. le baron votre mari aurait donné dix mille francs d'un mauvais cheval, quarante mille francs d'une mauvaise fille, quand ça lui passait par la tête. Ce sont des fantaisies de noble; mais enfin ça se conçoit, c'était pour lui, ça lui procurait de l'agrément : au lieu que faire un sacrifice purement pour le plaisir des autres, à des gens qui ne vous tiennent en rien, que vous connaissez à peine...

— Vous me conseillez donc de ne pas le faire?

— Je vous conseille, dit vivement Bricolin effrayé de sa maladresse, de faire ce qui vous plaît! On ne dispute pas des goûts et des idées; mais enfin!...

— Mais enfin, vous vous méfiez de moi, cela est clair. Vous ne me croyez pas sincère dans mes propositions?

— Dame, Madame! quelle garantie en aurais-je? C'est une fantaisie de reine qui peut vous passer d'un moment à l'autre.

— C'est pourquoi vous devriez vous hâter de me prendre au mot.

« Elle a pardieu raison, se dit M. Bricolin; dans sa folie, elle a plus de sang-froid que moi. »

— Voyons, madame la baronne, dit-il, quelle garantie me donneriez-vous?

— Un engagement écrit.

— Signé?

— A coup sûr.

— Et moi, je vous promettrais de donner ma fille en mariage à votre protégé?

— Vous m'en donneriez d'abord votre parole d'honneur.

— D'honneur? et puis après?

— Et puis tout de suite vous iriez, en présence de votre mère, de votre femme et de moi, la donner à Rose.

— Ma parole d'honneur? Rose est donc bien amourachée?

— Enfin, consentez-vous?

— S'il ne faut que cela pour lui faire plaisir, à cette petite!...

— Il faut plus encore...

— Quoi donc?

— Il faut tenir votre parole.

La figure du fermier s'altéra.

— Tenir ma parole... tenir ma parole! dit-il; vous en doutez donc?

— Pas plus que vous ne doutez de la mienne; mais, comme vous me demandez un écrit, je vous en demanderais un aussi.

— Un écrit comme quoi tourné?

— Une promesse de mariage que je rédigerais moi-même, que Rose signerait; et que vous signeriez aussi.

— Et si Rose allait me demander une dot après tout cela?

— Elle y renoncerait par écrit.

« Ce serait une fameuse économie, pensa le fermier. Cette diable de dot qu'il aurait fallu fournir d'un jour à l'autre m'aurait empêché peut-être d'acheter Blanchemont. Ne pas doter et avoir Blanchemont pour deux cent cinquante mille francs, c'est cent mille francs de profit. Allons, il n'y a pas à barguigner. Avec ça que si Rose devenait folle, il faudrait bien renoncer à trouver un gendre... et puis payer un médecin à l'année... Et puis enfin, c'est trop triste; ça me ferait trop de peine de la voir devenir laide et malpropre comme sa sœur. Ça serait une honte pour nous d'avoir deux filles fo les. Celle-là sera drôlement établie, mais la seigneurie de Blanchemont peut replâtrer bien des choses. On critiquera d'un côté, on nous jalousera de l'autre. Allons, soyons bon père. L'affaire n'est pas mauvaise. »

— Madame la baronne, dit-il, si nous essayions de voir comment on pourrait tourner cet écrit-là? C'est un drôle de marché tout de même, et je n'en ai jamais vu de modèle.

— Ni moi non plus, répondit madame de Blanchemont, et je ne sais s'il en existe dans la législation moderne. Mais, qu'importe! avec du bon sens et de la loyauté, vous savez qu'on peut rédiger un acte plus solide que tous ceux des gens du métier.

— Ça se voit tous les jours. Un testament, par exemple! le papier timbré même n'y fait rien. Mais j'en ai ici. J'en ai toujours. On doit toujours avoir de ça sous la main.

— Laissez-moi faire un brouillon sur papier libre, monsieur Bricolin, et faites-en un de votre côté: nous comparerons, nous discuterons s'il y a lieu, et nous transcrirons sur papier marqué.

— Faites, faites, Madame, répondit Bricolin, qui savait à peine écrire. Vous avez plus d'esprit que moi, vous tournerez ça mieux que moi, et puis nous verrons.

Pendant que Marcelle écrivait, M. Bricolin chercha dans un coin une cruche d'eau, et, sans être aperçu, il la posa sur une encoignure, s'inclina et en avala une certaine quantité. « Il s'agit d'avoir sa tête, pensait-il; il me semble bien que c'est revenu; mais de l'eau froide dans le sang, c'est très-bon en affaires, ça rend prudent et méfiant. »

Marcelle, inspirée par son cœur, et douée d'ailleurs d'une grande lucidité d'intelligence dans ses généreuses résolutions, rédigea un écrit qu'un légiste eût pu regarder comme un chef-d'œuvre de clarté, quoiqu'il fût écrit en bon français, qu'il n'y eût pas un mot de l'argot consacré, et qu'il fût empreint de la plus admirable bonne foi. Quand Bricolin en eut écouté la lecture, il fut frappé de la précision de cet acte, qu'il n'eût pas dicté, mais dont il comprenait fort bien la valeur et les conséquences.

« Le diable soit des femmes! pensa-t-il. On a bien raison de dire que, quand par hasard elles s'entendent aux affaires, elles en remontreraient au plus malin d'entre nous. Je sais bien que, quand je consulte la mienne, elle s'aperçoit toujours de ce qui peut laisser une porte ouverte en ma faveur ou à mon détriment. Je voudrais qu'elle fût là! Mais elle nous retarderait par ses objections. Nous verrons bien quand il sera question de signer. Qu'est-ce qui croirait pourtant que cette jeune dame-là, qui est une liseuse de romans, une républicaine et un cerveau brûlé, est capable de faire si sagement une folie? J'en perdrai la tête d'étonnement. Buvons encore un verre d'eau. Pouah! que c'est mauvais! que de bon vin il me faudra boire après le marché pour me refaire l'estomac! »

XXXI.

ARRIÈRE-PENSÉE.

Ça me paraît sans objection, dit M. Bricolin quand il eut écouté attentivement une seconde et une troisième lecture de l'acte, tout en suivant avec ses yeux, qui s'agrandissaient et s'éclaircissaient à chaque ligne, le texte que Marcelle tenait entre eux deux. Il n'y a qu'une petite chose que je trouve à redire, c'est le prix, madame Marcelle; vrai, c'est trop cher de vingt mille francs. Je ne réfléchissais pas d'abord quel tort pouvait me faire le mariage de ma fille avec ce meunier. On va dire que je suis ruiné, puisque je l'établis si misérablement. Ça m'ôtera mon crédit. Et puis, ce garçon n'a pas de quoi acheter les présents de noce. C'est encore une dépense de huit ou dix mille francs qui retombera à ma charge. Rose ne peut pas se passer d'un joli trousseau... Je suis sûr qu'elle y tient !

— Je suis sûre, moi, qu'elle n'y tient pas, dit Marcelle. Écoutez, monsieur Bricolin, elle pleure ! l'entendez-vous ?

— Je ne l'entends pas, Madame, je crois que vous vous trompez.

— Je ne me trompe pas, dit Marcelle en ouvrant la porte; elle souffre, elle sanglote, et sa sœur crie ! Comment, vous hésitez, Monsieur ? Vous trouvez le moyen de vous enrichir en lui rendant la santé, la raison, la vie peut-être, et, dans un moment pareil, vous songez à gagner encore sur votre marché ! Vraiment ! ajouta-t-elle avec indignation, vous n'êtes pas un homme, vous n'avez pas d'entrailles ! Prenez garde que je ne me ravise, et que je ne vous abandonne aux calamités qui pèsent sur votre famille comme un châtiment de votre avarice !

De cette sortie véhémente, le fermier n'entendit clairement que la menace de rompre le marché.

— Allons, Madame, passez-moi dix mille francs, dit-il, et c'est conclu.

— Adieu ! dit Marcelle. Je vais voir Rose ; faites vos réflexions, les miennes sont faites ; je ne changerai rien à mes conditions. J'ai un fils, et je n'oublie pas qu'en songeant aux autres, je ne dois pas trop le sacrifier.

— Rasseyez-vous donc, madame Marcelle, et laissons dormir la pauvre Rose. Elle est si malade !

— Allez donc la voir vous-même ! dit Marcelle avec feu; vous vous convaincrez qu'elle ne dort pas. Peut-être que ses souffrances vous feront souvenir que vous êtes son père.

— Je m'en souviens, répondit Bricolin effrayé de la pensée que Marcelle pourrait bien changer d'avis s'il lui donnait le temps de la réflexion. Allons, Madame, bâclons cet acte, afin de pouvoir en porter la nouvelle à Rose et la guérir.

— J'espère, Monsieur, que vous lui donnerez votre consentement pur et simple, et qu'elle ne saura jamais que je vous l'ai acheté.

— Vous ne voulez pas qu'elle sache que c'est une condition entre nous ? Ça m'arrange ! Alors, il est inutile qu'elle signe l'écrit.

— Pardon, elle le signera sans le bien comprendre. Ce sera une espèce de dot que j'aurai faite à son fiancé.

— Ça revient au même. Mais, moi, ça m'est égal ; Rose est assez raisonnable pour comprendre que je ne pouvais pas la marier si bêtement sans lui en faire retirer quelque avantage dans l'avenir. Mais le paiement, madame Marcelle, vous exigez donc qu'il se fasse comptant ?

— Vous m'avez dit que vous étiez en mesure.

— Sans doute, je le suis ! Je viens de vendre une grosse métairie qui était trop loin de mes yeux, et dont j'ai touché, il y a huit jours, le paiement intégral ; chose qui ne se fait guère dans notre pays ; mais c'est un grand seigneur qui m'a acheté ça, et ces gens-là ont du comptant à pleins coffres. C'est un pair de France, c'est monsieur le duc de ***, qui voulait faire un parc sur mes terres et s'arrondir. Ça lui convenait, j'ai vendu cher, comme de juste !

— N'importe, vous avez les fonds ?

— Je les ai en portefeuille, en beaux billets de banque, dit Bricolin en baissant la voix. Je vas vous les faire voir pour que vous n'ayez pas de souci.

Et après avoir été fermer les portes au verrou, il tira de sa ceinture une énorme portefeuille de cuir gras et luisant, où s'amoncelait une quantité de billets sur la banque de France. Étonné de l'air indifférent avec lequel Marcelle les comptait :

— Oh ! dit-il, ça fait frémir d'avoir tant d'argent que ça à la fois ! Heureusement qu'il n'y a plus de chauffeurs, et qu'on peut se risquer à garder ça quelques jours sans le placer. Je porte ça tout le jour sur moi ; la nuit, je le mets sous mon oreiller, je dors dessus. Il me tarde tant de m'en débarrasser ! Si je n'avais pas fait affaire avec vous tout de suite, j'aurais acheté un coffre de fer pour le serrer, en attendant le placement, car de confier ça à des notaires ou à des banquiers, pas si bête ! Aussi, je voudrais que nous pussions bâcler notre marché ce soir, afin de n'avoir plus à garder ce trésor.

— J'espère bien que nous allons terminer de suite, dit Marcelle.

— Mais quoi ! sans consulter ? et ma femme ? et mon notaire ?

— Votre femme est ici ; quant à votre notaire, si vous l'appelez, il faut que j'appelle aussi le mien.

— Ces diables de notaires gâteront tout, croyez-moi, Madame. J'en sais aussi long qu'eux, et vous aussi, car notre acte est bon, et si nous le faisons enregistrer, il nous en coûtera diablement.

— Passons-nous donc de cette formalité. Je vous vendrai, comme on dit, de la main à la main.

— Un marché si important ! ça fait frémir cependant ! Mais ceci n'est qu'une promesse après tout : si nous la signions ?

— C'est une promesse qui vaut acte. Je suis prête à la signer. Allez chercher votre femme.

« Il le faut bien, se dit Bricolin. Pourvu que ça ne prenne pas trop de temps et que le vent ne tourne pas pendant une heure de dispute que la Thibaude va peut-être me chercher ! » Vous allez voir Rose, madame Marcelle ? Ne lui dites rien encore.

— Je m'en garderai bien ! mais vous me permettez de lui faire entrevoir quelque espérance de votre consentement ?

— Au point où nous en sommes, ça se peut, répondit Bricolin, s'avisant avec sagacité que la vue de Rose et de ses larmes était le meilleur moyen d'entretenir Marcelle dans ses généreuses intentions.

M. Bricolin trouva sa femme dans des dispositions bien différentes de celles qu'il prévoyait. Madame Bricolin était dure, acariâtre ; mais, quoique plus avare que son mari dans les détails de la vie, elle était peut-être moins cupide quant à l'ensemble ; plus amère dans ses paroles, plus insensible en apparence, elle était plus capable que lui d'un bon mouvement dans l'occasion. D'ailleurs, elle était femme, et le sentiment maternel, pour être caché sous des formes acerbes, n'en était pas moins vivant dans son sein.

— Monsieur Bricolin, dit-elle en venant à sa rencontre et en s'enfermant avec lui dans la cuisine où brûlait tristement une maigre chandelle, tu me vois dans la peine. Rose est plus malade que tu ne penses. Elle ne fait que crier et pleurer comme si elle avait perdu la tête. Elle aime ce meunier ; c'est comme une punition de Dieu pour nos péchés. Mais le mal est fait, son cœur est pris, et elle est tout juste comme était sa sœur quand elle commençait à *déménager*. D'un autre côté, l'état de l'autre empire et menace de devenir intolérable. Le médecin, voyant qu'elle faisait mine de briser les portes, vient d'exiger qu'on la laissât sortir et *vaguer* dans la garenne et le vieux château comme à l'ordinaire. Il dit qu'elle est habituée à être seule, toujours en mouvement, et que si on la tient enfermée avec du monde autour d'elle, elle deviendra furieuse. Mais j'en tremble, si elle allait se tuer ! Elle paraît si méchante ce soir ! Elle, qui ne parle jamais, nous a dit toutes les horreurs de la vie. J'ai l'estomac qui m'en fait mal. C'est abominable de vivre comme ça ! Et quand on pense que c'est *une amour contrariée* qui en est la cause ! Nous avons pourtant également bien élevé toutes nos filles ! Les autres se sont mariées comme nous avons voulu, elles nous font honneur ; elles sont riches, et elles ont l'esprit de se trouver heureuses, quoique leurs maris ne soient pas des jolis cœurs. Mais l'aînée et la dernière ont des têtes de fer, et puisque nous avons eu le guignon de ne pas comprendre ce qui pouvait perdre l'une, nous devons avoir la prudence de ne pas contrarier l'autre. J'aimerais mieux qu'elle ne fût pas née que d'épouser ce meunier! Mais elle le veut, et comme j'aimerais mieux la voir morte que folle, il faut prendre son parti là-dessus. Je te le dis donc, monsieur Bricolin, je donne mon consentement, et il faut bien que tu donnes le tien. Je viens de dire à Rose que si elle voulait absolument se marier avec cet homme-là, je ne l'en empêcherais pas. Ça a paru la calmer, quoiqu'elle n'ait pas eu l'air de me comprendre ou de me croire. Il faut que tu ailles chez elle et que tu dises de même.

— Comme ça se trouve! s'écria Bricolin enchanté. Tiens, femme, lis-moi ce bout d'écrit, et dis-moi s'il n'y manque rien.

— Je tombe des nues! dit la fermière après avoir lu l'écrit. Et après maintes exclamations, elle rassembla toutes les glaces de sa volonté pour le relire avec toute l'attention d'un procureur. — Cet écrit-là est bon pour toi, dit-elle. Ça vaut un jugement. Tu n'as pas besoin de consulter, monsieur Bricolin; tu n'as qu'à signer. C'est tout profit, tout bonheur! Ça fait nos affaires et ça contente Rose. On a raison de dire que quand on a une bonne intention, le bon Dieu vous en récompense. J'étais décidée à la donner pour rien à son mari, et nous en voilà bien payés! Signe, signe, mon vieux, et paie. Ça fera que l'acte aura reçu exécution, et qu'il n'y aura pas à y revenir.

— Payer déjà? comme ça tout d'un coup! sur un chiffon de papier qui n'est pas seulement notarié?

— Paie! te dis-je, et fais publier les bans demain matin.

— Mais si l'on faisait entendre raison à la petite! Peut-être qu'elle se portera bien demain, et qu'elle consentira à en épouser un autre si on la raisonne, et si tu sais t'y prendre avec elle. On pourrait dire alors qu'un acte pareil de ma part est une folie, une bêtise qui ne peut pas engager ma fille...

— Eh bien! alors la vente serait annulée!

— Savoir! on peut toujours plaider.

— Tu perdrais!

— Savoir encore! D'ailleurs, qu'est-ce que ça fait? La vente serait suspendue. Un procès, on peut faire durer ça longtemps. Tu sais que madame de Blanchemont ne peut pas attendre. Ça la forcerait bien à transiger.

— Bah! avec ces histoires-là on fait mal parler de soi, monsieur Bricolin. On perd son honneur et son crédit. Il y a toujours profit à agir rondement.

— Eh bien, on verra, Thibaude! Va toujours dire à ta fille que c'est conclu. Peut-être que quand elle ne se sentira plus contrariée, elle ne se souciera plus tant de son Grand-Louis; car ça m'a l'air tout bonnement d'une pique entre elle et moi qui lui monte comme ça à la tête. Dis donc? il n'a pas mal manœuvré dans tout ça, le meunier! Il a su trouver le moyen de capter la protection et l'amitié de cette dame, je ne sais comment... Le gaillard n'est pas sot!

— Je le détesterai toute ma vie! répondit la fermière; mais c'est égal. Pourvu que Rose ne devienne pas comme sa sœur, je battrai froid et je me tairai.

— Oh! son mari, son mari!... il ne l'est pas encore!

— Si fait, Bricolin, c'est une affaire finie: va signer.

— Et toi? il faut bien que tu signes aussi?

— Je suis prête.

Madame Bricolin entra délibérément chez sa fille, où Marcelle l'attendait, et elle signa avec son mari sur un coin de la commode.

Quand ce fut fait, Bricolin dit tout bas à sa femme, avec un regard de triomphe farouche:

— Thibaude! la vente est bonne et la condition est nulle! Tu ne savais pas ça, toi qui prétends tout savoir?

Rose avait toujours la fièvre et des douleurs intolérables à la tête; mais depuis que la folle était dehors et qu'on ne l'entendait plus crier, Rose avait les nerfs plus calmes. Quand Marcelle eut signé et qu'elle présenta la plume à sa jeune amie, celle-ci eut bien de la peine à comprendre ce dont il s'agissait; mais quand elle l'eut compris, elle fondit en larmes et se jeta avec effusion dans les bras de son père, de sa mère et de son amie, en disant à l'oreille de celle-ci:

« Divine Marcelle, c'est un prêt que j'accepte; je serai assez riche un jour pour m'acquitter envers votre fils. »

La grand'mère Bricolin fut la seule de la famille qui comprit la noble conduite de Marcelle. Elle se jeta à ses genoux et les embrassa sans rien dire.

— Et maintenant, dit Marcelle tout bas à la vieille, il n'est pas bien tard, dix heures seulement! Grand-Louis pourrait être encore ici sur le terrier, et d'ailleurs il n'y a pas si loin d'ici à Angibault. Si on envoyait quelqu'un le chercher? Je n'ose le proposer; mais on pourrait le faire arriver comme par hasard, et une fois ici il faudrait bien l'instruire de son bonheur.

— Je m'en charge! s'écria la vieille. Quand je devrais aller moi-même au moulin! Je retrouverais mes jambes de quinze ans pour ça!

Elle sortit elle-même en effet dans le village, mais elle ne trouva pas le meunier. Elle voulut lui dépêcher un garçon de ferme. Ils étaient tous ivres, endormis dans leur lit ou au cabaret, incapables de se mouvoir. La petite Fanchon était trop poltronne pour s'en aller de nuit par les chemins; d'ailleurs, il n'était pas humain d'exposer cette jeune enfant, un soir de fête, à rencontrer toutes sortes de gens. La mère Bricolin allait, cherchant sur le terrier devenu presque désert, quelqu'un d'assez mûr et d'assez prudent pour se charger de sa commission, lorsque l'oncle Cadoche, sortant de dessous le porche de l'église, où il venait de marmotter une dernière prière, s'offrit à ses regards.

XXXII.

LE PATACHON.

— Vous vous promenez bien tard, madame Bricolin? dit le mendiant à la vieille fermière; vous avez l'air de chercher quelqu'un? Votre petite-fille est rentrée depuis longtemps. Son papa l'a joliment contrariée aujourd'hui!..

— C'est bon, c'est bon, Cadoche, répondit la vieille, je n'ai pas d'argent sur moi. Mais je crois qu'on t'a donné aujourd'hui chez nous.

— Je ne vous demande rien; ma journée est faite; j'ai bu trois petits verres ce soir, et je n'en vas que plus droit. Tenez, mère Bricolin, ce n'est pas votre mari, ni même votre garçon le gros monsieur, qui porteraient la boisson comme je le fais à mon âge. Je vous souhaite le bonsoir. Je m'en vas coucher à Angibault.

— A Angibault? Cadoche, mon vieux, tu vas à Angibault?

— Ça vous étonne? Ma maison est à deux grandes lieues d'ici du côté de Jeu-les-Bois. Je n'ai pas besoin de me fatiguer. Je m'en vas passer la nuit chez mon neveu le meunier; j'y suis toujours bien reçu, et on ne me met pas à la paille, comme dans les autres maisons, comme chez vous, par exemple, qui êtes pourtant assez riches encore, malgré les chauffeurs! Chez mon neveu, il y a un lit pour moi dans le moulin, et on n'a pas peur que j'y mette le feu... comme chez vous où, quand on n'a pas le feu aux pieds on l'a dans la tête.

Ces allusions à la catastrophe dont son mari avait été victime firent passer un frisson dans le vieux sang de la mère Bricolin; mais elle fit un effort pour ne penser qu'à sa petite-fille et à des jours meilleurs.

— C'est donc chez le Grand-Louis que tu vas? dit-elle au vieillard.

— Sans doute; chez le meilleur de mes neveux, chez mon vrai neveu, mon héritier futur!

— Dis donc, Cadoche, puisque tu es dans ton bon sens et que tu es si ami du Grand-Louis, tu peux lui rendre un fameux service. Il y a une affaire qui presse, et il faut qu'il vienne tout de suite me parler: dis-lui ça, je l'attendrai à la porte de la grand'cour. Qu'il prenne sa jument, il ira plus vite.

— Sa jument? il ne l'a plus; on la lui a volée.

— C'est égal, qu'il vienne, n'importe comment! l'affaire l'intéresse beaucoup.

— Et qu'est-ce que c'est que cette affaire ?
— Ah! bon, il veut qu'on lui explique ça, à présent! Cadoche, il y aura une pièce neuve de vingt sous pour toi, que tu pourras venir chercher demain matin.
— À quelle heure?
— Quand tu voudras.
— J'irai à sept heures. Soyez-y, parce que je n'aime pas à attendre.
— Va donc!
— J'y vas. Je n'en ai pas pour trois quarts d'heure. Ah! c'est que j'ai de meilleures jambes que votre mari, mère Bricolin, et pourtant j'ai dix ans de plus.

Le mendiant partit d'un pas assez ferme en effet. Il approchait d'Angibault, lorsqu'il se trouva dans un chemin étroit, juste devant la calèche de M. Ravalard, conduite à grand train par le patachon roux et méchant, qui dédaigna de lui crier gare! et poussa ses chevaux sur lui.

Il est contraire à la dignité du paysan berrichon de se déranger jamais pour une voiture, quelque avertissement qu'il reçoive, quelque difficulté qu'il y ait à se déranger pour lui. L'oncle Cadoche était plus fier que qui que ce soit dans le pays. Habitué à traiter du haut de sa grandeur, avec un sérieux comique, tous ceux auxquels il tendait une main suppliante, il affecta de ralentir son allure et de garder le milieu du chemin, quoiqu'il sentit l'haleine ardente des chevaux sur son épaule. —Range-toi donc, animal! cria enfin le patachon en lui allongeant un grand coup de fouet autour du visage.

Le mendiant se retourna, et, saisissant les chevaux à la bride, il les fit reculer si fort, qu'ils faillirent verser la voiture dans le fossé. Alors s'engagea entre lui et le patachon furieux une lutte désespérée; celui-ci frappant toujours de son fouet et proférant mille imprécations; le vieux Cadoche se garantissant de ses atteintes en se baissant sous la tête des chevaux, et les poussant toujours en leur secouant le mors avec force, tantôt les faisant reculer, tantôt reculant lui-même devant eux. M. Ravalard avait pris d'abord des airs de grand seigneur, comme il convient à un homme qui roule carrosse pour la première fois de sa vie. Il avait juré lui-même contre l'insolent qui osait l'arrêter; mais, le bon cœur du Berrichon l'emportant bientôt sur l'orgueil du parvenu, dès qu'il vit que le vieillard bravait follement un danger réel :

— Prenez garde, dit-il au patachon en se penchant hors de sa calèche; prenez garde de faire du mal à ce pauvre homme!

Il était trop tard : les chevaux, exaspérés d'être fouettés d'un côté et repoussés de l'autre, avaient fait un bond furieux : ils avaient renversé Cadoche. Grâce à l'admirable instinct de ces généreux animaux, ils le franchirent son corps sans le toucher, mais les deux roues de la voiture lui passèrent sur la poitrine.

Le chemin était sombre et désert. Il faisait trop nuit pour que M. Ravalard pût distinguer ce porteur de haillons couleur de terre, étendu derrière sa calèche qui fuyait rapidement, le patachon lui-même ne pouvant maîtriser ses chevaux. D'abord le bourgeois éprouva la peur de verser; quand l'attelage se calma, le mendiant était déjà bien dépassé.

— J'espère que vous ne l'avez pas renversé ? dit-il à son cocher, qui tremblait encore de peur et de colère.

— Non, non, dit le patachon convaincu ou non de ce qu'il affirmait. Il est tombé de côté. C'est sa faute, vieille canaille! mais les chevaux n'y ont pas touché, et il n'a pas eu de mal, car il n'a pas seulement crié. Il en sera quitte pour la peur, et ça lui servira de leçon.

— Mais si nous retournions voir? dit M. Ravalard.

— Oh! non, non, Monsieur; pour une égratignure ces gens-là vous feraient un procès. Il n'aurait même rien du tout qu'il ferait semblant d'avoir la tête cassée pour vous faire donner beaucoup d'argent. J'en ai accroché un comme ça une fois qui a eu la patience de rester quarante jours au lit pour se faire indemniser par mon bourgeois de quarante jours de travail perdu. Et il n'était pas plus malade que moi.

— Ces gens-là sont bien fins! dit M. Ravalard. Cependant, j'aimerais mieux n'avoir jamais de calèche que d'écraser n'importe qui. Une autre fois, petit, il faudra s'arrêter court plutôt que de se disputer comme ça; c'est dangereux.

Le patachon, qui ne se souciait pas des suites de l'affaire, fouetta encore ses chevaux pour s'éloigner au plus vite. Il n'était pas sans terreur et sans remords, et il jura entre ses dents jusqu'à la fin du voyage.

Le meunier, Lémor, la Grand'Marie et M. Tailland le notaire, sortaient en ce moment du moulin. Lémor était résolu à partir le lendemain; il passait là sa dernière soirée, peu attentif à ce qui se disait autour de lui, et contemplant, plongé dans une douce mélancolie, la beauté du ciel et le miroitement des étoiles dans la rivière. Le meunier, triste et sombre, s'efforçait de faire politesse au notaire, qui venait de rédiger un testament à quelques pas de là, chez un métayer de la Vallée-Noire, et qui, en repassant devant le moulin, s'y était arrêté pour allumer son cigare et les lanternes de son cabriolet. La Grand'Marie était en train de lui expliquer qu'en prenant une autre direction il éviterait un long trajet pierreux, et Grand-Louis assurait qu'en passant ce même chemin au pas ou à pied, en conduisant le cheval par la bride, il aurait le reste du chemin meilleur. Le notaire, quand il s'agissait de ses aises, était ce qu'on appelle dans le pays extrêmement *fafiot*, mot intraduisible qui désigne un homme à la fois musard et minutieux. Il venait de perdre un quart d'heure qu'il eût pu employer chez lui à se reposer, à se faire expliquer comme quoi il pouvait éviter un quart d'heure de fatigue légère.

Il trouvait que mener à pied son cheval par la bride était encore plus fatigant que de rester dans sa carriole en supportant les cahots, mais que des deux le meilleur ne valait rien et troublait la digestion.

— Allons, dit le meunier, en qui les tristes pensées ne pouvaient étouffer l'obligeance et la bonté naturelles, suivez-moi en vous promenant tout doucement, je vas vous conduire votre équipage jusque là-haut. Quand nous aurons dépassé les vignes, vous aurez tout chemin de sable.

En remplissant avec bonhomie l'office de groom, Grand-Louis fut bientôt obligé de ranger le cabriolet presque dans le fossé pour laisser passer la calèche de M. Ravalard, qui allait grand train. M. Ravalard, préoccupé de sa rencontre avec le mendiant, ne songea pas à répondre au bonsoir amical du meunier.

— C'est donc bien la voiture qu'il ne me reconnaît pas? dit celui-ci à Lémor qui l'avait suivi. Argent, argent! tu fais tourner le monde comme l'eau la roue de mon moulin. Ce damné patachon brisera tout s'il va de ce train-là sur nos cailloux; sans doute qu'il a du vin dans la tête et de l'argent dans le gousset. Je ne sais pas lequel grise le mieux. Ah! Rose! Rose! ils te feront boire le poison de la vanité, et avant peu, tu m'oublieras peut-être aussi. Cependant elle paraissait presque m'aimer ce soir; elle avait les yeux pleins de larmes quand on l'a séparée de moi. Je ne lui parlerai plus... elle me regrettera peut-être... Ah! que je serais heureux si je n'étais pas si malheureux!

Le meunier fut tiré de ses réflexions par un écart du cheval qu'il conduisait. Il se pencha en avant et vit quelque chose de pâle en travers du chemin. Le cheval refusait obstinément d'avancer, et la traîne ombragée était si noire en cet endroit que Grand-Louis fut obligé de mettre pied à terre pour voir s'il avait heurté un tas de pierres ou un ivrogne.

— Oh! diable! mon oncle, dit-il en reconnaissant la grande taille et la besace du mendiant. Hier soir, c'était au bord du fossé, encore passe, mais aujourd'hui c'est tout en travers des ornières! Il paraît que vous aimez cet endroit-là; mais vous y faites mal votre lit. Allons, réveillez-vous donc, et venez vous coucher au moulin, vous y serez un peu mieux que sous les pieds des chevaux.

— Cet homme est mort! dit Henri en soulevant le mendiant dans ses bras.

— Oh! n'ayez pas peur! il a souvent passé par cette

C'était vilain... ce patient qui hurlait. (Page 91.)

mort là ; ça le connaît. Il porte pourtant bien la boisson, le compère! mais un jour de fête on en prend plus que de raison, et il n'y a, comme on dit en parlant du vin, si fidèle ami qui ne vienne à vous trahir. Allons, laissons-le au pied de cet arbre ; nous le reprendrons en passant pour le conduire à la maison.

Lémor toucha le bras du mendiant.

— Si je ne sentais son pouls battre faiblement, dit-il, je jurerais qu'il est mort. Quoi! ce n'est pas assez de la misère, de la vieillesse et de l'abandon, sans qu'une passion honteuse traîne ainsi ce malheureux sous les pieds des hommes! Et c'est pourtant là un homme aussi !

— Bah! vous êtes sévère comme un buveur d'eau, vous! Qui est-ce qui a dit que le pauvre a besoin de boire l'oubli de ses maux? J'ai entendu cette parole-là quelque part ; c'est une vérité.

Au moment où Lémor et le meunier allaient abandonner provisoirement Cadoche, celui-ci fit entendre un gémissement profond.

— Eh bien! mon oncle, dit en souriant le meunier, ça ne va pas mieux?

— Je suis mort! répondit faiblement le mendiant. Ayez pitié de moi! achevez-moi... je souffre trop.

— Ça se passera, mon oncle. Un peu d'eau et un bon lit...

— Ils m'ont écrasé, ils m'ont passé sur le corps! reprit le mendiant.

— Mais ce n'est pas possible! dit Lémor.

— Oh! ça se dit toujours comme ça, reprit le meunier qui avait vu trop souvent les divagations pénibles de l'ivresse pour s'inquiéter beaucoup. Voyons, père Cadoche, vous est-il arrivé malheur tout de bon?

— Oui, la voiture, la voiture... sur l'estomac, sur le ventre, sur les bras !...

— Décrochez donc une des lanternes de ce cabriolet, et apportez-la ici, dit le meunier à Lémor. Ça éclaire un coin, ça obscurcit l'autre ; quand il aura ça sous le nez, nous verrons bien s'il a *du mal ou du vin*.

— Non! pas de vin... pas de vin, murmurait le mendiant, on m'a assassiné, écrasé comme un pauvre chien ; il faudra que j'en meure. Que le bon Dieu et la sainte Vierge, et tous les bons chrétiens aient pitié de moi et vengent ma mort!

Elle s'élança dehors portant son fils dans ses bras. (Page 94.)

Lémor approcha la lanterne. La face du mendiant était livide, ses vêtements étaient trop délabrés pour qu'une déchirure et une souillure de plus ou de moins pussent servir d'indice, mais en écartant les haillons qui lui couvraient la poitrine, on vit sur ses côtes décharnées des traces d'un rouge ardent; c'étaient les bandes de fer des roues qui l'avaient sillonné. Cependant le sang n'avait pas jailli, les côtes ne paraissaient pas brisées, et la respiration était encore assez libre. Il put même raconter son accident, et il eut assez de force pour vomir contre le riche en voiture et le vil mercenaire qui renchérissait sur l'insolence et la cruauté du maître, toutes les imprécations et tous les serments de vengeance que la rage et le désespoir purent lui suggérer.

— Dieu merci! dit le meunier, vous n'en êtes pas mort, mon pauvre Cadoche, et il faut espérer que vous n'en mourrez pas. Tenez, la roue de droite était dans le fossé, on en voit la trace; c'est ce qui vous a sauvé; la voiture, en y penchant, a pesé sur vous aussi peu que possible. C'est un miracle qu'elle n'ait pas versé sur l'autre flanc.

— J'y avais bien fait mon possible! dit le mendiant.

— Eh bien! votre malice vous a servi, mon oncle. Ils n'ont pas pu vous écraser, et nous leur revaudrons ça, non pas à ce pauvre M. Ravalard qui en aura plus de chagrin que vous, mais à ce damné méchant enfant!

— Et *mes journées* que je vais perdre! dit le mendiant d'un ton dolent.

— Ah! dame! vous gagniez peut-être plus d'argent à vous promener que nous autres à travailler. Mais on vous aidera, père Cadoche; on fera une quête pour vous; et je vous donnerai, moi, votre pesant de blé; ne vous chagrinez pas. Quand on a du mal il ne faut pas se laisser achever par la peur.

En parlant ainsi le bon meunier, avec l'aide de Lémor, plaça le mendiant dans le cabriolet, et ils le ramenèrent au pas, évitant les cailloux avec un soin extrême. M. Tailland, qui ne gravissait pas vite la colline, de crainte de s'essouffler, s'étonna de les voir revenir, et, quand il sut de quoi il était question, il prêta son cabriolet de bonne grâce, non sans s'inquiéter pourtant un peu du retard que cet accident lui faisait éprouver et de la fatigue qu'il aurait à remonter la côte, quand il était déjà en haut. Il ne la redescendit pas moins, pour voir s'il pourrait aider ses amis du moulin à secourir le pauvre Cadoche.

Quand on déposa le vieillard sur le propre lit du meunier, il tomba en défaillance. On lui fit respirer du vinaigre.

— J'aimerais mieux l'odeur de l'eau-de-vie, dit-il, quand il commença à revenir, c'est plus sain.

On lui en apporta.

— J'aimerais mieux la boire que de la respirer, dit-il, c'est plus fortifiant.

Lémor voulut s'y opposer. Après un tel accident, cet ardent breuvage pouvait et devait provoquer un accès de fièvre terrible. Le mendiant insista. Le meunier essaya de l'en détourner ; mais le notaire, qui avait trop étudié sa propre santé pour n'avoir pas quelques préjugés en médecine, déclara que l'eau, dans un tel moment, serait mortelle à un homme qui n'en avait peut-être pas bu une goutte depuis cinquante ans ; que l'alcool, étant sa boisson ordinaire, ne pouvait lui faire que du bien, qu'il n'avait pas d'autre mal sérieux que la peur, et que l'excitation d'un *petit-verre* lui remettrait les sens. La meunière et Jeannie, qui, comme tous les payans, croyaient aussi à la vertu infaillible du vin et du *brandevin* dans tous les cas, affirmèrent, comme le notaire, qu'il fallait contenter ce pauvre homme. L'avis de la majorité l'emporta, et pendant qu'on cherchait un verre, Cadoche, qui se sentait dévoré réellement par la soif qu'excitent les grandes souffrances, porta précipitamment la bouteille à ses lèvres et en avala d'un trait plus de la moitié.

— C'est trop, c'est trop ! dit le meunier en l'arrêtant.

— Comment, mon neveu ! répondit le mendiant avec la dignité d'un père de famille réclamant l'exercice légitime de son autorité, tu me mesures ma part chez toi ? Tu *chichottes* sur les secours que mon état réclame ?

Ce reproche injuste vainquit la prudence du simple et bon meunier. Il laissa la bouteille à côté du mendiant en lui disant :

— Gardez ça pour plus tard, mais à présent, c'est assez.

— Tu es un bon parent et un digne neveu ! dit Cadoche, qui parut tout à coup comme ressuscité par l'eau-de-vie, et si je dois en mourir, je préfère que ce soit chez toi, parce que tu me feras faire un enterrement convenable. J'ai toujours aimé ça, un bel enterrement ! Écoute, mon neveu, garçons de moulin, notaire !... je vous prends tous à témoin, j'ordonne à mon neveu et à mon héritier, Grand-Louis d'Angibault de me faire porter en terre ni plus ni moins honorablement qu'on le fera sans doute bientôt pour le vieux Bricolin de Blanchemont... qui me survivra de peu, malgré qu'il soit plus jeune..... mais qui s'est laissé brûler les jambes dans le temps... Ah ! ah ! dites donc, vous autres, faut-il être bête pour se laisser *rôtir les quilles* pour de l'argent qu'on a en dépôt ! Il est vrai qu'il y en avait du sien avec, dans le pot de fer !...

— Qu'est-ce qu'il dit donc ? dit le notaire qui s'était assis devant une table et qui n'était pas trop fâché de voir la meunière préparer du thé pour le malade, comptant en avaler aussi une tasse bien chaude pour se préserver des vapeurs du soir au bord de la Vauvre. Qu'est-ce qu'il nous chante avec ses quilles rôties et son pot de fer ?

— Je crois qu'il bat la campagne, répondit le meunier. Au reste, quand il ne serait ni soûl ni malade, il est assez vieux pour radoter, et les histoires de sa jeunesse l'occupent plus que celles d'hier. C'est l'habitude des vieillards. Comment vous sentez-vous, mon oncle ?

— Je me sens bien mieux depuis cette petite goutte, quoique ton *brandevin* soit diablement fade ! M'aurait-on fait la niche d'y mettre de l'eau par économie ? Écoute, mon neveu, si tu me refuses quelque chose pendant ma maladie, je te déshérite !

— Ah oui, parlons de ça, *pour changer !* dit le meunier en haussant les épaules. Vous feriez mieux d'essayer de dormir, père Cadoche.

— Dormir, moi ? Je n'en ai nulle envie, répondit le mendiant en se redressant sur son coussin et en promenant autour de lui des yeux étincelants. Je sens bien que je suis cuit, mais je ne veux pas mourir sur le flanc comme un bœuf. Oui-da ! je sens quelque chose de bien lourd dans mon estomac, là, sur le cœur, comme si j'avais une pierre à la place. Ça me démange... ça me gêne. Meunière ! faites-moi donc des compresses. Personne ne s'occupe de moi ici, comme si je n'étais pas un oncle à succession !

— N'aurait-il pas les côtes enfoncées ? dit Lémor. C'est peut-être là ce qui oppresse le cœur ?

— Je n'y connais goutte, ni personne ici, dit le meunier ; mais on peut bien envoyer chercher le médecin, qui est sans doute encore à Blanchemont.

— Et qui est-ce qui la paiera, la visite du médecin ? dit le mendiant, qui était aussi avare que vaniteux de sa prétendue richesse.

— Ce sera moi, répondit Grand-Louis, à moins qu'il ne veuille agir par humanité. Il ne sera pas dit qu'un pauvre diable crèvera chez moi faute de tous les secours qu'on donnerait à un riche. Jeannie, monte sur Sophie, et va-t-en bien vite chercher M. Lavergne.

— Monte sur Sophie ? dit Cadoche en ricanant. Tu dis cela par habitude, mon neveu ! Tu oublies qu'on t'a volé Sophie.

— On a volé Sophie ? dit la meunière en se retournant.

— Il déraisonne, répondit le meunier. Mère, n'y faites pas attention. Dites donc, père Cadoche, ajouta-t-il en baissant la voix et en s'adressant au mendiant ; vous savez donc ça ? Est-ce que vous pourriez me donner des nouvelles de ma bête et de mon voleur ?

— Qui peut savoir pareille chose ! répliqua Cadoche d'un air confit. Qui est-ce qui découvre les voleurs ? ce n'est pas les gendarmes, ils sont trop bêtes ! Qui est-ce qui a jamais pu dire quelles gens ont fait brûler les jambes, et enlevé le pot de fer du père Bricolin ?

— Ah çà ! dites donc, mon oncle, reprit le meunier ; vous nous parlez toujours de ces jambes-là ; ça vous occupe donc beaucoup. Depuis quelque temps, toutes les fois que je vous rencontre vous y revenez ! et ce soir il y a un pot de fer de plus dans votre histoire. Vous ne m'aviez jamais parlé de ça ?

— Ne le fais donc pas causer ! dit la meunière ; tu lui redoubleras sa fièvre.

Le mendiant avait la fièvre en effet. Toutes les fois que ses hôtes tournaient la tête, il avalait furtivement une lampée d'eau-de-vie, et il replaçait adroitement la bouteille sous son traversin du côté de la ruelle. A chaque instant, il paraissait plus fort, et c'était merveille de voir comment ce corps de fer supportait à un âge si avancé les suites d'un accident qui eût brisé tout autre.

— Le pot de fer ! dit-il en regardant fixement Grand-Louis avec des yeux étranges qui lui causèrent une sorte d'effroi inexplicable. Le pot de fer ! c'est le plus beau de l'histoire, et je m'en vais vous le raconter.

— Racontez, racontez, père Cadoche, ça m'intéresse ! dit le notaire, qui l'examinait avec attention.

XXXIII.

LE TESTAMENT.

— Il y avait, reprit le mendiant, un pot de fer, un vieux pot de fer bien laid, qui n'avait l'air de rien du tout ; mais il ne faut pas juger sur la mine..... Dans ce pot bien scellé, et lourd !... oh ! qu'il était lourd !... il y avait cinquante mille francs appartenant au vieux seigneur de Blanchemont, dont la petite-fille est maintenant à la ferme de Bricolin. Et, de plus, le vieux père Bricolin, qui était un jeune homme dans ce temps-là, il y a de ça quarante ans... juste ! avait fourré dans ce pot cinquante mille francs à lui, provenant d'une bonne affaire qu'il avait faite sur les laines. C'était le temps ! à cause de la fourniture des armées. Le dépôt du seigneur et les profits du fermier, tout ça était en beaux et bons louis d'or de vingt-quatre francs, à l'effigie du bon roi Louis XVI, de ceux que nous appelons des *yeux de crapaud*, à cause de l'écusson qui est rond. J'ai toujours aimé cette monnaie-là, moi! On dit que ça perd au change, moi je dis que ça gagne; vingt-trois francs onze sous valent toujours mieux qu'un méchant napoléon de vingt francs. Tout ça était pêle-mêle. Seulement comme le fermier aimait ses louis pour eux-mêmes (c'est comme ça, enfants, qu'on doit aimer son argent), il avait marqué tous les siens d'une croix pour les distinguer de ceux de son seigneur, quand il faudrait les lui rendre. Il fit cela à l'exemple de son maître, qui avait marqué les siens d'une simple barre, pour s'amuser, à ce qu'on dit, et voir si on ne les lui changerait pas. La marque y était... elle y est encore... Il n'en manque pas un; au contraire, il y en a d'autres avec!...

— Que diable nous chante-t-il là? dit le meunier en regardant le notaire.

— Paix! répondit celui-ci. Laissez-le dire, il me semble que je commence à comprendre. Si bien que... dit-il au mendiant.

— Si bien que, reprit Cadoche, il avait mis le pot de fer dans un trou de la muraille au château de Beaufort, et il avait fait maçonner par-dessus. Quand les chauffeurs se furent mis après lui... Il ne faut pas croire que ces gens-là fussent tous de la canaille! Il y avait des pauvres, mais il y avait aussi des riches; je les connais très-bien, pardié! Il y en a qui vivent encore et qu'on salue bien bas. Il y avait parmi nous...

— Parmi vous? s'écria le meunier.

— Taisez-vous donc! dit le notaire en lui pressant le bras avec force.

— Je veux dire qu'il y avait parmi eux, reprit le mendiant, un avoué, un maire, un curé, un fermier, il y avait peut-être aussi un notaire... Eh! eh! monsieur Tailland, je ne dis pas ça pour vous, vous étiez à peine de ce monde; ni pour toi, mon neveu, tu aurais été trop simple pour faire un coup pareil...

— Enfin, les chauffeurs prirent l'argent? dit le notaire.

— Ils ne le prirent pas, voilà ce qu'il y a eu de plus drôle. Ils faisaient griller et rissoler les pattes de ce pauvre dindon de Bricolin, c'était affreux, c'était superbe à voir!

— Mais vous l'avez donc vu? dit le meunier, qui ne pouvait se contenir.

— Oh non! reprit Cadoche, je ne l'ai pas vu; mais un de mes amis, c'est-à-dire un homme qui s'y trouvait là m'a raconté tout ça.

— A la bonne heure, dit le meunier tranquillisé.

— Prenez donc votre tasse de thé, père Cadoche, dit la meunière, et ne bavardez pas tant, ça vous fera du mal.

— Allez au diable, meunière, avec votre eau chaude! répondit le mendiant en repoussant la tasse, j'ai horreur de ces rinçures-là. Laissez-moi donc raconter mon histoire; il y a assez longtemps que je l'ai sur le cœur, je veux la dire une fois tout entière avant de mourir, et on m'interrompt toujours!

— C'est vrai, dit le notaire, ce matin vous vouliez la dire sous la ramée, et tout le monde a tourné le dos en disant : ah! voilà l'histoire des chauffeurs du père Cadoche qui commence, allons-nous-en! Mais moi, ça m'amusait et j'aurais volontiers entendu le reste. Continuez donc.

— Figurez-vous, dit Cadoche, que cet homme dont je vous parle et qui se trouvait là... un peu malgré lui... c'était un pauvre paysan, on l'avait entraîné; et puis quand la peur le prit, et qu'il lui fit mine de reculer, on le menaça de lui faire sauter la cervelle, s'il ne remontait sur le cheval qu'on lui avait amené et qui était ferré à rebours comme ceux des autres, afin qu'en se retirant, on laissât par terre une trace qui dérouterait les poursuites... Et quand mon homme fut là, et qu'il vit qu'il fallait faire comme les autres, il se mit à fouiller et à fureter partout pour trouver l'argent. Il aimait mieux ça que d'aider à faire rôtir ce pauvre Bricolin, car ce n'était pas un méchant homme que le camarade dont je vous parle. Vrai! cette besogne-là ne lui plaisait pas et lui faisait horreur à voir... c'était vilain... ce patient qui hurlait à déchirer les oreilles, cette femme évanouie, ces maudites jambes qui se débattaient dans le feu, et que je crois toujours voir... Il n'y a pas eu une nuit depuis que je n'en aie rêvé! Bricolin était dans ce temps-là un homme très-fort, il se raidissait si bien qu'une barre de fer qui était au milieu du feu fut tordue par ses pieds... Ah! je ne m'en suis pas mêlé, j'en jure devant Dieu!... Quand ils m'ont forcé à lui tenir une serviette sur la bouche, la sueur me coulait du front, froide comme du verglas...

— A vous? dit le meunier stupéfait.

— A l'homme qui m'a raconté tout ça. Alors notre homme prit un bon moment pour s'esquiver, et il se mit à chercher, chercher, du haut en bas dans la maison, à frapper avec une pioche contre tous les murs pour voir si ça sonnait le creux, et démolissant à droite et à gauche comme les autres. Mais ne voilà-t-il pas qu'il se glisse dans une petite étable à porcs, sauf votre respect..... et qu'il s'y trouve tout seul! C'est depuis ce temps-là que j'ai toujours aimé les cochons, et que j'en ai élevé un tous les ans... Il frappe, il écoute... ça sonne toujours le creux. Il regarde autour de lui. J'étais tout seul! Il travaille son mur, il fouille, et il trouve... devinez quoi? le pot de fer!... Nous savions bien que c'était la tirelire au père Bricolin! Le serrurier qui l'avait scellé avait bavardé dans les temps : j'eus bien vite reconnu que c'était là le pot aux roses! Et c'était si lourd! C'est égal mon homme trouva la force d'un bœuf dans ses bras et dans son cœur. Il se sauva bel et bien avec son pot de fer et quitta le pays par pointe sans dire bonsoir aux autres. On ne l'a jamais revu depuis dans ce pays-là. C'est qu'il jouait gros jeu, da! les chauffeurs l'auraient assommé sans façon s'ils l'avaient découvert. Il marcha jour et nuit sans s'arrêter, sans boire ni manger jusqu'à ce qu'il fût dans un grand bois où il enterra son pot, et il dormit là je ne sais combien d'heures. J'étais si fatigué de porter une pareille charge! Quand la faim me prit, j'étais bien embarrassé. Je n'avais pas un sou vaillant, et je savais que dans mes cent mille francs il n'y avait pas un louis qui ne fût marqué! J'y avais regardé, je n'avais pas pu m'en tenir! je voyais bien que cette maudite marque ferait reconnaître l'argent désigné déjà à la police. L'effacer en grattant eût été pire. Et puis un pauvre diable comme celui dont je parle, qui aurait été changer un louis d'or pour avoir un morceau de pain chez un boulanger, ça aurait éveillé les soupçons. Il n'avait qu'un parti à prendre; il se fit mendiant. La police ne se faisait pas si bien dans ce temps-là qu'aujourd'hui, à preuve que sans quitter le pays aucun chauffeur ne fut puni. Le métier de mendiant est bon quand on sait le faire... J'y ai ramassé quelque chose sans jamais me priver de rien. Mon homme ne fit pas la bêtise d'appeler un serrurier pour fermer son pot de fer; il l'enterra tout au beau milieu d'une méchante cabane de paille et de terre qui lui sert de maison et qu'il s'est bâtie lui-même de ses deux bois. Depuis quarante ans personne ne l'a tourmenté, parce que son sort n'a fait envie à personne, et il a eu le plaisir d'être plus riche et plus fier que tous ceux qui le méprisaient.

— Et à quoi lui a servi son or? dit Henri.

— Il le regarde une fois par semaine, quand il retourne à sa cabane où il serre l'argent qu'il a recueilli de ses aumônes. Il ne garde sur lui que ce qu'il veut dépenser en tabac et en brandevin. Il fait dire de temps en temps une messe pour s'acquitter envers le bon Dieu du service qu'il en a reçu, et avec beaucoup d'ordre et de sagesse il se tire d'affaire. Il n'est pas si fou que de sortir une seule pièce de son trésor. Ça ne donnerait plus de soupçons maintenant que l'histoire est oubliée et les poursuites abandonnées, mais ça ferait penser qu'il est riche et on ne lui ferait plus la charité. Voilà, mes enfants, l'histoire du pot de fer. Comment la trouvez-vous?

— Superbe! dit le notaire, et fort bonne à savoir!

Un profond silence succéda à ce récit. Les assistants se regardaient, partagés entre la surprise, l'effroi, le mépris et une sorte d'envie de rire bizarre mêlée à toutes ces émotions. Cadoche, épuisé par son babil, s'était renversé sur l'oreiller; sa face pâle prenait des teintes verdâtres, sa barbe longue, raide, et encore assez noire pour assombrir son visage terreux, achevait de le rendre effrayant. Ses yeux creux, qui tout à l'heure lançaient des flammes pendant que l'ivresse et le délire déliaient sa langue, semblaient rentrer dans leurs orbites et prendre l'éclat vitreux de la mort. Sa figure accentuée, son grand nez mince et aquilin, ses lèvres rentrantes, tous ses traits, qui avaient pu être agréables dans sa jeunesse, n'annonçaient pas un naturel féroce, mais un mélange bizarre d'avarice, de ruse, de méfiance, de sensualité, et même de bonhomie.

— Ah çà! dit enfin le meunier, est-ce un rêve qu'il vient de faire, ou une confession que nous venons d'entendre? Est-ce le médecin ou le curé qu'il faut appeler?

— C'est la miséricorde de Dieu! dit Lémor, qui observait plus attentivement que tous les autres l'altération de la face du mendiant et la gêne de sa respiration. Ou je me trompe fort, ou cet homme a peu d'instants à vivre.

— J'ai peu d'instants à vivre? dit le mendiant en faisant un effort pour se relever. Qu'est-ce qui a dit ça? Est-ce le médecin? Je ne crois pas aux médecins. Qu'ils aillent tous au diable!

Il se pencha vers la ruelle, et acheva sa bouteille d'eau-de-vie : puis se retournant, il fut pris d'une atroce douleur et laissa échapper un cri.

— J'ai le cœur enfoncé, dit-il, luttant avec énergie contre son mal. Il pourrait bien se faire que je n'en revinsse pas. Et si j'allais ne plus pouvoir retourner à ma maison? qu'est-ce que tout ça deviendrait? Et mon pauvre cochon, qu'est-ce qui en prendrait soin? Il est habitué à se nourrir du pain qu'on me donne et que je lui porte toutes les semaines. Il y a bien par là une petite voisine qui le mène aux champs. La coquette! elle me fait les yeux doux, elle espère hériter de moi. Mais il n'en sera rien : voilà mon héritier!

Et Cadoche étendit la main vers Grand-Louis d'un air solennel.

— Il a toujours été meilleur pour moi que tous les autres. C'est le seul qui m'ait traité comme je le mérite; qui m'ait fait coucher dans un lit, qui m'ait donné du vin, du tabac, du brandevin et de la viande, au lieu de leurs croûtons de pain auxquels je n'ai jamais touché! J'ai toujours pratiqué une vertu, moi : la reconnaissance! j'ai toujours aimé Grand-Louis et le bon Dieu, parce qu'ils m'ont fait du bien. Or donc, je veux faire mon testament en sa faveur, comme je le lui ai toujours promis. Meunière, croyez-vous que je sois assez malade pour qu'il soit temps de tester?

— Non, non! mon pauvre homme! dit la meunière, qui, dans sa candeur angélique, avait pris le récit du mendiant pour une sorte de rêve. Ne testez pas; on dit que ça porte malheur et que ça fait mourir.

— Au contraire, dit M. Tailland; ça fait du bien; ça soulage. Ça ferait revenir un mort.

— En ce cas, notaire, dit le mendiant, je veux essayer de ce remède-là. J'ai ce que je possède, et j'ai besoin de savoir que ça passera en bonnes mains, et non pas dans celles des petites drôlesses qui me font la cour, et qui n'auront de moi que le bouquet et le ruban de mon chapeau pour se faire belles le dimanche. Notaire, prenez votre plume et griffonnez-moi ça en bons termes et sans rien omettre.

« Je donne et lègue à mon ami Grand-Louis d'Angibault, tout ce que je possède, ma maison située à Jeu-les-Bois, mon petit carré de pommes de terre, mon cochon, mon cheval...

— Vous avez un cheval? dit le meunier. Depuis quand donc?

— Depuis hier soir. C'est un cheval que j'ai trouvé en me promenant.

— Ne serait-ce pas le mien, par hasard?

— Tu l'as dit. C'est ta vieille Sophie qui ne vaut pas les fers qu'elle use.

— Excusez, mon oncle! dit le meunier moitié content, moitié fâché. Je tiens à Sophie; elle vaut mieux que... bien des gens! Diable, vous n'êtes pas gêné de m'avoir volé Sophie! Et moi qui vous aurais confié la clé de mon moulin! Voyez-vous ce vieux hypocrite.

— Taisez-vous, mon neveu, vous parlez sottement, reprit Cadoche avec gravité : il ferait beau voir qu'un oncle n'eût pas le droit de se servir de la jument de son neveu! Ce qui est à vous est à moi, puisque, par mes intentions et mon testament, ce qui est à moi est à vous.

— A la bonne heure! répondit le meunier; *léguez-moi* Sophie, léguez, léguez, mon oncle, j'accepte ça. Il est tout de même heureux que vous n'ayez pas eu le temps de la vendre... Vieux coquin, va! murmura-t-il entre ses dents.

— Qu'est-ce que tu dis? répliqua le mendiant.

— Rien, mon oncle, dit le meunier, qui s'aperçut que le vieillard avait une sorte de râle convulsif. Je dis que vous avez bien fait : si c'était votre plaisir de demander l'aumône à cheval!

— Avez-vous fini, notaire, reprit Cadoche d'une voix éteinte. Vous écrivez bien lentement! Je me sens assoupi. Dépêchez-vous donc, paresseux de tabellion!

— C'est fait, dit le notaire. Savez-vous signer?

— Mieux que vous! répondit Cadoche. Mais je n'y vois pas. Il me faudrait mes lunettes et une prise de tabac.

— Voilà, dit la meunière.

— C'est bien, reprit-il après avoir savouré sa prise de tabac avec délices. Ça me remet. Allons, je ne suis pas mort, quoique je souffre comme un possédé.

Il jeta les yeux sur le testament et dit : — Ah! vous n'avez pas oublié le pot de fer et *son contenu*?

— Non, certes! répondit M. Tailland.

— Vous avez bien fait, répondit Cadoche d'un air profondément ironique, quoique tout ce que que je vous ai dit là-dessus soit un conte pour me moquer de vous!

— J'en étais bien sûr, dit le meunier d'un air joyeux; si vous aviez eu cet argent-là, vous l'auriez rendu à qui de droit. Vous avez toujours été un honnête homme, mon oncle... quoique vous m'ayez volé ma jument; mais c'était une de vos facéties à vous! vous l'auriez ramenée! Allons, ne signez pas cette bêtise-là; je n'ai pas besoin de vos nippes, et ça peut faire plaisir à quelque pauvre : vous avez peut-être, d'ailleurs, quelque parent à qui je ne veux pas faire tort de vos derniers sous.

— Je n'ai pas de parents, je les ai tous enterrés, Dieu merci! répondit le mendiant; et quant aux pauvres... je les méprise! Donne-moi la plume, ou je te maudis!...

— Allons, allons, amusez-vous! dit le meunier en lui passant la plume.

Le mendiant signa; puis repoussant le papier de devant ses yeux avec un mouvement d'horreur :

— Otez-moi ça, ôtez-moi ça! dit-il, il me semble que ça me fait mourir!

— Faut-il le déchirer? dit Grand-Louis tout prêt à le faire.

— Non pas, non pas, reprit le mendiant avec un dernier effort de volonté. Mets ça dans ta poche, mon garçon, tu n'en seras peut-être pas fâché! Ah çà! où est-il le médecin? j'ai besoin de lui pour m'achever plus vite, si je dois souffrir longtemps comme ça!

— Il va venir, dit la meunière, et M. le curé avec lui; car je les ai fait demander tous deux.

— Le curé? dit Cadoche; pour quoi faire?

— Pour vous dire un mot de consolation, mon vieux. Vous avez toujours eu de la religion, et votre âme est aussi précieuse que celle d'un autre. Je suis bien sûre que M. le curé ne refusera pas de se déranger pour vous porter les sacrements.

— J'en suis donc là? reprit le moribond avec un profond soupir. En ce cas, pas de bêtise! et que le curé aille à tous les cinq cents diables, quoiqu'il soit un bonhomme après tout, passablement ivrogne; mais je ne crois pas aux curés. J'aime le bon Dieu et non le prêtre. Le bon Dieu m'a donné l'argent, le prêtre me l'aurait fait rendre. Laissez-moi mourir en paix!... Mon neveu, tu me pro-

mets de faire périr ce patachon de malheur sous le bâton?
— Non! mais de le bien rosser.
— Assez causé, dit le mendiant en étendant sa main livide; j'aurais voulu mourir en causant, mais je ne peux plus... Ah! je ne suis pas si malade qu'on croit, je vais dormir, et peut-être que tu n'hériteras pas de si tôt, mon neveu!

Le mendiant se laissa retomber, et, au bout d'un instant, il se fit dans sa poitrine comme un bouillonnement sonore. Il redevint rouge, puis blême, gémit pendant quelques minutes, ouvrit les yeux d'un air effrayé comme si la mort lui eût apparu sous une forme sensible, et tout à coup, souriant à demi comme s'il eût repris l'espoir de vivre, il rendit l'esprit.

La mort même du pire des hommes a toujours en soi quelque chose de mystérieux et de solennel qui frappe de respect et de silence les âmes religieuses. Il y eut un moment de consternation et même de tristesse au moulin, lorsque le mendiant Cadoche eut expiré. Malgré ses vices et ses ridicules, malgré même cette confession étrange qu'on venait d'entendre et à laquelle le notaire seul croyait fermement, la meunière et son fils avaient une sorte d'amitié pour ce vieillard à cause du bien qu'ils s'étaient habitués à lui faire; car s'il est vrai de dire qu'on déteste les gens en raison des torts qu'on a eus envers eux, la maxime inverse doit être acceptée.

La meunière se mit à genoux auprès du lit et pria. Lémor et le meunier prièrent aussi dans leur cœur le dispensateur de toute réparation et de toute miséricorde de ne pas abandonner l'âme immortelle et divine qui avait passé sur la terre sous la forme abjecte de ce misérable.

Le notaire seul retourna tranquillement avaler sa tasse de thé, après avoir dit avec sang-froid : « *Ite, missa est, Dominus vobiscum.* »

— Grand-Louis, dit-il ensuite en appelant dehors, il faut t'en aller tout de suite à Jeu-les-Bois avant que la nouvelle de ce décès y arrive. Quelque gueux de son espèce pourrait aller bouleverser sa cahute et dénicher l'œuf.

— Quel œuf? dit le meunier. Son cochon, sa souquenille de rechange?

— Non, mais le pot de fer.

— Rêverie, monsieur Tailland!

— Va toujours voir. Et d'ailleurs ta jument!

— Ah! ma vieille servante! j'oubliais, vous avez raison. Elle vaut bien le voyage à cause de son bon cœur et de notre ancienne amitié. Nous sommes presque du même âge, elle et moi. J'y vais; pourvu qu'il ne se soit pas encore moqué de moi là-dessus! C'était un vieux railleur!

— Va toujours, te dis-je; pas de paresse! Je crois à ce pot de fer; j'y crois *dur comme fer!* comme on dit chez nous.

— Mais dites donc, monsieur Tailland, est-ce que ça a quelque valeur ce chiffon de papier que vous avez barbouillé en vous amusant?

— C'est en bonne forme, je t'en réponds, et cela te rend peut-être propriétaire de cent mille francs.

— Moi? Mais vous oubliez que si l'histoire est vraie, il y en a une moitié à madame de Blanchemont et l'autre aux Bricolin?

— C'est une raison de plus pour courir. Tu as accepté cela dans ton cœur à charge de restitution. Va donc le chercher. Quand tu auras rendu ce service-là à M. Bricolin, c'est bien le diable s'il ne te donne pas sa fille.

— Sa fille! Est-ce que je songe à sa fille? Est-ce que sa fille peut songer à moi? dit le meunier en rougissant.

— Bon! bon! la discrétion est une vertu; mais je vous ai vus danser ensemble tantôt, et je comprends bien pourquoi le père vous a séparés si brusquement.

— Monsieur Tailland, ôtez-vous tout cela de l'esprit. Je pars; s'il y a un *mayot* pour tout de bon, qu'en ferai-je? Ne faudra-t-il pas quelque déclaration à la justice?

— A quoi bon? Les formalités de la justice ont été inventées pour ceux qui n'ont pas de justice dans le cœur. A quoi servirait de déshonorer la mémoire de ce vieux drôle qui a réussi pendant quatre-vingts ans à passer pour un honnête homme? Tu n'as pas besoin non plus qu'on sache que tu n'es pas un voleur; on le sait de reste. Tu rendras l'argent, et tout sera dit.

— Mais si ce vieux a des parents?

— Il n'en a pas, et quand il en aurait, veux-tu les faire hériter de ce qui ne leur appartient pas?

— C'est vrai; je suis tout abruti de ce qui vient de se passer. Je vas monter à cheval.

— Ça ne sera pas commode de rapporter ce fameux pot de fer qui est si lourd, si lourd! Les chemins sont-ils praticables par là-bas?

— Certainement. D'ici l'on va à Transault, et puis au Lys-Saint-George, et puis à Jeu. C'est tout chemin vicinal fraîchement réparé.

— En ce cas, prends ma voiture, Grand-Louis, et dépêche-toi.

— Eh bien, et vous?

— Je coucherai ici en l'attendant.

— Vous êtes un brave homme, le diable m'emporte! Et si les lits sont mauvais, vous qui êtes un peu délicat!

— Tant pis! une nuit est bientôt passée. D'ailleurs, nous ne pouvons pas laisser ta mère en tête-à-tête avec ce mort, c'est trop triste; car il faut que tu emmènes ton garçon de moulin. Quand on a de l'argent à porter, on n'est pas trop de deux. Tu trouveras des pistolets chargés dans les poches de mon cabriolet. Je ne voyage jamais sans ça, moi qui ai souvent des valeurs à transporter. Allons, en route! Dis à la mère de me faire encore du thé. Nous causerons le plus tard possible, car ce mort m'ennuie.

Cinq minutes après, Lémor et le meunier étaient, par une nuit noire, en route pour Jeu-les-Bois. Nous leur donnerons le temps d'y arriver, et nous reviendrons voir ce qui se passe à la ferme pendant qu'ils voyagent.

XXXIV.

DÉSASTRE.

La grand'mère Bricolin s'impatientait fort de ne pas voir arriver le meunier. Elle était loin de penser que son émissaire ne devait jamais revenir toucher le salaire qu'elle lui avait promis, et le lecteur comprendra facilement qu'au moment d'expirer, le mendiant avait oublié de transmettre le message dont on l'avait chargé. A la fin, fatiguée et découragée d'attendre, la mère Bricolin alla retrouver son vieil époux, après s'être assurée que la folle errait encore dans la garenne, absorbée comme à l'ordinaire dans ses méditations et ne faisant plus retentir d'aucune plainte sinistre les tranquilles échos de la vallée. Il était environ minuit. Quelques voix mal assurées détonnaient encore au sortir des cabarets, et les chiens de la ferme, comme s'ils eussent reconnu des voix amies, ne daignaient pas aboyer.

M. Bricolin, poussé par sa femme qui voulait que le sous-seing privé passé avec Marcelle reçût exécution à l'instant même, avait, non sans souffrance et sans terreur, remis à la *dame venderesse* le portefeuille qui contenait deux cent cinquante mille francs. Marcelle reçut avec peu d'émotion ce vénérable portefeuille. Il était si malpropre qu'elle le prit du bout de ses doigts; lasse de s'occuper d'une affaire où la cupidité d'autrui l'avait frappée de dégoût, elle le jeta dans un coin du secrétaire de Rose. Elle avait accepté ce paiement si prompt par la même raison qui avait décidé l'acquéreur à le faire, afin de l'engager et d'assurer le sort de la jeune fille en empêchant qu'on ne vînt à se rétracter.

Elle recommanda à Fanchon, à quelque heure que Grand-Louis se présenterait, de l'introduire dans la cuisine et de venir l'appeler elle-même. Puis elle se jeta tout habillée sur le lit pour se reposer sans dormir, car Rose était toujours très-animée, et ne pouvait se lasser de bénir et de lui parler de son bonheur. Cependant, le meunier n'arrivant pas, et les émotions de la journée ayant épuisé les forces de tous, vers deux heures du matin toute la ferme dormait profondément. Il faut pourtant excepter une personne de la famille, c'était la folle, dont le cerveau était arrivé à un paroxysme de fièvre intolérable.

M. et Mᵐᵉ Bricolin avaient longtemps causé dans la cuisine. Le fermier n'ayant plus rien à craindre, et se sentant glacé par toute l'eau qu'il avait bue, avait repris son pichet qu'il remplissait d'heure en heure en inclinant d'une main mal affermie une énorme cruche placée à côté, et remplie d'un vin écumeux d'une couleur violâtre. C'était sa mère-goutte, le plus capiteux de sa récolte, boisson détestable, mais que le Berrichon préfère à tous les vins du monde.

Plusieurs fois sa femme, voyant que la douceur d'être propriétaire de Blanchemont et les riants projets de son opulence ne pouvaient plus raviver son œil éteint ni dégourdir sa mâchoire, l'avait invité à se mettre au lit. Il avait toujours répondu : « Tout à l'heure, j'y vais, j'y suis, » mais sans quitter sa chaise. Enfin, après avoir été s'assurer que Rose était endormie ainsi que Marcelle, madame Bricolin n'en pouvant plus, alla se coucher et s'endormit en appelant vainement son mari, qui n'avait pas la force de bouger et qui ne l'entendait plus. Complétement ivre et anéanti comme un homme qui a fait l'effort de se dégriser soudainement, mais qui s'en est bien dédommagé après, le fermier, la main sur son pichet et la tête inclinée sur la table, berçait de ses ronflements énergiques le sommeil accablé de sa femme, couchée, la porte ouverte, dans la pièce voisine.

Une heure s'était à peine écoulée lorsque M. Bricolin se sentit suffoqué et prêt à tomber en défaillance. Il eut beaucoup de peine à se lever. Il lui semblait que l'air manquait à ses poumons, que ses yeux cuisants ne pouvaient plus rien discerner, et qu'il était frappé d'apoplexie. La peur de la mort lui rendit la force de se traîner à tâtons jusqu'à la porte, qui donnait sur la cour ; la chandelle avait fini de se consumer dans son cercle de fer-blanc.

Ayant réussi à ouvrir et à descendre sans tomber les degrés qui formaient une sorte de perron grossier au château neuf, le fermier promena autour de lui un regard hébété, sans rien comprendre à ce qu'il voyait. Une clarté extraordinaire qui remplissait la cour le força à mettre la main devant son visage ; car le passage des ténèbres à cette lueur ardente lui causait de nouveaux vertiges. Enfin, l'air dissipant un peu les fumées du vin, l'espèce d'asphyxie qu'il avait éprouvée fit place à un frisson convulsif, d'abord machinal et tout physique, mais bientôt produit par une terreur inexprimable. Deux grandes gerbes de feu, se faisant jour à travers des nuages de fumée, sortaient du toit de la grange.

Bricolin crut faire un mauvais rêve ; il se frotta les yeux, il se secoua tout le corps ; toujours ces jets de flamme montaient vers le ciel et prenaient, avec une effroyable rapidité, un développement immense. Il voulut crier *Au feu !* sa langue était paralysée et son gosier inerte. Il essaya de retourner vers la maison dont il s'était éloigné de quelques pas sans savoir où il allait. Il vit sur sa droite des torrents de flammes sortir des étables, sur sa gauche une autre gerbe de feu couronner les tours du vieux château, et devant lui... sa propre maison illuminée à l'intérieur d'une clarté fantastique, et la porte qu'il avait laissée ouverte derrière lui vomissant des tourbillons noirs, comme la bouche d'une forge. Tous les bâtiments de Blanchemont étaient la proie d'un incendie magnifiquement disposé. Le feu avait été mis en plus de douze endroits différents, et ce qu'il y avait de plus sinistre dans le premier acte de cette scène étrange, c'est qu'un silence de mort planait sur tout cela. Bricolin, privé de force et de volonté, contemplait dans une effroyable solitude un désastre dont personne ne s'apercevait encore. Tous les habitants du château neuf et de la ferme avaient passé du sommeil produit par la fatigue ou l'ivresse à l'asphyxie produite par la fumée. Les craquements de l'incendie commençaient seuls à se faire entendre et les tuiles à tomber avec un bruit sec sur le pavé. Pas un cri, pas une plainte ne répondait à ces avertissements sinistres. Il semblait que l'incendie n'eût plus à dévorer que des bâtiments déserts ou des cadavres. M. Bricolin se tordit les mains, et resta muet et immobile, comme si, accablé par le cauchemar, il eût fait de vains efforts intérieurs pour se réveiller.

Enfin, un cri perçant s'éleva, un seul cri de femme, et Bricolin, comme délivré du charme qui pesait sur lui, répondit par un hurlement sauvage à cet appel de la voix humaine. Marcelle s'était aperçue la première du danger ; elle s'élança dehors, portant son fils dans ses bras. Sans voir Bricolin ni le reste de l'incendie, elle déposa l'enfant sur un tas de foin au milieu de la cour, et lui disant d'une voix forte : « Reste là ! n'aie pas peur, » elle rentra précipitamment dans la maison, malgré la fumée suffocante qui la remplissait, et courut au lit de Rose qui était restée comme paralysée, incapable de la suivre.

Alors, avec la force d'un homme, la petite et svelte blonde, exaltée par son courage, prit sa jeune amie dans ses bras, et porta héroïquement auprès de son fils un corps beaucoup plus lourd et plus grand que le sien propre.

A la vue de sa fille, Bricolin, qui n'avait d'abord songé qu'à sa récolte et à son bétail, et qui avait couru du côté des granges, se rappela qu'il avait une famille, et, dégrisé pour la seconde fois, encore plus radicalement que la première, il vola au secours de sa mère et de sa femme.

Heureusement le feu n'avait pris partout que par les combles, et le rez-de-chaussée, habité par les Bricolin, était encore intact, à l'exception du pavillon de Rose qui, étant fort bas et au voisinage d'un amas de fagots secs, brûlait rapidement.

Madame Bricolin, réveillée en sursaut, retrouva tout à coup sa force physique et sa présence d'esprit. Aidée de son mari et de Marcelle, elle transporta dehors le vieux Bricolin qui, se croyant au milieu des chauffeurs, criait de toute sa force : « Je n'ai plus rien ! ne me tuez pas ! ne me brûlez pas ! je vous donnerai tout ! »

La petite Fanchon aidait résolument la mère Bricolin, qui bientôt put aider aux autres. On réussit à réveiller les métayers et leurs valets, dont aucun ne périt... Mais tout cela prit un temps considérable, et, quand on put recevoir les secours du village, quand on put organiser une chaîne, il était trop tard : l'eau semblait ranimer l'intensité du feu en soulevant et en faisant voler au loin des masses enflammées. Les énormes amas de céréales et de fourrages, dont regorgeaient les bâtiments d'exploitation, flambaient avec la rapidité de la pensée. Les charpentes centenaires des vieux bâtiments semblaient ne demander qu'à brûler. Presque tout le gros bétail s'obstina à ne pas sortir et fut étouffé ou brûlé. On ne préserva que le corps du château neuf, dont les tuiles s'effondrèrent et dont la charpente neuve resta découverte, réduite en charbon, et dressant sa carcasse noire sur les murailles encore blanches du logis.

Les pompes arrivèrent, inutile et tardive ressource dans les campagnes, instruments de secours souvent mal dirigés, mal organisés, et dont les tuyaux crèvent au premier effort, faute d'entretien ou de service. Cependant les pompiers et les habitants du bourg réussirent à faire la part du feu et à préserver l'habitation et le mobilier des Bricolin. Mais cette part du feu fut immense, complète. Tout le pavillon qu'habitaient Rose et Marcelle, tous les bâtiments d'exploitation, tout le bétail, tout le mobilier aratoire y passèrent. On ne s'occupa pas du vieux château, dont la toiture brûla, mais dont les fortes murailles nues se défendirent d'elles-mêmes. Une seule des tours, cédant à la chaleur, se lézarda de haut en bas. Le lierre immense qui embrassait les autres les préserva d'une dernière ruine.

Le crépuscule commençait à blanchir lorsque le meunier et Lémor sortirent de la misérable cabane du mendiant. Lémor portait dans ses mains le pot de fer et Grand-Louis traînait par la bride sa chère Sophie, qui l'avait salué dès son approche d'un hennissement amical.

—J'ai lu *Don Quichotte*, disait-il, et je me trouve maintenant comme Sancho recouvrant son âne. Peu s'en faut qu'à son exemple je n'embrasse ma vieille Sophie et que je ne lui tienne de beaux discours.

— Grand-Louis, dit Lémor, si vous pouvez résister à cette tentation, n'avez-vous pas celle de regarder si ce pot de fer contient de l'or ou des cailloux?

— J'ai soulevé le couvercle, dit le meunier. Ça brille là dedans; mais je suis fort pressé de déguerpir avant le jour, avant que les habitants de ce désert, s'il y en a, observent mes mouvements et me prennent pour un voleur. Je suis tremblant d'émotion et de plaisir comme un homme qui mène à bien les affaires d'autrui; mais j'ai pourtant aussi le sang-froid d'un homme qui n'hérite pas pour son compte. Filons, filons, monsieur Henri. Avez-vous remis ma pioche dans la voiture? Attendez que je donne un dernier coup d'œil là dedans. Le trou est bien bouché, il n'y paraît plus, en route! nous nous reposerons dans quelque taillis si nos bêtes refusent le service.

Le cheval du notaire ayant fait trois mortelles lieues de pays au grand trot et souvent au galop dans les chemins montueux et pénibles, se trouva en effet tellement fatigué au retour, que nos voyageurs, arrivés à la hauteur du Lys-Saint-Georges, se virent obligés de le laisser souffler. Sophie, qu'ils avaient attachée derrière le cabriolet et qui n'était pas habituée à marcher si follement, était couverte de sueur. Le cœur du meunier s'en émut.—Il faut de l'humanité avec les bêtes, dit-il, et puis, je ne veux pas que pour sa probité et sa sagacité dans cette affaire, notre bon notaire perde un bon cheval. Quant à Sophie, il n'y a pas de pot de fer qui tienne; cette vieille servante ne doit pas faire l'office du pot de terre. Voilà un joli pacage bien ombragé, où pas une bête ni un homme ne remuent. Entrons-y. Je suis bien sûr qu'il y a une sacoche d'avoine dans le coffre du cabriolet; car M. Tailland pense à tout, et n'est pas homme à s'embarquer une seule fois sans biscuit. Nous respirerons là un quart d'heure, et nous serons tous un peu plus frais pour repartir. Malheureusement, en donnant la clef des champs au cochon de mon oncle (en héritera qui voudra!) j'ai oublié de lui voler quelques unes de ses croûtes de pain, et je me sens l'estomac si creux que je partagerais volontiers l'avoine de Sophie si je ne craignais de lui faire tort. Il me semble que je remplis guère bien mon rôle d'héritier de l'avare. Je meurs de faim à côté de mon trésor.

En babillant ainsi suivant son habitude, le meunier débrida les chevaux et leur servit le déjeuner, à celui du notaire dans le sac à l'avoine, à Sophie dans son long bonnet de coton bleu qu'il lui attacha autour du nez très-facétieusement.

— C'est singulier comme je me sens le cœur léger à présent, dit-il en se tapissant sous les buissons et en découvrant le pot de fer. Savez-vous, monsieur Lémor, que mon bonheur est là dedans, si les louis ne sont pas seulement à la surface, et si le fond n'est pas rempli de gros sous? J'ai peur; c'est trop lourd pour n'être que de l'or. Ah ça! aidez-moi à compter tout ça.

Le compte fut bientôt fait. Les pièces d'or en vieille monnaie étaient roulées par sommes de mille francs dans de sales chiffons de papier. En les ouvrant, Lémor et le meunier virent les marques que le mendiant leur avait indiquées. La fortune du père Bricolin portait une croix sur chaque louis, le dépôt du seigneur de Blanchemont une simple barre. Au fond, il y avait environ trois mille francs en argent, en pièces de toute espèce, et même une poignée de gros sous, la dernière qu'eût économisée le mendiant.

— Ce restant-là, dit le meunier en le rejetant au fond du pot de fer, c'est la fortune de mon oncle, c'est l'héritage de votre serviteur, c'est le denier de la veuve que ce vieux grimaud ne se faisait pas faute de recueillir, et qui retournera à la veuve et à l'orphelin, je vous en réponds. Qui sait si ce n'est pas aussi le produit du vol? A voir comment mon oncle, que Dieu fasse paix à son âme! m'avait escamoté Sophie, je n'ai pas trop de confiance dans la pureté de son legs. Tiens! ça me fera plaisir de faire l'aumône! moi qui suis si souvent privé de cette

douceur-là! Je vais prendre un plaisir de prince. Savez-vous qu'avec trois mille francs, dans ce pays-ci, on peut sauver et assurer l'existence de trois familles?

— Mais vous ne pensez pas au reste du dépôt, Grand-Louis. Songez donc qu'avec cette grosse somme, dont madame de Blanchemont n'a vraiment pas besoin pour elle-même, vous allez la mettre à même aussi de faire bien des heureux.

— Oh! je m'en rapporte à elle pour le faire rouler vite sur cette table-là! Mais il y a, à côté, quelque chose qui me flatte! c'est ce petit magot que M. Bricolin va recevoir de ma main avec tant de plaisir. Ça n'aura pas un emploi très-chrétien chez lui, mais ça raccommodera beaucoup mes affaires, qui étaient bien gâtées hier au soir.

— C'est-à-dire, mon cher Louis, que vous pouvez prétendre maintenant à la main de Rose.

— Oh! ne croyez pas cela! si les cinquante mille francs m'appartenaient, ça pourrait s'arranger à la rigueur. Mais le Bricolin sait mieux compter que vous! Il dira : « Voilà cinq mille pistoles qui sont à moi et que Grand-Louis me rapporte, il ne fait que son devoir. Ce qui est à moi n'est pas à lui : donc, j'ai cinquante mille francs de plus dans ma poche, et il reste avec son moulin Gros-Jean comme devant.

— Et il ne sera pas émerveillé et touché d'une probité dont il ne serait sans doute pas capable?

— Émerveillé, oui; touché, non. Mais il se dira : « Ce garçon peut m'être utile. » Les honnêtes gens sont très-nécessaires à ceux qui ne le sont pas, et il me pardonnera mes péchés; il me rendra sa pratique, à laquelle je tiens beaucoup, puisqu'elle me met à même de voir Rose et de lui parler tous les jours. Vous voyez donc que, sans me faire d'illusions, j'ai sujet d'être content. Hier soir, quand je dansais avec Rose, quand elle avait l'air de m'aimer, je me sentais si fier, si heureux! Eh bien, je retrouve mon bonheur d'hier soir sans m'inquiéter de mon lendemain. C'est beaucoup; brave oncle Cadoche, va! tu ne te doutais pas de ce qu'il y avait pour moi de consolations dans ton pot de fer! Tu croyais me faire riche, et tu me rends heureux!

— Mais, mon cher Louis, puisque vous rapportez à Marcelle une somme égale à celle qu'elle voulait sacrifier pour vous, vous pouvez bien, à présent, accepter les concessions qu'elle offrait de faire à M. Bricolin?

— Moi? Jamais. Ne parlons pas de ça. Ça me blesse. Je ne serai plus banni de la ferme; c'est tout ce qu'il me faut. Voyez comme ce trésor est joli! comme il brille! comme il y aurait là dedans des peines soulagées et des inquiétudes apaisées! C'est pourtant beau, l'argent, monsieur Lémor! Convenez-en! là, dans le creux de ma main, il y a la vie de cinq ou six pauvres enfants!...

— Ami, je n'y vois que ce qu'il y a en effet : les larmes, les cris, les tortures du vieux Bricolin, l'avarice du mendiant, sa vie honteuse et stupide, consumée tout entière dans la tremblante contemplation de son vol.

— Hein! vous avez raison, dit le meunier en rejetant avec effroi la poignée d'or dans le pot de fer. Que de crimes, de lâchetés, de soucis, de mensonges, de peurs et de souffrances là dedans! Vous avez raison, c'est vilain, l'argent! Nous-mêmes qui sommes là à le regarder et le compter en cachette, nous voilà comme deux brigands armés de pistolets, et craignant d'être surpris par d'autres bandits, ou appréhendés au collet par les gendarmes. Allons, cache-toi, maudit! s'écria-t-il en replaçant le couvercle, et nous, partons, ami! Vive la joie, cela n'est pas à nous!

CINQUIÈME JOURNÉE.

XXXV.

RUPTURE.

En approchant du vallon de la Vauvre, nos voyageurs remarquèrent, du côté de Blanchemont, une nappe im

Ah ça! aidez-moi à compter tout ça. (Page 95.)

mense de lourde fumée que le soleil levant commençait à blanchir.

— Regardez donc, dit le meunier, comme il y a du brouillard sur la Vauvre, ce matin, surtout du côté où nous avons toujours envie de regarder tous les deux! Ça me gêne, je ne vois pas les toits pointus de mon bon vieux petit château qui, de tous les côtés, quand je fais mes courses aux environs, sert de point de mire à mes pensées!

Au bout de dix minutes, la fumée, que les vapeurs humides du matin affaissaient sous leur poids, rampa tout à fait au bas du vallon, et Grand-Louis, arrêtant brusquement le cheval du notaire, dit à son compagnon:

— C'est singulier, monsieur Lémor, je ne sais pas si j'ai la berlue ce matin, mais j'ai beau regarder, je ne vois pas le toit rouge du château neuf au bas des tours du vieux château! Je suis pourtant bien sûr qu'on le voit d'ici; je m'y suis arrêté plus de cent fois, et je distingue les arbres qui sont autour. Eh mais! regardez donc! le vieux château est tout changé! les tourelles me paraissent aplaties. Où diable est le toit? Le tonnerre m'écrase! il n'y a plus que les pignons! Attendez, attendez! Qu'est-ce qu'il y a donc de rouge du côté de la ferme? C'est du feu! oui, du feu! et toutes ces choses noires?... Monsieur Lémor, je vous le disais bien, quand nous sommes arrivés à Jeu-les-Bois, que le ciel était tout rouge, et qu'il y avait un incendie quelque part. Vous me souteniez que c'étaient des brûlis de bruyères, je savais bien qu'il n'y avait pas de brandes de ce côté-là. Regardez donc! je ne rêve pas! le château, la ferme, tout est brûlé!... Mais Rose! Et Rose!... Ah! mon Dieu! Et madame Marcelle! et mon petit Édouard! et la vieille Bricolin! mon Dieu! mon Dieu!

Et le meunier, fouettant le cheval avec fureur, prit au galop la direction de Blanchemont, sans s'inquiéter cette fois si la vieille Sophie pouvait ou non le suivre.

A mesure qu'ils approchaient, les indices du sinistre ne devenaient que trop certains. Bientôt ils l'apprirent de la bouche des passants, et, bien qu'on leur assurât que personne n'avait péri, tous deux, pâles et oppressés, hâtaient la course trop lente, à leur gré, du cheval qui les emportait.

Arrivés au bas du terrier, comme ce pauvre animal, haletant et couvert d'écume, ne pouvait plus gravir le

Un gendarme l'arrêta en la prenant par le bras. (Page 99.)

chemin qu'au pas, ils l'arrêtèrent devant chez la Piaulette, et sautèrent du cabriolet pour courir plus vite. En ce moment, Marcelle, sortant de la chaumière, parut à leurs yeux. Elle était pâle, mais calme, et ses vêtements ne portaient la trace d'aucune brûlure. Occupée toute la nuit à soigner les personnes, elle ne s'était pas consacrée inutilement à vouloir éteindre le feu. En la voyant, Lémor faillit s'évanouir de joie ; il lui prit la main sans pouvoir lui parler.

— Mon fils est ici et Rose est chez le curé, dit Marcelle. Elle n'a éprouvé aucun accident, elle n'est presque pas malade, elle est heureuse malgré la consternation de ses parents. Il n'y a dans tout cela que de l'argent perdu. C'est peu de chose au prix du bonheur qui l'attend...

— Quoi donc? dit le meunier, je ne comprends pas.

— Allez la voir, ami, rien ne s'y oppose, et apprenez d'elle-même ce que je ne veux pas vous dire la première.

Grand-Louis stupéfait, se mit bientôt à courir. Lémor entra dans la chaumière avec Marcelle, et tandis que la Piaulette et son mari s'occupaient des chevaux, il courut vers le lit où dormait Édouard. Le dernier des Blanchemont reposait tranquillement sur le grabat du plus pauvre paysan de ses domaines. Il ne possédait plus même un gîte, et l'hospitalité de l'indigence était la seule chose qu'il pût réclamer en cet instant.

— Il n'a donc pas couru de danger? s'écria Lémor en baisant ses petites mains, humides d'une douce chaleur.

— Ce petit être est d'une bonne trempe, dit Marcelle, avec un certain orgueil. Il n'a pas été malade, il s'est éveillé dans une fumée étouffante, et il n'a pas eu peur. Il a passé la nuit avec moi à préserver et à consoler les autres, trouvant, malgré sa faiblesse et son ignorance du malheur, des soins, des caresses, et des paroles naïvement angéliques pour moi et pour tous ces êtres sans courage qui tremblaient et criaient autour de nous. Et moi qui craignais pour sa santé la frayeur et l'émotion ! Cette frêle nature renferme une âme héroïque. Lémor ! c'est un enfant béni, que Dieu avait marqué en naissant pour en faire un noble pauvre !

L'enfant s'éveilla aux caresses de Lémor, et, le reconnaissant cette fois à son affection plus qu'à ses traits :

— Ah! Henri! lui dit-il, pourquoi donc ne voulais-tu pas me parler quand tu *faisais Antoine?*

Marcelle commençait à expliquer avec stoïcisme à son amant dans quel nouveau désastre cet incendie précipitait le reste de sa fortune, lorsque M. Bricolin, la figure bouleversée, les vêtements en lambeaux et les mains toutes brûlées, entra dans la chaumière.

Au sortir de sa première terreur, le fermier avait travaillé avec une énergie et une audace désespérées à vouloir sauver ses bœufs et ses récoltes. Il avait failli être cent fois victime de son acharnement; il n'avait renoncé à de vaines espérances qu'en se voyant au milieu d'un monceau de cendres. Alors, le découragement, le désespoir et une sorte de fureur s'étaient emparés de sa pauvre tête. Il était devenu comme fou, et il accourait vers Marcelle d'un air égaré, les idées confuses et la parole embarrassée.

— Ah! vous voilà enfin, Madame! dit-il d'une voix entrecoupée, je vous cherche dans tout le village, et je ne sais ce que vous devenez. Écoutez, écoutez, madame Marcelle!... Ce que j'ai à vous dire est très-important... Vous avez beau être tranquille, tout ce malheur-là retombe sur vous, tout ce dommage-là vous concerne!

— Je le sais, monsieur Bricolin! répondit Marcelle avec un peu d'impatience. La vue de cet homme cupide n'était pas consolante pour elle en cet instant.

— Vous le savez? reprit Bricolin avec une sorte de colère, et moi aussi, je le sais! C'est à vous de rebâtir le domaine et de recomposer le cheptel de Blanchemont.

— Et avec quoi, s'il vous plaît, monsieur Bricolin?

— Avec votre argent! N'avez-vous pas de l'argent? Ne vous en ai-je pas donné assez?

— Je ne l'ai plus, monsieur Bricolin! le portefeuille a brûlé.

— Vous avez laissé brûler *mon* portefeuille? le portefeuille que je vous avais *confié?* s'écria Bricolin exaspéré et en se frappant le front avec ses poings. Comment avez-vous été assez folle, *assez bête*, pour ne pas sauver le portefeuille, puisque vous avez bien eu le temps de sauver votre fils?

— J'ai sauvé Rose aussi, monsieur Bricolin. C'est moi qui l'ai portée dans mes bras hors de la maison. Pendant ce temps, le portefeuille a brûlé; je ne le regrette pas.

— Ce n'est pas vrai, vous l'avez!

— Je vous jure devant Dieu que non. Le meuble où il était, tous les meubles de cette chambre ont brûlé pendant qu'on sauvait les personnes. Vous le savez bien, je vous l'ai dit, car vous m'avez interrogée là-dessus; mais vous ne m'avez pas entendue, ou vous ne vous souvenez pas.

— Ah! si, je m'en souviens, dit le fermier consterné, mais j'ai cru que vous me trompiez.

— Et pourquoi vous tromperais-je? Cet argent n'était-il pas à moi?

— A vous? Vous ne niez donc pas que je vous ai acheté hier soir votre terre, que je vous l'ai payée et qu'elle m'appartient?

— Comment la pensée vous vient-elle que je sois capable de le nier?

— Ah! pardon, pardon, Madame! je n'ai pas ma tête! dit le fermier abattu et calmé.

— Je le vois bien, dit Marcelle d'un ton de mépris auquel il ne prit pas garde.

— C'est égal, la réparation des bâtiments et le cheptel sont à votre charge, reprit-il après un silence pendant lequel ses idées se confondirent de nouveau.

— De deux choses l'une, monsieur Bricolin, dit Marcelle en levant les épaules: ou vous n'avez pas acheté le domaine, et il m'appartient de réparer le mal, ou je vous l'ai vendu et je n'ai pas à m'en occuper; choisissez!

— C'est vrai! dit encore Bricolin tombant dans une nouvelle stupeur. Puis il reprit bien vite: Oh! je vous l'ai bel et bien acheté, payé, vous ne pouvez pas nier ça! J'ai votre acte qui porte quittance, je ne l'ai pas laissé brûler, moi! Ma femme l'a dans sa poche.

— En ce cas, vous êtes tranquille, et moi aussi, car j'ai aussi le double de notre acte dans ma poche.

— Mais vous devez supporter le dommage! s'écria Bricolin avec une sombre fureur. Je ne vous ai pas acheté une terre sans bâtiment et sans cheptel. Il y a là une perte de cinquante mille francs, au moins!

— Je n'en sais rien, mais le désastre a eu lieu après la vente.

— C'est vous qui avez mis le feu!

— C'est très-probable! dit Marcelle avec un froid mépris, et j'y ai jeté le prix de ma terre pour m'amuser!

— Pardon, pardon, je suis malade! dit le fermier; perdre tant d'argent dans une nuit!... Mais c'est égal, madame Marcelle, vous me devez une indemnité pour mon malheur. J'ai toujours eu du malheur avec votre famille. Mon père, pour un dépôt que lui avait fait votre grand-père, a été mis à la torture par les chauffeurs, et a perdu cinquante mille francs qui étaient à lui.

— Les suites de ce malheur sont irréparables, puisque votre père y a perdu la santé de l'âme et du corps. Mais ma famille est fort innocente du crime des brigands; et quant à la perte de votre argent, elle a été largement compensée par mon grand-père.

— C'est vrai, c'était un digne maître! Aussi, vous devez faire comme lui, vous devez m'indemniser!

— Vous tenez tant à l'argent, et j'y tiens si peu, monsieur Bricolin, que je vous satisferais si j'étais en mesure de le faire. Mais vous oubliez que j'ai tout perdu, jusqu'à une misérable somme de deux mille francs que j'avais retirée de la vente de ma voiture, jusqu'à mes vêtements et à mon linge. Mon fils ne peut pas même dire qu'il ne possède au monde en ce moment-ci que les habits qui le couvrent, car je l'ai emporté nu de votre maison, et si cette femme que voici ne l'avait pris chez elle avec une sublime charité pour le couvrir des pauvres habits d'un de ses enfants, je serais forcée de vous demander l'aumône d'une blouse et d'une paire de sabots pour lui. Laissez-moi donc tranquille, je vous en supplie, j'ai la force de supporter mon malheur; mais votre rapacité m'indigne et me fatigue.

— C'est assez, Monsieur, dit Lémor, qui ne pouvait plus se contenir. Sortez, laissez madame en paix.

Bricolin n'entendit pas cette apostrophe. Il s'était laissé tomber sur une chaise, sensible à ce dénûment absolu de Marcelle, et en ce qu'il lui ôtait toute espérance de la rançonner. — Ainsi, s'écria-t-il avec désespoir, en frappant des poings sur la table, au lieu d'avoir fait un bon marché cette nuit, j'ai acheté Blanchemont deux cent cinquante mille francs, et voilà que ce matin j'ai cinquante mille francs de perte en bâtiments et en bestiaux! Ça fait, dit-il en sanglotant, que le domaine me revient à trois cent mille francs comme vous le vouliez!

— Il ne me semble pas que ce soit ma faute, ni que j'en profite, dit froidement Marcelle dont l'indignation tomba en voyant celle de Lémor, et qui le retenait pour le forcer à se modérer.

— C'est donc là tout votre malheur, monsieur Bricolin? dit naïvement la Piaulette émerveillée de tout ce qu'elle entendait. Vraiment, je m'en arrangerais bien! Cette pauvre dame a tout perdu, vous êtes encore riche, aussi riche qu'hier soir, et vous lui demandez quelque chose? C'est drôle tout de même! Si Blanchemont ne vous revient, avec votre malheur, qu'à trois cent mille francs, c'est encore joliment bon marché. J'en sais bien qui en auraient donné davantage.

— Qu'est-ce que vous dites, vous? répondit Bricolin. Taisez-vous, vous n'êtes qu'une sotte et une commère.

— Merci, Monsieur, dit la Piaulette; et, se retournant avec fierté vers Marcelle: C'est égal, Madame, dit-elle; puisque vous avez tout perdu, vous pouvez bien rester chez moi tant que vous voudrez, et partager mon pain noir. Je ne vous le reprocherai pas et je ne vous renverrai jamais.

— Écoutez, Monsieur! dit Lémor, et rougissez!

— Vous, je ne sais pas qui vous êtes, répondit Bricolin furieux. Personne ne vous connaît ici; vous avez l'air d'un meunier comme j'ai l'air d'un évêque. Mais vous n'irez pas loin, mon garçon! Je vous désignerai aux gendarmes pour qu'on vous demande vos papiers, et si vous n'en avez pas, nous verrons ! Le feu a été mis chez moi par malveillance, c'est assez clair, tout le monde l'a constaté, et le procureur du roi est là qui verbalise. Vous êtes bien avec un homme qui m'en veut, suffit !

— Ah ! c'en est trop, dit Lémor indigné, vous êtes le dernier des misérables, et si vous ne sortez d'ici, je saurai bien vous y forcer.

— Arrêtez ! dit Marcelle en saisissant le bras de Lémor. Ayez pitié de cet homme, il a perdu la raison ! Soyez indulgent pour le malheur, quelque lâche qu'il se montre ; suivez mon exemple, Lémor ; ma patience est à la hauteur de ma situation.

Bricolin n'écoutait pas. Il tenait sa tête dans ses mains et gémissait comme une mère qui a perdu son enfant.

— Et moi qui n'ai jamais voulu me faire assurer parce que c'était trop cher, criait-il d'un ton lamentable ; et mes bœufs, mes pauvres bœufs, qui étaient si beaux et si gras ! Un *lot* de moutons qui valait deux mille francs et que je n'ai pas voulu vendre à la foire de Saint-Christophe !

Marcelle ne put s'empêcher de sourire, et sa haute raison contint l'indignation de Lémor.

— C'est égal ! dit le fermier en se levant tout à coup, votre meunier n'aura pas ma fille !

— En ce cas vous n'aurez pas ma terre, l'acte est clair et la condition formelle.

— Nous plaiderons !

— A la bonne heure.

— Oh ! vous ne pouvez pas plaider, vous ! Il faut de l'argent pour ça, et vous n'en avez pas. Et puis il faudrait me restituer le paiement, et comment feriez-vous ? D'ailleurs, votre jolie condition est nulle ; et, quant au meunier, je vais commencer par le faire arrêter et conduire en prison ; car c'est lui, j'en suis sûr, qui a mis le feu chez moi par vengeance de ce que je l'en ai chassé hier. Tout le village me servira de témoin comme quoi il m'a fait des menaces... et le monsieur que voilà... suffit : à moi, à moi, les gendarmes ! Et il s'élança dehors en proie à un véritable délire.

XXXVI.

LA CHAPELLE.

Inquiète pour le meunier et pour Lémor, que l'aveugle vengeance de Bricolin pouvait entraîner dans une affaire sinon grave, du moins désagréable, Marcelle engageait son amant à se cacher, et la Piaulette sortait déjà pour avertir Grand-Louis d'en faire autant, lorsque l'on vit tout le monde, dispersé sur le terrier et occupé à commenter le désastre, se rassembler et se mettre à courir vers la ferme.

— Je suis sûre que c'est déjà fait ! s'écria la Piaulette en pleurant. Ils auront déjà mis la main sur ce pauvre Grand-Louis !

Lémor, n'écoutant que son courage et son amitié, sortit de la chaumière et s'élança vers le terrier. Marcelle, effrayée, l'y suivit, laissant Édouard à la garde de la fille aînée de son hôtesse.

En entrant dans la cour de la ferme, Marcelle et Lémor virent avec effroi ces masses éparses de noirs décombres, le sol ruisselant d'une eau qui ressemblait à un lac d'encre, et la foule des travailleurs épuisés, mouillés, brûlés, semblables à des spectres, et qui se préparaient à une nouvelle fatigue. Le feu venait de se rallumer à une petite chapelle isolée, située entre la ferme et le vieux château.

Ce nouvel accident semblait incompréhensible, car cette construction était restée intacte jusque-là, et si une flammèche fût tombée dessus pendant l'incendie, le feu n'eût pas pu couver aussi longtemps dans une provision de pois secs qui y était renfermée. Le feu partait cependant de l'intérieur, comme si une main implacable eût poussé l'audace jusqu'à vouloir, sous les yeux de tous, et en plein jour, détruire jusqu'au dernier bâtiment du domaine.

— Laissez brûler la chapelle, criait M. Bricolin écumant de rage, courez après l'incendiaire ! Il doit être par là, il ne peut être loin. C'est Grand-Louis, j'en suis certain ! j'ai des preuves ! Cherchez dans la garenne ! Cernez la garenne !

M. Bricolin ignorait que, pendant qu'il signalait ainsi le meunier à la vindicte publique, celui-ci, oubliant tout et ne sachant plus rien de ce qui se passait au dehors, était au presbytère, à genoux auprès du fauteuil où l'on avait déposé Rose, et qu'il recevait de sa bouche l'aveu de son amour et la révélation des engagements pris par son père. Dans le désordre général, le curé et même sa servante, s'étant mêlés aux travailleurs officieux, la grand-mère Bricolin était seule restée auprès de Rose, et les jeunes amants, plongés dans la plus pure ivresse, ne se souvenaient plus des événements qui s'agitaient autour d'eux.

Un cercle s'était formé autour de la chapelle, et on dirigeait les pompes, lorsque M. Bricolin, qui s'était avancé jusqu'à la porte cintrée, recula d'horreur et alla tomber sur un de ses garçons de ferme, qui le soutint à grand'peine. Cette chapelle, qui avait été jadis attenante au vieux château, montrait encore aux yeux des antiquaires d'assez jolis détails de sculpture gothique. Mais la vétusté d'une telle construction devait céder bientôt à l'intensité de la chaleur. La flamme sortait par les fenêtres, et les rosaces délicates commençaient à se détacher avec fracas, lorsque la porte à demi ouverte fut poussée brusquement de l'intérieur. On vit alors sortir la folle, une petite lanterne dans une main et un brandon de paille enflammé dans l'autre. Elle se retirait lentement après avoir mis la dernière main à son œuvre de destruction ; elle marchait d'un air grave, les yeux fixés à terre, ne voyant personne, et tout occupée du plaisir de sa vengeance longtemps méditée et froidement exécutée.

Un gendarme trop consciencieux marcha droit à elle et l'arrêta en la prenant par le bras. La folle s'aperçut alors que la foule l'entourait ; elle porta vivement son brandon enflammé à la figure du gendarme, qui, surpris de cette défense imprévue, fut forcé de lâcher prise. Alors la Bricoline, retrouvant son agilité impétueuse, et prenant une expression de haine et de fureur, s'élança dans la chapelle, comme pour se cacher, en proférant des imprécations confuses. On tenta de l'y suivre, personne n'osa. Elle traversa la flamme avec la prestesse d'une salamandre, et gravit le petit escalier en spirale qui conduisait aux combles. Là, elle se montra à une lucarne et on la vit activer le feu qui montait trop lentement à son gré, et qui bientôt l'environna de toutes parts. On fit vainement jouer les pompes pour arroser le toit. Il avait été récemment réparé et garni en zinc. L'eau coulait dessus et pénétrait fort peu. Le feu couvait donc à l'intérieur, et l'infortunée Bricoline, brûlant lentement, devait subir des tortures atroces. Mais elle ne parut pas les sentir, et se mit à chanter un air de danse qu'elle avait aimé dans sa jeunesse, qu'elle avait sans doute dansé souvent avec son amant, et qui lui revint à la mémoire au moment d'expirer. Elle ne fit pas entendre une seule plainte ; sourde aux cris et aux supplications de sa mère qui se tordait les bras et qu'on retenait de force pour l'empêcher de courir auprès d'elle, elle chanta longtemps, puis elle parut à la fenêtre une dernière fois, et, reconnaissant son père :

— Ah ! monsieur Bricolin, lui cria-t-elle, c'est un bien beau jour pour vous que le *jour d'aujourd'hui !*

Ce fut sa dernière parole. Quand on fut maître de l'incendie, on retrouva ses os calcinés sur le pavé de la chapelle.

Cette affreuse mort acheva d'égarer l'esprit de M. Bricolin et de briser le courage de sa femme. Ils ne songèrent plus à arrêter personne, et, pendant toute la journée, Rose, la mère Bricolin et son vieux mari furent complétement oubliés d'eux. Enfermés à la cure, M. et Mme Bricolin ne voulurent voir personne, et n'en sortirent que lorsqu'ils eurent épuisé ensemble toute l'amertume de leur peine.

XXXVII.

CONCLUSION.

Marcelle avait eu la présence d'esprit de prévoir que Rose, malade et brisée par tant d'émotions, n'apprendrait pas sans danger la déplorable fin de sa sœur. Elle avait suggéré au meunier de la mettre bien vite dans le cabriolet du notaire et de l'emmener à son moulin avec la grand'mère et le vieux infirme, dont la bonne femme ne voulait pas se séparer. Marcelle, appuyée sur le bras de Lémor qui portait Édouard dans ses bras, les suivit de près.

Pendant quelques jours Rose eut tous les soirs d'assez vifs accès de fièvre. Ses amis ne la quittaient pas d'un instant, et, après avoir réussi à lui cacher le spectacle des funérailles du mendiant Cadoche, qui fut porté en terre avec toutes les cérémonies qu'il avait exigées, ils lui laissèrent ignorer la mort de la folle jusqu'à ce qu'elle fût en état de supporter cette nouvelle; mais pendant bien longtemps encore elle n'en connut pas les affreuses circonstances.

Marcelle consulta M. Tailland sur la valeur de l'acte passé avec Bricolin.

L'avis du notaire ne fut pas favorable. Le mariage étant *d'ordre public*, on n'en pouvait faire une clause de vente. Dans le cas de clauses illicites, la vente subsiste et lesdites clauses sont *réputées non écrites*. Tels sont les termes de la loi. M. Bricolin les connaissait avant la signature de l'acte.

Au bout de trois jours, on vit arriver au moulin le fermier pâle, abattu, maigri de moitié, ayant perdu jusqu'à l'envie de boire pour se donner du cœur. Il paraissait incapable de se mettre en colère; cependant, on ignorait dans quelles intentions il venait à Angibault, et Marcelle, qui voyait Rose encore bien faible, tremblait qu'il ne vînt la réclamer avec des paroles et des manières outrageantes. Tout le monde était inquiet, et on sortit en masse au-devant de lui pour l'empêcher d'entrer s'il n'annonçait pas des intentions pacifiques.

Il débuta par intimer froidement à la mère Bricolin l'ordre de lui ramener sa fille au plus vite. Il avait loué une maison dans le bourg de Blanchemont, et il allait commencer les travaux de reconstruction. — Mais de ce que je suis mal logé, dit-il, ce n'est pas une raison pour que je sois privé de la société de ma fille et pour qu'elle refuse ses soins à sa mère. Ce serait le fait d'un enfant dénaturé.

En parlant ainsi, Bricolin lançait au meunier des regards farouches. On voyait bien qu'il voulait tirer sa fille de chez lui, sans esclandre, sauf à exhaler ensuite sa rancune et à accuser au besoin Grand-Louis de l'avoir enlevée.

— C'est juste, c'est juste, dit la mère Bricolin, qui s'était chargée de répondre. Il y a longtemps que Rose demande à retourner auprès de son père et de sa mère; mais comme elle est encore malade, nous l'en avons empêchée. Je pense qu'aujourd'hui elle sera en état de te suivre, et je suis prête à l'accompagner avec mon vieux, si tu as de quoi nous loger. Laisse seulement à madame Marcelle le temps de préparer la petite au plaisir et à la secousse de te revoir. Moi, j'ai à te parler en particulier, Bricolin; viens dans ma chambre.

La vieille femme le conduisit dans la chambre qu'elle partageait avec la meunière. Marcelle et Rose avaient été installées dans celle du meunier. Lémor et Grand-Louis couchaient au foin avec délices.

— Bricolin, dit la bonne femme, tu vas faire bien de la dépense pour ces bâtiments! Où donc prendras-tu l'argent?

— Qu'est-ce que ça vous fait, la mère? vous n'en avez pas à me donner, répondit Bricolin d'un ton brusque. Je suis à court, il est vrai, dans ce moment; mais j'emprunterai. Je ne serai pas embarrassé pour trouver du crédit.

— Oui, mais avec de gros intérêts, comme c'est l'usage, et puis quand il faut rendre ça, on est déjà lancé dans de nouvelles dépenses nécessaires, inévitables. Ça gêne, ça encombre, et on ne sait plus comment en sortir.

— Eh bien! qu'est-ce que vous voulez que j'y fasse? puis-je serrer, l'année prochaine, mes récoltes dans mon sabot, et mettre mon bétail à l'abri sous un balai?

— Qu'est-ce que ça coûtera donc, tout ça?

— Dieu sait!

— A peu près?

— De quarante-cinq à cinquante mille francs, tout au moins; quinze à dix-huit mille pour les bâtiments, autant pour le cheptel, et autant que j'ai perdu de ma récolte et de mes profits de l'année!

— Oui, ça fait cinquante mille francs environ. C'est bien mon calcul. Eh bien! dis donc, Bricolin, si je te donnais ça, que ferais-tu pour moi?

— Vous? s'écria Bricolin dont les yeux reprirent leur feu accoutumé; avez-vous donc des économies que vous m'aviez cachées, ou est-ce que vous radotez?

— Je ne radote pas. J'ai le cinquante mille francs en or que je te donnerai, si tu veux me laisser marier Rose à mon gré.

— Ah! voilà! toujours le meunier! Toutes les femmes en sont folles de cet ours-là, même les vieilles de quatre-vingts ans.

— C'est bon, c'est bon, plaisante, mais accepte.

— Et où est-il, cet argent?

— Je l'ai donné à garder à Grand-Louis, dit la vieille qui savait son fils capable de le lui arracher, de force, des mains dans un moment d'ivresse, s'il venait à le voir.

— Et pourquoi à Grand-Louis, et non pas à moi ou à ma femme? Vous voulez donc lui en faire une donation si je ne fais pas votre volonté?

— L'argent d'autrui est en sûreté dans ses mains, dit la vieille, car il a eu celui-là à mon insu, et il me l'a rapporté quand je le croyais perdu pour toujours. Il est à mon homme, s'entend; mais puisque vous l'avez fait interdire, et que nous nous étions, sous l'ancienne loi, donné notre bien à fonds perdu, au dernier vivant, j'en dispose!

— Mais c'est donc un recouvrement? C'est impossible! vous vous moquez de moi, et je suis bien bon de vous écouter!

— Écoute, dit la mère Bricolin, c'est une drôle d'histoire.

Et elle raconta à son fils toute l'histoire de Cadoche et de sa succession.

— Et le meunier t'a rapporté cet argent-là quand il pouvait n'en rien dire? s'écria le fermier stupéfait. Mais c'est très-honnête, ça, c'est très-*joli* de sa part! Il faudra lui faire un cadeau.

— Il n'y a qu'un cadeau à lui faire : c'est la main de Rose, puisqu'elle lui a déjà fait le cadeau de son cœur.

— Mais je ne donnerai pas de dot! s'écria Bricolin.

— Ça va sans dire, qui est-ce qui t'en parle?

— Faites-moi donc voir cet argent-là!

La mère Bricolin conduisit son fils auprès du meunier, qui lui montra le pot de fer et *son contenu*.

— Et de cette manière-là, dit le fermier ébloui et comme ressuscité par la vue de tant d'or monnayé, madame de Blanchemont n'est pas absolument dans la misère?

— Grâce à Dieu!

— Et à toi, Grand-Louis?

— Grâce à la fantaisie du père Cadoche.

— Et toi, de quoi hérites-tu?

— De trois mille francs, dont un tiers est destiné à la Piaulette et le reste à établir deux autres familles auprès de moi. Nous travaillerons tous ensemble et nous nous associerons pour les profits.

— C'est bête, ça!

— Non, c'est utile et juste.

— Mais pourquoi ne pas garder ces mille écus pour les présents de noces de... de ta femme?

— Ça sentirait l'argent volé; et quand même ça ne serait que le produit de l'aumône, vous, qui êtes si fier, voudriez-vous que Rose eût sur le corps des robes payées avec tous les gros sous du pays, donnés en charité à un mendiant?

— On n'aurait pas été obligé de dire d'où ça provenait!... Ah çà, à quand la noce, Grand-Louis?

— Demain, si vous voulez.

— Publions les bans demain, et remets-moi l'argent aujourd'hui, j'en ai besoin.

— Non pas! non pas! s'écria la vieille fermière. Tu l'auras le jour de la noce. Donnant, donnant, mon garçon!

La vue de l'or avait ranimé M. Bricolin. Il se mit à table, trinqua avec le meunier, embrassa sa fille, et remonta sur son bidet, entre deux vins, pour aller mettre ses maçons à l'ouvrage.

— Comme ça, se disait-il en souriant, j'ai toujours Blanchemont pour deux cent cinquante mille francs, et même pour deux cent mille francs, puisque je ne dote pas ma dernière fille!

— Et nous aussi, Lémor, nous allons faire bâtir, dit Marcelle à son amant lorsque Bricolin fut parti. Nous sommes riches; nous avons de quoi élever une jolie maisonnette rustique, où *notre* enfant aura une bonne éducation; car tu seras son précepteur, et le meunier lui apprendra son état. Pourquoi ne serait-on pas à la fois un ouvrier laborieux et un homme instruit?

— Et je compte bien commencer par moi-même, dit Lémor. Je ne suis qu'un ignorant; je m'instruirai le soir à la veillée. Je suis garçon de moulin; l'état me plaît et je le garde pour la journée. Quelle belle santé cette vie va faire à notre Édouard!

— Eh bien, madame Marcelle, dit le Grand-Louis, en prenant la main de Lémor, vous qui me disiez, la première fois que vous êtes venue ici... (il y a huit jours, ni plus ni moins!) que votre bonheur serait d'avoir une petite maison bien propre, avec du chaume dessus et des pampres verts tout autour, dans le genre de la mienne; une vie simple et pas trop gênée comme la mienne, un fils occupé et pas trop bête, comme moi... Et tout cela ici, sur notre rivière de Vauvre qui a l'honneur de vous plaire, et à côté de nous qui sommes de bons voisins!

— Et tout cela en commun, dit Marcelle, car je ne l'entends pas autrement!

— Oh! c'est impossible! Votre part, quant à présent, est plus grosse que la mienne.

— Vous calculez mal, meunier, dit Lémor; le tien et le mien entre amis sont des énormités comme deux et deux font cinq.

— Me voilà donc riche et savant! reprit le meunier, car j'ai le cœur de Rose et vous allez me parler tous les jours! Quand je vous le disais, monsieur Lémor, qu'il se ferait un miracle pour moi et que tout s'arrangerait! Je ne comptais pourtant pas sur l'oncle Cadoche!

— Qu'est-ce que tu as donc à danser comme ça, *alochon*? dit Édouard.

— J'ai, mon enfant, répondit le meunier en l'élevant dans ses bras, qu'en jetant mes filets, j'ai pêché, dans le plus clair de l'eau, un petit ange qui m'a porté bonheur, et, dans le plus trouble, un vieux diable d'oncle que je réussirai peut-être à faire sortir du purgatoire!

FIN DU MEUNIER D'ANGIBAULT.

CORA

I.

A mon retour de l'île Bourbon (je me trouvais dans une situation assez précaire), je sollicitai et j'obtins un mince emploi dans l'administration des postes. Je fus envoyé au fond de la province, dans une petite ville dont je tairai le nom pour des motifs que vous concevrez facilement.

L'apparition d'une nouvelle figure est un événement dans une petite ville, et, quoique mon emploi fût des moins importants, pendant quelques jours je fus, après un phoque vivant et deux boas constrictors, qui venaient de s'installer sur la place du marché, l'objet le plus excitant de la curiosité publique et le sujet le plus exploité des conversations particulières.

La niaise oisiveté dont j'étais victime me séquestra chez moi pendant toute la première semaine. J'étais fort jeune, et la négligence que j'avais jusqu'alors apportée par caractère aux importantes considérations de la *mise* et de la *tenue* commençaient à se révéler à moi sous la forme du remords.

Après un séjour de quelques années aux colonies, ma toilette se ressentait visiblement de l'état de stagnation honteuse où l'avait laissé le progrès du siècle. Mon chapeau à la Bolivar, mes favoris à la Bergami et mon manteau à la Quiroga étaient en arrière de plusieurs lustres, et le reste de mon accoutrement avait une tournure exotique dont je commençais à rougir.

Il est vrai que, dans la solitude des champs, ou dans l'incognito d'une grande ville, ou dans le tourbillon de la vie errante, j'eusse pu exister longtemps encore sans me douter du malheur de ma position. Mais une seule promenade hasardée sur les remparts de la ville m'éclaira tristement à cet égard. Je ne fis point dix pas hors de mon domicile sans recevoir de salutaires avertissements sur l'inconvenance de mon costume. D'abord une jolie grisette me lança un regard ironique, et dit à sa compagne, en passant près de moi : — « *Ce monsieur* a une cravate bien mal pliée. » Puis un ouvrier, que je soupçonnai être dans le commerce des feutres, dit d'un ton goguenard, en posant ses poings sur ses flancs revêtus d'un tablier de cuir : — « Si *ce monsieur* voulait me prêter son chapeau, j'en ferais fabriquer un sur le même modèle, afin de me déguiser en *roast-beef* le jour du carnaval. » Puis une *dame* élégante murmura en se penchant sur sa croisée : — « C'est dommage qu'il ait un gilet si fané et la barbe si mal faite. » Enfin, un bel esprit du lieu dit en pinçant la lèvre : — « Apparemment que le père de *ce monsieur* est un homme *puissant*, on le voit à l'ampleur de son habit. » Bref, il me fallut bientôt revenir sur mes pas, fort heureux d'échapper aux vexations d'une douzaine de polissons en guenilles qui criaient après moi du haut de leur tête : A bas *l'angliche!* à bas le milord ! à bas l'étranger !

Profondément humilié de ma mésaventure, je résolus de m'enfermer chez moi jusqu'à ce que le tailleur du chef-lieu m'eût fait parvenir un habit complet dans le dernier goût. L'honnête homme ne s'y épargna point, et me confectionna des vêtements si exigus et si coquets que je pensai mourir de douleur en me voyant réduit à ma plus simple expression, et semblables en tous points à ces caricatures de *fats parisiens* et d'*incroyables* qui nous faisaient encore pâmer de rire, l'année précédente, à l'île Maurice. Je ne pouvais pas me persuader que je ne fusse pas cent fois plus ridicule sous cet habit que sous celui que je venais de quitter, et je ne savais plus que devenir ; car j'avais promis solennellement à mon hôtesse (la femme du plus gros notaire de l'arrondissement) de la conduire au bal, et de lui faire danser la première et probablement l'unique contredanse à laquelle ses charmes lui donnaient le droit de prétendre. Incertain, honteux, tremblant, je me décidai à descendre et à demander à cette estimable femme un avis rigide et sincère sur ma situation. Je pris un flambeau et je me hasardai jusqu'à la porte de son appartement ; mais je m'arrêtai palpitant et désespéré, en entendant partir de ce sanctuaire un bruit confus de voix fraîches et perçantes, de rires aigus et naïfs, qui m'annonçaient la présence de cinq ou six demoiselles de la ville. Je faillis retourner sur mes pas ; car, de m'exposer au jugement d'un si malin aréopage dans une parure plus que problématique à mes yeux, c'était un héroïsme dont peu de jeunes gens à ma place se fussent sentis capables.

Enfin, la force de ma volonté l'emporta ; je me demandai si j'avais lu pour rien Locke et Condillac, et poussant la porte d'une main ferme, j'entrai par l'effet d'une résolution désespérée. J'ai vu de près d'affreux événements, je puis le dire ; j'ai traversé les mers et les orages, j'ai échappé aux griffes d'un tigre dans le royaume de Java, et aux dents d'un crocodile dans la baie de Tunis ; j'ai vu en face les gueules béantes des sloops flibustiers ; j'ai mangé du biscuit de mer qui m'a percé les gencives ; j'ai embrassé la fille du roi de Timor... eh bien ! je vous jure que tout ceci n'est rien au prix de mon entrée dans cet appartement, et que dans aucun jour de ma vie je ne recueillis un aussi glorieux fruit de l'éducation philosophique.

Les demoiselles étaient assises en cercle, et, en attendant que la femme du notaire eût achevé de mêler à ses cheveux noirs une légère guirlande de pivoines, ces gentes filles de la nature échangeaient entre elles de joyeux propos et de naïves chansons. Mon apparition inattendue paralysa l'élan de cette gaieté charmante. Le silence étendit ses ailes de hibou sur leurs blondes têtes, et tous les yeux s'attachèrent sur moi avec l'expression du doute, de la méfiance et de la peur.

Puis tout à coup un cri de surprise s'échappa du sein de la plus jeune, et mon nom vola de bouche en bouche comme la bordée d'une frégate armée en guerre. Mon sang se glaça dans mes veines, et je faillis prendre la fuite comme un brick qui a cru attaquer un chasse-marée, et qui, à la portée de la longue-vue, découvre un beau trois-mâts, laissant nonchalamment tomber ses sabords pour lui faire accueil.

Mais, à ma grande stupéfaction, la femme de mon hôte, laissant la moitié de ses boucles crêpées et menaçantes, tandis que l'autre gisait encore sous le papier gris de la papillote, accourut vers moi en s'écriant : — C'est notre jeune homme ! c'est notre pauvre Georges ! Ah ! mon Dieu ! quelle métamorphose ! qu'il est bien mis ! quelle jolie tournure ! quelle coupe d'habit élégante et moderne !...... Ah ! Mesdemoiselles, regardez ! regardez comme M. Georges est changé, comme il a l'air distingué.

Vous ferez danser ces demoiselles, monsieur Georges, après moi, pourtant ! Vous m'avez forcée de vous promettre la première, vous vous en souvenez ?

Les demoiselles gardaient le silence, et je doutais encore de mon triomphe. Je rassemblai le reste de mon courage pour leur demander timidement leur goût sur cet habit, et aussitôt un chœur de louanges pur et mélodieux à mes oreilles comme un chant céleste s'éleva autour de moi. Jamais on n'avait rien vu de mieux ; on ne trouvait pas un pli à blâmer ; le collet raide et volumineux était d'un goût exquis, les basques courtes et cambrées avaient une grâce parfaite, le gilet parsemé de gigantesques rosaces était d'un éclat sans pareil ; la cravate inflexible, croisée avec une rigueur systématique, était un chef-d'œuvre d'invention ; la manchette et le jabot terrible couronnaient l'œuvre. De mémoire de jeunes filles, aucun employé de l'administration des postes n'avait fait un tel début dans le monde.

J'avoue que ce n'est pas un des moins brillants souvenirs de ma jeunesse que mon entrée triomphante dans ce bal, serré dans mon habit neuf, froissé par les baleines dorsales de mon gilet, vexé par le rigorisme de mes entournures, et, de plus, flanqué à droite de la femme du notaire, à gauche de mademoiselle Phédora, sa nièce, la plus vieille et la plus laide fille du département. N'importe, j'étais fier, j'étais heureux, j'étais bien mis.

La salle était un peu froide, un peu sombre, un peu malpropre ; les banquettes étaient bien tachées d'huile çà et là, les quinquets jouaient bien un peu, sur les têtes fleuries et emplumées du bal, le vieux rôle de l'épée de Damoclès ; le parquet n'était pas fort brillant, les robes des femmes n'étaient pas toutes fraîches, pas plus que la fraîcheur de certains visages n'était naturelle. Il y avait bien des pieds un peu larges dans des souliers de satin un peu rustiques, des bras un peu rouges sous des manches de dentelle, des cous un peu hâlés sous des colliers de perles, et des corsages un peu robustes sous des ceintures de moire. Il y avait bien aussi sur l'habit des hommes une légère odeur de tabac de la régie, dans l'office un parfum de vin chaud un peu brutal, dans l'air un nuage de poussière un peu agreste, et pourtant c'était une charmante fête, une aimable réunion, sur ma parole ! La musique n'était pas beaucoup plus mauvaise que celle de Port-Louis ou de Saint-Paul. Les modes n'étaient, à coup sûr, ni aussi arriérées, ni aussi exagérées que celles qu'on prétend suivre à Calcutta ; en outre, les femmes étaient généralement plus blanches, les hommes moins rudes et moins bruyants.

A tout prendre, pour moi qui n'avais point vu les merveilles de la civilisation poussées à la dernière limite, pour moi qui n'avais vu l'opéra qu'en Amérique et le bal qu'en Asie, le bal à peu près préfet et général de la petite ville pouvait bien sembler pompeux et enivrant, si l'on considère d'ailleurs la profonde sensation qu'y produisait mon habit et le succès incontestable que j'obtins d'emblée à la fin de la première contredanse.

Mais ces joies naïves de l'amour-propre firent bientôt place à un sentiment plus conforme à ma nature inflammable et contemplative. Une femme entra dans le bal et j'oubliai toutes les autres ; j'oubliai même mon triomphe et mon habit neuf. Je n'eus plus de regards et de pensées que pour elle.

Oh ! c'est qu'elle était vraiment bien belle, et qu'il n'était pas besoin d'avoir vingt-cinq ans et d'arriver de l'Inde pour en être frappé. Un peintre célèbre qui passa, l'année suivante, dans la ville, arrêta sa chaise de poste en l'apercevant à sa fenêtre, fit dételer les chevaux et resta huit jours à l'auberge du Lion-d'Argent, cherchant par tous les moyens possibles à pénétrer jusqu'à elle pour la peindre. Mais jamais il ne put faire comprendre à sa famille qu'on pouvait par amour de l'art faire le portrait d'une femme sans avoir l'intention de la séduire. Il fut éconduit, et la beauté de Cora n'est restée empreinte que dans le cerveau peut-être de ce grand artiste, et dans le cœur d'un pauvre fonctionnaire destitué de l'administration des postes.

Elle était d'une taille moyenne admirablement propor-

Elle lisait. (Page 106.)

tionnée, souple comme un oiseau, mais lente et fière comme une dame romaine. Elle était extraordinairement brune pour le climat tempéré où elle était née; mais sa peau était fine et unie comme la cire la mieux moulée. Le principal caractère de sa tête régulièrement dessinée, c'était quelque chose d'indéfinissable, de surhumain, qu'il faut avoir vu pour le comprendre ; des lignes d'une netteté prestigieuse, de grands yeux d'un vert si pâle et si transparent qu'ils semblaient faits pour lire dans les mystères du monde intellectuel plus que dans les choses de la vie positive; une bouche aux lèvres minces, fines et pâles, au sourire imperceptible, aux rares paroles ; un profil sévère et mélancolique, un regard froid, triste et pensif, une expression vague de souffrance, d'ennui et de dédain; et puis des mouvements doux et réservés, une main effilée et blanche, beauté si rare chez les femmes d'une condition médiocre ; une toilette grave et simple, discernement si étrange chez une provinciale; surtout un air de dignité calme et inflexible qui aurait été sublime sous la couronne de diamants d'une reine espagnole, et qui, chez cette pauvre fille, semblait être le sceau du malheur, l'indice d'une organisation exceptionnelle.

Car c'était la fille... le dirai-je? il le faut bien : Cora était la fille d'un épicier.

O sainte poésie, pardonne-moi d'avoir tracé ce mot ! Mais Cora eût relevé l'enseigne d'un cabaret. Elle se fût détachée comme l'ange de Rembrandt au-dessus d'un groupe flamand. Elle eût brillé comme une belle fleur au milieu des marécages. Du fond de la boutique de son père, elle eût attiré sur elle le regard du grand Scott. Ce fut sans doute une beauté ignorée comme elle qui inspira l'idée charmante de *la belle fille de Perth*.

Et elle s'appelait Cora; elle avait la voix douce, la démarche réservée, l'attitude rêveuse. Elle avait la plus belle chevelure brune que j'aie vue de ma vie, et seule, entre toutes ses compagnes, elle n'y mêlait jamais aucun ornement. Mais il y avait plus d'orgueil dans le luxe de ses boucles épaisses que dans l'éclat d'un diadème. Elle n'avait pas non plus de collier ni de fleurs sur la poitrine. Son dos brun et velouté tranchait fièrement sur la dentelle blanche de son corsage. Sa robe bleue la faisait pa-

Je revins à moi sur un grand fauteuil. (Page 107.)

raître encore plus brune de ton et plus sombre d'expression. Elle semblait tirer vanité du caractère original de sa beauté.

Elle semblait avoir deviné qu'elle était belle autrement que toutes les autres : car je n'ai pas besoin de vous le dire, Cora étant d'un type rare et d'un coloris oriental, Cora ressemblant à la juive Rebecca, ou à la Juliette de Shakspeare, Cora majestueuse, souffrante et un peu farouche, Cora qui n'était ni rose, ni replette, ni agaçante, ni gentille, n'était ni aperçue ni soupçonnée dans la foule. Elle vivait là comme une rose épanouie dans le désert, comme une perle échouée sur le sable, et la première personne venue, à qui vous eussiez exprimé votre admiration à la vue de Cora, vous eût répondu : Oui, elle ne serait pas mal si elle était plus blanche et moins maigre.

J'étais si troublé auprès d'elle, si subitement épris, que vraiment j'oubliais toute la confiance qu'eussent dû m'inspirer mon habit neuf et mon gilet à rosaces. Il est vrai qu'elle y accordait fort peu d'attention, qu'elle écoutait d'un air distrait des fadeurs qui me faisaient suer sang et eau à débiter, qu'elle laissait, à chaque invitation de ma part, tomber de ses lèvres un mot bien faible, et, dans ma main tremblante, une main dont je sentais la froideur au travers de son gant. Hélas ! qu'elle était indifférente et hautaine, la fille de l'épicier ! Qu'elle était singulière et mystérieuse, la brune Cora ! Je ne pus jamais obtenir d'elle, dans toute la durée de la nuit, qu'une demi-douzaine de monosyllabes.

Il m'arriva le lendemain de lire, pour le malheur de ma vie, les Contes fantastiques. Pour mon malheur encore, aucune créature sous le ciel ne semblait être un type plus complet de la beauté fantastique et de la poésie allemande que Cora aux yeux verts et au corsage diaphane.

Les adorables poésies d'Hoffman commençaient à circuler dans la ville. Les matrones et les pères de famille trouvaient le genre détestable et le style de mauvais goût. Les notaires et les femmes d'avoués faisaient surtout une guerre à mort à l'invraisemblance des caractères et au romanesque des incidents. Le juge de paix du canton avait l'habitude de se promener autour des tables dans le cabinet de lecture, et de dire aux jeunes gens égarés par cette poésie étrangère et subversive : *Rien n'est beau que le vrai*, etc. Je me souviens qu'un vaurien de lycéen, en vacances, lui dit à cette occasion en le regardant fixement :

— Monsieur, cette grosse verrue que vous avez au milieu du nez n'est sans doute postiche ?

Malgré les remontrances paternelles, malgré les anathèmes du *principal* et des professeurs de sixième, le mal gagna rapidement, et une grande partie de la jeunesse fut infectée du venin mortel. On vit de jeunes débitants de tabac se modeler sur le type de Kressler, et des surnuméraires à l'enregistrement s'évanouir au son lointain d'une cornemuse ou d'une chanson de jeune fille.

Pour moi, je confesse et je déclare ici que je perdis complètement la tête. Cora réalisait tous les rêves enivrants que le poëte m'inspirait, et me plaisais à la gratifier d'une nature immatérielle et féerique qui réellement semblait avoir été imaginée pour elle. J'étais heureux ainsi. Je ne lui parlais pas, je n'avais aucun titre pour m'approcher d'elle. Je ne recueillais aucun encouragement à ma passion; je n'en cherchais même pas. Seulement, je quittai la maison du notaire et je louai une misérable chambre directement en face de la maison de l'épicier. Je garnis ma fenêtre d'un épais rideau, dans lequel je pratiquai des fentes habilement ménagées. Je passais là en extase toutes les heures que je pouvais dérober à mon travail.

La rue était déserte et silencieuse. Cora était assise à sa fenêtre au rez-de-chaussée. Elle lisait. Que lisait-elle? Il est certain qu'elle lisait du matin au soir. Et puis elle posait son livre sur un vase de giroflée jaune qui brillait à la fenêtre. Et la tête penchée sur sa main, les boucles de ses beaux cheveux nonchalamment mêlées aux fleurs d'or et de pourpre, l'œil fixe et brillant, elle semblait percer le pavé et contempler, à travers la croûte épaisse de ce sol grossier, les mystères de la tombe et de la reproduction des essences fécondantes, assister à la naissance de la fée aux Roses, et encourager le germe d'un beau génie aux ailes d'or dans le pistil d'une tulipe.

Et moi je la regardais, j'étais heureux. Je me gardais bien de me montrer, car, au moindre mouvement du rideau, au moindre bruit de ma fenêtre, elle disparaissait comme un songe. Elle s'évanouissait comme une vapeur argentée dans le clair-obscur de l'arrière-boutique; je me tenais donc là, immobile, retenant mon souffle, imposant silence aux battements de mon cœur, quelquefois à genoux implorant ma fée dans le silence, envoyant vers elle les brûlantes aspirations d'une âme que son essence magique devait pénétrer et entendre. Parfois je m'imaginais voir mon esprit et le sien voltiger enlacés dans un de ces rayons de poussière d'or que le soleil de midi infiltrait dans la profondeur étroite et anguleuse de la rue. Je m'imaginais voir partir de son œil limpide comme l'eau qui court sur la mousse, un trait brûlant qui m'appelait tout entier dans son cœur.

Je restai là tout le jour, égaré, absurde, ridicule; mais exalté, mais amoureux, mais jeune! mais inondé de poésie et n'associant personne aux mystères de ma pensée et ne sentant jamais mes élans entravés par la crainte de tomber dans le mauvais goût, n'ayant que Dieu pour juge et pour confident de mes rêves et de mes extases.

Puis, quand le jour finissait, quand la pâle Cora fermait sa fenêtre et tirait son rideau, j'ouvrais mes livres favoris et je retrouvais sur les Alpes avec Manfred, chez le professeur Spallanzani avec Nathanaël, dans les cieux avec Oberon.

Mais, hélas! ce bonheur ne fut pas de bien longue durée. Jusque-là personne n'avait découvert la beauté de Cora; j'en jouissais tout seul. Elle n'était comprise et adorée que par moi. La contagion fantastique, en se répandant parmi les jeunes gens de la ville, jeta un trait de lumière sur la romantique bourgeoise.

Un impertinent bachelier s'avisa un matin, en passant devant ses fenêtres, de la comparer à Anne de Gierstern, la fille du brouillard. Ce mot fit fortune : on le répéta au bal. Les *inspirés* de l'endroit remarquèrent la danse molle et aérienne de Cora. Un autre génie de la société la compara à la reine Mab. Alors, chacun voulant faire montre de son érudition, apporta son épithète et sa métaphore, et la pauvre fille en fut écrasée à son insu. Quand ils eurent assez profané mon idole avec leurs comparaisons, ils l'entourèrent, ils l'accablèrent de soins et de madrigaux, ils la firent danser jusqu'à l'extinction des quinquets, ils me la rendirent le lendemain fatiguée de leur esprit, ennuyée de leur babil, flétrie de leur admiration ; et ce qui acheva de me briser le cœur, ce fut de voir apparaître à la fenêtre le profil arrondi et jovial d'un gros étudiant en pharmacie à côté du profil grec et délié de ma sylphide.

Pendant bien des matins et bien des soirs, je vins derrière le rideau mystérieux essayer de combattre le charme que mon odieux rival avait jeté sur la famille de l'épicier. Mais en vain j'invoquai l'amour, le diable et tous les saints, je ne pus écarter sa maligne influence. Il revint, sans se lasser, tous les jours s'asseoir à côté de Cora, dans l'embrasure de la fenêtre, et il lui parlait. De quoi osait-il lui parler, le malheureux! La figure impénétrable de Cora n'en trahissait rien. Elle semblait écouter ses discours sans les entendre, et à l'imperceptible mouvement de ses lèvres, je devinais quelquefois qu'elle lui répondait froidement et brièvement comme elle avait l'habitude de le faire, et puis la conversation semblait languir.

Le couple contraint et ennuyé étouffait de part et d'autre des bâillements silencieux. Cora regardait tristement son livre fermé sur la fenêtre et que la présence de son adorateur l'empêchait de continuer. Puis elle appuyait son coude sur le pot de giroflées et le menton sur la paume de sa main, et le regardant d'un regard fixe et glacial, elle semblait étudier les fibres grossières de son organisation morale au travers de la loupe de maître Floh.

Après tout, elle supportait ses assiduités comme un mal nécessaire; car, au bout de six semaines, l'apprenti pharmacien conduisit la belle Cora au pied des autels, où ils reçurent la bénédiction nuptiale. Cora était admirablement chaste et sévère sous son costume de mariée. Elle avait l'air calme, indifférent, ennuyé comme toujours. Elle traversa la foule avide d'un pas aussi mesuré qu'à l'ordinaire, et promena sur les curieux ébahis son œil sec et scrutateur. Quand il rencontra ma figure morne et flétrie, il s'y arrêta un instant et sembla dire : Voici un homme qui est incommodé d'un catarrhe ou d'un mal de dents.

Pour moi, j'étais si désespéré, que je sollicitai mon changement...

II.

Mais je ne l'obtins pas, et je restai témoin du bonheur d'un autre. Alors je pris le parti de tomber malade, ce qui me sauva du désespoir, ainsi qu'il arrive toujours en pareil cas.

Si dégoûté qu'on soit de la vie, il est certain que, lorsque la fatalité nous y retient malgré nous, la faiblesse humaine ne peut s'empêcher de remercier secrètement la fatalité. La mort est si laide qu'aucun de nous ne la voit de près sans effroi. Bien magnanimes sont ceux qui enfoncent le rasoir jusqu'à l'artère carotide, ou qui avalent le poison jusqu'au fond de la coupe. (Je dis la *coupe*, parce qu'il n'est pas séant et presque impossible de s'empoisonner dans un vase qui porte un autre nom quelconque.)

Oui, le proverbe d'Ésope est la sagesse des nations. Nous aimons la vie comme une maîtresse que nous convoitons encore avec les sens, quand même que toute estime et toute affection pour elle sont éteintes en nous. Le soir où je vis un prêtre et un médecin convenablement graves à mon chevet, je n'eus pas la force de m'enquérir vis-à-vis de moi-même de ce que j'en ressentais de joie ou de peine. Mais quand, un matin, je m'éveillai faible et languissant, et que je vis la garde-malade endormie profondément sur sa chaise, le soleil brillant sur les pots et les fioles pharmaceutiques vides sur le guéridon, quand je me hasardai à remuer et que je sentis ma tête sans douleur, mes membres légers, et mon corps débile dégagé de tous les liens de fer de la souffrance, je ressentis un insurmontable sentiment de bien-être et de reconnaissance envers le ciel.

Et puis je me rappelai Cora et son mariage, et j'eus honte de la joie que je venais d'éprouver ; car, après les ferventes prières que j'avais adressées à Dieu et au médecin pour être délivré de la vie, c'était une inconséquence sans pareille que d'en accepter le retour sans colère et sans amertume. Je me mis donc à répandre des larmes. La jeunesse est si riche en émotions de tout genre, qu'il lui est possible de se torturer elle-même en dépit de la force de l'espoir, de la poésie, de tous les bienfaits dont l'a douée la Providence. Je lui reprochai, moi, d'avoir été plus sage que moi, et de n'avoir pas permis qu'un amour bizarre et presque imaginaire me conduisît au tombeau. Puis je me résignai et j'acceptai la volonté de Dieu, qui rivait ma chaîne et me condamnait à jouir encore de la vue du ciel, de la beauté de la nature et de l'affection de mes proches.

Quand je fus assez fort pour me lever, je m'approchai de la fenêtre avec un inexprimable serrement de cœur. Cora était là ; elle lisait. Elle était toujours belle, toujours pâle, toujours seule. J'eus un sentiment de joie. Elle m'était donc rendue, ma fée aux yeux verts, ma belle rêveuse solitaire! Je pourrais la contempler encore et nourrir en secret cette passion extatique que le regard d'un rival m'avait forcé de refouler si longtemps! Tout à coup elle releva sa tête brune, et ses yeux, errant au hasard sur la muraille, aperçurent ma face pâle qui se penchait vers elle. Je tressaillis, je crus qu'elle allait fuir comme à l'ordinaire. Mais, ô transport! elle ne s'enfuit point. Au contraire, elle m'adressa un salut plein de politesse et de douceur, puis elle reporta son attention sur son livre, et resta sous mes yeux absolument indifférente à l'assiduité de mes regards ; mais du moins elle resta.

Un homme plus expérimenté que moi eût préféré l'ancienne sauvagerie de Cora à l'insouciance avec laquelle désormais elle bravait le face-à-face. Mais pouvais-je résister au charme qu'elle venait de jeter sur moi avec son salut bienveillant et gracieux ? Je m'imaginai tout ce qu'il peut entrer de chaste intérêt et de bienveillance réservée dans un modeste salut de femme. C'était la première marque de connaissance que me donnait Cora. Mais avec quelle ingénieuse délicatesse elle choisissait l'instant de me la donner! Combien il entrait de compassion généreuse dans ce faible témoignage d'un intérêt timide et discret! Elle n'osait point me demander si j'étais mieux. D'ailleurs elle le voyait, et son salut valait tout un long discours de félicitations.

Je passai toute la nuit à commenter ce charmant salut, et le lendemain, à l'heure où Cora reparut, je me hasardai à risquer le premier témoignage de notre intelligence naissante. Oui, j'eus l'audace de la saluer profondément ; mais je fus si bouleversé de ce que j'osais faire, que je n'eus point le courage de fixer mes yeux sur elle. Je les tins baissés avec crainte et respect, ce qui fit que je ne pus point savoir si elle me rendait mon salut, ni de quel air elle me le rendait.

Troublé, palpitant, plein d'espoir et de terreur, je restais le front caché dans mes mains, n'osant plus montrer mon visage, lorsqu'une voix s'éleva dans le silence de la rue, et, montant vers moi, m'adressa ces douces paroles :

— Il paraît, Monsieur, que votre santé est meilleure?

Je tressaillis, je retirai ma tête de mes mains ; je regardai Cora, je ne pouvais en croire mes oreilles, d'autant plus que la voix était un peu rude, un peu mâle, et que je m'étais toujours imaginé la voix de Cora plus douce que celle de la brise d'avril caressant les fleurs naissantes. Mais comme je la contemplais d'un air éperdu, elle réitéra sa question dans des termes dont la douceur me fit oublier l'accent un peu indigène et le timbre un peu vigoureux de sa voix.

— Je vois avec plaisir, dit-elle, que monsieur Georges se porte mieux.

Je voulus faire une réponse qui exprimât l'enthousiasme de ma reconnaissance ; mais cela me fut impossible : je pâlis, je rougis, je balbutiai quelques paroles inintelligibles ; je faillis m'évanouir.

A ce moment, l'épicier, le père de ma Cora, approchant son profil osseux de la fenêtre, lui dit d'un ton rauque, mais pourtant bienveillant :

— A qui parles-tu donc, mignonne?

— A notre voisin, M. Georges, qui est enfin convalescent et que je vois à sa fenêtre.

— Ah! j'en suis charmé, dit l'épicier, et, soulevant son bonnet de loutre : Comment va la santé, mon cher voisin ?

Je remerciai avec plus d'assurance le père de ma bien-aimée. J'étais le plus heureux des mortels ; j'obtenais enfin un peu d'intérêt de cette famille naguère si farouche et si méfiante envers moi. Mais hélas ! pensais-je presque aussitôt, que me sert à présent d'être plaint et consolé? Cora n'est-elle pas pour jamais unie à un autre?

L'épicier, appuyant ses deux coudes sur sa fenêtre, entama alors avec moi une conversation affectueuse et bienveillante sur la beauté de la journée, sur le plaisir de revenir à la vie par un si bon soleil, sur l'excellence des gilets de flanelle en temps de convalescence, et les bienfaisants effets de l'eau miellée et du sirop de gomme sur les poitrines fatiguées et les estomacs débilités.

Jaloux de soutenir et de prolonger un entretien si précieux, je lui répondis par des compliments flatteurs sur la beauté des giroflées qui fleurissaient à sa fenêtre, sur la grâce mignonne et coquette de son chat qui dormait au soleil devant la porte, et sur la bonne exposition de sa boutique qui recevait en plein les rayons du soleil de midi.

— Oui, oui, répondit l'épicier, au commencement du printemps les rayons du soleil ne sont point à dédaigner ; plus tard ils deviennent un peu trop bons...

A cet entretien cordial et ingénu, Cora mêlait de temps en temps des réflexions courtes et simples, mais pleines de bon sens et de justesse ; j'en conclus qu'elle avait un jugement droit et un esprit positif.

Puis, comme j'insistais sur l'avantage d'avoir la façade de son logis exposée au midi, Cora, inspirée par le ciel et par la beauté de son âme, dit à son père :

— Au fait, la chambre de M. Georges exposée au nord doit encore être assez fraîche dans ce temps-ci. Peut-être, si vous lui proposiez de venir s'asseoir une heure ou deux chez nous, serait-il bien aise de voir le soleil en face?

Puis elle se pencha vers son oreille, et lui dit tout bas quelques mots qui semblèrent frapper vivement l'épicier.

— C'est bien, ma fille, s'écria-t-il d'un ton jovial Vous plairait-il, monsieur Georges, d'accepter une chaise à côté de la nôtre?

— O mon Dieu! pensai-je, si c'est un rêve, faites que je ne m'éveille point.

Une minute après, le généreux épicier était dans ma chambre et m'offrait son bras pour descendre. J'étais ému jusqu'aux larmes et je lui pressai les mains avec une effusion qui le surprit, tant son action lui paraissait naturelle.

Au seuil de ma maison, je trouvai Cora qui venait pour aider son père à me soutenir en traversant la rue. Jusque-là je me sentais la force d'aller vers elle ; mais dès qu'elle toucha mon bras, dès que sa main longue et blanche effleura mon coude, je me sentis défaillir, et je perdis le sentiment de mon bonheur pour l'avoir senti trop vivement.

Je revins à moi sur un grand fauteuil de cuir à clous dorés, qui, depuis cinquante ans, servait de trône au patriarcal épicier. Sa digne compagne me frottait les tempes avec du vulnéraire, et Cora, la belle Cora, tenait sous mes narines son mouchoir imbibé d'alcool. Je faillis m'évanouir de nouveau ; je voulus remercier, mais je n'avais pas d'expressions pour peindre ma gratitude ; pourtant, dans un moment où l'épicier, me voyant mieux, se retirait, et où sa femme passait dans l'arrière-boutique pour me chercher un verre d'eau de réglisse, je dis à Cora en levant sur elle mon œil languissant :

— Ah! Madame, pourquoi ne m'avoir pas laissé mourir? j'étais si heureux tout à l'heure!

Elle me regarda d'un air étonné et me dit d'un ton affectueux : — Remettez-vous, Monsieur, vous avez de la fièvre, je le vois bien.

Quand je fus tout à fait remis de mon trouble, l'épicière retourna à la boutique, et je restai seul avec Cora.

Comme le cœur me battit alors! Mais elle était calme, et sa sérénité m'imposait tant de respect que je pris sur moi de paraître calme aussi.

Cependant ce tête-à-tête devint pour moi d'un cruel embarras. Cora n'aimait point à parler. Elle répondait brièvement à toutes les choses que je tirais de mon cerveau avec d'incroyables efforts, et, quoi que je fisse, jamais ses réponses n'étaient de nature à nouer l'entretien; sur quelque matière que ce fût, elle était de mon avis. Je ne pouvais pas m'en plaindre, car je lui disais de ces choses sensées qu'il n'est pas possible de combattre à moins d'être fou. Par exemple, je lui demandai si elle aimait la lecture. — Beaucoup, me répondit-elle. — C'est qu'en effet, repris-je, c'est une si douce occupation! — En effet, reprit-elle, c'est une très-douce occupation. — Pourvu, ajoutai-je, que le livre qu'on lit soit beau et intéressant. — Oh! certainement, ajouta-t-elle. — Car, poursuivis-je, il en est de bien insipides. — Mais aussi, poursuivit-elle, il en est de bien jolis. — Cet entretien eût pu nous mener loin si je me fusse senti la hardiesse de l'interroger sur le genre de ses lectures. Mais je craignis que cela ne fût indiscret, et je me bornai à jeter un regard furtif sur le livre entr'ouvert au pied de la girofiée. C'était un roman d'Auguste Lafontaine. J'eus la sottise d'en être affecté d'abord. Et puis, en y réfléchissant, je trouvai dans le choix de cette lecture une raison d'admirer la simplicité et la richesse d'un cœur qui pouvait puiser là des émotions attachantes. Je parcourus de l'œil une pile de volumes délabrés qui gisaient sur un rayon près de moi. Je ne nommerai point les auteurs chéris de ma Cora; les lecteurs blasés en riraient, et moi, dans ma vaine enflure de poëte, je faillis en être froissé... Mais je revins bientôt à la raison en comparant les ressources d'un esprit si neuf et d'une âme si virginale à la vieillesse prématurée de nos imaginations épuisées. Il y avait dans la vie intellectuelle des trésors auxquels Cora n'avait pas encore touché, et l'homme qui serait assez heureux pour les lui révéler verrait s'épanouir sous son souffle la plus belle œuvre de la création, une sorte de vie d'une femme ingénue!...

Je rentrai chez moi enthousiasmé de Cora, dont l'ignorance était si candide et si belle. J'attendis l'heure d'y retourner le jour suivant, sans pourtant espérer cette nouvelle faveur. Elle reparut avec sa mère, qui m'invita à descendre. Quand je fus installé dans le grand fauteuil, je vis une sorte d'agitation inquiète dans la famille. Puis l'épicier s'assit vis-à-vis de moi avec un air hypocritement naïf. J'étais agité moi-même, je craignais et je désirais l'explication de cette contenance.

— Puisque vous vous trouvez bien ici, monsieur Georges, dit-il enfin en posant ses deux mains sur ses rotules replètes, j'espère que vous y viendrez sans façon reposer tant que vous ne serez pas assez fort pour aller vous distraire ailleurs.

— Généreux homme! m'écriai-je.

— Non, dit-il en souriant, cela ne vaut point un remercîment : entre voisins on se doit assistance, et, Dieu merci! nous n'avons jamais refusé la nôtre aux honnêtes gens : car je présume que vous êtes un brave jeune homme, monsieur Georges, vous en avez parfaitement l'air, et je me sens de la confiance en vous.

— J'en suis honoré, répondis-je avec embarras.

— Ainsi, Monsieur, poursuivit le digne homme avec gaieté, en se levant, restez avec notre Cora tant que vous voudrez. C'est une fille d'esprit, voyez-vous! une personne qui a vécu dans les livres, et dont la mère n'a jamais voulu contrarier le goût. Aussi, elle ne sait plus que nous à présent, et vous trouverez de l'agrément dans sa société, j'en réponds.

— Il y a bien longtemps, répondis-je en rougissant et en jetant sur Cora un regard timide, que je me serais estimé heureux de cette faveur... Elle est venue bien tard, hélas! au gré de mon impatience...

— Ah! dame, dit l'épicier en ricanant, c'est qu'il y a deux mois, voyez-vous, la chose n'était pas possible. Cora n'était pas mariée, et... à moins de se présenter ici avec l'intention de l'épouser, avec de bonnes et franches propositions de mariage, aucun garçon n'obtenait de sa mère l'entrée de cette chambre. Vous savez, Monsieur, comme il faut veiller sur une jeune fille pour empêcher les mauvaises langues de lui faire tort; à présent que voici l'enfant établie, comme nous sommes sûrs de sa moralité, nous la laissons tout à fait libre, et puis... d'ailleurs (ici l'épicier baissa la voix), pâle et faible comme vous voilà, personne ne pensera que vous songiez à supplanter un mari jeune et bien portant... L'épicier termina sa phrase par un gros rire. Je devins pâle comme la mort, et je n'osai pas lever les yeux sur Cora.

— Tenez, tenez, ne vous fâchez pas d'une plaisanterie, mon cher voisin, reprit-il: vous ne serez pas toujours convalescent, et bientôt peut-être les pères et les maris vous surveilleront de plus près... En attendant, restez ici; Cora vous tiendra compagnie, et d'ailleurs je crois qu'elle a quelque chose à vous dire.

— A moi? m'écriai-je en regardant Cora.

— Oui, oui, reprit le père, c'est une petite affaire délicate... voyez-vous, et qu'une jeune femme entendra mieux qu'un vieux bonhomme. Allons, au revoir, monsieur Georges.

Il sortit. Je restai encore une fois seul avec Cora, et cette fois elle avait une *affaire délicate* à traiter avec moi : elle allait me confier un secret peut-être, une peine de son cœur, un malheur de sa destinée : ah! sans doute, il y avait un grand et profond mystère dans la vie de cette fille si mélancolique et si belle! son existence ne pouvait pas être arrangée comme celle des autres. Le ciel ne lui avait pas départi une si miraculeuse beauté sans la lui faire expier par des trésors de douleur. Enfin, me disais-je, elle va les épancher dans mon sein, et je pourrai peut-être en prendre une partie pour la soulager!

Elle resta un peu confuse devant moi. Puis elle fouilla dans la poche de son tablier de taffetas noir et en tira un papier plié.

— En vérité, Monsieur, dit-elle, c'est bien peu de chose : je ne sais pourquoi mon père me charge de vous le dire; il devrait savoir qu'un homme d'esprit comme vous ne s'offense pas d'une demande toute naturelle... Sans tout ce qu'il vient de dire, je ne serais pas embarrassée, mais...

— Achevez, au nom du ciel, m'écriai-je avec ferveur; ô Cora! si vous connaissiez mon cœur, vous n'hésiteriez pas un instant à m'ouvrir le vôtre.

— Eh bien, Monsieur, dit Cora émue, voici ce dont il s'agit. Elle déplia le papier et me le présenta. J'y jetai les yeux, mais ma vue était troublée, ma main tremblante, il me fallut prendre haleine un instant avant de comprendre. Enfin je lus : « Doit M. Georges à M***, épicier droguiste, pour objets de consommation fournis durant sa maladie...

42 l. cassonade pour sirops et tisanes, ci.
Savon fourni à sa garde-malade, ci-contre.
Chandelle. . . . .
Centaurée fébrifuge, etc., etc. . . . . .

Total. . . . 30 fr. 50 c.

Pour acquit, CORA **. »

Je la regardai d'un air égaré. — Véritablement, Monsieur, me dit-elle, vous trouvez peut-être cette demande indiscrète, et vous n'êtes pas encore assez bien portant pour qu'il soit agréable d'être importuné d'affaires. Mais nous sommes fort gênés, le commerce va si mal, le loyer de notre boutique est fort cher... et Cora parla longtemps encore. Je ne l'entendis point. Je balbutiai quelques mots et je courus, aussi vite que mes forces me le permirent, chercher la somme que je devais à l'épicier. Puis je ren-

Accablé de douleur, brisé jusqu'à l'âme... (Page 112.)

trai chez moi atterré, et je me mis au lit avec un mouvement de fièvre.

Mais le lendemain je revins à moi avec des idées plus raisonnables. Je me demandai pourquoi ce mépris idiot et superbe pour les détails de la vie bourgeoise? pourquoi l'impertinente susceptibilité des âmes poétiques qui croient se souiller au contact des nécessités prosaïques? pourquoi enfin cette haine absurde contre le positif de la vie?

Ingrat! pensai-je, tu te révoltes parce qu'un mémoire de savon et de chandelle a été rédigé et présenté par Cora, tandis que tu devrais baiser la belle main qui t'a fourni ces secours à ton insu durant ta maladie. Que serais-tu devenu, misérable rêveur, si un homme confiant et probe n'eût consenti à répandre sur toi les bienfaits de son industrie, sans autre gage de remboursement que ta mince garde-robe et ton misérable grabat? Et si tu étais mort sans pouvoir lire son mémoire et l'acquitter, où sont les héritiers qui auraient trouvé dans ta succession 30 fr. 50 c. à lui remettre?

Et puis je songeai que ces breuvages bienfaisants qui m'avaient sauvé de la souffrance et de la mort, c'était Cora qui les avait préparés. Qui sait, pensai-je, si elle n'a point composé un charme ou murmuré une prière qui leur ait donné la vertu de me guérir? N'y a-t-elle pas aussi mêlé une larme compatissante le jour où je touchai aux portes du tombeau? Larme divine! topique céleste!...

J'en étais là quand l'épicier frappa à ma porte : — Tenez, monsieur Georges, me dit-il, ma femme et moi nous craignons de vous avoir fâché. Cora nous a dit que vous aviez eu l'air surpris et que vous aviez acquitté le mémoire sans dire un mot. Je ne voudrais pas que vous nous crussiez capables de méfiance envers vous. Nous sommes gênés, il est vrai. Notre commerce ne va pas très-bien; mais si vous aviez besoin d'argent, nous trouverions encore moyen de vous rendre le vôtre et même de vous en prêter un peu.

Je me jetai dans ses bras avec effusion. — Digne vieillard, m'écriai-je, tout ce que je possède est à vous!... Comptez sur moi à la vie et à la mort. Je parlai longtemps avec l'exaltation de la fièvre. Il me regardait avec son gros œil gris, rond comme celui d'un chat. Quand j'eus fini : — A la bonne heure, dit-il du ton d'un homme qui prend son parti sur l'impossibilité de deviner une énigme. Je vous prie de venir nous voir de temps en temps et de ne pas nous retirer votre pratique.

III.

Je m'étonnais de ne plus voir le mari de Cora à la boutique ni auprès de sa femme. Je hasardai une craintive question. Elle me répondit que Gibonneau achevait son année de service en second sous les auspices du premier pharmacien de la ville. Il ne rentrait que le soir et sortait dès le matin. Ainsi le rustre pouvait ainsi voir s'écouler ses jours loin de la plus belle créature qui fût sous le ciel. Il possédait la plus riche perle du monde, et il se résignait tranquillement à la quitter pendant toute une moitié de sa vie, pour aller préparer des liniments et formuler des pilules !

Mais aussi comme je remerciai le ciel qui l'avait condamné à cette vulgaire existence et qui semblait lui dénier une faveur dont il n'était pas digne, celle de voir sa douce compagne à la clarté du soleil ! Il ne lui était permis de retourner vers elle qu'à l'heure où les chauves-souris et les hiboux prennent leur sombre volée et rasent d'une aile velue et silencieuse les flots transparents de la brume. Il venait dans l'ombre ainsi qu'un voleur de nuit, ainsi qu'un gnome malfaisant qui chevauche, le vent du soir et le météore trompeur des marécages. Il venait, ombre morne et lugubre, encore revêtu de son tablier, ainsi que d'un linceul, exhalant cette odeur d'aromate que l'on brûle autour des catafalques. Je le voyais quelquefois errer dans les ténèbres et glisser comme un spectre le long des murailles livides. Plusieurs fois je le rencontrai sur le seuil et je faillis l'écraser dans le ruisseau comme un ver de terre ; mais je l'épargnai, car véritablement il avait l'encolure d'un buffle, et j'étais tout effilé et tout transparent des suites de la fièvre.

Cora, veuve chaque jour, depuis l'aube jusqu'au crépuscule du soir, restait confiante près de moi. Je passais presque toutes mes journées assis sur le vieux fauteuil de la famille, ou, lorsque le soleil d'avril était décidément chaud, je m'asseyais sur le banc de pierre qui s'adossait à la fenêtre de Cora. Là, séparé d'elle seulement par les rameaux d'or de la giroflée, je respirais son haleine parmi les fleurs, je saisissais son long regard transparent et calme comme le flot sans rides qui dort sur les rives de la Grèce. Nous gardions tous deux le silence, mais mon cœur volait vers elle et convoitait le sien avec une force attractive dont il devait lui être impossible de ne pas sentir la puissance. Je m'endormis dans ce doux rêve. Pourquoi Cora ne m'aurait-elle pas aimé ? Peut-être fallait-il dire : comment ne m'eût-elle pas aimé ? Je l'aimais si éperdument, moi ! toutes mes facultés intellectuelles se concentraient pour produire une force de désir et d'attente qui planait impérieusement vers Cora. Son âme, faite du plus beau rayon de la Divinité, pouvait-elle rester inerte sous le vol magnétique de cette pensée de feu ? Je ne voulus point le croire, et je sentis mon cœur si pur, mes désirs si chastes, que je ne craignis bientôt plus d'offenser Cora en les lui révélant. Alors je lui parlai cette langue des cieux qu'il n'est donné qu'aux âmes poétiques d'entendre. Je lui exprimai les tortures ineffables et les divines souffrances de mon amour. Je lui racontai mes rêves, mes illusions, les milliers de poèmes et de vers alexandrins que j'avais faits pour elle. J'eus le bonheur de la voir, attentive et subjuguée, quitter son livre et se pencher vers moi d'un air pénétré pour m'entendre, car mes paroles avaient un sens nouveau pour elle, et je faisais entrer dans son esprit un ordre de pensées sublimes qu'il n'avait encore jamais osé aborder.

— O ma Cora, lui disais-je, que pourrais-tu craindre d'une flamme aussi pure ? L'éclair qui s'allume aux cieux n'est pas d'une nature plus subtile que le feu dont je me consume avec délice. Pourquoi ta sauvage pudeur, pourquoi la superbe fierté de femme s'alarmeraient-elles d'un amour aussi intellectuel que le nôtre ? Qu'un mari, qu'un maître, possède le trésor de la beauté matérielle qu'il a plu aux anges de te départir ! pour moi, je ne chercherai jamais à lui ravir ce que Dieu, les hommes et la parole, ô Cora ! lui ont assuré comme son bien ; le mien sera, si tu m'exauces, moins saisissable, moins enivrant, mais plus glorieux et plus noble. C'est la partie éthérée de ton âme que je veux, c'est ton aspiration brûlante vers le ciel que je veux étreindre et saisir, afin d'être ton ciel et ton âme, comme tu es mon Dieu et ma vie. »

Ces choses semblaient obscures à Cora, son âme était si candide et si enfantine ! Elle me regardait d'un œil absorbé dans la stupeur, et pour lui faire mieux comprendre les divins mystères de l'amour platonique, je prenais mon crayon et je traçais des vers sur la muraille aux marges de sa fenêtre ; puis je lui racontais les brillantes poésies de la nature invisible, les amours des anges et des fées, les souffrances et les soupirs des sylphes emprisonnés dans le calice des fleurs, puis les fougueuses passions des roses pour les brises, et réciproquement ; puis les chœurs aériens qu'on entend le soir dans la nue, la danse sympathique des étoiles, les rondes du sabbat, les malices des farfadets et les découvertes ardues de l'alchimie.

Notre bonheur semblait ne pouvoir être troublé par aucun événement extérieur. En prenant la poésie corps à corps, j'avais su si bien m'isoler, dans mon monde intellectuel, de toutes les entraves et les écueils de la vie réelle, que je semblais n'avoir rien à craindre de l'intervention de ces volontés grossières et inintelligentes qui végétaient à l'entour de nous. Mes sentiments étaient d'une nature si élevée que je ne pouvais inspirer de rivalité d'aucun genre à l'homme vulgaire qui se disait le maître et l'époux de Cora.

Pendant longtemps, en effet, il sembla comprendre le respect qu'il devait à une liaison protégée par le ciel. Mais au bout de six semaines, je vis un changement étrange s'opérer dans les manières de cette famille à mon égard. Le père me regardait d'un air ironique et méfiant chaque fois qu'il entrait dans la chambre où nous étions. La mère affectait d'y rester tout le temps qu'elle pouvait dérober aux affaires de sa boutique. Gibonneau, lorsque par hasard je venais à le rencontrer, me lançait de sinistres et foudroyantes œillades ; Cora elle-même devenait plus réservée, descendait plus tard au rez-de-chaussée, remontait plus tôt dans sa chambre, et quelquefois même passait des jours entiers sans paraître. Je m'en effrayai, et j'essayai de m'en plaindre. J'essayai de lui faire comprendre, avec l'éloquence que donne la passion, l'injustice et la barbarie de sa conduite. Elle m'écouta d'un air contraint, presque craintif, et je la vis regarder vers la porte d'un air d'inquiétude.

— O Cora ! m'écriai-je avec enthousiasme, serais-tu menacée de quelque danger ? parle, parle ! où sont tes ennemis, nomme-moi les infâmes qui font peser sur toi, frêle et céleste créature, les chaînes d'airain d'un joug détesté. Dis-moi quel est le démon qui comprime l'élan de ton cœur et refoule au fond de ton sein des épanchements naïfs, comme des remords amers ? Va, je saurai bien les conjurer, je sais plus d'un charme pour enchaîner les démons de l'envie et de la vengeance, plus d'une parole magique pour appeler les anges sur nos têtes ! les anges protecteurs qui sont tes frères, et qui sont moins purs, moins beaux que toi...

J'élevai la voix en parlant, et je m'approchai de Cora pour saisir sa main qu'elle me retirait toujours. Alors je me levai, le front inondé de la sueur de l'enthousiasme, les cheveux en désordre, l'œil inspiré...

Cora poussa un grand cri, et son père, accourant comme si le feu eût pris à la maison, s'élança dans la chambre. Comme il s'avançait vers moi d'un air menaçant, Cora le saisit par le bras et lui dit avec douceur :
— Laissez-le, mon père, il est dans un de ses accès, ne le contrariez point, cela va se passer.

Je cherchai vainement le sens de ces paroles. Elle sortit, et l'épicier s'adressant à moi : — Allons, monsieur Georges, revenez à vous, personne ici ne songe à vous contrarier ; mais en vérité vous n'êtes pas raisonnable... Allons, allons... rentrez chez vous et calmez-vous.

Étourdi de ce discours plein de bonté, je cédai avec la

douceur d'un enfant, et l'épicier me reconduisit chez moi. Une heure après, je vis entrer le procureur du roi et le médecin de la ville. Comme je les connaissais l'un et l'autre assez particulièrement, je ne m'étonnai pas de leur visite, mais je commençai à m'offenser de l'affectation avec laquelle le médecin s'empara de mon pouls, examinant avec soin l'expression de mon regard et la dilatation de ma pupille ; puis il se mit à compter les battements de mes artères aux tempes et au cou, et à interroger la chaleur extérieure de mon cerveau avec le creux de sa main.

— Qu'est-ce que tout cela signifie, Monsieur? lui disje ; je ne vous ai point appelé pour une consultation. Je me sens assez bien pour me passer désormais de soins, et je ne suis point disposé à en recevoir malgré moi. Mais, au lieu de me répondre, il s'approcha du magistrat, et ils se retirèrent dans l'embrasure de la fenêtre pour parler bas. Ils semblaient se consulter sur mon compte, car, à chaque instant ils se retournaient pour me regarder d'un air attentif et méfiant ; enfin ils s'approchèrent de moi, et le procureur du roi m'adressa plusieurs questions étranges, d'abord de quelle couleur je voyais son gilet, puis si je savais bien son nom, puis encore si je pouvais dire quel était mon âge, mon pays et ma profession.

Je répondais à ces étranges interrogatoires avec stupeur, lorsque le médecin me demanda à son tour si je ne voyais point d'autre personne dans l'appartement que le procureur du roi, lui et moi ; puis si je pensais qu'il fît jour ou nuit, et enfin si je pouvais certifier que j'eusse cinq doigts à chaque main.

Outré de l'impertinence de ces questions, je résolus la dernière en lui appliquant un vigoureux soufflet. J'eus tort, sans doute, surtout en la présence d'un magistrat tout prêt à instruire contre le délit. Mais le sang me montait à la tête, et il ne m'était pas longtemps possible de me laisser traiter comme un idiot ou comme un fou sans en avoir le motif.

Grand fut l'esclandre. Le magistrat voulut prendre fait et cause pour son compère ; je le saisis à la gorge et je l'eusse étranglé, si l'épicier, son gendre et une demi-douzaine de voisins ne fussent venus à son secours. Alors on s'empara de moi, on me lia les pieds et les mains comme à un furieux, on m'entoura la bouche de serviettes et l'on me conduisit à l'hospice de ville, où je fus enfermé dans la chambre destinée aux sujets frappés d'aliénation mentale.

La chambre, je dois le dire, était confortable, et j'y fus traité avec beaucoup de douceur ; d'autant plus que je ne donnais aucun signe de folie. L'erreur du médecin et du magistrat fut bientôt constatée. Mais il me fut difficile de recouvrer ma liberté, car le dernier, prévoyant qu'il serait forcé de me demander une réparation de l'injure que je lui avais faite, s'obstina à me faire passer pour aliéné, afin de pouvoir se donner les apparences du sang-froid et de la générosité en mon égard.

Je sortis enfin ; mais le procureur du roi me fit mander immédiatement dans son cabinet et m'adressa cette mercuriale :

— Jeune homme, me dit-il avec ce ton capable et paternel que tout magistrat imberbe se croit le droit de prendre quand il a endossé la robine judiciaire, vous avez, sinon de grandes erreurs, du moins de graves inconséquences à réparer. Étranger, vous avez été accueilli dans cette ville avec toutes les marques de la bienveillance et toute l'aménité de mœurs qui distingue ses habitants. Malade, vous avez été soigné par vos voisins, avec zèle et dévouement. Tous ces témoignages de confiance et d'intérêt eussent dû graver profondément en vous le sentiment des convenances et celui de la gratitude.

— Mille noms d'un sabord! Monsieur, m'écriai-je dans mon style de marin, qui, dans la colère, reprenait malgré moi le dessus, où voulez-vous en venir, et qu'ai-je fait pour mériter la prison et votre harangue?...

— Monsieur, dit-il en fronçant le sourcil, voici ce que vous avez fait : vous avez accepté l'hospitalité que chaque jour un honnête citoyen, un estimable épicier, vous offrait au sein de sa famille, et vous l'avez acceptée avec des intentions qu'il ne m'appartient pas de qualifier, et dont votre conscience seule peut être juge. Moi je pense que votre intention a été de séduire la fille de l'épicier et de l'éblouir par des discours incohérents qui portaient tous les caractères de l'exaltation ; ou de vous faire un jeu de sa simplicité, en la mystifiant par d'énigmatiques railleries.

— Juste ciel! qui a dit cela? m'écriai-je avec angoisse.
— Madame Cora Gibonneau elle-même. D'abord elle a considéré vos étranges discours comme des traits d'originalité naturelle. Peu à peu elle s'en est effrayée comme d'actes de démence. Longtemps elle a hésité à en prévenir ses parents, car dans le cœur de ces respectables bourgeois, la bonté et la compassion sont des vertus héréditaires. Mais enfin, mariée depuis peu à un digne homme qu'elle adore et pour qui, vous le savez sans doute depuis longtemps, elle nourrissait en secret avant son hyménée une passion qui avait profondément altéré sa santé et l'eût conduite au tombeau si ses parents l'eussent contrariée plus longtemps ; enfin, dis-je, mariée à l'estimable pharmacien Gibonneau, affaiblie par les commencements d'une grossesse assez pénible, et craignant avec raison les conséquences de la frayeur dans la position où elle se trouve, madame Cora s'est décidée à instruire ses parents de l'égarement de votre cerveau et des preuves journalières que vous lui en donniez depuis quelque temps. Ces honnêtes gens ont hésité à le croire et vous ont surveillé avec une extrême réserve de délicatesse. Enfin, vous voyant un jour dans un état d'exaltation et de délire qui épouvantait sérieusement leur fille, ils ont pris le parti d'implorer la protection des lois et la sauvegarde de la magistrature... Et l'appui des lois ne leur a pas manqué, et la magistrature s'est levée pour les rassurer, car la magistrature sait que son plus beau privilège est de...

— Assez, assez, pour Dieu! Monsieur, m'écriai-je, je pourrais vous dire par cœur le reste de votre phrase, tant je l'ai entendu déclamer de fois à tout propos...

— Non, jeune homme, s'écria le magistrat à son tour en élevant la voix, vous n'échapperez point à la sollicitude d'une magistrature qui doit ses conseils et sa surveillance à la jeunesse, à une magistrature qui veut le bonheur et le repos des citoyens. Profitez du reproche que vous avez encouru. Voyez vos torts, ils sont graves ! vous avez porté le trouble et la crainte dans la famille de l'épicier ; vous avez méconnu la sainte hospitalité qui vous y était offerte, en essayant de railler ou de séduire l'épouse irréprochable d'un pharmacien éclairé... Oui, vous avez tenté l'un ou l'autre, Monsieur, car je ne sais point le sens que la loi peut adjuger aux étranges fragments de versification dont vous avez endommagé les murs de cette maison hospitalière, et qui m'ont été montrés par la fille de l'épicier comme une preuve irrécusable de votre démence... Enfin, Monsieur, non content d'affliger de braves gens et d'inquiéter le voisinage, vous avez résisté à l'autorité représentée par moi, vous avez pris au collet et frappé le médecin distingué qui vous donnait des soins, vous avez fait une scène de violence qui a troublé le repos d'une ville toute populations paisible, et qui a pensé devenir funeste à madame Gibonneau par la frayeur qu'elle lui a causée.

— Cora est malade! m'écriai-je. Grand Dieu!... Et je voulais courir, échapper à l'éloquence tribunitienne de mon bourreau. Il me retint.

— Vous ne me quitterez pas, jeune homme, me dit-il, sans avoir écouté la voix de la raison, sans m'avoir donné votre parole d'honneur de suspendre vos visites, chez madame Gibonneau, et de quitter même le logement que vous occupez vis-à-vis la maison de l'épicière.

— Eh! Monsieur, m'écriai-je, je jure que je vais dire adieu et demander pardon à ces honnêtes gens, savoir des nouvelles de madame Cora, et qu'une heure après j'aurai quitté cette ville fatale.

Je m'armai de courage et de sang-froid pour rentrer chez l'épicier. Comme j'avais passé pour fou dans toute la ville, ma sortie de prison fit une profonde sensation ;

l'épicier parut inquiet et soucieux, sa femme se cacha presque derrière lui, Cora devint pâle de terreur, et M. Gibonneau, sans rien dire, me fit une mine de mauvais garçon. Je leur parlai avec calme, les priai d'excuser le scandale que je leur avais causé, et de croire à mon éternelle reconnaissance pour les soins et l'affection que j'avais trouvés chez eux.

— Pour vous, Madame, dis-je d'une voix émue à Cora, pardonnez surtout aux extravagances dont je vous ai rendue témoin; si je croyais que vous m'eussiez soupçonné un seul instant de manquer au respect que je vous dois, j'en mourrais de douleur. J'espère que vous oublierez l'absurdité de ma conduite pour ne vous souvenir tous que des humbles excuses et des affectueux remerciements que je vous adresse en vous quittant pour jamais.

A ce mot je vis toutes les figures s'éclaircir, à l'exception de celle de Cora, qui, je dois le dire, n'exprima qu'une douce compassion. Je voulus essayer de lui demander l'état de sa santé, dont j'avais causé l'altération par mes folies. Mais en songeant à la cause première de son état maladif, à l'amour qu'elle avait depuis si longtemps pour son mari et à l'heureux gage de cet amour qu'elle portait dans son sein, ma langue s'embarrassa et mes pleurs coulèrent malgré moi. Alors la famille m'entoura, pleurant aussi et m'accablant de marques de regret et d'attachement; Cora me tendit même sa belle main, que je n'avais jamais eu le bonheur de toucher, et que je n'osai pas seulement porter à mes lèvres. Enfin je m'éloignai comblé de bénédictions pour mon séjour parmi eux et particulièrement pour mon départ; car, au milieu de toutes les choses amicales qui me furent dites, il n'y eut pas une voix, pas un mot pour m'engager à rester.

Accablé de douleur, brisé jusqu'à l'âme, je sentais mes genoux fléchir sous moi en quittant cette maison où j'avais fait des rêves si doux et nourri des illusions si brillantes. Je m'appuyai contre le seuil tapissé de vigne, et je jetai un dernier regard de tendresse et d'adieu sur la belle giroflée de la fenêtre.

Alors j'entendis une voix qui partait de l'intérieur et qui prononçait mon nom. C'était la voix de Cora; j'écoutai : — Pauvre jeune homme! disait-elle d'un ton pénétré, il est donc enfin parti!

— Je n'en suis pas fâché, répondit l'épicier, quoique après tout ce soit un brave garçon et qu'il paie bien ses mémoires.

J'ai traversé cette ville l'année dernière pour aller en Limousin. J'ai aperçu Cora à sa fenêtre; il y avait trois beaux enfants autour d'elle, et un superbe pot de giroflée rouge. Cora avait le nez allongé, les lèvres amincies, les yeux un peu rouges, les joues creuses et quelques dents de moins.

GEORGE SAND.

FIN DE CORA.

TEVERINO

NOTICE

Teverino est une pure fantaisie dont chaque lecteur peut tirer la conclusion qu'il lui plaira. Je l'ai commencée à Paris, en 1845, et terminée à la campagne, sans aucun plan, sans aucun but que celui de peindre un caractère original, une destinée bizarre, qui peuvent paraître invraisemblables aux gens de haute condition, mais qui sont bien connus de quiconque a vécu avec des artistes de toutes les classes. Ces natures admirablement douées, qui ne savent ou ne veulent pas tirer parti de leurs riches facultés dans la société officielle, ne sont point rares, et cette indépendance, cette paresse, ce désintéressement exagérés, sont même la tendance propre aux gens trop favorisés de la nature. Les spécialités ouvrent et suivent avec acharnement la route exclusive qui leur convient. Il est des supériorités tout à fait opposées, qui, se sentant également capables de tous les développements, n'en poursuivent et n'en saisissent aucun. Ce que je me suis cru le droit de poétiser un peu dans *Teverino*, c'est l'excessive délicatesse des sentiments et la candeur de l'âme aux prises avec les expédients de la misère. Il ne faudrait pas prendre au pied de la lettre les paradoxes qui séduisent l'imagination de ce personnage, et croire que l'auteur a été assez pédant pour vouloir prouver que la perfection de l'âme est dans une liberté qui va jusqu'au désordre. La fantaisie ne peut rien prouver, et l'artiste qui se livre à une fantaisie pure ne doit prétendre à rien de semblable. Est-il donc nécessaire, avant de parler à l'imagination du lecteur, par un ouvrage d'imagination, de lui dire que certain type exceptionnel n'est pas un modèle qu'on lui propose? ce serait le supposer trop naïf, et il faudrait plutôt conseiller à ce lecteur de ne jamais lire de romans, car toute lecture de ce genre est pernicieuse à quiconque n'a rien d'arrêté dans le jugement ou dans la conscience.

On m'a reproché de peindre tantôt des caractères dangereux, tantôt des caractères impossibles à imiter ; dans les deux cas j'ai prouvé apparemment que j'avais trop d'estime pour mes lecteurs. Qu'au lieu de s'en indigner ils la méritent. Voilà ce que je puis leur répondre de mieux.

Je ne défendrai ici que la possibilité, je ne dis pas la vraisemblance du caractère de *Teverino* : cette possibilité, beaucoup de gens pourraient se l'attester à eux-mêmes en consultant leurs propres souvenirs. Beaucoup de gens ont connu une espèce de *Teverino* mâle ou femelle dans le cours de leur vie. Il est vrai qu'en revanche, pour un de ces êtres privilégiés qui restent grands dans la vie de bohémien, il en est cent autres qui contractent des vices incurables ; cette classe d'aventuriers est nombreuse dans la carrière des arts. Elle se dégrade plus souvent qu'elle ne s'élève ; mais les individus peuvent toujours s'élever, et même se *relever* quand ils ont du cœur et de l'intelligence. Cela, je le crois fermement pour tous les êtres humains, pour tous les égarements, pour tous les malheurs, et dans toutes les conditions de la vie. Il est bon de le leur dire, et c'est pour cela qu'il est bon d'y croire. Je ne m'en ferai donc jamais faute.

GEORGE SAND.

Nohant, mai 1852.

I.

VOGUE LA GALÈRE.

Exact au rendez-vous, Léonce quitta, avant le jour, l'*Hôtel des Étrangers*, et le soleil n'était pas encore levé lorsqu'il entra dans l'allée tournante et ombragée de la villa : les roues légères de sa jolie voiture allemande tracèrent à peine leur empreinte sur le sable fin qui amortissait également le bruit des pas de ses chevaux superbes. Mais il craignit d'avoir été trop matinal, en remarquant qu'aucune trace du même genre n'avait précédé la sienne, et qu'un silence profond régnait encore dans la demeure de l'élégante lady.

Il mit pied à terre devant le perron orné de fleurs, ordonna à son jockey de conduire la voiture dans la cour, et, après s'être assuré que les portes de cristal à châssis dorés du rez-de-chaussée étaient encore closes, il s'avança sous la fenêtre de Sabina, et fredonna à demi-voix l'air du *Barbier* :

> Ecco ridente il cielo,
> Già spunta la bella aurora...
> ... E puoi dormir cosi ?

Peu d'instants après la fenêtre s'ouvrit, et Sabina, enveloppée d'un burnous de cachemire blanc, souleva un coin de la tendine et lui parla ainsi d'un air affectueusement nonchalant :

« Je vois, mon ami, que vous n'avez pas reçu mon billet d'hier soir, et que vous ne savez pas ce qui nous arrive. La duchesse a des vapeurs et ne permet point à ses amants de se promener sans elle. La marquise doit avoir eu une querelle de ménage, car elle se dit malade. Le comte l'est pour tout de bon ; le docteur a affaire, si bien que tout le monde me manque de parole et me prie de remettre à la semaine prochaine notre projet de promenade.

— Ainsi, faute d'avoir reçu votre avertissement, j'arrive fort mal à propos, dit Léonce, et je me conduis comme un provincial en venant troubler votre sommeil. Je suis si humilié de ma gaucherie, que je ne trouve rien à dire pour me la faire pardonner.

— Ne vous la reprochez pas ; je ne dormais plus depuis longtemps. Le caprice de toutes ces dames m'avait causé tant d'humeur hier soir, qu'après avoir jeté au feu leurs sots billets, je me suis couchée de fort bonne heure, et endormie de rage. Je suis fort aise de vous voir, il me tardait d'avoir quelqu'un avec qui je pusse maudire les projets d'amusement, les parties de campagne, les gens du monde et les jolies femmes.

— Eh bien ! vous les maudirez seule, car, en ce moment, je les bénis du fond de l'âme.

Et Léonce, penché sur le bord de la fenêtre où s'accoudait Sabina, fut tenté de prendre une de ses belles mains blanches ; mais l'air tranquillement railleur de cette noble personne l'en empêcha, et il se contenta d'attacher sur son bras superbe, que le burnous laissait à demi nu, un regard très-significatif.

— Léonce, répondit-elle en croisant son burnous avec une grâce dédaigneuse, si vous me dites des fadeurs, je vous ferme ma fenêtre au nez et je retourne dormir. Rien ne fait dormir comme l'ennui ; je l'éprouve surtout depuis quelque temps, et je crois que si cela continue, je n'aurai plus d'autre parti à prendre que de consacrer ma vie à l'entretien de ma fraîcheur et de mon embonpoint, comme fait la duchesse. Mais tenez, soyez aimable, et appliquez-vous, de votre côté, à entretenir votre esprit et votre bon goût accoutumés. Si vous voulez me promettre d'observer nos conventions, nous pouvons passer la matinée plus agréablement que nous ne l'eussions fait avec cette brillante société.

— Qu'à cela ne tienne ! Sortez de votre sanctuaire et venez voir lever le soleil dans le parc.

— Oh, le parc ! il est joli, j'en conviens, mais c'est une ressource que je veux me conserver pour les jours où j'ai d'ennuyeuses visites à subir. Je les promène, et je jouis de la beauté de cette résidence, au lieu d'écouter de sots discours que j'ai pourtant l'air d'entendre. Voilà pourquoi je ne veux pas me blaser sur les agréments de ce séjour. Savez-vous que je regrette beaucoup de l'avoir loué pour trois mois ? il n'y a que huit jours que j'y suis, et je m'ennuie déjà mortellement du pays et du voisinage.

— Grand merci ! dois-je me retirer ?

— Pourquoi feindre cette susceptibilité ? Vous savez bien que je vous excepte toujours de mon anathème contre le genre humain. Nous sommes de vieux amis, et nous le serons toujours, si nous avons la sagesse de persister à nous aimer modérément comme vous me l'avez promis.

— Oui, le vieux proverbe : « s'aimer peu à la fois, afin de s'aimer longtemps. » Mais voyons, vous me promettez une bonne matinée, et vous me menacez de fermer votre fenêtre au premier mot qui vous déplaira. Je ne trouve pas ma position agréable, je vous le déclare, et je ne respirerai à l'aise que quand vous serez sortie de votre forteresse.

— Eh bien, vous allez me donner une heure pour m'habiller ; pendant ce temps, on vous servira un déjeuner sous le berceau. J'irai prendre le thé avec vous, et puis nous imaginerons quelque chose pour passer gaiement la matinée.

— Voulez-vous m'entendre, Sabina ? laissez-moi imaginer tout seul, car, si vous vous en mêlez, nous passerons la journée, moi à vous proposer toutes sortes d'amusements, et vous à me prouver qu'ils sont tous stupides et plus ennuyeux les uns que les autres. Croyez-moi, faites votre toilette en une demi-heure, ne déjeunons pas ici, et laissez-moi vous emmener où je voudrai.

— Ah ! vous touchez la corde magique, l'inconnu ! Je vois, Léonce, que vous seul me comprenez. Eh bien, oui, j'accepte ; enlevez-moi et partons.

Lady G... prononça ces derniers mots avec un sourire et un regard qui firent frissonner Léonce. — O la plus froide des femmes ! s'écria-t-il avec un enjouement mêlé d'amertume, je vous connais bien, en effet, je sais que votre unique passion, c'est d'échapper aux passions humaines. Eh bien ! votre froideur me gagne, et je vais oublier tout ce qui pourrait me distraire du seul but que nous avons à nous proposer, la fantaisie !

— Vous m'assurez donc que je ne m'ennuierai pas aujourd'hui avec vous ? Oh ! vous êtes le meilleur des hommes. Tenez, je ressens déjà l'effet de votre promesse, comme les malades qui se trouvent soulagés à la vue du médecin, et qui sont guéris d'avance par la certitude qu'il affecte de les guérir. Allons, je vous obéis, docteur improvisé, docteur subtil, docteur admirable ! Je m'habille à la hâte, nous partons à jeun, et nous allons... où bon vous semblera... Quel équipage dois-je commander ?

— Aucun, vous ne vous mêlerez de rien, vous ne saurez rien ; c'est moi qui prévois et commande, puisque c'est moi qui invente.

— A la bonne heure, c'est charmant ! s'écria-t-elle ; et, refermant sa fenêtre, elle alla sonner ses femmes, qui bientôt abaissèrent un lourd rideau de damas bleu entre elle et les regards de Léonce. Il alla donner quelques ordres, puis revint s'asseoir non loin de la fenêtre de Sabina, au pied d'une statue, et se prit à rêver.

— Eh bien! s'écria lady G. au bout d'une demi-heure, en lui frappant légèrement sur l'épaule, vous n'êtes pas plus occupé de notre départ que cela? vous me promettez des inventions merveilleuses, des surprises inouïes, et vous êtes là à méditer sur la statuaire comme un homme qui n'a encore rien trouvé?

— Tout est prêt, dit Léonce en se levant et en passant le bras de Sabina sous le sien. Ma voiture vous attend et j'ai trouvé des choses admirables.

— Est-ce que nous nous en allons comme cela tête à tête? observa lady G...

« Voilà un mouvement de coquetterie dont je ne la croyais pas capable, pensa Léonce. Eh bien! je n'en profiterai pas. »

— Nous emmenons la négresse, répondit-il.

— Pourquoi la négresse? dit Sabina.

— Parce qu'elle plaît à mon jockey. A son âge toutes les femmes sont blanches, et il ne faut pas que nos compagnons de voyage s'ennuient, autrement ils nous ennuieraient.

Peu d'instants après, le jockey avait reçu les instructions de son maître, sans que Sabina les entendît. La négresse, armée d'un large parasol blanc, souriait à ses côtés, assise sur le siège large et bas du char-à-bancs. Lady G... était nonchalamment étendue dans le fond, et Léonce, placé respectueusement en face d'elle, regardait le paysage en silence; ses chevaux allaient comme le vent.

C'était la première fois que Sabina se hasardait avec Léonce dans un tête-à-tête qui pouvait être plus long et plus complet qu'elle ne s'était embarrassée d'abord. Malgré le projet de simple promenade, et la présence de ces deux jeunes serviteurs qui leur tournaient le dos et causaient trop gaiement ensemble pour songer à écouter leur entretien, Sabina sentit qu'elle était trop jeune pour que cette situation ne ressemblât pas à une étourderie; elle y songea lorsqu'elle eut franchi la dernière grille du parc.

Mais Léonce paraissait si peu disposé à prendre avantage de son rôle, il était si sérieux, et si absorbé par le lever du soleil, qui commençait à montrer ses splendeurs, qu'elle n'osa pas témoigner son embarras, et crut devoir, au contraire, le surmonter pour paraître aussi tranquille que lui.

Ils suivaient une route escarpée d'où l'on découvrait toute l'enceinte de la verdoyante vallée, le cours des torrents, les montagnes couronnées de neiges éternelles, que les premiers rayons du soleil teignaient de pourpre et d'or.

— C'est sublime! dit enfin Sabina, répondant à une exclamation de Léonce; mais savez-vous qu'à propos du soleil, je pense, malgré moi, à mon mari?

— A propos, en effet, dit Léonce, où est-il?

— Mais il est à la villa; il dort.

— Et se réveille-t-il de bonne heure?

— C'est selon. Lord G... est plus ou moins matinal, selon la quantité de vin qu'il a bue à son souper. Et comment puis-je le savoir, puisque je me suis soumise à cette règle anglaise, si bien inventée pour empêcher les femmes de modérer l'intempérance des hommes!

— Mais le terme moyen?

— Midi. Nous serons rentrés à cette heure-là?

— Je l'ignore, Madame; cela ne dépend pas de votre volonté.

— Vrai! J'aime à vous entendre plaisanter ainsi; cela flatte mon désir de l'inconnu. Mais sérieusement, Léonce?...

— Très-sérieusement, Sabina, je ne sais pas à quelle heure vous rentrerez. J'ai été autorisé par vous à régler l'emploi de votre journée.

— Non pas! de ma matinée seulement.

— Pardon! Vous n'avez pas limité la durée de votre promenade, et, dans mes projets, je ne me suis pas désisté du droit d'inventer à mesure que l'inspiration viendrait me saisir. Si vous mettez un frein à mon génie, je ne réponds plus de rien.

— Qu'est-ce à dire?

— Que je vous abandonnerai à votre ennemi mortel, à l'ennui.

— Quelle tyrannie! Mais enfin, si, par un hasard étrange, lord G... a été sobre hier soir?...

— Avec qui a-t-il soupé?

— Avec lord H..., avec M. D..., avec sir J..., enfin, avec une demi-douzaine de ses chers compatriotes.

— En ce cas, soyez tranquille, il fera le tour du cadran.

— Mais si vous vous trompez?

— Ah! Madame, si vous doutez déjà de la Providence, c'est-à-dire de moi, qui veille aujourd'hui à la place de Dieu sur vos destinées, si la foi vous manque, si vous regardez en arrière et en avant, l'instant présent nous échappe et avec lui ma toute-puissance.

— Vous avez raison, Léonce; je laisse éteindre mon imagination par ces souvenirs de la vie réelle. Allons! que lord G... s'éveille à l'heure qu'il voudra; qu'il demande où je suis; qu'il sache que je cours les champs avec vous, qu'importe?

— D'abord il n'est pas jaloux de moi.

— Il n'est jaloux de personne. Mais les convenances, mais la pruderie britannique!

— Que fera-t-il de pis?

— Il maudira le jour où il s'est mis en tête d'épouser une Française, et, pendant trois heures au moins, il saisira toute occasion de préconiser les charmes des grandes poupées d'Albion. Il murmurera entre ses dents que l'Angleterre est la première nation de l'univers; que la nôtre est un hôpital de fous; que lord Wellington est supérieur à Napoléon, et que les docks de Londres sont mieux bâtis que les palais de Venise.

— Est-ce là tout?

— N'est-ce pas assez? Le moyen d'entendre dire de pareilles choses sans le railler et le contredire!

— Et qu'arrive-t-il quand vous rompez le silence du dédain?

— Il va souper avec lord H..., avec sir J..., avec M. D..., après quoi il dort vingt-quatre heures.

— L'avez-vous contrarié hier?

— Beaucoup. Je lui ai dit que son cheval anglais avait l'air bête.

— En ce cas, soyez donc tranquille, il dormira jusqu'à ce soir.

— Vous en répondez?

— Je l'ordonne.

— Eh bien, vivat! que ses esprits reposent en paix, et que le mariage lui soit léger! Savez-vous, Léonce, que c'est un joug affreux que celui-là?

— Oui, il y a des maris qui battent leur femme.

— Ce n'est rien; il y en a d'autres qui les font périr d'ennui.

— Est-ce donc là toute la cause de votre spleen? Je ne le crois pas, Milady.

— Oh! ne m'appelez pas Milady! Je me figure alors que je suis Anglaise. C'est bien assez qu'on veuille me persuader, quand je suis en Angleterre, que mon mari m'a dénationalisée.

— Mais vous ne répondez à ma question, Sabina?

— Eh! que puis-je répondre? Sais-je la cause de mon mal?

— Voulez-vous que je vous la dise?

— Vous me l'avez dite cent fois, n'y revenons pas inutilement.

— Pardon, pardon, Madame. Vous m'avez traité de docteur subtil, admirable, vous m'avez investi du droit de vous guérir, ne fût-ce que pour un jour...

— De me guérir en m'amusant, et ce que vous allez me dire m'ennuiera, je le sais.

— Inutile défaite d'une pudeur qu'un tendre soupirant trouverait charmante, mais que votre grave médecin trouve souverainement puérile!

— Eh bien, si vous êtes cassant et brutal, je vous aime mieux ainsi. Parlez donc.

— L'absence d'amour vous exaspère, votre ennui est l'impatience et non le dégoût de vivre, votre fierté exagérée trahit une faiblesse incroyable. Il faut aimer, Sabina.

— Vous parlez d'aimer comme de boire un verre d'eau. Est-ce ma faute, si personne ne me plaît?

— Oui, c'est votre faute! Votre esprit a pris un mauvais tour, votre caractère s'est aigri, vous avez caressé votre amour-propre, et vous vous estimez si haut désormais que personne ne vous semble digne de vous. Vous trouvez que je vous dis de grandes duretés, n'est-ce pas? Aimeriez-vous mieux des fadeurs?

— Oh! je vous trouve charmant aujourd'hui, au contraire! s'écria en riant lady G... sur le beau visage de laquelle un peu d'humeur avait cependant passé. Eh bien, laissez-moi me justifier, et citez-moi quelqu'un qui me donne tort. Je trouve tous les hommes que le monde jette autour de moi ou vains et stupides, ou intelligents et glacés. J'ai pitié des uns, j'ai peur des autres.

— Vous n'avez pas tort. Pourquoi ne cherchez-vous pas hors du monde?

— Est-ce qu'une femme peut chercher? Fi donc!

— Mais on peut se promener quelquefois, rencontrer, et ne pas trop fuir.

— Non, on ne peut pas se promener hors du monde, le monde vous suit partout, quand on est du grand monde. Et puis, qu'y a-t-il hors du monde? des bourgeois, race vulgaire et insolente; du peuple, race abrutie et malpropre; des artistes, race ambitieuse et profondément égoïste. Tout cela ne vaut pas mieux que nous, Léonce. Et puis, si vous voulez que je me confesse, je vous dirai que je crois un peu à l'excellence de notre sang patricien. Si tout n'était pas dégénéré et corrompu dans le genre humain, c'est encore là qu'il faudrait espérer de trouver des types élevés et des natures d'élite. Je ne nie pas les transformations de l'avenir, mais jusqu'ici je vois encore le sceau du vasselage sur tous ces fronts récemment affranchis. Je ne hais ni ne méprise, ni ne crains pas non plus cette race qui va, dit-on, nous chasser; j'y consens. Je pourrais avoir de l'estime, du respect et de l'amitié pour certains plébéiens; mais mon amour est une fleur délicate qui ne croît pas dans le premier terrain venu; j'ai des nerfs de marquise; je ne saurais me changer et me maniérer. Plus j'accepte l'égalité future, moins je me sens capable de chérir et de caresser ce que l'inégalité a souillé dans le passé. Voilà toute ma théorie, Léonce, vous n'avez donc pas lieu de me prêcher. Voulez-vous que je me fasse sœur de charité? Je ne demande pas mieux que de surmonter mes dégoûts en vue de la charité; mais vous voulez que je cherche le bonheur de l'amour, là où je ne vois à pratiquer que l'immolation de la pénitence!

— Je ne vous prêcherai rien, Sabina; je ne vaux ni mieux ni moins que vous; seulement, je crois avoir un instinct plus chaud, un désir plus ardent de la dignité de l'homme, et cette ardeur vraie est venue le jour où je me suis senti artiste. Depuis ce jour le genre humain m'est apparu, non pas partagé en castes diverses, mais semé de types supérieurs par eux-mêmes. Je ne crois donc pas l'habitude assez influente sur les âmes, assez destructive du pouvoir divin, pour avoir flétri à jamais la postérité des esclaves. Quand il plaît à Dieu que la Fornarina soit belle, et que Raphaël ait du génie, ils s'aiment sans se demander le nom de leurs aïeux. La beauté de l'âme et du corps, voilà ce qui est noble et respectable; et, pour être sortie d'une ronce, la fleur de l'églantier n'est pas moins suave et moins charmante.

— Oui, mais pour aller la respirer, il faut vous déchirer dans de sauvages buissons. Et puis, Léonce, nous ne pouvons pas voir de même la beauté idéale. Vous êtes homme et artiste, c'est-à-dire que vous avez un sentiment à la fois matériel et plus exalté de la forme; votre art est matérialiste. C'est le divin Raphaël épris de la robuste Fornarina. Eh bien, oui! la maîtresse du Titien me paraît aussi une belle grosse femme sensuelle, nullement idéale..... Nous autres patriciennes, nous ne concevons pas... Mais, grand Dieu! voici un équipage qui vient à nous, et qui ressemble tout à fait à celui de la marquise!

— Et c'est elle-même avec le jeune docteur!

— Voyez, Léonce, voici une femme plus facile à satisfaire que moi! Nous allons surprendre une intrigue. Elle se faisait passer pour malade, et la voilà qui se promène avec...

— Avec son médecin, comme vous avec le vôtre, Madame. Elle s'amuse par ordonnance.

— Oui, mais vous n'êtes que le médecin de mon âme...

— Vous êtes cruelle, Sabina! que savez-vous si ce beau jeune homme ne s'adresse pas plutôt à son cœur qu'à ses sens?... Et si elle pensait aussi mal de vous, ne serait-elle pas profondément injuste, puisque moi, qui suis en tête-à-tête avec vous, je ne m'adresse ni à votre cœur, ni...

— Juste ciel! Léonce! vous m'y faites penser. Elle est méchante, elle a besoin de se justifier par l'exemple des autres... elle va passer près de nous. Elle est hardie; au lieu de se cacher elle va nous observer, me reconnaître... c'est peut-être déjà fait!

— Non, Madame, répondit Léonce, votre voile est baissé, et elle est encore loin; d'ailleurs... prends à gauche, le chemin de Sainte-Apollinaire! cria-t-il au jockey qui lui servait de cocher, et qui conduisait avec vitesse et résolution.

Le wurst s'enfonça dans un chemin étroit et couvert, et la calèche de la marquise passa, peu de minutes après, sur la grande route.

— Vous voyez, Madame, dit Léonce, que la Providence veille sur vous aujourd'hui, et qu'elle s'est incarnée en moi. Il faut faire souvent un long trajet dans ces montagnes pour trouver un chemin praticable aux voitures, aboutissant à la rampe, et il s'en est ouvert un comme par miracle au moment où vous avez désiré de fuir.

— C'est si merveilleux, en effet, répondit lady G... en souriant, que je pense que vous l'avez ouvert et frayé d'un coup de baguette. Oui, c'est un enchantement! Les belles haies fleuries et les nobles ombrages! J'admire que vous ayez songé à tout, même à nous donner ici l'ombre et les fleurs qui nous manquaient lorsque nous suivions la rampe. Ces châtaigniers centenaires que vous avez plantés là sont magnifiques. On voit bien, Léonce, que vous êtes un grand artiste, et que vous ne pouvez pas créer à demi.

— Vous dites des choses charmantes, Sabina, mais vous êtes pâle comme la mort! Quelle crainte vous avez de l'opinion! quelle terreur vous a causée cette rencontre et ce danger d'un soupçon! Je ne me serais jamais douté qu'une personne aussi forte et aussi fière fût aussi timide!

— On ne se connaît qu'à la campagne, disent les gens du monde. Cela veut dire que l'on ne se connaît que dans le tête-à-tête. Ainsi, Léonce, nous allons ce matin nous découvrir mutuellement beaucoup de qualités et beaucoup de défauts que nous n'avions encore jamais aperçus l'un chez l'autre. Ma timidité est vertu ou faiblesse, je l'ignore.

— C'est faiblesse.

— Et vous méprisez cela?

— Je le blâmerai peut-être. J'y trouverai tout au moins l'explication de ce raffinement de goûts, de cette habitude de dédains exquis dont vous me parliez tout à l'heure. Vous ne vous rendez peut-être pas bien compte de vous-même. Vous attribuez peut-être trop à la délicatesse exagérée de vos perceptions aristocratiques ce qui n'est en réalité que la peur du blâme et des railleries de vos pareils.

— Mes pareils sont les vôtres aussi, Léonce; n'avez-vous donc aucun souci de l'opinion? Voudriez-vous que je fisse un choix dont j'eusse à rougir. Ce serait bizarre.

— Ce serait par trop bizarre, et je n'y songe point. Mais une hardiesse d'indépendance plus prononcée me paraîtrait pour vous une ressource précieuse, et je vois que vous ne l'avez pas. Il n'est plus question ici de choisir dans une sphère ou dans l'autre, je dis seulement qu'en général, quelque choix que vous fassiez, vous serez plus occupée du jugement qu'on en portera autour de vous que des jouissances que vous en retirerez pour votre compte personnel.

— Je n'en crois rien, et ceci passe la limite des vérités dures, Léonce ; c'est une taquinerie méchante, un système de malveillantes inculpations.

— Voilà que nous commençons à nous quereller, dit Léonce. Tout va bien, si je réussis à vous irriter contre moi ; j'aurai au moins écarté l'ennui.

— Si la marquise entendait notre conversation, dit Sabina en reprenant sa gaieté, elle n'y trouverait pas à mordre, je présume ?

— Mais comme elle ne l'entend pas et que nous pouvons faire d'autres rencontres, il est bon que nous rompions davantage notre tête-à-tête, et que nous nous entourions de quelques compagnons de voyage.

— Est-ce qu'à votre tour, vous prenez de l'humeur, Léonce ?

— Nullement ; mais il entre dans mes desseins que vous ayez un chaperon plus respectable que moi ; je le vois qui vient à ma rencontre. Le destin l'amène en ce lieu, sinon mon pouvoir magique.

Sur un signe de son maître, le jockey arrêta ses chevaux. Léonce sauta lestement à terre et courut au-devant du curé de Sainte-Apollinaire, qui marchait gravement à l'entrée de son village, un bréviaire à la main.

II.

ADVIENNE QUE POURRA.

— Monsieur le curé, dit Léonce, je suis au désespoir de vous déranger. Je sais que quand le prêtre est interrompu dans la lecture de son bréviaire, il est forcé de le recommencer, fût-il à l'avant-dernière page. Mais je vois avec plaisir que vous n'en êtes encore qu'à la seconde, et le motif qui m'amène auprès de vous est d'une telle urgence, que je me recommande à votre charité pour excuser mon indiscrétion.

Le curé fit un soupir, ferma son bréviaire, ôta ses lunettes, et, levant sur Léonce de gros yeux bleus qui ne manquaient pas d'intelligence :

— A qui ai-je l'honneur de parler ? dit-il.

— A un jeune homme rempli de sincérité, répondit gravement Léonce, et qui vient vous soumettre un cas fort délicat. Ce matin, j'ai persuadé très-innocemment à une jeune dame, que vous pouvez apercevoir là-bas en voiture découverte, de faire une promenade avec moi dans vos belles montagnes. Nous sommes étrangers tous deux aux usages du pays ; nos sentiments l'un pour l'autre sont ceux d'une amitié fraternelle ; la dame mérite toute considération et tout respect ; mais un scrupule lui est venu en chemin, et j'ai dû m'y soumettre. Elle dit que les habitants de la contrée, à la voir courir seule avec un jeune homme, pourraient gloser sur son compte, et la crainte d'être une cause de scandale est devenue si vive dans son esprit que j'ai regardé comme un coup du ciel l'heureux hasard de votre rencontre. Je me suis donc déterminé à vous demander la faveur de votre société pour une ou deux heures de promenade, ou tout au moins pour la reconduire avec moi à sa demeure. Vous êtes si bon, que vous ne voudrez pas priver une aimable personne d'une partie de plaisir vraiment édifiante, puisqu'il s'agit surtout pour nous de glorifier l'Eternel dans la contemplation de son œuvre, la belle nature.

— Mais, Monsieur, dit le curé qui montrait un peu de méfiance et qui regardait attentivement la voiture, vous n'êtes point seul ; vous avez avec vous deux autres personnes.

— Ce sont nos domestiques, qu'un sentiment instinctif des convenances nous a engagé à emmener.

— Eh bien, alors, je ne vois pas ce que vous pouvez craindre des méchantes langues. On ne fait point le mal devant des serviteurs.

— La présence des domestiques ne compte pas dans l'esprit des gens du monde.

— C'est par trop de mépris des gens qui sont nos frères.

— Vous parlez dignement, monsieur le curé, et je suis de votre opinion. Mais vous conviendrez que, placés comme les voilà sur le siège de la voiture, on pourrait supposer que je tiens à cette dame des discours trop tendres, que je peux lui prendre et lui baiser la main à la dérobée.

Le curé fit un geste d'effroi, mais c'était pour la forme ; son visage ne trahit aucune émotion. Il avait passé l'âge où de brûlantes pensées tourmentent le prêtre. Ou bien possible est qu'il ne se fût pas abstenu toujours au point de haïr la vie et de condamner le bonheur. Léonce se divertit à voir combien ses prétendus scrupules lui semblaient puérils.

— Si ce n'est que cela, repartit le bonhomme, vous pouvez placer *la noire* dans la voiture entre vous deux. Sa présence mettra en fuite le démon de la médisance.

— Ce n'est guère l'usage, dit le jeune homme embarrassé de la judiciaire du vieux prêtre. Cela semblerait affecté. Le danger est donc plus grand, penseraient les méchants, puisqu'ils sont forcés de mettre entre eux une vilaine négresse ? Au lieu que la présence d'un prêtre sanctifie tout. Un digne pasteur comme vous est l'ami naturel de tous les fidèles, et chacun doit comprendre que l'on recherche sa société.

— Vous êtes fort aimable, mon cher Monsieur, et je ne demanderais qu'à vous obliger, répondit le curé, flatté et séduit peu à peu ; mais je n'ai pas encore dit ma messe, et voici le premier coup qui sonne. Donnez-moi vingt minutes... ou plutôt venez entendre la messe. Ce n'est pas obligatoire dans la semaine, mais cela ne peut jamais faire de mal ; après cela vous me permettrez de déjeuner, et nous irons ensuite faire un tour de promenade ensemble si vous le désirez.

— Nous entendrons la messe, répondit Léonce ; mais aussitôt après, nous vous emmènerons déjeuner avec nous dans la campagne.

— Vous y déjeunerez fort mal, observa vivement le curé, à qui cette idée parut plus sérieuse que tout ce qui avait précédé. On ne trouve rien qui vaille dans ce pays aussi pauvre que pittoresque.

— Nous avons d'excellent vin et des vivres assez recherchés dans la caisse de la voiture, reprit Léonce. Nous avions donné rendez-vous à plusieurs personnes pour aller manger sur l'herbe, et chacun de nous devait porter une part du festin. Mais comme toutes ont manqué de parole, excepté moi, il se trouve que je suis assez bien pourvu pour le petit nombre de convives que nous sommes.

— A la bonne heure, dit le curé, tout à fait décidé. Je vois à vous aviez une jolie partie en train, et que sans moi elle serait troublée par l'embarras de ce dangereux tête-à-tête. Je ne veux pas vous la faire manquer, j'irai avec vous, pourvu que ce ne soit pas trop loin ; car je ne manque pas d'affaires ici. Il plaît à l'un de naître, à l'autre de mourir, et c'est tous les jours à recommencer. Allons, avertissez *votre* dame ; je cours à mon église.

— Eh bien, donc, dit Sabina, qui, en attendant le retour de Léonce, avait pris un livre dans la poche de la voiture et feuilletait *Wilhelm-Meister* ; j'ai cru que vous m'aviez oubliée, et je m'en consolais avec cet adorable conte.

— Je l'avais apporté pour vous, dit Léonce ; je savais que vous ne le connaissiez pas encore, et que c'était la lecture qu'il vous fallait pour le moment.

— Vous avez des attentions charmantes. Mais que faisons-nous ?

— Nous allons à la messe.

— L'étrange idée ! Est-ce en me faisant faire mon salut que vous comptez me divertir ?

— Il vous est interdit de scruter mes pensées et de deviner mes intentions. Du moment où je ne porterais plus votre inconnu dans mon cerveau, vous ne me laisseriez rien achever de ce que j'aurais entrepris.

— C'est vrai. Allons donc à la messe; mais que vouliez-vous faire de ce curé?
— Eh quoi, toujours des questions, quand vous savez que l'oracle doit être muet?
— Vos bizarreries commencent à m'intéresser. Est-ce qu'il ne m'est pas même permis de chercher à comprendre?
— Parfaitement, je ne risque point d'être deviné.

Le wurst traversa le hameau et s'arrêta devant l'église rustique. Elle était ordinairement presque déserte aux messes de la semaine, mais elle se remplit de femmes et d'enfants curieux dès que les deux nobles voyageurs y furent entrés. Cependant le plus grand nombre retourna bientôt sous le porche pour admirer les chevaux, toucher la voiture, et surtout contempler la négresse, qui leur causait un étonnement mêlé d'ironie et d'effroi.

Le sacristain vint placer Sabina et Léonce dans le banc d'honneur. L'air des montagnes est si vif, que le curé avait déjà faim et ne traînait pas sa messe en longueur.

Lady G... avait pris du bout des doigts un missel respectable parmi d'autres bouquins de dévotion épars sur le prie-Dieu. Elle paraissait fort recueillie; mais Léonce s'aperçut bientôt qu'elle tenait toujours *Wilhelm-Meister* sous son châle, qu'elle le glissait peu à peu sur le missel ouvert devant elle, et enfin qu'elle le lisait avidement pendant le *confiteor*.

Lui, s'agenouilla près d'elle à l'élévation, et lui dit bien bas: — Je gage que ce pasteur naïf et ces bonnes gens qui vous regardent sont édifiés de votre piété, Sabina! Mais moi, je me dis que vous respectez les apparences d'une religion à laquelle vous ne croyez plus.

Elle ne lui répondit qu'en lui montrant du doigt le mot *pédant* qui se retrouve en plusieurs endroits de *Wilhelm-Meister*, à propos d'un des personnages de la troupe vagabonde.

— Vous savez bien que je ne suis pas dévote, lui dit-elle après la messe, en parcourant avec lui la nef bordée de petites chapelles; j'ai la religion de mon temps.
— C'est-à-dire que vous n'en avez pas?
— Je crois qu'au contraire aucune époque n'a été plus religieuse, en ce sens que les esprits élevés luttent contre le passé, et aspirent vers l'avenir. Mais le présent ne peut s'abriter sous aucun temple. Pourquoi m'avez-vous fait entrer dans celui-ci?
— N'allez-vous pas à la messe le dimanche?
— C'est une affaire de convenance, et pour ne pas jouer le rôle d'esprit fort. Le dimanche est d'obligation religieuse, par conséquent d'usage mondain.
— Hélas! vous êtes hypocrite.
— De religion? Non pas. Je ne cache à personne que j'obéis à une coutume.
— Vous vous êtes fait un dieu de ce monde profane, et vous le trouvez plus facile à servir.
— Léonce, seriez-vous dévot? dit-elle en le regardant.
— Je suis artiste, répondit-il; je sens partout la présence de Dieu, même devant ces grossières images du moyen âge, qui font ressembler le lieu où nous sommes à quelque pagode barbare.
— Vous êtes plus impie que moi: ces fétiches affreux, ces *ex-voto* cyniques me font peur.
— Je vois, le passé est votre effroi; il vous gâte le présent. Que ne comprenez-vous l'avenir? Vous seriez dans l'idéal.
— Tenez, artiste, regardez! lui dit Sabina en attirant son attention sur une figure agenouillée sur le pavé, dans la profondeur sombre d'une chapelle funéraire.

C'était une jeune fille, presque un enfant, pauvrement vêtue, quoique avec propreté. Elle n'était pas jolie, mais sa figure avait une expression saisissante, et son attitude une noblesse singulière. Un rayon de soleil, égaré dans cette cave humide où elle priait, tombait sur sa nuque rosée et sur une magnifique tresse de cheveux d'un blond pâle, presque blanchâtre, roulée et serrée autour d'un petit béret de velours rouge bordé d'or fané, et garni de dentelle noire, à la mode du pays. Elle était haute en couleur, malgré le ton fade de sa chevelure. Le bleu tranché de ses yeux paraissait plus brillant sous ses longs cils d'or mat tirant sur l'argent. Son profil trop court avait des courbes d'une finesse et d'une énergie extraordinaires.

— Allons, Léonce, ne vous oubliez pas trop à la regarder, dit Sabina à son compagnon, qui était comme pétrifié devant la villageoise, c'est de moi seule qu'il faut être occupé aujourd'hui; si vous avez une distraction, je suis perdue, je m'ennuie.
— Je ne pense qu'à vous en la regardant. Regardez-la aussi. Il faut que vous compreniez cela.
— Cela? c'est la foi aveugle et stupide, c'est le passé qui vit encore, c'est le peuple. C'est curieux pour l'artiste, mais moi je suis poëte, et il me faut plus que l'étrange, il me faut le beau... Cette petite est laide.
— C'est que vous n'y comprenez rien. Elle est belle selon le type rare auquel elle appartient.
— Type d'Albinos.
— Non! c'est la couleur de Rubens, avec l'expression austère des vierges du Bas-Empire. Et l'attitude?
— Est raide comme le dessin des maîtres primitifs. Vous aimez cela?
— Cela a sa grâce, parce que c'est naïf et imprévu. La Madeleine de Canova pose, les vierges de la Renaissance savent qu'elles sont belles; les modèles primitifs sont tout d'un jet, tout d'une pièce, on pourrait dire tout d'une venue, comme la pensée qui les fit éclore.
— Et qui les pétrifia... Tenez, elle a fini sa prière; parlez-lui, vous verrez qu'elle est bête malgré l'expression de ses traits.
— Mon enfant, dit Léonce à la jeune fille, vous paraissez très-pieuse. Y a-t-il quelque dévotion particulière attachée à cette chapelle?
— Non, Monseigneur, répondit la jeune fille en faisant la révérence; mais je me cache ici pour prier, afin que M. le curé ne me voie point.
— Et que craignez-vous des regards de M. le curé? demanda lady G...
— Je crains qu'il ne me chasse, reprit la montagnarde; il ne veut plus que je rentre dans l'église, sous prétexte que je suis en état de péché mortel.

Elle fit cette réponse avec tant d'aplomb et d'un air à la fois si ingénu et si décidé, que Sabina ne put s'empêcher de lui dire:
— Est-ce que cela est vrai? lui demanda-t-elle.
— Je crois que M. le curé se trompe, répondit la jeune fille, et que Dieu voit plus clair que lui dans mon cœur.

Là-dessus elle fit une nouvelle révérence et s'éloigna rapidement, car le curé, qui avait fini de se dépouiller de ses habits sacerdotaux, paraissait au fond de la nef.

Interrogé par nos deux voyageurs, le curé jeta un regard sur la pécheresse qui fuyait, haussa les épaules, et dit d'un ton courroucé:
— Ne faites pas attention à cette vagabonde, c'est une âme perdue.
— Cela est fort étrange, dit Sabina; sa figure n'annonce rien de semblable.
— Maintenant, dit le curé, je suis aux ordres de Vos Seigneuries.

On remonta en voiture, et après quelques mots de conversation générale, le curé demanda la permission de lire son bréviaire, et bientôt il fut si absorbé par cette dévotion, que Léonce et Sabina se retrouvèrent comme en tête-à-tête. Par égard pour le bonhomme, qui ne paraissait pas entendre l'anglais, ils causèrent dans cette langue afin de ne lui point donner de distractions.

— Ce prêtre intolérant, esclave de ses patenôtres, ne nous promet pas grand plaisir, dit Sabina. Je crois que vous l'avez recruté pour me punir d'avoir pris un peu d'humeur à la rencontre de la marquise.
— J'ai peut-être eu un motif plus sérieux, répondit Léonce. Vous ne le devinez pas?
— Nullement.
— Je veux bien vous le dire; mais c'est à condition que vous m'écouterez très-sérieusement.
— Vous m'inquiétez!

— C'est déjà quelque chose. Sachez donc que j'ai mis ce tiers entre nous pour me préserver moi-même.

— Et de quoi, s'il vous plaît?

— Du danger caché au fond de toutes les conversations qui roulent sur l'amour entre jeunes gens.

— Parlez pour vous, Léonce; je ne me suis pas aperçue de ce danger. Vous m'aviez promis de ne pas laisser l'ennui approcher de moi; je comptais sur votre parole, j'étais tranquille.

— Vous raillez? C'est trop facile. Vous m'aviez promis plus de gravité.

— Allons, je suis très-grave, grave comme ce curé. Que vouliez-vous dire?

— Que, seul avec vous, j'aurais pu me sentir ému et perdre ce calme d'où dépend ma puissance sur vous aujourd'hui. Je fais ici l'office de magnétiseur pour endormir votre irritation habituelle. Or, vous savez que la première condition de la puissance magnétique c'est un flegme absolu, c'est une tension de la volonté vers l'idée de domination immatérielle; c'est l'absence de toute émotion étrangère au phénomène de l'influence mystérieuse. Je pouvais me laisser troubler, et arriver à être dominé par votre regard, par le son de votre voix, par votre fluide magnétique, en un mot, et alors les rôles eussent été intervertis.

— Est-ce que c'est une déclaration, Léonce? dit Sabina avec une hauteur ironique.

— Non, Madame; c'est tout le contraire, répondit-il tranquillement.

— Une impertinence, peut-être?

— Nullement. Je suis votre ami depuis longtemps, et un ami sérieux, vous le savez bien, quoique vous soyez une femme étrange et parfois injuste. Nous nous sommes connus enfants: notre affection fut toujours loyale et douce. Vous l'avez cultivée avec franchise, avec dévouement. Peu d'hommes sont autant mes amis que vous, et je ne recherche la société d'aucun d'eux avec autant d'attrait que la vôtre. Cependant vous me causez quelquefois une sorte de souffrance indéfinissable. Ce n'est pas le moment d'en rechercher la cause; c'est un problème intérieur que je n'ai pas encore cherché à résoudre. Ce qu'il y a de certain, c'est que je ne suis pas amoureux de vous et que je ne l'ai jamais été. Sans entrer dans des explications qui auraient peut-être quelque chose de trop libre après cette déclaration, je pense que vous comprenez pourquoi je ne veux pas être ému auprès d'une femme aussi belle que vous, et pourquoi la figure paisible et rebondie qui est là m'était nécessaire pour m'empêcher de vous trop regarder.

— En voilà bien assez, Léonce, répondit Sabina, qui affectait d'arranger ses manchettes afin de baisser la tête et de cacher la rougeur qui brûlait ses joues. C'en est même trop. Il y a quelque chose de blessant pour moi dans vos pensées.

— Je vous défie de me le prouver.

— Je ne l'essaierai pas. Votre conscience doit vous le dire.

— Nullement. Je ne puis vous donner une plus grande preuve de respect que de chasser l'amour de mes pensées.

— L'amour! Il est bien loin de votre cœur! Ce que vous croyez devoir craindre me flatte peu; je ne suis pas une vieille coquette pour m'en enorgueillir.

— Et pourtant, si c'était l'amour, l'amour du cœur comme vous l'entendez, vous seriez plus irritée encore.

— Affligée peut-être, parce que je n'y pourrais pas répondre, mais irritée beaucoup moins que si je ne le suis par l'aveu de votre souffrance *indéfinissable*.

— Soyez franche, mon amie; vous ne seriez même pas affligée; vous ririez, et ce serait tout.

— Vous m'accusez de coquetterie? vous n'en avez pas le droit: qu'en savez-vous, puisque vous ne m'avez jamais aimée, et que vous ne m'avez jamais vue aimer personne?

— Écoutez, Sabina, il est certain que je n'ai jamais essayé de vous plaire. Tant d'autres ont échoué! Sais-je seulement si quelqu'un a jamais réussi à se faire aimer de vous? Vous me l'avez pourtant dit une fois, dans un jour d'expansion et de tristesse; mais j'ignore si vous ne vous êtes pas vantée par exaltation. Si je vous avais laissé voir que je suis capable d'aimer ardemment, peut-être eussiez-vous reconnu que je méritais mieux que votre amitié. Mais, pour vous le faire comprendre, il eût fallu ou vous aimer ainsi, ce que je nie, ou feindre, et m'enivrer de mes propres affirmations. Cela eût été indigne de la noblesse de mon attachement pour vous, et je ne sais pas descendre à de telles ruses: ou bien encore, il eût fallu vous raconter les secrets de ma vie, vous peindre mon vrai caractère, me vanter en un mot. Fi! et n'être pas compris, être raillé!... Juste punition de la vanité puérile! Loin de moi une telle honte!

— De quoi vous justifiez-vous donc, Léonce? Est-ce que je me plains de n'avoir que votre amitié? est-ce que j'ai jamais désiré autre chose?

— Non, mais de ce que je m'observe si scrupuleusement, vous pourriez conclure que je suis une brute, si vous ne me deviniez pas.

— A quoi bon vous observer tant, puisqu'il n'y a rien à craindre? L'amour est spontané. Il surprend et envahit, il ne raisonne point, il n'a pas besoin de s'interroger, ni de s'entourer de prévisions, de plans d'attaque et de projets de retraite; il se trahit, et c'est alors qu'il s'impose.

« Voilà une bonne leçon, pensa Léonce, et c'est elle qui me la donne! »

Il sentit qu'il avait besoin d'étouffer son dépit, et, prenant la main de lady G..., il lui dit en la serrant d'un air affectueux et calme:

— Vous voyez donc bien, chère Sabina, qu'il ne peut y avoir d'amour entre nous; nous n'avons dans le cœur rien de neuf et de mystérieux l'un pour l'autre; nous nous connaissons trop, nous sommes comme frère et sœur.

— Vous dites un mensonge et un blasphème, répondit la fière lady en retirant sa main. Les frères et les sœurs ne se connaissent jamais, puisque les points les plus vivants et les plus profonds de leurs âmes ne sont jamais en contact. Ne dites pas que nous nous connaissons trop, vous et moi; je prétends, au contraire, n'être nullement connue de vous, et ne l'être jamais. Voilà pourquoi, au lieu de me fâcher, j'ai souri à toutes les duretés que vous me dites depuis ce matin. Tenez, j'aime mieux aussi ne pas vous connaître davantage. Si vous voulez garder votre fluide magnétique, laissez-moi croire que vous avez dans le cœur des trésors de passion et de tendresse, dont notre paisible amitié n'est que l'ombre.

— Et si vous le croyiez, vous m'aimeriez, Sabina! Il est donc certain pour moi que vous ne le croyez pas.

— Je puis vous en dire autant. Faut-il en conclure que si nous sommes seulement amis, c'est parce que nous n'avons pas grande opinion l'un de l'autre?

« Elle est piquée, pensa Léonce, et voilà que nous sommes au moment de nous haïr ou de nous aimer. »

— M'est avis, dit le curé en fermant son bréviaire, que nous voici bien assez loin, et que nous pourrions, s'il plaisait à Vos Seigneuries, mettre quelque chose sous la dent.

— D'autant plus, dit Léonce, que voici à deux pas, au-dessus de nous, un plateau de rochers avec de l'ombre, et d'où l'on doit découvrir une vue admirable.

— Quoi, là-haut? s'écria le curé qui était un peu chargé d'embonpoint; vous voulez grimper jusqu'à la Roche-Verte? Nous serions bien plus à l'aise dans ce bosquet de sapins, au bord de la route.

— Mais nous n'aurions pas de vue! dit lady G... en passant son bras d'un air folâtre sous celui du vieux prêtre, et peut-on se passer de la vue des montagnes?

— Fort bien quand on mange, répondit le curé, qui, pourtant, se laissa entraîner.

Le jockey conduisit la voiture à l'ombre, dans le bosquet, et bientôt de nombreux serviteurs se présentèrent pour l'aider à chasser les mouches et à faire manger ses chevaux. C'étaient les petits pâtres, épars sur tous les points de la montagne, qui, en un clin d'œil, se rassem-

Léonce courut au-devant du curé. (Page 5.)

blèrent autour de nos promeneurs, comme une volée d'oiseaux curieux et affamés. L'un prit les coussins du char-à-bancs pour faire asseoir les convives sur le rocher, l'autre se chargea du transport des pâtés de gibier, un troisième de celui des vins ; chacun voulait porter ou casser quelque chose. Le déjeuner champêtre fut bientôt installé sur la Roche-Verte, et, en voyant qu'il était splendide et succulent, le curé s'essuya le front et laissa échapper un soupir de jubilation de sa poitrine haletante. On fit la part des petits pages déguenillés, celle des serviteurs aussi, car on avait de quoi satisfaire tout le monde. Léonce n'avait pas fait les choses à demi ; on eût dit qu'il avait prévu à quel estomac de prêtre il aurait affaire. Sabina redevint très-enjouée, et avoua que, pour la première fois depuis longtemps, elle avait beaucoup d'appétit. Léonce ayant servi tout le monde, commençait à manger à son tour, lorsque les enfants, assis en groupe à quelque distance, se prirent à s'agiter, à bondir et à crier en faisant de grands mouvements avec leurs bras, comme pour appeler quelqu'un du fond du ravin : « La fille aux oiseaux ! la fille aux oiseaux ! »

III.

ENLEVONS HERMIONE.

— Taisez-vous, sotte engeance, dit le curé : n'attirez point cette folle par ici ; nous n'avons que faire de ses jongleries.

Mais les enfants ne l'entendaient point et continuaient à appeler et à faire des gestes. Sabina, se penchant alors sur le bord du rocher, vit un spectacle fort extraordinaire. Une jeune montagnarde grimpait la pente escarpée qui conduisait à la Roche-Verte, et cette enfant marchait littéralement dans une nuée d'oiseaux qui voltigeaient autour d'elle, les uns béquetant sa chevelure, d'autres se posant sur ses épaules, d'autres, tout jeunes, sautillant et se traînant à ses pieds, dans le sable. Tous semblaient se disputer le plaisir de la toucher ou le profit de l'implorer, et remplissaient l'air de leurs cris de joie et d'impatience. Quand la jeune fille fut plus près et qu'on put la distinguer à travers son cortége tourbillonnant, Léonce et Sabina reconnurent la blonde aux joues vermeilles et aux cheveux d'or pâle qu'ils avaient vue dans l'église une heure auparavant.

A l'instant même de tous les buissons d'alentour. (Page 9.)

Alors le curé se pencha aussi vers le ravin, et, par ses gestes, lui prescrivit de s'éloigner.

La grosse figure et l'habit noir du prêtre firent sur elle l'effet de la tête de Méduse. Elle s'arrêta immobile, et les oiseaux, effarouchés, s'envolèrent sur les arbres qui bordaient le sentier.

Cependant les instances de lady G... et la vue de son verre rempli d'un excellent vin de Grèce qu'on venait d'entamer calmèrent l'ire du saint homme, et il consentit à crier à la fille aux oiseaux :

— Allons, venez faire vos pasquinades devant Leurs Seigneuries, bohémienne que vous êtes !

La jeune fille tenait dans sa main une poignée de grains qu'elle jeta derrrière elle le plus loin qu'elle put, et si adroitement, qu'elle sembla seulement faire un geste impératif aux oisillons qui recommençaient à la poursuivre. Ils s'abattirent tous dans le fourré qu'elle feignait de leur désigner, et, occupés qu'ils étaient à chercher leurs petites graines, ils eurent l'air de se tenir tranquilles à son commandement. Les autres enfants n'étaient pas dupes de ce petit manége, mais Sabina eut tout le plaisir d'y être trompée.

— Eh bien, la voilà donc, cette pécheresse endurcie, dit Léonce, en tendant la main à la montagnarde pour l'aider à atteindre le plateau, qui était fort escarpé de ce côté-là. Mais elle le gravit d'un bond pareil à celui d'un jeune chamois, et, portant les deux mains à son front, elle demanda la permission de *travailler*.

— Faites voir, faites vite voir, fainéante, dit le curé, ce qu'il vous plaît d'appeler votre *travail*.

Alors elle s'approcha des enfants et les pria de bien tenir leurs chiens et ne pas bouger ; puis elle ôta un petit mantelet de laine qui couvrait ses épaules, et, grimpant sur une roche voisine encore plus élevée que la Roche-Verte, elle fit tournoyer en l'air cette étoffe rouge comme un drapeau au-dessus de sa tête. A l'instant même, de tous les buissons d'alentour, vint se précipiter sur elle une foule d'oiseaux de diverses espèces, moineaux, fauvettes, linottes, bouvreuils, merles, ramiers, et même quelques hirondelles à la queue fourchue et aux larges ailes noires. Elle joua quelques instants avec eux, les repoussant, faisant des gestes, et agitant son mantelet comme pour les effrayer, attrapant au vol quelques-uns, et les rejetant dans l'espace sans réussir à les dégoûter de leur amoureuse poursuite. Puis, quand elle eut bien montré à quel point elle était souveraine absolue et adorée de ce peuple libre, elle se couvrit la tête de son manteau, se coucha par terre, et feignit de s'endormir. Alors on vit tous ces volatiles se poser sur elle, se blottir à l'envi dans les plis de ses vêtements, et paraître magnétisés par son sommeil. Enfin, quand elle se releva, elle réitéra son stratagème, et les envoya, à l'aide d'une nouvelle pâture, s'abattre sur des bruyères, où ils disparurent et cessèrent leur babil.

Il y eut quelque chose de si gracieux et de si poétique dans toute sa pantomime, et son pouvoir sur les habitants de l'air semblait si merveilleux, que cette petite scène causa un plaisir extrême aux voyageurs. La négresse n'hésita pas à croire qu'elle assistait à un enchantement, et le curé lui-même ne put s'empêcher de sourire à la gentillesse des *élèves*, pour se dispenser d'applaudir leur éducatrice.

— Voilà vraiment une petite fée, dit Sabina en l'attirant auprès d'elle, et je vous déclare, Léonce, que je suis réconciliée avec ses cils d'ambre. *Mignon* lui avait fait tort dans mon imagination. Je l'aurais voulue brune et jouant de la guitare ; mais j'accepte maintenant cette *Mignon* rustique et blonde, qui vaut autant sa scène de magie avec les oiseaux que la *danse des œufs*. Dis-moi d'abord, ma chère enfant, comment tu t'appelles ?

— Je m'appelle Madeleine Mélèze, dite l'oiselière ou la fille aux oiseaux, pour servir Votre Altesse.

— Voilà de jolis noms, et cela te complète. Assieds-toi là près de moi, et déjeune avec nous ; pourvu, toutefois, que ton peuple d'oiseaux ne vienne pas, comme une plaie d'Égypte, dévorer notre festin.

— Oh ! ne craignez rien, Madame, *mes enfants* n'approchent pas de moi quand il y a d'autres personnes trop près.

— En ce cas, si tu veux conserver ton sot métier, ton gagne-pain, dit le curé d'un ton grondeur, je te conseille de ne pas te laisser accompagner si souvent dans tes promenades par certains vagabonds de rencontre ; car bientôt, à force d'être tenus en respect par la présence de ces oiseaux de passage, les oiseaux du pays ne te connaîtront plus, Madeleine.

— Mais, monsieur le curé, on vous a trompé, assurément, répondit l'oiselière, je n'ai encore eu qu'un seul compagnon de promenade, et il n'y a pas si longtemps que cela dure ; nous sommes toujours tous deux seuls ; ceux qui vous ont dit le contraire ont menti.

Le sérieux dont elle accompagna cette réponse mit Léonce en gaieté et le curé en colère.

— Voyez un peu la belle réponse ! dit-il, et si l'on peut rien trouver de plus effronté que cette petite fille !

L'oiselière leva sur le pasteur courroucé ses yeux bleus comme des saphirs et resta muette d'étonnement.

— Il me semble que vous vous trompez beaucoup sur le compte de cette enfant, dit Sabina au curé : sa surprise et sa hardiesse sont l'effet d'une candeur que vous troublerez par vos mauvaises pensées ; permettez-moi de vous le dire, monsieur le curé, vous faites, par bonne intention sans doute, tout votre possible pour lui donner l'idée du mal qu'elle n'a pas.

— Est-ce vous qui parlez ainsi, Madame ? répondit à demi-voix le curé ; vous qui, par prudence et vertu, ne vouliez pas rester en tête-à-tête avec ce noble seigneur, malgré ses bons sentiments et le voisinage de vos domestiques ?

Sabina regarda le curé avec étonnement, et ensuite Léonce d'un air de reproche et de dérision : puis elle ajouta avec un noble abandon de cœur :

— Si vous jugez ainsi le motif qui nous a fait rechercher votre société, monsieur le curé, vous devez y trouver la confirmation de ce que je pense de cette enfant : c'est que ses pensées sont plus pures que les nôtres.

— Pures tant que vous voudrez, Madame ! reprit le curé, que, dans sa pensée, Sabina avait déjà surnommé le *bourru*, occupée qu'elle était de retrouver les personnages de Wilhem-Meister dans les aventures de sa promenade ; mais laissez-moi vous objecter que chez les filles de cette condition, qui vivent au hasard et comme à l'abandon, l'excès de l'innocence est le pire des dangers. Le premier venu en abuse, et c'est ce qui va arriver à celle-ci, si ce n'est déjà fait.

— Elle serait confuse devant vos soupçons, au lieu qu'elle n'est qu'effrayée de vos menaces. Vous autres prêtres, vous ne comprenez rien aux femmes, et vous froissez sans pitié la pudeur du jeune âge.

— Je vous soutiens, moi, reprit le *bourru*, que ce qui est vrai pour les personnes de votre classe, n'est pas applicable à celle de ces pauvres gens. La pudeur de ces filles-là est bêtise, imprévoyance ; elles font le mal sans savoir ce qu'elles font.

— En ce cas, peut-être ne le font-elles pas, et je croirais assez que Dieu innocente leurs fautes.

— C'est une hérésie, Madame.

— Comme vous voudrez, monsieur le curé. Disputons, j'y consens. Je sais bien que vous êtes meilleur que vous ne voulez en avoir l'air, et qu'au fond du cœur vous ne haïssez point ma morale.

— Eh bien, oui, nous disputerons après déjeuner, répliqua le curé.

— En attendant, dit Sabina en lui remplissant son verre avec grâce, et en lui adressant un doux regard dont il ne comprit pas la malice, vous allez m'accorder la faveur que je vais vous demander, mon cher curé bourru.

— Comment vous refuser quelque chose ? répondit-il en portant son verre à ses lèvres ; surtout si c'est une demande chrétienne et raisonnable ? ajouta-t-il lorsqu'il eut avalé la rasade de vin de Chypre.

— Vous allez faire la paix provisoirement avec la fille aux oiseaux, reprit lady G... Je la prends sous ma protection ; vous ne la mettrez pas en fuite, vous ne lui adresserez aucune parole dure ; vous me laisserez le soin de la confesser tout doucement, et, d'après le compte que je vous rendrai d'elle, vous serez indulgent ou sévère, selon ses mérites.

— Eh bien, accordé ! répondit le curé, qui se sentait plus dispos et de meilleure humeur, à mesure qu'il contentait son robuste appétit. Voyons, dit-il en s'adressant à Madeleine qui causait avec Léonce, je te pardonne pour aujourd'hui, et je te permets de venir à confesse demain, à condition que, dès ce moment, tu te soumettras à toutes les prescriptions de cette noble et vertueuse dame, qui veut bien s'intéresser à toi et t'aider à sortir du péché.

Le mot de péché produisit sur Madeleine le même effet d'étonnement et de doute que les autres fois ; mais, satisfaite de la bienveillance de son pasteur et surtout de l'intérêt que lui témoignait la noble dame, elle fit la révérence à l'un et baisa la main de l'autre. Interrogée par Léonce sur les procédés qu'elle employait pour captiver l'amour et l'obéissance de ses oiseaux, elle refusa de s'expliquer, et prétendit qu'elle possédait un secret.

— Allons, Madeleine, ceci n'est pas bien, dit le curé, et si tu veux que je te pardonne tout, tu commenceras par divorcer d'avec le mensonge. C'est une faute grave que de chercher à entretenir la superstition, surtout quand c'est pour en profiter. Ici, d'ailleurs, cela ne te servirait de rien. Dans les foires où tu vas courir et montrer ton talent (bien malgré moi, car ce vagabondage n'est pas le fait d'une fille pieuse), tu peux persuader aux gens simples que tu possèdes un charme pour attirer le premier oiseau qui passe et pour le retenir aussi longtemps qu'il te plaît. Mais tes petits camarades, que voici, savent bien que, dans ces montagnes, où les oiseaux sont rares et où tu passes ta vie à courir et à fureter, tu découvres tous les nids aussitôt qu'ils se bâtissent, que tu t'empares de la couvée et que tu forces les pères et mères à venir nourrir leurs petits sur tes genoux. On sait la patience avec laquelle tu restes immobile des heures entières comme une statue ou comme un arbre, pour que ces bêtes s'accoutument à te voir sans te craindre. On sait comme, dès qu'ils sont apprivoisés, ils te suivent partout pour recevoir de toi leur pâture, et qu'ils t'amènent leur famille à mesure qu'ils pullulent, suivant en cela un admirable instinct de mémoire et d'attachement, dont plusieurs espèces sont particulièrement douées. Tout cela n'est pas bien sorcier. Chacun de nous, s'il était, comme toi, ennemi des occupations raisonnables et d'un travail utile, pourrait en faire autant. Ne joue donc pas la magicienne et l'inspirée, comme certains imposteurs célèbres de l'antiquité, et entre autres un misérable Apollonius de Thyane, que l'Église condamne comme faux prophète, et qui prétendait comprendre le langage des passereaux. Quant à ces nobles personnes, n'espère point te moquer d'elles. Leur esprit et leur éducation ne leur permettent point de croire qu'une bambine comme toi soit investie d'un pouvoir surnaturel.

— Eh bien, monsieur le curé, dit lady G..., vous ne pouviez rien dire qui ne fût moins agréable, ni faire sur la superstition un sermon plus mal venu. Vos explications sont ennemies de la poésie, et j'aime cent fois mieux croire que la pauvre Madeleine a quelque don mystérieux, miraculeux même, si vous voulez, que de refroidir mon imagination en acceptant de banales réalités. Console-toi, dit-elle à l'oiselière qui pleurait de dépit et qui regardait le curé avec une sorte d'indignation naïve et fière : nous te croyons fée et nous subissons ton prestige.

— D'ailleurs, les explications de M. le curé n'expliquent rien, dit Léonce. Elles constatent des faits et n'en dévoilent point les causes. Pour apprivoiser ce point des êtres libres et naturellement farouches, il faut une intelligence particulière, une sorte de secret magnétisme tout exceptionnel. Chacun de nous se consacrerait en vain à cette éducation, que la mystérieuse fatalité de l'instinct dévoile à cette jeune fille.

— Oui! oui! s'écria Madeleine, dont les yeux s'enflammèrent comme si elle eût pu comprendre parfaitement l'argument de Léonce, je défie bien M. le curé d'apprivoiser seulement une poule dans sa cour, et moi j'apprivoise les aigles sur la montagne.

— Les aigles, toi! dit le curé piqué au vif de voir Sabina éclater de rire; je t'en défie bien! Les aigles ne s'apprivoisent point comme des alouettes. Voilà ce qu'on gagne à de niaises pratiques et à des prétentions bizarres. On devient menteuse, et c'est ce qui vous arrive, petite effrontée.

— Ah, pardon, monsieur le curé, dit un jeune chevrier qui s'était détaché du groupe des enfants, et qui écoutait la conversation des nobles convives. Depuis quelque temps, Madeleine apprivoise les aigles : je l'ai vu. Son esprit va toujours en augmentant, et bientôt elle apprivoisera les ours, j'en suis sûr.

— Non, non, jamais, répondit l'oiselière avec une sorte d'effroi et de dégoût peinte dans ses traits. *Mon esprit ne s'accorde qu'avec ce qui vole dans l'air*.

— Eh bien, que vous disais-je? s'écria Léonce frappé de cette parole. Elle sent, bien qu'elle ne puisse en rendre compte ni aux autres, ni à elle-même, que d'indéfinissables affinités donnent de l'attrait à certains êtres pour elle. Ces rapports intimes sont des merveilles à nos yeux, parce que nous ne pouvons en saisir la loi naturelle, et le monde des faits physiques est plein de ces miracles qui nous échappent. Soyez-en certain, monsieur le curé, le diable n'est pour rien dans ces particularités; c'est Dieu seul qui a le secret de toute énigme et qui préside à tout mystère.

— A la bonne heure, dit le curé assez satisfait de cette explication. A votre sens, il y aurait donc des rapports inconnus entre certaines organisations différentes? Peut-être que cette petite exhale une odeur d'oiseau, perceptible seulement à l'odorat subtil de ces volatiles?

— Ce qu'il y a de certain, dit Sabina en riant, c'est qu'elle a un profil d'oiseau. Son petit nez recourbé, ses yeux vifs et saillants, ses paupières mobiles et pâles, joignez à cela sa légèreté, ses bras agiles comme des ailes, ses jambes fines et fermes comme les pattes d'oiseau, et vous verrez qu'elle ressemble à un aiglon.

— Comme il vous plaira, dit Madeleine, qui paraissait être douée d'une rapide intelligence et comprendre tout ce qui se disait sur son compte. Mais, outre le don de me faire aimer, j'ai aussi celui de faire comprendre;

j'ai la science, et je défie les autres de découvrir ce que je sais. Qui de vous dira à quelle heure on peut se faire obéir et à quelle heure on ne le peut pas? quel cri peut être entendu de bien loin? en quels endroits il faut se mettre? quelles influences il faut écarter? quel temps est propice? Ah! monsieur le curé, si vous saviez persuader les gens comme je sais attirer les bêtes, votre église serait plus riche et vos saints mieux fêtés.

— Elle a de l'esprit, dit le curé bourru, qui était au fond un bourru bienfaisant et enjoué, surtout *après boire*; mais c'est un esprit diabolique, et il faudra, quelque jour, que je l'exorcise. En attendant, Madelon, fais venir tes aigles.

— Et où les prendrai-je à cette heure? répondit-elle avec malice. Savez-vous où ils sont, monsieur le curé? Si vous le savez, dites-le, j'irai vous les chercher.

— Vas-y, toi, puisque tu prétends le savoir.

— Ils sont où je ne puis aller maintenant. Je vois bien, monsieur le curé, que vous ne le savez pas. Mais si vous voulez venir ce soir avec moi, au coucher du soleil, et si vous n'avez pas peur, je vous ferai voir quelque chose qui vous étonnera.

Le curé haussa les épaules; mais l'ardente imagination de Sabina s'empara de cette fantaisie. — J'y veux aller, moi, s'écria-t-elle, je veux avoir peur, je veux être étonnée, je veux croire au diable et le voir, si faire se peut!

— Tout doux! lui dit Léonce à l'oreille, vous n'avez pas encore ma permission, chère malade.

— Je vous la demande, je vous l'arrache, docteur aimable.

— Eh bien, nous verrons cela; j'interrogerai la magicienne, et je déciderai comme il me conviendra.

— Je compte donc sur votre désir, sur votre promesse de m'amuser. En attendant, n'allons-nous pas retourner à la villa pour voir comment mylord G... aura dormi?

— Si vous avez des volontés arrêtées, je vous donne ma démission.

— A Dieu ne plaise! Jusqu'ici je n'ai pas eu un instant d'ennui. Faites donc ce que vous jugerez opportun; mais où que vous me conduisiez, laissez-moi emmener la fille aux oiseaux.

— C'était bien mon intention. Croyez-vous donc qu'elle se soit trouvée ici par hasard?

— Vous la connaissiez donc? Vous lui aviez donc donné rendez-vous?

— Ne m'interrogez pas.

— J'oubliais! Gardez vos secrets; mais j'espère que vous en avez encore?

— Certes, j'en ai encore, et je vous annonce, Madame, que ce jour ne se passera pas sans que vous ayez des émotions qui troubleront votre sommeil la nuit prochaine.

— Des émotions! Ah! quel bonheur! s'écria Sabina; en garderai-je longtemps le souvenir?

— Toute votre vie, dit Léonce avec un sérieux qui semblait passer la plaisanterie.

— Vous êtes un personnage fort singulier, reprit-elle. On dirait que vous croyez à votre puissance sur moi, comme Madeleine à la sienne sur les aigles.

— Vous avez la fierté et la férocité de ces rois de l'air, et moi j'ai peut-être la finesse de l'observation, la patience et la ruse de Madeleine.

— De la ruse? vous me faites peur.

— C'est ce que je veux. Jusqu'ici vous vous êtes raillée de moi, Sabina, précisément parce que vous ne me connaissiez pas.

— Moi? dit-elle un peu émue et tourmentée de la tournure bizarre que prenait l'esprit de Léonce. Moi, je ne connais pas mon ami d'enfance, mon loyal chevalier servant? C'est tout aussi raisonnable que de me dire que je songe à vous railler.

— Vous l'avez pourtant dit, Madame, les frères et les sœurs sont éternellement inconnus les uns aux autres, parce que les points les plus intéressants et les plus vivants de leur être ne sont jamais en contact. Un mystère profond comme ces abîmes nous sépare; vous ne me connaîtrez jamais, avez-vous dit. Eh bien, Madame, je prétends aujourd'hui vous connaître et vous rester inconnu. C'est vous dire, ajouta-t-il en voyant la méfiance et la terreur se peindre sur les traits de Sabina, que je me résigne à vous aimer davantage que je ne veux et ne puis prétendre à être aimé de vous.

— Pourvu que nous restions amis, Léonce, dit lady G..., dominée tout à coup par une angoisse qu'elle ne pouvait s'expliquer à elle-même, je consens à vous laisser continuer ce badinage; sinon je veux retourner tout de suite à la villa, me remettre sous la cloche de plomb de l'amour conjugal.

— Si vous l'exigez, j'obéis; je redeviens homme du monde, et j'abandonne la cure merveilleuse que vous m'avez permis d'entreprendre.

— Et dont vous répondez pourtant! Ce serait dommage.

— J'en puis répondre encore si vous ne résistez pas. Une révolution complète, inouïe, peut s'opérer aujourd'hui dans votre vie morale et intellectuelle, si vous abjurez jusqu'à ce soir l'empire de votre volonté.

— Mais quelle confiance faut-il donc avoir en votre honneur pour se soumettre à ce point?

— Me croyez-vous capable d'en abuser? Vous pouvez vous faire reconduire à la villa par le curé. Moi, je vais dans la montagne chercher des aigles moins prudents et moins soupçonneux.

— Avec Madeleine, sans doute?

— Pourquoi non?

— Eh bien, l'amitié a ses jalousies comme l'amour : vous n'irez pas sans moi.

— Partons donc!

— Partons!

Lady G... se leva avec une sorte d'impétuosité, et prit le bras de l'oiselière sous le sien, comme si elle eût voulu s'emparer d'une proie. En un clin d'œil les enfants reportèrent dans la voiture l'attirail du déjeuner. Tout fut lavé, rangé et emballé comme par magie. La négresse, semblable à une sibylle affairée, présidait à l'opération; la libéralité de Léonce donnait des ailes aux plus paresseux et de l'adresse aux plus gauches. Il me semble, lui dit Sabina en les voyant courir, que j'assiste à la noce fantastique du conte de *Gracieuse et Percinet;* lorsque l'errante princesse ouvre dans la forêt la boîte enchantée, on en voit sortir une armée de marmitons en miniature et de serviteurs de toute sorte qui mettent la broche, font la cuisine et servent un repas merveilleux à la joyeuse bande des Lilliputiens, le tout en chantant et en dansant, comme font ces petits pages rustiques.

— L'apologue est plus vrai ici que vous ne pensez, répondit Léonce. Rappelez-vous bien le conte, cette charmante fantaisie que Hoffmann n'a point surpassée. Il est un moment où la princesse Gracieuse, punie de son inquiète curiosité par la force même du charme qu'elle ne peut conjurer, voit son petit monde enchanté prendre la fuite et s'éparpiller dans les broussailles. Les cuisiniers emportent la broche toute fumante, les musiciens leurs violons, le nouveau marié entraîne sa jeune épouse, les parents grondent, les convives rient, les serviteurs jurent, tous courent et se moquent de Gracieuse, qui, de ses belles mains, cherche vainement à les arrêter, à les retenir, à les rassembler. Comme des fourmis agiles, ils s'échappent, passent à travers ses doigts, se répandent et disparaissent sous la mousse et les violettes, qui sont pour eux comme une futaie protectrice, comme un bois impénétrable. La cassette reste vide, et Gracieuse, épouvantée, va retomber au pouvoir des mauvais génies, lorsque...

— Lorsque l'aimable Léonce, je veux dire le tout puissant prince Percinet, reprit Sabina, le protégé des bonnes fées, vient à son secours, et, d'un coup de baguette, fait rentrer dans la boîte parents et fiancés, marmitons et broches, ménétriers et violons.

— Alors il lui dit, reprit Léonce : Sachez, princesse Gracieuse, que vous n'êtes point assez savante pour gouverner le monde de vos fantaisies; vous le semez à pleines mains sur le sol aride de la réalité, et là, plus agiles et plus fines que vous, elles vous échappent et vous

trahissent. Sans moi, elles allaient se perdre comme l'insecte que l'œil poursuit en vain dans ses mystérieuses retraites de gazon et de feuillage; et alors vous vous retrouviez seule avec la peur et le regret, dans ce lieu solitaire et désenchanté. Plus de frais ombrages, plus de cascades murmurantes, plus de fleurs embaumées; plus de chants, de danses et de rires sur le tapis de verdure. Plus rien que le vent qui siffle sous les platanes pelés, et la voix lointaine des bêtes sauvages qui monte dans l'air avec l'étoile sanglante de la nuit. Mais, grâce à moi, que vous n'implorerez jamais en vain, tous vos trésors sont rentrés dans le coffre magique, et nous pouvons poursuivre notre route, certains de les retrouver quand nous le voudrons, à quelque nouvelle halte, dans le royaume des songes.

IV.

FAUSSE ROUTE.

— Voilà une très-jolie histoire, et que je me rappellerai pour la raconter à la veillée, dit l'oiselière que Sabina tenait toujours par le bras.

— Prince Percinet, s'écria lady G..., passant son autre bras sous celui de Léonce, et en courant avec lui vers la voiture qui les attendait, vous êtes mon bon génie, et je m'abandonne à votre admirable sagesse.

— J'espère, dit le curé en s'asseyant dans le fond du wurst avec Sabina, tandis que Léonce et Madeleine se plaçaient vis-à-vis, que nous allons reprendre le chemin de Saint-Apollinaire? Je suis sûr que mes paroissiens ont déjà besoin de moi pour quelque sacrement.

— Que votre volonté soit faite, cher pasteur, répondit Léonce en donnant des ordres à son jockey.

— Eh quoi! dit Sabina au bout de quelques instants, nous retournons sur nos pas, et nous allons revoir les mêmes lieux?

— Soyez tranquille, répondit Léonce en lui montrant le curé que trois tours de roue avaient suffi pour endormir profondément, nous allons où bon nous semble. — Tourne à droite, dit-il au jeune automédon, et va où je t'ai dit d'abord.

L'enfant obéit, et le curé ronfla.

— Eh bien, voici quelque chose de charmant, dit Sabina en éclatant de rire; l'enlèvement d'un vieux curé grondeur, c'est neuf; et je m'aperçois enfin du plaisir que sa présence pouvait nous procurer. Comme il va être surpris et grognon en se réveillant à deux lieues d'ici!

— M. le curé n'est pas au bout de ses impressions de voyage, ni vous non plus, Madame, répondit Léonce.

— Voyons, petite, raconte-moi ton histoire et confesse-moi ton péché, dit Sabina en prenant, avec une grâce irrésistible, les deux mains de l'oiselière assise dans la voiture en face d'elle. Léonce, n'écoutez pas, ce sont des secrets de femme.

— Oh! Sa Seigneurie peut bien entendre, répondit Madeleine avec assurance. Mon péché n'est pas si gros et mon secret n'est pas si bien gardé, que je ne puisse en parler à mon aise. Si M. le curé n'avait pas l'habitude de m'interrompre pour me gronder, au lieu de m'écouter, à chaque mot de ma confession, il ne serait pas si en colère contre moi, ou du moins il me ferait comprendre ce qui le fâche tant. J'ai un bon ami, Altesse, ajouta-t-elle en s'adressant à Sabina. Voilà toute l'affaire.

— En juger la gravité n'est pas aussi facile qu'on le pense, dit lady G... à Léonce. Tant de candeur rend les questions embarrassantes.

— Pas tant que vous croyez, répondit-il. Voyons, Madeleine, t'aime-t-il beaucoup?

— Il m'aime autant que je l'aime.

— Et toi, ne l'aimes-tu pas trop? reprit lady G...

— Trop? s'écria Madeleine; voilà une drôle de question! J'aime tant que je peux, je ne sais si c'est trop ou pas assez.

— Quel âge a-t-il? dit Léonce.

— Je ne sais pas; il me l'a dit, mais je ne m'en souviens plus. Il a au moins... attendez! dix ans de plus que

moi. J'ai quatorze ans, cela ferait vingt-quatre ou vingt-cinq ans, n'est-ce pas?
— Alors le danger est grand. Tu es trop jeune pour te marier, Madeleine.
— Trop jeune d'un an ou deux. Ce défaut-là passera vite.
— Mais ton amoureux doit être impatient?
— Non! il n'en parle pas.
— Tant pis! et toi, es-tu aussi tranquille?
— Il le faut bien; je ne peux pas faire marcher le temps comme je fais voler les oiseaux.
— Et vous comptez vous marier ensemble?
— Cela, je n'en sais rien; nous n'avons point parlé de cela.
— Tu n'y songes donc pas, toi?
— Pas encore, puisque je suis trop jeune.
— Et s'il ne t'épousait pas, dit lady G...
— Oh! c'est impossible, il m'aime.
— Depuis longtemps? reprit Sabina.
— Depuis huit jours.
— *Oimè!* dit Léonce, et tu es déjà sûre de lui à ce point?
— Sans doute, puisqu'il m'a dit qu'il m'aimait.
— Et crois-tu ainsi tous ceux qui te parlent d'amour?
— Il n'y a que lui qui m'en ait encore parlé, et c'est le seul que je croirai dans ma vie, puisque c'est celui que j'aime.
— Ah! curé, dit Sabina en jetant un regard sur le bourru endormi, voilà ce que vous ne pourrez jamais comprendre! c'est la foi, c'est l'amour.
— Non, Madame, reprit l'oiselière, il ne peut pas comprendre, lui. Il dit d'abord que personne ne connaît mon amoureux, et que ce doit être un mauvais sujet. C'est tout simple: il est étranger, il vient de passer par chez nous; il n'a ni parents ni amis pour répondre de lui; il s'est arrêté au pays parce qu'il m'a vue et que je lui ai plu. Alors il n'y a que moi qui le connaisse et qui puisse dire: C'est un honnête homme. M. le curé veut qu'il s'en aille, et il menace de le faire chasser par les gendarmes. Moi, je le cache; c'est encore tout simple.
— Et où le caches-tu!
— Dans ma cabane.
— As-tu des parents?
— J'ai mon frère qui est... sauf votre permission, contrebandier... mais il ne faut pas le dire, même à M. le curé.
— Et cela fait qu'il passe les nuits dans la montagne et les jours à dormir, n'est-ce pas? reprit Léonce.
— A peu près. Mais il sait bien que mon bon ami couche dans son lit quand il est dehors.
— Et cela ne le fâche pas?
— Non, il a bon cœur.
— Et il ne s'inquiète de rien?
— De quoi s'inquiéterait-il?
— T'aime-t-il beaucoup, ton frère?
— Oh! il est très-bon pour moi... nous sommes orphelins depuis longtemps; c'est lui qui m'a servi de père et de mère.
— Il me semble que nous pouvons être tranquilles, Léonce? dit lady G... à son ami.
— Jusqu'à présent, oui, répondit-il. Mais l'avenir! Je crains Madeleine, que votre bon ami ne s'en aille, de gré ou de force, un de ces matins, et ne vous laisse pleurer.
— S'il s'en va, je le suivrai.
— Et vos oiseaux?
— Ils me suivront. Je fais quelquefois dix lieues avec eux.
— Vous suivent-ils maintenant?
— Vous ne les voyez pas voler d'arbre en arbre tout le long du chemin? Ils n'approchent pas, parce que je ne suis pas seule et que la voiture les effraie; mais je les vois bien, moi, et ils me voient bien aussi, les pauvres petits!
— Le monde a plus de dix lieues de long; si votre bon ami vous emmenait à plus de cent lieues d'ici?
— Partout où j'irai il y aura des oiseaux, et je m'en ferai connaître.

— Mais vous regretteriez ceux que vous avez élevés?
— Oh! sans doute. Il y en a deux ou trois surtout qui ont tant d'esprit, tant d'esprit, que M. le curé n'en a pas plus, et que mon bon ami seul en a davantage. Mais je vous dis que tous mes oiseaux me suivraient comme je suivrais mon bon ami. Ils commencent à le connaître et à ne pas s'envoler quand il est avec moi.
— Pourvu que le bon ami ne soit pas plus volage que les oiseaux! dit Sabina. Est-il bien beau, ce bon ami?
— Je crois que oui; je ne sais pas.
— Vous n'osez donc pas le regarder? dit Léonce.
— Si fait. Je le regarde quand il dort, et je crois qu'il est beau comme le soleil; mais je ne peux pas dire que je m'y connaisse.
— Quand il dort! vous entrez donc dans sa chambre?
— Je n'ai pas la peine d'y entrer, puisque j'y dors moi-même. Nous ne sommes pas riches, Altesse; nous n'avons qu'une chambre pour nous, avec ma chèvre et le cheval de mon frère.
— C'est la vie primitive! Mais dans tout cela, tu ne dors guère, puisque tu passes les nuits à contempler ton bon ami?
— Oh! je n'y passe guère qu'un quart d'heure après qu'il s'est endormi. Il se couche et s'endort pendant que je récite ma prière tout haut, le dos tourné, au bout de la chambre. Il est vrai qu'ensuite je m'oublie quelquefois à le regarder plus longtemps que je ne puis le dire. Mais ensuite le sommeil me prend, et il me semble que je dors mieux après.
— D'où il résulte pourtant qu'il dort plus que toi?
— Mais il dort très-bien, lui; pourquoi ne dormirait-il pas? la maison est très-propre, quoique pauvre, et j'ai soin que son lit soit toujours bien fait.
— Il ne se réveille donc pas, lui, pour te regarder pendant ton sommeil?
— Je n'en sais rien, mais je ne le crois pas, je l'entendrais. J'ai le sommeil léger comme celui d'un oiseau.
— Il t'aime donc moins que tu ne l'aimes?
— C'est possible, dit tranquillement l'oiselière après un instant de réflexion, et même ça doit être, puisque je suis encore trop jeune pour qu'il m'épouse.
— Enfin, tu es certaine qu'il t'aimera un jour assez pour t'épouser?
— Il ne m'a rien promis; mais il me dit tous les jours: « Madeleine, tu es bonne comme Dieu, et je voudrais ne jamais te quitter. Je suis bien malheureux de songer que, bientôt peut-être, je serai forcé de m'en aller. » Moi, je ne réponds rien, mais je suis bien décidée à le suivre, afin qu'il ne soit pas malheureux; et puisqu'il me trouve bonne et désire ne jamais me quitter, il est certain qu'il m'épousera quand je serai en âge.
— Eh bien, Léonce, dit Sabina en anglais à son ami, admirons, et gardons-nous de troubler par nos doutes cette foi sainte de l'âme d'un enfant. Il se peut que son amant la séduise et l'abandonne; il se peut qu'elle soit brisée par la honte et la douleur; mais encore, dans son désastre, je trouverais son existence digne d'envie. Je donnerais tout ce que j'ai vécu, tout ce que je vivrai encore, pour un jour de cet amour sans bornes, sans arrière-pensée, sans hésitation, aveuglément sublime, où la vie divine pénètre en nous par tous les pores.
— Certes, elle vit dans l'extase, dit Léonce, et sa passion la transfigure. Voyez comme elle est belle, en parlant de celui qu'elle aime, malgré que la nature ne lui ait rien donné de ce qui fait de vous la plus belle des femmes! Eh bien! pourtant, à cette heure, Sabina, elle est beaucoup plus belle que vous. Ne le pensez-vous pas ainsi?
— Vous avez une manière de dire des grossièretés qui ne peut plus me blesser aujourd'hui, quoique vous y fassiez votre possible. Cependant, Léonce, il y a quelque chose d'impitoyable dans votre amitié. Mon malheur est assez grand de ne pouvoir connaître cet amour extatique, sans que vous veniez me le reprocher juste au moment où je mesurais l'étendue de ma misère. Si je voulais me venger, ne pourrais-je pas vous dire que vous êtes aussi misérable que moi, aussi incapable de croire aveuglée

ment et d'aimer sans-arrière pensée? qu'enfin les mêmes abîmes de savoir et d'expérience nous séparent l'un et l'autre de l'état de l'âme de cet enfant?

— Cela, vous n'en savez rien, rien en vérité! répondit Léonce avec énergie, mais sans qu'il fût possible d'interpréter l'émotion de sa voix : son regard errait sur le paysage.

— Nous parcourons un affreux pays, dit lady G..., après un assez long silence. Ces roches nues, ce torrent toujours irrité, ce ciel étroitement encadré, cette chaleur étouffante, et jusqu'au lourd sommeil de cet homme d'église, tout cela porte à la tristesse et à l'effroi de la vie.

— Un peu de patience, dit Léonce, nous serons bientôt dédommagés.

En effet la gorge aride et resserrée s'élargit tout à coup au détour d'une rampe, et un vallon délicieux, jeté comme une oasis dans ce désert, s'offrit aux regards charmés de Sabina. D'autres gorges de montagnes étroites et profondes, venaient aboutir à cet amphithéâtre de verdure, et mêler leurs torrents aplanis et calmes au principal cours d'eau. Ces flots verdâtres étaient limpides comme le cristal; des tapis d'émeraude s'étendaient sur chaque rive; le silence de la solitude n'était plus troublé que par de frais murmures et la clochette lointaine des vaches éparses et cachées au flanc des collines par une riche végétation. Les gorges granitiques ouvraient leurs perspectives bleues, traversées à la base par les sinuosités des eaux argentées. C'était un lieu de délices où tout invitait au repos, et d'où, cependant, l'imagination pouvait s'élancer encore dans de mystérieuses régions.

— Voici une ravissante surprise, dit Sabina en descendant de voiture sur le sable fin du rivage; c'est un asile contre la chaleur de midi, qui devenait intolérable. Ah! Léonce, laissons ici notre équipage et quittons les routes frayées. Voici des sentiers unis, voici un arbre jeté en guise de pont sur le torrent, voici des fleurs à cueillir, et là-bas un bois de sapins qui nous promet de l'ombre et des parfums. Ce qui me plaît ici, c'est l'absence de culture et l'éloignement des habitations.

— C'est que vous êtes ici en plein pays de montagne, répondit Léonce. C'est ici que commence le séjour des pasteurs nomades, qui vivent à la manière des peuples primitifs, conduisant leurs troupeaux d'un pâturage à l'autre, explorant des déserts qui n'appartiennent qu'à celui qui les découvre et les affronte, habitant des cabanes provisoires, ouvrage de leurs mains, qu'ils transportent à dos d'âne et plantent sur la première roche venue. Vous en pouvez voir quelques-unes là-haut vers les nuages. Dans les profondeurs, vous n'en rencontreriez point. Un jour d'orage qui fait gonfler les torrents, les emporterait. C'est l'heure de la sieste, les pâtres dorment sous leur toit de verdure. Vous voici donc au désert, et vous pouvez choisir l'endroit où il vous plaira de goûter deux heures de sommeil; car il nous faut donner ici du repos à notre attelage. Tenez, le bois de sapins qui vous attire et qui vous attend, est en effet très-propice. Lélé va y suspendre votre hamac.

— Mon hamac! Quoi! vous avez songé à l'emporter?

— Ne devais-je pas songer à tout?

La négresse Lélé les suivit portant le hamac de réseau de palmier bordé de franges et de glands, de plumes de mille couleurs artistement mélangées. Madeleine, ravie d'admiration par cet ouvrage des Indiens, suivait la noire en lui faisant mille questions sur les oiseaux merveilleux qui avaient fourni ces plumes étincelantes, et tâchait de se former une idée des perruches et des colibris dont Lélé, dans son jargon mystérieux et presque inintelligible, lui faisait la description.

On avait oublié le curé, qui s'éveilla enfin lorsqu'il ne se sentit plus bercé par le mouvement souple et continu de la voiture.

— *Corpo di Bacco!* s'écria-t-il en se frottant les yeux (c'était le seul juron qu'il se permît); où sommes-nous, et quelle mauvaise plaisanterie est-ce là?

— Hélas! monsieur l'abbé, dit le jockey, qui était malin comme un page, et qui comprenait fort bien les caprices gravement facétieux de son maître, nous nous sommes égarés dans la montagne, et nous ne savons pas plus que vous où nous sommes. Mes chevaux sont rendus de fatigue, et il faut absolument nous arrêter ici.

— A la bonne heure, dit le curé; nous ne pouvons pas être bien loin de Saint-Apollinaire; je ne me suis endormi qu'un instant.

— Pardon, monsieur l'abbé, vous avez dormi au moins quatre heures.

— Non, non, vous vous trompez, mon garçon; le soleil nous tombe d'aplomb sur la tête, et il ne peut pas être plus de midi, à moins qu'il ne se soit arrêté, comme cela lui est arrivé une fois. Mais vous avez donc marché comme le vent, car nous sommes à plus de quatre lieues de la Roche-Verte? Je ne me trompe pas, c'est ici le col de la Forquette, car je reconnais la croix de Saint-Basile. La frontière est à deux pas d'ici. Tenez, de l'autre côté de ces hautes montagnes, c'est l'Italie, la belle Italie, où je n'ai jamais eu le plaisir de mettre le pied! Mais, *corpo di Bacco!* si vous vous arrêtez ici, et si vos bêtes sont fatiguées, je ne pourrai pas être de retour à ma paroisse avant la nuit.

— Et je suis sûr que votre gouvernante sera fâchée? dit le malicieux groom d'un ton dolent.

— Inquiète, à coup sûr, répondit le curé, très-inquiète, la pauvre Barbe! Enfin, il faut prendre son mal en patience. Où sont vos maîtres?

— Là-bas, de l'autre côté de l'eau; ne les voyez-vous point?

— Quel caprice les a poussés à traverser cette planche qui ne tient à rien. Je ne me soucie point de m'y risquer avec ma corpulence. Si j'avais au moins une de mes lignes pour pêcher ici quelques truites! Elles sont renommées dans cet endroit.

Et le curé se mit à fouiller dans ses poches, où, à sa grande satisfaction, il trouva quelques crins garnis de leurs hameçons. Le jockey l'aida à tailler une branche, à trouver des amorces, et lui offrit ironiquement un livre pour charmer les ennuis de la pêche. Le bon homme n'y fit pas de façons, il prit *Wilhem-Meister*, autant par curiosité pour juger des principes de ses convives à leurs lectures que pour se distraire lui-même; et, remontant le cours de l'eau, il alla s'asseoir dans les rochers, partagé entre les ruses de la truite et celles de *Philine*. Au moment où la première proie mordit, il était juste à l'endroit des *petits souliers*. L'histoire ne dit pas s'il ferma le livre ou s'il manqua le poisson.

Cependant la noire Lélé et la blonde oiselière avaient attaché solidement le hamac aux branches des sapins. La belle Sabina, gracieusement étendue sur cette couche aérienne, s'offrait aux regards de Léonce dans l'attitude d'une chaste volupté. Ses larges manches de soie étaient relevées jusqu'au coude, et le bout de son petit pied, dépassant sa robe, pendait parmi les franges de plume, moins moelleuses et moins légères.

Léonce avait étendu son manteau sur l'herbe, et, couché aux pieds de la belle Sabina, il agitait la corde du hamac et le faisait voltiger au-dessus de sa tête. Lélé s'était arrangée aussi pour faire la sieste sur le gazon, à peu de distance; et Madeleine s'enfonça dans l'épaisseur du bois, où les cris de ses oiseaux la suivirent comme une fanfare triomphale pour célébrer la marche d'une souveraine.

Sabina et Léonce se retrouvaient donc dans un tête-à-tête assez émouvant, après avoir agité entre eux des idées brûlantes dans des termes glacés. Léonce gardait un profond silence et fixait sur lady G... des regards pénétrants qui n'avaient rien de tendre, et qui cependant lui causèrent bientôt de l'embarras.

— Pourquoi donc ne me regardez-vous pas? lui dit-elle après avoir vainement essayé d'engager une conversation frivole. Vous m'entendez pourtant, Léonce, car vous me regardez dans les yeux avec une obstination fatigante.

— Moi? dit-il, je ne regarde point vos yeux. Ce sont des étoiles fixes qui brillent pour briller, sans rien communiquer de leur feu et de leur chaleur aux regards des hommes. Je regarde votre bras et les plis de votre vêtement que le vent dessine.

— Oui, des manches et des draperies, c'est tout votre idéal, à vous autres artistes.

— Est-ce que cela vous déplaît d'être un beau modèle?

— Pourvu que je ne sois que cela pour vous, c'est tout ce qu'il me faut, dit-elle avec hauteur; car les yeux de Léonce n'annonçaient plus la froide contemplation du statuaire. Ils reprirent pourtant leur indifférence à cette parole dédaigneuse. Vous feriez une superbe sibylle, reprit-il, feignant de n'avoir pas entendu.

— Non, je ne suis point une nature échevelée et palpitante.

— Les sibylles de la renaissance sont graves et sévères. N'avez-vous pas vu celles de Raphaël? c'est la grandeur et la majesté de l'antique, avec le mouvement et la pensée d'un autre âge.

— Hélas! je n'ai point vu l'Italie! nous y touchons, et, par un caprice féroce de lord G..., il lui plaît de s'installer à la frontière comme pour me donner la fièvre, et m'empêcher de m'y élancer, sous prétexte qu'il y fait trop chaud pour moi.

— Il fait partout trop froid pour vous, au contraire, votre mari est l'homme qui vous connaît le moins.

— C'est dans l'ordre éternel des choses!

— Aussi vous devriez adorer votre mari, puisqu'il est l'adulateur infatigable de votre prétention à n'être pas devinée.

— Et vous, vous avez la prétention contraire à celle de mon mari. Vous me l'avez dit; mais vous ne me le prouvez pas.

— Et si je vous le prouvais à l'instant même! dit Léonce en se levant et en arrêtant le hamac avec une brusquerie qui arracha un cri d'effroi à lady G... Si je vous disais qu'il n'y a rien à deviner là où il n'y a rien? et que ce sein de marbre cache un cœur de marbre?

— Ah! voilà d'affreuses paroles! dit-elle en posant ses pieds à terre, comme pour s'enfuir, et je vous maudis, Léonce, de m'avoir amenée ici. C'est une perfidie et une cruauté! Et quels raffinements! M'enlever à ma triste nonchalance, m'entourer de soins délicats, me promener à travers les beautés de la nature et la poésie de vos pensées, flatter ma folle imagination, et tout cela pour me dire après quinze ans d'une amitié sans nuage, que vous me haïssez et ne m'estimez point!

— De quoi vous plaignez-vous, Madame? Vous êtes une femme du monde, et vous voulez, avant tout, être respectée comme le sont les vertueuses de ce monde-là. Eh bien! je vous déclare invincible, moi qui vous connais depuis quinze ans, et votre orgueil n'est pas satisfait?

Être vertueuse par insensibilité, vertueuse par absence de cœur, l'étrange éloge! Il y a de quoi être fière!

— Eh bien, vous avez un immense orgueil allié à une immense vanité, répliqua Léonce avec une irritation croissante. Vous voulez qu'on sache bien que vous êtes impeccable, et que le cristal le plus pur est souillé auprès de votre gloire. Mais cela ne vous suffit pas. Il faut encore qu'on croie que vous avez l'âme tendre et ardente, et qu'il n'y a rien d'aussi puissant que votre amour, si ce n'est votre propre force. Si l'on est paisible et recueilli en présence de votre sagesse, vous êtes inquiète et mécontente. Vous voulez qu'on se tourmente pour deviner le mystère d'amour que vous prétendez renfermer dans votre sein. Vous voulez qu'on se dise que vous tenez la clef d'un paradis de voluptés et d'ineffables tendresses, mais que nul n'y pénétrera jamais; vous voulez qu'on désire, qu'on regrette, qu'on palpite auprès de vous, qu'on souffre enfin! Avouez-le donc et vous aurez dit tout le secret de votre ennui; car il n'est point de rôle plus fatigant et plus amer que celui auquel vous avez sacrifié toutes les espérances de votre jeunesse et tous les profits de votre beauté!

— Il est au-dessous de moi de me justifier, répondit Sabina, pâle et glacée d'indignation; mais vous m'avez donné le droit de vous juger à mon tour et de vous dire qui vous êtes : ce portrait que vous avez tracé de moi, c'est le vôtre; il ne s'agissait que de l'adapter à la taille d'un homme, et je vais le faire.

V.

LE FAUNE.

— Parlez, Madame, dit Léonce, je serai bien aise de me voir par vos yeux.

— Vous ne le serez pas, je vous en réponds, poursuivit Sabina outrée, mais affectant un grand calme; homme et artiste, intelligent et beau, riche et patricien, vous savez être un mortel privilégié. La nature et la société vous ayant beaucoup donné, vous les avez secondées avec ardeur, possédé du désir qui tourmentait déjà votre enfance, d'être un homme accompli. Vous avez si bien cultivé vos brillantes dispositions, et si noblement gouverné votre fortune, que vous êtes devenu le riche le plus libéral et l'artiste le plus exquis. Si vous fussiez né pauvre et obscur, la palme de la gloire vous eût été plus difficile et plus méritoire à conquérir. Vous eussiez eu plus de souffrance et plus de feu, moins de science et plus de génie. Au lieu d'un talent de premier ordre, toujours correct et souvent froid, vous eussiez eu une inspiration inégale, mais brûlante.

— Ah! Madame, dit Léonce en l'interrompant, vous avez peu d'invention, et vous ne faites ici que répéter ce que je vous ai dit cent fois de moi-même. Mais, en même temps, vous me donnez raison sur un autre point, à savoir que l'homme du peuple peut valoir et surpasser l'homme du monde à beaucoup d'égards.

— Vous croyez prouver un grand cœur et un grand esprit en disant ces choses-là? C'est la mode, une mode recherchée, et qu'il est donné à peu d'hommes du monde de porter avec goût. Vous n'y commettrez jamais d'excès, parce qu'au fond du cœur, vous n'êtes pas moins aristocrate que moi; je vous défierais bien d'être sérieusement épris de la fille aux oiseaux, malgré vos théories sur la paternité directe de Dieu à l'esclave. Mais, laissez-moi arriver à mon parallèle, et vous verrez que vous n'avez pas su garder votre emphatique *incognito* avec moi. Jaloux d'être admiré, vous n'avez point prodigué votre jeunesse, et vous avez fort bien compris qu'il n'y a point d'idéal pour la femme intelligente qui possède et connaît un homme à toutes les heures de la vie. Aussi, n'avez-vous point aimé, et avez-vous toujours agi de manière à frapper l'esprit de ce sexe curieux, sans lui permettre de s'emparer de votre volonté. Vous avez eu des passions, je le sais, et vous n'en avez point éprouvé. Ce qui nous distingue l'un de l'autre, et ce qui fait que mon orgueil a plus de mérite que le vôtre, ce sont les privilèges de votre sexe. Vous n'avez point sacrifié les jouissances vulgaires au culte de la dignité. Vos modèles ont été des modèles de choix, des filles souverainement belles, et assez jeunes pour que vous n'eussiez point à rougir devant trop de gens, d'en faire vos maîtresses; ces divines filles du peuple, vous vous êtes persuadé que vous les aimiez, et, pour piquer l'amour-propre des femmes du monde, vous avez affecté de dire que la beauté physique entraînait la beauté morale, que la simplicité de ces esprits incultes était le temple de l'amour vrai, que sais-je? vérités peut-être, mais auxquelles vous n'avez jamais cru en les proclamant; car, je ne sache pas qu'aucune de ces divinités plébéiennes vous ait pleinement captivé ou fixé longtemps. Statuaire, vous n'avez vu en elles que des statues; et, quant aux femmes de votre caste, vous n'avez jamais recherché sincèrement celles qui avaient de l'esprit. C'est avec celles-là que vous jouez précisément le rôle que vous m'attribuez, posant devant elles avec un art et une poésie admirables les passions byroniennes, mais ne laissant approcher personne assez près de votre cœur pour qu'on y pût saisir le ver de la vanité qui le ronge.

Léonce garda longtemps le silence après que Sabina eut fini de parler. Il paraissait profondément abattu, et cette tristesse, qui ne se raidissait pas sous le fouet de

Sabina, gracieusement étendue. (Page 14.)

la critique, le rendit très-supérieur en cet instant à la femme vindicative qui le flagellait. Sabina s'en aperçut et comprit ce qu'il y a de plus mâle dans l'esprit de l'homme, ce penchant ou cette soumission irrésistible à la vérité, que l'éducation et les habitudes de la femme s'appliquent trop victorieusement à combattre. Elle eut des remords de son emportement, car elle vit que Léonce se reprochait le sien et sondait son propre cœur avec effroi. Elle eut envie de le consoler du mal qu'elle venait de lui faire, puis elle eut peur que sa méditation ne cachât quelque pensée de haine profonde et de vengeance raffinée. Cette crainte la frappa au cœur ; car, aussi bien que Léonce, elle valait mieux que son portrait, et les sources de l'affection n'étaient point taries en elle. Elle essaya vainement de retenir ses larmes ; Léonce entendit des sanglots s'échapper de sa poitrine.

— Pourquoi pleurez-vous? lui demanda-t-il en s'agenouillant à ses pieds et en prenant sa main dans les siennes.

— Je pleure notre amitié perdue, répondit-elle en se penchant vers lui et en laissant tomber quelques larmes sur ses beaux cheveux. Nous nous sommes mortellement blessés, Léonce ; nous ne nous aimons plus. Mais puisque c'en est fait, et que nous n'avons plus à craindre que l'amour nous gâte le passé, laissez-moi pleurer sur ce passé si pur et si beau! laissez-moi vous dire ce qu'apparemment vous ne compreniez pas, puisque vous avez pu, de gaieté de cœur, entamer cette lutte meurtrière. Je vous aimais d'une douce et véritable amitié ; je me reposais sur votre cœur comme sur celui d'un frère ; j'espérais trouver en vous protection et conseil dans tout le cours de ma vie. Vos défauts me semblaient petits et vos qualités grandes. Maintenant, adieu, Léonce. Reconduisez-moi chez mon mari. Vous aviez bien raison de m'annoncer pour cette journée des émotions imprévues, et si terribles que je n'en perdrai jamais le souvenir. Je ne les prévoyais pas si amères, et je ne comprends pas pourquoi vous me les avez données. Pourtant, au moment où je sens qu'elles ont tout brisé entre nous, je sens aussi que la douleur surpasse la colère, et je ne veux pas que notre dernier adieu soit une malédiction.

Sabina effleura de ses lèvres le front de Léonce, et ce baiser chaste et triste, le seul qu'elle lui eût donné de sa vie, renoua le nœud qu'elle croyait délié.

Il aperçut bientôt le curé qui pêchait. (Page 18.)

— Non, ma chère Sabina, lui dit-il en couvrant ses deux mains de baisers passionnés; ce n'est pas un adieu, et il n'y a rien de brisé entre nous. Vous m'êtes plus chère que jamais, et je saurai reconquérir ce que j'ai risqué de perdre aujourd'hui. J'y mettrai tous mes soins et vous en serez touchée, quand même vous résisteriez. Calmez-vous donc, noble amie; vos larmes tombent sur mon cœur et le renouvellent comme une rosée bienfaisante sur une plante prête à mourir. Il y a du vrai dans ce que nous nous sommes dit mutuellement, beaucoup de vrai; mais ce sont là des vérités relatives qui ne sont pas réelles. Comprenez bien cette distinction. Nous sommes artistes tous les deux et nous ne pouvons pas traiter un sujet avec animation sans que la logique, la plastique, si vous voulez, ne nous entraîne, de conséquence en conséquence, jusqu'à une synthèse admirable. Mais cette synthèse est une fiction, j'en suis certain pour vous et pour moi. Nous avons les défauts que nous nous sommes reprochés; mais ce sont là les accidents de notre caractère et les hasards de notre vie. En les étudiant avec feu, nous avons été *inspirés* jusqu'à les transformer en vices essentiels de notre nature, en habitudes effrontées de notre conduite. Il n'en est rien pourtant, puisque nous voici cœur à cœur, pleurant à l'idée de nous quitter et sentant que cela nous est impossible.

— Eh bien, vous avez raison, Léonce, dit lady G... en essuyant une larme et en passant ses belles mains sur les yeux de Léonce, peut-être par tendresse naïve, peut-être pour se convaincre que c'étaient de vraies larmes aussi qu'elle y voyait briller. Nous avons fait de l'art, n'est-ce pas? et il ne nous reste plus qu'à décider lequel de nous a été le plus habile, c'est-à-dire le plus menteur.

— C'est moi, puisque j'ai commencé, et je réclame le prix. Quel sera-t-il?

— Votre pardon.

— Et un long baiser sur ce bras si beau, que j'ai toujours regardé avec effroi.

— Voilà que vous redevenez artiste, Léonce!

— Eh bien! pourquoi non?

— Pas de baisers, Léonce, mieux que cela. Passons ensemble le reste de la journée, et reprenez votre rôle de docteur, pourvu que vous me traitiez à moins fortes doses.

— Eh bien! nous ferons de l'homéopathie, dit Léonce

en baisant le bras qu'elle parut lui abandonner machinalement, et qu'elle lui retira en voyant la négresse se réveiller. Replacez-vous dans votre hamac et dormez tout de bon. Je vous bercerai mollement; ces larmes vous ont fatiguée, la chaleur est extrême, et nous devons attendre que le soleil baisse pour quitter les bois.

La singularité et la mobilité des impressions de Léonce donnaient de l'inquiétude à lady G... Son regard avait une expression qu'elle ne lui avait encore jamais trouvée, et il lui était facile de sentir, au bercement un peu saccadé du hamac, qu'il tenait le cordon d'une main tremblante et agitée. Elle vit donc avec plaisir reparaître Madeleine, qui, après avoir taquiné la négresse, en lui chatouillant les paupières et les lèvres avec un brin d'herbe, revint admirer le hamac et relayer Léonce, malgré lui, dans son emploi de berceur.

— Elle est trop familière, vous l'avez déjà gâtée, dit Léonce en anglais à Sabina. Laissez-moi chasser cet oiseau importun.

— Non, répondit lady G... avec une angoisse évidente, laissez-la me bercer; ses mouvements sont plus moelleux que les vôtres; et d'ailleurs vous avez trop d'esprit pour que je m'endorme facilement auprès de vous. La familiarité de cet enfant m'amuse; je suis lasse d'être servie à genoux.

Là-dessus elle s'endormit ou feignit de s'endormir, et Léonce s'éloigna, dépité plus que jamais.

Il sortit du bois et marcha quelque temps au hasard. Il aperçut bientôt le curé qui pêchait à la ligne, et le jockey qui était venu lui tenir compagnie, pendant que les chevaux paissaient en liberté dans une prairie naturelle à portée de sa vue, et que la voiture était *remisée* à l'ombre beaucoup plus loin. Certain de les retrouver quand il voudrait, Léonce s'enfonça dans une gorge sauvage, et marcha vite pour calmer ses esprits surexcités et troublés.

Sa mauvaise humeur se dissipa bientôt à l'aspect des beautés de la nature. Il avait tourné plusieurs rochers, et il se trouvait au bord d'un lac microscopique, ou plutôt d'une flaque d'eau cristalline enfouie et comme cachée dans un entonnoir de granit. Cette eau, profonde et brillante comme le ciel, dont elle reflétait l'azur embrasé et les nuages d'or, offrait l'image du bonheur dans le repos. Léonce s'assit au rivage dans une anfractuosité du roc, qui formait des degrés naturels comme pour inviter le voyageur à descendre au bord de l'onde tranquille. Il regarda longtemps les insectes au corsage de turquoise et de rubis qui effleuraient les plantes fontinales; puis il vit passer, dans le miroir du lac, une bande de ramiers qui traversait les airs et qui disparut comme une vision, avec la rapidité de la pensée. Léonce se dit que les joies de la vie passaient aussi rapides, aussi insaisissables, et que, comme cette réflexion de l'image voyageuse, elles n'étaient que des ombres. Puis il se trouva ridicule de faire ainsi des métaphores germaniques, et envia la tranquillité d'âme du curé, qui, dans ce beau lac, n'eût vu qu'un beau réservoir de truites.

Un léger bruit se fit entendre au-dessus de lui. Un instant il crut que Sabina venait le rejoindre; mais le battement de son cœur s'apaisa bien vite à la vue du personnage qui descendait les degrés du roc, dont il occupait le dernier degré.

C'était un grand gaillard, plus que pauvrement vêtu, qui portait au bout d'un bâton passé sur son épaule, un mince paquet serré dans un mouchoir rouge et bleu. Ses haillons, ses longs cheveux tombant sur un visage pâle et fortement dessiné, son épaisse barbe noire comme de l'encre, sa démarche nonchalante, et ce je ne sais quoi de railleur qui caractérise le regard du vagabond lorsqu'il rencontre le riche seul et face à face, tout lui donnait l'aspect d'un franc vaurien.

Léonce pensa qu'il était dans un endroit très-désert et que ce quidam avait sur lui tout l'avantage de la position, car le sentier était trop étroit pour deux, et il ne fallait pas se le disputer longtemps pour que le lac reçût dans son onde muette et mystérieuse celui qui n'aurait pas les meilleurs poings, et la meilleure place pour combattre.

Dans cette éventualité, qui ne troubla pourtant pas beaucoup Léonce, il prit un air d'indifférence et attendit la rencontre de l'inconnu dans un calme philosophique. Cependant il put compter avec une légère impatience le nombre de pas qui retentit sur le rocher, jusqu'à ce que le vagabond eût atteint le dernier degré et se trouvât juste à ses côtés.

— Pardon, Monsieur, si je vous dérange, dit alors l'inconnu d'une voix sonore et avec un accent méridional très-prononcé; mais si c'était un effet de votre courtoisie, Votre Seigneurie se rangerait un peu pour me laisser boire.

— Rien de plus juste, répondit Léonce en le laissant passer et en remontant un degré, de manière à se trouver immédiatement derrière lui.

L'inconnu ôta son chapeau de paille déchiré, et s'agenouillant sur le roc, il plongea avidement dans l'eau sa sauvage barbe et la moitié de son visage, puis on l'entendit humer comme un cheval, ce qui donna à Léonce l'envie facétieuse de siffler en cadence comme on fait pour occuper ces animaux impatients et ombrageux pendant qu'ils se désaltèrent.

Mais il s'abstint de cette plaisanterie, et il envia la confiance superbe avec laquelle ce misérable se plaçait ainsi sous ses pieds, la tête en avant, le corps abandonné, dans un tête-à-tête qui eût pu devenir funeste à l'un des deux en cas de mésintelligence. « Voilà le seul bonheur du pauvre, pensa encore Léonce; il a la sécurité en de semblables rencontres. Nous voici deux hommes, peut-être d'égale force : l'un ne saurait pourtant boire sous l'œil de l'autre sans regarder un peu derrière lui, et celui qui peut se désaltérer gratis avec cette volupté, ce n'est pas le riche. »

Quand le vagabond eut assez bu, il redressa son corps, et, restant assis sur ses talons : — Voilà, dit-il, de l'eau bien tiède à boire, et qui doit désaltérer en entrant par les pores plus qu'en passant par le gosier. Qu'en pense Votre Seigneurie?

— Auriez-vous la fantaisie de prendre un bain? dit Léonce, incertain si ce n'était pas une menace.

— Oui, Monsieur, j'ai cette fantaisie, répondit l'autre; et il commença tranquillement à se déshabiller, ce qui ne prit guère de temps, car il n'était point surchargé de toilette, et à peine avait-il sur lui une seule boutonnière qui ne fût rompue.

— Savez-vous nager, au moins? lui demanda Léonce. Ceci est un large puits; il n'y a point de rivage du côté où nous sommes, le rocher tombe à pic à une grande profondeur vraisemblablement.

— Oh! Monsieur, fiez-vous à un ex-professeur de natation dans le golfe de Baja, répondit l'étranger; et, enlevant lestement le lambeau qui lui servait de chemise, il s'élança dans le lac avec l'aisance d'un oiseau amphibie.

Léonce prit plaisir à le voir plonger, disparaître pendant quelques instants, puis revenir à la surface sur un point plus éloigné, traverser la nappe étroite du petit lac en un clin d'œil se laisser porter sur le dos, se placer debout comme s'il eût trouvé pied, puis folâtrer en lançant autour de lui des flots d'écume, le tout avec une grâce naturelle et une vigueur admirable.

Bientôt, pourtant, il revint au pied du roc, et, comme le bord était en effet très-escarpé, il pria Léonce de lui tendre la main pour l'aider à remonter. Le jeune homme s'y prêta de bonne grâce, tout en se tenant sur ses gardes, pour n'être pas entraîné par surprise, et, le voyant assis sur la pierre échauffée par le soleil, il ne put s'empêcher d'admirer la force et la beauté de son corps, dont la blancheur contrastait avec sa figure et ses mains un peu hâlées. — Cette eau est plus froide que je ne pensais, dit le nageur, et n'est échauffée qu'à la surface, et je n'aurai de plaisir qu'en m'y plongeant pour la seconde fois. D'ailleurs, voici l'occasion de faire un peu de toilette.

Et il tira de son maigre paquet une grande coquille qui lui servait de tasse, mais dont il avait dédaigné de se servir pour boire. Il la remplit d'eau à diverses reprises et s'en arrosa la tête et la barbe, lavant et frottant avec un soin extrême et une volupté minutieuse cette riche toison noire qui, toute ruisselante, le faisait ressembler à une sauvage divinité des fleuves. Puis, comme le soleil, tombant d'aplomb sur sa nuque et sur son front, commençait à l'incommoder, il arracha des touffes de joncs et d'iris qu'il roula ensemble, et dont il fit un chapeau ou plutôt une couronne de verdure et de fleurs. Le hasard ou un certain goût naturel voulut que cette coiffure se trouvât disposée d'une façon si artiste qu'elle compléta l'idée qu'on pouvait se faire, en le regardant, d'un Neptune antique.

Il bondit une seconde fois dans le lac, atteignit la rive opposée, et courant sur la pente qui était adoucie et couverte de végétation de ce côté-là, il cueillit de superbes fleurs de *nymphea* blanc qu'il plaça dans sa couronne. Enfin, comme s'il eût deviné l'admiration réelle qu'il causait à Léonce, il se fit une sorte de vêtement avec une ceinture de roseaux et de feuilles aquatiques; et alors, libre, fier et beau comme le premier homme, il s'étendit sur un coin de sable fin et parut rêver ou s'endormir au soleil, dans une attitude majestueuse.

Léonce, frappé de la perfection d'un semblable modèle, ouvrit son album et essaya de faire un croquis de cet être bizarre, qui, reflété dans l'eau limpide, à demi nu et à demi vêtu d'herbes et de fleurs, offrait le plus beau type qu'un artiste ait jamais eu le bonheur de contempler, dans un cadre naturel de rochers sombres, de feuillages éclatants et de sables argentés, merveilleusement appropriés au sujet. Les flots de la lumière coupée des fortes ombres du rocher, le reflet que l'eau projetait sur ce corps humide d'un ton titianesque, tout se réunissait pour donner à Léonce une des plus complètes jouissances d'art et un des plus vifs sentiments poétiques qu'il eût jamais éprouvés; car, bien que statuaire, il était aussi sensible à la beauté de la couleur qu'à celle de la forme.

Tout à coup il ferma son album, et le jetant loin de lui : « Honte à moi, se dit-il, de vouloir retracer une scène que Raphaël ou Véronèse, Giorgion, Rubens ou le Poussin eussent été jaloux de contempler ! Oui, les grands maîtres de la peinture eussent été seuls dignes de reproduire ce que moi j'ai surpris et comme dérobé à la bienveillance du hasard. C'est bien assez pour moi, qui ne saurais manier un pinceau, de le voir, de le sentir et de le graver dans ma mémoire. »

Le vagabond sembla deviner sa pensée, car, à sa très-grande surprise, il lui cria en italien, après lui avoir demandé s'il comprenait cette langue : « C'est de l'antique, n'est-ce pas, *Signore ?* Voulez-vous du Michel-Ange? En voici. » Et il prit une attitude plus bizarre, mais belle encore, quoique tourmentée. « Maintenant du Raphaël, reprit-il en changeant de posture ; c'est plus gracieux et plus naturel ; mais quoi qu'on en dise, le muscle y joue encore un peu trop son rôle... Le Jules Romain s'en ressentira encore, mais ce n'est pas à dédaigner. » Et quand il se fut posé *a la Jules Romain*, il reprit sa première attitude, en ajoutant : « Celle-ci est la meilleure, c'est du Phidias, et on aura beau chercher on ne trouvera rien de mieux.

— Vous faites donc le métier de modèle ? lui dit Léonce, un peu désenchanté de ce qui lui avait d'abord semblé naïf et imprévu dans cet homme.

— Oui, Monsieur, celui-là et bien d'autres, répondit le nageur, qui était venu se poser au milieu du lac sur un rocher qui formait îlot, et sur lequel il se dressa comme sur un piédestal. Si j'avais une vieille cruche, je vous représenterais ici, avec mes roseaux, un groupe dans le goût de Versailles, quoique je n'y sois pas encore allé; mais nous avons à Naples beaucoup de choses dans ce style-là. Si j'avais un tambour de basque, je vous montrerais diverses figures napolitaines qui ont plus de grâce et d'esprit dans leur petit doigt que tout votre grand siècle dans ses blocs de marbre et de bronze. Mais puisque je ne puis plus rien pour charmer vos yeux, je veux au moins charmer vos oreilles. Si vous êtes Apollon, ne me traitez pas comme Marsyas ; mais, fussiez-vous un maestro renommé, vous conviendrez que la voix est belle. Je sens que cette eau froide et toutes mes poses vigoureuses m'ont élargi le poumon, et j'ai une envie folle de chanter.

— Chantez, mon camarade, dit Léonce. Si votre ramage répond à votre plumage, vous n'avez pas à craindre mon jugement.

VI.

AUDACES FORTUNA JUVAT.

Alors l'Italien chanta dans sa langue harmonieuse trois strophes empreintes du génie hyperbolique de sa nation, et dont nous donnerons ici la traduction libre. Il les adaptait à un de ces airs de l'Italie méridionale, dont on ne saurait dire s'ils sont les chefs-d'œuvre de maîtres inconnus, ou les mâles inspirations fortuites de la muse populaire :

« Passez, nobles seigneurs, dans vos gondoles bigarrées ; vous presserez en vain l'allure de vos rameurs intrépides ; j'irai plus vite que vous avec mes bras souples comme l'onde et blancs comme l'écume. Couvert de mes haillons, je suis un des derniers sur la terre ; mais, libre et nu, je suis le roi de l'onde et votre maître à tous !

« Fuyez, nobles dames, sur vos barques pavoisées ; vous détournerez en vain la tête, en vain vous couvrirez de l'éventail vos fronts pudiques ; le mien attirera toujours vos regards, et vous suivrez de l'œil, à la dérobée, ma chevelure noire flottante sur les eaux. Avec mes haillons, je vous fais reculer de dégoût ; mais, libre et nu, je suis le roi du monde et le maître de vos cœurs !

« Nagez, oiseaux de la mer et des fleuves ; fendez de vos pieds de corail le flot amer qui vous balance. Avec ma poitrine solide comme la proue d'un navire, avec mes bras souples comme votre cou lustré, je vous suivrai dans vos nids d'algue et de coquillages. Couvert de mes haillons, je vous effraie ; mais, libre et nu, je suis le roi de l'onde, et vous me prenez pour l'un d'entre vous ! »

La voix du chanteur était magnifique, et aucun artiste en renom n'eût pu surpasser la franchise de son accent, la naïveté de sa manière, la puissance de son sentiment exalté. Léonce se crut transporté dans le golfe de Salerne ou de Tarente, sous le ciel de l'inspiration et de la poésie.

— Par Amphitrite ! s'écria-t-il, tu es un grand poète et un grand chanteur, noble jeune homme ! et je ne sais comment te récompenser du plaisir que tu viens de me causer. Quel est donc ce chant admirable, quelles sont donc ces paroles étranges ?

— Le chant est de quelque dieu égaré sur les cimes de l'Apennin, qui l'aura confié aux échos, lesquels l'auront murmuré à l'oreille des pâtres et des pêcheurs ; mais les paroles sont de moi, Signor, car, avec votre permission, je suis improvisateur quand il me plaît de l'être. Notre langue mélodique est à la portée de tous ; et quand nous avons une idée, nous autres poëtes naturels, enfants du soleil, l'expression ne se fait pas désirer longtemps.

— Tu me répéteras ces paroles, je veux les écrire.

— Si je vous les répète, ce sera autrement. Mes chants s'envolent de moi comme la flamme du foyer, je puis les renouveler et non les retenir. Peut-être trouvez-vous celles-ci un peu fanfaronnes ; c'est le privilège du poëte. Otez-lui la gloriole, vous lui ôterez son génie.

— Tu as le droit de te vanter, tu es une nature privilégiée, répondit Léonce, et quelle que soit ta condition, tu mériterais d'être un des premiers sur la terre. Tu m'as charmé ; viens ici, et conte-moi ta misère, je veux la faire cesser.

L'inconnu revint au rivage. — Hélas ! dit-il, vous avez vu le faune antique dans toute sa liberté, l'homme de la nature dans toute sa poésie. A présent, vous allez voir le porteur de haillons dans toute sa laideur et dans toute sa misère ; car il faut bien que je reprenne cette triste livrée, en attendant qu'elle me quitte, ou que je trouve l'emploi de mon génie pour renouveler ma garde-robe. Vous paraissez surpris ? J'ai bien lu dans vos regards, lorsque je me suis approché de vous pour la première fois, que mon aspect vous causait de la répugnance.

Vous m'avez trouvé laid, effrayant, peut-être. Mais quand j'ai eu dépouillé ma souquenouille de mendiant, quand cette eau lustrale m'a débarrassé de mes souillures, quand vous m'avez vu purifié de la fange et de la poussière des chemins ; ce corps qui a servi quelquefois de modèle aux premiers sculpteurs de ma patrie, ce visage qui n'est point dégradé par la débauche et auquel la fatigue et les privations n'ont pas ôté encore la jeunesse et la beauté, ces membres où la nature a prodigué son luxe, et ce sentiment du beau que l'homme intelligent porte sur son front et dans toutes ses habitudes ; tout ce qui fait enfin, Monsieur, que, si, je suis l'égal et peut-être le supérieur des hommes les mieux vêtus, vous a frappé enfin, et vous avez essayé de me classer dans vos impressions d'artiste. Mais vous n'avez pas réussi, j'en suis certain ; les œuvres de l'art ne sont rien quand elles ne peuvent renchérir sur celles de Dieu. Si vous êtes peintre, vous me retrouverez quelque jour dans vos souvenirs, un jour que l'inspiration vous saisira ! Aujourd'hui, vous ne me reproduirez pas !... D'autant plus, ajouta-t-il avec un amer sourire, que la pièce est jouée, et que ma divinité va disparaître sous la flétrissure de l'indigence.

Cet homme parlait avec une facilité extraordinaire et avec un accent d'une noblesse inconcevable. Sa figure, éclairée d'un rayon d'enthousiasme, et aussitôt voilée par un profond sentiment de douleur, était d'une beauté inouïe ; jamais plus nobles traits, jamais expression plus fine et plus pénétrante n'avaient attiré l'attention de Léonce.

— Monsieur, lui dit-il, dominé par un respect involontaire, vous êtes certainement au-dessus de la misérable condition sous les dehors de laquelle vous m'êtes apparu ; vous êtes quelque artiste malheureux : permettez-moi de vous secourir et de vous récompenser ainsi de la jouissance poétique que vous m'avez procurée.

Mais l'inconnu ne parut pas avoir entendu les paroles de Léonce. Courbé sur le rivage, il dépliait, avec une répugnance visible, les hardes ignobles qu'il était obligé de reprendre pour cacher sa nudité.

— Voilà, dit-il en laissant retomber ses guenilles par terre, un supplice que je vous souhaite de ne pas connaître. L'Italien aime la parure, l'artiste aime le bien-être, le luxe, les parfums, cette mollesse exquise qui renouvelle l'âme et le corps après des exercices mâles et salutaires. Personne ne peut comprendre ce qu'il m'en coûte de me montrer aux hommes, aux femmes surtout ! avec une blouse déchirée et un pantalon qui montre la corde.

— Oh ! je vous comprends et je vous plains, répondit Léonce ; mais je puis faire cesser aujourd'hui votre peine, Dieu merci ! Il fait assez chaud pour que vous restiez ici à m'attendre au soleil un quart d'heure ; je vous promets que, dans un quart d'heure, je serai de retour avec des vêtements capables de contenter votre honnête et légitime fantaisie. Attendez-moi.

Et, avant que l'Italien eût répondu, Léonce s'élança sur le sentier, courut à sa voiture et en retira une valise élégante et légère, qu'il rapporta au bord du lac. Il retrouva son Italien dans l'eau, occupé à faire une gerbe des plus belles fleurs aquatiques, qu'il lui rapporta d'un air de triomphe naïf, et qu'il lui présenta avec une grâce affectueuse.

— Je ne puis vous donner autre chose en échange de ce que vous m'apportez, dit-il, je n'ai rien au monde ; mais, grâce à mon adresse et à mon courage, je puis m'approprier les plus rares trésors de la nature, les plus belles fleurs, les plus précieux échantillons minéralogiques, les cristaux, les pétrifications, les plantes des montagnes ; je puis vous donner tout cela si vous voulez que je vous suive dans vos promenades, et même, si vous avez ici un fusil, je puis abattre l'aigle et le chamois et les déposer au pied de votre maîtresse ; car je suis le plus adroit chasseur que vous ayez rencontré, comme le plus hardi piéton et le plus agile nageur.

Malgré cette naïveté de vanterie italienne, l'effusion du jeune homme ne déplut point à Léonce. Sa figure éclairée par la joie et la reconnaissance avait un éclat, une franchise sympathique, qui gagnaient l'affection. En dix minutes, il transforma le vagabond en un jeune élégant du meilleur ton, en tenue de voyage. Il n'y avait dans la valise de Léonce que des habits du matin, de quoi suffire à une charmante toilette de campagne, vestes légères et bien coupées, cravates de couleurs fines et d'un ton frais, linge magnifique, pantalons d'été en étoffes de caprice, souliers vernis, guêtres de casimir clair à boutons de nacre. L'Italien choisit sans façon tout ce qu'il y avait de mieux. Il était à peu près de la même taille que Léonce, et tout lui allait à merveille ; il n'oublia pas de prendre une paire de gants, dont il respira le parfum avec délices. Et quand il se vit ainsi rafraîchi et paré de la tête aux pieds, il se jeta dans les bras de son nouvel ami, en s'écriant qu'il lui devait la plus grande jouissance qu'il eût éprouvée de sa vie. Puis il poussa du bout du pied dans le lac ses haillons, qui lui faisaient horreur, et, dénouant son petit paquet, dont il noya aussi l'enveloppe grossière, il en tira, à la grande surprise de Léonce, un portrait de femme entouré de brillants ; une chaîne d'or assez lourde, et deux mouchoirs de batiste garnis de dentelle. C'était là tout ce que contenait son havresac de voyage.

— Vous êtes surpris de voir qu'une espèce de mendiant eût conservé ces objets de luxe, dit-il en se parant de sa chaîne d'or, qu'il étala de son mieux sur son gilet blanc ; c'était tout ce qui me restait de ma splendeur passée, et je ne m'en serais défait qu'à la dernière extrémité. *Che volete, Signor mio? pazzia!*

— Vous avez donc été riche ? lui demanda Léonce, frappé de l'aisance avec laquelle il portait son nouveau costume.

— Riche pendant huit jours, je l'ai été cent fois. Vous voulez savoir mon histoire ? je vais vous la dire.

— Eh bien, racontez-la-moi en marchant, et suivez-moi, dit Léonce. Nous allons reporter à nous deux cette valise dans ma voiture.

— Vous êtes en voyage, Signor ?

— Non, mais en promenade, et pour plusieurs jours peut-être. Voulez-vous être de la partie ?

— Ah ! de grand cœur, d'autant plus que je peux vous être à la fois utile et agréable. J'ai plusieurs petits talents, et je connais déjà à fond ces montagnes dans lesquelles j'erre depuis huit jours. Je ne puis rester nulle part. Ma tête emporte sans cesse mes jambes pour se venger de mon cœur, qui l'emporte elle-même à chaque instant. Mais pour vous faire comprendre ma manière de voyager, c'est-à-dire ma manière de vivre, il faut que je me fasse connaître tout entier.

« J'ignore le lieu de ma naissance, et je ne sais à quelle grande dame coupable ou à quelle malheureuse fille égarée je dois le jour. La femme d'un marchand de poissons me recueillit un matin dans la campagne de Rome, au bord du Tibre, et me donna le nom de Teverino, autrement dit Tiberinus. J'avais environ deux ans ; je ne pouvais dire d'où je venais, ni le nom de mes parents. Cette bonne âme m'éleva malgré sa misère. Elle n'avait plus de fils, et elle compta sur moi pour l'assister et la soutenir quand je serais en âge de travailler. Malheureusement, je n'étais pas né avec le goût du travail : la nature m'a gratifié d'une paresse de prince, et c'est ce qui m'a toujours fait croire que j'étais d'un sang illustre, bien que par mon esprit j'appartienne au peuple. Il faut que l'un de mes deux auteurs de mes jours ait été de cette race de pauvres diables qui sont destinés à tout conquérir par eux-mêmes ; et, dans mon origine problématique, c'est le côté dont je dois le moins porter à rougir. Tant que je fus un petit enfant, j'aimai la pêche, mais plutôt comme un art que comme un métier. Oui, je me sentais déjà né pour les inventions de l'intelligence. Ardent aux exercices périlleux et violents, je n'avais pas le goût du lucre. J'éprouvais un plaisir extrême à guetter, à surprendre et à conquérir la proie. Je ne savais pas la faire marchander ni savoir vendre. Je préférais d'argent, ou je me le laissais emprunter par le premier venu. J'avais trop bon cœur pour rien refuser à mes petits camarades. Je les aidais à bien placer leurs marchandises au lieu de demander la préférence sur eux. Enfin je mettais ma pauvre mère adoptive au désespoir par mon désintéressement et ma libéralité, qu'elle appelait bêtise et inconduite.

« A mesure que j'acquérais des forces, l'âge lui en ôtait, si bien qu'un jour, n'ayant plus la force de me battre, la seule consolation qu'elle eût goûtée avec moi jusqu'alors, elle me mit à la porte en me donnant sa malédiction et deux carlini.

« J'avais dix ans, j'étais beau comme Cupidon. Un peintre estimé qui m'avait remarqué dans la rue me prit chez lui pour lui servir de modèle, et fit, d'après moi, un saint Jean-Baptiste enfant, puis un Giotto, puis un Jésus enseignant dans le temple ; et, quand il eut assez de ma figure, il me renvoya avec vingt pièces d'or, en me recommandant de me vêtir un peu mieux, si je voulais me présenter quelque part pour gagner ma vie. Je sentais déjà naître en moi le goût du luxe ; néanmoins je compris que ce n'était pas le moment de me satisfaire de cette façon. Je courus chez ma mère d'adoption ; je lui donnai tout ce que j'avais reçu, et, comme touchée de mon bon cœur, elle voulait me retenir chez elle ; je lui déclarai que j'avais pris goût à l'indépendance, et que je voulais être libre désormais de choisir ma profession.

« Cette profession fut bientôt trouvée, c'est-à-dire qu'il s'en offrit cent, et que je n'en pris aucune exclusivement. J'avais l'amour du changement, la passion de la liberté, une curiosité effrénée pour tout ce qui me semblait noble et beau. J'avais déjà une belle voix, ma figure et mon esprit se recommandaient d'eux-mêmes. Sûr de charmer les yeux et les oreilles, je n'avais point de souci à prendre et ne songeais qu'à cultiver mes facultés naturelles. Tour à tour modèle, batelier, jockey, enfant de chœur, figurant de théâtre, chanteur des rues, marchand de coquillages, garçon de café, cicérone... Ah ! Monsieur, ce dernier emploi fut, avec celui de modèle, celui qui profita le plus, sinon à ma bourse, du moins à mon intelligence. La conversation des artistes et l'étude journalière des chefs-d'œuvre de l'art, développèrent tellement mes idées, que bientôt je me sentis supérieur, par mes conceptions et par mes jugements, aux sculpteurs et aux peintres qui s'essayaient à reproduire ma figure, aux voyageurs de toutes les nations que j'initiais à la connaissance des merveilles de Rome. En m'apercevant de l'ignorance ou de la pauvreté d'esprit de tous ceux à qui j'avais affaire, je sentis, en plus, le besoin d'être un esprit supérieur. Je n'aimais point la lecture. S'instruire dans les livres est un travail trop froid et trop long pour la rapidité de ma compréhension. Je m'appliquai donc à approcher le plus possible des hommes vraiment capables, et sacrifiant presque toujours mes intérêts à ce but, je m'instruisis de toutes choses en écoutant parler. Batelier ou jockey, j'observai et je connus les habitudes et les mœurs des gens du monde ; enfant de chœur et choriste d'opéra, je m'initiai au sentiment de la musique et à l'art du théâtre. J'ai surpris les secrets du prêtre et ceux du comédien, qui se ressemblent fort. Chanteur de carrefour, montreur de marionnettes ou marchand de brimborions, j'étudiai toutes les classes, et connus les impressions du public et leurs causes. Malin et pénétrant, audacieux et modeste, habile à persuader et dédaigneux de tromper, j'eus des amis partout et des protecteurs nulle part. Accepter la protection d'un individu, c'est se mettre dans sa dépendance ; toute espèce de joug m'est odieux. Doué d'un talent d'imitation sans exemple, certain d'amuser, d'attendrir, d'étonner ou d'intéresser quiconque je voudrais, il n'y avait pas une heure dans ma vie où je ne pusse compter sur mes ressources infinies.

« A mesure que je devenais un homme, loin de diminuer, ces ressources décuplaient. Quand vint l'âge de plaire aux femmes... j'eus bien des succès, Monsieur, et je n'en abusai point. La même royale indolence qui m'avait empêché de prodiguer les perfections de mon être dans l'emploi de marchand de poissons, et qui n'était au fond qu'un respect instinctif pour la conservation de ma puissance, m'accompagna dans mes relations avec le beau sexe. Judicieux et discret, je ne m'attachai pas longtemps au vice, je ne me dévouai point à l'égoïsme, je voulus vivre par le cœur, afin de rester complet et invincible dans ma fierté. Je fus miséricordieux sans effort ; on me trahit beaucoup, on ne me trompa guère. Je supplantai beaucoup de rivaux et ne les avilis point. Je formai beaucoup de liens et sus les rompre sans dépit et sans amertume. Tenez, Monsieur, j'ai ici le portrait d'une princesse qui m'a tant tourmenté de sa jalousie que j'ai été forcé de l'abandonner ; mais je garde son image en souvenir des plaisirs qu'elle m'a donnés ; je ne la montre à personne, et je ne vends pas les diamants, quoique je vive de pain noir et de lait de chèvre depuis huit jours.

— Mais quelle est donc la cause de votre misère présente ? demanda Léonce.

— « L'amour des voyages d'une part, et, de l'autre, l'amour, le pur amour, *Signor mio !* A peine avais-je gagné quelque argent que, quittant l'emploi qui me l'avait procuré, vu que la jouissance que j'en avais retirée était épuisée pour moi, je partais, et je voyageais à travers l'Italie. J'ai parcouru toutes ses provinces, me procurant les douceurs de l'aisance quand je le pouvais, me soumettant aux privations les plus philosophiques quand ma bourse était à sec ; souvent même restant, avec une sorte de volupté, dans cet état de dénûment qui me faisait sentir le prix des biens que j'avais prodigués, et attendant avec orgueil que le désir me revînt assez vif pour secouer ma délicieuse apathie. Tantôt je dédaignais de me tirer d'affaire, sentant que mes inspirations d'artiste n'étaient pas arrivées à leur apogée, et préférant jeûner que de mal déclamer ou de mal chanter. C'est là une grande jouissance, Monsieur, que de sentir son génie captivé par le respect qu'on lui porte ! D'autres fois, l'amour me dominait, et je me plaisais à prodiguer mon or à mon idole, heureux encore plus et enivré au delà de toute expression, lorsque, ruiné, je la voyais s'attacher à ma misère, et me chérir d'autant plus que je n'avais plus rien à lui donner. Oh ! oui, c'est alors que j'ai laissé passer bien des jours avant de remettre à l'épreuve de telles affections, en remontant sur la roue de fortune ; car les nobles cœurs ne s'attachent irrésistiblement qu'aux malheureux. »

— Teverino, votre langage me pénètre, dit Léonce. Si vous ne vous êtes pas vanté, vous êtes un des plus grands cœurs, et un des caractères les plus originaux que j'aie encore rencontrés. Quand vous avez commencé votre histoire, je pensais à ce titre d'un chapitre de Rabelais que vous connaissez sans doute, puisque vous connaissez toutes choses...

— *Comment Pantagruel fit la rencontre de Panurge ?* dit l'Italien en riant.

— C'est cela même, reprit Léonce, et maintenant je crois pouvoir achever la phrase : *Lequel il aima toute sa vie.*

— On m'a souvent cité ce chapitre ; car toutes les personnes qui m'ont aimé, m'ont rencontré sous leurs pieds. Mais je me suis bientôt élevé au niveau de leurs cœurs, et même au-dessus de la tête de quelques-unes, et c'est en cela que je suis un Panurge de meilleure race que celui de Rabelais ; je n'ai ni sa lâcheté, ni son cynisme, ni sa gloutonnerie, ni sa hâblerie, ni son égoïsme ; mais j'ai de commun avec lui la finesse de l'esprit et les hasards de la fortune. Si vous m'emmenez avec vous pour quelques jours, vous verrez que, partageant les aises de votre vie, je n'en abuserai pas un seul instant. Quand j'en aurai assez (et je me dégoûterai probablement de votre société avant que vous le soyez de la mienne), vous verrez que vous aurez des regrets et que c'est vous qui me devrez de la reconnaissance.

— C'est fort possible, dit Léonce en riant, quoique je vous trouve avec Panurge une ressemblance que vous reniez : la forfanterie.

— Non pas, Monsieur ; celui-là est fanfaron, qui promet et ne tient point. Ne soyez pas piqué de ce que je vous avance, que je serai las avant vous de notre familiarité. Ce ne sera pas vous qui en serez cause, car je vois en vous du génie et de la grandeur d'âme; mais des circonstances extérieures, indépendantes de notre volonté à tous deux : le monde qui m'amuse un instant et bientôt me déplaît, la contrainte de quelque usage auquel je me saurai peut-être me soumettre que pour un certain nombre d'heures, quelque personnage qui vous charmera et qui me sera antipathique, enfin un caprice de mon esprit mobile qui m'entraînera à quelque pointe vers un nouvel aspect des choses, ceci ou cela me forcera de vous quitter. Mais vous n'aurez pas honte de m'avoir connu, et le nom de Teverino ne vous sera jamais odieux, je vous le jure.

— Je sens que vous ne me trompez pas, répondit Léonce, quoique votre inconstance m'effraie. Voyons, pouvez-vous vous engager à vivre vingt-quatre heures de ma vie et à vous transformer des pieds à la tête, moralement parlant, en homme du monde, comme vous l'êtes déjà matériellement?

— Rien ne me sera plus facile; j'aurai d'aussi belles manières et d'aussi nobles procédés que vous-même; car depuis une heure que je suis avec vous, je vous possède déjà. D'ailleurs, n'ai-je pas vécu de pair à compagnon avec la noblesse, quand mes talents me faisaient rechercher? Croyez-vous que si j'avais voulu adopter une manière d'être uniforme, me priver d'émotions vives, comme de m'abstenir de me ruiner en un jour et de quitter une marquise pour courir après une bohémienne; enfin que si j'avais voulu me *ranger*, comme on dit, me soumettre à des exigences, me laisser torturer par l'ambition, infliger à ma vanité tous les supplices de la vanité jalouse, subir les caprices des grands, et nuire à mes compétiteurs pour édifier ma fortune et ma réputation, je n'aurais pas fait comme tant d'autres, qui sont entrés dans le monde par la petite porte des artistes, et qui, devenus seigneurs à leur tour, ont vu ouvrir devant eux les deux battants de la grande? Rien ne m'eût été plus aisé, et c'est cette facilité même qui m'en a dégoûté. Comptez donc sur mon sentiment des convenances, tant que vos convenances me conviendront, c'est-à-dire pendant vingt-quatre heures, terme que je puis accepter.

— En ce cas, vous allez passer pour un de mes amis que je viens de rencontrer herborisant ou philosophant dans la montagne, et vous serez présenté comme tel à une belle dame que nous allons rejoindre, et que vous entretiendrez dans cette erreur jusqu'à ce que je vous prie de cesser.

— Je ne puis prendre un engagement posé dans ces termes; je serais toujours à votre caprice, et cela glacerait mon génie. Nous sommes convenus de vingt-quatre heures, ni plus ni moins, et il faut que le serment soit réciproque. Je ne vais pas plus loin, si vous ne me donnez votre parole d'honneur de ne pas m'ôter mon masque avant demain à deux heures de l'après-midi; car je vois au soleil qu'il est cette heure-là ou peu s'en faut: de même que de mon côté, je vous autorise, si je me trahis avant l'expiration du contrat, à me remettre, nu, dans le lac où vous m'avez trouvé.

— C'est convenu sur l'honneur, dit Léonce.

En tournant, par derrière le bosquet où la voiture était abritée, Léonce et Teverino parvinrent à replacer la valise sous le coffre de devant, sans avoir été aperçus.

— Laissez-moi aller à la découverte et attendez-moi, dit Léonce; et, comme il s'avançait sur le chemin, il vit venir à lui Madeleine toute haletante, et portant le hamac.

— Son Altesse vous attend et s'impatiente beaucoup, dit-elle; elle m'a chargée de vous retrouver et de dire à Votre Seigneurie qu'elle s'ennuie considérablement. Tenez! la voilà déjà qui traverse l'eau! Moi, je vais mettre ceci dans la voiture.

Léonce courut offrir la main à Sabina sans s'inquiéter de laisser Madeleine rencontrer Teverino, et sans se demander si elle ne pouvait pas fort bien avoir déjà vu ce vagabond errer dans le pays. Le hasard parut servir ses projets; car à peine eut-il prévenu Sabina qu'il avait un de ses amis à lui présenter, que Teverino sortit du bosquet, suivi à distance par l'oiselière, qui le regardait curieusement et semblait le voir pour la première fois.

VII.

A TRAVERS CHAMPS.

— C'est le marquis Tiberino de Montefiori, dit Léonce; un fidèle ami que j'étais bien sûr de rencontrer, cherchant des fleurs pour son magnifique herbier des Alpes, et un aimable compagnon de route que la Providence nous envoie, si vous daignez l'agréer, et lui faire l'honneur d'être admis dans votre cortège.

La belle figure et la bonne grâce du marquis Tiberino chassèrent l'humeur qui obscurcissait le front de lady G...

— Je suis bien forcée de vous obéir en tout, dit-elle tout bas à Léonce, puisque vous êtes mon docteur et mon maître aujourd'hui; et il faut que j'accepte vos prescriptions sans y regarder de trop près.

— Vous n'aurez pas beaucoup de mérite cette fois, dit Léonce, et bientôt j'en appellerai à vous-même. Marquis, offre ton bras à milady; je vais tâcher de repêcher notre curé et ses truites.

Le curé avait fait merveille, et, acharné à ses nombreuses conquêtes, il oubliait l'heure et ses paroissiens, et son office, et sa gouvernante. Il ne fallait plus lui parler de tout cela. En voyant frétiller sur l'herbe le ventre d'argent semé de rubis de ses belles truites, il bondissait lui-même comme une grenouille, et l'on voyait briller dans ses gros yeux ronds la joie innocente de l'homme d'église, qui porte une passion fougueuse dans les *amusements permis*. Léonce l'aida à faire une cage de joncs et d'osier pour emporter ses poissons, et ainsi emprisonnés, on les replaça vivants dans l'eau, après avoir assujetti le filet verdoyant avec de grosses pierres.

— Je vous invite à souper ce soir à mon presbytère, s'écriait le curé; elles seront délicieuses, surtout s'il vous reste encore de ce bon vin de tantôt pour les arroser.

— J'ai encore bien mieux, dit Léonce; j'ai aperçu, dans un taillis de chênes, de superbes oronges, des chanterelles succulentes, des ceps énormes, et je venais vous chercher pour m'aider à les cueillir.

— Ah! Monsieur! reprit le curé, rouge d'enthousiasme, courons-y avant que les pâtres descendent chercher leurs vaches. Les ignorants écraseraient sous leurs pieds ces mirifiques champignons dont la perte serait un malheur absolument. Vous avez bien fait de m'attendre; je connais toutes les espèces alimentaires, et le bollet surtout exige une grande délicatesse d'observations, à cause de la quantité de cousins-germains qu'il possède dans la classe des vénéneux.

— Que Panurge s'en tire comme il pourra! se dit Léonce en voyant Teverino assis avec Sabina sur un groupe de rochers à quelque distance. S'il dit quelque sottise, je ne veux pas en avoir la honte, et j'aime mieux subir les résultats de l'épreuve que de les affronter.

Il emmena le curé et Madeleine, qui parut pourtant ne les suivre qu'à regret, sous prétexte que tous les champignons étaient empoisonnés et ne pouvaient servir qu'à tuer les mouches.

— C'est le préjugé de beaucoup de paysans, dit le curé, même dans les régions où la connaissance des espèces comestibles pourrait leur fournir une nourriture saine et succulente.

Léonce passa assez près de Sabina pour qu'elle pût le rappeler si le tête-à-tête lui déplaisait. Elle ne le fit point, et ne parut même pas le voir. Quant au curé, il faisait bon marché de toutes choses, lorsqu'il avait en tête quelque amusement champêtre, ou l'attrait de quelque friandise.

Perdu dans le taillis de chênes, Léonce se trouva bientôt séparé du curé, que l'ardeur de la découverte emportait parmi les broussailles, et dont la présence ne se trahissait plus que de loin en loin, par des exclamations d'enthousiasme, lorsqu'un nouveau groupe de champignons s'offrait à sa vue. Madeleine avait docilement suivi le jeune homme et lui présentait son grand chapeau de paille en guise de panier; mais Léonce n'y mettait que des fleurs de gentiane et des feuilles de baume. L'oiselière était préoccupée, et, un instant, il crut voir des larmes furtives briller dans ses paupières blondes.

— Qu'as-tu, ma chère enfant? lui dit-il en prenant son bras qu'il passa sous le sien; quelque souci intérieur te persécute?

— Ne faites pas attention, mon bon seigneur, répondit la jeune fille; c'est une folie qui me passe par l'esprit.

— Quoi donc? dit Léonce en pressant son petit bras contre sa poitrine.

— C'est que, voyez-vous, reprit-elle ingénument, mon bon ami est parti ce matin avant le jour pour la frontière.

— Il te quitte?

— Oh! Dieu veuille que non! je ne crois pas cela. Il s'est chargé d'aller reconnaître un passage qu'il a aperçu et que mon frère prétend impraticable. Lui assure, au contraire, que ce serait mieux pour faire passer la contrebande, et comme il ne veut pas nous être à charge, comme le métier le tente, et qu'il prétend aider mon frère à faire quelque beau coup, il a promis de revenir ce soir et de rapporter une bonne nouvelle; mais j'ai peur qu'il ne revienne point, et je ne fais que prier Dieu tout bas. C'est ce qui me donne envie de pleurer.

— Ce passage est dangereux, sans doute, et tu crains qu'il ne s'expose trop?

— Ce n'est pas cela. Ce passage est dangereux, puisque mon frère le regarde comme impossible; mais mon ami est si adroit et si prudent qu'il s'en tirera.

— Que crains-tu donc?

— Que sais-je? Ne me le demandez pas, je ne peux pas vous le dire.

— Je te le dirai, moi. Tu crains qu'il ne t'aime plus. Qu'as-tu fait de ta confiance de ce matin?

— J'ai tort, n'est-ce pas?

— Je ne sais. Mais ne pourrais-tu te consoler, pauvrette?

— Je ne sais pas, Monsieur, répondit Madeleine d'un ton et avec un regard vers le ciel, qui n'exprimaient pas le doute de l'inconstance provocante, mais l'effroi de l'inexpérience en face de la douleur.

— Tu ne le sais pas, en effet, reprit Léonce, attentif à sa physionomie, et je sens que si c'était possible, ce serait du moins bien difficile.

— Cela ne me paraît pas possible du tout. Mais Dieu seul connaît les miracles qu'il peut faire, et on dit que, quand on le prie de tout cœur, il ne vous refuse rien.

— Ton premier mouvement serait donc de le prier pour qu'il te délivrât de ton amour? Et c'est là sans doute ce que tu fais maintenant?

— Non, Monsieur, je ne le ferais que si j'étais sûre de n'être plus aimée; car si je demandais maintenant de devenir méchante pour quelqu'un qui m'est bon, je demanderais quelque chose que Dieu ne pourrait m'accorder quand même il le voudrait.

— Tu penses que c'est un devoir d'aimer qui nous aime?

— Oui. Quand Dieu nous a permis de l'aimer, il ne veut pas qu'on cesse par caprice, et je crois même que cela le fâche beaucoup.

— Mais par raison, ce serait différent?

— Alors, ce serait le devoir. Aimer quelqu'un qui ne vous aime plus, c'est l'offenser et le contrarier. Dieu ne veut pas qu'on tourmente son prochain, surtout pour le bien qu'il vous a fait.

— Tu es un grand philosophe, Madeleine!

— Philosophe, Monsieur? Je ne connais pas cela.

— Mais quelquefois on aime malgré soi, bien qu'on s'abstienne de le dire, et de faire souffrir celui qui vous quitte?

— Oui, et cela doit faire beaucoup de mal! dit Madeleine, dont les vives couleurs s'effacèrent à cette idée.

— Mais on prie, mon enfant, et Dieu vous délivre. N'est-ce pas ce que tu disais?

— On a bien de la peine à prier, je suis sûre; on doit toujours penser à demander autre chose que ce qu'on voudrait obtenir.

— C'est-à-dire qu'en demandant de guérir, on désire, malgré soi, d'être aimée comme on l'était?

— Je crois bien que c'est cela, Monsieur. Mais enfin, il ne faut pas désespérer de la miséricorde de Dieu!

— Dieu quelquefois permet alors qu'un autre vous aime et qu'on l'écoute?

— Je ne sais. Quand on n'est pas belle et qu'on pense à un autre, il ne doit pas être aisé de plaire à quelqu'un.

— Mais les miracles de la Providence! Si ta figure semblait belle à quelque autre que ton ami, et si ton amour et ta douleur, au lieu de lui déplaire, te rendaient plus belle à ses yeux?

— Vous parlez avec beaucoup de douceur et de bonté, mon cher Monsieur; on voit bien que vous croyez en Dieu et que vous connaissez sa miséricorde mieux que M. le curé. Mais vous voulez aussi me consoler en me montrant les choses comme cela, et moi je suis si triste que je ne peux pas encore les voir de même. Je pense toujours à ce que je souffrirais si mon bon ami ne m'aimait plus, et si je ne craignais d'être impie, je me figurerais que j'en dois mourir.

— Songe que si tu en mourais et qu'il le sût, il serait éternellement malheureux.

— Et peut-être que le bon Dieu le punirait d'avoir causé ma mort? Oh! non, je ne veux pas mourir en ce cas!

— Tu es bonne et généreuse, Madeleine; eh bien, je te prédis que tu ne seras pas malheureuse sans ressources, et que Dieu n'abandonnera pas un cœur comme le tien.

— Ce que vous dites là me fait du bien, Monsieur, et je voudrais que vous fussiez mon confesseur à la place de M. le curé. Je sens que vous trouveriez pour moi des consolations, et je croirais en vous comme en Dieu.

— Eh bien, Madeleine, prends-moi du moins pour ton conseil et ton ami. S'il t'arrive malheur, confie-toi à moi; je pourrai quelque chose pour toi, peut-être, ne fût-ce que de te parler religion et de te donner du courage.

— Hélas! vous avez bien raison; mais vous êtes de ces gens qui passent dans notre pays et qui n'y restent pas. Dans trois jours peut-être vous serez à plus de mille lieues d'ici.

— Prends ce petit portefeuille, et ne le perds pas. Sais-tu lire?

— Oui, Monsieur, et un peu écrire aussi, grâce à mon frère qui m'a enseigné ce qu'il savait.

— Eh bien! tu trouveras là une adresse et des papiers qui te serviront à me faire revenir, ou à te conduire vers moi, en quelque lieu que je me trouve.

— Merci, Monsieur, grand merci, dit Madeleine en mettant le portefeuille dans sa poche; je ne vous oublierai jamais, je vois que vous avez beaucoup de savoir en religion, et que votre cœur est bon pour ceux qui sont dans le chagrin; je vois ce que je ferai. Si mon bon ami est ingrat pour moi, je l'enverrai vers vous, et je suis sûre que vous lui parlerez si saintement qu'il ne voudra plus m'affliger.

— Tu sens de la confiance et de l'amitié pour moi?

— Oh! beaucoup, dit l'oiselière en pressant naïvement le bras de Léonce contre son cœur.

— Oui-da! dit le curé en sortant du fourré, si chargé de champignons qu'il pouvait à peine le porter; vous voici bras dessus bras dessous comme compère et compagnon! Doucement, Madeleine, doucement, vous êtes une tête sans cervelle, ma fille; tout ceci tournera mal pour vous!

— Ne la grondez pas, monsieur le curé, répondit Léonce; elle tournera toujours bien si vous ne vous en mêlez pas.

— Hum! hum! reprit le curé en hochant la tête; vous ne me rassurez guère, vous, avec vos airs de vertu; vous vous êtes peut-être beaucoup moqué de moi aujourd'hui; Allons, laissez le bras de cette petite, et venez voir ma récolte.

— Allons la déposer aux pieds de lady G..., dit Léonce.

— Et où donc est la vôtre? Quoi! des fleurs, de mau-

C'était un grand gaillard. (Page 18.)

vaises herbes! A quoi cela peut-il servir? Ce n'est pas même bon pour du vulnéraire!

— Cela servira à l'herbier du marquis, reprit Léonce. Et à propos de marquis, pensa-t-il, je suis curieux de savoir si le Frontin n'a pas montré le bout de l'oreille.

Ils retrouvèrent Teverino et Sabina au même endroit où il les avait laissés; mais la négresse et le jockey étaient fort loin, et le marquis était si près de lady G..., il avait un tel air de confiance et de satisfaction, et, de son côté, elle avait l'œil si brillant et les joues si animées, qu'ils ne paraissaient ni l'un ni l'autre mécontents de leur conversation.

— Qu'est-ce que cela? dit lady G... en voyant le curé étaler fastueusement ses cryptogames sur la mousse. Ah! les belles pommes d'or, les charmantes découpures d'ambre, les énormes chapeaux de prêtre! Voilà des plantes bizarres et magnifiques.

— Magnifiques? bizarres? dit le curé scandalisé. Dites exquises, Madame; dites parfumées, fraîches, succulentes! Dieu ne les a point faites pour l'amusement des yeux, mais bien pour les délices de l'estomac de l'homme.

— Ah! pardon, monsieur le curé, dit Teverino en jetant loin de lui un individu suspect; voici une fausse orange.

— Peut-être, peut-être! dit le curé. Dans la précipitation de butiner, on peut se tromper.

— Vous vous connaissez donc en toutes choses? dit Sabina en adressant un doux regard au *marquis*. Que ne savez-vous pas?

— Eh bien, comment le trouvez-vous, mon marquis? lui demanda Léonce en l'attirant à l'écart.

— Puis-je ne pas le trouver charmant? Y aurait-il deux opinions sur son compte? S'il n'était pas ce qu'il paraît, vous seriez très-imprudent, cher docteur, de m'avoir présenté un homme qui a tant de séductions.

Sabina parlait d'un ton railleur; mais elle avait, en dépit d'elle-même, comme une sorte de voile humide sur les yeux qui trahissait un secret enivrement.

— Grands dieux! qu'aurais-je fait? pensa Léonce consterné; et il allait se hâter de lui avouer de quelle mauvaise plaisanterie elle était dupe, lorsqu'un regard inquiet et pénétrant de Teverino, qu'il rencontra, lui ferma la bouche et lui rappela son serment.

— Non, c'est impossible, se dit-il; cette femme froide

Perdu dans le taillis de chênes. (Page 23.)

et fière ne pourrait se tromper si grossièrement! elle ne s'éprendrait pas ainsi à la première vue, d'un marquis de ma façon. Et pourtant, ajoutait il en examinant Teverino (alors au plus brillant de son rôle), si on ne regarde que la beauté merveilleuse de ce bohémien, l'aisance de ses manières, cet air incroyablement distingué; si on écoute cette voix harmonieuse, ce langage pétillant d'esprit et de poésie, qui possédera plus de charme? qui attirera plus de sympathie? N'est-ce point là un marquis italien qui n'a peut-être point son égal dans toute l'aristocratie de l'univers? Est-il une seule femme assez aveugle pour n'en être pas éblouie?

Léonce devint soucieux, et Sabina fut forcée de le secouer pour le tirer de ses rêveries. Le soleil baissait, le temps était propice pour s'en retourner; le curé, plus impatient encore de faire cuire ses truites et ses champignons que de calmer les inquiétudes de sa gouvernante et de son sacristain, invitait ses convives à revenir avec lui au presbytère. Madeleine, assise à l'écart, et complétement muette, semblait indifférente à tout ce qui se passait autour d'elle.

— Seigneur Léontio, dit le vagabond en italien à Léonce, au moment où ils allaient remonter en voiture, êtes-vous amoureux de lady Sabina?

— Vous êtes bien curieux, *Signor marchese!* répondit Léonce avec une sécheresse ironique.

— Non! mais je suis votre ami, un royal ami, et je dois connaître vos sentiments, afin de ne pas les contrarier.

— Vous êtes un fat, mon cher!

— Vous avez déjà du dépit? Eh bien, que vous disais-je, que vingt-quatre heures entre nous seraient le bout du monde? Allons, j'ai deviné votre secret, et je n'ai pas besoin d'insister. Léonce, vous reconnaîtrez que Teverino est un galant homme!

Et s'élançant sur le siège : — C'est moi qui suis le cocher, dit-il à haute voix. Dame Érèbe, dit-il à la négresse, vous irez dans la voiture et je conduirai les chevaux. J'ai la passion des chevaux!

— Ceci n'est pas aimable, observa lady G..., évidemment contrariée de cet arrangement. Notre société n'a guère d'attraits pour vous, Marquis!

— Et puis vous ne connaissez pas le pays, objecta le curé. Nous nous sommes déjà égarés : n'allez pas nous faire souper de la rosée du soir et coucher à la belle étoile, au moins!

— Laissez donc faire le marquis, dit Léonce, et si vous parlez d'étoile, fiez-vous à la sienne! Sais-tu conduire? demanda-t-il à Teverino.

— Peut-être! répondit celui-ci, quoique je n'aie jamais essayé.

— Grand merci! s'écria le bourru. Vous allez nous verser, nous rompre les os! Il n'y a pas à plaisanter avec les précipices et les chemins étroits. Monsieur! Monsieur! laissez les rênes à ce jeune garçon, qui s'en sert fort bien.

— Ne fais pas de folies, dit tout bas Léonce à Teverino; si tu n'as pas été cocher, ne t'en mêle pas.

— Tout s'improvise, répondit le marquis, et je me sens si inspiré que je conduirais les chevaux du Soleil.

Là-dessus il fouetta les chevaux de Léonce qui partirent au grand galop.

— Pas par ici, pas par ici! cria le curé, jurant malgré lui. Où diable allez-vous? Sainte-Apollinaire est sur la gauche.

— Vous vous trompez, l'abbé, répondit le phaéton; je connais mieux les montagnes que vous.

Et se penchant vers Léonce, assis immédiatement derrière lui : — Où faut-il aller? lui demanda-t-il à l'oreille.

— Partout, nulle part, au diable, si bon te semble! répondit Léonce du même ton.

— En ce cas, à tous les diables! reprit Teverino, et, fouettant de nouveau, il laissa maugréer le curé que la peur rendit bientôt pâle et muet.

Une telle épouvante n'était pas trop mal fondée. Teverino était plus adroit qu'expérimenté. Naturellement téméraire, et doué d'une présence d'esprit, d'une agilité et d'une force de corps supérieures à celles de la plupart des hommes, il méprisait le danger, et ne connaissait pas d'obstacles moraux ou matériels qu'il ne pût tourner ou franchir. Dans cette persuasion, ravi de l'énergie et de la finesse des chevaux de Léonce, il les lança au bord des abîmes, dédaignant de les ralentir quand le chemin devenait d'une étroitesse effrayante, effleurant les troncs d'arbres, les blocs de rochers, gravissant des pentes abruptes, les descendant à fond de train, et enlevant une roue brûlante sur l'extrême limite du ravin à pic au fond duquel grondait le torrent. D'abord, Sabina eut peur aussi, sérieusement peur; et trouvant la plaisanterie de fort mauvais goût, elle commença à craindre que ce marquis italien ne fût comme les gens mal élevés, qui se font un sot plaisir des souffrances d'une femme poltronne. Pourtant, elle ne laissa paraître ni son angoisse ni son mécontentement; elle savait que la seule vengeance permise au faible, en pareil cas, c'est de ne point réjouir l'audace brutale par le spectacle de ses tourments. Sabina était assez fière pour affronter la mort plutôt que de sourciller. Elle s'efforça donc de rire et de railler le curé, bien qu'au fond de l'âme elle fût encore moins rassurée que lui.

Mais bientôt la peur fit place en elle à une sorte de courage exalté; car elle vit que Léonce était quelque peu jaloux de l'incroyable adresse du marquis, et, comme, après tout, le danger était vaincu à chaque instant, elle y trouva une nouvelle occasion d'admirer Teverino, qui se retournait souvent vers elle, comme pour puiser de nouvelles forces dans son approbation.

— Il va comme un fou! disait Léonce en mesurant l'abîme, où nous allons bien, pourvu que nous allions longtemps ainsi. N'avez-vous point peur, Milady, et voulez-vous que j'essaie de le calmer?

— De quoi voulez-vous que j'aie peur? répondait-elle en regardant l'abîme à son tour, avec une superbe indifférence, votre ami n'est-il pas magicien? Nous sommes portés par le miracle, et nous pourrions le suivre sur les eaux, si nous avions tous la foi que j'ai en lui.

— C'est du fanatisme, Madame, que vous avez pour le marquis!

— Vous n'en avez pas moins, puisque vous lui avez confié vos destinées et les nôtres!

— Je vous avoue qu'il va en toutes choses beaucoup plus vite que je ne pouvais le prévoir et qu'il est comme ivre du plaisir furibond que lui cause tant de succès.

— C'est une nature énergique, un courage de lion, dit Sabina piquée de ce reproche. Ce danger me passionne, et, de tout ce que vous avez inventé aujourd'hui, voilà ce qui m'a le plus amusé.

— En ce cas, redoublons la dose! Marche donc, Marquis! tu t'endors!

Teverino donna un tel élan, que le curé se renversa au fond de la voiture, aux trois quarts évanoui de peur, et ne songea plus qu'à dire son *In manus*.

Sabina fit un éclat de rire, la négresse un signe de croix. Quant à Madeleine, elle était véritablement la seule vraiment brave et complètement indifférente au danger. Elle regardait les nuages d'or du couchant où passaient et repassaient les vautours, agités par l'approche du soir.

VIII.
ITALIAM! ITALIAM!

Cependant les chevaux s'étant un apaisés dans une montée, le curé reprit l'usage de ses sens. Le précipice avait disparu, et la voiture suivait une tranchée étroite, assez mal entretenue, mais où une chute ne pouvait plus avoir de suites aussi graves que le long de la rampe.

— Où sommes-nous donc à présent? dit le saint homme un peu soulagé. Je ne connais plus rien au pays; la vue est bornée de toutes parts. Mais, autant que je puis m'orienter, nous ne marchons guère du côté de mon clocher.

— Soyez tranquille, l'abbé! dit Teverino; tout chemin conduit à Rome, et en suivant cette traverse un peu cahoteuse, nous évitons un long circuit de la rampe.

— Si nous pouvons passer le torrent, objecta Madeleine avec tranquillité.

— Qui parle de torrent? s'écria le marquis. Est-ce toi petite?

— C'est moi, reprit la jeune fille. Si les eaux sont basses, nous le traverserons. Sinon...

— Sinon, nous passerons sur le pont.

— Un pont pour les piétons, un pont à escalier?

— Nous y passerons; je le jure par Mahomet!

— Je le veux bien, moi! dit l'insouciante Madeleine.

— Et moi, je jure par le Christ que je mettrai pied à terre, et que je passerai le dernier, pensa le curé.

Le torrent ne paraissait pas très-gonflé, et Teverino allait y lancer la voiture, lorsque Madeleine, qui s'était penchée en avant avec une prévoyance calme, l'arrêta vigoureusement.

— L'eau n'est pas claire, dit-elle; une forte avalanche de neige a dû y tomber, il n'y a pas plus de deux heures. Vous n'y passerez pas.

— Milady, voulez-vous vous fier à moi? dit Teverino. Nous passerons, je vous en réponds. Que ceux qui ont peur descendent.

— Je demande à descendre! s'écria le curé en s'élançant sur le marchepied.

La négresse le suivit, et le jockey, partagé entre le point d'honneur et la crainte de se noyer, se plaça devant les chevaux en attendant qu'on eût pris un parti.

— Sabina, dit Léonce d'un ton d'autorité, descendez.

— Je ne descendrai pas, répondit-elle; c'est la première fois que je sens le plaisir qu'on peut trouver dans le péril. Je veux me donner cette émotion.

— Je ne le souffrirai pas, reprit Léonce en lui saisissant le bras avec force. C'est un acte de démence.

— Vous n'avez point de droits sur ma vie, Léonce, et le marquis, d'ailleurs, en répond.

— Le marquis est un sot! s'écria Léonce, exaspéré de voir la subite passion de lady G... se trahir si follement.

Le marquis se retourna et regarda Léonce avec des yeux flamboyants.

— Vous voulez dire que vous êtes deux fous, dit Sabina, essayant de cacher l'effroi que lui causait cette querelle. Je cède à votre sollicitude, Léonce; marquis, vous descendrez aussi. Le jockey, qui nage comme un poisson, peut se risquer seul à faire passer la voiture.

— Je nage mieux que tous les jockeys et que tous les poissons du monde, reprit Teverino, et je ne vois d'ailleurs pas pourquoi la vie de cet enfant serait exposée plutôt que la mienne. Dans mon opinion, Madame, un homme en vaut un autre, et si j'ai voulu risquer le passage, c'est à moi d'en subir seul les conséquences. Combien valent vos chevaux, Léonce? ajouta-t-il d'un air d'opulence fanfaronne.

— Je t'en fais présent, dit Léonce, noie-les si tu veux. Mais je te dirai deux mots sur l'autre rive, ajouta-t-il à voix basse.

— Vous ne me direz rien du tout; mais demain à deux heures de l'après-midi, c'est moi qui vous parlerai, répondit Teverino. Vous êtes l'agresseur, j'ai le droit de choisir le moment, et, en échange, je vous laisse le choix des armes. En attendant, par respect pour vous-même qui m'avez présenté à cette dame, affectez pour moi une étroite amitié qui explique vos paroles grossières.

— Un duel? un duel avec vous? Eh bien! soit, répondit Léonce, et il ajouta tout haut: Si nous ne nous battons pas ensemble, marquis, après avoir échangé de telles douceurs, c'est qu'on ne peut nous accuser d'être deux poltrons, et, pour le prouver, nous allons passer l'eau ensemble. Eh bien! que fais-tu là? dit-il à Madeleine, qui avait grimpé lestement sur le siége auprès du marquis.

— Bah! il n'y a pas de danger pour moi, dit-elle, et je vous suis nécessaire pour vous diriger. A droite, monsieur le marquis, et puis, à gauche, marchez!

Ce ne fut pas sans une stupeur profonde que les autres voyageurs, arrivés en haut du pont, s'arrêtèrent pour voir s'effectuer ce passage périlleux. Au milieu de l'eau, la violence du courant souleva la voiture, qui se mit à flotter comme une nacelle, entraînant les chevaux vers les arches aiguës du petit pont ogival.

— Cédez au courant, et reprenez! dit Madeleine froidement attentive, comme s'il se fût agi d'une chose facile.

Les chevaux, énergiquement stimulés, et assez forts, heureusement, pour n'être pas emportés par cette voiture légère, firent quelques bonds, perdirent pied, se mirent à la nage, retrouvèrent pied sur un roc, trébuchèrent, et se relevant sous la puissante main de l'aventurier, gagnèrent, sans aucun accident fâcheux, un endroit moins profond, d'où ils atteignirent facilement la rive, sans qu'un seul trait eût été rompu, et sans que leurs conducteurs fussent mouillés autrement que par quelques éclaboussures.

— Vous voyez, Signora, que vous eussiez pu passer! dit Teverino à lady G... qui accourait pour le féliciter de sa victoire.

— Non pas! dit le curé, tout ému du danger qu'il aurait pu courir; vous eussiez été emportés si la voiture eût été plus chargée. Moi, justement, qui ne suis pas mince, je vous aurais exposés en m'exposant moi-même. Je sentais bien cela.

On remonta en voiture; le jockey prit le siége de derrière et l'oiselière resta sur celui du cocher, à côté de Teverino, qui parut s'entretenir avec elle tout le reste du trajet, d'une manière fort animée. Mais ils parlaient bas, en se penchant l'un vers l'autre, et Sabina fit, d'un air léger, la remarque que le *bon ami* de Madeleine pourrait bien être supplanté ce soir-là, si elle n'y prenait garde.

— Il n'y a pas de danger que cela arrive, dit Madeleine, qui avait l'ouïe fine comme celle d'un oiseau, et qui, sans avoir l'air d'écouter, n'avait rien perdu des paroles de Sabina. Ce n'est pas moi qui changerai la première.

— Ce n'est pas lui, j'en jurerais sur mon salut éternel, s'écria gaiement le marquis; car tu es une si bonne et si aimable fille, que je ne comprendrai jamais qu'on puisse te trahir!

— Voilà, dit le curé, comment tous ces beaux messieurs, avec leurs compliments, feront tourner la tête à cette petite fille. L'un lui donne le bras à la promenade, comme il ferait pour une belle dame; l'autre lui dit qu'elle est aimable, et elle est assez sotte pour ne pas s'apercevoir qu'on se moque d'elle.

— C'est donc vous qui lui donnez le bras, Léonce? dit Sabina d'un ton moqueur.

— Pourquoi non? N'avez-vous pas pris son bras pour l'emmener, vous aussi, Madame? Du moment que nous l'enlevons pour en faire notre compagne et notre convive, ne devons-nous pas la traiter comme notre égale? Pourquoi M. le curé nous blâmerait-il de pratiquer la loi de fraternité? C'est une des joies innocentes et romanesques de notre journée.

— Je n'aime pas les choses romanesques, dit le bourru. Cela dure trop peu, et ne gît que dans la cervelle. Vous autres jeunes gens de qualité, vous vous amusez un instant de la simplicité d'autrui; et puis, quand vous avez payé, vous n'y songez plus. Que Madeleine vous écoute, Messieurs, et nous verrons qui lui restera, ou du vieux seigneur qui lui refusera un souvenir, ou du vieux prêtre qui, après l'avoir gourmandée comme elle le mérite, l'amènera au repentir et fera sa paix avec Dieu!

— Ce bon curé m'effraie, dit lady Sabina en s'adressant à Léonce. J'espère, ami, que cette pauvre Madeleine n'est pas ici sur le chemin de la perdition?

— Je puis répondre de moi-même, répliqua Léonce.

— Mais non pas du marquis?

— Je vous confesse que je ne réponds nullement du marquis. Il est beau, éloquent, passionné, toutes les femmes lui plaisent et il plaît à toutes les femmes. N'est-ce pas votre avis, Sabina?

— Qu'en sais-je? Nous ferions peut-être bien de faire rentrer la petite dans la voiture.

— D'autant plus, dit le curé, que le chemin redevient fort mauvais, que bientôt le jour va tomber, et que si M. le marquis a des distractions, nous ne sommes pas en sûreté. Donnons-lui pour compagne la négresse en échange de l'oiselière.

— Je ne réponds pas qu'il n'ait pas autant de distraction avec la noire qu'avec la blonde, reprit Léonce. Le plus sûr serait de la mettre en tête-à-tête avec vous, curé!

Cet avis prévalut, et Madeleine rentra dans la voiture, sans marquer ni humeur, ni honte, ni regret. Sa mélancolie était complètement dissipée, le reflet du soleil couchant répandait sur ses joues animées une lueur étincelante de jeunesse et de vie. — Voyez donc comme cette petite laide est redevenue belle! dit Léonce en anglais à lady G..., le souffle embrasé de Teverino l'a transfigurée.

Sabina essaya de plaisanter sur le même ton; mais une tristesse mortelle pesait sur son regard; la jalousie s'allumait dans son cœur sous quelque forme de dédain, et ce que Léonce insinuait sur les bonnes fortunes du marquis lui causait une honte douloureuse. Elle s'efforça donc de se persuader à elle-même qu'elle n'avait pas senti, comme Madeleine, le *souffle embrasé* de Teverino passer sur sa tête comme une nuée d'orage.

Il lui fallut bien une demi-heure pour chasser ce remords et retrouver le calme de son orgueil. Enfin, elle commençait à se sentir victorieuse, et le charme lui semblait ne pouvoir plus agir sur elle. Teverino, pour distraire le curé, qui, se flattant toujours d'être en route pour son village, s'étonnait un peu de ne pas reconnaître le pays, avait entamé avec lui une grave discussion sur des matières théologiques. Il s'était frotté à toutes gens et à toutes choses dans sa vie d'aventures. Il avait vu de près quelques prélats, quelques moines instruits, et il était de ces esprits qui entendent, comprennent et se souviennent sans faire le moindre effort. Il avait dans la mémoire une certaine quantité de lambeaux de citations, de commentaires et d'objections qu'il avait entendu débattre, peut-être en passant des plats sur une table de gourmets apostoliques, ou en époussetant les stalles d'un chapitre de théologiens réguliers. Il était loin de l'instruction du bon curé, mais il pouvait paraître, à l'occasion, beaucoup plus fort en ergotage métaphysique. Le curé était à la fois émerveillé et scandalisé de ce mélange de subtilité et d'ignorance, et le bohémien, plus habile en ceci que le *Médecin malgré lui* de Molière, vu qu'il avait affaire à plus forte partie, réussissait à l'éblouir en éludant les questions positives et en l'accablant de demandes pédantesquement oiseuses ; si bien que le bourru se demandait de bonne foi si c'était un rude hérétique armé de toutes pièces, ou un ignorant facétieux qui riait de lui dans sa barbe.

De temps en temps quelques phrases de leur dispute arrivaient aux oreilles de leurs compagnons. « Ceci est une hérésie, une hérésie condamnée ! s'écriait le curé, qui ne faisait plus attention aux cahots et aux difficultés de la route. — Je le sais, monsieur l'abbé, reprenait Teverino, et il s'agit de la réfuter. Comment vous y prendrez-vous ? Je gage que vous ne le savez pas ? — J'invoquerais la grâce, Monsieur, rien que la grâce ! — Ce ne serait que tourner la difficulté. Un savant théologien dédaigne les moyens échappatoires ! — Une échappatoire, Monsieur ! vous appelez cela une échappatoire ! — En ce cas-là, oui, monsieur l'abbé ; car vous avez pour vous le concile de Trente, et vous ne vous en doutez point ! — Le concile de Trente n'a rien interprété là-dessus, Monsieur ! Vous allez m'interpréter quelque décret tiré par les cheveux ; c'est votre habitude, je le vois bien ! »

— Notre bourru me paraît hors de lui, dit Sabina à Léonce ; votre ami est-il réellement savant ? Je regrette de ne pas les entendre d'un bout à l'autre.

— Le marquis sait un peu de tout, répondit Léonce.

— Seulement un peu ? Je le croirais, à son assurance. Beaucoup d'Italiens sont ainsi, c'est le caractère méridional.

— Ce caractère a ses charmes et ses travers ; les uns si puérils qu'on est forcé de s'en moquer, les autres si puissants qu'on est forcé de s'y soumettre.

— Mon cher Léonce ! dit Sabina, qui comprit l'épigramme effacée sous l'intonation mélancolique de son ami, apercevoir, c'est tout au plus remarquer ; ce n'est, à coup sûr, pas se soumettre. Permettez-moi de vous parler de votre ami comme d'un étranger, et de vous dire que c'est la statue d'argile aux veines d'or.

— C'est possible, reprit-il ; mais l'or est chose si précieuse et si tentante qu'on le cherche parfois même dans la fange.

— Voilà un mot qui fait frémir.

— Prenez ce que j'ai dit argile, emblème de fragilité ; seulement n'en faites aucune application au caractère du marquis. Étudiez-le vous-même, Sabina ; c'est le plus remarquable sujet d'observations que je puisse vous offrir, et je ne l'ai pas fait sans dessein. Seulement, ne vous laissez pas éblouir si vous voulez voir clair. Je vous avoue que moi-même, ayant perdu de vue cet ami, depuis longtemps, et sachant combien sont mobiles ces puissantes organisations, je ne le connais pour ainsi dire plus. J'ai besoin de l'examiner de nouveau, et je ne puis vous répondre de lui que jusqu'à un certain point. Soyez avertie, et tenez-vous sur vos gardes.

— Que signifie cette dernière parole ? Me croyez-vous en danger d'enthousiasme ?

— Vous savez bien vous-même que vous venez de courir ce danger-là, jusqu'à vouloir traverser le torrent au péril de vos jours, pour lui prouver votre confiance et votre soumission.

— Ne vous servez pas de mots impropres et offensants. On dirait que vous en avez eu du dépit ?

— N'avez-vous point vu que c'était de la colère ?

— Vous parlez comme un jaloux, en vérité !

— L'amitié a ses jalousies comme l'amour. C'est vous qui l'avez dit ce matin.

— Eh bien , soit ; cela orne et anime l'amitié, dit Sabina avec un irrésistible mouvement de coquetterie.

Elle était effrayée d'avoir failli aimer Teverino, et elle s'efforçait de se créer un préservatif en stimulant l'affection problématique de Léonce. Il n'y réussit pas trop. Il prit sa main et l'échauffa dans les siennes, jusqu'à ce qu'elle la retirât brûlante. Madeleine paraissait assoupie ; pourtant elle s'éveilla à ce mouvement, et lady G... se sentit confuse du regard étonné de l'oiselière. Elle lui fit une caresse pour écarter toute hostilité de la pensée de cette enfant ; mais ce ne fut pas de bien bon cœur, et il lui sembla que Madeleine souriait avec plus de malice qu'on ne l'en eût crue capable.

— Têtebleu ! où sommes-nous ? s'écria tout d'un coup le curé en regardant autour de lui.

— Nous en sommes à saint Jérôme, répliqua Teverino.

— Il ne s'agit plus de saint Jérôme , Monsieur, mais du chemin que vous nous faites prendre ; quelle est cette vallée ? où va cette route ? où diable nous avez-vous conduits, enfin ?

On était parvenu au sommet d'une montée longue et pénible, et, en tournant le rocher, où depuis une heure on marchait encaissé, on voyait une vallée immense se déployer sous les pieds à une profondeur étourdissante. Du plateau où se trouvaient nos voyageurs, de gigantesques rochers couronnés de neige se dressaient encore vers le ciel ; la nature était aride, bizarre, effroyablement romantique ; mais devant eux, la route, redevenue une rampe rapide, s'enfonçait en mille détours pittoresques vers les plans abaissés d'une contrée fertile, riante et richement colorée. Quoi de plus beau qu'un pareil spectacle au coucher du soleil, lorsqu'à travers le cadre anguleux de la nature alpestre, on découvre la splendeur des terres fécondes, les flancs verdoyants des collines intermédiaires, que les feux de l'occident font resplendir, ces abîmes de verdure déroulés dans l'espace, les fleuves et les lacs embrasés, semés dans ce vaste tableau comme des miroirs ardents, et, au delà encore, les zones bleuâtres qui se mêlent sans se confondre, les horizons violets et le ciel sublime de lumière et de transparence ! Sabina fit un cri d'admiration : — Ah ! Léonce ! dit-elle en lui prenant la main, que je vous remercie de m'avoir conduite ici ! que Dieu soit loué de cette journée !

— Et moi aussi, je vous remercie bien, dit le curé avec désespoir ; nous ne risquons rien de nous recommander à Dieu, car de souper et de gîte il n'en faut plus parler. Nous voici à plus de dix lieues de chez nous, et nous marchons vers Venise ou vers Milan en droite ligne, au lieu de chercher notre étoile polaire et le coq de notre clocher.

— Au lieu de blasphémer ainsi, dit Teverino, vous devriez être à genoux, curé, et bénir l'Éternel, créateur et conservateur de si grandes choses ! Me voilà tout à fait mécontent de votre foi, et si je ne vous aimais, je vous dénoncerais de suite à mon oncle le saint-père. Est-ce ainsi, abbé sans cervelle et sans principes, que vous devriez saluer la terre d'Italie et le chemin qui conduit à la ville éternelle ?

— C'est donc l'Italie ? s'écria Sabina en s'élançant sur le chemin ; ma chère Italie, que je rêve depuis mon enfance, et que mon traître de mari me permettait à peine de voir en peinture ! Eh quoi ! marquis, vous nous avez fait entrer en Italie !

— *O cara patria !* chanta Teverino, et entonnant de sa noble voix le noble récitatif de *Tancredi* : « *Terra degli avi miei, ti bacio !* »

— Fermez vos oreilles, dit Léonce : voici une nouvelle séduction contre laquelle je ne vous avais pas prévenue. Le marquis chante comme Orphée.

— Ah ! c'est la voix de l'Italie ! Peu m'importe de quelle bouche elle s'exhale ! Il me semble que c'est la terre et le ciel qui chantent ce cantique d'amour et le font pénétrer dans mon cœur. L'Italie ! ô mon Dieu ! je pourrai donc dire que j'ai au moins salué les horizons de l'Italie ! C'est à votre ingénieux vouloir, c'est à l'audace de notre guide que je dois cette jouissance suprême. Laissez-moi vous bénir tous les deux.

En parlant ainsi, Sabina leur tendit la main à l'un et à l'autre, et se mit à courir, entraînée par eux vers une cabane de planches grossières, au seuil de laquelle se dessinait un douanier, vieux soldat farouche, en habit d'un vert sombre comme le feuillage des sapins, et aux moustaches blanches comme la neige des cimes.

— Gardien de l'Italie, lui dit le marquis en riant, Cerbère attaché au seuil du Tartare, ouvre-nous la porte de l'Éden, et laisse-nous passer de la terre au ciel! Saint Pierre en personne a signé nos passe-ports.

Le douanier regarda d'un air de surprise et de doute la figure du vagabond que, huit jours auparavant, il avait laissé passer après mille formalités, quoique sa feuille de route fût en règle. Mais Teverino vit bien, en cette rencontre, qu'une bonne mine et de beaux habits sont les meilleures lettres de créance; car, à peine Léonce eut-il exhibé ses papiers et répondu de toutes les personnes qui se trouvaient avec lui, que le vagabond put passer son chemin la tête haute.

La voiture fut arrêtée un instant et visitée pour la forme. Une pièce d'or, négligemment jetée dans la poussière par Léonce, au pied du douanier, aplanit toutes les difficultés.

— Et maintenant, dit Sabina en courant toujours en avant avec Léonce et le marquis, c'est bien vraiment et sans métaphore la terre d'Italie que je foule; ce sont bien ses parfums que je respire et son ciel qui m'éclaire!

— Arrêtez-vous ici, Signora, dit Madeleine en la saisissant par sa robe; j'ai promis de vous faire voir au coucher du soleil quelque chose de merveilleux, et M. le curé ne se coucherait pas content ce soir si je ne lui tenais parole.

— Pourvu que je couche quelque part, je me tiendrai pour trop heureux! répondit le curé essoufflé de la course qu'il venait de faire pour suivre Sabina.

Et, la voyant s'asseoir sur les bords du chemin, résolue à admirer les talents de l'oiselière, il se laissa tomber sur le gazon, en se faisant un éventail de son large chapeau. Il n'y avait plus de forces en lui pour la résistance ou la plainte.

— Voici l'heure! dit l'oiselière en s'élançant sur les rochers qui marquaient le point culminant de cette crête alpestre; et, avec l'agilité d'un chat, elle grimpa de plateau en plateau, jusqu'au dernier, où, dessinant sa silhouette déliée sur le ton chaud du ciel, elle commença à faire flotter son drapeau rouge. En même temps, elle faisait signe aux spectateurs de regarder le ciel au-dessus d'elle, et elle traçait comme un cercle magique avec ses bras élevés, pour marquer la région où elle voyait tournoyer les aigles.

Mais Sabina regardait en vain; ces oiseaux étaient perdus dans une telle immensité que la vue phénoménale de l'oiselière pouvait seule pressentir ou discerner leur présence. Enfin, elle aperçut quelques points noirs, d'abord indécis, qui semblaient les traverser; leur nombre augmenta, et en même temps l'intensité de leur volume. Enfin, on distingua bientôt leur vaste envergure, et leurs cris sauvages se firent entendre comme un concert diabolique dans la région des tempêtes.

Ils tournèrent longtemps, dessinant de grands circuits qui allaient en se resserrant, et quand ils furent réunis en groupe compacte, perpendiculairement sur la tête de l'oiselière, ils se laissèrent balancer sur leurs ailes, descendant et remontant comme des ballons, et paralysés par une invincible méfiance.

Ce fut alors que Madeleine, couvrant sa tête, cachant ses mains dans son manteau et ramassant ses pieds sous sa jupe, s'affaissa comme un cadavre sur le rocher, et à l'instant même cette nuée d'oiseaux carnassiers fondit sur elle comme pour la dévorer.

— Ce jeu-là est plus dangereux qu'on ne pense, dit Teverino en prenant le fusil de Léonce dans la voiture et en s'élançant sur le rocher; peut-être que la petite ne voit pas à combien d'ennemis elle a affaire.

Madeleine, comme pour montrer son courage, se releva et agita son manteau. Les aigles s'écartèrent; mais prenant ce mouvement passager pour les convulsions de l'agonie, ils se tinrent à portée, remplissant l'air de leurs clameurs sinistres, et dès que l'oiselière fut recouchée, ils revinrent à la charge. Elle les attira et les effraya ainsi à plusieurs reprises, après quoi elle se découvrit la tête, étendit les bras, et, debout, elle attendit immobile. En ce moment, Teverino éleva le canon de son fusil, afin d'arrêter ces bêtes sanguinaires au passage, s'il était besoin, Mais Madeleine lui fit signe de ne rien craindre, et après avoir tenu l'ennemi en respect par le feu de son regard, elle quitta le rocher lentement, laissant derrière elle un oiseau mort dont elle s'était munie sans rien dire, et qu'elle avait enveloppé dans un chiffon. Pendant qu'elle descendait, les aigles se précipitèrent sur cette proie et se la disputèrent avec des cris furieux. — Voyez, dit Madeleine en rejoignant les spectateurs, comme ils se mettent en colère contre mon mouchoir que j'ai oublié là-haut! comme ils font les insolents, maintenant que je ne m'occupe plus d'eux! Allons, laissons-les chanter victoire; ce sont des animaux lâches et méchants qui obéissent et qui n'aiment pas. Je suis sûre que mes pauvres petits oiseaux, quoique bien loin, les entendent, et qu'ils se meurent de peur. Si je leur faisais souvent de pareilles infidélités, je crois qu'ils m'abandonneraient.

— Mais je ne pense pas que tes oiseaux t'aient suivie jusqu'ici? lui demanda Léonce.

— Non, répondit-elle; ils m'auraient suivie si je l'avais voulu; mais je savais qu'ils seraient de trop ici, et je les ai envoyés coucher dans un bois que nous avons laissé sur l'autre bord du torrent.

— Et où les retrouveras-tu demain?

— Cela ne me regarde pas, répondit-elle fièrement; c'est à eux de me retrouver où il me plaira d'être. Ils voient de loin et de haut, et pendant que je fais une lieue ils peuvent en faire vingt.

— Si nous en faisions seulement deux ou trois pour trouver un abri, objecta le curé, qui n'avait pris aucun intérêt à la scène des aigles, nous pourrions remercier la Providence.

— Qu'à cela ne tienne, l'abbé, dit Teverino; je vous réponds d'un bon souper, d'un bon feu pour sécher l'humidité du soir qui commence à pénétrer, et d'un bon lit bassiné pour vous remettre de vos fatigues; à moins pourtant que vous ne vous obstiniez à retourner coucher à Sainte-Apollinaire, auquel cas, milady daignant vous accorder votre liberté, vous pourriez vous en aller à pied et arriver chez vous avec le retour du soleil!

— Bien obligé d'une pareille liberté! dit le curé; puisque je suis tombé dans vos mains, il ne faut pas que j'espère m'en tirer, et si vous vous faites fort de nous héberger supportablement cette nuit, je tâcherai d'oublier les transes de ma pauvre Barbe, et l'étonnement de mes paroissiens quand la messe de demain ne sonnera point à leurs oreilles!

— Ce n'est pas demain dimanche, et votre infraction est involontaire, dit Teverino. Allons, repartons, et que Dieu nous conduise!

— Eh bien! et moi! dit Sabina effrayée à Léonce. Et mon mari, qui est probablement réveillé à l'heure qu'il est, et qui sans doute fait sa toilette pour venir déjeuner, c'est-à-dire souper dans mon appartement?

— Parlez plus bas, Madame, de peur que le curé ne vous entende, car c'est le seul parmi nous qu'une pareille situation pourrait scandaliser...

— Quoi! nous allons passer la nuit dehors? ce sera la fable du pays.

— Non, soyez certaine du contraire. La compagnie du curé couvre tout, et rien de plus naturel que de s'égarer dans les montagnes, d'y être surpris par la nuit, et de ne rentrer chez soi que le lendemain. Le curé fera assez grand bruit d'une aussi terrible journée, pour que personne ne puisse révoquer en doute sa présence au milieu de nous.

— Mais si votre marquis, dont *vous ne répondez pas*, est un fat, il publiera des choses impertinentes sur mon compte.

— Je vous réponds du moins de le faire taire, s'il en est ainsi. Allons, Sabina, allez-vous donc vous replonger dans de tristes réalités? Qu'avez-vous fait de cet enthousiasme que le sol brûlant de l'Italie vous communiquait tout à l'heure? La poésie meurt au souvenir des convenances mondaines, et si vous manquez de foi, ma puissance sur le milieu que nous traversons va m'abandonner aussi.

— Eh bien! Léonce, vogue la galère!

— L'air fraîchit, permettez-moi de vous envelopper de mon manteau, dit Léonce.
— Gardons-en un coin pour cette petite qui est à peine vêtue, dit-elle en cherchant Madeleine à ses côtés.
— Oh! merci, Seigneurie, je n'ai pas froid, dit l'oiselière qui s'était glissée avec Teverino sur le siége.
— Je crains que le curé n'ait eu raison, reprit Sabina en anglais, et que ce ne soit une petite dévergondée. La voilà folle de votre Italien.
— Eh bien! que vous importe? dit Léonce.

Teverino poussa rapidement les chevaux à la descente, et sans la vigueur de ces généreux animaux, qui, tout couverts d'écume et de sueur, bondissaient encore d'impatience, ils eussent pu se laisser entraîner sur cette pente d'une lieue de long, en zigzag, partout bordée d'effroyables abîmes. Madeleine n'y songeait pas; et la nuit déroba bientôt au curé la vue d'une situation qui lui eût donné le vertige.

— Voyez, Signora! cria enfin le marquis en indiquant des lumières dans le fond ténébreux du paysage : voici la ville, une ville d'Italie !

IX.

PRÈS DE L'ABIME.

— Ne me dites pas le nom de cette ville, s'écria Sabina, je l'apprendrai assez tôt. Il me suffit de savoir que c'est une ville d'Italie pour que mon imagination en fasse une merveille. Voyez, cher curé, si cela ne ressemble pas à un palais enchanté !
— Je ne vois, Madame, en vérité, que des chandelles qui luisent.
— Vous n'êtes guère poëte! Quoi! il ne vous semble pas que ces lumières sont plus brillantes que d'autres lumières, que leur mystérieux rayonnement dans cette ténébreuse profondeur nous promet quelque surprise inouïe, quelque aventure nouvelle?
— Voici bien assez d'aventures comme cela pour aujourd'hui, dit le curé; et je n'en demande pas davantage.

C'était une modeste petite ville de la frontière, dont nous ne dirons pas le nom à notre lecteur, de crainte de la dépoétiser à ses yeux, s'il l'a, par hasard, traversée dans un jour de pluie et de mauvaise humeur; mais quelle qu'elle soit, Sabina fut frappée de son caractère italien, et sa belle position en amphithéâtre au revers des montagnes, dans une région abritée du vent du nord, chauffée par les rayons du midi, et incessamment lavée par les eaux courantes, lui donnait un aspect de propreté, de bonheur et un entourage de riche végétation. La lune, en se levant, montra des murailles blanches, des terrasses couronnées de pampres, des escaliers ornés de vases de pierre où l'aloès étalait ses arêtes pittoresques, de petits clochers au toit arrondi et une foule de boutiques remplies d'herbages et de fruits magnifiques éclairés par des lanternes en papier de couleur, qui en faisaient ressortir les riches nuances et les contours transparents. Les rues étaient bordées d'arcades grossières sous lesquelles circulaient des passants de bonne humeur, braves gens pour qui chaque beau soir d'été est une heure de fête, et qui saluaient de rires et de cris joyeux l'arrivée d'une voiture opulente. Une bande d'enfants demi-nus et de jeunes filles curieuses, la chevelure ornée de fleurs naturelles, suivit l'équipage et assista au débarquement des voyageurs, devant l'hôtel *del Leon-Bianco*, sur la place du Marché-Neuf.

L'auberge était confortable, et la vue d'un rôti copieux qui tournait au milieu des flammes, commença à éclaircir le front du curé. Tandis qu'on préparait les meilleures chambres, nos voyageurs vinrent se dresser la table dans une salle basse, peinte à fresque, avec ce goût d'ornementation et cette charmante harmonie de couleurs qu'on retrouve dans les plus misérables demeures de l'Italie septentrionale. Le curé n'oubliait pas ses truites et ses champignons. Ç'avait été pour lui jusque-là une fiche de consolation, et il n'avait cessé de répéter qu'avec *ce commencement de chère et de festin,* pourvu qu'on trouvât du feu, il n'y avait rien de désespéré. Teverino prit le tablier et le bonnet blanc d'un marmiton et se mit facétieusement à l'œuvre avec l'abbé, dans la cuisine, prétendant avoir des secrets merveilleux dans cet art. Madeleine aida la négresse à préparer la chambre de lady G... pendant que cette dernière, penchée au balcon de la salle avec Léonce, prenait plaisir à voir chanter et danser les enfants sur la place.

Quand les flambeaux furent allumés et la table couverte de mets simples et excellents, les convives se réunirent, et Léonce alla chercher l'oiselière pour faire plaisir, disait-il, au marquis; mais Sabina ne parut pas charmée de cette persistance dans les douceurs de l'égalité. L'hôte se récria :

— Quoi, dit-il en servant le potage sur la table, la fille aux oiseaux dans la compagnie de Vos Seigneuries illustrissimes? Oh! je la connais bien, et plus d'une fois je lui ai fait dîner gratis, à cause des jolis tours qu'elle sait faire. Mais est-ce que tu nous amènes toutes tes bestioles, Madeleine? Je t'avertis que s'il leur faut à chacune un couvert et un lit, je n'ai pas assez d'argenterie et d'oreillers dans ma maison pour tant de monde. Allons, ma fille, va-t-en manger à la cuisine avec les gens de Leurs Altesses : sans plaisanterie, je te trouverai bien un petit coin dans le grenier à paille pour te faire dormir.

— Dans le grenier à paille, avec les muletiers et les palefreniers sans doute? dit le curé. Si c'est là la vie que vous menez, Madeleine, je n'ai pas tort de dire que votre vagabondage vous mènera loin.

— Bah! bah! c'est un petit enfant, seigneur abbé, reprit l'hôte, et personne encore n'y fait attention.

— Monsieur l'hôte, dit Sabina, je vous prie de faire mettre un lit dans la chambre de ma négresse; Madeleine couchera auprès d'elle. Je me suis fait suivre de cette enfant qui nous a divertis de ses talents, et je réponds de sa sécurité.

— Du moment que Votre Altesse daigne s'y intéresser, reprit l'hôte, tout sera fait ainsi qu'elle le commande. Nous l'aimons tous, cette petite : elle est magicienne aux trois quarts! Dois-je donc lui mettre son couvert à cette table?

— Eh bien! oui, répondit lady G..., curieuse de voir en face et aux lumières, quels progrès avait fait l'intimité de l'oiselière et du marquis. Mais elle fut trompée dans son attente : ces deux personnages semblaient être redevenus étrangers l'un à l'autre. Madeleine était chastement familière avec Léonce et respectueusement calme auprès de Teverino. Ce dernier, qui faisait les honneurs de la table avec une aisance merveilleuse, s'occupait d'elle avec une sorte de bonté paternelle et protectrice, qui faisait ressortir la bienveillance de son caractère sans rien ôter aux convenances de son rôle. Sabina pensa bientôt qu'elle s'était trompée, et la fille lui-même n'eut rien à reprendre aux manières du beau marquis. Il fut plutôt porté à s'effaroucher un peu de l'affection que Léonce témoignait à cette **petite sotte**, qui riait avec lui et paraissait le charmer par ses naïvetés enjouées. Mais l'appétit du bourru était si terrible et les délices de la réfection si puissantes, qu'au moment où il eût pu redevenir clairvoyant et grondeur, Madeleine avait quitté la table et s'était assoupie, avec l'insouciance d'un âge, sur le grand sofa qui, dans toutes les auberges de cette contrée, décore la salle des voyageurs. De temps en temps, Léonce, placé non loin de ce sofa, se retournait et la contemplait, admirant ce repos de l'innocence, cette pose facile, et cette expression angélique, qui n'appartiennent qu'au jeune âge.

On était au dessert, et le marquis, exclusivement occupé de lady G..., parlait sur toutes choses avec un esprit supérieur; du moins c'était un genre de supériorité que les femmes peuvent apprécier : plus d'imagination que de science, une originalité poétique, une sensibilité exaltée. Sabina retomba peu à peu sous le charme de sa parole et de son regard. Le curé remplissait l'office de contradicteur, comme s'il eût eu à cœur de faire briller l'éloquence du jeune homme, et de lui fournir des armes contre la froideur dogmatique et les préjugés étroits du monde officiel. Léonce, voyant avec humeur l'animation de son amie, prit son album, l'ouvrit, et se mit à esquisser la figure de l'oiselière, sans se mêler à la conversation.

Toute femme du monde est née jalouse, et Sabina avait été si justement adulée pour sa beauté incomparable et son brillant esprit, que l'attention accordée à toute autre créature de son sexe, en sa présence, devait infailliblement lui sembler une sorte d'outrage. Habile à dissimuler ses mouvements intérieurs, elle ne les exprimait que sous forme de plaisanterie; mais ils produisaient en elle un besoin de vengeance immédiate, et la vengeance de la coquetterie, en pareil cas, c'est de chercher ailleurs des hommages, et d'en prendre un plaisir proportionné à l'affront. Elle s'abandonna donc tout à coup aux séductions de Teverino, et ne put s'empêcher de le faire sentir à Léonce, oublieuse de la honte qu'elle avait éprouvée alors que Teverino semblait occupé de Madeleine.

Léonce, qui comprenait parfaitement ce jeu cruel, et qui avait par instants la faiblesse d'en être atteint, voulut avoir la force de le mépriser; mais en se servant des mêmes armes, il s'exposa fort à être vaincu. Il affecta une si grande admiration pour son modèle et une attention si fervente à son travail, qu'il paraissait sourd et aveugle à tout le reste.

— Léonce, lui dit Sabina en se penchant sur son ouvrage, je suis sûre que vous nous faites un chef-d'œuvre, car jamais vous n'avez eu l'air si inspiré.

— Jamais je n'ai vu rien de plus charmant que cette dormeuse de quatorze ans, répondit-il; le bel âge! quel moelleux dans les mouvements! quel sérénité dans l'immobilité des traits! Admirez, vous autres qui êtes artistes aussi par le sentiment et l'intelligence, et convenez qu'aucune beauté de convention, aucune femme du monde ne pourrait se montrer aussi suave et aussi pure dans le sommeil.

— Je suis complètement de votre avis, répondit Sabina d'un ton de désintéressement admirable, et je gage que c'est aussi l'avis du marquis.

— Aucun? A Dieu ne plaise que je m'associe à un pareil blasphème! répondit Teverino. La beauté est ce qu'elle est, et quand on se perd dans les comparaisons, on fait de la critique, c'est-à-dire qu'on jette de la glace sur des impressions brûlantes. C'est la maladie des artistes de notre temps; ils se vouent à certains types, et prétendent assigner à la beauté des limites forgées dans leur pauvre cervelle; ils ne trouvent plus le beau par instinct, et rien ne se révèle à eux qu'à travers leur théorie arbitraire. Celui-ci veut la beauté puissante et fleurie à l'instar de Rubens; cet autre la veut maigre et fluette comme les fantômes des ballades allemandes; un troisième la voudra tortillée et masculine comme Albert Durer; un quatrième raide et froide comme les maîtres primitifs. Et pourtant tous les anciens maîtres, toutes ces nobles écoles ont suivi un instinct généreux ou naïf; c'est pourquoi leurs œuvres sont originales et plaisent sans se ressembler. Le véritable artiste est celui qui a le sentiment de la vie, qui jouit de toutes choses, qui obéit à l'inspiration sans la raisonner, et qui aime tout ce qui est beau sans faire de catégories. Que lui importe le nom, la parure et les habitudes de la beauté qui le frappe? Le sceau divin peut lui apparaître dans un cadre abject, et la fleur de l'innocence rustique résider quelquefois sur le front d'une reine de la terre. C'est à lui, créateur, de faire de celle qui le charme une bergère ou une impératrice, selon les dispositions de son âme et les besoins de son cœur. Vous êtes assez grand artiste, Léonce, pour faire de cette montagnarde blonde une Sainte Élisabeth de Hongrie, et moi (*Ed io anche son pittore!* puisque je sens, puisque je pense, puisque j'aime), je puis voir la Béatrix du Dante sous la brune chevelure de milady.

— Il me semble, Léonce, dit Sabina flattée de ce dernier trait, que le marquis est tout à fait dans vos idées sur l'art, puisqu'il ne vous en différez que par l'expression. Mais quel est donc ce joli dessin qui sort de votre album? Permettez-moi de le regarder.

— Pardon, Madame, c'est une étude sur le nu, je vous en avertis. Cependant, si vous voulez le voir, mon Faune est assez vêtu de feuillage pour ne pas forcer M. le curé à vous l'ôter des mains, et il a dans son église des saints beaucoup moins austères.

— Cette ébauche est superbe! dit Sabina, en regardant le croquis que Léonce avait fait au bord du lac, d'après Teverino. Voilà une charmante fantaisie, une noble attitude et un ravissant paysage!

— Moi, dit le curé, je trouve que cette figure-là ressemble comme deux gouttes d'eau à M. le marquis. Si on *l'habillait* comme le voilà, on croirait que vous avez voulu faire son portrait; mais, après tout, l'habit ne fait pas le moine, et je vois bien que vous avez mis là sa tête avec ou sans intention.

— Sa belle figure est si bien gravée dans mon souvenir, dit Léonce en jetant un regard significatif à son marquis, que très-souvent elle vient naturellement se placer au bout de mon crayon quand je cherche la perfection.

— Et vous l'avez mis dans un paysage de notre canton, ajouta le curé. Voilà nos petits lacs et nos grandes montagnes, nos sapins et nos rochers; c'est rendu au naturel. Voyez donc, monsieur le marquis!

— La pose est bonne, dit tranquillement Teverino, et la composition jolie, mais le dessin est faible: ce n'est pas ce que notre ami a fait de mieux.

— Moi, je trouve cela très-bien, dit Sabina, qui ne pouvait détacher ses yeux de cette figure.

— Eh bien, je vous en fais hommage, dit Léonce avec ironie; si vous ne trouvez pas cet essai indigne de votre album, il vous rappellera du moins une heureuse journée et de vives émotions.

— J'aime mieux que vous me donniez le dessin que vous faites dans ce moment-ci, répondit lady G..., effrayée du ton de Léonce. Il me semble que vous y mettez plus d'*impegno e d'amore*.

— Non, non, ceci je ne le donne pas, reprit Léonce en serrant son croquis de Madeleine dans son album et en repoussant l'autre sur la table.

— Il fait un temps superbe, dit le marquis en s'approchant de la fenêtre d'un air dégagé. La lune éclaire comme l'aurore. Si nous allions voir la ville? Demain tout sera moins beau et aura perdu son prestige.

— Allons, dit Sabina en se levant.

— Moi, je vous demanderai la permission d'aller voir mon lit, dit le curé; je suis rompu de fatigue.

— Quoi! pour avoir fait sept ou huit lieues dans une bonne voiture bien suspendue? reprit Sabina.

— Non, mais pour avoir eu chaud, et puis faim, et puis froid, et puis faim encore, enfin pour n'avoir pas mangé à mes heures. D'ailleurs, il en est neuf, et je ne vois rien que de naturel dans mon envie de dormir; pourvu que ma pauvre gouvernante ne passe pas la nuit à veiller pour m'attendre!

— *Felicissima notte*, l'abbé, dit Teverino. Vous venez, Léonce?

— Pas encore, répondit-il, je veux faire un autre croquis de cette dormeuse.

— Il faut que la dormeuse aille dormir ailleurs, dit le curé d'un ton sévère. Ne va-t-elle pas traîner toute la nuit comme un objet perdu sur ce canapé? Allons, *Sans-Souci*, réveillez-vous! Et il éventa de son grand chapeau la figure de Madeleine, qui fit le mouvement de chasser un oiseau importun, et se rendormit de plus belle.

— Laissez-la donc, curé, vous êtes impitoyable! dit Léonce, en faisant mine de s'asseoir auprès de l'oiselière, sur le sofa.

— Cette fille, observa Sabina, ne peut pas rester ainsi endormie sous l'œil de tout le monde.

— Pardon, cher Léonce, s'écria Teverino en s'approchant; mais il faut obéir aux intentions de milady et de M. l'abbé.

Et prenant la jeune fille dans ses bras, comme un petit enfant, il passa dans une pièce voisine, où il avait vu la négresse se retirer pour préparer son lit.

— Tenez, reine du Tartare, voici un objet qu'on vous

Teverino poussa rapidement les chevaux à la descente. (Page 30.)

confie et que votre noble maîtresse, la blanche Phœbé, vous ordonne de garder comme la prunelle de vos yeux.

Il déposa Madeleine sur le lit, et dit tout bas à la négresse, en se retirant : — Enfermez-vous, c'est l'ordre de milady.

Léonce affecta une grande indifférence à ce qui se passait autour de lui, et il suivit nonchalamment Sabina, qui, après avoir vainement attendu qu'il lui offrît son bras, accepta celui du marquis.

Ce dernier paraissait connaître la ville, bien qu'il n'y fût connu de personne, pas même de l'hôte del Leon-Bianco. Il conduisit Sabina prendre des glaces dans un café qui touchait aux vieilles murailles ; car c'était une petite place anciennement fortifiée et qui portait encore la trace des boulets de la France républicaine. Il fit servir en plein air, sur une plate-forme, d'où l'on dominait les fossés et un pêle-mêle d'antiques constructions massives, rongées de lierre et de mousse. A quelque distance se dressait une tour en ruines, dont la lune argentait la silhouette élancée, et qui servait de repoussoir au vaste paysage perdu dans une vague blancheur. Le ciel était magnifique. Léonce s'éloigna et se mit à errer dans les décombres, plongé, en apparence, dans la contemplation d'une si belle nuit et d'un si beau lieu.

— Je crois bien, dit Teverino en essayant la force de ses doigts sur un débris de ciment qu'il ramassa sous ses pieds, que cette construction est d'origine romaine.

— Je n'en veux rien savoir, répondit Sabina ; j'aime mieux n'en pas douter, et rêver ici un passé grandiose, que de faire des observations archéologiques. On ne jouit de rien quand on veut s'assurer de quelque chose.

— Eh bien, vous êtes dans la vraie poésie, admirable Française ! s'écria Teverino en s'asseyant vis-à-vis d'elle, et je veux me perdre avec vous dans ce paradis de l'intelligence où le divin Alighieri fut introduit par la divine Béatrix. Quand cette comparaison m'est venue tantôt sur les lèvres, je ne me rendais pas compte de la justesse de mon inspiration. Oui, vous avez la lumière de l'esprit jointe à l'idéale beauté, et jamais je n'ai rencontré de femme aussi extraordinaire que vous. C'est la première fois que je quitte l'Italie, et je n'y avais pas connu de Française essentiellement différente de nos femmes, comme vous l'êtes. La femme du Midi a bien des instincts de poëte ou d'artiste, mais dans le caractère plus que

Je suis sûre que vous nous faites un chef d'œuvre. (Page 31.)

dans l'intelligence; et d'ailleurs, son éducation bornée, sa vie lascive et paresseuse ne lui permettent pas de se rendre compte de ses émotions comme vous savez le faire, vous, Madame! Et comme vous exprimez vos pensées, même dans notre langue, à laquelle vous donnez une forme étrange, toujours noble et saisissante! Oui, vos sentiments sont des idées, et il me semble, en causant avec vous, que je vous suis dans une région inconnue aux autres êtres. Vous jugez toutes choses, rien ne vous est étranger, et votre science ne vous empêche pas de vous émouvoir et de vous passionner comme ces pauvres créatures qui aiment et admirent sans discernement. Votre imagination est encore aussi riche que si vous n'aviez pas la connaissance de tous les secrets de l'humanité, et, au delà de votre sagesse étonnante, l'idéal vous transporte toujours vers l'infini! En vérité, mon cerveau s'enflamme au foyer du vôtre, et il me semble que je m'élève au-dessus de moi-même en vous écoutant!

C'est par un tel flux de phrases élogieuses que Teverino versa le poison de la flatterie dans l'âme de la fière lady. Il y avait loin de cette admiration sans bornes et manifestée avec cet *entrain* italien qui ressemble tant à l'émotion, à la philosophique taquinerie de Léonce. Ce qui lui prêtait un charme irrésistible, c'est que Teverino était à peu près convaincu de ce qu'il disait. Il n'avait guère rencontré de femmes cultivées à ce point, et cette nouveauté avait pour son esprit de recherche avide et d'observation incessante un attrait véritable. Il voulait mettre cette supériorité féminine à l'aise, afin de la voir se manifester dans tout son éclat, et, sachant fort bien que de tels dons sont unis à un grand orgueil, il la caressait par d'ingénieuses adulations. Il était bien difficile, pour ne pas dire impossible, que lady G... distinguât cette passion de connaître de la passion d'aimer. Elle n'avait jamais trouvé d'homme aussi blasé et aussi naïf en même temps que Teverino; Léonce était beaucoup moins avide d'esprit et beaucoup moins tranquille de cœur auprès d'elle. Elle ne vit donc que la moitié du caractère de cet Italien, véritable dilettante de jouissance intellectuelle, qui, sans compromettre le calme de son propre cœur, attaquait vivement le sien pour l'observer comme un type nouveau dans sa vie.

Elle parla longtemps avec lui, et de quoi, entre un

beau jeune homme et une belle jeune femme, si ce n'est d'amour? Il n'est point de théorie plus inépuisable dans un tête-à-tête de ce genre, au clair de la lune. La femme se plaint de la vie, pleure des illusions, trace l'idéal de l'amour, et fait pressentir des transports qu'elle voile sous un transparent mystère de défiance et de pudeur. L'homme s'exalte, renie les préjugés, et condamne les crimes de ses semblables. Il veut justifier et réhabiliter le sexe masculin dans sa personne. Par mille adroites insinuations, il s'offre pour expier et réparer le péché originel, tandis que, par mille détours plus adroits encore, on élude son hommage et on le ramène à une nouvelle ferveur. Ceci est le résumé banal de tout entretien de cette nature entre gens civilisés. C'est le résumé de ce qui s'était passé, avec plus d'art encore et de dissimulation, entre Sabina et Léonce, le matin même. Mais avec Teverino Sabina eut moins d'effroi et plus de douceur. Au lieu de reproches et d'inculpations agitées, elle n'eut que le tranquille parfum de l'encens à respirer. Aussi courut-elle un danger beaucoup plus grand, celui de donner de la tendresse à qui ne lui demandait que de l'imagination.

Comme l'aventurier, au fort de ses dithyrambes, parlait haut dans la nuit sonore, Sabina fut un peu effrayée de voir reparaître Léonce au bas du rempart.

— Voici Léonce! dit-elle pour réprimer sa faconde.

— Il est bien soucieux et rêveur, ce soir, le pauvre Léonce! dit Teverino en baissant la voix.

— Je ne l'ai jamais vu si maussade, reprit-elle; on dirait qu'il s'ennuie avec nous.

— Non, Madame; il est amoureux et jaloux.

— De l'oiselière, sans doute? dit-elle d'un ton dédaigneux.

— Non, de vous; vous le savez bien.

— Vous vous trompez, marquis. Il y a quinze ans que nous nous connaissons, et il n'a jamais songé à me faire la cour.

— Eh bien, Madame, je vous jure qu'il y pense sérieusement aujourd'hui.

— Ne faites pas cette plaisanterie, elle me blesse.

— N'est-il pas un galant homme, un grand artiste, un aimable et beau garçon? Son amour vous était dû, et vous ne pouvez pas en être offensée.

— J'en serais mortellement peinée, car je ne pourrais le partager.

— Cela est effrayant, Madame. En ce cas, je vois bien que nul homme ne sera aimé de vous; car nul homme ne peut se flatter d'égaler Léonce.

— Vous vous trompez, marquis; il a toutes sortes de perfections dont je le tiendrais quitte, s'il ne lui manquait une toute petite qualité, qu'on peut espérer de trouver ailleurs.

— Laquelle?

— La faculté d'aimer naïvement, sans orgueil et sans défiance.

En disant ces paroles, elle s'était levée pour aller à la rencontre de Léonce, et, à la manière dont elle s'appuya avec abandon sur le bras de Teverino, celui-ci se dit: « Vaincre ce grand courage n'est pas si difficile que je croyais. »

Sabina s'était imaginé parler bien bas; mais, comme elle venait de descendre les degrés qui conduisaient dans l'amphithéâtre verdoyant des anciens fossés, elle ne se rendit pas compte de la sonorité de ce lieu, et elle ne se douta point que Léonce eût tout entendu. Il fut tellement blessé et affecté de ses dernières paroles, qu'il eut la force de dissimuler et de reprendre le calme de son rôle. Il y réussit au point de faire croire à Teverino lui-même qu'il s'était trompé, et à lady G... qu'elle avait raison de lui attribuer une grande froideur. Il leur proposa de monter au sommet de la tour démantelée, leur promettant, sur ce point culminant, une vue magnifique et un air encore plus pur que celui des remparts. Ils firent donc cette tentative. Léonce passa le premier pour leur frayer le chemin qu'il venait d'explorer seul, pour écarter les ronces et les avertir à chaque marche écroulée ou glissante de l'escalier en spirale.

Malgré ces précautions, l'ascension était assez pénible et même dangereuse pour une femme aussi délicate et aussi peu aguerrie contre le vertige que l'était lady G..., mais la force et l'adresse du marquis lui donnaient une confiance singulière, et, ce qu'elle n'eût jamais osé entreprendre de sang-froid, elle l'accomplit d'enthousiasme, tantôt appuyée sur son épaule, tantôt les mains enlacées aux siennes, tantôt soulevée dans ses bras robustes.

Dans ce trajet émouvant, plus d'une fois leurs chevelures s'effleurèrent, plus d'une fois leurs haleines se confondirent, plus d'une fois Teverino sentit battre contre sa poitrine haletante de fatigue un cœur ému de honte et de tendresse. La lune pénétrant par les larges arcades brisées de la tour, projetait de vives clartés sur l'escalier, interrompues de distance en distance par l'épaisseur des murs. Dans ces intervalles de lumière et d'obscurité, tantôt on se trouvait bien près et tantôt bien loin de Léonce, qui, feignant de ne rien voir, ne perdait pourtant rien de l'émotion croissante de ses deux compagnons. Enfin l'on se trouva au faîte de l'édifice. Un mur circulaire de huit pieds de large, sans aucune balustrade, en formait le couronnement, et Léonce en fit tranquillement le tour, mesurant de l'œil cette muraille lisse qui allait perdre sa base cyclopéenne dans les fossés à cent pieds au-dessous de lui. Mais Sabina fut saisie d'une terreur insurmontable et pour elle-même et pour Teverino qui, debout auprès d'elle, s'efforçait en vain de la rassurer. Elle s'assit sur la dernière marche, et ne respira tranquille que lorsque le marquis se fut assis à ses côtés et l'eut entourée de ses deux bras, comme d'un rempart inexpugnable. Les chouettes effarouchées s'élevaient dans les airs en poussant des cris de détresse. Léonce, sous prétexte de découvrir leurs nids et de porter des petits à l'oiselière, pour voir comment elle se tirerait de leur éducation, redescendit l'escalier et alla fureter dans les étages inférieurs, où bientôt le craquement de ses pas sur le gravier cessa de se faire entendre.

Teverino n'était plus aussi maître de lui-même qu'il avait pu l'être en prenant des glaces un quart d'heure auparavant, avec Sabina, dans un isolement moins complet. D'ailleurs, Léonce paraissait si indifférent aux conséquences possibles de l'aventure, qu'il commençait à ne plus s'en faire un cas de conscience aussi grave. Cependant, l'étonnante loyauté de ce bizarre personnage luttait encore contre l'attrait de la beauté et l'orgueil d'une pareille conquête. Il réussit à dissiper les terreurs de Sabina, et, pour l'en distraire, il lui proposa d'entendre un hymne à la nuit, dont il improviserait les paroles, et qu'il se sentait l'envie de chanter en ce lieu magnifique. Il lui avait déjà donné un échantillon de sa voix, qui faisait désirer d'en entendre davantage. Elle y consentit, tout en lui disant que tant qu'elle le verrait debout sur ce piédestal gigantesque, elle aurait un affreux battement de cœur.

— Eh bien! répondit-il, je suis toujours certain d'être écouté avec émotion, et beaucoup de chanteurs de profession auraient besoin d'un pareil théâtre.

La facilité et même l'originalité de son improvisation lyrique, l'heureux choix de l'air, la beauté incomparable de sa voix, et ce don musical naturel, qui remplaçait chez lui la méthode par le goût, la puissance et le charme, agirent bientôt sur Sabina d'une manière irrésistible. Des torrents de larmes s'échappèrent de ses yeux, et lorsqu'il revint s'asseoir auprès d'elle, il la trouva si exaltée et si attendrie en même temps, qu'il se sentit comme vaincu lui-même. Il l'entoura de ses bras en lui demandant si elle avait encore peur; elle s'y laissa tomber en lui répondant d'une voix entrecoupée par les larmes: « Non, non, je n'ai plus peur de vous. »

En ce moment leurs lèvres se rencontrèrent; mais aussitôt les pas de Léonce résonnant sous la voûte de l'escalier à peu de distance, les rappelèrent brusquement à eux-mêmes. On distinguait dans le lointain les battements de mains de plusieurs personnes qui, du bord des remparts où elles se promenaient, avaient entendu ce chant admirable planer dans les airs comme la voix du génie des ruines. Elles applaudissaient avec transport l'artiste inconnu dispensateur d'une jouissance si chère aux oreilles italiennes ; mais ces applaudissements firent tressaillir Sabina encore plus que l'approche de Léonce. Il lui sembla que c'était comme une ironique fanfare sonnée sur son imminente défaite, et elle eut besoin de constater qu'elle était assise de manière à demeurer, même de très-loin, invisible aux regards curieux, pour se rassurer contre la honte d'une pareille faiblesse.

X.

LO QUE PUEDE UN SASTRE.

Nos voyageurs firent le tour des murailles en dehors de la ville, et quand ils arrivèrent à l'auberge du Lion-Blanc, où ils entrèrent par une petite porte donnant sur des jardins, onze heures sonnaient à l'horloge de la place. Un attroupement de bourgeois et d'artisans s'était formé devant la principale entrée de l'hôtellerie, et l'hôte paraissait soutenir une discussion animée.

— Que voulez-vous, Seigneuries? répondit-il aux interrogations de Léonce et de Teverino, en poussant la porte au nez des curieux ; les gens de la ville prétendent qu'un grand chanteur est logé dans ma maison, que c'est au moins le signor Rubini, qui, pour se soustraire aux importunités de nos dilettanti, cache son nom et sa présence, et que je suis le complice de son incognito. Les uns veulent absolument qu'il se montre au balcon pour recevoir les félicitations du public qui l'a entendu chanter, il n'y a pas plus d'une demi-heure, du côté des remparts ; d'autres parcourent toute la ville, entrent dans tous les cafés, demandant à grands cris le signor Rubini ; enfin, je ne sais plus que faire. J'ai eu l'honneur de voir passer plusieurs fois dans ma maison le signor Rubini ; je sais bien qu'il n'y est pas.

Cet incident donna à Teverino l'idée d'une facétie en même temps que le désir de tenter une épreuve sur Sabina.

— Écoutez, dit-il à son hôte, je chante passablement, et c'est moi qui tout à l'heure exerçais ma voix du côté de la grande tour. Je suis le marquis de Montefiore. Est-ce que vous ne m'aviez pas encore reconnu?

— J'ai parfaitement reconnu votre illustrissime Seigneurie aussitôt qu'elle est descendue de voiture, répondit l'hôte, incapable d'avouer qu'il ne se souvenait pas d'avoir jamais vu la figure de Teverino ; si je ne l'ai pas saluée par son nom, c'est que j'ai craint de trahir l'incognito que les personnes de qualité ont parfois la fantaisie de garder en voyage.

— Eh bien, reprit le prétendu marquis, persévérez dans votre louable discrétion jusqu'à ce que j'aie quitté la ville, et, en récompense, je ne passerai jamais chez vous sans m'arrêter pour y prendre quelque chose. J'ai la fantaisie de me permettre une innocente plaisanterie envers les habitants mélomanes de votre noble cité. Allumez des flambeaux sur la galerie, et annoncez que l'artiste, dont on a entendu la voix, va se rendre aux désirs du bienveillant public.

— Que prétends-tu? lui demanda Léonce, tandis que l'hôte courait exécuter ses ordres, te faire passer pour Rubini?

— Il le peut, dit Sabina avec entraînement.

— Signora, dit le prétendu l'aventurier en portant la main de lady G... à ses lèvres, en signe de gratitude pour cet éloge, je n'ai pas une pareille prétention, et je veux donner une petite leçon à des auditeurs assez sots pour faire une si grossière méprise ; et puis je veux terminer les plaisirs de votre journée par une comédie qui vous divertira peut-être. Toutes nos chambres donnent sur cette galerie qui longe la place. Tenez-vous dans la vôtre en regardant par la fente de votre porte, et ne me trahissez pas, vous, Léonce, en ayant l'air de me connaître.

Quand tout fut disposé comme l'entendait Teverino, Sabina, cachée avec Léonce derrière un rideau, vit paraître, sur la galerie éclairée, un personnage misérable, les cheveux en désordre, la barbe hérissée, l'œil hagard, la démarche traînante, et vêtu de méchants habits beaucoup trop étroits pour lui. Il lui fallut quelques minutes pour reconnaître, sous ce travestissement ridicule, l'élégant Tiberino de Montefiore. Tout était changé, étriqué, appauvri dans son air et dans sa personne. La veste du plus jeune fils de l'hôte bridait sa poitrine et la faisait paraître rentrée, un pantalon court et trop étroit lui allongeait les jambes ; ses mains pendaient sans grâce sur ses flancs paresseux ; une casquette qu'on eût dit ramassée au coin de la borne, une mauvaise guitare passée en sautoir, un gros bâton de pèlerin, tout lui donnait l'aspect d'un misérable histrion ambulant. Sabina essaya de rire ; mais son cœur se serra sans qu'elle pût en apprécier la cause, et Léonce, surpris de ce défi jeté à son indiscrétion, se demanda quelle pouvait être l'audacieuse fantaisie de son complice.

A l'aspect de ce triste personnage, la foule rassemblée au-dessous de la galerie, et qui avait commencé par battre des mains à son approche, changea tout à coup ses cris d'admiration en huées et en sifflets, menaçant d'enfoncer les portes et de rosser l'hôte *del Leon-Bianco*, pour lui apprendre à se moquer ainsi de ses honorables concitoyens.

— Un petit moment, gracieux public, dit Teverino après avoir apaisé la rumeur par des gestes mêlés d'impertinence et d'humilité, prenez pitié d'un pauvre artiste qui a osé profiter de la circonstance pour vous exhiber ses petits talents. S'il ne réussit pas à vous amuser, il s'offrira lui-même à votre courroux et tendra le dos aux poignées de monnaie dont il vous plaira de l'accabler.

Tout public est capricieux et mobile. Les lazzis de Teverino eurent bientôt adouci celui de la petite ville, et, à défaut du grand chanteur, on consentit à écouter le misérable saltimbanque. Il demanda un sujet d'improvisation et débita plusieurs centaines de vers ronflants avec une emphase burlesque ; après quoi il se mit à miauler, à aboyer, à hennir, à contrefaire le cri de divers animaux, à siffler des variations sur un air des rues, et à imiter la voix de *pulcinella*, le tout avec une facilité merveilleuse, et s'accompagnant en même temps du grattement monotone et discordant de la guitare.

Quand il eut fini, une pluie de gros sous fit résonner le plancher de la galerie, et le public, l'accablant d'applaudissements ironiques, redemanda à grands cris le chanteur merveilleux. C'était un mélange confus de sifflets, de rires et de trépignements d'impatience. De mauvais plaisants demandaient la tête de l'hôte du Lion-Blanc.

— Eh bien, Messieurs, dit Teverino, il faut vous satisfaire ; le grand chanteur m'a promis de se faire entendre si je réussissais à vous distraire de lui pendant quelques instants. Ma gageure est gagnée, et je vais lui porter vos hommages empressés.

Là-dessus, Teverino rentra dans sa chambre, et en ressortit bientôt, peigné et paré. Seulement, dans l'intervalle, il fit adroitement éteindre une partie des lumières, de façon qu'on ne pouvait plus le voir assez distinctement pour constater que c'était le même homme. Il préluda sur la guitare avec un rare talent et chanta une barcarolle avec tant de charme, que la foule, enthousiasmée, cria *bis* avec fureur. Il consentit à recommencer, et quand ce fut fini, il se pencha sur la balustrade d'un air de protection aristocratique. Les cris d'enthousiasme firent place à un profond silence. « Amis, dit-il alors avec une distinction d'accent où l'on ne trouvait plus rien de l'emphase de l'histrion, j'ai consenti à me faire entendre, bien que je sois, par ma position, tout à fait indépendant des caprices d'un public de village et de toute espèce de public. Vous faisiez un tel vacarme sous mes fenêtres, qu'il m'était impossible de dormir, et que j'ai été forcé de transiger ; mais pour vous punir de votre indiscrétion, je ne chanterai pas davantage, et si vous ne prenez le parti de vous retirer au plus vite dans vos maisons, je vous préviens que vous serez inondés par les pompes à incendie que j'ai fait venir dans cet hôtel, et qui sont prêtes à fonctionner au premier cri de révolte. »

La foule, épouvantée, se dispersa en un clin d'œil, persuadée qu'elle venait d'impatienter quelque haut personnage, et, dans son humble gratitude, on l'entendit battre des mains en se retirant à travers les rues.

Une demi-heure après, tout était silencieux dans la ville, et tout le monde couché à l'hôtel du Lion-Blanc, excepté Savina et Teverino qui causaient encore, penchés sur la balustrade de la galerie, commentant cette dernière aventure, et riant avec précaution, de peur d'éveiller leurs compagnons de voyage.

— Voyez ce que c'est que le préjugé, disait le bohémien. Cette foule imbécile ne se doute pas qu'elle a sifflé et applaudi le même homme.

— Faut-il vous avouer, marquis, répondit Sabina, que j'y aurais été trompée la première, si vous ne m'eussiez avertie?

— Bien vrai, Signora? Je suis heureux de vous avoir procuré un peu d'amusement.

— Je ne sais pas si je peux vous remercier de l'intention. La scène était bizarre, plaisante peut-être, et pourtant elle m'a fait mal.

— Nous y voilà, pensa Teverino; et il pria lady G... de s'expliquer.

— Quoi! vous ne comprenez pas, lui dit-elle d'une voix émue, qu'il est pénible de voir travestir la noblesse et la beauté?

— J'étais donc bien laid sous ces méchants habits? reprit-il moins touché du compliment que Sabina ne devait s'y attendre, après ce qui s'était passé entre eux.

— Je ne dis pas cela, répliqua-t-elle d'un ton moins tendre; mais toute l'élégance de vos manières ayant disparu, et toute la dignité de votre personne ayant fait place à je ne sais quoi de cynique et de honteux, je souffrais de vous voir ainsi, et je ne pouvais me persuader que ce fût vous!

— Et c'était moi, pourtant, c'était bien moi!...

— Non, marquis, c'était le personnage que vous vouliez représenter, et ce personnage n'avait rien de vous.

— Mes manières et mon langage étaient affectés, j'en conviens; mais enfin c'était toujours ma figure, ma voix, mon esprit, mon cœur, ma personne, mon être, en un mot, qui se cachaient sous ces apparences. J'avais donc entièrement disparu à vos yeux? Cela est étrange!

— Ce que je trouve étrange, c'est que vous vous étonniez de ma stupeur. Les manières et le langage sont l'expression de l'esprit et du caractère, et l'être moral semble se transformer quand l'être extérieur se décompose.

— Et les habits y sont pour beaucoup aussi, dit Teverino avec une philosophique ironie.

— Les habits? dites-vous? Je ne crois pas.

— Si fait; pensez-y bien, Signora. Je suppose que je me présente de nouveau devant vous avec les habits râpés et mesquins du fils de notre hôte... supposons même que je sois ce fils, qui est, je crois, garde forestier ou employé à la gabelle...

— Où voulez-vous donc en venir? Achevez.

— Eh bien! je suppose que, conservant ma figure, mon cœur et mon esprit tels que Dieu les a faits, je vous apparaisse pour la première fois pauvrement accoutré et appartenant de bon à une condition très-humble...

— Votre supposition n'a pas le sens commun : on ne trouve guère dans ces races obscures le cachet de noblesse et de grâce qui vous distingue.

— Guère, c'est possible; mais enfin cela se trouve quelquefois. Il y a des dons naturels que Dieu semble avoir départis à de pauvres hères, comme pour railler les prétentions de l'aristocratie.

— Vous voilà dans les idées de Léonce; je ne les discute pas; mais ce que je puis vous répondre, c'est que de tels dons ont une rapide influence sur l'existence et la condition de celui qui les possède. Un pauvre hère, comme vous dites, lorsqu'il se sent investi providentiellement de l'intelligence et de la beauté, transforme activement le milieu fâcheux où le caprice du sort l'a jeté; il se fraie une route nouvelle; il aspire sans cesse à l'élégance de la vie, aux nobles occupations, aux jouissances de l'esprit, aux priviléges de la beauté, et il se place bientôt au rang qui semblait lui être dû.

— Il est très-vrai qu'il y aspire fortement, reprit Teverino, et très-vrai encore qu'il y arrive quelquefois; mais il est plus vrai encore de dire qu'il échoue la plupart du temps, parce que la société ne le seconde pas; parce que les préjugés le repoussent, parce qu'enfin il n'a pas contracté dans sa jeunesse l'habitude de se complaire dans la contrainte, et que son éducation première le ramène sans cesse vers l'insouciance, ennemie de la lutte et de l'esclavage.

— Eh bien! ce que vous dites là donne tort à votre premier raisonnement. Les habits ne prouvent donc rien, mais bien les habitudes, c'est-à-dire le langage et les manières.

— Habits, langage et manières, tout cela fait partie des habitudes de la vie : c'est là l'expression ; et la condition de l'homme pauvre est obscure et obscur la chose la plus significative pour le vulgaire; mais ce sont là des habitudes pour ainsi dire extérieures, et l'être moral n'en a pas moins de prix devant Dieu.

— Je ne conçois rien à de telles distinctions, marquis! Dans votre bouche, c'est un raisonnement généreux et désintéressé; mais dans la bouche du personnage que vous vous amusiez tout à l'heure à représenter, ce seraient d'insolentes et vaines prétentions. La philanthropie vous égare; l'être moral ne peut se détacher ainsi de l'être extérieur. Là où le langage est ridicule, les habitudes grossières, le désordre habituel, la mine impertinente et le métier ignoble, pouvez-vous espérer de découvrir un grand cœur et un grand esprit?

— Cela se pourrait, Madame; je persiste à le croire, malgré votre dédain pour la misère.

— Ne me calomniez pas. Il est une misère que je plains et respecte : c'est celle de l'infirme, de l'ignorant, du faible, de tous ces êtres que le malheur de leur race jette à demi morts, physiquement ou moralement, dans le grand combat de la vie. Étoiles de corps ou d'esprit avant d'avoir pu se développer, ces malheureux sont bien les victimes du hasard, et nous nous devons de les plaindre et de les secourir; mais celui qui *pourrait* et qui n'a pas *voulu* est coupable, et ce n'est pas injustement que la société le repousse et l'abandonne.

— Soit, dit Teverino avec un mélange de hauteur et de bonté. Il faudrait être Dieu pour lire dans son cœur et pour savoir si, alors, il ne trouve pas en lui-même des consolations que le monde ignore; si, entre la suprême bonté et lui, il ne s'établit pas un commerce plus pur et plus doux que toutes les sympathies humaines et que toutes les protections sociales. Je me figure, moi, que les dons de Dieu servent toujours à quelque chose, et que les derniers sur la terre ne seront pas les derniers dans son royaume. *Quelqu'un* l'a dit autrefois... Mais je m'aperçois que je tourne à la prédication et que j'empiète sur les droits de notre bon curé. Je dois me contenter de vous avoir montré que je savais jouer la comédie. On m'a toujours dit que j'étais né comédien, et pourtant j'ai un cœur sincère qui m'a toujours entraîné contrairement aux lois de la prudence.

— Allons, vous êtes un mime incroyable, dit Sabina, et vous vous êtes tiré de cette farce italienne comme l'eût fait un écolier facétieux en vacances. J'admire l'enjouement et la jeunesse de votre caractère, et pourtant je vous avoue que j'en suis un peu effrayée.

— Vous me croyez frivole?

— Non, mais mobile et insouciant peut-être!

— En ce cas, vous ne me jugez pas perfide et dissimulé, malgré mon art pour les travestissements?

— Non, à coup sûr.

— Eh bien, j'aime mieux cela que d'être pris pour un hypocrite.

— Vous est-il donc indifférent d'inspirer un autre genre de méfiance?

— Je pourrais si aisément les vaincre tous qu'aucun ne m'inquiète. Mais comme on ne me mettra point à l'épreuve, je n'ai que faire de me disculper, n'est-il pas vrai, belle Sabina? Je serais ici un grand fat, si j'entreprenais de me faire apprécier.

— N'êtes-vous point jaloux d'estime et d'amitié?

— Estime et amitié! paroles françaises que nous ne comprenons guère, nous autres Italiens, entre une belle femme et un jeune homme. Moins subtils et plus passionnés, nous allons droit au fait du vrai sentiment que nous pouvons éprouver. Je vous confesse que votre estime et votre amitié pour Léonce sont choses que je n'envie pas, et auxquelles je préférerais le dédain et la haine.

— Expliquez cela.

— Comment et pourquoi n'aimez-vous point Léonce, cet homme excellent et charmant, qui vous aime avec passion?

— Il ne m'aime pas du tout, et voilà le secret de mon indifférence. Or, faut-il haïr et dédaigner un homme aussi accompli, parce qu'il n'est pas amoureux de moi? Ne dois-je pas dépouiller ici ma vanité de femme et rendre justice à son noble caractère et à son grand esprit, en lui vouant une affection plus tranquile et plus durable que l'amour?

— A la manière dont vous parlez de l'amour, on dirait que vous ne l'avez jamais connu, Signora. Une Italienne n'aurait pas tant de délicatesse et de générosité; elle mépriserait tout simplement, et tiendrait pour son ennemi l'homme capable de vivre avec elle dans cette espèce d'intimité grossière et offensante, que vous nommez amitié. Eh! tenez, Signora, de quelque race qu'elle soit, une femme est toujours femme avant tout. L'instinct de la vérité est plus puissant sur elle que les lois de la convenance et du bon goût. Votre amitié, c'est-à-dire votre dédain pour mon noble ami, ne repose que sur une erreur. Vous ne vous apercevez pas de son amour, et vous le punissez de son silence par votre estime. Si vous lisiez dans son cœur, vous répondriez à ce qu'il éprouve.

— Marquis, je vous trouve fort étrange de vous charger ainsi des déclarations de Léonce.

— Je vous jure sur l'honneur, Signora, que je n'en suis point chargé, et qu'il est aussi méfiant avec moi que vous-même.

— Ainsi, vous me faites la cour pour lui de votre propre mouvement, et vous vous chargez gratuitement de sa cause? c'est très-noble et très-généreux à vous, marquis, et cela rappelle la fraternité des anciens chevaliers. Laissez-moi vous dire que rien n'est plus digne d'*estime*, et que, dès ce jour, mon *amitié* vous est acquise à juste titre.

Ayant ainsi parlé avec un amer dépit, Sabina se leva, souhaita le bonsoir au marquis, et se retira dans sa chambre.

Nous avons dit déjà que toutes les chambres de nos personnages étaient situées sur cette galerie planchéiée qu'abritait un large auvent, à la manière des constructions alpestres, et qui longeait la face de la maison tournée vers la place. Léonce et Teverino occupaient la même chambre, et lorsque ce dernier y entra, il trouva son ami encore habillé et marchant avec agitation.

— Jeune homme, dit Léonce en venant à sa rencontre, la main ouverte, tu as de nobles sentiments et tu étais digne d'un noble sort. Je t'ai grossièrement offensé au passage du torrent, veux-tu l'oublier?

— Je vous le pardonnerai de grand cœur, Léonce, si vous m'avouez que la jalousie, c'est-à-dire l'amour, vous a causé cet emportement involontaire?

— Et autrement tu ne l'oublieras point?

— Autrement, je persisterai à vous en demander raison. Plus ma condition vous semble abjecte, plus vous me deviez d'égards, m'ayant attiré dans votre compagnie; et si la différence de nos fortunes vous faisait hésiter à me donner satisfaction, je vous dirais, pour vous stimuler, que je suis de première force à toutes les armes, et que je n'en suis pas à mon premier duel avec des gens de qualité.

— Je n'ai point de lâche préjugé qui me fasse hésiter sur ce point; je suis de mon siècle, et je sais qu'un homme en vaut un autre. Je ne suis pas maladroit non plus, et j'aurais quelque plaisir à me mesurer avec toi, si ma cause était bonne; mais je la sens mauvaise, et je souffre d'autant plus de t'avoir outragé, que je vois en toi cette fierté d'honnête homme.

— Vos excuses sont d'un honnête homme aussi, et je les accepte, dit Teverino en lui serrant la main avec une mâle dignité; mais, pour mettre ma susceptibilité en repos, vous auriez dû avouer que l'amour et la jalousie étaient seuls coupables.

— Vous voulez des confidences, Teverino? Eh bien! vous en aurez. La jalousie, oui, j'en conviens, mais l'amour, non!

— Voilà encore des subtilités françaises! Une femme nous plaît ou ne nous plaît pas. Là où il n'y a point d'amour, il n'y a point de jalousie.

— C'est le langage de la droiture et de la naïveté; mais admettons, j'y consens, que la civilisation des mœurs françaises et le raffinement de nos idées produisent cette étrange contradiction: ne pouvez-vous comprendre que ce que vous pouvez éprouver? Vous qui avez vu tant de choses, étudié tant de natures diverses, ne savez-vous pas que l'amour-propre est une cause de dépit et de jalousie aussi bien que la passion véritable? »

Teverino s'assit sur le bord de son lit, garda un silence méditatif pendant quelques instants, puis reprit en se levant: « Oui! ce sont des maladies de l'âme, produites par la satiété. Pour ne point les connaître il faut être, comme moi, visité par la misère, c'est-à-dire par l'impossibilité fréquente de satisfaire toutes ses fantaisies. Chère pauvreté! tu es une bonne institutrice des cœurs. Tu nous ramènes à la simplicité primitive des sentiments et des idées, quand l'abus des jouissances menace de nous corrompre. Tu nous donnes tant de naïves leçons, qu'il faut bien que nous restions naïfs sous ta loi austère!

— Quel rapport établissez-vous donc entre votre misère et la droiture de votre cœur?

— La misère, Monsieur, est toute une philosophie. C'est le stoïcisme, et l'âme stoïque est faite toute d'une pièce. Que ma maîtresse me soit enlevée par un homme puissant (la puissance de ce siècle c'est la richesse), je courbe la tête, et mon orgueil n'en souffre pas. Ce cœur, auquel mon cœur n'a pas suffi, ne me semble digne ni de regret ni de colère. Si je pouvais soutenir la lutte et donner à mon infidèle les jouissances de la vie, je pourrais alors connaître la jalousie et m'indigner de ma défaite. Mais là où mon rival dispose de séductions que la fortune me dénie, je ne puis m'en prendre qu'à la destinée... et les personnes ne me paraissent plus coupables.

— Tu es très-philosophe, en effet, et je t'en fais mon compliment. Mais ceci ne peut s'appliquer au mouvement de jalousie que tu m'as inspiré. Tu n'as rien, et l'on te préfère à moi qui suis riche. J'ai donc sujet d'être doublement humilié.

— Oui, d'être furieux, si vous êtes amoureux. Sinon, ce n'est qu'un délire de la vanité, et je ne comprends pas qu'un homme dont l'esprit est aussi éclairé que le vôtre, se laisse émouvoir par une telle vétille. Si vous aviez pris l'habitude d'être supplanté à toute heure par la loi fatale du destin, vous seriez aguerri contre ces petits revers. Vous sauriez que la femme est l'être le plus impressionnable de la création, et par conséquent celui qui peut nous donner le plus de jouissance et le moins de droits, le plus d'ivresse et le moins de sécurité.

— C'est une philosophie de bohémien, s'écria Léonce, et je me sens incapable d'aimer ainsi. Tu es tout tendresse et tout tolérance, Teverino; mais tu ne portes pas dans l'amour l'instinct de dignité que tu possèdes à l'endroit de l'honneur.

— Je ne place pas l'honneur où il n'est pas, et ne cherche dans l'amour que l'amour.

— Aussi tu es aimé souvent et tu n'aimes jamais; tu ne connais que le plaisir.

— Et pourtant je sacrifie souvent le plaisir à des idées d'honneur. Ne vous hâtez pas de me juger, Léonce; vous ne savez pas ce qui se passe en moi à cette heure.

— Je le sais, ami, s'écria Léonce avec feu. Tu combats des désirs que tu pourrais satisfaire à l'heure même. Il n'y a pas loin de cette chambre à celle d'une certaine grande dame, orgueilleuse et faible entre toutes celles de sa race, et je sais fort bien qu'il te suffirait de chanter une romance sous sa fenêtre et de lui tourner un compliment d'irrésistible flatterie pour animer ce prétendu marbre de Carrare et embraser ces lèvres dédaigneuses...

— Halte-là, Léonce, je n'ai pas cette confiance, et ne m'attribue pas ce pouvoir!

— Est-ce dissimulation, modestie ou loyauté? Sois dégagé de tout scrupule. J'ai tout vu, tout entendu; je sais comment tu as été curieux, et puis tenté, et puis vainqueur de toi-même par générosité envers moi. Je t'en sais gré; mais j'estime que tu m'inspires augmente le mépris que j'ai conçu pour cette femme, et je veux qu'elle porte la peine de son hypocrite froideur. Je veux que tu te livres à l'emportement de ta jeunesse, et que tu lui donnes ces plaisirs que son œil humide implore depuis ce matin. Va, enfant du hasard, et roi de l'occasion! l'heure est propice, et tu as déjà cueilli le premier baiser, ce baiser d'amour après lequel une femme ne peut rien refuser. Tu me rendras un grand service, tu me délivreras d'une agonie mortelle et d'un attrait fatal, trop longtemps combattu en vain. La seule chose que j'exige de toi c'est la discrétion, et d'ailleurs ta vie me répond de ton silence. Sois heureux cette nuit, tu mourras demain... si tu parles!

— Un duel à mort serait un stimulant céleste si j'étais véritablement tenté, répondit Teverino avec calme; mais je ne le suis pas, parce que je vois que tu es éperdument épris, pauvre Léonce! ta fureur et ton injustice révèlent, malgré toi, le fond de ton âme. Allons, calme-toi, cette belle créature n'est ni fausse ni coupable. Elle n'est que méfiante et irrésolue, et si elle ne t'a pas encore aimé, Léonce, c'est ta faute!

— Non, non, c'est la sienne. Peut-elle ignorer que je l'aime, et que ma respectueuse amitié n'est qu'un jeu timide?

— Tu en conviens, à la fin!

— Je conviens que je l'aime depuis longtemps, et que ce matin encore... j'étais prêt à me déclarer; eh quoi! ne l'ai-je pas fait cent fois depuis ce matin, insensé que je suis! Mes emportements, mes railleries amères, ma tristesse, mon inquiétude, mes soins jaloux, mes efforts pour être amoureux de Madeleine, ne sont-ce pas là autant d'aveux trop naïfs pour le monde!

— Léonce! Léonce! vous avez été compris!

— Oui, et c'est ce qu'il y a de plus odieux de sa part, de plus humiliant pour moi. Elle a feint de ne rien voir; elle s'est obstinée dans sa superbe impudence, elle a cherché tous les moyens de me décourager; et quand elle a vu que je souffrais bien, elle s'est jetée dans les bras d'un inconnu avec une sorte de cynisme.

— Tais-toi, blasphémateur! tu me scandalises, s'écria Teverino. Tu es aveugle et grossier dans la passion. Quoi! tu ne vois pas que cette femme t'aime, et c'est à moi de t'enseigner les délicatesses de son cœur! Tu ne vois pas que c'est par dépit qu'elle m'écoute, et que son âme, agitée par la passion, cherche un refuge dans l'ivresse de quelque fatale catastrophe? Tu choisis pour arriver à elle des chemins remplis d'épines, et les douceurs que tu lui prépares sont mêlées de fiel: tu l'irrites par d'orageux désirs, et aussitôt tu l'éloignes, hautain et plein d'épigrammes, offensé de ce qu'elle ne te fait pas des avances contraires à la pudeur de son sexe! tu veux qu'elle t'exprime sa passion, qu'elle te rassure contre tout hasard, qu'elle te promette des jours filés d'or et de soie; qu'elle s'excuse et se justifie d'avoir été jusqu'à ce jour insensible aux séductions; qu'elle te demande en quelque sorte pardon de sa lenteur à se soumettre; enfin, qu'elle te verse, en échange de l'amer breuvage de vérités que tu lui présentes, les flots d'ambroisie de l'amoureuse adulation! Vous êtes absurde, Léonce, et vous ne savez pas ce que c'est qu'une telle femme. Vous croiriez déroger en vous courbant sous ses pieds, en vous traînant dans la poussière, en vous confessant indigne de sa tendresse, et vous ne voyez pas que c'est là tout bonnement l'expression naturelle d'un amour vrai, la gratitude naïve d'un bonheur exalté?

— Italien! Italien! fleuve débordé qui roule au hasard, tu n'attends pas que l'enthousiasme te pénètre pour l'exprimer, et tes transports peuvent devancer le bonheur qui les fait naître! Tu connais toutes les ruses de la séduction, et tu parles de naïveté!

— Oui, je suis naïf en travaillant à la victoire; le désir et l'espoir me rendent éloquent, et je n'ai pas besoin de certitude pour être audacieux. Qu'a donc d'humiliant un échec de ce genre?

— Ah! tu l'ignores? Un refus de femme est pire que le soufflet d'un homme.

— Sot préjugé!

— Non! La femme qui refuse se dit outragée par la prière.

— Fausse vertu! Tout cela est embrouillé et cauteleux chez vous, je le vois bien. O vive la brûlante Italie!

— Tu méprisais pourtant mes anciennes idoles quand tu disais tantôt, sur le rempart: « Nos femmes aiment sans discernement, et vos sentiments, à vous, sont des idées! »

— Je croyais marcher à la découverte de la perfection; mais je vois avec chagrin que l'esprit étouffe le cœur. Je reviens tout repentant et tout contrit à mes souvenirs.

— Au fond, tu as peut-être raison! dit Léonce en sortant d'une profonde rêverie. Cette absence de délicatesse vient de la richesse de votre organisation; et je ne suis pas étonné que lady G... ait été entraînée par cet abandon d'une âme féconde après avoir vécu de subtilités glacées. Nous n'entendons peut-être rien à l'amour, et je reconnais que ce qui m'arrive est mérité. Mais il est trop tard pour en profiter: le charme est détruit, et tu as tout gâté, Teverino, en croyant me servir et m'éclairer.

— Ne dites pas cela, Léonce, vous n'en savez rien. La nuit porte conseil, et demain vous serez calme. Demain, à deux heures après midi, une grande révolution doit s'opérer entre nous tous. Attendez jusque-là pour juger de vous-même.

— Que veux-tu dire?

— Rien, je veux dormir! dit Teverino en éteignant la lumière; chargez-vous de m'éveiller demain, car je suis paresseux au lit comme un cardinal.

Il parut bientôt profondément endormi, et Léonce, réduit à disputer avec lui-même, s'efforça en vain de l'imiter. Mais outre que son lit était fort mauvais, et que ces grabats d'auberge lui semblaient aussi fâcheux qu'ils paraissaient délectables à son compagnon, il demeura attentif, malgré lui, à tous les bruits extérieurs. Une vague inquiétude le dévorait. Il s'attendait toujours à voir passer sur le rideau de sa fenêtre, éclairé par la lune, l'ombre de Sabina, cherchant sur la galerie l'occasion de se réconcilier avec Teverino.

Il commençait enfin à s'assoupir, lorsque des pas furtifs firent craquer légèrement le plancher de la galerie et se perdirent peu à peu. Léonce resta immobile, l'oreille au guet, l'œil fixé sur Teverino, dont le lit faisait face au sien; alors il vit distinctement le bohémien se lever, entr'ouvrir doucement la porte, s'assurer qu'une personne avait passé là, et s'approcher de son lit pour voir s'il dormait. Léonce feignit de dormir profondément, et de ne pas sentir la main que Teverino agitait devant ses yeux. Alors celui-ci s'habilla sans bruit et sortit avec précaution.

— Misérable! tu m'as trompé, se dit Léonce. Eh bien! je découvrirai la ruse malgré toi, et je couvrirai de honte cette femme impudique.

Il se releva, s'habilla avec précaution et suivit les traces de l'imprudent marquis. La lune se couchait et la ville était silencieuse.

XI.

VADE RETRO, SATANAS.

Léonce avait fort bien noté dans sa mémoire de quel chiffre était marquée la porte de Sabina; mais son trouble était si grand qu'il n'y fit plus attention, et s'arrêta devant la première porte ouverte qui se présenta devant lui. La petite chambre, dont il put voir l'intérieur en un clin d'œil, avait deux lits et était éclairée par une lampe. L'un de ces lits venait d'être abandonné : c'était celui de la négresse, le personnage mystérieux qui avait traversé la galerie. L'autre était une couchette sanglée, fort basse, où reposait tranquillement Madeleine. Teverino, debout dans la chambre, regardait avec inquiétude, et bientôt Léonce le vit s'arrêter devant le grabat de l'oiselière et la contempler attentivement. L'enfant dormait du sommeil des anges ; la lampe, placée sur une table, éclairait sa figure paisible et les traits agités du bohémien. La porte, retombant à demi, cachait Léonce, mais il pouvait tout observer.

— Madeleine? pensa-t-il, changeant de soupçon ; ah ! ce serait plus infâme encore, et je la sauverai. Pourquoi cette négresse de malheur l'abandonne-t-elle ainsi?

Il allait faire du bruit pour mettre le séducteur en fuite, lorsqu'il vit Teverino s'agenouiller devant la figure radieuse de l'enfant. Sa figure, à lui, avait changé d'expression : l'inquiétude était remplacée par un attendrissement profond et une sorte de religieux respect. Il resta quelques instants comme plongé dans de douces et secrètes pensées. On eût dit qu'il priait naïvement, et jamais sa beauté n'avait paru plus idéale. Au bout de quelques minutes, il se pencha, déposa un silencieux baiser sur le chapelet que la petite fille tenait encore dans sa main pendante au bord du lit. Elle s'était endormie en le récitant. Malgré les précautions du bohémien, elle s'éveilla à demi, et se croyant sans doute dans sa chaumière :

— Oh! mon bon ami, dit-elle d'une voix douce, est-ce qu'il fait déjà jour? est-ce que mon frère est rentré?

— Non, non, Madeleine, dors encore, mon ange, répondit Teverino. De m'en vais au-devant de Joseph.

— Eh bien, allez, dit-elle d'une voix éteinte par le sommeil. Je me lèverai quand vous serez sorti. Et comme l'habitude lui mesurait ses heures de repos, elle se rendormit après avoir ainsi parlé sans en avoir conscience.

Teverino sortit et se trouva face à face avec Léonce, qui ne cherchait point à l'éviter. Une grande émotion le saisit tout à coup, et, se retournant brusquement, il prit la clef de la porte de Madeleine et l'arracha de la serrure, après l'y avoir fait tourner. Puis, prenant le bras du jeune homme : — Monsieur, dit-il d'une voix tremblante, vous n'aurez pas cette distraction. Allez, si bon vous semble, troubler le sommeil des grandes dames ; mais l'enfant de la montagne n'est pas destinée à vous servir de pis-aller.

— Si j'avais eu cette infernale pensée, répondit Léonce, dont le calme et l'air de loyauté rassurèrent vite le pénétrant vagabond, j'en serais bien honteux en ta présence, brave jeune homme! J'ai surpris le secret de ton cœur, et je connaissais celui de Madeleine. Mes préoccupations personnelles m'ont empêché jusqu'à présent de reconnaître en toi le bon ami dont elle m'avait parlé, et je t'accusais d'un crime, lorsque tu obéissais à une paternelle sollicitude.

— Paternelle sollicitude! dit Teverino en s'éloignant avec Léonce de la chambre de l'oiselière. Oui, c'est le mot, le vrai mot, Léonce! En entendant marcher dans la galerie, j'ai craint quelque danger pour l'enfant sans défense et sans prévision du mal ; quelque ignoble valet, que sais-je, votre jockey à la mine effrontée!... Je réponds de Madeleine à ce brave contrebandier qui, depuis huit jours, me confie saintement la garde de sa sœur et de sa chaumière. O loyauté de l'âge d'or, tu t'es retrouvée au fond d'un désert entre un bohémien, un bandit et une jeune fille ! Voilà Léonce, ce que le curé bourru appelle un état de péché mortel, et ce que votre noble lady ne comprendrait jamais, elle qui méprise tant la vie de misère et de désordre. Hélas! pourrait-elle comprendre le cœur de Madeleine! Cette sainte ingénuité qui ne sait pas seulement qu'elle est un trésor, et cette confiance sublime que Sabina elle-même, avec toute la puissance de son esprit et de sa beauté, n'a point ô ranice! N'admi-

rez-vous pas, Léonce, le calme et la discrétion de cette enfant qui s'est contentée d'un mot, lorsqu'elle m'a vu déguisé, et qui n'a troublé par aucun accès de folle jalousie mon rôle de flatteur auprès de votre maîtresse? Ah! si vous aviez entendu ses questions naïves, lorsqu'elle était avec moi sur le siège de la voiture et ses réponses pleines de grandeur et de bonté, lorsque je lui demandais si, de son côté, elle ne s'exposait pas à vous trouver trop aimable et trop beau! Nos amours diffèrent bien des vôtres, ami, nous ne nous soupçonnons point, nous savons que nous ne pourrions pas nous tromper. Et faut-il que je vous le confesse? l'oiselière me paraît plus charmante et plus désirable depuis que j'ai respiré le parfum d'une grande dame. Mais où sera donc allée cette maudite négresse, qui laisse sa porte ouverte comme si nous étions ici dans un couvent de chartreux? Je gage que si milady lui avait confié la garde d'un petit chien, elle en aurait pris plus de soin que de l'honneur de cette jeune fille !

Où avait été la négresse, en effet? Nous ne voulons pas supposer qu'elle eût un rendez-vous avec le jockey de Léonce. Peut-être Sabina, tourmentée par l'insomnie, l'avait-elle sonnée ; peut-être encore était-elle somnambule. Tout ce que nous savons sur cette partie peu intéressante de notre roman, c'est qu'en essayant de regagner la porte de sa chambre, qu'elle ne s'attendait pas à trouver fermée, et ne sachant point lire les chiffres, elle alla pousser celle qui lui offrit le moins de résistance, et promena ses mains noires sur la face du curé pour savoir si c'était la lampe qu'elle avait laissée allumée près de son lit. Le nez du saint homme, un peu animé par le vin de Chypre, put lui faire l'illusion d'un bec de lampe qui vient de s'éteindre et fume encore. Dans la crainte de se brûler, elle laissa échapper une exclamation à laquelle répondit un rugissement d'épouvante, car le curé s'était réveillé en sursaut ; et, voyant devant lui cette sombre figure coiffée de linge blanc, qui se dessinait sur le clair de la porte ouverte, il se crut sérieusement attaqué par le diable et lança contre lui son bréviaire, en fulminant tous les exorcismes qui lui vinrent à l'esprit.

Aux clameurs du bonhomme, Léonce et Teverino accoururent et préservèrent la négresse, qui avait perdu la tête et ne savait plus par où s'enfuir pour éviter le chandelier du curé roulant à grand bruit à travers la chambre. Tout s'expliqua. La tremblante Lélé motiva comme elle le voulut sa promenade nocturne ; Teverino la menaça de la dénoncer à milady, si elle ne se tenait pas coite dans sa chambre, où il retourna l'emprisonner, et le curé, enchanté d'avoir échappé aux griffes de Satan, reprit son vertueux somme jusqu'au grand jour.

XII.

LE CALME.

Sabina n'avait pas mieux dormi que ses compagnons de voyage. La prédiction de Léonce s'était réalisée plus qu'il ne l'avait prévu, car lorsqu'il avait parlé au hasard, il n'avait songé qu'à l'amuser et à l'agiter un peu par l'attente de quelque aventure sur laquelle il ne comptait guère. La pauvre jeune femme, inquiète et affligée, ne se lassait point de repasser dans son esprit les étranges incidents de la journée. D'abord les bizarreries de Léonce, la violente et amère déclaration d'amour qu'il lui avait faite dans le bois, et l'attendrissement subit de leur réconciliation. Puis son soudain dépit lorsqu'elle avait voulu s'en tenir à l'ancienne amitié, sa disparition de deux heures dans les montagnes, son retour avec cet inconnu rempli de prestiges et de singularités, qui d'abord lui avait paru le plus noblement passionné, puis tout à coup le plus prosaïquement frivole des hommes ; tantôt épris d'elle jusqu'à l'adoration, tantôt indifférent et désintéressé jusqu'à l'implorer pour un autre ; tantôt le modèle et la fleur des gentilshommes, et tantôt le vrai type de l'histrion des carrefours, passant d'une discussion pédantesque avec le curé à de divines inspirations musicales, et d'un équivoque chuchotement avec l'oiselière à

A l'aspect de ce triste personnage. (Page 35.)

une conversation générale pleine d'élévation, de philosophie et d'enthousiasme poétique. Toutes ces alternatives avaient confondu le jugement et brisé enfin le cœur de Sabina. Toutes ces scènes, tous ces entretiens lui apparaissaient à travers le mouvement rapide de la voiture qu'elle croyait sentir encore, et les changements de décoration des montagnes, qu'elle voyait passer devant ses yeux fermés. Elle ne distinguait plus l'illusion de la réalité, et lorsqu'elle commençait à s'assoupir un instant, elle se réveillait en sursaut, croyant sentir le baiser de Teverino sur ses lèvres, au sommet de la tour. Des applaudissements moqueurs et des rires de mépris frappaient son oreille, la tour s'écroulait avec fracas, et elle se trouvait dans une rue fangeuse, au bras du saltimbanque, en face de Léonce, qui leur jetait l'aumône de sa pitié en détournant la tête.

La négresse, chargée de l'éveiller de bonne heure, la trouva assise sur son lit, l'œil terne et le sein oppressé. Elle lui présenta le burnous de cachemire blanc qui lui servait de robe de chambre à la villa, du linge frais et parfumé, son riche nécessaire de toilette, enfin presque toutes les recherches accoutumées. Elle s'en servit machinalement d'abord; puis, revenue à la réflexion, elle demanda à Lélé qui donc avait eu toutes ces prévoyances délicates. Sur la réponse de Lélé, que Léonce avait fait faire ces préparatifs minutieux, elle ne put douter de l'intention qu'il avait eue, en partant, de prolonger leur promenade jusqu'au lendemain, et, tout en se laissant coiffer et habiller, elle se perdit dans mille rêveries nouvelles.

A la manière dont Teverino s'était conduit la veille, il n'était que trop certain pour elle qu'il ne l'aimait point. Après ces flatteries passionnées et ce fatal baiser, comment, au lieu d'être recueilli et agité le reste de la soirée, avait-il pu jouer une scène burlesque? Et lorsqu'il s'était retrouvé seul avec la femme à demi-vaincue, comment, au lieu de lui témoigner ce repentir hypocrite qui demande davantage, et qu'une orgueilleuse beauté attend pour se défendre ou pour céder, avait-il pu lui tenir tête dans une espèce de dispute philosophique, et enfin lui parler de l'amour de Léonce au lieu du sien propre? Sabina était profondément humiliée : elle avait hâte de se montrer, afin de reprendre ses airs de hauteur ironique et le calme menteur de sa prétendue invulnérabilité. Mais

Il se crut sérieusement attaqué par le diable. (Page 39.)

alors, si le marquis était impertinent et dangereux, quel autre appui que celui de Léonce pouvait-elle espérer?

Une douce et légitime habitude la ramenait donc vers ce défenseur naturel, et, certaine de la générosité de son ami, elle se demandait avec effroi comment elle avait pu être assez injuste et assez légère pour s'exposer à en avoir besoin. Lorsqu'elle comparait ces deux hommes, l'un rempli de séductions et de problèmes, l'autre rigide et sûr; un inconnu et un ami éprouvé; celui-ci qu'un baiser d'elle eût à jamais enchaîné à ses pas, celui-là qui l'acceptait en passant, comme une aventure toute simple, et ne s'en souvenait plus au bout d'une heure : elle s'accusait et rougissait jusqu'au fond de l'âme.

Léonce s'attendait à la voir irritée contre lui; il la trouva pâle, triste et désarmée. Lorsqu'il s'approcha pour lui baiser la main comme à l'ordinaire, il aperçut une larme au bord de ses cils noirs, et, à son tour, il fut involontairement ému.

— Vous êtes souffrante? dit-il; vous avez passé une mauvaise nuit?

— Vous me l'aviez prédit, Léonce, et j'ai à vous rendre compte de ces émotions terribles dont je ne dois jamais perdre le souvenir. Faites en sorte, je vous prie, que je puisse tranquillement causer avec vous aujourd'hui, et ne me quittez pas, comme vous l'avez fait si cruellement hier à diverses reprises.

Léonce n'eut pas le courage de lui répondre qu'il avait cru lui plaire en agissant ainsi. Il voyait trop que Sabina n'avait ni l'envie ni le pouvoir de se justifier.

A son tour, il se demanda s'il n'était pas le seul coupable; et, plein de mélancolie et d'incertitudes, il alla présider aux préparatifs du départ.

Heureusement le curé égaya le déjeuner par le récit de la terrible aventure qui l'avait mis aux prises avec Satan. Le marquis eut beaucoup d'esprit, Léonce fut préoccupé, et Sabina lui en sut gré. Il lui semblait que Teverino avait l'insolence d'un amant heureux, et elle le haïssait. Pourtant rien n'était plus éloigné de la pensée du bohémien; il faisait bien meilleur marché de la faute de lady G... qu'elle-même; il trouvait le péché si véniel, et il avait à cet égard une philosophie si tolérante, qu'il était peu disposé à en tirer gloire. Cela venait de ce qu'il avait moins de respect, dans un certain sens, que Léonce pour la vertu des femmes, et plus de confiance en même temps dans leur mérite moral. Pour un instant de faiblesse, il ne les condamnait pas à n'être pas capables d'un attachement réel et durable. Son code de vertu était moins élevé, mais plus humain. Il ne mettait pas son idéal dans la force, mais, au contraire, dans la tendresse et le pardon.

Ce ne fut qu'au moment de monter en voiture que Sabina s'aperçut de l'absence de Madeleine.

— La petite fille est partie pour ses montagnes à la pointe du jour, lui dit Teverino ; elle a craint que son frère ne fût inquiet d'elle, à l'heure où il rentre ordinairement, et elle a pris sa course à vol d'oiseau à travers les monts, escortée de ses bestioles, que j'ai vues de mes yeux voltiger à sa rencontre, aux portes de la ville ; car j'ai voulu l'escorter jusque-là, de peur qu'elle ne fût assaillie et arrêtée par les enfants, avides de voir ce qu'ils appellent ses tours de sorcellerie.

— Le marquis est le meilleur d'entre nous, dit Léonce : tandis que nous avions oublié notre petite compagne de voyage, il se levait le premier pour protéger sa retraite.

— Vous appelez cela *protéger* ! dit Sabina en anglais, avec un air d'amertume.

— Ne calomniez pas Teverino, lui répondit Léonce, vous ne le connaissez pas encore.

— Ne m'avez-vous pas dit hier que vous ne le connaissiez plus ?

— Ah ! je l'ai retrouvé, et désormais, Sabina, je puis vous répondre de lui.

— Réellement ? c'est un homme d'honneur ?

— Oui, Madame, c'est un homme de cœur, quoique sa fortune ne soit pas brillante.

— Sa famille est pauvre, ou il s'est ruiné ?

— Qu'importe l'un ou l'autre ?

— Il importe beaucoup. Je respecte la pauvreté d'un gentilhomme, mais j'ai mauvaise opinion d'un noble qui a mangé son patrimoine.

— En ce cas, vous pouvez me mépriser, car je suis fort en train de manger le mien.

— Vous en avez le droit, et je sais que vous le faites d'une manière noble et libérale. Cela ne risque point de vous entraîner aux humiliations de la misère ; votre talent comme artiste vous assure un brillant avenir.

— Et si j'étais un artiste capricieux, inconstant, et d'autant plus sujet aux accès de paresse et de langueur que l'idée de travailler pour de l'argent glacerait mes inspirations ? Les grands, les vrais artistes sont ainsi pourtant ; et vous-même, ne me reprochiez-vous pas hier d'être né dans un milieu où le succès est facile à établir et la lutte peu méritoire ?

— Ne me rappelez rien d'hier, Léonce, je voudrais pouvoir arracher cette page-là du livre de ma vie.

On avait franchi rapidement le plateau où la ville est située. Pour regagner la frontière, il fallait remonter au pas le colimaçon escarpé que Teverino avait descendu la veille avec tant d'audace et de sécurité. Il y en avait au moins pour une heure. Tout le monde avait mis pied à terre, excepté Sabina, qui pria Léonce de rester auprès d'elle dans le fond du wurst. Le jockey se tint à portée des chevaux, la négresse folâtrait le long des fossés, poursuivant les papillons avec une certaine grâce sauvage qui faisait ressortir la finesse et la force de ses formes voluptueuses. Le curé, qui avait décidément horreur de cette mauricaude, de ce lucifer en cotillons, comme il l'appelait, marchait devant avec Teverino. Celui-ci avait résolu de le réconcilier avec le bon ami de Madeleine, ce vagabond que le bonhomme n'avait jamais vu, mais qu'il se promettait de faire *pincer* par les gendarmes à la première occasion. Sans lui parler de cet inconnu, le marquis, prévoyant le moment où il lui faudrait peut-être lever le masque, se fit connaître lui-même sous ses meilleurs aspects, et s'attacha à capter la bienveillance et la confiance du bourru. Ce ne fut pas difficile, car le bourru était au fond le meilleur des hommes, quand on ne contrariait pas ses idées religieuses ni ses habitudes de bien-être.

— Écoutez, Léonce, dit Sabina, après avoir rêvé quelques instants, j'ai une confession étrange à vous faire, et si vous me jugez coupable, j'aurai à me disculper à vos dépens ; car vous êtes la cause de tout le mal que j'ai subi, et vous semblez avoir prémédité ma souffrance. Vous avez donc de si grands torts envers moi, que je me sens la force d'avouer les miens.

— Dois-je vous sauver cette honte ? répondit Léonce en lui prenant la main ; partagé entre la pitié dédaigneuse et l'intérêt fraternel. Oui, c'est le devoir d'un ami, en même temps que son droit. Vous n'avez pu voir impunément mon marquis, vous avez senti sa puissance invincible, vous avez renié toutes vos théories fanfaronnes, vous l'aimez enfin !

Une rougeur brûlante couvrit les joues de Sabina, et elle fit un geste de mépris ; mais elle dit après un effort sur elle-même : — Et si cela était, me blâmeriez-vous ? Parlez franchement, Léonce, ne m'épargnez pas.

— Je ne vous blâmerais nullement ; mais j'essaierais de vous mettre en garde contre cette naissante passion. Teverino n'en est point indigne, j'en fais le serment devant Dieu, qui sait toutes choses et les juge autrement que nous. Mais il y a, entre cet homme et vous, des obstacles que vous ne pourriez ni voudriez surmonter, pauvre femme ! Une vie de hasards, de revers, de bizarreries inexplicables enchaîne Teverino dans une sphère où vous ne sauriez le suivre. Un lien entre vous serait déplorable pour tous deux.

— Vous répondez à ce que je ne vous demande pas. Que m'importe l'avenir, que m'importe la destinée de cet homme ?

— Ah ! comme vous l'aimez ! s'écria Léonce avec amertume.

— Oui, je l'aime en effet beaucoup ! répondit-elle avec un rire glacé. Vous êtes fou, Léonce. Cet homme m'est complétement indifférent.

— Alors que me demandez-vous donc ? Vous jouez-vous de ma bonne foi ?

— A Dieu ne plaise ! Je vous ai demandé si cet amour vous semblerait coupable, au cas qu'il fût possible.

— Coupable, non ; car je conviens que le coupable ce serait moi.

— Et il ne m'ôterait rien de votre amitié ?

— De mon amitié, non ; mais de mon respect...

— Dites tout. Pourquoi votre respect se changerait-il en pitié ?

— Parce que vous n'auriez pas été franche avec moi dans le passé. Quoi ! tant d'orgueil, de froideur, de dédain pour les femmes faibles, de railleries pour les chutes soudaines, pour les entraînements aveugles ; et tout à coup vous vous dévoileriez comme la plus faible et la plus aveugle de toutes ? Vous vous seriez garantie pendant des années d'un amour vrai et profond, pour céder en un instant à un prestige passager ? Votre caractère perdrait dans cette épreuve toute son originalité, toute sa grandeur.

— Comme vous êtes peu d'accord avec vous-même, Léonce ! Hier vous faisiez une guerre acharnée, féroce, à cet odieux caractère ; vous le taxiez d'égoïsme et de froide barbarie. Vous étiez prêt à me haïr de ce que je n'avais jamais aimé.

— Alors vous vous êtes piquée d'honneur, et vous avez voulu faire voir de quoi vous étiez capable !

— Soyez calme et généreux : ne me supposez pas la lâcheté de m'être tracé un rôle et d'avoir tranquillement résolu de vous faire souffrir.

— Souffrir, moi ? Pourquoi aurais-je donc souffert ?

— Parce que vous m'aimiez hier, Léonce. Oui, vous me parliez d'amour en me témoignant de la haine, vous m'imploriez en me repoussant. Je sais que vous en êtes humilié aujourd'hui ; je sais qu'aujourd'hui vous ne m'aimez plus.

— Eh bien, dit Léonce tristement, voilà ce qui s'appelle lire dans les cœurs. Mais il vous est, je suppose, aussi indifférent de me voir guéri aujourd'hui, qu'il vous l'était hier de me savoir malade ?

— Connaissez donc toute la perversité de mon instinct. Je n'étais pas plus indifférente hier que je ne le suis aujourd'hui. J'avais presque accepté votre amour hier en le

repoussant, et aujourd'hui, tout en ayant l'air de l'implorer, j'y renonce.
— Vous faites bien, Sabina, ce serait un grand malheur pour tous deux qu'il pût persister après ce que j'ai vu et ce que je sais.
— Et pourtant vous n'avez pas tout vu, et je veux que vous sachiez tout. Hier, au sommet de la tour, j'ai été attendrie jusqu'aux larmes par la voix de cet Italien; un vertige m'a saisie, j'ai senti ses lèvres sur les miennes, et si je ne vous eusse entendu revenir, je n'aurais peut-être pas détourné la tête.
— Il vous est facile de vous confesser à qui n'a rien perdu de cette scène pittoresque. J'ai cru voir Françoise de Rimini recevant le premier baiser de Lanciotto ! Vous étiez fort belle.
— Eh bien, Léonce, pourquoi ce frisson, ce regard courroucé et cette voix tremblante ? Que vous importe aujourd'hui, puisque, pour cette faute, vous ne m'aimez plus ? puisque vous me méprisez au point de vouloir m'ôter le mérite de la confiance et du repentir ?
— On ne se repent pas quand on se confesse avec tant d'audace.
— Eh bien, que ce soit de l'audace si vous voulez, je ne me pique pas du contraire, et ce n'est pas le pardon d'un amant que je demande, c'est l'absolution de l'amitié. Tenez, Léonce, l'humiliante expérience que j'ai faite hier à mes dépens, m'a fait changer de sentiments sur l'amour et d'opinion sur moi-même. Je rêvais quelque chose d'inouï et de sublime; j'y croyais encore; je vous supposais à peine digne de me guider à la découverte de cet idéal. Maintenant j'ai reconnu le néant de mes songes et l'infirmité honteuse de la nature humaine. Un œil de feu, de flatteuses paroles, une belle voix, la fatigue et l'émotion d'une journée d'aventures, l'enivrement d'une belle nuit, d'un beau site, et, par-dessus tout, un méchant instinct de dépit contre vous, m'ont rendue aussi faible à un moment donné, que j'avais été forte et invincible durant plusieurs années passées dans le monde. Un trouble inconcevable a pesé sur moi, un nuage a couvert mes yeux, un bourdonnement a rempli mes oreilles. J'ai senti que moi aussi j'étais un être passif, dominé, entraîné, une femme, en un mot ! Et dès lors tout mon échafaudage d'orgueil s'est écroulé; j'ai pleuré la foi que j'avais en moi-même, et, me sentant ainsi déchue et désillusionnée sur mon propre compte, j'ai cru, du moins, pouvoir remercier Dieu d'avoir placé près de moi un ami généreux, qui, après m'avoir préservée d'une chute complète, me consolerait dans ma douleur. Me suis-je donc trompée, Léonce, et n'essaierez-vous pas de fermer cette blessure qui saigne au fond de mon cœur ? Faudra-t-il que je pleure dans la solitude, et que je sois foudroyée à toute heure par le cri de ma conscience ? Et si ce désespoir achève de me briser, si une première chute me place sur une pente fatale, si je dois encore subir de si misérables tentations et sentir la gravité de ces dangers que j'ai tant méprisés, n'aurai-je personne pour me tendre la main et me protéger ? Sera-ce mon mari, cet Anglais flegmatique et intempérant qui ne sait pas préserver sa raison de l'attrait du vin, et qui ne conçoit pas qu'on cède à celui de l'amour ? Seront-ce mes adorateurs perfides, ces gens du monde, impitoyables et dépravés, qui ne reculent devant aucun mensonge pour séduire une femme, et qui la méprisent dès qu'elle écoute les mensonges d'un autre ? Dites, où faudra-t-il que je me réfugie désormais, si le seul homme à l'amitié duquel je peux livrer le secret de ma rougeur me repousse et me dit froidement : « De la pitié, oui; mais du respect, non!
Sabina avait parlé avec énergie; ses joues étaient d'une pâleur mortelle que faisaient ressortir de légers points brûlants sur ses pommettes délicates. Elle avait réellement la fièvre, et la brise du matin, qui soulevait sa magnifique chevelure, lui donnait un aspect inaccoutumé de désordre et d'émotion violente. Léonce la trouva plus belle que jamais; il saisit sa main, et la sentant réellement agitée d'un frisson glacé, il la porta à ses lèvres pour la ranimer. Un torrent de larmes brisa la poitrine de Sabina; et, se penchant sur l'épaule de son ami,

elle fut reçue dans ses bras qui la serrèrent passionnément.
Léonce garda le silence; il lui était impossible de dire un mot. Les préjugés de son orgueil luttaient contre l'élan de son cœur. S'il ne se fût agi en réalité que du pardon de l'amitié, rien ne lui eût été plus facile que de prodiguer de tendres consolations; mais Léonce était amoureux, amoureux fou peut-être, et depuis trop longtemps pour que les devoirs de l'amitié pussent se présenter à son esprit. Il était aux prises avec une passion bien autrement exigeante et jalouse, et il souffrait de véritables tortures en songeant qu'à deux se trouvait un homme qui avait réussi, en un instant, à bouleverser ce cœur fermé pour lui depuis des années. Malgré ce combat intérieur, Léonce était vaincu sans se l'avouer; car il était né généreux, et de plus, il éprouvait le sentiment qui devient en nous le plus généreux de tous, quand nous réussissons à dégager sa divine essence des souillures de l'égoïsme et de la vanité.
— Ne m'interrogez pas, dit-il à Sabina; et moi aussi, je souffre... mais restez ainsi près de mon cœur, et tâchons d'oublier, tous les deux!
Il la retint dans ses bras, et elle éprouva bientôt la douceur de ce fluide magnétique qui émane d'un cœur ami, et qui a plus d'éloquence que toutes les paroles. Tous deux respiraient plus librement, et comme les yeux de Sabina se fermaient pour savourer cette pure ivresse, il lui dit en l'attirant plus près de lui : « Dormez, chère malade, reposez-vous de vos fatigues. » Elle céda instinctivement à cette invitation, et bientôt un sommeil bienfaisant, doucement bercé par la marche lente de la voiture et la sollicitude de son ami, répara ses forces et ramena sur ses joues le pâle coloris uniforme, qui est la fraîcheur des brunes.

XIII.

HALTE!

Sabina ne s'éveilla qu'à la cabane du douanier; mais, avant qu'elle eût songé à se dégager de la longue et silencieuse étreinte de Léonce, le regard perçant de Teverino avait surpris le chaste mystère de cette réconciliation. Léonce vit son sourire amical, et, comme il essayait de n'y répondre qu'avec réserve, le bohémien, lui montrant le ciel, et reprenant le récitatif de *Tancredi*, qu'il avait entonné la veille au même endroit, il chanta ce seul mot, où, en trois notes, Rossini a su concentrer tant de douleur et de tendresse : *Amenaïde!*
Teverino y mit un accent si profond et si vrai, que Léonce lui dit, en descendant de voiture pour parler au douanier : — Il suffirait de t'entendre prononcer ainsi ce nom et chanter ces trois notes pour reconnaître que tu es un grand chanteur, et que tu comprends la musique comme un maître.
— Je comprends l'amour encore mieux que la musique, répondit Teverino, et je vois avec plaisir que tu commences à en faire autant. Crois-moi, quand l'amour parle à ton cœur, élève ton cœur vers Dieu qui est toute mansuétude et toute bonté. Tu sentiras alors ce cœur blessé redevenir calme et naïf comme celui d'un petit enfant.
— Vous allez donc encore nous conduire ? dit le curé en voyant Teverino monter sur le siége. Serez-vous plus sage qu'hier, au moins ?
— Êtes-vous donc mécontent de moi, cher abbé ! vous est-il arrivé le moindre accident ? D'ailleurs, n'allez-vous pas vous placer près de moi pour modérer ma fougue si je m'emporte ?
— Allons, vous faites de moi tout ce que vous voulez, et si Barbe voyait comme vous me menez par le bout du nez, elle en serait jalouse et réclamerait son monopole. Le fait est que je commence à m'habituer à vos folies, et que je ne peux pas dire que vous ne soyez un aimable compagnon. Allons, fouette, cocher ! pourvu que nous retournions tout de bon à Sainte-Apollinaire aujourd'hui, et que nous ne repassions pas par ce maudit torrent, qui

semble vouloir à chaque instant emporter le pont et ceux qui y passent !...

— Si nous évitons le torrent, nous prenons le plus long, cher abbé; moi, je ne demande pas mieux !

— Va pour le plus long! dit le curé qui avait enfoncé son grand chapeau sur ses yeux d'une façon mutine. *Chi va piano, va sano*; une heure de plus ou de moins en voyage, ce n'est pas une affaire : *chi va sano, va bene.*

On prit un autre chemin, et Sabina demanda à Léonce si l'on retournait bien réellement à la villa.

— Je l'espère, répondit-il, et pourtant je n'en sais trop rien. Je dois avouer que toute ma force magnétique m'a abandonné depuis qu'elle a passé dans le marquis, et que lui seul est désormais notre boussole.

— Alors, j'entre en révolte ouverte; je ne veux être dirigée que par vous.

— J'entends, Signora, dit Teverino; prenez que je ne suis que le gouvernail, et que j'obéis à la main de Léonce. C'est M. le curé qui est la boussole; son regard est toujours fixé vers le pôle, et l'étoile, c'est dame Barbe, sa vénérable gouvernante.

— Bien dit, bien dit ! s'écria le curé en riant de tout son cœur.

La route fut longue, mais belle. Teverino conduisait sagement et s'arrêtait à chaque site remarquable pour le faire admirer à ses compagnons. Son air d'enjouement et de bonté, et ses manières respectueuses avec Sabina, la rassurèrent peu à peu. Il semblait qu'il fût jaloux de lui faire oublier un moment de faiblesse. Elle lui en sut gré; mais elle n'eut de regards tendres et de paroles gracieuses que pour Léonce.

Cependant, la chaleur commençant à se faire sentir, elle se rendormit, tandis que Léonce, avec une sollicitude persévérante, tenait l'ombrelle au-dessus de sa tête. Lorsqu'elle se réveilla, elle se vit avec surprise au milieu d'un cloître gothique.

La voiture était arrêtée dans une grande cour, sur un gazon touffu et auprès d'une fontaine jaillissante. D'antiques constructions, d'une élégance bizarre, entouraient cette partie avancée du monastère. A travers les arcades aiguës, on découvrait, d'un côté, les perspectives profondes d'une vallée charmante; de l'autre, on voyait s'élever, bien au-dessus des aiguilles dentelées de l'architecture, les pics arides et menaçants de la montagne. En face, une large grille fermait la seconde enceinte du couvent, et laissait apercevoir, autour d'un préau rempli de fleurs, des bâtiments plus modernes, mieux entretenus, et chargés d'ornements dans le goût du seizième siècle. Le curé, la face collée à cette grille, ébranlait d'une main vigoureuse la cloche au timbre sonore, et des figures de moines accourant au bruit, paraissaient dans le clair-obscur d'une seconde porte voûtée, ouvrant sur une troisième enceinte.

— N'est-ce pas, Milady, dit Teverino, que vous ne m'en voudrez pas de vous avoir amenée chez ces bons pères? Ceci est le couvent de Notre-Dame-du-Refuge, et notre cher abbé pense qu'un peu de repos et de rafraîchissement embellirait cette halte poétique. Nous allons faire demander au prieur la permission de vous introduire au cœur du sanctuaire, et, pour l'obtenir, nous vous ferons passer pour une vieille Irlandaise, ultra-catholique. Baissez donc votre voile, et gardez qu'on ne voie vos traits et votre taille avant que la grille soit ouverte.

— Ces bons moines sont plus fins que toi, dit Léonce, et voici déjà le frère-portier qui vient regarder de près notre jeune et belle voyageuse.

Après avoir parlementé, les moines consentirent à admettre les femmes dans le préau, mais pas plus loin ; et alors, avec beaucoup de grâce et d'affabilité, ils firent dételer les chevaux et conduisirent les voyageurs dans une salle bien fraîche et pittoresquement décorée, où une friande collation leur fut servie.

Là s'établit un feu roulant de questions où la naïve curiosité de ces saints oisifs embarrassa plus d'une fois la prudence du curé. Il lui fallut se prêter aux mensonges de Teverino, qui fit hardiment passer Léonce pour lord G..., le mari de Sabina, et qui assura qu'on venait en droite ligne de Sainte-Apollinaire, où M. le curé avait dit sa messe le matin avant de se mettre en route. Le prieur s'étonna que lord G... n'eût point l'accent anglais, et que la voiture fût arrivée par les plateaux de la montagne au lieu de venir par le fond de la vallée. Teverino eut réponse à tout, et, pour faire cesser ces questions, il entreprit d'en assaillir ses hôtes, et de les occuper par l'éloge de leur couvent, de leur bonne mine, et de leur opulente hospitalité. Après le repas, il demanda, pour les hommes au moins, la permission de visiter l'église et les cloîtres intérieurs, et, de cette façon, il procura à Léonce un nouveau et paisible tête-à-tête avec Sabina, que ce dernier ne voulut pas laisser seule. « Ce sont de nouveaux mariés, dit Teverino tout bas au prieur; vous avez ici des moines qui m'ont l'air de fort beaux jeunes gens. Mylord est jaloux, même d'un regard innocent et respectueux lancé sur sa noble épouse. » Tout moine aime les petits secrets et les délicates confidences. Malgré ce que celle-ci avait de mondain, le bon père sourit, et salua d'un air malin le prétendu lord G,..., en l'invitant à cueillir des fleurs pour milady.

Léonce et sa compagne, après avoir admiré la vigueur des plantes cultivées avec tant d'amour et de science dans le préau, retournèrent dans la première cour, dont les bâtiments délabrés et les grandes herbes abandonnées avaient plus de caractère et de poésie. Ce lieu était complétement désert, et ses antiques constructions, ouvertes sur le paysage, ne servaient plus que de hangars et de celliers. La mule du prieur, blanchie par l'âge, paissait d'un air mélancolique, et le roucoulement des pigeons sur les toits couverts de mousse interrompait seul, avec le murmure uniforme de la fontaine et le tintement de l'horloge qui annonçait minutieusement chaque parcelle du temps écoulé, le silence de cette demeure où le temps n'avait pas d'emploi véritable et où la vie semblait s'être arrêtée.

Sabina, assise sur un banc auprès de la fontaine de marbre noir, ressemblait à la statue de la Mélancolie. Une révolution complète s'était opérée depuis le matin dans les manières, l'attitude et l'expression de cette belle personne, et Léonce, en la contemplant, sentait que tout était changé entre elle et lui. Ce n'était plus la dédaigneuse beauté, sceptique à l'endroit de l'amour réel, fièrement exaltée à l'idée de je ne sais quel amour idéal et impossible, auquel nul mortel ne lui semblait digne d'être associé dans ses rêves. Cette force de caractère, cette tension pénible de la volonté, qui avaient tant effrayé et tant irrité Léonce, avaient fait place à une molle langueur, à une tristesse touchante, à une rêverie profonde, à un ensemble de manières tendres et douces, dont lui seul était l'objet. C'était une femme timide, tremblante et brisée, et pour la première fois elle avait pour lui un attrait que ne glaçaient plus la méfiance et la peur. Il se sentait à l'aise auprès d'elle, il pouvait parler et respirer sans craindre ces piquantes et spirituelles railleries qui, en éveillant son esprit, tenaient son cœur en garde contre elle et contre lui-même. Il n'avait plus besoin d'affecter, comme la veille, ce rôle de docteur et de pédagogue mystérieux, plaisanterie froide et forcée qui avait caché tant d'émotion et de dépit. Il était désormais pour elle un véritable protecteur, un médecin de l'âme, presque un maître ; et là où l'homme sent qu'il dirige et domine, il est capable de tout pardonner, même l'infidélité qui a fait saigner son amour-propre.

Il s'assit aux pieds de sa docile pénitente, et après un long silence où il se plut peut-être à prolonger son inquiétude et sa timidité, il lui demanda si son affection, à elle, ne serait pas diminuée par cette pénible confidence qu'elle avait osé lui faire.

— Peut-être, lui dit-elle, si je voyais en vous autre chose qu'un amant qui me quitte et un ami qui m'est rendu. Mais si l'ami me guérit des blessures que je me suis faites, je verrai avec joie l'amant disparaître pour jamais. De cette façon ma fierté ne peut pas souffrir ; car si l'amour est orgueilleux et susceptible, si son pardon

Il était seul et marchait lentement. (Page 46.)

est humiliant et inacceptable; celui de l'amitié est le plus saint et le plus doux des bienfaits. Ah! voyez, mon cher Léonce, combien ce sentiment divin est plus pur et plus précieux que l'autre! comme, au lieu d'amoindrir et de torturer, il ennoblit et purifie! Hier, je n'eusse accepté de vous ni secours ni pitié. Aujourd'hui je ne rougirais pas de vous les demander à genoux.

— Eh bien, mon amie, vous n'êtes pas encore dans le vrai; vous avez passé d'un excès à l'autre. Hier, vous méprisiez trop l'amitié; aujourd'hui, vous l'exaltez sans mesure. Vous ne pouvez perdre la fausse notion que vous vous êtes faites si longtemps de ces deux sentiments, et vous voulez toujours les rendre exclusifs l'un de l'autre; pourtant l'union des sexes n'est vraiment idéale et parfaite que lorsqu'ils se réunissent dans deux nobles cœurs. Qu'est-ce donc qu'un amour vrai, si ce n'est une amitié exaltée? Oui, l'amour, c'est l'amitié portée jusqu'à l'enthousiasme. On dit que l'amour seul est aveugle! Là où l'amitié est clairvoyante, elle est si froide, qu'elle est bien près de mourir. Croyez-moi, si votre faute me semblait grave et impardonnable, si un instant de trouble et de défaillance vous rendait, à mes yeux, indigne de connaître et de ressentir l'amour, je ne serais pas votre ami, et vous devriez repousser mes consolations au lieu de les accepter. Dans la jeunesse, on n'aime pas la femme qu'on ne désire plus et qu'on voit sans jalousie dans les bras d'un autre. Le mot d'amitié est alors un mensonge, et Dieu me préserve de vous dire que je vous aime ainsi! Oh! laissez-moi vous confesser que je souffre mortellement de ce qui s'est passé hier, et que je suis irrité contre vous jusqu'à être encore en ce moment plus près de la haine que de l'amitié telle que vous la définissez. Ce n'est pas déchue et méprisable que je vous trouve, c'est injuste, cruelle, coupable envers moi seul, qui vous aime, et qui méritais le bonheur que vous avez donné à un autre.

— Vous m'effrayez davantage de ma faute, dit Sabina tremblante. Croyez-vous donc que cette pensée ne me soit pas venue, et que je ne me reproche pas de vous avoir fait ce mal personnel? C'est à Dieu que je m'en confesse.

— Et pourquoi n'est-ce pas à moi aussi, à moi surtout? s'écria Léonce en saisissant avec force ses deux mains agitées. Dieu vous a déjà pardonné; vous le savez bien;

mais moi, vous ne voulez donc pas que je vous pardonne comme ami et comme amant?

— Épargnez-moi cette souffrance, dit Sabina en voyant son orgueil réduit aux abois. Lisez dans mon cœur, et comprenez donc quel est son plus grand motif de douleur.

— Eh bien, humilie-toi jusque-là, reprit Léonce exalté, puisque c'est la plus grande preuve d'amour qu'une femme telle que toi puisse donner! Dis-moi que tu as péché envers moi; lève vers le ciel ta tête altière, et brave-le si tu veux; peu m'importe. Je n'ai pas mission de te menacer de sa colère; mais je sais que tu m'as brisé le cœur, et que tu me dois d'en convenir. Si tu ne te repens pas de ce crime, c'est que tu ne veux pas le réparer.

— Eh bien, pardonne-le-moi, Léonce, et pour me le prouver, efface à jamais la trace de cet odieux baiser.

— Il n'y est plus, il n'y a jamais été! s'écria Léonce en la pressant contre son cœur; et à présent, dit-il en retombant à ses pieds, marche sur moi si tu veux, je suis ton esclave; et qu'un fer rouge brûle mes lèvres s'il en sort jamais un reproche, une allusion à tout autre baiser que le mien!

En ce moment, l'horloge du couvent sonna deux heures, et la porte du préau s'ouvrit pour laisser sortir un jeune frère vêtu de l'habit blanc des novices.

Il était seul et marchait lentement, la tête baissée sous son capuchon, les mains croisées sur sa poitrine, et comme plongé dans un modeste recueillement.

Léonce et Sabina se levèrent pour aller à sa rencontre, et il s'inclina jusqu'à terre pour leur témoigner son respect et son humilité. Mais tout à coup, se relevant de toute sa grande taille, et jetant son capuchon en arrière, il leur montra, au lieu d'une tête rasée, la belle chevelure noire et la figure riante de Teverino.

— Quel est ce nouveau déguisement? s'écria Léonce.

Teverino, pour toute réponse, éleva la main vers le campanile du couvent et montra le cadran de l'horloge, qui marquait l'heure en lettres d'or sur un fond d'azur.

Puis il dit d'une voix creuse, en s'agenouillant comme un pénitent :

— L'heure est passée, ma confession va être entendue.

— Pas un mot! dit Léonce en lui mettant les deux mains sur les épaules, et en le secouant avec une affectueuse autorité. Sur ton âme et sur ta vie, frère, tais-toi! Me crois-tu assez lâche pour l'avoir trahi? Que ton secret meure avec toi; il ne t'appartient pas, et ton cœur est trop généreux pour faire la confession des autres.

— Je ne suis pas un enfant, pour ne point savoir ce que je puis taire ou révéler, répondit le bohémien ; mais il est des choses dont j'aurais la conscience chargée si je ne m'en accusais ici; d'autant plus que, sous ce rapport, nous voici trois qui n'avons rien à nous cacher. Écoutez donc, noble et généreuse Signora, la plainte d'un pauvre pécheur, qui vient demander l'absolution à vous et au seigneur Léonce.

Ce misérable, attaché à votre noble ami par les liens sacrés de l'affection et de la reconnaissance, eut le malheur de rencontrer un jour, au milieu d'un bois, une dame d'une naissance illustre et d'une beauté ravissante. Il ne put la voir et l'entendre sans être fasciné par les charmes de sa personne et de son esprit. Tout en se laissant aller au bonheur suprême de la regarder et de l'entendre, il faillit oublier que Léonce était éperdument épris d'elle, et que lui-même avait d'autres affections à respecter. Il eut la sotte vanité de chanter pour la distraire, car cette admirable dame était triste. Quelque nuage s'était élevé entre elle et Léonce, et elle avait comme un besoin de pleurer en pensant à lui. Le pécheur indigne était passionné pour son art, et ne pouvait chanter sans s'émouvoir lui-même jusqu'à en perdre l'esprit. Il arriva donc que lorsqu'il eut dit sa romance, il vit la dame attendrie, et il eut comme une bouffée de ridicule fatuité, comme un éblouissement, comme un accès de délire. Oubliant ses devoirs personnels, son amitié sainte pour Léonce et le profond respect qu'il devait à la signora, il eut l'audace de profiter de sa préoccupation douloureuse, de s'asseoir auprès d'elle, et de chercher à surprendre une de ces pures caresses qui ne lui étaient pas destinées. Si la noble dame irritée n'eût détourné la tête avec horreur, il allait ravir un baiser qui n'eût pas été assez payé de sa vie. Heureusement Léonce parut, et protégea son amie contre l'audace d'un scélérat. Depuis ce moment, la dame ne l'a plus regardé qu'avec mépris ; et lui, sentant le remords dans son âme coupable, voyant qu'à un grand crime il fallait une grande expiation, il a rompu le pacte de Satan, il a renoncé au monde, et, se précipitant dans la paix du cloître, il a pris cet habit de la pénitence que le repentir colle à ses os, et qu'il ne quittera que pour un linceul.

— Voilà un récit très-touchant, dit Léonce, et il n'y a pas moyen d'y résister. Sabina, vous ne pouvez refuser votre pardon à une contrition si parfaite. Tendez la main au coupable, c'est moi qui vous en supplie, et relevez-le de ses vœux terribles.

Sabina, satisfaite de l'explication un peu hypocrite, mais infiniment respectueuse du marquis, lui permit de baiser sa main, et l'engagea, en s'efforçant de sourire, de se pardonner une faute qu'elle avait déjà complétement oubliée. Elle insista sur ces dernières paroles, de manière à lui faire sentir qu'elle n'attachait aucune importance au ridicule incident du baiser, et Teverino admira en lui-même, avec une bonhomie malicieuse, l'aplomb d'une femme du monde aux prises avec de si délicates apparences.

— Je suis d'autant plus glorieux de mon pardon, dit-il, que je vois bien que mon crime n'a tourné qu'à ma confusion et au triomphe de l'amour véritable.

— Maintenant, dit Léonce, veux-tu nous expliquer comment tu as dérobé à la vigilance des bons moines cet habit de l'innocence que tu portes si fièrement?

— Cet habit m'appartient, répondit Teverino; il est tout neuf, il me sied, il est commode, et je compte l'user ici.

— Ah çà, trêve de plaisanteries. Je ne crois pas que le diable te tente de prendre le froc?

— Si fait; le diable, en me suscitant cette envie, m'a dit à l'oreille qu'il ne manquait pas ici d'orties pour m'en débarrasser. Devinez ce qui m'arrive! Ma fortune n'est pas brillante et ne répond guère à mon titre de marquis. Vous avez pu, sans indiscrétion, confier cette circonstance à milady. De plus, je suis capricieux comme un artiste, paresseux comme un moine, rêveur comme un poëte. J'ai toujours aimé les couvents et rêvé cette vie molle et béate, pourvu qu'elle ne se prolongeât pas au delà du terme assigné par ma fantaisie. Tout à l'heure, en écoutant les novices qui prenaient leur leçon de chant, j'ai fait au prieur quelques remarques judicieuses sur la mauvaise méthode qu'ils suivaient. Il m'a avoué que son maître-chantre était en mission auprès du Saint-Père, et ne reviendrait de Rome que dans deux mois. Pendant cette absence, l'école dépérit et la méthode se perd. J'ai chanté alors un motet à ma manière, et ce bon prieur, qui se trouve être un enragé mélomane, ne savait plus quelle fête me faire. « Ah! Monsieur, me disait-il, quel dommage que vous soyez un riche seigneur! quel maître de chant vous auriez fait! — Qu'à cela ne tienne, ai-je répondu, je m'en vais donner la leçon à vos novices sous vos yeux. »

En moins de cinq minutes, je leur ai fait comprendre qu'ils ne savaient ni émettre ni poser la voix, et, joignant l'exemple au précepte, avec beaucoup de douceur et de modestie, je les ai tellement charmés et enthousiasmés, qu'ils répétaient à l'envi avec le prieur : « Quel dommage de ne pas pouvoir nous attacher un tel maître! »

Bref, j'ai été si attendri de leurs démonstrations, et la vie du moine musicien m'est apparue sous des couleurs si agréables, que j'ai consenti à passer ici les deux mois qui doivent s'écouler avant le retour du maître-chantre. Je me suis fait conduire à l'orgue, que j'ai fait résonner de manière à enchanter mes auditeurs; et enfin me voilà moine pour le reste de l'été : c'est-à-dire que, bien nourri et bien logé, habillé comme me voilà dans l'intérieur du cloître, pour mon amusement particulier, ayant six heures par jour d'une occupation qui me plaît, et le reste du temps pour courir dans la montagne, chasser, pêcher, lire, composer ou dormir, je me trouve le plus heureux des hommes, et je m'identifie avec mon patron Jean Kreyssler, qui se plut si bien dans son asile monastique, qu'il y oublia, entre la grande musique et le bon vin, ses malheurs, ses amours et toutes les choses de ce monde périssable!

— Bravo! dit Léonce, je t'approuve et compte venir te voir souvent; mais je doute que tu restes ici deux mois entiers. Je sais que tout ce qui est nouveau te sourit, et que tout ce qui dure te fatigue.

— C'est vrai; mais quand je prends un engagement, j'y persiste avec scrupule. Tu dois me rendre cette justice que je ne m'engage pas sans conditions, et que je porte dans mes conditions une certaine prévoyance. Je sais d'avance que j'aurai ici du plaisir pour deux mois. Les élèves sont intelligents et doux; il y a de belles voix que j'aimerai à développer. Et puis, il y a dans le chapitre de vieux grimoires musicaux couverts d'une vénérable poussière que je me promets de secouer. C'est dans de telles archives que se trouvent les trésors de l'art et la fortune des artistes.

— Soit! dit Léonce, mais j'ai encore plusieurs questions à t'adresser, et puisque voici le prieur et le curé qui viennent saluer milady, je lui demanderai la permission de l'entretenir en particulier.

Ils entrèrent sous les arcades du cloître, d'où l'on découvrait la campagne, et là, Léonce prenant le bras de l'aventurier :

— Voyons! lui dit-il; tu me parais vouloir mettre un peu d'ordre et de travail dans ta vie. Tu as des facultés naturelles extraordinaires, et je ne doute pas qu'avec ce que tu as plutôt deviné qu'appris, tu ne puisses en peu de temps te faire un sort brillant et acquérir de la réputation.

— Je le sais parfaitement, répondit Teverino, mais cela ne me tente pas.

— Tu n'as donc pas de vanité? Tu mériterais d'être moine!

— J'ai de la vanité, et je ne suis pas fait pour la règle. Je ne serai donc pas moine et je resterai voyageur sur la terre, satisfaisant ma vanité quand il me plaira, me débarrassant d'elle quand elle voudra m'asservir. Car la vanité est le plus despote et le plus inique des maîtres, et je ne prendrai jamais l'engagement d'être l'esclave de mon propre vice.

— Ne peux-tu être un artiste sérieux sans être l'esclave du public? Allons, écoute-moi. Les commencements sont rebutants pour une fierté sauvage comme la tienne. Tes protecteurs ont dû être jusqu'ici injustes ou parcimonieux, puisque tu as la protection d'autrui en horreur! Mais une amitié éclairée, délicate, digne de toi, j'ose le dire, ne peut-elle donc t'offrir les moyens de commencer et d'établir ta fortune? L'argent et l'appui des maîtres sont des moyens nécessaires. Accepte mes offres, viens me trouver à Paris, où je serai dans deux mois, et je te réponds que l'hiver ne se passera pas sans que tu sois à la place qui te convient dans le monde.

— Merci, cher Léonce, merci, dit Teverino en lui pressant la main. Je sais que tu parles dans la sincérité de ton cœur, mais je peux d'autant moins accepter le moindre service de toi, que nous nous sommes rencontrés dans des situations délicates et sur un terrain brûlant. J'ai pu être pendant vingt-quatre heures un modèle de chevalerie, un miroir de loyauté. Mais, quoique je ne sois pas amoureux de milady, l'épreuve a été assez périlleuse et assez difficile pour que je ne désire pas la recommencer. Ne prends pas ceci pour une bravade; je suis certain qu'elle t'aime, j'en ai été sûr avant toi. J'en suis heureux; je m'applaudis d'avoir servi de chemin à une victoire que je désirais pour toi seul; mais nous pourrions nous rencontrer sur le bord de quelque autre abîme, et la pensée que je suis ton obligé, c'est-à-dire ta créature et ta propriété, me forcerait à m'abjurer et à m'effacer en toute rencontre. Je serais ou coupable d'ingratitude ou victime de ma vertu. Et puis, tu ne serais pas longtemps sans renoncer à arranger convenablement l'existence de ton pauvre vagabond. Je me dégoûterais vite de tout ce qui me serait suggéré. En mainte rencontre, je me repentirais d'avoir cédé à la persuasion ; je t'ennuierais, malgré moi, des inévitables dégoûts semés sur ma carrière, et tu te fatiguerais à me ramener de mes écarts. Enfin, ne fusses-tu pour rien dans tout cela, je ne sens rien qui m'attire vers la gloire tranquille et les revenus assurés par-devant notaire. J'ai vu de bonne heure toutes les coulisses de toutes les scènes de la vie humaine; je pourrais être comédien sur ces différents théâtres; mais à la porte de tous, dans le monde comme sur les planches, il y a une armée d'exploiteurs, de critiques, de rivaux et de claqueurs, que je ne pourrais ni tromper, ni ménager, ni flatter, ni payer. Dieu m'a fait l'ennemi de tout mensonge sérieux et de toute froide supercherie; je ne sais me farder que pour rire, et bientôt, ma vigoureuse franchise prenant le dessus, j'ai besoin d'essuyer mes joues et de me sentir un homme pour tendre la main au faible et souffleter l'insolent. Je n'ai pas d'illusions possibles, et, avant d'avoir vécu pour mon compte, je savais le dernier mot de ceux qui ont vieilli dans le combat. Oh! vive ma sainte liberté! ne rougis pas de moi, sage et noble Léonce! Ta route est toute frayée, et tu y marcheras avec majesté; moi, je ne connais que la ligne brisée et la course à tire-d'aile, comme ma petite Madeleine.

— Et Madeleine, à propos? Voilà où ta philosophie devient effrayante, et ton crime imminent. Hier, tu dormais dans sa chaumière; aujourd'hui, tu t'abrites sous la voûte du couvent; demain, tu erreras sous le pavé des villes; et cette enfant sera brisée, si elle ne l'est déjà!

— Tenez! dit le bohémien arrêtant Léonce devant une arcade, regardez ce torrent qui roule là-bas au fond du ravin. Regardez-le, juste à l'endroit où un pont rustique joint le sentier qui descend d'ici et celui qui remonte sur la montagne en face.

— Je le vois : après?

— Voyez-vous une petite prairie, verte comme l'émeraude, qui se dessine sur le flanc de ces rochers sombres? Le sentier, qui fuit au loin, la côtoie.

— Je vois encore la prairie. Et puis?

— Et puis, il y a un massif de sapins, et le sentier s'y perd.

— Oui, et encore?

— Et au delà des sapins, au delà du sentier, il y a un enfoncement de terrains couverts de bruyères; et puis la cime nue de la montagne.

— Et puis le ciel! dit Léonce impatienté. Quelle métaphore prépares-tu de si loin?

— Aucune. Vous n'avez pas bien remarqué. Entre la cime du mont et le ciel, il y a une espèce de baraque en planches de sapin, assujettie par des pieux et retenue par de grosses pierres. Avez-vous la vue longue?

— Je distingue parfaitement cette cabane. Je vois même les oiseaux qui voltigent en grand nombre dans le ciel au-dessus.

— Eh bien, si vous voyez les oiseaux, vous savez quelle est cette chaumière, et pourquoi il me plaît tant de m'établir ici, à une demi-heure de chemin, pour qui a d'aussi bonnes jambes que Madeleine et votre serviteur.

— C'est donc là la demeure de l'oiselière?

— Vous pouvez voir maintenant un petit mantelet écarlate, un point rouge, que le soleil fait étinceler, et qui se meut autour de cette misérable cahute! C'est Madeleine, c'est mon petit ange, c'est l'enfant de mon cœur, c'est mon âme, c'est ma vie! Je ne pouvais pas profiter plus longtemps de l'hospitalité que cette fille et son héroïque bandit de frère m'ont offerte, un jour que, haletant, poudreux, abîmé de fatigue, au bout de ma dernière obole, mais insouciant et joyeux de saluer les horizons de la France, je m'étais assis à leur porte, demandant un peu de lait de chèvre pour étancher ma soif. Je leur ai plu, ils ont pris confiance en moi; ils m'ont retenu, je les ai aimés, et je n'ai pu me décider à les quitter, bien que ma conscience me fît un devoir de ne pas ajouter ma misère à la leur. Mais maintenant, quoique je me sois tenu dans les endroits les plus déserts, et que personne n'ait vu de près ma figure, on a distingué de loin la forme d'un vagabond qui s'attachait aux pas de Madeleine; et Madeleine, compromise dans l'esprit de son curé, serait bientôt forcée de me chasser ou de fuir avec moi. C'est ce que je ne veux pas, et c'est pourquoi, lorsque vous m'avez rencontré au bord du lac, j'allais offrir mes services aux moines de ce couvent, afin de trouver chez eux un abri, non loin de mes braves amis de la montagne. C'est pourquoi aussi je vous ai amenés aujourd'hui en ce lieu, afin d'y prendre congé de vous, et de pouvoir vous y restituer vos beaux habits, sans demeurer nu comme vous m'avez trouvé.

— Vous les garderez pour sortir d'ici quand il vous plaira, dit Léonce, je l'exige, ainsi que l'or qui garnissait les poches de votre gilet. Vous ne pouvez pas refuser le moyen d'adoucir un peu la misère de Madeleine et de son frère.

— Il y avait de l'or dans mes poches? dit Teverino avec insouciance; je n'y avais pas fait attention. Eh bien, si vous ne le reprenez, je le mettrai ici dans le tronc des pauvres, et Madeleine en aura sa part; car je n'entends rien au rôle de trésorier, et je ne veux pas qu'il soit dit que j'aie fait le marquis pendant vingt-quatre heures pour autre chose que pour mon plaisir. Milady a magnifiquement récompensé la petite pour l'amusement qu'elle lui a donné; Madeleine est donc riche à cette heure, et moi, j'aurai gagné ici, dans deux mois, de quoi subvenir pendant longtemps à tous ses besoins.

— Mais dans deux mois, où iras-tu? que feras-tu de Madeleine?

— Je l'aime tant, et j'en suis tant aimé, que, si elle n'était pas trop jeune pour se marier, j'en ferais ma femme; mais il faut que j'attende au moins deux ans, et, si j'avais le malheur d'en devenir trop amoureux auparavant, elle serait en grand danger. Il faut donc que je la quitte, et même avant deux mois, si mon affection paternelle vient à changer de nature.

— Étonnant jeune homme! dit Léonce; quoi, tant d'ardeur et de calme, tant de faiblesse et de vertu, tant d'expérience et de naïveté, une vie à la fois si orageuse et si pure, si désordonnée et si vaillamment défendue contre les passions!

— Ne me croyez pas meilleur que je ne suis, répondit Teverino. J'ai commis le mal dans ma fougueuse adolescence, et j'ai sur le cœur des égarements que je ne me pardonnerai jamais; mais ce cœur n'a pu se pervertir entièrement, et le remords l'a purifié. J'ai fait souffrir, et ce que j'ai souffert moi-même alors, je ne saurais vous l'exprimer: j'aime le bonheur avec passion, et la vue du malheur causé par moi faillit me rendre fou. Désormais, j'aimerais mieux me tuer que de souiller les objets de mon adoration, et je n'irai pas demander le plaisir à qui possède le trésor de l'innocence.

— Mais tu oublieras cette infortunée, et, quand tu la quitteras, son cœur n'en sera pas moins déchiré.

— Si je l'oublierai, je n'en sais rien, dit Teverino d'un air sérieux. Je ne le crois pas, Monsieur, je ne peux pas le croire; et, si je le croyais, je n'aimerais pas, je ne serais pas moi-même. Il est bien vrai que j'ai brisé plus d'un lien, repris plus d'un serment; mais je ne me souviens pas d'avoir été infidèle le premier, car j'ai l'âme constante par nature et par besoin; et, si je n'avais pas toujours été entraîné dans ces faciles aventures où l'on se quitte sans scrupule, j'aurais pu n'avoir qu'un seul amour en ma vie. J'ai été libertin, et pourtant Dieu m'avait fait chaste; je me retrouve moi-même au contact d'une âme chaste, et je sens que mon idéal est là, et non ailleurs. Laissons donc le temps marcher et ma vie se dérouler devant moi. Je ne puis m'en faire le devin et le prophète, mais je sais qu'il n'est pas impossible que je sois l'époux de Madeleine, si je la trouve fidèle, quand le temps sera venu.

— Et si elle ne l'est pas?

— Je lui pardonnerai, et je resterai son ami; oui, son ami, comme vous ne pourriez pas être celui de lady Sabina, vous qui aimez autrement, et qui mettez l'orgueil dans l'amour.

— Nous allons donc nous quitter sans que je puisse te prouver mon estime et l'amitié vraiment irrésistible que tu m'inspires?

— Nous nous retrouverons, n'en doutez pas. Si je suis à ce moment-là dans une bonne veine de travail et de tenue, j'irai à vous les bras ouverts; mais si je suis aussi mal vêtu que je l'étais hier au bord du lac, ne soyez pas étonné que je n'aie pas l'air de vous connaître.

— Ah! voilà ce qui m'afflige et me blesse! dit Léonce vivement ému; tu ne veux pas croire en moi!

— J'y crois. Mais je connais trop la réalité pour vouloir cesser de faire de ma vie un roman plus ou moins agréable et varié.

Le curé consentit à accompagner Sabina et Léonce jusqu'à la villa, afin que lord G... n'eût pas sujet de les soupçonner. Mylord s'était réveillé la veille au soir et avait pris de l'inquiétude; mais il avait bu pour s'étourdir, et lorsque sa femme rentra, il dormait encore.

FIN DE TEVERINO.

HORACE

NOTICE

Il faut croire qu'*Horace* représente un type moderne très-fidèle et très-répandu, car ce livre m'a fait une douzaine d'ennemis bien conditionnés. Des gens que je ne connaissais pas prétendaient s'y reconnaître, et m'en voulaient à la mort de les avoir si cruellement dévoilés. Pour moi, je répète ici ce que j'ai dit dans la première préface ; je n'ai fait poser personne pour esquisser ce portrait ; je l'ai pris partout et nulle part, comme le type de dévouement aveugle que j'ai opposé à ce type de personnalité sans frein. Ces deux types sont éternels, et j'ai ouï dire plaisamment à un homme de beaucoup d'esprit, que le monde se divisait en deux séries d'êtres plus ou moins pensants : *les farceurs* et *les jobards*. C'est peut-être ce mot-là qui m'a frappée et qui m'a portée à écrire *Horace* vers le même temps. Je tenais peut-être à montrer que les exploiteurs sont quelquefois dupes de leur égoïsme, que les dévoués ne sont pas toujours privés de bonheur. Je n'ai rien prouvé ; on ne prouve rien avec des contes, ni même avec des histoires vraies ; mais les bonnes gens ont leur conscience qui les rassure, et c'est pour eux surtout que j'ai écrit ce livre, où l'on a cru voir tant de malice. On m'a fait trop d'honneur : j'aimerais mieux appartenir à la plus pauvre classe des *jobards* qu'à la plus illustre des *farceurs*.

GEORGE SAND.

Nohant, 1er novembre 1852.

A M. CHARLES DUVERNET.

Certainement nous l'avons connu, mais disséminé entre dix ou douze exemplaires, dont aucun en particulier ne m'a servi de modèle. Dieu me préserve de faire la satire d'un individu dans un personnage de roman. Mais celle d'un travers répandu dans le monde de nos jours, je l'ai essayée cette fois-ci encore ; et si je n'ai pas mieux réussi que de coutume, comme de coutume je dirai que c'est la faute de l'auteur et non celle de la vérité. Les marquis d'aujourd'hui ne sont plus ridicules. Une couche nouvelle de la société ayant poussé l'ancienne, il est certain que les prétentions et les impertinences de la vanité ont changé de place et de nature. J'ai tenté de faire un peu attentivement la critique du beau jeune homme de ce temps-ci; et ce *beau* n'est pas ce qu'à Paris on appelle *lion*. Ce dernier est le plus inoffensif des êtres. Horace est un type plus répandu et plus dangereux, parce qu'il est plus élevé en valeur réelle. Un *lion* n'est le successeur ni des marquis de Molière ni des roués de la Régence; il n'est ni bon ni méchant; il rentre dans la catégorie des enfants qui s'amusent à faire les matamores. Cette impuissante affectation des grands vices qui ne sont plus n'est qu'un très-petit épisode de la scène générale. Horace a dû traverser cet épisode; mais il partait d'un autre point et cherchait un autre but. Dieu merci, un seul ridicule ne suffit pas à cette jeunesse ambitieuse, qui s'agrandit et s'épure à travers mille erreurs et mille fautes, grâce au puissant mobile de l'amour-propre. Mon ami, nous avons souvent parlé de ceux de nos contemporains chez qui nous avons vu la personnalité se développer avec un excès effrayant; nous leur avons vu faire beaucoup de mal en voulant faire le bien. Nous les avons parfois raillés, souvent repris; plus souvent nous les avons plaints, et toujours nous les avons aimés, *quand même!*

GEORGE SAND.

I.

Les êtres qui nous inspirent le plus d'affection ne sont pas toujours ceux que nous estimons le plus. La tendresse du cœur n'a pas besoin d'admiration et d'enthousiasme : elle est fondée sur un sentiment d'égalité qui nous fait chercher dans un ami un semblable, un homme sujet aux mêmes passions, aux mêmes faiblesses que nous. La vénération commande une autre sorte d'affection que cette intimité expansive de tous les instants qu'on appelle l'amitié. J'aurais bien mauvaise opinion d'un homme qui ne pourrait aimer ce qu'il admire; j'en aurais une plus mauvaise encore de celui qui ne pourrait aimer que ce qu'il admire. Ceci soit dit en fait d'amitié seulement. L'amour est tout autre : il ne vit que d'enthousiasme, et tout ce qui porte atteinte à sa délicatesse exaltée le flétrit et le dessèche. Mais le plus doux de tous les sentiments humains, celui qui s'alimente des misères et des fautes comme des grandeurs et des actes héroïques, celui qui est de tous les âges de notre vie, qui se développe en nous avec le premier sentiment de l'être, et qui dure autant que nous, celui qui double et étend réellement notre existence, celui qui renaît de ses propres cendres et se renoue aussi serré et aussi solide après s'être brisé; ce sentiment-là, hélas! ce n'est pas l'amour, vous le savez bien, c'est l'amitié.

Si je disais ici tout ce que je pense et tout ce que je sais de l'amitié, j'oublierais que j'ai une histoire à vous raconter, et j'écrirais un gros traité en je ne sais combien de volumes; mais je risquerais fort de trouver peu de lecteurs, en ce siècle où l'amitié a tant passé de mode qu'on n'en trouve guère plus que d'amour. Je me bornerai donc à ce que je viens d'en indiquer peur poser ce préliminaire de mon récit : à savoir, qu'un des amis que je regrette le plus et qui a le plus mêlé ma vie à la sienne, n'a pas été le plus accompli et le meilleur de tous; mais, au contraire, un jeune homme rempli de défauts et de travers, que j'ai souvent méprisé et haï à de certaines heures, et pour qui cependant j'ai ressenti une des plus puissantes et des plus invincibles sympathies que j'aie jamais connues.

Il se nommait Horace Dumontet; il était fils d'un petit employé de province à quinze cents francs d'appointements, qui, ayant épousé une héritière campagnarde riche d'environ dix mille écus, se voyait à la tête, comme on dit, de trois mille francs de rente. L'avenir, c'est-à-dire l'avancement, était hypothéqué sur son travail, sa santé et sa bonne conduite, c'est-à-dire son adhésion aveugle à tous les actes et à toutes les formes d'un gouvernement et d'une société quelconque.

Personne ne sera étonné d'apprendre que, dans une situation aussi précaire et avec une aisance aussi bornée, M. et Mme Dumontet, le père et la mère de mon ami, eussent résolu de donner à leur fils ce qu'on appelle de l'éducation, c'est-à-dire qu'ils l'eussent mis dans un collège de province jusqu'à ce qu'il eût été reçu bachelier, et qu'ils l'eussent envoyé à Paris pour y suivre les cours de la Faculté, à cette fin de devenir en peu d'années avocat ou médecin. Je dis que personne n'en sera étonné, parce qu'il n'est guère de famille dans une position analogue qui n'ait fait ce rêve ambitieux de donner à ses fils une existence indépendante. L'*indépendance*, ou ce qu'il se représente par ce mot emphatique, c'est l'idéal du pauvre employé; il a souffert trop de privations et souvent, hélas! trop d'humiliations pour ne pas désirer d'en affranchir sa progéniture; il croit qu'autour de lui sont jetés en abondance des lots de toute sorte, et qu'il n'a qu'à se baisser pour ramasser l'avenir brillant de sa famille. L'homme aspire à monter; c'est grâce à cet instinct que se soutient encore l'édifice, si surprenant de fragilité et de durée, de l'inégalité sociale.

De toutes les professions qu'un adolescent peut embrasser pour échapper à la misère, jamais, de nos jours, les parents ne s'aviseront d'aller choisir la plus modeste et la plus sûre. La cupidité ou la vanité sont toujours juges; on a tant d'exemples de succès autour de soi! Des derniers rangs de la société, on voit s'élever aux premières places des prodiges de tout genre, voire des prodiges de nullité. « Et pourquoi, disait M. Dumontet à sa femme, notre Horace ne parviendrait-il pas comme *un tel*, *un tel*, et tant d'autres qui avaient moins de dispositions et de courage que lui? » Madame Dumontet était un peu effrayée des sacrifices que lui proposait son mari pour lancer Horace dans la carrière; mais le moyen de se persuader qu'on n'a pas donné le jour à l'enfant le plus intelligent et le plus favorisé du ciel qui ait jamais existé? Madame Dumontet était une bonne femme toute simple, élevée aux champs, pleine de sens dans la sphère d'idées que son éducation lui avait permis de parcourir. Mais, en dehors de ce petit cercle, il y avait tout un monde inconnu qu'elle ne voyait qu'avec les yeux de son mari. Quand il lui disait que depuis la Révolution tous les Français sont égaux devant la loi, qu'il n'y a plus de privilégiés, et que tout homme de talent peut fendre la presse et arriver, sauf à pousser un peu plus fort que ceux qui se trouvent placés plus près du but, elle se rendait à ces bonnes raisons, craignant de passer pour arriérée, obstinée, et de ressembler en cela aux paysans dont elle sortait.

Le sacrifice que lui proposait Dumontet n'était rien moins que celui d'une moitié de leur revenu. « Avec quinze cents francs, disait-il, nous pouvons vivre et élever notre fille sous nos yeux, modestement; avec le surplus de nos rentes, c'est-à-dire avec mes appointements, nous pouvons entretenir Horace à Paris, sur un bon pied, pendant plusieurs années. »

Quinze cents francs pour être à Paris sur un bon pied, à dix-neuf ans, et quand on est Horace Dumontet!... Madame Dumontet ne reculait devant aucun sacrifice; la digne femme eût vécu de pain noir et marché sans souliers pour être utile à son fils et agréable à son mari; mais elle s'affligeait de dépenser tout d'un coup les économies qu'elle avait faites depuis son mariage, et qui s'élevaient à une dizaine de mille francs. Pour qui ne connaît pas la petite vie de province, et l'incroyable habileté des mères de famille à rogner et grappiller sur toutes choses, la possibilité d'économiser plusieurs centaines d'écus par an sur trois mille francs de rente, sans faire mourir de faim mari, enfants, servantes et chats, paraîtra fabuleuse. Mais ceux qui mènent cette vie ou qui la voient de près savent bien que rien n'est plus fréquent. La femme sans talent, sans fonctions et sans fortune, n'a d'autre façon d'exister et d'aider l'existence des siens, qu'en exerçant l'étrange industrie de se voler elle-même en retranchant chaque jour, à la consommation de sa famille, un peu du nécessaire : cela fait une triste vie, sans charité, sans gaieté, sans variété et sans hospitalité. Mais qu'importe aux riches, qui trouvent la fortune publique très-équitablement répartie! « Si ces gens-là veulent élever leurs enfants comme les nôtres, disent-ils en parlant des petits bourgeois, qu'ils se privent! et s'ils ne veulent pas se priver, qu'ils en fassent des artisans et des manœuvres! » Les riches ont bien raison de parler ainsi au point de vue du droit social; au point de vue du droit humain, que Dieu soit juge !

« Et pourquoi, répondent les pauvres gens du fond de leurs tristes demeures, pourquoi nos enfants ne marcheraient-ils pas de pair avec ceux du gros industriel et du noble seigneur ? L'éducation nivelle les hommes, et Dieu nous commande de travailler à ce nivellement. »

Vous aussi, vous avez bien raison, éternellement raison, braves parents, au point de vue général; et malgré les rudes et fréquentes défaites de vos espérances, il est certain que longtemps encore nous marcherons vers l'égalité par cette voie de votre ambition légitime et de votre vanité naïve. Mais quand ce nivellement des droits et des espérances sera accompli, quand tout homme trouvera dans la société le milieu où son existence sera non-seulement possible, mais utile et féconde, il faut bien espérer que chacun consultera ses forces et se jugera, dans le calme de la liberté, avec plus de raison et de modestie qu'on ne le fait, à cette heure, dans la fièvre de l'inquiétude et dans l'agitation de la lutte. Il viendra un temps, je le crois fermement, où tous les jeunes gens ne seront pas résolus à devenir chacun le premier homme de son siècle ou à se brûler la cervelle. Dans ce temps-là, chacun ayant des droits politiques, et l'exercice de ces droits étant considéré comme une des faces de la vie de tout citoyen, il est vraisemblable que la carrière politique ne sera plus encombrée de ces ambitions palpitantes qui s'y précipitent aujourd'hui avec tant d'âpreté, dédaigneuses de toute autre fonction que celle de primer et de gouverner les hommes.

Tant il y a que madame Dumontet, qui comptait sur ses dix mille francs d'économie pour doter sa fille, consentit à les entamer pour l'entretien de son fils à Paris, se réservant d'économiser désormais pour marier Camille, la jeune sœur d'Horace.

Voilà donc Horace sur le beau pavé de Paris, avec son titre de bachelier et d'étudiant en droit, ses dix-neuf ans et ses quinze cents livres de pension. Il y avait déjà un an qu'il y faisait ou qu'il était censé y faire ses études lorsque je fis connaissance avec lui dans un petit café près du Luxembourg, où nous allions prendre le chocolat et lire les journaux tous les matins. Ses manières obligeantes, son air ouvert, son regard vif et doux, me gagnèrent à la première vue. Entre jeunes gens on est bientôt lié, il suffit d'être assis plusieurs jours de suite à la même table et d'avoir à échanger quelques mots de politesse, pour qu'au premier matin de soleil et d'expansion la conversation s'engage et se prolonge du café au fond des allées du Luxembourg. C'est ce qui nous arriva en effet par une matinée de printemps. Les lilas étaient en fleur, le soleil brillait joyeusement sur le comptoir d'acajou à bronzes dorés de madame Poisson, la belle directrice du café. Nous nous trouvâmes, je ne sais comment, Horace et moi, sur les bords du grand bassin, bras dessus, bras dessous, causant comme de vieux amis, et ne sachant point encore le nom l'un de l'autre; car si l'échange de nos idées générales nous avait subitement rapprochés, nous n'étions pas encore sortis de cette réserve personnelle qui précisément donne une confiance mutuelle aux personnes bien élevées. Tout ce que j'appris d'Horace ce jour-là, c'est qu'il était étudiant en droit; tout ce qu'il sut de moi, c'est que j'étudiais la médecine. Il ne me fit de questions que sur la manière dont j'envisageais la science à laquelle je m'étais voué, et réciproquement. « Je vous admire, me dit-il au moment de me quitter, ou plutôt je vous envie : vous travaillez, vous ne perdez pas de temps, vous aimez la science, vous avez de l'espoir, vous marchez droit au but ! Quant à moi, je suis dans une voie si différente, qu'au lieu d'y persévérer je ne cherche qu'à en sortir. J'ai le droit en horreur; ce n'est qu'un tissu de mensonges contre l'équité divine et la vérité éternelle. Encore si c'étaient des mensonges liés par un système logique ! mais ce sont, au contraire, des mensonges qui se contredisent impudemment les uns les autres, afin que chacun puisse faire le mal par les moyens de perversité qui lui sont propres ! Je déclare infâme tout jeune homme qui pourra prendre au sérieux l'étude de la chicane ; je le méprise, je le hais !... »

Il parlait avec une véhémence qui me plaisait, et qui cependant n'était pas tout à fait exempte d'un certain parti pris d'avance. On ne pouvait douter de sa sincérité en l'écoutant; mais on voyait qu'il ne fulminait pas ses imprécations pour la première fois. Elles lui venaient trop naturellement pour n'être pas étudiées, qu'on me pardonne ce paradoxe apparent. Si l'on ne comprend pas bien ce que j'entends par là, on entrera difficilement dans le secret de ce caractère d'Horace, malaisé à définir, malaisé à mesurer juste pour moi-même, qui l'ai tant étudié.

C'était un mélange d'affectation et de naturel si délicatement unis, que l'on ne pouvait plus distinguer l'un de l'autre, ainsi qu'il arrive dans la préparation de certains mets ou de certaines essences, où le goût ni l'odorat ne peuvent plus reconnaître les éléments primitifs. J'ai vu des gens à qui, dès l'abord, Horace déplaisait souverainement, et qui le tenaient pour prétentieux et boursouflé au suprême degré. J'en ai vu d'autres qui s'engouaient de lui sur-le-champ et n'en voulaient plus démordre, soutenant qu'il était d'une candeur et d'un *laisser-aller* sans exemple. Je puis vous affirmer que les uns et les autres se trompaient, ou plutôt qu'ils avaient raison de part et d'autre : Horace était *affecté naturellement*. Est-ce que vous ne connaissez pas des gens ainsi faits, qui sont venus au monde avec un caractère et des manières d'emprunt, et qui semblent jouer un rôle, tout en jouant sérieusement le drame de leur propre vie? Ce sont des gens qui se copient eux-mêmes. Esprits ardents et portés par nature à l'amour des grandes choses, que leur milieu soit prosaïque, leur élan n'en est pas moins romanesque ; que leurs facultés d'exécution soient bornées, leurs conceptions n'en sont pas moins démesurées : aussi se drapent-ils perpétuellement avec le manteau du personnage qu'ils ont dans l'imagination ! Ce personnage est bien l'homme même, puisqu'il est son rêve, sa création, son mobile intérieur. L'homme réel marche à côté de l'homme idéal ; et comme nous voyons deux représentations de nous-mêmes dans une glace fendue par le milieu , nous distinguons dans cet homme, dédoublé pour ainsi dire, deux images qui ne sauraient se détacher, mais qui sont pourtant bien distinctes l'une de l'autre. C'est ce que nous entendons par le mot de seconde nature, qui est devenu synonyme d'habitude.

Horace donc était ainsi. Il avait nourri en lui-même un tel besoin de paraître avec tous ses avantages, qu'il était toujours habillé, paré, reluisant, au moral comme au physique. La nature semblait l'aider à ce travail perpétuel. Sa personne était belle, et toujours posée dans des attitudes élégantes et faciles. Un bon goût irréprochable ne présidait pas toujours à sa toilette ni à ses gestes ; mais un peintre eût pu trouver en lui, à tous les instants du jour, un effet à saisir. Il était grand, bien fait, robuste sans être lourd. Sa figure était très-noble, grâce à la pureté des lignes ; et pourtant elle n'était pas distinguée, ce qui est bien différent. La noblesse est l'ouvrage de la nature, la distinction est celui de l'art ; l'une est née avec nous, l'autre s'acquiert. Elle réside dans un certain arrangement et dans l'expression habituelle. La barbe noire et épaisse d'Horace était taillée avec un dandysme qui sentait son quartier latin d'une lieue, et sa forte chevelure d'ébène s'épanouissait avec une profusion qu'un dandy véritable aurait eu le soin de réprimer. Mais lorsqu'il passait sa main avec impétuosité dans ce flot d'encre, jamais le désordre qu'elle y portait n'était ridicule ou nuisible à la beauté du front. Horace savait parfaitement qu'il pouvait impunément déranger dix fois par heure sa coiffure, parce que, selon l'expression qui lui échappa un jour devant moi, ses cheveux étaient *admirablement bien plantés*. Il était habillé avec une sorte de recherche. Il avait un tailleur sans réputation et sans notions de la vraie *fashion*, mais qui avait l'esprit de le comprendre et de hasarder toujours avec lui un parement plus large, une couleur de gilet plus tranchée, une coupe plus cambrée, un gilet mieux bombé en plastron qu'il ne le faisait pour ses autres jeunes clients. Horace eût été parfaitement ridicule sur le boulevard de Gand ; mais au jardin du Luxembourg et au parterre de l'Odéon, il était le mieux mis, le plus dégagé, le plus serré des côtes, le plus étoffé des flancs, le plus *voyant*, comme on dit en style de journal des modes. Il avait le chapeau sur l'oreille, ni trop ni trop peu, et sa canne n'était ni trop grosse ni trop légère. Ses habits n'avaient pas ce moelleux de la manière anglaise qui caractérise les vrais élégants ; en revanche, ses mouvements avaient tant de souplesse, et il portait ses *revers* inflexibles avec tant d'aisance et de grâce naturelle, que du fond de leurs carrosses ou du haut de leurs avant-scènes, les dames du noble faubourg, voire les jeunes, avaient pour lui un regard en passant.

Horace savait qu'il était beau, et il le faisait sentir continuellement, quoiqu'il eût l'esprit de ne jamais parler de sa figure. Mais il était toujours occupé de celle des autres. Il en remarquait minutieusement et rapidement toutes les défectuosités, toutes les particularités désagréables ; et naturellement il vous amenait, par ses observations railleuses, à comparer intérieurement sa personne à celle de ses victimes. Il était mordant sur ce sujet-là ; et comme il avait un nez admirablement dessiné et des yeux magnifiques, il était sans pitié pour les nez mal faits et pour les yeux vulgaires. Il avait pour les bossus une compassion douloureuse, et chaque fois qu'il m'en faisait remarquer un, j'avais la naïveté de regarder en anatomiste sa charpente dorsale, dont les vertèbres frémissaient d'un secret plaisir, quoique le visage n'exprimât qu'un sourire d'indifférence pour cet avantage frivole d'une belle conformation. Si quelqu'un s'endormait dans une attitude gênée ou disgracieuse, Horace était toujours le premier à en rire. Cela me força de remarquer, lorsqu'il habita ma chambre, ou que je le surpris dans la sienne, qu'il s'endormait toujours avec un bras plié sous la nuque ou rejeté sur la tête comme les statues antiques ; et ce fut cette observation, en apparence puérile, qui me conduisit à comprendre cette affectation naturelle, c'est-à-dire innée, dont j'ai parlé plus haut. Même en dormant, même seul et sans miroir, Horace s'arrangeait pour dormir noblement. Un de nos camarades prétendait méchamment qu'il posait devant les mouches.

Que l'on me pardonne ces détails. Je crois qu'ils étaient nécessaires, et je reviens à mes premiers entretiens avec lui.

II.

Le jour suivant, je lui demandai pourquoi, ayant une telle répugnance pour le droit, il ne se livrait pas à l'étude de quelque autre science. « Mon cher Monsieur, me dit-il avec une assurance qui n'était pas de son âge, et qui semblait empruntée à l'expérience d'un homme de quarante ans, il n'y a aujourd'hui qu'une profession qui conduise à tout, c'est celle d'avocat.

— Qu'est-ce donc que vous appelez *tout ?* lui demandai-je ?

— Pour le moment, me répondit-il, la députation est tout. Mais attendez un peu, et nous verrons bien autre chose !

— Oui, vous comptez sur une nouvelle révolution ? Mais si elle n'arrive pas, comment vous arrangerez-vous pour être député ? Vous avez donc de la fortune ?

— Non pas précisément ; mais j'en aurai.

— A la bonne heure. En ce cas, il s'agit pour vous d'avoir votre diplôme, et vous n'aurez pas besoin d'exercer.

Je le croyais sincèrement dans une position de fortune assez éminente pour légitimer sa confiance. Il hésita quelques instants ; puis, n'osant me confirmer dans mon erreur, ni m'en tirer brusquement, il reprit : « Il faut exercer pour être connu... sans aucun doute, avant deux ans les capacités seront admises à la candidature ; il faut donc faire preuve de capacité.

— Deux ans ? cela me paraît bien peu ; d'ailleurs il vous faut bien le double pour être reçu avocat et pour avoir fait vos preuves de capacité ; encore serez-vous loin de l'âge...

— Est-ce que vous croyez que l'âge ne sera pas abaissé comme le cens, à la prochaine session, peut-être ?...

— Je ne le crois pas ; mais enfin, c'est une question de temps, et je crois qu'un peu plus tôt ou un peu plus tard, vous arriverez, si vous en avez la ferme résolution.

— N'est-il pas vrai, me dit-il avec un sourire de béatitude et un regard étincelant de fierté, qu'il ne faut que cela dans le monde ? Et que, de si bas que l'on parte, on peut gravir aux sommités sociales, si l'on a dans le sein une pensée d'avenir ?

— Je n'en doute pas, lui répondis-je ; le tout est de savoir si l'on aura plus ou moins d'obstacles à renverser, et cela est le secret de la Providence.

— Non, mon cher ! s'écria-t-il en passant familièrement son bras sous le mien ; le tout est de savoir si l'on aura une volonté plus forte que tous les obstacles ; et cela, ajouta-t-il en frappant avec force sur son thorax sonore, je l'ai !

Nous étions arrivés, tout en causant, en face de la Chambre des pairs. Horace semblait prêt à grandir comme un géant dans un conte fantastique. Je le regardai, et remarquai que, malgré sa barbe précoce, la rondeur des contours de son visage accusait encore l'adolescence. Son enthousiasme d'ambition rendait le contraste encore plus sensible. — Quel âge avez-vous donc ? lui demandai-je.

— Devinez ! me dit-il avec un sourire.

— Au premier abord on vous donnerait vingt-cinq ans, lui répondis-je. Mais vous n'en avez peut-être pas vingt.

— Effectivement, je ne les ai pas encore. Et que voulez-vous conclure ?

— Que votre volonté n'est âgée que de deux ou trois ans, et que par conséquent elle est bien jeune et bien fragile encore.

— Vous vous trompez, s'écria Horace. Ma volonté est née avec moi, elle a le même âge que moi.

— Cela est vrai dans le sens d'aptitude et d'innéité ; mais enfin je présume que cette volonté ne s'est pas encore exercée beaucoup dans la carrière politique ! Il ne peut pas y avoir longtemps que vous songez sérieusement à être député ; car il n'y a pas longtemps que vous savez ce que c'est qu'un député ?

— Soyez certain que je l'ai su d'aussi bonne heure qu'il est possible à un enfant. A peine comprenais-je le sens des mots, qu'il y avait dans celui-là pour moi quelque chose de magique. Il y a là une destinée, voyez-vous ; la mienne est d'être un homme parlementaire. Oui, oui, je parlerai et je ferai parler de moi.

— Soit ! lui répondis-je, vous avez l'instrument : c'est un don de Dieu. Apprenez maintenant la théorie.

— Qu'entendez-vous par là, la chicane ?

— Oh ! si ce n'était que cela ! Je veux dire : Apprenez la science de l'humanité, l'histoire, la politique, les religions diverses ; et puis, jugez, combinez, formez-vous une certitude...

— Vous voulez dire des *idées ?* reprit-il avec ce sourire et ce regard qui imposaient par leur conviction triomphante ; j'en ai déjà, des idées, et je vous jure que je vous le dise, je crois que je n'en aurai jamais de meilleures ; car nos idées viennent de nos sentiments, et tous mes sentiments, à moi, sont grands ! Oui, Monsieur, le ciel m'a fait grand et bon. J'ignore quelles épreuves il me réserve ; mais, je le dis avec un orgueil qui ne pourrait faire rire que des sots, je me sens généreux, je me sens fort, je me sens magnanime ; mon âme frémit et mon sang bouillonne à l'idée d'une injustice. Les grandes choses m'enivrent jusqu'au délire. Je n'en tire et n'en peux tirer aucune vanité, ce me semble ; mais, je le dis avec assurance, je me sens de la race des héros! »

Je ne pus réprimer un sourire; mais Horace, qui m'observait, vit que ce sourire n'avait rien de malveillant.

« Vous êtes surpris, me dit-il, que je m'abandonne ainsi devant vous, que je connais à peine, à des sentiments qu'ordinairement on ne laisse pas percer, même devant son meilleur ami? Croyez-vous qu'on soit plus modeste pour cela?

— Non, certes, et l'on est moins sincère.

— Eh bien, donc, sachez que je me trouve meilleur et moins ridicule que tous ces hypocrites qui, se croyant *in petto* des demi-dieux, baissent sournoisement la tête et affectent une pruderie prétendue de bon goût. Ceux-là sont des égoïstes, des ambitieux dans le sens haïssable du mot et de la chose. Loin de laisser éclater cet enthousiasme qui est sympathique et autour duquel viennent se grouper toutes les idées fortes, toutes les âmes généreuses (et par quel autre moyen s'opèrent les grandes révolutions?), ils caressent en secret leur étroite supériorité, et, de peur qu'on ne s'en effraie, ils la dérobent aux regards jaloux, pour s'en servir adroitement le jour où leur fortune sera faite. Je vous dis que ces hommes-là ne sont bons qu'à gagner de l'argent et à occuper des places sous un gouvernement corrompu; mais les hommes qui renversent les pouvoirs iniques, ceux qui agitent les passions généreuses, ceux qui remuent sérieusement et noblement le monde, les Mirabeau, les Danton, les Pitt, allez voir s'ils s'amusent aux gentillesses de la modestie! »

Il y avait du vrai dans ce qu'il disait, et il le disait avec tant de conviction qu'il ne me vint pas dans l'idée de le contredire, quoique j'eusse dès lors par éducation, peut-être autant que par nature, l'outrecuidance en horreur. Mais Horace avait cela de particulier, qu'en le voyant et en l'écoutant, on était sous le charme de sa parole et de son geste. Quand on le quittait, on s'étonnait de ne pas lui avoir démontré son erreur; mais quand on le retrouvait, on subissait de nouveau le magnétisme de son paradoxe.

Je me séparai de lui ce jour-là, très-frappé de son originalité, et me demandant si c'était un fou ou un grand homme. Je penchais pour la dernière opinion.

« Puisque vous aimez tant les révolutions, lui dis-je le lendemain, vous avez dû vous battre, l'an dernier, aux journées de Juillet?

— Hélas! j'étais en vacances, me répondit-il; mais là aussi, dans ma petite province, j'ai agi, et si je n'ai pas couru de dangers, ce n'est pas ma faute. J'ai été de ceux qui se sont organisés en garde urbaine volontaire, et qui ont veillé au maintien de la conquête. Nous passions des nuits de faction, le fusil sur l'épaule, et si l'ancien système eût lutté, s'il eût envoyé de la troupe contre nous comme nous nous y attendions, je me flatte que nous serions mieux conduits que tous ces vieux épiciers qui ont été ensuite admis à faire partie de la garde nationale, lorsque le gouvernement l'a organisée. Ceux-là n'avaient pas bougé de leurs boutiques lorsque l'événement était encore incertain, et c'est nous qui faisions la ronde autour de la ville, pour les préserver d'une réaction du dehors. Quinze jours après, lorsque le danger fut éloigné, ils nous auraient passé leurs baïonnettes au travers du corps, si nous eussions crié : Vive la liberté! »

Ce jour-là, ayant causé assez longtemps avec lui, je lui proposai de rester avec moi jusqu'à l'heure du dîner, et ensuite de venir dîner rue de l'Ancienne-Comédie, chez Pinson, le plus honnête et le plus affable des restaurateurs du quartier latin.

Je le traitai de mon mieux, et il est certain que la cuisine de M. Pinson est excellente, très-saine et à bon marché : son petit restaurant est le rendez-vous des jeunes aspirants à la gloire littéraire et des étudiants rangés. Depuis son collègue et rival Dagnaux, officier de la garde nationale équestre, avait fait des prodiges de valeur dans les émeutes, toute une phalange d'étudiants, ses habitués, avait juré de ne plus franchir le seuil de ses domaines, et s'était rejetée sur les côtelettes plus larges et les biftecks plus épais du pacifique et bienveillant Pinson.

Après dîner, nous allâmes à l'Odéon, voir madame Dorval et Lockroy, dans *Antony*. De ce jour, la connaissance fut faite, et l'amitié nouée complètement entre Horace et moi.

« Ainsi, lui disais-je dans un entr'acte, vous trouvez l'étude de la médecine encore plus repoussante que celle du droit?

— Mon cher, répondit-il, je vous avoue que je ne comprends rien à votre vocation. Se peut-il que vous puissiez plonger chaque jour vos mains, vos regards et votre esprit dans cette boue humaine, sans perdre tout sentiment de poésie et toute fraîcheur d'imagination?

— Il y a quelque chose de pis que de disséquer les morts, lui dis-je, c'est d'opérer les vivants : là, il faut plus de courage et de résolution, je vous assure. L'aspect du plus hideux cadavre fait moins de mal que le premier cri de douleur arraché à un pauvre enfant qui ne comprend rien au mal que vous lui faites. C'est un métier de boucher, si ce n'est pas une mission d'apôtre.

— On dit que le cœur se dessèche à ce métier-là, reprit Horace; ne craignez-vous pas de vous passionner pour la science au point d'oublier l'humanité, comme ont fait tous ces grands anatomistes que l'on vante, et dont je détourne les yeux comme si je rencontrais le bourreau?

— J'espère, répondis-je, arriver juste au degré de sang-froid nécessaire pour être utile, sans perdre le sentiment de la pitié et de la sympathie humaine. Pour arriver au calme indispensable, j'ai encore du chemin à faire, et je ne crois pas, d'ailleurs, que le cœur s'endurcisse.

— C'est possible; mais enfin, les sens s'énervent, l'imagination se détend, le sentiment du beau et du laid se perd; on ne voit plus de la vie qu'un certain côté matériel où tout l'idéal arrive à l'idée d'utilité. Avez-vous jamais connu un médecin poëte?

— Je pourrais vous demander également si vous connaissez beaucoup de députés poëtes? Il ne me semble pas que la carrière politique, telle que je l'envisage de nos jours, soit propre à conserver la fraîcheur de l'imagination et le fragile coloris de la poésie.

— Si la société était réformée, s'écria Horace, cette carrière pourrait être le plus beau développement pour la vigueur du cerveau et la sensibilité du cœur; mais il est certain que la route tracée aujourd'hui est desséchante. Quand je songe que pour être apte à juger des vérités sociales, où la philosophie devrait être l'unique lumière, il faut que je connaisse le Code et le Digeste; que je m'assimile Pothier, Ducaurroy et Rogron; que je travaille, en un mot, à m'abrutir, et que, afin de me mettre en contact avec les hommes de mon temps, je descende à leur niveau... oh! alors je songe sérieusement à me retirer de la politique.

— Mais, dans ce cas, que feriez-vous de cet enthousiasme qui vous dévore, de cette grandeur d'âme qui déborde en vous? Et quel aliment donneriez-vous à cette volonté de fer dont vous me faisiez un reproche de douter, il y a peu de jours? »

Il prit sa tête entre ses deux mains, appuya ses coudes sur la barre qui sépare le parterre de l'orchestre, et resta plongé dans ses réflexions jusqu'au lever de la toile; puis il écouta le troisième acte d'*Antony* avec une attention et une émotion très-grandes.

« Et les passions! s'écria-t-il lorsque l'acte fut fini. Pour combien comptez-vous les passions dans la vie?

— Parlez-vous de l'amour? lui répondis-je. La vie, telle que nous nous la sommes faite, admet en ce genre tout ou rien. Vouloir être à la fois amant comme Antony et citoyen comme vous, n'est pas possible. Il faut opter.

— C'est bien justement là ce que je pensais en écoutant cet Antony si dédaigneux de la société, si outré contre elle, si révolté contre tout ce qui fait obstacle à son amour... Avez-vous jamais aimé, vous?

— Peut-être. Qu'importe? Demandez à votre propre cœur ce que c'est que l'amour.

— Dieu me damne si je m'en doute, s'écria-t-il en haussant les épaules. Est-ce que j'ai jamais eu le temps d'aimer, moi? Est-ce que je sais ce que c'est qu'une femme? Je suis pur, mon cher, pur comme une oie, ajouta-t-il en éclatant de rire avec beaucoup de bonhomie; et dussiez-vous me mépriser, je vous dirai que, jusqu'à présent, les femmes m'ont fait plus de peur que d'envie. J'ai pourtant beaucoup de barbe au menton et beaucoup d'imagination à satisfaire. Eh bien! c'est là surtout ce qui m'a préservé des égarements grossiers où j'ai vu tomber mes camarades. Je n'ai pas encore rencontré la vierge idéale pour laquelle mon cœur doit se donner la peine de battre. Ces malheureuses grisettes que l'on ramasse à la Chaumière et autres bergeries immondes, me font tant de pitié, que pour tous les plaisirs de l'enfer, je ne voudrais pas avoir à me reprocher la chute d'un de ces anges déplumés. Et puis, cela a de grosses mains, des nez retroussés; cela fait des *pa-ta-qu'est-ce*, et vous reproche son malheur dans des lettres à mourir de rire. Il n'y a pas même moyen d'avoir avec cela un remords sérieux. Moi, si je me livre à l'amour, je veux qu'il me blesse profondément, qu'il m'électrise, qu'il me navre, ou qu'il m'exalte au troisième ciel et m'enivre de voluptés. Point de milieu : l'un ou l'autre, l'un et l'autre si l'on veut; mais pas de drame d'arrière-boutique, pas de triomphe d'estaminet! Je veux bien souffrir, je veux bien devenir fou, je veux bien m'empoisonner avec ma maîtresse ou me poignarder sur son cadavre; mais je ne veux pas être ridicule, et surtout je ne veux pas m'ennuyer au milieu de ma tragédie et la finir par un trait de vaudeville. Mes compagnons raillent beaucoup mon innocence; ils font les don Juan sous mes yeux pour me tenter ou m'éblouir, et je vous assure qu'ils le font à bon marché. Je leur souhaite bien du plaisir; mais j'en désire un autre pour mon compte. A quoi songez-vous? ajouta-t-il en me voyant détourner la tête pour lui cacher une forte envie de rire.

— Je songe, lui dis-je, que j'ai demain à déjeuner chez moi une grisette fort aimable, à laquelle je veux vous présenter.

— Oh! que Dieu me préserve de ces parties-là! s'écria-t-il. J'ai cinq ou six de mes amis que je suis condamné à ne plus entrevoir qu'à travers le fantôme léger de leurs ménagères à la quinzaine. Je sais par cœur le vocabulaire de ces femelles. Fi, vous me scandalisez, vous que je croyais plus grave que tous ces absurdes compagnons! Je les fuis depuis huit jours pour m'attacher à vous, qui me semblez un homme sérieux, et qui, à coup sûr, avez des mœurs élégantes pour un étudiant; et voilà que vous avez une femme, vous aussi! Mon Dieu, où irai-je me cacher pour ne plus rencontrer de ces femmes-là?

— Il faudra pourtant vous risquer à voir la mienne. Je vous dis que j'y tiens, et que j'irai vous chercher si vous ne venez pas déjeuner demain avec elle chez moi.

— Si vous êtes dégoûté d'elle, je vous avertis que je ne suis pas l'homme qui vous en débarrassera.

— Mon cher Horace, je vais vous rassurer en vous déclarant que si vous étiez tenté de la débarrasser de moi, il faudrait commencer par me couper la gorge.

— Parlez-vous sérieusement?

— Le plus sérieusement du monde.

— En ce cas, j'accepte votre invitation. J'aurai du plaisir à voir de plus près un véritable amour...

— Pour une grisette, n'est-ce pas, cela vous étonne?

— Eh bien! oui, cela m'étonne. Quant à moi, je n'ai jamais vu qu'une femme que j'aurais pu aimer, si elle avait eu vingt ans de moins. C'était une douairière de province, une châtelaine encore blonde, jadis belle, et parlant, marchant, accueillant et congédiant d'une certaine façon, auprès de laquelle toutes les femmes que j'avais vues jusque-là me semblèrent des gardeuses de dindons. Cette dame était d'une ancienne famille; elle avait la taille d'une guêpe, les mains d'une vierge de Raphaël, les pieds d'une sylphide, le visage d'une momie et la langue d'une vipère. Mais je me suis bien promis de ne jamais prendre une maîtresse belle, aimable et jeune, à moins qu'elle n'ait ces pieds et ces mains-là, et surtout ces manières aristocratiques, et beaucoup de dentelles blanches sur des cheveux blonds.

— Mon cher Horace, lui dis-je, vous êtes encore loin du temps où vous aimerez, et peut-être n'aimerez-vous jamais.

— Dieu vous entende! s'écria-t-il. Si j'aime une fois, je suis perdu. Adieu ma carrière politique; adieu mon austère et vaste avenir! Je ne sais rien être à demi. Voyons, serai-je orateur, serai-je poëte, serai-je amoureux?

— Si nous commencions par être étudiants? lui dis-je.

— Hélas! vous en parlez à votre aise, répondit-il. Vous êtes étudiant et amoureux. Moi, je n'aime pas, et j'étudie encore moins! »

III.

Horace m'inspirait le plus vif intérêt. Je n'étais pas absolument convaincu de cette force héroïque et de cet austère enthousiasme qu'il s'attribuait dans la sincérité de son cœur. Je voyais plutôt en lui un excellent enfant, généreux, candide, plus épris de beaux rêves que capable encore de les réaliser. Mais sa franchise et son aspiration continuelle vers les choses élevées me le faisaient aimer sans que j'eusse besoin de le regarder comme un héros. Cette fantaisie de sa part n'avait rien de déplaisant : elle témoignait de son amour pour le beau idéal. De deux choses l'une, me disais-je : ou il est appelé à être un homme supérieur, et un instinct secret auquel il obéit naïvement le lui révèle, ou il n'est qu'un brave jeune homme, qui, cette fièvre apaisée, verra éclore en lui une bonté douce, une conscience paisible, échauffée de temps à autre par un rayon d'enthousiasme.

Après tout, je l'aimais mieux sous ce dernier aspect. J'eusse été plus sûr de lui voir perdre cette fatuité candide sans perdre l'amour du beau et du bien. L'homme supérieur a une terrible destinée sur lui. Les obstacles l'exaspèrent, et son orgueil est parfois tenace et violent, au point de l'égarer et de changer en une puissance funeste celle que Dieu lui avait donnée pour le bien. D'une manière ou de l'autre, Horace me plaisait et m'attachait. Ou j'avais à le seconder dans sa force, ou j'avais à le secourir dans sa faiblesse. J'étais plus âgé que lui de cinq à six ans; j'étais doué d'une nature plus calme; mes projets d'avenir étaient assis et ne me causaient plus de souci personnel. Dans l'âge des passions, j'étais préservé des fautes et des souffrances par une affection pleine de douceur et de vérité. Je sentais que tout ce bonheur était un don gratuit de la Providence, que je ne l'avais pas mérité assez pour en jouir seul, et que je devais faire profiter quelqu'un de cette sérénité de mon âme, en la posant comme un calmant sur une autre âme irritable ou envenimée. Je raisonnais en médecin; mais mon intention était bonne, et, sauf à répéter les innocentes vanteries de mon pauvre Horace, je dirai que moi aussi, j'étais bon, et plus aimant que je ne savais l'exprimer.

La seule chose clairement absurde et blâmable que j'eusse trouvée dans mon nouvel ami, c'était cette aspiration vers la femme aristocratique, en lui, républicain farouche, mauvais juge, à coup sûr, en fait de belles manières, et dédaigneux avec exagération des formes naïves et brusques, dont il n'était certes pas lui-même aussi *décrassé* qu'il en avait la prétention.

J'avais résolu de lui faire faire connaissance avec Eugénie plus tôt que plus tard, m'imaginant que la vue de cette simple et noble créature changerait ses idées ou leur donnerait au moins un cours plus sage. Il la vit, et fut frappé de sa bonne grâce, mais il ne la trouva point aussi belle qu'il s'était imaginé devoir être une femme aimée sérieusement. « Elle n'est que *bien*, me dit-il entre deux portes. Il faut qu'elle ait énormément d'esprit. — Elle a plus de jugement que d'esprit, lui répondis-je, et ses anciennes compagnes l'ont jugée fort sotte. »

Elle servit notre modeste déjeuner, qu'elle avait préparé elle-même, et cette action prosaïque souleva de dégoût le cœur altier d'Horace. Mais lorsqu'elle s'assit entre nous deux, et qu'elle lui fit les honneurs avec une aisance et une convenance parfaites, il fut frappé de respect, et changea tout à coup de manière d'être. Jusque-là il avait écrasé ma pauvre Eugénie de paradoxes fort spirituels qui ne l'avaient même pas fait sourire, ce qu'il avait pris pour un signe d'admiration. Lorsqu'il put pressentir en elle un juge au lieu d'une dupe, il devint sérieux, et prit autant de peine pour paraître grave, qu'il venait d'en prendre pour paraître léger. Il était trop tard. Il avait produit sur la sévère Eugénie une impression fâcheuse; mais elle ne lui en témoigna rien, et à peine le déjeuner fut-il achevé, qu'elle se retira dans un coin de la chambre et se mit à coudre, ni plus ni moins qu'une grisette ordinaire. Horace sentit son respect s'en aller comme il était venu.

Mon petit appartement, situé sur le quai des Augustins, était composé de trois pièces, et ne me coûtait pas moins de trois cents francs de loyer. J'étais dans mes meubles : c'était du luxe pour un étudiant. J'avais une salle à manger, une chambre à coucher, et, entre les deux, un cabinet d'étude que je décorais du nom de salon. C'est là que nous prîmes le café. Horace, voyant des cigares, en alluma un sans façon. — Pardon, lui dis-je en lui prenant le bras, ceci déplait à Eugénie ; je ne fume jamais que sur le balcon. Il prit la peine de demander pardon à Eugénie de sa distraction ; mais au fond il était surpris de me voir traiter ainsi une femme qui était en train d'ourler mes cravates.

Mon balcon couronnait le dernier étage de la maison. Eugénie l'avait ombragé de liserons et de pois de senteur, qu'elle avait semés dans deux caisses d'oranger. Les orangers étaient fleuris, et quelques pots de violettes et de réséda complétaient les délices de mon divan. Je fis à Horace les honneurs du morceau de vieille tenture qui me servait de tapis d'Orient, et du coussin de cuir sur lequel j'appuyais mon coude pour fumer ni plus ni moins voluptueusement qu'un pacha. La vitre de la fenêtre séparait le divan de la chaise sur laquelle Eugénie travaillait dans le cabinet. De cette façon, je la voyais, j'étais avec elle, sans l'incommoder de la fumée de mon tabac. Quand elle vit Horace sur le tapis au lieu de moi, elle baissa doucement et sans affectation le rideau de mousseline de la croisée entre elle et nous, feignant d'avoir trop de soleil, mais effectivement par un sentiment de pudeur qu'Horace comprit fort bien. Je m'étais assis sur une des caisses d'oranger, derrière lui. Il y avait de la place bien juste pour deux personnes et pour quatre ou cinq pots de fleurs sur cet étroit belvédère ; mais nous embrassions d'un coup d'œil la plus belle partie du cours de la Seine, toute la longueur du Louvre, jaune au soleil et tranchant sur le bleu du ciel, tous les ponts et tous les quais jusqu'à l'Hôtel-Dieu. En face de nous, la Sainte-Chapelle dressait ses aiguilles d'un gris sombre et son fronton aigu au-dessus des maisons de la Cité ; la belle tour de Saint-Jacques la-Boucherie élevait un peu plus loin ses majestueux lions géants jusqu'au ciel, et la façade de Notre-Dame fermait le tableau, à droite, de sa masse élégante et solide. C'était un beau coup d'œil ; d'un côté, le vieux Paris, avec ses monuments vénérables et son désordre pittoresque ; de l'autre, le Paris de la renaissance, se confondant avec le Paris de l'Empire, l'œuvre de Médicis, de Louis XIV et de Napoléon. Chaque colonne, chaque porte était une page de l'histoire de la royauté.

Nous venions de lire dans sa nouveauté *Notre-Dame-de-Paris*; nous nous abandonnions naïvement, comme tout le monde alors, ou du moins comme tous les jeunes gens, au charme de poésie répandu fraîchement par cette œuvre romantique sur les antiques beautés de notre capitale. C'était comme un colons magique à travers lequel les souvenirs effacés se ravivaient ; et, grâce au poète, nous regardions le faîte de nos vieux édifices, nous en examinions les formes tranchées et les effets pittoresques avec des yeux que nos devanciers les étudiants de l'Empire et de la Restauration, n'avaient certainement pas eus. Horace était passionné pour Victor Hugo. Il en aimait avec fureur toutes les étrangetés, toutes les hardiesses. Je ne discutais point, quoique je ne fusse pas toujours de son avis. Mon goût et mon instinct me portaient vers une forme moins accidentée, vers une peinture aux contours moins âpres et aux ombres moins dures. Je le comparais à Salvator Rosa, qui a vu avec les yeux de l'imagination plus qu'avec ceux de la science. Mais pourquoi aurais-je fait contre Horace la guerre aux mots et aux figures? Ce n'est pas à dix-neuf ans qu'on recule devant l'expression qui rend une sensation plus vive, et ce n'est pas à vingt-cinq ans qu'on la condamne. Non, l'heureuse jeunesse n'est point pédante; elle ne trouve jamais de traduction trop énergique pour rendre ce qu'elle éprouve avec tant d'énergie elle-même, et c'est bien quelque chose pour un poète que de donner à sa contemplation une certaine forme assez large et assez frappante pour qu'une génération presque entière ouvre les yeux avec lui et se mette à jouir des mêmes émotions qui l'ont inspiré!

Il en a été ainsi : les plus récalcitrants d'entre nous, ceux qui avaient besoin, pour se rafraîchir la vue, de lire, en fermant *Notre-Dame-de-Paris*, une page de *Paul et Virginie*, ou, comme a dit un élégant critique, de repasser bien vite le plus *cristallin des sonnets de Pétrarque*, n'en ont pas moins mis sur leurs yeux délicats ces lunettes aux couleurs bigarrées qui faisaient voir tant de choses nouvelles ; et après qu'ils ont joui de ce spectacle plein d'émotions, les ingrats ont prétendu que c'étaient là d'étranges lunettes. Étranges tant que vous voudrez ; mais, sans ce caprice du maître, et avec vos yeux nus, auriez-vous distingué quelque chose?

Horace faisait à ma critique de minces concessions, j'en faisais de plus larges à son enthousiasme ; et, après avoir discuté, nos regards, suivant au vol les hirondelles et les corbeaux qui rasaient nos têtes, allaient se reposer avec eux sur les tours de Notre-Dame, éternel objet de notre contemplation. Elle a eu sa part de nos amours, la vieille cathédrale, comme ces beautés délaissées qui reviennent de mode, et autour desquelles la foule s'empresse dès qu'elles ont retrouvé un admirateur fervent dont la louange les rajeunit.

Je ne prétends pas faire de ce récit d'une partie de ma jeunesse un examen critique de mon époque : mes forces n'y suffiraient pas ; mais je ne pouvais repasser certains jours dans mes souvenirs sans rappeler l'influence que certaines lectures exercèrent sur Horace, sur moi, sur nous tous. Cela fait partie de notre vie, de nous-mêmes, pour ainsi dire. Je ne sais point séparer dans ma mémoire les impressions poétiques de mon adolescence de la lecture de *René* et d'*Atala*.

Au milieu de nos dissertations romantiques, on sonna à la porte. Eugénie m'en avertit en frappant un petit coup contre la vitre, et j'allai ouvrir. C'était un élève en peinture de l'école d'Eugène Delacroix, nommé Paul Arsène, surnommé *le petit Masaccio* à l'atelier où j'allais tous les jours faire un cours d'anatomie à l'usage des peintres.

« Salut au signor Masaccio, lui dis-je en le présentant à Horace, qui jeta un regard glacial sur sa blouse malpropre et ses cheveux mal peignés. Voici un jeune maître qui ira loin, à ce qu'on assure, et qui vient en attendant me chercher pour la leçon.

— Non pas encore, me répondit Paul Arsène ; vous avez plus d'une heure devant vous ; je venais pour vous parler de choses qui me concernent particulièrement. Auriez-vous le loisir de m'écouter?

— Certainement, répondis-je ; et si mon ami est de trop, il retournera fumer sur le balcon.

— Non, reprit le jeune homme, je n'ai rien de secret à vous dire, et, comme deux avis valent mieux qu'un, je ne serai pas fâché que monsieur m'entende aussi.

— Asseyez-vous, lui dis-je en allant chercher une quatrième chaise dans l'autre chambre.

— Ne faites pas attention, » dit le rapin en grimpant sur la commode; et, ayant mis sa casquette entre son coude et son genou, il essuya d'un mouchoir à carreaux sa

C'était le type peup.o incarné dans un individu. (Page 9.)

figure inondée de sueur et parla en ces termes, les jambes pendantes et le reste du corps dans l'attitude du *Pensieroso* :

« Monsieur, j'ai envie de quitter la peinture et *d'entrer dans la médecine*, parce qu'on me dit que c'est un meilleur état; je viens donc vous demander ce que vous en pensez.

— Vous me faites une question, lui dis-je, à laquelle il est plus difficile de répondre que vous ne pensez. Je crois toutes les professions très-encombrées, et par conséquent tous les états, comme vous dites, très-précaires. De grandes connaissances et une grande capacité ne sont pas des garanties certaines d'avenir; enfin je ne vois pas en quoi la médecine vous offrirait plus de chances que les arts. Le meilleur parti à prendre c'est celui que nos aptitudes nous indiquent; et puisque vous avez, assure-t-on, les plus remarquables dispositions pour la peinture, je ne comprends pas que vous en soyez déjà dégoûté.

— Dégoûté, moi! oh! non, répliqua le Masaccio; je ne suis dégoûté de rien du tout, et si l'on pouvait gagner sa vie à faire de la peinture, j'aimerais mieux cela que toute autre chose; mais il paraît que c'est si long, si long! Mon patron dit qu'il faudra dessiner le modèle pendant deux ans au moins avant de manier le pinceau. Et puis, avant d'exposer, il paraît qu'il faut encore travailler la peinture au moins deux ou trois ans. Et quand on a exposé, si on n'est pas refusé, on n'est souvent pas plus avancé qu'auparavant. J'étais ce matin au Musée, je croyais que tout le monde allait s'arrêter devant le tableau de mon patron; car enfin c'est un maître, et un fameux, celui-là! Eh bien! la moitié des gens qui passaient ne levaient seulement pas la tête, et ils allaient tous regarder un monsieur qui s'était fait peindre en habit d'artilleur et qui avait des bras de bois et une figure de carton. Passe pour ceux-là : c'étaient de pauvres ignorants; mais voilà qu'il est venu des jeunes gens, élèves en peinture de différents ateliers, et que chacun disait son mot : ceux-ci blâmaient, ceux-là admiraient; mais pas un n'a parlé comme j'aurais voulu. Pas un ne comprenait. Je me suis dit alors : A quoi bon faire de l'art pour un public qui n'y voit et qui n'y en-

Au premier feu de la troupe, mon pauvre Jean tombe. (Page 11.)

tend goutte. C'était bon *dans les temps!* Moi je vais prendre un autre métier pourvu que ça me rapporte de l'argent.

— Voilà un sale crétin ! me dit Horace en se penchant vers mon oreille. Son âme est aussi crasseuse que sa blouse ! »

Je ne partageais pas le mépris d'Horace. Je ne connaissais presque pas le Masaccio, mais je le savais intelligent et laborieux. M. Delacroix en faisait grand cas, et ses camarades avaient de l'estime et de l'amitié pour lui. Il fallait qu'une pensée que je ne comprenais pas fût cachée sous ces manifestations de cupidité ingénue; et comme il avait déclaré, en commençant, n'avoir rien de secret à me dire, je prévoyais bien que ce secret ne sortirait pas aisément. Il ne fallait, pour se convaincre de l'obstination du Masaccio, et en même temps pour pressentir en lui quelque motif non vulgaire, que regarder sa figure et observer ses manières.

C'était le type peuple incarné dans un individu; non le peuple robuste et paisible qui cultive la terre, mais le peuple artisan, chétif, hardi, intelligent et alerte. C'est dire qu'il n'était pas beau. Cependant il était de ceux dont les camarades d'atelier disent : « Il y a quelque chose de fameux à faire avec cette tête-là ! » C'est qu'il y avait dans sa tête, en effet, une expression magnifique, sous la vulgarité des traits. Je n'en ai jamais vu de plus énergique ni de plus pénétrante. Ses yeux étaient petits et même voilés, sous une paupière courte et bridée; cependant ces yeux-là lançaient des flammes, et le regard était si rapide qu'il semblait toujours prêt à déchirer l'orbite. Le nez était trop court, et le peu de distance entre le coin de l'œil et la narine donnait au premier aspect l'air commun et presque bas à la face entière; mais cette impression ne durait qu'un instant. S'il y avait encore de l'esclave et du vassal dans l'enveloppe, le génie de l'indépendance couvait intérieurement et se trahissait par des éclairs. La bouche épaisse, ombragée d'une naissante moustache noire, irrégulièrement plantée ; la figure large, le menton droit, serré et un peu fendu au milieu; les zygomas élevés et saillants; partout des plans fermes et droits, coupés de lignes carrées, annonçaient une volonté peu commune et une indomptable droiture d'intention. Il y avait à la commissure des narines des délicatesses exquises pour un adepte de Lavater ; et le front, qui était d'une structure admirable dans le sens de la statuaire, ne l'était pas moins au point de vue phrénologique. Pour moi, qui étais dans toute la ferveur de mes recherches, je ne me lassais point de le regarder; et lorsque je faisais mes démonstrations anatomiques à l'atelier, je m'adressais toujours instinctivement à ce jeune homme, qui était pour moi le type de l'intelligence, du courage et de la bonté.

Aussi je souffrais, je l'avoue, de l'entendre parler d'une manière si triviale. — Comment, Arsène, lui dis-je, vous quitteriez la peinture pour un peu plus de profit dans une autre carrière?

— Oui, Monsieur, je le ferais comme je vous le dis, répondit-il sans le moindre embarras. Si maintenant j'étais assuré de gagner mille francs nets par an, je me ferais cordonnier.

— C'est un art comme un autre, dit Horace avec un sourire de mépris.

— Ce n'est point un art, répliqua froidement le Masaccio. C'est le métier de mon père, et je n'y serais pas plus maladroit qu'un autre. Mais cela ne me donnerait pas l'argent qu'il me faut.

— Il vous faut donc bien de l'argent, mon pauvre garçon? lui dis-je.

— Je vous le dis, il me faudrait gagner mille francs; et, au lieu de cela, j'en dépense la moitié.

— Comment pouvez-vous songer en ce cas à étudier la médecine! Il vous faudrait avoir une trentaine de mille francs devant vous, tant pour les années où l'on étudie que pour celles où l'on attend la clientèle. Et puis..

— Et puis vous n'avez pas fait vos classes, dit Horace, impatienté de ma patience.

— Cela c'est vrai, dit Arsène ; mais je les ferais, ou du moins je ferais l'équivalent. Je me mettrais dans ma chambre avec une cruche d'eau et un morceau de pain, et il me semble bien que j'apprendrais dans une semaine ce que les écoliers apprennent dans un mois. Car les écoliers, en général, n'aiment pas à travailler ; et quand on est enfant, on joue, et on perd du temps. Quand on a vingt ans, et plus de raison, et quand d'ailleurs on est forcé de se dépêcher, on se dépêche. Mais d'après ce que vous me dites du reste de l'apprentissage, je vois bien que je ne puis pas être médecin. Et pour être avocat?

Horace éclata de rire.

« Vous allez vous faire mal à l'estomac, lui dit tranquillement le Masaccio, frappé de l'affectation d'Horace en cet instant.

— Mon cher enfant, repris-je, éloignez tous ces projets, à votre âge ils sont irréalisables. Vous n'avez devant vous que les arts et l'industrie. Si vous n'avez ni argent ni crédit, il n'y a pas plus de certitude d'un côté que de l'autre. Quelque parti que vous preniez, il vous faut du temps, de la patience et de la résignation. »

Arsène soupira. Je me réservai de l'interroger plus tard.

« Vous êtes né peintre, cela est certain, continuai-je; c'est vite là que vous marcherez plus vite.

— Non, Monsieur, répliqua-t-il ; je n'ai qu'à entrer demain dans un magasin de nouveautés, je gagnerai de l'argent.

— Vous pouvez même être laquais, ajouta Horace, indigné de plus en plus.

— Cela me déplairait beaucoup, dit Arsène; mais s'il n'y avait que cela !...

— Arsène ! Arsène ! m'écriai-je, ce serait un grand malheur pour vous et une perte pour l'art. Est-il possible que vous ne compreniez pas qu'une grande faculté est un grand devoir imposé par la Providence ?

— Voilà une belle parole, dit Arsène, dont les yeux s'enflammèrent tout à coup. Mais il y a d'autres devoirs que ceux qu'on remplit envers soi-même. Tant pis ! Allons, je m'en vais dire à l'atelier que vous viendrez à trois heures, n'est-ce pas? »

Et il sauta à bas de la commode, me serra la main sans rien dire, salua à peine Horace, et s'enfonça comme un chat dans la profondeur de l'escalier, s'arrêtant à chaque étage pour faire rentrer ses talons dans ses souliers délabrés.

IV.

Paul Arsène revint me voir ; et quand nous fûmes seuls, j'obtins, non sans peine, la confidence que je pressentais. Il commença par me faire en ces termes le récit de sa vie :

« Comme je vous l'ai dit, Monsieur, mon père est cordonnier en province. Nous étions cinq enfants ; je suis le troisième. L'aîné était un homme fait lorsque mon père, déjà vieux, et pouvant se retirer du métier avec un peu de bien, s'est remarié avec une femme qui n'était ni belle ni bonne, ni jeune ni riche, mais qui s'est emparée de son esprit, et qui gaspille son honneur et son argent. Mon père, trompé, malheureux, d'autant plus épris qu'elle lui donne plus de sujets de jalousie, s'est *jeté dans le vin*, pour s'étourdir, comme on fait dans notre classe quand on a du chagrin. Pauvre père ! nous avons bien patienté avec lui, car il nous faisait vraiment pitié. Nous l'avions connu si sage et si bon ! Enfin, un temps est venu où il n'était plus possible d'y tenir. Son caractère avait tellement changé, que pour un mot, pour un regard, il se jetait sur nous pour nous frapper. Nous n'étions plus des enfants, nous ne pouvions pas souffrir cela. D'ailleurs nous avions été élevés avec douceur, et nous n'étions pas habitués à avoir l'enfer dans notre famille. Et puis, ne voilà-t-il pas qu'il a pris de la jalousie contre mon frère aîné ! Le fait est que la belle-mère lui avait fait des avances, parce qu'il était beau garçon et bon enfant; mais il l'avait menacée de tout raconter à mon père, et elle avait pris les devants, comme dans la tragédie de *Phèdre*, que je n'ai jamais vu jouer depuis sans pleurer. Elle avait accusé mon pauvre frère de ses propres égarements d'esprit. Alors mon frère s'est vendu comme remplaçant, et il est parti. Le second, qui prévoyait que quelque chose de semblable pourrait lui arriver, est venu ici chercher fortune, en me promettant de me faire venir aussitôt qu'il aurait trouvé un moyen d'exister. Moi, je restais à la maison avec mes deux sœurs, et je vivais assez tranquillement, parce que j'avais pris le parti de laisser crier la méchante femme sans jamais lui répondre. J'aimais à m'occuper ; je savais assez bien ce que j'avais appris en classe ; et quand je n'aidais pas mon père à la boutique, je m'amusais à lire ou à barbouiller du papier, car j'ai toujours eu du goût pour le dessin. Mais comme je pensais que cela ne me servirait jamais à rien, j'y perdais le moins de temps possible. Un jour, un peintre qui parcourait le pays pour faire des études de paysage, commanda chez nous une paire de gros souliers, et je fus chargé d'aller lui prendre mesure. Il avait des albums étalés sur la table de sa petite chambre d'auberge; je lui demandai la permission de les regarder ; et comme ma curiosité lui donnait à penser, il me dit de lui faire, d'*idée*, un *bonhomme* sur un bout de papier qu'il me mit dans les mains ainsi qu'un crayon. Je pensai qu'il se moquait de moi ; mais le plaisir de charbonner avec un crayon si noir sur un papier si coulant l'emporta sur l'amour-propre. Je fis ce qui me passa par la tête ; il le regarda, et ne rit pas. Il voulut même le coller dans son album, et y écrire mon nom, ma profession et le nom de mon endroit. « Vous avez tort de rester ouvrier, me dit-il : vous êtes né pour la peinture. A votre place, je quitterais tout pour aller étudier dans quelque grande ville. » Il me proposa même de m'emmener ; car il était bon et généreux, ce jeune homme-là. Il me donna son adresse à Paris, afin que, si le cœur m'en disait, je pusse aller le trouver. Je le remerciai, et n'osai ni le suivre ni croire aux espérances qu'il me donnait. Je retournai à mes cuirs et à mes formes, et un an se passa encore sans orage entre mon père et moi.

« La belle-mère me haïssait : comme je lui cédais toujours, les querelles n'allaient pas loin. Mais un beau jour elle remarqua que ma sœur Louison, qui avait déjà quinze ans, devenait jolie, et que les gens du quartier s'en apercevaient. La voilà qui prend Louison en haine, qui commence à lui reprocher d'être une petite coquette, et pis que cela. La pauvre Louison était pourtant aussi pure qu'un enfant de dix ans, et avec cela, fière comme était notre pauvre mère. Louison, désespérée, au lieu de filer doux comme je le lui conseillais, se pique, répond, et menace de quitter la maison. Mon père veut la soutenir; mais sa femme a bientôt pris le dessus. Louison est grondée, insultée, frappée, Monsieur, hélas! et la petite Suzanne aussi, qui voulait prendre le parti de sa sœur, et qui criait pour ameuter le voisinage. Alors je prends un jour ma sœur Louison par un bras, et ma petite sœur Suzanne de l'autre, et nous voilà partis tous les trois, à pied, sans un sou, sans une chemise, et pleurant au soleil sur le grand chemin. Je fus trouver ma tante Henriette, qui demeure à plus de dix lieues de notre ville, et je lui dis d'abord :

« Ma tante, donnez-nous à manger et à boire, car nous mourons de faim et de soif; nous n'avons pas seulement la force de parler. Et après que ma tante nous eut donné à dîner, je lui dis :

— Je vous ai amené vos nièces : si vous ne voulez pas les garder, il faut qu'elles aillent de porte en porte demander leur pain, ou qu'elles retournent à la maison pour périr sous les coups. Mon père avait cinq enfants, et il ne lui en reste plus. Les garçons se tireront d'affaire en travaillant; mais si vous n'avez pas pitié des filles, il leur arrivera ce que je vous dis. »

Alors ma tante répondit : — Je suis bien vieille, je suis bien pauvre; mais plutôt que d'abandonner mes nièces, j'irai mendier moi-même. D'ailleurs elles sont sages, elles sont courageuses, et nous travaillerons toutes les trois. Cela dit et convenu, j'acceptai vingt francs que la pauvre femme voulut absolument me donner, et je partis sur mes jambes pour venir ici. Je fus tout de suite trouver mon second frère, Jean, qui me fit donner de l'ouvrage dans la boutique où il travaillait comme cordonnier, et ensuite j'allai voir mon jeune peintre pour lui demander des conseils. Il me reçut très-bien, et voulut m'avancer de l'argent que je refusai. J'avais de quoi manger en travaillant; mais cette diable de peinture qu'il m'avait mise en tête n'était pas sortie, et je ne commençais jamais ma journée sans soupirer en pensant combien j'aimerais mieux manier le crayon et le pinceau que l'alène. J'avais fait quelques progrès, car, malgré moi, à mes heures de loisir, le dimanche, j'avais toujours barbouillé quelques figures ou copié quelques images dans un vieux livre qui me venait de ma mère. Le jeune peintre m'encourageait, et je n'eus pas la force de refuser les leçons qu'il voulut me donner gratis. Mais il fallait subsister pendant ce temps-là, et avec quoi? Il connaissait un homme de lettres qui me donna des manuscrits à copier. J'avais assez de livres pour avoir appris un peu à faire de belle main, c'était la même chose, mais je ne savais pas l'orthographe. On m'essaya, et dans les quatre ou cinq lignes qu'on me dicta, on ne trouva pas de fautes. J'avais assez lu de livres pour avoir appris un peu la langue par routine; mais je ne savais pas les principes, et je n'osais pas trop le dire, de peur de manquer d'ouvrage. Je ne fis pourtant pas de fautes dans mes copies, et ce fut à force d'attention. Cette attention me faisait perdre beaucoup de temps, et je vis que j'aurais plus tôt fait d'apprendre la grammaire et de m'exercer tout seul à faire des thèmes. En effet, la chose marcha vite; mais, comme je pris beaucoup sur mon sommeil, je tombai malade. Mon frère me retira dans son grenier, et travailla pour deux. Le peu d'argent que j'avais gagné en copiant le manuscrit de l'auteur servit à payer le pharmacien. Je ne voulus pas faire savoir ma position à mon jeune peintre. J'avais vu par mes yeux qu'il était lui-même souvent aux expédients, n'ayant encore ni réputation, ni fortune. Je savais que son bon cœur le porterait à me secourir; et comme il l'avait fait déjà malgré moi, j'aimais mieux mourir sur mon grabat que de l'induire encore en dépense. Il me crut ingrat, et, trouvant une occasion favorable pour faire le voyage d'Italie, objet de tous ses désirs, il partit sans me voir, emportant de moi une idée qui me fait bien du mal.

Quand je revins à la santé, je vis mon pauvre frère amaigri, exténué, nos petites épargnes dépensées, et la boutique fermée pour nous; car, pour me soigner, Jean avait manqué bien des journées. C'était au mois de juillet de l'année passée, par une chaleur de tous les diables. Nous causions tristement de nos petites affaires, moi encore couché et si faible, que je comprenais à peine ce que Jean me disait. Pendant ce temps-là, nous entendions tirer le canon, et nous ne songions pas même à demander pourquoi. Mais la porte s'ouvre, et deux de nos camarades de la boutique, tout échevelés, tout exaltés, viennent nous chercher pour vaincre ou périr, c'était leur manière de dire. Je demande de quoi il s'agit.

« De renverser la royauté et d'établir la république, » me disent-ils. Je saute à bas de mon lit : en deux secondes, je passe un mauvais pantalon et une blouse en guenilles, qui me servait de robe de chambre. Jean me suit. « Mieux vaut mourir d'un coup de fusil que de faim, » disait-il. Nous voilà partis.

Nous arrivons à la porte d'un armurier, où des jeunes gens comme nous distribuaient des fusils à qui en voulait. Nous en prenons chacun un, et nous nous postons derrière une barricade. Au premier feu de la troupe, mon pauvre Jean tombe roide mort à côté de moi. Alors je perds la raison, je deviens furieux. Ah! je ne me serais jamais cru capable de répandre tant de sang. Je m'y suis baigné pendant trois jours jusqu'à la ceinture, je puis dire; car j'en étais couvert, et non pas seulement de celui des autres, mais du mien qui coulait par plusieurs blessures; mais je ne sentais rien. Enfin, le 2 août, je me suis trouvé à l'hôpital, sans savoir comment j'y étais venu. Quand j'en suis sorti, j'étais plus misérable que jamais, et j'avais le cœur navré; mon frère Jean n'était pas avec moi, et la royauté était rétablie.

J'étais trop faible pour travailler, et puis ces journées de juillet m'avaient laissé dans la tête je ne sais quelle fièvre. Il me semblait que la colère et le désespoir pouvaient faire de moi un artiste; je rêvais des tableaux effrayants; je barbouillais les murs de figures que je m'imaginais dignes de Michel-Ange. Je lisais les *Iambes* de Barbier, et je les façonnais dans ma tête en images vivantes. Je rêvais, j'étais oisif, je mourais de faim, et ne m'en apercevais pas. Cela ne pouvait pas durer bien longtemps, mais cela dura quelques jours avec tant de force, que je n'avais souci de rien autour de moi. Il me semblait que j'étais contenu tout entier dans ma tête, que je n'avais plus ni jambes, ni bras, ni estomac, ni mémoire, ni conscience, ni parents, ni amis. J'allais devant moi par les rues, sans savoir où je voulais aller. J'étais toujours ramené, sans savoir comment, autour des tombes de Juillet. Je ne savais pas si mon pauvre frère était enterré là, mais je me figurais que lui ou les autres martyrs, c'était la même chose, et que, presser cette terre de mes genoux, c'était rendre hommage à la cendre de mon frère. J'étais dans un état d'exaltation qui me faisait sans cesse parler tout haut et tout seul. Je n'ai conservé aucun souvenir de mes longs discours; il me semble que le plus souvent je parlais en vers. Cela devait être mauvais et bien ridicule, et les passants devaient me prendre pour un fou. Mais moi, je ne me voyais personne, et je ne m'entendais moi-même que par instants. Alors je m'efforçais de me taire, mais je ne le pouvais pas. Ma figure était baignée de sueur et de larmes, et ce qu'il y a de plus étrange, c'est que cet état de désespoir n'était pas sans quelque douceur. J'errais toute la nuit, ou je restais assis sur quelque borne, au clair de la lune, en proie à des rêves sans fin et sans suite, comme ceux qu'on fait dans le sommeil. Et pourtant je ne dormais pas, car je marchais, et je voyais sur les murs ou sur le pavé mon ombre marcher et gesticuler à côté de moi. Je ne comprends pas comment je ne fus pas une seule fois ramassé par la garde.

Je rencontrai enfin un étudiant que j'avais vu quelquefois dans l'atelier de mon jeune peintre. Il ne fut pas fier, quoique j'eusse l'air d'un mendiant, et il m'accosta le premier. Je n'y mis pas de discrétion, je ne savais pas si j'étais bien ou mal mis. Je n'avais bien autre chose dans la cervelle, et je marchai à côté de lui sur les quais, lui parlant peinture; car c'était mon idée fixe. Il parut s'intéresser à ce que je lui disais. Peut-être aussi n'était-il pas fâché de se montrer avec un des *bras-nus* des glorieuses journées, et de faire croire par là aux badauds qu'il s'était battu. A cette époque-là, les jeunes gens de la bourgeoisie tiraient une grande vanité de pouvoir montrer un sabre de gendarme qu'ils avaient acheté à quelque *voyou* après la *fête*, ou une égratignure qu'ils s'étaient faite en se mettant à la fenêtre précipitamment, pour regarder. Celui-là me parut un peu de la trempe des vantards : il prétendait m'avoir vu et parlé à telle et telle barricade, où je ne me souvenais nullement de l'avoir rencontré. Enfin, il me proposa de déjeuner avec lui, et j'acceptai sans fierté; car il y avait je ne sais combien de jours que je n'avais rien pris, et ma cervelle commençait à déménager sérieusement. Après le déjeuner, il s'en alla visiter le cabinet de M. Dusommerard, à l'ancien hôtel de Cluny; il me proposa de l'accompagner, et je le suivis machinalement.

La vue de toutes les merveilles d'art et de rareté entassées dans cette collection me passionna tellement que j'oubliai tous mes chagrins en un instant. Il y avait dans un coin plusieurs élèves en peinture qui copiaient des émaux pour la collection gravée que fait faire à ses frais M. Dusommerard. Je jetai les yeux sur leur travail; il me sembla que j'en pourrais bien faire autant, et même que je verrais plus juste que quelques-uns d'entre eux. Dans ce moment, M. Dusommerard rentra, et fut salué par mon introducteur l'étudiant, qui le connaissait un peu. Ils se tinrent quelques minutes à distance de moi, et je vis bien à leurs regards que j'étais l'objet de leur explication. Comme le déjeuner m'avait rendu un peu de sang-froid, je commençais à comprendre que ma mauvaise tenue était choquante, et que l'antiquaire aurait bien pu me prendre pour un voleur, si l'autre ne lui eût répondu de moi. M. Dusommerard est très-bon; il n'aime pas les *faiseurs d'embarras*, mais il oblige volontiers les pauvres diables qui lui montrent du zèle et du désintéressement. Il s'approcha de moi, m'interrogea; et voyant mon désir de travailler pour lui, et prenant aussi sans doute en considération le besoin que j'en avais, il me remit aussitôt quelque argent pour acheter des crayons, à ce qu'il disait, mais en effet pour me mettre en état de pourvoir à mes premières nécessités. Il me désigna les objets que j'aurais à copier. Dès le lendemain, j'étais habillé proprement et installé à la place où je devais travailler. Je fis de mon mieux, et si vite que M. Dusommerard fut content et m'employa encore. J'ai beaucoup à m'en louer, et c'est grâce à lui que j'ai vécu jusqu'à ce jour; car non-seulement il m'a fait faire beaucoup de copies d'objets d'art, mais encore il m'a donné des recommandations moyennant lesquelles je suis entré dans plusieurs boutiques de joaillier pour peindre des fleurs et des oiseaux pour bijoux d'émail, et des têtes pour imitation de camées.

Grâce à ces expédients, j'ai pu suivre ma vocation et entrer dans les ateliers de M. Delacroix, pour qui je me suis senti de l'admiration et de l'inclination à la première vue. Je ne suis pas demandeur, et jamais je n'aurais songé à ce qu'il m'a accordé de lui-même. La première fois que j'allai lui dire que je désirais participer à ses leçons, je crus devoir en même temps lui porter quelques croquis. Il les regarda, et me dit : — Ce n'est vraiment pas mal. On m'avait prévenu qu'il n'était pas causeur, et que, s'il me disait cela, je devais me tenir pour bien content. Aussi, je le fus, et je m'en allais, lorsqu'il me rappela pour me demander si j'avais de quoi payer l'atelier. Je répondis que oui en rougissant jusqu'au blanc des yeux. Mais soit qu'il devinât que ce ne serait pas sans peine, soit que quelqu'un lui eût parlé de moi, il ajouta : « C'est bien, vous paierez au massier. »

Cela voulait dire, comme je l'eus bientôt, que je mettrais seulement à la masse l'argent qui sert à payer le loyer de la salle et les modèles, mais que le maître ne recevrait rien pour lui, et que j'aurais ses leçons gratis. Aussi, je porte ce maître-là dans mon cœur, voyez-vous!

Voilà bientôt six mois que cela dure, et je me trouverais bien heureux si cela pouvait durer toujours. Mais cela ne se peut plus ; il faut que ma position change, et qu'au lieu de marcher patiemment dans la plus belle carrière, je me mette à courir au plus vite dans n'importe laquelle.

Ici le Masaccio se troubla visiblement; il ne raconta plus dans l'abondance et la naïveté de ses pensées. Il chercha des prétextes, et il n'en trouva aucun de plausible pour motiver l'irrésolution où il était tombé. Il me montra une lettre de sa sœur Louison, qui contenait de fraîches nouvelles de la tante Henriette. Cette bonne vieille parente était devenue tout à fait infirme, et ne servait plus que de porte-respect à ses deux nièces, qui travaillaient à la journée pour la faire vivre. Les médecins la condamnaient, et on ne pouvait espérer de la conserver au delà de trois ou quatre mois.

« Quand nous l'aurons perdue, disait Paul Arsène, que deviendront mes sœurs? Resteront-elles seules dans une petite ville où elles n'ont point d'autres parents que la tante Henriette, exposées à tous les dangers qui entourent deux jolies filles abandonnées? D'ailleurs mon père ne le souffrirait pas ; et il ne serait pas de son devoir de le souffrir; et alors leur sort serait pire ; car non-seulement elles seraient exposées aux mauvais traitements de la belle-mère, mais encore elles auraient sous les yeux les mauvais exemples de cette femme, qui n'est pas seulement méchante. Le seul parti que j'aie à prendre est donc ou d'aller rejoindre mes sœurs en province et de m'y établir comme ouvrier, pour ne les plus quitter, ou de les faire venir ici, et de les y soutenir jusqu'à ce qu'elles puissent, par leur travail, se soutenir elles-mêmes.

— Tout cela est fort juste et fort bien pensé, lui dis-je ; mais si vos sœurs sont fortes et honorables comme vous le dites, elles ne seront pas longtemps à votre charge. Je ne vois donc pas que vous soyez forcé de vous créer un état qui donne des appointements fixes aussi considérables que vous le disiez l'autre jour. Il ne s'agit que de trouver l'argent nécessaire pour faire venir Louison et Suzanne, et pour les aider un peu dans les commencements. Eh bien, vous avez des amis qui pourront vous avancer cette somme sans se gêner, et moi-même...

— Merci, Monsieur, dit Arsène... Mais je ne veux pas... On sait quand on emprunte, on ne sait pas quand on rendra. Je dois déjà trop aux bontés d'autrui, et les temps sont durs pour tout le monde, je le sais ; pourquoi ferais-je peser sur les autres des privations que je peux supporter? J'aime la peinture, je suis forcé de l'abandonner, tant pis pour moi. Si vous faites un sacrifice pour que je continue à peindre, vous vous trouverez peut-être empêché le lendemain d'en faire un pour un homme plus malheureux que moi; car enfin, pourvu qu'on vive honnêtement, qu'importe qu'on soit artiste ou manœuvre? Il ne faut pas être délicat pour soi-même. Il y a tant de grands artistes qui se plaignent, à ce qu'on dit : il faut bien qu'il y ait de pauvres savetiers qui ne disent rien. »

Tout ce que je pus lui dire fut inutile; il demeura inébranlable. Il lui fallait gagner mille francs par an et entrer en fonctions, fût-ce en service comme laquais, le plus tôt possible. Il ne s'agissait plus pour lui que de trouver sa nouvelle condition.

« Mais si je me chargeais, lui dis-je, de vous donner plus d'ouvrage à domicile que vous n'en avez, soit en vous faisant copier encore des manuscrits, soit en vous donnant des dessins à faire, persisteriez-vous à quitter la peinture?

— Si cela se pouvait ! dit-il ébranlé un instant ; mais, ajouta-t-il, cela vous donnera de la peine et cela ne sera jamais fixe.

— Laissez-moi toujours essayer, repris-je. Il me serra encore la main et partit, emportant sa résolution et son secret. »

V.

Horace me fréquentait de plus en plus. Il me témoignait une sympathie à laquelle j'étais sensible, quoique

Eugénie ne la partageât point. Il lui arriva plusieurs fois de rencontrer chez moi le petit Masaccio, et malgré le bien que je lui disais de ce jeune homme, loin de partager la bonne opinion que j'en avais, il éprouvait pour lui une antipathie insurmontable. Cependant il le traitait avec plus d'égards depuis qu'il l'avait vu essayer le portrait d'Eugénie, et que l'esquisse était si bien venue, avec une ressemblance si noble et un dessin si large, qu'Horace, engoué de toute supériorité intellectuelle, ne pouvait s'empêcher de lui montrer une sorte de déférence. Mais il n'en était que plus indigné de cette inexplicable absence d'ambition noble qui contrastait avec l'exubérance de la sienne propre. Il s'emportait en véhémentes déclamations à cet égard, et Paul Arsène, l'écoutant avec un sourire contenu au bord des lèvres, se contentait, pour toute réponse, de dire en se tournant vers moi : — Monsieur, votre ami parle bien !

Du reste, Paul ne manifestait ni bonne ni mauvaise disposition à son égard. Il était de ces gens qui marchent si droit à leur but que jamais ils ne s'arrêtent aux distractions du chemin. Il ne disait rien d'inutile ; il ne se prononçait presque sur rien, alléguant toujours son ignorance, soit qu'elle fût réelle, soit qu'elle lui servît de prétexte souverain pour couper court à toute discussion. Toujours renfermé en lui-même, il ne faisait acte de volonté que pour calmer les autres sans pédantisme, et les obliger sans ostentation ; et, en attendant qu'il prît le parti qu'il roulait dans sa tête, il étudiait le modèle, apprenait l'anatomie, et faisait des dessins pour porcelaine avec autant de soin et de zèle que s'il n'eût pas songé à changer de carrière. Ce calme dans le présent avec cette agitation pour l'avenir me frappait d'admiration. C'est un des assemblages de facultés les plus rares qui soient dans l'homme ; la jeunesse surtout est portée à s'endormir dans le présent sans souci du lendemain ou à dévorer le présent dans l'attente fiévreuse de l'avenir.

Horace semblait l'antipode volontaire et raisonné de ce caractère. Peu de jours m'avaient suffi pour me convaincre qu'il ne travaillait pas, quoiqu'il prétendit réparer en quelques heures de veille toute l'oisiveté de la semaine. Il n'en était rien. Il n'avait pas été trois fois dans sa vie au cours de droit ; il n'avait peut-être pas ouvert plus souvent ses livres ; et un jour que j'examinais les rayons de sa chambre, je n'y trouvai que des romans et des poëmes. Il m'avoua que tous ses livres de droit étaient vendus.

Cet aveu en entraîna d'autres. Je craignais que ce besoin d'argent ne fût l'effet d'une conduite légère ; il se justifia en me disant que ses parents n'avaient aucune fortune ; et sans me faire connaître le chiffre du revenu qui lui était assigné, il m'assura que sa bonne mère vivait dans une étrange illusion en se persuadant qu'elle lui envoyait de quoi vivre à Paris.

Je n'osai pousser plus loin mon interrogatoire ; mais je jetai un regard involontaire sur la garde-robe élégante et bien fournie de mon jeune ami : rien ne lui manquait. Il avait plus de gilets, d'habits et de redingotes que moi, qui jouissais d'un héritage de trois mille francs de rente. Je devinai que le tailleur allait devenir le fléau de cette existence. Je ne me trompai pas. Bientôt je vis le front d'Horace se rembrunir, sa parole devenir plus brève et son ton plus incisif. Il fallut plus d'une semaine pour le confesser. Enfin je lui arrachai l'aveu de son outrage. L'infâme tailleur s'était permis de présenter son mémoire, le misérable ! Cela méritait des coups de canne ! C'était encore un signe de vertu, que cette indignation ; Horace n'en était pas au degré de perversité où l'on se vante de ses dettes et où l'on rit avec fanfaronnade à l'idée de voir fondre sur les parents une note de trois ou quatre mille francs. D'ailleurs il chérissait profondément sa mère, quoiqu'il la trouvât bornée ; et il était bon fils, quoiqu'il eût un secret mépris pour la dépendance où son père vivait à l'égard du gouvernement.

Le voyant tomber dans le spleen, je pris sur moi de dire au tailleur quelques mots qui le tranquillisèrent ; et Horace, après m'avoir remercié avec une effusion extrême, reprit sa sérénité.

Mais son oisiveté ne cessa point, et son genre de vie, pour n'avoir rien que de très-ordinaire dans un étudiant, me causa une vive surprise à mesure que je l'observai. Comment concilier, en effet, cette ardeur de gloire, ces rêves d'activité parlementaire et de supériorité politique, avec la profonde inertie et la voluptueuse nonchalance d'un tel tempérament ? Il semblait que la vie dût être cent fois trop longue pour le peu qu'il y avait à faire. Il perdait les heures, les jours et les semaines avec une insouciance vraiment royale. C'était quelque chose de beau à contempler que ce fier jeune homme aux formes athlétiques, à la noire chevelure, à l'œil de flamme, couché du matin à la nuit sur le divan de mon balcon, fumant une énorme pipe (dont il fallait tous les jours renouveler la cheminée, parce qu'en la secouant sur les barreaux du balcon, il ne manquait jamais de laisser tomber la capsule dans la rue), et feuilletant un roman de Balzac ou un volume de Lamartine, sans daigner lire un chapitre ou un morceau entier. Je le laissais là pour aller travailler, et quand je revenais de la clinique ou de l'hôpital, je le retrouvais assoupi à la même place, presque dans la même attitude. Eugénie, condamnée à subir cet étrange tête-à-tête, n'ayant, la plupart du temps, pas à s'en plaindre personnellement, car il daignait à peine lui adresser la parole (la regardant plutôt comme un meuble que comme une personne), était indignée de cette paresse princière. Quant à moi, je commençais à sourire lorsque, les yeux encore appesantis par une rêverie somnolente, il reprenait ses divagations sur la gloire, la politique et la puissance.

Cependant aucune idée de blâme ou de mépris ne se mêlait à mon doute. Tous les jours, après le dîner, nous nous retrouvions, Horace et moi, au Luxembourg, au café ou à l'Odéon, au milieu d'un groupe assez nombreux, composé de ses amis et des miens ; et là, Horace pérorait avec une rare facilité. Sur toutes choses il était le plus compétent, quoiqu'il fût le plus jeune ; en toutes choses il était le plus hardi, le plus passionné, le plus *avancé*, comme on disait alors, et comme on dit, je crois, encore aujourd'hui. Ceux même qui ne l'aimaient pas, parmi les auditeurs, étaient forcés de l'écouter avec intérêt, et ses contradicteurs montraient en général plus de méfiance et de dépit que de justice et de bonne foi. C'est que là Horace reprenait tous ses avantages : la discussion était sur son terrain ; et chacun s'avouait intérieurement que s'il n'était pas logicien infaillible, du moins il était orateur fécond, ingénieux et chaud. Ceux qui ne le connaissaient pas croyaient le renverser, en disant que c'était un homme sans fond, sans idées, qui avait travaillé immensément, et dont toute l'inspiration n'était que le résultat d'une culture minutieuse. Pour moi, qui savais si bien le contraire, j'admirais cette puissance d'intuition, à laquelle il suffisait d'effleurer chaque chose en passant pour se l'assimiler et pour lui donner aussitôt toutes sortes de développements au hasard de l'improvisation. C'était à coup sûr une organisation privilégiée, et pour laquelle on pouvait augurer qu'il serait toujours temps, puisqu'il lui en fallait si peu pour s'élargir et se compléter.

Sa présence assidue chez moi était un véritable supplice pour Eugénie. Comme toutes les personnes actives et laborieuses, elle ne pouvait avoir sous les yeux le spectacle de l'inaction prolongée, sans en ressentir un malaise qui allait jusqu'à la souffrance. N'étant point actif par nature, mais par raisonnement et par nécessité, je n'étais pas aussi révolté qu'elle, d'ailleurs je me plaisais à croire que cette inaction n'était qu'une défaillance passagère des forces de mon jeune ami, et que bientôt il donnerait, comme il le disait, un vigoureux coup de collier.

Cependant, comme deux mois s'étaient écoulés sans apporter aucun changement à cette manière d'être, je crus de mon devoir d'aider au *réveil du lion*, et j'essayai un jour d'aborder ce point délicat, en prenant le café avec lui chez Poisson. La journée avait été orageuse, et de grands éclairs faisaient par intervalles bleuir la verdure des marronniers du Luxembourg. La dame du comptoir était belle comme à l'ordinaire, plus qu'à l'ordinaire peut-être ; car la mélancolie habituelle de son visage était en harmonie avec cette soirée pleine de langueur et à demi sombre.

Horace tourna plusieurs fois les yeux vers elle, et revenant à moi : « Je m'étonne, dit-il, qu'étant capable de devenir sérieusement épris d'une femme de ce genre, vous n'ayez pas conçu une grande passion pour celle-ci.

— Elle est admirablement belle, lui dis-je ; mais j'ai le bonheur de ne jamais avoir d'yeux que pour la femme que j'aime. Ce serait plutôt à moi de m'étonner qu'ayant le cœur libre, vous ne fassiez pas plus d'attention à ce profil grec et à cette taille de nymphe.

— La Polymnie du Musée est aussi belle, répondit Horace, et elle a sur celle-ci de grands avantages. D'abord elle ne parle point, et celle-ci me désenchanterait au premier mot qu'elle dirait. Ensuite celle du Musée n'est pas limonadière, et en troisième lieu elle ne s'appelle point madame Poisson. Madame Poisson ! quel nom ! Vous allez encore blâmer mon aristocratie ; mais vous-même, voyons ! Si Eugénie s'était appelée Margot ou Javotte...

— J'eusse mieux aimé Margot ou Javotte que Léocadie ou Phœdora. Mais laissez-moi vous dire, Horace, que vous me cachez quelque chose : vous devenez amoureux ?

Horace me tendit son bras. — Docteur, s'écria-t-il en riant, tâtez-moi le pouls ; ce doit être un amour bien tranquille, puisque je ne m'en aperçois pas. Mais pourquoi avez-vous une pareille idée ?

— Parce que vous ne songez plus à la politique.

— Où prenez-vous cela ? J'y pense plus que jamais. Mais ne peut-on marcher à son but que par une seule voie ?

— Oh ! quelle est donc celle où vous marchez ? Je sais bien que pour moi le *far-niente* serait le bonheur. Mais pour qui aime la gloire...

— La gloire vient trouver ceux qui l'aiment d'un amour délicat et fier. Pour moi, plus j'y réfléchis, plus je trouve l'étude du droit inconciliable avec mon organisation, et le métier d'avocat impossible à un homme qui se respecte ; j'y ai renoncé.

— En vérité ! m'écriai-je, étourdi de l'aisance avec laquelle il m'annonçait une pareille détermination ; et qu'allez-vous faire ?

— Je ne sais, répondit-il d'un air indifférent ; peut-être de la littérature. C'est une voie encore plus large que l'autre ; ou plutôt c'est un champ ouvert où l'on peut entrer de toutes parts. Cela convient à mon impatience et à ma paresse. Il ne faut qu'un jour pour se placer au premier rang ; et quand l'heure d'une grande révolution sonnera, les partis sauront reconnaître dans les lettres, bien mieux que dans le barreau, les hommes qui leur conviennent.

Comme il disait cela, je vis passer dans une glace une figure qui me sembla être celle de Paul Arsène ; mais, avant que j'eusse tourné la tête pour m'en assurer, elle avait disparu.

« Et quelle partie choisirez-vous dans les lettres ? demandai-je à Horace.

— Vers, prose, roman, théâtre, critique, polémique, satire, poëme, toute forme est à mon choix, et je n'en vois aucune qui m'effraie.

— La forme bien, mais le fond ?

— Le fond déborde, répondit-il, et la forme est le vase étroit où il faut que j'apprenne à contenir mes pensées. Soyez tranquille, vous verrez bientôt que cette oisiveté qui vous effraie couve quelque chose. Il y a des abîmes sous l'eau qui dort. »

Mes yeux, flottant autour de moi, retrouvèrent de nouveau Paul Arsène, mais dans un accoutrement inusité. Cette fois sa chemise était fort blanche et assez fine ; il avait un tablier blanc, et pour achever la métamorphose, il portait un plateau chargé de tasses.

« Voilà, dit Horace, dont les yeux avaient suivi la même direction que les miens, un garçon qui ressemble effroyablement au Masaccio. »

Quoiqu'il eût coupé ses longs cheveux et sa petite moustache, il m'était impossible de douter un seul instant que ce ne fût le Masaccio en personne. J'eus le cœur affreusement serré, et faisant un effort, j'appelai le garçon.

« *Voilà, Monsieur !* répondit-il aussitôt ; et, s'approchant de nous, sans le moindre embarras, il nous présenta le café.

— Est-il possible ! Arsène ? m'écriai-je, vous avez pris ce parti ?

— En attendant un meilleur, répondit-il, et je ne m'en trouve pas mal.

— Mais vous n'avez pas un instant de reste pour dessiner ? lui dis-je, sachant bien que c'était la seule objection qui pût l'émouvoir.

— Oh ! cela, c'est un malheur ! mais il est pour moi seul, répondit-il, ne me blâmez pas, Monsieur. Ma vieille tante va mourir, et je veux faire venir mes sœurs ici ; car, voyez-vous quand on a tâté de ce coquin de Paris, on ne peut plus s'en aller vivre en province. Au moins ici j'entendrai parler d'art et de peinture aux jeunes étudiants : et quand M. Delacroix exposera, je pourrai m'esquiver une heure pour aller voir ses tableaux. Est-ce que les arts vont périr, parce que Paul Arsène ne s'en mêle plus ? Il n'y a que les tasses qui menacent ruine, ajouta-t-il gaiement en retenant le plateau prêt à s'échapper de sa main encore mal exercée.

— Ah çà, Paul Arsène, s'écria Horace en éclatant de rire, ou vous êtes un petit juif, ou vous êtes amoureux de la belle madame Poisson. »

Il fit cette plaisanterie, selon son habitude, avec si peu de précaution, que madame Poisson, dont le comptoir était tout près, l'entendit et rougit jusqu'au blanc des yeux. Arsène devint pâle comme la mort et laissa tomber le plateau ; M. Poisson accourut au bruit, donna un coup d'œil au dégât, et alla au comptoir pour s'inscrire sur un livre *ad hoc*. Le garçon de café est comptable de tout ce qu'il casse. En voyant l'émotion de sa femme, nous entendîmes le patron lui dire d'une voix très âpre :

« Vous serez donc toujours prête à sauter et à crier au moindre bruit ? Vous avez des nerfs de marquise. »

Madame Poisson détourna la tête et ferma les yeux, comme si la vue de cet homme lui eût fait horreur. Ce petit drame bourgeois se passa en trois minutes ; Horace n'y fit aucune attention : mais ce fut pour moi comme un trait de lumière.

L'intérêt sincère et profond que j'éprouvais pour le pauvre Masaccio me fit souvent retourner au café Poisson ; j'y fis de plus longues séances que de coutume, et j'y augmentai ma consommation, afin de ne point éveiller désagréablement l'attention du maître, qui me parut jaloux et brutal. Mais quoique je m'attendisse sans cesse à voir quelque tragédie de ménage, il se passa plus d'un mois sans que l'ordre farouche en parût troublé. Arsène remplissait ses fonctions de valet avec une rare activité, une propreté irréprochable, une politesse brusque et de bonne humeur qui captivait la bienveillance de tous les habitués et jusqu'à celle de son rude patron.

« Vous le connaissez ? » me dit un jour ce dernier en voyant que je causais un peu longuement avec lui. Arsène m'avait recommandé de ne point dire qu'il eût été artiste, de peur de lui aliéner la confiance de son maître, et conformément aux instructions qu'il m'avait données, je répondis que je l'avais vu dans un restaurant où on le regrettait beaucoup.

« C'est un excellent sujet, me répondit M. Poisson ; parfaitement honnête, point causeur, point dormeur, point ivrogne, toujours content, toujours prêt. Mon établissement a beaucoup gagné depuis qu'il est à mon service. Eh bien ! Monsieur, croiriez-vous que madame Poisson, qui est d'une faiblesse et d'une indulgence absurdes avec tous ces gaillards-là, ne peut point souffrir ce pauvre Arsène ! »

M. Poisson parlait ainsi debout, à deux pas de ma petite table, le coude appuyé majestueusement sur la face externe du comptoir d'acajou où sa femme trônait d'un air aussi ennuyé qu'une reine véritable. La figure ronde et rouge de l'époux sortait de sa chemise à jabot de mousseline, et son embonpoint débordait un pantalon de nankin ridiculement tendu sur ses flancs énormes. Horace l'avait surnommé le Minautore. Tandis qu'il déplorait l'injustice de sa femme envers ce pauvre Arsène, je crus voir un imperceptible sourire errer sur les lèvres de celle-ci. Mais elle ne répliqua pas un mot, et lorsque je voulus continuer cette conversation avec elle, elle me répondit avec un calme imperturbable :

« Que voulez-vous, Monsieur? ces gens-là (elle parlait des garçons de café en général) sont les fléaux de notre existence. Ils ont des manières si brutales et si peu d'attachement! Ils tiennent à la maison et jamais aux personnes. Mon chat vaut mieux, il tient à la maison et à moi. »

Et parlant ainsi d'une voix douce et traînante, elle passait sa main de neige sur le dos tigré du magnifique angora qui se jouait adroitement parmi les porcelaines du comptoir.

Madame Poisson ne manquait point d'esprit, et je remarquai souvent qu'elle lisait de bons romans. Comme habitué, j'avais acheté le droit de causer avec elle, et mes manières respectueuses inspiraient toute confiance au mari. Je lui fis souvent compliment du choix de ses lectures; jamais je n'avais vu entre ses mains un seul de ces ouvrages grivois et à demi obscènes qui font les délices de la petite bourgeoisie. Un jour qu'elle terminait *Manon Lescaut*, je vis une larme rouler sur sa joue, et je l'abordai en lui disant que c'était le plus beau roman du cœur qui eût été fait en France. Elle s'écria :

« Oh! oui, Monsieur! c'est du moins le plus beau que j'aie lu. Ah! perfide Manon! sublime Desgrieux! » et ses regards tombèrent sur Arsène, qui déposait de l'argent dans sa sébile; fut-ce par hasard ou par entraînement? il était difficile de prononcer. Jamais Arsène ne levait les yeux sur elle; il circulait des tables au comptoir avec une tranquillité qui aurait dérouté le plus fin observateur.

VI.

Peu à peu Horace avait daigné faire attention à la beauté et aux bonnes manières de Laure : c'était le petit nom que M. Poisson donnait à sa femme.

« Si *cela* était né sur un trône, disait-il souvent en la regardant, la terre entière serait prosternée devant une telle majesté.

— A quoi bon un trône? lui répondis-je ; la beauté est par elle-même une royauté véritable.

— Ce qui la distingue pour moi des autres teneuses de comptoir, reprenait-il, c'est cette dignité froide, si différente de leurs agaceries coquettes. Celles-ci, quand vous vendent leurs regards pour un verre d'eau sucrée; c'est à vous ôter la soif pour toujours. Mais celle-ci est, au milieu des hommages grossiers qui l'environnent, une perle fine dans le fumier; elle inspire vraiment une sorte de respect. Si j'étais sûr qu'elle ne fût pas bête, j'aurais presque envie d'en devenir amoureux. »

La vue de plusieurs jeunes gens qui, chaque jour, s'évertuaient à fixer l'attention de la belle limonadière, et qui eussent vraiment fait des folies pour elle, acheva de piquer l'amour-propre d'Horace; mais il ne convenait pas à tant d'orgueil de suivre la même route que ces naïfs admirateurs. Il ne voulait pas être confondu dans ce cortège : il lui fallait, disait-il, emporter la place d'assaut au nez des assiégeants. Il médita ses moyens, et jeta un soir une lettre passionnée sur le comptoir; puis il resta jusqu'au lendemain sans se montrer, pensant que cet air occupé, découragé ou dédaigneux, expliqué ensuite par lui selon la circonstance, ferait un bon effet, par contraste avec l'obsession de ses rivaux.

J'avais consenti à m'intéresser à cette folie, persuadé intérieurement qu'elle servirait de leçon à la naissante fatuité d'Horace, et qu'il en serait pour ses frais d'éloquence épistolaire. Le lendemain je fus occupé plus que de coutume, et nous nous donnâmes rendez-vous le soir au café Poisson. La dame n'était pas à son comptoir : Arsène remplissait à lui seul les fonctions de maître et de valet, et il était si affairé, qu'à toutes nos questions il ne répondit qu'un « je ne sais pas » jeté en courant d'un air d'indifférence. M. Poisson ne paraissant pas davantage, nous allions prendre le parti de nous retirer sans rien savoir, lorsque Laravinière, le *président des bousingots*, entra bruyamment au milieu de sa joyeuse phalange.

J'ai lu quelque part une définition assez étendue de l'*étudiant*, qui n'est certainement pas faite sans talent, mais qui ne m'a point paru exacte. L'étudiant y est trop rabaissé, je dirai plus, trop dégradé ; il y joue un rôle bas et grossier qui vraiment n'est pas le sien. L'étudiant a plus de travers et de ridicules que de vices; et quand il en a, ce sont des vices si peu enracinés, qu'il lui suffit d'avoir subi ses examens et repassé le seuil du toit paternel, pour devenir calme, poli, rangé; trop positif la plupart du temps, car les vices de l'étudiant sont ceux de la société tout entière, d'une société où l'adolescence est livrée à une éducation à la fois superficielle et pédantesque, qui développe en elle l'outrecuidance et la vanité; où la jeunesse est abandonnée, sans règle et sans frein, à tous les désordres qu'engendre le scepticisme, où l'âge viril rentre immédiatement après dans la sphère des égoïsmes rivaux et des luttes difficiles. Mais si les étudiants étaient aussi pervertis qu'on nous les montre, l'avenir de la France serait étrangement compromis.

Il faut bien vite excuser l'écrivain que je blâme, en reconnaissant combien il est difficile, pour ne pas dire impossible, de résumer en un seul type une classe aussi nombreuse que celle des étudiants. Eh quoi! c'est la jeunesse lettrée en masse que vous voulez nous faire connaître sous une simple effigie? Mais que de nuances infinies dans cette population d'enfants à demi hommes que Paris voit sans cesse se renouveler, comme des aliments hétérogènes, dans le vaste estomac du quartier latin! Il y a autant de classes d'étudiants qu'il y a de classes rivales et diverses dans la bourgeoisie. Haïssez la bourgeoisie encroûtée qui, maîtresse de toutes les forces de l'État, en fait un misérable trafic; mais ne condamnez pas la jeune bourgeoisie qui sent de généreux instincts se développer et grandir en elle. En plusieurs circonstances de notre histoire moderne, cette jeunesse s'est montrée brave et franchement républicaine. En 1830, elle s'est encore interposée entre le peuple et les ministres déchus de la restauration, menacés jusque dans l'enceinte où se prononçait leur jugement; ç'a été son dernier jour de gloire.

Depuis, on l'a tellement surveillée, maltraitée et découragée, qu'elle n'a pu se montrer ouvertement. Néanmoins, l'amour de la justice, le sentiment de l'égalité et l'enthousiasme pour les grands principes et les grands dévouements de la révolution française ont encore un foyer de vie autre que le foyer populaire, c'est dans l'âme de cette jeune bourgeoisie qu'il faut aller le chercher. C'est un feu qui la saisit et la consume rapidement, j'en conviens. Quelques années de cette noble exaltation que semble lui communiquer le pavé brûlant de Paris, et puis l'ennui de la province, ou le despotisme de la famille, ou l'influence des séductions sociales, ont bientôt effacé jusqu'à la dernière trace du généreux élan.

Alors on rentre en soi-même, c'est-à-dire en soi seul, on traite de folies de jeunesse les théories courageuses qu'on a aimées et professées; on rougit d'avoir été fouriériste, ou saint-simonien, ou révolutionnaire d'une manière quelconque; on n'ose pas trop raconter quelles motions audacieuses on a élevées ou soutenues dans les *sociétés* politiques, et puis on s'étonne d'avoir souhaité l'égalité dans toutes ses conséquences, d'avoir aimé le peuple sans frayeur, d'avoir voté la loi de fraternité sans amendement. Et au bout de peu d'années, c'est-à-dire quand on est établi bien ou mal, qu'on soit juste-milieu, légitimiste ou républicain, qu'on soit de la nuance des *Débats*, de la *Gazette* ou du *National*, on inscrit sur

M Poisson parlait ainsi debout. (Page 14.)

sa porte, sur son diplôme ou sur sa patente, qu'on n'a, en aucun temps de sa vie, entendu porter atteinte à la sacro-sainte propriété.

Mais ceci est le procès à faire, je le répète, à la société bourgeoise qui nous opprime. Ne faisons pas celui de la jeunesse, car elle a été ce que la jeunesse, prise en masse et mise en contact avec elle-même, est et sera toujours, enthousiaste, romanesque et généreuse. Ce qu'il y a de meilleur dans le bourgeois, c'est donc encore l'étudiant; n'en doutez pas.

Je n'entreprendrai pas de contredire dans le détail les assertions de l'auteur, que j'incrimine sans aucune aigreur, je vous jure. Il est possible qu'il soit mieux informé des mœurs des étudiants que je ne puis l'être relativement à ce qu'elles sont aujourd'hui; mais je dois en conclure, ou que l'auteur s'est trompé, ou que les étudiants ont bien changé; car j'ai vu des choses fort différentes.

Ainsi, de mon temps, nous n'étions pas divisés en deux espèces, l'une, appelée les *bambocheurs*, fort nombreuse, qui passait son temps à la Chaumière, au cabaret, au bal du Panthéon, criant, fumant, vociférant dans une atmosphère infecte et hideuse; l'autre fort restreinte, appelée les *piocheurs*, qui s'enfermait pour vivre misérablement, et s'adonner à un travail matériel dont le résultat était le crétinisme. Non! il y avait bien des oisifs et des paresseux, voire des mauvais sujets et des idiots; mais il y avait aussi un très-grand nombre de jeunes gens actifs et intelligents, dont les mœurs étaient chastes, les amours romanesques, et la vie empreinte d'une sorte d'élégance et de poésie, au sein de la médiocrité et même de la misère. Il est vrai que ces jeunes gens avaient beaucoup d'amour-propre, qu'ils perdaient beaucoup de temps, qu'ils s'amusaient à tout autre chose qu'à leurs études, qu'ils dépensaient plus d'argent qu'un dévouement vertueux à la famille ne l'eût permis; enfin, qu'ils faisaient de la politique et du socialisme avec plus d'ardeur que de raison, et de la philosophie avec plus de sensibilité que de science et de profondeur. Mais s'ils avaient, comme je l'ai déjà confessé, des travers et des ridicules, il s'en fallait de beaucoup qu'ils fussent vicieux, et que leurs jours s'écoulassent dans l'abrutissement, leurs nuits dans l'orgie. En un mot, j'ai vu beaucoup plus d'étudiants dans

On le reconnaissait à son chapeau pointu. (Page 18.)

le genre d'Horace, que je n'en ai vu dans celui de l'*Étudiant* esquissé par l'écrivain que j'ose ici contredire.

Celui dont j'ai maintenant à vous faire le portrait, Jean Laravinière, était un grand garçon de vingt-cinq ans, leste comme un chamois et fort comme un taureau. Ses parents ayant eu la coupable distraction de ne pas le faire vacciner, il était largement sillonné par la petite-vérole, ce qui était, pour son bonheur, un intarissable sujet de plaisanteries comiques de sa part. Quoique laide, sa figure était agréable, sa personne pleine d'originalité comme son esprit. Il était aussi généreux qu'il était brave, et ce n'était pas peu dire. Ses instincts de *combativité*, comme nous disions en phrénologie, le poussaient impétueusement dans toutes les bagarres, et il y entraînait toujours une cohorte d'amis intrépides, qu'il fanatisait par son sang-froid héroïque et sa gaieté belliqueuse. Il s'était battu très-sérieusement en juillet; plus tard, hélas! il se battit trop bien ailleurs.

C'était un tapageur, un *bambocheur*, si vous voulez; mais quel loyal caractère, et quel dévouement magnanime! Il avait toute l'excentricité de son rôle, toute l'inconséquence de son impétuosité, toute la crânerie de sa position. Vous eussiez pu rire de lui; mais vous eussiez été forcé de l'aimer. Il était si bon, si naïf dans ses convictions, si dévoué à ses amis! Il était censé carabin, mais il n'était réellement et ne voulait jamais être autre chose qu'étudiant émeutier, *bousingot*, comme on disait dans ce temps-là. Et comme c'est un mot historique qui s'en va se perdre, si l'on n'y prend garde, je vais tâcher de l'expliquer.

Il y avait une classe d'étudiants, que nous autres (étudiants un peu aristocratiques, je l'avoue) nous appelions, sans dédain toutefois, *étudiants d'estaminet*. Elle se composait invariablement de la plupart des étudiants de première année, enfants fraîchement arrivés de province, à qui Paris faisait tourner la tête, et qui croyaient tout d'un coup se faire hommes en fumant à se rendre malades, et en battant le pavé du matin au soir, la casquette sur l'oreille; car l'étudiant de première année a rarement un chapeau. Dès la seconde année, l'étudiant en général devient plus grave et plus naturel. Il est tout à fait retiré de ce genre de vie, à la troisième. C'est alors qu'il va au parterre des Italiens, et qu'il commence à s'habiller comme tout le monde. Mais un certain nombre de jeunes gens reste attaché à ces habitudes de flânerie, de billard, d'interminables fumeries à l'estaminet, ou de promenade par bandes bruyantes au jardin du Luxembourg. En un mot, ceux-là font, de la récréation que les autres se permettent sobrement, le fond et l'habitude de la vie. Il est tout naturel que leurs manières, leurs idées, et jusqu'à leurs traits, au lieu de se former, restent dans une sorte d'enfance vagabonde et débraillée, dans laquelle il faut se garder de les encourager, quoiqu'elle ait certainement ses douceurs et même sa poésie. Ceux-là se trouvent toujours naturellement tout portés aux émeutes. Les plus jeunes y vont pour voir, d'autres y vont pour agir; et, dans ce temps-là, presque toujours tous s'y jetaient un instant et s'en retiraient vite, après avoir donné et reçu quelques bons coups. Cela ne changeait pas la face des affaires, et la seule modification que ces tentatives aient apportée, c'est un redoublement de frayeur chez les boutiquiers, et de cruauté brutale chez les agents de police. Mais aucun de ceux qui ont si légèrement troublé l'ordre public dans ce temps-là ne doit rougir, à l'heure qu'il est, d'avoir eu quelques jours de chaleureuse jeunesse. Quand la jeunesse ne peut manifester ce qu'elle a de grand et de courageux dans le cœur que par des attentats à la société, il faut que la société soit bien mauvaise!

On les appelait alors les *bousingots*, à cause du chapeau marin de cuir verni qu'ils avaient adopté pour signe de ralliement. Ils portèrent ensuite une coiffure écarlate en forme de bonnet militaire, avec un velours noir autour. Désignés encore à la police, et attaqués dans la rue par les mouchards, ils adoptèrent le chapeau gris; mais ils n'en furent pas moins traqués et maltraités. On a beaucoup déclamé contre leur conduite; mais je ne sache pas que le gouvernement ait pu justifier celle de ses agents, véritables assassins qui en ont assommé un bon nombre sans que le boutiquier en ait montré la moindre indignation ou la moindre pitié.

Le nom de *bousingots* leur resta. Lorsque le *Figaro*, qui avait fait une opposition railleuse et mordante sous la direction loyale de M. Delatouche, passa en d'autres mains, et peu à peu changea de couleur, le nom de bousingot devint un outrage; car il n'y eut sorte de moqueries amères et injustes dont on ne s'efforçât de le couvrir. Mais les vrais bousingots ne s'en émurent point, et notre ami Laravinière conserva joyeusement son surnom de *président des bousingots*, qu'il porta jusqu'à sa mort, sans craindre ni mériter le ridicule ou le mépris.

Il était si recherché et si adoré de ses compagnons, qu'on ne le voyait jamais marcher seul. Au milieu du groupe ambulant qui chantait ou criait toujours autour de lui, il s'élevait comme un pin robuste et fier au sein du taillis, ou comme la Calypso de Fénelon au milieu du menu fretin de ses nymphes, ou enfin comme le jeune Saül parmi les bergers d'Israël. (Il aimait mieux cette comparaison.) On le reconnaissait de loin à son chapeau gris pointu à larges bords, à sa barbe de chèvre, à ses longs cheveux plats, à son énorme cravate rouge sur laquelle tranchaient les énormes revers blancs de son gilet *à la Marat*. Il portait généralement un habit bleu à longues basques et à boutons de métal, un pantalon à larges carreaux gris et noirs, et un lourd bâton de cormier qu'il appelait son *frère Jean*, par souvenir du bâton de la croix dont le frère Jean des Entommeures fit, selon Rabelais, un si *horrificque* carnage des hommes d'armes de Pichrocole. Ajoutez à cela un cigare gros comme une bûche, sortant d'une moustache rousse à moitié brûlée, une voix rauque qui s'était cassée, dans les premiers jours d'août 1830, à détonner la *Marseillaise*, et l'aplomb bienveillant d'un homme qui a embrassé plus de cent fois Lafayette, mais qui n'en parle plus en 1831 qu'en disant: *Mon pauvre ami*; et vous aurez au grand complet Jean Laravinière, président des bousingots.

VII.

— Vous demandez madame Poisson? dit-il à Horace, qui n'accueillait pas trop bien en général sa familiarité. Eh bien! vous ne verrez plus madame Poisson. Absente par congé, madame Poisson. Pas mal fait. M. Poisson ne la battra plus.

— Si elle avait voulu me prendre pour son défenseur, s'écria le petit Paulier, qui n'était guère plus gros qu'une mouche, elle n'aurait pas été battue deux fois. Mais enfin, puisque c'est le *président* qu'elle a honoré de sa préférence...

— Excusez! cela n'est pas vrai, répondit le président des bousingots en élevant sa voix enrouée pour que tout le monde l'entendît. A moi, Arsène, un verre de rhum! j'ai la gorge en feu. J'ai besoin de me rafraîchir.

Arsène vint lui verser du rhum, et resta debout près de lui, le regardant attentivement avec une expression indéfinissable.

« Eh bien, mon pauvre Arsène, reprit Laravinière sans lever les yeux sur lui et tout en dégustant son petit verre: tu ne verras plus la bourgeoise? Cela te fait plaisir peut-être? Elle ne l'aimait guère, ta bourgeoise?

— Je n'en sais rien, répondit Arsène de sa voix claire et ferme; mais où diable peut-elle être?

— Je te dis qu'elle est partie. *Partie*, entends-tu bien? Cela veut dire qu'elle est où bon lui semble; qu'elle est partout excepté ici.

— Mais ne craignez-vous pas d'affliger ou d'offenser beaucoup le mari en parlant si haut d'une pareille affaire? dis-je en jetant les yeux vers la porte du fond, où nous apparaissait ordinairement M. Poisson vingt fois par heure.

— Le citoyen Poisson n'est pas céans, répondit le bousingot Louvet: nous venons de le rencontrer à l'entrée de la Préfecture de police, où il va sans doute demander des informations. Ah! dame, il cherche; il cherchera longtemps. Cherche, Poisson, cherche! Apporte!

— Pauvre bête! reprit un autre. Ça lui apprendra qu'on ne prend pas les mouches avec du vinaigre. Arsène? à moi, du café!

— Elle a bien fait! dit un troisième. Je ne l'aurais jamais crue capable d'un pareil coup de tête, pourtant! Elle avait l'air usé par le chagrin, cette pauvre femme! A moi, Arsène, de la bière! »

Arsène servait lestement tout le monde, et il venait toujours se planter derrière Laravinière, comme s'il eût attendu quelque chose.

« Eh! qu'as-tu là à me regarder? lui dit Laravinière, qui le voyait dans la glace.

— J'attends pour vous verser un second petit verre, répondit tranquillement Arsène.

— Joli garçon, va! dit le président en lui tendant son verre. Ton cœur comprend le mien. Ah! si tu avais pu te poser ainsi en Hébé à la barricade de la rue Montorgueil, l'année passée, à pareille époque! J'avais une si abominable soif! Mais ce gamin-là ne songeait qu'à descendre des gendarmes. Brave comme un lion, ce gamin-là! Ta chemise n'était pas aussi blanche qu'aujourd'hui, hein? Rouge de sang et noire de poudre. Mais où diable as-tu passé depuis?

— Dis-nous donc plutôt où madame Poisson a passé la nuit, puisque tu le sais? reprit Paulier.

— Vous le savez? s'écria Horace le visage en feu.

— Tiens! ça vous intéresse, vous? répondit Laravinière. Ça vous intéresse diablement, à ce qu'il paraît! Eh bien! vous ne le saurez pas, soit dit sans vous fâcher; car j'ai donné ma parole, et vous comprenez.

— Je comprends, dit Horace avec amertume, que vous voulez nous donner à entendre que c'est chez vous que s'est retirée madame Poisson.

— Chez moi! je le voudrais: ça supposerait que j'ai un *chez moi*. Mais pas de mauvaises plaisanteries, s'il vous plaît. Madame Poisson est une femme fort honnête, et je suis sûr qu'elle n'ira jamais ni chez vous ni chez moi.

— Raconte-leur donc comment tu l'as aidée à se sauver? dit Louvet en voyant avec quel intérêt nous cherchions à deviner le sens de ses réticences.

— Voilà! écoutez! répondit le président. Je peux bien

le dire : cela ne fait aucun tort à la dame. Ah ! tu écoutes, toi ? ajouta-t-il en voyant Arsène toujours derrière lui. Tu voudrais faire le capon, et redire cela à ton bourgeois.

— Je ne sais pas seulement de quoi vous parlez, répondit Arsène en s'asseyant sur une table vide et en ouvrant un journal. Je suis là pour vous servir : si je suis de trop, je m'en vas.

— Non, non ! reste, enfant de juillet ! dit Laravinière. Ce que j'ai à dire ne compromet personne. »

C'était l'heure du dîner des habitants du quartier. Il n'y avait dans le café que Laravinière, ses amis et nous. Il commença son récit en ces termes :

« Hier soir... je pourrais aussi bien dire ce matin (car il était minuit passé, près d'une heure), je revenais tout seul à mon gîte, c'était par le plus long. Je ne vous dirai ni d'où je venais, ni en quel endroit je fis cette rencontre ; j'ai posé mes réserves à cet égard. Je voyais marcher devant moi une vraie taille de guêpe, et cela avait un air si *comme il faut*, cela avait la marche si peu agaçante que nous connaissons, que j'ai hésité par trois fois... Enfin, persuadé que ce ne pouvait être autre chose qu'un *phalène*, je m'avance sur la même ligne ; mais je ne sais quoi de mystérieux et d'indéfinissable (style choisi, mes enfants!) m'aurait empêché d'être grossier, quand même la galanterie française ne serait pas dans les mœurs de votre président. — Femme charmante, lui dis-je, pourrait-on vous offrir le bras ? — Elle ne répond rien et ne tourne pas la tête. Cela m'étonne. Ah bah ! elle est peut-être sourde, cela s'est vu. J'insiste. On me fait doubler le pas. — N'ayez donc pas peur ! — Ah ! — Un petit cri, et puis on s'appuie sur le parapet.

— Parapet ? c'était le sur quai, dit Louvet.

— J'ai dit parapet comme j'aurais dit borne, fenêtre, muraille quelconque. N'importe ! la voilà prête à trembler comme une femme qui va s'évanouir. Je m'arrête, interdit. Se moque-t-on de moi ? — Mais, Mademoiselle, n'ayez donc pas peur. — Ah ! mon Dieu ! c'est vous, monsieur Laravinière ? — Ah ! mon Dieu ! c'est vous, madame Poisson ? (En voilà, un coup de théâtre !) — Je suis bien aise de vous rencontrer, dit-elle d'un ton résolu. Vous êtes un honnête homme, vous me conduirez. Je remets mon sort entre vos mains, je me fie à vous. Je demande le secret. — Me voilà, Madame, prêt à passer l'eau et le feu pour vous et avec vous. Elle prend mon bras. — Je pourrais vous prier de ne pas me suivre, et je suis sûre que vous n'insisteriez pas ; mais j'aime mieux me confier à vous. Mon honneur sera en bonnes mains ; vous ne le trahirez pas. »

« J'étends la main, elle y met la sienne. Voilà la tête qui me tourne un peu, mais c'est égal. J'offre mon bras comme un marquis, et sans me permettre une seule question, je l'accompagne...

— Où, demanda Horace impatient.

— Où bon lui semble, répondit Laravinière. Chemin faisant : — Je quitte M. Poisson pour toujours, me répondit-elle ; mais je ne le quitte pas pour me mal conduire. Je n'ai pas d'amant, Monsieur ; je vous jure devant Dieu, qui veille sur moi, puisqu'il vous a envoyé vers moi en ce moment, que je n'en ai pas et n'en veux pas avoir. Je me soustrais à de mauvais traitements, et voilà tout. J'ai un asile, chez une amie, chez une femme honnête et bonne ; je vais vivre de mon travail. Ne venez pas me voir ; il faut que je me tienne dans une grande réserve après une pareille fuite ; mais gardez-moi un souvenir amical, et croyez que je n'oublierai jamais... Nouvelle poignée de main ; adieu solennel, éternel peut-être, et puis, bonsoir, plus personne. Je sais où elle est, mais je ne sais qui, ni avec qui. Je la chercherai pas à le savoir, et je ne mettrai personne sur la voie de le découvrir. C'est égal, je n'en ai pas dormi de la nuit, et me voilà amoureux comme une bête ! A quoi cela me servira-t-il ?

— Et vous croyez, dit Horace ému, qu'elle n'a pas d'amant, qu'elle est chez une femme, qu'elle...

— Ah ! je ne crois rien, je ne sais rien, et peu m'importe ! Elle s'est emparée de moi. Me voilà forcé de tenir ce que j'ai promis, puisqu'on m'a subjugué. Ces diables de femmes ! Arsène, du rhum ! l'orateur est fatigué. »

Je regardai Arsène : son visage ne trahissait pas la moindre émotion. Je cessai de croire à son amour pour madame Poisson ; mais, en voyant l'agitation d'Horace, je commençai à penser que le sien prenait un caractère sérieux. Nous nous séparâmes à la rue Gît-le-Cœur. Je rentrai accablé de fatigue. J'avais passé la nuit précédente auprès d'un ami malade, et je n'étais pas revenu chez moi de la journée.

Quoique j'eusse vu briller de la lumière derrière mes fenêtres, je fus tenté de croire qu'il n'y avait personne chez moi, à la lenteur qu'Eugénie mit à me recevoir. Ce ne fut qu'au troisième coup de sonnette qu'elle se décida à ouvrir la porte, après m'avoir bien regardé et interrogé par le guichet.

« Vous avez donc bien peur ? lui dis-je en entrant.

— Très-peur, me répondit-elle ; j'ai mes raisons pour cela. Mais puisque vous voilà, je suis tranquille. »

Ce début m'inquiéta beaucoup. « Qu'est-il donc arrivé ? m'écriai-je.

— Rien de fort agréable, répondit-elle en souriant, et j'espère que vous ne me désavouerez pas ; j'ai, en votre absence, disposé de votre chambre.

— De ma chambre ! grand Dieu ! moi qui ne me suis pas couché la nuit dernière ! Mais pourquoi donc ? et que veut dire cet air de mystère ?

— Chut ! ne faites pas de bruit ! dit Eugénie en mettant sa main sur ma bouche. Votre chambre est habitée par quelqu'un qui a plus besoin de sommeil et de repos que vous.

— Voilà une étrange invasion ! Tout ce que vous faites est bien, mon Eugénie, mais enfin...

— Mais enfin, mon ami, vous allez vous retirer de suite, et demander à votre ami Horace ou à quelque autre (vous n'en manquerez pas) de vous céder la moitié de sa chambre pour une nuit.

— Mais vous me direz au moins pour qui je fais ce sacrifice ?

— Pour une amie à moi, qui est venue me demander un refuge dans une circonstance désespérée.

— Ah ! mon Dieu ! m'écriai-je, un accouchement dans ma chambre ! Au diable le butor à qui je dois cet enfant-là !

— Non, non ! rien de pareil ! dit Eugénie en rougissant. Mais parlez donc plus bas, il n'y a point là d'affaire d'amour proprement dite ; c'est un roman tout à fait pur et platonique. Mais, allez-vous-en.

— Ah çà, c'est donc une princesse enlevée pour qui vous prenez tant de précautions respectueuses ?

— Non ; mais c'est une femme comme moi, et elle a bien droit à quelque respect de votre part.

— Et vous ne me direz pas même son nom ?

— A quoi bon ce soir ? Nous verrons demain ce qu'on peut vous confier.

— Et c'est une femme ?... dis-je avec un grand embarras.

— Vous en doutez ? » répondit Eugénie en éclatant de rire.

Elle me poussa vers la porte, et j'obéis machinalement. Elle me rendit ma lumière, et me reconduisit jusqu'au palier d'un air affectueux et enjoué, puis elle rentra, et je l'entendis fermer la porte à double tour, ainsi qu'une barre que j'y avais fait poser pour plus de sécurité quand je laissais Eugénie seule, le soir, dans ma mansarde.

Quand je fus au bas de l'escalier, je fus pris d'un vertige. Je ne suis point jaloux de ma nature, et d'ailleurs, jamais ma douce et sincère compagne ne m'avait donné le moindre sujet de méfiance. J'avais pour elle plus que de l'amour, j'avais une estime sans bornes pour son caractère, une foi absolue en sa parole. Malgré tout cela, je fus saisi d'une sorte de délire, et ne pus jamais me résoudre à descendre le dernier étage. Je remontai vingt fois jusqu'à ma porte ; je redescendis autant de fois l'escalier. Le plus profond silence régnait dans ma mansarde et dans toute la maison. Plus je combattais ma folie, plus elle s'emparait de mon cerveau. Une sueur froide coulait de mon front. Je pensai plusieurs fois à enfoncer la porte : malgré la serrure et la barre de fer, je crois que j'en aurais eu la force dans ce moment-là; mais la crainte d'épouvanter et d'offenser Eugénie par cette violence et l'outrage d'un tel soupçon, m'empêchèrent de céder à la tentation. Si Horace m'eût vu ainsi, il m'aurait pris en pitié ou raillé amèrement. Après tout ce que je lui avais dit pour combattre les instincts de jalousie et de despotisme qu'il laissait percer dans ses théories de l'amour, j'étais d'un ridicule achevé.

Je ne pus néanmoins prendre sur moi de sortir de la maison. Je songeai bien à passer la nuit à me promener sur le quai; mais la maison avait une porte de derrière sur la rue *Git-le-Cœur*, et pendant que j'en ferais le tour, on pouvait sortir d'un côté ou de l'autre. Une fois que j'aurais franchi la porte principale, soit que le portier fût prévenu, soit qu'il allât se coucher, j'étais sûr de ne pas pouvoir rentrer passé minuit. Les portiers sont fort inhumains envers les étudiants, et le mien était des plus intraitables. Au diable l'hôtesse inconnue et sa réputation compromise! pensai-je; et ne pouvant renoncer à garder mon trésor à vue, ne pouvant plus résister à la fatigue, je me couchai sur la natte de paille dans l'embrasure de ma porte, et je finis par m'y endormir.

Heureusement nous demeurions au dernier étage de la maison, et la seule chambre qui donnât sur notre palier n'était pas louée. Je ne courais pas risque d'être surpris dans cette ridicule situation par des voisins médisants.

Je ne dormis ni longtemps ni paisiblement, comme on peut croire. Le froid du matin m'éveilla de bonne heure. J'étais brisé, je fumai pour me ranimer, et quand, vers six heures, j'entendis ouvrir la porte de la maison, je sonnai à la mienne. Il me fallut encore attendre et encore subir l'examen du guichet. Enfin il me fut permis de rentrer.

« Ah! mon Dieu! dit Eugénie en frottant ses yeux appesantis par un sommeil meilleur que le mien. Vous me paraissez changé! Pauvre Théophile! vous avez donc été bien mal couché chez votre ami Horace?

— On ne peut pas plus mal, répondis-je, un lit très-dur. Et votre hôte, est-il enfin parti?

— Mon hôte! » dit-elle avec un étonnement si candide que je me sentis pénétré de honte.

Quand on est coupable, on a rarement l'esprit de se repentir à temps. Je sentis le dépit me gagner, et n'ayant rien à dire qui eût le sens commun, je posai ma canne un peu brusquement sur la table, et je jetai mon chapeau avec humeur sur une chaise : il roula par terre, je lui donnai un grand coup de pied; j'avais besoin de briser quelque chose.

Eugénie, qui ne m'avait jamais vu ainsi, resta stupéfaite : elle ramassa mon chapeau en silence, me regarda fixement, et devina enfin ma souffrance, en voyant l'altération profonde de mes traits. Elle étouffa un soupir, retint une larme, et entra doucement dans ma chambre à coucher, dont elle referma la porte sur elle avec soin. C'était là qu'était le personnage mystérieux. Je n'osais plus, je ne voulais plus douter, et, malgré moi, je doutais encore. Les pensées injustes, quand nous leur laissons prendre le dessus, s'emparent tellement de nous, qu'elles dominent encore notre imagination alors que la raison et la conscience protestent contre elles. J'étais au supplice; je marchais avec agitation dans mon cabinet, m'arrêtant à chaque tour devant cette porte fatale, avec un sentiment voisin de la rage. Les minutes me semblaient des siècles.

Enfin la porte se rouvrit, et une femme vêtue à la hâte, le corps enveloppé d'un grand châle, s'avança vers moi, pâle et tremblante. Je reculai de surprise, c'était madame Poisson.

VIII.

Elle s'inclina devant moi, presque jusqu'à mettre un genou en terre; et dans cette attitude douloureuse, avec sa pâleur, ses cheveux épars, et ses beaux bras nus sortant de son châle écarlate, elle eût désarmé un tigre; mais j'étais si heureux de voir Eugénie justifiée, que j'eusse accueilli mon affreuse portière avec autant de courtoisie que la belle Laure. Je la relevai, je la fis asseoir, je lui demandai pardon d'être rentré si matin, n'osant pas encore demander pardon, ni même jeter un regard à ma pauvre maîtresse.

« Je suis bien malheureuse et bien coupable envers vous, me dit Laure encore tout émue. J'ai failli amener un chagrin dans votre intérieur. C'est ma faute, j'aurais dû vous prévenir, j'aurais dû refuser la généreuse hospitalité d'Eugénie. Ah! Monsieur, ne faites de reproche qu'à moi : Eugénie est un ange. Elle vous aime comme vous le méritez, comme je voudrais avoir été aimée, ne fût-ce qu'un jour dans ma vie. Elle vous dira tout, Monsieur; elle vous racontera mes malheurs et ma faute, ma faute, qui n'est pas celle que vous croyez, mais qui est plus grave mille fois, et dont je ferai pénitence toute ma vie. »

Les larmes lui coupèrent la parole. Je pris ses deux mains avec attendrissement. Je ne sais ce que je lui dis pour la rassurer et la consoler; mais elle y parut sensible, et, m'entraînant vers Eugénie, elle hâta avec une grâce toute féminine l'explosion de mon remords et le pardon de ma chère compagne. Je le reçus à genoux. Pour toute réponse, celle-ci attira Laure dans mes bras, et me dit : « Soyez son frère, et promettez-moi de la protéger et de l'assister comme si elle était ma sœur et la vôtre. Voyez que je ne suis pas jalouse, moi! Et pourtant combien elle est plus belle, plus instruite, et plus faite que moi pour vous tourner la tête! »

Le déjeuner, modeste comme à l'ordinaire, mais plein de cordialité et même d'un enjouement attendri, fut suivi des arrangements que prit Eugénie pour installer Laure dans l'appartement qui donnait sur notre palier, et que le portier n'avait pu mettre encore à sa disposition, quoique à mon insu il fût retenu à cet effet depuis plusieurs jours. Tandis que notre nouvelle voisine s'établissait avec une certaine lenteur mélancolique dans ce mystérieux asile, sous le nom de mademoiselle Moriat (c'était le nom de famille d'Eugénie, qui la faisait passer pour sa sœur), ma compagne revint me donner les éclaircissements dont j'avais besoin pour le secourir.

« Vous avez de l'amitié pour le Masaccio? me dit-elle pour commencer; vous vous intéressez à son sort? et vous aimerez d'autant mieux Laure, qu'elle est plus chère à Paul Arsène?

— Quoi! Eugénie, m'écriai-je, vous sauriez les secrets du Masaccio? Ces secrets, impénétrables pour moi, il vous les aurait confiés? »

Eugénie rougit et sourit. Elle savait tout depuis longtemps. Tandis que le Masaccio faisait son portrait, elle avait su lui inspirer une confiance extraordinaire. Lui, si réservé, et même si mystérieux, avait été dominé par la bonté sérieuse et la discrète obligeance d'Eugénie. Et puis l'homme du peuple, méfiant et fier avec moi, avait ouvert fraternellement son cœur à la fille du peuple : c'était légitime.

Eugénie avait promis le secret; elle l'avait religieusement gardé. Elle me fit subir un interrogatoire très-judicieux et très-fin, et quand elle se fut assurée que ma curiosité n'était fondée que sur un intérêt sincère et dévoué pour son protégé, elle m'apprit beaucoup de choses; à savoir : primo, que madame Poisson n'était pas madame Poisson, mais bien une jeune ouvrière née dans la même ville de province et dans la même rue que le petit Masaccio. Celui-ci avait eu pour elle, presque dès l'enfance, une passion romanesque et tout à fait malheureuse; car la belle Marthe, encore enfant elle-même, s'était laissé séduire et enlever par M. Poisson, alors commis voyageur, qui était venu chez elle dresser la tente de son café à la grille du Luxembourg, comptant sans doute sur la beauté d'une telle enseigne pour achalander son établissement. Cette secrète pensée n'empêchait pas

M. Poisson d'être fort jaloux, et, à la moindre apparence, il s'emportait contre Marthe, et la rendait fort malheureuse. On assurait même dans le quartier qu'il l'avait souvent frappée.

En second lieu, Eugénie m'apprit que Paul Arsène, ayant un soir, contrairement à ses habitudes de sobriété, cédé à la tentation de boire un verre de bière, était entré, il y avait environ trois mois, au café Poisson ; que là, avant reconnu dans cette belle dame vêtue de blanc et coiffée de ses beaux cheveux noirs, en châtelaine du moyen âge, la pauvre Marthe, ses premières, ses uniques amours, il avait failli se trouver mal. Marthe lui avait fait signe de ne pas lui parler, parce que le surveillant farouche était là ; mais elle avait trouvé moyen, en lui rendant la monnaie de sa pièce de cinq francs, de lui glisser un billet ainsi conçu :

« Mon pauvre Arsène, si tu ne méprises pas trop ta payse, viens causer avec elle demain. C'est le jour de garde de M. Poisson. J'ai besoin de parler de mon pays et de mon bonheur passé. »

« Certes, continua Eugénie, Arsène fut exact au rendez-vous. Il en sortit plus amoureux que jamais. Il avait trouvé Marthe embellie par sa pâleur, et ennoblie par son chagrin. Et puis, comme elle avait lu beaucoup de romans à son comptoir, et même quelquefois des livres plus sérieux, elle avait acquis un beau langage et toutes sortes d'idées qu'elle n'avait pas auparavant. D'ailleurs, elle lui confiait ses malheurs, son repentir, son désir de quitter la position honteuse et misérable que son séducteur lui avait faite, et Arsène se figurait que les devoirs de la charité chrétienne et de l'amitié fraternelle l'enchaînaient seuls désormais à sa compatriote. Il ne cessa de rôder autour d'elle, sans toutefois éveiller les soupçons du jaloux, et il parvint à causer avec Marthe toutes les fois que M. Poisson s'absentait. Marthe était bien décidée à quitter son tyran ; mais ce n'était pas, disait-elle, pour changer de honte qu'elle voulait s'affranchir. Elle chargeait Arsène de lui trouver une condition où elle pût vivre honnêtement de son travail, soit comme femme de charge chez de riches particuliers, soit comme demoiselle de comptoir dans un magasin de nouveautés, etc. ; mais toutes les conditions que Paul envisageait pour elle lui semblaient indignes de celle qu'il aimait. Il voulait lui trouver une position à la fois honorable, aisée et libre : ce n'était pas facile. C'est alors qu'il a conçu et exécuté le projet de quitter les arts et de reprendre une industrie quelconque, fût-ce la domesticité. Il s'est dit que sa tante allait bientôt mourir, qu'il ferait venir ses sœurs à Paris, qu'il les établirait comme ouvrières en chambre avec Marthe, et qu'il les soutiendrait toutes les trois tant qu'elles ne seraient pas mises dans un bon train d'affaires, sauf à ne jamais reprendre la peinture, si ses avances et leur travail ne suffisaient pas pour les faire vivre dans l'aisance. C'est ainsi que Paul a sacrifié la passion de l'art à celle du dévouement, et son avenir à son amour.

« Ne trouvant pas d'emploi plus lucratif pour le moment que celui de garçon de café, il s'est fait garçon de café, et il a justement choisi le café de M. Poisson, où il a pu concerter l'enlèvement de Marthe, et où il compte rester encore quelque temps pour détourner ses soupçons. Car la tante Henriette est morte, les sœurs d'Arsène sont en route, et je m'étais chargée de veiller à leur établissement dans une maison honnête : celle-ci est propre et bien habitée. L'appartement à côté du nôtre se compose de deux petites pièces ; il coûte cent francs de loyer. Ces demoiselles y seront fort bien. Nous leur prêterons le linge et les meubles dont elles auront besoin en attendant qu'elles aient pu se les procurer, et cela ne tardera pas ; car Paul, depuis deux mois qu'il gagne de l'argent, a déjà su acheter une espèce de mobilier assez gentil qui était là-haut dans votre grenier et à votre insu. Enfin, avant-hier soir, tandis que vous étiez auprès de votre malade, Laure, ou, pour mieux dire, Marthe, puisque c'est son véritable nom, a pris son grand courage, et au coup de minuit, pendant que M. Poisson était de garde, elle est partie avec Arsène, qui devait l'amener ici, et retourner bien vite à la maison avant que son patron fût rentré ; mais à peine avaient-ils fait trente pas, qu'ils ont cru voir de la lumière à l'entre-sol de M. Poisson, et ils ont délibéré s'ils ne rentreraient pas bien vite. Alors Marthe, prenant son parti avec désespoir, a forcé Arsène à rentrer et s'est mise à descendre à toutes jambes la rue de Tournon, comptant sur la légèreté de sa course et sur la protection du ciel pour échapper seule aux dangers de la nuit. Elle a été suivie par un homme sur les quais ; mais il s'est trouvé par bonheur que cet homme était votre camarade Laravinière, qui lui a promis le secret et qui l'a amenée jusqu'ici. Arsène est venu nous voir en courant ce matin. Le pauvre garçon était censé faire une commission à l'autre bout de Paris. Il était si baigné de sueur, si haletant, si ému, que nous avons cru qu'il s'évanouirait en haut de l'escalier. Enfin, en cinq minutes de conversation, il nous a appris que leur frayeur au moment de la fuite n'était qu'une fausse alerte, que M. Poisson n'était rentré qu'au jour, et qu'au milieu de son trouble et de sa fureur, il n'avait pas le moindre soupçon de la complicité d'Arsène.

— Et maintenant, dis-je à Eugénie, qu'ont-ils à craindre de M. Poisson ? Aucune poursuite légale, puisqu'il n'est pas marié avec Marthe ?

— Non, mais quelque violence dans le premier feu de la colère. Comme c'est un homme grossier, livré à toutes ses passions, incapable d'un véritable attachement, il se sera bientôt consolé avec une nouvelle maîtresse. Marthe, qui le connaît bien, dit que si l'on peut tenir sa demeure secrète pendant un mois tout au plus, il n'y aura plus rien à craindre ensuite.

— Si je comprends bien le rôle que vous m'avez réservé dans tout ceci, repris-je, il consiste : primo, de vous laisser disposer de tout ce qui est à nous pour assister nos infortunées voisines ; secundo, d'avoir toujours derrière la porte une grosse canne au service des épaules de M. Poisson, en cas d'attaque. Eh bien, voici, primo, un terme de ma rente que j'ai touché hier, et dont tu feras, comme de coutume, l'emploi que tu jugeras convenable ; secundo, voici un assez bon rotin que je vais placer en sentinelle. »

Cela fait, j'allai me jeter sur mon lit, où je tombai, à la lettre, endormi avant d'avoir pu achever de me déshabiller.

Je fus réveillé au bout de deux heures par Horace : — Que diable se passe-t-il chez toi ? me dit-il. Avant d'ouvrir, on parlemente au guichet, on chuchote derrière la porte, on cache quelqu'un dans la cuisine, ou dans le bûcher, ou dans l'armoire, je ne sais où ; et, quand je passe, on me rit au nez. Qui est-ce qu'on mystifie ? Est-ce toi ou moi ?

A mon tour, je me mis à rire. Je fis ma toilette, et j'allai prendre ma place au conseil délibératif que Marthe et Eugénie tenaient ensemble dans la cuisine. Je fus d'avis qu'il fallait se fier à Horace, ainsi qu'au petit nombre d'amis que j'avais l'habitude de recevoir. En remettant le secret de Marthe à leur honneur et à leur prudence, on avait beaucoup plus de chances de sécurité qu'en essayant de le leur cacher. Il était impossible qu'ils ne le découvrissent pas, quand même Marthe s'astreindrait à ne jamais passer de sa chambre dans la nôtre, et quand même je consignerais tous mes amis chez le portier. La consigne serait toujours violée ; et il ne fallait qu'une porte entr'ouverte, une minute durant, pour que quelqu'un de nos jeunes gens entrevît et reconnût la belle Laure. Je commençai donc le chapitre des confidences solennelles pour Horace, tout en lui cachant, ainsi que je le fis, à l'égard des autres, l'intérêt qu'Arsène portait à Laure, la part qu'il avait prise à son évasion, et jusqu'à leur ancienne connaissance. Laure, désormais redevenue Marthe, fut, pour Horace et pour tous nos amis, une amie d'enfance d'Eugénie, qui se garda bien de dire qu'elle ne la connaissait que depuis deux jours. Elle seule fut censée lui avoir offert une retraite et la couvrir de sa protection. Son chaperonnage était assez respectable ; tous mes amis professaient à bon droit pour Eu génie une haute estime, et je ne me vantai jamais, comme on peut le croire, de mon ridicule accès de jalousie.

Cependant Eugénie ne me le pardonna pas aussi aisément que je m'en étais flatté. Je puis même dire qu'elle ne me l'a jamais pardonné. Quoiqu'elle fît, j'en suis convaincu, tous ses efforts pour l'oublier, elle y a toujours pensé avec amertume. Combien de fois ne me l'a-t-elle pas fait sentir, en niant énergiquement que l'amour d'un homme fût à la hauteur de celui d'une femme! — Le meilleur, le plus dévoué, le plus fidèle de tous, sera toujours prêt, disait-elle, à se méfier de celle qui s'est donnée à lui. Il l'outragera, sinon par des actes, du moins par la pensée. L'homme a pris sur nous dans la société un droit tout matériel; aussi toute notre fidélité, souvent tout notre amour, se résument pour lui dans un fait. Quant à nous, qui n'exerçons qu'une domination morale, nous nous en rapportons plus à des preuves morales qu'à des apparences. Dans nos jalousies, nous sommes capables de récuser le témoignage de nos yeux; et quand vous faites un serment, nous nous en rapportons à votre parole comme si elle était infaillible. Mais la nôtre est-elle donc moins sacrée? Pourquoi avez-vous fait de votre honneur et du nôtre deux choses si différentes? Vous frémiriez de colère si un homme vous disait que vous mentez. Et pourtant vous vous nourrissez de méfiance, et vous nous entourez de précautions qui prouvent que vous doutez de nous. A celui que des années de chasteté et de sincérité devraient rassurer à jamais, il suffit d'une petite circonstance inusitée, d'une parole obscure, d'un geste, d'une porte ouverte ou fermée, pour que toute confiance soit détruite en un instant.

Elle adressait tous ces beaux sermons à Horace, qui avait l'habitude de se poser pour l'avenir en Othello; mais, en effet, c'était sur mon cœur que retombaient ces coups acérés. « Où diable prend-elle tout ce qu'elle dit? observait Horace. Mon cher, tu la laisses trop aller *au prêche* de la salle Taitbout. »

IX.

La situation de Paul Arsène à l'égard de Marthe était des plus étranges. Soit qu'il n'eût jamais osé lui exprimer son amour, soit qu'elle n'eût pas voulu le comprendre, ils en étaient restés, comme au premier jour, dans les termes d'une amitié fraternelle. Marthe ignorait le dévouement de ce jeune homme; elle ne savait pas à quelles espérances il avait dû renoncer pour s'attacher à son sort. Il ne lui avait pas caché qu'il eût étudié la peinture; mais il ne lui avait pas dit de quelles admirables facultés la nature l'avait doué à cet égard; et d'ailleurs il attribuait son renoncement à la nécessité de faire venir ses sœurs et de les soutenir. Marthe ne possédait rien, et n'avait rien voulu emporter de chez M. Poisson. Elle comptait travailler, et les avances qu'elle acceptait, elle ne les attribuait qu'à Eugénie. Elle n'eût pas fui, appuyée sur le bras d'Arsène, si elle eût cru lui devoir d'autres services que de simples démarches auprès d'Eugénie, un asile chez ses sœurs, qu'elle comptait bien indemniser en payant sa part des dépenses. En se dévouant ainsi, Paul avait brûlé ses vaisseaux, et il s'était ôté le droit de lui jamais dire : « Voilà ce que j'ai fait pour vous; » car, dans l'apparence, il n'avait fait pour elle que ce qui est permis à la plus simple amitié.

Le pauvre enfant était si accablé d'ouvrage, et tenu de si près par son patron, qu'il ne put aller recevoir ses sœurs à la diligence. Marthe ne sortait pas, dans la crainte d'être rencontrée par quelqu'un qui pût mettre M. Poisson sur ses traces. Nous nous chargeâmes, Eugénie et moi, d'aller aider au débarquement de Louison et de Suzanne, nos futures voisines. Louison, l'aînée, était une beauté de village, un peu virago, ayant la voix haute, l'humeur chatouilleuse et l'habitude du commandement. Elle avait contracté cette habitude chez sa vieille tante infirme, qui l'écoutait comme un oracle, et lui laissait le gouverne de cinq ou six apprenties couturières, parmi lesquelles la jeune sœur Suzon n'était qu'une puissance secondaire, une sorte de ministre dirigeant les travaux, mais obéissant à la sœur aînée, sans appel. Aussi Louison avait-elle des airs de reine, et l'insatiable besoin de régner qui dévore les souverains.

Suzanne, sans être belle, était agréable et d'une organisation plus distinguée que celle de Louise. Il était facile de voir qu'elle était capable de comprendre tout ce que Louise ne comprendrait jamais. Mais Louise était, au-dessus et autour d'elle, comme une cloche de plomb, pour l'empêcher de se répandre au dehors et d'en recevoir quelque influence.

Elles accueillirent nos avances, l'une avec surprise et timidité, l'autre avec une raideur un peu brutale. Elles n'avaient aucune idée de la vie de Paris, et ne concevaient pas qu'il pût y avoir pour Arsène un empêchement impérieux de venir à leur rencontre. Elles remercièrent Eugénie d'un air préoccupé, Louise répétant à tout propos : « C'est toujours bien désagréable que Paul ne soit pas là ! »

Et Suzanne ajoutant, d'un ton de consternation :

— C'est-il drôle que Paul ne soit pas venu ! »

Il faut avouer que, venant pour la première fois de leur vie de faire un assez long voyage en diligence, se voyant aux prises avec les douaniers pour l'examen de leurs malles, ne sachant tout ce que signifiait ce bruit de voyageurs partants et arrivants, de chevaux qu'on attelait et dételait, d'employés, de facteurs et de commissionnaires, il était assez naturel qu'elles perdissent la tête et ressentissent un peu de fatigue, d'humeur et d'effroi. Elles s'humanisèrent en voyant que je venais à leur secours, que je veillais à leurs paquets, et que je réglais leurs comptes avec le bureau. A peine se virent-elles installées dans un fiacre avec leurs effets, leurs innombrables corbeilles et cartons (car elles avaient, suivant l'habitude des campagnards, traîné une foule d'objets dont le port surpassait la valeur), que Louison fourra la main jusqu'au coude dans son cabas, en criant : « Attendez, Monsieur; attendez que je vous paie ! Qu'est-ce que vous avez donné pour nous à la diligence ? Attendez donc ! »

Elle ne concevait pas que je ne me fisse pas rembourser immédiatement l'argent que je venais de tirer de ma poche pour elles; et ce trait de grandeur, que j'étais loin d'apprécier moi-même, commença à me gagner leur considération.

Nous montâmes dans un cabriolet de place, Eugénie et moi, afin de nous trouver en même temps qu'elles à la porte de notre domicile commun.

« Ah ! mon Dieu ! quelle grande maison ! s'écrièrent-elles en toisant de l'œil; elle est si haute, qu'on n'en voit pas le faîte. »

Elle leur sembla bien plus haute lorsqu'il fallut monter les quatre-vingt-douze marches qui nous séparaient du sol. Dès le second étage, elles montrèrent de la surprise; au troisième, elles firent de grands éclats de rire; au quatrième, elles étaient furieuses; au cinquième, elles déclarèrent qu'elles ne pourraient jamais demeurer dans pareille lanterne. Louise, découragée, s'assit sur la dernière marche en disant : — « En voilà-t-il une horreur de pays ! »

Suzanne, qui conservait plus d'envie de se moquer que de s'emporter, ajouta : « Ça sera commode, hein ? de descendre et de remonter ça quinze fois par jour ! Il y a de quoi se casser le cou. »

Eugénie les introduisit tout de suite dans leur appartement. Elles le trouvèrent petit et bas. Une pièce donnait sur le prolongement de mon balcon. Louise s'y avança, et se rejetant aussitôt en arrière, se laissa tomber sur une chaise.

« Ah ! mon Dieu ! s'écria-t-elle, ça me donne le vertige; il me semble que je suis sur la pointe de notre clocher. »

Nous voulûmes les faire souper. Eugénie avait préparé un petit repas dans mon appartement, comptant, à ce moment-là, leur présenter Marthe.

« Vous avez bien de la bonté, monsieur et madame, dit Louison en jetant un coup d'œil prohibitif à Suzanne; mais nous n'avons pas faim. »

Elle avait l'air désespéré ; Suzanne s'était hâtée de défaire les malles et de ranger les effets, comme si c'était la chose la plus pressée du monde.

« Ah çà ! pourquoi donc trois lits? fit observer tout à coup Louise. Paul va donc demeurer avec nous? A la bonne heure !

— Non, Paul ne peut pas encore demeurer avec vous, lui répondis-je. Mais vous aurez une payse, une ancienne amie, qu'il voulait vous présenter lui-même...

— Tiens ! qui donc ça ? Nous n'avons pas grand'payse ici, que je sache. Comment donc qu'il ne nous en a rien marqué dans ses lettres ?...

— Il avait à vous dire là-dessus beaucoup de choses qu'il vous expliquera lui-même. En attendant, il m'a chargé de vous la présenter. Elle demeure déjà ici, et, pour le moment, elle apprête votre souper. Voulez-vous que je vous l'amène ?

— Nous irons bien la voir nous-mêmes, répondit Louison, dont la curiosité était fortement éveillée ; où donc est-ce qu'elle est, cette payse ? »

Elle me suivit avec empressement.

« Tiens ! c'est la Marton, cria-t-elle d'une voix âpre en reconnaissant la belle Marthe. Comment vous en va, Marton ? Vous êtes donc veuve, que vous allez demeurer avec nous ? Vous avez fait une vilaine chose, pas moins, de vous *ensauver* avec ce monsieur qui vous a *soulevée* à votre père. Mais enfin on dit que vous vous êtes mariée avec lui, et à tout péché miséricorde ! »

Marthe rougit, pâlit, et perdit contenance. Elle ne s'était pas attendue à un pareil accueil. La pauvre femme avait oublié ses anciennes compagnes, comme Arsène avait oublié ses sœurs. Le mal du pays fait cet effet-là à tout le monde : il transforme les objets de nos souvenirs en idéalités poétiques, dont les qualités grandissent à nos yeux, tandis que les défauts s'adoucissent toujours avec le temps et l'absence, et vont jusqu'à s'effacer dans notre imagination.

Et puis, lorsque Marthe avait quitté le pays cinq ans auparavant, Louise et Suzanne n'étaient que des enfants sans réflexion sur quoi que ce soit. Maintenant c'étaient deux dragons de vertu, principalement l'aînée, qui avait tout l'orgueil d'une beauté célèbre à deux lieues à la ronde et toute l'intolérance d'une sagesse incontestée. En quittant le terroir où elles brillaient de tout leur éclat, ces deux plantes sauvages devaient nécessairement (Arsène ne l'avait pas prévu) perdre beaucoup de leur charme et de leur valeur. Au village elles donnaient le bon exemple, rattachaient à des habitudes de labeur et de sagesse les jeunes filles de leur entourage. A Paris, leur mérite devait être enfoui, leurs préceptes inutiles, leur exemple inaperçu ; et les qualités nécessaires à leur nouvelle position, la bonté, la raison, la charité fraternelle, elles ne les avaient pas, elles ne pouvaient pas les avoir.

Il était bien tard pour faire ces réflexions. Le premier mouvement de Marthe avait été de s'élancer dans les bras de la sœur d'Arsène, le second fut d'attendre ses premières démonstrations, le troisième fut de se renfermer dans un juste sentiment de réserve et de fierté ; mais une douleur profonde se trahissait sur son visage pâli, et de grosses larmes roulaient dans ses yeux.

Je lui pris la main, et, la lui serrant affectueusement, je la fis asseoir à table ; puis je forçai Louise de s'asseoir auprès d'elle.

— Vous n'avez le droit de lui faire ni questions ni reproches, dis-je à cette dernière d'un ton ferme qui l'étonna et la domina tout d'un coup ; elle a l'estime de votre frère et la nôtre. Elle a été malheureuse, le malheur commande le respect aux âmes honnêtes. Quand vous aurez refait connaissance avec elle, vous l'aimerez, et vous ne lui parlerez jamais du passé.

Louison baissa les yeux, interdite et non pas convaincue. Suzanne, qui l'avait suivie par derrière, céda à l'impulsion de son cœur, se pencha vers Marthe pour l'embrasser ; mais un regard terrible de Louise, jeté en dessous, paralysa son élan. Elle se borna à lui serrer la main ; et Eugénie, craignant que Marthe ne fût mal à l'aise entre ses deux compatriotes, se plaça auprès d'elle, affectant de lui témoigner plus d'amitié et d'égards qu'aux autres. Ce repas fut triste et gêné. Soit par dépit, soit que les mets ne fussent pas de son goût, Louison ne touchait à rien. Enfin, Arsène arriva, et, après les premiers embrassements, devinant, avec le sang-froid qu'il possédait au plus haut degré, ce qui se passait entre nous tous, il emmena ses deux sœurs dans une chambre, et resta plus d'une heure enfermé avec elles.

Au sortir de cette conférence, ils avaient tous le teint animé. Mais l'influence de l'autorité fraternelle, si peu contestée dans les mœurs du peuple de province, avait maté la résistance de Louise. Suzanne, qui ne manquait pas de finesse, voyant dans Arsène un utile contre-poids à l'autorité de sa sœur, n'était pas fâchée, je crois, de changer un peu de maître. Elle fit franchement des amitiés à Marthe, tandis que Louise l'accablait de politesses affectées très-maladroites et presque blessantes.

Arsène les envoya coucher presque aussitôt.

« Nous attendrons madame Poisson, dit Louise sans se douter qu'elle enfonçait un nouveau poignard dans le cœur de Marthe en l'appelant ainsi.

— Marthe n'a pas voyagé, répondit le Masaccio froidement ; elle n'est pas condamnée à dormir avant d'en avoir envie. Vous autres, qui êtes fatiguées, il faut aller vous reposer. »

Elles obéirent, et, quand elles furent sorties :

« Je vous supplie de pardonner à mes sœurs, dit-il à Marthe, certains préjugés de province qu'elles auront bientôt perdus, je vous en réponds.

— N'appelez point cela des préjugés, répondit Marthe. Elles ont raison de me mépriser : j'ai commis une faute honteuse. Je me suis livrée à un homme que je devais bientôt haïr, et qui n'était pas fait pour être aimé. Vos sœurs ne sont scandalisées que parce que mon choix était indigne. Si je m'étais fait enlever par un homme comme vous, Arsène, je trouverais de l'indulgence, et peut-être de l'estime dans tous les cœurs. Vous voyez bien que tous ceux qui approchent d'Eugénie la respectent. On la considère comme la femme de votre ami, quoiqu'elle ne se soit jamais fait passer pour telle ; et moi, quoique je prisse le titre d'épouse, tout le monde sentait que je ne l'étais point. En voyant quel maître farouche je m'étais donné, personne n'a cru que l'amour pût m'avoir jetée dans l'abîme. »

En parlant ainsi, elle pleurait amèrement, et sa douleur, trop longtemps contenue, brisait sa poitrine.

Arsène étouffa des sanglots prêts à lui échapper.

« Personne n'a jamais dit ni pensé de mal de vous, s'écria-t-il ; quant à moi, je saurai bien faire partager à mes sœurs le respect que j'ai pour vous.

— Du respect ! Est-il possible que vous me respectiez, vous ! Vous ne croyez donc pas que je me sois vendu ?

— Non ! non ! s'écria Paul avec force, je crois que vous avez aimé cet homme haïssable ; et où est donc le crime ? Vous ne l'avez pas connu, vous avez cru à son amour ; vous avez été trompée comme tant d'autres. Ah ! Monsieur, ajouta-t-il en s'adressant à moi, vous ne pensez pas non plus que Marthe ait jamais pu se vendre, n'est-ce pas ? »

J'étais un peu gêné dans ma réponse. Depuis quelques jours que nous connaissions la situation de Marthe à l'égard de M. Poisson, nous nous étions déjà demandé plusieurs fois, Horace et moi, comment une créature si belle et si intelligente avait pu s'éprendre du *Minotaure*. Parfois nous nous étions dit que cet homme, si lourd et si grossier, avait pu avoir, quelques années auparavant, de la jeunesse et une certaine beauté ; que ce profil de Vitellius, maintenant odieux, pouvait avoir eu du caractère avant l'invasion subite et désordonnée de l'embonpoint. Mais parfois aussi nous nous étions arrêtés à l'idée que des bijoux et des promesses, l'appât des parures et l'espoir d'une vie nonchalante avaient enivré cette enfant avant que l'intelligence et le cœur fussent développés en elle. Enfin nous pensions que son histoire pourrait bien ressembler à celle de toutes les filles séduites que les

Chut! ne faites pas de bruit! (Page 49.)

besoins de la vanité et les suggestions de la paresse précipitent dans le mal.

Malgré mon empressement à la rassurer, Marthe vit ce qui se passait en moi. Elle avait besoin de se justifier.

« Écoutez, dit-elle, je suis bien coupable, mais pas autant que je le parais. Mon père était un ouvrier pauvre et chagrin, qui cherchait dans le vin, comme tant d'autres, l'oubli de ses maux et de ses inquiétudes. Vous ne savez pas ce que c'est que le peuple, Monsieur! non, vous ne le savez pas! C'est dans le peuple qu'il y a les plus grandes vertus et les plus grands vices. Il y a là des hommes comme lui (et elle posait sa main sur le bras d'Arsène), et il y a aussi des hommes dont la vie semble livrée à l'esprit du mal. Une fureur sombre les dévore, un désespoir profond de leur condition alimente en eux une rage continuelle. Mon père était de ceux-là. Il se plaignait sans cesse, avec des juremens et des imprécations, de l'inégalité des fortunes et de l'injustice du sort. Il n'était pas né paresseux; mais il l'était devenu par découragement, et la misère régnait chez nous. Mon enfance s'est écoulée entre deux souffrances alternatives : tantôt une compassion douloureuse pour mes parents infortunés, tantôt une terreur profonde devant les emportemens et les délires de mon père. Le grabat où nous reposions était à peu près notre seule propriété : tous les jours d'avides créanciers nous le disputaient. Ma mère mourut jeune par suite des mauvais traitemens de son mari. J'étais alors enfant. Je sentis vivement sa perte, quoique j'eusse été la victime sur laquelle elle reportait les outrages et les coups dont elle était abreuvée. Mais il ne me vint pas dans l'idée d'insulter à sa mémoire et de me réjouir de l'espèce de liberté que sa mort me procurait. Je mettais toutes ses injustices sur le compte de la misère, aussi bien les siennes que celles de mon père. La misère était l'unique ennemi, mais l'ennemi commun, terrible, odieux, que, dès les premiers jours de ma vie, je fus habituée à détester et à craindre.

« Ma mère, en dépit de tout, était laborieuse et me forçait à l'être. Quand je fus seule et abandonnée à tous mes penchans, je cédai à celui qui domine l'enfance : je tombai dans la paresse. Je voyais à peine mon père; il partait le matin avant que je fusse éveillée, et ne rentrait que tard le soir lorsque j'étais couchée. Il travaillait vite

Louise, découragée, s'assit sur la dernière marche. (Page 22.)

et bien ; mais à peine avait-il touché quelque argent, qu'il allait le boire ; et lorsqu'il revenait ivre au milieu de la nuit, ébranlant le pavé sous son pas inégal et pesant, vociférant des paroles obscènes sur un ton qui ressemblait à un rugissement plutôt qu'à un chant, je m'éveillais baignée d'une sueur froide et les cheveux dressés d'épouvante. Je me cachais au fond de mon lit, et des heures entières s'écoulaient ainsi, moi n'osant respirer, lui marchant avec agitation et parlant tout seul dans le délire ; quelquefois s'armant d'une chaise ou d'un bâton, et frappant sur les murs et même sur mon lit, parce qu'il se croyait poursuivi et attaqué par des ennemis imaginaires. Je me gardais bien de lui parler ; car une fois, du vivant de ma mère, il avait voulu me tuer, pour me préserver, disait-il, du malheur d'être pauvre. Depuis ce temps, je me cachais à son approche ; et souvent, pour éviter d'être atteinte par les coups qu'il frappait au hasard dans l'obscurité, je me glissais sous mon lit, et j'y restais jusqu'au jour, à moitié nue, transie de peur et de froid.

«Dans ce temps-là, je courais souvent dans les prairies qui entourent notre petite ville avec les enfants de mon âge ; nous y avons souvent joué ensemble, Arsène ; et vous savez bien que cette enfant, qui traînait toujours un reste de soulier attaché par une ficelle, en guise de cothurne, autour de la jambe, et qui avait tant de peine à faire rentrer ses cheveux indisciplinés sous un lambeau de bonnet, vous savez bien que cette enfant-là, craintive et mélancolique jusque dans ses jeux, était aussi pure et aussi peu vaine que vos sœurs. Mon seul crime, si c'en est un quand on a une existence si malheureuse, était de désirer, non la richesse, mais le calme et la douceur de mœurs que procure l'aisance. Quand j'entrais chez quelque bourgeois, et que je voyais la tranquillité polie de sa famille, la propreté de ses enfants, l'élégante simplicité de sa femme, tout mon idéal était de pouvoir m'asseoir pour lire ou pour tricoter sur une chaise propre dans un intérieur silencieux et paisible ; et quand je m'élevais jusqu'au rêve d'un tablier de taffetas noir, je croyais avoir poussé l'ambition jusqu'à ses dernières limites. J'appris, comme toutes les filles d'artisan, le travail de l'aiguille ; mais j'y fus toujours lente et maladroite. La souffrance avait étiolé mes facultés actives ; je ne vivais que de rêverie, heureuse quand je n'étais pas rudoyée, terrifiée et presque abrutie quand je l'étais.

« Mais comment vous raconterai-je la principale et la plus affreuse cause de ma faute? Le dois-je, Arsène, et ne ferai-je pas mieux d'encourir un peu plus de blâme, que de charger d'une si odieuse malédiction la tête de mon père?

— Il faut tout dire, répondit Arsène, ou plutôt je vais le dire pour vous ; car vous ne pouvez pas vous laisser accuser d'un crime quand vous êtes innocente. Moi, je sais tout, et je viens de le dire à mes sœurs, qui l'ignoraient encore. Son père, dit-il en s'adressant à nous (pardonnez-lui, mes amis ; la misère est la cause de l'ivrognerie, et l'ivrognerie est la cause de tous nos vices), ce malheureux homme, avili, dégradé, privé de raison à coup sûr, conçut pour sa fille une passion infâme, et cette passion éclata précisément un jour où Marthe, ayant été remarquée à la danse sans le savoir, par un commis voyageur, avait excité la jalousie insensée de son père. Ce voyageur avait été très-empressé auprès d'elle ; il n'avait pas manqué, comme ils font tous à l'égard des jeunes filles qu'ils rencontrent dans les provinces, de lui parler d'amour et d'enlèvement. Marthe l'avait à peine écouté. Dès la nuit suivante il devait repartir, et la nuit suivante, au moment où il repartait, il vit une femme échevelée courir sur ses traces et s'élancer dans sa voiture. C'était Marthe qui fuyait, nouvelle Béatrix, les violences sinistres d'un nouveau Cenci. Elle aurait pu, direz-vous, prendre un autre parti, chercher un refuge ailleurs, invoquer la protection des lois ; mais dans ce cas-là, il fallait déshonorer son père, affronter la honte d'un de ces procès scandaleux d'où l'innocent sort parfois aussi souillé dans l'opinion que le coupable. Marthe crut avoir trouvé un ami, un protecteur, un époux même ; car le voyageur, voyant sa simplicité d'enfant, lui avait parlé de mariage. Elle crut pouvoir l'aimer par reconnaissance, et, même après qu'il l'eut trompée, elle crut lui devoir encore une sorte de gratitude.

— Et puis, reprit Marthe, mes premiers pas dans la vie avaient été marqués de scènes si terribles et de dangers si affreux, que je n'avais plus le droit d'être si difficile. J'avais changé de tyran. Mais le second, avec ses jalousies et ses emportements, avait une sorte d'éducation qui me le faisait paraître bien moins rude que le premier. Tout est relatif. Cet homme, que vous trouvez si grossier, et que moi-même j'ai trouvé tel à mesure que j'ai eu des objets de comparaison autour de moi, me paraissait bon, sincère, dans les commencements. La douceur exceptionnelle que j'avais acquise dans une vie si contrainte et si dure, encouragea et poussa rapidement à l'excès les instincts despotiques de mon nouveau maître. Je le supportai avec une résignation que n'auraient pas eue des femmes mieux élevées. J'étais en quelque sorte blasée sur les menaces et les injures. Je rêvais toujours l'indépendance, mais je ne la croyais plus possible pour moi. J'étais une âme brisée ; je ne sentais plus en moi l'énergie nécessaire à un effort quelconque, et sans l'amitié, les conseils et l'aide d'Arsène, je ne l'aurais jamais eue. Tout ce qui ressemblait à des offres d'amour, les simples hommages de la galanterie, ne me causaient qu'effroi et tristesse. Il me fallait plus qu'un amant, il me fallait un ami : je l'ai trouvé, et maintenant je m'étonne d'avoir si longtemps souffert sans espoir.

— Et maintenant vous serez heureuse, lui dis-je ; car vous ne trouverez autour de vous que tendresse, dévoûment et déférence.

— Oh! de votre part et de celle d'Eugénie, s'écria-t-elle en se jetant au cou de ma compagne, j'y compte ; et quant à l'amitié de celui-ci, ajouta-t-elle en prenant la tête d'Arsène entre ses deux mains, elle me fera tout supporter. »

Arsène rougit et pâlit tour à tour.

« Mes sœurs vous respecteront, s'écria-t-il d'une voix émue, ou bien...

— Point de menaces, répondit-elle, oh ! jamais de menaces à cause de moi. Je les désarmerai, n'en doutez pas ; et si j'échoue, je subirai leur petite morgue. C'est si peu de chose pour moi ! cela me paraît un jeu d'enfant.

Sois sans inquiétude, cher Arsène. Tu as voulu me sauver, tu m'as sauvée en effet, et je te bénirai tous les jours de ma vie. »

Transporté d'amour et de joie, Arsène retourna au café Poisson, et Marthe alla doucement prendre possession de son petit lit auprès des deux sœurs, dont les vigoureux ronflements couvrirent le bruit léger de ses pas.

X.

Les sœurs d'Arsène se radoucirent en effet. Après quelques jours de fatigue, d'étonnement et d'incertitude, elles parurent prendre leur parti et s'associer, sans arrière-pensée, à la compagne qui leur était imposée. Il est vrai que Marthe leur témoigna une obligeance qui allait presque jusqu'à la soumission. Les bonnes manières qu'elle avait su prendre, jointes à sa douceur naturelle et à une sensibilité toujours éveillée et jamais trop expansive, rendaient son commerce le plus aimable que j'aie jamais rencontré dans une femme. Il n'avait fallu que deux ou trois jours pour inspirer à Eugénie et à moi une amitié véritable pour elle. Sa politesse imposait à l'altière Louison ; et lorsque celle-ci éprouvait le besoin de lui chercher noise, sa voix douce, ses paroles choisies, ses intentions prévenantes calmaient ou tout au moins mataient l'humeur querelleuse de la villageoise.

De notre côté, nous faisions notre possible pour réconcilier Louise et Suzanne avec ce Paris dont le premier aspect les avait tant irritées. Elles s'étaient imaginé, au fond de leur village, que Paris était un Eldorado où, relativement, la misère était ce que l'on considère comme richesse en province. Jusqu'à un certain point leur rêve était bien réalisé, car lorsqu'elles allaient en fiacre (je leur donnai deux ou trois fois ce plaisir luxueux), elles se regardaient l'une l'autre d'un air ébahi, en disant : « Nous ne nous gênons pas ici ! nous roulons carrosse. » Et puis, la vue des moindres boutiques leur causait des éblouissements d'admiration. Le Luxembourg leur paraissait un lieu enchanté. Mais si la vue des objets nouveaux vint à bout de les distraire pendant quelques jours, elles n'en firent pas moins de tristes retours sur leur condition nouvelle, lorsqu'elles se retrouvèrent dans cette petite chambre au cinquième où leur vie devait se renfermer. Quelle différence, en effet, avec leur existence provinciale ! Plus d'air, plus de liberté, plus de causerie sur la porte avec les voisines ; plus d'intimité avec tous les habitants de la rue ; plus de promenade sur un petit rempart planté de marronniers, avec toutes les jeunes filles de l'endroit, après les journées de travail ; plus de danses champêtres le dimanche ! Aussitôt qu'elles furent installées au travail, elles virent bien qu'à Paris les jours étaient trop courts pour la quantité des occupations nécessaires, et que, si l'on gagnait le double de ce qu'on gagne en province, il fallait aussi dépenser le double et travailler le triple. Chacune de ces découvertes était pour elles une surprise fâcheuse. Elles ne concevaient pas non plus que la vertu des filles fût exposée à tant de dangers, et qu'il ne fallût pas sortir seules le soir, ni aller danser au bal public quand on voulait se respecter. « Ah ! mon Dieu ! s'écriait Suzanne consternée, le monde est donc bien méchant ici ? »

Mais cependant elles se soumirent, non sans murmure intérieur. Arsène les tenait en respect par de fréquentes exhortations, et elles ne manifestaient plus leur mécontentement avec la sauvagerie du premier jour. Ce voisinage de deux filles mal satisfaites et passablement malapprises eût été assez désagréable, si le travail, remède souverain à tous les maux quand il est proportionné à nos forces, ne fût venu tout pacifier. Grâce aux petites précautions qu'Eugénie avait prises d'avance, l'ouvrage arrivait ; et elle songeait sérieusement, voyant l'estime et la confiance que lui témoignaient ses pratiques, à monter un atelier de couturière. Marthe n'était pas fort diligente, mais elle avait beaucoup de goût et d'invention. Louison cousait rapidement et avec une solidité cyclopéenne. Suzanne n'était pas maladroite. Eugénie ferait les affaires, essaierait les robes, dirigerait les travaux, et partagerait loyalement avec ses associées. Chacune, étant intéressée au succès du *phalanstère*, travaillerait, non à la tâche et sans conscience, comme font les ouvrières à la journée, mais avec tout le zèle et l'attention dont elle était susceptible. Cette grande idée souriait assez aux sœurs d'Arsène ; restait à savoir si le caractère de Louison s'assouplirait assez pour rendre l'association praticable. Habituée à commander, elle était bouleversée de voir que cette fainéante de Marthe (comme elle l'appelait tout bas dans l'oreille de sa sœur) avait plus de génie qu'elle pour imaginer un ornement de manche, ou agencer les parties délicates d'un corsage. Lorsque, fidèle à ses traditions antédiluviennes, elle taillait à sa guise, et qu'Eugénie venait bouleverser ses plans et détruire toutes ses notions, la virago avait bien de la peine à ne pas lui jeter sa chaise à la tête. Mais une douce parole de Marthe et un malin sourire de Suzon faisaient rentrer toute cette colère, et elle se contentait de mugir sourdement, comme la mer après une tempête.

Pendant qu'on faisait dans nos mansardes cet essai important d'une vie nouvelle, Horace, retranché dans la sienne, se livrait à des essais littéraires. Dès que je fus un peu rendu à la liberté, j'allai le voir ; car depuis plusieurs jours j'étais privé de sa société. Je trouvai son intérieur singulièrement changé. Il avait arrangé sa petite chambre garnie avec une sorte d'affectation. Il avait mis son couvre-pied sur sa table, afin de lui donner un air de bureau. Il avait placé un de ses matelas dans l'embrasure de la porte, afin d'intercepter les bruits du voisinage ; et de son rideau d'indienne, roulé autour de lui, il s'était fait une robe de chambre, ou plutôt un manteau de théâtre. Il était assis devant sa table, les coudes en avant, la tête dans ses mains, la chevelure ébouriffée ; et quand j'ouvris la porte, vingt feuillets manuscrits, soulevés par le courant d'air, voltigèrent autour de lui, et s'abattirent de tous côtés, comme une volée d'oiseaux effarouchés.

Je courus après eux, et en les rassemblant j'y jetai un regard indiscret. Tous portaient en tête des titres différents.

« C'est un roman, m'écriai-je, cela s'appelle *la Malédiction*, chapitre 1er ! mais non, cela s'appelle *le Nouveau René*... Eh non! voici *Une Déception*, livre 1er. Ah! maintenant, cet autre, *le Dernier Croyant*, 1re partie... Eh mais! voici des vers! un poëme! chant 1er, *la Fin du monde*. Ah! une ballade ! *la Jolie Fille du roi maure*, strophe 1re; et sur cette autre feuille, *la Création*, drame fantastique, scène 1re; et puis voici un vaudeville, Dieu me pardonne! *les Truands philosophes*, acte 1er ; et par ma foi! encore autre chose! un pamphlet politique, page 1re. Mais si tout cela marche de front, tu vas, mon cher Horace, faire invasion dans la littérature. »

Horace était furieux. Il se plaignit de ma curiosité, et, m'arrachant des mains tous ces commencements, dont aucun n'avait été poussé au delà d'une demi-page, il les froissa, en fit une boule, et la jeta dans la cheminée.

« Quoi ! tant de rêves, tant de projets, tant de conceptions entièrement abandonnées pour une plaisanterie? lui dis-je.

— Mon cher ami, si tu viens ici pour te divertir, répondit-il, je le veux bien ! Causons, rions tant que tu voudras ; mais si tu me railles avant que mon char soit lancé, je ne pourrai jamais remettre mes chevaux au galop.

— Je m'en vais, je m'en vais, dis-je en reprenant mon chapeau ; je ne veux pas te déranger dans le moment de l'inspiration.

— Non, non, reste, dit-il en me retenant de force ; l'inspiration ne viendra pas aujourd'hui. Je suis stupide, et tu viens à point pour me distraire de moi-même. Je suis harassé, j'ai la tête brisée. Il y a trois nuits que je n'ai dormi, et cinq jours que je n'ai pris l'air.

— Eh bien, c'est un beau courage, et je t'en félicite. Tu dois avoir quelque chose en train. Veux-tu me le lire ?

— Moi ! Je n'ai rien écrit. Pas une ligne de rédaction ; c'est une chose plus difficile que je ne croyais de se mettre à barbouiller du papier. Vraiment, c'est rebutant. Les sujets m'obsèdent. Quand je ferme les yeux, je vois une armée, un monde de créations se peindre et s'agiter dans mon cerveau. Quand je rouvre les yeux, tout cela disparaît. J'avale des pintes de café, je fume des pipes par douzaines, je me grise dans mon propre enthousiasme ; il me semble que je vais éclater comme un volcan. Et quand je m'approche de cette table maudite, la lave se fige et l'inspiration se refroidit. Pendant le temps d'apprêter une feuille de papier et de tailler ma plume, l'ennui me gagne ; l'odeur de l'encre me donne des nausées. Et puis cette horrible nécessité de traduire par des mots et d'aligner en pattes de mouches des pensées ardentes, vives, mobiles comme les rayons du soleil teignant les nuages de l'air! Oh! c'est un métier, cela aussi ! Où fuir le métier, grand Dieu ? Le métier me poursuivra partout !

— Vous avez donc la prétention, lui dis-je, de trouver une manière d'exprimer votre pensée qui n'ait pas une forme sensible ? Je n'en connais pas.

— Non, dit-il, mais je voudrais m'exprimer de prime abord, sans fatigue, mais sans effort, comme l'eau murmure et comme le rossignol chante.

— Le murmure de l'eau est produit par un travail, et le chant du rossignol est un art. N'avez-vous jamais entendu les jeunes oiseaux gazouiller d'une voix incertaine et s'essayer difficilement à leurs premiers airs ? Toute expression précise d'idées, de sentiments, et même d'instincts, exige une éducation. Avez-vous donc, dès le premier essai, l'espoir d'écrire avec l'abondance et la facilité que donne une longue pratique ? »

Horace prétendit que ce n'était ni la facilité ni l'abondance qui lui manquaient, mais que le temps matériel de tracer des caractères anéantissait toutes ses facultés. Il mentait, et je lui offris de sténographier sous sa dictée, tandis qu'il improviserait à haute voix. Il refusa, et pour cause. Je savais bien qu'il pouvait rédiger une lettre spirituelle et charmante au courant de la plume ; mais il me semblait bien donner une forme tant soit peu étendue et complète à une idée quelconque demandait plus de patience et de travail. L'esprit d'Horace n'était certes pas stérile, il avait raison de se plaindre du trop d'activité de ses pensées et de la multitude de ses visions ; mais il manquait absolument de cette force d'élaboration qui doit présider à l'emploi de la forme. Il ne savait pas travailler ; plus tard, j'appris qu'il ne savait pas souffrir.

Et puis ce n'était pas là le principal obstacle. Je crois que pour écrire il faut avoir une opinion arrêtée et raisonnée du sujet qu'on traite, sans compter une certaine somme d'autres idées également arrêtées pour appuyer ses preuves. Horace n'avait d'opinion affermie sur quoi que ce soit. Il improvisait ses convictions en causant, à mesure qu'il les développait, il ne le faisait d'une façon assez brillante ; aussi en changeait-il souvent, et le Masaccio, en l'écoutant, avait coutume de répéter entre ses dents cet axiome proverbial : « Les jours se suivent et ne se ressemblent pas. »

Pourvu qu'on se borne à des causeries, on peut occuper et amuser ses auditeurs à ses risques et périls, en usant de ce procédé. Mais quand on fait de la parole un emploi plus solennel, il faut peut-être savoir un peu mieux ce qu'on prétend dire et prouver. Horace n'était pas embarrassé de trouver dans une discussion ; mais ses opinions, auxquelles il ne croyait qu'au moment de les émettre, ne pouvaient pas échauffer le fond de son cœur, émouvoir son imagination, et opérer en lui ce travail intérieur, mystérieux, puissant, qui a pour résultat l'inspiration, comme l'œuvre des cyclopes, qui était manifestée par la flamme de l'Etna.

A défaut de convictions générales, les sentiments particuliers peuvent nous émouvoir et nous rendre éloquents ; c'est en général la puissance de la jeunesse. Horace ne l'avait pas encore ; et n'ayant ni ressenti les émotions passionnées ni vu leurs effets dans la société ; en un mot, n'ayant appris ce qu'il savait que dans les livres, il ne pouvait être poussé ni par une révélation supérieure ni par un besoin généreux, au choix de tel ou tel récit, de telle ou telle peinture. Comme il était riche de fictions entassées dans son intelligence par la culture, et toutes prêtes à être fécondées quand sa vie serait complétée, il se croyait prêt à produire. Mais il ne pouvait pas s'attacher à ces créations fugitives qui ne remuaient pas son âme, et qui, à vrai dire, n'en sortaient pas, puisqu'elles étaient le produit de certaines combinaisons de la mémoire. Aussi manquaient-elles d'originalité, sous quelque forme qu'il voulût les résoudre, et il le sentait; car il était homme de goût, et son amour-propre n'avait rien de sot. Alors il raturait, déchirait, recommençait, et finissait par abandonner son œuvre pour en essayer une autre qui ne réussissait pas mieux.

Ne comprenant pas les causes de son impuissance, il se trompait en l'attribuant au dégoût de la forme. La forme était la seule richesse qu'il eût pu acquérir dès lors avec de la patience et de la volonté ; mais cela n'aurait jamais suppléé à un certain fonds qui lui manquait essentiellement, et sans lequel les œuvres littéraires les plus chatoyantes de métaphores, les plus chargées de tours ingénieux et charmants, n'ont cependant aucune valeur.

Je lui avais bien souvent répété ces choses, mais sans le convaincre. Après l'essai que, depuis plus d'un mois, il s'obstinait à faire, il s'aveuglait encore. Il croyait que le bouillonnement de son sang, l'impétuosité de sa jeunesse, l'impatience fiévreuse de s'exprimer, étaient les seuls obstacles à vaincre. Cependant, il avouait que tout ce qu'il avait essayé prenait, au bout de dix lignes ou de trois vers, une telle ressemblance avec les auteurs dont il s'était nourri, qu'il rougissait de ne faire que des pastiches. Il me montra quelques vers et quelques phrases qui eussent pu être signés Lamartine, Victor Hugo, Paul Courier, Charles Nodier, Balzac, voire Béranger, le plus difficile de tous à imiter, à cause de sa manière nette et serrée ; mais ces courts essais, qu'on aurait pu appeler des fragments de fragments, n'eussent été, dans l'œuvre de ses modèles, que des appendices servant d'ornement à des pensées individuelles, et cette individualité, Horace ne l'avait pas. S'il voulait émettre l'idée, on était choqué (et il l'était lui-même) du plagiat manifeste, car cette idée n'était point à lui : elle était à eux ; elle était à tout le monde. Pour y mettre son cachet, il eût fallu qu'il la portât dans sa conscience et dans son cœur, assez profondément et assez longtemps pour qu'elle y subît une modification particulière ; car aucune intelligence n'est identique à une autre intelligence, et les mêmes causes ne produisent jamais les mêmes effets dans l'une et dans l'autre ; aussi plusieurs maîtres peuvent-ils s'essayer simultanément à rendre un même fait ou un même sentiment, à traiter un même sujet, sans le moindre danger de se rencontrer. Mais pour qui n'a point subi cette cause, pour qui n'a pas vu ce fait ni éprouvé ce sentiment par lui-même, l'individualité, l'originalité, sont impossibles. Aussi se passa-t-il bien des jours encore sans qu'Horace fût plus avancé qu'à la première heure. Je dois dire qu'il y usa en pure perte le peu de volonté qu'il avait amassée pour sortir de l'inaction. Quand il fut harassé de fatigue, abreuvé de dégoût, presque malade, il sortit de sa retraite, et se répandit de nouveau au dehors, cherchant des distractions et voulant même essayer, disait-il, des passions, pour voir s'il réveillerait par là sa muse engourdie.

Cette résolution me fit trembler pour lui. S'embarquer sans but sur cette mer orageuse, sans aucune expérience pour se préserver, c'est risquer plus qu'on ne pense. Il s'était aventuré de même dans la carrière littéraire ; mais comme là il ne devait pas trouver de complice, le seul désastre qu'il eût éprouvé, c'était un peu d'encre et de temps perdu. Mais qu'allait-il devenir, aveugle lui-même, sous la conduite de l'*aveugle dieu* ?

Son naufrage ne fut pas aussi prompt que je le craignais. En fait de passions, ne se perd pas qui veut. Horace n'était point né passionné. Sa personnalité avait pris de telles dimensions dans son cerveau, qu'aucune tentation n'était digne de lui. Il lui eût fallu rencontrer des êtres sublimes pour éveiller son enthousiasme ; et, en attendant, il se préférait, avec quelque raison, à tous les êtres vulgaires avec lesquels il pouvait établir des rapports. Il n'y avait pas à craindre qu'il risquât sa précieuse santé avec des prostituées de bas étage. Il était incapable de rabaisser son orgueil jusqu'à implorer celles qui ne cèdent qu'à des offres considérables ou à des démonstrations d'engouement qui raniment leur cœur éteint et réveillent leur curiosité blasée. Il faisait profession pour celles-là d'un mépris qui allait jusqu'à l'intolérance la plus cruelle. Il ne comprenait pas le sens religieux et vraiment grand de *Marion Delorme*. Il aimait l'œuvre sans être pénétré de la moralité profonde qu'elle renferme. Il se posait en Didier, mais seulement pour une scène, celle où l'amant de Marion, étourdi de sa découverte, accable cette infortunée de ses sarcasmes et de ses malédictions ; et, quant au pardon du dénoûment, il disait que Didier ne l'eût jamais accordé s'il n'eût dû avoir, une minute après, la tête tranchée.

Ce qu'il y avait à craindre, c'est que, s'adressant à des existences plus précieuses, il ne les flétrît ou ne les brisât par son caprice ou son orgueil, et qu'il ne remplît la sienne propre de regrets ou de remords. Heureusement cette victime n'était pas facile à trouver. On ne trouve pas plus l'amour, quand on le cherche de sang-froid et de parti pris, qu'on ne trouve l'inspiration poétique dans les mêmes conditions. Pour aimer, il faut commencer par comprendre ce que c'est qu'une femme, quelle protection et quel respect on lui doit. A celui qui est pénétré de la sainteté des engagements réciproques, de l'égalité des sexes devant Dieu, des injustices de l'ordre social et de l'opinion vulgaire à cet égard, l'amour peut se révéler dans toute sa grandeur et dans toute sa beauté ; mais à celui qui est imbu des erreurs communes de l'infériorité de la femme, de la différence de ses devoirs avec les nôtres en fait de fidélité ; à celui qui ne cherche que des émotions et non un idéal, l'amour ne se révélera pas. Et, à cause de cela, l'amour, ce sentiment que Dieu a fait pour tous, n'est connu que d'un bien petit nombre.

Horace n'avait jamais remué dans sa pensée cette grande question humaine. Il raillait volontiers de ce qu'il ne comprenait pas, et, ne jugeant le saint-simonisme (alors en pleine propagande) que par ses côtés défectueux, il rejetait tout examen d'un pareil charlatanisme. C'était son expression ; et si elle était méritée à beaucoup d'égards, ce n'était du moins sous aucun rapport sérieux à lui connu. Il ne voyait là que les habits bleus et les fronts épilés des *pères* de la nouvelle doctrine, et c'en était assez pour qu'il déclarât absurde et mensonge toute l'idée saint-simonienne. Il ne cherchait donc aucune lumière, et se laissait aller à l'instinct brutal de la priorité masculine que la société consacre et sanctifie, sans vouloir tremper dans aucun pédantisme, pas plus, disait-il, dans celui des conservateurs que dans celui des novateurs.

Avec ces notions vagues et cette absence totale de dogme religieux et social, il voulait expérimenter l'amour, la plus religieuse des manifestations de notre vie morale, la plus importante de nos actes individuels par rapport à la société ! Il n'avait ni l'élan sublime qui peut réhabiliter l'amour dans une intelligence hardie, ni la persistance fanatique, qui peut du moins lui conserver une apparence d'ordre et une espèce de vertu en suivant les traditions du passé.

Sa première passion fut pour la Malibran.

Il allait quelquefois au parterre des Italiens ; il empruntait de l'argent, et y allait toutes les fois que la divine cantatrice paraissait sur la scène. Certes, il y avait de quoi allumer son enthousiasme, et j'aurais désiré que cette adoration continue occupât plus longtemps son imagination. Elle l'eût préparé à recevoir des impressions plus durables et plus complètes. Mais Horace ne savait pas attendre. Il voulut réaliser son rêve, et il fit *des folies* pour madame Malibran, c'est-à-dire qu'il s'élança sous les roues de sa voiture (après l'avoir guettée à la sortie), sans toutefois se laisser faire aucun mal ; puis il jeta un ou deux bouquets sur la scène ; puis enfin il lui écrivit une lettre délirante, comme il avait écrit quelques semaines auparavant à madame Poisson. Il ne reçut pas plus de réponse cette fois que l'autre, et il ignora de même le sort de sa lettre, si on l'avait méprisée, si on l'avait reçue.

Je craignais que ce premier échec ne lui causât un vif chagrin. Il en fut quitte pour un peu de dépit. Il se moqua de lui-même pour avoir cru un instant que « l'orgueil « du génie s'abaisserait jusqu'à sentir le prix d'un hom- « mage ardent et pur. » Je le trouvai un jour écrivant une seconde lettre qui commençait ainsi : « Merci, femme, « merci ! vous m'avez désabusé de la gloire ; » et qui finissait par : « Adieu, Madame ! soyez grande, soyez enivrée « de vos triomphes ! et puissiez-vous trouver, parmi les « illustres amis qui vous entourent, un cœur qui vous « comprenne, une intelligence qui vous réponde ! »

Je le déterminai à jeter cette lettre au feu, en lui disant que probablement madame Malibran en recevait de semblables plus de trois fois par semaine, et qu'elle ne perdait plus son temps à les lire. Cette réflexion lui donna à penser.

« Si je croyais, s'écria-t-il, qu'elle eût l'infamie de montrer ma première lettre et d'en rire avec ses amis, j'irais la siffler ce soir dans *Tancrède;* car enfin elle chante faux quelquefois !

— Votre sifflet serait couvert sous les applaudissements, lui dis-je ; et s'il parvenait jusqu'aux oreilles de la cantatrice, elle se dirait, en souriant : « Voici un de mes billets doux qui me siffle ; c'est le revers du bouquet d'avant-hier. » Ainsi votre sifflet serait un hommage de plus au milieu de tous les autres hommages. »

Horace frappa du poing sur sa table.

« Faut-il que je sois trois fois sot d'avoir écrit cette lettre ! s'écria-t-il ; heureusement j'ai signé d'un nom de fantaisie, et si quelque jour j'illustre le nom obscur que je porte, *elle* ne pourra pas dire : « J'ai celui-là dans mes épluchures. »

XI.

Horace abandonna pour quelques instants les lettres et l'amour, et vint, après ces premières crises, se reposer sur le divan de mon balcon, en regardant d'un air de sultan les quatre femmes de nos mansardes, et en me cassant des pipes, selon son habitude.

Forcé de m'absenter une partie de la journée pour mes études et pour mes affaires, il fallait bien le laisser étendu sur mon tapis ; car, pour le tirer de sa superbe indolence, il eût fallu lui signifier que cela me déplaisait ; et, en somme, cela n'était pas. Je savais bien qu'il ne ferait pas la cour à Eugénie, que les sœurs d'Arsène lui casseraient la figure avec leurs fers à repasser s'il s'avisait de trancher du jeune seigneur libertin avec elles ; et comme je l'aimais véritablement, j'avais du plaisir à le retrouver quand je rentrais, et à lui faire partager notre modeste repas de famille.

Quant à Marthe, elle ne paraissait pas plus faire de lui une mention particulière dans ses secrètes pensées, que lorsqu'elle était l'objet de ses œillades au comptoir du café Poisson. Il lui rendait désormais la pareille, ne lui pardonnant pas d'avoir méprisé sa déclaration, que, dans le fait, elle n'avait pas reçue. Cependant il était toujours frappé, malgré lui, de son exquise manière d'être, de sa conversation sobre, sensée et délicate. Elle embellissait à vue d'œil. Toujours mélancolique, elle n'avait plus cette expression d'abattement que donne l'esclavage. M. Poisson l'avait déjà remplacée, et ne lui causait plus de crainte. Elle prenait avec nous l'air de la campagne le dimanche ; et sa santé, longtemps altérée, se consolidait par le régime doux et sain que je lui prescrivais, et qu'elle observait avec une absence de caprices et de révoltes rare chez une femme nerveuse. Sa présence attirait bien chez moi quelques amis de plus que par le passé ; Eugénie se chargeait d'éconduire ceux dont la sympathie était trop visiblement improvisée. Quant aux anciens, nous leur pardonnions d'être un peu plus assidus que de coutume. Ces petites réunions, où des étudiants hardis et espiègles dans la rue prenaient tout à coup, sous nos toits, des manières polies, une gaieté chaste et un langage sensé, pour complaire à d'honnêtes filles et à des femmes aimables, avaient quelque chose d'utile et de beau en soi-même. Il aurait fallu avoir le cœur froid et de l'esprit farouche pour ne pas goûter, dans cet essai de sociabilité bienveillante et pure, un plaisir d'une certaine élévation. Tous s'en trouvaient bien. Horace y devenait moins personnel et moins âpre. Nos jeunes gens y prenaient l'idée et le goût de mœurs plus douces que celles dont ailleurs ils recevaient l'exemple. Marthe y oubliait l'horreur de son passé ; Suzanne y riait de bon cœur, et s'y faisait un esprit plus juste que celui de la province. Louison y progressait moins que les autres, mais elle y acquérait la puissance de contenir sa rude franchise, et, quoique toujours farouche dans son rigorisme, elle n'était pas fâchée d'être traitée comme une dame par des jeunes gens dont elle s'exagérait peut-être beaucoup l'élégance et la distinction.

Insensiblement Horace trouva un grand charme dans la société de Marthe. Ne pouvant pas savoir si elle avait jamais reçu sa lettre, il eut l'esprit de se conduire comme un homme qui ne veut pas se faire repousser deux fois. Il lui témoigna une sorte de sympathie dévouée qui pouvait devenir de l'amour si on n'en arrêtait pas brusquement le progrès, et qui, en cas de résistance soutenue, était une réparation de bon goût pour le passé.

Cette situation est la plus favorable au développement de la passion. On y franchit de grandes distances d'une manière insensible. Quoique mon jeune ami ne fût disposé, ni par nature, ni par éducation, aux délicatesses de l'amour, il y fut initié par le respect dont il ne put se défendre. Un jour, il parla d'instinct le langage de la passion, et fut éloquent. C'était la première fois que Marthe entendait ce langage. Elle n'en fut pas effrayée comme si elle s'y attendait à l'être ; elle y trouva même un charme inconnu, et, au lieu de le repousser, elle s'avoua surprise, émue, demanda du temps pour comprendre ce qui se passait en elle, et lui laissa l'espérance.

Confident d'Horace, je l'étais indirectement d'Arsène par l'intermédiaire d'Eugénie. Je m'intéressais à l'un et à l'autre ; j'étais l'ami de tous deux ; si j'estimais davantage Arsène, je puis dire que j'avais plus d'amitié et d'attrait pour Horace. Entre ces deux poursuivants de la Pénélope dont j'étais le gardien, j'aurais été assez embarrassé de me prononcer, si j'avais eu un conseil à donner. Mon affection me défendait de nuire à l'un des deux ; mais Eugénie éclaira ma conscience.

« Arsène aime Marthe d'un amour éternel, me dit-elle, et Horace n'a pour Marthe qu'une fantaisie. Dans l'un elle trouvera, quoi qu'elle fasse, un ami, un protecteur, un frère ; l'autre se jouera de son repos, de son honneur peut-être ; et l'abandonnera pour un nouveau caprice. Que votre amitié pour Horace ne soit pas puérile. C'est à Marthe que vous devez votre sollicitude tout entière. Malheureusement elle semble écouter cet écervelé avec plaisir ; cela m'afflige, et je crois que plus je dis de mal de lui, plus elle en pense de bien. C'est à vous de l'éclairer ; elle croira plus en vous qu'en moi. Dites-lui qu'Horace ne l'aime pas et ne l'aimera jamais. »

Cela était bien difficile à prouver et bien téméraire à affirmer. Qu'en savions-nous après tout ? Horace était assez jeune pour ignorer même l'amour ; mais l'amour pouvait opérer une grande crise en lui, et mûrir tout à coup son caractère. Je convins que ce n'était pas à la noble Marthe de courir les hasards d'une pareille expérience, et je promis de tenter le moyen qu'Eugénie me suggéra, qui était de mener Horace dans le monde pour le distraire de son amour, ou pour en éprouver la force.

Dans le monde ! me dira-t-on, vous, un étudiant, un carabin ? Eh ! mon Dieu oui. J'avais, avec plusieurs nobles maisons, des relations, non pas assidues, mais régulières et durables, qui pouvaient toujours me mettre en rapport, à ma première velléité, avec ce que le faubourg Saint-Germain avait de plus brillant et de plus aimable. J'avais un unique habit noir qu'Eugénie me conservait avec soin pour ces grandes occasions, des gants jaunes qu'elle faisait servir trois fois à force de les frotter avec de la mie de pain, du linge irréprochable, moyennant quoi je sortais environ une fois par mois de ma retraite; j'allais voir les anciens amis de ma famille, et j'étais toujours reçu à bras ouverts, quoiqu'on sût fort bien que je ne me piquais pas d'un ardent légitimisme. Le mot de l'énigme, et pardonnez-moi, cher lecteur, de n'avoir pas songé plus tôt à vous le dire, c'est que j'étais né gentilhomme et de très-bonne souche.

Fils unique et légitime du comte de Mont..., ruiné, avant de naître, par les révolutions, j'avais été élevé par mon respectable père, l'homme le plus juste, le plus droit et le plus sage que j'aie jamais connu. Il m'avait enseigné lui-même tout ce qu'on enseigne au collége; et, à dix-sept ans, j'avais dû aller chercher à Paris avec lui mon diplôme de bachelier ès-lettres. Puis nous étions revenus ensemble dans notre modeste maison de province, et là il m'avait dit : — Tu vois que je suis attaqué d'infirmités très-graves; il est possible qu'elles m'emportent plus tôt que nous ne pensons, ou du moins qu'elles affaiblissent ma mémoire, ma volonté et mon jugement. Je veux employer ce peu de lucidité qui me reste à causer sérieusement avec toi de ton avenir, et t'aider à fixer tes idées.

« Quoi qu'en disent les gens de notre classe qui ne peuvent se consoler de la perte du régime de la dévotion et de la galanterie, le siècle est en progrès et la France marche vers des doctrines démocratiques que je trouve de plus en plus équitables et providentielles, à mesure que j'approche du terme où je retournerai nu vers celui qui m'a envoyé nu sur la terre. Je l'ai élevé dans le sentiment religieux de l'égalité des droits entre tous les hommes, et je regarde ce sentiment comme le complément historique et nécessaire du principe de la charité chrétienne. Il sera bon que tu pratiques cette égalité en travaillant, selon tes forces et tes lumières, pour acquérir et maintenir ta place dans la société. Je ne désire point pour toi que cette place soit brillante. Je la désire indépendante et honorable. Le mince héritage que je te laisserai ne servira guère qu'à te donner les moyens d'acquérir une éducation spéciale; après quoi tu te soutiendras et soutiendras ta famille, si tu en as une, et si cette éducation a porté ses fruits. Je sais bien que les nobles de notre entourage me blâmeront beaucoup, dans les commencements, de donner à mon fils une profession, au lieu de le placer sous la protection d'un gouvernement. Mais un jour n'est pas loin peut-être où ils regretteront beaucoup d'avoir rendu les leurs propres uniquement à profiter des faveurs de la cour. Moi, j'ai appris dans l'émigration quelle triste chose c'est qu'une éducation de gentilhomme, et j'ai voulu t'enseigner d'autres arts que l'équitation et la chasse. J'ai trouvé en toi une docilité affectueuse dont je te remercie au nom de l'amour que je te porte, et tu me remercieras encore plus un jour de l'avoir mise à l'épreuve. »

Je passai deux ans près de lui, occupé à compléter mes premières études, et à développer les idées dont il m'avait donné le germe. Il me fit examiner les éléments de plusieurs sciences, afin de voir pour laquelle je me sentirais le plus d'aptitude. J'ignore si c'est la douleur de le voir continuellement souffrir sans pouvoir le soulager qui m'influença, mais il est certain qu'une vocation prononcée me poussa vers l'étude de la médecine.

Lorsque mon père s'en fut bien assuré, il voulut m'envoyer à Paris; mais il était dans un si déplorable état de santé, que j'obtins de lui de rester encore quelques mois pour le soigner. Nous marchions, hélas! vers une éternelle séparation. Son mal empirait toujours; les mois et les saisons se succédaient sans lui apporter aucun soulagement, mais sans rien ôter à son courage. A chaque redoublement de la maladie, il voulait me renvoyer, disant que j'avais quelque chose de plus important à faire que de soigner un moribond, mais il cédait à ma tendresse, et me permit de lui fermer les yeux. Un moment avant que d'expirer, il me fit renouveler le serment que je lui avais fait bien des fois d'entreprendre sur-le-champ mes études.

Je tins religieusement ma promesse, et, malgré la douleur dont j'étais accablé, je poussai activement les préparatifs de mon départ. Il avait lui-même mis ordre à mes affaires, en affermant sa propriété pour neuf ans, afin que j'eusse un revenu assuré pendant mes années de travail à Paris. Et c'est ainsi que j'existais depuis quatre ans, vivant de mes trois mille francs de rente, et voyant approcher l'époque de mes examens sans avoir rien négligé pour obéir aux dernières volontés du meilleur des pères, et sans avoir interrompu mes anciennes relations avec celles de nos connaissances pour lesquelles il avait eu de l'estime et de l'affection.

De ce nombre était la comtesse de Chailly, qui, dans sa jeunesse, malgré la différence des fortunes, avait eu, disait-on, pour mon père des sentiments fort tendres. Une amitié loyale avait survécu à cet amour, et mon père, en mourant, m'avait dit : « N'abandonne jamais cette personne-là; c'est la meilleure femme que j'aie rencontrée dans ma vie. »

Elle était effectivement aussi bonne que spirituelle. Quoique fort riche, elle n'avait aucune vanité, et quoique fort bien née, elle n'avait aucun préjugé aristocratique. Elle possédait plusieurs châteaux, l'un desquels touchait à la petite propriété de mon père, et c'est dans celui-là qu'elle passait les étés de préférence. Elle avait, en outre, un petit hôtel dans la rue de Varennes, et, comme elle aimait la causerie, elle y rassemblait une société assez agréable. L'étiquette et la morgue en étaient bannies, on y voyait des gens du monde, tous appartenant à l'ancienne noblesse ou à l'opinion légitimiste, et en même temps quelques gens de lettres et des artistes de toutes les opinions. On pouvait professer là les idées les plus nouvelles; mais le juste-milieu et la bourgeoisie parvenue ne trouvaient point grâce devant madame de Chailly; elle s'arrangeait mieux, comme toutes les carlistes, des opinions républicaines et de la pauvreté fière et discrète.

Cette année-là elle avait été retenue à Paris par des affaires importantes, et, quoique la saison fût avancée, elle ne se disposait pas encore à partir. Son cercle était fort restreint, et l'élément artiste et littéraire, qui ne va guère à la campagne qu'en automne (quand il y va), *donnait* plus dans son salon que l'élément noble. Elle m'accorda gracieusement la faveur de lui présenter un de mes amis, et un soir je lui menai Horace.

Celui-ci m'avait demandé fort ingénument des instructions sur la manière de se présenter dans le monde, et de s'y tenir convenablement. Ce n'était pas tout à fait la première fois qu'il lui arrivait de voir des personnes de cette classe; mais il n'ignorait pas qu'on a plus d'indulgence à la campagne qu'à Paris, et il tenait beaucoup à ne pas avoir l'air d'un rustre dans le salon de madame de Chailly. Il se faisait de ce qu'il appelait cette partie une sorte de fête; il se promettait d'observer, d'examiner et de recueillir des faits pour son prochain roman; et cependant il éprouvait bien quelques angoisses à l'idée de glisser sur un parquet bien ciré, d'écraser la patte d'un petit chien, de heurter lourdement quelque meuble, en un mot de faire le personnage ridicule de la comédie classique.

Quand il eut mis son bel habit, son plus beau gilet, des gants jaune-paille, et quand il eut brossé son chapeau, Eugénie, qui fondait de grandes espérances de salut pour Marthe de ce *début parmi les comtesses*, s'amusa à ajuster sa cravate avec plus de distinction qu'il ne savait le faire; elle lui fit rentrer deux pouces de manchette, lui apprit à ne pas mettre son chapeau sur l'oreille, et sut, en un mot, lui donner un air presque *comme il faut*. Il se prêta de fort bonne grâce à ses corrections, s'émerveillant de cette délicatesse de tact qui faisait deviner à une femme du peuple mille petites choses de goût dont il ne se fût jamais avisé tout seul, et s'étonna de l'indifférence, peut-être affectée, avec laquelle Marthe assistait à ces préparatifs. Au fond, Marthe s'inquiétait beaucoup de cette fantaisie d'aller dans le monde, et quoiqu'elle ne se fût point avoué qu'elle aimait Horace, elle avait le cœur serré d'une épouvante secrète. Il y eut un moment où Horace, riant aux éclats, et faisant la répétition de son entrée, s'approcha d'elle d'une manière comique, lui attribuant le rôle de la comtesse de Chailly. A ce moment-là, Marthe, frappée du salut respectueux qu'il lui adressait, devint tremblante; et se tournant vers moi,

« Vraiment, dit-elle, est-ce ainsi qu'on salue les grandes dames?

— Ce n'est pas mal, répondis-je, mais c'est encore un peu leste; madame de Chailly est une personne âgée. Recommencez-moi cela, Horace. Et puis, tenez, quand vous vous retirerez, madame de Chailly vous invitera certainement à revenir; elle vous adressera quelques paroles très-cordiales, et il est possible qu'elle vous tende la main, parce qu'elle a coutume d'être extrêmement maternelle pour mes amis. Vous devez alors prendre cette main du bout de vos doigts, et l'approcher de vos lèvres.

— Comme cela? » dit Horace en essayant de baiser la main de Marthe.

Marthe retira vivement sa main. Sa figure exprimait une vive souffrance.

« Comme cela, en ce cas? dit Horace en prenant la grosse main rouge de Louison, et en baisant son propre pouce.

— Voulez-vous bien finir vos bêtises? s'écria Louison toute scandalisée. On a bien raison de dire que le plus beau monde est le plus malhonnête. Voyez-vous ça! cette vieille comtesse qui se fait baiser les mains par des jeunes gens! Ah ça! n'y revenez plus; je ne suis pas comtesse, moi, et je vous campe le plus beau soufflet...

— Tout doux, ma colombe, répondit Horace en pirouettant, on n'a pas envie de s'y exposer. Allons, Théophile, partons-nous? Je me sens tout à fait à l'aise, et tu vas voir comme je saurai prendre des airs de marquis. Je vais bien m'amuser. »

Il fit son entrée beaucoup mieux que je ne m'y attendais. Il traversa une douzaine de personnes pour saluer la maîtresse de maison, sans gaucherie, et avec un air qui n'avait rien de trop dégagé ni de trop humble. Sa figure frappa tout le monde, et la vicomtesse de Chailly, belle-fille de ma vieille comtesse, ne lui témoigna, chose merveilleuse, aucune des méfiances hautaines qu'elle avait en général pour les nouveaux venus.

On venait de prendre le café, on passa au jardin, et l'on s'y distribua en deux groupes: l'un qui se promena avec la belle-mère, active et enjouée, l'autre qui s'assit autour de la bru, romanesque et nonchalante.

C'était un petit jardin à l'ancienne mode, avec des arbres taillés, des statues malingres, et un mince filet d'eau qu'on faisait jaillir quand la vicomtesse l'ordonnait. Elle prétendait aimer *ce bruit d'eau fraîche sous le feuillage quand la nuit tombait, parce qu'alors, ne voyant plus ce bassin misérable et cette eau verdâtre, elle pouvait se figurer être à la campagne auprès d'une eau libre et courante à travers les prés.*

En parlant ainsi, elle s'étendit sur une causeuse qu'on lui roula du salon sur le gazon un peu jauni du tapis vert. Un petit arbre exotique se penchait sur sa tête avec de faux airs de palmier. Sa cour, composée de ce qu'il y avait de plus jeune et de plus galant dans la société de ce jour-là, s'assit autour d'elle; et l'on échangea, dans une béatitude un peu guindée, une foule de jolis propos qui ne signifiaient rien du tout. Ce groupe n'eût pas été celui que j'aurais choisi, si la nécessité de surveiller Horace dans sa première apparition ne m'eût forcé d'écouter l'esprit *cherché* de la vicomtesse, bien inférieur, selon moi, à l'esprit *chercheur* de sa belle-mère. Je craignais qu'Horace n'en fût bientôt las; mais, à ma grande surprise, il y trouva un plaisir extrême, quoique son rôle y fût assez délicat et difficile à remplir.

En effet, ce n'était pas une petite épreuve pour son aplomb et son bon sens. Il était évident que, dès le premier coup d'œil, la vicomtesse avait pris une sorte d'intérêt à pénétrer en lui, pour savoir si *son ramage se rapportait à son plumage*. Au lieu de le tenir à distance jusqu'à ce qu'il eût fait preuve d'esprit à la pointe de l'épée, elle lui facilitait avec une complaisance sournoise l'occasion de montrer d'emblée s'il était un homme de sens ou un sot. Elle mit tout de suite la conversation sur des sujets où il était infaillible qu'il émettrait son sentiment, et l'attaqua indirectement sur la littérature, en jetant à la tête du premier venu cette question insidieuse : « Avez-vous lu la dernière pièce de vers de M. de Lamartine?

— *Est-ce à moi*, Madame, *que ce discours s'adresse?* demanda un jeune poëte monarchique et religieux qui s'était assis presque à ses pieds d'un air contemplatif.

— Comme vous voudrez, » répliqua la vicomtesse en faisant voltiger avec le vent d'un éventail ses longues touffes de cheveux châtains roulés en spirales légères.

Le jeune poëte déclara qu'il trouvait les dernières *Méditations* très-faibles. Depuis qu'il avait perdu l'espoir d'imiter M. de Lamartine, il le rabaissait avec amertume.

La vicomtesse lui fit un peu sentir qu'elle connaissait son motif, et Horace, encouragé par un regard distrait qu'elle laissa tomber sur lui, hasarda quelques syllabes. Des trois ou quatre autres personnes qui le guettaient, trois au moins étaient, de fondation, les adorateurs de la vicomtesse, et par conséquent se sentaient assez mal disposés pour le nouveau venu, dont la crinière avantageuse et la parole accentuée annonçaient quelque prétention à la supériorité. On prit généralement parti contre lui, et même avec assez de malice, espérant qu'il se fâcherait et dirait quelque sottise.

L'attente ne fut qu'à moitié remplie. Il s'emporta, parla beaucoup trop haut, et mit plus d'obstination et d'âpreté qu'il n'était de bon goût et de bonne compagnie de le faire; mais il ne dit point les sottises auxquelles on s'attendait.

Il en dit d'autres auxquelles on ne s'attendait pas, mais qui donnèrent la plus haute idée de son esprit à la vicomtesse et même à ses adversaires; car dans un certain monde superficiel et ennuyé, on vous pardonne plus aisément un paradoxe qu'une platitude, et, en faisant preuve d'originalité, on est certain d'être approuvé par plus d'une femme blasée.

Dirai-je toute ma pensée à cet égard? Je le dois à la vérité. Dussé-je être accusé de trahir les miens, ou du moins de me séparer d'intentions de la classe où je suis né, je suis forcé de déclarer ici que, sauf quelques exceptions, la société légitimiste était encore, en 1831, d'une médiocrité d'esprit incroyable. Cette ancienne causerie française, qu'on a tant vantée, est aujourd'hui perdue dans les salons. Elle est descendue de plusieurs étages; et si l'on veut trouver encore quelque chose qui y ressemble, c'est dans les coulisses de certains théâtres ou dans certains ateliers de peinture qu'il faut aller la chercher. Là, vous entendez un dialogue plus trivial, mais aussi rapide, aussi animé, et beaucoup plus coloré que celui de l'ancienne bonne compagnie. Cela seul pourra donner à un étranger quelque idée de la verve et de la moquerie dont notre nation a eu si longtemps le monopole. Pour ne parler que de l'esprit qui se consomme abondamment dans les mansardes d'étudiant ou d'artiste, je puis bien dire qu'on en débite dans une heure, entre jeunes gens animés par la fumée des cigares, de quoi défrayer tous les salons du faubourg Saint-Germain pendant un mois. Il faut l'avoir entendu pour le croire. Moi qui, sans prévention et sans parti pris, passais fréquemment d'une société à l'autre, j'étais confondu de la différence, et je m'étonnais souvent de voir certain bon mot faire le tour d'un salon comme un joyau précieux qu'on se passait de main en main, qui avait tant traîné chez nous que personne n'eût voulu le ramasser. Je ne parle pas de la bourgeoisie en général; elle a bien prouvé qu'elle avait de l'esprit de conduite que la noblesse; quant à de l'esprit proprement dit, elle n'en a qu'à la seconde génération. Les parvenus de ce temps-ci ont poussé à l'ombre de l'industrie, dans l'atmosphère pesante des usines, l'âme toute préoccupée de l'amour du gain, et toute paralysée par une ambition égoïste. Mais leurs en-

Horace... se livrait à des essais littéraires. (Page 27.)

fants, élevés dans les écoles publiques, avec ceux de la petite bourgeoisie, qui, à défaut d'argent, veut parvenir, elle aussi, par les voies de l'intelligence, sont en général, incomparablement plus cultivés, plus vifs et plus fins que les héritiers étiolés de l'aristocratie nobiliaire. Ces malheureux jeunes gens, hébétés par des précepteurs dont on enchaîne la liberté intellectuelle, à force de prescriptions religieuses et politiques, sont rarement intelligents, et jamais instruits. L'absence de cour, la perte des places et des emplois, le dépit causé par les triomphes d'une aristocratie nouvelle, achèvent de les effacer; et leur rôle, qui commence pourtant à devenir meilleur à mesure qu'ils le comprennent et l'acceptent, était, à l'époque de mon récit, le plus triste qu'il y eût en France.

Je n'ai rien dit du peuple, et le peuple français, surtout celui des grandes villes, passe pour infiniment spirituel. Je conteste l'épithète. L'esprit n'existe qu'à la condition d'être épuré par un goût que le peuple ne peut pas avoir, ce goût lui-même étant le résultat de certains vices de civilisation qui ne sont pas ceux du peuple. Le peuple n'a donc pas d'esprit, selon moi. Il a mieux que cela : il a la poésie, il a le génie. Chez lui la forme n'est rien, il n'use pas son cerveau à la chercher ; il la prend comme elle lui vient. Mais ses pensées sont pleines de grandeur et de puissance, parce qu'elles reposent sur un principe de justice éternelle, méconnu par les sociétés et conservé au fond de son cœur. Quand ce principe se fait jour, quelle qu'en soit l'expression, elle saisit et foudroie comme l'éclair de la vérité divine.

XXII.

Horace parla beaucoup. Emporté comme il l'était toujours par le feu de la discussion, il défendit ses auteurs romantiques, qu'on lui contestait en masse et en détail. Il rompit des lances pour tous, et fut vivement soutenu par la vicomtesse de Chailly, qui se piquait d'éclectisme en matière d'art et de belles-lettres. Il faut avouer que les adversaires furent bien faibles, et je ne concevais pas comment Horace pouvait perdre son temps et ses paroles à leur tenir tête.

La vieille comtesse, qui passait et repassait avec ses amis dans une allée voisine, m'appela d'un signe.

La vicomtesse Léonie de Chailly.

« Tu as un ami bien bruyant, me dit-elle; qu'a-t-il donc à tempêter de la sorte? Est-ce que ma belle-fille le raille? Prends garde à lui. Tu sais qu'elle est fort cruelle, et qu'elle abuse de son esprit avec ceux qui n'en ont pas.

— Rassurez-vous, chère maman, lui répondis-je (j'avais, depuis mon enfance, l'habitude de l'appeler ainsi), il a de l'esprit tout autant qu'il lui en faut pour se défendre, et même pour se faire goûter.

— Oui-da! m'aurais-tu amené un homme dangereux? Il est fort bien de sa personne, et il me paraît fort romantique. Heureusement Léonie n'est pas romanesque. Mais appelle-le un peu ici, que je jouisse à mon tour de son esprit. »

J'arrachai Horace (à son grand déplaisir) à l'auditoire qu'il avait captivé, et je restai un peu derrière la charmille pour écouter ce qu'on dirait de lui.

« C'est un drôle de corps que ce petit monsieur-là, dit la vicomtesse en reprenant le jeu de son éventail.

— C'est un fat, répondit le poëte légitimiste.

— Un fat! c'est être bien sévère, dit le vieux marquis de Vernes; je crois que *présomptueux* serait un mot plus juste. Mais c'est un jeune homme de beaucoup de mérite, qui pourra devenir homme d'esprit s'il voit le monde.

— Pour de l'esprit, il en a, reprit la vicomtesse.

— Parbleu! il en a à revendre, dit le marquis; mais il manque de tact et de mesure.

— Il m'amusait, reprit-elle; pourquoi donc maman s'en est-elle emparée? Vous ne vous prononcez pas, monsieur de Meilleraie? dit-elle à un jeune dandy qu'elle avait l'air de subjuguer.

— Mon Dieu! Madame, répondit celui-ci avec une aigreur froide, vous vous prononcez tellement vous-même, que je ne puis que baisser la tête et dire *amen*. »

La vicomtesse Léonie de Chailly n'avait jamais été belle; mais elle voulait absolument le paraître, et à force d'art elle se faisait passer pour jolie femme. Du moins elle en avait tous les airs, tout l'aplomb, toutes les allures et tous les priviléges. Elle avait de beaux yeux verts d'une expression changeante qui pouvait, non charmer, mais inquiéter et intimider. Sa maigreur était effrayante et ses dents problématiques; mais elle avait des cheveux superbes, toujours arrangés avec un soin et un goût remarquables. Sa main était longue et sèche, mais blanche comme l'albâtre, et chargée de bagues de tous les pays du monde. Elle possédait une certaine grâce qui imposait à beaucoup de gens. Enfin, elle avait ce qu'on peut appeler une beauté artificielle.

La vicomtesse de Chailly n'avait jamais eu d'esprit; mais elle voulait absolument en avoir, et elle faisait croire qu'elle en avait. Elle disait le dernier des lieux communs avec une distinction parfaite, et le plus absurde des paradoxes avec un calme stupéfiant. Et puis elle avait un procédé infaillible pour s'emparer de l'admiration et des hommages: elle était d'une flagornerie impudente avec tous ceux qu'elle voulait s'attacher, d'une causticité impitoyable pour tous ceux qu'elle voulait leur sacrifier. Froide et moqueuse, elle jouait l'enthousiasme et la sympathie avec assez d'art pour captiver de bons esprits accessibles à un peu de vanité. Elle se piquait de savoir, d'érudition et d'excentricité. Elle avait lu un peu de tout, même de la politique et de la philosophie; et vraiment c'était curieux de l'entendre répéter, comme venant d'elle, à des ignorants ce qu'elle avait appris le matin dans un livre ou entendu dire la veille à quelque homme grave. Enfin, elle avait ce qu'on peut appeler une intelligence artificielle.

La vicomtesse de Chailly était issue d'une famille de financiers qui avait acheté ses titres sous la régence; mais elle voulait passer pour bien née, et portait des couronnes et des écussons jusque sur le manche de ses éventails. Elle était d'une morgue insupportable avec les jeunes femmes, et ne pardonnait pas à ses amis de faire des mariages d'argent. Du reste, elle accueillait assez bien les jeunes gens de lettres et les artistes. Elle tranchait avec eux de la patricienne tout à son aise, affectant devant eux seulement de ne faire cas que du mérite. Enfin, elle avait une noblesse artificielle, comme tout le reste, comme ses dents, comme son sein, et comme son cœur.

Ces femmes-là sont plus nombreuses qu'on ne pense dans le monde, et qui en a vu une les a toutes vues. Horace joignait au plaisir de la nouveauté une ingénuité si complète, qu'il prit au sérieux la vicomtesse à la première parole, et que la tête lui en tourna.

« Mon cher, c'est une femme adorable! me disait-il en revenant le soir dans les longues rues désertes du faubourg Saint-Germain; c'est un esprit, une grâce, un je ne sais quoi qui n'a pas de nom pour moi, mais qui me pénètre comme un parfum. Quel bijou précieux qu'une femme ainsi travaillée, ainsi façonnée à plaire par de longues études! Tu appelles cela de la coquetterie? Soit! va pour la coquetterie! C'est bien beau et bien aimable, dans tous les cas. C'est toute une science, cela, et une science au profit des autres. Je ne sais vraiment pas pourquoi l'on médit des coquettes: une femme qui est occupée d'un autre soin que celui de plaire n'est plus une femme à mes yeux. Certainement, voici la première femme véritable que je rencontre.

— Il y a pourtant des hommes à qui la vicomtesse déplaît, et, pour mon compte...

— C'est qu'elle veut déplaire à ces hommes-là; elle ne les trouve pas dignes de la moindre attention. Elle a du discernement.

— Grand merci de l'application, » repris-je. Il ne m'entendit même pas; il avait la cervelle remplie de la vicomtesse. Il ne se gêna pas pour en parler devant Marthe le lendemain, et dit contre les femmes simples et sévères des choses si dures, qu'elle en fut offensée et alla travailler dans une autre chambre.

« Cela marche à merveille, me dit tout bas Eugénie; l'épreuve a réussi mieux que je n'espérais. Il a pris feu comme un brin de paille; j'espère que Marthe est guérie. »

Arsène vint, et trouva Marthe plus affectueuse et plus gaie que de coutume, quoiqu'elle souffrît horriblement. Il nous annonça que sa présence au café Poisson n'étant plus nécessaire, il changeait de condition.

« Ah! ah! lui dit Horace, vous allez reprendre la peinture?

— Peut-être le ferai-je plus tard, répondit le Masaccio; mais pas maintenant. Mes sœurs n'ont pas encore assez d'ouvrage assuré pour l'année. Est-ce que vous ne pourriez pas me faire placer quelque part comme employé, pour tenir une comptabilité quelconque? dans une régie de théâtre, dans une administration d'omnibus, que sais-je? Vous avez des connaissances, vous autres!

— Mon cher, dit Horace, vous n'écrivez ni assez bien ni assez vite. Et puis, savez-vous la tenue des livres?

— J'apprendrai, dit Arsène.

— Il ne doute de rien, dit Horace. Moi, si j'ai un conseil à vous donner, c'est de persévérer dans la condition que vous venez d'essayer; vous vous en acquittez fort bien. Seulement vous aurez un peu de fatigue. Servez dans une bonne maison, au lieu de servir dans un café; vous gagnerez beaucoup, et vous ne travaillerez guère. Si Théophile le veut, il peut vous placer chez quelque grand seigneur, ou seulement chez quelque brave dame du faubourg Saint-Germain. Est-ce que la comtesse ne le prendrait pas pour domestique, si tu le lui recommandais? Réponds donc, Théophile!

— C'est assez de domesticité comme cela, répondit Arsène, qui comprenait fort bien l'intention qu'avait Horace de le rabaisser aux yeux de Marthe; j'y reviendrai si je ne puis trouver mieux. Mais puisque c'est un état qu'on méprise...

— Qu'est-ce qui se permet de te mépriser? s'écria Louison tout en feu, en suivant la direction involontaire qu'avait prise le regard de Paul; est-ce que c'est vous, Marton, qui méprisez mon frère?

— Cousez donc! dit le Masaccio à Louison d'un ton sévère, pour faire baisser ses yeux menaçants levés sur Marthe.

— Mais enfin, reprit-elle, je trouve un peu drôle qu'on le méprise: je ne sais pas où on prend ce droit-là, et je ne vois pas en quoi mademoiselle Marton... »

Marthe regarda Arsène d'un air triste, et lui tendit la main pour l'apaiser. Il était prêt à éclater contre sa sœur.

« Elle est folle, » dit-il en haussant les épaules, et il s'assit auprès de Marthe en tournant le dos à Louison, dont les yeux se remplirent de larmes.

« C'est qu'aussi c'est indigne! s'écria-t-elle aussitôt qu'il fut parti. Voyez-vous, monsieur Théophile, je ne peux pas supporter cela de sang-froid. Mademoiselle Marthe et M. Horace, qui s'entendent fort bien, je vous assure, ne font pas autre chose que de *déconsidérer* mon frère.

— Vous êtes folle, répliqua Eugénie, et votre frère, qui vous l'a dit, vous connaît bien. Jamais Marthe n'a dit un mot de Paul qui ne fût à son honneur et à sa louange.

— Je ne suis pas folle, s'écria Louison en sanglotant, et je veux que vous me jugiez tous. Je ne l'aurais pas dit devant lui, de crainte d'amener une querelle; mais puisqu'il n'est pas là, et que voici les coupables (elle désignait alternativement Marthe, qui l'écoutait avec une pitié douloureuse, et Horace, qui, le dos étendu sur la commode et les jambes sur le dossier d'une chaise, ne daignait pas l'interrompre), je dirai ce que j'ai entendu, pas plus tard qu'avant-hier, lorsque *monsieur* et *madame* causaient en tête-à-tête, comme ça leur arrive assez souvent, Dieu merci! elle dans une chambre, nous dans l'autre; avec ça que c'est commode pour s'entendre sur l'ouvrage! On va, on vient, ça promène; et, comme dit cet autre, les amoureux ont du temps à perdre.

— Charmant! charmant! dit Horace en se soulevant sur son coude et en la regardant avec un calme plein de mépris: eh bien, poursuivez, fille d'Hérodias! Je verrai ensuite à vous donner ma tête sur un plat pour votre souper. Qu'ai-je dit? voyons, parlez donc, puisque vous écoutez aux portes.

— Oui, que j'écoute aux portes quand j'entends le nom de mon frère! Et vous disiez comme cela que c'était bien dommage qu'il se fût fait valet, et qu'il était perdu. Et mademoiselle Marton, au lieu de vous traiter comme vous le méritiez pour ce mot-là, disait d'un petit air étonné : — Comment donc? comment donc, perdu? — Oui, que vous avez dit : il aurait beau changer de condition, maintenant, il lui resterait toujours quelque chose de laquais, un cachet de honte qui ne s'efface pas. Enfin comme pour dire, le voilà marqué comme un galérien.

— Si vous aviez écouté un peu plus longtemps, dit Marthe avec une douceur angélique, vous auriez entendu ma réponse : j'ai dit que quand cela serait vrai, Arsène ennoblirait la plus vile des conditions.

— Et quand vous auriez dit cela, est-ce beau? N'est-ce pas avouer que mon frère est dans une condition vile? Je voudrais bien savoir comment étaient faits vos ancêtres, et si nous n'avons pas tous été élevés à travailler pour vivre.

Je coupai court à cette querelle, qui eût pu durer toute la nuit; car il n'y a pas de gens plus difficiles à convaincre que ceux qui ne comprennent pas la valeur des mots, et qui en altèrent le sens dans leur imagination. J'envoyai coucher les deux sœurs, leur donnant tort, selon ma coutume, et les menaçant, pour la première fois, de me plaindre à Paul des amères tracasseries qu'elles suscitaient à leur compagne.

« Oui, oui! faites cela, répondit Louison en sanglotant sur le ton le plus aigu ; ce sera humain de votre part! Ce ne sera pas difficile car il en est si bien coiffé, de cette Marton, que quand nous aurons assez travaillé pour la nourrir, il nous mettra à la porte au premier mot qu'elle lui dira contre nous. Allez, allez, Messieurs, Mesdames, et vous, Marton! ce n'est pas beau de mettre la guerre entre frères et sœurs; vous vous en repentirez au jugement dernier! J'en appelle au jugement de Dieu ! »

Elle sortit d'un air tragique, entraînant Suzanne, nous jetant des imprécations, et poussant les portes avec fracas.

« Vous avez là pour compagnes d'abominables diablesses, dit Horace en rallumant son cigare avec tranquillité. Paul Arsène vous a rendu, mes pauvres amis, un étrange service. Il a déchaîné l'enfer dans votre intérieur.

— Quant à nous, nous n'en prendrions guère de souci personnel, répondit Eugénie ; ce sont des nuages qui passent. Mais c'est bien cruel pour toi, Marthe ; et si tu m'en croyais, il y aurait un remède à toutes les persécutions dont tu es victime.

— Je sais ce que tu veux dire, ma bonne Eugénie, dit Marthe en soupirant; mais sois sûre que cela est impossible. D'ailleurs je serais encore bien plus odieuse aux sœurs d'Arsène, si...

— Si quoi? demanda Horace, voyant qu'elle n'achevait pas sa phrase.

— Si elle l'épousait, dit Eugénie. Voilà ce qu'elle s'imagine ; mais elle se trompe.

— Si vous l'épousiez ? s'écria Horace, oubliant tout à coup la vicomtesse et revenant aux sentiments que naguère Marthe lui avait inspirés ; vous, épouser Arsène ! Qui donc a pu avoir une pareille idée ?

— C'est une idée fort raisonnable, reprit Eugénie, qui voulait saper de plus en plus dans sa base leur naissante inclination. Ils sont du même pays, de la même condition, et à peu près du même âge. Ils se sont aimés dès leur enfance, et ils s'aiment encore. C'est un scrupule de délicatesse qui empêche Marthe de dire oui. Mais je le sais, moi, et je le lui dirai clairement, parce que le moment est venu de parler. C'est l'unique désir, l'unique pensée d'Arsène. »

L'attente d'Eugénie fut dépassée par l'effet que produisit cette déclaration. Marthe, devenue aux yeux d'Horace la fiancée de Paul Arsène, tomba si bas dans sa pensée, qu'il rougit d'avoir pu l'aimer. Humilié, blessé, et se croyant joué par elle, il prit son chapeau, et, le mettant sur sa tête avant que de sortir :

« Si vous parlez affaires, dit-il, je suis de trop, et je vais voir Odry, qui joue ce soir dans l'*Ours et le Pacha*. »

Marthe resta atterrée. Eugénie lui parla encore d'Arsène ; elle ne répondit pas, voulut se lever pour sortir, et tomba évanouie au milieu de la chambre.

« Ma pauvre amie, dis-je à Eugénie en l'aidant à relever sa compagne, nul ne peut détourner la destinée ! Tu as cru pouvoir préserver celle-ci. Il n'est déjà plus temps : Horace est aimé ! »

XIII.

Cette crise se termina par de longs sanglots. Quand Marthe fut plus calme, elle voulut reprendre ce sujet d'entretien, et manifesta une volonté qu'elle n'avait pas encore indiquée depuis deux mois que nous vivions ensemble. Elle parla de nous quitter, et d'aller habiter seule une mansarde, où nos relations d'amitié ne seraient plus attristées par l'humeur intolérante et intolérable de Louison.

« Vous continuerez à m'employer à vos travaux, dit-elle ; je viendrai chaque jour vous rapporter l'ouvrage que vous m'aurez confié. De cette manière, votre repos ne sera plus troublé par ma présence ; mais je sens que j'avais trop présumé de mes forces en croyant qu'il me serait possible de supporter ces querelles grossières et ces lâches accusations. Je vois que j'en mourrais. »

Nous sentions bien aussi qu'elle ne pouvait pas subir plus longtemps une pareille domination ; mais nous ne voulions pas l'abandonner aux ennuis et aux dangers de l'isolement. Nous résolûmes de nous expliquer avec Arsène, afin qu'il établît ses sœurs dans une autre maison. On resterait associé pour le travail, et Marthe, que nous aimions comme une sœur, ne cesserait point d'être notre voisine et notre commensale.

Mais cet arrangement ne la satisfit pas. Elle avait une arrière-pensée que nous devinions fort bien : elle ne pouvait plus supporter la présence d'Horace, et voulait le fuir à tout prix. C'était bien la plus prompte manière de couper court à cet attachement dangereux ; mais comment faire comprendre à Arsène cette raison majeure qui devait porter la mort dans ses espérances ? Au point où en étaient encore les choses, Eugénie se flattait de tout réparer en gagnant du temps. Marthe guérirait ; Horace lui-même l'y aiderait par ses dédains, à mesure qu'il s'éprendrait de la vicomtesse de Chailly, et à peu à peu Arsène se ferait écouter. Tels étaient les rêves qu'elle nourrissait encore. Le plus pressé était d'éloigner Louison et Suzanne, dont la société commençait à nous peser beaucoup à nous-mêmes, un instant de colère et de folie de leur part détruisant tout l'effet de nos jours de patience et de ménagements.

Ce fut Louison qui mit un terme à nos perplexités par un changement subit et imprévu.

Dès le lendemain, à l'aube naissante, elle alla chuchoter auprès du lit de sa sœur, si bas que Marthe, qui sommeillait à peine, et qui pensa qu'elles tramaient contre elle quelque noirceur, ne put rien entendre de ce qu'elles se confiaient. Mais tout à coup elle vit Louison s'approcher de son lit, se mettre à genoux, et lui dire en joignant les mains : « Marthe, nous vous avons offensée, pardonnez-nous. Tout le tort vient de moi. J'ai une mauvaise tête, Marton ; mais au fond, je vous plains, et je veux me corriger. Viens, Suzon, viens, ma sœur ; aide-moi à ôter à Marthe le chagrin que je lui ai fait. »

Suzanne s'approcha, mais avec une répugnance que Marthe attribua à un éloignement prononcé pour elle. Marthe était bonne et généreuse ; l'humilité de Louison la toucha si vivement, qu'elle lui jeta ses bras autour du cou, et lui pardonna de toute son âme, n'ayant plus le courage de l'affliger en suivant son projet de la veille, et ne sachant plus quel prétexte donner à la séparation dont, à cause d'Horace, elle éprouvait si vivement le besoin.

Nous fûmes tous fort émus du repentir de Louison, et nous passâmes cette journée dans des effusions de cœur qui parurent soulager Marthe d'une partie de sa tristesse.

Le soir, Eugénie, pour éviter de recevoir la visite d'Horace, qui s'était annoncé pour cette heure-là, nous proposa de faire un tour de promenade. Marthe accepta avec empressement, et nous étions déjà tous sur l'escalier, lorsque Louison dit qu'elle ne se sentait pas bien, et nous pria de la laisser à la maison.

— Je me coucherai de bonne heure, disait-elle, et demain je ne m'en ressentirai plus ; je connais cela, c'est ma migraine.

Elle resta donc, et, au lieu de se coucher, elle passa sur le balcon. Ce n'était pas sans dessein. Horace, qui venait pour nous voir, et à qui le portier assurait que nous étions tous sortis, leva la tête, et vit une femme sur le balcon. Comme il était un peu myope, il s'imagina que ce devait être Marthe. L'idée lui vint de se venger par quelque cruel persiflage de ce qu'il appelait une *rouerie* de sa part ; car il croyait que, s'entendant avec Arsène, elle avait accepté ses soins et accueilli à demi sa déclaration, pour le jouer ou mener de front deux intrigues.

Il monta l'escalier rapidement, et sonna tout essoufflé, le cœur gonflé d'un plaisir amer et cuisant ; mais lorsqu'au lieu de Marthe, *la fille d'Hérodias* vint lui ouvrir la porte, il recula de trois pas, et ne se gêna pas pour jurer.

Louison ne s'effaroucha pas pour si peu ; et, entrant tout de suite en matière, elle lui adressa des excuses aussi douces et aussi polies qu'elle put le faire, pour la manière dont elle s'était conduite la veille avec lui.

Horace, tout émerveillé de cette conversion, lui promit d'oublier tout ; et trouvant qu'un peu de hardiesse lui donnerait, à ses propres yeux, un air don Juan qui compléterait son rôle à l'égard de Marthe, il appliqua un gros baiser de protection familière sur la joue vermeille et rebondie de la villageoise. Malgré sa pruderie habituelle, elle ne s'en fâcha point trop, et lui parla ainsi :

« Si j'avais tant d'humeur hier soir, monsieur Horace, c'est que je me trompais. Je m'étais imaginé, voyant mon frère si épris de mademoiselle Marthe, que celle-ci consentait à l'écouter en même temps qu'elle vous écoutait, et que vous vous entendiez tous les deux pour tromper mon pauvre Arsène.

— Je vous remercie de la supposition, répondit Horace ; permettez-moi de vous en témoigner ma reconnaissance en embrassant cette autre joue qui fait des reproches à sa voisine.

— Que celui-là soit le dernier, dit Louison en se laissant donner un second baiser, non sans rougir beaucoup : nous sommes bien assez raccommodés comme cela. Je me disais donc comme ça que c'était bien vilain de la part de Marthe d'écouter deux galants ; foi d'honnête fille, je ne savais pas que mon frère ne lui avait tant seulement pas dit un mot d'amourette.

— Ah! dit Horace d'un air indifférent, c'est singulier! »
Et il commença cependant à écouter avec intérêt.

« Eh! pardine, vous le savez bien, peut-être, reprit Louison. Il paraît (et c'est même bien sûr) que Marton ne veut pas qu'on lui parle de se marier. Et puis, voyez-vous, Monsieur (je peux bien vous dire ça entre nous), Marton est fière, trop fière pour une fille qui n'a n'a sou ni maille ; mais ça a des idées de princesse, ça lit dans les livres, et ça voudrait filer le parfait amour avec un jeune homme bien mis et bien éduqué. Elle trouve mon pauvre frère trop commun, et d'ailleurs elle a la tête montée pour un autre que vous savez bien.

— Le diable m'emporte si je le sais, dit Horace étonné des gros yeux malins de Louison.

— Allons donc ! dit-elle en le poussant du coude d'une façon toute rustique ; vous n'êtes pas si simple, vous savez bien qu'elle est folle de vous.

— Vous ne savez ce que vous dites, Louison.

— Tiens ! tiens ! pourquoi donc qu'elle s'attife si bien depuis quelque temps ? Et à qui donc est-ce qu'elle pense, quand elle passe la moitié de la nuit à soupirer et à geindre au lieu de dormir ? Et pourquoi donc est-ce qu'elle est tombée en pâmoison hier soir après que vous êtes parti tout fâché ?

— Elle est tombée évanouie ? Quoi ! que dites-vous là, Louison ?

— Raide par terre ; et des pleurs, et des sanglots ! et la voilà maintenant qui veut s'en aller d'ici pour ne plus vous voir, parce qu'elle croit que vous ne la regarderez plus.

— Mais qui vous a donc dit tout cela, Louison ?

— Ah! dame, Monsieur, on a des yeux et des oreilles ! Ayez-en aussi, et vous verrez bien.

— Mais votre frère et Marthe s'aimaient dès l'enfance ? ils devaient se marier ?

— Ça n'est point ; c'est une idée d'Eugénie. Elle veut les marier à présent, et Dieu sait ce qu'elle ne s'imagine point pour cela. Mais l'autre n'entend à rien, et vous n'avez qu'un mot à lui dire pour qu'elle parle clair et droit à mon frère.

— Et que ne l'a-t-elle fait plus tôt ? Elle le trompe donc ?

— Nenni, Monsieur ; mais elle a bon cœur, et craint de lui faire de la peine. D'ailleurs, comme je vous le dis, mon frère ne lui a jamais rien demandé. C'est Eugénie qui fait tout cela comme une folle qu'elle est. Le beau service à rendre à Paul que de lui faire épouser une femme qui en a un autre dans son idée ! Ça ne se peut point. »

Quand nous rentrâmes (et notre promenade fut courte, car, étant à la veille de passer mes examens, je donnais au plus une heure par jour à mes plaisirs), nous trouvâmes Horace bien différent de ce qu'il nous avait paru la veille. Il vint à notre rencontre, et serra la main de Marthe avec une ardeur étrange. Le désir, sinon l'amour, était entré dans son esprit. Jusque-là l'incertitude du succès avait contrarié son orgueil et refroidi ses poursuites. Maintenant, sûr de son triomphe, il en jouissait d'avance avec une sorte de béatitude. Sa figure avait une expression émue et pensive qui l'embellissait singulièrement. Il était pâle ; son regard humide et lent pénétrait la pauvre Marthe comme une flèche empoisonnée. Elle ne s'attendait pas à le voir ce soir-là ; elle croyait le danger passé pour un jour ; elle se sentit défaillir en lui abandonnant sa main tremblante, qu'il garda dans les siennes jusqu'à ce qu'Eugénie eût apporté la lampe.

Il s'assit en face d'elle, ne la quitta pas des yeux, et, tandis que j'écrivais dans une chambre voisine, la porte entr'ouverte, et que les femmes travaillaient autour de la table, il fit la conversation avec autant de goût et d'élégance que s'il eût été dans le salon de la vicomtesse de Chailly. Je n'avais pas le loisir de l'écouter ; seulement j'entendais sa voix montée sur son diapason le plus sonore et le plus recherché. Eugénie me dit, le soir, que jamais elle ne l'avait vu aussi aimable, aussi coquet d'esprit que de langage, aussi près du naturel et de la bonhomie qu'il le fut pendant près de deux heures.

Marthe n'osait ni parler ni respirer ; Eugénie ne se prêtait pas à soutenir la conversation, ne voulant pas faire briller son adversaire. Louison, toute radoucie, faisait seule l'office d'interlocuteur. Elle procédait toujours par questions ; et, quelque niaises et hors de sens qu'elle les fît, Horace y répondait avec le charme d'une condescendance ingénieuse, et trouvait pour elle les explications les plus enjouées, parfois même les plus poétiques, comme celles qu'on donne aux enfants quand on les aime et qu'on veut se mettre à leur portée sans cesser d'être vrai.

Quoique Eugénie mît en œuvre toutes les ressources de son esprit pour l'interrompre, l'embrouiller et même le renvoyer, elle n'y réussit pas ; et Marthe fut sous le charme, sans que rien pût l'en préserver. Penchée sur son ouvrage, le sein oppressé, l'œil voilé, elle hasardait parfois un regard timide ; et rencontrant toujours celui d'Horace, elle détournait bien vite le sien avec une confusion pleine d'effroi et de délices.

C'était, je l'ai déjà dit, la première fois que Marthe était recherchée par une intelligence. La sienne, oisive et seule, dans une secrète et continuelle exaltation, avait renoncé à cet amour de l'âme que personne n'avait su lui exprimer. Le pauvre Arsène n'avait jamais osé, jamais pu parler que d'amitié. Sa personne n'avait aucune séduction, son langage aucune poésie, ou du moins aucun art. Les autres amours que Marthe avait inspirés étaient des fantaisies impertinentes qu'elle avait réprimées, ou des passions brutales qui l'avaient effrayée. Depuis le jour où Horace lui avait parlé d'amour, elle avait gardé dans son cerveau et dans son cœur comme le souvenir d'une musique enivrante. Elle y pensait le jour, elle en rêvait la nuit. Chaste et recueillie, elle n'aspirait pas à un plus grand bonheur qu'à celui de s'entendre encore dire les mêmes choses de la même manière. La pensée d'en être à jamais privée était déjà pour elle un regret aussi profond que si ce bonheur eût duré des années. Ce soir-là, elle eût donné sa vie pour être un seul instant avec lui, et pour recommencer le quart d'heure qu'elle avait vécu le jour de sa première ivresse. Horace comprit bien son silence.

« Marthe est perdue, me dit Eugénie quand tout le monde se fut retiré. Elle ne peut plus comprendre Arsène; l'amour de celui-là est trop simple pour des oreilles pleines des belles paroles de l'autre. Vous devriez mener Horace demain chez la vicomtesse.

— Tu vois bien qu'il ne lui faut qu'un jour pour l'oublier, répondis-je, car aujourd'hui il est certainement très-épris de Marthe. Mais pourquoi donc désespérer toujours de lui? Le jour où il l'aimera il sera transformé.

— Parle plus bas, reprit Eugénie. Il me semble qu'on doit nous entendre de l'autre côté du mur.

— C'est le lit de Louison qui se trouve là, et elle ronfle si bien...

— J'ai dans l'idée, répondit-elle, que cette fille n'est pas si simple qu'elle en a l'air, et qu'elle devine ce qu'elle ne comprend pas. »

Malgré la surveillance assidue d'Eugénie, des regards, des mots, des billets même, furent échangés entre Marthe et Horace. Je proposai à ce dernier de retourner chez la comtesse, il refusa. Je conseillai à Eugénie de ne plus chercher à contrarier cette passion, qui semblait vraie, et qui devenait d'autant plus ardente avec les obstacles. Louison était désormais la douceur et la bonté même. Elle témoignait à Marthe une amitié charmante; et Marthe s'y abandonnait d'autant plus volontiers, qu'elle favorisait son amour, et l'aidait à en faire mille petits mystères inutiles à la trop clairvoyante Eugénie.

Un jour, Eugénie, qui était fort souffrante, gronda Louison d'avoir envoyé Marthe à sa place en commission.

« Eh, pourquoi donc ne sortirait-elle pas comme une autre? dit Louison, affectant une grande surprise.

— Marthe est si jolie, qu'on va la regarder et la suivre dans la rue.

— Tiens! dit Louison avec une aigreur qui perça malgré elle, dirait-on pas qu'il n'y a qu'elle de jolie au monde? On me regarde bien aussi, moi; mais on ne me suit pas; on voit bien que ça ne prendrait pas... Et on ne suivra pas Marthe non plus, ajouta-t-elle en se reprenant, parce qu'on verra bien qu'elle n'encourage personne. »

Louison avait eu soin de dire à Marthe, la veille, de manière à ce qu'Horace seul l'entendît:

— C'est demain à midi que vous irez rue du Bac, au *petit Saint-Thomas*, pour ce petit coupon de jaconas qu'on nous a chargés d'assortir.

Il y avait eu quelque chose de si affecté dans la manière de ménager ainsi à Horace l'occasion de rencontrer Marthe dehors, que celle-ci en avait été épouvantée. En y réfléchissant, elle crut n'y voir qu'une étourderie de la part de sa compagne; et, quoique aux battements de son cœur, elle sentît bien qu'Horace l'attendrait au lieu désigné, elle voulut se persuader qu'il n'avait point fait attention aux paroles de Louise. Le lendemain, comme elle approchait du magasin, elle vit effectivement Horace qui flânait sur le trottoir en l'attendant. Elle passa près de lui; il ne l'arrêta pas, ne la salua point; mais il la regarda d'un air si passionné, que cet oubli des formes de la bienséance ordinaire fut un éloquent témoignage de l'amour qui le pénétrait. Elle lui sourit d'un air à la fois craintif, heureux et attendri; et ce regard, ce sourire échangés, se prolongèrent autant que le permirent quelques pas d'une marche ralentie. Ce fut un siècle de bonheur pour tous deux.

Quoiqu'ils ne se fussent rien dit, Marthe, faisant ses emplettes à la hâte, était bien sûre de le retrouver sur le même trottoir, autour du vitrage du magasin. Elle l'y retrouva en effet; et il l'attendait avec le projet de l'accompagner au retour, afin de pouvoir causer avec elle sans témoins. Mais au moment où il s'approchait et se préparait à passer doucement le bras de Marthe sous le sien, une voiture découverte s'arrêta devant la porte cochère qui fait face à la boutique. Un domestique galonné, qui était derrière la voiture en descendit, et entra dans la maison pour faire quelque message, tandis que la dame qui le lui avait donné se pencha pour regarder Horace en clignotant, comme si elle eût cherché à le reconnaître. Horace salua: c'était la vicomtesse de Chailly. Elle lui rendit son salut fort légèrement, d'un air de doute et d'incertitude; puis elle prit son lorgnon, comme pour s'assurer qu'elle le connaissait. Horace ne jugea point nécessaire d'attendre l'effet de cette exploration un peu impertinente, et il se disposa à aborder Marthe. Mais ce maudit lorgnon ne le quittait pas. La vicomtesse se penchait à la portière à mesure qu'il s'éloignait, et la voiture était tournée de manière à ce qu'elle pût le suivre ainsi de l'œil jusqu'au détour de la rue. Horace ne s'en apercevait que trop, et il était au supplice. Marthe était mise très-simplement, mais avec une sorte de distinction qui lui donnait toute l'apparence d'une femme *comme il faut*. Mais, hélas! elle portait un paquet dans un foulard, et c'était le cachet irrécusable de la grisette. Cette futile circonstance et l'indiscrète curiosité de la vicomtesse eurent assez d'empire sur la vanité d'Horace pour l'empêcher de céder au mouvement de son cœur. Il hésita, se reprit à dix fois, revint sur ses pas pour donner le change; et quand la voiture fut repartie, il se remit à courir. Marthe, qui le croyait sur ses talons, avait jugé prudent de couper à sa droite par la rue de l'Université, pour éviter les nombreux passants de la rue du Bac. Elle comptait qu'il allait la rejoindre. Mais lorsqu'elle se retourna, elle ne vit personne derrière elle; et Horace, remontant à toutes jambes la rue du Bac jusqu'à la Seine, ne la rencontra pas devant lui.

C'est ainsi que fut perdue pour lui l'occasion de faire écouter son amour. Mais Louison sut bien la lui faire retrouver.

Eugénie, à peine rétablie, fut forcée d'aller passer quelques jours à Saint-Germain, pour soigner une de ses sœurs qui était malade plus gravement. La mansarde resta confiée à Marthe. Horace y passa des journées entières. Louise et Suzanne eurent soin de ne pas les troubler. Abandonnée à son destin, Marthe écouta cet amour dont l'expression avait pour elle tant de charme et de puissance. Interrogé par moi, Horace me jura qu'il était bien sérieusement épris d'elle, et qu'il était capable de tous les dévouements pour le lui prouver. J'insinuai à Marthe qu'elle devait user de son influence pour le faire travailler; car je voyais ses embarras grossir de jour en jour, et, si je n'eusse pourvu à ses moyens quotidiens d'existence, j'ignore où il eût pris de quoi dîner. Cette assistance que je lui donnais de bon cœur me mettait dans la délicate et ridicule position de n'oser lui reprocher sa paresse. Quand je hasardais un mot à cet égard, il me répondait d'un air désespéré: — C'est vrai; je suis à la charge, et tu dois bien me mépriser. Si j'essayais de récuser ce motif blessant pour nous deux, en invoquant son propre intérêt, son propre avenir, il me fermait encore la bouche en disant:

« Au nom du présent, je te supplie de ne pas me parler de l'avenir. J'aime, je suis heureux, je suis enivré, je me sens vivre. Comment et pourquoi veux-tu que je songe à autre chose qu'à ce moment fortuné où j'existe surabondamment? »

N'avait-il pas raison? — « Jusqu'ici, me dis-je, il y a eu dans son ambition quelque chose de trop personnel qui lui a montré l'avenir sous un jour d'égoïsme. A présent qu'il aime, son âme va s'ouvrir à des notions plus larges, plus vraies, plus généreuses. Le dévouement va se révéler, et, avec le dévouement, la nécessité et le courage de travailler. »

XIV.

Lorsque Eugénie fut de retour, et qu'elle vit ses efforts désormais inutiles, elle songea qu'il était temps d'informer Arsène de la vérité, ou tout au moins de la lui faire pressentir. Elle me demanda conseil sur la manière dont elle s'y prendrait ; et, après que nous eûmes envisagé la question sous tous ses aspects, elle s'arrêta au parti suivant.

Ne se fiant plus aux murailles de sa mansarde, qu'elle disait avoir des oreilles, elle voulut surprendre Horace au milieu de ses pensées, par la solennité d'une démarche que sa bonne réputation et la dignité de son caractère lui donnaient le droit de risquer.

« Écoutez, lui dit-elle ; vous avez su vous faire aimer ; mais vous ne savez pas l'étendue des devoirs que vous avez contractés envers Marthe. Vous lui faites perdre la protection d'Arsène, protection courageuse et persévérante, qui ne lui eût jamais manqué et qui eût toujours porté ses fruits. Elle ne sait pas ce qu'elle lui doit, ce qu'elle lui aurait dû encore si elle ne se fût pas mise dans la nécessité de renoncer à son assistance. Mais moi, je vous le dirai, parce qu'il faut que vous sachiez tout. Arsène n'eût jamais abandonné la peinture, qu'il aimait passionnément, si sa pensée secrète n'eût été de mettre, grâce à son travail, Marthe à l'abri du besoin. Il n'eût jamais songé à faire venir ses sœurs de la province, si son unique but n'eût été de lui donner une société et une protection derrière laquelle sa protection à lui serait toujours cachée. Enfin, à l'heure qu'il est, il vient d'obtenir un tout petit emploi dans les bureaux d'une société industrielle. Rien au monde n'est plus contraire à ses goûts, à ses habitudes d'activité, au mouvement rapide et généreux de son esprit ; je le sais, et je crains qu'il n'y succombe. Mais je sais aussi qu'il veut gagner de l'argent, et qu'il en gagne assez pour subvenir indirectement à tous les besoins de Marthe, en ayant l'air de ne s'occuper que de ses sœurs. Je sais que nos petits travaux d'aiguille ne rapportent pas suffisamment pour faire vivre trois femmes (ma part prélevée) dans l'aisance, la propreté et la liberté où vivent Marthe et les sœurs d'Arsène. Tout ce que je vous dis, Marthe l'ignore encore. Elle n'a jamais tenu un ménage par elle-même ; elle a l'inexpérience d'un enfant à cet égard-là. Arsène la trompe, et nous l'y aidons, pour qu'elle ne connaisse ni les privations ni l'excès du travail. Par contre-coup, il faut aussi tromper les sœurs, sur la discrétion desquelles nous ne pouvons pas compter. Jusqu'ici je me suis chargée de la comptabilité ; je leur ai fait croire à toutes que les recettes l'emportaient sur les dépenses, tandis que c'est le contraire qui est vrai. Mais cet état de choses ne peut durer désormais. Arsène s'est toujours flatté secrètement que Marthe prendrait pour lui une affection sérieuse, lorsque, revenue de ses terreurs et guérie de ses blessures, son âme s'ouvrirait à de plus douces impressions. J'ai partagé son illusion, je l'avoue, et j'ai fait tout mon possible pour préserver Marthe d'un autre attachement. Je n'ai pas réussi. Maintenant, dites-moi ce que vous feriez à ma place du secret d'Arsène, et quel conseil vous donneriez à l'un et à l'autre. »

Cette ouverture déconcerta beaucoup Horace. « Je suis sans fortune, dit-il ; comment pourrai-je servir de protecteur à une femme, moi qui n'ai encore pu m'aider et me guider moi-même ? »

Il se promena dans sa chambre avec agitation, et peu à peu ses idées se rembrunirent. « Je n'avais pas prévu tout cela, moi s'écria-t-il avec un chagrin qui n'était pas sans mélange d'humeur. Je n'ai jamais songé à rien de pareil. Pourquoi faut-il absolument qu'entre deux êtres qui s'aiment, il y ait un protecteur et un protégé ? Vous, Eugénie, qui réclamez toujours l'égalité pour votre sexe....

— Oh ! Monsieur, répondit-elle, je la réclame et je la pratique, bien qu'elle soit difficile à conquérir dans la société présente. Je sais borner mes besoins au peu que mon industrie me procure. Vous savez comment je vis avec Théophile, et vous savez par conséquent que je ne perds pas un jour, pas une heure. Mais savez-vous en quoi je le considère comme mon protecteur légitime et naturel ? Si je tombais malade et que je fusse longtemps privée de travail, au lieu d'aller à l'hôpital, je trouverais dans son cœur un refuge contre l'isolement et la misère. Si un homme était assez lâche pour m'insulter, j'aurais un appui et un vengeur. Enfin, si je devenais mère... ajouta-t-elle en baissant les yeux par un sentiment de dignité pudique, et en les relevant sur lui avec fermeté pour lui faire sentir la conséquence possible de ses amours avec Marthe, mes enfants ne seraient pas exposés à manquer de pain et d'éducation. Voilà, Monsieur, pourquoi il importe à des femmes comme nous de trouver dans leurs amants de l'affection durable et un dévouement égal au leur.

— Eugénie, Eugénie, dit Horace en tombant sur une chaise, vous me jetez dans un grand trouble. Je ne suis pas l'amant de Marthe au point d'avoir réfléchi aux résultats sérieux de l'ivresse qui s'allume dans mon cerveau. Eh bien, chère Eugénie, je me confesse à vous, je m'accuse ; je ne peux ni ne veux vous tromper. Je désire Marthe de toutes les forces de mon être, et je l'aime de toute la puissance de mon cœur ; mais puis-je lui promettre d'être pour elle ce que Théophile est pour vous ? Puis-je m'engager à la soustraire à tous les dangers, à tous les maux de l'avenir ? Théophile est riche, en comparaison de moi ; il a une petite fortune assurée ; il peut travailler pour l'avenir. Et moi, qui n'ai que des dettes, il faudrait donc que je pusse travailler pour l'avenir, pour le présent et pour le passé en même temps !

— Mais Arsène n'a rien, reprit Eugénie, et en outre il soutient ses deux sœurs.

— Ah ! s'écria Horace, frappé de l'allusion et entrant dans une sorte de fureur, il faudra donc que je me fasse garçon de café, moi ! Non, il n'y a pas de femme au monde pour qui je me résoudrai à m'avilir dans une profession indigne de moi. Si Marthe s'imagine cela...

— Oh ! Monsieur, ne blasphémez pas, dit Eugénie. Marthe ne s'imagine rien, car je lui ai fait un grand mystère de tout ceci ; et le jour où elle saurait que de pareilles questions ont été soulevées à propos d'elle, je suis sûre qu'elle nous fuirait tous dans la crainte d'être à charge à quelqu'un d'entre nous. Je vois bien que vous ne l'aimez pas ; car vous ne la comprenez guère, et vous ne l'estimez nullement. Ah ! pauvre Marthe, je savais bien qu'elle se trompait ! »

Eugénie se leva pour s'en aller. Horace la retint.

« Et maintenant, dit-il, vous allez encore travailler contre moi ?

— Comme j'ai fait jusqu'ici, je ne vous le cache point.

— Vous allez me présenter comme un être odieux, comme un monstre d'égoïsme, parce que je suis pauvre au point de ne pouvoir entretenir une femme, et que je me respecte au point de ne vouloir pas me faire laquais ? Ah ! sans doute, si le mérite d'un homme se mesure au poids de l'argent qu'il sait gagner, Paul Arsène est un héros et moi un misérable !

— Il y a dans tout ce que vous dites, répliqua Eugénie, des idées insultantes pour Marthe et pour moi, auxquelles je ne daignerai plus répondre. Laissez-moi partir, Monsieur. La vérité est dure ; mais il faudra bien que Marthe l'apprenne, et qu'elle renonce dans le même jour à son ami, à cause de vous, à vous, à cause d'elle-même. Heureusement que nous lui resterons ! Théophile saura bien remplacer Arsène, avec plus de désintéressement encore ; moi aussi, je travaillerai pour elle et avec elle ; et jamais l'idée ne nous viendra que cela s'appelle *entretenir* une femme !

— Eugénie, dit Horace en lui prenant les mains avec feu, ne me jugez pas sans me comprendre. Vous vous repentiriez un jour de m'avoir avili aux yeux de Marthe et aux miens propres. Je n'ai pas les doutes infâmes que vous m'attribuez. Je parle sans mesure et sans discernement peut-être ; mais aussi votre susceptibilité s'effarouche pour des mots, et la mienne s'emporte à cause du blessant parallèle que vous établissez toujours entre ce Masaccio et moi. Je n'ai pas l'instinct de l'imitation, j'ai horreur des modèles qui posent pour la vertu ; mais, sans rien affecter, sans rien jurer, je puis bien, ce me semble, pratiquer dans l'occasion le dévouement jusqu'au sacrifice. Que pouvez-vous savoir de moi, puisque je n'en sais rien moi-même ; je n'ai pas encore été mis à l'épreuve ; mais j'ai beau me tâter et m'interroger, je ne trouve en moi ni éléments de lâcheté ni germes d'ingratitude. Pourquoi donc me condamnez-vous d'avance ? Vous avez de cruelles préventions contre moi, Eugénie ; et je ne pourrai plus respirer, faire un pas, ou dire un mot, que vous ne les interprétiez à ma honte. Marthe ne pourra plus étouffer un soupir ou verser une larme qui ne me soient imputés. Enfin, nous ne pourrons plus exister l'un et l'autre sans que le nom d'Arsène soit suspendu sur nos têtes comme un arrêt. Cela gêne et contriste déjà tous les élans de mon cœur ; mon avenir perd sa poésie, et mon âme sa confiance. Cruelle Eugénie, pourquoi m'avez-vous dit toutes ces choses ?

— Et vous n'avez pas plus de courage que cela ? reprit Eugénie. Vous craignez de vous humilier en me disant que l'exemple d'Arsène ne vous effraie pas, et que vous vous sentez bien capable, comme lui, des plus grands actes d'abnégation pour l'objet de votre amour ?

— Mais que voulez-vous donc que je fasse ? A quoi faut-il m'engager ? Dois-je donc épouser ? Mais cela n'a pas le sens commun ! Je suis mineur, et mes parents ne me permettront jamais...

— Vous savez que je suis de la religion saint-simonienne à certains égards, répondit Eugénie, et que je ne vois dans le mariage qu'un engagement volontaire et libre, auquel le maire, les témoins et le sacristain ne donnent pas un caractère plus sacré que ne le font l'amour et la conscience. Marthe est, je le sais, dans les mêmes idées, et je crois que jamais elle ni moi ne vous parlerons de mariage légal. Mais il y a un mariage vraiment religieux, qui se contracte à la face du ciel ; et si vous reculez devant celui-là...

— Non, Eugénie, non, ma noble amie, s'écria Horace : celui-là n'a rien que je repousse. Je me plains seulement de la méfiance que vous me témoignez ; et, si vous la faites partager à votre amie, nous allons changer, grand Dieu ! la passion la plus spontanée et la plus vraie en quelque chose d'arrangé, de guindé et de faux, qui nous refroidira tous les deux. »

Pendant qu'Eugénie sondait ainsi avec une attention sévère le cœur d'Horace, à la même heure, au même instant, des atteintes plus profondes étaient portées à celui d'Arsène. Il était venu voir ses enfants, ou plutôt Marthe, à la faveur de ce prétexte ; et Louison étant sortie à ce moment-là, Suzanne, qui était mécontente du despotisme de sa sœur aînée, avait résolu, elle aussi, de frapper un coup décisif. Elle prit Arsène à part.

« Mon frère, lui dit-elle, je vous demande votre protection, et je commence par réclamer le secret le plus profond sur ce que je vais vous confier. »

Arsène le lui ayant promis, elle lui raconta toute la conduite de Louison à l'égard de Marthe.

« Vous croyez, dit-elle, qu'elle s'est réconciliée de bonne foi avec Marton, et qu'elle ne lui cause plus aucun chagrin ? Eh bien, sachez qu'elle lui en prépare de bien plus grands, qu'elle la hait plus que jamais. Voyant que vous l'aimiez, et qu'elle ne réussirait pas à vous détacher d'elle par des paroles, elle a résolu de l'avilir à vos yeux. Elle a voulu la perdre, et je crois bien qu'elle y a réussi déjà.

— L'avilir ! la perdre ! s'écria Paul Arsène. Est-ce ma sœur qui parle ? est-ce de ma sœur que j'entends parler ?

— Écoutez, Paul, reprit Suzanne, voici ce qui s'est passé. Louison a écouté, à travers la cloison de sa chambre, ce que M. Théophile et Eugénie se disaient dans la leur. Elle a appris de cette manière qu'Eugénie voulait vous faire épouser Marthe, et que Marthe commençait à aimer M. Horace. Alors elle m'a dit : — Nous sommes sauvées, et notre frère va bientôt savoir qu'on se joue de lui. Seulement il faut lui en fournir la preuve ; et quand il aura découvert quelle femme perdue il nous a donnée pour compagnie, il la chassera, et il ne croira plus que nous. — Mais quelle preuve lui en donnerez-vous ? lui ai-je dit ; Marthe n'est pas une femme perdue. — Si elle ne l'est pas, elle le sera bientôt, je t'en réponds, a dit Louison. Tu n'as qu'à faire comme moi et à m'obéir en tout, et tu verras bien comme la folle donnera dans le panneau. Alors elle a fait semblant de demander pardon à Marthe, et elle s'est mise à dire toujours comme elle pour lui faire plaisir. Et puis elle a dit je ne sais quoi à M. Horace pour l'encourager à courtiser Marton ; et puis elle lui disait toute la journée à Marton que M. Horace était un beau jeune homme, un brave jeune homme, et qu'à sa place elle ne le ferait pas tant languir ; et puis, enfin, elle leur ménageait des tête-à-tête, elle leur donnait l'occasion de se rencontrer dehors, et, tant qu'Eugénie a été malade, elle les a laissés exprès ensemble toute la journée dans une chambre, m'a emmenée dans l'autre, et deux ou trois fois Marthe est venue tout effrayée et tout émue auprès de nous, comme pour se réfugier, et cependant Louison lui fermait la porte au nez, et feignait de ne pas l'entendre frapper. Dieu sait ce qui est résulté de tout cela ! C'est toujours bien affreux de la part d'une fille comme Louison, qui me fait des sermons épouvantables quand l'épingle de mon fichu n'est pas attachée juste au-dessous du menton, et qui ne se laisserait pas prendre le bout du doigt par un homme, de jeter ainsi une pauvre fille dans les pièges du diable, et de favoriser un jeune homme dont certainement les intentions sont peu chrétiennes. Cela m'a fait beaucoup de honte pour elle et de peine pour Marthe. J'ai essayé de faire comprendre à celle-ci qu'on ne lui voulait pas de bien en agissant ainsi, et que M. Horace n'était qu'un enjôleur. Marthe a mal pris la chose, elle a cru que je la haïssais. Louison m'a menacée de me rouer de coups, si je disais un mot de plus, et Eugénie, me voyant triste, m'a reproché d'avoir de l'humeur. Enfin, le moment est venu où le coup qu'on vous prépare va vous arriver. N'en soyez pas surpris, mon frère, et montrez de l'indulgence à cette pauvre Marthe, qui n'est pas la plus coupable ici. »

Arsène sut renfermer la terrible émotion que lui causa cette confidence. Il douta quelque temps encore. Il se demanda si Louison était un monstre de perfidie, ou si Suzanne était une calomniatrice infâme ; et, dans l'un comme dans l'autre cas, il se sentit blessé et atterré d'avoir un tel être dans sa famille. Il attendit que Louison fût rentrée, pour l'interroger d'un air calme et confiant sur les relations de Marthe avec Horace. « On m'a dit qu'ils s'aimaient, lui dit-il. Je n'y vois pas le moindre mal, et je n'ai pas le plus petit droit de m'en offenser. Mais j'aurais cru que, comme mes sœurs, vous m'en auriez averti plus tôt, puisque vous pensiez que j'y prenais grand intérêt. »

Louison vit bien que, malgré cet air résigné, Paul avait les lèvres pâles et la voix suffoquée. Elle crut qu'une jalousie concentrée était la seule cause de sa souffrance, et, se réjouissant de son triomphe, — Ah dame ! Paul, vois-tu lui dit-elle, on ne peut parler que quand on est sûr de son fait, et l'on nous a si mal reçues quand nous avons voulu t'avertir ! Mais, à présent, je puis bien te parler franchement, si toutefois tu l'exiges, et si tu me promets que Marton ne le saura pas.

En parlant ainsi, elle tira de sa poche une lettre qu'Horace avait chargée de remettre à Marthe. Arsène ne l'eût pas ouverte lors même que sa vie en eût dépendu. D'ailleurs, dans ses idées simples et rigides, une lettre était par elle-même une preuve concluante. Il mit celle-là dans sa poche, et dit à Louison : « Il suffit, je te remercie ; mon parti est déjà pris en venant ici. Je te donne ma parole d'honneur que Marthe ne saura jamais le service que tu viens de me rendre. »

Tenez, lui dit-il en lui remettant la lettre. (Page 40.)

Il passa dans mon cabinet, où je venais de rentrer moi-même, et, quelques instants après, Eugénie arriva. « Tenez, lui dit-il en lui remettant la lettre d'Horace, voici une lettre pour Marthe, que j'ai trouvée par terre dans la chambre de mes sœurs. C'est l'écriture de M. Horace; je la connais.

— Paul, il est temps que je vous parle, dit Eugénie.

— Non, Mademoiselle, c'est inutile, dit Paul; je ne veux rien savoir. Je ne suis pas aimé; le reste ne me regarde pas. Je n'ai jamais été importun, je ne le serai jamais. Je n'ai été indiscret qu'avec vous, en vous parlant souvent de moi, et en vous imposant la société de mes sœurs, qui ne vous a pas été toujours des plus agréables. Louison est difficile à vivre; et l'occasion s'étant présentée de la placer ailleurs, je venais vous dire que, dès demain, je vous en débarrasse, ainsi que de Suzanne, en vous remerciant toutefois des bontés que vous avez eues pour elles, et en vous priant de me garder votre amitié, dont je viendrai toujours réclamer le plus souvent qu'il me sera possible, tant que M. Théophile ne le trouvera pas mauvais.

— Vos sœurs ne me sont nullement à charge, répondit Eugénie. Suzanne a toujours été fort douce, et Louison l'est devenue depuis quelque temps. Je conçois que vos idées sur l'avenir ayant changé, vous vouliez rompre l'union que nous avions formée sous de meilleurs auspices; mais pourquoi vous tant presser ?

— Il faut que mes sœurs s'en aillent bien vite, reprit Arsène. Elles ne sont peut-être pas aussi bonnes qu'elles en ont l'air, et je suis tout à fait en mesure de les établir. Écoutez, Eugénie, dit-il en la prenant à part, j'espère que vous garderez Marthe auprès de vous tant qu'elle n'aura pas pris un parti contraire, et que vous veillerez à ce que tous ses désirs soient satisfaits, tant qu'un autre ne s'en sera pas chargé. Voici une partie de la somme que j'ai touchée ce matin; destinez-la au même usage qu'à l'ordinaire, et, comme à l'ordinaire, gardez mon secret.

— Non, Paul, cela ne se peut plus, dit Eugénie. Ce serait avilir en quelque sorte la pauvre Marthe que de lui rendre encore de tels services après ce que vous savez. Il faut qu'elle apprenne enfin à qui elle doit le bien-être dont elle a joui jusqu'à présent, afin qu'elle vous en rende grâce et qu'elle y renonce à jamais.

Non! non! elle ne rentrera pas avec Théophile, dit Arsène. (Page 44.)

— Eugénie, dit Paul vivement, si vous agissez ainsi, je ne pourrai plus remettre les pieds chez vous, et je ne pourrai jamais revoir Marthe. Elle rougirait devant moi, elle serait humiliée, elle me haïrait peut-être. Laissez-moi donc sa confiance et son amitié, puisque je ne dois jamais prétendre à autre chose. Quant à refuser pour elle les derniers services que je veux lui rendre, vous n'en avez pas le droit, pas plus que vous n'avez celui de trahir le secret que vous m'avez juré. »

J'appuyai ses résolutions auprès d'Eugénie, et il fut convenu que Marthe ne saurait rien. Elle rentra bientôt avec Horace, qu'elle avait attendu, je crois, sur l'escalier. Arsène lui souhaita le bonjour, et, parlant avec calme de choses générales, il l'observa attentivement ainsi qu'Horace, sans que ni l'un ni l'autre s'en aperçût; les amoureux ont, à cet égard-là, une faculté d'abstraction vraiment miraculeuse. Au bout d'un quart d'heure, Arsène se retira après avoir serré fortement la main de Marthe et avoir salué Horace tranquillement. Je compris le regard d'Eugénie, et je descendis avec lui. Je craignais que cette fermeté stoïque ne cachât quelque projet désespéré, d'autant plus qu'il faisait son possible pour m'éloigner. Enfin, ne pouvant plus lutter contre lui-même et contre moi, il s'appuya sur le parapet, et je le vis défaillir. Je le forçai d'entrer chez un pharmacien et d'y prendre quelques gouttes d'éther. Je lui parlai longtemps; il parut m'écouter, mais je crois bien qu'il ne m'entendit pas. Je le reconduisis chez lui, et ne le quittai que lorsque je l'eus vu se mettre au lit. Au bout de la rue, je fus assailli du souvenir tragique de tant de suicides nocturnes causés par des désespoirs d'amour; je revins sur mes pas, et rentrai chez lui. Je le trouvai assis sur son lit, suffoqué par des sanglots qui ne pouvaient trouver d'issue et qui le torturaient. Mes témoignages d'amitié firent tomber de ses yeux quelques larmes, qui le soulagèrent faiblement. Un peu revenu à lui, et voyant mon inquiétude:

« Tranquillisez-vous donc, Monsieur, me dit-il; je vous donne ma parole d'honneur que je serai *un homme*. Peut-être quand je serai seul pourrai-je pleurer; ce serait le mieux. Laissez-moi donc, et comptez sur moi. J'irai vous voir demain, je vous le jure. »

Quand je rentrai chez moi, je trouvai Marthe d'une gaieté charmante. Horace, d'abord troublé par la présence de son rival, s'était battu les flancs pour être aimable, et celle qui l'aimait ne se faisait pas prier pour trouver son esprit ravissant. Elle ne s'était seulement pas doutée que Paul eût la mort dans l'âme, et mon visage altéré ne lui en donnait pas le moindre soupçon. O égoïsme de l'amour! pensai-je.

XV.

Dès le lendemain Arsène vint chercher ses sœurs; et, sans presque leur donner le temps de nous faire leurs adieux, il les emmena silencieusement dans le nouveau domicile qu'il leur avait préparé à la hâte.

— Maintenant, leur dit-il, vous êtes libres de me dire si vous voulez rester ici ou si vous aimez mieux retourner au pays.

— Retourner au pays? s'écria Louison stupéfaite; tu veux donc nous renvoyer, Paul? tu veux donc nous abandonner?

— Ni l'un ni l'autre, répondit-il; vous êtes mes sœurs, et je connais mon devoir. Mais j'ai cru que vous haïssiez la capitale et que vous désiriez partir.

Louison répondit qu'elle s'était habituée à la vie de Paris, qu'elle ne trouverait plus d'ouvrage au pays, puisque son départ lui avait fait perdre sa clientèle, et qu'elle désirait rester.

Depuis qu'à force d'écouter à travers la cloison, Louise avait surpris tous les secrets de notre ménage, elle s'était réconciliée avec le séjour de Paris, grâce aux avantages qu'elle avait cru pouvoir tirer du dévouement incomparable de son frère. Jusque-là elle n'avait pas connu Arsène; elle avait compté sur une sorte d'assistance, mais non pas sur un complet abandon de ses goûts, de sa liberté, de son existence tout entière. Elle n'avait pas compris non plus cette activité, ce courage, cette aptitude au gain, si l'on peut s'exprimer ainsi, qui se développaient en lui lorsqu'il était mû par une passion généreuse. Dès qu'elle sut tout le parti qu'on pouvait tirer de lui, elle le regarda comme une proie qui lui était assurée et qu'elle devait se mettre en mesure d'accaparer. Les seules passions qui gouvernent les femmes mal élevées, lorsqu'une grandeur d'âme innée ne contre-balance pas les impressions journalières, ce sont la vanité et l'avarice. L'une les mène au désordre, l'autre à l'égoïsme le plus étroit et le plus impitoyable. Louison, privée de bonne heure des soins d'une mère, sacrifiée à une marâtre, et abandonnée à de mauvais exemples ou à de mauvaises inspirations, devait subir l'une ou l'autre de ces passions funestes. Elle pencha par réaction vers celle que sa belle-mère n'avait pas, et, vertueuse par haine du vice qu'elle avait sous les yeux, elle se livra par instinct à celui que lui suggéraient la misère et les privations. Elle devint cupide; et, ne songeant plus qu'à satisfaire ce besoin impérieux, elle y puisa une adresse et une fourberie dont son intelligence bornée n'eût pas semblé susceptible. C'est ainsi qu'elle avait poussé Marthe dans le piège, et que désormais elle se flattait de régner sans partage sur la conscience de son frère.

« Ce qu'il faisait pour nous, disait-elle tout bas à Suzanne, à cause de cette païenne, il le fera encore mieux quand il saura, grâce à nous, combien elle en était indigne. »

Suzanne n'avait pas, à beaucoup près, l'âme aussi noire que sa sœur; mais, habituée à trembler devant elle, elle n'avait que des remords tardifs ou des réactions avortées. Arsène était bien loin de soupçonner la bassesse calculée des intentions de Louise. Il attribua son affreuse perfidie envers Marthe à une de ces haines de femme fondées sur le préjugé, l'intolérance religieuse et l'esprit de domination refoulé jusqu'à la vengeance. Il trouva bien une monstrueuse inconséquence entre sa conduite officieuse envers Horace et ses maximes de pudeur farouche; il attribua ces contradictions à l'ignorance, à une dévotion mal entendue. Il en fut attristé profondément; mais, plein de compassion et de courage, il résolut d'ensevelir dans le secret de son âme le crime de cette sœur altière et cruelle. Il se promit de la convertir peu à peu à des sentiments plus vrais et plus nobles; et de ne lui faire de reproches que le jour où elle serait capable de comprendre sa faute et de la réparer. Par la suite il disait à Eugénie, informée malgré sa discrétion de ce qui s'était passé entre sa sœur et lui:

« Que voulez-vous! si je vous eusse dit alors le mal qu'elle m'avait fait, vous l'auriez tous haïe et méprisée; vous eussiez dit : C'est un monstre! Et comme la perte de l'estime des honnêtes gens est le plus grand malheur qui puisse arriver, ma sœur m'a causé dans ce moment-là tant de pitié, que je n'ai presque pas eu de colère. »

Aussi lui montra-t-il une douceur pleine de tristesse, qu'elle prit pour un redoublement d'affection.

« Si vous désirez rester ici et que ce soit dans vos intérêts, leur dit-il, je ne m'y oppose pas. Je vous chercherai de l'ouvrage, et je vous soutiendrai en attendant. Nous ne sommes pas assez *fortunés* pour avoir des logements séparés; je demeurerai avec vous. Voilà qui est convenu jusqu'à nouvel ordre.

— Qu'est-ce que tu veux dire avec ton nouvel ordre? demanda Louison.

— Cela veut dire jusqu'à ce que vous puissiez vous passer de moi, répondit-il; car ma vie n'est pas assurée contre la mort comme une maison contre l'incendie. Avisez donc peu à peu aux moyens de vous rendre indépendantes, soit par d'honnêtes mariages, soit en vous faisant, par votre intelligence et votre activité, une bonne clientèle.

— Sois sûr, dit Louison un peu déconcertée, en affectant de la fierté, que nous ne resterons pas à ta charge sans rien faire; nous voulons au contraire te débarrasser de nous le plus tôt possible.

— Il ne s'agit pas de cela, reprit Arsène, qui craignit de l'avoir blessée. Tant que je serai vivant, tout ce qui est à moi est à vous; mais, je vous l'ai dit, je ne suis pas immortel, et il faut songer...

— Mais quelles idées a-t-il donc aujourd'hui! s'écria Louison en se retournant avec effroi vers Suzanne; ne dirait-on pas qu'il veut se faire périr! Ah çà, mon frère, est-ce que le chagrin te prend? Est-ce que tu vas te faire de la peine pour cette...

— Je vous défends de jamais prononcer devant moi le nom de Marthe! dit Arsène avec une expression qui fit pâlir les deux sœurs. Je vous défends de jamais me parler d'elle, même indirectement, soit en bien, soit en mal, entendez-vous? La première fois que cela vous arrivera, vous me verrez sortir d'ici pour n'y jamais rentrer. Vous êtes averties.

— Il suffit, dit Louison terrassée, on s'y conformera. Mais ce n'est pas vous parler d'elle, Paul, que de vous conjurer de ne pas avoir de chagrin.

— Ceci ne regarde personne, reprit-il avec la même énergie, et je ne veux pas non plus qu'on m'interroge. J'ai parlé de mort tout à l'heure, et je dois vous dire que je ne suis pas homme à me suicider. Je ne suis pas un lâche; mais le temps est à la guerre, et je ne dis pas qu'une révolution se déclarant, je n'y prendrais point part comme j'ai déjà fait l'année dernière. Ainsi, habituez-vous à l'idée de vous suffire un jour à vous-mêmes, comme d'honnêtes artisanes doivent et peuvent le faire. Je vais à mon bureau. Raccommodez vos nippes en attendant; car dans quelques jours vous aurez de l'ouvrage. Mais je vous défends d'en demander ou d'en accepter d'Eugénie. »

« Vois-tu, dit Louison à sa sœur dès qu'il fut sorti, tout a réussi comme je le voulais. Il déteste aussi Eugénie à présent. Il croit que c'est elle qui a perdu Marthe. »

Suzanne baissa la tête avec embarras, puis elle dit : « Il a le cœur bien gros; il ne pense qu'à mourir.

— Bah! c'est l'histoire du premier jour, reprit l'autre; tu verras que bientôt il n'y pensera plus. Arsène est fier; il ne voudra pas se faire de la peine pour une fille qui se moque de lui avec un autre, et tu verras aussi qu'il sera le premier à nous en parler, et à être content quand nous dirons du mal d'elle.

— C'est égal, je ne le ferai jamais, dit Suzanne.
— Oh! toi, *une sans cœur*, une sotte qui aurait tout supporté de la part de Marton sans rien dire ! Tu as trop d'indulgence, Suzon. Si tu avais des principes, tu saurais qu'il ne faut pas être trop bonne pour les femmes sans mœurs. Tu verras, je te dis, qu'un jour n'est pas loin où mon frère te reprochera aussi ton indifférence sur ce chapitre-là.
— C'est égal, je te répète, dit Suzanne, que je ne me hasarderai jamais à lui dire un mot contre Marthe, quand même il aurait l'air de m'y encourager. Je suis bien sûre qu'il ne le supporterait pas. Essaies-en, puisque tu te crois si fine! »

La journée se passa en querelles, comme à l'ordinaire. Néanmoins, lorsque Arsène rentra, il trouva sa chambre bien rangée, tout son linge raccommodé, ses effets nettoyés, pliés, et les légumes du souper cuits et servis proprement. Louison lui fit sonner très-haut tous ces bons offices, et l'accabla de prévenances importunes, qu'il subit sans impatience. Elle s'efforça de l'égayer, mais elle ne put lui arracher un sourire; à peine eut-il avalé quelques bouchées, qu'il sortit sans répondre aux questions qu'elle lui adressait. Il fut ainsi le lendemain, le surlendemain, et tous les jours suivants. Il agit avec tant d'esprit et de zèle, qu'il sut en peu de temps leur procurer de l'ouvrage, et il mit toujours à leur disposition, pour l'entretien de tous trois, les deux tiers de l'argent qu'il gagnait; mais il fit une part de l'autre tiers, et elles n'en connurent jamais la destination. En vain Louison chercha jusque dans la paillasse de son lit, jusque sous les carreaux de sa chambre, pour voir s'il ne se faisait pas une bourse particulière, elle ne trouva rien ; en vain hasarda-t-elle d'adroites questions, elle n'obtint aucune de réponse ; en vain essaya-t-elle de lui faire placer cet argent invisible en meubles, en linge, en objets qu'elle disait utiles au ménage, il fit la sourde oreille, ne les laissa manquer d'aucune chose nécessaire à leur entretien, mais se refusa constamment la moindre superfluité personnelle. Ce fut un grand souci pour Louison, qui, comptant pour rien de disposer de la majeure partie du bien de son frère, se creusait la cervelle pour arriver à la conquête du reste. Il lui semblait qu'Arsène commettait une injustice, presque un vol, en se réservant quelques écus pour un usage mystérieux. Elle n'en dormait pas; et, si elle l'eût osé, elle eût manifesté le dépit qu'elle en ressentait; mais avec sa douceur impassible et son silence glacé, Arsène la tenait sous une domination qu'elle n'avait pas prévue si austère. Il fallut pourtant s'y soumettre, renoncer à connaître le fond de ce cœur qui s'était fermé pour jamais, et à surprendre une pensée sur ce visage qui s'était pétrifié.

J'ai dit ces détails de son intérieur, quoique je n'y aie point pénétré à cette époque; mais tout ce qui tient aux personnes dont je raconte ici l'histoire m'a été peu à peu dévoilé par elles-mêmes avec tant de précision, que je puis les suivre dans les circonstances de leur vie où je n'ai pris aucune part, avec la même fidélité que je ferai quant à celles où j'ai assisté personnellement.

Le départ des deux sœurs fut pour nous un véritable soulagement; mais le mystère et la promptitude qu'Arsène avait mis à effectuer cette séparation furent longtemps inexplicables pour nous. Nous pensâmes d'abord qu'il voulait ne jamais revoir Marthe, et qu'il s'en ôtait courageusement l'occasion et le prétexte. Mais il revint nous voir comme à l'ordinaire; et lorsque Marthe lui demanda l'adresse de ses sœurs, il éluda ses questions, et finit par lui dire qu'elles étaient placées chez une maîtresse couturière à Versailles. Je savais le contraire, parce que je les rencontrais quelquefois dans les alentours de la maison de commerce où Arsène était occupé; leur affectation à m'éviter me faisait pressentir et respecter la volonté d'Arsène. Il fut impossible à Eugénie d'avoir le mot de cette énigme; elle ne put même pas amener Arsène à une nouvelle explication sur ses sentiments secrets et sur ses résolutions à l'égard de Marthe. Effrayée du calme qu'il montrait, et craignant qu'il ne conservât un reste d'espérance trompeuse, elle essayait souvent de le désabuser ; mais il coupait court à tout entretien de ce genre, en lui disant à la hâte : « Je sais bien ! je sais bien ! inutile d'en parler. »

Du reste, pas un mot, pas un regard qui pût faire soupçonner à Marthe qu'elle était l'objet d'une passion ardente et profonde. Il joua si bien son rôle qu'elle se persuada n'avoir jamais été qu'une amie à ses yeux ; et nous-mêmes nous commençâmes à croire qu'il avait triomphé de son amour et qu'il était guéri.

Eugénie, qui prévoyait la confusion et le chagrin de Marthe lorsqu'elle apprendrait les services d'argent qu'il lui avait rendus à son insu, le força de reprendre celui qu'il avait apporté en dernier lieu. Désormais elle voulut rester chargée exclusivement de son amie, et cette charge était bien légère. Marthe était d'une sobriété excessive ; elle était vêtue avec une simplicité modeste, et elle aidait assidûment Eugénie dans son travail. La seule trace des bienfaits d'Arsène que nous n'eussions pas fait disparaître, de peur d'affliger trop cet excellent jeune homme, c'était un petit mobilier qu'il avait acquis pour elle, et qui se composait d'une couchette en fer, de deux chaises, d'une table, d'une commode en noyer, et d'une petite toilette qu'il avait choisie lui-même, hélas ! avec tant d'amour ! Nous faisions accroire à Marthe que ces meubles étaient à nous, et que nous les lui prêtions. Elle agréait nos soins avec tant de candeur et de charme, que nous eussions été heureux de les lui faire agréer toute notre vie ; mais il n'en devait pas être ainsi. Un mauvais génie planait sur la destinée de Marthe : c'était Horace.

Après la déclaration formelle d'Eugénie, il s'était attendu à une lutte avec Arsène. Il était fort humilié d'avoir un semblable rival ; et cependant, comme il le savait très-fin, très-hardi, très-estimé de nous tous, et de Marthe la première, c'en était assez pour qu'il acceptât cette lutte. Quelques jours auparavant, il eût abandonné la partie plutôt que de commettre son esprit élégant et cultivé avec la malice un peu crue et un peu rustique du Masaccio ; mais à ce moment-là, son amour était arrivé à un paroxysme fébrile, et il n'eût pas rougi de disputer l'objet de ses désirs à M. Poisson lui-même.

A la grande surprise de tous, Paul Arsène parut calme jusqu'à l'indifférence, et Horace pensa qu'Eugénie avait beaucoup exagéré son amour. Mais lorsqu'il sut que Paul n'ignorait plus le sien, et lorsque je lui eus raconté dans quelles angoisses de douleur j'avais surpris ce courageux jeune homme, il commença à s'inquiéter de sa persévérance à reparaître devant lui, et de l'espèce de tranquillité triomphante qu'il semblait jouer pour le braver. Sa jalousie s'alluma; les plus étranges soupçons s'éveillèrent dans son esprit, et il les laissa paraître. Marthe n'y comprit rien d'abord : sa conscience était trop pure pour qu'elle pût s'offenser de doutes qui n'avaient pas de sens pour elle. Le sombre dépit d'Horace la troubla sans l'éclairer. Eugénie eut la délicatesse de ne pas se mêler de ce qui se passait entre eux, mais elle espéra qu'en s'apercevant de l'outrage qui lui était fait, Marthe se relèverait fière et blessée.

Dans ses accès de jalousie, Horace me pria, par dépit, de le conduire chez madame de Chailly. Il y retourna deux ou trois fois, et affecta de trouver la vicomtesse de plus en plus adorable. Ce furent autant de blessures dans le cœur de Marthe ; mais l'amour naissant est comme un serpent fraîchement coupé par morceaux, qui trouve en soi la force de se rapprocher et de se réunir. Aux tristesses, aux insomnies, aux querelles vives et amères, succédèrent les raccommodements pleins d'exaltation et d'ivresse; aux serments de ne plus se voir, les serments de ne se jamais quitter. Ce fut un bonheur plein d'orages et mêlé de beaucoup de larmes; mais ce fut un bonheur plein d'intensité et rendu plus vif par les réactions.

Un jour qu'Horace avait voulu railler et dénigrer Arsène en son absence, et que Marthe le défendait avec chaleur, il prit son chapeau, comme il faisait dans ses emportements, et partit sans dire mot à personne. Marthe savait bien qu'il reviendrait le lendemain, et qu'il demanderait pardon de ses torts; mais elle était de ces âmes tendres et passionnées qui ne savent pas attendre tièrement la fin d'une crise douloureuse. Elle se leva, jeta son châle sur ses épaules, et s'élança vers la porte.

« Que faites-vous donc? lui dit Eugénie.
— Vous le voyez, répondit Marthe hors d'elle-même, je cours après lui.
— Mais, mon amie, vous n'y songez pas; n'encouragez pas de semblables injustices, vous vous en repentirez.
— Je le sais bien, dit Marthe; mais c'est plus fort que moi, il faut que je l'apaise.
— Il reviendra de lui-même, laissez-lui-en du moins le mérite.
— Il reviendra demain!
— Eh bien! oui, demain, certainement.
— Demain, Eugénie? Vous ne savez pas ce que c'est que d'attendre jusqu'à demain! Passer toute la nuit avec la fièvre, avec le cœur gonflé, avec une insomnie qui compte les heures, les minutes, avec cette horrible pensée impossible à chasser : il ne m'aime pas! et celle-ci plus affreuse encore : il n'est pas bon, il n'est pas généreux, je ne devrais pas l'aimer! Oh! non, vous ne connaissez pas cela, vous.
— Mon Dieu, s'écria Eugénie, vous comprenez que vous avez tort de l'aimer, et quand il vous vient une lueur de raison, vous êtes impatiente de la perdre.
— Laissez-moi la perdre bien vite, dit Marthe; car cette clarté est la plus intolérable souffrance qu'il y ait au monde. » Et, se dégageant des bras d'Eugénie, elle s'élança dans l'escalier et disparut comme un éclair.

Eugénie n'osa pas la suivre, dans la crainte d'attirer les regards sur elle et d'occasionner un scandale dans la maison. Elle espéra qu'au bas de l'escalier ces amants insensés se rencontreraient, et qu'au bout de quelques instants elle les verrait revenir ensemble. Mais Horace, furieux, marchait avec une rapidité extrême. Marthe le voyait à dix pas; elle n'osait lui appeler sur le quai, elle n'avait pas la force de courir. A chaque pas, elle se sentait prête à défaillir; elle se voyait frapper de sa canne sur le parapet, dans un mouvement de rage irréfrénable. Elle se remettait à le suivre, ne songeant plus à sa souffrance personnelle, mais à celle de son amant. Il renversa deux ou trois passants, en fit crier et jurer une demi-douzaine en les heurtant, monta la rue de La Harpe, et arriva à l'hôtel de Narbonne, où il demeurait, sans s'apercevoir que Marthe était sur ses traces et avait failli dix fois la joindre. Au moment où il prenait sa clef et son bougeoir des mains de la portière, il vit le visage refrogné de celle-ci regarder par-dessus son épaule.

« Où allez-vous donc, Mam'selle? » dit-elle d'une voix courroucée à une personne qui s'apprêtait à monter l'escalier sans rien lui dire.

Horace se retourna, et vit Marthe, sans chapeau, sans gants, et pâle comme la mort. Il la saisit dans ses bras, l'enleva à demi, et lui jetant un châle sur la tête, comme un voile pour la soustraire aux regards, il l'entraîna dans l'escalier, et la conduisit légèrement jusqu'à sa chambre. Là, il se jeta à ses pieds. Ce fut toute l'explication. Le sujet même de la querelle fut oublié dans ce premier instant. — Oh! que je suis heureux, s'écria-t-il dans un délire d'amour; te voilà, tu es avec moi, nous sommes seuls! Pour la première fois de la vie, je suis seul avec toi, Marthe! Comprends-tu mon bonheur?
— Laisse-moi partir, dit Marthe effrayée; Eugénie m'a peut-être suivie, peut-être Arsène. Mon Dieu! est-ce un rêve! J'ai vu quelque part, en te suivant, la figure d'Arsène, je ne sais où. Non, je n'en suis pas sûre... peut-être!... C'est égal, tu m'aimes, tu m'aimes toujours! Allons-nous-en, reconduis-moi.
— Oh! pas encore! pas encore! disait Horace; encore un instant! Si Eugénie vient, je ne réponds pas; si Arsène vient, je le tue. Reste ainsi, reste encore un instant!

Cependant Eugénie seule, inquiète, épouvantée, comptait les minutes, allait du palier à la fenêtre, et ne voyait pas revenir Marthe. Enfin elle entend monter l'escalier. C'est elle, enfin!... Non, c'est le pas d'un homme.

Elle se réjouit de la pensée que c'était moi, et qu'elle allait pouvoir m'envoyer à la recherche de Marthe. Elle courut au-devant de moi ; mais au lieu de moi, c'était Arsène.

« Où donc est Marthe? dit-il d'une voix éteinte.
— Elle est sortie pour un instant, dit Eugénie, troublée; elle va rentrer tout de suite.
— Sortie toute seule à la nuit? dit Arsène; vous l'avez laissée sortir ainsi?
— Elle va rentrer avec Théophile, dit Eugénie, éperdue.
— Non! non! elle ne rentrera pas avec Théophile, dit Arsène en se laissant tomber sur une chaise. Ne vous donnez pas la peine de me tromper, Eugénie; elle ne rentrera pas même avec Horace. Elle rentrera seule, elle rentrera désespérée.
— Vous l'avez donc vue?
— Oui, je l'ai vue qui courait sur le quai du côté de la rue de la Harpe.
— Et Horace n'était pas avec elle?
— Je n'ai vu qu'elle.
— Et vous ne l'avez pas suivie?
— Non; mais je vais l'attendre, » dit-il.
Et il se leva précipitamment.

« Mais pourquoi n'avez-vous pas couru après elle? dit Eugénie ; pourquoi êtes-vous venu ici?
— Ah! je ne sais plus, dit Arsène d'un air égaré. J'avais une idée, pourtant!... Oui, oui, c'est cela : je voulais vous demander, Eugénie, si c'était la première fois qu'elle sortait seule, le soir, ou seule avec lui?... Dites, est-ce la première fois?
— Oui, c'est la première fois, dit Eugénie. Marthe est encore pure, j'en fais le serment. Pourquoi, mon Dieu, n'avoir pas couru après elle?
— Oh! il est peut-être temps encore de tuer ce misérable! s'écria Arsène avec fureur. » Et, bondissant comme un chat sauvage, il s'élança dehors.

Eugénie comprit les suites funestes que pouvait avoir une telle aventure. Épouvantée, elle se mit à courir aussi après Arsène. Heureusement je montais l'escalier, et je les arrêtai tous deux.

« Où allez-vous donc? leur dis-je; que signifient ces figures bouleversées?
— Retenez-le, suivez-le, me dit à la hâte Eugénie, en voyant qu'Arsène n'échappait déjà. Marthe est partie avec Horace, et Paul va faire quelque malheur; allez! »

Je courus à mon tour après le Masaccio, et je le rejoignis. Je m'emparai de son bras, mais sans pouvoir le retenir, quoique je fusse beaucoup plus grand et plus musculeux que lui. La colère avait tellement décuplé ses forces qu'il m'entraînait comme il eût fait d'un enfant.

J'appris par ses exclamations entrecoupées ce qui s'était passé, et je vis l'imprudence qu'Eugénie avait commise. La réparer par un mensonge était le seul moyen qui me restât pour empêcher un événement tragique.

« Comment pouvez-vous croire, lui dis-je, que ce soit la première fois qu'ils sortent ensemble? c'est au moins la dixième. »

Cette assertion tomba sur lui comme l'eau sur le feu. Il s'arrêta court, et me regarda d'un air sombre.

« Êtes-vous bien sûr de ce que vous dites? me demanda-t-il d'une voix déchirante.
— J'en suis certain. Elle est sa maîtresse depuis plus d'un mois.
— Eugénie m'a donc trompé?
— Non, mais on trompe Eugénie.
— Sa maîtresse! Il ne veut donc pas l'épouser, l'infâme!
— Qu'en savez-vous? lui dis-je, ne songeant qu'à le calmer et à l'éloigner ; Horace est un homme d'honneur, et ce que Marthe voudra, il le voudra aussi.
— Vous êtes sûr qu'il est un homme d'honneur! Jurez-moi cela sur le vôtre. »

A force d'assurances évasives et de réponses indirectes, je réussis à lui rendre la raison. Il me remercia du bien que je lui faisais, et il me quitta, en me jurant qu'il allait rentrer aussitôt chez lui.

Dès que je l'eus vu prendre cette direction, je courus

à l'hôtel de Narbonne; je m'informai d'Horace. « Il est là-haut enfermé avec une demoiselle ou une dame, répondit la portière, enfin avec ce que vous voudrez. Mais je vais la faire descendre; je n'entends pas qu'il y ait du scandale ici. »

Je la priai de parler plus bas, et je l'y engageai par les *arguments irrésistibles* de Figaro. Elle m'expliqua que la dame était jolie, qu'elle avait de longs cheveux noirs et un châle écarlate. Je redoublai mes arguments, et j'obtins la promesse qu'elle ne ferait point de bruit, et qu'elle laisserait repartir la fugitive, à quelque heure que ce fût de la nuit, sans lui adresser une parole et sans faire part à personne de ce qu'elle avait vu.

Quand je fus tranquille à cet égard, je revins rassurer Eugénie. Je ne pus me défendre de rire un peu de sa consternation. Arsène mis à la raison et hors de cause, le dénoûment un peu brusque, mais inévitable, des amours de Marthe et d'Horace, me semblaient moins surprenant et moins sombre que ne le voulait voir ma généreuse amie. Elle me gronda beaucoup de ce qu'elle appelait ma légèreté.

« Voyez-vous, me dit-elle, depuis qu'elle l'aime, elle me fait l'effet d'être condamnée à mort; et à présent je ne ris pas plus que je ne ferais si je la voyais monter à l'échafaud. »

Nous attendîmes une partie de la nuit. Marthe ne rentra pas. Le sommeil finit par triompher de notre sollicitude.

A l'aube naissante, la porte de l'hôtel de Narbonne s'ouvrit et se referma plus doucement encore après avoir laissé passer une femme qui couvrait sa tête d'un châle rouge. Elle était seule, et fit quelques pas rapidement pour s'éloigner. Mais bientôt elle s'arrêta, faible et brisée, au coin d'une borne, et s'appuya pour ne pas tomber. Cette femme, c'était Marthe.

Un homme la reçut dans ses bras : c'était Arsène.

« Quoi! seule! seule! lui dit-il; il ne vous a pas seulement accompagnée!

— Je le lui ai défendu, dit Marthe d'une voix mourante; j'ai craint d'être rencontrée avec lui, et puis je n'ai pas voulu qu'il me revit au jour! Je voudrais ne le revoir jamais! Mais que fais-tu ici à cette heure, Paul?

— Je n'ai pu dormir, répondit-il, et je suis venu vous attendre pour vous ramener; quelque chose m'avait dit que vous sortiriez de chez lui seule et désespérée. »

XVI.

Marthe était si confuse et si éperdue qu'elle ne voulait plus rentrer.

« Conduisez-moi auprès de vos sœurs, disait-elle à Arsène; elles, du moins, ne sauront pas où j'ai passé la nuit.

— Vous n'avez pas d'amie plus fidèle et plus dévouée qu'Eugénie, répondit Arsène; n'aggravez pas votre position par une plus longue absence. Venez, je vous accompagnerai jusque chez elle, et je vous réponds qu'elle ne vous adressera pas un reproche. »

Il la reconduisit jusqu'à la porte de sa chambre. Elle voulut s'y enfermer seule et y pleurer à son aise avant de nous revoir; mais au moment de quitter Arsène, avec qui elle avait épanché son cœur comme s'il n'eût été que son frère, elle se ressouvint tout à coup qu'il avait pour elle un amour moins calme : elle l'avait oublié, habituée qu'elle était à compter sur un dévouement aveugle de sa part.

« Eh bien, Arsène, lui dit-elle avec un accent profond; regrettes-tu maintenant de ne m'avoir pas épousée?

— Je le regretterai toute ma vie, répondit-il.

— Ne me parle pas ainsi, Arsène, dit-elle; tu me déchires. Oh! que ne puis-je t'aimer comme tu le désires et comme tu le mérites! Mais Dieu m'est et me maudit! »

Quand elle fut seule, elle se jeta tout habillée sur son lit, et pleura amèrement. Eugénie, qui l'entendait sangloter à travers la cloison, frappa vainement à sa porte; elle ne répondit pas. Inquiète, et craignant qu'elle ne fût en proie à ces convulsions nerveuses auxquelles elle était sujette, Eugénie prit plusieurs clefs, les essaya dans la serrure, en trouva une qui ouvrit, et s'élança auprès d'elle. Elle la trouva la face enfoncée dans son traversin, et les mains crispées dans ses belles tresses noires toutes ruisselantes de larmes.

« Marthe, lui dit Eugénie en la pressant sur son sein, pourquoi donc cette douleur? Est-ce du regret pour le passé, est-ce la crainte de l'avenir? Tu as disposé de toi, tu étais libre, personne n'a le droit de t'humilier. Pourquoi te caches-tu au lieu de venir à moi, qui t'ai attendue avec tant d'inquiétude et qui te retrouve toujours avec tant de joie?

— Chère Eugénie, j'ai plus que des regrets, j'ai de la honte et des remords, répondit Marthe en l'embrassant. Je n'ai pas disposé de moi dans la liberté de ma conscience et dans le calme de ma volonté. J'ai cédé à des transports que je ne partageais pas, glacée que j'étais par le souvenir des injures récentes et par l'appréhension de nouveaux outrages. Eugénie! Eugénie! il ne m'aime pas; j'ai le profond sentiment de mon malheur! Il a de la passion sans amour, de l'enthousiasme sans estime, de l'effusion sans confiance. Il est jaloux parce qu'il ne croit point en moi, parce qu'il me juge indigne d'inspirer un amour sérieux, et incapable de le partager.

— C'est parce qu'il en est indigne et incapable lui-même! s'écria Eugénie.

— Non, ne dites pas cela; tout vient de moi, de ma destinée misérable. Lui, qui n'a point encore aimé, lui dont le cœur est aussi vierge que les lèvres, il méritait de rencontrer une femme aussi pure que lui.

— C'est pour cela, dit Eugénie en haussant les épaules, qu'il s'était épris de la vicomtesse de Chailly, qui a trois amants à la fois!

— Cette femme-là du moins, répliqua Marthe, a pour elle l'intelligence, une brillante éducation, et toutes les séductions de la naissance, des belles manières et du luxe. Moi, je suis obscure, bornée, ignorante; je sais à peine lire, je ne sais que comprendre; mais je ne puis rien exprimer, je n'ai pas une idée à moi, je ne pourrai en aucun moment dominer le cœur et l'esprit d'un homme comme lui! Oh! il me l'a bien fait sentir, il me l'a bien dit cette nuit dans l'emportement de nos querelles, et à présent je vois que j'étais folle de me plaindre de lui. C'est moi seule que je dois accuser, c'est ma vie passée que je dois maudire.

— Eh quoi! en êtes-vous là? dit Eugénie consternée. Il a déjà fait le maître et le supérieur à ce point? J'aurais pensé que, du moins, pendant la première ivresse, il se serait oublié un peu lui-même, pour ne voir et n'admirer que vous; et, au lieu d'être à vos pieds pour vous remercier de cette preuve d'amour et de confiance si solennelle que nous donnons quand nous ouvrons nos bras et notre âme sans réserve, déjà il s'est levé en dominateur miséricordieux, pour vous honorer de son indulgence et de son pardon! En vérité, Marthe, tu as raison d'être honteuse : car tu es bien humiliée...

— Ne dis pas cela, Eugénie. Si tu avais vu son trouble, sa souffrance, ses pleurs, et comme il me disait humblement et tendrement parfois ces choses si cruelles! Non, il ne savait pas le mal qu'il me faisait, il n'y songeait pas. Il souffrait tant lui-même! Il n'avait qu'une pensée, celle de se débarrasser de soupçons qui le torturaient; et lorsqu'il m'accusait, c'était pour être rassuré par mes réponses. Mais moi, je n'avais pas la force de le faire. J'étais si effrayée de voir ce noble orgueil, cette pure jeunesse, cette grande intelligence, qui exigeaient tant de moi, et qui avaient le droit de tant exiger; et je me sentais si peu de chose pour répondre à tout cela! J'étais accablée, et il prenait tout à coup ma tristesse pour le remords de quelque faute ou le retour de quelque mauvais sentiment. « Qu'as-tu donc? me disait-il, tu n'es pas heureuse dans mes bras! Tu es sombre, préoccupée; tu penses donc à un autre? » Alors il s'imaginait que j'avais des rapports secrets avec Paul Arsène, et il me suppliait de le chasser d'ici, et de ne jamais le revoir. J'y aurais consenti, oui, j'aurais eu cette faiblesse, s'il eût persisté à me le demander avec tendresse. Mais, dès mon premier mouvement d'hésitation, il me laissait voir un dépit et une aigreur qui me rendaient la force de lui résister; car, moi aussi, je prenais du dépit, je devenais amère. Et nous nous sommes dit des choses bien dures, qui me sont restées sur le cœur comme une montagne!

— Tu avais raison de dire qu'il ne t'aime pas, reprit Eugénie; mais tu te trompes quand tu t'imagines que c'est à cause de toi et de ton passé. Le mal ne vient que de son orgueil à lui, et d'un fonds d'égoïsme que tu vas encourager par ta faiblesse. L'homme qui a le cœur fait pour aimer ne se demande pas si l'objet de son amour est digne de lui. Du moment qu'il aime, il n'examine plus le passé; il jouit du présent, et il croit à l'avenir. Si sa raison lui dit qu'il y a dans ce passé quelque chose à pardonner, il pardonne dans le secret de son cœur, sans faire sonner sa générosité comme une merveille. Cet oubli des torts est si simple, si naturel à celui qui aime! Arsène t'a-t-il jamais accusée, lui? Ne t'a-t-il pas toujours défendue contre toi-même, comme il t'aurait défendue contre le monde entier?

— Je douterais même d'Arsène, dit Marthe en soupirant. Je crois qu'en amour on est humble et généreux tant qu'on est repoussé; mais le bonheur rend exigeant et cruel. Voilà ce qui m'arrive avec Horace. Durant ces heures de la nuit que nous avons passées ensemble, il y avait une alternative continuelle de douceur et de fierté entre nous. Quand je me révoltais contre lui, il était à mes pieds pour me calmer; mais, à peine m'avait-il amenée à m'humilier devant lui, qu'il m'accablait de nouveau. Ah! je crois que l'amour rend méchant!

— Oui, l'amour des méchants, » répliqua Eugénie en secouant tristement la tête.

Eugénie était injuste; elle ne voyait pas la vérité mieux que Marthe. Toutes deux se trompaient, chacune à sa manière. Horace n'était ni aussi respectable ni aussi méchant qu'elles se l'imaginaient. Le triomphe le rendait volontiers insolent; il avait cela de commun avec tant d'autres, que si on voulait condamner rigoureusement ce travers, il faudrait mépriser et maudire la majeure partie de notre sexe. Mais son cœur n'était ni froid ni dépravé. Il aimait certainement beaucoup; seulement, l'éducation morale de l'amour lui avait manqué, ainsi qu'à tous les hommes, comme il n'était pas du petit nombre de ceux dont le dévouement naturel fait exception, il aimait seulement en vue de son propre bonheur, et, si je puis m'exprimer ainsi, pour l'amour de lui-même.

Il vint dans la journée; et, au lieu d'être confus devant nous, il se présenta avec un air de triomphe que je trouvai moi-même d'assez mauvais goût. Il s'attendait à des plaisanteries de ma part, et il s'était préparé à les recevoir de pied ferme. Au lieu de cela, je me permis de lui faire des reproches.

« Il me semble, lui dis-je en l'emmenant dans mon cabinet, que tu aurais pu avoir avec Marthe des entrevues secrètes qui ne l'eussent pas compromise. Cette nuit passée dehors sans préparation, sans prétexte, pourra faire beaucoup jaser les gens de la maison. »

Horace reçut fort mal cette observation.

— J'admire fort, dit-il, que tu prennes tant d'ombrage pour elle, lorsque tu vis publiquement avec Eugénie!

— C'est pour cela qu'Eugénie est respectée de tout ce qui m'entoure, répondis-je. Elle est ma sœur, ma compagne, ma maîtresse, ma femme, si l'on veut. De quelque façon qu'on envisage notre union, elle est absolue et permanente. Je me suis fait fort de la rendre acceptable à tous ceux qui m'aiment, et d'entourer Eugénie d'assez d'amis dévoués pour que le cri de l'intolérance n'arrive pas jusqu'à ses oreilles. Mais je n'ai pas levé le voile qui couvrait nos secrètes amours avant de m'être assuré par la réflexion et l'expérience de la solidité de notre affection mutuelle. Après une première nuit d'enivrement, je n'ai pas présenté Eugénie à mes camarades en leur disant : « Voici ma maîtresse, respectez-la à cause de moi. » J'ai caché mon bonheur jusqu'à ce que j'aie pu leur dire avec confiance et loyauté : « Voici ma femme, elle est respectable par elle-même. »

— Eh bien, moi, je me sens plus fort que vous, dit Horace avec hauteur. Je dirai à tout le monde : « Voici mon amante, je veux qu'on la respecte. Je contraindrai les récalcitrants à se prosterner, s'il me plaît, devant la femme que j'ai choisie. »

— Vous n'y parviendrez pas ainsi, eussiez-vous le bras invincible des antiques *pourfendeurs* de la chevalerie. Au temps où nous vivons, les hommes ne se craignent pas entre eux; et on ne respectera votre amante, comme vous l'appelez, qu'autant que vous la respecterez vous-même.

— Mais vous êtes singulier, Théophile! En quoi donc ai-je outragé celle que j'aime? Elle est venue se jeter dans mes bras, et je l'y ai retenue une heure ou deux de plus qu'il ne convenait d'après votre code des convenances. Vraiment, j'ignorais que la vertu et la réputation d'une femme fussent réglées comme le pouvoir des recors, d'après le lever et le coucher du soleil.

— Ce sont là de bien mauvaises plaisanteries, lui dis-je, pour une journée aussi solennelle que celle-ci devrait l'être dans l'histoire de vos amours. Si Marthe en prenait aussi légèrement son parti, j'aurais peu d'estime pour elle. Mais elle en juge tout autrement, à ce qu'il me paraît, car elle n'a pas cessé de pleurer depuis ce matin. Je ne vous demande pas la cause de ses larmes; mais n'irez-vous pas la lui demander avec un visage moins riant et des manières moins dégagées?

— Écoutez, Théophile, dit Horace en reprenant son sérieux, je vais vous parler franchement, puisque vous m'y contraignez. L'amitié que j'ai pour vous me défendrait de provoquer une explication que votre sévérité envers moi rend indispensable. Sachez donc que je ne suis plus un enfant, et que s'il m'a plu jusqu'ici de me laisser traiter comme tel, ce n'est pas un droit que vous avez acquis irrévocablement et que je ne puisse pas vous ôter quand bon me semblera. Je vous déclare donc aujourd'hui que je suis las, extrêmement las, de l'espèce de guerre qu'Eugénie et vous faites, au nom de M. Paul Arsène, à mes amours avec Marthe. Je n'agis pas aussi légèrement que vous le croyez en mettant de côté toute feinte et toute retenue à cet égard. Il est bon que vous sachiez tous, vous et vos amis, que Marthe est ma maîtresse et non celle d'un autre. Il importe à ma dignité, à mon honneur, de n'être pas admis ici en surnuméraire, mais d'être bien pour vous, pour eux, pour Marthe, pour tout le monde et pour moi-même, l'amant, le seul amant, c'est-à-dire le maître de cette femme. Et comme depuis quelque temps, grâce au singulier rôle que vous me faites jouer, grâce aux prétentions obstinées de M. Paul Arsène, grâce à la protection peu déguisée que lui accorde Eugénie (grâce à votre neutralité, Théophile), grâce à l'amitié équivoque qui règne entre Marthe et lui, grâce enfin à mes propres soupçons, qui me font cruellement souffrir, je ne sais plus où j'en suis, ni ce que je suis ici, j'ai résolu de savoir enfin à quoi m'en tenir, et de bien dessiner ma position. C'est pour cela que je me présente ici ce matin, la tête levée, et que je viens vous dire à tous, sans tergiversation et sans ambiguïté : « Marthe a passé cette nuit dans mes bras, et si quelqu'un le trouve mauvais, je suis prêt à connaître de ses droits, et à lui céder les miens, s'ils ne sont pas les mieux fondés. »

— Horace, lui dis-je en le regardant fixement, si telle est votre pensée ce matin, à la bonne heure, je l'accepte; mais si c'était celle que vous aviez hier soir en retenant Marthe auprès de vous pour la compromettre, c'est un calcul bien froid pour un homme aussi ardent que vous le paraissez, et je vois là plus de politique que de passion.

— La passion n'exclut point une certaine diplomatie, répondit-il en souriant. Vous savez bien, Théophile, que j'ai commencé ma vie par la politique. Si je deviens homme de sentiment, j'espère qu'il me restera pourtant quelque chose de l'homme de réflexion. Mais rassurez-vous, et ne vous scandalisez pas ainsi. Je vous avoue qu'hier soir j'ai été fort peu diplomate, que je n'ai pensé à rien, et que j'ai cédé à l'ivresse du moment. Mais ce matin, en me résumant, j'ai reconnu qu'au lieu d'un sot repentir je devais avoir le contentement et l'énergie d'un amant heureux.

— Ayez-les donc, lui dis-je, mais faites que votre visage et votre contenance n'expriment pas autre chose que ce que vous éprouvez ; car, en ce moment, vous avez, malgré vous, l'air d'un fat. »

J'étais irrité en effet par je ne sais quoi de vain et d'arrogant qu'il avait ce jour-là, et que, pour toute l'affection que je lui portais, j'eusse voulu lui ôter. Je craignais que Marthe n'en fût blessée ; mais la pauvre femme n'avait plus cette force de réaction. Elle fut intimidée, abattue et comme saisie d'un frisson convulsif à son approche. Il la rassura par des manières plus douces et plus tendres ; mais il y eut entre eux une gêne extrême. Horace désirait d'être seul avec elle ; et Marthe, retenue par un sentiment de honte, n'osait plus le quitter pour lui accorder un tête-à-tête. Il espéra quelques instants qu'elle aurait le courage de le faire, et il suscita divers prétextes, qu'elle feignit de ne pas comprendre. Eugénie craignait de paraître affectée en leur cédant la place, et sur ces entrefaites Paul Arsène arriva.

Malgré tout l'empire que ce dernier exerçait sur lui-même, et quoiqu'il se fût bien préparé à la possibilité de rencontrer Horace, il ne put dissimuler tout à fait l'espèce d'horreur qu'il lui inspirait. Horace vit l'altération soudaine de son visage pâli et affaissé déjà par les angoisses de la nuit ; et, saisi d'un transport d'orgueil insurmontable, il leva fièrement la tête, et lui tendit la main de l'air d'un souverain à un vassal qui lui rend hommage. Arsène, dans sa généreuse candeur, ne comprit pas ce mouvement, et, l'attribuant à un sentiment tout opposé, il saisit et pressa énergiquement la main de son rival, avec un regard de douleur et de franchise qui semblait dire : « Vous me promettez de la rendre heureuse, je vous en remercie. »

Cette muette explication lui suffit. Après s'être informé de la santé de Marthe, et lui avoir serré la main aussi avec effusion, il échangea quelques mots de causerie générale avec nous, et se retira au bout de cinq minutes.

XVII.

Horace n'était pas réellement jaloux d'Arsène au point d'être inquiet des sentiments de Marthe pour lui, mais il craignait qu'il n'y eût entre eux, dans le passé, un engagement plus intime qu'elle ne voulait l'avouer. Il pensait que, pour être si fidèlement dévoué à une femme qui vous sacrifie, il fallait conserver, ou une espérance, ou une reconnaissance bien fondée ; et ces deux suppositions l'offensaient également. Depuis qu'Eugénie lui avait révélé tout le dévouement d'Arsène, il avait pris encore plus d'ombrage. Ainsi qu'il l'avait naïvement avoué, il était blessé d'un parallèle qui ne lui était pas avantageux dans l'esprit d'Eugénie, et qui lui deviendrait funeste dans celui de Marthe, s'il devait être continuellement sous ses yeux. Et puis notre entourage voyait confusément ce qui se passait entre eux. Ceux qui ne l'aimaient pas Horace se plaisaient à douter de son triomphe, du moins ils affectaient devant lui de croire à celui d'Arsène. Ceux qui l'aimaient blâmaient Marthe de ne pas se prononcer ouvertement pour lui en chassant son rival, et ils le faisaient sentir à Horace. Enfin, d'autres jeunes gens qui, n'étant pour nous que de simples connaissances, ne venaient pas chez nous et jugeaient de nous avec une légèreté un peu brutale, se permettaient sur Marthe ces propos cruels que l'on pèse si peu et qui se répandent si vite. Obéissant à cette jalousie non raisonnée que l'on éprouve pour tout homme heureux en amour, ils rabaissaient Marthe, afin de rabaisser le bonheur d'Horace à leurs propres yeux. Plusieurs de ceux-là, qui avaient fait la cour à la beauté du café Poisson, se vengeaient de n'avoir pas été écoutés, en disant que ce n'était pas une conquête si difficile et si glorieuse, puisqu'elle écoutait un hâbleur comme Horace. Quelques-uns même disaient qu'elle avait eu pour amant son premier garçon de café. Enfin, je ne sais quel esprit fut assez bas, et quelle langue assez grossière, pour émettre l'opinion qu'elle était à la fois la maîtresse d'Arsène, celle d'Horace et la mienne.

Ces calomnies n'arrivèrent pas alors jusqu'à moi ; mais on eut l'imprudence de les répéter à Horace. Il eut la faiblesse d'en être impressionné, et il ne songea bientôt plus qu'à éblouir et terrasser ses détracteurs par une démonstration irrécusable de son triomphe sur tous ses rivaux vrais ou supposés. Il tourmenta Marthe si cruellement qu'il lui fit un crime et un supplice de la vie tranquille et pure qu'elle menait auprès de nous. Il voulut qu'elle se montrât seule avec lui au spectacle et à la promenade. Ces témérités affligeaient Eugénie, et ne lui paraissaient que d'inutiles bravades contre l'opinion. Tout ce qu'elle tentait pour empêcher son amie de s'y prêter poussait à bout l'impatience et l'aigreur d'Horace.

« Jusqu'à quand, disait-il à Marthe, resterez-vous sous l'empire de ce chaperon incommode et hypocrite, qui se scandalise dans les autres de tout ce qui lui semble personnellement légitime ? Comment pouvez-vous subir les admonestations pédantes de cette prude, qui n'est pas sans vues intéressées, j'en suis certain, et qui regarde comme l'amant préférable celui qui peut donner à sa maîtresse le plus de bien-être et de liberté ? Si vous m'aimiez, vous la réduiriez promptement au silence, et vous ne souffririez pas qu'elle m'accusât sans cesse auprès de vous. Puis-je être satisfait quand je vois ce tiers indiscret s'immiscer dans tous les secrets de notre amour ? Puis-je être tranquille lorsque je sais que votre unique amie est mon ennemie jurée, et qu'en mon absence elle vous aigrit et vous met en garde contre moi ? »

Il exigea qu'elle éloignât tout à fait Paul Arsène, et il y eut dans cette expulsion qu'il lui imposait quelque chose de bien particulier. Il craignait beaucoup le ridicule qui s'attache aux jaloux, et l'idée que le Masaccio pourrait se glorifier de lui avoir causé de l'inquiétude lui était insupportable. Il voulut donc que Marthe agît comme de propos délibéré et sans paraître subir aucune influence étrangère. Il rencontra de sa part beaucoup d'opposition à cette exigence injuste et lâche ; mais il l'y amena insensiblement par mille tracasseries impitoyables. Elle n'avait plus le droit de serrer la main de son ami, elle ne pouvait plus lui sourire. Tout devenait crime entre eux : un regard, un mot, lui étaient reprochés amèrement. Si Arsène, obéissant à une habitude d'enfance, la tutoyait en causant, c'était la preuve flagrante d'une ancienne intrigue entre eux. Si, lorsque nous nous promenions tous ensemble, elle acceptait le bras d'Arsène, Horace prenait un prétexte ridicule, et nous quittait avec humeur, disant tout bas à Marthe qu'il ne se souciait pas de passer pour l'antagoniste de Paul, et que c'était bien assez de succéder à un M. Poisson, sans partager encore avec son laquais. Quand Marthe se révoltait contre ces persécutions iniques, il boudait durant des semaines entières ; et l'infortunée, ne pouvant supporter son absence, allait le chercher, et lui demander pour ainsi dire pardon des torts dont elle était victime. Mais si elle offrait alors d'avoir une franche explication avec le Masaccio, avant de le renvoyer :

« C'est cela, s'écriait Horace, faites-moi passer pour un fou, pour un tyran ou pour un sot, afin que M. Paul Arsène aille partout me railler et me diffamer ! Si vous agissez ainsi, vous me mettrez dans la nécessité de lui chercher querelle et de le souffleter, quelque beau matin, en plein café. »

Épuisée de cette lutte odieuse, Marthe prit un jour la main d'Arsène, et la portant à ses lèvres :

« Tu es mon meilleur ami, lui dit-elle, tu vas me rendre un dernier service, le plus pénible de tous pour toi, et surtout pour moi. Tu vas me dire un éternel adieu. Ne m'en demande pas la raison ; je ne peux pas et je ne veux pas te la dire.

— C'est inutile, j'ai deviné depuis longtemps, répondit Arsène. Comme tu ne me disais rien, je pensais que mon devoir était de rester tant que tu semblerais désirer ma protection. Mais puisqu'au lieu de t'être utile, je te nuis, je me retire. Seulement, ne me dis pas que c'est pour toujours, et promets-moi que quand tu auras besoin de moi, tu me rappelleras. Tu n'auras qu'un mot à dire,

Cette femme, c'était Marthe. (Page 45.)

un geste à faire, et je serai à tes ordres. Tiens, Marthe, si tu veux, je passerai tous les jours sous ta fenêtre : tu n'as qu'à y attacher un mouchoir, un ruban, un signe quelconque, le même jour tu me verras accourir. Promets-moi cela. »

Marthe le promit en pleurant; Arsène ne revint plus. Mais ce n'était pas assez pour satisfaire l'orgueil d'Horace. Un jour que, suivant sa coutume, il avait emmené Marthe chez lui, nous l'attendîmes en vain pour souper, et nous reçûmes d'elle, le soir, le billet suivant :

« Ne m'attendez pas, chers et dignes amis. Je ne rentrerai plus dans votre maison. J'ai découvert que je n'y devais pas mon bien-être à votre seule générosité, mais que Paul y avait longtemps contribué, et qu'il y contribue encore, puisque tous les meubles que vous m'avez soi-disant prêtés lui appartiennent. Vous comprenez que, sachant cela, je n'en puis plus profiter. D'ailleurs, le monde est si méchant qu'il calomnie les affections les plus vertueuses. Je ne veux pas vous répéter les vils propos dont je suis l'objet. J'aime mieux, en les faisant cesser et en m'arrachant avec douleur d'auprès de vous, ne vous parler que de mon éternelle reconnaissance pour vos bontés envers moi, et de l'attachement inaltérable que vous porte à jamais

« Votre amie, MARTHE. »

« Voici encore une lâcheté d'Horace, s'écria Eugénie indignée. Il lui a révélé un secret que j'avais confié à son honneur.

— Ces sortes de choses échappent, malgré soi, dans l'emportement de la colère, lui répondis-je ; et c'est le résultat d'une querelle entre eux.

— Marthe est perdue, reprit Eugénie, perdue à jamais ! car elle appartient sans réserve et sans retour à un méchant homme.

— Non pas à un méchant homme, Eugénie, mais à quelque chose de plus funeste pour elle, à un homme faible que la vanité gouverne. »

J'étais outré aussi, et je me refroidis extrêmement pour Horace. Je pressentais tous les maux qui allaient fondre sur Marthe, et je tentai vainement de les détourner. Toutes nos démarches furent infructueuses. Horace, prévoyant que nous ne lui abandonnerions pas sa proie sans la lui disputer, avait changé immédiatement de domicile

Voilà bien du tapage, monsieur mon propriétaire. (Page 53.)

Il avait loué, dans un autre quartier, une chambre où il vivait avec Marthe, si caché, qu'il nous fallut plus d'un mois pour les découvrir. Quand nous y fûmes parvenus, il était trop tard pour les faire changer de résolution et d'habitudes. Nos représentations ne servirent qu'à les irriter contre nous. Horace exerçait sur sa maîtresse un tel empire, que désormais elle nous retira toute sa confiance. Oubliant qu'elle nous avait longtemps raconté tous ses griefs contre lui, elle voulait nous faire croire désormais à son bonheur, et nous reprochait de lui supposer gratuitement des souffrances dont son visage portait déjà l'empreinte profonde. Prévoyant bien qu'elle allait manquer, qu'elle manquait déjà d'argent et d'ouvrage, nous ne pûmes lui faire accepter le plus léger service. Elle repoussa même nos offres avec une sorte de hauteur qu'elle ne nous avait jamais témoignée.

— Je craindrais, nous dit-elle, qu'un bienfait d'Arsène ne fût encore caché derrière le vôtre ; et, quoique je sache combien votre conduite envers moi a été généreuse, je vous confesse que j'ai de la peine à vous pardonner les trop justes méfiances que cet état de choses a inspirées à Horace contre moi.

Eugénie poussa la constance de son dévouement envers sa malheureuse compagne jusqu'à l'héroïsme ; mais tout fut inutile. Horace la détestait et indisposait Marthe contre elle ; toutes ces avances furent reçues avec une froideur voisine de l'ingratitude. A la fin, nous en fûmes blessés et fatigués ; et, voyant qu'on nous fuyait, nous évitâmes de devenir importuns. Dans le courant de l'hiver qui suivit, nous nous vîmes à peine trois fois ; et au printemps, un jour que je rencontrai Horace, je vis clairement qu'il affectait de ne pas me reconnaître, afin de se soustraire à un moment d'entretien. Nous nous regardâmes comme définitivement brouillés, et j'en souffris beaucoup, Eugénie encore davantage ; elle ne pouvait prononcer le nom de Marthe sans que ses yeux s'emplissent de larmes.

XVIII.

Horace avait pris, dans les romans où il avait étudié la femme, des idées si vagues et si diverses sur l'espèce en général, qu'il jouait avec Marthe comme un enfant ou comme un chat joue avec un objet inconnu qui l'attire et l'effraie en même temps. Après les sombres et délirantes figures de femmes dont le romantisme avait rempli l'imagination des jeunes gens, l'élément féminin du dix-huitième siècle, *le Pompadour*, comme on commençait à dire, arrivait dans sa primeur de résurrection, et faisait passer dans nos rêves des beautés plus piquantes et plus dangereuses. Jules Janin donnait, je crois, vers cette époque, la définition ingénieuse du *joli*, dans le goût, dans les arts, dans les modes ; il la donnait à tout propos, et toujours avec grâce et avec charme. L'école de Hugo avait embelli le *laid*, et le vengeait des proscriptions pédantesques du *beau* classique. L'école de Janin ennoblissait le *maniéré* et lui rendait toutes ses séductions, trop longtemps niées et outragées par le mépris un peu brutal de nos souvenirs républicains. Sans qu'on y prenne garde, la littérature fait de ces miracles. Elle ressuscite la poésie des époques antérieures ; et, laissant dormir dans le passé tout ce qui fut pour les intelligences du passé l'objet de justes critiques, elle nous apporte, comme un parfum oublié, les richesses méconnues d'un goût qui n'est plus à discuter, parce qu'il ne règne plus arbitrairement. L'art, quoiqu'il se pose en égoïste (*l'art pour l'art*), fait de la philosophie progressive sans le savoir. Il fait sa paix avec les fautes et les misères du passé, pour enregistrer, ainsi qu'en un musée, les monuments de la conquête.

Horace ayant une des imaginations les plus impressionnables de cette époque si impressionnable déjà, vivant plus de fiction que de réalité, regardait sa nouvelle maîtresse à travers les différents types que ses lectures lui avaient laissés dans la tête. Mais quoique ce fussent des types charmants dans les poèmes et dans les romans, ce n'étaient point des types vrais et vivants dans la réalité présente. C'étaient des fantômes du passé, riants ou terribles. Alfred de Musset avait pris pour épigraphe de ses belles esquisses le mot de Shakspeare : *Perfide comme l'onde*; et quand il traçait des formes plus pures et plus idéales, habitué à voir dans les femmes de tous les temps les dangereuses *filles d'Ève*, il flottait entre un coloris frais et candide et des teintes sombres et changeantes qui témoignaient de sa propre irrésolution. Ce poète enfant avait une immense influence sur le cerveau d'Horace. Quand celui-ci venait de lire *Portia* ou *la Camargo*, il voulait que la pauvre Marthe fût l'une ou l'autre. Le lendemain, après un feuilleton de Janin, il fallait qu'elle devînt à ses yeux une élégante et coquette patricienne. Enfin, après les chroniques romantiques d'Alexandre Dumas, c'était une tigresse qu'il fallait traiter en tigre ; et après *la Peau de chagrin* de Balzac, c'était une mystérieuse beauté dont chaque regard et chaque mot recélait de profonds abîmes.

Au milieu de toutes les fantaisies d'autrui, Horace oubliait de regarder le fond de son propre cœur et d'y chercher, comme dans un miroir limpide, la fidèle image de son amie. Aussi, dans les premiers temps, fut-elle cruellement ballottée entre les femmes de Shakspeare et celles de Byron.

Cette appréciation factice tomba enfin, quand l'intimité lui montra dans sa compagne une femme véritable de notre temps et de notre pays, tout aussi belle peut-être dans sa simplicité que les héroïnes éternellement vraies des grands maîtres, mais modifiée par le milieu où elle vivait, et ne songeant point à faire du modeste ménage d'un étudiant de nos jours la scène orageuse d'un drame du moyen âge. Peu à peu Horace céda au charme de cette affection douce et de ce dévouement sans bornes dont il était l'objet. Il ne se raidit plus contre des périls imaginaires ; il goûta le bonheur de vivre à deux, et Marthe lui devint aussi nécessaire et aussi bienfaisante qu'elle lui avait semblé lui devoir être funeste. Mais ce bonheur ne le rendit pas expansif et confiant : il ne le ramena pas vers nous ; il ne lui inspira aucune générosité à l'égard de Paul Arsène. Horace ne rendit jamais à Marthe la justice qu'elle méritait dans le passé aussi bien que dans le présent ; et, au lieu de reconnaître qu'il l'avait mal comprise, il attribua à sa domination jalouse la victoire qu'il croyait remporter sur le souvenir du Masaccio. Marthe aurait désiré lui inspirer une plus noble confiance : elle souffrait de voir toujours le feu de la colère et de la haine prêt à se rallumer au moindre mot qu'elle hasarderait en faveur de ses amis méconnus. Elle rougissait des précautions minutieuses et assidues qu'elle était forcée de prendre pour maintenir le calme de son esclavage, en écartant toute ombre de soupçon. Mais comme elle n'avait aucune velléité d'indépendance étrangère à son amour, comme, à tout prendre, elle voyait Horace satisfait de ses sacrifices et fier de son dévouement, elle se trouvait heureuse aussi ; et pour rien au monde elle n'eût voulu changer de maître.

Cet état de choses constituait un bonheur incomplet, coupable en quelque sorte ; car aucun des deux amants n'y gagnait moralement et intellectuellement, ainsi qu'il l'aurait dû faire dans les conditions d'un plus pur amour. Je crois qu'on doit définir passion noble celle qui nous élève et nous fortifie dans la beauté des sentiments et la grandeur des idées ; passion mauvaise, celle qui nous ramène à l'égoïsme, à la crainte et à toutes les petitesses de l'instinct aveugle. Toute passion est donc légitime ou criminelle, suivant qu'elle amène l'un ou l'autre résultat, bien que la société officielle, qui n'est pas le vrai consentement de l'humanité, sanctifie souvent la mauvaise en proscrivant la bonne.

L'ignorance où, la plupart du temps, nous naissons et mourons par rapport à ces vérités, fait que nous subissons les maux qu'entraîne leur violation, sans savoir d'où vient le mal et sans en trouver le remède. Alors nous nous acharnons à alimenter la cause de nos souffrances, croyant les adoucir par des moyens qui les enveniment sans cesse.

C'est ainsi que vivaient Marthe et Horace : lui croyant arriver à la sécurité en redoublant d'ombrage et de précautions pour régner sans partage ; elle, croyant calmer cette âme inquiète en lui faisant sacrifice sur sacrifice, et donnant par là chaque jour plus d'extension à sa douloureuse tyrannie ; car dans toutes les espèces de despotisme, l'oppresseur souffre au moins autant que l'opprimé.

Le moindre échec devait donc troubler cette fragile félicité ; et, la jalousie apaisée, la satiété devait s'emparer d'Horace. Il en fut ainsi dès que son existence redevint difficile. Un ennemi veillait à sa porte, c'était la misère. Pendant trois mois il avait réussi à l'écarter, en confiant à Marthe une petite somme que ses parents lui avaient envoyée en surplus de sa pension. Cette somme, il l'avait demandée pour payer des dettes *imprévues*, dont il n'osait avouer qu'une très-petite partie, tant elles dépassaient le budget de sa famille ; et au lieu de la consacrer à amortir cette portion de la dette, il l'avait attribuée aux besoins journaliers de son nouveau ménage, accordant à peine aux créanciers quelques légers *à-compte*, dont ils avaient bien voulu se contenter. Son tailleur était le moins compromis dans cette banqueroute imminente. J'avais donné ma caution, et je commençais à m'en repentir un peu, car les dépenses allaient leur train, et chaque fois qu'on présentait le mémoire à Horace, il se tirait d'affaire par des promesses et des commandes nouvelles, toujours plus considérables à mesure que la dette augmentait : il n'avait plus le droit de limiter le dandysme que ce fournisseur, bien avisé dans ses propres intérêts, venait chaque jour lui imposer. Quand je vis qu'il y avait spéculation de la part de ce dernier et légèreté inouïe de la part d'Horace, je me crus en droit de borner ma caution aux dépenses faites, et de signifier au tailleur qu'elle ne s'étendrait pas aux dépenses à faire. Déjà j'étais engagé pour plus d'une année de mon petit revenu ; je prévoyais une gêne dont je me ressentis, en effet, pendant dix ans, et que je n'avais pas le droit d'imposer à des êtres plus chers et plus précieux que ce nouvel ami, si peu soigneux de son honneur et du mien. Quand il sut mes réserves, il fut indigné de ce qu'il appelait ma méfiance, et m'écrivit une lettre pleine d'orgueil et d'amertume, pour m'annoncer qu'il ne voulait plus recevoir de moi aucun service, qu'il avait subi ma protection à son insu et par oubli total de mes offres et de mes démarches, qu'il me priait de ne plus me mêler de ses affaires, et que le tailleur serait payé dans huit jours. Il fut payé effectivement, mais ce fut par moi; car Horace oublia aussi vite les promesses qu'il venait de lui faire que celles qu'il avait acceptées de moi; et je m'efforçai d'oublier de même sa lettre insensée, à laquelle je ne répondis point.

Mais les autres créanciers, que je ne pouvais tenir en respect, vinrent l'assaillir. C'étaient de bien petites dettes, à coup sûr, qui feraient sourire un dissipateur de la Chaussée-d'Antin; mais tout est relatif, et ces embarras étaient immenses pour Horace. Marthe ignorait tout. Il ne lui permettait pas de travailler pour vivre et lui cachait sa situation, afin qu'il n'eût pas de remords. Il avait une telle aversion pour tout ce qui eût pu lui rappeler la grisette, que c'était tout au plus s'il lui laissait coudre ses propres ajustements. Il eût mieux aimé, quant à lui, porter son linge en lambeaux, que de voir l'objet de son amour y faire des reprises. Il fallait que la modeste Marthe ne s'occupât que de lecture et de toilette, sous peine de perdre toute poésie aux yeux d'Horace, comme si la beauté perdait de son prix et de son lustre en remplissant les conditions d'une vie naïve et simple. Il fallait que pendant trois mois elle jouât le rôle de Marguerite devant ce Faust improvisé; qu'elle arrosât des fleurs sur sa fenêtre; qu'elle tressât plusieurs fois par jour ses longs cheveux d'ébène, vis-à-vis d'un miroir *gothique* dont il avait fait l'emplette pour elle, à un prix beaucoup trop élevé pour sa bourse; qu'elle apprît à lire et à réciter des vers; enfin qu'elle posât du matin au soir dans un tête-à-tête nonchalant. Et quand elle avait cédé à ses caprices, Horace ne s'apercevait pas que ce n'était pas la vraie et ingénue Marguerite, allant à l'église et à la fontaine, mais une Marguerite de vignette, une héroïne de *keepsake*.

Le moment vint pourtant où il fallut avouer à Marguerite que Faust n'avait pas de quoi lui donner à dîner, et que Méphistophélès n'interviendrait pas dans les affaires. Horace, après avoir longtemps gardé son secret avec courage, après avoir épuisé une à une, pendant plusieurs semaines, la petite bourse de ses amis, après avoir simulé pendant plusieurs jours un manque d'appétit qui lui permettait de laisser quelques aliments à sa compagne, fut pris tout à coup d'un excès de désespoir; et, à la suite d'une journée de silence farouche, il confessa son désastre avec une solennité dramatique que ne comportait pas la circonstance. Combien d'étudiants se sont endormis gaiement à jeun deux fois par semaine, et combien de maîtresses patientes et robustes ont partagé leur sort sans humeur et sans effroi! Marthe était née dans la misère; elle avait grandi et embelli en dépit des angoisses fréquentes d'une faim mal apaisée. Elle s'effraya beaucoup de la tragédie que jouait très-sérieusement Horace; mais elle s'étonna qu'il fût embarrassé du dénouement. « J'ai là encore deux petits pains de seigle, lui dit-elle; ce sera bien assez pour souper, et demain matin j'irai porter mon châle au Mont-de-Piété. J'en aurai vingt francs, qui nous feront vivre plus d'une semaine, si tu veux me permettre de conduire notre ménage avec économie.

— Avec quel horrible sang-froid tu parles de ces choses-là! s'écria Horace en bondissant sur sa chaise. Ma situation est ignoble, et je ne comprends pas que tu veuilles la partager. Quitte-moi, Marthe, quitte-moi. Une femme comme toi ne doit pas demeurer vingt-quatre heures auprès d'un homme qui ne sait pas la soustraire à de tels abaissements. Je suis maudit!

— Vous ne parlez pas sérieusement, reprit Marthe. Vous quitter parce que vous êtes pauvre? Est-ce que je vous ai jamais cru riche! J'ai toujours bien prévu qu'un moment viendrait où vous seriez forcé de me laisser reprendre mon travail; et si j'ai consenti à être à votre charge, c'est que je comptais sur la nécessité qui me rendrait bientôt le droit de m'acquitter envers vous. Allons, j'irai demain chercher de l'ouvrage, et dans quelques jours je gagnerai au moins de quoi assurer le pain quotidien.

— Quelle misère! s'écria de nouveau Horace, irrité de voir sa fierté vaincue. Et quand tu auras pourvu aux exigences de la faim, en quoi serons-nous plus avancés? irons-nous mettre un à un nos effets au Mont-de-Piété?

— Pourquoi non, s'il le faut?
— Et les créanciers?
— Nous vendrons ces bijoux que vous m'avez donnés bien malgré moi, et ce sera toujours de quoi gagner du temps.

— Folle! ce sera une goutte d'eau dans la mer. Tu n'as aucune idée de la vie réelle, ma pauvre Marthe; tu vis dans les nues, et tu crois que l'on se tire d'affaire par une péripétie de roman.

— Si je vis dans les romans et dans les nues, c'est vous qui l'exigez, Horace. Mais laissez-moi en descendre, et vous verrez bien que je n'y ai pas perdu le goût du travail et l'habitude des privations. Est-ce que je suis née dans l'opulence? Est-ce que je n'ai jamais manqué de rien, pour avoir le droit de me montrer difficile?

— Eh bien, voilà, dit Horace, ce qui m'humilie, ce qui me révolte. Tu étais née dans la misère; je ne m'en souvenais pas, parce que je te voyais digne d'occuper un trône. Je conservais le parfum de ta noblesse naturelle avec un soin jaloux. Je prenais plaisir à te parer, à préserver ta beauté comme un dépôt précieux qui m'a été confié. A présent il faudra donc que je te voie courir dans la crotte, marchander avec des bourgeoises pour quelques sous; faire la cuisine, balayer la poussière, gâter et empuantir tes jolis doigts, veiller, pâlir, porter des savates et rapiécer tes robes, être enfin comme tu voulais être au commencement de notre union? Pouah! pouah! tout cela me fait horreur, rien que d'y penser. Ayez donc une vie poétique et des idées élevées au sein d'une pareille existence! Je ne pourrai jamais rêver, jamais penser, jamais écrire. S'il faut que je vive de la sorte, j'aime mieux me brûler la cervelle.

— Depuis trois mois que nous menons une vie de princes, vous m'écriviez pas, dit Marthe avec douceur. Peut-être la nécessité vous donnera-t-elle un élan imprévu. Essayez, et peut-être que vous allez vous illustrer et vous enrichir tout à coup.

— Elle me sermonne et me raille par-dessus le marché! s'écria Horace en frappant de sa botte au milieu de la bûche, hélas! la dernière bûche qui brûlait encore dans la cheminée.

— Dieu m'en préserve! répondit Marthe; je voulais vous consoler en vous disant que je ne suis pas fière, et que le jour où vous serez dans l'aisance, je rougirai pas d'en profiter. Mais, en attendant, laissez-moi travailler, Horace, voyons, je vous en supplie, laissez-moi vivre comme je l'entends.

— Jamais! reprit-il avec énergie, jamais je ne consentirai à ce que tu redeviennes une grisette, une femme d'étudiant; cela ne se peut pas, j'aime mieux que tu me quittes.

— Voilà une affreuse parole que vous répétez pour la troisième fois. Vous ne m'aimez donc plus, que la misère vous effraie avec moi?

— O mon Dieu! est-ce pour moi que je la crains? Est-ce que je n'ai pas traversé déjà plusieurs fois des crises désespérées? est-ce que je sais seulement si j'en ai souffert? Je ne me souviens pas même comment j'ai fait pour en sortir.

— C'est donc pour moi que vous vous inquiétez! Eh bien, rassurez-vous: l'inaction à laquelle vous me condamnez me pèse et me tue; le travail, en même temps qu'il détournera la misère, rendra ma vie plus douce et mon cœur plus gai.

— Mais ce travail dont tu parles et cette misère que tu nargues, c'est tout un; oui, Marthe, c'est la même chose pour moi. Non, non, c'est impossible que je souffre cela! Je trouverai, j'inventerai quelque chose. J'emprunterai le dernier écu du petit Paulier, et j'irai à la roulette. Peut-être gagnerai-je un million!

— Ne le faites pas, Horace, au nom du ciel, n'essayez pas de cette affreuse ressource.

— Tu veux bien aller au Mont-de-Piété, toi? Au Mont-de-Piété avec les femmes les plus viles, avec les filles perdues! Ce serait la première fois de ta vie, n'est-ce pas? réponds, Marthe! Dis-moi que tu n'y as jamais été.

— Quand j'y aurais été, je n'en serais pas plus humiliée pour cela. C'est une ressource dont toute honte est pour la société. On y voit plus de mères de famille que de filles perdues, croyez-moi, et bien des pauvres créatures y ont jeté leur dernière nippe plutôt que de se vendre.

— Ah! tu y as été, Marthe! Je vois que tu y as été! Tu en parles avec une aisance qui me prouve que ce ne serait pas la première fois... Mais pourquoi donc y as-tu été? Tu ne manquais de rien avec M. Poisson, et ensuite Arsène ne t'y aurait pas laissée aller! »

Et, au lieu de songer au dévouement tranquille de sa maîtresse, Horace se creusait la cervelle pour lui chercher dans le passé quelque faute qui aurait pu la réduire aux expédients qu'elle venait d'imaginer pour le sauver.

« Je vous jure, lui dit Marthe, sur le visage de qui le nom de M. Poisson accolé à celui d'Arsène venait de faire passer un nuage de honte et de douleur, que j'irai demain pour la première fois de ma vie.

— Mais qui t'a donné cette idée d'y aller?

— J'ai lu ce matin, dans les *Mémoires de la Contemporaine*, une scène qu'elle raconte de sa misère. Elle avait été porter là son dernier joyau, et en voyant une pauvre femme qui pleurait à la porte parce qu'on refusait de prendre son gage, elle partagea avec elle les dix francs qu'elle venait de recevoir. C'est bien beau, n'est-ce pas?

— Quoi? dit Horace, je n'ai pas écouté. Tu me racontes des histoires, comme si j'avais l'esprit aux histoires! »

On a remarqué avec raison que les malheurs et les contrariétés se tenaient par la main pour nous assaillir sans relâche au milieu des mauvaises veines. Horace rêvait au moyen d'écarter le dernier créancier avec lequel il avait eu, deux heures auparavant, une conférence orageuse, lorsque M. Chaignard, propriétaire de l'hôtel garni qu'il occupait alors, vint lui réclamer deux mois arriérés d'un loyer de deux chambres à vingt francs par quinzaine. Horace, déjà mal disposé, le reçut avec hauteur, et, pressé par lui, menacé, poussé à bout, le menaça à son tour de le jeter par les fenêtres. Chaignard, qui n'était pas brave, se retira en annonçant une invasion à main armée pour le lendemain.

« Tu vois bien qu'il faut aller au Mont-de-Piété demain, pour empêcher un scandale, dit Marthe en s'efforçant de le calmer par ses caresses. Si tu te laisses mettre dehors, les autres créanciers deviendront plus pressants, et il n'y aura pas moyen de gagner du temps.

— Eh bien! tu n'iras pas, dit Horace, c'est moi qui irai. J'y porterai ma montre.

— Quelle montre? tu n'en as pas.

— Quelle montre! celle de ma mère! Ah! malédiction! il y a longtemps qu'elle y est, et sans doute elle y restera. Ma pauvre mère! si elle savait que sa belle montre, sa vieille montre, sa grosse montre, est là au milieu des guenilles, et que je n'ai pas de quoi la retirer!

— Si je mettais à la place la chaîne que tu m'as donnée, dit Marthe timidement.

— Tu ne tiens guère aux gages de mon amour, dit Horace en arrachant la chaîne qui était accrochée à la cheminée, et en la roulant dans ses mains avec colère. Je ne sais ce qui me retient de la jeter par la fenêtre. Au moins quelque mendiant en profiterait, au lieu que demain elle ira tomber dans le gouffre de l'usure, sans nous profiter à nous-mêmes. Belle ressource, ma foi! Allons, j'ai des habits encore bons; j'ai un manteau surtout dont je peux bien me passer.

— Ton manteau! par le froid qu'il fait! quand l'hiver commence!

— Et que m'importe? Tu veux y mettre ton châle, toi!

— Je ne m'enrhume jamais, et tu l'es déjà. D'ailleurs, est-ce qu'un homme peut aller mettre ses habits au Mont-de-Piété? Passe pour une montre, c'est du superflu! mais le nécessaire! Si quelqu'un te rencontrait!

— Oh! si Arsène me rencontrait, il dirait : Voilà celui qui s'est chargé de Marthe; elle doit être bien malheureuse, la pauvre Marthe! Peut-être le dit-il déjà?

— Comment pourrait-il dire ce qui n'est pas?

— Que sais-je? Enfin avoue qu'il aurait un beau triomphe, s'il savait à quoi nous sommes réduits?

— Mais nous n'irons pas nous en vanter, à quoi bon?

— Bah! tu vas sortir demain, tu vas courir tous les jours pour l'ouvrage : tu ne seras pas longtemps sans le rencontrer, il rôde toujours par ici... Tu le sais bien, Marthe, ne fais pas l'étonnée. Eh bien! tu le verras; il te fera des questions, et tu lui diras tout dans un jour de douleur. Car tu en auras de ces jours-là, ma pauvre enfant! Tu ne prendras pas toujours la chose aussi philosophiquement qu'aujourd'hui.

— Hélas! je prévois en effet des jours de douleur, répondit Marthe; mais la misère n'en sera que la cause indirecte. Votre jalousie va augmenter. »

Ses yeux se remplirent de larmes, Horace les essuya avec ses lèvres, et s'abandonna aux transports d'un amour plus fiévreux que délicat, ce soir-là surtout.

XIX.

Marthe était levée depuis longtemps quand Horace se réveilla. Il était tard. Horace avait bien dormi; il avait l'esprit calme et reposé. Des idées plus riantes lui vinrent, lorsqu'il entendit les moineaux s'entre-appeler sur les toits, où le soleil d'une belle matinée d'hiver faisait fondre la neige de la veille: « Ah! ah! dit-il, on a faim et froid là-haut? c'est encore pis que chez nous. Si tu n'as plus de pain, ma pauvre Marthe, tes habitués n'auront plus de miettes, et ils se plaindront de toi.

— Cela n'arrivera pas, dit Marthe; je leur ai gardé une partie de mon souper d'hier au soir, un peu de pain de seigle. Ces messieurs ne sont pas difficiles, ils ont fort bien déjeuné.

— Ils sont plus avancés que nous, n'est-ce pas?

— Qu'est-ce que cela fait? dit Marthe; nous dînerons mieux ce soir.

— Tu parles de dîner, c'est toujours une consolation pour qui a bonne envie de déjeuner. Ah çà, tu as donc été au Mont-de-Piété?

— Pas encore, tu me l'as presque défendu hier. J'attends ta permission.

— Je te croyais déjà revenue, » dit Horace en bâillant.

Marthe se réjouit de ce changement d'humeur, qu'elle attribuait à de plus sages idées, et qui n'était autre chose que le résultat d'un appétit plus impérieux. Elle jeta son vieux châle rouge sur ses épaules, et plia le neuf dans une vieille feuille de papier; puis, craignant qu'Horace ne vînt à se raviser, elle se hâta de sortir. Mais au bout de quelques minutes, elle rentra pâle et consternée : M. Chaignard l'avait forcée de remonter l'escalier en lui disant, d'une manière peu courtoise, qu'il ne souffrirait pas qu'on emportât le moindre effet de chez lui tant que le loyer ne serait pas payé. Horace, indigné de cette insulte, s'élança sur l'escalier, où M. Chaignard grommelait encore, et une discussion violente s'engagea entre eux. Chaignard fut d'autant plus ferme qu'il avait des témoins. Prévoyant l'orage, il s'était flanqué de son portier et d'une espèce de conseil qui avait un faux air d'huissier. Ces deux acolytes jouaient, l'un le rôle de défenseur de la personne sacrée du maître, l'autre celui de pacificateur, prêt cependant à verbaliser. Horace sentit bien qu'il n'avait pas le droit pour lui, et qu'il faudrait finir par capituler; mais il se donnait la satisfaction d'accabler le pauvre Chaignard d'épithètes mordantes, et de lui reprocher sa lésinerie dans les termes les plus âcres et les plus blessants qu'il pouvait imaginer. Tout ce qu'il dépensa d'esprit et de verve bilieuse en cette circonstance eût été en pure perte, si le bruit n'eût attiré quelques auditeurs malins, dont la présence vengea son amour-propre. Chaignard était rouge, écumant, furieux; l'huissier, ne voyant point à mordre sur des voies de fait d'une espèce aussi délicate que des sarcasmes, attendait d'un air attentif quelque mot plus tranché qui constituât un délit d'offense punissable par la loi. Le portier, qui n'aimait pas son maître, riait, dans sa barbe grise et sale, des plaisantes réponses d'Horace ; et quelques étudiants avaient entrebâillé les portes de leurs chambres, pour jouir de ce dialogue pittoresque. Enfin une de ces portes, s'ouvrant tout à fait, laissa voir une grande figure hérissée de poils roux, enveloppée dans un vieux couvre-pied d'où sortaient deux jambes maigres et velues. Le possesseur de cette figure bizarre et de ces jambes démesurées n'était autre que l'illustre Jean Laravinière, président des bousingots, installé depuis la veille dans une chambre à quinze francs par mois, entre-sol délicieux, suivant lui, dont il était obligé d'ouvrir la porte et la fenêtre lorsqu'il étendait les deux bras pour passer sa redingote.

— Voilà bien du tapage, monsieur mon propriétaire, dit-il au bouillant Chaignard. Vous risquez une attaque d'apoplexie ; mais c'est là le moindre inconvénient : le pire, c'est de réveiller à huit heures du matin un de vos locataires qui n'est rentré qu'à six.

— De quoi vous mêlez-vous ? s'écria Chaignard hors de lui.

— Sont-ce là vos manières ? sont-ce là vos mœurs, mons Chaignard ? reprit Laravinière ; vous n'aurez pas longtemps l'honneur de ma présence et le bénéfice de mon loyer dans votre hôtel, si vous traitez ainsi devant moi les enfants de la patrie !

— La patrie veut qu'on paie ses dettes, s'écria Chaignard ; je suis lieutenant de la garde nationale...

— Je le sais bien, répliqua Laravinière avec sang-froid ; c'est pour cela que je vous engage à vous calmer.

— Et je connais mes devoirs de citoyen, continua Chaignard.

— En ce cas, nous nous entendrons avec vous, reprit Laravinière ; je connais beaucoup M. Horace Dumontet, et s'il faut lui faire une caution auprès de vous, je lui offre la mienne. »

J'ignore jusqu'à quel point la garantie de Laravinière rassura le propriétaire ; mais il ne demandait qu'un prétexte pour couper court à la scène désagréable dont il venait d'être le plastron. L'orage s'apaisa, et jusqu'à nouvel ordre chacun se retira dans son appartement.

Au bout d'un quart d'heure, Jean Laravinière ayant quitté ce qu'il appelait son costume de Romain, pour une mise plus moderne et plus décente, il alla frapper à la porte d'Horace. Depuis qu'Horace vivait avec Marthe, il avait eu soin d'écarter toutes ses connaissances, à la réserve de deux ou trois amis qui ne pouvaient lui inspirer de jalousie, et qui avaient pour lui cette admiration respectueuse qu'un jeune homme intelligent et présomptueux inspire toujours à une demi-douzaine de camarades plus simples et plus modestes. On peut même dire, en passant, que la principale cause de l'orgueil qui ronge la plupart des jeunes talents de notre époque, c'est l'engouement naïf et généreux de ceux qui les entourent. Mais cette réflexion est ici hors de propos. Laravinière n'était point au nombre des admirateurs d'Horace ; il n'avait d'engouement que dans l'ordre des capacités politiques. S'il venait le trouver sous prétexte de rire avec lui de M. Chaignard, il avait probablement d'autres motifs que celui de renouer une liaison qui n'avait jamais été bien intime, et qui depuis deux ou trois mois semblait totalement abandonnée de part et d'autre.

Horace avait toujours éprouvé un profond dédain pour ces républicains tout d'une pièce (c'est ainsi qu'il les appelait) qui professaient une sorte de mépris pour les arts, pour les lettres, et même pour les sciences, et qui, un peu entachés de babouvisme, n'étaient pas éloignés de l'idée d'abattre les palais pour mettre des chaumières à la place. Une telle brusquerie de moyens était inconciliable avec les besoins d'élégance et les rêves de grandeur individuelle que nourrissait Horace. Il tenait donc Laravinière pour un de ces instruments de destruction que des révolutionnaires plus prudents laissent volontiers mettre en avant, mais auxquels ils n'aimeraient pas à confier leur avenir personnel.

Quoi qu'il en soit, il le reçut à bras ouverts, sans trop savoir pourquoi. Horace se sentait bien disposé ; il était en train de rire : il venait de raconter à sa compagne les moqueries dont il avait accablé le pauvre Chaignard, et il était bien aise de lui présenter un témoin de sa victoire. Et puis, qui de vous ne l'a pas éprouvé, jeunes gens au sort précaire ? quand on est dans la détresse, un visage connu, quel qu'il soit, donne toujours une lueur de courage ou de sécurité qui dispose à la bienveillance.

En voyant Marthe, Jean fit un pas en arrière, murmura quelques excuses, et parut vouloir se retirer ; mais Horace le retint, le présenta à sa compagne, qui lui tendit la main en souvenir d'une rencontre nocturne où il l'avait protégée et respectée, et qui lui demanda en souriant le récit de la scène avec M. Chaignard.

Quand ils se furent assez égayés sur ce chapitre, Laravinière attira Horace dans le corridor, et lui dit : « D'après ce qui s'est passé tout à l'heure, je vois que vous êtes dans une de ces crises financières que nous connaissons tous par expérience. Je ne vous offre pas de solder M. Chaignard ; d'ailleurs quelques procédés évasifs suffiront pour le museler jusqu'à nouvel ordre. Mais si vous étiez à court de ces quelques écus toujours nécessaires, et souvent introuvables au moment où on en a le plus besoin, je puis partager avec vous les cinq ou six qui me restent.

Horace hésita. Il avait souvent assez mal parlé de Laravinière à Marthe et à moi ; il lui avait gardé une sorte de rancune pour l'assistance qu'il s'était vanté d'avoir donnée à la fugitive du café Poisson ; enfin il lui répugnait d'accepter les services d'un homme qu'il connaissait à peine. Mais en pensant à la pauvre Marthe, qui n'avait pas déjeuné, il se ravisa, et accepta avec une franche gratitude.

« A charge de revanche, lui dit Laravinière. Vous ne me devez pas de remerciments : quand nous changerons de position, nous changerons de rôle. Chacun son tour.

— C'est bien ainsi que je l'entends, répondit Horace, qui dès qu'il eut l'argent dans sa poche, se sentit plus froid et plus contraint avec Laravinière.

Le Mont-de-Piété, ce véritable calvaire de la détresse, fut donc évité ce jour-là. Marthe insista néanmoins pour aller chercher de l'ouvrage ; et après qu'Horace lui eut fait jurer qu'elle ne s'adresserait pas à Eugénie, il la laissa prendre des mesures pour s'en procurer. Elle n'y réussit pas vite, et le succès de ses démarches ne fut pas très-brillant. Cependant, au bout de quelques semaines, elle put pourvoir, ainsi qu'elle l'avait annoncé, au pain quotidien ; quelques nouvelles avances de Laravinière pourvurent au reste, et Horace songea sérieusement à travailler aussi pour payer ses dettes.

Malgré les efforts de l'un et les résolutions de l'autre, ces deux amants tombèrent dans une gêne toujours croissante. Marthe s'y résigna avec une sorte de satisfaction mélancolique. Au milieu de ses fatigues, elle était fière d'être désormais la pierre angulaire de l'existence de son amant ; car il faut bien avouer que, sans elle, le dîner eût souvent fait défaut. Elle avait, en de certains moments, assez d'empire sur lui pour obtenir qu'il fît prendre patience à ses créanciers par quelques sacrifices. Et puis, les créanciers d'un étudiant sont de meilleure composition que ceux d'un dandy. Ils savent bien qu'avec le fils du bourgeois, ce qui est différé n'est pas perdu, et que, rentré dans sa famille, le jeune citoyen de province tient à honneur de payer ses dettes. Cela se fait lentement ; mais enfin, dans cette classe, il n'y a pas de banqueroute réelle, et le désordre n'est que momentané. Horace put donc encore trouver assez de crédit chez ses fournisseurs pour paraître avec une certaine élégance. Mais chose étrange, et cependant chose infaillible ! son goût pour la dépense augmenta en raison de l'inquiétude et des contrariétés qui en furent le résultat. Les caractères légers ont cela de particulier, que les obstacles et les privations irritent leur soif de jouissances, et redoublent leur audace à se les procurer. Après avoir confessé à sa scrupuleuse compagne le véritable état de ses affaires, après lui avoir laissé lire les lettres de doux reproches et de plaintes bien fondées que sa mère lui écrivait, il n'était plus possible de lui faire illusion, et de l'arracher à son travail, à son plan d'économie consciencieuse et sévère. C'eût été encourir le blâme de Marthe, et Horace tenait à être admiré tout autant qu'à être aimé. Il fallut donc qu'il s'accoutumât à la voir reprendre ses humbles habitudes, et qu'il jouât auprès d'elle le rôle d'un stoïque. Mais ce rôle lui pesait horriblement, et dès lors cet intérieur dont il avait fait ses délices cessa de lui plaire. L'ennui l'emporta sur la jalousie. Il était de ces organisations d'artistes voluptueux chez qui l'amour succombe à la réalité prosaïque. Le tableau de ce ménage austère et pauvre devint trop lugubre pour sa riante imagination. Au lieu de puiser dans l'exemple de Marthe le courage de travailler, il sentit le travail lui devenir plus lourd, plus impossible que jamais. Il avait froid dans cette petite chambre mal chauffée, et le froid, qui n'engourdissait pas les doigts diligents de Marthe, paralysait le cerveau du jeune homme. Et puis cette nourriture sobre, que Marthe préparait elle-même avec assez de soin et de propreté pour aiguiser l'appétit, n'était ni assez substantielle ni assez abondante pour alimenter les forces d'un homme de vingt ans, habitué à ne se rien refuser. Il adressait alors à sa ménagère patiente des reproches dont la grossièreté le faisait rougir de lui-même et pleurer l'instant d'après, mais qui recommençaient le lendemain. Il l'accusait de parcimonie mesquine ; et lorsqu'elle répondait, les yeux pleins de larmes, qu'elle n'avait que vingt sous par jour pour entretenir la table, il lui demandait parfois avec âcreté ce qu'elle avait fait des cent francs qu'il lui avait remis la semaine précédente : il oubliait qu'il avait repris cet argent peu à peu sans le compter, et qu'il l'avait dépensé dehors en babioles, en spectacles, en glaces, en déjeuners et en prêts à ses amis. Car Horace était la générosité même : il n'aimait pas à restituer, mais il aimait à donner ; et tandis qu'il oubliait de rendre dix francs à un pauvre diable qui avait des bottes percées, il faisait le magnifique avec un joyeux compagnon qui lui en demandait quarante pour régaler sa maîtresse. Il prenait des bains parfumés, et donnait cent sous au garçon qui l'avait massé ; il jetait une pièce d'or à un petit ramoneur pour voir ses joyeuses cabrioles et se faire appeler *mon prince;* il achetait à Marthe une robe de soie qui lui était fort inutile, vu qu'elle manquait d'une robe d'indienne ; il louait des chevaux de selle pour aller courir au bois de Boulogne ; enfin le peu d'argent qu'après mille pressurages sur les besoins de sa famille, madame Dumontet réussissait à lui envoyer était gaspillé en trois jours, et il fallait retourner aux pommes de terre, à la retraite forcée, et aux bâillements mélancoliques du ménage.

Cependant un témoin juste et sincère assistait au lent supplice que subissait la pauvre Marthe. C'était Jean le bousingot, dont la présence dans la maison n'était pas une chose aussi fortuite qu'il le laissait croire. Jean était dévoué corps et âme à un homme qui, ne pouvant approcher du triste sanctuaire où pâlissait l'objet de son amour, voulait du moins veiller à la dérobée et lui continuer sa mystérieuse sollicitude. Cet homme c'était Paul Arsène. Au profond abattement qu'il avait d'abord éprouvé, avait succédé une pensée de dévouement politique. Il s'était toujours dit qu'il lui resterait assez de force pour se faire casser la tête au nom de la république. En conséquence, il était allé trouver le seul homme qu'il connût dans le mouvement organisé, et Jean l'avait reçu à bras ouverts.

XX.

A cette époque, l'association politique la plus importante et la mieux organisée était celle des *Amis du peuple*. Plusieurs des chefs qui la représentaient avaient joué déjà un rôle dans la charbonnerie ; ceux-là et d'autres plus jeunes en ont joué un plus brillant depuis 1830. Parmi ces hommes, qui ont surgi et grandi durant cette période de dix années, et qui ont déjà des noms historiques, la société des *Amis du peuple* comptait Trélat, Guinard, Raspail, etc. ; mais celui qui exerçait le plus de prestige sur les jeunes gens des Écoles tels que Laravinière, et sur les jeunes républicains populaires tels que Paul Arsène, c'était Godefroy Cavaignac. Presque seul, il n'avait pas cette suffisance puérile qui perce chez la plupart des hommes remarquables de notre temps, et qui fait chez eux de l'affectation une seconde nature. Sa grande taille, sa noble figure, quelque chose de chevaleresque répandu dans ses manières et dans son langage, sa parole heureuse et franche, son activité, son courage et son dévouement, tout cela eût suffi pour enflammer la tête du belliqueux Jean, et pour échauffer le cœur du généreux Arsène, quand même Godefroy n'eût pas émis les idées sociales les plus complètes, les plus logiques, je dirai même les plus philosophiques qui aient encore pris une forme à cette époque dans les sociétés populaires. Ce président des *Amis du peuple* a seul professé dans ces clubs ce qu'on peut appeler des doctrines ; doctrines qui, à beaucoup d'égards, ne satisfaisaient pas encore le secret instinct d'Arsène et les vastes aspirations de son âme vers l'avenir, mais qui, du moins, marquaient un progrès immense, incontestable, sur le libéralisme de la Restauration. Suivant Arsène, et suivant le jugement toujours sévère et méfiant du peuple, les autres républicains étaient un peu trop occupés de renverser le pouvoir, et point assez d'asseoir les bases de la république ; lorsqu'ils l'essayaient, c'était plutôt des règlements et une discipline qu'ils imaginaient, que des lois morales et une société nouvelle. Cavaignac, tout en faisant cette belle opposition qu'il a si largement et si fortement développée l'année suivante jusque devant la pâle et menteuse opposition de la chambre, s'occupait à mûrir des idées, à poser des principes. Il songeait à l'émancipation du peuple, à l'éducation publique gratuite, au libre vote de tous les citoyens, à la modification progressive de la propriété, et il ne renfermait pas, comme certains républicains d'aujourd'hui, ces deux principes nets et vastes dans l'hypocrite question d'*organisation du travail* et de *réforme électorale* ; mots bien élastiques, si l'on n'y prend garde, et dont le sens est susceptible de se resserrer autant que de s'étendre. En 1832, on ne craignait pas comme aujourd'hui de passer pour *communiste*, ce qui est devenu l'épouvantail de toutes les opinions de ce temps-ci. Un jury acquitta Cavaignac, parce qu'il eut dit, entre autres choses d'une admirable hardiesse : « Nous ne contestons pas le droit « de propriété. Seulement nous mettons au-dessus « celui que la société conserve, de le régler suivant le « plus grand avantage commun. » Dans ce même discours, le plus complet et le plus élevé parmi tous ceux des procès politiques de l'époque [1], Cavaignac dit encore : « Nous lui contestons (*à votre société officielle*) le « monopole des droits politiques ; et ne croyez pas que « ce soit seulement pour le revendiquer en faveur des « capacités. Selon nous, quiconque est utile est capable. « Tout service entraîne un droit. »

Arsène assistait à ce procès ; il écouta avec une émotion contenue ; et, tandis que la plupart des auditeurs, subjugués par le magnétisme qu'exerce toujours sur les masses le débit et l'aspect de l'orateur, éclataient en applaudissements passionnés, il garda un profond silence ; mais il était le plus pénétré de tous, et il n'entendit pas, ce jour-là, les autres plaidoiries [2]. Il s'absorba entièrement dans les idées que Godefroy avait éveillées en lui, et il se retira plein de celle-ci, qu'il vint se répéter mot à mot :

« La religion, comme nous l'entendons, nous, c'est « le droit sacré de l'humanité. Il ne s'agit plus de pro-

---

1. Procès du droit d'association, décembre 1832.
2. C'est pourtant dans la même séance que Ploeque dit ces belles paroles : « Est-ce que le dénûment et le besoin ne peuvent pas logiquement « réclamer la faculté de se constituer leurs représentants, avocats de la « faim, de la misère, et de l'ignorance ? »

« senter au crime un épouvantail après la mort, au « malheureux une consolation de l'autre côté du tom-« beau. Il faut fonder en ce monde la morale et le bien-« être, c'est-à-dire l'égalité. Il faut que le titre d'homme « vaille à tous ceux qui le portent un même respect re-« ligieux pour leurs droits, une pieuse sympathie pour « leurs besoins. Notre religion, à nous, c'est celle qui « changera d'affreuses prisons en hospices pénitentiaires, « et qui, au nom de l'inviolabilité humaine, abolira la « peine de mort... Nous n'adoptons plus une foi qui met « tout au ciel, qui réduit l'égalité devant Dieu, à cette « égalité posthume que le paganisme proclamait aussi « bien que le christianisme; etc. »

« Théophile, s'écria Arsène en mettant sa main dans la mienne, voilà de grandes paroles et une idée neuve, du moins pour moi. Elle me donne tant à réfléchir, que tout mon passé, c'est-à-dire tout ce que j'ai cru jusqu'à ce jour, se bouleverse à mes propres yeux.

— Ce n'est pas une idée qui soit absolument propre à l'orateur que vous venez d'entendre, lui répondis-je : c'est une idée qui appartient au siècle, et qui a été déjà émise sous plusieurs formes. On pourrait même dire que c'est l'idée qui a dominé nos révolutions depuis cent ans, et l'humanité tout entière depuis qu'elle existe, par une instinctive révélation de son droit, plus puissante que les théories religieuses de l'ascétisme et du renoncement. Mais c'est toujours une chose neuve et grande que de voir le droit humain, pris à son point de vue religieux, proclamé par un révolutionnaire. Il y avait bien assez longtemps que vos républicains oubliaient de donner à leurs théories la sanction divine qu'elles doivent avoir. Moi, qui suis *légitimiste*, ajoutai-je en souriant.....

— Ne parlez pas comme cela, reprit vivement Paul Arsène, vous n'êtes pas légitimiste dans le sens qu'on attache à ce mot; vous sentez que la légitimité est dans le droit du peuple.

— C'est la vérité, Arsène, je le sens profondément; et quoique mon père fût attaché, de fait et par délicatesse de conscience, aux hommes du passé, plus il approchait de la tombe, plus il s'élevait à la conception et au respect des institutions de l'avenir. Croyez-vous qu'il fût le seul dans cette génération d'intelligences? Croyez-vous que Châteaubriand ne se soit pas dit cent fois que Dieu est au-dessus des rois, dans le même sens que Cavaignac vous proclamait aujourd'hui le droit de la société au-dessus de celui des riches?

— A la bonne heure, dit Arsène. Il est donc vrai que nous avons droit au bonheur en cette vie, que ce n'est pas un crime de le chercher, et que Dieu même nous en fait un devoir? Cette idée ne m'avait pas encore frappé. J'étais partagé entre un sentiment révolutionnaire qui me rendait presque athée, et des retours vers la dévotion de mon enfance qui me rendaient compatissant jusqu'à la faiblesse. Ah! si vous saviez comme j'ai été froidement cruel aux trois journées au milieu de mon délire! Je tuais des hommes, et je leur disais : Meurs, toi qui as fait mourir! Sois tué, toi qui tues! Cela me paraissait l'exercice d'une justice sauvage; mais je m'y sentais forcé par une impulsion surnaturelle. Et puis, quand je fus calmé, quand je m'agenouillai sur les tombes de juillet, je pensai à Dieu, à ce Dieu de soumission et d'humilité qu'on m'avait enseigné, et je ne savais plus où réfugier ma pensée. Je me demandais si mon frère était damné pour avoir levé la main contre la tyrannie, et si je le serais pour avoir vengé mon frère et mes frères les hommes du peuple. J'aurais bien aimé mieux ne croire rien; car je ne pouvais comprendre qu'au nom de Jésus crucifié, il fallût se laisser mettre en croix par les délégués de ses ministres. Voilà où nous en sommes, nous autres enfants de l'ignorance : athées ou superstitieux, et souvent l'un et l'autre à la fois. Mais à quoi songent donc nos instituteurs, les chefs républicains, de ne pas nous parler de ce qui est le fond même de notre être, le mobile de toutes nos actions! Nous prennent-ils pour des brutes, qu'ils ne nous promettent jamais que la satisfaction de nos besoins matériels? Croient-ils que nous n'ayons pas des besoins plus nobles, celui d'une religion, tout aussi bien qu'ils peuvent l'avoir? Ou bien est-ce qu'ils ne l'ont pas eux? Est-ce qu'ils seraient plus grossiers, plus incrédules que nous? Allons, ajouta-t-il, Godefroy Cavaignac sera mon prêtre, mon prophète; j'irai lui demander ce qu'il faut croire sur tout cela.

— Il ne pourra que vous dire d'excellentes choses, cher Arsène, lui répondis-je; mais ne croyez pas, encore une fois, que le seul foyer des idées nouvelles soit dans cette opinion. Elevez votre esprit à une conception plus vaste du temps où nous vivons. Ne vous donnez pas exclusivement à tel ou tel homme comme à la vérité incarnée; car les hommes sont mobiles. Quelquefois en croyant progresser, ils reculent; en croyant s'améliorer, ils s'égarent. Il y en a même qui perdent leur générosité avec leur jeunesse, et qui se corrompent étrangement! Mais attachez-vous à ces mêmes idées dont vous cherchez la solution. Instruisez-vous en buvant à différentes sources. Voyez, lisez, comparez, et réfléchissez. Votre conscience sera le lien logique entre plusieurs notions contradictoires en apparence. Vous verrez que les hommes probes ne diffèrent pas tant sur le fond des choses que sur les mots; qu'entre ceux-là un peu d'amour-propre jaloux est quelquefois le seul obstacle à l'unité de croyances; mais qu'entre ceux-là et les hommes du pouvoir, il y a l'immense abîme qui sépare la privation de la jouissance, le dévouement de l'égoïsme, le droit de la force.

— Oui, il faudrait s'instruire, dit Arsène. Hélas! si j'avais le temps! Mais quand j'ai passé ma journée entière à faire des chiffres, je n'ai plus la force de lire; mes yeux se ferment malgré moi, ou bien j'ai la fièvre; et, au lieu de suivre avec l'esprit ce que je lis avec les yeux, je poursuis mes propres divagations en tournant des pages que j'ai remplies moi-même. Il y a longtemps que j'ai envie d'apprendre ce que c'est que le *fouriérisme*. Aujourd'hui, Cavaignac l'a cité, ainsi que la *Revue Encyclopédique* et les *saint-simoniens*. Il a dit de ces derniers, qu'au milieu de leurs erreurs, ils avaient soutenu avec dévouement des idées utiles, et développé le principe d'association. Eugénie, j'irai les entendre prêcher. »

Eugénie était là sur son terrain; c'était une adepte assez fervente de la réhabilitation des femmes. Elle commença à endoctriner son ami le Masaccio, ce qu'elle n'avait pas fait encore; car elle était de ces esprits délicats et prudents qui ne risquent pas leur influence à moins d'une occasion sûre. Elle savait attendre comme elle savait choisir. Elle ne m'avait pas parlé dix fois de ses croyances saint-simoniennes; mais elle ne l'avait jamais fait sans produire sur moi une grande impression. Je connaissais mieux qu'elle peut-être, par l'examen et par la lecture, le fort et le faible de cette philosophie; mais j'admirais toujours avec quelle pureté d'intention et quelle finesse de tact elle savait éliminer tacitement des discussions où s'élaborait la doctrine des adeptes secondaires, tout ce qui révoltait ses instincts nobles et pudiques, pour conclure souvent *à priori*, des secrètes élucubrations des maîtres, ce qui répondait à sa fierté naturelle, à sa droiture et à son amour de la justice. Je me disais parfois que cette femme forte et intelligente appelée par les *apôtres* à formuler les droits et les devoirs de la femme, c'eût été Eugénie. Mais, outre que sa réserve et sa modestie l'eussent empêchée de monter sur un théâtre où l'on jouait trop souvent la comédie sociale au lieu du drame humanitaire, les saint-simoniens, dans la déviation inévitable où leurs principes se trouvaient alors, l'eussent jugée, ceux-ci trop rigide, ceux-là trop indépendante. Le moment n'était pas venu. Le saint-simonisme accomplissait une première phase, qui devait laisser une lacune avant la seconde. Eugénie le sentait, et prévoyait qu'il faudrait encore dix ans, vingt ans d'arrêt peut-être, avant que la marche progressive du saint-simonisme pût être reprise.

Paul Arsène, frappé de ce qu'elle lui fit entrevoir dans une première conversation, alla écouter les prédications saint-simoniennes. Il se lia avec de jeunes apô-

Jean, vous êtes un grossier, un brutal. (Page 61.)

tres ; et sans avoir précisément le temps de s'instruire, il se mit au courant de la discussion, et s'y forma un jugement, des sympathies, des espérances. Ce fut une rapide et profonde révolution dans la vie morale de cet enfant du peuple, qui jusque-là n'était pas sans préjugés, et qui dès lors les perdit ou acquit du moins la force de les combattre en lui-même. L'amour qu'il nourrissait encore, faute d'avoir pu l'étouffer (car il y avait fait son possible), se retrempa à cette source d'examen qu'il n'avait pas encore abordée, et prit un caractère encore plus calme et plus noble, un caractère religieux pour ainsi dire.

En effet, jusque-là Marthe n'avait été pour lui que l'objet d'une passion tenace, invincible. Il l'avait maudite cent fois, cette passion qui puisait des forces nouvelles dans tout ce qui eût dû la détruire ; mais comme elle régnait là sur une grande âme, bien qu'elle y fût mystérieuse, incompréhensible pour celui-là même qui la ressentait, elle n'y produisait que des résultats magnanimes, une générosité sans exemple et sans bornes. Aussi quels affreux combats cette âme fière et rigide se livrait ensuite à elle-même ! Comme Arsène rougissait d'être ainsi l'esclave d'un attachement que l'austérité un peu étroite de son éducation populaire lui apprenait à réprouver ! Lui dont les mœurs étaient si pures, épris à ce point de l'ex-maîtresse de M. Poisson, de la maîtresse actuelle d'un autre ! Jamais il n'eût voulu profiter de l'espèce de faiblesse et d'entraînement que cette conduite de Marthe lui laissait entrevoir, pour arracher, en secret, à la reconnaissance, à l'amitié exaltée, des faveurs qu'il aurait voulu devoir seulement à l'amour exclusif et durable. Mais malgré le peu d'espoir qui lui restait, il se surprenait toujours à désirer la fin de cet amour pour Horace, et à caresser le rêve d'un mariage légal avec Marthe. C'est là que l'attendaient pour le faire souffrir ses anciens préjugés, le blâme de ses pareils, l'indignation de sa sœur Louise, l'effroi de sa sœur Suzanne, la crainte du ridicule, une sorte de mauvaise honte, toute puissante parfois sur des caractères élevés ; car elle leur est enseignée par l'opinion, comme le respect de soi-même et des autres. C'est alors qu'Arsène essayait d'arracher son amour de son sein, comme une flèche empoisonnée. Mais sa nature évangélique s'y refusait : il était forcé d'aimer. La haine et le mépris

Il le trouva environné de fusils. (Page 62.)

qu'il appelait à son secours ne voulaient pas entrer dans ce cœur plein d'indulgence, parce qu'il était plein de justice.

Durant cet hiver qu'il passa loin de Marthe et qu'il consacra à étudier du mieux qu'il put la religion, la nature et la société, sous les nouveaux aspects qui s'ouvraient devant lui de toutes parts; tour à tour et à la fois fouriériste, républicain, saint-simonien et chrétien (car il lisait aussi l'*Avenir* et vénérait ardemment M. Lamennais), Arsène, s'il ne put réussir à bâtir une philosophie de toutes pièces, épura son âme, éleva son esprit, et développa son grand cœur d'une manière prodigieuse. J'en étais frappé chaque jour davantage, et, d'une semaine à l'autre, j'admirais ces progrès rapides. J'avais fini par découvrir sa retraite; et, affrontant l'accueil revêche de sa sœur aînée, j'allais quelquefois, le soir, le surprendre au milieu de ses méditations. Tandis que les deux sœurs travaillaient en échangeant les idées les plus niaises, lui, assis au bout de la table, la tête dans ses mains, un livre ouvert entre ses coudes, et les yeux à demi fermés, étudiait ou rêvait à la lueur d'une triste lampe dont la clarté arrivait à peine jusqu'à lui. A voir son teint jaune, ses yeux fatigués, son attitude morne, on l'eût pris pour un homme usé par la fatigue et la misère; mais dès qu'il parlait, son regard reprenait du feu, son front de la sérénité, et son langage révélait une énergie de mieux en mieux trempée. Je l'emmenais faire un tour de promenade sur les quais, et là, tout en fumant nos cigares de la régie, nous devisions ensemble. Quand nous avions passé en revue les idées générales, nous en venions à nos sentiments individuels; et il me disait souvent, à propos de Marthe : « L'avenir est à moi; le règne d'Horace ne saurait durer longtemps. Le pauvre enfant ne comprend pas le bonheur qu'il possède, il n'en jouit pas, il n'en profitera pas; et vous verrez que Marthe apprendra ce que c'est qu'un véritable amour, en éprouvant tout ce qui manque de grandeur et de vérité à celui qu'elle inspire maintenant. Voyez-vous, mon ami, j'ai remporté une grande victoire le jour où j'ai compris que ce qu'on appelle les fautes d'une femme étaient imputables à la société et non à de mauvais penchants. Les mauvais penchants sont rares, Dieu merci; ils sont exceptionnels, et Marthe n'en a que de bons. Si elle a choisi Horace au lieu de moi, c'est qu'alors je n'étais pas digne d'elle et qu'Horace lui a semblé plus digne. Incertain et farouche, tout en m'offrant à elle avec dévouement, je ne savais pas lui dire ce qu'elle eût aimé à entendre. Le souvenir de ses malheurs m'inspirait de la pitié seulement; elle le sentait, et elle voulait du respect. Horace a su lui exprimer de l'enthousiasme; elle s'y est trompée, mais la faute n'en est point à elle. Maintenant, je saurais bien lui dire ce qui doit fermer ses anciennes blessures, rassurer sa conscience, et lui donner en moi la confiance qu'elle n'a pas eue. Mon austérité lui a fait peur, elle a craint mes reproches; elle n'a eu pour moi que cette froide estime qu'inspire un homme sage et passablement humain. Elle avait besoin d'un appui, d'un sauveur, d'un initiateur à une vie nouvelle, toute d'exaltation et de charité. Je le répète, Horace, avec ses beaux yeux et ses grands mots, lui est apparu en révélateur de l'amour. Elle l'a suivi. *Mea culpa!* »

Je trouvais Arsène injuste envers lui-même, à force de générosité. Il fallait bien faire, dans l'aveuglement de Marthe, la part d'une certaine faiblesse et d'une sorte de vanité qui est, chez les femmes, le résultat d'une mauvaise éducation et d'une fausse manière de voir. Chez Marthe particulièrement, c'était l'effet d'une absence totale d'instruction et de jugement dans cet ordre d'idées, si nécessaires et si négligées d'ailleurs chez les femmes de toutes les classes.

Marthe avait tout appris dans les romans. C'était mieux que rien, on peut même dire que c'était beaucoup; car ces lectures excitantes développent au moins le sentiment poétique et ennoblissent les fautes. Mais ce n'était pas assez. Le récit émouvant des passions, le drame de la vie moderne, comme nous le concevons, n'embrasse pas les causes, et ne peint que des effets plus contagieux que profitables aux esprits sevrés de toute autre culture. J'ai toujours pensé que les bons romans étaient fort utiles, mais comme un délassement et non comme un aliment exclusif et continuel de l'esprit.

Je faisais part de cette observation au Masaccio, et il en tirait la conséquence que Marthe était d'autant plus innocente qu'elle était plus bornée à certains égards. Il se promettait de l'instruire un jour de la vraie destinée qui convient aux femmes; et lorsqu'il me développait ses idées sur ce point, j'admirais qu'il eût su, ainsi qu'Eugénie, rejeter du saint-simonisme tout ce qui n'était pas applicable à notre époque, pour en tirer le sentiment apostolique et vraiment divin de la réhabilitation et de l'émancipation du genre humain dans la *personne femme*.

J'admirais aussi la belle organisation de ce jeune homme qui, aux facultés perceptives de l'artiste, joignait d'une manière si imprévue les facultés méditatives. C'était à la fois un esprit d'analyse et de synthèse; et quand je le regardais marcher à côté de moi, avec ses habits râpés, ses gros souliers, son air commun et ses manières *peuple*, je me demandais, en véritable anatomiste phrénologue que j'étais, pourquoi je voyais les livrées du luxe et les grâces de l'élégance orner autour de nous tant d'êtres disgraciés du ciel, portant au front des signes évidents de la dégradation intellectuelle, physique et morale.

XXI.

Le bon Laravinière n'était pas, à beaucoup près, un aussi grand philosophe. Sa tête était plus haute que large, c'est dire qu'il avait plus de facultés pour l'enthousiasme que pour l'examen. Il n'y avait pas de place dans cette cervelle ardente que pour une seule idée, et la sienne était l'idée révolutionnaire. Brave et dévoué avec passion, il se reposait du soin de l'avenir sur les nombreuses idoles dont il avait meublé son Panthéon républicain : Cavaignac, Carrel, Arago, Marrast, Trélat, Raspail, le brillant avocat Dupont, et *tutti quanti*, composaient le comité directeur de sa conscience sans qu'il eût beaucoup songé à se demander si ces hommes supérieurs sans doute, mais incertains et incomplets comme les idées du moment, pourraient s'accorder ensemble pour gouverner une société nouvelle. Le bouillant jeune homme voulait le renversement de la puissance bourgeoise, et son idéal était de combattre pour en hâter la chute. Tout ce qui était de l'opposition avait droit à son respect, à son amour. Son mot favori était : « Donnez-moi de l'ouvrage. »

Il se prit pour Arsène d'une vive amitié, non qu'il comprît toute la beauté de son intelligence, mais parce que sous les rapports de bravoure intrépide et de dévouement absolu où il pouvait le juger, il le trouva à la hauteur de son propre courage et de sa propre abnégation. Il s'étonna beaucoup de voir qu'il cultivait, avec une sorte de soin, une passion qui n'était pas payée de retour; mais il céda affectueusement à ce qu'il appelait la fantaisie d'Arsène, en allant demeurer sous le même toit que la belle Marthe, et en provoquant une sorte de confiance et d'intimité de la part d'Horace. C'était un rôle assez délicat pour un homme aussi franc que lui. Pourtant il s'en tira d'une manière aussi loyale que possible, en ne témoignant point à Horace une amitié qu'il ne ressentait en aucune façon. Suivant les instructions d'Arsène, il fut obligeant, sociable et enjoué avec lui; rien de plus. L'amour-propre confiant d'Horace fit le reste. Il s'imagina que Laravinière était attiré vers lui par son esprit et le charme qu'il exerçait sur tant d'autres. Cela eût pu être; mais cela n'était pas. Laravinière le traitait comme un mari qu'on ne veut pas tromper, mais que l'on ménage et que l'on se concilie pour cultiver l'amitié ou l'agréable société de sa femme. Dans toutes les conditions de la vie cela se pratique en tout bien tout honneur, et non-seulement Laravinière n'avait pas de prétentions pour lui-même, mais encore il avait fait ses réserves avec Arsène, en lui déclarant que, ne voulant pas agir en traître, il ne parlerait jamais à Marthe ni contre son amant, ni en faveur d'un autre. Arsène l'entendait bien ainsi; il lui suffisait d'avoir tous les jours des nouvelles de Marthe, et d'être averti à temps de la rupture qu'il prévoyait et qu'il attendait entre elle et Horace, pour conserver cette forte et calme espérance dont il se nourrissait.

Laravinière voyait donc Marthe tous les jours, tantôt seule, tantôt en présence d'Horace, qui ne lui faisait pas l'honneur d'être jaloux de lui; et tous les soirs il voyait Arsène, et parlait avec lui de Marthe un quart d'heure durant, à la condition qu'ils parleraient ensuite de la république pendant une demi-heure.

Quoique Jean ne se fût pas posé en surveillant, il lui fut impossible de ne pas observer bientôt l'aigreur et le refroidissement d'Horace envers la pauvre Marthe, et il en fut choqué. Il n'avait pas plus réfléchi sur la nature et le sort de la femme qu'il ne l'avait fait sur les autres questions fondamentales de la société; mais, chez cet homme, les instincts étaient si bons, que la réflexion n'eût rien trouvé à corriger. Il avait pour les femmes un respect généreux, comme l'ont en général les hommes braves et forts. La tyrannie, la jalousie et la violence sont toujours des marques de faiblesse. Jean n'avait jamais été aimé. Sa laideur lui inspirait une extrême réserve auprès des femmes qu'il eût trouvées dignes de son amour; et quoique à la rudesse de son langage et de ses manières, on ne l'eût jamais soupçonné d'être timide, il était au point de n'oser lever les yeux sur Marthe qu'à la dérobée. Cette méfiance de lui-même était parfaitement déguisée sous un air d'insouciance, et il ne parlait jamais de l'amour sans une espèce d'emphase satirique dont il fallait rire malgré soi. Les femmes en concluaient généralement qu'il était une brute; et cet arrêt une fois prononcé contre lui, il eût fallu au pauvre Jean un grand courage et une grande éloquence pour le faire révoquer. Il le sentait bien, et le besoin d'amour qu'il avait refoulé au fond de son cœur était trop délicat pour qu'il voulût l'exposer aux doutes moqueurs qu'eût provoqués une première explication. Faute de pouvoir abjurer un instant le rôle qu'il s'était fait, il s'était donc condamné à ne fréquenter que des femmes trop faciles pour lui inspirer un attachement sérieux, mais qu'il traitait cependant avec une douceur et des égards auxquels elles n'étaient guère habituées.

Ceci est l'histoire de bien des hommes. Une fierté singulière les empêchait de se montrer tels qu'ils sont, et ils portent toute leur vie la peine d'une innocente dissimulation dans laquelle on les oblige à persister. Mais comme le naturel perce toujours, malgré l'espèce de mépris railleur que notre housingot professait pour les sentiments romanesques, il ne pouvait voir humilier et affliger une femme, quelle qu'elle fût, sans une profonde indignation. S'il voyait une prostituée frappée dans la rue par un de ces hommes infâmes qui leur sont associés, il prenait parti héroïquement pour elle, et la protégeait au péril de sa vie. A plus forte raison avait-il peine à se contenir lorsqu'il voyait une femme délicate recevoir de ces blessures qui sont plus cruelles au cœur d'un être noble que les coups ne le sont aux épaules d'un être avili. Dès les commencements de son séjour dans la maison Chaignard, il vit sur les joues de Marthe la trace de ses larmes; il surprit souvent Horace dans des accès de colère que ce dernier avait bien de la peine à réprimer devant lui. Peu à peu Horace, s'habituant à le considérer comme un témoin sans conséquence, s'habitua aussi à ne plus se contraindre, et Laravinière ne put rester longtemps impassible spectateur de ses emportements. Un jour il le trouva dans une véritable fureur : Horace avait passé la nuit au bal de l'Opéra ; il avait les nerfs agacés, et regardait comme une injure de la part de Marthe, comme un empiétement sur sa liberté, comme une tentative de despotisme, qu'elle lui eût adressé quelques reproches sur cette absence prolongée. Marthe n'était pas jalouse, ou, du moins, si elle l'était, elle n'en laissait jamais rien paraître ; mais elle avait été inquiète toute la nuit, parce qu'Horace lui avait promis de rentrer à deux heures. Elle avait craint une querelle, un accident, peut-être une infidélité. Quoi qu'elle eût souffert, elle ne se plaignait que de ne pas avoir été avertie, et sa figure altérée disait assez les angoisses de son insomnie cruelle.

« N'est-ce pas odieux, je vous le demande, dit Horace en s'adressant à Laravinière, d'être traité comme un enfant par sa bonne, comme un écolier par son précepteur? Je n'ai pas le droit de sortir et de rentrer à l'heure qu'il me plaît ! Il faut que je demande une permission ; et si je m'oublie un peu, je trouve que le délai expiré est devant moi comme un arrêt, comme la mesure exacte et compassée du temps où il m'est permis de me distraire. Voilà qui est plaisant ! je me ferai signer un permis avec un dédit de tant par minute.

— Vous voyez bien qu'elle souffre! lui dit Laravinière à demi-voix.

— Parbleu ! et moi, croyez-vous que je sois sur des roses? reprit Horace à voix haute. Est-ce que des souffrances puériles et injustes doivent être caressées, tandis que des souffrances poignantes et légitimes comme les miennes s'envenimeront de jour en jour?

— Je vous rends donc bien malheureux, Horace! dit Marthe en levant sur lui, d'un air de douleur sévère, ses grands yeux d'un bleu sombre. En vérité, je ne croyais pas travailler ici à votre malheur.

— Oui, vous me rendez malheureux, s'écria-t-il, horriblement malheureux ! Si vous voulez que je vous le dise en présence de Jean, votre éternelle tristesse rend mon intérieur odieux. C'est à tel point que quand j'en sors, je respire, je m'épanouis, je reviens à la vie ; et que, quand j'y rentre, ma poitrine se resserre et je me sens mourir. Votre amour, Marthe, c'est la machine pneumatique, cela étouffe. Voilà pourquoi, depuis quelque temps, vous me voyez moins souvent.

— Je crois que vous faites une erreur de date, répondit Marthe, à qui la fierté blessée rendit le courage. Ce n'est pas ma tristesse continuelle qui vous a forcé à vous absenter ; c'est votre absence continuelle qui m'a forcée à être triste.

— Vous l'entendez, Laravinière ! dit Horace, qui avait besoin de trouver une excuse dans la conscience d'autrui, et à qui l'air soucieux de Jean faisait craindre un jugement sévère. Ainsi c'est parce que je sors, parce que je mène la vie qui sied à un homme, parce que je fais de mon indépendance l'usage qui me convient, que je suis

condamné à trouver, en rentrant, un visage bouleversé, un sourire amer, des doutes, des reproches, de la froideur, des accusations, des sentences ! Mais c'est le plus affreux supplice qui soit au monde !

— Je vois, dit Laravinière en se levant, que vous êtes tous les deux fort à plaindre. Écoutez ; si vous voulez m'en croire, vous vous quitterez.

— C'est tout ce qu'il désire ! s'écria Marthe en mettant ses deux mains sur son visage.

— Et c'est ce que vous demandez formellement par la bouche de Laravinière, reprit Horace avec emportement.

— Un instant, dit Laravinière. Ne me faites pas jouer ici un personnage que je désavoue. Je n'ai reçu en particulier d'aucun de vous, et ce que je viens de dire, je l'ai dit de mon propre mouvement, parce que c'est mon opinion. Vous ne vous convenez pas, vous ne vous êtes jamais convenu ; vous marchez de l'engouement à la haine, et vous feriez mieux de mettre le pardon et l'amitié entre vous.

— J'accorde que ce beau discours soit une inspiration et une improvisation de Laravinière, dit Horace ; au moins, Marthe, vous me direz si c'est l'expression de votre pensée?

— Il a pu aisément la supposer, la deviner peut-être, répondit-elle avec dignité, en vous entendant m'accuser de votre malheur. »

Ce n'est pas ainsi qu'Horace l'entendait. Il voulait bien que Marthe fût délaissée par lui ; mais il ne voulait pas être quitté par elle. La force qu'elle montrait en ce moment, et que la présence d'un tiers lui avait inspirée, causa à Horace un des plus violents accès de dépit qu'il eût encore éprouvés. Il se leva, brisa sa chaise, donna un libre cours à sa colère et à son chagrin. L'ancienne jalousie même se réveilla, le nom abhorré de M. Poisson revint sur ses lèvres comme une vengeance ; et celui d'Arsène allait s'en échapper, lorsque Laravinière, prenant le bras de Marthe, lui dit avec force :

— Vous avez choisi pour votre défenseur un enfant sans raison et sans dignité ; à votre place, Marthe, je ne resterais pas un instant de plus chez lui.

— Emmenez-la donc chez vous, Monsieur ! dit Horace avec un mépris sanglant, j'y consens de grand cœur ; car je comprends maintenant ce qui se passe entre elle et vous.

— Chez moi, Monsieur, reprit Jean avec calme, elle serait honorée et respectée, tandis que chez vous elle est humiliée et insultée. Ah ! grand Dieu ! ajouta-t-il avec une émotion subite, si j'avais été aimé d'une femme comme elle, seulement un jour, je ne l'aurais oublié de ma vie...

Et la voix lui manqua tout à coup, comme si tout son cœur eût été prêt à s'échapper dans une parole. Il y avait tant de vérité dans son accent, que la jalousie feinte ou subite d'Horace s'évanouit à l'instant même ; l'émotion de Laravinière le gagna par un effet sympathique ; et obéissant à une de ces réactions auxquelles nous portent souvent les scènes violentes, il fondit en larmes ; et lui tendant la main avec effusion :

« Jean, lui dit-il, vous avez raison. Vous avez un grand cœur, et moi je suis un lâche, un misérable. Demandez pardon pour moi à cette pauvre femme dont je ne suis pas digne. »

Cette franche et noble résolution termina la querelle, et gagna même le cœur sincère de Jean.

« A la bonne heure, dit-il en mettant la main de Marthe dans celle d'Horace, vous êtes meilleur que je ne croyais, Horace ; il est beau de savoir reconnaître ses torts aussi vite et aussi généreusement que vous venez de le faire. Certainement Marthe ne demande qu'à les oublier. »

Et il s'enfuit dans sa chambre, soit pour n'être pas témoin de la joie de Marthe, soit pour cacher l'essor d'une sensibilité qu'il était habitué à réprimer.

Malgré ce beau dénoûment, des scènes semblables se répétèrent bientôt, et devinrent de plus en plus fréquentes. Horace aimait la dissipation ; il y cédait avec une légèreté effrénée. Il ne pouvait plus passer une seule soirée chez lui ; il ne vivait qu'au parterre des Italiens et de l'Opéra. Là il était condamné à ne point briller ; mais c'était pour lui une jouissance que de lever les yeux sur ces femmes qui étalent, dans les loges, leur beauté ou leur luxe devant une foule de jeunes gens pauvres, avides de plaisir, d'éclat et de richesse. Il connaissait par leurs noms toutes les femmes à la mode dont les titres, l'argent et l'orgueil semblaient mettre une barrière infranchissable à sa convoitise. Il connaissait leurs loges, leurs équipages et leurs amants ; il se tenait au bas de l'escalier pour les voir défiler devant lui lentement, les épaules mal cachées par des fourrures qui tombaient parfois tout à fait en l'effleurant, et qui bravaient audacieusement l'audace de ses regards. Jean-Jacques Rousseau n'a rien dit de trop en peignant l'impudence singulière des femmes du grand monde ; mais c'était une brutalité philosophique dont Horace ne songeait guère à être complice. Son ambition hardie n'était pas blessée de ces regards froids et provoquants par lesquels cette espèce de femmes semble vous dire : « Admirez, mais ne touchez pas. » Le regard effronté d'Horace semblait leur répondre : « Ce n'est pas à moi que vous diriez cela. » Enfin, les émotions de la scène, la puissance de la musique, la contagion des applaudissements, tout, jusqu'à la fantasmagorie du décor et l'éclat des lumières, enivrait ce jeune homme, qui, après tout, n'avait en cela d'autre tort que d'aspirer aux jouissances offertes et retirées sans cesse par la société aux pauvres, comme l'eau à la soif de Tantale.

Aussi, lorsqu'il rentrait dans sa mansarde obscure et délabrée, et qu'il trouvait Marthe froide et pâle, assoupie de fatigue auprès d'un feu éteint, il éprouvait un malaise où le remords et le dépit se combattaient douloureusement. Alors, à la moindre occasion, l'orage recommençait ; et Marthe, n'espérant pas guérir d'une passion aussi funeste, désirait et appelait la mort avec énergie.

Dans ces sortes de secrets domestiques, dès qu'on a laissé tomber le premier voile on éprouve de part et d'autre le besoin d'invoquer le jugement d'un tiers ; on le recherche, tantôt comme un confident, tantôt comme un arbitre. Laravinière fut médiateur dans les commencements. Il était fâché de se sentir entraîné à prendre part dans la querelle, et il avouait à Arsène que, malgré ses résolutions de neutralité, il était obligé de contracter avec Horace une sorte d'amitié. En effet, ce dernier lui témoignait une confiance et lui prouvait souvent une générosité de cœur qui l'engageait de plus en plus. Horace avait, en dépit de tous ses défauts, des qualités séduisantes ; il était aussi prompt à se radoucir qu'il était à s'emporter. Une parole sage trouvait toujours le chemin de sa raison ; une parole affectueuse trouvait encore plus vite celui de son cœur. Au milieu d'un débordement inouï d'orgueil et de vanité, il revenait tout à coup à un repentir modeste et ingénu. Enfin, il offrait tour à tour le spectacle des dispositions et des instincts les plus contraires, et la dispute que nous avons rapportée en gros ci-dessus résume toutes celles qui suivirent, et que Laravinière fut appelé à terminer.

Cependant, lorsque ces disputes se furent renouvelées un certain nombre de fois, Laravinière, obéissant, ainsi qu'Arsène le lui avait conseillé, à la spontanéité de ses impressions, se sentit porté à moins d'indulgence envers Horace. Il y a, dans le retour fréquent d'un même tort, quelque chose qui l'aggrave et qui lasse la patience des âmes justes. Peu à peu Laravinière fut tellement fatigué de la facilité avec laquelle Horace s'accusait lui-même et demandait pardon, que son admiration pour cette facilité se changea en une sorte de mépris. Il arriva enfin à ne voir en lui qu'un hâbleur sentimental, et à sentir sa conscience dégagée de cette affection dont il n'avait pu se défendre. Cet arrêt définitif était bien sévère, mais il était inévitable de la part d'un caractère aussi ferme et aussi égal que l'était celui de Jean.

« Mon pauvre camarade, dit-il à Horace un jour que celui-ci invoquait encore son intervention, je ne peux pas vous laisser ignorer davantage que je ne m'intéresse plus du tout à vos amours. Je suis fatigué de voir d'un côté une folie et de l'autre une faiblesse incurable. Je devrais dire peut-être faiblesse et folie de part et d'autre ; car il y a de la monomanie chez Marthe à vous aimer si constamment, et chez vous il y a une faiblesse misérable dans toutes ces parades de violence dont vous nous *régalez*. Je vous ai cru d'abord égoïste, et puis je vous ai cru bon. Maintenant je vois que vous n'êtes ni bon ni mauvais ; vous êtes froid, et vous aimez à vous démener dans un orage de passions factices ; vous avez une nature de comédien. Quand nous sommes là à nous émouvoir de vos trépignements, de vos déclamations et de vos sanglots, vous vous amusez à nos dépens, j'en suis certain. Oh ! ne vous fâchez pas, ne roulez pas les yeux comme Bocage dans Buridan, et ne serrez pas le poing. J'ai vu cela si souvent, qu'à tout ce que vous pourriez faire ou dire je répondrais *connu* ! Je suis un spectateur usé, et désormais aussi froid qu'un homme qui a ses entrées au théâtre. Je sais que vous êtes puissant dans le drame ; mais je sais toutes vos pièces par cœur. Si vous voulez que je vous écoute, reprenez votre sérieux, jetez votre poignard, et parlez-moi raison. Dites-moi prosaïquement que vous n'aimez plus votre maîtresse parce qu'elle vous ennuie, et autorisez-moi à le lui faire comprendre avec tous les égards et les ménagements qui lui sont dus. C'est alors seulement que je vous rendrai mon estime et que je vous croirai un homme d'honneur.

— Eh bien, dit Horace avec une rage concentrée, je consens à vous parler froidement, très-froidement ; car je sais me vaincre, et commence par vous dire sérieusement et tranquillement que vous me rendrez raison de toutes les insultes que vous venez de me faire...

— Allons au fait, reprit Jean. C'est la dixième fois depuis un mois que vous me provoquez ; et c'eût été vous rendre service que de vous prendre au mot ; mais j'ai un meilleur emploi à faire de mon sang que de le compromettre avec un maladroit comme vous. Rappelez-vous donc que je fais sauter votre fleuret toutes les fois que nous nous amusons à l'escrime, et en conséquence souffrez que je refuse votre nouveau défi.

— Je saurai vous y contraindre, dit Horace pâle comme la mort.

— Vous m'insulterez publiquement ? vous me donnerez un soufflet ? mais avec un croc-en-jambe et un revers de mon *frère-jean*... Dieu m'en préserve, Horace ! ces façons-là sont bonnes avec les mouchards et les gendarmes. Tenez, quoique je ne vous aime plus, j'ai encore pour vous quelque chose qui me ferait supporter de vous un acte de folie plutôt que d'y répondre. Taisez-vous donc. Je vous préviens que je ne me défendrai pas, et qu'il y aurait lâcheté de votre part à m'attaquer.

— Mais qui donc ici attaque et provoque ? qui donc est lâche, trois fois lâche, de vous ou de moi ? Vous m'accablez d'outrages, vous me traitez avec le dernier mépris, et vous dites que vous ne m'accorderez point de réparation ! Ah ! dans ce moment, je comprends le duel des Malais, qui déchirent leurs propres entrailles en présence de leur ennemi.

— Voilà une belle phrase, Horace, mais c'est encore de la déclamation ; car je ne suis pas votre ennemi ; et je jure que je ne veux pas vous insulter. Je vous donne une leçon amicale, et vous pouvez bien la recevoir, puisque vous êtes venu si souvent la chercher. Il y a longtemps que je vous épargne et que j'accepte de votre part des excuses dont je ne crois pas avoir jamais abusé contre vous.

— Vous en abusez horriblement dans ce moment-ci ; vous me faites rougir de l'abandon et de la loyauté de cœur que j'ai eus avec vous.

— Je n'en abuse pas, puisque c'est pour vous empêcher de vous humilier de nouveau que je vous défends d'y revenir.

— Mon Dieu ! mon Dieu ! qu'ai-je donc fait, s'écria Horace en pleurant de rage et en se tordant les mains, pour être traité de la sorte ?

— Ce que vous avez fait, je vais vous le dire, répondit Laravinière. Vous avez fait souffrir et dépérir une pauvre créature qui vous adore et que vous n'estimez seulement pas.

— Moi ! je n'estime pas Marthe ! Osez-vous dire que je n'estime pas la femme à qui j'ai donné ma jeunesse, ma vie, la virginité de mon cœur ?

— Je ne pense pas que ce soit à titre de sacrifice que vous l'ayez fait, et, dans tous les cas, je suis peu disposé à vous en plaindre.

— Parce que vous ne comprenez rien à l'amour. C'est vous qui êtes un être froid et sans intelligence des passions.

— C'est possible, dit Jean avec un sourire mêlé d'amertume ; mais je ne fais pas le semblant du contraire. Eh bien, expliquez-moi donc, en ce cas, en quoi vous êtes si à plaindre ?

— Jean, s'écria Horace, vous ne savez pas ce que c'est que d'aimer pour la première fois, et d'être aimé pour la seconde ou troisième.

— Ah ! nous y voilà, dit Laravinière en haussant les épaules. La Vierge Marie était seule digne de monsieur Hora e Dumontet ! *Connu !* mon cher. Vous l'avez dit assez souvent devant moi à cette pauvre Marthe. Mais dire ces choses-là, voyez-vous, en avoir seulement la pensée, prouve qu'on était digne tout au plus de mademoiselle Louison. Quelle vanité et quelle erreur sont les vôtres ! Il y a certaines femmes perdues qui valent mieux que certains adolescents.

— Jean, vous êtes un grossier, un brutal, un insolent personnage.

— Oui, mais je dis la vérité. Il y a des cœurs purs sous des robes souillées, et des cœurs corrompus sous des gilets magnifiques. »

Horace déchira son gilet de velours cramoisi et en jeta les lambeaux à la figure de Laravinière. Jean les esquiva, et les poussant du bout de son pied :

« C'est cela, dit-il ; comme si vous n'étiez pas assez endetté avec votre tailleur !

— Je le suis avec vous, Monsieur, dit Horace. Je ne l'avais pas oublié ; mais je vous remercie de me le rappeler.

— Si vous vous en souvenez, tant mieux, dit Laravinière avec insouciance ; il y a dans les prisons de pauvres patriotes qui en profiteront pour acheter des cigares. Allons, rallumez le vôtre, et parlons un peu sans nous fâcher. Que vous ayez eu envers Marthe des torts incontestables, vous ne pouvez pas le nier ; et moi, sachant que vous êtes un enfant gâté, que vous avez pour vous l'esprit, les belles paroles et une superbe figure, je vous excuse jusqu'à un certain point. Je sais bien que c'est le privilège des beaux garçons, comme celui des belles femmes, d'avoir des caprices ; je ne puis pas exiger que vous ayez la sagesse d'un homme comme moi, qui ressemble à un sanglier plus qu'à un chrétien, et dont la face a été labourée un jour qu'il grêlait des hallebardes. Mais ce que je ne vous pardonne pas, c'est d'aimer à faire souffrir ; c'est de ne pas rompre une liaison dont vous êtes dégoûté ; c'est de manquer de franchise, en un mot, et de ne pas vouloir guérir le mal que vous avez fait.

— Mais je l'aime, cette femme que je fais souffrir ! je ne puis m'en séparer ! je ne m'habituerais pas à vivre sans elle !

— Quand même cela serait vrai (et j'en doute, puisque vous vous arrangez de manière à rester avec elle le moins que vous pouvez), votre devoir serait de vaincre un amour qui lui est nuisible.

— Quand je le voudrais, elle n'y consentirait jamais.

— En êtes-vous bien sûr ?

— Elle se tuera si je l'abandonne.

— Si vous l'abandonnez froidement et brutalement, c'est possible ; mais si vous le faites par loyauté, par dévouement, au nom de l'honneur, au nom de votre amour même...

— Jamais ! jamais Marthe ne se résignera à me perdre, je le sais trop.

— Voilà de la fatuité. Autorisez-moi à lui parler avec la même franchise que je viens d'avoir avec vous, et nous verrons.

— Jean ! encore un coup, vous avez des vues sur elle !

— Moi ? Il faudrait pour cela trois choses : 1° qu'il n'y eût plus un seul miroir dans l'univers ; 2° que Marthe perdît la vue ; 3° qu'elle et moi n'eussions aucun souvenir de ma figure.

— Mais quelle obstination avez-vous à nous séparer ?

— Je vais vous le dire sans détour : j'ai des vues pour un autre.

— Vous êtes chargé de la séduire ou de l'enlever ? Pour quel prince russe ou pour quel don Juan du Café de Paris ?

— Pour le fils d'un cordonnier, pour Paul Arsène.

— Comment, vous le voyez ?

— Tous les jours.

— Et vous m'en avez fait mystère ?.... Voilà qui est étrange !

— C'est fort simple, au contraire. Je savais que vous ne l'aimez pas, et je ne voulais pas vous entendre mal parler de lui, parce qu'elle l'aime.

— Ainsi vous êtes le Mercure de ce Jupiter, qui déjà s'est changé en pluie de gros sous pour me supplanter ?

— Triple insulte pour *lui*, pour *elle* et pour *moi*. Grand merci ! C'était dans votre rôle ? Vous l'avez très-bien dit ! Si j'étais claqueur, je me pâmerais d'admiration.

— Mais enfin, Laravinière, c'est à me rendre fou ! Vous agissez ici contre moi, vous me trahissez, vous parlez pour un autre. Et moi qui me fiais à vous !

— Et vous aviez raison, Monsieur. Je n'ai jamais prononcé le nom d'Arsène devant Marthe. Et quant à vous brouiller avec elle, je n'ai jamais fait que le contraire. Aujourd'hui je renonce à vous réconcilier : mon cœur et ma conscience me le défendent. Ou je quitte la maison aujourd'hui pour ne plus revoir ni vous ni Marthe, ou je l'engage, avec votre autorisation, à rompre un engagement qui vous pèse et qui la tue. »

Horace, vaincu par la rude franchise et la fermeté impitoyable de Laravinière, mis au pied du mur, et ne sachant plus comment faire pour regagner l'estime de cet homme dont il craignait le jugement, promit de réfléchir à sa proposition, et demanda quelques jours pour prendre un parti définitif. Mais les jours s'écoulèrent, et il ne sut se décider à rien.

XXII.

Il ne mentait pas en disant que Marthe lui était nécessaire. Il avait horreur de la solitude, et il avait besoin du dévouement d'autrui, deux choses qui lui rendaient Marthe plus précieuse encore qu'il n'osait le dire à Laravinière ; car celui-ci n'était plus disposé à se faire illusion sur son compte, et, s'il eût deviné le véritable motif de cette persévérance, il l'eût taxé d'égoïsme et d'exploitation. Marthe était plus facile à tromper ou à contenter. Il lui suffisait qu'Horace lui dît un mot de crainte ou de regret à l'idée de séparation, pour qu'elle acceptât héroïquement toutes les souffrances attachées à cette union malheureuse.

« Il a plus besoin de moi qu'on ne pense, disait-elle ; sa santé n'est pas si forte qu'elle le paraît. Il a de fréquentes indispositions par suite d'une irritabilité des nerfs qui m'a fait parfois craindre, sinon pour sa vie, du moins pour sa raison. A la moindre douleur, il s'exaspère d'une façon effrayante. Et puis il est distrait, nonchalant ; il ne sait pas s'occuper de lui-même : si je n'étais pas là, au milieu de ses rêveries et de ses divagations, il oublierait de dormir et de manger. Sans compter qu'il n'aurait jamais la précaution et l'attention de mettre tous les jours vingt sous de côté pour dîner. Enfin, il m'aime, malgré toutes ses boutades. Il m'a dit cent fois, dans ces moments d'abandon et de repentir où l'on est vraiment soi-même, qu'il préférait souffrir encore mille fois plus de son amour que de guérir en cessant d'aimer. »

C'est ainsi que Marthe parlait à Laravinière ; car ce dernier, voyant qu'Horace ne se décidait à rien, avait rompu la glace avec elle, après avoir bien et dûment averti Horace de ce qu'il allait faire. Horace, qui l' pris, pour ses amères critiques, en une véritable aversion, prévoyant qu'il faudrait désormais en venir à des querelles sérieuses pour l'éloigner, l'avait mis ironiquement au défi de lui voler le cœur de Marthe, et lui donnait désormais carte blanche auprès d'elle. Quoiqu'il fût outré de l'aplomb dédaigneux avec lequel Jean procédait ouvertement contre lui, il ne le craignait pas. Il se savait maladroit, timide, plus scrupuleux et plus compatissant qu'il ne voulait le paraître; et il sentait bien que d'un mot il détruirait, dans l'esprit de son indulgente amie, tout l'effet du plus long discours possible de Laravinière. Il en fut ainsi, et il se donna la peine de regagner son empire sur Marthe, comme s'il se fût agi de gagner un pari. Combien d'amours malheureuses se sont ainsi prolongées et comme ranimées avec effort dans des cœurs lassés ou éteints, par la crainte de donner un triomphe à ceux qui en prédisaient la fin prochaine! Le repentir et le pardon, dans ces cas-là, ne sont pas toujours très-désintéressés, et il y a plus de loyauté qu'on ne pense à braver le scandale d'une rupture devenue nécessaire.

Laravinière travaillait donc en pure perte. Depuis qu'il avait résolu de sauver Marthe, elle était plus que jamais ennemie de son propre salut. Il vit bientôt qu'au lieu de l'amener au dessein qu'il avait conçu, il la fortifiait dans le dessein contraire. Il avoua à Arsène qu'au lieu de le servir, il avait empiré sa situation; et il rentra dans sa neutralité, se consolant avec l'idée que Marthe apparemment n'était pas aussi malheureuse qu'il l'avait jugé.

Il eût, à cette époque, quitté l'hôtel de M. Chaignard, si des raisons étrangères à nos deux amants ne lui eussent rendu ce domicile plus sûr et plus propice qu'aucun autre à certains projets qui l'occupaient secrètement. Pourquoi ne le dirais-je pas aujourd'hui, que le brave Jean n'est plus à la merci des hommes, et que ceux qui partagèrent son sort sont, aussi bien que lui, soit par la mort, soit par l'absence, à l'abri de toute persécution? Jean conspirait. Avec qui, je l'ai toujours ignoré, et je l'ignore encore. Peut-être conspirait-il tout seul; je ne pense pas qu'il fût exploité, séduit, ni entraîné par personne. Avec le caractère ardent que je lui connaissais et l'impatience d'agir qui le dévorait, j'ai toujours pensé qu'il était homme plutôt à gourmander la prudence des chefs de son parti et à outrepasser leurs intentions, qu'à se laisser devancer par eux dans une entreprise à main armée. Ma situation ne me permettait pas d'être son confident. A quel point Arsène le fut, je ne l'ai pas su davantage, et je n'ai pas cherché à le savoir. Ce qu'il y a de certain, c'est qu'Horace, entrant brusquement dans la chambre de Laravinière, un jour que celui-ci avait oublié de s'enfermer, il le trouva environné de fusils de munition qu'il venait de tirer d'une grande malle, et qu'il inspectait en homme versé dans l'entretien des armes. Dans la même malle, il y avait des cartouches, de la poudre, du plomb, un moule, tout ce qui était nécessaire pour envoyer le possesseur de ces dangereuses reliques devant un jury, et de là en place de Grève ou au Mont-Saint-Michel. Horace était précisément dans une heure de spleen et d'abandon. Il avait encore de ces moments intimes avec Laravinière, quoiqu'il se fût promis de n'en plus avoir.

« Oui-da! s'écria-t-il en le voyant refermer précipitamment son coffre, jouez-vous ce jeu-là? Eh bien! ne vous en cachez pas. Je sympathise avec cette manière de voir; et si vous voulez, en temps et lieu, me confier une de ces clarinettes, je suis très-capable d'en jouer aussi.

— Dites-vous ce que vous pensez, Horace? répondit Jean en attachant sur lui ses petits yeux verts et brillants comme ceux d'un chat. Vous m'avez si souvent raillé amèrement pour mon emportement révolutionnaire, que je ne suis pas si je puis compter sur votre discrétion. Cependant, quelque peu de sympathie que vous inspirent mon projet et ma personne, quand vous vous rappellerez qu'il y va de ma tête, vous ne vous amuserez pas, j'espère, à me plaisanter tout haut sur mon goût pour les armes à feu.

— J'espère, moi, que vous n'avez aucune crainte à cet égard; et je vous répète que, loin de vous critiquer, je vous approuve et vous envie. Je voudrais, moi aussi, avoir une espérance, une conviction assez forte pour me faire hacher à coups de sabre derrière une barricade.

— Eh! si le cœur vous en dit, vous pouvez vous adresser à moi. Voyez, Horace, est-ce que ne voilà pas une plume avec laquelle un jeune poëte comme vous pourrait écrire une belle page et se faire un nom immortel? »

En parlant ainsi, il soulevait une carabine assez jolie qu'il s'était réservée pour son usage particulier. Horace la prit, la pesa dans sa main, en fit jouer la batterie, puis s'assit en la posant sur ses genoux, et tomba dans une rêverie profonde.

« A quoi bon vivre dans ce temps-ci? s'écria-t-il lorsque Laravinière, achevant de serrer ses dangereux trésors, lui ôta doucement son arme favorite; n'est-ce pas une vie d'avortement et d'agonie? N'est-ce pas un leurre infâme que cette société nous fait, lorsqu'elle nous dit: Travaillez, instruisez-vous, soyez intelligents, soyez ambitieux, et vous parviendrez à tout! et il n'y aura pas de place si haute à laquelle vous ne puissiez vous asseoir! Que fait-elle, cette société menteuse et lâche, pour tenir ses promesses? Quels moyens nous donne-t-elle de développer les facultés qu'elle nous demande et d'utiliser les talents que nous acquérons pour elle? Rien! Elle nous repousse, elle nous méconnaît, elle nous abandonne, quand elle ne nous étouffe pas. Si nous nous agitons pour parvenir, elle nous enferme ou nous tue; si nous restons tranquilles, elle nous méprise ou nous oublie. Ah! vous avez raison, Jean, grandement raison de vous préparer à un glorieux suicide!

— Oh! si vous croyez que je songe à ma gloire et à celle de mes amis, vous vous trompez beaucoup, dit Laravinière. Je suis très-content de la société en ce qui me concerne. J'y jouis d'une indépendance absolue, et j'y savoure une fainéantise délicieuse. Je la traverse en véritable bohémien, et je n'y ai qu'une affaire, qui est de conspirer pour son renversement; car le peuple souffre, et l'honneur appelle ceux qui se sont dévoués pour lui. Il en sera ce que Dieu voudra!

— Le peuple, voilà un grand mot, reprit Horace; mais, soit dit sans vous offenser, je crois que vous vous souciez aussi peu de lui qu'il ne se soucie de vous. Vous aimez la guerre et vous la cherchez; voilà tout, mon cher président: chacun obéit à ses instincts. Voyons, pourquoi aimeriez-vous le peuple?

— Parce que j'en suis.

— Vous en êtes sorti, vous n'en êtes plus. Le peuple sent si bien que vous avez des intérêts différents des siens, qu'il vous laisse conspirer tout seul, ou peu s'en faut.

— Vous ne savez rien de cela, Horace, et je n'ai pas à m'expliquer là-dessus; mais soyez sûr que je suis sincère quand je dis: « J'aime le peuple.» Il est vrai que j'ai peu vécu avec lui, que je suis une espèce de bourgeois, que j'ai des goûts épicuriens qui gêneront si nous avons un jour un régime spartiate qui prohibe la bière et le *caporal*. Mais qu'importe tout cela? Le peuple, c'est le droit méconnu, c'est la souffrance délaissée, c'est la justice outragée. C'est une idée, si vous voulez; mais c'est l'idée grande et vraie de notre temps. Elle est assez belle pour que nous combattions pour elle.

— C'est une idée que l'on retournera contre vous quand vous l'aurez proclamée.

— Et pourquoi donc, à moins que je ne la désavoue? Et pourquoi le ferais-je? comment pourrais-je changer? Est-ce qu'une idée meurt comme une passion, comme un besoin? La souveraineté de tous sera toujours un droit: l'établir ne sera pas l'affaire d'un jour. Il y a bien de l'ouvrage pour toute ma vie, quand même je ne trouverais pas la mort au commencement. »

Ce n'était pas la première fois qu'ils débattaient leurs théories à cet égard. Jean en avait toujours le dessous, quoiqu'il eût pour lui la vérité et la conviction; il n'avait pas l'intelligence assez prompte et assez subtile pour repousser toutes les objections et toutes les moqueries de son adversaire. Horace voulait aussi la république, mais il la voulait au profit des talents et des ambitions. Il disait que le peuple trouverait le sien à remettre ses intérêts aux mains de l'intelligence et du savoir ; que le devoir d'un chef serait de travailler au progrès intellectuel et au bien-être du peuple; mais il n'admettait pas que ce même peuple dût avoir des droits sur l'action des hommes supérieurs, ni qu'il pût en faire un bon usage. Beaucoup d'aigreur entrait souvent dans ces discussions, et le grand argument d'Horace contre les démocrates bourgeois, c'est qu'ils parlaient toujours, et n'agissaient jamais.

Quand il eut acquis la preuve que Laravinière jouait un rôle actif, ou était prêt à le jouer, il conçut pour lui plus d'estime, et se repentit de l'avoir blessé. Tout en continuant à contester le principe d'une révolution en faveur du peuple, il crut à cette révolution, et désira d'y prendre part, afin d'y trouver de la gloire, des émotions, et un essor pour son ambition trompée par le régime constitutionnel. Il demanda à Jean sa confiance, se réconcilia avec lui; et, soit qu'il y eût alors une apparence de sympathie chez les masses, soit que Laravinière se fît des illusions gratuites, Horace crut à un mouvement efficace, s'engagea par serment auprès de Jean à s'y jeter au premier appel, et se tint prêt à tout événement. Il se procura un fusil, et fit des cartouches avec une ardeur et une joie enfantines. Dès lors il fut plus calme, plus sédentaire, et d'une humeur plus égale. Ce rôle de conspirateur l'occupait tout entier. Ce rôle ranimait son espoir abattu; il le vengeait secrètement de l'indifférence de la société envers lui ; il lui donnait une contenance vis-à-vis de lui-même, une attitude vis-à-vis de Jean et de ses camarades. Il aimait à inquiéter Marthe, à la voir pâlir lorsqu'il lui faisait pressentir les dangers auxquels il brûlait de s'exposer. Il se pleurait aussi un peu d'avance, et répandait des fleurs sur sa tombe; il même son épitaphe en vers. Quand il rencontra madame la vicomtesse de Chailly à l'Opéra, et qu'elle le salua fort légèrement, il s'en consola en pensant qu'elle viendrait peut-être l'implorer lorsqu'il serait un homme puissant, un grand orateur ou un publiciste influent dans la république.

Soit que les événements qui approchaient ne fussent pas prévus par d'autres que par lui, soit que des circonstances cachées en eussent retardé l'accomplissement, Laravinière n'avait eu autre chose à faire qu'à fourbir ses fusils, dans l'attente d'une révolution, lorsque le choléra vint éclater dans Paris, et distraire douloureusement les masses de toute préoccupation politique.

J'étais à l'ambulance, roulé dans mon manteau, par une de ces froides nuits du printemps qui semblaient donner plus d'intensité au fléau, et j'attendais, en volant à l'ennemi un quart d'heure de mauvais sommeil, qu'on vint m'appeler pour de nouveaux accidents, lorsque je sentis une main se poser sur mon épaule. Je me réveillai brusquement, et me levant par habitude, je fus prêt à suivre la personne qui me réclamait, avant d'avoir ouvert tout à fait mes yeux appesantis par la fatigue. Ce fut seulement lorsqu'elle passa auprès de la lanterne rouge suspendue à l'entrée de l'ambulance, que je crus la reconnaître, malgré le changement qui s'était opéré en elle.

« Marthe ! m'écriai-je, est-ce donc vous ! Et pour qui venez-vous me chercher, grand Dieu?

— Pour qui voulez-vous que ce soit? dit-elle en joignant les mains. Oh ! venez tout de suite, venez avec moi ! »

J'étais déjà en route avec elle.

« Est-il gravement attaqué? lui demandai-je chemin faisant.

— Je n'en sais rien, me dit-elle ; mais il souffre beaucoup, et son esprit est tellement frappé, que je crains tout. Il y a plusieurs jours qu'il a des pressentiments, et aujourd'hui il m'a dit à plusieurs reprises qu'il était perdu. Cependant il a bien dîné, il a été au spectacle, et en rentrant il a soupé.

— Et quels accidents?

— Aucun; mais il souffre, et il m'a dit avec tant de force de courir à l'ambulance, que la frayeur s'est emparée de moi tout à coup, et je puis à peine me soutenir.

— En effet, Marthe, vous avez le frisson. Appuyez-vous sur mon bras.

— Oh ! c'est seulement un peu de froid !

— Vous êtes à peine vêtue pour une nuit aussi froide, enveloppez-vous de mon manteau.

— Non, non, cela nous retarderait, marchons !

— Pauvre Marthe ! vous êtes maigrie, lui dis-je tout en marchant vite, et en regardant à la lueur blafarde des réverbères, ses joues amincies, que creusait encore l'ombre de ses cheveux noirs flottants au gré de la bise.

— Je suis pourtant très-bien portante, » me dit-elle d'un air préoccupé. Puis tout à coup, par une liaison d'idées qui ne s'était pas encore faite en elle : Dites-moi donc plutôt, s'écria-t-elle vivement, comment se porte Eugénie.

— Eugénie va bien, lui dis-je ; elle ne souffre que d'avoir perdu votre amitié.

— Ah ! ne dites pas cela ! répondit-elle avec un accent déchirant. Mon Dieu ! épargnez-moi ce reproche-là ! Dieu sait que je ne le mérite pas ! Dites-moi plutôt qu'elle m'aime toujours.

— Elle vous aime toujours tendrement, chère Marthe.

— Et vous aimez toujours Horace? reprit Marthe, oubliant tout ce qui lui était personnel, et me tirant par le bras pour me faire courir.

Je courus, et nous fûmes bientôt près de lui. Il fit un cri perçant en me voyant, et se jetant dans mes bras :

« Ah ! maintenant je puis mourir, s'écria-t-il avec chaleur ; j'ai retrouvé mon ami. » Et il retomba sur son fauteuil, pâle et brisé, comme s'il était près d'expirer.

Je fus très-effrayé de cette prostration. Je tâtai son pouls, qui était à peine sensible. Je l'examinai, je le fis coucher, je l'interrogeai attentivement, et je me disposai à passer la nuit près de lui.

Il était malade en effet. Son cerveau était en proie à une exaspération douloureuse, tous ses nerfs étaient agités; il avait une sorte de délire, il parlait de mort, de guerre civile, de choléra, d'échafaud ; et mêlant dans ses rêves, les diverses idées qui le possédaient, il me prenait tantôt pour un croque-mort qui venait le jeter dans la fatale *tapissière*, tantôt pour le bourreau qui le conduisait au supplice. A ces moments d'exaltation succédaient des évanouissements, et quand il revenait à lui-même, il me reconnaissait, pressait mes mains avec énergie, et s'attachant à moi, me suppliait de ne pas l'abandonner, et de ne pas le laisser mourir. Je n'en avais pas la moindre envie, et je me mettais à la torture pour deviner son mal; mais quelque attention que j'y apportasse, il m'était impossible d'y voir autre chose qu'une excitation nerveuse causée par une affection morale. Il n'y avait pas le moindre symptôme de choléra, pas de fièvre, pas d'empoisonnement, pas de souffrance déterminée. Marthe s'empressait autour de lui avec un zèle dont il ne semblait pas s'apercevoir, et, en la regardant, j'étais si frappé de son air de dépérissement et d'angoisse, que je la suppliai d'aller se coucher. Je ne pus l'y faire consentir. Cependant, à la pointe du jour, Horace s'étant calmé et endormi, elle tomba à son tour assoupie sur un fauteuil au pied du lit. J'étais au chevet, vis-à-vis d'elle, et je ne pouvais m'empêcher de comparer la figure d'Horace, pleine de force et de santé, avec celle de cette femme que j'avais vue naguère si belle, et qui n'était plus devant mes yeux que comme un spectre.

J'allais m'endormir aussi, lorsque, sans réveiller personne, Laravinière entra sur la pointe du pied, et vint s'asseoir près de moi. Il avait passé lui-même la nuit auprès d'un de ses amis atteint du choléra, et, en rentrant, il avait appris que Marthe était allée à l'ambulance pour Horace. « Qu'a-t-il donc? » me demanda-t-il en se penchant vers lui pour l'examiner. Quand je lui eus avoué que je n'y voyais rien de grave, et que cependant il m'avait occupé et inquiété toute la nuit, Jean haussa les épaules. « Voulez-vous que je vous dise ce que c'est? me dit-il en baissant la voix encore davantage : c'est une panique, rien de plus. Voilà deux ou trois fois qu'il nous

J'étais à l'ambulance, roulé dans mon manteau. (Page 63.)

a fait des scènes pareilles; et si j'avais été ici ce soir, Marthe n'aurait pas été, tout effrayée, vous déranger. Pauvre femme! elle est plus malade que lui.
— C'est ce qui me semble. Mais vous me paraissez, vous, bien sévère pour mon pauvre Horace?
— Non; je suis juste. Je ne prétends pas qu'Horace soit ce qu'on appelle un lâche; je suis même sûr qu'il est brave, et qu'il irait résolument au feu d'une bataille ou d'un duel. Mais il a ce genre de lâcheté commun à tous les hommes qui s'aiment un peu trop : il craint la maladie, la souffrance, la mort lente, obscure et douloureuse qu'on trouve dans son lit. Il est ce que nous appelons *douillet*. Je l'ai vu une fois tenir tête, dans la rue, à des gens de mauvaise mine qui voulaient l'attaquer, et que sa bonne contenance a fait reculer; mais je l'ai vu aussi tomber en défaillance pour une petite coupure qu'il s'était faite au bout du doigt en taillant sa plume. C'est une nature de femme, malgré sa barbe de Jupiter Olympien. Il pourrait s'élever à l'héroïsme, il ne supporte pas un *bobo*.
— Mon cher Jean, répondis-je, je vois tous les jours des hommes dans toute la force de l'âge et de la volonté, qui passent pour fermes et sages, et que la pensée du choléra (et même de bien moindres maux) rend pusillanimes à l'excès. Ne croyez pas qu'Horace soit une exception. Les exceptions seules affrontent la maladie avec stoïcisme.
— Aussi ne fais-je point, reprit-il, le procès à votre ami; mais je voudrais que cette pauvre Marthe s'habituât à ses manières, et ne prît pas l'alarme toutes les fois qu'il lui passe par la tête de se croire mort.
— Est-ce donc là, demandai-je, la cause de son air triste et accablé?
— Oh! ce n'en est qu'une entre toutes. Mais je ne veux pas faire ici le délateur. Je me suis abstenu jusqu'à présent de vous dire ce qui se passait. Puisque vous voilà revenu chez eux, vous en jugerez bientôt par vous-même.

XXIII.

En effet, étant revenu le lendemain m'assurer de l'état de parfaite santé où se trouvait Horace, j'obtins de lui,

Marthe.

sans la provoquer beaucoup, la confidence de ses chagrins. « Eh bien, oui, me dit-il, répondant à une observation que je lui faisais, je suis mécontent de mon sort, mécontent de la vie, et, pourquoi ne le dirais-je pas? tout à fait las de vivre. Pour une goutte de fiel de plus qui tomberait dans ma coupe, je me couperais la gorge.

— Cependant hier, en vous croyant pris du choléra, vous me recommandiez vivement de ne pas vous laisser mourir. J'espère que vous vous exagérez à vous-même votre spleen d'aujourd'hui.

— C'est qu'hier j'avais mal au cerveau, j'étais fou, je tenais à la vie par un instinct animal; aujourd'hui que je retrouve ma raison, je retrouve l'ennui, le dégoût et l'horreur de la vie. »

J'essayai de lui parler de Marthe, dont il était l'unique appui, et qui peut-être ne lui survivrait pas s'il consommait le crime d'attenter à ses jours. Il fit un mouvement d'impatience qui allait presque jusqu'à la fureur; il regarda dans la chambre voisine, et s'étant assuré que Marthe n'était pas rentrée de ses courses du matin, « Marthe! s'écria-t-il ! eh bien, vous nommez mon fléau, mon supplice, mon enfer ! Je croyais, après toutes les prédictions que vous m'avez faites à cet égard, qu'il y allait de mon honneur de vous cacher à quel point elles se sont réalisées; eh bien, je n'ai pas ce sot orgueil, et je ne sais pas pourquoi, quand je retrouve mon meilleur, mon seul ami, je lui ferais mystère de ce qui se passe en moi. Sachez donc la vérité, Théophile : j'aime Marthe, et pourtant je la hais; je l'idolâtre, et en même temps je la méprise; je ne puis me séparer d'elle, et pourtant je n'existe que quand je ne la vois pas. Expliquez cela, vous qui savez tout expliquer, vous qui mettez l'amour en théorie, et qui prétendez le soumettre à un régime comme les autres maladies.

— Cher Horace, lui répondis-je, je crois qu'il me serait facile de constater du moins l'état de votre âme. Vous aimez Marthe, j'en suis bien certain; mais vous voudriez l'aimer davantage, et vous ne le pouvez pas.

— Eh bien, c'est cela même! s'écria-t-il. J'aspire à un amour sublime, je n'en éprouve qu'un misérable. Je voudrais embrasser l'idéal, et je n'étreins que la réalité.

— En d'autres termes, repris-je en essayant d'adoucir

par un ton caressant ce que mes paroles pouvaient avoir de sévère, vous voudriez l'aimer plus que vous-même, et vous ne pouvez pas même l'aimer autant. »

Il trouva que je traitais sa douleur un peu plus cavalièrement qu'il ne l'eût souhaité; mais tout ce qu'il me dit pour modifier une opinion qui ne lui semblait pas à la hauteur de sa souffrance, ne servit qu'à m'y confirmer. Marthe rentra, et Horace, obligé de sortir à son tour, me laissa avec elle. Ce que je voyais de leur intérieur ne m'inspirait guère l'espoir de leur être utile. Pourtant je ne voulais pas les quitter sans m'être bien assuré que je ne pouvais rien pour adoucir leur infortune.

Je trouvais Marthe aussi peu disposée à me laisser pénétrer dans son cœur, qu'Horace avait été prompt à m'ouvrir le sien. Je devais m'y attendre : elle était l'offensée, elle avait de justes sujets de plainte contre lui, et une noble générosité la condamnait au silence. Pour vaincre ses scrupules, je lui dis qu'Horace s'était accusé devant moi, et m'avait confessé tous ses torts : c'était la vérité. Horace ne s'était pas épargné ; il m'avait dévoilé ses fautes, tout en se défendant de la cause égoïste que je leur assignais. Mais cet encouragement ne changea rien aux résolutions que Marthe semblait avoir prises ; je remarquai en elle une sorte de courage sombre et de désespoir morne que je n'aurais pas crus conciliables avec l'enthousiaste mobilité et la sensibilité expansive que je lui connaissais. Elle excusa Horace, me dit que la faute était toute à la société, dont l'opinion implacable flétrit à jamais la femme tombée, et lui défend de se relever en inspirant un véritable amour. Elle refusa de s'expliquer sur son avenir, me parla vaguement de religion et de résignation. Elle refusa également l'offre que je lui fis de lui amener Eugénie, en disant que ce rapprochement serait bientôt brisé par les mêmes causes qui avaient amené la désunion ; et tout en protestant de son affection profonde pour mon amie, elle me conjura de ne point lui parler d'elle. La seule idée qui me parut arrêtée dans son cerveau, parce qu'elle y revint à plusieurs reprises, fut celle d'un devoir qu'elle avait à remplir, devoir mystérieux, et dont elle ne détermina point la nature.

En examinant avec attention sa contenance et tous ses mouvements, je crus observer qu'elle était enceinte ; elle était si peu disposée à la confiance, que je n'osai pas l'interroger à cet égard, et me réservai de le faire en temps opportun.

Quand je l'eus quittée, le cœur attristé profondément de sa souffrance, je passai par hasard devant un café où Horace avait l'habitude d'aller lire les journaux ; et comme il y était en ce moment, il m'appela et me força de m'asseoir près de lui. Il voulait savoir ce que Marthe m'avait dit ; et moi, je commençai par lui demander si elle n'était pas enceinte. Il est impossible de rendre l'altération que ce mot causa sur son visage. « Enceinte ! s'écria-t-il ; de quoi parlez-vous là, bon Dieu ? Vous la croyez enceinte ? Elle vous a dit qu'elle l'était ? Malédiction de tous les diables ! il ne me faudrait plus que cela !

— Qu'aurait donc de si effrayant une pareille nouvelle ? lui dis-je. Si Eugénie m'en annonçait une semblable, je m'estimerais bien heureux ! — Il frappa du poing sur la table, et si fort qu'il fit trembler toute la faïence de l'établissement.

— Vous en parlez à votre aise, dit-il ; vous êtes philosophe d'abord, et ensuite vous avez trois mille livres de rente et un état. Mais moi, que ferais-je d'un enfant ? à mon âge, avec ma misère, mes dettes, et mes parents, qui seraient indignés ! Avec quoi le nourrirais-je ? avec quoi le ferais-je élever ? Sans compter que je déteste les marmots, et qu'une femme en couches me représente l'idée la plus horrible !... Ah ! mon Dieu ! vous me rappelez qu'elle lit l'*Émile*, sans désemparer depuis quinze jours ! C'est cela, elle veut nourrir son enfant ! elle va lui donner une éducation à la Jean-Jacques, dans une chambre de six pieds carrés ! Me voilà père, je suis perdu ! »

Son désespoir était si comique, que je ne pus m'empêcher d'en rire. Je pensai que c'était une de ces boutades sans conséquence qu'Horace aimait à lancer, même sur les sujets les plus sérieux, rien que pour donner un peu de mouvement à son esprit, comme à un cheval ardent qu'on laisse caracoler avant de lui faire prendre une allure mesurée. J'avais bonne opinion de son cœur, et j'aurais cru lui faire injure en lui remontrant gravement les devoirs que sa jeune paternité allait lui imposer. D'ailleurs je pouvais m'être trompé. Si Marthe eût été dans la position que je supposais, Horace eût-il pu l'ignorer ? Nous nous séparâmes, moi riant toujours de son aversion sarcastique pour les marmots, et lui continuant à déclamer contre eux avec une verve inépuisable.

Je trouvai en rentrant chez moi une liste de malades qui s'étaient fait inscrire. J'étais reçu médecin depuis l'automne précédent, et je commençais ma carrière par la sinistre et douloureuse épreuve du choléra. J'avais donc tout à coup une clientèle plus nombreuse que je ne l'aurais désiré, et je fus tellement accaparé pendant plusieurs jours, que je ne revis Horace qu'au bout d'une quinzaine. Ce fut sous l'influence d'un événement étrange qui coupait court à toutes ses amères facéties sur la progéniture.

Il entra chez moi un matin, pâle et défait.

« Est-elle ici ? fut le premier mot qu'il m'adressa.

— Eugénie ? lui dis-je ; oui, certainement, elle est dans sa chambre.

— Marthe ! s'écria-t-il avec agitation. Je vous parle de Marthe ; elle n'est point chez moi, elle a disparu. Théophile, je vous le disais bien, que je devrais me couper la gorge ; Marthe m'a quitté, Marthe s'est enfuie avec le désespoir dans l'âme, peut-être avec des pensées de suicide. »

Il se laissa tomber sur une chaise, et, cette fois, son épouvante et sa consternation n'avaient rien d'affecté. Nous courûmes chez Arsène. Je pensais que cet ami fidèle de Marthe avait pu être informé par elle de ses dispositions. Nous ne trouvâmes que ses sœurs, dont l'air étonné nous prouva sur-le-champ qu'elles ne savaient rien, et qu'elles ne pressentaient pas même le motif de la visite d'Horace. Comme nous sortions de chez elles, nous rencontrâmes Paul qui rentrait. Horace courut à sa rencontre, et, se jetant dans ses bras par un de ces élans spontanés qui réparaient en un instant toutes ses injustices :

« Mon ami, mon frère, mon cher Arsène ! s'écria-t-il dans l'abondance de son cœur, dites-moi où *elle* est, vous le savez, vous devez le savoir. Ah ! ne me punissez pas de mes crimes par un silence impitoyable. Rassurez-moi ; dites-moi qu'elle vit, qu'elle s'est confiée à vous. Ne me croyez pas jaloux, Arsène. Non, à cette heure, je jure Dieu que je n'ai pour vous qu'estime et affection. Je consens à tout, je me soumets à tout ! soyez son appui, son sauveur, son amant. Je vous la donne, je vous la confie ; je vous bénis si vous pouvez, si vous devez lui donner du bonheur ; mais dites-moi qu'elle n'est pas morte, dites-moi que je ne suis pas son bourreau, son assassin ! »

Quoique Marthe n'eût pas été nommée, comme il n'y avait qu'*elle* au monde qui pût intéresser Arsène, il comprit sur-le-champ, et je crus qu'il allait tomber foudroyé. Il fut quelques instants sans pouvoir répondre. Ses dents claquaient dans sa bouche, et il regardait Horace d'un air hébété, en retenant dans sa main froide et fortement contractée la main que ce dernier lui avait tendue. Il ne fit aucune réflexion. Un mélange d'effroi et d'espoir lui jetait dans une sorte de délire farouche. Il se mit à courir avec nous. Nous allâmes à la Morgue ; Horace avait eu déjà la pensée d'y aller ; il n'en avait pas eu le courage. Nous y entrâmes sans lui ; il s'arrêta sous le portique, et s'appuya contre la grille pour ne pas tomber, mais évitant de tourner ses regards vers cet affreux spectacle, qu'il n'aurait pu supporter s'il lui eût offert parmi les victimes de la misère et des passions l'objet de nos recherches. Nous pénétrâmes dans la salle, où plusieurs cadavres, couchés sur les tables fatales, offraient aux regards la plus hideuse plaie sociale, la mort violente dans toute son horreur, la preuve et la conséquence de l'abandon, du crime ou du désespoir. Arsène sembla retrouver son courage au moment où celui d'Horace faiblissait; il s'approcha d'une femme qui reposait là avec le cadavre de son enfant enlacé au sien; il souleva d'une main ferme les cheveux noirs que le vent rabattait sur le visage de la morte, et comme si sa vue eût été troublée par un nuage épais, il se pencha sur cette face livide, la contempla un instant, et la laissant retomber avec une indifférence qui, certes, ne lui était pas habituelle:

« Non, » dit-il d'une voix forte; et il m'entraîna pour répéter vite à Horace ce *non*, qui devait le soulager momentanément.

Au bout de quelques pas, Arsène s'arrêtant:

« Montrez-moi encore, lui dit-il, le billet qu'elle vous a laissé. »

Ce billet, Horace nous l'avait communiqué. Il le remit de nouveau à Paul, qui le relut attentivement. Il était ainsi conçu:

« Rassurez-vous, cher Horace, je m'étais trompée. Vous n'aurez pas les charges et les ennuis de la paternité; mais après tout ce que vous m'avez dit depuis quinze jours, j'ai compris que notre union ne pouvait pas durer sans faire votre malheur et ma honte. Il y a longtemps que nous avons dû nous préparer mutuellement à cette séparation, qui vous affligera, j'en suis sûre, mais à laquelle vous vous résignerez, en songeant que nous nous devions mutuellement cet acte de courage et de raison. Adieu pour toujours. Ne me cherchez pas, ce serait inutile. Ne vous inquiétez pas de moi, je suis forte et calme désormais. Je quitte Paris; j'irai peut-être dans mon pays. Je n'ai besoin de rien, je ne vous reproche rien. Ne gardez pas de moi un souvenir amer. Je pars en appelant sur vous la bénédiction du ciel. »

Cette lettre n'annonçait pas des projets sinistres; cependant elle était loin de nous rassurer. Moi surtout, j'avais trouvé naguère chez Marthe tous les symptômes d'un désespoir sans ressource, et cette farouche énergie qui conduit aux partis extrêmes.

« Il faut, dis-je à Horace, faire encore un grand effort sur vous-même, et nous raconter textuellement ce qui s'est passé entre vous depuis quinze jours; d'après cela, nous jugerons de l'importance que nous devons laisser à nos craintes. Peut-être les vôtres sont-elles exagérées. Il est impossible que vous ayez eu envers Marthe des procédés assez cruels pour la pousser à un acte de folie. C'est un esprit religieux, c'est peut-être un caractère plus fort que vous ne le pensez. Parlez, Horace; nous vous plaignons trop pour songer à vous blâmer, quelque chose que vous ayez à nous dire.

— Me confesser devant lui? répondit Horace en regardant Arsène. C'est un rude châtiment; mais je l'ai mérité, et je l'accepte. Je savais bien qu'il l'aimait, lui, et que son amour était plus digne qu'elle que le mien. Mon orgueil souffrait de l'idée qu'un autre que moi pouvait lui donner le bonheur que je lui déniais; et je crois que, dans mes accès de délire, je l'aurais tuée plutôt que de la voir sauvée par lui.

— Que Dieu vous pardonne! dit Arsène; mais avouez jusqu'au bout. Pourquoi la rendiez-vous si malheureuse? Est-ce à cause de moi? Vous savez bien qu'elle ne m'aimait pas!

— Oui, je le savais! dit Horace avec un retour d'orgueil et de triomphe égoïste; mais aussitôt ses yeux s'humectèrent et sa voix se troubla. Je le savais, continua-t-il, mais je ne voulais seulement pas qu'elle l'estimât, noble Arsène! C'était pour moi une injure sanglante que la comparaison qu'elle pouvait faire entre nous deux au fond de son cœur. Vous voyez bien, mes amis, que, dans ma vanité, il y avait des remords et de la honte.

— Mais enfin, reprit Arsene, elle ne me regrettait pas assez, elle ne pensait pas assez à moi, pour qu'il lui en coûtât beaucoup de m'oublier tout à fait?

— Elle vous a longtemps défendu, répondit Horace avec une énergie que me portait à la fureur. Et puis tout à coup elle ne m'a plus parlé de vous, elle s'y est résignée avec un calme qui semblait me braver et me mépriser intérieurement. C'est à cette époque que la misère m'a contraint à lui laisser reprendre son travail, et

quoique j'eusse vaincu en apparence ma jalousie, je n'ai jamais pu la voir sortir seule, sans conserver un soupçon qui me torturait. Mais je le combattais, Arsène; je vous jure qu'il m'arrivait bien rarement de l'exprimer. Seulement quelquefois, dans des accents de colère, je laissais échapper un mot indirect, qui paraissait l'offenser et la blesser mortellement. Elle ne pouvait pas supporter d'être soupçonnée d'un mensonge, d'une dissimulation si légère qu'elle fût dans ma pensée. Sa fierté se révoltait contre moi tous les jours dans une progression qui me faisait craindre son changement ou son abandon. Pourtant, depuis quelques semaines, j'étais plus maître de moi, et, injuste qu'elle était! elle prenait ma vertu pour de l'indifférence. Tout à coup une malheureuse circonstance est venue réveiller l'orage. J'ai cru Marthe enceinte; Théophile m'en a donné l'idée, et j'en ai été consterné. Épargnez-moi l'humiliation de vous dire à quel point le sentiment paternel était peu développé en moi. Suis-je donc dans l'âge où cet instinct s'éveille dans le cœur de l'homme? et puis l'horrible misère ne fait-elle pas une calamité de ce qui peut être un bonheur en d'autres circonstances? Bref, je suis rentré chez moi précipitamment, il y a aujourd'hui quinze jours, en quittant Théophile, et j'ai interrogé Marthe avec plus de terreur que d'espérance, je l'avoue. Elle m'a laissé dans le doute; et puis, irritée des craintes chagrines que je manifestais, elle me déclara que si elle avait le bonheur de devenir mère, elle n'irait pas implorer pour son enfant l'appui d'une paternité si mal comprise et si mal acceptée par les hommes de *ma condition*. J'ai vu là un appel tacite vers vous, Arsène, je me suis emporté; elle m'a traité avec un mépris accablant. Depuis ces quinze jours, notre vie a été une tempête continuelle, et je n'ai pu éclaircir le doute poignant qui en était cause. Tantôt elle m'a dit qu'elle était grosse de six mois, tantôt qu'elle ne l'était pas, et, en définitive, elle m'a dit que si elle l'était, elle me le cacherait, et s'en irait élever son enfant loin de moi. J'ai été atroce dans ces débats, je le confesse avec des larmes de sang. Lorsqu'elle niait sa grossesse, j'en provoquais l'aveu par une tendresse perfide, et lorsqu'elle l'avouait, je lui brisais le cœur par mon découragement, mes malédictions, et, pourquoi ne dirais-je pas tout? par des doutes insultants sur sa fidélité, et des sarcasmes amers sur le bonheur qu'elle se promettait de donner un héritier à mes dettes, à ma paresse et à mon désespoir. Il y avait pourtant des moments d'enthousiasme et de repentir où j'acceptais cette destinée avec franchise et avec une sorte de courage fébrile; mais bientôt je retombais dans l'excès contraire, et alors Marthe, avec un dédain glacial, me disait: « Tranquillisez-vous donc; je vous ai trompé pour voir quel homme vous étiez. A présent que j'ai la mesure de votre amour et de votre courage, je puis vous dire que je ne suis pas grosse, et vous répéter que si je l'étais, je ne prétendrais pas vous associer à ce que je regarderais pour mon unique bonheur en ce monde.»

« Que vous dirai-je? chaque jour la plaie s'envenimait. Avant-hier la mésintelligence fut plus profonde que la veille, et puis hier, elle le fut à un excès qui m'eût semblé devoir amener une catastrophe, si nous n'eussions pas été comme blasés l'un et l'autre sur de pareilles douleurs. A minuit, après une querelle qui avait duré deux mortelles heures, je fus si effrayé de sa pâleur et de son abattement, que je fondis en larmes. Je me mis à genoux, j'embrassai ses pieds, je lui proposai de se tuer avec moi pour en finir avec ce supplice de notre amour, au lieu de le souiller par une rupture. Elle ne me répondit que par un sourire déchirant, leva les yeux au ciel, et demeura quelques instants dans une sorte d'extase. Puis, elle jeta ses bras autour de mon cou, et pressa longtemps mon front de ses lèvres desséchées par une fièvre lente. « Ne parlons plus de cela, me dit-elle ensuite en se levant: ce que vous craigniez tant n'arrivera pas. Vous devez être bien fatigué, couchez-vous; j'ai encore quelques points à faire. Dormez tranquille; je le suis, vous voyez! »

« Elle était bien tranquille en effet! Et moi, stupide et grossier dans ma confiance, je ne compris pas que c'était le calme de la mort qui s'étendait sur ma vie. Je m'endormis brisé, et je ne m'éveillai qu'au grand jour. Mon premier mouvement fut de chercher Marthe, pour la remercier à genoux de sa miséricorde. Au lieu d'elle, j'ai trouvé ce fatal billet. Dans sa chambre rien n'annonçait un départ précipité. Tout était rangé comme à l'ordinaire ; seulement la commode qui contenait ses pauvres hardes était vide. Son lit n'avait pas été défait : elle ne s'était pas couchée. Le portier avait été réveillé vers trois heures du matin par la sonnette de l'intérieur ; il a tiré le cordon comme il fait machinalement dans ce temps de choléra, où, à toute heure, on sort pour chercher ou porter des secours. Il n'a vu sortir personne, il a entendu refermer la porte. Et moi je n'ai rien entendu. J'étais là, étendu comme un cadavre, pendant qu'elle accomplissait sa fuite, et qu'elle m'arrachait le cœur de la poitrine pour me laisser à jamais vide d'amour et de bonheur. »

Après le douloureux silence où nous plongea ce récit, nous nous livrâmes à diverses conjectures. Horace était persuadé que Marthe ne pouvait pas survivre à cette séparation, et que si elle avait emporté ses hardes, c'était pour donner à son départ un air de voyage, et mieux cacher son projet de suicide. Je ne partageais plus sa terreur. Il me semblait voir dans toute la conduite de Marthe un sentiment de devoir et un instinct d'amour maternel qui devaient nous rassurer. Quant à Arsène, après que nous eûmes passé la journée en courses et en recherches minutieuses autant qu'inutiles, il se sépara d'Horace, en lui serrant la main d'un air contraint, mais solennel. Horace était désespéré. « Il faut, lui dit Arsène, avoir plus de confiance en Dieu. Quelque chose me dit au fond de l'âme qu'il n'a pas abandonné la plus parfaite de ses créatures, et qu'il veille sur elle. »

Horace me supplia de ne pas le laisser seul. Étant obligé de remplir mes devoirs envers les victimes de l'épidémie, je ne pus passer avec lui qu'une partie de la nuit. Laravinière avait couru toute la journée, de son côté, pour retrouver quelque indice de Marthe. Nous attendions avec impatience qu'il fût rentré. Il rentra à une heure du matin sans avoir été plus heureux que nous ; mais il trouva chez lui quelques lignes de Marthe, que la poste avait apportées dans la soirée. « Vous m'avez témoigné tant d'intérêt et d'amitié, lui disait-elle, que je ne veux pas vous quitter sans vous dire adieu. Je vous demande un dernier service : c'est de rassurer Horace sur mon compte, et de lui jurer que ma position ne doit lui causer d'inquiétude, ni au physique ni au moral. Je crois en Dieu, c'est ce que je puis dire de mieux. Dites-le aussi à *mon frère* Paul. Il le comprendra. »

Ce billet, en rendant à Horace une sorte de tranquillité, réveilla ses agitations sur un autre point. La jalousie revint s'emparer de lui. Il trouva dans les derniers mots que Marthe avait tracés un avertissement et comme une promesse détournée pour Paul Arsène. « Elle a eu, en s'unissant à moi, dit-il, une arrière-pensée qu'elle a toujours conservée et qui lui revenait dans tous les mécontentements que je lui causais. C'est cette pensée qui lui a donné la force de me quitter. Elle compte sur Paul, soyez-en sûrs ! Elle conserve encore pour notre liaison un certain respect qui l'empêchera de se confier tout de suite à un autre. J'aime à croire, d'ailleurs, que Paul n'a pas joué la comédie avec moi aujourd'hui, et qu'en m'aidant à chercher Marthe jusqu'à la Morgue, il n'avait pas au fond du cœur l'égoïste joie de la savoir vivante et résignée.

— Vous ne devez pas en douter, répondis-je avec vivacité ; Arsène souffrait le martyre, je vais tout de suite, en passant, lui faire part de ce dernier billet, afin qu'il repose en paix, ne fût-ce qu'une heure ou deux.

— J'y vais moi-même, dit Laravinière ; car son chagrin m'intéresse plus que tout le reste. » Et sans faire attention au regard irrité que lui lançait Horace, il lui reprit le billet des mains, et sortit.

« Vous voyez qu'ils sont tous d'accord pour me jouer ! s'écria Horace furieux. Jean est l'âme damnée de Paul, et l'entremetteur sentimental de cette chaste intrigue. Paul, qui doit si bien comprendre, au dire de Marthe, comment et pourquoi elle *croit en Dieu* (mot d'ordre que je comprends bien aussi, allez !...), Paul va courir en quelque lieu convenu, où il la trouvera ; ou bien il dormira sur les deux oreilles, sachant qu'après deux ou trois jours donnés aux larmes qu'elle croit me devoir, l'infidèle orgueilleuse l'admettra à offrir ses consolations. Tout cela est fort clair pour moi, quoique arrangé avec un certain art. Il y a longtemps qu'on cherchait un prétexte pour me répudier, et il fallait me donner tort. Il fallait qu'on pût m'accuser auprès de mes amis, et se rassurer soi-même contre les reproches de la conscience. On y est parvenu ; on m'a tendu un piége en feignant, c'est-à-dire en *feignant de feindre* une grossesse. Vous avez été innocemment le complice de cette belle machination ; on connaissait mon faible : on savait que cette éventualité m'avait toujours fait frémir. On m'a fourni l'occasion d'être lâche, ingrat, criminel... Et quand on a réussi à me rendre odieux aux autres et à moi-même, on m'abandonne avec des airs de victime miséricordieuse ! C'est vraiment ingénieux ! Mais il n'y aura que moi qui n'en serai pas dupe ; car je me souviens comment on a abandonné le *Minotaure*, et comment on s'est tenu caché pour laisser passer la première bourrasque de colère et de chagrin. Lui aussi, le pauvre imbécile, il a cru à un suicide ! lui aussi, il a été à la police et à la Morgue ! lui aussi, sans doute, a trouvé un billet d'adieu et de belles phrases de pardon au bout d'une trahison consommée avec Paul Arsène ! Je pense que c'est un billet tout pareil au mien ; le même peut servir dans toutes les circonstances de ce genre !... »

Horace parla longtemps sur ce ton avec une âcreté inouïe. Je le trouvai en cet instant si absurde et si injuste, que, n'ayant pas le courage de le blâmer hautement, mais ne partageant nullement ses soupçons, je gardai le silence. Après tout, comme j'étais forcé de le laisser à lui-même jusqu'au lendemain, j'aimais mieux le voir ranimé par des dispositions amères que terrassé par l'inquiétude insupportable de la journée. Je le quittai sans lui rien dire qui pût influencer son jugement.

XXIV.

Lorsque je revins le revoir dans l'après-midi, je le trouvai au lit avec un peu de fièvre et une violente agitation nerveuse. Je m'efforçai de le calmer par des remontrances assez sévères ; mais je cessai bientôt, en voyant qu'il ne demandait qu'à être contredit afin d'exhaler tout son ressentiment. Je lui reprochai d'avoir plus de dépit que de douleur. Alors il me soutint qu'il était au désespoir ; et à force de parler de son chagrin, il en ressentit de violents accès : la colère fit place aux sanglots. En cet instant Arsène entra. Le généreux jeune homme, sans s'inquiéter des soupçons injurieux d'Horace, que Laravinière ne lui avait pas cachés, vint tâcher de lui faire un peu de bien en le dissipant. Il y mit tant de grandeur et de dignité, qu'Horace se jeta dans son sein, le remercia avec enthousiasme, et, passant de l'aversion la plus puérile à la tendresse la plus exaltée, le pria d'être *son frère, son consolateur, son meilleur ami, le médecin de son âme malade et de son cerveau en délire*.

Quoique nous sentissions bien, Arsène et moi, qu'il y avait de l'exagération dans tout cela, nous fûmes attendris des paroles éloquentes qu'il sut trouver pour nous intéresser à son malheur, et nous voulûmes passer le reste de la journée avec lui. Comme il n'avait pas de fièvre, et qu'il n'avait rien pris la veille, je l'emmenai dîner avec Arsène chez le brave Pinson. Nous rencontrâmes Laravinière en chemin, et je l'emmenai aussi. D'abord notre repas fut silencieux et mélancolique comme le comportait la circonstance ; mais peu à peu Horace s'anima. Je le forçai de boire un peu de vin pour réparer ses forces et rétablir l'équilibre entre le principe sanguin et le principe nerveux. Comme il était ordinairement sobre dans ses boissons, il éprouva plus rapidement que je ne m'y attendais les effets de deux ou trois verres de bordeaux, et alors il devint expansif et plein d'énergie. Il nous témoigna à tous trois un redoublement d'amitié que nous accueillîmes d'abord avec sympathie, mais qui bientôt déplut un peu à Paul, et beaucoup à Laravinière. Horace ne s'en aperçut pas, et continua à s'enthousiasmer, à les prôner l'un et l'autre sans qu'ils sussent trop à propos de quoi. Insensiblement le souvenir de Marthe venant se mêler à son effusion, il se livra à l'espérance de la retrouver, jeta au ciel ce brûlant défi, se vanta de l'apaiser, de la rendre heureuse, et, pour nous faire partager sa confiance, nous entretint de la passion qu'il avait su lui inspirer et nous en peignit l'ardeur et le dévouement avec un orgueil peu convenable. Arsène pâlit plusieurs fois en entendant parler de la beauté et des grâces ineffables de Marthe en style de roman, avec une chaleur pleine de vanité. Le fait est qu'Horace, retenu jusqu'alors par le peu d'encouragement et d'approbation que nous avions donné à son triomphe sur Marthe, avait souffert de le savourer toujours en silence. Maintenant qu'un intérêt commun nous avait fortuitement conduits à lui parler à cœur ouvert, à l'interroger, à l'écouter et à discuter avec lui sur ce sujet délicat, maintenant qu'il voyait toute l'estime et toute l'affection que nous portions à celle qu'il avait si mal appréciée, il éprouvait une vive satisfaction d'amour-propre à nous entretenir d'elle, et à repasser en lui-même la valeur du trésor qu'il venait de perdre. C'était un prétexte pour faire briller ce trésor devant nous sans fatuité coupable, et il était facile de voir qu'il était à demi consolé de son désastre par le droit qu'il en prenait de rappeler son bonheur. Quoique Arsène fût au supplice, il l'écouta, il l'aida même à cet épanchement imprudent avec un courage étrange. Quoique le sang lui montât au visage à chaque instant, il semblait être résolu à étudier Marthe dans l'imagination d'Horace comme dans un miroir qui la lui révélait sous une face nouvelle. Il voulait surprendre le secret de cet amour que son rival avait eu le bonheur d'inspirer. Il savait bien comment il l'avait perdu, car il connaissait le côté sérieux du caractère de Marthe ; mais ce côté romanesque qui s'était laissé dominer par la passion d'un insensé, il l'analysait et le commentait dans sa pensée en l'entendant dépeindre par cet insensé lui-même. Plusieurs fois il pressa le bras de Laravinière pour l'empêcher d'interrompre Horace, et quand il en eut assez appris, il lui dit adieu sans amertume et sans mépris, quoique tant de légèreté et de forfanterie déplacée lui inspirât bien quelque secrète pitié.

A peine nous eut-il quittés, que Laravinière, cédant à une indignation longtemps comprimée, fit à Horace quelques observations d'une franchise un peu dure. Horace était, comme on dit, tout à fait monté. Il avalait du café mêlé de rhum, quoique je me plaignisse de cet excès de zèle à outrepasser ma prescription. Il leva la tête avec surprise en voyant la muette attention de Laravinière se changer en critiques assez sèches. Mais il n'était déjà plus d'humeur à supporter humblement un reproche : l'accès de repentir et de modestie était passé, la gloriole avait repris le dessus. Il répondit avec froid dédain de Laravinière par des sarcasmes amers sur l'amour ridicule et malavisé qu'il lui supposait pour Marthe ; il eut de l'esprit, il acheva de s'enivrer avec la verve de ses réponses et de ses attaques. Il devint blessant ; il prit de la colère en s'efforçant de rire et de dénigrer. Ce dîner eût fini fort mal si je ne fusse intervenu pour couper court à une discussion des plus envenimées.

— Vous avez raison, me dit Laravinière en se levant, j'oubliais que je parlais à un fou.

Et, après m'avoir serré la main, il lui tourna le dos. Je ramenai Horace chez lui : il était complètement gris, et ses nerfs plus irrités qu'avant. Il eut un nouvel accès de fièvre, et comme j'étais forcé d'aller encore à mes malades, je craignis de le laisser seul. Je descendis chez Laravinière, qui venait de rentrer de son côté, et le priai de monter chez Horace.

— Je le veux bien, dit-il ; je le fais pour vous, et puis aussi pour Marthe, qui me le recommanderait si elle le savait tant soit peu malade. Quant à lui personnellement, voyez-vous, il ne m'inspire pas le moindre intérêt, je vous le déclare. C'est un fat qui se drape dans sa douleur, et qui en a infiniment moins que vous et moi.

Aussitôt que je fus sorti, Jean s'installa auprès du lit de son malade, et le regarda attentivement pendant dix minutes. Horace pleurait, criait, soupirait, se levait à demi, déclamait, appelait Marthe tantôt avec tendresse, tantôt avec fureur. Il se tordait les mains, déchirait ses couvertures et s'arrachait presque les cheveux. Jean le regardait toujours sans rien dire et sans bouger, prêt à s'opposer aux actes d'un délire sérieux, mais résolu de n'être pas dupe d'une de ces scènes de drame qu'il lui attribuait la faculté de jouer froidement au milieu de ses malheurs les plus réels.

A mes yeux (et je crois l'avoir connu aussi bien que possible), Horace n'était pas, comme le croyait Jean, un froid égoïste. Il est bien vrai qu'il était froid ; mais il était passionné aussi. Il est bien vrai qu'il avait de l'égoïsme ; mais il avait en même temps un besoin d'amitié, de soins et de sympathie qui dénotait bien l'amour des semblables. Ce besoin était si puissant chez lui, qu'il était porté jusqu'à l'exigence puérile, jusqu'à la susceptibilité maladive, jusqu'à la domination jalouse. L'égoïste vit seul ; Horace ne pouvait vivre un quart d'heure sans société. Il avait de la personnalité, ce qui est bien différent de l'égoïsme. Il aimait les autres par rapport à lui ; mais il les aimait, cela est certain, et on eût pu dire sans trop sophistiquer que, ne pouvant s'habituer à la solitude, il préférait l'entretien du premier venu à ses propres pensées, et que, par conséquent, il préférait en un certain sens les autres à lui-même.

Lorsque Horace avait du chagrin, il n'avait qu'un moyen de s'étourdir, et ce moyen était également bon pour ramener à lui les cœurs qu'il avait blessés, et pour dissiper sa propre souffrance : il se fatiguait. Cette fatigue singulière, qui agissait sur le moral aussi bien que sur le physique, consistait à donner à son chagrin un violent essor extérieur par les paroles, par les larmes, les cris, les sanglots, même par les convulsions et le délire. Ce n'était pas une comédie, comme le croyait Laravinière ; c'était une crise vraiment rude et douloureuse dans laquelle il entrait à volonté. On ne peut pas dire qu'il en sortît de même. Elle se prolongeait quelquefois au delà du moment où il en avait senti le ridicule ou la fatigue ; mais il suffisait d'un très-petit accident extérieur pour la faire cesser. Un reproche ferme, une menace de la personne qu'il prenait pour consolateur ou pour victime, l'offre subite d'un divertissement, une surprise quelconque, une petite contusion ou une mince écorchure attrapée en gesticulant ou en se laissant tomber, c'en était assez pour le ramener de la plus violente exaltation à la tranquillité la plus docile, et c'était là pour moi la meilleure preuve que ces émotions n'étaient pas jouées ; car dans le cas où il eût été aussi grand acteur que Jean le prétendait, il eût ménagé plus habilement le passage de la feinte à la réalité. Laravinière était impitoyable avec lui, comme les gens qui se gouvernent et se possèdent le sont avec ceux qui s'exaltent et s'abandonnent. S'il eût exercé les fonctions de médecin ou d'infirmier, il eût vite appris qu'il est entre les enfants et les fous une variété d'hommes à la fois ardents et faibles, irritables et dociles, énergiques et indolents, affectés et naïfs, en un mot froids et passionnés, comme je l'ai dit plus haut, et comme je tiens à le dire encore pour constater un fait dont l'observation n'est pas rare, bien qu'il soit communément regardé comme invraisemblable. Ces hommes-là sont souvent médiocres, et ils sont parfois d'une intelligence supérieure. C'est en général l'organisation nerveuse et compliquée des artistes qui présente plus ou moins ces phénomènes. Quoiqu'ils s'épuisent à ce fréquent abus de leurs facultés exubérantes, on les voit rechercher avec une sorte d'avidité fatale tous les moyens possibles d'excitation, et provoquer volontairement les orages qui n'ont que trop de véritable violence. C'est ainsi qu'Horace faisait usage du délire et du désespoir, comme d'autres font usage d'opium et de liqueurs fortes. « Il n'a qu'à se secouer un peu, disait Jean, aussitôt la fureur vient comme par enchantement, et vous le croiriez possédé de mille passions et de dix mille diables. Mais menacez-le de le quitter, et vous le verrez se calmer tout à coup comme un enfant que sa bonne menace de laisser sans chandelle. » Jean ne songeait pas qu'il y a à Bicêtre des fous furieux qui se tueraient si on les laissait faire, et que la menace d'un peu d'eau froide sur la tête rend tout à coup craintifs et silencieux.

« Mais, disait-il, Horace fait tout ce bruit-là pour qu'on l'entende, et quand personne ne se dérange, il prend son parti de dormir ou d'aller se promener. » C'était malheureusement la vérité, et, sous ce rapport, le pauvre enfant était inexcusable. Ses crises lui faisaient du bien : elles attiraient à lui l'intérêt, les soins, le dévouement; et alors les personnes qui lui étaient attachées faisaient mille efforts et trouvaient mille moyens de le distraire et de le consoler. L'un le flattait, et relevait par là son orgueil blessé; un autre le plaignait et le rendait intéressant à ses propres yeux; un troisième le menait au spectacle malgré lui, et remédiait par les amusements qu'il lui procurait à l'ennui que lui imposait son dénûment. Enfin, il aimait à être malade, comme font les petits collégiens pour aller à l'infirmerie prendre du repos et des friandises, et, comme un conscrit qui se mutile pour ne pas aller à l'armée, il se fût fait beaucoup de mal pour se soustraire à un devoir pénible.

Malheureusement pour lui, il eut affaire cette nuit-là au plus sévère de ses gardiens. Il le savait, mais il se flattait de le vaincre et de le dominer par un grand déploiement de souffrance. Il augmentait volontairement sa fièvre et se rendit aussi malade qu'il lui fut possible. Laravinière fut cruel. « Écoutez, lui dit-il d'un ton glacial, je n'ai aucune pitié de vous. Vous avez mérité de souffrir, et vous ne souffrez pas autant que vous le méritez. Je blâme toute votre conduite, et je méprise vos remords tardifs. Vous avez des flatteurs, des séides, je le sais; mais je sais aussi que s'ils vous avaient vu d'aussi près moi, au lieu de passer la nuit à vous veiller, comme je fais, ils iraient faire des gorges chaudes. Moi qui vous maltraite tout en vous gardant le secret de vos misères, je vous rends le plus grands services que tous ces niais qui vous gâtent en vous admirant. Mais écoutez bien un dernier avis. Ces gens-là apprendront à vous connaître, et ils vous mépriseront; et vous serez le but de leurs quolibets si vous ne commencez b en vite à être un homme et à vous conduire en conséquence; car il ne sied pas à un homme de pleurer et de se ronger les poings pour une femme qui le quitte. Vous avez autre chose à faire, et vous n'y songez pas. Une révolution se prépare, et si vous êtes las de la vie comme vous le dites, il y a là un moyen très-simple de mourir avec honneur et avec fruit pour les autres hommes. Voyez si vous voulez vous asphyxier comme une grisette abandonnée, ou vous battre comme un généreux patriote. »

Ce furent là les seules consolations qu'Horace reçut du président des bousingots, et il fallut bien les accepter. Il était trop tard pour en nier la logique et l'opportunité; car avant la fuite de Marthe, avant ce grand désespoir qu'il en ressentait, il s'était engagé, soit par amour-propre, soit par ennui, soit par ambition, à prendre part à la première affaire. Au dire de Jean, cette occasion ne tarderait pas à se présenter. Horace l'appela hautement de ses vœux; et Jean, dont le faible était de tout pardonner, à la condition qu'on prendrait un fusil pour moyen d'expiation, lui rendit promptement son estime, sa confiance et son dévouement. Il consentit pendant plusieurs jours à le soigner, à le promener, à l'exciter par les préparatifs de cette grande journée que chaque jour il lui promettait pour le lendemain, et Horace, recommençant les apprêts de sa mort, cessa de pleurer Marthe, et n'osa plus parler d'elle.

Un mois s'était écoulé depuis la disparition de cette jeune femme. Aucun de nous n'avait rien découvert sur son compte; et ce profond silence de sa part, dont Eugénie et Arsène surtout s'étaient flattés d'être exceptés, nous rejeta dans une morne épouvante. Je commençai à croire qu'elle avait été cacher loin de Paris un suicide, ou tout au moins une maladie grave, une mort douloureuse, et je n'osai plus me livrer avec mes amis aux commentaires que je faisais intérieurement. Je crois que le même découragement s'était emparé des autres. Je ne voyais presque plus Arsène. Horace ne prononçait plus le nom de l'infortunée, et semblait nourrir des projets sinistres qu'il me faisait entrevoir d'un air tragique et sombre. Eugénie pleurait souvent à la dérobée. Laravinière était plus conspirateur que jamais, et la politique l'absorbait entièrement.

Sur ces entrefaites, madame de Chailly la mère m'écrivit que le choléra venait de faire irruption dans la petite ville que ses propriétés avoisinaient. Elle tremblait, non pour elle-même (elle n'y songeait seulement pas), mais pour ses amis, pour sa famille, pour ses paysans, et m'engageait de la manière la plus pressante et la plus affectueuse à venir passer dans le pays cette triste époque. Il n'y avait pas de médecin dans nos campagnes; le choléra cessait à Paris. Je vis un devoir d'humanité et d'amitié en même temps à remplir, car tous les anciens amis de mon père étaient menacés. Je me disposai à partir et à emmener Eugénie.

Horace vint à plusieurs reprises me faire ses adieux. Il me félicitait de pouvoir quitter *cette affreuse Babylone*. Il enviait mon sort à tous les égards; il eût bien désiré pouvoir *s'en aller* avec moi. Enfin, je vis qu'il avait besoin de s'épancher; et, suspendant pour quelques heures mes apprêts de départ, je l'emmenai au Luxembourg, et le priai de s'expliquer. Il se fit prier beaucoup, quoiqu'il mourût d'envie de parler. Enfin il me dit :

« Eh bien, il faut vous ouvrir mon cœur, quoiqu'un serment terrible me lie. Je ne puis agir en aveugle dans une circonstance aussi grave; il me faut un bon conseil, et vous seul pouvez me le donner. Voyons! mettez-vous à ma place : si vous étiez engagé sur la vie, sur l'honneur, sur tout ce qu'il y a de sacré, à partager les convictions et à seconder les efforts d'un homme en matière politique, et si tout à coup vous aperceviez que cet homme se trompe, qu'il va commettre une faute, compromettre sa cause... je dis plus, si vos idées avaient dépassé les siennes, et que ses principes fussent devenus absurdes à vos yeux dessillés, pensez-vous qu'il aurait le droit de vous mépriser; pensez-vous que quelqu'un au monde aurait celui de vous blâmer, pour avoir délaissé l'entreprise et rompu avec ses moteurs à la veille d'y mettre la main? Dites, Théophile; ceci est bien sérieux. Il y va de ma réputation, de ma conscience, de tout mon avenir.

— D'abord, lui dis-je, je suis heureux de vous entendre parler de votre avenir; car il y a un mois que je m'effraie de vos idées sombres et de vos continuelles pensées de mort. Maintenant vous me prenez pour arbitre à propos d'un fait ou d'un sentiment politique. Me voilà bien embarrassé; vous savez combien ma position est fausse sur ce terrain-là : fils de gentilhomme, ami et parent de légitimistes, j'ai une sorte de dignité extérieure assez délicate à garder. Bien que mes principes, mes certitudes, ma foi, mes sympathies soient encore plus démocratiques peut-être que ceux de Laravinière et consorts, je ne puis, chose étrange et pénible, leur donner la main pour faire un seul pas avec eux. J'aurais l'air d'un transfuge; je serais méprisé dans le camp où j'ai été élevé; je serais repoussé avec méfiance de celui où je viendrais me présenter. Mon sort est celui d'un certain nombre de jeunes gens sincères qui ne peuvent désavouer du jour au lendemain la religion de leurs pères, et qui pourtant ont le cœur chaud et le bras solide. Ils sentent que la cause du passé est perdue, qu'elle ne mérite pas d'être disputée plus longtemps, que la victoire des novateurs est juste et sainte. Ils voudraient pouvoir arborer les couleurs nouvelles de l'égalité, qu'ils aiment et qu'ils pratiquent. Mais il y a là une question de convenances qu'on ne leur permet pas de violer, et que, de toutes parts, on les force à respecter, quoique, de toutes parts, on sache aussi bien qu'eux qu'elle est arbitraire, vaine et injuste. Je suis donc forcé de m'abstraire de tout concours à l'action politique; et quand je serai électeur, j'ignore absolument s'il me sera possible de voter avec l'impartialité et le discernement que je voudrais apporter à cette noble fonction. En un mot, je me suis retranché jusqu'à nouvel ordre, et qui sait pour combien d'années, dans un jugement philosophique des hommes et des choses de mon temps. C'est une souffrance profonde parfois, quand je me souviens que j'ai vingt-cinq ans, et que j'ai l'ardeur et le courage de ma jeunesse ; c'est aussi une jouissance infinie quand je considère que les passions politiques, avec leurs erreurs, leurs égarements, leurs crimes involontaires, me sont pour longtemps interdites, et que je puis garder sans lâcheté ma religion sociale dans toute sa candeur. Mais comment voulez-vous qu'un homme ainsi séparé de vos mouvements et isolé de vos agitations vous montre la direction que vous devez prendre, vous, républicain de nature, de position, et pour ainsi dire de naissance ?

— Tout ce que vous dites là, reprit Horace, me donne beaucoup à penser. Il y a donc une autre manière d'aimer la république et d'en pratiquer les principes, que de se jeter en aveugle et à corps perdu dans les mouvements partiels qui préparent sa venue ? Oui, certes, je le savais bien, je le sentais bien, et il y a longtemps que j'y songe ! il est une région de persévérance et d'action philosophique au-dessus de ces orages passagers ! il est un point de vue plus vrai, plus pur, plus élevé que toutes les déclamations et les conspirations émeutières !

— Je n'ai tranché ainsi la question, répondis-je, que par rapport à moi et à cause de ma situation pour ainsi dire exceptionnelle dans le mouvement présent. J'ignore ce que je ferais à votre place ; cependant, je puis vous dire que si j'étais royaliste, légitimiste et catholique, comme la plupart des jeunes gens de ma caste, je n'hésiterais pas à me joindre à la duchesse de Berri, comme à un principe.

— Vous feriez la guerre civile ? dit Horace ; eh bien, voilà ce qu'on me propose, voilà où l'on veut m'entraîner. Et moi je répugne à de tels moyens, et j'attends mieux de la Providence.

— A la bonne heure ! En ce cas, vous renoncez à jouer un rôle actif ; car une révolution parlementaire ne peut manquer de durer au moins un siècle, au point où en sont les choses.

— Un siècle ! Le peuple n'attendra pas un siècle ! s'écria Horace, oubliant la question personnelle pour la question générale.

— Soyez donc d'accord avec vous-même, lui dis-je : ou il y aura des révolutions violentes, et par conséquent des conflits rapides et énergiques entre les citoyens, ou bien il y aura de longs débats de paroles, une lutte patiente de principes, un progrès sûr, mais lent, où nous n'aurons rien à faire, vous et moi, qu'à profiter pour notre compte des enseignements de l'histoire. C'est déjà beaucoup, et je m'en contente.

— Ce sera plus prompt que vous ne croyez, et pour ma part je compte bien aider à l'œuvre, soit par la parole, soit par les écrits, si je puis trouver une tribune ou un journal.

— En ce cas, vous n'hésitez pas à vous retirer de toute émeute, et j'approuve votre fermeté courageuse, car la tentation est forte, et moi-même qui ne puis y prendre part, j'ai souvent de la peine à y résister.

— Oui, sans doute, ce sera un grand courage, dit Horace avec un peu d'emphase ; mais je l'aurai, parce que je dois l'avoir. Ma conscience me fait d'amers reproches de m'être laissé entraîner à ces projets incendiaires ; je lui obéis. Vous m'avez rendu un grand service, Théophile, de m'avoir expliqué à moi-même. Je vous en remercie. »

Je ne voyais pas trop en quoi j'avais éclairci Horace sur un point qu'il avait posé nettement dès le commencement de l'explication ; et, le trouvant si bien d'accord avec lui-même, j'allais le quitter, lorsqu'il me retint.

« Vous n'avez pas répondu à ma question, me dit-il.

— Vous ne m'en avez point fait que je sache, répondis-je.

— Pardieu ! reprit-il, je vous ai demandé si quelqu'un de mes amis ou de mes prétendus coopinionnaires, si Jean le bousingot, par exemple, pourrait s'arroger le droit de me blâmer en me voyant renoncer aux folies de la conspiration émeutière, pour rentrer dans cette voie plus large et plus morale dont je n'aurais jamais dû sortir.

— D'après ce que vous me dites, je vois, répondis-je, que vous avez commis une faute. Vous vous êtes lié par des promesses à quelque affiliation...

— C'est mon secret, » reprit-il précipitamment. Puis il ajouta : « Je ne connais ni affiliation, ni conspiration ; mais Laravinière est un fou, un exalté, comme bien vous savez. Il n'en fait aucun mystère à ses amis, et personne n'ignore qu'il est en avant dans toutes les bagarres de faubourg. Vous devez bien pressentir que nous n'avons pas habité la même maison pendant plusieurs mois, sans qu'il m'entretînt de ses rêves révolutionnaires. Dans un moment de désespoir de toutes choses et de complet abandon de moi-même, j'ai désiré des émotions, des combats, des dangers et, pourquoi ne l'avouerais-je pas, une mort tragique, à laquelle se serait attachée quelque gloire. Je me suis livré comme un enfant, et, si je m'arrête aujourd'hui, il ne manquera pas de dire que je recule. Dans son héroïsme grossier, il m'accusera d'avoir peur, et il sera forcé peut-être de me battre avec lui pour lui prouver que je ne suis point un lâche.

— Dieu nous préserve d'un pareil incident ! m'écriai-je. Il vous faut éviter à tout prix la nécessité de vous couper la gorge avec un de vos meilleurs amis. Mais je ne crois pas qu'il y mette la violence et la brutalité que vous supposez. Une franche et loyale explication de vos idées, de vos principes et de vos résolutions, lui fera juger plus sainement de votre caractère.

— Malheureusement, reprit Horace, Jean n'a ni idées ni principes. Ses résolutions ardentes sont le résultat de ses instincts belliqueux, de son tempérament sanguin, comme vous diriez. Il ne me comprendra pas, et il m'accusera, et puis il y a un danger beaucoup plus grave que celui de m'irriter et de croiser l'épée avec lui : c'est le bruit qu'il va faire de ma prétendue défection parmi ses compagnons, bousingots, braillards et tracassiers, qui ne savent que déclamer dans les estaminets, détonner la Marseillaise, échanger quelques horions avec les sergents de ville, et se dissiper avec la fumée du premier coup de fusil. Je suppose que leurs folles entreprises réussissent, que le peuple prenne parti pour eux et avec eux un beau matin, que le gouvernement bourgeois soit culbuté, et qu'un essai de république commence ; ces jeunes gens-là, véritables mouches du coche, vont se faire passer pour des héros. Il y a tant de charlatanisme en ce monde, et les mouvements révolutionnaires favorisent si bien toutes les sale puissance, qu'on les proclamera peut-être les sauveurs de la patrie. Ils auront donc un pied à l'étrier ; et moi je serai rejeté bien loin, et taxé par eux de m'être caché dans les caves au jour du danger. Voyez ! les choses les plus bouffonnes ont parfois des résultats sérieux. Savez-vous que les principaux chefs de l'opposition de 1830 ont perdu beaucoup de leur influence sur les masses pour avoir désavoué l'émeute au 27 juillet, et pour avoir à peine compris, le 28, que c'était une révolution ? A plus forte raison, moi, jeune homme obscur, qui n'ai encore pour m'étayer et me développer que ce misérable noyau d'étudiants bousingots, serai-je entaché et comme flétri, au début de ma carrière, par les souvenirs arrogants et les accusations stupides de ces gens-là ? Qu'en pensez-vous ? Voilà ce que je vous demande.

— Je vous répondrai, mon cher Horace, que tout est possible, mais qu'il y a un moyen sûr d'échapper à de pareilles accusations : c'est d'être logique, et de ne prendre part à aucune action violente, le lendemain beaucoup moins encore que la veille. Vous êtes philosophe comme moi, ou révolutionnaire comme l'ami Jean. Il n'y a pas de terme moyen. Si vous conservez vos rêves d'ambition, vous avez besoin de l'opinion des masses. Vous n'avez encore pour milieu qu'une coterie ; il faut plaire à cette coterie, marcher avec elle, et lui obéir afin de la convaincre, de l'éblouir et de la dominer plus tard. Si vous pensez comme moi, que le moment n'est pas venu pour les hommes sérieux de voir réaliser leurs principes ; si vous croyez (comme vous l'avez dit en commençant cette conversation) que les entreprises où l'on vous pousse compromettent la cause de la liberté, il faut être bien résolu d'avance à ne pas chercher des avantages person-

Elle se costuma en amazone. (Page 75.)

nels dans un résultat inespéré. Il faut remettre votre carrière politique à des temps plus éloignés. Vous êtes jeune, vous verrez peut-être arriver le triomphe de la civilisation par des moyens conformes à vos principes de morale. »

Horace ne me répondit rien, et revint avec moi tout rêveur et tout triste. En arrivant à ma porte, il me remercia de mes avis, les déclara logiques et rationnels, et me quitta sans me dire à quel parti il s'arrêtait. Je partais le lendemain matin.

Dans la soirée, inquiet de la manière dont nous nous étions séparés, et craignant qu'il ne se portât à quelque résolution dangereuse, j'allai chez lui, mais je ne le trouvai pas, et M. Chaignard me dit de l'air le plus gracieux :

« M. Dumontet est parti pour la province depuis une heure, il a reçu une lettre de ses parents ; madame sa mère est à l'extrémité. Le pauvre jeune homme est parti tout bouleversé. Il m'a laissé la moitié de ses effets en dépôt. Sans doute il reviendra dans peu de jours. »

Je montai chez Laravinière. « Avez-vous vu Horace ? lui demandai-je — Non, me dit-il ; mais Louvet l'a vu monter en diligence d'un air aussi peu affligé que s'il allait hériter d'un oncle, au lieu d'enterrer sa mère.

— Vraiment, vous le haïssez trop, m'écriai-je ; vous êtes cruel pour lui : Horace est un bon fils, il adore sa mère.

— Sa mère ! répondit Jean en levant les épaules ; elle n'est pas plus malade que vous et moi. »

Il ne voulut pas s'expliquer davantage.

XXV.

Le choléra fit assez de ravages dans la ville voisine de nos campagnes ; mais il ne passa point la rivière, et les habitants de la rive gauche, desquels nous faisions partie, furent préservés. Dans l'attente d'une irruption toujours possible, je restai dans ma petite propriété, voyant tous les jours la famille de Chailly, dont le château était situé à la distance d'un quart de lieue, et veillant avec sollicitude sur ma vieille amie la comtesse, et sur ses petits-enfants dont elle était beaucoup plus occupée que leur mère, la merveilleuse vicomtesse Léonie. Cette dernière, quoique fort bienveillante pour moi dans ses manières,

Ils partirent en assez bonne intelligence. (Page 75.)

me déplaisait de plus en plus. Ce n'est pas qu'elle manquât d'esprit, ni de caractère. Elle avait certaines qualités brillantes à l'extérieur, qui attiraient également les gens très-affectés et les gens très-ingénus : ceux-ci, la prenant de bonne foi pour la femme supérieure qu'elle voulait être, et ceux-là souscrivant à ses prétentions, moyennant une convention tacite, passée avec elle, d'être reconnus pour hommes supérieurs eux-mêmes. Elle avait à Chailly comme à Paris, une petite cour assez ridicule, et même plus ridicule qu'à Paris; car elle la recrutait de plusieurs gentilshommes campagnards, élégants frelatés dont elle se moquait cruellement avec les élégants de meilleur aloi qu'elle avait ameués de Paris. Ces pauvres jeunes gens du cru se guindaient pour être à la hauteur de son bel esprit, et n'en étaient que plus sots; mais ils montaient à cheval avec elle, la suivaient à la chasse, bourdonnaient sur sa piste, ou papillonnaient autour de son étrier, sans s'apercevoir qu'ils n'étaient accueillis que pour faire nombre au cortége, et afin que les femmes de la province eussent à dire, avec dépit, que la vicomtesse accaparait tous les hommes du département.

La comtesse, habituée à la haute tolérance de la bonne compagnie, menait une vie à part dans le château. Elle surveillait les enfants, les précepteurs et gouvernantes, les travaux de la terre et l'ordre de la maison. Alerte et vigilante, malgré son grand âge, elle était si nécessaire à l'indolente Léonie, qu'elle en obtenait des égards et des gracieusetés où l'affection n'entrait cependant pour rien. Le vicomte, son fils, était un personnage fort nul, indulgent par insouciance, et très-disposé à tout permettre à sa femme à condition qu'elle ne le gênerait en rien. Riche et borné, il était plus occupé à dépenser son bien avec des demoiselles de l'Opéra qu'à le faire prospérer avec sa mère. Il était presque toujours à Paris, et, pour se faire pardonner ses absences un peu équivoques, il s'acquittait scrupuleusement des nombreuses emplettes de toilette dont le chargeait la vicomtesse. C'était là le véritable lien conjugal entre eux, et le secret de leur bonne intelligence. Le pauvre homme aimait ses enfants instinctivement, et sa mère avec plus de tendresse qu'il n'en avait jamais eu pour personne ; mais il ne la comprenait pas, et il était incapable de donner à ses enfants une bonne direction. Tout dans cette famille respirait extérieurement l'union et l'harmonie, quoique en réalité ce ne fût pas une famille, et que, sans le dévouement absolu et infatigable de la vieille femme qui en était le chef et la providence, il n'eût pas été possible aux autres de vivre vingt-quatre heures sous le même toit.

J'étais depuis peu de jours dans le pays, lorsque je reçus un billet d'Horace, daté de sa petite ville. « Ma mère est sauvée, me disait-il. Je retourne à Paris la semaine prochaine ; je passe à vingt lieues de chez vous. Si vous y êtes encore, je puis faire un détour et aller causer avec vous quelques heures sous les tilleuls qui vous ont vu naître. Un mot, et je trace mon itinéraire en conséquence. »

Eugénie fit une petite moue quand je lui dis que j'avais répondu à ce billet par une invitation empressée ; mais lorsque Horace arriva, elle ne lui en fit pas moins les honneurs de notre humble manoir avec l'obligeance digne et simple dont elle ne pouvait se départir.

Madame Dumontet n'avait pas été aussi gravement malade que son mari l'avait écrit à Horace sous l'influence d'une première inquiétude. Le choléra n'avait pas été par là, et Horace avait trouvé sa mère presque rétablie ; mais il n'avait pu s'arracher tout à coup des bras de ses parents, et s'il eût voulu les croire, il aurait passé avec eux le reste de l'été.

« Mais cette petite ville m'est devenue intolérable, dit-il, et j'ai senti cette fois plus vivement que jamais que j'en ai fini avec mon pauvre pays. Quelle existence, mon ami, que cette économie sordide à l'abri de laquelle on végète là, sans honneur, sans jouissance et sans utilité ! Quelles gens que ces provinciaux, envieux, ignares, encroûtés et vains ! S'il me fallait rester parmi eux trois mois entiers, je vous jure que je me brûlerais la cervelle. »

Le fait est que les habitudes modestes, l'esprit de contrôle un peu taquin, et l'obscurité un peu forcée des petites villes, étaient inconciliables avec les goûts et les besoins que l'éducation avait créés à Horace. Ses bons parents avaient tout fait pour qu'il en fût ainsi, et cependant ils étaient naïvement stupéfaits du résultat de leur ambition. Ils ne comprenaient rien aux énormes dépenses de ce jeune homme qu'ils voyaient si dédaigneux des plaisirs de leur endroit, le bal public, le café, les actrices ambulantes, la chasse, etc. Ils s'affligeaient de l'ennui mortel qui le gagnait auprès d'eux, et qu'il n'avait pas la force de leur cacher. Son intolérance pour leur prudence en matière de politique, son mépris acerbe pour leurs vieux amis, son dégoût devant les caresses et les avances des parents campagnards, sa mélancolie sans cause avouée, ses déclamations contre le siècle de l'argent (avec de si grands besoins d'argent), son humeur sombre et inégale, ses mystérieuses réticences lorsqu'il était question de femmes, d'amour ou de mariage, c'étaient là autant de chagrins profonds et dévorants pour eux, et surtout pour la pauvre mère, qui voulait découvrir en lui quelque cause de malheur exceptionnel, inouï, ne voyant pas que les autres enfants de sa province, élevés comme lui, maudissaient comme lui leur sort.

Quelques heures d'entretien avec Horace m'apprirent toute l'anxiété de sa famille, tout l'ennui qu'il en avait ressenti, et tous les torts qu'il avait eus, quoiqu'il ne me les avouât qu'en les présentant comme des conséquences inévitables de sa position. Il était *obsédé* des questions inquiètes que son père s'était permis de lui faire sur ses études et sur ses projets. Il était *supplicié* par les recommandations et les instances de sa mère, relativement à son travail et à sa dépense. Enfin, après avoir récriminé, déclamé, pleuré de rage et de tendresse en me peignant l'amour aveugle et inintelligent des chers et insupportables auteurs de ses jours, il conclut à un besoin immodéré de se distraire, afin de secouer tous ses dégoûts, et il me demanda de le mener au château de Chailly, où il avait appris qu'une belle partie de chasse se préparait.

Une heure après, il fut invité par la comtesse elle-même, qui vint, au milieu de sa promenade, se reposer un instant chez moi, comme elle le faisait souvent. Elle avait compris Eugénie au premier coup d'œil, et avait conçu pour elle une bienveillante sympathie. Horace fut frappé de l'amicale familiarité avec laquelle cette grande dame s'assit auprès de la fille du peuple, de la maîtresse du carabin, et lui parla simplement et affectueusement. Il remarqua aussi le bon sens et la dignité qu'Eugénie mit dans cet entretien avec la comtesse. A partir de ce jour il eut pour elle un respect qui se démentit rarement, et abjura presque toutes ses anciennes préventions.

L'arrivée d'Horace au château fut une bonne fortune pour la vicomtesse, qui commençait à s'ennuyer de son entourage, et qui se souvenait d'avoir trouvé de l'esprit et de l'originalité à ce jeune homme. Elle lui fit d'agréables reproches de l'avoir négligée à Paris.

« Vous avez trouvé notre maison ennuyeuse, lui dit-elle avec ce ton où la flatterie tenait de si près à la moquerie qu'il était difficile de savoir jamais laquelle des deux l'emportait ; nous le serons peut-être moins ici ; et d'ailleurs à la campagne, on est moins difficile.

— C'est cette considération qui m'a donné le courage de me présenter devant vous, Madame, » répondit Horace avec une humilité impertinente qui ne fut pas mal reçue.

La vicomtesse ne se connaissait pas plus en véritable esprit qu'en véritable mérite. Elle ne cherchait dans un homme qu'une seule capacité, celle qui consiste à savoir louer et aduler une femme. Au premier coup d'œil elle se rendait compte de l'effet qu'elle pouvait produire sur l'esprit d'un nouveau venu ; et s'il n'y avait pas de prise pour elle sur cet esprit-là, elle ne se donnait point de peine inutile, et le traitait tout de suite en ennemi. En cela consistait tout son tact. Elle ne se compromettait vis-à-vis de personne, et ne reculait devant aucune inimitié. Elle savait se faire assez de partisans pour ne pas craindre les adversaires. Pour juger les hommes qui l'approchaient, elle n'avait donc qu'un poids et qu'une mesure : quiconque ne l'appréciait pas était tenu, sans retour et sans appel, pour un butor, un cuistre ou un sot ; quiconque la remarquait et cherchait à se faire remarquer par elle, était noté et enrôlé d'avance dans la brigade de ses favoris ou de ses protégés. Les manières timides, l'émotion d'un jeune adorateur, lui plaisaient ; mais l'audace d'un fat entreprenant lui plaisait davantage. Froide et maladive, elle ne pouvait pas être tout à fait galante ; mais elle était coquette et dissolue à sa manière, et donnait de prétendus droits sur son cœur, toutes sortes d'espérances, et de minces faveurs, à plusieurs hommes à la fois, tout en ayant l'habileté de faire croire à chacun qu'il était le premier et le dernier qu'elle eût aimé ou qu'elle dût aimer. Comme il n'est point de méchant caractère qui n'ait, comme les qualités, les défauts de ses défauts, on pouvait dire, à sa louange, qu'elle n'avait pas d'hypocrisie avec le monde, et qu'elle n'affectait pas les principes qu'elle n'avait pas. Elle montrait beaucoup d'indépendance dans ses idées et d'excentricité dans sa conduite. Elle ne croyait à aucune vertu ; mais, ne blâmant aucun vice, elle parlait des autres femmes avec plus de loyauté que ne le font ordinairement les femmes du monde. Elle le faisait sans ménagement et sans malice, ne se piquant pas de pudeur à cet égard, et n'en ayant pas plus que par passion.

Horace ne songea pas même à douter de cette supériorité féminine qui recherchait son hommage. Il l'accepta d'emblée, non-seulement parce qu'elle était riche, patricienne, courtisée et parée, et que tout cela était neuf et séduisant pour lui, mais encore parce qu'il avait absolument la même manière de juger les gens, et de les prendre, comme elle, en affection ou en antipathie selon qu'il était goûté ou dédaigné. Dès le premier jour où le regard de la vicomtesse avait croisé le sien, ce mutuel besoin de l'admiration d'autrui qui les possédait s'était manifesté. Leurs vanités réciproques s'étaient prises corps à corps, se défiant et s'attirant comme deux champions avides de mesurer leurs forces et de se glorifier aux dépens l'un de l'autre.

La vicomtesse songea toute la nuit aux trois toilettes

qu'elle ferait le lendemain. D'abord elle apparut dès le matin sur le perron, en robe de chambre si blanche, si fine, si flottante, qu'elle rappelait Desdemona chantant la romance du Saule. Puis, pendant qu'on apprêtait les chevaux, elle se costuma en amazone du temps de Louis XIII, risquant une plume noire sur l'oreille, qui eût été de mauvais goût au bois de Boulogne, et qui était fort piquante et fort gracieuse au fond des bois de Chailly. Au retour de la chasse, elle fit une toilette de campagne d'un goût exquis, et se couvrit de tant de parfums qu'Horace en eut la migraine.

Quant à lui, il s'était levé avant le jour pour s'équiper en chasseur convenable, et grâce à ma garde-robe, il s'improvisa un costume qui ne sentait pas trop le basochien de Paris. Je le prévins que mon cheval était un peu vif, et l'engageai à le traiter doucement. Ils partirent en assez bonne intelligence; mais quand le cavalier fut sous le feu des regards de la châtelaine, il ne tint compte de mes avis, et eut de rudes démêlés avec sa monture. La galerie remarqua qu'il ne savait nullement gouverner un cheval.

« Vous montez en casse-cou, mon cher, lui cria familièrement le comte de Meilleraie, adorateur principal de la vicomtesse; vous vous ferez écraser contre la muraille. »

Horace trouva la leçon de mauvais goût, et, pour prouver qu'il la méprisait, il fit cabrer son cheval avec rage. Il était hardi et solide, quoiqu'il eût peu de leçons de manège, et, sachant bien qu'il ne pouvait lutter d'art et de science avec les écuyers expérimentés et pédants qui entouraient la vicomtesse, il voulut du moins les éclipser par son audace. Il réussit à effrayer la dame de ses pensées, au point qu'elle le supplia en pâlissant d'avoir plus de prudence. L'effet était produit, et le triomphe d'Horace sur tous ses rivaux fut assuré. Les femmes prisent plus le courage que l'adresse. Les hommes soutinrent que c'était un genre détestable, et qu'aucun d'eux ne voudrait prêter son cheval à un pareil fou; mais la vicomtesse leur dit qu'aucun d'eux n'oserait faire de pareilles folies et risquer sa vie avec autant d'insouciance. Comme elle voyait fort bien que toute cette crânerie d'Horace était en son honneur, elle lui en sut un gré infini, et s'occupa de lui seul tout le temps de la chasse. Horace l'y aida merveilleusement en ne la quittant presque pas, et en montrant pour la chasse en elle-même toute l'indifférence qu'il y portait. Il ne savait pas plus chasser que manier un cheval, et comme il n'y eût fait que des fautes, il affecta un profond mépris pour cette passion grossière.

« Pourquoi êtes-vous donc venu? lui dit madame de Chailly, qui voulait provoquer une réponse galante.

— J'y viens pour être auprès de vous, » répondit-il sans façon.

C'était plus que n'avait attendu la vicomtesse. Mais les circonstances servaient bien Horace; car cette brusque déclaration qu'il lui jetait à la tête, et qu'un peu plus de savoir-vivre eût fait tourner plus délicatement, sembla à celle qui la recevait l'effet d'une passion violente et prête à tout oser. Cette femme, d'une beauté contestable et d'un cœur problématique, n'avait jamais été aimée. On l'avait attaquée et poursuivie par curiosité ou par amour-propre. Jamais on ne l'avait désirée, et elle ne désirait rien tant elle-même que d'inspirer un amour emporté, dût-il compromettre la réputation de délicatesse, de goût et de fierté qu'elle avait travaillé à se faire. Elle espérait peut-être qu'un tel amour éveillerait en elle les émotions d'un enthousiasme qu'elle ne connaissait pas. Mais ce qu'il y a de certain, c'est que son imagination était satisfaite à tous autres égards; que sa vanité était blasée sur les triomphes de l'esprit et de la coquetterie, et qu'elle n'avait jamais éprouvé les transports que la beauté allume et que la passion entretient. Elle était lasse d'adulations, de soins et de fadeurs. Elle voulait voir faire des folies pour elle; elle voulait, non plus de l'excitation, mais de l'enivrement, et Horace semblait tout disposé à ce rôle d'amant furieux et téméraire dont la nouveauté devait faire cesser la langueur et l'ennui des vulgaires amours.

Cette pauvre femme avait eu cependant un ami dans sa vie, et elle l'avait conservé. C'était le marquis de Vernes, qui, à l'âge de cinquante ans, avait été son premier amant. Il y avait de cela une vingtaine d'années, et le monde ne l'avait pas su, ou n'en avait jamais été certain. Ami de la maison, ce roué habile avait profité des premiers sujets de dépit que l'infidélité du vicomte de Chailly avait donnés à sa femme. Il avait été le confident des chagrins de Léonie, et il en avait abusé pour séduire une enfant sans expérience, qui le regardait comme un père et se fiait à lui. Jusque-là cette infortunée n'avait eu d'autre défaut que la vanité; cet affreux début dans la vie, avec un vieux libertin, développa des vices dans son cœur et dans son intelligence. Elle eut horreur de sa chute, se sentit avilie, et se crut perdue à jamais, si, à force de science et de coquetterie, elle ne parvenait à s'en relever. Le marquis l'y aida; non qu'il fût accessible au remords, mais parce que, dans l'espèce de morale qu'il s'était faite de ses vices, il tenait à honneur de ne pas flétrir une femme aux yeux du monde et aux siens propres. C'était un homme singulier, mystérieux, profond en ruses, et d'une dissimulation froide, au milieu de laquelle régnait une sorte de loyauté. Né pour la diplomatie, mais éloigné de cette carrière par les événements de sa vie, il avait fait servir sa puissance secrète à satisfaire ses passions, non sans vanité, du moins sans scandale. Par exemple, il se piquait d'être ce que les femmes du monde appellent un *homme sûr*; et bien qu'à son regard doucereusement cynique, à ses propos délicatement obscènes, à son ton finement dogmatique en matière de galanterie, on reconnût en lui le libertin supérieur, le débauché de premier ordre, jamais le nom d'une de ses maîtresses, fût-elle morte depuis quarante ans en odeur de sainteté, ne s'était échappé de ses lèvres; jamais une femme n'avait été compromise par lui. Éconduit, il ne s'était jamais plaint; trahi, il ne s'était jamais vengé. Aussi le nombre de ses conquêtes avait été fabuleux, quoiqu'il eût toujours été fort laid. N'aimant point par le cœur, et sachant bien qu'il ne devait ses triomphes qu'à son adresse, il n'avait jamais été aimé; mais partout il s'était rendu nécessaire, et avait conservé ses droits plus longtemps que ne le font les hommes qu'on aime, et qui nuisent à la réputation et au repos. Tant qu'il désirait, il était le persécuteur le plus dangereux du monde, et fascinait par une audace persévérante et glacée. Dès qu'il possédait, il redevenait non-seulement inoffensif, mais encore utile et précieux. Il se conduisait généreusement, faisait les actes du dévouement le plus délicat, travaillait à réparer l'existence de la femme qu'il avait souillée, en un mot, relevait en public, par sa tenue, ses discours et sa conduite, la réputation de celle qu'il avait perdue en secret. Il faisait tout cela froidement, systématiquement, soumettant toutes ses intrigues à trois phases bien distinctes, tromper, soumettre et conserver. Au premier acte, il inspirait la confiance et l'amitié; au second, la honte et la crainte; au troisième, la reconnaissance et même une sorte de respect: bizarre résultat de l'amour à la fois le plus déloyal et le plus chevaleresque qui soit jamais passé par une cervelle humaine.

La vicomtesse Léonie avait été une des dernières victimes du marquis. Désormais elle était la femme à laquelle il se montrait le plus dévoué. Le drame immonde de la séduction avait été aussi plus sérieux pour lui, avec elle, qu'avec la plupart des autres. Il n'avait pas trouvé chez elle le moindre entraînement, et il avait été forcé d'attaquer et de flatter sa vanité, plus ingénieusement et plus patiemment peut-être qu'il ne l'avait fait de sa vie. Sa triste victoire avait excité chez Léonie un dégoût profond, un ressentiment amer, voisin de la haine et de la fureur. Elle l'avait menacé de dévoiler sa conduite à sa famille, de demander vengeance à son mari, même de se faire justice elle-même en le poignardant. Cette réaction violente n'était pas chez elle l'effet de la vertu outragée, mais celui de la vanité blessée et humiliée. Elle, si hautaine et si éprise d'elle-même, appartenir à un homme vieux, laid et froid! Elle en faillit mourir, et ce fut là le plus grand chagrin de sa vie. Le marquis en fut effrayé, lui qui ne l'avait jamais été; aussi travailla-t-il à la rassurer et à la relever à ses propres yeux avec un soin et un zèle qui dépassaient tous ses miracles précédents en ce genre. Pour rien au monde il n'eût voulu laisser dans une âme si dédaigneuse et si vindicative un souvenir odieux. Il alla jusqu'à jouer le remords, le désespoir et la passion, et il le fit si bien, que la vicomtesse crut être le premier amour de ce vieillard blasé. Son premier soin fut de lui trouver et de lui donner un amant qui consolât son amour-propre, et il y parvint sans que cet homme se doutât de son plan et s'aperçût de son concours. Léonie ne savait pas que le marquis avait agi ainsi avec toutes les femmes dont il avait voulu rester l'ami; et puis il fit pour elle cette différence, qu'avec les autres il avait parlé en philosophe du dix-huitième siècle, et qu'avec elle il parla en héros du dix-neuvième. Il feignit de se sacrifier, de s'arracher le cœur en se donnant un rival; et comme elle aimait à se croire capable d'inspirer un sentiment sublime, elle accepta le rôle nouveau qu'il venait de créer pour elle. De son côté, il y goûta le plaisir d'inspirer une reconnaissance exaltée; et ils jouèrent ensemble cette comédie tout le reste de leur vie. Il fut le confident résigné de tous ses caprices et l'entremetteur sentimental de toutes ses intrigues. Trop vieux désormais pour prétendre au partage, il s'en consola en se voyant prôné et cajolé ouvertement par une femme qui eût rougi d'avouer l'origine de leur intimité, mais qui le déclarait l'homme le plus remarquable, le plus grand esprit, et le plus beau caractère qu'elle eût jamais rencontré. Les femmes de seconde et de troisième jeunesse, qui avaient connu le marquis à leurs dépens, n'étaient pas dupes de cette amitié filiale; mais elles ne se vantaient pas d'en avoir deviné la cause; et lorsqu'il arrivait à quelqu'une d'entre elles de dire *amen* à tous les éloges que décernait Léonie au marquis, c'était quelque chose d'assez curieux que la contenance chaste et calme de ces deux femmes qui espéraient se tromper réciproquement, et qui savaient très-bien l'amer secret l'une de l'autre.

Il ne fallut qu'une journée au marquis pour deviner le penchant de la vicomtesse pour Horace. Comme, au point de vue de la prudence, qui est toute la morale du monde, il ne lui avait jamais donné que de bons conseils, il vit d'abord cette inclination d'un mauvais œil. Il ne pouvait pas suivre la chasse; mais il lut sur le front du jeune roturier, lorsqu'au retour celui-ci aida la vicomtesse à descendre de cheval, que ses espérances avaient couru le grand galop. Il pénétra dans les appartements de Léonie pendant qu'elle se faisait coiffer par une de ces soubrettes comme il en reste peu, devant lesquelles on ne se gêne pas. Assister à la toilette des dames était un privilège de l'ancien régime auquel l'âge du marquis l'autorisait encore.

« Ah çà! ma chère enfant, dit-il à Léonie, j'espère que si vous vous coiffez pour ce beau brun qui nous est tombé des nues, vous n'allez pas du moins vous coiffer de lui. C'est un garçon de bonne mine, et qui cause bien, j'en tombe d'accord; mais c'est un homme qui ne vous convient pas.

— Comme je suis habituée à vos plaisanteries, je ne me défendrai pas de cette supposition, répondit la vicomtesse en riant; mais dites-moi toujours pourquoi cet homme-là ne me conviendrait pas.

— Vous le savez bien, vous la femme la plus clairvoyante et la plus perspicace de la terre.

— Ma perspicacité ne m'a rien dit; car je n'ai pas fait à lui la moindre attention.

— En ce cas, je vais vous le dire, reprit le marquis, à qui ce mensonge n'en imposait nullement: ce monsieur-là est un homme de rien, un être commun, une *espèce* en un mot.

— Cher ami, ceci n'a pas de sens pour moi, dit la vicomtesse; vous oubliez toujours que je date mes opinions et mes idées d'après la révolution.

— Je date d'auparavant, et je n'ai cependant pas plus de préjugés que vous, ma chère vicomtesse; mais il y a des faits, et je les observe. Les gens d'une certaine classe peuvent avoir des qualités qui nous manquent; mais ils ont aussi des défauts que nous n'avons pas, et qui ne peuvent pas transiger avec les nôtres. Je ne leur refuse ni le talent, ni l'instruction, ni l'énergie; mais je leur refuse positivement le savoir-vivre.

— Est-ce que ce garçon en a manqué? dit la vicomtesse d'un air distrait; je n'y ai pas pris garde.

— Il n'en a pas manqué encore; il n'en manquera pas, tant qu'il ne s'agira que de se tenir parmi vos humbles serviteurs. Il ne pourrait, dans cette situation, que manquer parfois d'usage, et vous savez que je m'attache pas d'importance à de telles misères; mais si vous l'éleviez à une hauteur pour laquelle il n'est point fait, vous le verriez bientôt, comme tous vos pareils en pareil cas, manquer de tact, de réserve, de goût et de tenue, et vous auriez bientôt à rougir de lui.

— Mais vraiment, s'écria la vicomtesse avec un rire forcé, vous en parlez comme d'une chose arrêtée dans ma pensée, et je n'ai pas seulement songé à regarder comment il a le nez fait. »

Horace avait dans le marquis un dangereux adversaire, et, s'il s'en fût douté, il l'aurait certainement indisposé encore plus par sa hauteur et ses bravades. Mais le pauvre enfant était trop candide pour soupçonner l'empire qu'exerçait le vieux roué sur l'esprit de sa belle vicomtesse. Il s'en méfiait si peu, qu'il céda à cette bienveillante admiration que lui inspiraient les gens de qualité. Malgré tout son républicanisme, Horace était aristocrate dans l'âme. On pouvait lui appliquer le mot pittoresque du Misanthrope: « *La qualité l'entête.* » Il éprouvait pour ce monde-là une tolérance politique sans bornes, une sympathie de nature. Il ne pouvait voir un crime dans les habitudes d'élévation et de grandeur, lui qui était dévoré du besoin de ces choses, et qui se sentait fait pour en prendre sa part. Il admirait de la bonne compagnie sans la respecter; il désirait s'y mettre à l'unisson par ses manières, et il s'y essayait avec la pleine confiance d'y réussir bien vite. Cette facilité à se transformer, cette absence de roideur et de crainte, lui donnaient véritablement un grand charme. Il faisait vingt gaucheries dont pas une ne lui déplaisait, parce qu'il s'en apercevait le premier et en riait de bonne grâce, ne demandant pas pardon d'ignorer ce qu'on ne lui avait pas appris, déclarant à qui voulait l'entendre qu'il n'avait jamais vu le monde, et ne montrant ni fausse honte ni sot orgueil. Le laisser-aller de la campagne venait à son secours. La vicomtesse affectait de pousser ce sans-gêne aussi loin qu'il était possible, et de friser le mauvais ton dans son enjouement avec une mesure toujours exquise. Elle riait de tout son cœur des maladresses du nouveau venu, après les avoir bien provoquées; mais elle n'en riait que devant lui et avec lui; et il mettait de son côté tant de bonhomie et d'ouverture de cœur, que, malgré toutes les préventions de l'entourage, il gagna en un jour toutes les sympathies, même celle du comte de Meilleraie, qui ne prit de lui aucun ombrage, se confiant dans la supériorité de ses belles manières. Par malheur, le comte attribuait à ces manières une importance dont la vicomtesse ne faisait plus aucun cas depuis douze heures. Horace était cent fois plus aimable, avec sa tenue étourdie et dégagée, que le comte avec son dandysme et son dandinage. Ce dernier mot fut celui dont elle se servit pour expliquer à Horace, qui le lui demandait naïvement, ce que signifiait littéralement le premier.

Malgré la fatigue de la journée, on veilla longtemps au salon; à minuit on prit le thé, et à deux heures du matin on causait encore avec animation autour de la table chargée de fruits et de friandises sur lesquels Horace faisait main basse sans cérémonie. Le comte de Meilleraie, qui savait combien Léonie était romantique (au point de déclarer que lord Byron, qu'elle n'avait jamais vu, était le seul homme qu'elle eût aimé), se réjouissait de voir celui qui l'avait inquiété le matin se présenter sous un aspect aussi prosaïque. Il le bourrait de pâtisseries et de confitures, enchanté de voir la vicomtesse rire aux éclats de cette voracité d'écolier, et plein d'amicale gratitude pour Horace, qui se prêtait si bien à ce rôle d'homme sans conséquence. Mais la vicomtesse riait pour la première fois de sa vie sans ironie; elle comprenait qu'Horace se dévouait à la divertir pour être admis, n'importe à quel prix, dans son intimité. Elle l'avait entendu parler mieux qu'aucun des hommes par lesquels il se laissait maintenant plaisanter; elle l'avait vu à la chasse franchir des fossés et des barrières devant lesquels tous avaient reculé, parce qu'il y avait en effet dix chances contre une de s'y briser. Elle savait donc qu'il était supérieur à eux tous en esprit et en courage. Avec ces avantages-là, accepter le dernier rôle pour lui faire plaisir, c'était, selon elle, un acte de dévouement admirable et la preuve d'un amour sans bornes.

XXVI.

Mais celui qui, après elle, se laissa le plus gagner à l'apparente bonhomie d'Horace, fut son antagoniste déclaré, le vieux marquis de Vernes. Avec celui-là, Horace ne joua pas de rôle; il s'engoua sur-le-champ de ce caractère de grand seigneur, de ces graveleries princières, et de cette insolence leste et brillante qui lui apportaient un reflet des mœurs d'autrefois. Pour quiconque n'a vu les marquis du bon temps que sur la scène, voir poser dans la vie réelle un échantillon de cette race perdue est une véritable bonne fortune. Horace, sans songer que les courtisans de la royauté absolue avaient dégénéré dans leur genre, tout aussi bien que les preux de la féodalité, crut voir un Lauzun ou un Créqui dans le marquis de Vernes. Peu s'en fallut qu'il n'y vît, en d'autres moments, un duc de Saint-Simon. Ce qu'il y a de certain, c'est qu'il se prit pour lui d'un respect et d'une admiration qui se résumaient dans le désir de l'égaler et de le copier autant que possible. Horace avait une telle mobilité d'esprit, il était si impressionnable, qu'il ne pouvait se défendre de l'imitation. Il n'y avait pas trois jours qu'il allait au château, que déjà il s'essayait devant nous à prononcer du bord des lèvres comme le marquis, et qu'il me conjura de lui donner une des tabatières de mon père afin de s'exercer à semer élégamment du tabac sur sa chemise, copiant l'indolence gracieuse du vieillard, aussi bien que pouvait le faire un étudiant de seconde année, c'est-à-dire de la façon la plus ridicule du monde. Eugénie l'en avertit, et le mortifia beaucoup; car il avait oublié que le modèle avait assez près de lui-même et d'eux; mais il plagiait toute apparence d'originalité. Mais il n'en resta pas moins décidé à singer le marquis devant tous ceux qui ne pourraient pas faire, comme nous, la comparaison du maître avec l'écolier.

Grâce à une des anomalies nombreuses de son caractère, tandis qu'il nous rendait témoins de ses tentatives d'affectation, à un quart de lieue de là, sous les yeux de la vicomtesse, il déployait tous les charmes de la simplicité. Qui eût pu deviner que c'était là encore un rôle, et toujours une manière d'être arrangée pour l'effet? Horace avait, certes, une ingénuité réelle; mais il s'en servait et s'en débarrassait suivant l'occurrence. Quand elle lui réussissait, il s'y laissait aller, et il était *lui-même*, c'est-à-dire adorable. Quand elle lui nuisait, il entrait dans n'importe quel rôle, avec une facilité inconcevable, et il dominait quand il n'avait pas affaire à trop forte partie. Ce jeu-là eût été bien dangereux avec le vieux marquis, qui en savait plus long que lui, et encore plus avec la vicomtesse, élève du vieux roué, et capable de lutter avec avantage contre son maître lui-même. Aussi Horace, prenant le parti d'être naturel, les séduisit tous deux. Le marquis n'aimait pas les jeunes gens, bien que, dans la société des femmes auxquelles il s'était voué, il fût forcé de vivre sans cesse au milieu d'eux; mais Horace lui témoigna tant de sympathie, l'écouta si avidement, s'égaya de si grand cœur à ses vieilles anecdotes, lui fit tant de questions, lui demanda tant de conseils, en un mot le prit si aveuglément pour guide et pour arbitre, que le vieillard, plus vain encore que méfiant, s'engoua de lui à son tour, et déclara, même à la vicomtesse, que c'était là le plus aimable, le plus spirituel et le meilleur jeune homme de toute la génération nouvelle.

Horace, se voyant goûté, se livra entièrement. Il prit le marquis pour confident, et le conjura de lui enseigner à plaire à la vicomtesse. Alors il se passa dans l'esprit du maître quelque chose d'assez étrange; il devint pensif, sérieux, presque mélancolique; et frappant sur l'épaule de son élève,

« Jeune homme, lui dit-il, vous me mettez là dans une situation bien délicate. Donnez-moi quelques heures pour y songer, et jusqu'à ce soir pour vous répondre. »

Le ton solennel du marquis, auquel il était loin de s'attendre, enflamma la curiosité d'Horace. D'où vient que cet homme qui, dans les épanchements railleurs, faisait si bon marché de toute morale, prenait un air grave quand il s'agissait de Léonie? Était-elle donc une femme à part, même aux yeux de ce contempteur de toute pudeur humaine? Jusque-là elle lui avait semblé dégagée de préjugés (c'est ainsi qu'elle appelait ce que d'autres appellent principes), et Horace, qui n'en avait aucun en fait d'amour, goûtait fort cette manière de voir. Mais de ce qu'il n'imposait aucun frein à ses penchants, était-ce à dire qu'elle pût en avoir d'assez prononcés pour favoriser un nouveau venu au milieu d'une phalange d'aspirants mieux fondés en titre? N'avait-elle point fait un choix parmi ceux-là? Le comte de Meilleraie n'était-il pas son amant? Était-il possible de le supplanter, et toutes ces avances qu'on semblait lui faire n'étaient-elles pas un piége qu'on lui tendait pour le forcer à se ranger au plus vite parmi les amants rebutés?

Pendant qu'Horace interrogeait ainsi sa destinée, le marquis rêvait de son côté à la conduite qu'il traçerait à son jeune ami. Dans ce moment-là, le vieux diplomate était complétement dupe de son disciple. Il le jugeait si candide, si passionné, si généreux, qu'il était effrayé des conséquences de son amour pour une femme aussi habile, aussi froide, aussi personnelle que l'était la vicomtesse. Il craignait des orages qu'il ne pourrait plus conjurer; et comme toute la tactique enseignée par lui à Léonie consistait à se préserver toujours du scandale, il ne savait comment concilier l'espèce d'affection qu'il avait réellement pour elle, et la vive sympathie que l'amour-propre flatté lui avait fait concevoir pour Horace.

Pour la première fois de sa vie peut-être, il prit le parti d'être sincère, comme si la franchise d'Horace eût exercé sur lui le même magnétisme que sa propre rouerie exerçait sur ce jeune homme.

« Tenez, lui dit-il en parcourant avec lui, au clair de la lune, les allées désertes du jardin anglais, je vais vous parler net. Je crois, de toute mon âme, que vous êtes épris de la vicomtesse, et je ne crois pas impossible qu'elle vienne à vous écouter. Mais si, malgré vos agitations (et vos espérances, que je devine fort bien), vous êtes encore capable d'écouter un bon conseil, vous renoncerez à pousser votre pointe dans ce cœur-là.

— J'y renoncerai si vous avez de bonnes raisons à me donner, répondit Horace; et vous n'en devez pas manquer, monsieur le marquis, car vous avez pesé les vôtres toute la journée.

— Vous ne voulez pas me croire sur parole, et vous abstenir, sauf à deviner plus tard mes raisons vous-même?

— Comment pouvez-vous me demander pareille chose, vous qui connaissez si bien le cœur humain? Plein de foi en vous, je vous promettrais en vain ce que je ne pourrais pas tenir.

— Eh bien, je vais tâcher de vous convaincre. Avez-vous déjà aimé?

— Oui.

— Quelle espèce de femme?

— Une femme obscure comme moi, mais belle, intelligente et dévouée.

— Fidèle?

— Je le crois.

— Fûtes-vous jaloux?

— Comme un fou, ou, pour mieux dire, comme un sot.

— Comment l'avez-vous quittée?

— Ne me le demandez pas ; j'ai été ridicule ou odieux, je ne sais pas lequel.

— Mais est-ce fini avec elle ?

— Vous voulez me forcer à vous dire une chose dont le souvenir me navre, et dont vous ne me conseillerez pas de rire, j'en suis certain : elle s'est suicidée.

— Ah ! voilà qui est bien, très-bien, dit le marquis avec beaucoup de sérieux ; je vous félicite. Cela ne m'est jamais arrivé. Un suicide ! C'est superbe cela, mon cher, à votre âge. Qu'on le sache, et toutes les femmes sont à vous. Oui-da ! vous êtes appelé à une belle carrière ! Puisqu'il en est ainsi, je vous conseille de prendre votre temps et de choisir. Dites-moi : comment avez-vous pris ce suicide ? avez-vous été très-frappé ?

— Monsieur le marquis, dit Horace, ceci passe la plaisanterie. Je ne conçois pas que vous m'interrogiez sur un sujet si délicat ; mais dussiez-vous me mépriser pour ma faiblesse, je vous dirai que j'ai été bien près de me brûler la cervelle. Riez maintenant, si vous voulez.

— Mais vous ne l'avez pas fait ? continua le marquis poursuivant toujours son interrogatoire avec le plus grand sang-froid. Vous n'avez pas pris des pistolets ? Vous ne vous êtes pas blessé ? Allons, dites, vous n'avez pas fait une pareille niaiserie ? »

Horace resta interdit, partagé entre l'indignation que lui inspirait le calme cynique de son maître, et le besoin de voir excuser sa propre légèreté. Le marquis reprit avec la même aisance :

« Vous étiez donc bien amoureux ?

— Au contraire, répondit Horace, je ne l'étais pas assez. C'était une femme trop parfaite : je m'ennuyais de la vie avec elle.

— Et elle s'est tuée pour vous rattacher à l'existence ? C'est bien beau de sa part. Ah çà ! exigez-vous qu'à l'avenir on se tue pour vous ? »

Horace, qui n'avait fait cet aveu amplifié du suicide de Marthe que par un mouvement de vanité, sentit qu'il avait fait là une sottise ; le marquis l'en avertissait par ses railleries. Confus et irrité, il se laissa accabler quelques instants en silence. Enfin, n'y pouvant plus tenir.

« Monsieur le marquis, dit-il, j'espérais mieux de votre supériorité. Il n'y a pas de gloire à écraser un pauvre diable quand on est grand seigneur, et un enfant quand on a des cheveux blancs. Vous me trouvez fat et ridicule d'aspirer à la vicomtesse. Eh bien, si vous êtes autorisé à vous moquer de moi...

— Que feriez-vous dans ce cas-là ? dit le marquis vivement.

— Que pourrais-je faire vis-à-vis d'une femme et d'un...

— Et d'un vieillard ? dit le marquis en achevant la phrase d'Horace avec calme. Eh bien, voyons ! vous vous retireriez tout penaud ?

— Peut-être que non, monsieur le marquis, répondit Horace avec énergie ; peut-être accepterais-je le défi, sauf à en sortir vaincu ; mais du moins je ne céderais pas sans combattre.

— A la bonne heure, dit le marquis en lui tendant la main. Voilà comme j'aime à entendre parler. Maintenant écoutez-moi. Je ne me moque pas, je vous estime, je vous plains ; car vous avez encore trop d'illusions et de fougue pour ne pas jouer à vos dépens la comédie, ou, si vous voulez que je parle d'une façon plus moderne, le *drame* des passions. Vous n'avez pas d'expérience, mon cher ami.

— Je le sais bien, et c'est pour cela que je vous demandais conseil.

— Eh bien, je vous conseille de vous en tenir encore pendant cinq ou six ans aux femmes enthousiastes et folles qui se tuent par amour ou par dépit. Quand vous en aurez détruit ou désolé une douzaine, vous serez mûr pour la grande entreprise, conçue par vous témérairement aujourd'hui, d'attaquer une femme du monde.

— C'est une leçon ? je l'accepte ; mais je la veux entière et sérieuse afin d'en pouvoir profiter. Voyons, sans dédain, sans méchanceté, Monsieur, une femme du monde est donc bien forte, bien invincible pour un homme qui n'est pas du monde ?

— Tout au contraire. Rien n'est si facile que de vaincre comme vous l'entendez la plus forte de ces femmes-là. Vous voyez que je ne suis ni dédaigneux, ni méchant pour vous.

— En ce cas... achevez, dites tout.

— Vous le voulez ? Apprenez donc qu'il est facile de triompher des désirs et de la curiosité d'une femme. Ceci n'est rien. Sans jeunesse, sans beauté, avec quelque esprit seulement, on y parvient tous les jours. Mais n'être pas culbuté le lendemain par ce coursier indocile qu'on appelle la *réflexion*, voilà ce qui n'est pas donné à tous, et ce qui demande un certain art. Vous pourriez dès cette nuit, par surprise, obtenir ce qu'on répute la victoire. Mais vous pourriez bien aussi être éconduit demain soir, et rencontrer après-demain votre conquête sans qu'elle vous rendît seulement un salut.

— En est-il ainsi ? sont-ce là leurs façons d'agir ?

— Ce sont là leurs droits ; qu'y trouvez-vous à redire ? Nous les obsédons ; nous violentons leurs pensées, leur imagination, leur conscience ; à force de ruse et d'audace nous arrachons leur consentement, et elles ne pourraient pas se raviser au moment où notre désir perd son intensité avec sa puissance ! Elles ne pourraient pas se venger d'avoir été gagnées au jeu, et prendre leur revanche à la première occasion ! Allons donc ! sommes-nous musulmans pour leur interdire le jugement et la liberté ?

— Vous avez raison, et je commence à comprendre. Mais quelle est donc cette science mystérieuse sans laquelle on ne peut leur plaire plus d'un jour ?

— Eh mais, c'est la science de ne jamais déplaire ! C'est une grande science, croyez-moi.

— Enseignez-la-moi, je veux l'apprendre, » dit Horace.

Alors le vieux marquis, avec une complaisance secrète pour lui-même et avec le pédantisme de sa vanité satisfaite par les sacrifices humiliants et les intrigues puériles d'un demi-siècle de galanterie, exposa longuement ses plans et sa doctrine à Horace. Il y mit la même solennité que s'il se fût agi de léguer à un jeune adepte une science profonde, un secret important à l'avenir des hommes. Horace l'écouta avec stupeur, et se retira tellement bouleversé et brisé de tout ce qu'il venait d'entendre, qu'il en fut malade toute la nuit. Il s'obstinait à admirer le marquis ; mais, malgré lui, il avait été saisi d'un tel dégoût à la peinture de ces profanations de l'amour, et à l'idée de ces froides machinations, qu'il ne put se décider à retourner au château le lendemain. Il resta trois jours sous le coup de ces révélations mortelles, ne croyant plus à rien, regrettant ses illusions avec amertume, rougissant tantôt de ce monde où il s'était jeté avec tant d'ardeur, tantôt de lui-même, qu'il sentait si inférieur dans l'art du mensonge, et ne songeant plus à la vicomtesse, qu'il voyait désormais, à travers les analyses sèches et rebutantes du marquis, comme un cadavre informe sortant d'un alambic.

Cette absence non préméditée lui fit faire à son insu bien du chemin dans le cœur de la vicomtesse. Elle avait arrangé dans sa tête un roman qu'elle ne voulait pas laisser au premier chapitre. D'une longue-vue placée sur le perron élevé du château, elle voyait distinctement notre maisonnette et les prairies environnantes. Elle distingua Horace se promenant à quelque distance, dans un lieu découvert touchant à l'extrémité du parc de Chailly. Elle alla s'y promener comme par hasard, le rencontra, marcha longtemps avec lui, déploya toutes les grâces de son esprit, et ne l'amena pourtant pas à lui faire une déclaration. Horace avait été si frappé des instructions du marquis, il était si épouvanté de la science qu'il lui avait donnée, que, malgré l'ivresse de vanité où le plongeaient les avances sentimentales de Léonie, il se sentit la force de résister. Il eut cette force bien longtemps, c'est-à-dire environ trois semaines, phase immense entre deux êtres qui se désirent mutuellement, et qui ne sont retenus que par une grande considération morale. Peut-être que le courage de ce jeune homme eût offensé et rebuté la vicomtesse s'il eût persisté davantage. Mais le marquis de Vernes, qui craignait le choléra tout en feignant de le braver, ayant ouï dire qu'un cas s'était manifesté sur la rive gauche de la rivière, prétexta une lettre de son banquier qui le forçait de retourner à Paris, et partit le jour même. Privé de son mentor, Horace n'eut plus de force. La vicomtesse, piquée au vif, se voyant désirée, et ne pouvant concevoir où un enfant sans expérience prenait l'énergie de suspendre des poursuites d'abord si vives, avait résolu de vaincre, et chaque jour elle imaginait de nouvelles séductions. Cent fois elle le vit prêt à fléchir, et tout à coup il s'arrachait d'auprès d'elle, ému, bouleversé, mais n'ayant pas dit un mot d'amour. On s'en tenait à la sympathie, à l'amitié. La vicomtesse, au milieu de ses plus délicieux abandons, savait reprendre à temps son sang-froid, et se tirer des mauvais pas où elle s'était risquée, avec une présence d'esprit admirable. Horace voyait bien que, tout en se jetant à sa tête, elle conservait tous ses avantages. Il attendait vainement qu'elle n'eût plus la possibilité d'une arrière-pensée; et, quoi qu'il fît, au bout de trois semaines de coquetteries effrénées, elle ne lui avait pas dit une syllabe qu'elle ne pût reprendre et interpréter en sens inverse, au premier caprice de résistance qui lui passerait par l'esprit. Cette lutte misérable le faisait horriblement souffrir, et cependant il ne pouvait s'y soustraire. Il oubliait tout : il ne songeait plus à retourner à Paris; il n'osait faire savoir à ses parents qu'il ne les avait quittés que pour s'arrêter à mi-chemin, et, pour ne pas les affliger par cette preuve d'indifférence, il les laissait en proie à l'inquiétude d'attendre en vain de ses nouvelles et d'ignorer ce qu'il était devenu.

Quant à Marthe, il ne semblait pas qu'elle eût jamais existé pour lui. Absorbé par une seule pensée, jouant avec stoïcisme son rôle d'insouciant dans la société de la vicomtesse, s'entourant d'un mystère sombre et bizarre dans ses tête-à-tête avec elle, et revenant chez nous le soir, amer et taciturne, il était dévoré de mille furies, et poursuivait, en faiblissant peu à peu, l'apprentissage de roué auquel il s'était condamné pour ressembler au marquis de Vernes.

Après avoir longtemps cherché le côté vulnérable de cette cuirasse merveilleuse, la vicomtesse trouva enfin le joint : c'était l'amour-propre littéraire. Elle parvint à lui faire avouer qu'il était poëte, et lui demanda à voir ses essais. Horace, n'ayant jamais rien complété, eût été bien embarrassé de la satisfaire; mais elle manifesta pour le talent d'écrire un tel enthousiasme, qu'il désira vivement goûter de ce nouveau genre de flatterie, et se mit à l'œuvre. Il y avait bien trois mois qu'il n'avait trempé une plume dans l'encre pour coudre deux phrases ou deux vers ensemble. Lorsqu'il fouilla dans les limbes de son cerveau, il n'y trouva qu'une impression tant soit peu vive et complète : la disparition de Marthe et son suicide présumé. Il ne faut pas oublier que cette présomption était passée à l'état de certitude chez Horace, depuis qu'il avait fait de l'effet sur deux ou trois personnes, en leur confiant le tragique secret qui était censé avoir brisé son âme et désenchanté sa vie. Le sujet était dramatique; il s'en inspira heureusement. Il fit d'assez beaux vers, et me les lut avec une émotion qui les faisait valoir. J'en fus très-ému moi-même. J'ignorais que c'était la première fois, depuis six semaines, qu'il pensait à Marthe; il ne m'avait pas confié ses affaires de cœur avec la vicomtesse; en un mot, j'étais loin de deviner que les larmes qui coulaient de ses yeux sur son élégie n'étaient qu'une répétition de la scène qu'il se ménageait avec Léonie.

Le lendemain marqua son triomphe littéraire et sa défaite diplomatique auprès de la vicomtesse. Il lui récita ses vers, qu'il prétendit avoir faits deux ans auparavant; car il est bon de vous dire qu'il se vieillissait de quelques années pour ne pas paraître trop enfant dans ce monde-là. En outre, cette douleur antidatée lui donnait un aspect plus byronien. Il déclama avec plus de talent encore qu'il ne m'en avait montré; les sanglots lui coupèrent la voix au dernier hémistiche. La vicomtesse faillit s'évanouir, tant elle se donna de peine pour pleurer! Elle en vint à son honneur, et versa des larmes..... de véritables larmes. Hélas! oui, on pleure par affectation aussi bien que par émotion vraie. Cela se voit tous les jours, et c'est encore une découverte physiologico-psychologique acquise à la science du dix-neuvième siècle, découverte que j'ai niée longtemps, mais dont j'ai vu des preuves éclatantes, incontestables, atroces.

Ce qu'il y a d'étrange chez les sujets doués de cette faculté, c'est qu'ils sont facilement dupés quand ils rencontrent des natures analogues. Horace savait qu'il pleurait sur Marthe sans la regretter; il ne vit pas qu'il faisait pleurer la vicomtesse sans l'avoir attendrie. Quand il contempla l'effet qu'il venait de produire sur elle, la tête lui tourna; il oublia toutes ses résolutions, toutes les leçons du marquis. Il se jeta aux pieds de Léonie, et lui exprima sa passion avec une grande éloquence; car il était en verve; tous les ressorts de son intelligence étaient tendus. Il avait encore l'œil humide, la voix éteinte, les cheveux agités et les lèvres pâles. La vicomtesse se crut adorée, et la joie du triomphe la rendit belle et jeune pendant quelques instants. Mais elle n'était pas femme à céder un jour trop tôt. Elle voulait, après avoir pris tant de peine pour être attaquée, faire sentir le prix de sa prétendue défaite, et prolonger le plus grand plaisir que connaissent les coquettes, celui de se faire implorer.

Elle sembla tout à coup faire sur elle-même un puissant effort, et s'arrachant des bras d'Horace avec toute la mimique de l'effroi, de la surprise et de la honte, elle le laissa consterné dans son boudoir, où cette scène venait d'être jouée, et courut s'enfermer dans sa chambre. Peut-être croyait-elle qu'Horace forcerait sa porte. Il n'eut ni cet esprit ni cette sottise. Il quitta le château, mortellement blessé, se croyant joué, outragé, et en proie à une sorte de fureur. La vicomtesse ne prit point cette susceptibilité pour une maladresse. Elle l'observa comme une preuve d'orgueil immense, et ne se trompa guère. Elle se félicita de son inspiration, voyant bien qu'il fallait briser cet orgueil pièce à pièce, si elle ne voulait exposer le sien à de graves atteintes.

Ce jeu égoïste et de mauvaise foi dura encore plusieurs jours. Horace avait perdu tous ses avantages. Il bouda; on le ramena, toujours au nom de l'amitié. On consentit à l'écouter, après l'avoir forcé à parler. On lui imposa silence quand il eut dit tout ce qu'on désirait entendre. On le nourrit de refus et d'espérances. On joua la candeur d'une amitié fraternelle prise à l'improviste, et bouleversée par l'étonnement, l'inquiétude, la tendre compassion, le désir généreux et timide de fermer une blessure qu'on semblait avoir faite involontairement. Léonie s'en donna le cœur joie; mais, prise dans ses propres filets, elle fut tout aussi ridiculement trompée que perfidement hypocrite. Elle s'imagina lutter avec un amour sérieux, combattre avec un remords encore saignant, triompher d'un passé terrible. La pauvre Marthe servit d'enjeu à cette partie. La vicomtesse crut effacer son souvenir, et ne se douta pas que ce n'était là qu'une fiction pour l'attirer dans le piège. Qui fut trompé d'Horace ou de Léonie? Ils le furent tous deux; et le jour où ils succombèrent l'un à l'autre, leur amour, si tant est qu'ils eussent ressenti des feux dignes d'un si beau nom, était épuisé déjà par les fatigues et les ennuis de la guerre.

XXVII.

Ce jour de *bonheur*, mémorable et funeste entre tous dans la vie d'Horace, fut enregistré d'une manière plus sérieuse et plus solennelle dans l'histoire. C'était le 5 juin 1832; et quoique j'aie passé ce jour et le lendemain dans l'ignorance complète de la tragédie imprévue dont Paris était le théâtre, et où plusieurs de mes amis furent acteurs, j'interromprai le récit des bonnes fortunes d'Horace pour suivre Arsène et Laravinière au milieu du drame sanglant d'une révolution avortée. Ma tâche n'est pas de rappeler des événements dont le souvenir est encore saignant dans bien des cœurs. Je n'ai rien su de particulier sur ces événements, sinon la part que mes amis

Arsène fut un de ceux qui s'échappèrent par un toit. (Page 80.)

y ont prise. J'ignore même comment Laravinière y fut mêlé, s'il les avait prévus, ou s'il s'y jeta inopinément, poussé par les provocations de la force militaire au convoi de l'illustre Lamarque, et par le désordre encore mal expliqué de cette déplorable journée. Quoi qu'il en soit, cette lutte ne pouvait passer devant lui sans l'entraîner. Elle entraîna aussi Arsène, qui n'en espérait point le succès ; mais qui, désirant la mort, et voyant son cher Jean la chercher derrière les barricades, s'attacha à ses pas, partagea ses dangers, et subit l'héroïque et sombre enivrement qui gagna les défenseurs désespérés de ces nouvelles Thermopyles. A l'heure dernière de ces martyrs, comme la troupe envahissait le cloître Saint-Méry, Laravinière, déjà criblé, tomba frappé d'une dernière balle.

« Je suis mort, dit-il à Arsène, et la partie est perdue. Mais tu peux fuir encore ; pars !

— Jamais, dit Arsène en se jetant sur lui ; ils me tueront sur ton corps.

— Et Marthe ! répondit Laravinière, Marthe qui existe peut-être, et qui n'a que toi sur la terre ! La dernière volonté d'un mourant est sacrée. Je te lègue l'avenir de Marthe, et je t'ordonne de sauver ta vie pour elle. Puisqu'il n'y a plus rien à faire ici, tu peux et tu dois te soustraire à ces bourreaux qui s'approchent, ivres de vengeance et de vin ; pauvres soldats qui se croient vainqueurs cent contre un ! »

Deux minutes après, l'intrépide Jean tomba inanimé sur le sein d'Arsène. La maison, dernier refuge des insurgés, était envahie. Arsène fut un de ceux qui s'échappèrent par un toit. Cette évasion tint du miracle, et arracha malheureusement peu de braves à la furie des assaillants. Caché à plusieurs reprises dans des cheminées, dans des lucarnes de greniers, vingt fois aperçu et poursuivi, vingt fois soustrait aux recherches avec un bonheur qui semblait proclamer l'intervention de la Providence, Arsène, couvert de blessures, brisé par plusieurs chutes, se sentant à bout de ses forces et de son courage, tenta un dernier effort pour disputer une vie à laquelle une faible espérance le rattachait à peine. Il s'agissait de sauter d'un toit à l'autre pour entrer dans une mansarde par une fenêtre inclinée qu'il apercevait à quelques pieds de distance. Ce n'était qu'un pas à faire, un instant de résolution et de sang-froid à ressaisir ; mais Arsène était

Elle se pencha sur cette tête meurtrie. (Page 82.)

mourant et à demi fou. Le sang de Laravinière, mêlé au sien, était chaud sur sa poitrine, sur ses mains engourdies, sur ses tempes embrasées. Il avait le vertige. La douleur morale était si violente qu'elle ne lui permettait pas de sentir la douleur physique ; et cependant l'instinct de la conservation le guidait encore, sans qu'il pût se rendre compte de l'épuisement qui augmentait avec rapidité, sans qu'il eût connaissance de l'agonie qui commençait. « Mon Dieu, pensa-t-il en s'approchant de la fente entre les deux toits, si ma vie est encore bonne à quelque chose, conserve-la ; sinon, permets qu'elle s'éloigne bien vite ! » Et penchant le corps en avant, il se laissa tomber plutôt qu'il ne s'élança sur le bord opposé. Alors, se traînant sur ses genoux et sur ses coudes, car ses pieds et ses mains lui refusaient le service, il parvint jusqu'à la fenêtre qu'il cherchait, l'enfonça en posant ses deux genoux sur le vitrage, et, laissant porter sur ce dernier obstacle tout le poids de son corps, s'abandonnant avec indifférence à la générosité ou à la lâcheté de ceux qu'il allait surprendre dans cette misérable demeure, il roula évanoui sur le carreau de la mansarde. En recevant ce dernier choc qu'il ne sentit pas, il eut comme une réaction de lucidité qui dura à peine quelques secondes. Ses yeux virent les objets ; son cerveau les comprit à peine, mais son cœur éprouva comme un dilatement de joie qui éclaira son visage au moment où il perdit connaissance.

Qu'avait-il donc vu dans cette mansarde ? Une femme pâle, maigre, et misérablement vêtue, assise sur son grabat et tenant dans ses bras un enfant nouveau-né, qu'elle cacha avec épouvante derrière elle, en voyant un homme tomber du toit à ses pieds. Arsène avait reconnu cette femme. Pendant un instant aussi rapide que l'éclair, mais aussi complet qu'une éternité dans sa pensée, il l'avait contemplée ; et, oubliant tout ce qu'il avait souffert comme tout ce qu'il avait perdu, il avait goûté un bonheur que vingt siècles de souffrance n'eussent pu effacer. C'est ainsi qu'il exprima par la suite cet instant ineffable dans sa vie, qui lui avait ouvert une source de réflexions nouvelles sur la fiction du temps créée par les hommes, et sur la permanence de l'abstraction divine.

Marthe ne l'avait pas reconnu. Brisée, elle aussi, par la souffrance, la misère et la douleur, elle n'était pas soutenue par une exaltation fébrile qui pût la ranimer tout d'un coup et lui faire sentir la joie au sein du désespoir. Elle fut d'abord effrayée ; mais elle ne chercha pas longtemps l'explication d'une visite aussi étrange. Toute la journée, toute la nuit précédente, toute la veille, attentive aux bruits sinistres du combat, dont le théâtre était voisin de sa demeure, elle n'avait eu qu'une pensée : « Horace est là, se disait-elle, et chacun de ces coups de fusil que j'entends peut avoir sa poitrine pour but. » Horace lui avait fait pressentir cent fois qu'il se jetterait dans la première émeute ; elle le croyait capable de persister dans une telle résolution. Elle avait pensé aussi à Laravinière, qu'elle savait ardent et prêt à toutes ces luttes ; mais elle avait entendu tant de fois Arsène détester les tragiques souvenirs des journées de 1830, qu'elle ne le supposait pas mêlé à celles-ci. Lorsqu'elle vit un homme tomber expirant devant elle, elle comprit que c'était un fugitif, un vaincu, et, de quelque parti qu'il fût, elle se leva pour le secourir. Ce ne fut qu'en approchant sa lampe de ce visage noirci de poudre et souillé de sang, qu'elle songea à Arsène ; mais elle n'en crut pas ses yeux. Elle prit son tablier pour étancher ce sang et pour essuyer cette poudre, sans peur et sans dégoût : les malheureux ne sont guère susceptibles de telles faiblesses. Elle se pencha sur cette tête meurtrie et défigurée, qu'elle venait de poser sur ses genoux tremblants ; et alors seulement elle fut certaine que c'était là son frère dévoué, son meilleur ami. Elle le crut mort, et, laissant tomber son visage sur cette face livide qui lui souriait encore avec une bouche contractée et des yeux éteints, elle l'embrassa à plusieurs reprises, et resta sans verser une larme, sans exhaler un gémissement, plongée dans un désespoir morne, voisin de l'idiotisme.

Quand elle eut recouvré quelque présence d'esprit, elle chercha dans le battement des artères à retrouver quelque symptôme de vie. Il lui sembla que le pouls battait encore ; mais le sien propre était si gonflé, qu'elle ne sentait pas distinctement et qu'elle ne put s'assurer de la vérité. Elle marcha vers la porte pour appeler quelques voisins à son aide ; mais, se rappelant aussitôt que parmi ces gens, qu'elle ne connaissait pas encore, un scélérat ou un poltron pouvait livrer le proscrit à la vengeance des lois, elle tira le verrou de la porte, revint vers Arsène, joignit les mains, et demanda tout haut à Dieu, son seul refuge, ce qu'il fallait faire. Alors, obéissant à un instinct subit, elle essaya de soulever ce corps inerte. Deux fois elle tomba à côté de lui sans pouvoir le déranger ; puis tout à coup, remplie d'une force surnaturelle, elle l'enleva comme elle eût fait d'un enfant, et le déposa sur son lit de sangle, à côté d'un autre infortuné, d'un véritable enfant qui dormait là, insensible encore aux terreurs et aux angoisses de sa mère. « Tiens, mon fils, lui dit-elle avec égarement, voilà comme la vie commence ; voilà du sang pour ton baptême, et un cadavre pour ton oreiller. » Puis elle déchira des langes pour essuyer et fermer les blessures d'Arsène. Elle lava son sang collé à ses cheveux ; elle contint avec ses doigts les veines rompues, elle réchauffa ses mains avec son haleine, elle pria Dieu avec ferveur du fond de son âme désolée. Elle n'avait rien, et ne pouvait rien de plus.

Dieu vint à son secours, et Arsène reprit connaissance. Il fit un violent effort pour parler.

« Ne prends pas tant de peine, lui dit-il ; si mes blessures sont mortelles, il est inutile de les soigner ; si elles ne le sont pas, il importe peu que je sois soulagé un peu plus tôt. D'ailleurs je ne souffre pas ; assieds-toi là, donne-moi seulement un peu d'eau à boire, et puis laisse-moi ce mouchoir, j'arrêterai moi-même le sang qui coule de ma poitrine. Laisse ta main sur ma tempe, je n'ai pas besoin d'autre appareil. Dis-moi que je rêve pas, car je suis heureux !... Heureux ! » ajouta-t-il avec effroi en se ravisant, car le souvenir de Laravinière venait de se réveiller. Mais en songeant que Marthe avait bien assez à souffrir, il lui cacha l'horreur de cette pensée, et garda le silence. Il but l'eau avec une avidité qu'il réprima aussitôt. « Ôte-moi ce verre, lui dit-il ; quand les blessés boivent, ils meurent aussitôt. Je ne veux pas mourir, Marthe ; à cause de toi, il me semble que je ne dois pas mourir.

Cependant il fut durant toute cette nuit entre la mort et la vie. Dévoré d'une soif furieuse, il eut le courage de s'abstenir. Marthe était parvenue à arrêter le sang. Les blessures, quoique profondes, ne constituaient pas par elles-mêmes l'imminence du danger ; mais l'exaltation, le chagrin et la fatigue allumaient en lui une fièvre délirante, et il sentait du feu circuler dans ses artères. S'il eût cédé aux transports qui le gagnaient, il se fût ôté la vie ; car il sentait la rage de destruction qui l'avait possédé depuis deux jours se tourner maintenant contre lui-même. Dans cet état violent, il conservait cependant assez de force pour combattre son mal : son âme n'était pas abattue. Cette âme puissante, aux prises avec la désorganisation de la vie physique, ressentait un trouble cruel, mais se raidissait contre ses propres détresses, et, par des efforts presque surhumains, elle terrassait les fantômes de la fièvre et les suggestions du désespoir. Vingt fois il se leva, prêt à déchirer ses blessures, à repousser Marthe, que par instants il ne reconnaissait plus et prenait pour un ennemi, à trahir le secret de sa retraite par des cris de fureur, à se briser la tête contre les murs. Mais alors il se faisait en lui des miracles de volonté. Son esprit, profondément religieux, conservait, jusque dans l'égarement, un instinct de prière et d'espérance ; et il joignait les mains en s'écriant : « Mon Dieu ! qu'est-ce que c'est ? où suis-je ? que se passe-t-il en moi et hors de moi ? M'abandonneriez-vous, mon Dieu ? ne me donnerez-vous pas du moins la fin pieuse et résignée ? » Puis, se tournant vers Marthe : « Je suis un homme, n'est-ce pas ? lui disait-il ; je ne suis pas un assassin, je n'ai pas versé à dessein le sang innocent ! je n'ai pas perdu le droit de l'invoquer ! Dis-moi que c'est bien toi qui es là, Marthe ! dis-moi que tu espères, que tu crois ! Prie, Marthe, prie pour moi et avec moi, afin que je vive ou que je meure comme un homme, et non pas comme un chien. »

Puis il enfonçait son visage sur le traversin, pour étouffer les rugissements qui s'échappaient de sa poitrine ; il mordait les draps pour empêcher ses dents de se broyer les unes contre les autres ; et quand les objets prenaient à ses yeux des formes chimériques, quand Marthe se transformait dans son imagination en visions effrayantes, il fermait les yeux, rassemblait ses idées, il forçait les hallucinations à céder devant la raison ; et de la main écartant les spectres, il les exorcisait au nom de la foi et de l'amour.

Cette lutte épouvantable dura près de douze heures. Marthe avait pris son enfant dans ses bras ; et lorsque Paul perdait courage et s'écriait douloureusement : « Mon Dieu, mon Dieu ! voilà que vous m'abandonnez encore ! » elle se prosternait et tendait à Arsène cette innocente créature, dont la vue semblait lui imposer une sorte de respect craintif. Arsène n'avait encore exprimé aucune pensée par rapport à cet enfant. Il le voyant, il le regardait avec calme ; il ne faisait aucune question ; mais dès qu'il avait, malgré lui, laissé échapper un gémissement ou un sanglot, il se retournait vivement pour voir s'il ne l'avait pas éveillé. Une fois, après un long silence et une immobilité qui ressemblait à de l'extase, il dit tout à coup :

« Est-ce qu'il est mort ?
— Qui donc ? demanda Marthe.
— L'*enfant*, répondit-il, l'enfant qui ne crie plus ! il faut cacher l'enfant, les brigands triomphent, ils le tueront. Donne-moi l'enfant que je sauve ; je vais l'emporter sur les toits, et ils ne le trouveront pas. Sauvons l'enfant : vois-tu, tout le reste n'est rien, mais un enfant, c'est sacré. »

Et ainsi en proie à un délire où l'idée du devoir et du dévouement dominait toujours, il répéta mille fois : « L'*enfant*, l'enfant est sauvé, n'est-ce pas ?... Oh ! sois tranquille pour l'enfant, nous le sauverons bien. »

Quand il revenait à lui-même, il le regardait, et ne disait plus rien. Enfin cette agitation se calma, et il dormit pendant une heure. Marthe, épuisée, avait replacé l'enfant sur le lit, à côté du moribond. Assise sur une chaise, d'un de ses bras elle entourait son fils pour le préserver, de l'autre elle soutenait la tête de Paul; la sienne était tombée sur le même coussin; et ces trois infortunés reposèrent ainsi sous l'œil de Dieu, leur seul refuge, isolés du reste de l'humanité par le danger, la misère et l'agonie.

Mais bientôt ils furent réveillés par une sourde rumeur qui se faisait autour d'eux. Marthe entendit des voix inconnues, des pas lourds et pressés qui lui glacèrent le cœur d'épouvante. Des agents de police visitaient les mansardes, cherchant des victimes. On approchait de la sienne. Elle jeta les couvertures sur Arsène, nivela le lit avec ses hardes, qu'elle cacha sous les draps, et, plaçant son enfant sur Arsène lui-même, elle alla ouvrir la porte avec la résolution et la force que donnent les périls extrêmes. Les débris du châssis de sa fenêtre avaient été cachés dans un coin de la chambre; elle avait attaché son tablier en guise de rideau devant cette fenêtre brisée pour voiler le dégât. Une voisine charitable, chez qui on venait de faire des perquisitions, suivit les sbires jusqu'au seuil de Marthe.

« Ici, mes bons messieurs, leur dit-elle, il n'y a qu'une pauvre femme à peine relevée de couches, et encore bien malade. Ne lui faites pas peur, mes bons messieurs, elle en mourrait. »

Cette prière ne toucha guère les êtres sans cœur et sans pitié auxquels elle s'adressait; mais le sang-froid avec lequel Marthe se présenta devant eux leur ôta tout soupçon. Un coup d'œil jeté dans sa chambre trop petite et trop peu meublée pour recéler une cachette, leur persuada l'inutilité d'une recherche plus exacte. Ils s'éloignèrent sans remarquer des traces de sang mal effacées sur le carreau, et ce fut encore un des miracles qui concoururent au salut d'Arsène. La vieille voisine était une digne et généreuse créature qui avait assisté Marthe dans les douleurs de l'enfantement. Elle l'aida à cacher le proscrit, se chargea de lui apporter des aliments et quelques remèdes; mais, ne connaissant aucun médecin dont les opinions pussent lui garantir le silence, et terrifiée par les rigueurs vraiment inquisitoriales qui furent déployées à l'égard des victimes du cloître Saint-Méry, elle se borna aux secours insuffisants qu'elle pouvait fournir elle-même. Marthe n'osait faire un pas hors de sa chambre, dans la crainte qu'on ne revînt l'explorer en son absence. D'ailleurs Arsène était devenu si calme que l'inquiétude s'était dissipée, et qu'elle comptait sur une prompte guérison.

Il n'en fut pas ainsi. La faiblesse se prolongea au point que, pendant plus d'un mois, il lui fut impossible de sortir du lit. Marthe coucha tout ce temps sur une botte de paille, qu'elle s'était procurée sous prétexte de se faire une paillasse; mais elle n'avait pas le moyen d'en acheter la toile. La vieille voisine était dans une indigence complète. L'état du malade et son propre accablement ne permettaient pas à Marthe de travailler, encore moins de sortir pour chercher de l'ouvrage. Depuis deux mois qu'elle s'était séparée d'Horace, résolue de n'être à charge à personne en devenant mère, elle avait vécu du prix de ses derniers effets vendus ou engagés au Mont-de-Piété; sa délivrance ayant été plus longue et plus pénible qu'elle ne l'avait prévu, elle avait épuisé cette faible ressource, et se trouvait dans un dénûment absolu. Arsène n'était pas plus heureux. Depuis quelque temps, prévoyant, d'après les discours de Laravinière, un bouleversement dans Paris, et voulant être libre de s'y jeter, il avait donné toutes ses petites épargnes à ses sœurs, et les avait renvoyées en province. Croyant n'avoir plus qu'à mourir, il n'avait rien gardé. La situation de ces deux êtres abandonnés était donc épouvantable. Tous deux malades, tous deux brisés; l'un cloué sur un lit de douleur, l'autre allaitant un enfant, ne vivant que de pain et dormant sur la paille, n'étant pas même abrités dans cette mansarde dont elle n'osait pas faire réparer la fenêtre, puisqu'un secret de mort était lié à cette trace d'effraction, et n'ayant d'ailleurs pas la force de faire un pas. Et puis, ajoutez à ces empêchements une sorte d'apathie et d'impuissance morale, causée par les privations, l'épuisement, une habitude de fierté outrée, et

l'isolement qui paralyse toutes les facultés : et vous comprendrez comment, pouvant avertir Eugénie et moi avec quelques précautions et un peu moins d'orgueil, ils se laissèrent dépérir en silence durant plusieurs semaines.

L'enfant fut le seul qui ne souffrit pas trop de cette détresse. Sa mère avait peu de lait; mais la voisine partageait avec le nourrisson celui de son déjeuner, et chaque jour elle allait le promener dans ses bras au soleil du quai aux Fleurs. Il n'en faut pas davantage à un enfant de Paris pour croître comme une plante frêle, mais tenace, le long de ces murs humides où la vie se développe en dépit de tout, plus souffreteuse, plus délicate, et cependant plus intense qu'à l'air pur des champs.

Pendant cette dure épreuve, la patience d'Arsène ne se démentit pas un instant; il ne proféra pas une seule plainte, quoiqu'il souffrît beaucoup, non de ses blessures, qui ne s'envenimèrent plus et se fermèrent peu à peu sans symptômes alarmants, mais d'une violente irritation du cerveau qui revenait sans cesse et faisait place à de profonds accablements. Entre l'exaltation et l'affaissement, il eut peu d'intervalles pour s'entretenir avec Marthe. Dans la fièvre, il s'imposait un silence absolu, et Marthe ignorait alors combien il était malade. Dans le calme, il ménageait à dessein ses forces, afin de pouvoir lutter contre le retour de la crise. Il résulta de cette résolution stoïque une guérison dont la lenteur surprit Marthe, parce qu'elle ne comprenait pas la gravité du mal, et dont la rapidité me parut inexplicable, lorsque, par la suite, je tins de la bouche d'Arsène le détail de tout ce qu'il avait souffert. Par instants, malgré la confiance qu'il avait su lui donner, Marthe s'effrayait pourtant de l'espèce d'indifférence avec laquelle il semblait attendre sa guérison sans la désirer. Elle pensait alors que ses facultés mentales avaient reçu une grave atteinte, et craignait qu'il n'en retrouvât jamais complètement la vigueur. Mais tandis qu'elle s'abandonnait à cette sinistre conjecture, Arsène, plein de persistance et de détermination, comptait les jours et les heures; et sentant les accès de son mal diminuer lentement, il en concluait avec raison qu'une grave rechute était imminente, à moins qu'il ne gardât les rênes de sa volonté toujours également tendues. Il voulait donc s'abstenir de toute émotion violente, de tout découragement puéril, et semblait ne pas voir l'horreur de la situation que Marthe partageait avec lui.

Un jour qu'il avait les yeux fermés et semblait dormir, il entendit la vieille voisine exprimer de l'intérêt à Marthe, selon la portée de ses idées et de ses sentiments bons et humains sans doute, mais bornés et un peu grossiers. « Savez-vous, mon cœur, lui disait-elle, que c'est un grand malheur pour vous d'avoir été forcée de recueillir cet homme-là? Vous étiez déjà bien assez dépourvue, et voilà que vous êtes obligée de partager avec lui un pauvre morceau de pain quotidien qui vous ferait du lait pour votre enfant!

— Que ne puis-je partager, en effet, ma bonne amie! répondit Marthe avec un triste sourire; mais il ne mange pas une once de pain par jour dans sa soupe. Et quelle soupe! une goutte de lait dans une pinte d'eau; je ne comprends pas qu'il vive ainsi.

— Aussi cela va durer éternellement, cette maladie! répondit la vieille; il ne pourra jamais retrouver ses forces avec un pareil régime. Vous aurez beau faire, vous vous épuiserez sans pouvoir le sauver.

— J'aimerais mieux mourir avec lui que de l'abandonner, dit Marthe.

— Mais si vous faites mourir votre enfant? dit la vieille.

— Dieu ne le permettra pas! s'écria Marthe épouvantée.

— Je ne dis pas que cela arrive, reprit la vieille avec douceur; je ne dis pas non plus que votre dévouement pour ce réfugié soit poussé trop loin. Je sais ce qu'on doit à son prochain; mais ce serait à lui de comprendre qu'il ne se sauve de l'échafaud que pour vous conduire avec lui à l'hôpital. Le pauvre jeune homme ne peut pas savoir combien il vous nuit. Il ne voit pas qu'à dormir sur la paille, comme vous faites, avec une fenêtre ouverte sur le dos, vous ne pouvez pas durer longtemps. La maladie lui ôte la réflexion, c'est tout simple; mais si vous me permettiez de lui parler, je vous assure que le jour même il prendrait son parti de se traîner dehors comme il pourrait. Tenez, à nous deux, en le soutenant bien, nous le conduirions à l'hôpital; il y serait mieux qu'ici.

— A l'hôpital! s'écria Marthe en pâlissant. N'avez-vous pas entendu dire (et ne me l'avez-vous pas répété), qu'il était enjoint aux médecins de livrer les blessés qui se confieraient à leurs soins, et que chaque malade accueilli dans un hospice était désigné à l'examen de la police par un écriteau placé au-dessus de son lit? Comment! la délation est imposée (sous peine d'être accusés de complicité) aux hommes dont les fonctions sont les plus saintes; et vous voulez que j'abandonne cette victime à la vengeance d'une société où de tels ordres sont acceptés de tous sans révolte, et peut-être sans horreur de la part de beaucoup de gens? Non, non, si le monde est devenu un coupe-gorge, du moins il reste dans le cœur des pauvres femmes, et sous les tuiles de nos mansardes, un peu de religion et d'humanité, n'est-ce pas, bonne voisine?

— Allons! répondit la voisine en essuyant ses yeux avec le coin de son tablier, voilà que vous faites de moi ce que vous voulez. Je ne sais pas où vous prenez ce que vous dites, mon enfant; mais vous parlez selon Dieu et selon mon cœur. Je vais vous chercher un peu de lait et de sucre pour votre malade, et aussi pour ce cher trésor, ajouta-t-elle en embrassant l'enfant suspendu au sein de sa mère.

— Non, ma chère amie, dit Marthe, ne vous dépouillez pas pour nous; vous avez déjà assez fait. Il n'est pas juste qu'à votre âge vous vous condamniez à souffrir. Nous sommes jeunes, nous autres, et nous avons la force de nous priver un peu.

— Et si je veux me priver, si je veux souffrir, moi! s'écria la bonne femme tout en colère; me prenez-vous pour un mauvais cœur, pour une avare, pour une égoïste? Avez-vous le droit de me refuser, d'ailleurs, quand il s'agit d'un *amour d'enfant* comme le vôtre, et d'un malheureux que le bon Dieu nous confie?

— Eh bien, j'accepte, répondit Marthe en jetant ses bras amaigris et couverts de haillons au cou de la vieille femme; j'accepte avec joie. Un jour viendra, qui n'est pas loin peut-être, où nous vous rendrons tout le bien que vous nous faites maintenant; car Dieu aussi nous rendra la force et la liberté!

— Tu as raison, Marthe, dit Arsène d'une voix faible et mesurée, lorsque la voisine fut sortie. La liberté nous sera rendue, et la force nous reviendra. La pitié me sauve, et j'aurai mon tour. Va, ma pauvre Marthe, conserve ton courage, comme j'entretiens le mien dans le silence et la soumission. Il m'en faut plus qu'à toi pour te voir souffrir comme tu fais, et pour songer sans désespoir que non-seulement je ne puis te soulager, mais que encore j'augmente ta misère. Durant les premiers jours, je me suis souvent demandé si je ne ferais pas mieux de remonter sur les toits, et de m'en aller mourir dans quelque gouttière, comme un pauvre oiseau dont on a brisé l'aile; mais j'ai senti, à ma tendresse pour toi, que je surmonterais cette maladie; qu'à force de vouloir vivre je vivrais, et qu'en acceptant ton appui, je t'assurais le mien pour l'avenir. Vois-tu, Marthe, Dieu sait bien ce qu'il fait! Dans ta fierté, tu t'étais éloignée et cachée de moi. Tu voulais passer ta vie dans l'isolement, dans la douleur et dans le besoin, plutôt que d'accepter mon dévouement. A présent que la destinée m'a envoyé ici pour profiter du tien, tu ne pourras plus me repousser, tu n'auras plus le droit de refuser mon appui. Je ne t'offre rien que mon cœur et mes bras, Marthe; car je ne possède ni or, ni argent, ni vêtement, ni asile, ni talent, ni protection; mais mon cœur te chérit, et mes bras pourront te nourrir, toi et *ce cher trésor*, comme dit la voisine. »

En parlant ainsi, Paul prit l'enfant et l'embrassa; c'é-it la première marque d'affection qu'il lui donnait. Jusqu'à ce jour, il l'avait souvent soutenu et bercé sur ses genoux pour soulager la mère; il l'avait endormi toutes les nuits à plusieurs reprises dans ses bras, et réchauffé contre sa poitrine, mais en lui donnant ces soins, il ne l'avait jamais caressé. En cet instant, une larme de tendresse coula de ses yeux sur le visage de l'enfant, et Marthe l'y recueillit avec ses lèvres. « Ah! mon Paul, ah! mon frère! s'écria-t-elle, si tu pouvais l'aimer, ce cher et douloureux trésor!

— Tais-toi, Marthe, ne parlons pas de cela, répondit-il en lui rendant son fils. Je suis encore trop faible; je ne t'ai pas encore dit un mot là-dessus. Nous en parlerons, tu seras contente de moi, je l'espère. En attendant, souffrons encore, puisque c'est la volonté divine. Je vois bien que tu jeûnes, je vois bien que tu couches sur le carreau avec une poignée de paille sous ta tête, et je n'ose pas seulement te dire : Reprends ton lit, et laisse-moi m'étendre sur cette litière; car, à cette idée-là, tu te révoltes, et tu m'accables d'une bonté qui me fait trop de mal et trop de bien. Il faut donc je reste là, que je subisse la vue de tes fatigues, et que je sois calme, et que je dise : *Tout est bien!* Hélas! mon Dieu, faites que je remporte cette victoire jusqu'au bout!

« Pourvu, Marthe, lui dit-il dans un autre moment de calme qu'il eut le lendemain, que tu n'ailles pas oublier ce que tu fais pour moi, et que tu ne viennes pas me dire un jour, quand je te le rappellerai, que tu n'as pas autant souffert que je veux bien le prétendre! C'est que je te connais, Marthe : tu es capable de cette perfidie-là. »

Un pâle sourire effleura leurs lèvres à tous les deux; et, Marthe, se penchant sur lui, imprima un chaste baiser sur le front de son ami. C'était la première caresse qu'elle osait lui donner depuis cinq semaines qu'ils étaient enfermés ensemble tête à tête le jour et la nuit. Durant tout ce temps, chaque fois que Marthe, dans une effusion de douleur et d'effroi pour sa vie, s'était approchée de lui pour l'embrasser comme pour lui dire adieu, il l'avait toujours repoussée vivement, en lui disant avec une sorte de colère : « Laisse-moi. Tu veux donc me tuer? » C'étaient les seuls moments où le souvenir de sa passion avait paru se réveiller. Hors de ces émotions rapides et rares, que Marthe avait appris à ne plus provoquer par son élan fraternel, ils n'avaient pas échangé un mot qui fît allusion aux malheurs précédents. On eût dit qu'entre la paisible amitié de leur enfance et la tragique journée du cloître Saint-Méry il ne s'était rien passé, tant l'un mettait de délicatesse à détourner le souvenir des temps intermédiaires, tant l'autre éprouvait de honte et d'angoisse à les rappeler! Ce jour-là seulement tous deux y songèrent sans trouble au même moment, et tous deux comprirent que cette pensée pouvait cesser d'être amère. Paul, loin de repousser le baiser de Marthe, le rendit à son enfant avec plus de tendresse encore qu'il n'avait fait la veille, et il ajouta avec une sorte de gaieté mélancolique : « Sais-tu, Marthe, que cet enfant est charmant? On dit que ces petits êtres sont tous laids à cet âge-là; mais ceux qui parlent ainsi n'en ont jamais regardé un avec des yeux de père! »

XXVIII.

Horace nous avait fait pressentir, dès les premiers jours de son assiduité au château de Chailly, les vues qu'il avait sur la vicomtesse et les espérances qu'il avait conçues. Eugénie l'avait raillé de sa fatuité; et moi, qui ne regardais point son succès comme impossible, ne l'avais pas félicité de cette entreprise. Loin de là : je lui avais dit sans ambiguïté le peu de cas que je faisais du caractère de Léonie. Notre manière d'accueillir ses confidences lui avait déplu, et il ne nous en faisait plus depuis longtemps, lorsque le jour de sa victoire arriva, et le remplit d'un orgueil impossible à réprimer. Ce jour-là, en parlant avec nous, il ne put s'empêcher de ramener à tout propos, dans la conversation, les grâces imposantes, l'esprit supérieur, le tact exquis, toutes les séductions qu'il voulait nous faire admirer chez la vicomtesse. Eugénie, qui avait été sa couturière, et qui avait vu sa beauté, ses belles manières et son grand esprit en déshabillé, s'obstinait à ne pas partager cet enthousiasme et à déclarer cette femme hautaine dans sa familiarité, sèche et blessante jusque dans ses intentions protectrices. Le souvenir de Marthe, l'indignation qu'Eugénie éprouvait secrètement de la voir oubliée si lestement, rendirent ses contradictions un peu amères. Horace s'emporta, et la traita comme une péronnelle, qui devait du respect à madame de Chailly, et qui l'oubliait. Il affecta de lui dire qu'elle ne pouvait pas comprendre le charme d'une femme de cette condition et de ce mérite. « Mon cher Horace, lui répondit Eugénie avec la plus parfaite douceur, ce que vous dites là ne me fâche pas. Je n'ai jamais eu la prétention de lutter dans votre estime contre qui que ce soit. Si, en vous disant mon opinion avec franchise, je vous ai blessé, mon excuse est dans l'intérêt que je vous porte et dans la crainte que j'ai de vous voir tourmenté et humilié par cette belle dame, qui a joué beaucoup d'hommes aussi fins que vous, et qui s'en vante même devant ses *habilleuses;* ce que j'ai trouvé, quant à moi, de mauvais goût et de mauvais ton. »

Horace était de plus en plus irrité. Je tâchai de le calmer en insistant sur la vérité des assertions d'Eugénie, et en le suppliant pour la dernière fois de bien réfléchir avant de s'exposer aux railleries de la vicomtesse. Ce fut alors que, blessé de cette idée, et ne pouvant plus se contenir, il nous ferma la bouche en nous annonçant dans des termes fort clairs, qu'il ne courait plus le risque d'être éconduit honteusement, et que si la vicomtesse prenait fantaisie d'ajouter une dépouille à la brochette de victimes qu'elle portait à l'épingle de son fichu, il pourrait bien, lui aussi, attacher ses couleurs à la boutonnière de son habit.

« Vous ne le feriez pas, répliqua Eugénie froidement : car un homme d'honneur ne se vante pas de ses bonnes fortunes. »

Horace se mordit les lèvres; puis, il ajouta, après un moment de réflexion :

« Un homme d'honneur ne se vante pas de ses bonnes fortunes tant qu'il en est fier; mais quelquefois il s'en accuse, quand on le force à en rougir. C'est ce que je ferais, n'en doutez pas, envers la femme qui me pousserait à bout.

— Ce n'est pas le système de votre ami le marquis de Vernes, lui répondis-je.

— Le système du marquis, reprit Horace (et c'est un homme qui en sait plus que vous et moi sur ce chapitre), est d'empêcher qu'on se moque jamais de lui. Je n'ai pas la prétention de me faire son imitateur en adoptant les mêmes moyens. Chacun a les siens, et tous sont bons s'ils arrivent au même but.

— Je ne sais pas ce que pense là-dessus le marquis de Vernes, dit Eugénie; mais, quant à moi, je suis sûre de ce que vous penseriez si vous vous trouviez dans un cas pareil.

— Vous plaît-il de me le dire? demanda Horace.

— Le voici, répondit-elle. Vous pèseriez, dans un esprit de raison et de justice, les torts qu'on aurait eus envers vous, et ceux que vous seriez tenté d'avoir. Vous compareriez le tort qu'une femme peut vous faire en se vantant de vous avoir repoussé, et celui que vous lui feriez immanquablement en vous vantant de l'avoir vaincue; et vous verriez que ce serait vous venger tout au plus d'un ridicule par un outrage. Car le monde (oui, j'en suis sûre, le grand monde comme l'opinion populaire) respecte la femme qui est respectée par son amant, et méprise celle que son amant méprise. On lui fait un crime de s'être trompée; et il faut reconnaître que, sous ce rapport, les femmes sont fort à plaindre, puisque les plus prudentes et les plus habiles sont encore exposées à être insultées par l'homme qui les implorait la veille. Voyons, n'en est-il pas ainsi, Horace? ne riez pas et répondez. Pour être écouté de la vicomtesse elle-même, que je ne crois pas très-farouche, ne seriez-vous pas obligé d'être bien assidu, bien humble, bien suppliant pendant quelque temps? Ne vous faudrait-il pas montrer de l'amour ou en faire le semblant? Dites !

— Eugénie, ma chère, répliqua Horace, demi-troublé, demi-satisfait de ce qu'il prenait pour une interrogation détournée, vous faites des questions fort indiscrètes; et je ne suis pas forcé de vous rendre compte de ce qui a pu ou de ce qui pourrait se passer entre la vicomtesse et moi.

— Je ne vous fais que des demandes auxquelles vous pouvez répondre sans compromettre personne, et je ne vous pose qu'une question de principes. N'est-il pas certain que vous ne feriez pas la cour à une femme qui se livrerait sans combats?

— Vous le savez, je ne conçois pas qu'on s'adresse à d'autres femmes qu'à celles qui se défendent, et dont la conquête est périlleuse et difficile.

— Je connais votre fierté à cet égard, et je dis qu'en ce cas vous n'aurez jamais le droit de trahir aucune femme, parce que vous n'en posséderez aucune à qui vous n'ayez juré respect, dévouement et discrétion. La diffamer après, serait donc une lâcheté et un parjure.

— Ma chère amie, reprit Horace, je sais que vous avez cultivé la controverse à la salle Taitbout; je sais par conséquent que toutes vos conclusions seront toujours à l'avantage des droits féminins. Mais quelque subtile que soit votre argumentation, je vous répondrai que je n'acquiesce pas à cette domination que les femmes doivent s'arroger selon vous. Je ne trouve pas juste que vous ayez le droit de nous faire passer pour des sots, pour des impertinents ou pour des esclaves, sans que nous puissions invoquer l'égalité. Eh quoi ! une coquette m'attirerait à ses pieds, m'agacerait durant des semaines entières, triompherait de ma prudence, me donnerait enfin sur elle, en échange de sa victoire, les droits d'un époux et d'un maître, et puis elle recommencerait le lendemain avec un autre, et se débarrasserait de moi en disant à mon successeur, à ses amis, à ses femmes de chambre : « Vous voyez bien ce paltoquet? il m'a obsédée de ses désirs; mais je l'ai remis à sa place, et j'ai rabattu son sot amour-propre ! » Ce serait un peu trop fort, et, par ma foi, je ne suis pas disposé à me laisser jouer ainsi. Je trouve qu'un ridicule est aussi sérieux qu'aucune autre honte. C'est même peut-être en France, à l'heure qu'il est, la pire de toutes; et la femme qui me l'infligera peut s'attendre à de franches représailles, dont elle se souviendra toute sa vie. C'est la peine du talion qui régit nos codes.

— Si vous acceptez cette peine-là comme juste et humaine, répondit Eugénie, je n'ai plus rien à dire. En ce cas, vous souscrivez à la peine de mort et à toutes les autres institutions barbares, au-dessus desquelles je pensais que votre cœur s'était élevé. Du moins, je vous l'avais entendu affirmer; et j'aurais cru que, dans ces actes de conduite personnelle où nous pouvons tous corriger l'ineptie et la cruauté des lois, dans vos rapports avec l'opinion, par exemple, vous chercheriez plus de grandeur et de noblesse que vous n'en professez en ce moment. Mais, ajouta-t-elle en se levant de table, j'espère que tout ceci est, comme on dit dans ma classe de bonnes gens, l'*histoire de parler*, et que dans l'occasion vos actions vaudront mieux vos paroles. »

Malgré la résistance d'Horace, les nobles sentiments d'Eugénie firent impression sur lui. Quand elle fut sortie, il me dit avec un généreux entraînement :

« Ton Eugénie est un créature supérieure, et je crois qu'elle a, sinon autant d'esprit, du moins plus d'idées que ma vicomtesse.

— Elle est donc *tienne* décidément, mon pauvre Horace? lui dis-je en lui prenant la main. Eh bien ! j'en suis réellement affligé, je te l'avoue.

— Et pourquoi donc? s'écria-t-il avec un rire superbe. Vraiment, vous êtes étonnants, Eugénie et toi, avec vos compliments de condoléance. Ne dirait-on pas que je suis le plus malheureux des hommes, parce que je possède la plus adorable et la plus séduisante des femmes? Je ne sais pas si elle est une héroïne de roman parfaite, telle que vous la voudriez; mais pour moi, qui suis plus modeste, c'est une belle conquête, une maîtresse délirante.

— L'aimes-tu? lui demandai-je.

— Le diable m'emporte si je le sais, répondit-il d'un air léger. Tu m'en demandes trop long. J'ai aimé, et je crois que ce sera pour la première et la dernière fois de ma vie. Désormais, je ne peux plus chercher dans les femmes qu'une distraction à mon ennui, une excitation pour mon cœur à demi éteint. Je vais à l'amour comme on va à la guerre, avec fort peu de sentiment d'humanité, pas une idée de vertu, beaucoup d'ambition et pas mal d'amour-propre. Je t'avoue que ma vanité est caressée par cette victoire, parce qu'elle m'a coûté du temps et de la peine. Quel mal y trouves-tu? Vas-tu faire le pédant? Oublies-tu que j'ai vingt ans, et que si mes sentiments sont déjà morts, mes passions sont encore dans toute leur violence?

— C'est que tout cela me paraît faux et guindé, lui dis-je. Je te parle dans la sincérité de mon cœur, Horace, sans aucun ménagement pour cette vanité derrière laquelle tu te réfugies, et qui me paraît un sentiment trop petit pour toi. Non, le grand sentiment, le grand amour n'est pas mort dans ton sein; je crois même qu'il n'y est pas encore éclos, et que tu n'as point aimé jusqu'ici. Je crois que de nobles passions, étouffées longtemps par l'ignorance et l'amour-propre, fermentent chez toi, et vont faire ton supplice, si elles ne font pas ton bonheur. Oh! mon cher Horace, tu n'es pas, tu ne peux pas être le don Juan que décrit Hoffmann, encore moins celui de Byron. Ces créations poétiques occupent trop ton cerveau, et tu te manières pour les faire passer dans la réalité de la vie. Mais tu es plus jeune et plus puissant que ces fantômes-là. Tu n'es pas brisé par la perte de ton premier amour; ce n'a été qu'un essai malheureux. Prends garde que le second, en dépit de la légèreté que tu veux y mettre, ne soit l'amour sérieux et fatal de ta vie.

— Eh bien, s'il en est ainsi, répondit Horace, dont l'orgueil accepta facilement mes suppositions, vogue la galère! Léonie est bien faite pour inspirer une passion véritable; car elle l'éprouve, je n'en peux pas douter. Oui, Théophile, je suis ardemment aimé, et cette femme est prête à faire pour moi les plus grands sacrifices, les plus grandes folies. Peut-être que cet amour éveillera le mien, et que nous aurons ensemble des jours agités. C'est tout ce que je demande à la destinée pour sortir de la torpeur odieuse où je me sentais plongé naguère.

— Horace, m'écriai-je, elle ne t'aime pas. Elle n'a jamais rien aimé, et elle n'aimera jamais personne; car elle n'aime pas ses enfants.

— Absurdités, pédagogie que tout cela! répondit-il avec humeur. Je suis charmé qu'elle n'aime rien, et qu'elle me livre un cœur encore vierge. C'est plus que je n'espérais, et ce que tu dis là m'exalte au lieu de me refroidir. Pardieu! si elle était bonne épouse et bonne mère, elle ne pourrait pas être une amante passionnée. Tu me prends pour un enfant. Crois-tu que je puisse me faire illusion sur elle, et que je n'aie pas senti ses transports aujourd'hui? Ah! que son ivresse était différente du chaste abandon de Marthe! Celle-là était une religieuse, une sainte; amour et respect à sa mémoire, à jamais sacrée! Mais Léonie! c'est femme, c'est une tigresse, un démon!

— C'est une comédienne, repris-je tristement. Malheur à toi, quand tu rentreras avec elle dans la coulisse! »

Si la vicomtesse avait eu auprès d'elle en ce moment un ami véritable, il lui aurait dit les mêmes choses d'Horace que je disais d'elle à celui-ci; mais livrée au désir exalté d'être aimée avec toute la fureur romantique qu'elle trouvait dans les livres, et qu'aucun homme de sa caste ne lui avait encore exprimée, elle n'eût pas mieux reçu un bon conseil qu'Horace n'écouta les miens. Elle se livra à lui, croyant inspirer une passion violente, et entraînée seulement par la vanité et la curiosité. On peut donc dire qu'ils étaient à *deux de jeu*.

Je n'ai jamais compris, pour ma part, comment une femme aussi pénétrante, formée de bonne heure par les leçons du marquis de Vernes à la ruse envers les hommes et à la prévoyance devant les événements, put se tromper sur le compte d'Horace, comme le fit la vicomtesse. Elle se flatta de trouver en lui un dévouement romanesque que rien ne pourrait ébranler, une admiration qui n'y regarderait pas de trop près, une sorte de vanité modeste qui se tiendrait toujours pour honorée de la possession d'une femme comme elle. Elle s'abusait beaucoup : Horace, enivré durant quelques jours, devait bientôt, éclairé subitement dans son inexpérience par les intérêts de son amour-propre, lutter avec force contre celui de Léonie. Je ne puis m'expliquer l'erreur de cette femme, sinon en me rappelant qu'elle s'était aventurée sur un terrain tout à fait inconnu, en choisissant l'objet de son amour dans la classe bourgeoise. Elle n'avait certainement aucun préjugé aristocratique. Elle s'était donc fait un type de supériorité intellectuelle, et elle le rêvait dans un rang obscur, afin de lui donner plus d'étrangeté, de mystère, et de poésie. Elle avait l'imagination aussi vive que le cœur froid, il ne faut pas l'oublier. Ennuyée de tout ce qu'elle connaissait, et sachant d'avance par cœur toutes les phrases dont ses nobles adorateurs articulaient les premières syllabes, elle trouva, dans l'originale brusquerie d'Horace, la nouveauté dont elle avait soif. Mais, en devinant le mérite de l'homme sans naissance, elle ne pressentit pas les défauts de l'homme sans usage, sans *savoir-vivre*, comme disait le vieux marquis avec une grande justesse d'expression. Dans une société sans principes, le point d'honneur qui en tient lieu, et l'éducation qui en fait affecter le semblant, sont des avantages plus réels qu'on ne pense.

Horace sentait cette espèce de supériorité de ce qu'on appelle la bonne compagnie. Amoureux de tout ce qui pouvait l'élever et le grandir, il eût voulu se l'inoculer. Mais s'il y réussit dans les petites choses, il ne put le faire dans les grandes. Le naturel et l'habitude furent vaincus là où l'étiquette ne commandait que des sacrifices faciles; mais lorsqu'elle ordonna celui de la vanité, elle fut impuissante, et l'amour-propre un peu grossier, la présomption un peu déplacée, la personnalité un peu âpre de l'homme *du tiers*, reprirent le dessus. C'était tout le contraire de ce qu'eût souhaité la vicomtesse. Elle aimait la gaucherie spirituelle et gracieuse d'Horace; elle trouva qu'il la perdait trop vite. Elle espérait de sa part une grande abnégation, une sorte d'héroïsme en amour; elle n'en trouva pas en lui le moindre élan.

Cependant, comme le cœur de ce jeune homme n'était pas corrompu, mais seulement faussé, il éprouva, durant les premiers jours, une reconnaissance vraie pour la vicomtesse. Il le lui exprima avec talent, et elle le crut enfin adorée, comme elle avait l'ambition de l'être. Il y eut même une sorte de grandeur dans la manière dont Horace accepta sans méfiance, sans curiosité, et sans inquiétude, le passé de sa nouvelle maîtresse. Elle lui disait qu'il était le premier homme qu'elle eût aimé. Elle disait vrai en ce sens qu'il était le premier homme qu'elle eût aimé de cette manière. Horace n'hésitait point à la prendre au mot. Il acceptait sans peine l'idée qu'aucun homme n'avait pu mériter l'amour qu'il inspirait; et quant aux peccadilles dont il pensait bien que la vie de Léonie n'était point exempte, il s'en souciait si peu, qu'il ne lui fit à cet égard aucune question indiscrète. Il ne connut point avec elle cette jalousie rétroactive qui avait fait de ses amours avec Marthe un double supplice. D'une part, ses idées sur le mérite des femmes s'étaient beaucoup modifiées dans la société de la vicomtesse et à l'école du vieux marquis. Il ne cherchait plus cette chasteté bourgeoise dont il avait fait longtemps son idéal, mais bien la désinvolture leste et galante d'une femme à la mode. D'autre part, il n'était pas humilié des prédécesseurs que lui avait donnés la vicomtesse, comme il l'avait été de succéder dans le cœur de Marthe à M. Poisson, le cafetier, et (selon ses suppositions) à Paul Arsène, le garçon de café. Chez Léonie, c'était à des grands seigneurs sans doute, à des ducs, à des princes peut-être, qu'il succédait; et cette brillante avant-garde, qui avait ouvert et précédé sa marche triomphale, lui paraissait un cortége dont on ne devait pas rougir. La pauvre Marthe, pour avoir accepté avec douceur et repentance le reproche d'une seule erreur, avait été accablée par l'orgueil ombrageux d'Horace. La fière vicomtesse, prête à se vanter d'une longue série de fautes, fut respectée, grâce à ce même orgueil.

Interrogée comme Marthe l'avait été, la vicomtesse n'eût pas daigné répondre. L'eût-elle fait, elle n'eût caché aucune de ses actions. Elle n'était pas hypocrite de principes. Tout au contraire, elle avait à cet égard un certain cynisme voltairien qui donnait un démenti formel à ses hypocrisies de sentiment. Elle n'avait pas la prétention d'être une femme vertueuse, mais bien celle d'être une âme jeune, ardente, ouverte aux passions qu'on saurait lui inspirer. C'était une sorte de prostitution de cœur, car elle allait s'offrant à tous les désirs, se faisant respecter par ce mot : « Je ne peux pas aimer; » se laissant attaquer par cet autre qu'elle ajoutait pour certains hommes : « Je voudrais pouvoir aimer. »

Lorsque Horace devint son amant, elle était à peu près seule avec lui dans une sorte d'intimité au château de Chailly. Le comte de Meilleraie s'était absenté, les adorateurs d'habitude s'étaient dispersés; le choléra avait effrayé les uns, et apporté aux autres des héritages précieux ou des pertes sensibles. Cependant le fléau s'éloignait de nos contrées, et Léonie ne rappelait pas sa cour autour d'elle. Absorbée par son nouvel amour, et embarrassée peut-être d'en faire accepter les apparences à ses amis, elle écartait toutes les visites, en répondant à toutes les lettres, qu'elle était à la veille de retourner à Paris. Cependant, les semaines se succédaient, et Horace triomphait secrètement (trop secrètement à son gré) de l'absence de ses rivaux.

Malgré ses affectations de franchise ordinaire, la vicomtesse, à cause de sa belle-mère et de ses enfants, exigea d'Horace le plus profond mystère. Grâce à l'aplomb de Léonie, plus encore qu'au voisinage des habitations respectives et aux précautions prises, le secret de cette liaison ne transpira point. Les mœurs de Léonie, ses discours, ses prétentions, ses réticences, ses demi-aveux, tout son mélange de franchise et de fausseté, avaient fait de sa vie à l'extérieur quelque chose d'énigmatique, que les amants heureux s'étaient plu à son tour pour rendre leur gloire plus piquante, et les amants rebutés à respecter, pour adoucir la honte de leur position. Horace passa un intime de plus, pour un de ces assidus dont on disait : Ils sont tous heureux, ou bien il n'y en a pas un seul; tous sont également favorisés ou tenus à distance. Ce n'était pas ainsi qu'Horace eût arrangé son rôle, si on lui en eût laissé le choix ; son principal sentiment auprès de Léonie avait été le désir d'écraser tous ses rivaux dans l'apparence, sinon dans la réalité, et de faire dire de lui : « Voilà celui qu'elle favorise ; aucun autre n'est écouté. » Il souffrit donc bien vite de l'obscurité de sa position et du peu de retentissement de sa victoire. Il s'en consola en le confiant sous le sceau du secret, non-seulement à moi, mais à quelques autres personnes qu'il ne connaissait pas assez pour les traiter avec cet abandon, et qui, le jugeant extrêmement fat, ne voulurent pas croire à son succès.

Ces indiscrétions tournèrent donc à la honte d'Horace et à la glorification de la vicomtesse, qui les apprit et les démentit en disant, avec un sang-froid admirable et une douceur angélique, que cela était impossible, parce qu'Horace était un homme d'honneur, incapable d'inventer et de répandre un fait contraire à la vérité. Mais lorsqu'elle le revit tête à tête, elle lui fit sentir sa faute avec des ménagements si cruels et une bonté si mordante, qu'il fut forcé, tout en étouffant de rage, de se lancer auprès d'elle dans un système de dénégations et de mensonges, pour reconquérir sa confiance et son estime. Mais c'en était fait déjà pour jamais. La curiosité de Léonie était satisfaite ; sa vanité était assouvie par toutes les louanges ampoulées qu'Horace lui avait prodiguées, au lieu d'ardeur, dans ses épanchements, au lieu d'affection, dans ses épîtres en prose et en vers. Il avait épuisé pour elle tout son vocabulaire ébouriffant de l'amour à la mode ; il l'avait saturée d'épithètes délirantes, et ses billets étaient criblés de points d'exclamation. Léonie en avait assez. En femme d'esprit, elle s'était vite lassée de tout ce mauvais goût poétique. En diplomate clairvoyant, elle avait reconnu que cet amour-là n'était différent de celui qu'elle connaissait que par l'expression, et que ce n'était pas la peine de s'exposer vis-à-vis du public à des propos ridicules, pour écouter un jargon d'amour qui ne l'était pas moins. Après un mois de cette expérience, chaque jour plus froide et plus triste, Léonie résolut de se débarrasser peu à peu de cette intrigue, afin de pouvoir, en attendant mieux, retourner au comte de Meilleraie, qui était un homme d'excellent ton.

La vicomtesse, qui ne rougissait point de ses fautes, rougissait fort souvent de ceux qui les lui avaient fait commettre ; et de là venait qu'en se confessant parfois avec beaucoup de candeur, il ne lui était jamais arrivé de nommer personne. Elle avait douloureusement commencé à nourrir cette honte mystérieuse en devenant la proie du vieux marquis. Elle n'avait conservé avec lui que des relations filiales ; mais elle n'avait pas trouvé dans ses autres amours de quoi s'enorgueillir assez pour effacer cette blessure, et laver cette tache à ses propres yeux. Elle en avait gardé une haine et un mépris profonds pour les hommes qui ne lui plaisaient pas, ou qui ne lui plaisaient plus ; et même à l'égard de ceux qui étaient en possession de lui plaire, elle nourrissait une méfiance continuelle. Elle n'avait jamais ratifié leur puissance sur elle par des confidences à ses amis (il faut en excepter le marquis, à qui elle disait presque tout), encore moins par des démarches compromettantes. En général, elle avait été secondée par la délicatesse de leurs procédés et la froideur de leur rupture, parce que c'étaient des hommes du monde, également incapables d'un regret et d'une vengeance. Horace, pour qui elle avait failli abjurer sa prudence ; Horace, qu'elle avait jugé si pur, si épris, si naïf ; Horace, dont elle ne s'était pas défiée, lui parut le plus misérable de tous, lorsqu'il voulut s'imposer à elle pour amant aux yeux d'autrui. Elle en fut si révoltée, que non-seulement elle jura de l'éconduire au plus vite, mais encore de se venger en ne laissant pas derrière elle la moindre trace de ses bontés pour lui. « Tu seras puni par où tu as péché, lui disait-elle en son âme ulcérée ; tu as voulu passer pour mon maître, et, à la première occasion, je te ferai passer pour mon bouffon. Ta fatuité retombera sur ta tête ; et où tu as semé la gloriole, tu ne recueilleras que la honte et le ridicule. »

Horace pressentit cette vengeance, et une nouvelle lutte s'engagea entre eux, non plus pour se dominer mutuellement, mais pour se détruire.

XXIX.

Cependant nous ignorions absolument le sort de trois personnes qui nous intéressaient au plus haut point : Marthe, que nous étions déjà habitués à regarder comme perdue à jamais pour nous ; Laravinière, que ses amis cherchaient sans pouvoir le retrouver ; et Arsène, qui nous avait promis de nous écrire, et dont nous ne recevions pas plus de nouvelles que des deux autres. La disparition de Jean avait été complète. On présumait bien qu'il était mort au cloître Saint-Méry, car les bousingots les plus courageux l'avaient suivi durant toute la journée du 5 juin ; mais dans la nuit ils s'étaient dispersés pour chercher des armes, des munitions et du renfort. Le 6 au matin, il leur avait été impossible de se réunir aux insurgés, que la troupe, échelonnée sur tous les points, parquait dans leur dernière retraite. Je ne saurais affirmer que ces étudiants eussent tous mis une audace bien persévérante à opérer cette jonction ; mais il est certain que plusieurs la tentèrent, et qu'à la prise de la maison où leur chef était retranché, ils profitèrent de la confusion pour s'efforcer de le retrouver, afin d'aider à son évasion, ou tout au moins de recueillir son cadavre. Cette dernière consolation leur fut refusée. Louvet retrouva seulement

Il débuta par le rôle d'un valet fripon et battu. (Page 90.)

sa casquette rouge, qu'il garda comme une relique, et il ne put savoir si son ami était parmi les prisonniers. Plus tard, le procès qu'on instruisait contre les victimes n'amena aucune découverte, car il n'y fut pas fait mention de Laravinière. Ses amis le pleurèrent, et se réunirent pour honorer sa mémoire par des discours et des chants funèbres, dont l'un d'eux composa les paroles et un autre la musique.

Ils m'écrivirent à cette occasion pour me demander si je n'avais pas de nouvelles de Paul Arsène, et c'est ainsi que j'appris que lui aussi avait disparu. J'écrivis à ses sœurs, qui n'étaient pas plus avancées que moi. Louison nous répondit une lettre de lamentations où elle exprimait assez ingénument sa tendresse intéressée pour son frère. Elle terminait en disant : « Nous avons perdu notre unique soutien, et nous voilà forcées de travailler sans relâche pour ne pas tomber dans la misère. »

Pendant que nous étions tous livrés à ces perplexités, auxquelles Horace n'avait guère le loisir de prendre part, bien qu'il donnât des regrets sincères à Jean et à Paul quand on l'y faisait songer, Paul entrait en convalescence dans la mansarde ignorée de la pauvre Marthe. Celle-ci commençait à sortir, et s'était assurée de la tranquillité qui régnait enfin dans le quartier. Bien que les voisins des mansardes eussent quelque soupçon d'un *patriote* réfugié chez elle, ce secret fut religieusement gardé, et la police ne surveilla pas ses mouvements. Cependant il était bien important qu'Arsène, dès qu'il voudrait sortir, changeât de quartier, et s'éloignât d'un lieu où certainement sa figure avait été remarquée dans les barricades et dans la maison mitraillée. Il ne pourrait se montrer trois fois dans les rues environnantes sans que des témoins malveillants ou maladroits fissent sur lui tout haut des remarques qu'une oreille d'espion pouvait saisir au passage. Il résolut donc d'aller demeurer à l'autre extrémité de Paris. La difficulté n'était pas de sortir de sa retraite : il commençait à marcher, et, en descendant le soir avec précaution, il était facile de s'esquiver sans être vu. Mais il n'osait pas abandonner Marthe, dans l'état de misère où elle se trouvait, aux persécutions d'un propriétaire qu'elle ne pouvait pas payer, et qui, en vérifiant l'état des lieux, remarquerait certainement l'effraction de la fenêtre ; alors ce créancier courroucé livrerait peut-être Marthe aux poursuites de la police. Enfin,

Son vieux ami le marquis de Vernes. (Page 92.)

comme en restant les bras croisés il ne détournerait pas ce péril, Paul se décida à sortir de la maison avant le jour de l'échéance, et s'alla confier à Louvet, qui sur-le-champ le mit en fiacre, l'installa à Belleville, et alla porter à la vieille voisine l'argent nécessaire pour tirer Marthe d'embarras. On chercha ensuite un ouvrier dévoué à la cause républicaine : ce ne fut pas difficile à trouver ; on lui fit réparer sans bruit la lucarne, et Louvet amena Marthe, l'enfant et la voisine, qui ne voulait plus les quitter, dans le pauvre local où il avait établi Arsène sous son propre nom, en lui prêtant son passe-port. Ce Louvet était un excellent jeune homme, le plus pauvre et par conséquent le plus généreux de tous ceux qu'Arsène avait connus dans l'intimité de Laravinière. Paul souffrait de ne pouvoir immédiatement lui rembourser les avances qu'il lui faisait avec tant d'empressement ; mais, à cause de Marthe, il était forcé de les accepter. Louvet ne lui avait pas donné le temps de les solliciter ; en route il lui promit le secret sur toutes choses, et il le garda si religieusement, que ce changement de situation me laissa dans la même ignorance où j'étais sur le compte de Marthe et d'Arsène.

A peine établi à Belleville, Paul chercha de l'ouvrage ; mais il était encore si faible, qu'il ne put suporter la fatigue, et fut renvoyé. Il se reposa deux ou trois jours, reprit courage, et s'offrit pour journalier à un maître paveur. Arsène n'avait pas de temps à perdre, et pas de choix à faire. Le pain commençait à manquer. Il n'entendait rien à la besogne qui lui était confiée ; on le renvoya encore. Il fut tour à tour garçon chez un marchand de vins, batteur de plâtre, commissionnaire, machiniste au théâtre de Belleville, ouvrier cordonnier, terrassier, brasseur, gâche, gindre, et je ne sais quoi encore. Partout il offrit ses bras et ses sueurs, là où il trouva à gagner un morceau de pain. Il ne put rester nulle part, parce que sa santé n'était pas rétablie, et que, malgré son zèle, il faisait moins de besogne que le premier venu. La misère devenait chaque jour plus horrible. Les vêtements s'en allaient par lambeaux. La voisine avait beau tricoter, elle ne gagnait presque rien. Marthe ne pouvait trouver d'ouvrage ; sa pâleur, ses haillons, et son état de nourrice, lui nuisaient partout. Elle alla faire des ménages à six francs par mois. Et puis elle réussit à être couturière des comparses du théâtre de Belleville ; et comme elle n'était pas souvent payée par ces dames, elle se décida à solliciter à ce théâtre l'emploi d'ouvreuse de loges. On lui prouva que c'était trop d'ambition, que la place était importante ; mais par pitié on lui accorda celle d'habilleuse, et les *grandes coquettes* furent contentes de son adresse et de sa promptitude.

Ce fut alors que Paul, qui, dans son court emploi de machiniste, avait écouté les pièces et observé les acteurs avec attention, songea à s'essayer sur le théâtre. Il avait une mémoire prodigieuse. Il lui suffisait d'entendre deux répétitions pour savoir tous les rôles par cœur. On l'examina : on trouva qu'il ne manquait pas de dispositions pour le genre sérieux ; mais tous les emplois de ce genre étaient envahis, et il n'y avait de vacant qu'un emploi de comique, où il débuta par le rôle d'un valet fripon et battu. Arsène se traîna sur les planches, la mort dans l'âme, les genoux tremblants de honte et de répugnance, l'estomac affamé, les dents serrés de colère, de fièvre et d'émotion. Il joua tristement, froidement, et fut outrageusement sifflé. Il supporta cet affront avec une indifférence stoïque. Il n'avait pas été braver ce public pour satisfaire un sot amour-propre : c'était une tentative désespérée, entre vingt autres, pour nourrir sa femme et son enfant ; car il avait épousé Marthe dans son cœur, et adopté le fils d'Horace devant Dieu. Le directeur, en homme habitué à ces sortes de désastres, rit de la mésaventure de son débutant, et l'engagea à ne pas se risquer davantage ; mais il remarqua le sang-froid et la présence d'esprit dont il avait fait preuve au milieu de l'orage, sa prononciation nette, sa diction pure, sa mémoire infaillible, et son entente du dialogue. Il conçut des espérances sur son avenir, et, pour lui fournir les moyens de se former sans irriter le public de Belleville, il lui donna l'emploi de souffleur, dont il s'acquitta parfaitement. En peu de temps, Arsène montra qu'il s'entendait aussi aux costumes et aux décors, qu'il croquait vite et bien, qu'il avait du goût et de la science. Ce qu'il avait vu et copié chez M. Dusommerard lui servit en cette occasion. La modestie de ses prétentions, sa probité, son activité, son esprit d'ordre et d'administration, achevèrent de le rendre précieux, et il devint enfin, après plusieurs mois de désespoir, d'anxiétés, de souffrances et d'expédients, une sorte de factotum au théâtre, avec des honoraires de quelques centaines de francs assurés et bien servis.

De son côté, tout en habillant les actrices et en assistant dans la coulisse aux représentations, Marthe s'était familiarisée avec la scène. Sa vive intelligence avait saisi les côtés faibles et forts du métier. Elle retenait, comme malgré elle, des scènes entières, et, rentrée dans son grenier, elle en causait avec Arsène, analysait la pièce avec supériorité, critiquait l'exécution avec justesse, et, après avoir contrefait avec malice et enjouement la méchante manière des actrices, elle disait leur rôle comme elle le sentait, avec naturel, avec distinction, et avec une émotion touchante, qui plusieurs fois humecta les paupières d'Arsène et fit sangloter la vieille voisine, tandis que l'enfant, étonné des gestes et des inflexions de voix de sa mère, se rejetait en criant dans le sein de la vieille Olympe. Un jour Arsène s'écria : « Marthe, si tu voulais, tu serais une grande actrice.

— J'essaierais, répondit-elle, si j'étais sûre de conserver ton estime.

— Et pourquoi la perdrais-tu ? répondit-il ; ne suis-je pas, moi, un ex-mauvais acteur ? »

Marthe protégée par la *grande coquette*, qui voulait faire pièce à une *ingénue*, sa rivale et son ennemie, débuta dans un premier rôle, et elle eut un succès éclatant. Elle fut engagée quinze jours après, avec cinq cents francs d'appointements, non compris les costumes, et trois mois de congé. C'était une fortune ; l'aisance et la sécurité vinrent donc relever ce pauvre ménage. La mère Olympe fut associée au bien-être ; et, tout enflée de la brillante condition de ses jeunes amis, elle promenait l'enfant dans les rues pittoresques de Belleville, d'un air de triomphe, cherchant des promeneurs ou des commères à qui elle pût dire, en l'élevant dans ses bras : « C'est le fils de madame Arsène ! »

Tout en portant le nom de son ami, tout en habitant sous le même toit, tout en laissant croire autour d'elle qu'elle était unie à lui, Marthe n'était cependant ni la femme ni la maîtresse de Paul Arsène. Il y a des conditions où un pareil mensonge est un acte d'impudence ou d'hypocrisie. Dans celle où se trouvait Marthe, c'était un acte de prudence et de dignité, sans lequel elle n'eût pas échappé aux malignes investigations et aux prétentions insultantes de son entourage. Le couple modeste et résigné avait reconnu l'impossibilité où il était de se soutenir dans la dure mais honorable classe des travailleurs. Certes, il ne répugnait ni à l'un ni à l'autre de persévérer dans la voie péniblement tracée par ses pères ; certes, ni l'un ni l'autre ne se sentait porté par goût et par ambition vers la vocation vagabonde de l'artiste bohémien ; mais il est certain que le domaine de l'art était le seul où ils pussent trouver un refuge pour leur existence matérielle, un milieu pour le développement de leur vie intellectuelle. Dans la hiérarchie sociale, toutes les positions s'acquièrent encore par droit d'hérédité. Celles qui s'élèvent par droit de conquête sont exceptionnelles. Dans le prolétariat, comme dans les autres classes, elles exigent certains talents particuliers qu'Arsène n'avait pas et ne pouvait pas avoir. Oublieux de son propre avenir, et occupé seulement de procurer quelque bien-être aux objets de son affection, il n'avait pas songé à se perfectionner dans une spécialité quelconque. Il eût fait volontiers quelque dur et patient apprentissage, s'il eût été seul au monde ; mais, toujours chargé d'une famille, il avait été au plus pressé, acceptant toute besogne, pourvu qu'elle fût assez lucrative pour remplir le but généreux qu'il s'était proposé. Par surcroît de malheur, la force physique lui avait manqué au moment où elle lui eût été plus nécessaire. Il fallait donc qu'il allât grossir le nombre, énorme déjà, des enfants perdus de cette civilisation égoïste qui a oublié de trouver l'emploi des pauvres maladifs et intelligents. A ceux-là le théâtre, la littérature, les arts, dans tous leurs détails brillants ou misérables, offrent du moins une carrière, où, par malheur, beaucoup se précipitent par mollesse, par vanité ou par amour du désordre, mais où, en général, le talent et le zèle ont des chances d'avenir. Arsène avait de l'aptitude et l'on peut même dire du génie pour toutes choses. Mais toutes choses lui étaient interdites, parce qu'il n'avait ni argent ni crédit. Pour être peintre, il fallait de longues études, et il ne pouvait pas s'y consacrer. Pour être administrateur, il fallait de grandes protections, et il n'en avait pas. La moindre place de bureaucrate est convoitée par cinquante aspirants. Celui qui l'emportera ne le devra ni à l'estime de son mérite, ni à l'intérêt qu'inspireront ses besoins, mais à la faveur du népotisme. Arsène ne pouvait donc frapper qu'à cette porte, dont le hasard et la fantaisie ont les clefs, et qui s'ouvre devant l'audace et le talent, la porte du théâtre. C'est parfois le refuge de ce que la société aurait de plus grand, si elle ne le forçait pas à être souvent ce qu'il y a de plus vil. C'est là que vont les plus belles et les plus intelligentes femmes, c'est là que vont des hommes qui avaient peut-être reçu d'en haut le don de la prédication. Mais l'homme qui aurait pu, dans un siècle de foi, faire les miracles de la parole ; mais la femme qui, dans une société religieuse et poétique, devrait être prêtresse et initiatrice, s'il faut qu'ils descendent au rôle d'histrion pour amuser un auditoire souvent grossier et injuste, parfois impie et obscène, quelle grandeur, quelle conscience, quelle élévation d'idées et de sentiments peut-on exiger d'eux, chassés qu'ils sont de leur voie et faussés dans leur impulsion ? Et cependant, à mesure que l'horreur du préjugé s'efface et ne vient plus ajouter le découragement, la révolte et l'isolement à ces causes de démoralisation déjà si puissantes, on voit, par de nombreux exemples, que si l'honneur et la dignité ne sont pas faciles, ils sont du moins possibles dans cette classe d'artistes. Je ne parle pas seulement des grandes célébrités, existences qui sont passées au rang de sommité sociale ; mais parmi les plus humbles et les plus obscures, il en est de chastes, de laborieuses et de respectables.

Celle de Marthe en fut une nouvelle preuve. Délicate de corps et d'esprit, portée à l'enthousiasme, douée d'une intelligence plutôt saisissante que créatrice ; trop peu instruite pour tirer des œuvres d'art de son propre fonds, mais capable de comprendre les sentiments les plus élevés et prompte à les bien exprimer ; ayant dans sa personne un charme extrême, une beauté accompagnée de grâce et de distinction innée, elle ne pouvait pas, sans souffrir, concentrer toutes ces facultés, anéantir toute cette puissance. Elle le faisait pourtant sans amertume et sans regret depuis qu'elle était au monde ; elle ignorait même la cause de ces langueurs et de ces exaltations soudaines, de ces accablements profonds et de ce continuel besoin d'enthousiasme et d'admiration qu'elle ressentait. Son amour pour Horace avait été la conséquence de ces dispositions excitées et non satisfaites par la lecture et la rêverie. Le théâtre lui ouvrit une carrière de fatigues nécessaires, d'études suivies et d'émotions vivifiantes. Arsène comprit qu'à cette âme tendre et agitée il fallait un aliment, et il encouragea ses tentatives. Il ne se dissimula pas certains dangers, et il ne les craignit guère. Il sentait qu'un grand calme était descendu dans le cœur de Marthe, et qu'une grande force avait ranimé le sien propre, depuis que l'un et l'autre avaient un but indiqué. Celui de Marthe était d'assurer à son enfant, par son travail, les bienfaits de l'éducation ; celui d'Arsène était de l'aider à atteindre ce résultat, sans entraver son indépendance et sans compromettre sa dignité. C'est que jusque là, en effet, la dignité de Marthe avait souffert de cette position d'obligée et de protégée, qui fait de la plupart des femmes des inférieures de leurs maris ou de leurs amants. Depuis qu'au lieu de subir l'assistance d'autrui, elle se sentait mère et protectrice efficace et active à son tour d'un être plus faible qu'elle, elle éprouvait un doux orgueil, et relevait sa tête longtemps courbée et humiliée sous la domination de l'homme. Ce bien-être nouveau éloigna ce que l'idée d'être encore une fois protégée avait eu pour elle de pénible au commencement de son union avec Arsène. Elle s'habitua à ne plus s'effrayer de son dévouement, et à l'accepter sans remords, maintenant qu'elle pouvait s'en passer. Elle ne vit plus en lui le mari qu'elle devait accepter pour soutien de son enfant, l'amant qu'elle devait écouter pour payer le prix de la reconnaissance. Arsène fut à ses yeux un frère, qui s'associait par pure affection, et non plus par pitié généreuse, à son sort et à celui de son fils. Elle comprit que ce n'était pas un bienfaiteur qui venait lui pardonner le passé, mais un ami qui lui demandait, comme une grâce, le bonheur de vivre auprès d'elle. Cette situation imprévue soulagea son cœur craintif et suscita sa juste fierté. Elle le sentit d'autant mieux qu'Arsène ne lui avait pas adressé un seul mot d'amour depuis la rencontre miraculeuse du 6 juin. Chaque jour, elle avait attendu avec crainte l'explosion de cette tendresse longtemps comprimée, et cependant, au lieu d'y céder, Arsène semblait l'avoir vaincue : car il était calme, respectueux dans sa familiarité, enjoué dans sa mélancolie. Il n'y avait eu d'autre explication entre eux que la demande réitérée de la part d'Arsène de ne pas être exilé d'auprès d'elle durant les mauvais jours. Quand la prospérité revint de part et d'autre, Arsène parla enfin, mais avec tant de noblesse, de force et de simplicité, que, pour toute réponse, Marthe se jeta dans ses bras, en s'écriant : « A toi, à toi tout entière et pour toujours ! J'y suis résolue depuis longtemps, et je craignais que tu n'y eusses renoncé. — Mon Dieu ! tu as eu enfin pitié de moi ! dit Arsène avec effusion en levant ses bras vers le ciel. — Mais mon enfant ? ajouta Marthe en se jetant sur le berceau de son fils ; songe, Arsène, qu'il faut aimer mon enfant comme moi-même. — Ton enfant et toi, c'est la même chose, répondit Arsène. Comment pourrais-je vous séparer dans mon cœur et dans ma pensée ? A ce propos, écoute, Marthe, j'ai une question importante à te faire. Il faut te résigner à prononcer un nom qui n'a pas seulement effleuré nos lèvres depuis longtemps. Maintenant que tu vas être à moi, et moi à toi, il faut que cet enfant soit à nous deux, et il ne faut pas qu'un autre ait des droits sur ce que nous aurons de plus cher au monde. Depuis que tu t'es séparée d'Horace, as-tu eu quelque relation avec lui ? — Aucune, répondit Marthe ; j'ai toujours ignoré où il était, à quoi il songeait ; j'ai désiré quelquefois le savoir, je te l'avoue, et, bien que je n'aie plus pour lui aucun sentiment d'affection, j'ai éprouvé malgré moi des mouvements de pitié et d'intérêt. Mais je les ai toujours étouffés, et j'ai résisté au désir de t'adresser une seule question sur son compte.

— Que veux-tu faire ? quelle conduite as-tu résolu de tenir à son égard ?

— Je n'ai rien résolu. J'ai désiré de ne jamais le revoir, et j'espère que cela n'arrivera pas.

— Mais s'il venait un jour te réclamer son enfant, que lui répondrais-tu ?

— Son enfant ! son enfant ! s'écria Marthe épouvantée ; un enfant qu'il ne connaît pas, dont il ignore même l'existence ? un enfant qu'il n'a pas désiré, qu'il a engendré dans mon sein malgré lui, et dont il a détesté en moi l'espérance ? un enfant qu'il m'aurait défendu de mettre au monde si cela eût été en notre pouvoir ? Non, ce n'est pas son enfant, et ce ne le sera jamais ! Ah ! Paul ! comment n'as-tu pas compris que je pouvais pardonner à Horace de m'humilier, de me briser, de me haïr ; mais que, pour avoir haï et maudit l'enfant de mes entrailles, il ne lui serait jamais pardonné ? Non, non ! cet enfant est à nous, Arsène, et non pas à Horace. C'est l'amour, le dévouement et les soins qui constituent la vraie paternité. Dans ce monde affreux, où il est permis à un homme d'abandonner le fruit de son amour sans passer pour un monstre, les liens du sang ne sont presque rien. Et quant à moi, j'ai profité à cet égard de la faculté que me donnait la loi, pour rompre entièrement le lien qui eût uni mon fils à Horace. La mère Olympe l'a porté à la mairie sous mon nom, et à la place de celui de son père, on a écrit celui d'*inconnu*. C'est toute la vengeance que j'ai tirée d'Horace : elle serait sanglante, s'il avait assez de cœur pour la sentir.

— Mon amie, reprit Arsène, parlons sans amertume et sans ressentiment d'un homme plus faible que mauvais, et plus malheureux que coupable. Ta vengeance a été bien sévère, et il pourrait arriver que tu en eusses regret par la suite. Horace n'est qu'un enfant, il le sera peut-être encore pendant plusieurs années ; mais enfin il deviendra un homme, et il abjurera peut-être les erreurs de son cœur et de son esprit. Il se repentira du mal qu'il a fait sans le comprendre, et tu seras dans sa vie un remords cuisant. S'il revoit un jour ce bel enfant, qui, grâce à toi, sera sans doute adorable, et si tu lui refuses le droit de le serrer sur son cœur...

— Arsène, ta générosité t'abuse, interrompit Marthe avec une énergie douloureuse ; Horace n'aimera jamais son enfant. Il n'a pas senti cet amour à l'âge où le cœur est dans toute sa puissance ; comment l'éprouverait-il dans l'âge de l'égoïsme et de l'intérêt personnel ? Si son fils avait de quoi le rendre vain, il s'en amuserait peut-être pendant quelques jours ; mais sois sûr qu'il ne lui donnerait pas des préceptes et des exemples selon mon cœur. Je ne veux donc pas qu'il lui appartienne. Oh ! jamais ! en aucune façon !

— Eh bien, dit Arsène, es-tu bien décidée à cela ? et veux-tu t'arrêter sans retour à cette détermination ?

— Je le veux, répondit Marthe.

— En ce cas, reprit-il, il y a un moyen bien simple. Cet enfant passe pour être mon fils, parce que personne dans notre entourage actuel ne sait nos relations passées ou présentes. On nous croit époux ou amants. Il n'entre guère dans les mœurs du théâtre de demander à un couple quelconque la preuve légale de son association. Nous avons laissé cette opinion se former ; nous l'avons jugée nécessaire à notre sécurité. Il n'y a que la mère Olympe qui pourrait dire que cet enfant ne m'appartient pas, et elle est trop discrète et trop dévouée pour trahir nos intentions. Jusqu'ici rien de plus simple : il ne s'agit que de laisser subsister un fait déjà établi. Mais quand nous retrouverons nos anciens amis (car lors même que nous les éviterions, il nous serait impossible de ne pas en rencontrer quelqu'un ; un jour ou l'autre cela doit arriver), dis-moi, Marthe, que leur dirons-nous ? »

Marthe, interdite et comme affligée, réfléchit un instant ; puis, prenant son parti, elle répondit avec beaucoup de fermeté : « Nous leur dirons ce que nous avons dit aux autres, que cet enfant est le tien.

— Songes-tu aux conséquences de ce mensonge, ma pauvre Marthe? Souviens-toi que la jalousie d'Horace était bien connue de ses amis : tous ne te connaissaient pas assez pour être sûrs qu'elle n'était pas fondée... Ils croiront donc que tu le trompais ; et cette accusation injuste, que tu n'as pu supporter dans la bouche d'Horace, elle sera donc dans la bouche de tout le monde, même dans celle des amis qui n'avaient jamais douté de toi, comme Théophile, Eugénie, et quelques autres ! »

Marthe pâlit.

« Cela me fera souffrir beaucoup, répondit-elle. J'ai été si fière ! j'ai montré tant d'indignation d'être soupçonnée ! L'on pensera maintenant que j'ai été impudente et que j'ai menti avec effronterie. Mais, après tout, qu'importe ? On ne pourra m'accuser que de sottise et de vaine gloire ; car on saura bien que je n'ai pas présenté cet enfant à Horace comme le sien, et que je me suis éloignée de lui au moment de devenir mère.

— On dira qu'il t'a chassée, que tu as essayé de le tromper, mais qu'il s'est aperçu de ton infidélité ; et il sera complétement justifié aux yeux des autres et aux siens propres.

— Aux siens propres ! s'écria Marthe, frappée d'une idée qui ne lui était pas encore venue. Oh ! cela est bien vrai ! Ce serait lui épargner la punition que lui réserve la justice de Dieu ! Ce serait lui ôter la honte qu'il doit éprouver en voyant comment tu as rempli à sa place les devoirs qu'il a méconnus. Non ! je ne veux pas qu'il ignore la grandeur et la pureté de ton amour ! Je veux qu'il en soit humilié jusqu'au fond de son âme, et qu'il soit forcé de se dire : Marthe a eu bien raison de se réfugier dans le sein d'Arsène !

— Ceci importe peu, reprit Arsène ; mais ce qui m'importe, à moi, c'est que cet homme aveugle et violent ne s'arroge pas le droit de te mépriser et d'aller crier chez tes véritables amis : « Vous voyez ! j'avais bien raison de me méfier de Marthe. Elle était la maîtresse d'Arsène en même temps que la mienne. J'avais bien raison de maudire sa grossesse. L'enfant qu'elle voulait me donner a eu deux pères, et je ne sais auquel des deux il appartient. »

— Tu as raison, répondit Marthe. Eh bien, nous ne mentirons pas à nos anciens amis ; et si jamais j'ai le malheur de rencontrer Horace, j'aurai le courage de lui dire à lui-même : « Vous n'avez pas voulu de votre enfant ; un autre est fier de s'en charger, et par là il a mérité d'être mon époux, mon amant, mon frère à jamais. »

Marthe, en parlant ainsi, se précipita dans les bras d'Arsène, et couvrit son visage de baisers et de larmes. Puis elle prit l'enfant dans son berceau, et le lui donna solennellement. Paul l'éleva dans ses mains, prit Dieu à témoin, et consacra à la face du ciel cette adoption, plus sainte et plus certaine qu'aucune de celles que les lois ratifient à la face des hommes.

XXX.

A la fin de l'été, la vicomtesse avait hâté son départ de la campagne, sous prétexte d'affaires pressantes, mais en réalité pour fuir Horace, qu'elle n'aimait plus, et que même elle commençait à détester. Pour se débarrasser de cet amant dangereux, elle avait écrit à son vieux ami le marquis de Vernes, et lui avait demandé conseil, comme elle avait coutume de le faire lorsqu'elle avait besoin de lui. Elle lui avait avoué en même temps et son goût pour Horace et le dégoût qui l'avait suivi, le mépris et le ressentiment que lui avaient causé ses indiscrétions, et la crainte qu'elle éprouvait qu'il n'en commît de nouvelles. Elle lui avait raconté comment, ayant essayé de le traiter d'un peu haut pour l'habituer au respect, ce moyen avait échoué : Horace avait voulu faire sentir ses droits, et, pour se faire craindre sans se rendre odieux, il avait parlé de jalousie et de vengeance comme un héros de Calderon. Léonie, épouvantée, demandait en grâce au marquis de venir à son secours pour la délivrer de ce forcené. « J'avais bien prévu ce qui arrive, avait répondu le marquis. Ce jeune homme m'a plu, et à vous encore davantage. Il a les qualités du talent et les travers de l'*homme de rien*. Il vous aime, et il va bientôt vous haïr, parce que vous ne pouvez ni le haïr, ni l'aimer comme il l'entend. Sa haine ou son amour vous seront également funestes. Il n'y a qu'un moyen de vous en préserver : c'est de travailler à le rendre indifférent. Pour cela, il faut bien vous garder de lui témoigner de l'indifférence. Ce serait ranimer ses désirs, éveiller son dépit, et le pousser aux dernières extrémités. Soyez passionnée au contraire ; renchérissez sur ses jalousies, sur ses injustices, sur ses menaces. Effrayez-le, fatiguez-le d'émotions. Tâchez de l'ennuyer à force d'exigences. Faites l'amante espagnole à votre tour, et rendez-le si malheureux, qu'il désire vous quitter. Tâchez qu'il fasse le premier pas vers une rupture, et qu'il le fasse violemment ; alors vous serez sauvée : il aura eu les premiers torts. Votre empressement à en profiter pour l'abandonner sera de la fierté légitime, la dignité d'un grand caractère, la colère implacable d'un grand amour ! Je vous réponds du reste. Je m'emparerai de lui quand l'occasion sera venue ; j'écouterai ses plaintes, je lui prouverai qu'il est le seul coupable, et, tout en vous haïssant, il sera forcé de vous respecter. Il vous importunera peut-être, il fera des folies pour arriver jusqu'à vous. Soyez sans pitié. Peut-être se brûlera-t-il la cervelle, mais seulement un peu ; il a trop d'esprit pour vouloir renoncer aux beaux romans dont son avenir est gros. Toutes les extravagances qu'il pourra faire alors pour vous, loin de vous compromettre, tourneront au triomphe de votre fierté. Tout le monde saura peut-être que ce jeune homme vous adore ; mais on saura aussi que vous le réduisez au désespoir ; et s'il lui arrive de se vanter du passé dans sa colère, on le regardera comme un fat ou comme un fou. De tout ceci, ma belle amie, il résultera pour vous un surcroît de gloire. Votre puissance sera plus enviée que jamais par les femmes, et les hommes viendront se prosterner par centaines à vos genoux. »

La vicomtesse suivit fidèlement le conseil de son mentor. Elle joua si bien la passion, qu'Horace en fut épouvanté. Dès qu'elle le vit reculer, elle avança, et ne craignit pas d'exiger de lui qu'il l'enlevât. Cette idée sourit d'abord à Horace, à cause du retentissement qu'aurait une pareille aventure, et de l'honneur que lui ferait, dans la province et même dans le monde, la passion *échevelée* d'une dame de ce rang et de cet esprit. La vicomtesse frémit en le voyant irrésolu ; mais, au bout de vingt-quatre heures, Horace s'effraya de l'idée de vivre avec une maîtresse aussi jalouse et aussi impérieuse. Il songea à la souffrance qu'il éprouverait lorsque les curieux, se précipitant sur ses pas pour le voir passer avec sa conquête, l'un dirait : « Tiens ! elle n'est pas plus belle que cela ? » l'autre : « Elle n'est, pardieu, pas jeune ! » Et, tout bien considéré, il refusa le sacrifice qu'elle lui offrait, sous prétexte qu'il était pauvre, et qu'il ne pouvait se résoudre à faire partager sa misère à une dame comme elle, bercée par l'habitude de l'opulence. Ce prétexte était d'ailleurs assez bien fondé. La vicomtesse feignit de n'en tenir compte, de dédaigner les richesses, de vouloir braver le monde, qu'elle prétendait haïr et mépriser. Mais dès qu'elle se fut bien assurée de la répugnance sincère d'Horace à prendre ce parti, elle l'accusa de ne point l'aimer ; elle feignit d'être jalouse d'Eugénie ; elle inventa je ne sais quels sujets absurdes de soupçon et de ressentiment. Elle pleura même, et s'arracha quelques faux cheveux. Puis tout à coup elle chassa Horace de son boudoir, fit ses apprêts de départ, refusa de recevoir ses excuses et ses adieux, et s'en retourna à Paris, bien fatiguée du drame qu'elle venait de jouer, bien satisfaite d'être enfin délivrée du sujet de ses terreurs.

De ce moment, ainsi que l'avait prédit le marquis, sa victoire fut assurée; et Horace, tout en le plaignant de sa prétendue douleur, tout en se réjouissant de n'avoir plus à en subir les violences, se sentit le plus faible, parce qu'il se crut le plus froid.

Les jeunes gens nobles du pays qui avaient composé la cour ordinaire de Léonie restèrent dans leurs châteaux pour s'y adonner au plaisir de la chasse durant l'automne; et l'un d'eux, qui avait pris Horace en amitié, et qui le tenait sérieusement pour un grand homme, l'invita à venir achever la saison dans ses terres. Horace accepta cette offre avec plaisir. Son hôte était riche et garçon. Il avait peu d'esprit, aucune instruction, un bon cœur et de bonnes manières. C'était l'homme qu'Horace pouvait éblouir de son érudition et charmer par le brillant de son esprit, en même temps qu'il trouvait à profiter dans son commerce pour se former aux habitudes aristocratiques, dont il était alors plus que jamais infatué.

Son premier besoin fut d'oublier les semaines d'agitation pénible qu'il venait de subir, et la maison de Louis de Méran lui fut un lieu de délices. Avoir de beaux chevaux à monter, un tilbury à sa disposition, des armes magnifiques et des chiens excellents pour la chasse, une bonne table, de gais convives, voire quelques autres distractions dont il ne se vanta pas à moi après tout le mépris qu'il avait témoigné pour ce genre de plaisir, mais auxquelles il s'abandonna en voyant ses modèles les dandys vanter et cultiver la débauche : c'en fut assez pour l'étourdir et l'enivrer jusqu'aux approches de l'hiver. Comme il était réellement supérieur par son intelligence à tous ses nouveaux amis, il rachetait à force d'esprit le défaut de naissance, de fortune et d'usage, dont, au reste, on ne lui eût fait un tort que s'il en eût fait parade; mais il s'en garda bien. Il craignit tellement de voir l'orgueil de ces jeunes gens s'élever au-dessus du sien, qu'il leur laissa croire qu'il était d'une bonne famille de robe, et jouissait d'une honnête aisance. L'exiguïté de sa valise donnait bien un démenti à ses gasconnades : mais il était en voyage; c'était par hasard qu'il s'était arrêté dans ce pays, où il était venu seulement avec l'intention de passer quelques jours; et pour rendre excusable aux yeux de Louis de Méran la légèreté de sa bourse, qui était par trop évidente, il feignit plusieurs fois de vouloir partir, afin, disait-il, d'aller chercher au moins *chez son banquier* l'argent qui lui manquait.

« Qu'à cela ne tienne ! lui dit son ami, qui avait le malheur de s'ennuyer lorsqu'il était seul dans son château, et pour qui Horace était une société agréable, ma bourse est à votre disposition. Combien vous faut-il ? Voulez-vous une centaine de louis ?

— Il ne me faut rien qu'une centaine de francs, s'écria Horace, à qui une offre aussi magnifique fit ouvrir de grands yeux, et qui jusque-là ne s'était tourmenté que de la manière dont il donnerait le *pourboire* aux laquais de la maison en s'en allant.

— Vous n'y songez pas ! lui dit son ami : nous allons avoir une grande réunion de jeunes gens, à l'occasion d'une sorte de fête villageoise où nous allons tous, et où nous passons quelquefois huit jours en parties de plaisir. On y joue un jeu d'enfer. Il faudra que vous puissiez jeter quelques poignées d'or sur la table, si vous ne voulez, vous, inconnu dans la province, passer pour *une espèce.* »

Bien qu'Horace sût parfaitement qu'il ne pourrait jamais rendre cet argent, à moins d'être heureux au jeu, il n'eut pas plus tôt entrevu cette chance de succès, qu'il s'y confia aveuglément, et accepta les offres de son ami. Il n'avait jamais joué de sa vie, parce qu'il n'avait jamais été à même de le faire, et il ignorait tous les jeux excepté le billard, où il était de première force, ce qui lui avait valu l'estime de plusieurs des graves personnages au milieu desquels il s'était lancé. Il eut bientôt compris la bouillotte à les voyant s'y exercer, et le jour de la fête, il débuta avec passion dans cette nouvelle carrière d'émotions et de périls. Il eut, pour son malheur à venir, un bonheur insolent ce jour-là. Avec cent louis il en gagna mille. Il se hâta de restituer la somme première à Louis de Méran, mit de côté quatre cents louis, et continua à jouer les jours suivants avec les cinq cents autres. Il perdit, regagna, et, après plusieurs fluctuations de la fortune, retourna enfin au château de Méran avec dix-sept mille francs en or et en billets de banque dans sa valise. Pour un jeune homme qui avait de grands besoins d'argent, et qui n'avait jamais connu qu'un sort précaire, c'était une fortune. Il en pensa devenir fou de joie, et je crois bien qu'à partir de là il le devint réellement un peu. Il vint nous voir pour nous faire part de son bonheur, et ne songea pas à me restituer les cinquante louis qu'il me devait. Je n'osai le lui rappeler, quoique je fusse assez gêné; je regardais comme impossible qu'il l'oubliât. Cependant il ne s'en souvint jamais, et je le lui pardonne de tout mon cœur, certain que sa volonté n'y fut pour rien. L'empressement avec lequel il vint m'annoncer sa richesse en est la meilleure preuve. Son premier soin fut d'envoyer cent louis à sa mère; mais il n'osa pas lui dire que c'était l'argent du jeu : la bonne femme s'en fût effrayée plus que réjouie. Il lui manda que c'était le prix de travaux littéraires auxquels il se livrait dans mon ermitage, et qu'il envoyait à Paris à un éditeur.

« Je prétends, me dit-il en riant, la réconcilier avec la profession d'homme de lettres, qu'elle avait tant de regret à me voir embrasser, et qu'elle va désormais regarder comme très-honorable. Dans quelques mois je lui enverrai encore un millier de francs, ainsi de suite, tant que j'aurai de l'argent. Que ne puis-je lui faire passer dès aujourd'hui la somme entière ! Je serais si heureux de pouvoir m'acquitter en un instant des sacrifices qu'elle fait pour moi depuis que j'existe ! Mais elle comprendrait si peu ce qui m'arrive, qu'elle me demanderait des explications impossibles; et les gens de ma province, qui sont aussi judicieux que charitables, voyant la mère Dumontet remonter sa vaisselle et acheter des robes à sa fille, en concluraient certainement que, pour procurer à ma famille une telle opulence, il faut que j'aie assassiné quelqu'un. Il est vrai que mon bon père, qui se pique un peu de belles-lettres, voudra lire de ma prose imprimée. Je lui dirai que j'écris sous un pseudonyme, et je couperai, dans un volume de quelque poète mystique allemand nouvellement traduit, une centaine de pages que je lui enverrai en lui disant qu'elles sont de moi. Il n'y verra que du feu, et il les montrera à tous les beaux esprits de sa petite vilfe, qui, n'y comprenant goutte, reconnaîtront enfin que je suis un homme supérieur. »

En disant ces folies, Horace, qui se moquait parfois de lui-même de fort bonne grâce, éclata de rire. C'était la vérité qu'il eût envoyé tout son argent à sa mère s'il eût pu le faire à l'instant même sans l'effrayer. Son cœur était généreux; et s'il se réjouissait tant d'être riche, ce n'était pas tant à cause de la possession, qu'à cause de l'espèce de victoire remportée sur ce qu'il appelait son mauvais destin. Malheureusement il ne songea plus à ses résolutions le lendemain. Sa mère ne reçut plus rien de lui, et tous ses créanciers de Paris furent également oubliés. Il ne lui resta, de cet instant de dévouement enthousiaste, qu'une sorte d'orgueil insensé et bizarre, qui consistait à croire à son étoile en fait de succès d'argent, comme Napoléon croyait à la sienne en fait de gloire militaire. Cette confiance absurde en une providence occupée à favoriser ses caprices, et en un dieu disposé à intervenir dans toutes ses entreprises, le rendit vain et téméraire. Il commença à mener le train d'un jeune homme pour qui quinze mille francs auraient été le semestre d'une pension de trente mille. Il acheta un cheval, sema les pièces d'or à tous les valets de son hôte, écrivit à Paris à son tailleur qu'il avait fait un héritage, et qu'il eût à lui envoyer les modes les plus nouvelles. Quinze jours après, il se montra équipé le plus ridiculement du monde. Ses amis se moquèrent de cet accoutrement de mauvais goût, et lui conseillèrent de destituer son tailleur du quartier latin pour une célébrité de la *fashion*. Il distribua aussitôt sa nouvelle garde-robe aux piqueurs de ces messieurs, et en commanda une autre à Humann, qui habillait Louis de Méran. Recommandé par ce jeune homme élégant et riche, il eut chez ce prince des tailleurs un crédit ouvert dont il ne s'inquiéta pas, et qui creusa sous lui comme un gouffre invisible.

Les joyeux compagnons qui l'entouraient, dès qu'ils le virent insolemment prodigue et revêtu d'un costume de dandy qui déguisait incroyablement son origine plébéienne, l'adoptèrent tout à fait, et firent de lui le plus grand cas. Ce n'est plus le temps, c'est l'argent qui est un grand maître. Horace, n'étant plus retenu et contristé par la misère, se livra à tous les élans de sa brillante gaieté et de son audacieuse imagination. L'argent fit en lui des miracles; car il lui rendit, avec la confiance en l'avenir et les jouissances du présent, l'aptitude au travail, qu'il semblait avoir à jamais perdue. Il retrouva toutes ses facultés, émoussées par les chagrins et les soucis de l'hiver précédent. Son humeur redevint égale et enjouée. Ses idées, sans devenir plus justes, se coordonnèrent et s'étendirent. Son style se forma tout à coup. Il écrivit un petit roman fort remarquable, dont la triste Marthe fut l'héroïne, et ses amours le sujet. Il s'y donna un plus beau rôle qu'il ne l'avait eu dans la réalité; mais il y motiva et y poétisa ses fautes d'une manière très-habile. L'on peut dire que son livre, s'il eût eu plus de retentissement, eût été un des plus pernicieux de l'époque romantique. C'était non pas seulement l'apologie, mais l'apothéose de l'égoïsme. Certainement Horace valait mieux que son livre; mais il y mit assez de talent pour donner à cet ouvrage une valeur réelle. Comme il était riche alors, il trouva facilement un éditeur; et le roman, imprimé à ses frais, et publié peu de temps après son retour à Paris, eut une sorte de succès, surtout dans le monde élégant.

Cette vie de luxe, mêlée de travail intellectuel et d'activité physique, était l'idéal et l'élément véritable d'Horace. Je remarquai que sa parole et ses manières, d'abord ridicules lorsqu'il avait voulu les transformer de bourgeoises en patriciennes, devinrent gracieuses et dignes, lorsque fort de son propre mérite et riche de son propre argent, il ne chercha plus, en se réformant, à imiter personne. A Paris, ses nouveaux amis le présentèrent dans diverses maisons riches ou nobles, où il vit l'ancienne bonne compagnie et le nouveau grand monde. Il vit les fêtes des banquiers israélites, et les soirées moins somptueuses et plus épurées de quelques duchesses. Il entra partout avec aplomb, certain de n'être déplacé nulle part, après avoir été l'amant et l'élève de la précieuse vicomtesse de Chailly.

Au bout de deux mois d'une telle vie, Horace fut complétement transfiguré. Il vint nous voir un matin dans son tilbury, avec son groom pour tenir son beau cheval. Il monta nos cinq étages comme s'il n'eût fait autre chose de sa vie, et le bon goût de ne pas paraître essoufflé. Sa mise était irréprochable; sa chevelure inculte avait enfin été domptée par Boucherot, successeur de Michalon. Il avait la main blanche comme celle d'une femme, les ongles taillés en biseau, des bottes vernies, et une canne Verdier. Mais ce qu'il y avait de plus extraordinaire, c'est qu'il avait pris un ton parfaitement naturel, et qu'il était impossible de deviner que tout cela fût le résultat d'une étude. La seule chose qui trahît la nouveauté de sa métamorphose, c'était l'espèce de joie triomphante qui éclairait son front comme une auréole. Eugénie, à qui il baisa la main en arrivant (pour la première fois de sa vie), eut un peu de peine d'abord à tenir son sérieux, et finit par s'étonner autant que nous de la facilité avec laquelle ce jeune papillon avait dépouillé sa chrysalide. Il avait été à si bonne école, qu'il avait appris non-seulement à se bien tenir, mais encore à bien causer. Il ne parlait plus de lui; il nous questionnait sur tout ce qui pouvait nous intéresser personnellement, et il avait l'air de s'y intéresser lui-même. Nous avions vu les premiers efforts pour atteindre au type qu'il possédait enfin, et nous étions émerveillés qu'il eût déjà perdu l'enflure et l'arrogance du parvenu. « Parle-moi donc de toi un peu, lui dis-je. Tes affaires me paraissent florissantes. J'espère que ta nouvelle fortune ne repose pas entièrement sur les cartes, mais bien sur la littérature, où tu as fait un si joli début. — L'argent du jeu tire à sa fin, me répondit-il naïvement; j'espère bien le renouveler en puisant à la même source, et jusqu'ici mes essais ne sont pas malheureux; mais comme il faut être en mesure de perdre, j'ai songé à la littérature, comme à un fonds plus solide. Mon éditeur m'a versé ces jours-ci trois mille francs pour un petit volume que je lui ferai en une quinzaine de jours; et si le public reçoit celui-là avec autant d'indulgence que l'autre, j'espère que je ne me trouverai plus à court d'argent. » trois mille francs un petit volume, pensai-je, c'est un peu cher; mais tout dépend des arrangements.

« Il faut, lui dis-je, que je te parle de ce roman que tu viens de publier. — Oh ! je t'en prie, s'écria-t-il, ne m'en parle pas. C'est si mauvais, que je voudrais bien n'en entendre jamais parler. — Ce n'est pas mauvais le moins du monde, repris-je : on peut même dire, au point de vue de l'art, que c'est une paraphrase très-remarquable d'*Adolphe*, ce petit chef-d'œuvre littéraire de Benjamin Constant, que tu sembles avoir pris pour modèle. »

Ce compliment ne plut pas beaucoup à Horace; sa figure changea tout d'un coup.

« Tu trouves, me dit-il en s'efforçant de garder son air indifférent, que mon livre est un pastiche? C'est bien possible : mais je n'y ai pas songé, d'autant plus que je n'ai jamais lu *Adolphe*.

— Je te l'ai prêté cependant l'année dernière.
— Tu crois?
— J'en suis certain.
— Ah! je ne m'en souviens pas. Alors mon livre est une réminiscence.
— Il est impossible, repris-je, que le premier ouvrage d'un auteur de vingt ans soit autre chose; mais comme le tien est bien fait, bien écrit et intéressant, personne ne s'en plaint. Cependant, au risque d'être pédant, je veux te gronder un peu quant au sujet. Tu as fait, ce me semble, la réhabilitation de l'égoïsme...
— Ah! mon cher, laissons cela, je t'en prie, dit Horace avec un peu d'ironie, tu parles comme un journaliste. Je te vois venir! tu vas me dire que *mon livre est une mauvaise action*. J'ai lu au moins ce mois-ci quinze feuilletons qui finissaient de même. »

J'insistai. Je lui fis un peu la guerre; je combattis ses théories de *l'art pour l'art* avec une sorte d'obstination dont je me faisais un devoir d'amitié envers lui, mais contre laquelle ne tint pas longtemps le vernis de modestie enjouée que l'étude du goût lui avait donné.

Il s'impatienta, se défendit avec humeur, attaqua mes idées avec amertume; et, perdant peu à peu toutes ses grâces et tout son calme d'emprunt pour revenir à ses anciennes déclamations, même à quelques-unes de ces locutions de café-billard du quartier latin, il laissa le vieil homme sortir du sépulcre mal blanchi où il avait prétendu l'enfermer. Quand il s'aperçut de ce qui lui arrivait, il en fut si honteux et si courroucé intérieurement, qu'il devint tout à coup sombre et taciturne. Mais ceci n'était pas plus nouveau pour nous que sa colère bruyante: nous l'avions si souvent vu passer de la déclamation à la bouderie!

« Tenez, Horace, lui dit Eugénie en lui posant familièrement ses deux mains sur les épaules, tout charmant que vous étiez au commencement de votre visite, et tout maussade que vous voilà maintenant, je vous aime encore mieux ainsi. Au moins c'est vous, avec tous vos défauts, que nous savons par cœur, et qui ne nous empêchent pas de vous aimer; au lieu que, quand vous voulez être accompli, nous ne vous reconnaissons plus, et nous ne savons que penser.

— Grand merci, ma belle, » dit Horace en cherchant à l'embrasser cavalièrement pour la punir de son impertinence. Mais elle s'en préserva en le menaçant d'une petite balafre de son aiguille au visage, ce qui l'eût empêché de paraître le soir dans le monde, et il ne s'y exposa point. Il essaya de reprendre son air aisé et ses manières distinguées avant de nous quitter ; mais il n'en put venir à bout, et, se sentant gauche et guindé, il abrégea sa visite.

« Je crains que nous ne l'ayons fâché, et qu'il ne revienne pas de si tôt, dis-je à Eugénie lorsqu'il fut parti.

— Nous le reverrons quand il aura gagné encore de l'argent, et qu'il aura un coupé à deux chevaux à nous faire voir, répondit-elle.

— Pendant un quart d'heure je l'ai cru corrigé de tous ses défauts, repris-je, et je m'en réjouissais.

— Et moi, je m'en affligeais, dit Eugénie ; car il me semblait être arrivé à l'impudence, qui est le pire de tous les vices. Heureusement, voyez-vous, il ne pourra jamais s'empêcher d'être ridicule, parce qu'en dépit de toutes ses affectations, il a un fonds de naïveté qui l'emporte. »

Ce même jour, nous fûmes surpris et bouleversés par une visite autrement agréable. Comme nous étions encore penchés sur le balcon pour suivre de l'œil le rapide tilbury d'Horace, nous remarquâmes qu'il faillit, au détour du pont, écraser un homme et une femme qui venaient à sa rencontre en se donnant le bras, et en causant la tête baissée, sans faire attention à ce qui se passait autour d'eux. Horace cria : Gare donc ! d'une voix retentissante qui monta jusqu'à nous par-dessus tous les bruits du dehors, et nous le vîmes fouetter son cheval fougueux avec quelque intention d'effrayer ces gens malappris qui l'avaient forcé de s'arrêter une seconde. Nos yeux suivirent involontairement ce couple modeste qui venait toujours de notre côté, et qui semblait n'avoir remarqué ni le dandy ni son équipage. Ils marchaient appuyés l'un sur l'autre, et plus lentement que tous les gens affairés qui suivaient le trottoir.

« As-tu jamais observé, me dit Eugénie, qu'on peut deviner, à l'allure de deux personnes de sexe différent qui se donnent le bras, le sentiment qu'elles ont l'une pour l'autre? Voici un couple qui s'adore, je le parierais ! ils sont jeunes tous deux, je le vois à leur taille et à leur démarche. La femme doit être jolie, du moins elle a une tournure charmante ; et à la manière dont elle s'appuie sur le bras de ce jeune mari ou de ce nouvel amant, je vois qu'elle est heureuse de lui appartenir.

— Voilà tout un roman dont ces deux passants ne se doutent peut-être guère, répondis-je. Mais vois donc, Eugénie ! à mesure que cet homme s'approche, il me semble le reconnaître. Il a fait un geste comme Arsène ; il lève la tête vers notre balcon. Mon Dieu ! si c'était lui ?

— Je ne vois pas ses traits de si haut, dit Eugénie ; mais quelle serait donc cette femme qu'il accompagne? A coup sûr, ce n'est ni Suzanne ni Louison.

— C'est Marthe ! m'écriai-je. J'ai de bons yeux ; elle nous a regardés, elle entre ici... Oui, Eugénie, c'est Marthe avec Paul Arsène !

— Ne me fais pas de pareils contes ! dit Eugénie tout émue en s'arrachant du balcon. Ce sont de fausses joies que tu me donnes. »

J'étais si sûr de mon fait, que je m'élançai sur l'escalier à la rencontre de ces deux revenants, qui, un instant après, pressaient Eugénie dans leurs bras entrelacés. Eugénie, qui les avait crus morts l'un et l'autre, et qui les avait amèrement pleurés, faillit s'évanouir en les retrouvant, et ne reprit la force de les embrasser qu'en les arrosant de larmes. Cet accueil les toucha vivement, et ils passèrent plusieurs heures avec nous, durant lesquelles ils nous informèrent complaisamment des moindres détails de leur histoire et de leur vie présente. Quand Eugénie sut que son amie était actrice, elle la regarda avec surprise, et me dit en la montrant :

« Vois donc comme elle est toujours la même ! elle a embelli, elle est mise avec plus d'élégance ; mais sa voix, son ton, ses manières, rien n'a changé. Tout cela est aussi simple, aussi vrai, aussi aimable que par le passé. Ce n'est pas comme... » Et elle s'arrêta pour ne pas prononcer un nom que Marthe, dans son récit, avait répété cependant plusieurs fois sans émotion pénible. Mais à chaque instant, Eugénie, en regardant Paul et Marthe, et en poursuivant intérieurement son parallèle avec Horace, ne pouvait s'empêcher de s'écrier :

« Mais ce sont eux ! ils n'ont pas changé. Il me semble que je les ai quittés hier. »

Marthe voulut avoir l'explication de ces réticences, et je jugeai qu'il valait mieux lui parler ouvertement et naturellement d'Horace que de la forcer à nous interroger sur son compte. Je lui racontai la visite qu'il venait de nous faire, et tout ce qui devait expliquer cette opulence soudaine. Je lui parlai même de ses relations avec la vicomtesse de Chailly. Je crus devoir le faire pour mettre la dernière main, s'il en était besoin, à la guérison de cette âme sauvée. Elle en sourit de pitié, frémit légèrement, et, se jetant dans le sein de son époux, elle lui dit avec un sourire doux et triste :

« Tu vois que je connaissais bien Horace ! »

Ils furent forcés de nous quitter à quatre heures. Marthe jouait le soir même. Nous allâmes l'entendre, et nous revînmes tout émus et tout bouleversés de son talent, joyeux jusqu'aux larmes d'avoir retrouvé ces deux êtres chéris, unis enfin et heureux l'un par l'autre.

XXXI.

Horace, lancé dans le monde avec une belle figure, une bonne tenue, beaucoup d'esprit de conversation, un commencement de renommée littéraire, les apparences d'une certaine fortune, et un nom qu'il signait *Du Montet*, ne pouvait manquer d'être remarqué ; et il y eut un moment où, sans trop d'illusions, il put se flatter d'être appelé aux plus grands succès auprès de ces belles poupées de salon qu'on appelle femmes à la mode. Deux ou trois coquettes sur le retour l'eussent mis en vogue, s'il eût voulu se laisser prôner par elles ; mais il visa plus haut, et cela le perdit. Il se mit dans l'esprit que ces passagères amours étaient trop faciles, et qu'il pouvait aspirer à un brillant mariage. Depuis qu'il avait tâté de la richesse, il lui semblait qu'il n'y avait que cela de réel et de désirable. Il ne regardait plus le talent et la gloire que comme des moyens de parvenir à la fortune, et il comptait sur les dons qu'il avait reçus de la nature pour captiver le cœur de quelque riche héritière. Avec de l'habileté, du temps et de la prudence, qui sait si son rêve ne se serait pas réalisé? Mais il ne sut pas ménager les ressources de sa position, et son trop de confiance l'égara. Prompt à s'abuser sur les sentiments qu'il inspirait, il entama une intrigue avec la fille d'un banquier, pensionnaire romanesque qui répondit à ses billets, lui donna des rendez-vous, et concerta avec lui un enlèvement et un mariage à Gretna-Green. Malheureusement Horace n'avait pas assez d'argent pour faire cette équipée. Les deux ou trois mille francs du second roman avaient été mangés avant d'être touchés, et il commençait à devenir aussi malheureux au jeu qu'il se flattait d'être heureux en amour. Il brusqua les choses, demanda la demoiselle à ses parents d'un ton assez impératif, se vanta auprès d'eux de la passion qu'elle avait pour lui, et leur donna même à entendre qu'il n'était plus temps de la lui refuser. Ce dernier point était une ruse d'amour dont il espérait rendre la jeune personne complice ; car il avait été, malgré lui, plus délicat qu'il ne voulait l'avouer. Il avait respecté l'imprudente petite héroïne de son roman, et leurs relations avaient été si chastes, qu'elle n'avait cru courir aucun danger auprès de lui. Les parents, fins et prudents comme des gens qui ont fait leur fortune eux-mêmes, eurent bientôt pénétré la vérité. Ils prirent l'enfant par la douceur, lui peignirent Horace comme un fat, un homme sans cœur, prêt à la compromettre pour s'enrichir en l'épousant. Ils parlementèrent, suspendirent la correspondance et les rendez-vous mystérieux, gagnèrent du temps, parlèrent d'accorder la main et de retenir la dot, et en peu de jours surent si bien dégoûter ces deux amants l'un de l'autre, qu'Horace se retira furieux contre sa belle, qui le repoussait de son côté avec mépris et aversion. Cette triste aventure fut tenue secrète : on ne fut tenté de s'en vanter de part ni d'autre, et Horace, par dépit, s'adressa

Comme nous étions encore penchés sur le balcon. (Page 95.)

précipitamment à une veuve de bonne maison, qui jouissait d'une vingtaine de mille livres de rentes, et qui était encore jeune et belle.

Comme elle était dévote, sentimentale et coquette, il s'imagina qu'elle ne lui appartiendrait que par le mariage, et il se trompa. Soit que la veuve ne voulût faire de lui qu'un cavalier servant en tout bien tout honneur, soit qu'elle fût moins scrupuleuse et voulût aimer sans perdre sa liberté, il fut accueilli avec grâce, agacé avec art, et commença à se sentir amoureux avant de savoir à quoi s'en tenir. J'ignore si, malgré son extrême jeunesse, qu'il dissimulait dans sa barbe épaisse, son nom roturier, qu'il avait arrangé sur ses cartes de visite, et sa misère, qu'il pouvait encore cacher sous des habits neufs pendant quelque temps, il eût satisfait son amour et son ambition. L'espérance d'être un jour homme politique lui était revenue avec celle de devenir éligible par contrat de mariage. Il se nourrissait des plus doux projets, et attendait, pour avouer sa véritable situation, qu'il eût inspiré un amour assez violent pour la faire accepter; mais il avait une ennemie qui devait lui barrer le chemin, c'était la vicomtesse de Chailly.

Quoiqu'elle n'eût plus d'amour pour lui, elle avait espéré le voir ramper devant elle, conformément aux prédictions du marquis de Vernes, aussitôt qu'elle l'aurait abandonné; mais le marquis, en jugeant Horace orgueilleux en amour, s'était trompé. Horace n'était que vain, et son inconstance, jointe à sa bonté naturelle, l'empêchait de concevoir un dépit sérieux. Il vit bien que la vicomtesse était retournée au comte de Meilleraie; mais comme elle le recevait avec une apparente bienveillance et l'admettait au rang de ses amis, il se tint pour satisfait, et continua à la voir sans amertume et sans prétention. C'eût été pour tous deux le meilleur état de choses; mais Horace ne pouvait passer une semaine sans commettre une faute grave. Il aimait à se griser, pour étouffer peut-être quelques secrets remords. A la suite d'un déjeuner au Café de Paris, il s'enivra, devint expansif, vantard, et se laissa arracher l'aveu de ses succès auprès de la vicomtesse. Un de ceux qui l'aidèrent perfidement à cette confession haïssait Léonie, et voyait intimement le comte de Meilleraie. Dès le lendemain, ce dernier fut informé de l'infidélité de sa maîtresse. Il lui fit, non pas une scène, il ne l'aimait pas

C'était la vraie fille de Lucifer. (Page 98.)

assez pour s'emporter, mais de piquants reproches, qui la blessèrent profondément. Dès lors, Horace fut l'objet de la haine implacable de cette femme. Elle connaissait assez particulièrement la veuve qu'il courtisait, et déjà elle s'était aperçue de la tournure que prenait cette liaison. Elle lui témoigna de l'amitié, gagna sa confiance, et la dégoûta d'Horace en lui disant ce simple mot : C'est un homme *qui parle*. Horace fut éconduit brusquement. Il lutta, et sa défaite n'en fut que plus honteusement consommée.

Cette mortification cruelle ne pouvait arriver dans un plus fâcheux moment. Son second roman venait de paraître, et il n'était pas bon. Horace avait épuisé dans le premier la petite somme de talent qu'il avait amassée, parce qu'il y avait dépensé la petite somme d'émotion qu'il avait reçue. Il eût fallu, pour produire un nouvel ouvrage, que sa vie intérieure fût renouvelée assez rapidement pour l'échauffer et l'inspirer une seconde fois. Il avait forcé son cerveau à un enfantement qui avortait. En essayant de peindre Léonie et son amour pour elle, il avait été froid et faux comme son modèle et comme son propre sentiment. Il eût pu avoir néanmoins un certain succès dans un certain monde avec ce mauvais ouvrage, s'il eût désigné clairement la vicomtesse à la méchanceté du public des salons, et s'il eût fourni à ses élégants lecteurs l'appât d'un petit scandale. Mais Horace avait un trop noble cœur pour chercher ce genre de vogue. Il avait tellement poétisé son héroïne, qu'elle n'était pas vraie, et que personne ne pouvait la reconnaître. Incapable de garder un secret d'amour, il était également incapable de le proclamer froidement et par vengeance.

Le même jour où il fut congédié par la prudente veuve, il perdit au jeu ses derniers louis, et rentra chez lui dans une disposition d'esprit assez tragique. Il trouva sur sa cheminée une lettre de son éditeur, en réponse à un billet qu'il lui avait écrit la veille pour lui demander de nouvelles avances en retour de la promesse d'un nouveau roman. « Odieux métier ! s'écria-t-il en décachetant la lettre; il faudra donc écrire encore, écrire toujours, quelle que soit ma disposition d'esprit ; être léger de style avec une cervelle appesantie de fatigue, tendre de sentiments avec une âme desséchée de colère, frais et fleuri de métaphores avec une imagination flétrie par le dégoût ! » Il brisa convulsivement le cachet, et, à sa grande surprise, lut un. refus très-net en style d'éditeur mécontent, qui appelle un chat, un chat, et un succès manqué un *bouillon*. Le digne homme en était pour ses frais. Depuis quinze jours que l'ouvrage était publié, il ne s'en était pas vendu trente exemplaires. Et puis il était si court ! Le volume était plat, les libraires ne prenaient cette *galette* qu'au rabais. Si Horace avait voulu le croire, il aurait allongé le dénoûment. Deux feuilles de plus, et son livre gagnait cinquante centimes par exemplaire. Et puis le titre n'était pas assez *ronflant*, la donnée n'était pas *morale*, il y avait *trop de réflexions*; et mille autres causes de non-succès qui firent sauter au plancher le pauvre auteur outré de colère et rempli de désespoir.

Quand on n'a pour toute fortune que de belles paroles, des bottes percées et un habit râpé, on ne se décourage pas pour un refus d'éditeur ; on se met en campagne, et de rebuffades en rebuffades, on finit par en trouver un plus confiant ou plus riche. Mais courir en tilbury et suivi de son groom, de porte en porte, pour demander l'aumône, ce n'est pas aussi facile. Horace l'essaya pourtant dès le lendemain. Partout il fut reçu avec beaucoup de politesse, mais avec une incrédulité pour son avenir littéraire. Son premier roman avait eu un succès d'estime plutôt qu'un succès d'argent. Le second avait fait un *fiasco* complet. L'un lui demandait une préface d'Eugène Sue, l'autre une lettre de recommandation de M. de Lamartine, un troisième exigeait qu'on lui assurât un feuilleton de Jules Janin. Tous s'accordaient pour ne point faire les frais de l'édition, et aucun n'entendait débourser la moindre avance de fonds. Horace les envoya tous au diable, petits et gros, et revint chez lui la mort dans l'âme.

Le lendemain il vendit son cheval pour payer et congédier son domestique ; le surlendemain il vendit sa montre pour avoir quelques pièces d'or, et pouvoir jouer encore un jour le rôle d'un homme riche. Il alla voir Louis de Méran, qui jouait au whist avec ses amis. Horace gagna quelques louis, les perdit, les regagna, et se retira vers trois heures du matin endetté de cinq cents francs, que, selon les lois de ce monde-là, il devait payer dans un délai de trois jours à un de ses meilleurs amis, riche de trente mille livres de rente, sous peine d'être méprisé et taxé de gueuserie. Après s'être en vain mis en quatre pour se les procurer chez un éditeur, le soir du troisième jour, il se décida à les emprunter à Louis de Méran, non sans un trouble mortel ; car il savait qu'à moins d'un nouveau bonheur au jeu, il ne pourrait pas les rendre, et l'insouciance qu'il avait eue naguère s'était changée en méfiance et en terreur depuis qu'il avait connu les âpres jouissances de la possession et les soucis amers de la ruine. Cette souffrance fut d'autant plus grande, qu'il lui sembla voir dans le regard et dans tout l'extérieur de son ami quelque chose de froid et de contraint qui contrastait avec son empressement et sa confiance habituels. Jusque-là ce jeune homme avait paru, en lui prêtant de l'argent, le remercier plutôt que l'obliger, et il est certain que jusque-là Horace le lui avait scrupuleusement restitué. Depuis qu'il se faisait passer pour riche, il payait exactement, non ses anciennes dettes, mais celles qu'il contractait dans son nouvel entourage. Ce jour-là il lui sembla que Louis de Méran lui faisait l'aumône avec un déplaisir contenu par la politesse. Aurait-il deviné que ce jour-là, pour la première fois, Horace n'avait pas le moyen de s'acquitter? Mais comment eût-il pu le deviner? Horace avait réformé son équipage et quitté le joli appartement garni qu'il occupait, sous prétexte d'un prochain voyage en Italie annoncé depuis longtemps, projet à la faveur duquel il s'était dispensé d'acheter des meubles et de s'installer conformément à sa prétendue aisance. Il feignit d'être encore retenu pour quelques jours par des affaires imprévues, espérant que, durant ce peu de jours, la fortune du jeu, et même celle de l'amour, changeraient en sa faveur, et lui permettraient de reculer indéfiniment son voyage.

Néanmoins, ce froid visage de son noble ami, et une sorte d'affectation qu'il crut remarquer en lui de ne pas l'accompagner à l'Opéra, lui causèrent une profonde inquiétude. Il craignit d'avoir laissé soupçonner sa position fâcheuse par l'air soucieux qu'il avait depuis quelques jours, et résolut d'effacer ces doutes en se montrant le soir en public avec son dandysme accoutumé. Il alla trouver au fond de la Cité un brocanteur auquel il avait eu affaire autrefois, et il lui vendit à grande perte son épingle en brillants ; mais il eut une centaine de francs dans sa poche, loua sa remise, mit le meilleur habit qui lui restât, passa une rose magnifique dans sa boutonnière, et alla s'installer à l'avant-scène de l'Opéra, dans une de ces loges en évidence qu'on appelle aujourd'hui, je crois, *cages aux lions*. A cette époque-là, les élégants du Café de Paris ne portaient pas encore ce nom bizarre ; mais je crois bien que c'était la même espèce de dandys, ou peu s'en faut. Horace était enrôlé dans cette variété de l'espèce humaine, et faisait profession de se montrer. Il avait ses entrées dans cette loge, où Louis de Méran payait une part de location, et l'emmenait une ou deux fois par semaine. Il y était toujours accueilli par les autres occupants avec cordialité ; car on l'aimait, et son esprit animait ce groupe flâneur et ennuyé. Mais ce soir-là on tourna à peine la tête lorsqu'il entra, et personne ne se dérangea pour lui faire place. Il est vrai que Nourrit chantait avec madame Damoreau le duo de Guillaume Tell :

O Mathilde, idole de ma vie, etc.

Probablement on écoutait dans ce moment avec plus d'attention. Horace, un instant effrayé, se rassura ; et bientôt il reprit tout son aplomb, lorsqu'à la fin de l'acte un de ces messieurs l'engagea à venir souper chez lui, avec les autres, après le spectacle. Il s'efforça d'être enjoué, et il vint à bout d'avoir énormément d'esprit. Cependant, de temps à autre, il lui semblait remarquer un sourire de mépris échangé autour de lui. Un nuage alors passait devant ses yeux, ses oreilles bourdonnaient, il n'entendait plus l'orchestre, il ne voyait plus flotter dans la salle qu'une assemblée de fantômes qui le regardaient, le montraient au doigt, ricanaient affreusement ; et des spectres de femmes qui se disaient les uns aux autres des mots étranges derrière leur éventail : *aventurier, aventurier ! hâbleur, fanfaron ! homme de rien ! homme de rien !* Alors il était prêt à s'évanouir, et quand, revenu à lui-même, il s'assurait que ce n'était qu'une hallucination, il faisait de violents efforts pour cacher son angoisse. Une fois un de ses compagnons lui demanda pourquoi il était si pâle. Horace, encore plus troublé par cette remarque, répondit qu'il était souffrant. *Peut-être avez-vous faim?* lui dit un autre. Horace perdit tout à fait contenance. Il crut voir dans ce mot insignifiant une atroce épigramme. Il songea à se retirer, à se cacher, à ne jamais reparaître.

Et puis il se dit qu'il ne fallait pas abandonner ainsi la partie, qu'il devait aborder une explication, affronter l'attaque, afin de se défendre avec audace, et de savoir à tout prix s'il était victime d'une secrète persécution, ou en proie à un mauvais rêve. Il suivit la bande joyeuse chez l'amphitryon de la nuit, tour à tour glacé ou rassuré par l'air froid ou bienveillant des convives.

La dame du logis était une fille entretenue, fort belle, fort intelligente, fort railleuse, et méchante à l'excès. Horace l'avait toujours haïe et redoutée, quoiqu'elle lui eût fait des avances. Elle avait ce jour-là une robe de satin écarlate, ses cheveux blonds flottants, et un certain air plus impertinent que de coutume. Ses yeux brillaient d'un éclat diabolique : c'était la vraie fille de Lucifer. Elle accueillit Horace avec des grâces de chat, le plaça auprès d'elle à table, et lui versa de sa belle main les vins du Rhin les plus capiteux. On s'égaya beaucoup, on traita Horace aussi bien que de coutume, on lui fit réciter des vers, on l'applaudit, on le flatta, et on parvint à l'enivrer, non pas jusqu'à perdre la raison, mais jusqu'à reprendre confiance en lui-même.

Alors un des convives lui dit :

« A propos de femmes, apprenez-nous donc, mon cher,

pourquoi la vicomtesse de Chailly vous en veut si fort. Est-il vrai qu'à un déjeuner au Café de Paris, avec B... et A..., vous l'ayez compromise?

— Le diable m'emporte si je m'en souviens, répondit Horace; mais je ne crois pas l'avoir fait.

— Alors vous devriez vous justifier auprès d'elle, car on lui a dit que vous vous étiez vanté de ce dont un homme d'honneur ne se vante jamais...

— A jeun! reprit un autre. Mais *in vino veritas*, n'est-ce pas, Horace?

— En ce cas, répondit Horace, quelque gris que j'aie pu être, je n'ai dû me vanter de rien.

— Il veut dire par là, observa Proserpine (c'est ainsi qu'Horace appelait ce soir-là la maîtresse de son hôte), qu'il n'y aurait pas de quoi se vanter, et c'est mon avis. Votre vicomtesse est sèche, reluisante et anguleuse comme un coquillage.

— Elle a beaucoup d'esprit, reprit-on. Avouez, Horace, que vous en avez été amoureux.

— Pourquoi non? Mais si je l'ai été, je ne m'en souviens pas davantage.

— On dit pourtant que vous vous en êtes souvenu au point de raconter des choses étranges sur votre séjour à la campagne, l'été dernier?

— Que signifient toutes ces questions? dit Horace en levant la tête. Suis-je devant un jury?

— Oh! non, dit Proserpine : c'est tout au plus de la police correctionnelle. Allons, mon beau poète, vous allez nous dire cela entre amis. La vicomtesse ne vous haïrait pas tant si elle ne vous avait pas tant aimé.

— Et depuis quand m'honore-t-elle de sa haine?

— Depuis que vous lui avez été infidèle, bel inconstant!

— Si je ne l'ai pas été, c'est votre faute, belle inhumaine, répondit Horace du même ton moqueur.

— Vous avouez donc, reprit-elle, que vous lui aviez juré fidélité jusqu'au tombeau?

— Cela va-t-il durer longtemps de la sorte? dit Horace en riant.

— Il est certain, dit quelqu'un, que vous causez un violent dépit à la vicomtesse, et qu'elle dit beaucoup de mal de vous.

— Et quel mal peut-elle dire de moi, s'il vous plaît?

— Tenez vous à le savoir?

— Un peu.

— Eh bien! elle prétend que vous êtes pauvre, et que vous vous faites passer pour riche; que vous êtes un enfant, et que vous faites semblant d'être un homme; que vous êtes éconduit par toutes les femmes, et que vous jouez le rôle de vainqueur. »

Nous y voilà, pensa Horace; le moment est venu de braver l'orage.

« Si la vicomtesse se plaît à débiter de pareilles impertinences, répondit-il avec fermeté, comme je ne sais pas le moyen de me venger d'une femme, je me bornerai à dire qu'elle se trompe; mais si un homme me le répétait avec le moindre doute sur ma loyauté, je lui répondrais qu'il a menti. »

L'interlocuteur à qui s'adressait cette réponse fit un mouvement de colère. Son voisin le retint, et se hâta de dire d'un ton assez équivoque :

« Personne ne doute ici de votre loyauté. Si vous avez trahi le secret de vos amours avec une femme, dans un de ces *après-boire* où vraiment la vérité nous échappe sans que nous en ayons conscience, la vicomtesse pousse trop loin sa vengeance en vous calomniant. Mais si vous l'aviez calomniée, vous? si, par dépit de ses refus, vous aviez menti, il faudrait l'excuser d'user de représailles.

— Mais vous-même, Monsieur, dit Horace, vous paraissez incertain? Je désirerais savoir votre opinion sur mon compte.

— Mon opinion, c'est que vous avez été son amant, que vous l'avez conté à quelqu'un dans les fumées du champagne, et que vous avez fait là une grave imprudence.

— Que vous en semble? dit Proserpine en remplissant le verre d'Horace; prononcez, messieurs du tribunal.

— Cela mérite tout au plus deux jours d'emprisonnement au secret dans l'oratoire de madame de ***. »

Ici on nomma la belle veuve qu'Horace avait espéré d'épouser.

« Ah! est-ce qu'il y a aussi un acte d'accusation par rapport à celle-là? » dit Proserpine en regardant Horace d'un air de reproche à lui donner des vertiges de vanité.

Quoique Horace fût un peu animé, il comprit qu'il avait besoin de toute sa tête, et il s'abstint de vider son verre; il chercha à deviner dans les regards des convives si cette petite guerre était un piége perfide ou une taquinerie amicale. Il crut n'y rien trouver de malveillant, et il soutint toutes les interrogations avec enjouement. Tout ce qu'on lui disait l'éclairait sur un point jusqu'alors mystérieux pour lui : c'est que la vicomtesse l'avait desservi auprès de la veuve. Il voyait en outre qu'elle avait tâché de le desservir dans l'opinion de ses amis, et, la manière dont on présentait les choses donnait à penser que cette guerre cruelle était le résultat de l'amour offensé. Il trouvait tout le monde disposé à le juger ainsi, et à l'absoudre, dans ce cas, des doutes injurieux élevés contre lui par une femme irritée et jalouse. Il ne pouvait se justifier qu'en avouant son intimité avec elle; mais il ne pouvait l'avouer sans encourir le reproche de fatuité, qu'il repoussait depuis un quart d'heure. Il n'avait qu'un parti à prendre, c'était de se griser tout à fait, et il le fit de son mieux, afin d'être autorisé à parler comme malgré lui.

Mais par une de ces bizarreries de la raison humaine, qui ne nous quitte que lorsque nous voulons la retenir, et qui s'obstine à nous rester fidèle lorsque nous la voulons écarter, plus il buvait, moins il se sentait gris. Il avait la migraine, sa paupière était lourde, sa langue embarrassée; mais jamais son cerveau n'avait été plus lucide. Cependant il fallait déraisonner, hélas! et Horace déraisonna. Il me l'a confessé depuis, pressé par un sévère interrogatoire; il joua l'ivresse n'étant pas ivre, et, feignant d'avoir perdu la raison, il donna, avec beaucoup de discernement, des preuves irrécusables de la vérité. Il le fit avec une certaine jouissance de ressentiment contre la méchante créature qui avait voulu le déshonorer, et il crut avoir savouré le plaisir funeste de la vengeance; car il vit son auditoire convaincu applaudir à ses aveux, et les enregistrer comme pour démasquer la prudence de son ennemie.

Mais tout à coup son hôte, se levant pour recevoir les adieux de la compagnie, qui se retirait, lui dit ces paroles cyniques avec une froideur méprisante : « Allez vous coucher, Horace; car, bien que vous ne soyez pas plus gris que moi, vous êtes *soûl comme un*... »

Horace n'entendit pas le dernier mot, et je me garderai bien de le répéter. Il eut comme un éblouissement; et ses jambes ne pouvant plus le soutenir, sa langue ne pouvant plus articuler un mot, on l'entraîna, et on le jeta, plutôt qu'on ne le déposa à la porte de Louis de Méran, chez lequel, depuis le jour où il avait quitté son logement, il avait accepté un gîte provisoire. Ce qu'il souffrit lorsqu'il se trouva seul ne saurait être apprécié que par ceux qui auraient d'aussi misérables fautes à se reprocher. En proie à d'horribles douleurs physiques, et ne pouvant se traîner jusqu'à son lit, il passa le reste de la nuit sur un fauteuil, à mesurer l'horreur de sa position; car, pour son supplice, sa raison était parfaitement éclaircie, et ne se faisait plus illusion sur le blâme, la méfiance et le mépris de ces hommes qu'il avait voulu éblouir et tromper, et qui, malgré la supériorité de son esprit, venaient de le faire tomber dans un piége grossier. Maintenant il comprenait l'épreuve à laquelle on l'avait soumis, et la conduite qu'il eût dû tenir pour en sortir justifié. S'il eût affronté dignement les imputations de Léonie, en persistant à respecter le secret de sa faiblesse, et en acceptant le soupçon au lieu de l'écarter au moyen d'une lâche vengeance, quoique ses juges ne fussent ni très-éclairés, ni très-délicats sur de telles matières, ils auraient eu assez d'instinct généreux dans l'âme pour lui tout pardonner. Ils auraient estimé la noblesse et la bonté de son cœur, tout en blâmant la vanité de son caractère. Ces jeunes gens frivoles, qui ne valaient pas mieux que lui à beaucoup d'égards, avaient du moins reçu du grand monde une sorte d'éducation chevaleresque qui les eût rendus magnanimes, si Horace eût su leur en donner l'exemple. Faute d'avoir pris son rôle de haut, il retombait plus bas qu'il ne méritait d'être.

Il n'en pouvait plus douter. En le ramenant dans leur voiture, quatre ou cinq jeunes gens, feignant de le croire endormi, comme il feignait de l'être, avaient fait entendre à ses oreilles des paroles terribles de sécheresse et d'ironie. Il avait été condamné à ne pas les relever, parce qu'il s'était condamné à ne pas paraître les entendre. Il avait eu envie de crier; des convulsions furieuses avaient passé par tous ses membres, et, pour la première fois de sa vie, au lieu de céder à son exaspération nerveuse, il avait eu la force de la réprimer, parce qu'il voyait qu'on n'y croirait pas et qu'on serait impitoyable pour son délire. Vraiment c'était un châtiment trop rude pour un jeune homme qui n'était que vain, léger et maladroit.

Au grand jour, Louis de Méran entra dans sa chambre avec un visage si sévère, qu'Horace, ne pouvant soutenir cet accueil inusité, cacha sa tête dans ses deux mains pour cacher ses larmes. Louis, désarmé par sa douleur, prit une chaise, s'assit à côté de lui, et, s'emparant de ses mains avec une bonté grave, lui parla avec plus de raison et d'élévation d'idées qu'il ne paraissait susceptible d'en montrer. C'était un jeune homme assez ignorant, élevé en enfant gâté, mais foncièrement bon ; la délicatesse du cœur élève l'intelligence quand besoin est.

« Horace, lui dit-il, je sais ce qui s'est passé cette nuit à ce souper où je n'ai pas voulu me trouver, pour ne pas être témoin des humiliations qu'on vous y ménageait. J'aurais malgré moi pris parti pour vous, et je me serais fait quelque grave affaire avec des gens que, par droit d'ancienneté et par suite d'un long échange de services, je suis forcé de préférer à vous. J'ai fait mon possible pour vous engager à rester chez vous hier; vous n'avez pas voulu me comprendre. Enfin vous vous êtes livré, et vous avez empiré votre situation. Vous avez commis des fautes que, dans la justice de ma conscience, je trouve assez pardonnables, mais pour lesquelles vous ne trouverez aucune indulgence dans ce monde hautain et froid que vous avez voulu affronter sans le connaître. Vous avez une ennemie implacable, à qui vous pouvez rendre blessure pour blessure, outrage pour outrage. C'est une méchante femme, dont j'ai appris à mes dépens à me préserver. Mais elle est du monde, mais vous n'en êtes pas. Les rieurs seront pour vous, les influents seront pour elle. Elle vous fera chasser de partout, comme elle vous a fait congédier par madame de ***. Croyez-moi, quittez Paris, voyagez, éloignez-vous, faites-vous oublier; et si vous voulez reparaître absolument dans ce qu'on appelle, très-arbitrairement sans doute, la bonne compagnie, ne revenez qu'avec une existence assurée et un nom honorable dans les lettres. Vous avez eu un tort grave : c'est de vouloir nous tromper. À quoi bon ? Aucun de nous ne vous eût jamais fait un crime d'être pauvre et d'une naissance obscure. Avec votre esprit et vos qualités, vous vous seriez fait accepter de nous, un peu plus lentement peut-être, mais d'une manière plus solide. Vous avez voulu, partant d'une condition précaire, jouir tout d'un coup des avantages de fortune et de considération que votre travail et votre attitude fière et discrète vis-à-vis de nous eussent pu seuls vous faire conquérir. Si j'avais su qu'au lieu de vingt-cinq ans vous n'en aviez que vingt, je vous aurais guidé un peu mieux. Si j'avais su que vous étiez le fils d'un petit fonctionnaire de province, et non le petit-fils d'un conseiller au parlement, je vous aurais détourné de l'idée puérile de falsifier votre nom. Enfin, si j'avais su que vous ne possédiez absolument rien, je ne vous aurais pas lancé dans un train de vie où vous ne pouviez que compromettre votre honneur. Le mal est fait. Laissez au temps, qui efface les médisances, et à mon amitié, qui vous restera fidèle, le soin de le réparer. Vous avez du talent et de l'instruction. Vous pouvez, avec de l'esprit de conduite, marcher un jour de pair avec ces personnages brillants dont l'air dégagé vous a séduit, et que vous regarderez peut-être alors en pitié. Vous allez partir, promettez-le-moi, et sans chercher par aucun coup de tête à vous venger des soupçons qu'on a conçus contre vous. Vous auriez dix duels, que vous ne prouveriez pas que vous avez dit la vérité, et vous donneriez à votre aventure un éclat qu'elle n'a pas encore. Vous avez besoin d'argent pour voyager; en voici : trop peu à la vérité pour mener en pays étranger le train d'un fils de famille, mais assez pour attendre modestement le résultat de votre travail. Vous me le rendrez quand vous pourrez. Ne vous en tourmentez guère; j'ai de la fortune, et je vous proteste, Horace, que je n'ai jamais eu autant de plaisir à vous obliger que je le fais en cet instant. »

Horace, pénétré de repentir et de reconnaissance, pressa fortement la main de Louis, refusa obstinément le portefeuille qu'il lui présentait, le remercia de ses bons conseils avec une grande douceur, lui promit de les suivre, et quitta précipitamment sa maison. Louis de Méran m'écrivit aussitôt, pour me mettre au courant de toutes ces choses, et pour m'engager à faire accepter en mon nom à Horace les avances qu'il n'avait pas voulu recevoir de lui, et qui lui étaient nécessaires pour se mettre en voyage.

Malheureusement le dévouement de cet excellent jeune homme ne put être aussi promptement efficace qu'il le souhaitait. Horace ne vint pas me voir, et je le cherchai pendant plusieurs jours sans pouvoir découvrir sa retraite.

XXXII.

Il passa donc trois ou quatre jours dans la solitude, en proie aux angoisses de la honte et de la misère, ne sachant où fuir l'une et comment arrêter les progrès de l'autre. Son âme avait reçu la plus douloureuse atteinte qu'elle fût disposée à ressentir. Les chagrins de l'amour, les tourments du remords, les soucis même de la pauvreté ne l'avaient jamais sérieusement ébranlé; mais une profonde blessure portée à sa vanité était plus qu'il ne fallait pour la punir. Malheureusement ce n'était pas assez pour le corriger. Horace était sans force et sans espoir de réaction contre l'arrêt qui venait de le frapper. Enfermé dans un grenier, errant la nuit seul par les rues, il se tordait les mains et versait des larmes comme un enfant. Le monde, c'est-à-dire la vie d'apparat et de dissipation, cet élysée de ses rêves, ce refuge contre tous les reproches de sa conscience, lui était donc fermé pour jamais ! Les consolations que Louis de Méran avait essayé de lui donner lui paraissaient illusoires. Il savait bien que les gens qui vivent de prétentions, selon eux légitimes, sont sans pitié pour les prétentions mal fondées d'autrui. Il avait assez de fierté pour ne vouloir pas rentrer en grâce en cherchant à justifier sa conduite ; et lors même qu'il eût été assuré de sortir vainqueur aux yeux du monde d'une lutte contre la vicomtesse, la seule pensée d'affronter des humiliations comme celles qu'il venait de subir le faisait frémir de douleur et de dégoût.

Il avait fait tant d'étalage de sa courte prospérité, tant auprès de ses anciens amis que dans sa correspondance avec ses parents, qu'il n'osait plus, dans sa détresse, s'adresser à personne. Et à vrai dire il ne pouvait s'arrêter à aucun projet. Il sentait bien que le plus court et le plus sage était de retourner dans son pays, et d'y travailler à une œuvre littéraire, afin de payer ses dernières dettes et d'amasser de quoi se mettre en route, à pied, pour l'Italie ; mais il n'avait pas ce courage. Il savait que ses parents, abusés sur ses succès littéraires, n'avaient pas manqué de les proclamer sur tous les toits de leur petite ville, et il craignait qu'un beau jour une médisance, recueillie par hasard au loin, n'y vînt changer en mépris la considération qu'il s'était faite. Six mois plus tôt, il eût emprunté gaiement et insoucieusement un louis par semaine à différents camarades d'études. Dans ce monde-là, nul ne rougit d'être pauvre, et l'on se conte l'un à l'autre en riant qu'on n'a pas dîné la veille, faute de neuf sous pour payer son écot chez Rousseau. Mais quand on a fréquenté les salons fermés aux nécessiteux, quand on a éclaboussé de son équipage les amis qui vont à pied, on cache son indigence comme un vice et sa faim comme un opprobre.

Cependant, un soir, Horace se décida à monter chez moi, non sans être revenu sur ses pas dix fois au moins. Son aspect était déchirant à voir ; sa figure était flétrie, ses joues creusées, ses yeux éteints. Sa chevelure en désordre portait encore les traces de la frisure, et, cherchant à reprendre son attitude naturelle, se dressait par mèches raides et contournées autour de son front. Le courage de dissimuler sa misère sous un essai de propreté lui avait manqué. On voyait dans toute sa personne négligée et débraillée le découragement profond où il s'était laissé tomber. Sa chemise fine et plissée avec recherche, était sale et chiffonnée. Son habit, d'une coupe élégante, avait plusieurs boutons emportés ou brisés, et l'on voyait que depuis plusieurs jours il n'avait pas songé à le brosser. Ses bottes étaient couvertes d'une boue sèche. Il n'avait pas de gants, et il portait, en guise de canne, un gros bâton plombé, comme s'il eût été sans cesse en garde contre quelque guet-apens.

Heureusement nous étions prévenus, Eugénie et moi, et nous ne fîmes paraître aucune surprise de le voir ainsi métamorphosé. Nous feignîmes de ne pas nous en apercevoir, et, sans lui faire de questions, nous lui proposâmes bien vite de dîner avec nous. Nous avions déjà dîné pourtant ; mais Eugénie, en moins d'un quart d'heure, nous organisa un nouveau repas auquel nous fîmes semblant de toucher, et dont Horace avait trop besoin pour s'apercevoir de la supercherie. Il était si affamé, qu'il éprouva un accablement extraordinaire aussitôt qu'il se fut assouvi, et tomba endormi sur sa chaise avant que la nappe fût enlevée. L'appartement que Marthe avait occupé à côté du nôtre se trouvait par hasard vacant. Nous y portâmes à la hâte un lit de sangle et quelques chaises ; puis, s'approchant d'Horace avec douceur, Eugénie lui dit :

« Vous êtes fort souffrant, mon cher Horace, et vous feriez bien de vous jeter sur le lit que nous avons pu offrir ces jours derniers à un ami de province, et qui est encore là tout prêt. Profitez-en jusqu'à ce que vous vous sentiez mieux.

— Il est vrai que je me sens tout à fait malade, répondit Horace ; et si je ne suis pas indiscret, j'accepte l'hospitalité jusqu'à demain. » Il se laissa conduire dans la chambre de Marthe, et ne parut frappé d'aucun souvenir pénible. Il était comme abruti, et cet état, si contraire à son animation naturelle, avait quelque chose d'effrayant.

Il dormait encore le lendemain matin, lorsque Paul Arsène entra chez nous, portant l'enfant de Marthe dans ses bras. « Je vous apporte votre filleul, dit-il à Eugénie, qui avait pris ce gros garçon en affection, et qui lui avait donné le nom d'Eugène. Sa mère est accablée de travail aujourd'hui, et moi par conséquent. Elle débute ce soir au Gymnase, où je suis reçu caissier, comme vous savez. La mère Olympe est un peu malade, et perd la tête. Nous craignons que notre *trésor* ne soit mal soigné. Il faut que vous veniez à notre secours et que vous le gardiez toute la journée, si vous pouvez le faire sans trop vous gêner.

— Donnez-moi bien vite le *trésor*, s'écria Eugénie en s'emparant avec joie du marmot, que, dans sa tendresse naïve et grande, Arsène n'appelait plus autrement.

— Le trésor est adorable, lui dis-je ; mais songez-vous à l'entrevue qui est inévitable tout à l'heure ?...

— Arsène, dit Eugénie, prends ton courage et ton sang-froid à deux mains : Horace est ici. »

Arsène pâlit. « N'importe, dit-il ; d'après ce que vous m'aviez confié, je devais bien m'attendre à l'y rencontrer un de ces jours. Le nom de l'enfant n'est point écrit sur son front, et d'ailleurs, grâce à lui, le *trésor* est anonyme. Pauvre ange ! ajouta-t-il en embrassant le fils d'Horace ; je vous le confie, Eugénie ; ne le rendez pas à son possesseur légitime.

— Il ne vous le disputera pas, soyez tranquille ! répondit-elle avec un soupir. Vous, avertissez votre femme, afin qu'elle ne vienne pas ici durant quelques jours. Horace ne peut pas rester à Paris, et il est facile d'éviter cette rencontre.

— Je le désire beaucoup, dit Arsène ; il me semble que cet homme ne peut seulement pas la regarder sans lui faire du mal. Cependant, si elle désire le voir, que sa volonté soit faite ! Jusqu'ici elle dit qu'elle ne le veut pas. Adieu. Je reviendrai chercher mon enfant ce soir. »

« Ah ! vous avez un enfant ? dit Horace avec indifférence, lorsqu'il entra chez nous vers dix heures pour déjeuner.

— Oui, nous avons un enfant, répondit Eugénie avec un sentiment secret de malice austère. Comment le trouvez-vous ? »

Horace le regarda. « Il ne vous ressemble pas, dit-il avec la même indifférence. Il est vrai que ces poupons-là ne ressemblent à rien, ou plutôt ils se ressemblent tous : je n'ai jamais compris qu'on pût distinguer un petit enfant d'un autre enfant du même âge. Combien a celui-là ? un mois ? deux mois ?

— On voit bien que vous n'en avez jamais regardé un seul ! dit Eugénie. Celui-ci a huit mois, et il est superbe pour son âge. Vous ne trouvez pas que ce soit un bel enfant ?

— Je ne m'y connais pas du tout. Je le trouverai *délirant* si cela vous fait plaisir...... Mais j'y songe ! il est impossible que vous soyez sa mère. Je vous ai vue il y a huit mois... Allons donc ! cet enfant n'est pas à vous.

— Non, dit Eugénie brusquement. Je me moquais de vous, c'est l'enfant de mon portier, c'est mon filleul.

— Et cela vous amuse, de le porter sur vos bras, tout en faisant votre ménage ?

— Voulez-vous le tenir un peu, dit-elle en le lui présentant, pendant que je servirai le déjeuner ?

— Si cela nous fait déjeuner un peu plus vite, je le veux bien ; mais je vous assure que je ne sais comment toucher à *cela*, et que s'il lui prend fantaisie de crier, je ne saurai pas faire autre chose que de le poser par terre. Fi ! puisque vous n'êtes pas sa mère, je puis bien vous dire, Eugénie, que je le trouve fort laid avec ses grosses joues et ses yeux ronds !

— Il est plus beau que vous, s'écria Eugénie avec une colère ingénue, et vous n'êtes pas digne d'y toucher.

— Tenez, le voilà qui piaille, dit Horace : permettez-moi de le reporter dans la loge de ses chers parents. »

L'enfant, effrayé de la grosse barbe noire d'Horace, s'était rejeté, en criant, dans le sein d'Eugénie.

« Et moi, dit-elle en le caressant pour l'apaiser, moi qui serais si heureuse d'avoir un enfant comme toi, mon pauvre trésor ! »

Horace sourit dédaigneusement, et, s'enfonçant dans un fauteuil, il devint rêveur. Le passé sembla enfin se réveiller dans sa mémoire, et il me dit avec abattement, lorque Eugénie, ayant déposé l'enfant sur mes genoux, passa dans la chambre voisine : « Jamais Eugénie ne me pardonnera de n'avoir pas compris les joies de la paternité : vraiment, les femmes sont injustes et impitoyables. J'y ai beaucoup réfléchi, depuis *mon malheur* ; et j'ai eu beau chercher comment les délices de la famille pouvaient être appréciables à un homme de vingt ans, je ne l'ai pas trouvé. Si un enfant pouvait venir au monde à l'âge de dix ans, au développement de sa beauté s'il ne fût ni laid, ni roux, ni bossu, ni idiot), je comprendrais, jusqu'à un certain point, qu'on pût s'intéresser à lui. Mais soigner un petit être malpropre, rechigné, stupide, et pourtant despotique, c'est le fait des femmes, et Dieu leur a donné pour cela des entrailles différentes des nôtres.

— Cela n'est vrai que jusqu'à un certain point, répondis-je. Les femmes les aiment plus délicatement, et s'entendent mieux à les élever durant les premières années ; mais je n'ai jamais compris, moi, qu'en présence de cet être faible et mystérieux qui porte en lui un passé et un avenir inconnus, on pût éprouver, pour tout sentiment, la répugnance. Les hommes du peuple sont meilleurs que nous, Horace. Ils aiment leurs petits avec une admirable naïveté. N'avez-vous jamais été saisi de respect et d'attendrissement à la vue d'un robuste ouvrier portant le soir dans ses bras nus, encore tout noircis par le travail, son marmot sur le seuil de la porte, pour l'égayer et soulager sa mère?

— Ce sont des vertus inconciliables avec la propreté, » répondit Horace sur un ton de persiflage dédaigneux, et sans songer que dans ce moment-là il était fort malpropre lui-même. Puis, passant la main sur son front, comme pour rassembler ses idées : « Je vous remercie de m'avoir hébergé cette nuit, dit-il; mais je ne sais si c'est pour réveiller en moi un remords salutaire que vous m'avez mis dans cette chambre fatale; j'y ai fait des rêves affreux, et il faut, puisque me voilà décidément dans la position d'esprit la plus sinistre, que je vous fasse une question pénible et délicate. Avez-vous jamais su, Théophile, ce qu'était devenue l'infortunée dont j'ai si affreusement brisé le cœur par un crime vraiment étrange, pour n'avoir pas été enchanté de l'idée d'être père à vingt ans, et lorsque j'étais dans l'indigence !

— Horace, lui dis-je, me faites-vous cette question avec le sentiment que vous avez, en ce moment, sur le visage, c'est-à-dire avec une curiosité assez indolente, ou avec celui que vous devez avoir dans le cœur?

— Mon visage est pétrifié, mon pauvre Théophile, répondit-il avec un accent qui redevenait peu à peu déclamatoire, et j'ignore si je pourrai jamais pleurer ou sourire désormais. Ne m'en demandez pas la cause, c'est mon secret. Quant à mon cœur, c'est sa destinée d'être méconnu ; mais vous qui avez toujours été meilleur et plus indulgent pour moi que tous les autres, comment pouvez-vous l'outrager à ce point d'ignorer qu'il saignera éternellement par cette blessure? Si j'étais sûr que Marthe vécût et qu'elle se fût consolée, je serais peut-être soulagé aujourd'hui d'une des montagnes qui oppressent tout le passé de ma vie, tout mon avenir peut-être !

— En ce cas, lui dis-je, je vous répondrai la vérité : Marthe n'est pas morte; Marthe n'est pas malheureuse, et vous pouvez l'oublier. »

Horace ne reçut pas cette nouvelle avec l'émotion que j'en attendais. Il eut plutôt l'air d'un homme qui respire en jetant bas son fardeau, que d'un coupable qui rentre en grâce avec le ciel.

« Dieu soit loué ! » dit-il sans penser à Dieu le moins du monde; et il retomba dans sa rêverie, sans ajouter une seule question.

Cependant il y revint dans la journée, et voulut savoir où elle était et comment elle vivait.

« Je ne suis autorisé à vous donner aucune espèce d'explication à cet égard, lui répondis-je, et je vous conseille pour votre repos et pour le sien, de n'en point chercher; il serait trop tard pour réparer vos fautes, et il doit vous suffire d'apprendre qu'elles n'ont aucun besoin de réparation. »

Horace me répondit avec amertume : « Du moment que Marthe m'a quitté sans regrets et sans les projets de suicide dont je m'effrayais; du moment qu'elle n'a point été malheureuse, et qu'elle s'est débarrassée de son amour par lassitude ou par inconstance, je ne vois pas que mes fautes soient si graves et que ni elle ni personne ait le droit de me les rappeler.

— Brisons là-dessus, lui dis-je. Le moment de s'en expliquer est très-inopportun. »

Il prit de l'humeur et sortit; cependant il revint à l'heure du dîner. Eugénie n'avait pas osé l'inviter, dans la crainte de paraître informée de sa situation. Je ne voulais pas lui dire que je la connaissais, et j'attendais qu'il m'en fît l'aveu. Il n'y paraissait pas encore disposé, et il me dit en rentrant :

« C'est encore moi; nous nous sommes quittés tantôt assez froidement, Théophile, et je ne puis rester ainsi avec toi. » Il me tendit la main.

« C'est bien, lui dis-je: mais, pour me prouver que tu ne m'en veux pas, tu vas dîner avec nous.

— A la bonne heure, répondit-il, s'il ne faut que cela pour effacer mon tort... »

Nous nous mîmes à table, et nous y étions encore, lorsque la mère Olympe vint chercher l'enfant pour le mener coucher.

Au milieu des occupations multipliées de ce jour, Arsène et Marthe avaient oublié de prévoir que la bonne femme pourrait rencontrer Horace chez nous, et jaser devant lui. Elle aimait malheureusement à parler. Elle était tout cœur et tout feu, comme elle disait elle-même, pour ses jeunes amis; et ce jour-là, plus que de coutume, exaltée par la splendeur de leur position nouvelle à un théâtre en vogue, elle éprouvait le besoin impérieux de s'émouvoir avec eux. Eugénie fit de vains efforts pour la renvoyer au plus vite avec son trésor, pour l'emmener à la cuisine, pour lui faire baisser la voix : la mère Olympe, ne comprenant rien à ces précautions, exhala sa joie et son attendrissement en longs discours, en sonores exclamations, et prononça plusieurs fois les noms de monsieur et de madame Arsène. Si bien qu'Horace, qui d'abord ne prêtant l'oreille à la portière, n'avait pas daigné prêter l'oreille à ses paroles, la regarda, l'observa, et nous interrogea avidement dès qu'elle fut partie. De quel Arsène parlait-elle? Le Masaccio était-il donc époux et père? Le prétendu enfant du portier était donc le sien? Et pourquoi ne le lui avait-on pas dit tout de suite? « J'aurais dû le deviner; au reste, ajouta-t-il, » son poupard est déjà aussi laid et aussi camus que lui.

Tout ce dénigrement superbe impatientait Eugénie jusqu'à l'indignation. Elle cassa deux assiettes, et je crois que, malgré sa douceur et la dignité habituelle de ses manières, elle eut grande envie de jeter la troisième à la tête d'Horace. Je la soulageai infiniment en prenant le parti de dire tout de suite la vérité. Puisque aussi bien Horace devait l'apprendre tôt ou tard, il valait mieux qu'il l'apprît de nous et dans un moment où nous pouvions en surveiller l'effet sur lui. Arsène m'avait autorisé depuis plusieurs jours, et pour son compte et de la part de Marthe, à agir comme je le jugerais utile en cette circonstance.

« Comment se fait-il, Horace, lui dis-je, que vous n'ayez pas deviné déjà que la femme de Paul Arsène est une personne très-connue de vous, et qui nous est infiniment chère? »

Il réfléchit une minute en nous regardant alternativement avec des yeux troublés. Puis, prenant tout à coup une attitude dégagée, imitée du marquis de Vernes :

« Au fait, dit-il, ce ne peut être qu'elle, et je suis un grand sot de n'avoir pas compris pourquoi vous étiez si embarrassées tout à l'heure devant la vieille fée qui emportait l'enfant... Mais l'enfant?... Ah ! l'enfant !... j'y suis ! la vieille a très-nettement dit son père en parlant d'Arsène... l'enfant de huit mois... car il a huit mois, vous me l'avez dit ce matin, Eugénie !... et il y a neuf mois que Marthe m'a quitté, si j'ai bonne mémoire... Vive Dieu ! voilà un dénoûment sublime et dont je ne m'étais pas avisé dans mon roman ! »

Ici Horace se renversa sur une chaise avec un rire éclatant tellement forcé, tellement âpre, qu'il nous fit mal comme le râle d'un homme à l'agonie.

« Ah ! finissez de rire, s'écria Eugénie en se levant d'un air courroucé qui la rendait vraiment belle et imposante : cet enfant que Paul Arsène élève et chérit comme le sien, c'est le vôtre, puisque vous voulez le savoir. Vous l'avez trouvé laid, parce que, selon vous, il lui ressemble : et lui le trouve beau, quoiqu'il ressemble, le pauvre innocent, à l'homme le plus égoïste et le plus ingrat qui soit au monde ! »

Cet élan de sainte colère épuisa Eugénie : elle retomba sur sa chaise, suffoquée et les joues ruisselantes de larmes. Horace, irrité de cette sorte de malédiction jetée sur lui avec tant de véhémence, s'était levé aussi; il retomba aussi sur sa chaise, comme foudroyé par le cri de sa conscience, et cacha son visage dans ses deux mains.

Il resta ainsi plus d'une heure. Eugénie, essuyant ses yeux, avait repris ses travaux de ménage, et j'attendais en silence l'issue du combat que l'orgueil, le doute, le repentir, la honte, se livraient dans le cœur d'Horace.

Enfin il sortit de cette orageuse méditation, en se levant et en marchant dans la chambre à grands pas et avec de grands gestes.

« Eugénie, Théophile ! s'écria-t-il en nous saisissant le bras à tous deux et en nous regardant fixement, ne vous jouez pas de moi ! Ceci est une crise décisive dans ma vie ; c'est ma perte ou mon salut que vous tenez dans vos mains. Il s'agit de savoir si je suis le plus ridicule ou le plus lâche des hommes. J'aimerais encore mieux être le plus ridicule, je vous en donne ma parole d'honneur.

— Je le crois bien ! répondit Eugénie avec mépris.

— Eugénie, dis-je à ma fière compagne, ayez de l'indulgence et de la douceur avec Horace, je vous en supplie. Il est fort à plaindre parce qu'il est fort coupable. Vous avez cédé à l'impétuosité de votre cœur en l'accablant tout à l'heure d'un reproche bien grave. Mais ce n'est pas ainsi qu'on doit traiter les infirmités de l'âme. Laissez-moi lui parler, et fiez-vous à mon respect, à mon affection, à ma vénération pour vos amis absents.

— Respect, vénération, reprit Horace, rien que cela !... c'est peu : ne sauriez-vous inventer quelque terme d'idolâtrie plus digne du grand, du divin Paul Arsène ? Moi, je veux bien répondre *amen* à vos litanies ; mais pas avant que vous m'ayez prouvé d'une manière irrécusable que je suis bien le père, *le père unique*, entendez-vous ? de cet enfant qu'on veut maintenant me mettre sur le corps.

— On a des intentions très différentes, lui dis-je avec une froide sévérité. On désire que vous ne vous occupiez jamais de votre fils ; on ne vous l'a jamais présenté comme tel ; on ne vous en a jamais parlé ; et si la fantaisie vous venait de le réclamer un jour, comme la loi ne vous donne aucun droit sur lui, on saurait le soustraire à une protection tardive et usurpatrice. Ainsi n'outragez pas la noblesse et le dévouement que vous ne pouvez pas comprendre. Ce serait vous avilir à tous les yeux, et même aux vôtres, lorsque le voile grossier qui les couvre sera tombé. Au reste, il ne s'agit pas d'autre chose dans ce moment de crise décisive, comme vous l'appelez avec raison, que de secouer ce voile infâme. Il faut que vous remportiez la victoire sur des sentiments indignes de vous, et que vous ayez un repentir profond. Il faut que vous sortiez d'ici plein de respect pour la mère de votre fils, et de reconnaissance pour son père adoptif, entendez-vous bien ? Il faut que vous me disiez que vous vous êtes conduit comme un enfant, comme un fou, mais que vous emportiez à tout jamais mon antipathie et mon dégoût pour votre caractère.

— Fort bien, répondit-il en essayant de lutter encore contre mon arrêt, il faut que je fasse amende honorable, parce que l'on m'a rendu père d'un enfant dont je n'ai jamais entendu parler et qui se trouve devoir être le mien ! Quelle épreuve dois-je subir pour prouver combien je suis repentant ? quelle pénitence publique dois-je faire pour laver mon crime ?

— Aucune ! Toute cette histoire est un secret entre quatre personnes, et vous êtes la cinquième. Mais si vous aviez la folie et le malheur de la publier, de la raconter à votre manière, je serais forcé de dire la vérité, et d'apprendre à tous ceux qui vous connaissent que vous en avez menti. Vous demandez des preuves matérielles, qui soient irrécusables ! comme si l'on pouvait en fournir ! comme s'il y en avait d'autres que des preuves morales ! C'est comme si vous déclariez que vous avez l'esprit trop épais et l'âme trop basse pour croire à autre chose qu'au témoignage direct de vos sens. Dans cette hypothèse, il n'y a pas un homme sur la terre qui ne pût méconnaître et repousser ses enfants sous prétexte qu'il n'a pas été témoin de tous les instants de l'existence de sa femme.

— Qu'exigez-vous donc de moi ? reprit-il avec une fureur concentrée. Que j'apprenne mon secret à tout le monde, et que je proclame la vertu de Marthe aux dépens de mon honneur ? C'est un duel à mort entre la réputation de cette femme et la mienne que vous me proposez !

— Nullement, Horace ; nous ne sommes pas ici dans le monde que vous venez de quitter. Vingt salons n'ont pas les yeux ouverts sur le secret de votre vie domestique, et l'honneur de Marthe n'a pas besoin, comme celui d'une certaine vicomtesse, que le vôtre soit compromis. Le milieu où ces événements se sont accomplis est bien restreint et bien obscur. Tout au plus quatre ou cinq anciens amis vous demanderont compte de vos amours avec elle. Si vous leur répondez qu'elle a été une amante sans foi et sans dignité, ce bruit pourra se répandre davantage et l'atteindre dans la position plus évidente et plus enviée qu'elle est en train de se faire. Mais vous pouvez garder votre dignité et la sienne, qui ne sont point ici en lutte le moins du monde. Si vous ne comprenez pas la conduite que vous devez tenir en cette circonstance, je vais vous la dire. Vous refuserez d'entrer dans aucune explication ; vous ne parlerez jamais de l'enfant qu'Arsène reconnaît et déclare, par un pieux mensonge, être le sien ; vous direz, du ton ferme et bref qui convient à un homme sérieux, que vous avez pour Marthe l'estime et le respect qu'elle mérite ; et croyez-moi, cette déclaration vous fera honneur, même aux yeux de ceux qui soupçonneraient la vérité. Cela seul pourra leur faire excuser et taire vos égarements.... Si vous aviez agi ainsi, même à l'égard d'une autre femme qui en est moins digne, vous seriez peut-être réhabilité aujourd'hui dans l'estime de juges plus pointilleux et plus exigeants que ne le seront vos anciens camarades. »

Cette insinuation éleva un autre sujet d'explication, et Horace, consterné, reçut mes admonestations avec le silence de l'abattement. Mais en ce qui concernait Marthe, il se débattit longtemps, et pendant deux heures j'eus à lutter, non contre son incrédulité, elle était feinte, mais contre son obstination et son dépit. Malgré sa résistance, je voyais pourtant bien qu'il était ébranlé et que je gagnais du terrain. A neuf heures du soir, il sortit, en me disant qu'il avait besoin d'être seul, de respirer l'air et de réfléchir en marchant. « Je reviendrai avant minuit, me dit-il, et je vous avouerai franchement le résultat de mon examen de conscience. Nous causerons encore de tout cela, si vous n'êtes pas horriblement las de moi. »

Il rentra vers une heure du matin avec un visage animé, bien que fort pâle encore, et avec des manières affectueuses et communicatives. « Eh bien ? lui dis-je en secouant la main qu'il me tendait. — Eh bien ! me répondit-il, j'ai remporté la victoire, ou plutôt c'est Marthe et vous qui m'avez vaincu, et désormais vous ferez tous de moi ce que vous voudrez. J'étais un fou, un malheureux tourmenté du démon des folles doutes poignants ; vous autres, vous êtes des êtres forts, calmes et sages. Vous m'aidez à retrouver la face de la vérité, quand elle se brouille dans les nuages de mon imagination. Écoutez ce qui m'est arrivé ; je veux tout vous dire. En vous quittant, j'ai été au Gymnase ; je voulais voir Marthe, travestie en comédienne sur cette scène mesquine, débiter en minaudant les gravelures sentimentales de nos petits drames bourgeois, Oui, je voulais la voir ainsi, pour me guérir à jamais du dépit qu'elle m'avait laissé dans l'âme, pour la mépriser intérieurement et me mépriser moi-même de l'avoir aimée. Je n'étais pas assis depuis cinq minutes, que je vois paraître un ange de beauté et que j'entends une voix pure et touchante comme celle de mademoiselle Mars. C'était bien la beauté, c'était bien la voix de ma pauvre Marthe ; mais combien poétisées, combien idéalisées par la culture de l'esprit et par le travail sérieux de la séduction ! Je vous le disais autrefois : une femme qui n'est pas occupée avant tout du soin de plaire n'est pas une femme ; et dans ce temps-là, Marthe, en dépit de tous ses dons naturels, avait une indolence mélancolique, une réserve humble et triste qui lui faisaient perdre, la plupart du temps, tous ses avantages. Mais quelle métamorphose, grand Dieu ! s'est opérée en elle ! quel luxe de beauté, quelle distinction de manières, quelle élégance de diction, quel aplomb, quelle grâce aisée ! et tout cela sans perdre cet air sim-

Et je me suis jeté à ses pieds. (Page 104.)

ple, chaste et doux, qui jadis me faisait rentrer en moi-même et tomber à genoux au milieu de mes soupçons et de mes emportements! Elle a eu ce soir, je vous l'assure, un succès, non pas éclatant, mais bien réel et bien mérité. Son rôle était mauvais, faux, ridicule même; elle a su le rendre vrai, noble et saisissant, sans grands effets, sans moyens téméraires. On applaudissait peu; on ne disait pas : C'est sublime, c'est délirant! mais chacun regardait son voisin et disait : Voilà qui est bien; comme c'est bien! Oui, *bien* est le mot qui convient. J'ai appris dans le monde, où l'on apprend quelques bonnes choses au milieu d'un grand nombre de mauvaises, que le bien est plus difficile à atteindre que le beau ; ou, pour mieux dire, le bien est une face du beau plus raffinée, plus châtiée que toutes les autres. Ah! vraiment, je serai fort aise que toutes ces impertinentes éventées qu'on appelle femmes du monde voient comme cette pauvre grisette sait marcher, s'asseoir, tenir son bouquet, causer, sourire, avec plus de convenance et de charme qu'elles toutes! Mais où donc Marthe a-t-elle appris tout cela? Oh! que l'intelligence est une force rapide et pénétrante! Sur mon honneur, je ne me serais jamais douté que Marthe en eût autant ; et cette pensée m'a fait ouvrir les yeux. Combien je l'ai méconnue! me disais-je en la regardant. Je l'ai crue si souvent bornée ou extravagante, et la voilà qui me donne un démenti, et qui semble se venger de mon erreur, en se montrant accomplie et triomphante, devant moi, à tout ce public, à tout Paris! car tout Paris va bientôt parler d'elle, et se disputer le plaisir de la voir et de l'applaudir! J'ai beaucoup rougi de moi, je vous l'avoue : et dès que la pièce où elle jouait a été finie, j'ai couru à la porte des acteurs, j'ai forcé toutes les consignes, j'ai mis en fureur tous les portiers et tous les gardiens de cet étrange sanctuaire ; j'ai cherché, j'ai trouvé sa loge, j'ai poussé la porte après avoir frappé, et, sans attendre qu'on vînt, selon l'usage, parlementer avec moi, j'ai osé pénétrer jusqu'à elle. Elle était encore dans son élégant costume, mais elle avait essuyé son fard ; ses cheveux, dont elle avait ôté les fleurs, tombaient plus longs, plus noirs, et plus beaux que jamais sur ses épaules de reine. Elle était encore plus belle que sur la scène, et je me suis jeté à ses pieds ; j'ai pressé ses genoux contre ma poitrine, au grand scandale de sa soubrette, qui m'a paru une villageoise bien

Et le poussant par les épaules….. (Page 109.)

naïve pour une habilleuse de théâtre. Je savais que je ne trouverais pas Arsène auprès d'elle ; je me souvenais bien qu'il est caissier, qu'il est occupé à la régie pendant que sa femme fait sa toilette. Mes amis, vous me direz tout ce que vous voudrez : elle est mariée, elle chérit son mari, elle le respecte, elle l'estime ; tout cela est bel et bon : mais elle m'aime ! oui, Marthe m'aime encore, elle m'aime toujours, et, bien qu'elle m'ait dit tout le contraire, je n'en puis pas douter. Elle est devenue, en me voyant, pâle comme la mort ; elle a chancelé ; elle serait tombée évanouie si je ne l'eusse retenue dans mes bras et assise sur sa causeuse. Elle a été cinq minutes sans pouvoir me dire un mot, et comme égarée ; et enfin, lorsqu'elle m'a parlé pour me vanter son bonheur, son repos, son mariage… ses yeux humides et son sein haletant me disaient tout autre chose ; et moi, n'entendant que vaguement avec mes oreilles les paroles de sa bouche, je comprenais avec tout mon être la voix de son cœur, qui parlait bien plus haut et plus éloquemment. Elle voulait que j'attendisse dans sa loge l'arrivée d'Arsène ; je crois qu'elle craignait ses soupçons, si elle eût semblé me recevoir comme en cachette de lui. Mais M. Arsène m'a bien assez inquiété et tourmenté pendant un an, pour que je ne me fasse pas grand scrupule de lui rendre la pareille pendant une soirée. D'ailleurs, je ne me sentais pas du tout disposé à voir cet être vulgaire et prosaïque tutoyer, embrasser et emmener celle que je ne puis me déshabituer tout d'un coup de regarder comme ma maîtresse et ma compagne. Je me suis esquivé en lui promettant de ne la revoir que quand elle voudrait et devant qui elle voudrait. Mais au moins pendant une heure j'ai été agité, ému, et, puisqu'il faut tout vous dire, épris comme je ne l'ai été de longtemps. Je vous l'ai dit vingt fois au milieu de toutes mes folies, souvenez-vous-en, Théophile : je n'ai jamais aimé que Marthe, et je sens bien que je n'aimerai jamais qu'elle, en dépit de tout, en dépit d'elle et de moi-même.

« Mais pourquoi froncez-vous le sourcil ? pourquoi Eugénie hausse-t-elle les épaules d'un air chagrin et inquiet ? Je suis un honnête homme ; et comme Marthe est une femme fière et juste, comme elle ne voudra plus me revoir certainement qu'en présence de son mari ; comme, si son mari y consent, ce sera pour moi un engagement tacite de respecter sa confiance et son honneur, vous n'avez guère à craindre, ce me semble, que je trouble la sérénité de ce ménage. Oh! ne vous inquiétez pas, je vous en prie ; je n'ai pas le moindre désir de lui enlever sa femme, quoiqu'il m'ait enlevé ma maîtresse. Il s'est admirablement conduit envers elle et envers mon fils... puisque c'est mon fils! Marthe ne m'a pas dit un mot de l'enfant, ni moi non plus, comme vous pouvez croire.... Mais enfin, il est bien certain qu'un lien sacré, indissoluble, m'unit à elle, et que si jamais je fais fortune, je n'oublierai pas que j'ai un héritier. Je saurai donc récompenser indirectement Arsène des soins qu'il lui aura donnés ; et puisque c'est leur volonté de me retirer mes droits de père, je n'exercerai ma paternité que d'une façon mystérieuse, et pour ainsi dire providentielle. Vous voyez, mes bons amis, que je n'ai l'intention d'être ni si lâche ni si pervers que vous le pensiez ce matin ; que, loin d'être l'ennemi et le calomniateur de Marthe, je reste son admirateur, son serviteur et son ami. Je ne pense pas qu'Arsène puisse le trouver mauvais : en s'attachant à la femme qui m'avait appartenu, il a bien dû prévoir que je ne pouvais pas être mort pour elle, ni elle pour moi. C'est un homme sage et froid, qui ne la tyrannisera pas, puisqu'il me connaît. Quant à moi, je me sens relevé, consolé, et comme ressuscité par les événements de cette journée. J'ai été absurde et maussade ce matin. Oubliez cela, et regardez-moi désormais comme l'ancien Horace que vous avez aimé, estimé, et que le monde n'a pu ni avilir ni corrompre. Laissez-moi vous dire que j'aime Marthe plus que jamais, que je l'aimerai toute ma vie ; car je vous réponds qu'elle n'aura plus jamais à trembler à souffrir de mon amour, de même que vous n'aurez plus jamais rien à réprimer ni à condamner dans ma conduite envers elle. »

Tandis qu'Horace, au milieu de mille vanteries, de mille projets et de mille espérances, qui se contredisaient les unes les autres, nous faisait les plus hardies promesses de vertu et de raison, Marthe, rentrée chez elle avec son mari, lui racontait avec la plus grande franchise l'entrevue qu'elle avait eue avec lui. Arsène éprouva un grand effroi et un grand déchirement de cœur à cette nouvelle ; mais il ne fit rien paraître, et il approuva d'avance tout ce que sa femme pouvait projeter.

« Es-tu donc d'avis, lui dit-elle, que je le revoie encore, et que je lui témoigne de l'amitié ?

— Je n'ai pas d'avis là-dessus, Marthe, répondit-il, tu ne lui dois rien ; cependant, si tu te décides à le voir, tu es forcée de le traiter doucement et amicalement. D'abord tu n'aurais peut-être pas la force d'être sévère et froide avec lui, et si tu l'avais, à quoi servirait de le manifester, à moins qu'il ne t'y contraignît par de nouvelles prétentions ? Tu me dis qu'il n'en a pas, qu'il n'en peut plus avoir, qu'il te demande seulement le pardon du passé et un peu de pitié généreuse pour se repentir ; si tu as lieu d'être satisfaite de sa manière d'être aujourd'hui avec toi, et de ne rien craindre de lui à l'avenir...

— Paul, dit Marthe en l'interrompant, tandis que tu me parles ainsi, ta figure est pâle et ta voix troublée : tu as de l'inquiétude au fond de l'âme ?

Arsène hésita un instant, puis il lui répondit : « Je te jure devant Dieu, ma bien-aimée, que si tu n'en as pas toi-même, si tu te sens aussi calme et aussi heureuse que tu l'étais ce matin, je suis moi-même heureux et tranquille.

— Paul ! s'écria-t-elle, ce n'est pas à vous, que je chéris plus que tout au monde, que je voudrais faire un mensonge. Je ne me sens pas dans la même situation que ce matin. Je me trouve d'autant plus heureuse d'être à vous, que j'ai revu l'homme qui m'a fait un mal affreux ; mais je ne me suis pas sentie calme en sa présence, et à l'heure qu'il est, je suis encore agitée et bouleversée comme si j'avais vu la foudre tomber près de moi. »

Arsène garda le silence pendant quelques instants ; et quand il se sentit la force de parler, il pria Marthe de ne lui rien cacher et de lui expliquer le genre d'émotion qu'elle éprouvait, sans craindre de l'affliger ou de l'inquiéter.

« Il me serait tout à fait impossible de le définir, répondit-elle ; car depuis une heure je cherche en vain à le faire vis-à-vis de moi-même. Il me semble que c'est un sentiment de terreur douloureuse, un frisson comme celui qu'on éprouverait en regardant les instruments d'une torture qu'on aurait subie. Ce que je peux te dire avec certitude, c'est que tout, dans cette émotion, est pénible, affreux même ; qu'il s'y mêle de la honte, du remords de t'avoir si longtemps méconnu, le regret d'avoir tant souffert pour un homme si peu sérieux, une sorte de dégoût et de haine contre moi-même. Enfin cela me fait mal, sans le plus petit mélange de satisfaction et d'attendrissement : tout ce que dit cet homme semble affecté, vain et faux. Il me fait pitié ; mais quelle pitié amère et humiliante pour lui et pour moi ! Il me semble que quand tu le reverras tel qu'il est maintenant, élégant et malpropre, humble et prétentieux, flétri et puéril, tu ne pourras pas t'empêcher de me mépriser, pour l'avoir préféré ce comédien plus mauvais, hélas ! que tous ceux avec lesquels j'ai eu le malheur de jouer des scènes d'amour à Belleville. »

Marthe disait sincèrement ce qu'elle pensait, et ne faisait aucun effort hypocrite pour rassurer son époux. Cependant elle ne put dormir de la nuit. L'agitation que son début lui avait causée ajoutait à celle qu'Horace était venu lui imposer. Elle fit des rêves fatigants, durant lesquels elle s'imagina, à plusieurs reprises, être retombée sous sa domination funeste, et où les scènes cruelles du passé se représentèrent à son imagination plus violentes et plus horribles encore que dans la réalité. Elle se jeta plusieurs fois dans le sein d'Arsène avec des cris étouffés, comme pour y chercher un refuge contre son ennemi ; et Arsène, en la rassurant et en la bénissant de cet instinct de confiance et de tendresse, se sentit beaucoup plus malheureux que s'il l'eût trouvée indifférente au souvenir d'Horace.

A son lever, Marthe ayant pris son enfant dans ses bras pour oublier en le caressant toutes les angoisses de la nuit, la mère Olympe lui remit une lettre qu'Horace avait passé cette même nuit à lui écrire. Il me l'avait montrée avant de la lui faire porter : c'était vraiment un chef-d'œuvre, non-seulement de style et d'éloquence, mais de sentiments et d'idées. Jamais il n'avait été mieux inspiré pour s'exprimer, et jamais il n'avait semblé rempli d'instincts plus nobles, plus purs, plus tendres et plus généreux. Il était impossible de n'être pas subjugué par la grandeur de son mouvement et de ne pas ajouter foi à ses promesses. Il demandait ardemment le pardon, l'amitié, la confiance de Marthe et de Paul. Il s'accusait avec une entière franchise ; il parlait d'Arsène avec un enthousiasme bien senti. Il implorait, comme une grâce, de voir son fils en leur présence, et de le remettre lui-même, humblement et courageusement, entre les bras de celui qui l'avait adopté, et qui était plus digne que lui d'en être le père.

Paul trouva sa femme lisant cette lettre avec des yeux pleins de larmes.

« Tiens, lui dit-elle en la lui remettant, c'est une lettre d'Horace, et tu vois, elle me fait pleurer. Et cependant quelque chose me dit que ce ne sont là encore que des paroles comme on sait dire. »

Arsène lut la lettre attentivement, et la rendant à sa femme avec une émotion grave,

« Il est impossible, lui dit-il, que ce ne soit pas là l'expression d'un sentiment vrai et d'une résolution généreuse. Cette lettre est belle, et cet homme est bon malgré ses vices. Il m'est impossible de ne pas le croire meilleur qu'il ne sait le prouver par sa conduite. On ne parle pas ainsi pour se divertir. Il a pleuré en l'écrivant, je t'assure que tu ne dois pas rougir de l'avoir cru plus fort et plus sage qu'il ne l'est : il avait toutes les intentions des vertus qu'il n'avait pas. Tu lui dois le pardon de l'amitié qu'il te demande ; et si je t'en détournais, je te donnerais un conseil égoïste et lâche.

— Eh bien, je le verrai, mais en ta présence, répondit Marthe. La seule chose qui me fasse souffrir, c'est de penser qu'il verra Eugène, qu'il l'embrassera devant nous, qu'il l'appellera son fils, et qu'il verra en moi la mère de son enfant. Non, je n'aurais pas voulu réveiller et reconstituer ainsi en quelque sorte le passé. Je m'étais habituée à regarder cet enfant comme le tien. Je ne me rappelais plus que bien rarement qu'il ne l'est pas; et maintenant, on va nous l'ôter en quelque sorte, en nous volant une de ses caresses!

— Cette idée m'est plus cruelle qu'à toi, ma pauvre Marthe, reprit Arsène; mais c'est un devoir auquel il faut se soumettre. J'ai réfléchi toute la nuit à ces choses-là, et je m'en suis dit une bien sérieuse, et que tu vas comprendre. Au-dessus de nos désirs, de notre choix et notre volonté, il y a le dessein, le choix et la volonté de Dieu. Dieu ne fait rien qui ne soit nécessaire, et ses intentions mystérieuses nous doivent être sacrées. Il a voulu qu'Horace fût père, bien qu'Horace repoussât les joies et les peines de la famille. Il a voulu qu'Horace te revît, et sentît le désir d'embrasser son fils, bien qu'il ait jusqu'ici abjuré les douceurs et les devoirs de la paternité. Dieu seul sait quelle influence cachée et puissante cet enfant peut avoir sur l'avenir d'Horace. C'est un lien entre le ciel et lui, qu'il n'est au pouvoir de personne de briser. Ce serait une impiété, un crime, de le tenter. Lui ravir la faculté de connaître et d'aimer son fils, dût-il le connaître et l'aimer faiblement, serait une sorte de rapt, et comme un dommage irréparable que nous causerions à son être moral. Il nous faut donc, loin d'accaparer notre trésor à son préjudice, l'admettre à en jouir, parce que Dieu l'appelle à profiter de ce bienfait. Je ne veux pas croire que la vue de cet enfant ne le rende pas meilleur et n'amène pas un changement sérieux dans son âme. »

Marthe se rendit à de si hautes considérations religieuses, et sa vénération pour Arsène en augmenta. Un déjeuner fut arrangé chez moi pour cette rencontre. Marthe et Arsène amenèrent l'enfant; et cette fois Horace, redevenu affectueux, naïf et sensible, fut admirable en tous points pour lui, pour sa mère, et surtout pour Arsène, dont l'attitude noble et sereine le frappa de respect et d'attendrissement. Ce fut le plus beau jour de la vie d'Horace.

La vanité avait seule fait éclore ce beau mouvement dans son âme, il faut bien le confesser. Avili et outragé par les gens du monde, humilié et blessé par nous, il s'était senti enfin déchu et souillé à ses propres yeux. Il avait éprouvé violemment le besoin de sortir de cet abaissement et de se réhabiliter vis-à-vis de nous et de lui-même, en attendant qu'il pût se laver plus tard aux yeux du monde. Il n'avait pas voulu sortir à demi de cette situation, et se contenter de se montrer bon et repentant : il voulait se montrer grand, et changer notre pitié en admiration. Il y réussit pendant tout un jour. Son ostentation eut au moins l'avantage de lui faire connaître des joies d'amour-propre qu'il ne connaissait pas encore, et qu'il reconnut préférables aux mesquines satisfactions d'une vanité plus étroite. Il entra, à partir de ce jour, dans la phase de l'orgueil ; et son être, sans changer de nature, s'agrandit au moins dans la voie qui lui était ouverte.

Le lendemain il se réveilla un peu fatigué de ces émotions nouvelles et de la grande crise qui s'était opérée en lui un peu rapidement. Il pensa à Marthe un peu plus qu'à Arsène, et à lui-même un peu plus qu'à son fils. Son amitié enthousiaste pour Marthe reprit le caractère d'une passion qui se réveille, et il n'abandonna pas tout à coup de chimériques et coupables espérances. Enfin, selon l'expression d'Eugénie, qui avait retenu quelques mots de science, son égoïté eut une défaillance de lumière. Il était temps qu'Horace partît et n'eût pas l'occasion de revenir sur ses nobles résolutions. Je l'y forçai en quelque sorte, non sans peine ni sans lutte; car, bien que charmé de l'idée de voyager, il voulait gagner quelques jours. Mais j'y mis une fermeté excessive, sentant bien que de sa conduite avec Marthe en cette circonstance dépendait tout son avenir moral. Je lui fis accepter, comme venant de moi, la somme que Louis de Méran m'avait envoyée pour lui, et je fixai le jour de son départ pour l'Italie sans lui permettre de revoir personne.

XXXIII.

La joie de se voir possesseur d'une nouvelle petite fortune, et celle de réaliser un de ses plus doux projets, enivra si vivement Horace dans les derniers jours, que je m'effrayai des dispositions folles dans lesquelles je le vis se préparer à son voyage. Il se forgeait sur toutes choses des illusions qui me faisaient craindre de grandes imprudences ou d'amers désenchantements. Après la semaine d'abattement et de spleen profond que lui avait causé son *fiasco* dans le beau monde, il avait eu une semaine d'enthousiasme, d'expansion délirante et d'orgueil sublime. Toutes ces émotions avaient brisé son corps appauvri par la vie de plaisir qu'il avait menée durant tout l'hiver; et je le voyais en proie à une fièvre d'autant plus réelle qu'il ne s'en plaignait pas et ne s'en apercevait pas. Craignant qu'il ne tombât malade en route, je résolus de le conduire jusqu'à Lyon, afin de l'y faire reposer et de l'y soigner, si les premiers jours de mouvement, au lieu de faire une heureuse diversion, venaient à hâter l'invasion d'une maladie.

Nous fîmes donc ensemble nos apprêts de départ, et je le gardai à vue pour qu'il ne fît pas échouer nos projets par quelque subite extravagance. J'avais le pressentiment d'une crise imminente. Il y avait du désordre dans ses idées, des préoccupations étranges dans ses moindres actions, et sur sa figure quelque chose de voilé et de bizarre qui frappait également Eugénie. « Je ne sais pas pourquoi je ne peux plus le regarder, me disait-elle, sans m'imaginer qu'il est condamné à mourir fou. Il n'y a pas jusqu'aux grands sentiments qu'il montre depuis quelques jours, qui ne me semblent provenir d'un secret dérangement dans tout son être ; car enfin ces sentiments ne sont plus joués, je le vois bien, et pourtant ils ne lui sont pas naturels, et on n'abjure pas ainsi d'un jour à l'autre l'habitude de toute une vie. »

Je grondais Eugénie de douter ainsi de l'action divine sur une âme humaine; mais au fond de la mienne, je n'étais pas éloigné de partager ses craintes.

La vérité est qu'Horace, pour la première et pour la dernière fois de sa vie, n'était pas maître de lui-même. Il ne se rendait pas compte des mouvements impétueux que, jusque-là, il avait provoqués en lui et comme caressés avec amour. L'affront qu'il avait reçu dans le monde lui avait laissé un secret mais cuisant chagrin; il réussissait à s'en distraire et à le chasser, en s'exaltant à ses propres yeux dans une nouvelle carrière d'émotions. Mais ce cauchemar le poursuivait, et venait le faire pâlir jusqu'au milieu de ses joies les plus pures. Plus il croyait en triompher en se raidissant contre cet amer souvenir et en cherchant à se grandir à ses propres yeux par d'intérieures déclamations, et moins il réussissait à atteindre ce calme stoïque, ce mépris des lâches attaques et des sots propos, dont il se vantait. Pour le résumer, et le définir une dernière fois, au moment de clore le récit de cette période de sa vie, je dirai que c'était un cerveau très-bien organisé, très-intelligent et très-solide, qui pouvait cependant se troubler et se détériorer en un instant, comme une belle machine dont on briserait le moteur principal. Le grand ressort du cerveau d'Horace, c'était cette faculté que Spurzheim, fondateur d'une nouvelle langue psychologique, a, par un néologisme ingénieux, qualifiée d'*approbativité*; et l'approbativité d'Horace avait reçu un choc terrible la nuit du souper chez *Proserpine*. Malgré l'appareil que les douces effusions du déjeuner chez moi avec Marthe avaient posé sur cette blessure, le trouble et la confusion régnaient dans les profondeurs de la pensée d'Horace.

Le matin du 25 mai 1833 (notre place était retenue aux diligences Laffitte et Caillard pour le soir même), Horace, voyant tous ses préparatifs terminés, et se sentant excédé de ma surveillance, m'échappa adroitement, et courut chez Marthe. Il éprouvait un désir insurmontable de la revoir seule et de lui faire ses adieux. Peut-être la manière calme et douce avec laquelle elle avait pris congé de lui à notre dernière réunion lui avait-elle laissé un secret mécontentement. Il voulait bien la quitter et renoncer à elle pour jamais par un effort magnanime; mais il entendait faire par là un admirable sacrifice de ses droits et de sa puissance sur l'âme de cette femme; tandis qu'elle, comprenant son rôle autrement, croyait, en lui laissant presser sa main et embrasser son fils, lui accorder une sorte d'absolution religieuse. Horace, en acceptant cette position, ne se trouvait pas assez haut dans l'opinion de Marthe, à qui il voulait laisser des regrets; dans celle d'Arsène, à qui il voulait inspirer de la reconnaissance; et dans la nôtre, qu'il voulait éblouir de toutes manières. Le jour du déjeuner, je ne crois pas qu'il eût eu aucune arrière-pensée; mais il en avait eu le lendemain; et en nous trouvant tous résolus à ne pas renouveler cette scène délicate, il avait été mécontent de nous tous, et de l'attitude qu'il avait été forcé de garder vis-à-vis de nous. Il voulait, en un mot, emporter quelques baisers et quelques larmes de Marthe, afin de pouvoir faire son entrée en Italie en triomphateur généreux d'une femme, et non en victime de l'abandon de trois ou quatre. Disons bien vite, pour l'excuser un peu, que ces pensées n'étaient pas formulées dans son esprit, et que ce n'était pas le froid disciple du marquis de Vernes qui allait chercher sa revanche auprès de Marthe; mais le véritable Horace, troublé par la fièvre de sa vanité blessée, allant, comme malgré lui et sans aucun plan arrêté, chercher un soulagement quelconque, ne fût-ce qu'un regard et un mot, à cette souffrance insupportable.

Il entra dans un café, à trois portes de la maison que Marthe habitait, non loin du Gymnase. Il y traça au crayon quelques mots sans suite qu'il fit porter par un voyou. L'enfant revint au bout d'un quart d'heure avec cette réponse : « Je ne demande pas mieux que de vous dire un dernier adieu : nous irons, Arsène et moi, avec Eugène dans nos bras, vous voir monter en diligence. Dans ce moment-ci il me serait impossible de vous recevoir. »

Horace sourit amèrement, froissa le billet dans ses mains, le jeta par terre, le ramassa, le relut, demanda du café à plusieurs reprises pour éclaircir ses idées qui s'égaraient de plus en plus, et s'arrêta enfin à cette hypothèse : ou elle est enfermée avec un nouvel amant, et en ce cas elle est la dernière des femmes; ou son mari est absent, et elle n'ose pas se trouver seule avec moi, et alors elle est la plus adorable des amantes et la plus vertueuse des épouses. Dans ce dernier cas, je veux la presser sur mon cœur une dernière fois; dans l'autre, je veux m'assurer de son impudence, afin d'être à jamais délivré de son souvenir.

Il remit le billet dans sa poche, rajusta sa coiffure devant une glace, et se trouva si pâle et si tremblant qu'il demanda de l'extrait d'absinthe, croyant arriver à la force de l'esprit, grâce à ces excitants qui produisaient en lui l'effet tout contraire.

Enfin il franchit le seuil de cette maison inconnue, monte cinq étages, sonne, feint de ne pas entendre le refus positif de la vieille Olympe, la repousse aisément, franchit deux petites pièces, et pénètre dans un boudoir des plus simples et des plus chastes, où il trouve Marthe seule, étudiant un rôle, avec son enfant endormi à ses côtés sur le sofa. En le voyant, Marthe fit un cri, et la peur se peignit dans tous ses traits. Elle se leva, et se plaignit, d'une voix sèche, quoique tremblante, de l'obstination d'Horace. Mais il se jeta à ses pieds, versa des larmes, et lui peignit son amour insensé avec toute l'ardeur que savait lui prêter son éloquence naturelle. Marthe accueillit d'abord ce langage avec une froideur amère; puis elle essaya, par des discours presque évangéliques et tout empreints de la bonté pieuse qu'Arsène avait su lui inspirer, de ramener Horace aux sentiments nobles qu'il lui avait témoignés naguère.

Mais plus elle se montrait grande, forte, pleine de cœur et d'intelligence, plus Horace sentait le prix du trésor qu'il avait perdu par sa faute; et une sorte de désespoir, d'orgueil sombre et violent, comme celui d'un véritable amour, s'emparait de lui. Il s'y livra avec une énergie extraordinaire; et Marthe, effrayée, allait appeler Olympe pour qu'elle courût chercher son mari au théâtre, lorsque Horace, tirant de son sein un poignard véritable, la menaça de s'en frapper si elle ne consentait à l'entendre jusqu'au bout. Alors il lui fit, à sa manière, le récit de la vie solitaire et affreuse qu'il avait menée loin d'elle, des efforts furieux qu'il avait tentés pour chasser son souvenir dans les bras d'autres femmes, des brillantes conquêtes qu'il avait faites, et dont aucune n'avait pu l'étourdir un instant. Il lui annonça qu'il partait pour Rome avec l'intention de se noyer dans le Tibre s'il ne pouvait se guérir de son amour; et après de longues tirades, si belles qu'il aurait dû les garder pour son éditeur, il lui fit les offres les plus folles; il la supplia de fuir ou de se suicider avec lui.

Marthe l'écouta avec cette incrédulité radicale qu'on acquiert en amour à ses dépens. Elle trouva sa conduite absurde et ses intentions coupables et lâches. Cependant, quoique son cœur lui fût fermé sans retour, elle sentit avec terreur que l'ancien magnétisme exercé sur elle par cet homme si funeste à son repos était près de se ranimer, et qu'une influence mystérieuse, satanique en quelque sorte, et dont elle avait horreur, commençait à pénétrer dans ses veines comme le froid de la mort. Son cœur se serrait, un tremblement convulsif agitait ses mains, qu'Horace retenait de force dans les siennes; et lorsqu'il se jetait à genoux devant son fils endormi, lorsqu'au nom de cette innocente créature, qui les unissait pour jamais l'un à l'autre en dépit du sort et des hommes, il lui demandait un peu de pitié, elle sentait se réveiller, pour celui qui l'avait rendue mère, une sorte de tendresse fatale, mêlée de compassion, de mépris et de sollicitude. Horace vit ses yeux se remplir de larmes, et son sein se gonfler de sanglots; il l'entoura de ses bras avec énergie en s'écriant : « Tu m'aimes, ah! tu m'aimes, je le vois, je le sais ! »

Mais elle se dégagea avec une force supérieure; et, prenant tout à coup une résolution désespérée pour se délivrer à jamais de son mauvais génie :

« Horace, lui dit-elle, votre passion est mal placée, et vous devez vous en guérir au plus vite. Je ne saurais plus longtemps conserver votre estime, au prix de votre repos et de votre dignité. Je ne mérite pas les éloges dont vous m'accablez, je vous ai manqué de foi; vos soupçons n'ont été que trop fondés : cet enfant n'est pas de vous. C'est bien véritablement le fils de Paul Arsène, dont j'étais la maîtresse en même temps que le vôtre. »

Marthe, en proférant ce mensonge, faisait un véritable acte de fanatisme. C'était comme un exorcisme *pour chasser les démons au nom du prince des démons*. Horace était si hagard qu'il ne songea pas à l'invraisemblance d'une telle assertion, après la conduite d'Arsène envers lui. Il n'hésita pas à accuser cet homme vertueux de complicité avec une femme impudente, pour lui faire accepter la paternité d'un enfant. Il oublia qu'il était sans nom, sans fortune, sans position, et que par conséquent Arsène ne pouvait avoir aucun intérêt à le tromper si grossièrement. Il crut seulement à cet instant de remords que Marthe venait de jouer pour se débarrasser de lui, et, transporté d'une fureur subite, saisi d'un accès de véritable démence, il s'élança vers elle en s'écriant :

« Meurs donc, prostituée, et ton fils, et moi, avec toi. »

Il avait son poignard à la main; et quoiqu'il n'eût certainement d'intention bien nette que celle de l'effrayer, il le reçut, en se jetant au-devant de son fils, non pas le coup de la mort, mais, hélas! puisqu'il faut le dire, au risque de dénouer platement la seule tragédie un peu sérieuse qu'Horace eût jouée dans sa vie... une légère égratignure.

A la vue d'une goutte de sang qui vint rougir le beau bras de Marthe, Horace, convaincu qu'il l'avait assassinée, eut l'idée de se poignarder lui-même. J'ignore s'il aurait poussé jusque-là son désespoir; mais à peine avait-il effleuré son gilet, qu'un homme, ou plutôt un spectre qui lui parut sortir de la muraille, s'élança sur lui, le

désarma, et, le poussant par les épaules, le précipita dans les escaliers en lui criant avec un rire amer :
« Courez, mon cher Oreste, débuter aux Funambules, et surtout allez vous faire pendre ailleurs. »

Horace chancela, heurta la muraille, se rattrapa à la rampe, et entendant le pas d'Arsène, qui montait et venait à sa rencontre, il se hâta de fuir, la tête baissée, le chapeau enfoncé sur les yeux, et se disant : « Bien certainement, je suis fou ; tout ce qui vient de se passer est un rêve, une hallucination, surtout cette vision que je viens d'avoir de Jean Laravinière, tué l'an dernier au cloître Saint-Méry, sous les yeux et dans les bras de Paul Arsène. »

Il se jeta dans un cabriolet de place, et se fit conduire, aussi vite que la rosse put courir, à Bourg-la-Reine, où il profita du passage de la première diligence, se croyant sur le point d'être poursuivi pour meurtre, et impatient de fuir Paris au plus vite. Je l'attendis en vain toute la soirée ; je perdis les arrhes que j'avais données pour nos places, mais ne supposai point qu'il était parti sans moi, sans ses effets et sans son argent. Quand j'eus vu s'éloigner la voiture qui devait nous emporter, je courus chez Marthe, et là j'appris en deux mots ce qui s'était passé. « Il ne m'aurait pas tuée, dit Marthe avec un sourire de mépris ; mais il se serait fait peut-être un peu de mal, si je n'eusse été délivrée par un revenant.

— Que voulez-vous dire ? lui demandai-je ; êtes-vous folle aussi, ma chère Marthe !

— Tâchez de ne pas le devenir vous-même, me répondit-elle ; car il y a vraiment de quoi le devenir de joie et d'étonnement. Voyons, êtes-vous préparé à l'événement le plus inouï et le plus heureux qui puisse nous arriver ?

— Pas tant de préambule ! dit Jean, sortant du boudoir de Marthe ; j'avais voulu lui laisser le temps de vous préparer à embrasser un mort, mais je ne puis tenir à l'impatience d'embrasser les vivants que j'aime. »

C'était bien le président des bousingots en chair et en os, en esprit et en vérité, que je pressais dans mes bras. Jeté parmi les morts dans l'église Saint-Méry, le jour du massacre, il s'était senti encore tenir à la vie par un fil, et, se traînant sur ces dalles ensanglantées, il était parvenu à se blottir dans un confessionnal, où un bon prêtre l'avait trouvé, recueilli et secouru le lendemain. Ce digne chrétien l'avait caché et soigné pendant plusieurs mois qu'il avait passés chez lui, toujours entre la vie et la mort. Mais comme c'était un homme timide et craintif, il lui avait beaucoup exagéré le résultat des persécutions essayées contre les victimes du 6 juin, l'avait empêché de faire connaître son sort à ses amis, affirmant qu'il était impossible de le faire sans les compromettre et sans l'exposer lui-même aux rigueurs de la justice.

« J'avais alors l'esprit et le corps si affaiblis, de Laravinière en nous racontant son histoire, que je me laissai diriger comme le voulait mon bienfaiteur ; et la peur de cet homme, admirable d'ailleurs, était si grande, qu'il n'attendit pas que je fusse transportable pour me conduire dans sa province. Il m'y laissa chez de bons paysans auvergnats, ses père et mère, qui m'ont tenu jusqu'à présent caché au fond de leurs montagnes, me soignant de leur mieux, me nourrissant fort mal, et me tourmentant beaucoup pour me faire confesser : car ils sont fort dévots, et mon état d'agonie continuelle leur donnait tous les jours à penser que le moment de rendre mes comptes était venu. Ce moment n'est pas éloigné ; il ne faut pas vous faire illusion, mes chers amis, parce que vous me voyez sur mes jambes et assez fort pour donner la chasse à M. Horace Dumontet. Je suis frappé à fond, et sur toutes les coutures. J'ai deux balles dans la poitrine, et une vingtaine d'autres horions qui ne pardonnent pas. Mais j'ai voulu venir mourir sous le ciel gris de mon Paris bien-aimé, dans les bras de mes amis et de ma sœur Marthe. Me voilà bien content, habitué à souffrir, résolu à ne plus me soigner, enchanté d'avoir échappé à la confession, et tranquille pour le peu de temps qui me reste à vivre, puisque l'acte d'accusation des patriotes du 6 juin n'a pas fait mention de ma laide figure. Ah ! dame ! je ne suis pas embelli, ma pauvre Marthe, et vous ne devez plus craindre de tomber amoureuse de ce Jean que vous avez connu si beau, avec un teint si uni, une barbe si épaisse, et de si grands yeux noirs ! »

Jean plaisanta ainsi toute la soirée, et Arsène, qui l'avait déjà embrassé (mais à qui on avait caché l'algarade d'Horace), étant rentré, nous soupâmes tous ensemble, et la gaieté héroïque du *revenant* ne se démentit pas. En le voyant si heureux et si enjoué, Marthe ne pouvait se persuader qu'il fût incurable. Moi-même, en observant ce qui restait de force et d'animation à ce corps exténué, je ne voulais point renoncer à l'espérance ; mais, craignant de faire illusion, je le soumis à un long et minutieux examen. Quelle fut ma joie lorsque je trouvai intacts les organes que Laravinière avait crus attaqués, et lorsque je me convainquis de la possibilité d'appliquer un traitement efficace ! Ce fut pendant plusieurs mois mon occupation la plus constante ; et, grâce à la bonne constitution et à l'admirable patience de mon malade, nous le vîmes reprendre à la vie, et retrouver la santé rapidement. Les tendres soins de Marthe et d'Arsène y contribuèrent aussi. Il s'associa désormais à ce jeune ménage, dont il vit avec joie l'heureuse et noble union. « Vois-tu, me disait-il un jour, je me suis autrefois imaginé que j'étais amoureux de cette femme, lorsque je la voyais malheureuse avec Horace ; c'était une illusion de l'amitié ardente que je lui porte. Depuis qu'elle est relevée, purifiée et récompensée par un autre, je sens, à la joie de mon âme, que je l'aime comme ma sœur et pas autrement. »

Je ne vous dirai point le reste de l'histoire de Laravinière : la suite de sa vie fournirait trop de choses, et amènerait des réflexions qu'il faudrait développer à part et lentement. Tout ce que je puis vous en apprendre, c'est que, persistant dans son incorrigible et sauvage héroïsme, il a péri, et cette fois, hélas ! tout de bon, dans la rue, et le fusil à la main, à côté de Barbès, heureux d'échapper au moins aux tortures du mont Saint-Michel !

Quant à Horace, quelques jours après son brusque départ, je reçus de lui une lettre datée d'Issoudun, où il m'avouait la vérité, témoignait sa honte et son repentir, et me priait de lui envoyer son portefeuille et sa malle. Je fus touché de sa tristesse, et vivement affligé de la position misérable qu'il s'était faite, lorsqu'il lui eût été si facile d'en avoir une fort belle. J'eus un reste de crainte pour lui, et songeai encore à l'aller rejoindre pour le sermonner et le consoler jusqu'à la frontière ; mais comme sa lettre était fort raisonnable, je me bornai à lui envoyer ses effets et ses valeurs, en lui promettant, de la part de Marthe et de nous tous, le pardon, l'oubli et le secret.

L'éditeur de cette histoire engage chaque lecteur à vouloir bien lui faire la même promesse, d'autant plus que le dernier accès de folie d'Horace ne compromet en rien le bonheur de Marthe, et qu'Horace est devenu lui-même un excellent jeune homme, rangé, studieux, inoffensif, encore un peu déclamatoire dans sa conversation et ampoulé dans son style, mais prudent et réservé dans sa conduite. Il a vu l'Italie ; il a envoyé aux journaux et aux revues des descriptions assez remarquables et très-poétiques, auxquelles personne n'a fait attention : aujourd'hui le talent est partout. Il a été précepteur chez un riche seigneur napolitain, et je le soupçonne d'en être sorti avant d'avoir mené ses élèves en quatrième, pour avoir fait la cour à leur mère. Il a composé ensuite un drame flamboyant qui a été sifflé à l'Ambigu. Il a refait trois romans sur ses amours avec Marthe, et deux sur ses amours avec la vicomtesse. Il a écrit des *premiers-Paris* d'une politique assez sage dans plusieurs journaux de l'opposition. Enfin, ayant moins de succès en littérature que de talent et de besoins, il a pris le parti d'achever courageusement son droit ; et maintenant il travaille à se faire une clientèle dans sa province, dont il sera bientôt, j'espère, l'avocat le plus brillant.

FIN D'HORACE.

LES MÈRES DE FAMILLE DANS LE BEAU MONDE.

« Quelle est donc cette grosse femme qui danse? demandai je au Parisien qui me pilotait pour la première fois à travers le bal.

— C'est ma tante, me dit-il ; une personne très-gaie, très-jeune, et, comme vous le voyez à ses diamants, très-riche. »

Très-riche, très-gaie, cela se peut, pensai-je ; mais très-jeune, cela ne se peut pas. Je la regardais tout ébahi, et, ne pouvant découvrir nulle trace de sa jeunesse, je me hasardai à demander le compte de ses années.

« Voilà une sotte question, répondit Arthur, riant de ma balourdise. J'hérite de ma tante, mon cher, je ne dis point son âge. » Et voyant que je ne comprenais pas, il ajouta : « Je n'ai pas envie d'être déshérité. Mais venez, que je vous présente à ma mère. Elle a été très-liée autrefois avec la vôtre, et elle aura du plaisir à vous voir. »

Je suivis Arthur, et, auprès d'un buisson de camélias, nous trouvâmes deux jeunes personnes assises au milieu d'un groupe de papillons mâles plus ou moins légers. Arthur me présenta à la plus jeune, du moins à celle qui me parut telle au premier coup d'œil ; car elle était la mieux mise, la plus pimpante, la plus avenante et la plus courtisée des deux. J'étais encore étourdi par les lumières et la musique, et je débutai dans le monde de la capitale, par la crainte d'y paraître gauche et provincial ; et précisément je l'étais à faire plaisir, car je n'entendis pas le compliment de présentation qu'Arthur débita en me poussant par les épaules vers cette dame éblouissante, et il me fallut bien cinq minutes pour me remettre du regard à la fois provoquant et railleur que ses beaux yeux noirs attachèrent sur moi. Elle me parlait, elle me questionnait, et je répondais à tort et à travers, ne pouvant surmonter mon trouble. Enfin, je parvins à comprendre qu'elle me demandait si je ne dansais point ; et comme je m'en défendais : « Il danse tout comme un autre, dit Arthur, mais il n'ose pas encore se lancer.

— Bah ! il n'est que le premier pas qui coûte, riposta la dame ; il faut vaincre cette timidité. Je gage que vous n'osez engager personne ? Eh bien, je veux vous tirer de cet embarras, et vous jeter dans la mêlée. Venez valser avec moi. Donnez-moi le bras... pas comme cela... passez votre bras ainsi autour de moi... sans raideur, ne chiffonnez pas mes dentelles ; c'est bien ! Vous vous formerez... Attendez la ritournelle, suivez mes mouvements... voici... partons ! »

Et elle m'emporta dans le tourbillon, légère comme une sylphide, hardie comme un fantassin, solide au milieu des heurts de la danse, comme une citadelle sous le canon.

Je sautillais et tournais d'abord comme dans un rêve. Toute ma préoccupation était de ne point tomber avec ma danseuse, de ne pas la chiffonner, de ne pas manquer la mesure. Peu à peu, voyant que je m'en tirais aussi bien qu'un autre, c'est-à-dire que ces Parisiens valsaient tous aussi mal que moi, je me tranquillisai, je pris de l'aplomb. J'en vins à regarder celle que je tenais dans mes bras, et à m'apercevoir que cette brillante poupée, un peu serrée dans son corsage, un peu essoufflée, enlaidissait à vue d'œil, à chaque tour de valse. Son début avait été brillant, mais elle ne soutenait pas la fatigue ; ses yeux se creusaient, son teint se marbrait, et, puisqu'il faut le dire, elle me paraissait de moins en moins jeune et légère. J'eus quelque peine à la ramener à sa place, et quand je voulus lui adresser des paroles agréables pour la remercier de m'avoir déniaisé à la danse, je ne trouvai que des épithètes si gauches et si froidement respectueuses, qu'elle parut ne pas les entendre.

« Ah çà ! dis-je à mon ami Arthur, quelle est donc cette dame que je viens de faire valser?

— Belle demande ! as-tu perdu l'esprit ? je viens de te présenter à elle.

— Mais cela ne m'apprend rien.

— Eh ! distrait que vous êtes, c'est ma mère ! répondit-il, impatienté.

— Ta mère !... répétai-je, consterné de ma sottise. Pardon ! j'ai cru que c'était ta sœur.

— Charmant ! Il a pris alors ma sœur pour ma mère ! Mon cher, n'allez pas, en vous trompant ainsi, débiter aux jeunes personnes le compliment de Thomas Diafoirus.

— Ta mère ! repris-je sans faire attention à ses moqueries. Elle danse bien... mais quel âge a-t-elle donc ?

— Ah ! encore ? c'en est trop, vous vous ferez chasser de partout, si vous vous obstinez ainsi à savoir l'âge des femmes.

— Mais ceci est un compliment naïf dont madame votre mère ne devrait pas me savoir mauvais gré ; à sa parure, à sa taille, à son entrain, je l'ai prise pour une jeune personne, et je ne puis me persuader qu'elle soit d'âge à être votre mère.

— Allons, dit Arthur en riant, ces provinciaux si simples ont le don de se faire pardonner. Ne soyez pourtant pas trop galant avec ma mère, je vous le conseille. Elle est fort railleuse, et d'ailleurs il serait du plus mauvais goût, au fond, de venir s'émerveiller de ce qu'une mère danse encore. Tenez, voyez, est-ce que toutes les mères ne dansent pas ? c'est de leur âge !

— Les femmes se marient donc bien jeunes, ici, pour avoir de si grands enfants ?

— Pas plus qu'ailleurs. Mais abandonne donc cette idée fixe, mon garçon, et sache qu'après trente ans, les femmes de Paris n'ont point d'âge, par la raison qu'elles ne vieillissent plus. C'est la dernière des grossièretés que de s'enquérir, comme tu fais, du chiffre de leurs années. Si je te disais que je ne sais pas l'âge de ma mère ?

— Je ne te croirais pas.

— Et pourtant, je l'ignore. Je suis un fils trop bien né et un garçon trop bien élevé pour lui avoir jamais fait une pareille question. »

Je marchais de surprise en surprise. Je me rapprochai de la sœur d'Arthur, et je persistai à trouver qu'au premier abord elle paraissait moins que sa mère. C'était une fille d'environ vingt-cinq ans qu'on avait oublié de marier, et qui en était maussade. Elle était mal mise, soit qu'elle manquât de goût, soit qu'on ne fît pas pour sa toilette de dépenses nécessaires. Dans les deux cas, sa mère avait un tort grave envers elle : celui de ne pas chercher à la faire valoir. Elle n'était pas coquette, peut-être par esprit de réaction contre l'air évaporé de sa mère. On ne s'occupait guère d'elle, on la faisait peu danser. Sa tante, la grosse tante dont Arthur prétendait hériter, et qui dansait avec une sorte de rage, venait de temps en temps lui servir de chaperon, lorsque la mère dansait, et, impatiente d'en faire autant, lui amenait quelques recrues auxquelles cette politesse était imposée. Je fus bientôt désigné pour remplir cette fonction ; je m'en acquittai avec une résignation plus volontaire que les autres. Cette fille n'était point laide, elle n'était que gauche et froide. Cependant elle s'enhardit et s'anima un peu avec moi. Elle en vint à me dire que le monde l'ennuyait, que le bal était son supplice. Je compris qu'elle y venait malgré elle pour accompagner sa mère, et que le rôle de mère, c'était elle qui le remplissait auprès de l'auteur de ses jours. Elle était condamnée à servir de prétexte. Le père d'Arthur, qui avait les goûts de l'âge que le temps lui avait faits, se soumettait à courir le monde, ou à rester seul au coin du feu, lorsque madame lui avait dit : « Quand on a une fille à marier, il faut bien la conduire au bal. » En attendant, la fille ne se mariait pas. Le père bâillait, et la mère dansait.

Je fis danser plusieurs fois cette pauvre demoiselle. Dans un bal de province, cela l'aurait compromise, et ses parents m'eussent fait la cour. Mais à Paris, bien loin de là, on m'en sut le meilleur gré, et la demoiselle ne prit pas ce joli air de prude qui commence, dans une petite ville, tout roman sentimental entre jeunes gens. Cela me donna le droit de m'asseoir ensuite à ses côtés et de causer avec elle, tandis que ses deux matrones échangeaient de folâtres propos et de charmantes minauderies avec leurs adorateurs.

Notre causerie, à nous, ne fut point légère; mademoiselle Emma avait du jugement, trop de jugement : cela lui donnait de la malice, mais que son caractère ne fût point gai. Ma simplicité lui inspirait de la confiance. Elle en vint donc à m'instruire de ce qui faisait le sujet de mon étonnement depuis le commencement du bal ; et sans que je hasardasse beaucoup de questions, elle fut pour moi un cicerone plus complaisant que son frère.

— Vous êtes émerveillé de voir ma grosse tante se trémousser si joyeusement, me disait-elle ; ce n'est rien : elle n'a que quarante-cinq ans, c'est une jeune personne. Son embonpoint la désole parce qu'il la vieillit. Ma mère est bien mieux conservée, n'est-ce pas? Pourtant j'ai une sœur aînée qui a des enfants, et maman est grand'mère depuis quelques années. Je ne sais pas son âge au juste. Mais, en la supposant mariée très-jeune, je suis assurée qu'elle a tout au moins cinquante ans.

— C'est merveilleux! m'écriai-je. Ah! mon Dieu! quand je compare ma pauvre mère, avec ses grands bonnets, ses grands souliers, ses grandes aiguilles à tricoter et ses lunettes, à la quantité de dames du même âge que je vois ici en manches courtes, en souliers de satin, avec des fleurs dans les cheveux et des jeunes gens au bras, je crois faire un rêve.

— C'est peut-être un cauchemar? reprit la méchante Emma ; ma mère a été si prodigieusement belle qu'elle semble avoir conservé le droit de le paraître toujours. Mais ma tante est moins excusable de se décolleter à ce point, et de livrer à tous les regards le douloureux spectacle de son obésité. »

Je me retournai involontairement et me trouvai effleurant à mon insu deux omoplates si rebondies qu'il me fallut regarder le chignon fleuri de la tante pour me convaincre que je la voyais de dos. Une de santé me causa une épouvante réelle, et mademoiselle Emma s'aperçut de ma pâleur. « Ceci n'est rien, me dit-elle en souriant (et le plaisir de la moquerie donna un instant à son regard le feu que l'amour ne lui avait jamais communiqué). Regardez devant vous, comptez les jeunes filles et les jolies femmes. Comptez les femmes sur le retour, les laides, qui n'ont point d'âge, et complétez la série avec les vieilles, les bossues, ou peu s'en faut, les mères, les aïeules, les grand'tantes, et vous verrez que la majorité dans les bals, la prédominance dans le monde, appartiennent à la décrépitude et à la laideur.

— Oh! c'est un cauchemar, en effet! m'écriai-je. Et ce qui me scandalise le plus, c'est le luxe effréné de la toilette sur ces phantasmes échevelés. Jamais la laideur ne m'avait paru si repoussante qu'aujourd'hui. Jusqu'à présent je la plaignais. J'avais même pour elle une sorte de commisération respectueuse. Une femme sans jeunesse ou sans beauté, c'est quelque chose qu'il faut chercher à estimer afin de lui pouvoir offrir un dédommagement. Mais cette vieillesse parée, cette laideur arrogante, ces rides qui grimacent pour sourire voluptueusement, ces lourdes odalisques surannées qui écrasent leurs frêles cavaliers, ces squelettes couverts de diamants, qui semblent craquer comme s'ils allaient retomber en poussière, ces faux cheveux, ces fausses dents, ces fausses tailles, tous ces faux appas et ces faux airs, c'est horrible à voir, c'est la danse macabre! »

Un vieil ami de la famille d'Arthur s'était approché de nous ; il entendit mes dernières paroles. C'était un peintre assez distingué et un homme d'esprit. « Jeune homme, me dit-il en s'asseyant auprès de moi, votre indignation me plaît, bien qu'elle ne soulage point la mienne propre. Êtes-vous poète? êtes-vous artiste? Ah! si vous êtes l'un ou l'autre, que venez-vous faire ici? Fuyez! car vous vous habitueriez peut-être à cet abominable renversement des lois de la nature. Et la première loi de la nature, c'est l'harmonie; l'harmonie, c'est la beauté. Oui, la beauté est partout, lorsqu'elle est à sa place et qu'elle ne cherche pas à s'écarter de ses convenances naturelles. La vieillesse est belle aussi, lorsqu'elle ne veut pas simuler et grimacer la jeunesse. Quoi de plus auguste que la noble tête chauve d'un vieillard calme et digne? Regardez ces vieux fats en perruque, et sachez bien que si on me les laissait coiffer et habiller à mon gré, et leur imposer aussi d'autres habitudes de physionomie, j'en pourrais faire de beaux modèles. Tels que vous les voyez là, ce sont de hideuses caricatures. Hélas! où donc s'est réfugié le goût, la pure notion des règles premières, et faut-il dire même le simple bon sens? Je ne parle pas seulement des costumes de notre époque ; celui des hommes est ce qu'il y a de plus triste, de plus ridicule, de plus disgracieux et de plus incommode au monde. Ce noir, c'est un signe de deuil qui serre le cœur.

« Le costume des femmes est heureux et pourrait être beau dans ce moment-ci. Mais peu de femmes ont le don de savoir ce qui leur sied. Voyez ici, vous en compterez à peine trois sur quarante qui soient ajustées convenablement, et qui sachent tirer parti de ce que la mode leur permet. Le goût du riche remplace le goût du beau chez la plupart. C'est comme dans tous les arts, comme dans tous les systèmes d'ornementation. Ce qui prévaut aujourd'hui, c'est le *coûteux* pour les riches prodigues, le *voyant* pour les riches avares, le *simple* et le *beau* pour personne. Eh quoi! nos femmes de Paris n'ont-elles pas sous les yeux des types monstrueux bien faits pour leur inspirer l'horreur du laid?...

— Oh! ces vieilles Anglaises, chargées de plumes et de diamants? m'écriai-je, ces chevaux de l'Apocalypse si fantastiquement enharnachés?

— Vous pouvez en parler, reprit-il, vous en voyez là quelques-unes peut-être. Pour moi, j'ai le don de ne les point apercevoir. Quand je présume qu'elles sont là, par un effort de ma volonté je me les rends invisibles.

— En vérité! dit mademoiselle Emma en riant; oh! pourtant il est impossible que vous n'aperceviez point la colossale lady ***. La voilà qui vous marche sur les pieds, et si vous ne la voyez pas, vous pouvez sentir du moins le poids de cette gigantesque personne. Cinq pieds et demi de haut, quatre de pourtour, un panache de corbillard, des dentelles qui valent trois mille francs le mètre, et qui ont jauni sur trois générations de douairières, un corsage en forme de guérite, des dents qui descendent jusqu'au menton, un menton hérissé de barbe grise, et pour harmoniser avec tout cela, une jolie petite perruque blond-clair avec de mignonnes boucles à l'enfant. Regardez donc, c'est la perle des Trois-Royaumes.

— Mon imagination s'égaie à ce portrait, repartit le peintre en détournant la tête ; mais l'imagination ne peut rien créer d'aussi laid que certaines réalités ; c'est pourquoi, dût cette grande dame me marcher sur le corps, je ne la regarderai pas.

— Vous disiez pourtant, repris-je, que la nature ne faisait rien de laid, ce me semble?

— La nature ne fait rien de si laid que l'art ne puisse l'embellir ou l'enlaidir encore ; c'est selon l'artiste. Tout être humain est l'artiste de sa propre personne au moral et au physique. Il en tire bon ou mauvais parti, selon qu'il est dans le vrai ou dans le faux. Pourquoi tant de femmes et même d'hommes maniérés? c'est qu'il y a là une fausse notion de soi-même. J'ai dit que le beau, c'était l'harmonie, et que, comme l'harmonie présidait aux lois de la nature, le beau était dans la nature. Quand nous troublons cette harmonie naturelle, nous produisons le laid, et la nature semble alors nous seconder, tant elle persiste à maintenir ce qui est sa règle et ce qui produit le contraste. Nous l'accusons alors, et c'est nous qui sommes des insensés et des coupables. Comprenez-vous, Mademoiselle?

— C'est un peu abstrait pour moi, je l'avoue, répondit Emma.

— Je m'expliquerai par un exemple, dit l'artiste, par l'exemple même de ce qui donne lieu à nos réflexions sur cette matière. Je vous disais en commençant : Il n'y a rien de laid dans la nature. Prenons la nature humaine pour nous renfermer dans un seul fait. On est convenu de dire qu'il est affreux de vieillir, parce que la vieillesse est laide. En conséquence la femme fait arracher ses cheveux blancs ou elle les teint; elle se farde pour cacher ses rides, ou du moins elle cherche dans le reflet trompeur des étoffes brillantes à répandre de l'éclat sur sa face décolorée. Pour ne pas faire une longue énumération des artifices de la toilette, je me bornerai là, et je dirai qu'en s'efforçant de faire disparaître les signes de la vieillesse, on les rend plus persistants et plus implacables. La nature s'obstine, la vieillesse s'acharne, le front paraît plus ridé, et la face plus anguleuse sous cette chevelure dont le ton emprunté est en désaccord avec l'âge réel et ineffaçable. Les couleurs fraîches et vives des étoffes, les fleurs, les diamants sur la peau, tout ce qui brille et attire le regard, flétrit d'autant plus ce qui est déjà flétri. Et puis, outre l'effet physique, la pensée ne saurait être étrangère à l'impression perçue par nos yeux. Notre jugement est choqué de cette anomalie. Pourquoi, nous disons-nous instinctivement, cette lutte contre les lois divines? Pourquoi parer ce corps comme s'il pouvait inspirer la volupté? Que ne se contente-t-on de la majesté de l'âge et du respect qu'elle impose? Des fleurs sur ces têtes chauves ou blanchies! Quelle ironie! quelle profanation!

« Eh bien, cette horreur que la vieillesse fardée répand autour d'elle ferait place à des sentiments plus doux et plus flatteurs, si elle n'essayait plus de transgresser les lois de la nature. Il y a une toilette, il y a une parure pour les vieillards des deux sexes. Voyez certains portraits des anciens maîtres, certains hommes à barbe blanche de Rembrandt, certaines matrones de Van Dyck, avec leur long corsage de soie ou de velours noir, leurs coiffes blanches, leurs fraises, ou leurs guimpes austères, leur grand et noble front découvert et imposant, leurs longues mains vénérables, leurs lourds et riches chapelets, ces bijoux qui rehaussent la robe de cérémonie sans lui ôter son aspect rigide. Je ne prétends point qu'il faille chercher l'excentricité en copiant servilement ces modes du temps passé. Toute prétention d'originalité serait messéante à la vieillesse. Mais des mœurs sages et des habitudes de logique répandraient dans la société des usages analogues, et bientôt le bon sens public créerait un costume pour chaque âge de la vie, au lieu d'en créer pour distinguer les castes, comme on l'a fait trop longtemps. Que l'on me charge d'inventer celui des vieillards, moi qui suis de cette catégorie, et l'on verra que je rendrai beaux beaucoup de ces personnages qui ne peuvent servir aujourd'hui de type qu'à la caricature. Et moi, tout le premier, qui suis forcé, sous peine de me singulariser et de manquer aux bienséances, d'être là avec un habit étriqué, une chaussure qui me gêne, une cravate qui accuse l'angle aigu de mon menton, et un col de chemise qui ramasse mes rides, vous me verriez avec une belle robe noire, ou un manteau ample et digne, une barbe vénérable, des pantoufles ou des bottines fourrées, tout un vêtement qui répondrait à mon air naturel, à la pesanteur de ma démarche, à mon besoin d'aise et de gravité. Et alors, ma chère Emma, vous diriez peut-être : Voilà un beau vieillard. Au lieu que vous êtes forcée de dire, en me voyant dans des habits pareils à ceux de mon petit-fils : Ah! le vilain vieux!

— Je vous trouve trop sincère pour vous-même et pour les autres, dit Emma, après avoir ri de son aimable discours. Jugez donc quelle révolution, quelle fureur chez les femmes, si on les obligeait d'accuser leur âge en prenant à cinquante ans le costume qui conviendrait aux octogénaires!

— Cela les rajeunirait, je vous le jure, reprit-il. D'ailleurs on pourrait inventer un costume différent pour chaque vingt ans de la vie. Laissez-moi vous dire en passant que les femmes font un sot calcul en cachant mystérieusement le jour de leur naissance. Quand il est bien constaté par quelque indiscrétion (toujours inévitable) que vous avez menti sur ce point, ne fût-ce que d'une année, voilà que la malignité des gens vous en donne à pleines mains : Oui-da, trente ans! se dit-on... c'est bien plutôt quarante. Elle a l'air d'en avoir cinquante, dit un autre. Et un plaisant ajoutera : Peut-être cent! Que sait-on d'une femme si habile à tout déguiser en elle? Il me semble que si j'étais femme, je serais plus flattée de paraître très-bien conservée à quarante ans, que très-flétrie à trente. Je sais bien que quand j'entends dire d'une femme qu'elle n'avoue plus son âge, je suppose tout d'abord vieille, et très-vieille.

— En cela, je pense comme vous, dis-je à mon tour; mais reparlez-nous de vos costumes. Vous ne changeriez pas celui que portent aujourd'hui les jeunes personnes?

— Je vous demande bien pardon, reprit-il, je le trouve beaucoup trop simple; en comparaison de celui de leurs mères qui est si luxueux, il est révoltant de mesquinerie. Je trouve, par exemple, que la toilette d'Emma est celle d'un enfant; et je voudrais qu'à partir de quinze ans elle eût été plus parée qu'elle ne l'est. Est-ce qu'on veut déjà la rajeunir? Elle n'en a pas besoin. C'est l'usage, dit-on, c'est de bon goût; la simplicité sied à la pudeur du jeune âge : je le veux bien, mais ne sied-elle donc pas aussi à la dignité maternelle? Puis, l'on dit aux jeunes personnes pour les consoler : Nous avons besoin d'art, nous autres, et vous, vous êtes assez parées par vos grâces naturelles. Étrange exemple, étrange profession de pudeur et de morale! et quel contre-sens pour les yeux de l'artiste! Voici une matrone resplendissante d'atours, et sa fille, belle et charmante, en habit de première communion, presque en costume de nonne! Et pour quoi donc les fleurs et les diamants, les riches étoffes et tous les trésors de l'art et de la nature, si ce n'est pour orner la beauté? Si vous faites l'éloge de la chasteté simple et modeste, n'est-ce donc fait que pour les vierges? Pourquoi vous dépossédez-vous si fièrement du seul charme qui pourrait vous embellir encore? Vous voulez paraître jeunes, et vous vous faites immodestes! Calcul bizarre, énigme insoluble! La femme, pensent certaines effrontées, doit être comme la fleur qui montre son sein à mesure qu'elle s'épanouit. Mais elles ne savent donc pas que la femme ne passe pas, comme la rose, de la beauté à la mort! Elle a le bonheur de conserver en elle, après la perte de son éclat, un parfum plus durable que celui des roses. »

Le bal finissait. La mère et la tante d'Emma restèrent des dernières. Elles allaient s'égayant et s'enhardissant à mesure que l'excitation et la fatigue les enlaidissaient davantage. Emma était de bonne humeur parce qu'elle avait entendu jeter l'anathème sur leur folie. Le vieux artiste parti, elle s'entretint encore avec moi, et devint si amère et si vindicative en paroles, que je m'éloignai d'elle attristé profondément. Mauvaises mères, mauvaises filles! Est-ce donc là le monde? me disais-je.

GEORGE SAND.

LEONE LEONI

NOTICE

Etant à Venise par un temps très-froid et dans une circonstance fort triste, le carnaval mugissant et sifflant au dehors avec la bise glacée, j'éprouvais le contraste douloureux qui résulte de notre souffrance intérieure, isolée au milieu de l'enivrement d'une population inconnue.

J'habitais un vaste appartement de l'ancien palais Nasi, devenu une auberge et donnant sur le quai des Esclavons, près le pont des Soupirs. Tous les voyageurs qui ont visité Venise connaissent cet hôtel, mais je doute que beaucoup d'entre eux s'y soient trouvés dans une disposition morale aussi douloureusement recueillie, le mardi gras, dans la ville classique du carnaval.

Voulant échapper au spleen par le travail de l'imagination, je commençai au hasard un roman qui débutait par la description même du lieu, de la fête extérieure et du solennel appartement où je me trouvais. Le dernier ouvrage que j'avais lu en quittant Paris était *Manon Lescaut*. J'en avais causé, ou plutôt écouté causer, et je m'étais dit que faire de Manon Lescaut un homme, et de Desgrieux une femme, serait une combinaison à tenter et qui offrirait des situations assez tragiques, le vice étant souvent fort près du crime pour l'homme, et l'enthousiasme voisin du désespoir pour la femme.

J'écrivis ce volume en huit jours, et le relus à peine pour l'envoyer à Paris. Il avait rempli mon but et rendu ma pensée, je n'y aurais rien ajouté en le méditant. Et pourquoi un ouvrage d'imagination aurait-il besoin d'être médité? Quelle moralité voudrait-on faire ressortir d'une fiction que chacun sait être fort possible dans le monde de la réalité? Des gens rigides en théorie (on ne sait pas trop pourquoi) ont pourtant jugé l'ouvrage dangereux. Après tantôt vingt ans écoulés, je le parcours et n'y trouve rien de tel. Dieu merci, le type de Leone Leoni, sans être invraisemblable, est exceptionnel; et je ne vois pas que l'engouement produit par lui sur une âme faible, soit récompensé par des félicités bien enviables. Au reste, je suis, à l'heure qu'il est, bien fixé sur la prétendue portée des *moralités* du roman, et j'en ai dit ailleurs ma pensée raisonnée.

GEORGE SAND.

Nohant, janvier 1853.

I.

Nous étions à Venise. Le froid et la pluie avaient chassé les promeneurs et les masques de la place et des quais. La nuit était sombre et silencieuse. On n'entendait au loin que la voix monotone de l'Adriatique se brisant sur les flots, et de temps en temps les cris des hommes de quart de la frégate qui garde l'entrée du canal Saint-Georges, s'entre-croisant avec les réponses de la goëlette de surveillance. C'était un beau soir de carnaval dans l'intérieur des palais et des théâtres; mais au dehors tout était morne, et les réverbères se reflétaient sur les dalles humides, où retentissait de loin en loin le pas précipité d'un masque attardé, enveloppé dans son manteau.

Nous étions tous deux seuls dans une des salles de l'ancien palais Nasi, situé sur le quai des Esclavons, et converti aujourd'hui en auberge, la meilleure de Venise. Quelques bougies éparses sur les tables et la lueur du foyer éclairaient faiblement cette pièce immense, et l'oscillation de la flamme semblait faire mouvoir les divinités allégoriques peintes à fresque sur le plafond. Juliette était souffrante, elle avait refusé de sortir. Étendue sur un sofa et roulée à demi dans son manteau d'hermine, elle semblait plongée dans un léger sommeil, et je marchais sans bruit sur le tapis en fumant des cigarettes de *Serraglio*.

Nous connaissons, dans mon pays, un certain état de l'âme, qui est, je crois, particulier aux Espagnols. C'est une sorte de quiétude grave qui n'exclut pas, comme chez les peuples tudesques et dans les cafés de l'Orient, le travail de la pensée. Notre intelligence ne s'engourdit pas durant ces extases où l'on nous voit plongés. Lorsque nous marchons méthodiquement, en fumant nos cigares, pendant des heures entières, sur le même carré de mosaïque, sans nous en écarter d'une ligne, c'est alors que s'opère le plus facilement chez nous ce qu'on pourrait appeler la digestion de l'esprit; les grandes résolutions se forment en de semblables moments, et les passions soulevées s'apaisent pour enfanter des actions énergiques. Jamais un Espagnol n'est plus calme que lorsqu'il couve quelque projet ou sinistre ou sublime. Quant à moi, je digérais alors mon projet; mais il n'avait rien d'héroïque ni d'effrayant. Quand j'eus fait environ soixante fois le tour de la chambre et fumé une douzaine de cigarettes, mon parti fut pris. Je m'arrêtai auprès du sofa, et, sans m'inquiéter du sommeil de ma jeune compagne : — Juliette, lui dis-je, voulez-vous être ma femme?

Elle ouvrit les yeux et me regarda sans répondre. Je crus qu'elle ne m'avait pas entendu, et je réitérai ma demande.

— J'ai fort bien entendu, répondit-elle d'un ton d'indifférence, et elle se tut de nouveau.

Je crus que ma demande lui avait déplu, et j'en conçus une colère et une douleur épouvantables; mais, par respect pour la gravité espagnole, je n'en témoignai rien, et je me remis à marcher autour de la chambre.

Au septième tour, Juliette m'arrêta en me disant : — A quoi bon?

Je fis encore trois tours de chambre; puis je jetai mon cigare, et, tirant une chaise, je m'assis auprès d'elle.

— Votre position dans le monde, lui dis-je, doit vous faire souffrir?

— Je sais, répondit-elle en soulevant sa tête ravissante et en fixant sur moi ses yeux bleus où l'apathie semblait toujours combattre la tristesse, oui, je sais, mon cher Aleo, que je suis flétrie dans le monde d'une désignation ineffaçable : fille entretenue.

— Nous l'effacerons, Juliette; mon nom purifiera le vôtre.

— Orgueil des grands! reprit-elle avec un soupir. Puis se tournant tout à coup vers moi, et saisissant ma main, qu'elle porta malgré moi à ses lèvres : — En vérité, ajouta-t-elle, vous m'épouseriez, Bustamente? Ô mon Dieu! mon Dieu! quelle comparaison vous me faites faire!

— Que voulez-vous dire, ma chère enfant? lui demandai-je. Elle ne me répondit pas et fondit en larmes.

Ces larmes, dont je ne comprenais que trop bien la cause, me firent beaucoup de mal. Mais je renfermai l'espèce de fureur qu'elles m'inspiraient, et je revins m'asseoir auprès d'elle.

— Pauvre Juliette, lui dis-je, cette blessure saignera donc toujours?

— Vous m'avez permis de pleurer, répondit-elle; c'est la première de nos conventions.

— Pleure, ma pauvre affligée, lui dis-je, ensuite écoute et réponds-moi.

Elle essuya ses larmes et mit sa main dans la mienne.

— Juliette, lui dis-je, lorsque vous vous traitez de fille entretenue, vous êtes une folle. Qu'importent l'opinion et les paroles grossières de quelques sots? Vous êtes mon amie, ma compagne, ma maîtresse.

— Hélas! oui, dit-elle, je suis ta maîtresse, Aleo, et c'est là ce qui me déshonore; je devrais être morte plutôt que de léguer à un noble cœur comme le tien la possession d'un cœur à demi éteint.

— Nous en ranimerons peu à peu les cendres, ma Juliette; laisse-moi espérer qu'elles cachent encore une étincelle que je puis trouver.

— Oui, oui, je l'espère, je le veux! dit-elle vivement. Je serai donc ta femme? Mais pourquoi? t'en aimerai-je mieux? te croiras-tu plus sûr de moi?

— Je te saurai plus heureuse, et j'en serai plus heureux.

— Plus heureuse! vous vous trompez; je suis avec vous aussi heureuse que possible; comment le titre de dona Bustamente pourrait-il me rendre plus heureuse?

— Il vous mettrait à couvert des insolents dédains du monde.

— Le monde! dit Juliette; vous voulez dire vos amis. Qu'est-ce que le monde? je ne l'ai jamais su. J'ai traversé la vie et fait le tour de la terre sans réussir à apercevoir ce que vous appelez le monde.

— Je sais que tu as vécu jusqu'ici comme la fille enchantée dans son globe de cristal, et pourtant je t'ai vue jadis verser des larmes amères sur la déplorable situation que tu avais alors. Je me suis promis de t'offrir mon rang et mon nom aussitôt que ton affection me serait assurée.

— Vous ne m'avez pas comprise, don Aleo, si vous avez cru que la honte me faisait pleurer. Il n'y avait pas de place dans mon âme pour la honte; il y avait assez d'autres douleurs pour la remplir et pour la rendre insensible à tout ce qui venait du dehors. S'il m'eût aimée toujours, j'aurais été heureuse, eussé-je été couverte d'infamie aux yeux de ce que vous appelez le monde.

Il me fut impossible de réprimer un frémissement de colère; je me levai pour marcher dans la chambre. Juliette me retint. — Pardonne-moi, me dit-elle d'une voix émue, pardonne-moi le mal que je te fais. Il est au-dessus de mes forces de ne jamais parler de cela.

— Eh bien, Juliette, lui répondis-je en étouffant un soupir douloureux, parles-en donc si cela doit te soulager! Mais est-il possible que tu ne puisses parvenir à l'oublier, quand tout ce qui t'environne tend à te faire concevoir une autre vie, un autre bonheur, un autre amour!

— Tout ce qui m'environne! dit Juliette avec agitation. Ne sommes-nous pas à Venise?

Elle se leva et s'approcha de la fenêtre; sa jupe de taffetas blanc formait mille plis autour de sa ceinture délicate. Ses cheveux bruns s'échappaient des grandes épingles d'or ciselé qui ne les retenaient plus qu'à demi, et baignaient son dos d'un flot de soie parfumée. Elle était si belle avec ses joues à peine colorées et son sourire moitié tendre, moitié amer, que j'oubliai ce qu'elle disait, et je m'approchai pour la serrer dans mes bras. Mais elle venait d'entr'ouvrir les rideaux de la fenêtre, et regardant à travers la vitre, où commençait à briller le rayon humide de la lune : — Ô Venise! que tu es changée ! s'écria-t-elle ; que je t'ai vue belle autrefois, et que tu me sembles aujourd'hui déserte et désolée !

— Que dites-vous, Juliette? m'écriai-je à mon tour ; vous étiez déjà venue à Venise? Pourquoi ne me l'avez-vous pas dit?

— Je voyais que vous aviez le désir de voir cette belle ville, et je savais qu'un mot vous aurait empêché d'y venir. Pourquoi vous aurais-je fait changer de résolution !

— Oui, j'en aurais changé, répondis-je en frappant du pied. Eussions-nous été à l'entrée de cette ville maudite, j'aurais fait virer la barque vers une rive que ce souvenir n'eût pas souillée; je vous y aurais conduite, je vous y aurais portée à la nage, s'il eût fallu choisir entre un pareil trajet et la maison que voici, où peut-être vous retrouvez à chaque pas une trace brûlante de *son* passage ! Mais, dites-moi, Juliette, où je pourrai me réfugier avec vous contre le passé? Nommez-moi donc une ville, enseignez-moi donc un coin de l'Italie où cet aventurier ne vous ait pas traînée!

J'étais pâle et tremblant de colère ; Juliette se retourna lentement, me regarda avec froideur, et reportant les yeux vers la fenêtre : — Venise, dit-elle, nous l'avons aimée autrefois, et aujourd'hui je ne te revois pas sans émotion ; car il te chérissait, il t'invoquait partout dans ses voyages, il t'appelait sa chère patrie ; car c'est toi qui fus le berceau de sa noble maison, et un de tes palais porte encore le même nom que lui.

— Par la mort et par l'éternité ! dis-je à Juliette en baissant la voix, nous quitterons demain cette chère patrie !

— *Vous* pourrez quitter demain et Venise et Juliette, me répondit-elle avec un sang-froid glacial ; mais pour moi je ne reçois d'ordre de personne, et je quitterai Venise quand il me plaira.

— Je crois vous comprendre, Mademoiselle, dis-je avec indignation : Leoni est à Venise.

Juliette fut frappée d'une commotion électrique. — Qu'est-ce que tu dis? Leoni est à Venise? s'écria-t-elle dans une sorte de délire, en se jetant dans mes bras ; répète ce que tu as dit ; répète son nom, que j'entende au moins encore une fois son nom ! Elle fondit en larmes, et, suffoquée par ses sanglots, elle perdit presque connaissance. Je la portai sur le sofa, et, sans songer à lui donner d'autres secours, je me remis à marcher sur la bordure du tapis. Alors ma fureur s'apaisa comme la mer quand le sirocco replie ses ailes. Une douleur amère succéda à mon emportement, et je me pris à pleurer comme une femme.

II.

Au milieu de ce déchirement, je m'arrêtai à quelques pas de Juliette et je la regardai. Elle avait le visage tourné vers la muraille ; mais une glace de quinze pieds de haut, qui remplissait le panneau, me permettait de voir son visage. Elle était pâle comme la mort, et ses yeux étaient fermés comme dans le sommeil ; il y avait plus de fatigue encore que de douleur dans l'expression de sa figure, et c'était là précisément la situation de son âme : l'épuisement et la nonchalance l'emportaient sur le dernier bouillonnement des passions. J'espérai.

Je l'appelai doucement, et elle me regarda d'un air étonné, comme si sa mémoire perdait la faculté de conserver les faits en même temps que son âme perdait la force de ressentir le dépit.

— Que veux-tu, me dit-elle, et pourquoi me réveilles-tu?

— Juliette, lui dis-je, je t'ai offensée, pardonne-le-moi ; j'ai blessé ton cœur...

— Non, dit-elle en portant une main à son front et en me tendant l'autre, tu as blessé mon orgueil seulement. Je t'en prie, Aleo, souviens-toi que je n'ai rien, que je vis de tes dons, et que l'idée de ma dépendance m'humilie. Tu as été bon et généreux envers moi, je le sais ; tu me combles de soins, tu me couvres de pierreries, tu m'accables de ton luxe et de ta magnificence ; sans toi je serais morte dans quelque hôpital d'indigents, ou je serais enfermée dans une maison de fous. Je sais tout cela. Mais souviens-toi, Bustamente, que tu as fait tout cela malgré moi, que tu m'as prise à demi morte, et que tu m'as secourue sans que j'eusse le moindre désir de l'être ; souviens-toi que je voulais mourir et que tu as passé bien des nuits à mon chevet, tenant mes mains dans les tiennes pour m'empêcher de me tuer ; souviens-toi que j'ai refusé longtemps ta protection et tes bienfaits, et que si je les accepte aujourd'hui, c'est moitié par faiblesse et par découragement de la vie, moitié par affection et par reconnaissance pour toi, qui me demandais à genoux de ne pas les repousser. Le plus beau rôle t'appartient, ô mon ami, je le sens ; mais suis-je coupable de ce que tu es bon? doit-on me reprocher sérieusement de m'avilir, lorsque, Juliette, seule et désespérée, je me confie au plus noble cœur qui soit sur la terre?

— Ma bien-aimée, lui dis-je en la pressant sur mon cœur, tu réponds admirablement aux viles injures des misérables qui t'ont méconnue. Mais pourquoi me dis-tu cela? Crois-tu avoir besoin de te justifier auprès de Bustamente du bonheur que tu lui as donné, le seul bonheur qu'il ait jamais goûté dans sa vie? C'est à moi de me justifier si je puis, car c'est moi qui ai tort. Je sais combien ta fierté et ton désespoir m'ont résisté : je ne devrais jamais l'oublier. Quand je prends un ton d'autorité avec toi, je suis un fou qu'il faut excuser ; car la passion que j'ai pour toi trouble ma raison et dompte toutes mes forces. Pardonne-moi, Juliette, et oublie un instant de colère. Hélas ! je suis malhabile à me faire aimer ; j'ai dans le caractère une rudesse qui te déplaît ; je te blesse quand je commençais à te guérir, et souvent je détruis dans une heure l'ouvrage de bien des jours.

— Non, non, oublions cette querelle, interrompit Juliette en m'embrassant. Pour un peu de mal que vous me faites, je vous en fais cent fois plus. Votre caractère est quelquefois impérieux, ma douleur est toujours cruelle ; et cependant ne croyez pas qu'elle soit incurable. Votre bonté et votre amour finiront par la vaincre. J'aurais un cœur ingrat si je n'acceptais une espérance que vous me montrez. Nous parlerons de mariage une autre fois ; peut-être m'y ferez-vous consentir. Pourtant j'avoue que je crains cette sorte de dépendance consacrée par toutes les lois et par tous les préjugés : cela est honorable, mais cela est indissoluble.

— Encore un mot cruel, Juliette ! Craignez-vous donc d'être jamais à moi?

— Non, non, sans doute. Ne t'afflige pas, je ferai ce que tu voudras ; mais laissons cela pour aujourd'hui.

— Eh bien ! accorde-moi une autre faveur à la place de celle-là : consens à quitter Venise demain.

— De tout mon cœur. Que m'importe Venise et tout le reste? Va, ne me crois pas quand j'exprime quelque regret du passé ; c'est le dépit ou la folie qui me fait parler ainsi ! Le passé ! juste ciel ! ne sais-tu pas combien j'ai de raisons pour le haïr? Vois comme il m'a brisée ! Comment aurais-je la force de le ressaisir s'il m'était rendu !

Je baisai la main de Juliette pour la remercier de l'effort qu'elle faisait en parlant ainsi ; mais je n'étais pas convaincu : elle ne m'avait fait aucune réponse satisfaisante. Je repris ma promenade mélancolique autour de la chambre.

Le sirocco s'était levé et avait séché le pavé en un instant. La ville était redevenue sonore, comme elle est ordinairement, et mille bruits de fête se faisaient entendre : tantôt la chanson rauque des gondoliers avinés, tantôt les huées des masques sortant des cafés et agaçant les passants, tantôt le bruit de la rame sur le canal. Le canon de la frégate souhaita le bonsoir aux échos des lagunes, qui lui répondirent comme une décharge d'artillerie. Le tambour autrichien y mêla son roulement brutal, et la cloche de Saint-Marc fit entendre un son lugubre.

Une tristesse horrible s'empara de moi. Les bougies, en se consumant, mettaient le feu à leurs collerettes de papier vert et jetaient une lueur livide sur les objets. Tout prenait pour mes sens des formes et des sons imaginaires. Juliette, étendue sur le sofa et roulée dans l'hermine et dans la soie, me semblait une morte enveloppée dans son linceul. Les chants et les rires du dehors me faisaient l'effet de cris de détresse, et chaque gondole qui glissait sous le pont de marbre situé au bas de ma fenêtre me donnait l'idée d'un noyé se débattant contre les flots et l'agonie. Enfin, je n'avais que des pensées de désespoir et de mort dans la tête, et je ne pouvais soulever le poids dont ma poitrine était oppressée.

Cependant je me calmai et je fis de moins folles réflexions. Je m'avouai que la guérison de Juliette faisait des progrès bien lents, et que, malgré tous les sacrifices que la reconnaissance lui avait arrachés en ma faveur, son cœur était presque aussi malade que dans les premiers jours. Ces regrets si longs et si amers d'un amour si misérablement placé me semblaient inexplicables, et j'en cherchai la cause dans l'impuissance de mon affection. Il faut, pensai-je, que mon caractère lui inspire quelque répugnance insurmontable qu'elle n'ose m'avouer. Peut-être la vie que je mène lui est-elle antipathique, et pourtant j'ai conformé mes habitudes aux siennes. Leoni la promenait sans cesse de ville en ville ; je la fais voyager depuis deux ans sans m'attacher à aucun lieu et sans tarder un instant à quitter l'endroit où je vois la moindre trace d'ennui sur son visage. Cependant elle est triste ; cela est certain ; rien ne l'amuse, et c'est par dévouement qu'elle daigne quelquefois sourire. Rien de ce qui plaît aux femmes n'a d'empire sur cette douleur : c'est un rocher que rien n'ébranle, un diamant que rien ne ternit. Pauvre Juliette ! quelle vigueur dans ta faiblesse ! quelle résistance désespérante dans ton inertie !

Insensiblement je m'étais laissé aller à exprimer tout haut mes anxiétés. Juliette s'était soulevée sur un bras ; et, penchée en avant sur les coussins, elle m'écoutait tristement.

— Ecoute, lui dis-je en m'approchant d'elle, j'imagine une nouvelle cause à ton mal. Je l'ai trop comprimé, tu l'as trop refoulé dans ton cœur ; j'ai craint lâchement de voir cette plaie, dont l'aspect me déchirait ; et toi, par générosité, tu me l'as cachée. Ainsi négligée et abandonnée, ta blessure s'est envenimée tous les jours, quand tous les jours j'aurais dû te la soigner et l'adoucir. J'ai eu tort, Juliette. Il faut montrer ta douleur, il faut la répandre dans mon sein ; il faut me parler de tes maux passés, me raconter ta vie à chaque instant, me nommer mon ennemi ; oui, il le faut. Tout à l'heure tu as dit un mot que je n'oublierai pas ; tu m'as conjuré de te faire au moins entendre son nom. Eh bien ! prononçons-le ensemble, ce nom maudit qui te brûle la langue et le cœur. Parlons de Leoni. Les yeux de Juliette brillèrent d'un éclat involontaire. Je me sentis oppressé ; mais je vainquis ma souffrance, et je lui demandai si elle approuvait mon projet.

— Oui, me dit-elle d'un air sérieux, je crois que tu as raison. Vois-tu, j'ai souvent la poitrine pleine de sanglots ; la crainte de t'affliger m'empêche de les répandre, et j'amasse dans mon sein des trésors de douleur. Si j'osais m'épancher devant toi, je crois que je souffrirais moins. Mon mal est comme un parfum qui se garde éternellement dans un vase fermé ; qu'on ouvre le vase, et le parfum s'échappe bien vite. Si je pouvais parler sans cesse de Leoni, te raconter les moindres circonstances de notre amour, je me remettrais à la fois sous les yeux le bien et le mal qu'il m'a faits ; tandis que ton aversion me semble souvent injuste, et que, dans le secret de mon cœur, j'excuse les torts dont le récit, dans la bouche d'un autre, me révolterait.

— Eh bien ! lui dis-je, je veux te les apprendre de la tienne. Je n'ai jamais su les détails de cette funeste histoire ; je veux que tu me les dises, que tu me racontes ta vie tout entière. En connaissant mieux tes maux, j'apprendrai peut-être à les mieux adoucir. Dis-moi tout, Juliette ; dis-moi par quels moyens ce Leoni a su se faire tant aimer ; dis-moi quel charme, quel secret il avait ; car je suis las de chercher en vain le chemin inabordable de ton cœur. Je t'écoute, parle.

— Ah ! oui, je le veux bien, répondit-elle ; cela va enfin me soulager. Mais laisse-moi parler, et ne m'interromps par aucun signe de chagrin ou d'emportement ; car je dirai les choses comme elles se sont passées ; je dirai le bien et le mal, combien j'ai souffert et combien j'ai aimé.

— Tu diras tout et j'entendrai tout, lui répondis-je. Je fis apporter de nouvelles bougies et ranimer le feu. Juliette parla ainsi.

III.

Vous savez que je suis fille d'un riche bijoutier de Bruxelles. Mon père était habile dans sa profession, mais peu cultivé d'ailleurs. De simple ouvrier il s'était élevé à la possession d'une belle fortune que le succès de son commerce augmentait de jour en jour. Malgré son peu d'éducation, il fréquentait les maisons les plus riches de la province ; et ma mère, qui était jolie et spirituelle, était bien accueillie dans la société opulente des négociants.

Mon père était doux et apathique. Cette disposition augmentait chaque jour avec sa richesse et son bien-être. Ma mère, plus active et plus jeune, jouissait d'une indépendance illimitée, et profitait avec ivresse des avantages de la fortune et des plaisirs du monde. Elle était bonne, sincère et pleine de qualités aimables ; mais elle était naturellement légère, et sa beauté, merveilleusement respectée par les années, prolongeait sa jeunesse aux dépens de mon éducation. Elle m'aimait tendrement, à la vérité, mais sans prudence et sans discernement. Fière de ma fraîcheur et des frivoles talents qu'elle m'avait fait acquérir, elle ne songeait qu'à me promener et à me produire ; elle éprouvait un doux mais dangereux orgueil à me couvrir sans cesse de parures nouvelles, et à se montrer avec moi dans les fêtes. Je me souviens de ce temps avec douleur et pourtant avec plaisir ; j'ai fait depuis de tristes réflexions sur la futile emploi de mes jeunes années, et cependant je le regrette, ce temps de bonheur et d'imprévoyance qui aurait dû ne jamais finir ou ne jamais commencer. Je crois encore voir ma mère avec sa taille rondelette et gracieuse, ses mains si blanches, ses yeux si noirs, son sourire si coquet, et cependant si bon, qu'on voyait au premier coup d'œil qu'elle n'avait jamais connu ni soucis ni contrariétés, et qu'elle était incapable d'imposer aux autres aucune contrainte, même à bonne intention. Oh ! oui, je me souviens d'elle ! je me rappelle nos longues matinées consacrées à méditer et à préparer les toilettes de bal, nos après-midi employées à une autre toilette si vétilleuse, qu'il nous restait à peine une heure pour aller nous promener. Je me représente ma mère avec ses robes de satin, ses fourrures, ses longues plumes blanches, et tout le léger volume des blondes et des rubans. Après avoir achevé sa toilette, elle s'oubliait un instant pour s'occuper de moi. J'éprouvais bien quelque ennui à délacer mes brodequins de satin noir pour effacer un léger pli sur le pied, ou bien à essayer vingt paires de gants avant d'en trouver une dont la nuance rosée fût assez fraîche à son gré. Ces gants collaient si exactement, que je les déchirais après avoir pris mille peines pour les mettre ; il fallait recommencer, et nous en entassions les débris avant d'avoir choisi ceux que je devais porter une heure et léguer à ma femme de chambre. Cependant on m'avait tellement accoutumée dès l'enfance à regarder ces minuties comme les occupations les plus importantes de la vie d'une femme, que je me résignais patiemment. Nous partions enfin, et, au bruit de nos robes de soie, au parfum de nos manchons, on se retournait pour nous voir. J'étais habituée à entendre notre nom sortir de la bouche de tous les hommes, et à voir tomber leurs regards sur mon front impassible. Ce mélange de froideur et d'innocente effronterie constitue ce qu'on appelle la bonne tenue d'une jeune personne. Quant à ma mère, elle éprouvait un double orgueil à se montrer et à montrer sa fille ; j'étais un reflet, ou, pour mieux dire, une partie d'elle-même, de sa beauté, de sa richesse ; son bon goût brillait dans ma parure ; ma figure, qui ressemblait à la sienne, lui rappelait, ainsi qu'aux autres, la fraîcheur à peine altérée de sa première jeunesse ; de sorte qu'en me voyant marcher, toute fluette, à côté d'elle, elle croyait se voir deux fois, pâle et délicate comme elle avait été à quinze ans, brillante et belle comme elle l'était encore. Pour rien au monde elle ne se serait promenée sans moi, elle se serait crue incomplète et à demi habillée.

Après le dîner, recommençaient les graves discussions sur la robe de bal, sur les bas de soie, sur les fleurs. Mon père, qui ne s'occupait de sa boutique que le jour, aurait mieux aimé passer tranquillement la soirée en famille ; mais il était si débonnaire, qu'il ne s'apercevait pas de l'abandon où nous le laissions. Il s'endormait sur un fauteuil pendant que nos coiffeuses s'évertuaient à comprendre les savantes combinaisons de ma mère. Au moment de partir, on réveillait l'excellent homme, et il allait avec complaisance tirer de ses coffrets de magnifiques pierreries qu'il avait fait monter sur ses dessins. Il nous les attachait lui-même sur les bras et sur le cou, et il se plaisait à en admirer l'effet. Ces écrins étaient destinés à être vendus. Souvent nous entendions autour de nous les femmes envieuses se récrier sur leur éclat, et prononcer à voix basse de malicieuses plaisanteries ; mais ma mère s'en consolait en disant que les plus grandes dames portaient nos restes, et cela était vrai. On venait le lendemain commander à mon père des parures semblables à celles que nous avions portées. Au bout de quelques jours, il envoyait celles-là précisément ; et nous ne les regrettions pas ; car nous ne les perdions que pour en retrouver de plus belles.

Au milieu d'une semblable vie, je grandissais sans m'inquiéter du présent ni de l'avenir, sans faire aucun effort sur moi-même pour former ou affermir mon caractère. J'étais née douce et confiante comme ma mère : je me laissais aller comme elle au courant de la destinée. Cependant j'étais moins gaie ; je sentais moins vivement l'attrait des plaisirs et de la vanité ; je semblais manquer du peu de force qu'elle avait, le désir et la faculté de s'amuser. J'acceptais un sort si facile sans en savoir le prix et sans le comparer à aucun autre. Je n'avais pas l'idée des passions. On m'avait élevée comme si je ne devais jamais les connaître ; ma mère avait été élevée de même et s'en trouvait bien, car elle était incapable de les ressentir et n'avait jamais eu besoin de les combattre. On avait appliqué mon intelligence à des études où le cœur n'avait aucun travail à faire sur lui-même. Je touchais le piano d'une manière brillante, je dansais à merveille, je peignais l'aquarelle avec une netteté et une fraîcheur admirables ; mais il n'y avait en moi aucune étincelle de ce feu sacré qui donne la vie et qui la fait comprendre. Je chérissais mes parents, mais je ne savais pas ce que c'était qu'aimer plus ou moins. Je rédigeais à merveille une lettre à quelqu'une de mes jeunes amies ; mais je ne savais pas plus la valeur des expressions que celle des sentiments. Je les aimais par habitude ; j'étais bonne envers elles par obligeance et par douceur, mais je ne m'inquiétais pas de leur caractère ; je n'examinais rien. Je ne faisais aucune distinction raisonnée entre elles ; celle que j'aimais le plus était celle qui venait me voir le plus souvent.

IV.

J'étais ainsi et j'avais seize ans lorsque Leoni vint à Bruxelles. La première fois que je le vis, ce fut au théâtre. J'étais avec ma mère dans une loge, assez près du balcon, où il était avec les jeunes gens les plus élégants et les plus riches. C'est ma mère qui me le fit remarquer. Elle était sans cesse à l'affût d'un mari pour moi, et le cherchait parmi les hommes qui avaient la toilette la plus brillante et la taille la mieux prise ; c'était tout pour elle. La naissance et la fortune ne la séduisaient que comme les accessoires de choses plus importantes à ses yeux, la tenue et les manières. Un homme supérieur sous un habit simple ne lui eût inspiré que du dédain. Il fallait que son futur gendre eût de certaines manchettes, une cravate irréprochable, une tournure exquise, une jolie figure, des habits faits à Paris, et cette espèce de bavardage insignifiant qui rend un homme adorable dans le monde.

Quant à moi, je ne faisais aucune comparaison entre les uns ou les autres. Je m'en remettais aveuglément au choix de mes parents, et je ne désirais ni ne fuyais le mariage.

Ma mère trouva Leoni charmant. Il est vrai que sa figure est admirablement belle, et qu'il a le secret d'être aisé, gracieux et animé sous ses habits et avec ses manières de dandy. Mais je n'éprouvai aucune de ces émotions romanesques qui font pressentir la destinée aux âmes brûlantes. Je le regardai un instant pour obéir à ma mère, et je ne l'aurais pas regardé une seconde fois, si elle ne m'y eût forcée par ses exclamations continuelles et par la curiosité qu'elle témoigna de savoir son nom. Un jeune homme de notre connaissance, qu'elle appela pour le questionner, lui répondit que c'était un noble Vénitien, ami d'un des premiers négociants de la ville ; qu'il paraissait avoir une immense fortune, et qu'il s'appelait Leone Leoni.

Ma mère fut charmée de cette réponse. Le négociant, ami de Leoni, donnait précisément le lendemain une fête où nous étions invités. Légère et crédule qu'elle était, il lui suffit d'avoir appris superficiellement que Leoni était riche et noble, pour jeter aussitôt les yeux sur lui. Elle m'en parla dès le soir même, et me recommanda d'être jolie le lendemain. Je souris et m'endormis exactement à la même heure que les autres soirs, sans que la pensée de Leoni accélérât d'une seconde les battements de mon cœur. On m'avait habituée à entendre sans émotion former de semblables projets. Ma mère prétendait que j'étais si raisonnable, qu'on ne devait pas me traiter comme un enfant. Ma pauvre mère ne s'apercevait pas qu'elle était elle-même bien plus enfant que moi.

Elle m'habilla avec tant de soin et de recherche, que je fus proclamée la reine du bal ; mais d'abord ce fut en pure perte : Leoni ne paraissait pas, et ma mère crut qu'il était déjà parti de Bruxelles. Incapable de modérer son impatience, elle demanda au maître de la maison ce qu'était devenu son ami le Vénitien.

— Ah ! dit M. Delpech, vous avez déjà remarqué mon Vénitien ? Il jeta en souriant un coup d'œil sur ma toilette, et comprit. — C'est un joli garçon, ajouta-t-il, de haute naissance, et très à la mode à Paris et à Londres ; mais je dois vous confesser qu'il est horriblement joueur, et que, si vous ne le voyez pas ici, c'est qu'il préfère les cartes aux femmes les plus belles.

— Joueur ! dit ma mère, cela est fort vilain.

— Oh ! reprit M. Delpech, c'est selon. Quand on en a le moyen !

— Au fait !... dit ma mère ; et cette observation lui suffit. Elle ne s'inquiéta plus jamais de la passion de Leoni pour le jeu.

Peu d'instants après ce court entretien, Leoni parut dans le salon où nous dansions. Je vis M. Delpech lui parler à l'oreille en me regardant, et les yeux de Leoni flotter incertains autour de moi, jusqu'à ce que, guidé par les indications de son ami, il me découvrit dans la foule et s'approcha pour me mieux voir. Je compris en ce moment que mon rôle de fille à marier était un peu ridicule ; car il y avait quelque chose d'ironique dans l'admiration de son regard, et pour la première fois de ma vie peut-être je rougis et sentis de la honte.

Cette honte devint une sorte de souffrance lorsque je vis que Leoni était retourné à la salle de jeu au bout de quelques instants. Il me sembla que j'étais raillée et dédaignée, et ce fut un dépit contre ma mère. Cela ne m'était jamais arrivé, et elle s'étonna de l'humeur que je lui montrai. — Allons, me dit-elle avec un peu de dépit à son tour, je ne sais ce que tu as, mais tu deviens laide. Partons.

Elle se levait déjà lorsque Leoni traversa vivement la salle et vint l'inviter à valser. Cet incident inespéré lui rendit la gaieté ; elle me jeta en riant son éventail et disparut avec lui dans le tourbillon.

Comme elle aimait passionnément la danse, nous étions toujours accompagnées au bal par une vieille tante, sœur aînée de mon père, qui me servait de chaperon lorsque je n'étais pas invitée à danser en même temps que ma mère. Mademoiselle Agathe, c'est ainsi qu'on appelait ma tante, était une vieille fille d'un caractère égal et froid. Elle avait plus de bon sens que le reste de la famille ; mais elle n'était pas exempte du penchant à la vanité, qui est l'écueil de tous les parvenus. Quoiqu'elle fît au bal une fort triste figure, elle ne se plaignait jamais de l'obligation de nous y accompagner ; c'était pour elle l'occasion de montrer dans ses vieux jours de fort belles robes qu'elle n'avait pas eu le moyen de se procurer dans sa jeunesse. Elle faisait donc un grand cas de l'argent ; mais elle n'était pas également accessible à toutes les séductions du monde. Elle avait une vieille haine contre les nobles, et ne perdait pas une occasion de les dénigrer et de les tourner en ridicule, ce dont elle s'acquittait avec assez d'esprit.

Fine et pénétrante, habituée à ne pas agir et à observer les actions d'autrui, elle avait compris la cause du petit mouvement d'humeur que j'avais éprouvé. Le babillage expansif de ma mère l'avait instruite de ses intentions sur Leoni, et le visage à la fois aimable, fier et moqueur du Vénitien lui révélait beaucoup de choses que ma mère ne comprenait pas. — Vois-tu, Juliette, me dit-elle en se penchant vers moi, voici un grand seigneur qui se moque de nous.

J'eus un tressaillement douloureux. Ce que disait ma tante répondait à mes pressentiments. C'était la première fois que j'apercevais clairement sur la figure d'un homme le dédain de notre bourgeoisie. On m'avait accoutumée à me divertir de celui que les femmes ne nous épargnaient guère, et à le regarder comme une marque d'envie ; mais notre beauté nous avait jusque-là préservées du dédain des hommes, et je pensai que Leoni était le plus insolent qui eût jamais existé. Il me fit horreur, et quand, après avoir ramené ma mère à sa place, il m'invita pour la contredanse suivante, je le refusai fièrement. Sa figure exprima un tel étonnement, que je compris à quel point il comptait sur un bon accueil. Mon orgueil triompha, et je m'assis auprès de ma mère en déclarant que j'étais fatiguée. Leoni nous quitta en s'inclinant profondément à la manière des Italiens, et en jetant sur moi un regard de curiosité où perçait toujours la moquerie de son caractère.

Ma mère, étonnée de ma conduite, commença à craindre que je ne fusse capable d'une volonté quelconque. Elle me parla doucement, espérant qu'au bout de quelque temps je consentirais à danser et que Leoni m'inviterait de nouveau ; mais je m'obstinai à rester à ma place. Au bout d'une heure, nous entendîmes à diverses reprises, dans le bourdonnement vague du bal, le nom de Leoni ; quelqu'un dit en passant près de nous que Leoni perdait six cents louis. — Très-bien ! dit ma tante d'un ton sec ; il fera bien de chercher une belle fille à marier avec une belle dot !

— Oh ! il n'a pas besoin de cela, reprit une autre personne, il est si riche !

— Tenez, ajouta une troisième, le voilà qui danse ; voyez s'il a l'air soucieux.

Leoni dansait en effet, et son visage n'exprimait pas la moindre inquiétude. Il se rapprocha ensuite de nous, adressa des fadeurs à ma mère avec la facilité d'un homme du grand monde, et puis essaya de me faire dire quelque chose en m'adressant des questions indirectes. Je gardai un silence obstiné, et il s'éloigna d'un air indifférent. Ma mère, désespérée, m'emmena.

Pour la première fois elle me gronda, et je la boudai. Ma tante me donna raison et déclara que Leoni était un impertinent et un mauvais sujet. Ma mère, qui n'avait jamais été contrariée à ce point, se mit à pleurer, et j'en fis autant.

Ce fut par ces petites agitations que l'approche de Leoni et de la funeste destinée qu'il m'apportait commença à troubler la paix profonde où j'avais toujours vécu. Je ne vous dirai pas avec les mêmes détails ce qui se passa les jours suivants. Je ne m'en souviens pas aussi bien, et le commencement de la passion inapaisable que je conçus pour lui m'apparaît toujours comme un rêve bizarre où ma raison ne peut mettre aucun ordre. Ce qu'il y a de certain, c'est que Leoni se montra piqué, surpris et atterré par ma froideur, et qu'il me traita sur-le-champ avec un respect qui satisfit mon orgueil blessé. Je le voyais tous les jours, dans les fêtes ou à la promenade, et mon éloignement pour lui s'évanouissait vite devant les soins extraordinaires et les humbles prévenances dont il m'accablait. En vain ma tante essayait de me mettre en garde contre la morgue dont elle l'accusait ; je ne pouvais plus me sentir offensée par ses manières ou ses paroles ; sa figure même avait perdu cette arrière-pensée de sarcasme qui m'avait choquée d'abord. Son regard prenait de jour en jour une douceur et une tendresse inconcevables. Il ne semblait occupé que de moi seule ; et, sacrifiant son goût pour les cartes, il passait les nuits entières à faire danser ma mère et moi, ou à causer avec nous. Bientôt il fut invité à venir chez nous. Je redoutais un peu cette visite ; ma tante me prédisait qu'il trouverait dans notre intérieur mille sujets de raillerie dont il ferait semblant de ne pas s'apercevoir, mais qui lui fourniraient à rire avec ses amis. Il vint, et, pour surcroît de malheur, mon père, qui se trouvait sur le seuil de sa boutique, le fit entrer par là dans la maison. Cette maison, qui nous appartenait, était fort belle, et ma mère l'avait fait décorer avec un goût exquis ; mais mon père, qui ne se plaisait que dans les occupations de son commerce, n'avait point voulu transporter sous un autre toit l'étalage de ses perles et de ses diamants. C'était un coup d'œil magnifique que ce rideau de pierreries étincelantes derrière les grands panneaux de glace qui les protégeaient, et mon père disait avec raison qu'il n'était pas de décoration plus splendide pour un rez-de-chaussée. Ma mère, qui n'avait eu jusque-là que des éclairs d'ambition pour se rapprocher de la noblesse, n'avait jamais été choquée de voir son nom gravé en larges lettres de strass au-dessous du balcon de sa chambre à coucher. Mais lorsque, du balcon, elle vit Leoni franchir le seuil de la fatale boutique, elle nous crut perdues, et me regarda avec anxiété.

V.

Dans le peu de jours qui avaient précédé celui-là, j'avais eu la révélation d'une fierté inconnue. Je la sentis se réveiller, et, poussée par un mouvement irrésistible, je voulus voir de quel air Leoni faisait la conversation au comptoir de mon père. Il tardait à monter, et je supposais avec raison que mon père l'avait retenu pour lui montrer, selon sa naïve habitude, les merveilles de son travail. Je descendis résolument à la boutique, et j'y entrai en feignant quelque surprise d'y trouver Leoni. Cette boutique m'était interdite en tout temps par ma mère, dont la plus grande crainte était de me voir passer pour une marchande. Mais je m'échappais quelquefois pour aller embrasser mon pauvre père, qui n'avait pas de plus grande joie que de m'y recevoir. Lorsqu'il me vit entrer, il fit une exclamation de plaisir et dit à Leoni : — Tenez, tenez, monsieur le baron, je vous montrais peu de chose ; voici mon plus beau diamant. La figure de Leoni trahit une émotion délicieuse ; il sourit à mon père avec attendrissement, et à moi avec passion. Jamais un tel regard n'était tombé sur le mien. Je devins rouge comme le feu. Un sentiment de joie et de tendresse inconnue amena une larme au bord de ma paupière pendant que mon père m'embrassait au front.

Nous restâmes quelques instants sans parler, et Leoni, relevant la conversation, trouva le moyen de dire à mon père tout ce qui pouvait flatter son amour-propre d'artiste et de commerçant. Il parut prendre un extrême plaisir à lui faire expliquer par quel travail on tirait les pierres précieuses d'un caillou brut, pour leur donner l'éclat et la transparence. Il dit lui-même à ce sujet des choses intéressantes; et, s'adressant à moi, il me donna quelques détails minéralogiques à ma portée. Je fus confondue de l'esprit et de la grâce avec lesquels il savait relever et ennoblir notre condition à nos propres yeux. Il nous parla de travaux d'orfévrerie qu'il avait eu l'occasion de voir dans ses voyages, et nous vanta surtout les œuvres de son compatriote Cellini, qu'il plaça près de Michel-Ange. Enfin, il attribua tant de mérite à la profession de mon père et donna tant d'éloges à son talent, que je me demandais presque si j'étais la fille d'un ouvrier laborieux ou d'un homme de génie.

Mon père accepta cette dernière hypothèse, et, charmé des manières du Vénitien, il le conduisit chez ma mère. Durant cette visite, Leoni eut tant d'esprit et parla sur toutes choses d'une manière si supérieure, que je restai fascinée en l'écoutant. Jamais je n'avais conçu l'idée d'un homme semblable. Ceux qu'on m'avait désignés comme les plus aimables étaient si insignifiants et si nuls auprès de celui-là, que je croyais faire un rêve. J'étais trop ignorante pour apprécier tout ce que Leoni possédait de savoir et d'éloquence, mais je le comprenais instinctivement. J'étais dominée par son regard, enchaînée à ses récits, surprise et charmée à chaque nouvelle ressource qu'il déployait.

Il est certain que Leoni est un homme doué de facultés extraordinaires. En peu de jours il réussit à exciter dans la ville un engouement général. Vous savez qu'il a tous les talents, toutes les séductions. S'il assistait à un concert, après s'être fait un peu prier, il chantait ou jouait tous les instruments avec une supériorité marquée sur les musiciens. S'il consentait à passer une soirée d'intimité, il faisait des dessins charmants sur les albums des femmes. Il crayonnait en un instant des portraits pleins de grâce ou des caricatures pleines de verve; il improvisait ou déclamait dans toutes les langues; il savait toutes les danses de caractère de l'Europe, et il les dansait toutes avec une grâce enchanteresse; il avait tout vu, tout retenu, tout jugé, tout compris; il savait tout; il lisait dans l'univers comme dans un livre de poche. Il jouait admirablement la tragédie et la comédie. Il organisait des troupes d'amateurs; il était lui-même le chef d'orchestre, le premier sujet, le décorateur, le peintre et le machiniste. Il était à la tête de toutes les parties et de toutes les fêtes. On pouvait vraiment dire que le plaisir marchait sur ses traces, et que tout, à son approche, changeait d'aspect et prenait une face nouvelle. On l'écoutait avec enthousiasme, on lui obéissait aveuglément; on croyait en lui comme en un prophète; et s'il eût promis de ramener le printemps au milieu de l'hiver, on l'en aurait cru capable. Au bout d'un mois de son séjour à Bruxelles, le caractère des habitants avait réellement changé. Le plaisir réunissait toutes les classes, aplanissait toutes les susceptibilités hautaines, nivelait tous les rangs. Ce n'étaient tous les jours que cavalcades, feux d'artifice, spectacles, concerts, mascarades. Leoni était grand et généreux; les ouvriers auraient fait pour lui une émeute. Il semait les bienfaits à pleines mains, et trouvait de l'or et du temps pour tout. Ses fantaisies devenaient aussitôt celles de tout le monde. Toutes les femmes l'aimaient, et les hommes étaient tellement subjugués par lui, qu'ils ne songeaient point à en être jaloux.

Comment, au milieu d'un tel entraînement, aurais-je pu rester insensible à la gloire d'être recherchée par l'homme qui fanatisait toute une province? Leoni nous accablait de soins et nous entourait d'hommages. Nous étions devenues, ma mère et moi, les femmes les plus à la mode de la ville. Nous marchions à ses côtés, à la tête de tous les divertissements; il nous aidait à déployer un luxe effréné; il dessinait nos toilettes et composait nos costumes de caractère: car il s'entendait à tout, et, aurait fait lui-même au besoin nos robes et nos turbans. Ce fut par de tels moyens qu'il accapara l'affection de la famille. Ma tante fut la plus difficile à conquérir. Longtemps elle résista et nous affligea de ses tristes observations. — Leoni, disait-elle, était un homme sans conduite, un joueur effréné. il gagnait et il perdait chaque soir la fortune de vingt familles; il dévorerait la nôtre en une nuit. Mais Leoni entreprit de l'adoucir, et il y réussit en s'emparant de sa vanité, ce levier qu'il manœuvrait si puissamment en ayant l'air de l'effleurer. Bientôt il n'y eut plus d'obstacles. Ma main lui fut promise avec une dot d'un demi-million; ma tante fit observer encore qu'il fallait avoir des renseignements plus certains sur la fortune et la condition de cet étranger. Leoni sourit et promit de fournir ses titres de noblesse et de propriété en moins de vingt jours. Il traita fort légèrement la rédaction du contrat, qui fut dressé de la manière la plus libérale et la plus confiante envers lui. Il paraissait à peine savoir ce que je lui apportais. M. Delpech et, sur la parole de celui-ci, tous les nouveaux amis de Leoni assuraient qu'il avait quatre fois plus de fortune que nous, et qu'en m'épousant il faisait un mariage d'amour. Je me laissai facilement persuader. Je n'avais jamais été trompée, et je ne me représentais les faussaires et les filous que sous les haillons de la misère et les dehors de l'ignominie...

Un sentiment pénible oppressa la poitrine de Juliette. Elle s'arrêta, et me regarda d'un air égaré. — Pauvre enfant! lui dis-je, Dieu aurait dû te protéger.

— Oh! me dit-elle en fronçant légèrement son sourcil d'ébène, j'ai prononcé des mots affreux; que Dieu me les pardonne! Je n'ai pas de haine dans le cœur, je n'accuse point Leoni d'être un scélérat; non, non, car je ne veux pas rougir de l'avoir aimé. C'est un malheureux qu'il faut plaindre. Si vous saviez... Mais je vous dirai tout.

— Continue ton histoire, lui dis-je; Leoni est assez coupable: ton intention n'est pas de l'accuser plus qu'il ne le mérite.

Juliette reprit son récit.

Le fait est qu'il m'aimait, il m'aimait pour moi-même; la suite l'a bien prouvé. Ne secouez pas la tête, Bustamente. Leoni est un corps robuste, animé d'une âme immense; toutes les vertus et tous les vices, toutes les passions coupables et saintes y trouvent place en même temps. Personne n'a jamais voulu le juger impartialement; il avait bien raison de le dire, moi seule l'ai connu et lui ai rendu justice.

Le langage qu'il me parlait était si nouveau à mon oreille, que j'en étais enivrée. Peut-être l'ignorance absolue où j'avais vécu de tout ce qui touchait au sentiment me faisait-elle paraître ce langage plus délicieux et plus extraordinaire qu'il n'eût semblé à une fille plus expérimentée. Mais je crois (et d'autres femmes le croient aussi) que nul homme sur la terre n'a ressenti et exprimé l'amour comme Leoni. Supérieur aux autres hommes dans le mal et dans le bien, il parlait une autre langue, il avait d'autres regards, il avait aussi un autre cœur. J'ai entendu dire à une dame italienne qu'un bouquet dans la main de Leoni avait plus de parfum que dans celle d'un autre, et il en était ainsi de tout. Il donnait du lustre aux choses les plus simples, et rajeunissait les moins neuves. Il y avait un prestige autour de lui; je ne pouvais ni ne désirais m'y soustraire. Je me mis à l'aimer de toutes mes forces.

Dans ce moment je me sentis grandir à mes propres yeux. Que ce fût l'ouvrage de Dieu, celui de Leoni ou celui de l'amour, une âme forte se développa et s'épanouit dans mon faible corps. Chaque jour je sentis un monde de pensées nouvelles se révéler à moi. Un mot de Leoni faisait éclore en moi plus de sentiments que les frivoles discours entendus dans toute ma vie. Il voyait ce progrès, il en était heureux et fier. Il voulut le hâter et m'apporta des livres. Ma mère en regarda la couverture dorée, le vélin et les gravures. Elle vit à peine le titre des ouvrages qui allaient bouleverser ma tête et mon cœur. C'étaient de beaux et chastes livres, presque tous écrits par des femmes sur des histoires de femmes: *Valérie, Eugène de Rothelin, Mademoiselle de Cler-*

Je vis Henryet qui se rapprochait. (Page 10.)

mont, *Delphine*. Ces récits touchants et passionnés, ces aperçus d'un monde idéal pour moi élevèrent mon âme, mais ils la dévorèrent. Je devins romanesque, caractère le plus infortuné qu'une femme puisse avoir.

VI.

Trois mois avaient suffi pour cette métamorphose. J'étais à la veille d'épouser Leoni. De tous les papiers qu'il avait promis de fournir, son acte de naissance et ses lettres de noblesse étaient seuls arrivés. Quant aux preuves de sa fortune, il les avait demandées à un autre homme de loi, et elles n'arrivaient pas. Il témoignait une douleur et une colère extrêmes de ce retard, qui faisait toujours ajourner notre union. Un matin, il entra chez nous d'un air désespéré. Il nous montra une lettre non timbrée qu'il venait de recevoir, disait-il, par une occasion particulière. Cette lettre lui annonçait que son chargé d'affaires était mort, que son successeur ayant trouvé ses papiers en désordre était forcé de faire un grand travail pour les reconnaître, et qu'il demandait encore une ou deux semaines avant de pouvoir fournir à *sa seigneurie* les pièces qu'elle réclamait. Leoni était furieux de ce contre-temps; il mourrait d'impatience et de chagrin, disait-il, avant la fin de cette horrible quinzaine. Il se laissa tomber sur un fauteuil en fondant en larmes.

Non, ce n'étaient pas des larmes feintes; ne souriez pas, don Aleo. Je lui tendis la main pour le consoler; je la sentis baignée de ses pleurs, et, frappée aussitôt d'une commotion sympathique, je me mis à sangloter.

Ma pauvre mère n'y put tenir. Elle courut en pleurant chercher mon père à sa boutique. — C'est une tyrannie odieuse, lui dit-elle en l'entraînant près de nous. Voyez ces deux malheureux enfants! comment pouvez-vous refuser de faire leur bonheur, quand vous êtes témoin de ce qu'ils souffrent? Voulez-vous tuer votre fille par respect pour une vaine formalité? Ces papiers n'arriveront-ils pas aussi bien et ne seront-ils pas aussi satisfaisants après huit jours de mariage? Que craignez-vous? Prenez-vous notre cher Leoni pour un imposteur? Ne comprenez-vous pas que votre insistance pour avoir les preuves de sa fortune est injurieuse pour lui et cruelle pour Juliette?

Mes deux belles protégées mangeaient sur mes genoux. (Page 12.)

Mon père, tout étourdi de ces reproches, et surtout de mes pleurs, jura qu'il n'avait jamais songé à tant d'exigence, et qu'il ferait tout ce que je voudrais. Il m'embrassa mille fois, et me tint le langage qu'on tient à un enfant de six ans lorsqu'on cède à ses fantaisies pour se débarrasser de ses cris. Ma tante arriva et parla moins tendrement. Elle me fit même des reproches qui me blessèrent. — Une jeune personne chaste et bien élevée, disait-elle, ne devait pas montrer tant d'impatience d'appartenir à un homme. — On voit bien, lui dit ma mère, tout à fait piquée, que vous n'avez jamais pu appartenir à aucun. Mon père ne pouvait souffrir qu'on manquât d'égards envers sa sœur. Il pencha de son côté, et fit observer que notre désespoir était un enfantillage, que huit jours seraient bientôt passés. J'étais mortellement offensée de l'impatience qu'on me supposait, et j'essayais de retenir mes larmes ; mais celles de Leoni exerçaient sur moi une puissance magnétique, et je ne pouvais m'arrêter. Alors il se leva, les yeux tout humides, les joues animées, et, avec un sourire d'espérance et de tendresse, il courut vers ma tante ; il prit ses mains dans une des siennes, celles de mon père dans l'autre, et se jeta à genoux en les suppliant de ne plus s'opposer à son bonheur. Ses manières, son accent, son visage, avaient un pouvoir irrésistible ; c'était d'ailleurs la première fois que ma pauvre tante voyait un homme à ses pieds. Toutes les résistances furent vaincues. Les bans étaient publiés, toutes les formalités préparatoires étaient remplies ; notre mariage fut fixé à la semaine suivante, sans aucun égard à l'arrivée des papiers.

Le mardi gras tombait le lendemain. M. Delpech donnait une fête magnifique ; Leoni nous avait priées de nous habiller en femmes turques ; il nous avait fait une aquarelle charmante, que nos couturières avaient copiée avec beaucoup d'exactitude. Le velours, le satin brodé, le cachemire, ne furent pas épargnés. Mais ce fut la quantité et la beauté des pierreries qui nous assurèrent un triomphe incontestable sur toutes les toilettes du bal. Presque tout le fonds de boutique de mon père y passa : les rubis, les émeraudes, les opales ruisselaient sur nous ; nous avions des réseaux et des aigrettes de brillants, des bouquets admirablement montés en pierres de toutes couleurs. Mon corsage et jusqu'à mes souliers, étaient brodés en perles fines ; une torsade de ces perles, d'une beauté extraordinaire, me servait de ceinture et tombait jusqu'à mes genoux. Nous avions de grandes pipes et des poignards couverts de saphirs et de brillants. Mon costume entier valait au moins un million.

Leoni parut entre nous deux avec un costume turc magnifique. Il était si beau et si majestueux sous cet habit, que l'on montait sur les banquettes pour nous voir passer. Mon cœur battait avec violence, j'éprouvais un orgueil qui tenait du délire. Ma parure, comme vous pensez, était la moindre chose dont je fusse occupée. La beauté de Leoni, son éclat, sa supériorité sur tous, l'espèce de culte qu'on lui rendait, et tout cela à moi, tout cela à mes pieds! c'était de quoi enivrer une tête moins jeune que la mienne. Ce fut le dernier jour de ma splendeur! Par combien de misère et d'abjection n'ai-je pas payé ces vains triomphes!

Ma tante était habillée en juive et nous suivait, portant des éventails et des boîtes de parfums. Leoni, qui voulait conquérir son amitié, avait composé son costume avec tant d'art, qu'il avait presque poétisé le caractère de sa figure grave et flétrie. Elle était enivrée aussi, la pauvre Agathe! Hélas! qu'est-ce que la raison des femmes! Nous étions là depuis deux ou trois heures; ma mère dansait et ma tante bavardait avec les femmes surannées qui composent ce qu'on appelle en France la tapisserie d'un bal. Leoni était assis près de moi, et me parlait à demi-voix avec une passion dont chaque mot allumait une étincelle dans mon sang. Tout à coup la parole expira sur ses lèvres; il devint pâle comme la mort et sembla frappé de l'apparition d'un spectre. Je suivis la direction de son regard effaré, et je vis à quelques pas de nous une personne dont l'aspect me fut désagréable à moi-même : c'était un jeune homme, nommé Henryet, qui m'avait demandée en mariage l'année précédente. Quoiqu'il fût riche et d'une famille honnête, ma mère ne l'avait pas trouvé digne de moi et l'avait éloigné en alléguant mon extrême jeunesse. Mais au commencement de l'année suivante il avait renouvelé sa demande avec instance, et le bruit avait couru dans la ville qu'il était éperdument amoureux de moi; je n'avais pas daigné m'en apercevoir, et ma mère, qui le trouvait trop simple et trop bourgeois, s'était débarrassée de ses poursuites un peu brusquement. Il en avait témoigné plus de chagrin que de dépit, et il était parti immédiatement pour Paris. Depuis ce temps, ma tante et mes jeunes amies m'avaient fait quelques reproches de mon indifférence envers lui. C'était, disaient-elles, un excellent jeune homme, d'une instruction solide et d'un caractère noble. Ces reproches m'avaient causé de l'ennui. Son apparition inattendue au milieu du bonheur que je goûtais auprès de Leoni me fut déplaisante et me fit l'effet d'un reproche nouveau; je détournai la tête et feignis de ne l'avoir pas vu; mais le singulier regard qu'il lança à Leoni ne put m'échapper. Leoni saisit vivement mon bras et m'engagea à venir prendre une glace dans la salle voisine; il ajouta que la chaleur de l'incommodait et lui donnait mal aux nerfs. Je le crus, et je pensai que le regard d'Henryet n'était que l'expression de la jalousie. Nous passâmes dans la galerie; il y avait peu de monde, j'y fus quelque temps appuyée sur le bras de Leoni. Il était agité et préoccupé; j'en montrai de l'inquiétude, et il me répondit que cela n'en valait pas la peine, qu'il était seulement un peu souffrant.

Il commençait à se remettre, lorsque je m'aperçus qu'Henryet nous suivait; je ne pus m'empêcher d'en témoigner mon impatience.

— En vérité, cet homme nous suit comme un remords, dis-je tout bas à Leoni; est-ce bien un homme? Je le prendrais presque pour une âme en peine qui revient de l'autre monde.

— Quel homme? répondit Leoni en tressaillant; comment l'appelez-vous? où est-il? que nous veut-il? est-ce que vous le connaissez?

Je lui appris en peu de mots ce qui était arrivé, et le priai de n'avoir pas l'air de remarquer le ridicule manége d'Henryet. Mais Leoni ne me répondit pas; seulement je sentis sa main, qui tenait la mienne, devenir froide comme la mort; un tremblement convulsif passa dans tout son corps, et je crus qu'il allait s'évanouir; mais tout cela fut l'affaire d'un instant.

— J'ai les nerfs horriblement malades, dit-il; je crois que je vais être forcé d'aller me coucher; la tête me brûle, ce turban pèse cent livres.

— O mon Dieu! lui dis-je, si vous partez déjà, cette nuit va me sembler éternelle et cette fête insupportable. Essayez de passer dans une pièce plus retirée où de quitter votre turban pour quelques instants; nous demanderons quelques gouttes d'éther pour calmer vos nerfs.

— Oui, vous avez raison, ma bonne, ma chère Juliette, mon ange. Il y a au bout de la galerie un boudoir où probablement nous serons seuls; un instant de repos me guérira.

En parlant ainsi, il m'entraîna vers le boudoir avec empressement; il semblait fuir plutôt que marcher. J'entendis des pas qui venaient sur les nôtres; je me retournai, et je vis Henryet qui se rapprochait de plus en plus et qui avait l'air de nous poursuivre; je crus qu'il était devenu fou. La terreur que Leoni ne pouvait plus dissimuler acheva de brouiller toutes mes idées; une peur superstitieuse s'empara de moi, mon sang se glaça comme dans le cauchemar, et il me fut impossible de faire un pas de plus. En ce moment Henryet nous atteignit et posa une main, qui me sembla métallique, sur l'épaule de Leoni. Leoni resta comme frappé de la foudre, et lui fit un signe de tête affirmatif, comme s'il eût deviné une question ou une injonction dans ce silence effrayant. Alors Henryet s'éloigna, et je sentis mes pieds se déclouer du parquet. J'eus la force de suivre Leoni dans le boudoir, et je tombai sur l'ottomane aussi pâle et aussi consternée que lui.

VII.

Il resta quelque temps ainsi; puis tout à coup rassemblant ses forces, il se jeta à mes pieds. — Juliette, me dit-il, je suis perdu si tu ne m'aimes pas jusqu'au délire.

— O ciel! qu'est-ce que cela signifie? m'écriai-je avec égarement en jetant mes bras autour de son cou.

— Et tu ne m'aimes pas ainsi! continua-t-il avec angoisse; je suis perdu, n'est-ce pas?

— Je t'aime de toutes les forces de mon âme! m'écriai-je en pleurant; que faut-il faire pour te sauver?

— Ah! tu n'y consentirais pas! reprit-il avec abattement. Je suis le plus malheureux des hommes; tu es la seule femme que j'aie jamais aimée, Juliette; et au moment de te posséder, mon âme, ma vie, je te perds à jamais!... Il faudra que je meure.

— Mon Dieu! mon Dieu! m'écriai-je, ne pouvez-vous parler? ne pouvez-vous dire ce que vous attendez de moi?

— Non, je ne puis parler, répondit-il; un affreux secret, un mystère épouvantable pèse sur ma vie entière, et je ne pourrai jamais te le révéler. Pour m'aimer, pour me suivre, pour me consoler, il faudrait être plus qu'une femme, plus qu'un ange peut-être!...

— Pour t'aimer! pour te suivre! lui dis-je. Dans quelques jours ne serai-je pas ta femme? Tu n'auras qu'un mot à dire; et quelle que soit ma douleur et celle de mes parents, je te suivrai au bout du monde, si tu le veux.

— Est-ce vrai, ô ma Juliette? s'écria-t-il avec un transport de joie; tu me suivras? tu quitteras tout pour moi?... Eh bien! si tu m'aimes à ce point, je suis sauvé! Partons, partons tout de suite...

— Quoi! y pensez-vous, Leoni? Sommes-nous mariés? lui dis-je.

— Nous ne pouvons pas nous marier, répondit-il d'une voix forte et brève.

Je restai atterrée. — Et si tu ne veux pas m'aimer, si tu ne veux pas fuir avec moi, continua-t-il, je n'ai plus qu'un parti à prendre : c'est de me tuer.

Il prononça ces mots d'un ton si résolu, que je frisson

nai de la tête aux pieds. — Mais que nous arrive-t-il donc? lui dis-je; est-ce un rêve? Qui peut nous empêcher de nous marier, quand tout est décidé, quand vous avez la parole de mon père?

— Un mot de l'homme qui est amoureux de vous, et qui veut vous empêcher d'être à moi.

— Je le hais et je le méprise! m'écriai-je. Où est-il? Je veux lui faire sentir la honte d'une si lâche poursuite et d'une si odieuse vengeance... Mais que peut-il contre toi, Leoni? n'es-tu pas tellement au-dessus de ses attaques qu'un mot de toi ne le réduise en poussière? Ta vertu et ta force ne sont-elles pas inébranlables et pures comme l'or? O ciel! je devine : tu es ruiné! les papiers que tu attends n'apporteront que de mauvaises nouvelles. Henryet le sait, il te menace d'avertir mes parents. Sa conduite est infâme; mais ne crains rien, mes parents sont bons, ils m'adorent; je me jetterai à leurs pieds, je les menacerai de me faire religieuse; tu les supplieras encore comme hier, et tu les vaincras, sois-en sûr. Ne suis-je pas assez riche pour deux? Mon père ne voudra pas me condamner à mourir de douleur; ma mère intercédera pour moi... A nous trois nous aurons plus de force que ma tante pour le convaincre. Va, ne t'afflige plus, Leoni, cela ne peut pas nous séparer, c'est impossible. Si mes parents étaient sordides à ce point, c'est alors que je fuirais avec toi...

— Fuyons donc tout de suite, me dit Leoni d'un air sombre; car ils seront inflexibles. Il y a autre chose encore que ma ruine, quelque chose d'infernal que je ne peux pas te dire. Es-tu bonne, es-tu généreuse? Es-tu la femme que j'ai rêvée et que j'ai cru trouver en toi? Es-tu capable d'héroïsme? Comprends-tu les grandes choses, les immenses dévouements? Voyons, voyons! Juliette, es-tu une femme aimable et jolie que je vais quitter avec regret, ou es-tu un ange que Dieu m'a donné pour me sauver du désespoir? Sens-tu ce qu'il y a de beau, de sublime à se sacrifier pour ce qu'on aime? Ton âme n'est-elle pas émue à l'idée de tenir dans tes mains la vie et la destinée d'un homme, et de t'y consacrer tout entière! Ah! que ne pouvons-nous changer de rôle! que ne suis-je à ta place! Avec quel bonheur, avec quel transport je t'immolerais toutes les affections, tous les devoirs!...

— Assez, Leoni, lui répondis-je; vous m'égarez par vos discours. Grâce, grâce pour ma pauvre mère, pour mon pauvre père, pour mon honneur! Vous voulez me perdre...

— Ah! tu penses à tout cela! s'écria-t-il, et pas à moi! Tu pèses la douleur de tes parents, et tu ne daignes pas mettre la mienne dans la balance! Tu ne m'aimes pas...

Je cachai mon visage dans mes mains, j'invoquai Dieu, j'écoutai les sanglots de Leoni; je crus que j'allais devenir folle.

— Eh bien! tu le veux, lui dis-je, et tu le peux; parle, dis-moi tout ce que tu voudras, il faudra bien que je t'obéisse; n'as-tu pas ma volonté et mon âme à ta disposition?

— Nous avons peu d'instants à perdre, répondit Leoni. Il faut que dans une heure nous soyons partis, ou ta fuite deviendra impossible. Il y a un œil de vautour qui plane sur nous; mais, si tu le veux, nous saurons le tromper. Le veux-tu? le veux-tu?

Il me serra dans ses bras avec délire. Des cris de douleur s'échappaient de sa poitrine. Je répondis oui, sans savoir ce que je disais. — Eh bien! retourne vite au bal, me dit-il, ne montre aucun signe d'agitation. Si on te questionne, dis que tu as été un peu indisposée; mais ne te laisse pas emmener. Danse s'il le faut. Surtout, si Henryet te parle, sois prudente, ne l'irrite pas; songe que pendant une heure encore mon sort est dans ses mains. Dans une heure je reviendrai sous un domino. J'aurai ce bout de ruban au capuchon. Tu le reconnaîtras, n'est-ce pas? Tu me suivras, songe à tout cela : t'en sens-tu la force?

Je me levai et je pressai ma poitrine brisée dans mes deux mains. J'avais la gorge en feu, mes joues étaient brûlées par la fièvre, j'étais comme ivre. — Allons, allons, me dit-il. Il me poussa dans le bal et disparut. Ma mère me cherchait. Je vis de loin son anxiété, et pour éviter ses questions, j'acceptai précipitamment une invitation à danser.

Je dansai, et je ne sais comment je ne tombai pas morte à la fin de la contredanse, tant j'avais fait d'efforts sur moi-même. Quand je revins à ma place, ma mère était déjà partie pour la valse. Elle m'avait vue danser, elle était tranquille; elle recommençait à s'amuser pour son compte. Ma tante, au lieu de me questionner sur mon absence, me gronda. J'aimais mieux cela, je n'avais pas besoin de répondre et de mentir. Une de mes amies me demanda d'un air effrayé ce que j'avais et pourquoi ma figure était si bouleversée. Je répondis que je venais d'avoir un violent accès de toux. — Il faut te reposer, me dit-elle, et ne plus danser.

Mais j'étais décidée à éviter le regard de ma mère; je craignais son inquiétude, sa tendresse et mes remords. Je vis son mouchoir, qu'elle avait laissé sur la banquette, je le pris, je l'approchai de mon visage, et m'en couvrant la bouche, je le dévorai de baisers convulsifs. Ma compagne crut que je toussais encore; je feignis de tousser en effet. Je ne savais comment remplir cette heure fatale dont la moitié était à peine écoulée. Ma tante remarqua que j'étais fort enrhumée, et dit qu'elle allait engager ma mère à se retirer. Je fus épouvantée de cette menace, et j'acceptai vite une nouvelle invitation. Quand je fus au milieu des danseurs, je m'aperçus que j'avais accepté une valse. Comme presque toutes les jeunes personnes, je ne valsais jamais; mais, en reconnaissant dans celui qui déjà me tenait dans ses bras la sinistre figure de Henryet, la frayeur m'empêcha de refuser. Il m'entraîna, et ce mouvement rapide acheva de troubler mon cerveau. Je me demandais si tout ce qui se passait autour de moi n'était pas une vision; si je n'étais pas plutôt couchée dans un lit, avec la fièvre, que lancée comme une folle au milieu d'une valse avec un être qui me faisait horreur. Et puis je me rappelai que Leoni allait venir me chercher. Je regardai ma mère, qui, belle et joyeuse, semblait voler au travers du cercle des valseurs. Je me dis que cela était impossible, que je ne pouvais pas quitter ma mère ainsi. Je m'aperçus que Henryet me pressait dans ses bras, et que ses yeux dévoraient mon visage incliné vers le sien. Je faillis crier et m'enfuir. Je me souvins des paroles de Leoni : *Mon sort est encore dans ses mains pendant une heure*. Je me résignai. Nous nous arrêtâmes un instant. Il me parla. Je n'entendis pas et je répondis en souriant avec égarement. Alors je sentis le frôlement d'une étoffe contre mes bras et mes épaules nues. Je n'eus pas besoin de me retourner, je reconnus la respiration à peine saisissable de Leoni. Je demandai à revenir à ma place. Au bout d'un instant, Leoni, en domino noir, vint m'offrir la main. Je le suivis. Nous traversâmes la foule, nous échappâmes par je ne sais quel miracle au regard jaloux d'Henryet et à celui de ma mère qui me cherchait de nouveau. L'audace avec laquelle je passai au milieu de cinq cents témoins, pour m'enfuir avec Leoni, empêcha qu'aucun s'en aperçût. Nous traversâmes la cohue de l'antichambre. Quelques personnes qui prenaient leurs manteaux nous reconnurent et s'étonnèrent de me voir descendre l'escalier sans ma mère, mais ces personnes s'en allaient aussi et ne devaient point colporter leur remarque dans le bal. Arrivé dans la cour, Leoni se précipita en m'entraînant vers une porte latérale par laquelle ne passaient point les voitures. Nous fîmes en courant quelques pas dans une rue sombre; puis une chaise de poste s'ouvrit, Leoni m'y porta, m'enveloppa dans un vaste manteau fourré, m'enfonça un bonnet de voyage sur la tête, et en un clin d'œil la maison illuminée de M. Delpech, la rue et la ville disparurent derrière nous.

Nous courûmes vingt-quatre heures sans faire un mouvement pour sortir de la voiture. A chaque relais Leoni soulevait un peu le châssis, passait le bras en dehors, jetait aux postillons le quadruple de leur salaire, retirait précipitamment son bras et refermait la jalousie. Je ne pensais guère à me plaindre de la fatigue ou de la faim ; j'avais les dents serrées, les nerfs contractés ; je ne pouvais verser une larme ni dire un mot. Leoni semblait plus occupé de la crainte d'être poursuivi que de ma souffrance et de ma douleur. Nous nous arrêtâmes auprès d'un château, à peu de distance de la route. Nous sonnâmes à la porte d'un jardin. Un domestique vint après s'être fait longtemps attendre. Il était deux heures du matin. Il arriva enfin en grondant et approcha sa lanterne du visage de Leoni ; à peine l'eut-il reconnu qu'il se confondit en excuses et nous conduisit à l'habitation. Elle me sembla déserte et mal tenue. Néanmoins on m'ouvrit une chambre assez convenable. En un instant on alluma du feu, on me prépara un lit, et une femme vint pour me déshabiller. Je tombai dans une sorte d'imbécillité. La chaleur du foyer me ranima un peu, et je m'aperçus que j'étais en robe de nuit et les cheveux épars auprès de Leoni ; mais il n'y faisait pas attention ; il était occupé à serrer dans un coffre le riche costume, les perles et les diamants dont nous étions encore couverts un instant auparavant. Ces joyaux dont Leoni était paré appartenaient pour la plupart à mon père. Ma mère, voulant que la richesse de son costume ne fût pas au-dessous du nôtre, les avait tirés de la boutique et les lui avait prêtés sans rien dire. Quand je vis toutes ces richesses entassées dans un coffre, j'eus une honte mortelle de l'espèce de vol que nous avions commis, et je remerciai Leoni de ce qu'il pensait à les renvoyer à mon père. Je ne sais ce qu'il me répondit ; il me dit ensuite que j'avais quatre heures à dormir, qu'il me suppliait d'en profiter sans inquiétude et sans douleur. Il baisa mes pieds nus et se retira. Je n'eus jamais le courage d'aller jusqu'à mon lit ; je m'endormis auprès du feu sur mon fauteuil. A six heures du matin on vint m'éveiller ; on m'apporta du chocolat et des habits d'homme. Je déjeunai et je m'habillai avec résignation. Leoni vint me chercher, et nous quittâmes avant le jour cette demeure mystérieuse, dont je n'ai jamais connu ni le nom ni la situation exacte, ni le propriétaire, non plus que beaucoup d'autres gîtes, tantôt riches, tant misérables, qui, dans le cours de nos voyages, s'ouvrirent pour nous à toute heure et en tout pays au seul nom de Leoni.

A mesure que nous avancions, Leoni reprenait la sérénité de ses manières et la tendresse de son langage. Soumise et enchaînée à lui par une passion aveugle, j'étais un instrument dont il faisait vibrer toutes les cordes à son gré. S'il était rêveur, je devenais mélancolique ; s'il était gai, j'oubliais tous mes chagrins et tous mes remords pour sourire à ses plaisanteries ; s'il était passionné, j'oubliais la fatigue de mon cerveau et l'épuisement des larmes, je retrouvais de la force pour l'aimer et pour le lui dire.

VIII.

Nous arrivâmes à Genève, où nous ne restâmes que le temps nécessaire pour nous reposer. Nous nous enfonçâmes bientôt dans l'intérieur de la Suisse, et là nous perdîmes toute inquiétude d'être poursuivis et découverts. Depuis notre départ, Leoni n'aspirait qu'à gagner avec moi une retraite agreste et paisible et à vivre d'amour et de poésie dans un éternel tête-à-tête. Ce rêve délicieux se réalisa. Nous trouvâmes dans une des vallées du lac Majeur un chalet des plus pittoresques dans une situation ravissante. Pour très-peu d'argent nous le fîmes arranger commodément à l'intérieur, et nous le prîmes à loyer au commencement d'avril. Nous y passâmes six mois d'un bonheur enivrant, dont je remercierai Dieu toute ma vie, quoiqu'il me les ait fait payer bien cher. Nous étions absolument seuls et loin de toute relation avec le monde. Nous étions servis par deux jeunes mariés gros et réjouis, qui augmentaient notre contentement par le spectacle de celui qu'ils goûtaient. La femme faisait le ménage et la cuisine, le mari menait au pâturage une vache et deux chèvres qui composaient tout notre troupeau. Il tirait le lait et faisait le fromage. Nous nous levions de bonne heure, et, lorsque le temps était beau, nous déjeunions à quelques pas de la maison, dans un joli verger dont les arbres, abandonnés à la direction de la nature, poussaient en tous sens des branches touffues, moins riches en fruits qu'en fleurs et en feuillage. Nous allions ensuite nous promener dans la vallée ou nous gravissions les montagnes. Nous prîmes peu à peu l'habitude de faire de longues courses, et chaque jour nous allions à la découverte de quelque site nouveau. Les pays de montagnes ont cela de délicieux qu'on peut les explorer longtemps avant d'en connaître tous les secrets et toutes les beautés. Quand nous entreprenions nos plus grandes excursions, Joanne, notre gai majordome, nous suivait avec un panier de vivres, et rien n'était plus charmant que nos festins sur l'herbe. Leoni n'était difficile que sur le choix de ce qu'il appelait le réfectoire. Enfin, quand nous avions trouvé à mi-côte d'une gorge un petit plateau paré d'une herbe fraîche, abrité contre le vent ou le soleil, avec un joli point de vue, un ruisseau tout auprès embaumé de plantes aromatiques, il arrangeait lui-même le repas sur un linge blanc étendu à terre. Il envoyait Joanne cueillir des fraises et plonger le vin dans l'eau froide du torrent. Il allumait un réchaud à l'esprit-de-vin et faisait cuire les œufs frais. Par le même procédé, après la viande froide et les fruits, je lui préparais d'excellent café. De cette manière nous avions un peu des jouissances de la civilisation au milieu des beautés romantiques du désert.

Quand le temps était mauvais, ce qui arriva souvent au commencement du printemps, nous allumions un grand feu pour préserver de l'humidité notre habitation de sapin ; nous nous entourions de paravents que Leoni avait montés, cloués et peints lui-même. Nous buvions du thé ; et, tandis qu'il fumait dans une longue pipe turque, je lui faisais la lecture. Nous appelions cela nos journées flamandes : moins animées que les autres, elles étaient peut-être plus douces encore. Leoni avait un talent admirable pour arranger la vie, pour la rendre agréable et facile. Dès le matin il occupait l'activité de son esprit à faire le plan de la journée et à en ordonner les heures, et, quand ce plan était fait, il venait me le soumettre. Je le trouvais toujours admirable, et nous ne nous en écartions plus. De cette manière l'ennui, qui poursuit toujours les solitaires et jusqu'aux amants dans le tête-à-tête, n'approchait jamais de nous. Leoni savait tout ce qu'il fallait éviter et tout ce qu'il fallait observer pour maintenir la paix de l'âme et le bien-être du corps. Il me le dictait avec sa tendresse adorable ; et, soumise à lui comme l'esclave à son maître, je ne contrariais jamais un seul de ses désirs. Ainsi il disait que l'échange des pensées entre deux êtres qui s'aiment est la plus douce des choses, mais qu'elle peut devenir la pire de toutes si on en abuse. Il avait donc réglé les heures et les lieux de nos entretiens. Tout le jour nous étions occupés à travailler ; je prenais soin du ménage, je lui préparais des friandises ou je plissais moi-même son linge. Il était extrêmement sensible à ces petites recherches de luxe, et les trouvait doublement précieuses au fond de notre ermitage. De son côté, il pourvoyait à tous nos besoins et remédiait à toutes les incommodités de notre isolement. Il savait un peu de tous les métiers : il faisait des meubles en menuiserie, il posait des serrures, il établissait des cloisons en châssis et en papier peint, il empêchait une cheminée de fumer, il greffait un arbre à fruit, il amenait un courant d'eau vive autour de la maison. Il était toujours occupé de quelque chose d'utile, et il l'exécutait toujours bien. Quand ces grands travaux-là lui manquaient, il peignait l'aquarelle, composait de charmants paysages avec les croquis que, dans nos promenades, nous avions pris sur nos albums. Quelquefois il parcourait seul la vallée en composant des vers, et il revenait vite me les dire. Il me trouvait souvent dans l'étable avec mon tablier plein d'herbes aromatiques, dont les chèvres sont friandes. Mes deux belles protégées mangeaient sur mes genoux. L'une était blanche et sans tache : elle s'appelait *Neige* ; elle avait l'air doux et mélancolique. L'autre était jaune comme un chamois, avec la barbe et les jambes noires. Elle était toute jeune, sa physionomie était mutine et sauvage : nous l'appelions *Daine*. La vache s'appelait *Pâquerette*. Elle était rousse et rayée de noir transversalement, comme un tigre. Elle passait sa tête sur mon épaule; et, quand Leoni me trouvait ainsi, il m'appelait sa Vierge à la crèche. Il me jetait mon album et me dictait ses vers, qui m'étaient presque toujours adressés. C'étaient des hymnes d'amour et de bonheur qui me semblaient sublimes, et qui devaient l'être. Je pleurais sans rien dire en les écrivant; et quand j'avais fini : « Eh bien ! me disait Leoni, tu les trouves mauvais ? » Je relevais vers lui mon visage baigné de larmes : il riait et m'embrassait avec transport.

Et puis il s'asseyait sur le fourrage embaumé et me lisait des poésies étrangères, qu'il me traduisait avec une rapidité et une précision inconcevables. Pendant ce temps je filais du lin dans le demi-jour de l'étable. Il faut savoir quelle est la propreté exquise des étables suisses pour comprendre que nous eussions choisi la nôtre pour salon. Elle était traversée par un rapide ruisseau d'eau de roche qui la balayait à chaque instant et qui nous réjouissait de son petit bruit. Des pigeons familiers y buvaient à nos pieds, et, sous la petite arcade par laquelle l'eau rentrait, des moineaux hardis venaient se baigner et dérober quelques graines. C'était l'endroit le plus frais dans les jours chauds, quand toutes les lucarnes étaient ouvertes, et le plus chaud dans les jours froids quand les moindres fentes étaient tamponnées de paille et de bruyère. Souvent Leoni, fatigué de lire, s'y endormait sur l'herbe fraîchement coupée, et je quittais mon ouvrage pour contempler ce beau visage, que la sérénité du sommeil ennoblissait encore.

Durant ces journées si remplies, nous nous parlions peu, quoique presque toujours ensemble; nous échangions quelques douces paroles, quelques douces caresses, et nous nous encouragions mutuellement à notre œuvre. Mais, quand venait le soir, Leoni devenait indolent de corps et actif d'esprit : c'étaient les heures où il était le plus aimable, et il les avait réservées aux épanchements de notre tendresse. Doucement fatigué de sa journée, il se couchait sur la mousse à mes pieds, dans un endroit délicieux qui était auprès de la maison, sur le versant de la montagne. De là nous contemplions le splendide coucher du soleil, le déclin mélancolique du jour, l'arrivée grave et solennelle de la nuit. Nous savions le moment du lever de toutes les étoiles et sur quelle cime chacune d'elles devait commencer à briller à son tour. Leoni connaissait parfaitement l'astronomie, mais Joanne possédait à sa manière cette science des pâtres, et il donnait aux astres d'autres noms souvent plus poétiques et plus expressifs que les nôtres. Quand Leoni s'était amusé de son pédantisme rustique, il l'envoyait jouer sur son pipeau le Ranz des vaches sur le haut de la montagne. Ces sons aigus avaient de loin une douceur inconcevable. Leoni tombait dans une rêverie qui ressemblait à l'extase; puis, quand la nuit était tout à fait venue, quand le silence de la vallée n'était plus troublé que par le cri plaintif de quelque oiseau des rochers, quand les lucioles s'allumaient dans l'herbe autour de nous, et qu'un vent tiède planait dans les sapins au-dessus de nos têtes, Leoni semblait sortir d'un rêve ou s'éveiller à une autre vie. Son âme s'embrasait, son éloquence passionnée m'inondait le cœur; il parlait aux cieux, au vent, aux échos, à toute la nature avec enthousiasme; il me prenait dans ses bras et m'accablait de caresses délirantes; puis il pleurait d'amour sur mon sein, et, redevenu plus calme, il m'adressait les paroles les plus suaves et les plus enivrantes.

Oh ! comment ne l'aurais-je pas aimé, cet homme sans égal, dans ses bons et dans ses mauvais jours ? Qu'il était aimable alors ! qu'il était beau ! Comme le hâle allait bien à son mâle visage et respectait son large front blanc sur des sourcils de jais ! Comme il savait aimer et comme il savait le dire ! Comme il savait commander à la vie et la rendre belle ! Comment n'aurais-je pas pris en lui une confiance aveugle ? Comment ne me serais-je pas habituée à une soumission illimitée ? Tout ce qu'il faisait, tout ce qu'il disait était bien, beau et bon. Il était généreux, sensible, délicat, héroïque ; il prenait plaisir à soulager la misère ou les infirmités des pauvres qui venaient frapper à notre porte. Un jour il se précipita dans un torrent, au risque de sa vie, pour sauver un jeune pâtre ; une nuit il erra dans les neiges au milieu des plus affreux dangers pour secourir des voyageurs égarés qui avaient fait entendre des cris de détresse. Oh ! comment, comment, comment me serais-je méfiée de Leoni ? comment aurais-je fait pour craindre l'avenir ? Ne me dites plus que je fus crédule et faible ; la plus virile des femmes eût été subjuguée à jamais par ces six mois de son amour. Quant à moi, je le fus entièrement, et le remords cruel d'avoir abandonné mes parents, l'idée de leur douleur s'affaiblit peu à peu et finit presque par s'effacer. Oh ! qu'elle était grande, la puissance de cet homme !

Juliette s'arrêta et tomba dans une triste rêverie. Une horloge lointaine sonna minuit. Je lui proposai d'aller se reposer. — Non, dit-elle ; si vous n'êtes pas las de m'entendre, je veux parler encore. Je sens que j'ai entrepris une tâche bien pénible pour ma pauvre âme, et que quand j'aurai fini je ne sentirai plus rien, je ne me souviendrai plus de rien pendant plusieurs jours. Je veux profiter de la force que j'ai aujourd'hui.

— Oui, Juliette, tu as raison, lui dis-je. Arrache le fer de ton sein, et tu seras mieux après. Mais dis-moi, ma pauvre enfant, comment la singulière conduite d'Henryet au bal et la lâche soumission de Leoni à un regard de cet homme ne t'avaient-elles pas laissé dans l'esprit un doute, une crainte?

— Quelle crainte pouvais-je conserver ? répondit Juliette ; j'étais si peu instruite des choses de la vie et des turpitudes de la société, que je ne comprenais rien à ce mystère. Leoni m'avait dit qu'il avait un secret terrible ; j'imaginai mille infortunes romanesques. C'était la mode alors en littérature de faire agir et parler des personnages frappés des malédictions les plus étranges et les plus invraisemblables. Les théâtres et les romans ne produisaient plus que des fils de bourreaux, des espions héroïques, des assassins et des forçats vertueux. Je lus un jour *Frédérick Styndall*, une autre fois *l'Espion* de Cooper me tomba sous la main. Songez que j'étais bien enfant et que dans ma passion mon esprit était bien en arrière de mon cœur. Je m'imaginai que la société, injuste et stupide, avait frappé Leoni de réprobation pour quelque imprudence sublime, pour quelque faute involontaire ou par suite de quelque féroce préjugé. Je vous avouerai même que ma pauvre tête de jeune fille trouva un attrait de plus dans ce mystère impénétrable, et que mon âme de femme s'exalta devant l'occasion de risquer sa destinée entière pour soulager une belle et poétique infortune.

— Leoni dut s'apercevoir de cette disposition romanesque et l'exploiter ? dis-je à Juliette.

— Oui, me répondit-elle, il le fit ; mais, s'il se donna tant de peine pour me tromper, c'est qu'il m'aimait, c'est qu'il voulait mon amour à tout prix.

Nous gardâmes un instant le silence, et Juliette reprit son récit.

IX.

L'hiver arriva ; nous avions fait le projet d'en supporter les rigueurs plutôt que d'abandonner notre chère retraite. Leoni me disait que jamais il n'avait été si heureux, que j'étais la seule femme qu'il eût jamais aimée, qu'il voulait renoncer au monde pour vivre et mourir dans mes bras. Son goût pour les plaisirs, sa passion pour le jeu, tout cela était évanoui, oublié à jamais. Oh ! que j'étais reconnaissante de voir cet homme si brillant, si adulé, renoncer sans regret à tous les enivrements d'une vie d'éclat et de fêtes pour venir s'enfermer avec moi dans une chaumière ! Et soyez sûr, don Aleo, que Leoni ne me trompait point alors. S'il est vrai de que puissants motifs l'engageaient à se cacher, du moins il est certain qu'il se trouva heureux dans sa retraite et que j'y fus aimée. Eût-il pu feindre cette sérénité durant six mois sans qu'elle fût altérée un seul jour ? Et pourquoi m'eût-il pas aimée ? j'étais jeune, belle, j'avais tout quitté pour lui et je l'adorais. Allez, je ne m'abuse plus sur son caractère, je sais tout et je vous dirai tout. Cette âme est bien laide et bien belle, bien vile et bien grande; quand on n'a pas la force de haïr cet homme, il faut l'aimer et devenir sa proie.

Mais l'hiver débuta si rudement, que notre séjour dans la vallée devint extrêmement dangereux. En quelques jours la neige monta sur la colline et arriva jusqu'au niveau de notre chalet; elle menaçait de l'engloutir et de nous y faire périr de famine. Leoni s'obstinait à rester; il voulait faire des provisions et braver l'ennemi; mais Joanne assura que notre perte était certaine si nous ne battions en retraite au plus vite; que depuis dix ans on n'avait pas vu un pareil hiver, et qu'au dégel le chalet serait balayé comme une plume par les avalanches, à moins d'un miracle de saint Bernard et de Notre-Dame-des-Lavanges. — Si j'étais seul, me dit Leoni, je voudrais attendre le miracle et me moquer des lavanges; mais je n'ai plus de courage quand tu partages mes dangers. Nous partirons demain.

— Il le faut bien, lui dis-je; mais où irons-nous? Je serai reconnue et découverte tout de suite; on me reconduira de vive force chez mes parents.

— Il y a mille moyens d'échapper aux hommes et aux lois, répondit Leoni en souriant; nous en trouverons bien un : ne t'inquiète pas; l'univers est à notre disposition.

— Et par où commencerons-nous? lui demandai-je en m'efforçant de sourire aussi.

— Je n'en sais rien encore, dit-il, mais qu'importe? nous serons ensemble; où pouvons-nous être malheureux?

— Hélas! lui dis-je, serons-nous jamais aussi heureux qu'ici?

— Veux-tu y rester? demanda-t-il.

— Non, lui répondis-je, nous ne le serions plus; en présence du danger, nous serions toujours inquiets l'un pour l'autre.

Nous fîmes les apprêts de notre départ; Joanne passa la journée à déblayer le sentier par lequel nous devions partir. Pendant la nuit il m'arriva une aventure singulière, et à laquelle bien des fois depuis je craignis de réfléchir.

Au milieu de mon sommeil, je fus saisie par le froid et je m'éveillai. Je cherchai Leoni à mes côtés, il n'y était plus; sa place était froide, et la porte de la chambre, à demi entr'ouverte, laissait pénétrer un vent glacé. J'attendis quelques instants; mais Leoni ne revenant pas, je m'étonnai, je me levai et je m'habillai à la hâte. J'attendis encore avant de me décider à sortir, craignant de me laisser dominer par une inquiétude puérile. Son absence se prolongea; une terreur invincible s'empara de moi, et je sortis, à peine vêtue, par un froid de quinze degrés. Je craignais que Leoni n'eût encore été au secours de quelques malheureux perdus dans les neiges, comme cela était arrivé peu de nuits auparavant, et j'étais résolue à le chercher et à le suivre. J'appelai Joanne et sa femme; ils dormaient d'un si profond sommeil qu'ils ne m'entendirent pas. Alors, dévorée d'inquiétude, je m'avançai jusqu'au bout de la petite plate-forme palissadée qui entourait le chalet, et je vis une faible lueur argenter la neige à quelque distance. Je crus reconnaître la lanterne que Leoni portait dans ses excursions généreuses. Je courus de ce côté aussi vite que me le permit la neige, où j'entrais jusqu'aux genoux. J'essayai de l'appeler, mais le froid me faisait claquer les dents, et le vent, qui me venait à la figure, interceptait ma voix. J'approchai enfin de la lumière, et je pus voir distinctement Leoni; il était immobile à la place où je l'avais aperçu d'abord, et il tenait une bêche. J'approchai encore, la neige amortissait le bruit de mes pas; j'arrivai tout près de lui sans qu'il s'en aperçût. La lumière était enfermée dans son cylindre de métal, et ne sortait que par une fente opposée à moi et dirigée sur lui.

Je vis alors qu'il avait écarté la neige et entamé la terre avec sa bêche; il était jusqu'aux genoux dans un trou qu'il venait de creuser.

Cette occupation singulière, à une pareille heure et par un temps si rigoureux, me causa une frayeur ridicule. Leoni semblait agité d'une hâte extraordinaire. De temps en temps il regardait autour de lui avec inquiétude; je me courbai derrière un rocher, car je fus épouvantée de l'expression de sa figure. Il me sembla qu'il allait me tuer s'il me trouvait là. Toutes les histoires fantastiques et folles que j'avais lues, tous les commentaires bizarres que j'avais faits sur son secret, me revinrent à l'esprit; je crus qu'il venait déterrer un cadavre, et je faillis m'évanouir. Je me rassurai un peu en le voyant continuer de creuser et retirer bientôt un coffre enfoui dans la terre. Il le regarda avec attention, examina si la serrure n'avait pas été forcée; puis il le posa hors du trou, et commença à y rejeter la terre et la neige, sans prendre beaucoup de soin pour cacher les traces de son opération.

Quand je le vis près de revenir à la maison avec son coffre, je craignis qu'il ne s'aperçût de mon imprudente curiosité, et je m'enfuis aussi vite que je pus. Je me hâtai de jeter dans un coin mes hardes humides et de me recoucher, résolue à feindre un profond sommeil lorsqu'il rentrerait; mais j'eus le loisir de me remettre de mon émotion, car il resta encore plus d'une demi-heure sans reparaître.

Je me perdais en commentaires sur ce coffret mystérieux, enfoui sans doute dans la montagne depuis notre arrivée, et destiné à nous accompagner comme un talisman de salut ou comme un instrument de mort. Il me sembla qu'il ne devait pas contenir d'argent; car il était assez volumineux, et pourtant Leoni l'avait soulevé d'une seule main et sans effort. C'étaient peut-être des papiers d'où dépendait son existence entière. Ce qui me frappait le plus, c'est qu'il me semblait déjà avoir vu ce coffre quelque part; mais il m'était impossible de me rappeler en quelle circonstance. Cette fois, sa forme et sa couleur se gravèrent dans ma mémoire comme par une sorte de nécessité fatale. Pendant toute la nuit je l'eus devant les yeux, et dans mes rêves j'en voyais sortir une quantité d'objets bizarres : tantôt des cartes représentant des figures étranges, tantôt des armes sanglantes; puis des fleurs, des plumes et des bijoux; et puis des ossements, des vipères, des morceaux d'or, des chaînes et des carcans de fer.

Je me gardai bien de questionner Leoni et de lui laisser soupçonner ma découverte. Il m'avait dit souvent que, le jour où j'apprendrais son secret, tout serait fini entre nous; et quoiqu'il me rendît grâce à deux genoux d'avoir cru en lui aveuglément, il me faisait souvent comprendre que la moindre curiosité de ma part lui serait odieuse. Nous partîmes le lendemain à dos de mulet, et nous prîmes la poste à la ville la plus prochaine jusqu'à Venise.

Nous y descendîmes dans une de ces maisons mystérieuses que Leoni semblait avoir à sa disposition dans tous les pays. Celle-là était sombre, délabrée, et comme cachée dans un quartier désert de la ville. Il me dit que c'était la demeure d'un de ses amis absent; il me pria de ne pas trop m'y déplaire pendant un jour ou deux; il ajouta que des raisons importantes l'empêchaient de se montrer sur-le-champ dans la ville, mais qu'au plus tard dans vingt-quatre heures je serais convenablement logée et n'aurais pas à me plaindre du séjour de sa patrie.

Nous venions de déjeuner dans une salle humide et froide, lorsqu'un homme mal mis, d'une figure désagréable et d'un teint maladif, se présenta en disant que Leoni l'avait fait appeler.

— Oui, oui, mon cher Thadée, répondit Leoni en se levant avec précipitation; soyez le bienvenu, et passons dans une autre pièce pour ne pas ennuyer madame de détails d'affaires.

Leoni vint m'embrasser une heure après; il avait l'air agité, mais content, comme s'il venait de remporter une victoire.

— Je te quitte pour quelques heures, me dit-il; je vais faire préparer ton nouveau gîte : nous y coucherons demain soir.

X.

Il fut dehors pendant tout le jour. Le lendemain il sortit de bonne heure. Il semblait fort affairé ; mais son humeur était plus joyeuse que je ne l'avais encore vue. Cela me donna le courage de m'ennuyer encore douze heures, et chassa la triste impression que me causait cette maison silencieuse et froide. Dans l'après-midi, pour me distraire un peu, j'essayai de la parcourir ; elle était fort ancienne : des restes d'ameublement suranné, des lambeaux de tenture et quelques tableaux à demi dévorés par les rats occupèrent mon attention ; mais un objet plus intéressant pour moi me rejeta dans d'autres pensées. En entrant dans la chambre où avait couché Leoni, je vis à terre le fameux coffre ; il était ouvert et entièrement vide. J'eus l'âme soulagée d'un grand poids. Le dragon inconnu enfermé dans ce coffre s'était donc envolé ; la destinée terrible qu'il me semblait représenter ne pesait donc plus sur nous ! — Allons, me dis-je en souriant, la boîte de Pandore s'est vidée ; l'espérance est restée pour moi.

Comme j'allais me retirer, mon pied se posa sur un petit morceau d'ouate oublié à terre au milieu de la chambre avec des lambeaux de papiers de soie chiffonnés. Je sentis quelque chose qui résistait, et je le relevai machinalement. Mes doigts rencontrèrent le même corps solide au travers du coton, et en l'écartant j'y trouvai une épingle en gros brillants que je reconnus aussitôt pour appartenir à mon père, et pour m'avoir servi le jour du dernier bal à attacher une écharpe sur mon épaule. Cette circonstance me frappa tellement que je ne pensai plus au coffre ni au secret de Leoni. Je ne sentis plus qu'une vague inquiétude des bijoux que j'avais emportés dans ma fuite, et dont je ne m'étais plus occupée depuis, pensant que Leoni les avait renvoyés sur-le-champ. La crainte que cette démarche n'eût été négligée me fut affreuse ; et lorsque Leoni rentra, la première chose que je lui demandai ingénument fut celle-ci : — Mon ami, n'as-tu pas oublié de renvoyer les diamants de mon père lorsque nous avons quitté Bruxelles ?

Leoni me regarda d'une étrange manière. Il semblait vouloir pénétrer jusqu'aux plus intimes profondeurs de mon âme.

— Qu'as-tu à ne pas me répondre ? lui dis-je ; qu'est-ce que ma question a d'étonnant ?

— A quel diable de propos vient-elle ? reprit-il avec tranquillité.

— C'est qu'aujourd'hui, répondis-je, je suis entrée dans ta chambre par désœuvrement, et j'ai trouvé ceci par terre. Alors la crainte m'est venue que, dans le trouble de nos voyages et l'agitation de notre fuite, tu n'eusses absolument oublié de renvoyer les autres bijoux. Quant à moi, je te l'ai à peine demandé ; j'avais perdu la tête.

En achevant ces mots, je lui présentai l'épingle. Je parlais si naturellement et j'avais si peu l'idée de le soupçonner qu'il le vit bien ; et prenant l'épingle avec le plus grand calme :

— Parbleu ! dit-il, je ne sais comment cela s'est fait. Où as-tu trouvé cela ? Es-tu sûre que cela vienne de ton père et n'ait pas été oublié dans cette maison par ceux qui l'ont occupée avant nous ?

— Oh ! lui dis-je, voici auprès du contrôle un cachet imperceptible : c'est la marque de mon père. Avec une loupe tu y verras son chiffre.

— A la bonne heure, dit-il ; cette épingle sera restée dans un de nos coffres de voyage, et je l'aurai fait tomber ce matin en secouant quelque hardes. Heureusement c'est le seul bijou que nous ayons emporté par mégarde ; tous les autres ont été remis à une personne sûre et adressés à Delpech, qui les aura exactement remis à la famille. Je ne pense pas que celui-ci vaille la peine d'être rendu ; ce serait imposer à ta mère une triste émotion de plus pour bien peu d'argent.

— Cela vaut encore au moins dix mille francs, répondis-je.

— Eh bien, garde-le jusqu'à ce que tu trouves une occasion pour le renvoyer. Ah çà ! es-tu prête ? les malles sont-elles refermées ? Il y a une gondole à la porte, et la maison t'attend avec impatience ; on sert déjà le souper.

Une demi-heure après nous nous arrêtâmes à la porte d'un palais magnifique. Les escaliers étaient couverts de tapis de drap amarante ; les rampes, de marbre blanc, étaient chargées d'orangers en fleurs, en plein hiver, et de légères statues qui semblaient se pencher sur nous pour nous saluer. Le concierge et quatre domestiques en livrée vinrent nous aider à débarquer. Leoni prit le flambeau de l'un d'eux, et, l'élevant, il me fit lire sur la corniche du péristyle cette inscription en lettres d'argent sur un fond d'azur : *Palazzo Leoni*. — O mon ami, m'écriai-je, tu ne nous avais donc pas trompés ? Tu es riche et noble, et je suis chez toi !

Je parcourus ce palais avec une joie d'enfant. C'était un des plus beaux de Venise. L'ameublement et les tentures, éclatants de fraîcheur, avaient été copiés sur les anciens modèles, de sorte que les peintures des plafonds et l'ancienne architecture étaient dans une harmonie parfaite avec les accessoires nouveaux. Notre luxe de bourgeois et d'hommes du Nord est si mesquin, si entassé, si commun, que je n'avais jamais conçu l'idée d'une pareille élégance. Je courais dans les immenses galeries comme dans un palais enchanté ; tous les objets avaient pour moi des formes inusitées, un aspect inconnu ; je me demandais si je faisais un rêve, et si j'étais vraiment la patronne et la reine de toutes ces merveilles. Et puis, cette splendeur féodale m'entourait d'un prestige nouveau. Je n'avais jamais compris le plaisir ou l'avantage d'être noble. En France on ne sait plus ce que c'est, en Belgique on ne l'a jamais su. Ici, le peu de noblesse qui reste est encore fastueux et fier ; on ne démolit pas les palais, on les laisse tomber. Au milieu de ces murailles chargées de trophées et d'écussons, sous ces plafonds armoriés, en face de ces aïeux de Leoni peints par Titien et Véronèse, les uns graves et sévères sous leurs manteaux fourrés, les autres élégants et gracieux sous leur justaucorps de satin noir, je comprenais cette union du rang, qui peut être si brillante et si aimable quand elle ne décore pas un sot. Tout cet entourage d'illustration allait si bien à Leoni, qu'il me serait impossible aujourd'hui encore de me le représenter roturier. Il était vraiment bien le fils de ces hommes à barbe noire et à mains d'albâtre, dont Van Dyck a immortalisé le type. Il avait leur profil d'aigle, leurs traits délicats et fins, leur grande taille, leurs yeux à la fois railleurs et bienveillants. Si ces portraits avaient pu marcher, ils auraient marché comme lui ; s'ils avaient parlé, ils auraient eu son accent. — Eh quoi ! lui disais-je en le serrant dans mes bras, c'est toi, mon seigneur Leone Leoni, qui étais l'autre jour dans ce chalet entre les chèvres et les poules, avec une pioche sur l'épaule et une blouse autour de la taille ? C'est toi qui as vécu six mois ainsi avec une pauvre fille sans nom et sans esprit, qui n'a d'autre mérite que de t'aimer ? Et tu vas me garder près de toi, tu vas m'aimer toujours, et me le dire chaque matin, comme dans le chalet ? Oh ! c'est un sort trop élevé et trop beau pour moi ; je n'avais pas aspiré si haut, et cela m'effraie en même temps que cela m'enivre.

— Ne sois pas effrayée, me dit-il en souriant, sois toujours ma compagne et ma reine. A présent, viens souper, j'ai deux convives à te présenter. Arrange tes cheveux, sois jolie ; et quand je t'appellerai ma femme, n'ouvre pas de grands yeux étonnés.

Nous trouvâmes un souper exquis sur une table étincelante de vermeil, de porcelaines et de cristaux. Les deux convives me furent gravement présentés ; ils étaient Vénitiens, tous deux agréables de figure, élégants dans leurs manières, et, quoique bien inférieurs à Leoni, ayant dans la prononciation et dans la tournure d'esprit une certaine ressemblance avec lui. Je lui demandai tout bas s'ils étaient ses parents.

— Oui, me répondit-il tout haut en riant, ce sont mes cousins.

Il était jusqu'aux genoux dans un trou. (Page 44.)

— Sans doute, ajouta celui qu'on appelait le marquis, nous sommes tous cousins.

Le lendemain, au lieu de deux convives, il y en eut quatre ou cinq différents à chaque repas. En moins de huit jours, notre maison fut inondée d'amis intimes. Ces assidus me dévorèrent de bien douces heures que j'aurais pu passer avec Leoni, et qu'il fallait partager avec eux tous. Mais Leoni, après un long exil, semblait heureux de revoir ses amis et d'égayer sa vie; je ne pouvais former un désir contraire au sien, et j'étais heureuse de le voir s'amuser. Il est certain que la société de ces hommes était charmante. Ils étaient tous jeunes et élégants, gais ou spirituels, aimables ou amusants; ils avaient d'excellentes manières, et des talents pour la plupart. Toutes les matinées étaient employées à faire de la musique; dans l'après-midi nous nous promenions sur l'eau; après le dîner nous allions au théâtre, et en rentrant on soupait et on jouait. Je n'aimais pas beaucoup à être témoin de ce dernier divertissement, où des sommes immenses passaient chaque soir de main en main. Leoni m'avait permis de me retirer après le souper, et je n'y manquais pas. Peu à peu le nombre de nos connaissances augmenta tellement, que j'en ressentis de l'ennui et de la fatigue; mais je n'en exprimai rien. Leoni semblait toujours enchanté de cette vie dissipée. Tout ce qu'il y avait de dandys de toutes nations à Venise se donna rendez-vous chez nous pour boire, pour jouer et pour faire de la musique. Les meilleurs chanteurs des théâtres venaient souvent mêler leurs voix à nos instruments et à la voix de Leoni, qui n'était ni moins belle ni moins habile que la leur. Malgré le charme de cette société, je sentais de plus en plus le besoin du repos. Il est vrai que nous avions encore de temps en temps quelques bonnes heures de tête-à-tête; les dandys ne venaient pas tous les jours; mais les habitués se composaient d'une douzaine de personnes de fondation à notre table. Leoni les aimait tant, que je ne pouvais me défendre d'avoir aussi de l'amitié pour elles. C'étaient elles qui animaient tout le reste par leur suprématie en tout sur les autres. Ces hommes étaient vraiment remarquables, et semblaient en quelque sorte des reflets de Leoni. Ils avaient entre eux cette espèce d'air de famille, cette conformité d'idées et de langage qui m'avaient frappée dès le premier jour; c'était un je ne sais quoi de subtil et de recherché que

Parbleu, ma chère petite, me répondit... (Page 23.)

n'avaient pas même les plus distingués parmi tous les autres. Leur regard était plus pénétrant, leurs réponses plus promptes, leur aplomb plus seigneurial, leur prodigalité de meilleur goût. Ils avaient chacun une autorité morale sur une partie de ces nouveaux venus; ils leur servaient de modèle et de guide dans les petites choses d'abord, et plus tard dans les grandes. Leoni était l'âme de tout ce corps, le chef suprême qui imposait à cette brillante coterie masculine la mode, le ton, le plaisir et la dépense.

Cette espèce d'empire lui plaisait, et je ne m'en étonnais pas ; je l'avais vu régner plus ouvertement encore à Bruxelles, et j'avais partagé son orgueil et sa gloire ; mais le bonheur du chalet m'avait initiée à des joies plus intimes et plus pures. Je le regrettais, et ne pouvais m'empêcher de le dire. — Et moi aussi, me disait-il, je le regrette, ce temps de délices, supérieur à toutes les fumées du monde ; mais Dieu n'a pas voulu changer pour nous le cours des saisons. Il n'y a pas plus d'éternel bonheur que de printemps perpétuel. C'est une loi de la nature à laquelle nous ne pouvions nous soustraire. Sois sûre que tout est arrangé pour le mieux dans ce monde mauvais.

Le cœur de l'homme n'a pas plus de vigueur que les biens de la vie n'ont de durée : soumettons-nous, plions. Les fleurs se courbent, se flétrissent et renaissent tous les ans ; l'âme humaine peut se renouveler comme une fleur, quand elle connaît ses forces et qu'elle ne s'épanouit pas jusqu'à se briser. Six mois de félicité sans mélange, c'était immense, ma chère ; nous serions morts de trop de bonheur si cela eût continué, ou nous en aurions abusé. La destinée nous commande de redescendre de nos cimes éthérées et de venir respirer un air moins pur dans les villes. Acceptons cette nécessité, et croyons qu'elle nous est bonne. Quand le beau temps reviendra, nous retournerons à nos montagnes, nous serons avides de retrouver tous les biens dont nous aurons été sevrés ici ; nous sentirons mieux le prix de notre calme intimité ; et cette saison d'amour et de délices, que les souffrances de l'hiver nous eussent gâtée, reviendra plus belle encore que la saison dernière.

— Oh ! oui, lui disais-je en l'embrassant, nous retournerons en Suisse ! Oh ! que tu es bon de le vouloir et de me le promettre !... Mais, dis-moi, Leoni, ne pourrions-nous vivre ici plus simplement et plus ensemble ?

Nous ne nous voyons plus qu'au travers d'un nuage de punch, nous ne nous parlons plus qu'au milieu des chants et des rires. Pourquoi avons-nous tant d'amis? Ne nous suffirions-nous pas bien l'un à l'autre?

— Ma Juliette, répondait-il, les anges sont des enfants, et vous êtes l'un et l'autre. Vous ne savez pas que l'amour est l'emploi des plus nobles facultés de l'âme, et qu'on doit ménager ces facultés comme la prunelle de ses yeux; vous ne savez pas, petite fille, ce que c'est que votre propre cœur. Bonne, sensible et confiante, vous croyez que c'est un foyer d'éternel amour; mais le soleil lui-même n'est pas éternel. Tu ne sais pas que l'âme se fatigue comme le corps, et qu'il faut la soigner de même. Laisse-moi faire, Juliette, laisse-moi entretenir le feu sacré dans ton cœur. J'ai intérêt à me conserver ton amour, à l'empêcher de le dépenser trop vite. Toutes les femmes sont comme toi : elles se pressent tant d'aimer que tout à coup elles n'aiment plus, sans savoir pourquoi.

— Méchant, lui disais-je, sont-ce là les choses que tu me disais le soir sur la montagne? Me priais-tu de ne pas trop t'aimer? croyais-tu que j'étais capable de m'en lasser?

— Non, mon ange, répondait Leoni en baisant mes mains, et je ne le crois pas non plus à présent. Mais écoute mon expérience : les choses extérieures ont sur nos sentiments les plus intimes une influence contre laquelle les âmes les plus fortes luttent en vain. Dans notre vallée, entourés d'air pur, de parfums et de mélodies naturelles, nous pouvions et nous devions être tout amour, toute poésie, tout enthousiasme; mais souviens-toi qu'encore là, je te ménageais, cet enthousiasme si facile à perdre, si impossible à retrouver quand on l'a perdu; souviens-toi de nos jours de pluie, où je mettais une espèce de rigueur à t'occuper pour te préserver de la réflexion et de la mélancolie, qui en est la suite inévitable. Sois sûre que l'examen trop fréquent de soi-même et des autres est la plus dangereuse des recherches. Il faut secouer ce besoin égoïste qui nous fait toujours fouiller dans notre cœur et dans celui qui nous aime, comme un laboureur cupide qui épuise la terre à force de lui demander de produire. Il faut savoir se faire insensible et frivole par intervalles; ces distractions ne sont dangereuses que pour les cœurs faibles et paresseux. Une âme ardente doit se rechercher pour ne pas se consumer elle-même; elle est toujours assez riche. Un mot, un regard suffit pour la faire tressaillir au milieu du tourbillon léger qui l'emporte, et pour la ramener plus ardente et plus tendre au sentiment de sa passion. Ici, vois-tu, nous avons besoin de mouvement et de variété; ces grands palais sont beaux, mais ils sont tristes. La mousse marine en ronge le pied, et l'eau limpide qui les reflète est souvent chargée de vapeurs qui retombent en larmes. Ce luxe est austère, et ces traces de noblesse qui te plaisent ne sont qu'une longue suite d'épitaphes et de tombeaux qu'il faut orner de fleurs. Il faut remplir de vivants cette demeure sonore, où tes pas te feraient peur si tu y étais seule; il faut jeter de l'argent par les fenêtres à ce peuple qui n'a pour lui que le parapet glacé des ponts, afin que la vue de sa misère ne nous rende pas soucieux au milieu de notre bien-être. Laisse-toi égayer par nos rires et endormir par nos chants; sois bonne et insouciante, je me charge d'arranger ta vie et de te la rendre agréable quand je ne pourrai te la rendre enivrante. Sois ma femme et ma maîtresse à Venise, tu redeviendras mon ange et ma sylphide sur les glaciers de la Suisse.

XI.

C'est par de tels discours qu'il apaisait mon inquiétude et qu'il me traînait, assoupie et confiante, sur le bord de l'abîme. Je le remerciais tendrement de la peine qu'il prenait pour me persuader, quand d'un signe il pouvait me faire obéir. Nous nous embrassions avec tendresse, et nous retournions au salon bruyant où nos amis nous attendaient pour nous séparer.

Cependant, à mesure que nos jours se succédaient ainsi, Leoni ne prenait plus les mêmes soins pour me les faire aimer. Il s'occupait moins de la contrariété que j'éprouvais, et lorsque je la lui exprimais, il la combattait avec moins de douceur. Un jour même il fut brusque et amer; je vis que je lui causais de l'humeur : je résolus de ne plus me plaindre désormais; mais je commençai à souffrir réellement et à me trouver malheureuse J'attendais avec résignation que Leoni prît le temps de revenir à moi. Il est vrai que dans ces moments-là il était si bon et si tendre que je me trouvais folle et lâche de l'avoir tant souffert. Mon courage et ma confiance se ranimaient pour quelques jours; mais ces jours de consolation étaient de plus en plus rares. Leoni, me voyant douce et soumise, me traitait toujours avec affection, mais il ne s'apercevait plus de ma mélancolie; l'ennui me rongeait, Venise me devenait odieuse : ses eaux, son ciel, ses gondoles, tout m'y déplaisait. Pendant les nuits de jeu, j'errais seule sur la terrasse, au haut de la maison; je versais des larmes amères; je me rappelais ma patrie, ma jeunesse insouciante, ma mère si folle et si bonne, mon pauvre père si tendre et si débonnaire, jusqu'à ma tante avec ses petits soins et ses longs sermons. Il me semblait que j'avais le mal du pays, que j'avais bon envie de fuir, d'aller me jeter aux pieds de mes parents, d'oublier à jamais Leoni. Mais si une fenêtre s'ouvrait au-dessous de moi, si Leoni, las du jeu et de la chaleur, s'avançait sur le balcon pour respirer la fraîcheur du canal, je me penchais sur la rampe pour le voir, et mon cœur battait comme aux premiers jours de ma passion quand il franchissait le seuil de la maison paternelle; si la lune donnait sur lui et me permettait de distinguer sa noble taille sous le riche costume de fantaisie qu'il portait toujours dans l'intérieur de son palais, je palpitais d'orgueil et de plaisir, comme le jour où il m'avait introduite dans ce bal d'où nous sortîmes pour jamais revenir; si sa voix délicieuse, essayant une phrase de chant, fuyait sur les marbres sonores de Venise et montait vers moi, je sentais mon visage inondé de larmes, comme le soir sur la montagne quand il me chantait une romance composée pour moi le matin.

Quelques mots que j'entendis sortir de la bouche d'un de ses compagnons augmentèrent ma tristesse et mon dégoût à un degré insupportable. Parmi les douze amis de Leoni, le vicomte de Chalm, Français soi-disant émigré, était celui dont je supportais l'assiduité avec le plus de peine. C'était le plus âgé de tous et le plus spirituel peut-être; mais sous ses manières exquises perçait une sorte de cynisme dont j'étais souvent révoltée. Il était sardonique, indolent et sec; c'était de plus un homme sans mœurs et sans cœur; mais je n'en savais rien, et il me déplaisait suffisamment sans cela. Un soir que j'étais sur le balcon, et qu'un rideau de soie l'empêchait de me voir, j'entendis qu'il disait au marquis vénitien : — Mais où est donc Juliette? Cette manière de me nommer me fit monter le sang au visage; j'écoutai et je restai immobile. — Je ne sais, répondit le Vénitien. — Ah çà! vous êtes donc bien amoureux d'elle? — Pas trop, répondit-il, mais assez. — Et Leoni? — Leoni me la cédera un de ces jours. — Comment! sa propre femme? — Allons donc, marquis! est-ce que vous êtes fou? reprit le vicomte : il n'est pas plus sa femme que la vôtre, c'est une fille enlevée à Bruxelles; quand il en aura assez, ce qui ne tardera pas, je m'en chargerai volontiers. Si vous en voulez après moi, marquis, inscrivez-vous en titre. — Grand merci, répondit le marquis; je sais comme vous dépravez les femmes, et je craindrais de vous succéder.

Je n'en entendis pas davantage; je me penchai à demi morte sur la balustrade, et cachant mon visage dans mon châle, je sanglotai de colère et de honte.

Dès le soir même j'appelai Leoni dans ma chambre, et je lui demandai raison de la manière dont j'étais traitée par ses amis. Il prit cette insulte avec une légèreté qui m'enfonça un trait mortel dans le cœur. — Tu es une petite sotte, me dit-il; tu ne sais pas ce que c'est que les hommes; leurs pensées sont indiscrètes et leurs paroles encore plus; les meilleurs sont encore les roués. Une femme forte doit rire de leurs prétentions, au lieu de s'en fâcher.

Je tombai sur un fauteuil et je fondis en larmes en m'écriant : — O ma mère, ma mère! qu'est devenue votre fille!

Leoni s'efforça de m'apaiser, et il n'y réussit que trop vite. Il se mit à mes pieds, baisa mes mains et mes bras, me conjura de mépriser un sot propos et de ne songer qu'à lui et à son amour.

— Hélas! lui dis-je, que dois-je penser, quand vos amis se flattent de me ramasser comme ils font de vos pipes quand elles ne vous plaisent plus!

— Juliette, répondit-il, l'orgueil blessé te rend amère et injuste. J'ai été libertin, tu le sais, je t'ai souvent parlé des dérèglements de ma jeunesse; mais je croyais m'en être purifié à l'air de notre vallée. Mes amis vivent encore dans le désordre où j'ai vécu, ils ne savent pas, ils ne comprendraient jamais les six mois que nous avons passés en Suisse. Mais toi, devrais-tu les méconnaître et les oublier?

Je lui demandai pardon, je versai des larmes plus douces sur son front et sur ses beaux cheveux; je m'efforçai d'oublier la funeste impression que j'avais reçue. Je me flattais d'ailleurs qu'il ferait entendre à ses amis que je n'étais point une fille entretenue et qu'ils eussent à me respecter; mais il ne voulut pas le faire ou il n'y songea pas, car le lendemain et les jours suivants je vis les regards de M. de Chalm me suivre et me solliciter avec une impudence révoltante.

J'étais au désespoir, mais je ne savais plus comment me soustraire aux maux où je m'étais précipitée. J'avais trop d'orgueil pour être heureuse et trop d'amour pour m'éloigner.

Un soir, j'étais entrée dans le salon pour prendre un livre que j'avais oublié sur le piano. Leoni était en petit comité avec ses élus; ils étaient groupés autour de la table à thé au bout de la chambre, qui était peu éclairée, et ne s'apercevaient pas de ma présence. Le vicomte semblait être dans une de ses dispositions taquines les plus méchantes. — Baron Leone de Leoni, dit-il d'une voix sèche et railleuse, sais-tu, mon ami, que tu t'enfonces cruellement? — Qu'est-ce que tu veux dire? reprit Leoni, je n'ai pas encore de dettes à Venise. — Mais tu en auras bientôt. — J'espère que oui, répondit Leoni avec la plus grande tranquillité. — Vive Dieu! dit le marquis, tu es le premier des hommes pour te ruiner; un demi-million en trois mois, sais-tu que c'est un très-joli train?

La surprise m'avait enchaînée à ma place; immobile et retenant ma respiration, j'attendis la suite de ce singulier entretien.

— Un demi-million? demanda le marquis vénitien avec indifférence.

— Oui, repartit Chalm, le juif Thadée lui a compté cinq cent mille francs au commencement de l'hiver.

— C'est très-bien, dit le marquis. Leoni, as-tu payé le loyer de ton palais héréditaire?

— Parbleu! d'avance, dit Chalm; est-ce qu'on le lui aurait loué sans ça?

— Qu'est-ce que tu comptes faire quand tu n'auras plus rien? demanda à Leoni un autre de ses affidés.

— Des dettes, répondit Leoni avec un calme imperturbable.

— C'est plus facile que de trouver des juifs qui nous laissent trois mois en paix, dit le vicomte. Que feras-tu quand les créanciers te prendront au collet?

— Je prendrai un joli petit bateau... répondit Leoni en souriant.

— Bien! Et tu iras à Trieste?

— Non, c'est trop près; à Palerme, je n'y ai pas encore été.

— Mais quand on arrive quelque part, dit le marquis, il faut faire figure dès les premiers jours.

— La Providence y pourvoira, répondit Leoni, c'est la mère du audacieux.

— Mais non pas celle des paresseux, dit Chalm, et je ne connais au monde personne qui le soit plus que toi. Que diable as-tu fait en Suisse avec ton infante pendant six mois?

— Silence là-dessus, répondit Leoni; je l'ai aimée, et je jetterai mon verre au nez de quiconque le trouvera plaisant.

— Leoni, tu bois trop, lui cria un autre de ses compagnons.

— Peut-être, répondit Leoni, mais j'ai dit ce que j'ai dit.

Le vicomte ne répondit pas à cette espèce de provocation, et le marquis se hâta de détourner la conversation.

— Mais pourquoi, diable! ne joues-tu pas? dit-il à Leoni.

— Ventre-Dieu! je joue tous les jours pour vous obliger, moi qui déteste le jeu; vous me rendrez stupide avec vos cartes et vos dés, et vos poches qui sont comme le tonneau des Danaïdes, et vos mains insatiables! Vous n'êtes que des sots, vous tous. Quand vous avez fait un coup, au lieu de vous reposer et de jouir de la vie en voluptueux, vous vous agitez jusqu'à ce que vous ayez gâté la chance.

— La chance, la chance! dit le marquis, on sait ce que c'est que la chance.

— Grand merci! dit Leoni, je ne veux plus le savoir; j'ai été trop bien étrillé à Paris. Quand je pense qu'il y a un homme, que Dieu veuille bien dans sa miséricorde donner à tous les diables!...

— Eh bien! dit le vicomte.

— Un homme, dit le marquis, dont il faudra que nous nous débarrassions à tout prix si nous voulons retrouver la liberté sur la terre. Mais patience, nous sommes deux contre lui.

— Sois tranquille, dit Leoni, je n'ai pas tellement oublié la vieille coutume du pays, que je ne sache purger notre route de celui qui me gêna. Sans mon diable d'amour qui me tenait à la cervelle, j'avais beau jeu en Belgique.

— Toi? dit le marquis, tu n'as jamais opéré dans ce genre-là, et tu n'en auras jamais le courage.

— Le courage? s'écria Leoni en se levant à demi avec des yeux étincelants.

— Pas d'extravagance, reprit le marquis avec cet effroyable sang-froid qu'ils avaient tous. Entendons-nous : tu as du courage pour tuer un ours ou un sanglier; mais pour tuer un homme, tu as trop d'idées sentimentales et philosophiques dans la tête.

— Cela se peut, répondit Leoni en se rasseyant, cependant je ne sais pas.

— Tu ne veux donc pas jouer à Palerme? dit le vicomte.

— Au diable le jeu! Si je pouvais me passionner pour quelque chose, pour la chasse, pour un cheval, pour une Calabraise olivâtre, j'irais l'été prochain m'enfermer dans les Abruzzes et passer encore quelques mois à vous oublier tous.

— Repassionne-toi pour Juliette, dit le vicomte avec ironie.

— Je ne me repassionnerai pas pour Juliette, répondit Leoni avec colère; mais je te donnerai un soufflet si tu prononces encore son nom.

— Il faut lui faire boire du thé, dit le vicomte; il est ivre-mort.

— Allons, Leoni, s'écria le marquis en lui serrant le bras, tu nous traites horriblement ce soir; qu'as-tu donc? ne sommes-nous plus tes amis? doutes-tu de nous? parle.

— Non, je ne doute pas de vous, dit Leoni, vous m'avez rendu autant que je vous ai pris. Je sais ce que vous valez tous; le bien et le mal, je juge tout cela sans préjugé et sans prévention.

— Ah! il ferait beau voir! dit le vicomte entre ses dents.

— Allons, du punch, du punch! crièrent les autres. Il n'y a plus de bonne humeur possible si nous n'achevons de griser Chalm et Leoni; ils en sont aux attaques de nerfs, mettons-les dans l'extase.

— Oui, mes amis, mes bons amis! cria Leoni, le punch, l'amitié! la vie, la belle vie! A bas les cartes! ce sont elles qui me rendent maussade; vive l'ivresse! vivent les femmes! vive la paresse, le tabac, la musique, l'argent! vivent les jeunes filles et les vieilles comtesses! vive le diable, vive l'amour! vive tout ce qui fait vivre! Tout est bon quand on est assez bien constitué pour profiter et jouir de tout.

Ils se levèrent tous en entonnant un chœur bachique: je m'enfuis, je montai l'escalier avec l'égarement d'une personne qui se croit poursuivie, et je tombai sans connaissance sur le parquet de ma chambre.

XII.

Le lendemain matin on me trouva étendue sur le tapis, raide et glacée comme par la mort; j'eus une fièvre cérébrale. Je crois que Leoni me donna des soins; il me sembla le voir souvent à mon chevet, mais je n'en pus conserver qu'une idée vague. Au bout de trois jours j'étais hors de danger. Leoni vint alors savoir de mes nouvelles de temps en temps, et passer une partie de l'après-midi avec moi. Il quittait tous les soirs à six heures et ne rentrait que le lendemain matin; j'ai su cela plus tard.

De tout ce que j'avais entendu, je n'avais compris clairement qu'une chose, qui était la cause de mon désespoir: c'est que Leoni ne m'aimait plus. Jusque-là je n'avais pas voulu le croire, quoique toute sa conduite dût me le faire comprendre. Je résolus de ne pas contribuer plus longtemps à sa ruine, et de ne pas abuser d'un reste de compassion et de générosité qui lui prescrivait encore des égards envers moi. Je le fis appeler aussitôt que je me sentis la force de supporter cette entrevue, et je lui déclarai ce que je lui avais entendu dire de moi au milieu de l'orgie; je gardai le silence sur tout le reste. Je ne voyais pas clair dans cette confusion d'infamies que ses amis m'avaient fait pressentir; je ne voulais pas comprendre cela. Je consentais à tout, d'ailleurs : à mon abandon, à mon désespoir et à ma mort.

Je lui signifiai que j'étais décidée à partir dans huit jours, que je ne voulais rien accepter de lui désormais. J'avais gardé l'épingle de mon père; en la vendant, j'aurais bien au delà de ce qu'il me fallait d'argent pour retourner à Bruxelles.

Le courage avec lequel je parlai, et que la fièvre aidait sans doute, frappa Leoni d'un coup inattendu. Il garda le silence et marcha avec agitation dans la chambre; puis des sanglots et des cris s'échappèrent de sa poitrine; il tomba suffoqué sur une chaise. Effrayée de l'état où je le voyais, je quittai comme malgré moi ma chaise longue et je m'approchai de lui avec sollicitude. Alors il me saisit dans ses bras, et me serrant avec frénésie : — Non, non! tu ne me quitteras pas, s'écria-t-il, jamais je n'y consentirai; si ta fierté, bien juste et bien légitime, ne se laisse pas fléchir, je me coucherai à tes pieds, en travers de cette porte, et je me tuerai si tu marches sur moi. Non, tu ne t'en iras pas, car je t'aime avec passion; tu es la seule femme au monde que j'aie pu respecter et admirer encore après l'avoir possédée six mois. Ce que j'ai dit hier était une sottise, une infamie et un mensonge; tu ne sais pas, Juliette, oh! tu ne sais pas tous mes malheurs! tu ne sais pas à quoi me condamne une société d'hommes perdus, à qui m'entraîne une âme de bronze, de feu, d'or et de boue, que j'ai reçue du ciel et de l'enfer réunis! Si tu ne veux plus m'aimer, je ne veux plus vivre. Que n'ai-je pas fait, que n'ai-je pas sacrifié, que n'ai-je pas souillé pour m'attacher à cette vie exécrable qu'ils m'ont faite! Quel démon moqueur s'est donc enfermé dans mon cerveau pour que j'y trouve encore parfois de l'attrait, et pour que je brise, en m'y élançant, les liens les plus sacrés! Ah! il est temps d'en finir; je n'avais eu, depuis que je suis au monde, qu'une période vraiment belle, vraiment pure, celle où je t'ai possédée et adorée. Cela m'avait lavé de toutes mes iniquités, et j'aurais dû rester sous la neige dans le chalet; je serais mort en paix avec toi, avec Dieu et avec moi-même, tandis que me voilà perdu à tes yeux et aux miens. Juliette, Juliette! grâce, pardon! je sens mon âme se briser si tu m'abandonnes. Je suis encore jeune; je veux vivre, je veux être heureux, et je ne le serai jamais qu'avec toi.. Vas-tu me punir de mort pour un blasphème échappé à l'ivresse? Y crois-tu, y peux-tu croire? Oh! que je souffre! que j'ai souffert depuis quinze jours! J'ai des secrets qui me brûlent les entrailles; si je pouvais te les dire... mais tu ne pourrais jamais les entendre jusqu'au bout!

— Je les sais, lui dis-je; et si tu m'aimais, je serais insensible à tout le reste...

— Tu les sais! s'écria-t-il d'un air égaré, tu les sais! Que sais-tu?

— Je sais que vous êtes ruiné, que ce palais n'est point à vous, que vous avez mangé en trois mois une somme immense; je sais que vous êtes habitué à cette existence aventureuse et à ces désordres. J'ignore comment vous défaites si vite et comment vous rétablissez votre fortune ainsi; je pense que le jeu est votre perte et votre ressource; je crois que vous avez autour de vous une société funeste, et que vous luttez contre d'affreux conseils; je crois que vous êtes au bord d'un abîme, mais que vous pouvez encore le fuir.

— Eh bien! oui, tout cela est vrai, s'écria-t-il, tu sais tout! et tu me le pardonnerais?

— Si je n'avais pas perdu votre amour, lui dis-je, je croirais n'avoir rien perdu en quittant ce palais, ce faste et ce monde qui me sont odieux. Quelque pauvres que nous fussions, nous pourrions toujours vivre comme nous avons fait dans notre chalet, soit là, soit ailleurs, si vous êtes las de la Suisse. Si vous m'aimiez encore, vous ne seriez pas perdu; car vous ne penseriez ni au jeu, ni à l'intempérance, ni à aucune des passions que vous avez célébrées dans un toast diabolique; si vous m'aimiez, nous paierions avec ce qui vous reste ce que vous pouvez devoir, et nous irions nous ensevelir et nous aimer dans quelque retraite où j'oublierais vite ce que je viens d'apprendre, où je ne vous le rappellerais jamais, où je ne pourrais pas en souffrir..... Si vous m'aimiez...!

— Oh! je t'aime, je t'aime, s'écria-t-il; partons! sauvons-nous, sauve-moi! Sois ma bienfaitrice, mon ange, comme tu l'as toujours été. Viens, pardonne-moi!

Il se jeta à mes pieds, et tout ce que la passion la plus fervente peut dicter, il me le dit avec tant de chaleur, que j'y crus... et que j'y croirais toujours. Leoni me trompait, m'avilissait, et m'aimait en même temps.

Un jour, pour se soustraire aux vifs reproches que je lui adressais, il essaya de réhabiliter la passion du jeu.

— Le jeu, me dit-il avec éloquence spécieuse qui n'avait que trop d'empire sur moi, c'est une passion bien autrement énergique que l'amour. Plus féconde en drames terribles, elle est plus enivrante, plus héroïque dans les actes qui concourent à son but. Il faut le dire, hélas! si ce but est vil en apparence, l'ardeur est puissante, l'audace est sublime, les sacrifices sont aveugles et sans bornes. Jamais, il faut que tu le saches, Juliette, jamais les femmes n'en inspirent de pareils. L'or est une puissance supérieure à la leur. En force, en courage, en dévouement, en persévérance, au prix du joueur, l'amant n'est qu'un faible enfant dont les efforts sont dignes de pitié. Combien peu d'hommes avez-vous vus sacrifier à leur maîtresse ce bien inestimable, cette nécessité sans prix, cette condition d'existence sans laquelle on pense qu'il n'y a pas d'existence supportable, *l'honneur!* Je n'en connais guère, dont le dévouement aille plus loin que le sacrifice de la vie. Tous les jours le joueur immole son honneur et supporte la vie. Le joueur est âpre, il est stoïque; il triomphe froidement, il succombe froidement, il passe en quelques heures des derniers rangs de la société aux premiers; dans quelques heures il redescend au point d'où il était parti, et cela sans changer d'attitude ni de visage. Dans quelques heures, sans quitter la place où son démon l'enchaîne, il parcourt toutes les vicissitudes de la vie, il passe par toutes les chances de fortune qui représentent les différentes conditions sociales. Tour à tour roi et mendiant, il gravit d'un seul bond l'échelle immense, toujours calme, toujours maître de lui, toujours soutenu par sa robuste ambition, toujours excité par l'âcre soif qui le dévore. Que sera-t-il tout à l'heure? prince ou esclave? Comment sortira-t-il de cet antre? nu, ou courbé sous le poids de l'or? Qu'importe? Il y reviendra demain refaire sa fortune, la perdre ou la tripler. Ce qu'il y a d'impossible pour lui, c'est le repos; il est comme l'oiseau des tempêtes, qui ne peut vivre sans les flots agités et les vents en fureur. On l'accuse d'aimer l'or? il l'aime si peu qu'il le jette à pleines mains. Ces dons de l'enfer ne sauraient lui profiter ni l'assouvir. A peine riche, il lui tarde d'être ruiné afin de goûter encore cette nerveuse et terrible émotion sans laquelle la vie lui est insipide. Qu'est-ce donc que l'or à ses yeux? Moins par lui-même que des grains de sable aux vôtres. Mais l'or lui est un emblème des biens et des maux qu'il vient chercher et braver. L'or, c'est son jouet, c'est son ennemi, c'est son Dieu, c'est son rêve, c'est son démon, c'est sa maîtresse, c'est sa poésie; c'est l'ombre qu'il poursuit, qu'il attaque, qu'il étreint, puis qu'il laisse échapper, pour avoir le plaisir de recommencer la lutte et de se prendre encore une fois corps à corps avec le destin. Va! c'est beau cela! c'est absurde, il faut le condamner, parce que l'énergie, employée ainsi, est sans profit pour la société, parce que l'homme qui dirige ses forces vers un pareil but vole à ses semblables tout le bien qu'il aurait pu leur faire avec moins d'égoïsme; mais en le condamnant, ne le méprisez pas, petites organisations qui n'êtes capables ni de bien ni de mal; ne mesurez qu'avec effroi le colosse de volonté qui lutte ainsi sur une mer fougueuse pour le seul plaisir d'exercer sa vigueur et de la jeter en dehors de lui. Son égoïsme le pousse au milieu des fatigues et des dangers, comme le vôtre vous enchaîne à de patientes et laborieuses professions. Combien comptez-vous, dans le monde, d'hommes qui travaillent pour la patrie sans songer à eux-mêmes? Lui, il s'isole franchement, il se met à part; il dispose de son avenir, de son présent, de son repos, de son honneur. Il se condamne à la souffrance, à la fatigue. Déplorez son erreur, mais ne vous comparez pas à lui, dans le secret de votre orgueil, pour vous glorifier à ses dépens. Que son fatal exemple serve seulement à vous consoler de votre inoffensive nullité.

— O ciel! lui répondis-je, de quels sophismes votre cœur s'est-il donc nourri, ou bien quelle est la faiblesse de mon intelligence? Quoi! le joueur ne serait pas méprisable? O Leoni, pourquoi, ayant tant de force, ne l'avez-vous pas employée à vous dompter dans l'intérêt de vos semblables?

— C'est, répondit-il d'un ton ironique et amer, que j'ai mal compris la vie, apparemment; c'est que mon amour-propre m'a mal conseillé. C'est qu'au lieu de monter sur un théâtre somptueux, je suis monté sur un théâtre en plein vent; c'est qu'au lieu de m'employer à déclamer de spécieuses moralités sur la scène du monde et à jouer les rôles héroïques, je me suis amusé, pour donner carrière à la vigueur de mes muscles, à faire des tours de force et à me risquer sur un fil d'archal. Et encore cette comparaison ne vaut rien: le saltimbanque a sa vanité, comme le tragédien, comme l'orateur philanthrope. Le joueur n'en a pas; il n'est ni admiré, ni applaudi, ni envié. Ses triomphes sont si courts et si hasardés, que ce n'est pas la peine d'en parler. Au contraire, la société le condamne, le vulgaire le méprise, surtout les jours où il a perdu. Tout son charlatanisme consiste à faire bonne contenance, à tomber décemment devant un groupe d'intéressés qui ne le regardent même pas, tant ils ont une autre contention d'esprit qui les absorbe! Si dans ses rapides heures de fortune il trouve quelque plaisir à satisfaire les vulgaires vanités du luxe, c'est un tribut bien court qu'il paie aux faiblesses humaines. Bientôt il va sacrifier sans pitié ces puériles jouissances d'un instant à l'activité dévorante de son âme, à cette fièvre infernale qui ne lui permet pas de vivre tout un jour de la vie des autres hommes. De la vanité à lui! il n'en a pas le temps, il a bien autre chose à faire! N'a-t-il pas son cœur à faire souffrir, sa tête à bouleverser, son sang à boire, sa chair à tourmenter, son or à perdre, sa vie à remettre en question, à reconstruire, à défaire, à tordre, à déchirer par lambeaux, à risquer en bloc, à reconquérir pièce à pièce, à mettre dans sa bourse, à jeter sur la table à chaque instant? Demandez au marin s'il peut vivre à terre, à l'oiseau s'il peut être heureux sans ses ailes, au cœur de l'homme s'il peut se passer d'émotions.

Le joueur n'est donc pas criminel par lui-même; c'est sa position sociale qui presque toujours le rend tel, c'est sa famille qu'il ruine ou qu'il déshonore. Mais supposez-le, comme moi, isolé dans le monde, sans affections, sans parentés assez intimes pour être prises en considération, libre, abandonné à lui-même, rassasié ou trompé en amour, comme je l'ai été si souvent, et vous plaindrez son erreur, vous regretterez pour lui qu'il ne soit pas né avec un tempérament sanguin et vaniteux plutôt qu'avec un tempérament bilieux et concentré.

Où prend-on que le joueur soit dans la même catégorie que les flibustiers et les brigands? Demandez aux gouvernements pourquoi ils tirent une partie de leurs richesses d'une source si honteuse! Eux seuls sont coupables d'offrir ces horribles tentations à l'inquiétude, ces funestes ressources au désespoir.

Si l'amour du jeu n'est pas en lui-même aussi honteux que la plupart des autres penchants, c'est le plus dangereux de tous, le plus âpre, le plus irrésistible, celui dont les conséquences sont les plus misérables. Il est presque impossible au joueur de ne pas se déshonorer au bout de quelques années.

Quant à moi, poursuivit-il d'un air plus sombre et d'une voix moins vibrante, après avoir pendant longtemps supporté cette vie d'angoisses et de convulsions avec l'héroïsme chevaleresque qui était la base de mon caractère, je me laissai enfin corrompre; c'est-à-dire que, mon âme s'usant peu à peu à ce combat perpétuel, je perdis la force stoïque avec laquelle j'avais su accepter les revers, supporter les privations d'une affreuse misère, recommencer patiemment l'édifice de ma fortune, parfois avec une obole, attendre, espérer, marcher prudemment et pas à pas, sacrifier tout un mois à réparer les pertes d'un jour. Telle fut longtemps ma vie. Mais enfin, las de souffrir, je commençai à chercher hors de ma volonté, hors de ma vertu (car il faut bien le dire, le joueur a sa vertu aussi), les moyens de regagner plus vite les valeurs perdues; j'empruntai, et dès lors je fus perdu moi-même.

On souffre d'abord cruellement de se trouver dans une situation indélicate, et puis on s'y fait comme à tout, on s'étourdit, on se blase. Je fis comme font les joueurs et les prodigues; je devins nuisible et dangereux à mes amis. J'accumulai sur leurs têtes les maux que longtemps j'avais courageusement assumés sur la mienne. Je fus coupable; je risquai mon honneur, puis l'existence et l'honneur de mes proches, comme j'avais risqué mes biens. Le jeu a cela d'horrible, qu'il ne vous donne pas de ces leçons sur lesquelles il n'y a point à revenir. Il est toujours là qui vous appelle! Cet or, qui ne s'épuise jamais, est toujours devant les yeux. Il vous suit, il vous invite, il vous dit: « Espère! » et parfois il tient ses promesses, il vous rend l'audace, il rétablit votre crédit, il semble retarder encore le déshonneur; mais le déshonneur est consommé du jour où l'honneur est volontairement mis en risque.

Ici Leoni baissa la tête et tomba dans un morne silence; la confession qu'il avait peut-être songé à me faire expira sur ses lèvres. Je vis à sa honte et à sa tristesse qu'il était bien inutile de rétorquer les arguments sophistiques de son désordre; sa conscience s'en était déjà chargée.

— Ecoute, me dit-il quand nous fûmes réconciliés, demain je ferme la maison à tous mes commensaux, et je pars pour Milan, où j'ai à toucher encore une somme assez forte qui m'est due. Pendant ce temps, soigne-toi bien, rétablis ta santé, mets en ordre toutes les requêtes de nos créanciers, et fais les apprêts de notre départ. Dans huit jours, dans quinze au plus, je reviendrai payer nos dettes et te chercher pour aller vivre avec toi où tu voudras, pour toujours.

Je crus à tout, je consentis à tout. Il partit, et la maison fut fermée. Je n'attendis pas que je fusse entièrement guérie pour m'occuper de remettre tout en ordre et de réviser les mémoires des fournisseurs. J'espérais que Leoni m'écrirait dès son arrivée à Milan, comme il me l'avait promis ; il fut plus de huit jours sans me donner de ses nouvelles. Il m'annonça enfin qu'il était sûr de toucher beaucoup plus d'argent que nous n'en devions, mais qu'il serait obligé de rester vingt jours absent au lieu de quinze. Je me résignai. Au bout de vingt jours, une nouvelle lettre m'annonça qu'il était forcé d'attendre ses rentrées jusqu'à la fin du mois. Je tombai dans le découragement. Seule dans ce grand palais, où, pour échapper aux insolentes visites des compagnons de Leoni, j'étais obligée de me cacher, de baisser les stores de ma fenêtre et de soutenir une espèce de siége, dévorée d'inquiétude, malade et faible, livrée aux plus noires réflexions et à tous les remords que l'aiguillon du malheur réveille, je fus plusieurs fois tentée de mettre fin à ma déplorable vie.

Mais je n'étais pas au bout de mes souffrances.

XIII.

Un matin, que je croyais être seule dans le grand salon et que je tenais un livre ouvert sur mes genoux, sans songer à le regarder, j'entendis du bruit auprès de moi, et, sortant de ma léthargie, je vis la détestable figure du vicomte de Chalm. Je fis un cri, et j'allais le chasser, lorsqu'il se confondit en excuses d'un air à la fois respectueux et railleur, auquel je ne sus que répondre. Il me dit qu'il avait forcé ma porte sur l'autorisation d'une lettre de Leoni, qui l'avait spécialement chargé de venir s'informer de ma santé et de lui en donner des nouvelles. Je ne crus point à ce prétexte, et j'allais le lui dire ; mais, sans m'en laisser le temps, il se mit à parler lui-même avec un sang-froid si impudent, qu'à moins d'appeler mes gens, il m'eût été impossible de le mettre à la porte. Il était décidé à ne rien comprendre.

— Je vois, Madame, me dit-il d'un air d'intérêt hypocrite, que vous êtes informée de la situation fâcheuse où se trouve le baron. Soyez sûre que mes faibles ressources sont à sa disposition ; c'est malheureusement bien peu de chose pour contenter la prodigalité d'un caractère si magnifique. Ce qui me console, c'est qu'il est courageux, entreprenant et ingénieux. Il a refait plusieurs fois sa fortune ; il la relèvera encore. Mais vous aurez à souffrir, vous, madame, si jeune, si délicate et si digne d'un meilleur sort ! C'est pour vous que je m'afflige profondément des folies de Leoni et de toutes celles qu'il va encore commettre avant de trouver des ressources. La misère est une horrible chose à votre âge, et quand on a toujours vécu dans le luxe...

Je l'interrompis brusquement ; car je crus voir où il voulait en venir avec son injurieuse compassion. Je ne comprenais pas encore toute la bassesse de ce personnage.

Devinant ma méfiance, il s'empressa de la combattre. Il me fit entendre, avec toute la politesse de son langage subtil et froid, qu'il se jugeait trop vieux et trop peu riche pour m'offrir son appui, mais qu'un jeune lord immensément riche, qui m'avait été présenté par lui, et qui m'avait fait quelques visites, lui avait confié l'honorable message de me tenter par des promesses magnifiques. Je n'eus pas la force de répondre à cet affront ; j'étais si faible et si abattue, que je me mis à pleurer sans rien dire. L'infâme Chalm crut que j'étais ébranlée ; et, pour me décider entièrement, il me déclara que Leoni ne reviendrait point à Venise, qu'il était enchaîné aux pieds de la princesse Zagarolo, et qu'il lui avait donné plein pouvoir de traiter cette affaire avec moi.

L'indignation me rendit enfin la présence d'esprit dont j'avais besoin pour accabler cet homme de mépris et de confusion. Mais il fut bientôt remis de son trouble. — Je vois, Madame, me dit-il, que votre jeunesse et votre candeur ont été cruellement abusées, et je ne saurais vous rendre haine pour haine, car vous me méconnaissez et vous m'accusez ; moi, je vous connais et vous estime. J'aurai, pour entendre vos reproches et vos injures, tout le stoïcisme dont le véritable dévouement doit savoir s'armer, et je vous dirai dans quel abîme vous êtes tombée et de quelle abjection je veux vous retirer.

Il prononça ces mots avec tant de force et de calme, que mon crédule caractère en fut comme subjugué. Un instant je pensai que, dans le trouble de mes malheurs, j'avais peut-être méconnu un homme sincère. Fascinée par l'impudente sérénité de son visage, j'oubliai les dégoûtantes paroles que je lui avais entendu prononcer, et je lui laissai le temps de parler. Il vit qu'il fallait profiter de ce moment d'incertitude et de faiblesse, et se hâta de me donner sur Leoni des renseignements d'une odieuse vérité.

— J'admire, dit-il, comment votre cœur, facile et confiant, a pu s'attacher si longtemps à un caractère semblable. Il est vrai que la nature l'a doté de séductions irrésistibles, et qu'il a une habileté extraordinaire pour cacher ses turpitudes et pour prendre les dehors de la loyauté. Toutes les villes de l'Europe le connaissent pour un roué charmant. Quelques personnes seulement en Italie savent qu'il est capable de toutes les scélératesses pour satisfaire ses fantaisies innombrables. Aujourd'hui vous le verrez se modeler sur le type de Lovelace, demain sur celui du pastor Fido. Comme il est un peu poëte, il est capable de recevoir toutes les impressions, de comprendre et de singer toutes les vertus, d'étudier et de jouer tous les rôles. Il croit sentir tout ce qu'il imite, et quelquefois il s'identifie tellement avec le personnage qu'il a choisi, qu'il en ressent les passions et en saisit la grandeur. Mais, comme le fond de son âme est vil et corrompu, comme il n'y a en lui qu'affectation et caprice, le vice se réveille tout à coup dans son sang, l'ennui de son hypocrisie le jette dans des habitudes entièrement contraires à celles qui semblaient lui être naturelles. Ceux qui ne l'ont vu que sous une de ses faces mensongères s'étonnent et le croient devenu fou ; ceux qui savent que son caractère est de n'en avoir aucun, sourient et attendent paisiblement quelque nouvelle invention.

Quoique ce portrait horrible me révoltât au point de me suffoquer, il me semblait y voir briller des traits d'une lumière accablante. J'étais atterrée, mes nerfs se contractaient. Je regardais Chalm d'un air effaré : il s'applaudit de sa puissance, et continua :

— Ce caractère vous étonne ; si vous aviez plus d'expérience, ma chère dame, vous sauriez qu'il est fort répandu dans le monde. Pour l'avoir à un certain degré, il faut une certaine supériorité d'intelligence, et si beaucoup de sots s'en abstiennent, c'est qu'ils sont incapables de le soutenir. Vous verrez presque toujours un homme médiocre et vain se renfermer dans une manière d'être obstinée qu'il prendra pour une spécialité, et qui le consolera des succès d'autrui. Il s'avouera moins brillant, mais il se déclarera plus solide et plus utile. La terre n'est peuplée que d'imbéciles insupportables ou de fous nuisibles. Tout bien considéré, j'aime encore mieux les derniers ; j'ai assez de prudence pour m'en préserver et assez de tolérance pour m'en amuser. Mieux vaut rire avec un malicieux bouffon que bâiller avec un bon homme ennuyeux. C'est pourquoi vous m'avez vu dans l'intimité d'un homme que je n'aime ni n'estime. D'ailleurs j'étais attiré ici par vos manières affables, par votre angélique douceur ; je me sentais pour vous une amitié paternelle. Le jeune lord Edwards, qui vous avait vue de sa fenêtre passer des heures entières immobile et rêveuse à votre balcon, m'avait pris pour confident de la passion violente qu'il a conçue pour vous. Je l'avais présenté ici, désirant franchement et ardemment que vous ne restassiez pas plus longtemps dans la position douloureuse et humiliante où l'abandon de Leoni vous laissait; je savais que lord Edwards avait une âme digne de la vôtre, et qu'il vous ferait une existence heureuse et honorable... Je viens aujourd'hui renouveler mes efforts et vous révéler son amour, que vous n'avez pas voulu comprendre...

Je mordais mon mouchoir de colère; mais, dévorée par une idée fixe, je me levai, et je lui dis avec force :

— Vous prétendez que Leoni vous autorise à me faire ces infâmes propositions : prouvez-le-moi ! oui, Monsieur, prouvez-le! Et je lui secouai le bras convulsivement.

— Parbleu ! ma chère petite, me répondit ce misérable avec son impassibilité odieuse, c'est bien facile à prouver. Mais comment ne vous l'expliquez-vous pas à vous-même ? Leoni ne vous aime plus; il a une autre maîtresse.

— Prouvez-le! répétai-je avec exaspération.

— Tout à l'heure, tout à l'heure, me dit-il. Leoni a grand besoin d'argent, et il y a des femmes d'un certain âge dont la protection peut être avantageuse.

— Prouvez-moi tout ce que vous dites! m'écriai-je, ou je vous chasse à l'instant.

— Fort bien, répondit-il sans se déconcerter; mais faisons un accord : si j'ai menti, je sortirai d'ici pour n'y jamais remettre les pieds; si j'ai dit vrai en affirmant que Leoni m'autorise à vous parler de lord Edwards, vous me permettrez de venir ce soir avec ce dernier.

En parlant ainsi, il tira de sa poche une lettre sur l'adresse de laquelle je reconnus l'écriture de Leoni.

— Oui! m'écriai-je, emportée par l'invincible désir de connaître mon sort; oui, je le promets.

Le marquis déplia lentement la lettre et me la présenta. Je lus :

« Mon cher vicomte, quoique tu me causes souvent
« des accès de colère où je t'écraserais volontiers, je crois
« que tu as vraiment de l'amitié pour moi et que tes offres
« de service sont sincères. Je n'en profiterai pourtant pas.
« J'ai mieux que cela, et mes affaires reprennent un train
« magnifique. La seule chose qui m'embarrasse et qui
« m'épouvante, c'est Juliette. Tu as raison : au premier
« jour elle va faire avorter mes projets. Mais que faire ?
« J'ai pour elle le plus sot et le plus invincible attache-
« ment. Son désespoir m'ôte toutes mes forces. Je ne puis
« la voir pleurer sans être à ses pieds... Tu crois qu'elle
« se laisserait corrompre ? Non, tu ne la connais pas ;
« jamais elle ne se laissera vaincre par la cupidité. Mais
« le dépit ? dis-tu. Oui, cela est plus vraisemblable.
« Quelle est la femme qui ne fasse par colère ce qu'elle
« ne ferait pas par amour ? Juliette est fière, j'en ai ac-
« quis la certitude dans ces derniers temps. Si tu lui dis
« un peu de mal de moi, si tu lui fais entendre que je
« suis infidèle...., peut-être !.... Mais, mon Dieu ! je ne
« puis y penser sans que mon âme se déchire... Essaie :
« si elle succombe, je la mépriserai et je l'oublierai; si
« elle résiste... ma foi ! nous verrons. Quel que soit le
« résultat de tes efforts, j'aurai un grand désastre à
« craindre ou une grande peine de cœur à supporter. »

— Maintenant, dit le marquis quand j'eus fini, je vais chercher lord Edwards.

Je cachai ma tête dans mes mains et je restai longtemps immobile et muette. Puis tout à coup je cachai cet exécrable billet dans mon sein et je sonnai plus avec violence.

— Que ma femme de chambre fasse en cinq minutes un porte-manteau, dis-je au laquais, et que Beppo amène la gondole.

— Que voulez-vous faire, ma chère enfant? me dit le vicomte étonné; où voulez-vous aller?

— Chez lord Edwards, apparemment! lui dis-je avec une ironie amère dont il ne comprit pas le sens. Allez l'avertir, repris-je; dites-lui que vous avez gagné votre salaire et que je vole vers lui.

Il commença à comprendre que je le raillais avec fureur. Il s'arrêta irrésolu. Je sortis du salon sans dire un mot de plus, et j'allai mettre un habit de voyage. Je descendis suivie de ma femme de chambre, portant le paquet. Au moment de passer dans la gondole, je sentis une main agitée qui me retenait par mon manteau ; je me retournai, je vis Chalm troublé et effrayé. — Où donc allez-vous ? me dit-il d'une voix altérée. Je triomphais d'avoir enfin troublé son sang-froid de scélérat.

— Je vais à Milan, lui dis-je, et je vous fais perdre les deux ou trois cents sequins que lord Edwards vous avait promis.

— Un instant, dit le vicomte furieux ; rendez-moi la lettre, ou vous ne partirez pas.

— Beppo ! m'écriai-je avec l'exaspération de la colère et de la peur en m'élançant vers la gondole, délivre-moi de ce rufian, qui me casse le bras.

Tous les domestiques de Leoni me trouvaient douce et m'étaient dévoués. Beppo, silencieux et résolu, me saisit par la taille et m'enleva de l'escalier. En même temps il donna un coup de pied à la dernière marche, et la gondole s'éloigna au moment où il m'y déposait avec une adresse et une force extraordinaires. Chalm faillit être entraîné et tomber dans le canal. Il disparut en me lançant un regard qui était le serment d'une haine éternelle et d'une vengeance implacable.

XIV.

J'arrive à Milan après avoir voyagé nuit et jour sans me donner le temps de me reposer ni de réfléchir. Je descends à l'auberge où Leoni m'avait donné son adresse, je le fais demander, on me regarde avec étonnement.

— Il ne demeure pas ici, me répond le camériere. Il y est descendu en y arrivant, et il y a loué une petite chambre où il a déposé ses effets ; mais il ne vient ici que le matin pour prendre ses lettres, faire sa barbe et s'en aller.

— Mais où loge-t-il ? demandai-je. Je vis que le camériere me regardait avec curiosité, avec incertitude, et que, soit par respect, soit par commisération, il ne pouvait se décider à me répondre. J'eus la discrétion de ne pas insister, et je me fis conduire à la chambre que Leoni avait louée. — Si vous savez où on peut le trouver à cette heure-ci, dis-je au camériere, allez le chercher, et dites-lui que sa sœur est arrivée.

Au bout d'une heure, Leoni arriva, les bras étendus pour m'embrasser. — Attends, lui dis-je en reculant ; si tu m'as trompée jusqu'ici, n'ajoute pas un crime de plus à tous ceux que tu as commis envers moi. Tiens, regarde ce billet ; est-il de toi ? Si on a contrefait ton écriture, dis-le-moi vite, car je l'espère et j'étouffe.

Leoni jeta les yeux sur le billet et devint pâle comme la mort.

— Mon Dieu ! m'écriai-je, j'espérais qu'on m'avait trompée! Je venais vers toi avec la presque certitude de te trouver étranger à cette infamie. Je me disais : Il m'a fait bien du mal, il m'a déjà trompée ; mais, malgré tout, il m'aime. S'il est vrai que je le gêne et que je lui sois nuisible, il me l'aurait dit il y a à peine un mois, lorsque je me sentais le courage de le quitter, tandis qu'il s'est jeté à mes genoux pour me supplier de rester. S'il est un intrigant et un ambitieux, il ne devait pas me retenir ; car je n'ai aucune fortune, et mon amour ne lui est avantageux en rien. Pourquoi se plaindrait-il maintenant de mon importunité? Il n'a qu'un mot à dire pour me chasser. Il sait que je suis fière ; il ne doit craindre ni mes prières ni mes reproches. Pourquoi voudrait-il m'avilir ?

Je ne pus continuer ; un flot de larmes saccadait ma voix et arrêtait mes paroles.

— Pourquoi j'aurais voulu t'avilir ? s'écria Leoni hors de lui ; pour éviter un remords de plus à ma conscience déchirée. Tu ne comprends pas cela, Juliette. On voit bien que tu n'as jamais été criminelle !...

Il s'arrêta ; je tombai sur un fauteuil, et nous restâmes atterrés tous deux.

— Pauvre ange ! s'écria-t-il enfin, méritais-tu d'être la compagne et la victime d'un scélérat tel que moi ? Qu'avais-tu fait à Dieu avant de naître, malheureuse enfant, pour qu'il te jetât dans les bras d'un réprouvé qui te fait mourir de honte et de désespoir ? Pauvre Juliette ! pauvre Juliette !

Je ne vous aime ni ne vous estime plus. (Page 26.)

Et à son tour il versa un torrent de larmes.
— Allons, lui dis-je, je suis venue pour entendre ta justification ou ma condamnation. Tu es coupable, je te pardonne, et je pars.
— Ne parle jamais de cela! s'écria-t-il avec véhémence. Raie à jamais ce mot-là de nos entretiens. Quand tu voudras me quitter, échappe-toi habilement sans que je puisse t'en empêcher; mais tant qu'il me restera une goutte de sang dans les veines, je n'y consentirai pas. Tu es ma femme, tu m'appartiens, et je t'aime. Je puis te faire mourir de douleur, mais je ne peux pas te laisser partir.
— J'accepterai la douleur et la mort, lui dis-je, si tu me dis que tu m'aimes encore.
— Oui, je t'aime, je t'aime, cria-t-il avec ses transports ordinaires; je n'aime que toi, et je ne pourrai jamais en aimer une autre!
— Malheureux! tu mens, lui dis-je. Tu as suivi la princesse Zagarolo.
— Oui, mais je la déteste.
— Comment! m'écriai-je frappée d'étonnement. Et pourquoi donc l'as-tu suivie? Quels honteux secrets cachent donc toutes ces énigmes? Chalm a voulu me faire entendre qu'une vile ambition t'enchaînait auprès de cette femme; qu'elle était vieille...; qu'elle te payait... Ah! quels mots vous me faites prononcer!
— Ne crois pas à ces calomnies, répondit Leoni; la princesse est jeune, belle; j'en suis amoureux...
— A la bonne heure, lui dis-je avec un profond soupir, j'aime mieux vous voir infidèle que déshonoré. Aimez-la, aimez-la beaucoup; car elle est riche, et vous êtes pauvre! Si vous l'aimez beaucoup, la richesse et la pauvreté ne seront plus que des mots entre vous. Je vous aimais ainsi; et quoique je n'eusse rien pour vivre que vos dons, je n'en rougissais pas; à présent je m'avilirais et je vous serais insupportable. Laissez-moi donc partir. Votre obstination à me garder pour me faire mourir dans les tortures est une folie et une cruauté.
— C'est vrai, dit Leoni d'un air sombre; pars donc! je suis un bourreau de vouloir l'en empêcher.
Il sortit d'un air désespéré. Je me jetai à genoux, je demandai au ciel de la force, j'invoquai le souvenir de ma mère, et je me relevai pour faire de nouveau les courts apprêts de mon départ.

Je tuerai au moins cet homme-là répondit Leoni. (Page 30.)

Quand mes malles furent refermées, je demandai des chevaux de poste pour le soir même, et en attendant je me jetai sur un lit. J'étais si accablée de fatigue et tellement brisée par le désespoir, que j'éprouvai, en m'endormant, quelque chose qui ressemblait à la paix du tombeau.

Au bout d'une heure je fus réveillée par les embrassements passionnés de Leoni.

— C'est en vain que tu veux partir, me dit-il ; cela est au-dessus de mes forces. J'ai renvoyé tes chevaux, j'ai fait décharger tes malles. Je viens de me promener seul dans la campagne, et j'ai fait mon possible pour me forcer à te perdre. J'ai résolu de ne pas te dire adieu. J'ai été chez la princesse, j'ai tâché de me figurer que je l'aimais ; je la hais et je t'aime. Il faut que tu restes.

Ces émotions continuelles m'affaiblissaient l'âme autant que le corps ; je commençais à ne plus avoir la faculté de raisonner ; le mal et le bien, l'estime et le mépris devenaient pour moi des sons vagues, des mots que je ne voulais plus comprendre, et qui m'effrayaient comme des chiffres innombrables qu'on m'aurait dit de supputer. Leoni avait désormais sur moi plus qu'une force morale ; il avait une puissance magnétique à laquelle je ne pouvais plus me soustraire. Son regard, sa voix, ses larmes agissaient sur mes nerfs autant que sur mon cœur ; je n'étais plus qu'une machine qu'il poussait à son gré dans tous les sens.

Je lui pardonnai, je m'abandonnai à ses caresses, je lui promis tout ce qu'il voulut. Il me dit que la princesse Zagarolo, étant veuve, avait songé à l'épouser ; que le court et frivole engouement qu'il avait eu pour elle lui avait fait croire à son amour ; qu'elle s'était follement compromise pour lui, et qu'il était obligé de la ménager et de s'en détacher peu à peu, ou d'avoir affaire à toute la famille. — S'il ne s'agissait que de me battre avec tous ses frères, tous ses cousins et tous ses oncles, dit-il, je m'en soucierais fort peu ; mais ils agiront en grands seigneurs, me dénonceront comme carbonaro, et me feront jeter dans une prison, où j'attendrai peut-être dix ans qu'on veuille bien examiner ma cause.

J'écoutai tous ces contes absurdes avec la crédulité d'un enfant. Leoni ne s'était jamais occupé de politique ; mais j'aimais encore à me persuader que tout ce qu'il y avait de problématique dans son existence se rattachait à quelque grande entreprise de ce genre. Je consentis à passer toujours dans l'hôtel pour sa sœur, à me montrer peu dehors et jamais avec lui, enfin à le laisser absolument libre de me quitter à toute heure sur la requête de la princesse.

XV.

Cette vie fut affreuse, mais je la supportai. Les tortures de la jalousie m'étaient encore inconnues jusque-là ; elles s'éveillèrent, et je les épuisai toutes. J'évitai à Leoni l'ennui de les combattre; d'ailleurs il ne me restait plus assez de force pour les exprimer. Je résolus de me laisser mourir en silence; je me sentais assez malade pour l'espérer. L'ennui me dévorait encore plus à Milan qu'à Venise; j'y avais plus de souffrances et moins de distractions. Leoni vivait ouvertement avec la princesse Zagarolo. Il passait les soirs dans sa loge au spectacle ou au bal avec elle ; il s'en échappait pour venir me voir un instant, et puis il retournait souper avec elle et ne rentrait que le matin à six heures. Il se couchait accablé de fatigue et souvent de mauvaise humeur. Il se levait à midi, silencieux et distrait, et allait se promener en voiture avec sa maîtresse. Je les voyais souvent passer ; Leoni avait auprès d'elle cet air sagement triomphant, cette coquetterie de maintien, ces regards heureux et tendres qu'il avait eus jadis auprès de moi ; maintenant je n'avais plus que ses plaintes et le récit de ses contrariétés. Il est vrai que j'aimais mieux le voir venir à moi soucieux et dégoûté de son esclavage que paisible et insouciant, comme cela lui arrivait quelquefois ; il semblait alors qu'il eût oublié l'amour qu'il avait eu pour moi et celui que j'avais encore pour lui ; il trouvait naturel de me confier les détails de son intimité avec une autre, et ne s'apercevait pas que le sourire de mon visage en l'écoutant était une convulsion muette de la douleur.

Un soir, au coucher du soleil, je sortais de la cathédrale, où j'avais prié Dieu avec ferveur de m'appeler à lui et d'accepter mes souffrances en expiation de mes fautes. Je marchais lentement sous le magnifique portail, et je m'appuyais de temps en temps contre les piliers, car j'étais faible. Une fièvre lente me consumait. L'émotion de la prière et l'air de l'église m'avaient baignée d'une sueur froide : je ressemblais à un spectre sorti du pavé sépulcral pour voir encore une fois les derniers rayons du jour. Un homme, qui me suivait depuis quelque temps sans que j'y fisse grande attention, me parla, et je me retournai sans surprise, sans frayeur, avec l'apathie d'un mourant. Je reconnus Henryet.

Aussitôt le souvenir de ma patrie et de ma famille se réveilla en moi avec impétuosité. J'oubliai l'étrange conduite de ce jeune homme envers moi, la puissance terrible qu'il exerçait sur Leoni, son ancien amour si mal accueilli par moi, et la haine que j'avais ressentie contre lui depuis. Je ne songeai qu'à mon père et à ma mère, et, lui tendant la main avec vivacité, je l'accablai de questions. Il ne se pressa pas de me répondre, quoiqu'il parût touché de mon émotion et de mon empressement.

— Êtes-vous seule ici? me dit-il, et puis-je causer avec vous sans vous exposer à aucun danger?

— Je suis seule, personne ici ne me connaît ni ne s'occupe de moi. Asseyons-nous sur ce banc de pierre, car je suis souffrante, et, pour l'amour du ciel, parlez-moi de mes parents. Il y a une année tout entière que je n'ai entendu prononcer leur nom.

— Vos parents ! dit Henryet avec tristesse. Il y en a un qui ne vous pleure plus.

— Mon père est mort ! m'écriai-je en me levant. Henryet ne répondit pas. Je retombai accablée sur le banc, et je dis à demi-voix : — Mon Dieu, qui allez me réunir à lui, faites qu'il me pardonne !

— Votre mère, dit Henryet, a été longtemps malade. Elle a essayé ensuite de se distraire; mais elle avait perdu sa beauté dans les larmes, et n'a point trouvé de consolation dans le monde.

— Mon père mort! dis-je en joignant mes faibles mains, ma mère vieille et triste! Et ma tante?

— Votre tante essaie de consoler votre mère en lui prouvant que vous ne méritez pas ses regrets: mais votre mère ne l'écoute pas, et chaque jour elle se flétrit dans l'isolement et l'ennui. Et vous, Madame?

Henryet prononça ces derniers mots d'un ton froid, où perçait cependant la compassion sous le mépris.

— Et moi, je me meurs, vous le voyez.

Il me prit la main, et des larmes lui vinrent aux yeux.

— Pauvre fille! me dit-il, ce n'est pas ma faute. J'ai fait ce que j'ai pu pour vous empêcher de tomber dans ce précipice, mais vous l'avez voulu.

— Ne parlez pas de cela, lui dis-je, il m'est impossible d'en causer avec vous. Dites-moi si ma mère m'a fait chercher après ma fuite?

— Votre mère vous a cherchée, mais pas assez. Pauvre femme ! elle était consternée, elle a manqué de présence d'esprit. Il n'y a pas de vigueur, Juliette, dans le sang dont vous êtes formée.

— Ah ! c'est vrai, lui dis-je nonchalamment. Nous étions tous indolents et pacifiques dans ma famille. Ma mère a-t-elle espéré que je reviendrais?

— Elle l'a espéré follement et puérilement. Elle vous attend encore, et vous espérera jusqu'à son dernier soupir.

Je me mis à sangloter. Henryet me laissa pleurer sans dire un mot. Je crois qu'il pleurait aussi. J'essuyai mes yeux pour lui demander si ma mère avait été bien affligée de mon déshonneur, si elle avait rougi de moi, si elle osait encore prononcer mon nom.

— Elle l'a sans cesse à la bouche, dit Henryet. Elle conte sa douleur à tout le monde ; à présent on est blasé sur cette histoire, et on sourit quand votre mère commence à pleurer, ou bien on l'évite en disant : Voilà encore madame Ruyter qui va nous raconter l'enlèvement de sa fille !

J'écoutai cela sans dépit, et, levant les yeux sur lui, je lui dis :

— Et vous, Henryet, me méprisez-vous?

— Je ne vous aime ni ne vous estime plus, me répondit-il ; mais je vous plains et je suis à votre service. Ma bourse est à votre disposition. Voulez-vous que j'écrive à votre mère? Voulez-vous que je vous reconduise auprès d'elle? Parlez, et ne craignez pas d'abuser de moi. Je n'agis pas par amitié, mais par devoir. Vous ne savez pas, Juliette, combien la vie s'adoucit pour ceux qui se font des lois et qui les observent.

Je ne répondis rien.

— Voulez-vous donc rester ici seule et abandonnée? Combien y a-t-il de temps que *votre mari* vous a quittée?

— Il ne m'a point quittée, répondis-je ; nous vivons ensemble ; il s'oppose à mon départ que je projette depuis longtemps, mais auquel je n'ai plus la force de penser.

Je retombai dans le silence ; il me donna le bras jusque chez moi. Je ne m'en aperçus qu'en arrivant. Je croyais être appuyée sur le bras de Leoni, et je travaillais à concentrer mes peines et à ne rien dire.

— Voulez-vous que je revienne demain savoir vos intentions ? me dit-il en me laissant sur le seuil.

— Oui, lui dis-je, sans penser qu'il pouvait rencontrer Leoni.

— A quelle heure? demanda-t-il.

— Quand vous voudrez, lui répondis-je d'un air hébété.

Il vint le lendemain peu d'instants après que Leoni fut sorti. Je ne me souvenais plus de le lui avoir permis, et je me montrai si surprise de sa visite, qu'il fut obligé de me le rappeler. Alors me revinrent à la mémoire quelques paroles que j'avais surprises entre Leoni et ses compagnons, mais dont le sens, resté vague dans mon esprit, me semblait applicable à Henryet et renfermer une menace de mort. Je frémis en songeant à quel danger je l'exposais. — Sortons, lui dis-je avec effroi; vous n'êtes point en sûreté ici. Il sourit, et sa figure exprima un profond mépris pour ce danger que je redoutais.

— Croyez-moi, dit-il en voyant que j'allais insister,

l'homme dont vous parlez n'oserait lever le bras sur moi, puisqu'il n'ose pas seulement lever les yeux à la hauteur des miens.

Je ne pouvais entendre parler ainsi de Leoni. Malgré tous ses torts, toutes ses fautes, il était encore ce que j'avais de plus cher au monde. Je priai Henryet de ne point le traiter ainsi devant moi. — Accablez-moi de mépris, lui dis-je; reprochez-moi d'être une fille sans orgueil et sans cœur, d'avoir abandonné les meilleurs parents qui furent jamais et d'avoir foulé aux pieds toutes les lois qui sont imposées à mon sexe, je ne m'en offenserai pas; je vous écouterai en pleurant, et je ne vous serai pas moins reconnaissante des offres de service que vous m'avez faites hier. Mais laissez-moi respecter le nom de Leoni; c'est le seul bien que dans le secret de mon cœur je puisse encore opposer à l'anathème du monde.

— Respecter le nom de Leoni! s'écria Henryet avec un rire amer; pauvre femme! Cependant j'y consentirai si vous voulez partir pour Bruxelles! Allez consoler votre mère, rentrez dans la voie du devoir, et je vous promets de laisser en paix le misérable qui vous a perdue, et que je pourrais briser comme une paille.

— Retourner auprès de ma mère! répondis-je. Oh! oui, mon cœur me le commande à chaque instant; mais retourner à Bruxelles, mon orgueil me le défend. De quelle manière y serais-je traitée par toutes ces femmes qui ont été jalouses de mon éclat, et qui maintenant se réjouissent de mon abaissement!

— Je crains, Juliette, reprit-il, que ce ne soit pas votre meilleure raison. Votre mère a une maison de campagne où vous pourriez vivre avec elle loin de la société impitoyable. Avec votre fortune, vous pourriez vivre partout ailleurs encore où votre disgrâce ne serait pas connue, et où votre beauté et votre douceur vous feraient bientôt de nouveaux amis. Mais vous ne voulez pas quitter Leoni, convenez-en.

— Je le veux, lui répondis-je en pleurant, mais je ne le peux pas.

— Malheureuse, malheureuse entre toutes les femmes! dit Henryet avec tristesse; vous êtes bonne et dévouée, mais vous manquez de fierté. Là où il n'y a pas de noble orgueil il n'y a pas de ressources. Pauvre créature faible! je vous plains de toute mon âme, car vous avez profané votre cœur, vous l'avez souillé au contact d'un cœur infâme, vous avez courbé la tête sous une main vile, vous aimez un lâche! Je me demande comment j'ai pu vous aimer autrefois, mais je me demande aussi comment je pourrais à présent ne pas vous plaindre.

— Mais enfin, lui dis-je effrayée et consternée de son air et de son langage, qu'a donc fait Leoni pour que vous vous croyiez le droit de le traiter ainsi?

— Doutez-vous de ce droit, Madame? Voulez-vous me dire pourquoi Leoni, qui est brave (cela est incontestable) et qui est le premier tireur d'armes que je connaisse, ne s'est jamais avisé de me chercher querelle, à moi qui n'ai jamais touché une épée de ma vie, et qui l'ai chassé de Paris avec un mot, de Bruxelles avec un regard?

— Cela est inconcevable, dis-je avec accablement.

— Est-ce que vous ne savez pas de qui vous êtes la maîtresse? reprit Henryet avec force; est-ce que personne ne vous a raconté les aventures merveilleuses du chevalier Leone? est-ce que vous n'avez jamais rougi d'avoir été sa complice et de vous être sauvée avec un escroc en pillant la boutique de votre père?

Je laissai échapper un cri douloureux et je cachai mon visage dans mes mains; puis je relevai la tête en m'écriant de toutes mes forces : — Cela est faux! je n'ai jamais fait une telle bassesse ; Leoni n'en est pas plus capable que moi. Nous n'avions pas fait quarante lieues sur la route de Genève que Leoni s'est arrêté au milieu de la nuit, a demandé un coffre et y a mis tous les bijoux pour les renvoyer à mon père.

— Êtes-vous sûre qu'il l'ait fait? demanda Henryet en riant avec mépris.

— J'en suis sûre! m'écriai-je; j'ai vu le coffre, j'ai vu Leoni y serrer les diamants.

— Et vous êtes sûre que le coffre ne vous a pas suivi tout le reste du voyage? vous êtes sûre qu'il n'a point été déballé à Venise?

Ces mots furent enfin pour moi un trait de lumière si éblouissant que je ne pus m'y soustraire. Je me rappelai tout à coup ce que j'avais cherché en vain à ressaisir dans mes souvenirs : la première circonstance où mes yeux avaient fait connaissance avec ce fatal coffret. En ce moment les trois époques de son apparition me furent présentes et se lièrent logiquement entre elles pour me forcer à une conclusion écrasante : premièrement la nuit passée dans le château mystérieux où j'avais vu Leoni mettre les diamants dans ce coffre ; en second lieu, la dernière nuit passée au chalet suisse, où j'avais vu Leoni déterrer mystérieusement son trésor confié à la terre ; troisièmement, la seconde journée de notre séjour à Venise, où j'avais trouvé le coffre vide et l'épingle de diamants par terre dans un reste de coton d'emballage. La visite du juif Thadée et les cinq cent mille francs que, d'après l'entretien surpris par moi entre Leoni et ses compagnons, il lui avait comptés à notre arrivée à Venise, coïncidaient parfaitement avec le souvenir de cette matinée. Je me tordis les mains, et, les levant vers le ciel : — Ainsi, m'écriai-je en me parlant à moi-même, tout est perdu, jusqu'à l'estime de ma mère ; tout est empoisonné, jusqu'au souvenir de la Suisse! Ces six mois d'amour et de bonheur étaient consacrés à recéler un vol!

— Et à mettre en défaut les recherches de la justice, ajouta Henryet.

— Mais non! mais non! repris-je avec égarement en le regardant comme pour l'interroger ; il m'aimait! il est sûr qu'il m'a aimée! Je ne peux pas songer à ce temps-là sans retrouver la certitude de son amour. C'était un voleur qui avait dérobé une fille et une cassette, et qui aimait l'une et l'autre.

Henryet haussa les épaules ; je m'aperçus que je divaguais ; et, cherchant à ressaisir ma raison, je voulus absolument savoir la cause de cet ascendant inconcevable qu'il exerçait sur Leoni.

— Vous voulez le savoir? me dit-il. Et il réfléchit un instant. Puis il reprit : — Je vous le dirai, je puis vous le dire ; d'ailleurs il est impossible que vous ayez vécu un an avec lui sans vous en douter. Il a dû faire assez de dupes à Venise sous vos yeux...

— Faire des dupes! lui comment? Oh! prenez garde à ce que vous dites, Henryet ; il est déjà assez chargé d'accusations.

— Je vous crois encore incapable d'être sa complice, Juliette ; mais prenez garde de le devenir ; prenez garde à votre famille. Je ne sais pas jusqu'à quel point on peut être impunément la maîtresse d'un fripon.

— Vous me faites mourir de honte, Monsieur ; vos paroles sont cruelles ; achevez donc votre ouvrage, et déchirez tout à fait mon cœur en m'apprenant ce qui vous donne pour ainsi dire droit de vie et de mort sur Leoni? Où l'avez-vous connu? que savez-vous de sa vie passée? Je n'en sais rien, moi, hélas! j'ai vu en lui tant de choses contradictoires que je ne sais plus s'il est riche ou pauvre, s'il est noble ou plébéien ; je ne sais même pas si le nom qu'il porte lui appartient.

— C'est la seule chose que le hasard, répondit Henryet, lui ait épargné la peine de voler. Il s'appelle en effet Leone Leoni, et sort d'une des plus nobles maisons de Venise. Son père avait encore quelque fortune et possédait le palais que vous venez d'habiter. Il avait une tendresse illimitée pour ce fils unique, dont les précoces dispositions annonçaient une organisation supérieure. Leoni fut élevé avec soin, et, dès l'âge de quinze ans, parcourut la moitié de l'Europe avec son gouverneur. En cinq ans, il apprit, avec une incroyable facilité, la langue, les mœurs et la littérature des peuples qu'il traversa. La mort de son père le ramena à Venise avec son gouverneur. Ce gouverneur était l'abbé Zanini, que vous avez pu voir souvent chez vous cet hiver. Je ne sais si vous l'avez bien jugé : c'est un homme d'une imagination vive, d'une finesse exquise, d'une instruction immense, mais d'une immoralité incroyable et d'une lâcheté certaine sous les dehors hypocrites de la tolérance et du bon sens. Il avait naturellement dépravé la conscience de son élève, et avait remplacé en lui les notions du juste et de l'injuste par une prétendue science de la vie qui consistait à faire toutes les folies amusantes, toutes les fautes profitables, toutes les bonnes et les mauvaises actions qui pouvaient tenter le cœur humain. J'ai connu ce Zanini à Paris, et je me souviens de lui avoir entendu dire qu'il fallait savoir faire le mal pour savoir faire le bien, savoir jouir dans le vice pour savoir jouir dans la vertu. Cet homme, plus prudent, plus habile et plus froid que Leoni, lui est beaucoup supérieur dans sa science; et Leoni, emporté par ses passions ou dérouté par ses caprices, ne le suit que de loin en faisant mille écarts qui doivent le perdre dans la société, et qui l'ont déjà perdu, puisqu'il est désormais à la discrétion de quelques complices cupides et de quelques honnêtes gens dont il lassera la générosité.

Un froid mortel glaçait mes membres tandis qu'Henryet parlait ainsi. Je fis un effort pour écouter le reste.

XVI.

— A vingt ans, reprit Henryet, Leoni se trouva donc à la tête d'une fortune assez honorable, et entièrement maître de ses actions. Il était dans la plus facile position pour faire le bien; mais il trouva son patrimoine au-dessous de son ambition, et, en attendant qu'il élevât une fortune égale à ses désirs sur je ne sais quels projets insensés ou coupables, il dévora en deux ans tout son héritage. Sa maison, qu'il fit décorer avec la richesse que vous avez vue, fut le rendez-vous de tous les jeunes gens dissipés et de toutes les femmes perdues de l'Italie. Beaucoup d'étrangers, amateurs de la vie élégante, y furent accueillis; et c'est ainsi que Leoni, lié déjà par ses voyages avec beaucoup de gens comme il faut, établit dans tous les pays les relations les plus brillantes et s'assura les protections les plus utiles.

Dans cette nombreuse société durent s'introduire, comme il arrive partout, des intrigants et des escrocs. J'ai vu à Paris, autour de Leoni, plusieurs figures qui m'ont inspiré de la méfiance, et que je soupçonne aujourd'hui devoir former avec lui et le marquis de... une affiliation de filous de bonne compagnie. Cédant à leurs conseils, aux leçons de Zanini et à ses dispositions naturelles, le jeune Leoni dut s'exercer à tricher au jeu. Ce qu'il y a de certain, c'est qu'il acquit ce talent à un degré éminent, et qu'il l'a probablement mis en usage dans toutes les villes de l'Europe sans exciter le moindre défiance. Lorsqu'il fut absolument ruiné, il quitta Venise et se mit à voyager de nouveau en aventurier. Ici le fil de son histoire m'échappe. Zanini, par qui j'ai su une partie de ce que je viens de vous raconter, prétendait l'avoir perdu de vue depuis ce moment, et n'avoir appris que par une correspondance souvent interrompue les mille changements de fortune et les mille intrigues de Leoni dans le monde. Il s'excusait d'avoir formé un tel élève en disant que Leoni avait pris à côté de sa doctrine; mais il excusait l'élève en louant l'habileté incroyable, la force d'âme et la présence d'esprit avec laquelle il avait conjuré le sort, traversé et vaincu l'adversité. Enfin Leoni vint à Paris avec son ami fidèle, le marquis de..., que vous connaissez, et c'est là que j'eus l'occasion de le voir et de le juger.

Ce fut Zanini qui le présenta chez la princesse de X..., dont il élevait les enfants. La supériorité d'esprit de cet homme l'avait depuis plusieurs années établi dans la société de la princesse sur un pied moins subalterne que les gouverneurs ne le sont d'ordinaire dans les grandes maisons. Il faisait les honneurs du salon, tenait le haut de la conversation, chantait admirablement, et dirigeait les concerts.

Leoni, grâce à son esprit et à ses talents, fut accueilli avec empressement et bientôt recherché avec enthousiasme. Il exerça à Paris, sur certaines coteries, l'empire que vous lui avez vu exercer sur toute une ville de province. Il s'y comportait magnifiquement, jouait rarement, mais toujours pour perdre des sommes immenses que gagnait généralement le marquis de... Ce marquis fut présenté peu de temps après lui par Zanini. Quoique compatriote de Leoni, il feignait de ne pas le connaître ou affectait d'avoir de l'éloignement pour lui. Il racontait à l'oreille de tout le monde qu'ils avaient été en rivalité d'amour à Venise, et que, bien que guéris l'un et l'autre de leur passion, ils ne l'étaient point de leur inimitié. Grâce à cette fourberie, personne ne les soupçonnait d'être d'accord pour exercer leur industrie.

Ils l'exercèrent durant tout un hiver sans inspirer le moindre soupçon. Ils perdaient quelquefois immensément l'un et l'autre, mais plus souvent ils gagnaient, et ils menaient, chacun de son côté, un train de prince. Un jour un de mes amis, qui perdait énormément contre Leoni, surprit un signe imperceptible entre lui et le marquis vénitien. Il garda le silence et les observa tous deux pendant plusieurs jours avec attention. Un soir que nous avions parié du même côté, et que nous perdions toujours, il s'approcha de moi et me dit : — Regardez ces deux Italiens ; j'ai la conviction et presque la certitude qu'ils s'entendent pour tricher. Je quitte demain Paris pour une affaire extrêmement pressée; je vous laisse le soin d'approfondir ma découverte et d'en avertir vos amis, s'il y a lieu. Vous êtes un homme sage et prudent; vous n'agirez pas, j'espère, sans bien savoir ce que vous faites. En tout cas, si vous avez quelque affaire avec ces gens-là, ne manquez pas de me nommer à eux comme le premier qui les ait accusés, et écrivez-moi; je me charge de vider la querelle avec un des deux. Il me laissa son adresse et partit. J'examinai les deux chevaliers d'industrie, et j'acquis la certitude que mon ami ne s'était pas trompé. J'arrivai à l'entière découverte de leur mauvaise foi précisément à une soirée chez la princesse de X.... Je pris aussitôt Zanini par le bras, et l'entraînant à l'écart : — Connaissez-vous bien, lui demandai-je, les deux Vénitiens que vous avez présentés ici?

— Parfaitement, me répondit-il avec beaucoup d'aplomb ; j'ai été le gouverneur de l'un, je suis l'ami de l'autre.

— Je vous en fais mon compliment, lui dis-je, ce sont deux escrocs. Je lui fis cette réponse avec tant d'assurance, qu'il changea de visage, malgré sa grande habitude de dissimulation. Je le soupçonnais d'avoir un intérêt dans leur gain, et je lui déclarai que j'allais démasquer ses deux compatriotes. Il se troubla tout à fait et me supplia avec instance de ne pas le faire. Il essaya de me persuader que je me trompais. Je le priai de me conduire dans sa chambre avec le marquis. Là je m'expliquai en peu de mots très-clairs, et le marquis, au lieu de se disculper, pâlit et s'évanouit. Je ne sais si cette scène fut jouée par lui et l'abbé, mais ils me conjurèrent avec tant de douleur, le marquis me marqua tant de honte et de remords, que j'eus la bonhomie de me laisser fléchir. J'exigeai seulement qu'il quittât la France avec Leoni sur-le-champ. Le marquis promit tout ; mais je voulus moi-même faire la même injonction à son complice : je lui ordonnai de le faire monter. Il se fit longtemps attendre ; enfin il arriva, non pas humble et tremblant comme l'autre, mais frémissant de rage et serrant les poings. Il pensait peut-être m'intimider par son insolence ; je lui répondis que j'étais prêt à lui donner toutes les satisfactions qu'il voudrait, mais que je commencerais par l'accuser publiquement. J'offris en même temps au marquis la réparation de mon ami aux mêmes conditions. L'impudence de Leoni fut déconcertée. Ses compagnons lui firent sentir qu'il était perdu s'il résistait. Il prit son parti, non sans beaucoup de résistance et de fureur, et tous deux quittèrent la maison sans reparaître au salon. Le marquis partit le lendemain pour Gênes, Leoni pour Bruxelles. J'étais resté seul avec Zanini dans sa chambre ; je lui fis comprendre les soupçons qu'il m'inspirait et le dessein que j'avais de le dénoncer à la princesse. Comme je n'avais point de preuves certaines contre lui, il fut moins humble et moins suppliant que le marquis ; mais je vis qu'il n'était pas moins effrayé. Il mit en œuvre toutes les ressources de son esprit pour conquérir ma bienveillance et ma discrétion. Je lui fis avouer pourtant qu'il connaissait jusqu'à un certain point les turpitudes de son élève, et je le forçai de me raconter son histoire. En ceci Zanini manqua de prudence : il aurait dû soutenir obstinément qu'il les ignorait ; mais la dureté avec laquelle je le menaçais de dévoiler les hôtes qu'il avait introduits lui fit perdre la tête. Je le quittai avec la conviction qu'il était un drôle, aussi lâche, mais plus circonspect que les deux autres. Je lui gardai le secret par prudence pour moi-même. Je craignais que l'ascendant qu'il avait sur la princesse X... ne l'emportât sur ma loyauté, qu'il n'eût l'habileté de me faire passer auprès d'elle pour un imposteur ou pour un fou, et qu'il ne rendît ma conduite ridicule. J'étais las de cette sale aventure. Je n'y pensai plus et quittai Paris trois mois après. Vous savez quelle fut la première personne que mes yeux cherchèrent dans le bal de Delpech. J'étais encore amoureux de vous, et, arrivé depuis une heure, j'ignorais que vous alliez vous marier. Je vous découvris au milieu de la foule ; je m'approchai de vous et je vis Leoni à vos côtés. Je crus faire un rêve, je crus qu'une ressemblance m'abusait. Je fis des questions, et je m'assurai que votre fiancé était le chevalier d'industrie qui m'avait volé trois ou quatre cents louis. Je n'espérai point le supplanter, je crois même que je ne le désirais pas. Succéder dans votre cœur à un pareil homme, essuyer peut-être sur vos joues la trace de ses baisers, était une pensée qui glaçait mon amour. Mais je jurai qu'une fille innocente et une honnête famille ne seraient pas dupes d'un misérable. Vous savez que notre explication ne fut ni longue ni verbeuse ; mais votre fatale passion fit échouer l'effort que je faisais pour vous sauver.

Henryet se tut. Je baissai la tête, j'étais accablée ; il me semblait que je ne pourrais plus regarder personne en face. Henryet continua :

— Leoni se tira fort habilement d'affaire en enlevant sa fiancée sous mes yeux, c'est-à-dire le million en diamants qu'elle portait sur elle. Il vous cacha, vous et vos joyaux, je ne sais où. Au milieu des larmes répandues sur le sort de sa fille, votre père pleura un peu ses belles pierreries si bien montées. Un jour il arriva de dire naïvement devant moi que ce qui lui faisait le plus de peine dans ce vol, c'est que les diamants seraient vendus à moitié prix à quelque juif, et que ces belles montures, si bien travaillées, seraient brisées et fondues par le recéleur, qui ne voudrait pas se compromettre. — C'était bien la peine de faire un tel travail ! disait-il en pleurant ; c'était bien la peine d'avoir une fille et de tant l'aimer !

Il paraît que votre père eut raison ; car avec le produit de son rapt, Leoni ne trouva moyen de briller à Venise que trois mois. Le palais de ses pères avait été vendu, et maintenant il était à louer. Il le loua et rétablit, dit-on, son nom sur la corniche de la cour intérieure, n'osant pas le mettre sur la porte principale. Comme il n'est décidément connu pour un filou que par très-peu de personnes, sa maison fut de nouveau le rendez-vous de beaucoup d'hommes comme il faut, qui sans doute y furent dupés par ses associés. Mais peut-être la crainte qu'il avait d'être découvert l'empêcha-t-elle de se joindre à eux, car il fut bientôt ruiné de nouveau. Il se contenta sans doute de tolérer le brigandage que ces scélérats commettaient chez lui ; il est à leur merci, et n'oserait se défaire de ceux qu'il déteste le plus. Maintenant il est, comme vous le savez, l'amant en titre de la princesse Zagarolo ; cette dame, qui a été fort belle, est désormais flétrie et condamnée à mourir prochainement d'une maladie de poitrine... On pense qu'elle léguera tous ses biens à Leoni, qui feint pour elle un amour violent, et qu'elle aime elle-même avec passion. Il guette l'heure de son testament. Alors vous redeviendrez riche, Juliette. Il a dû vous le dire : encore un peu de patience, et vous remplacerez la princesse dans sa loge au spectacle ; vous irez à la promenade dans ses voitures, dont vous ferez seulement changer l'écusson ; vous serrerez votre amant dans vos bras sur le lit magnifique où elle sera morte, vous pourrez même porter ses robes et ses diamants.

Le cruel Henryet en dit peut-être davantage, mais je n'entendis plus rien, je tombai à terre dans des convulsions terribles.

XVII.

Quand je revins à moi, je me trouvai seule avec Leoni. J'étais couchée sur un sofa. Il me regardait avec tendresse et avec inquiétude.

— Mon âme, me dit-il lorsqu'il me vit reprendre l'usage de mes sens, dis-moi ce que tu as ! Pourquoi t'ai-je trouvée dans un état si effrayant ? Où souffres-tu ? Quelle nouvelle douleur as-tu éprouvée ?

— Aucune, lui répondis-je. Et je disais vrai, car en ce moment je ne me souvenais plus de rien.

— Tu me trompes, Juliette, quelqu'un t'a fait de la peine. La servante qui était auprès de toi quand je suis arrivé m'a dit qu'un homme était venu te voir ce matin, qu'il était resté longtemps avec toi, et qu'en sortant il avait recommandé qu'on te portât des soins. Quel est cet homme, Juliette ?

Je n'avais jamais menti de ma vie, il me fut impossible de répondre. Je ne voulais pas nommer Henryet. Leoni fronça le sourcil. — Un mystère ! dit-il, un mystère entre nous ! je ne l'en aurais jamais crue capable. Mais tu ne connais personne ici !... Est-ce que... ? Si c'était lui, il n'y aurait pas assez de sang dans ses veines pour laver son insolence. — Dis-moi la vérité, Juliette, est-ce que Chalm est venu te voir ? est-ce qu'il t'a encore poursuivie de ses viles propositions et de ses calomnies contre moi ?

— Chalm ! lui dis-je, est-ce qu'il est à Milan ? Et j'éprouvai un sentiment d'effroi qui dut se peindre sur ma figure, car Leoni vit que j'ignorais l'arrivée du vicomte.

— Si ce n'est pas lui, dit-il en se parlant à lui-même, qui peut être ce faiseur de visites qui reste trois heures enfermé avec ma femme et qui la laisse évanouie ? Le marquis ne m'a pas quitté de la journée.

— O ciel ! m'écriai-je, tous vos odieux compagnons sont donc ici ! Faites, au nom du ciel, qu'ils ne sachent pas où je demeure, et que je ne les voie pas.

— Mais quel est donc l'homme que vous voyez et à qui vous ne refusez pas l'entrée de votre chambre ? dit Leoni, qui devenait de plus en plus pensif et pâle. Juliette, répondez-moi, je le veux, entendez-vous ?

Je sentis combien ma position devenait affreuse. Je joignis mes mains en tremblant et j'invoquai le ciel en silence.

— Vous ne répondez pas, dit Leoni. Pauvre femme ! vous n'avez guère de présence d'esprit. Vous avez un amant, Juliette ! Vous n'avez pas tort, puisque j'ai une maîtresse. Je suis un sot de ne pouvoir le souffrir quand vous acceptez le partage de mon cœur et de mon lit. Mais il est certain que je ne puis être aussi généreux. Adieu.

Il prit son chapeau et mit ses gants avec une froideur convulsive, tira sa bourse, la posa sur la cheminée, et sans m'adresser un mot de plus, sans jeter un regard sur moi, il sortit. Je l'entendis s'éloigner d'un pas égal et descendre l'escalier sans se presser.

La surprise, la consternation et la peur m'avaient glacé le sang. Je crus que j'allais devenir folle ; je mis mon mouchoir dans ma bouche pour étouffer mes cris, et puis, succombant à la fatigue, je retombai dans un accablement stupide.

Au milieu de la nuit, j'entendis du bruit dans la chambre ; j'ouvris les yeux et je vis, sans comprendre ce que je voyais, Leoni qui se promenait avec agitation, et le marquis assis à une table et vidant une bouteille d'eau-de-vie. Je ne fis pas un mouvement. Je n'eus pas l'idée de chercher à savoir ce qu'ils faisaient là ; mais peu à peu leurs paroles, en frappant mes oreilles, arrivèrent jusqu'à mon intelligence et prirent un sens.

— Je te dis que je l'ai vu et que j'en suis sûr, disait le marquis. Il est ici.

— Le chien maudit! répondit Leoni en frappant du pied; que la terre s'ouvre et m'en débarrasse!

— Bien dit! reprit le marquis. Je suis de cet avis-là.

— Il vient jusque dans ma chambre tourmenter cette malheureuse femme!

— Es-tu sûr, Léoni, qu'elle n'en soit pas fort aise?

— Tais-toi, vipère! et n'essaie pas de me faire soupçonner cette infortunée. Il ne lui reste au monde que mon estime.

— Et l'amour de M. Henryet, reprit le marquis.

Leoni serra les poings. — Nous la débarrasserons de cet amour-là, s'écria-t-il, et nous en guérirons le Flamand.

— Ah çà, Leone, ne va pas faire de sottise!

— Et toi, Lorenzo, ne va pas faire d'infamie.

— Tu appellerais cela une infamie, toi? nous n'avons guère les mêmes idées. Tu conduis tranquillement au tombeau la Zagarolo pour hériter de ses biens, et tu trouverais mauvais que je misse en terre un ennemi dont l'existence paralyse à jamais la nôtre! Il te semble tout simple, malgré la réponse des médecins, de hâter par ta tendresse généreuse le terme des maux de la chère phthisique...

— Va-t'en au diable! Si cette enragée veut vivre vite et mourir bientôt, pourquoi l'en empêcherais-je? Elle est assez belle pour me trouver obéissant, et je ne l'aime pas assez pour lui résister.

— Quelle horreur! murmurai-je malgré moi, et je retombai sur mon oreiller.

— Ta femme a parlé, je crois, dit le marquis.

— Elle rêve, répondit Leoni, elle a la fièvre.

— Es-tu sûr qu'elle ne nous écoute pas?

— Il faudrait d'abord qu'elle eût la force de nous entendre. Elle est bien malade aussi, la pauvre Juliette! Elle ne se plaint pas, elle! elle souffre seule. Elle n'a pas vingt femmes pour la servir, elle ne paie pas de courtisans pour satisfaire ses fantaisies maladives; elle meurt saintement et chastement comme une victime expiatoire entre le ciel et moi. — Leoni s'assit sur la table et fondit en larmes.

— Voilà l'effet de l'eau-de-vie, dit tranquillement le marquis en portant son verre à sa bouche; je te l'avais prédit, cela te porte toujours aux nerfs.

— Laisse-moi, bête brute! s'écria Leoni en poussant la table, qui faillit tomber sur le marquis; laisse-moi pleurer. Tu ne sais pas ce que c'est que le remords, toi; tu ne sais pas ce que c'est que l'amour!

— L'amour! dit le marquis d'un ton théâtral en contrefaisant Leoni, le remords! voilà des mots bien sonores et très-dramatiques. Quand mets-tu Juliette à l'hôpital?

— Oui, tu as raison, lui dit Leoni avec un désespoir sombre, parle-moi ainsi, je l'aime mieux. Cela me convient, je suis capable de tout. A l'hôpital! oui. Elle était si belle, si éblouissante! je suis venu, et voilà où je la conduis! Ah! je m'arracherais les cheveux.

— Allons, dit le marquis après un silence, as-tu fait assez de sentiment aujourd'hui? Tudieu! la crise a été longue... Raisonnons à présent: ce n'est pas sérieusement que tu veux te battre avec Henryet?

— Très-sérieusement, répondit Leoni; tu parles bien sérieusement de l'assassiner.

— C'est très-différent.

— C'est absolument la même chose. Il ne connaît l'usage d'aucune arme, et je suis de première force pour toutes.

— Excepté pour le stylet, reprit le marquis, ou pour le pistolet à bout portant; d'ailleurs tu ne tues que les femmes.

— Je tuerai au moins cet homme-là, répondit Leoni.

— Et tu crois qu'il consentira à se battre avec toi?

— Il acceptera, il est brave.

— Mais il n'est pas fou. Il commencera par nous faire arrêter comme deux voleurs.

— Il commencera par me rendre raison. Je l'y forcerai bien, je lui donnerai un soufflet en plein spectacle.

— Il te le rendra en t'appelant faussaire, escroc, filou de cartes.

— Il faudra qu'il le prouve. Il n'est pas connu ici, tandis que nous y sommes établis d'une manière brillante. Je le traiterai de lunatique et de visionnaire; et quand je l'aurai tué, tout le monde pensera que j'avais raison.

— Tu es fou, mon cher, répondit le marquis; Henryet est recommandé aux négociants les plus riches de l'Italie. Sa famille est bien connue et bien famée dans le commerce. Lui-même a sans doute des amis dans la ville, ou au moins des connaissances auprès de qui son témoignage aura du poids. Il se battra demain soir, je suppose. Eh bien! la journée lui aura suffi pour déclarer à vingt personnes qu'il se bat contre toi parce qu'il t'a vu tricher, et que tu trouves mauvais qu'il ait voulu t'en empêcher.

— Eh bien! il le dira, on le croira, mais je le tuerai.

— La Zagarolo te chassera et déchirera son testament. Tous les nobles te fermeront leur porte, et la police te priera d'aller faire l'agréable sur un autre territoire.

— Eh bien! j'irai ailleurs. Le reste de la terre m'appartiendra quand je me serai délivré de cet homme.

— Oui, et de son sang sortira une jolie petite pépinière d'accusateurs. Au lieu de M. Henryet, tu auras toute la ville de Milan à ta poursuite.

— O ciel! comment faire? dit Leoni avec angoisse.

— Lui donner un rendez-vous de la part de ta femme, et lui calmer le sang avec un bon couteau de chasse. Donne-moi ce bout de papier qui est là-bas, je vais lui écrire.

Leoni, sans l'écouter, ouvrit une fenêtre et tomba dans la rêverie, tandis que le marquis écrivait. Quand il eut fini, il l'appela.

— Ecoute, Leoni, et vois si je m'entends à écrire un billet doux:

« Mon ami, je ne puis plus vous recevoir chez moi,
« Leoni sait tout et me menace des plus horribles traite-
« ments: emmenez-moi, ou je suis perdue. Conduisez-
« moi à ma mère, ou jetez-moi dans un couvent; faites
« de moi ce qu'il vous plaira, mais arrachez-moi à l'af-
« freuse situation où je suis. Trouvez-vous demain devant
« le portail de la cathédrale à une heure du matin, nous
« concerterons notre départ. Il me sera facile d'aller vous
« trouver, Leoni passe toutes les nuits chez la Zagarolo.
« Ne soyez pas étonné de cette écriture bizarre et presque
« illisible: Leoni, dans un accès de colère, m'a presque
« démis la main droite. Adieu.

« JULIETTE RUYTER. »

— Il me semble que cette lettre est prudemment conçue, ajouta le marquis, et peut sembler vraisemblable au Flamand, quel que soit le degré de son intimité avec ta femme. Les paroles que tantôt dans son délire elle croyait lui adresser nous donnent la certitude qu'il lui a offert de la conduire dans son pays... L'écriture est informe, et qu'il connaisse ou non celle de Juliette...

— Voyons, dit Leoni d'un air attentif en se penchant sur la table.

Sa figure avait une expression effrayante de doute et de persuasion. Je n'en vis pas davantage. Mon cerveau était épuisé, mes idées se confondirent. Je retombai dans une sorte de léthargie.

XVIII.

Quand je revins à moi, la lumière vague de la lampe éclairait les mêmes objets. Je me soulevai lentement, je vis le marquis à la même place où je l'avais vu en perdant connaissance. Il faisait encore nuit. Il y avait encore des bouteilles sur la table, une écritoire et quelque chose que je ne distinguais pas bien et qui ressemblait à des armes. Leoni était debout dans la chambre. Je tâchai de me souvenir de leur conversation précédente. J'espérais que les lambeaux hideux qui m'en revenaient à la mémoire étaient autant de rêves fébriles, et je ne sus pas d'abord qu'entre cette conversation et celle qui commençait vingt-quatre heures s'étaient écoulées. Les premiers mots dont je pus me rendre compte furent ceux-ci :

— Il fallait qu'il se méfiât de quelque chose, car il était armé jusqu'aux dents. En parlant ainsi, Leoni essuyait avec un mouchoir sa main ensanglantée.

— Bah ! ce que tu as n'est qu'une égratignure, dit le marquis : je suis blessé plus sérieusement à la jambe ; et il faudra pourtant que je danse demain au bal, afin qu'on ne s'en doute pas. Laisse donc ta main, panse-la, et songe à autre chose.

— Il m'est impossible de songer à autre chose qu'à ce sang.

— Tu as les nerfs trop délicats, Leoni ; tu n'es bon à rien.

— Canaille ! dit Leoni d'un ton de haine et de mépris, sans moi tu étais mort ; tu reculais lâchement, et tu dois être frappé par derrière. Si je ne t'avais vu perdu, et si ta perte n'eût entraîné la mienne, jamais je n'aurais touché à cet homme à pareille heure et en pareil lieu. Mais ta féroce obstination m'a forcé à être ton complice. Il ne me manquait plus que de commettre un assassinat pour être digne de la société.

— Ne fais pas le modeste, reprit le marquis ; quand tu as vu qu'il se défendait, tu es devenu un tigre.

— Ah ! oui, cela me réjouissait de le voir mourir en se défendant ; car enfin je l'ai tué loyalement.

— Très-loyalement : il avait remis la partie au lendemain ; et comme tu étais pressé d'en finir, tu l'as tué tout de suite.

— A qui la faute, traître ? Pourquoi t'es-tu jeté sur lui au moment où nous nous séparions avec la parole l'un de l'autre ? Pourquoi t'es-tu enfui en voyant qu'il était armé, et m'as-tu forcé ainsi à te défendre ou à être dénoncé par lui demain pour l'avoir attiré, de concert avec toi, dans un guet-apens, afin de l'assassiner ? A l'heure qu'il est, j'ai mérité l'échafaud, et pourtant je ne suis point un meurtrier. Je me suis battu à armes égales, à chance égale, à courage égal.

— Oui, tu t'es très-bien défendu, dit le marquis ; vous avez fait l'un et l'autre des prodiges de valeur. C'était une chose très-belle à voir et vraiment homérique que ce duel au couteau. Mais je dois dire pourtant que, pour un Vénitien, tu manies cette arme misérablement.

— Il est vrai que ce n'est pas l'arme dont je suis habitué à me servir, et à propos, je pense qu'il serait prudent de cacher ou d'anéantir celle-ci.

— Grande sottise ! mon ami. Il faut bien t'en garder ; tes laquais et tes amis savent tous que tu portes en tout temps cette arme sur toi ; si tu la faisais disparaître, ce serait un indice contre nous.

— C'est vrai. Mais la tienne ?

— La mienne est vierge de son sang ; mes premiers coups ont porté à faux, et ensuite les tiens ne m'ont pas laissé de place.

— Ah ! ciel ! c'est encore vrai. Tu as voulu l'assassiner, et la fatalité m'a contraint de faire moi-même l'action dont j'avais horreur.

— Cela te plaît à dire, mon cher ; tu venais de très-bon cœur au rendez-vous.

— C'est que j'avais en effet le pressentiment instinctif de ce que mon mauvais génie allait me faire commettre... Après tout, c'était ma destinée et la sienne. Nous voilà donc délivrés de lui ! Mais pourquoi, diable ! as-tu vidé ses poches ?

— Précaution et présence d'esprit de ma part. En le trouvant dépouillé de son argent et de son portefeuille, on cherchera l'assassin dans la plus basse classe, et jamais on ne soupçonnera des gens comme il faut. Cela passera pour un acte de brigandage, et non pour une vengeance particulière. Ne te trahis pas toi-même par une sotte émotion lorsque tu entendras parler demain de l'événement, et nous n'avons rien à craindre. Approche la bougie, que je brûle ces papiers ; quant à l'argent monnayé, cela n'a jamais compromis personne.

— Arrête ! dit Leoni en saisissant une lettre que le marquis allait brûler avec les autres. J'ai vu là le nom de famille de Juliette.

— C'est une lettre à madame Ruyter, dit le marquis. Voyons :

« Madame, s'il en est temps encore, si vous n'êtes
« point partie dès hier en recevant la lettre par laquelle
« je vous appelais auprès de votre fille, ne partez point.
« Attendez-la ou venez à sa rencontre jusqu'à Stras-
« bourg ; je vous y ferai chercher en arrivant. J'y serai
« avec mademoiselle Ruyter avant peu de jours. Elle est
« décidée à fuir l'infamie et les mauvais traitements de
« son séducteur. Je viens de recevoir d'elle un billet qui
« m'annonce enfin cette résolution. Je dois la voir cette
« nuit pour fixer le moment du départ. Je laisserai
« toutes mes affaires pour profiter de la bonne disposi-
« tion où elle est et où les flatteries de son amant pour-
« raient bien ne pas la laisser toujours. L'empire qu'il a
« sur elle est encore immense. Je crains que la passion
« qu'elle a pour ce misérable ne soit éternelle, et que
« son regret de l'avoir quitté ne vous fasse verser encore
« bien des larmes à toutes deux. Soyez indulgente et
« bonne avec elle ; c'est votre rôle de mère, et vous le
« remplirez aisément. Pour moi, je suis rude ; et mon
« indignation s'exprime plus facilement que ma pitié. Je
« voudrais être plus persuasif ; mais je ne puis être plus
« aimable, et ma destinée n'est pas d'être aimé.

« PAUL HENRYET. »

— Ceci te prouve, ô mon ami ! dit le marquis d'un ton moqueur en présentant cette lettre à la flamme de la bougie, que ta femme est fidèle et que tu es le plus heureux des époux.

— Pauvre femme ! dit Leoni, et pauvre Henryet ! Il l'aurait rendue heureuse, lui ! Il l'aurait respectée et honorée du moins ! Quelle fatalité l'a donc jetée dans les bras d'un méchant coureur d'aventures, poussé vers elle par le destin d'un bout du monde à l'autre, lorsqu'elle avait sous la main le cœur d'un honnête homme ! Aveugle enfant ! pourquoi m'as-tu choisi ?

— Charmant ! dit le marquis ironiquement. J'espère que tu vas faire à ce propos quelques mots. Une jolie épitaphe pour l'homme que tu as massacré ce soir me semblerait une chose de bon goût et tout à fait neuve.

— Oui, je lui en ferai une, dit Leoni, et le texte sera celui-ci :

« Ici repose un honnête homme qui voulut se faire le
« défenseur de la justice humaine contre deux scélérats,
« et que la justice divine a laissé égorger par eux. »

Leoni tomba dans une rêverie douloureuse pendant laquelle il murmurait sans cesse le nom de sa victime. — Paul Henryet ! disait-il. Vingt-deux ou vingt-quatre ans tout au plus. Une figure froide, mais belle. Un caractère raide et probe. La haine de l'injustice. L'orgueil brutal de l'honnêteté, et pourtant quelque chose de tendre et de mélancolique. Il aimait Juliette, il l'a toujours aimée. Il combattait en vain sa passion. Je vois par cette lettre qu'il l'aimait encore, et qu'il l'aurait adorée s'il avait pu la guérir. Juliette, Juliette ! tu pouvais encore être heureuse avec lui, et je l'ai tué ! Je t'ai ravi celui qui pouvait te consoler ; ton seul défenseur n'est plus, et tu demeures la proie d'un bandit.

— Très-beau ! dit le marquis ; je voudrais que tu ne fisses pas un mouvement des lèvres sans avoir un sténographe à tes côtés pour conserver tout ce que tu dis de noble et de touchant. Moi, je vais dormir ; bonsoir, mon cher, couche avec ta femme, mais change de chemise, car, le diable m'emporte ! tu as le sang d'Henryet sur ton jabot !

Le marquis sortit. Leoni, après un instant d'immobilité, vint à mon lit, souleva le rideau et me regarda. Alors il vit que j'étais assoupie sous mes couvertures, et que j'avais les yeux ouverts et attachés sur lui. Il ne put soutenir l'aspect de mon visage livide et de mon regard fixe : il recula avec un cri de terreur, et je lui dis d'une voix faible et brève, à plusieurs reprises : « Assassin ! assassin ! assassin ! »

Il tomba sur ses genoux comme frappé de la foudre, et il se traîna jusqu'à mon lit d'un air suppliant. « Couche avec ta femme, lui dis-je en répétant les paroles du

C'était une chose très-belle à voir..... que ce duel au couteau. (Page 31.)

marquis dans une sorte de délire ; mais change de chemise, car tu as le sang d'Henryet sur ton jabot ! »

Leoni tomba la face contre terre en poussant des cris inarticulés. Je perdis tout à fait la raison, et il me semble que je répétai ses cris en imitant avec une servilité stupide l'inflexion de sa voix et les convulsions de sa poitrine. Il me crut folle, et, se relevant avec terreur, il vint à moi. Je crus qu'il allait me tuer ; je me jetai dans la ruelle en criant: « Grâce ! grâce ! je ne le dirai pas ! » et je m'évanouis au moment où il me saisissait pour me relever et me secourir.

XIX.

Je m'éveillai encore dans ses bras, et jamais il n'eut tant d'éloquence, tant de tendresse et tant de larmes pour implorer son pardon. Il avoua qu'il était le dernier des hommes ; mais il me dit qu'une seule chose le relevait à ses propres yeux, c'était l'amour qu'il avait toujours eu pour moi, et qu'aucun de ses vices, aucun de ses crimes, n'avait eu la force d'étouffer. Jusque-là s'était débattu contre les apparences qui l'accusaient de toutes parts. Il avait lutté contre l'évidence pour conserver mon estime. Désormais, ne pouvant plus se justifier par le mensonge, il prit une autre voie et embrassa un nouveau rôle pour m'attendrir et me vaincre. Il se dépouilla de tout artifice (peut-être devrais-je dire de toute pudeur), et me confessa toutes les turpitudes de sa vie. Mais, au milieu de cet abîme, il me fit voir et comprendre ce qu'il y avait de vraiment beau en lui, la faculté d'aimer, l'éternelle vigueur d'une âme où les plus rudes fatigues, les plus dangereuses épreuves n'éteignaient point le feu sacré. — Ma conduite est vile, me dit-il ; mais mon cœur est toujours noble ; il saigne toujours de ses torts ; il a conservé, aussi énergique, aussi pur que dans sa première jeunesse, le sentiment du juste et de l'injuste, l'horreur du mal qu'il commet, l'enthousiasme du beau qu'il contemple. Ta patience, tes vertus, ta bonté angélique, ta miséricorde inépuisable comme celle de Dieu, ne peuvent s'exercer en faveur d'un être qui les comprenne mieux et qui les admire davantage. Un homme de mœurs régulières et de conscience délicate les trouverait plus naturelles et les apprécierait moins. Avec cet homme-là d'ailleurs tu ne

Des soldats qui passaient me relevèrent. (Page 38.)

serais qu'une honnête femme ; avec un homme tel que moi, tu es une femme sublime, et la dette de reconnaissance qui s'amasse dans mon cœur est immense comme tes souffrances et tes sacrifices. Va, c'est quelque chose que d'être aimée et que d'avoir droit à une passion immense ; sur quel autre auras-tu jamais ce droit comme sur moi? Pour qui recommenceras-tu les tourments et le désespoir que tu as subis? Crois-tu qu'il y ait autre chose dans la vie que l'amour? Pour moi, je ne le crois pas. Et crois-tu que ce soit chose facile que de l'inspirer et de le ressentir? Des milliers d'hommes meurent incomplets, sans avoir connu d'autre amour que celui des bêtes ; souvent un cœur capable de le ressentir cherche en vain où le placer, et sort vierge de tous les embrassements terrestres pour l'aller trouver peut-être dans les cieux. Ah ! quand Dieu nous l'accorde sur la terre, ce sentiment profond, violent, ineffable, il ne faut plus, Juliette, désirer ni espérer le paradis ; car le paradis, c'est la fusion de deux âmes dans un baiser d'amour. Et qu'importe, quand nous l'avons trouvé ici-bas, que ce soit dans les bras d'un saint ou d'un damné? qu'il soit maudit ou adoré parmi les hommes, celui que tu aimes, que t'importe, pourvu qu'il te le rende? Est-ce moi que tu aimes ou est-ce le bruit qui se fait autour de moi? Qu'as-tu aimé en moi dès le commencement? est-ce l'éclat qui m'environnait? Si tu me hais aujourd'hui, il faudra que je doute de ton amour passé ; il faudra qu'au lieu de cet ange, au lieu de cette victime dévouée dont le sang répandu pour moi coule incessamment goutte à goutte sur mes lèvres, je ne voie plus en toi qu'une pauvre fille crédule et faible qui m'a aimé par vanité et qui m'abandonne par égoïsme, Juliette, Juliette, songe à ce que tu fais si tu me quittes ! Tu perdras le seul ami qui te connaisse, qui t'apprécie et qui te vénère, pour un monde qui te méprise déjà, et dont tu ne retrouveras pas l'estime. Il ne te reste que moi au monde, ma pauvre enfant : il faut que tu t'attaches à la fortune de l'aventurier, ou que tu meures oubliée dans un couvent. Si tu me quittes, tu es aussi insensée que cruelle ; tu auras eu tous les maux, toute la peine, et tu n'en recueilleras pas les fruits ; car à présent, si, malgré tout ce que tu sais, tu peux encore m'aimer et me suivre, sache que j'aurai pour toi un amour dont tu n'as pas l'idée, et que jamais je n'aurais seulement soupçonné si je t'eusse épousée loyalement et si j'eusse vécu avec toi en paix au sein de ta famille. Jusqu'ici, malgré tout ce que tu as sacrifié, tout ce que tu as souffert, je ne t'ai pas encore aimée comme je me sens capable de le faire. Tu ne m'avais pas encore aimé tel que je suis; tu t'attachais à un faux Leoni en qui tu voyais encore quelque grandeur et quelque séduction. Tu espérais qu'il deviendrait un jour l'homme que tu avais aimé d'abord; tu ne croyais pas serrer dans tes bras un homme absolument perdu. Et moi, je me disais : Elle m'aime conditionnellement ; ce n'est pas encore moi qu'elle aime, c'est le personnage que je joue. Quand elle verra mes traits sous mon masque, elle s'enfuira en se couvrant les yeux, elle aura en horreur l'amant qu'elle presse maintenant sur son sein. Non, elle n'est pas la femme et la maîtresse que j'avais rêvée, et que mon âme ardente appelle de tous ses vœux. Juliette fait encore partie de cette société dont je suis l'ennemi : elle sera mon ennemie quand elle me connaîtra. Je ne puis me confier à elle, je ne puis épancher dans le sein d'aucun être vivant la plus odieuse de mes angoisses, la honte que j'ai de ce que je fais tous les jours. Je souffre, j'amasse des remords. S'il existait une créature capable de m'aimer sans me demander de changer, si je pouvais avoir une amie qui ne fût pas un accusateur et un juge !…. Voilà ce que je pensais, Juliette. Je demandais cette amie au ciel; mais je demandais que ce fût toi, et non une autre ; car tu étais déjà ce que j'aimais le mieux sur la terre avant de comprendre tout ce qui nous restait à faire l'un et l'autre pour nous aimer véritablement.

Que pouvais-je répondre à de semblables discours ? Je le regardais d'un air stupéfait. Je m'étonnais de le trouver encore beau, encore aimable ; de sentir toujours auprès de lui la même émotion, le même désir de ses caresses, la même reconnaissance pour son amour. Son abjection ne laissait aucune trace sur son noble front ; et quand ses grands yeux noirs dardaient leur flamme sur les miens, j'étais éblouie, enivrée comme autrefois ; toutes ses souillures disparaissaient, et jusqu'aux taches du sang d'Henryet, tout était effacé. J'oubliais tout pour m'attacher à lui par des promesses aveugles, par des serments et des étreintes insensées. Alors en effet je vis son amour se rallumer ou plutôt se renouveler, comme il me l'avait annoncé. Il abandonna à peu près entièrement la princesse Zagarolo et passa tout le temps de ma convalescence à mes pieds, avec les mêmes tendresses, les mêmes soins et les mêmes délicatesses d'affection qui m'avaient rendue si heureuse en Suisse ; je puis même dire que ces marques de tendresse furent plus vives et me donnèrent plus d'orgueil et de joie, que ce fut le temps le plus heureux de ma vie, et que jamais Leoni ne me fut plus cher. J'étais convaincue de tout ce qu'il m'avait dit ; je ne pouvais plus d'ailleurs craindre qu'il s'attachât à moi par intérêt, je n'avais plus rien au monde à lui donner, et j'étais désormais à sa charge et soumise aux chances de sa fortune. Enfin, je sentais une sorte d'orgueil à ne pas rester au-dessous de ce qu'il attendait de ma générosité, et sa reconnaissance me semblait plus grande que mes sacrifices.

Un soir il rentra tout agité, et, me pressant mille fois sur son cœur :

— Ma Juliette, dit-il, ma sœur, ma femme, mon ange, il faut que tu sois bonne et indulgente comme Dieu, il faut me donner une nouvelle preuve de ta douceur adorable et de ton héroïsme : il faut que tu viennes demeurer avec moi chez la princesse Zagarolo.

Je reculai confondue de surprise ; et, comme je sentis qu'il n'était plus en mon pouvoir de rien refuser, je me mis à pâlir et à trembler comme un condamné en présence du supplice.

— Écoute, me dit-il, la princesse est horriblement mal. Je l'ai négligée à cause de toi ; elle a pris tant de chagrin que sa maladie s'est aggravée considérablement, et que les médecins ne lui donnent plus d'un mois à vivre. Puisque tu sais tout…., je puis te parler de cet infernal testament. Il s'agit d'une succession de plusieurs millions, et je suis en concurrence avec une famille attentive à profiter de mes fautes et à m'expulser au moment décisif. Le testament en ma faveur existe en bonne forme, mais un instant de dépit peut l'anéantir. Nous sommes ruinés, nous n'avons plus que cette ressource. Il faut que tu ailles à l'hôpital et que je me fasse chef de brigands si elle nous échappe.

— O mon Dieu ! lui dis-je, nous avons vécu en Suisse à si peu de frais ! Pourquoi la richesse est-elle une nécessité pour nous ? A présent que nous nous aimons si bien, ne pouvons-nous vivre heureux sans faire de nouvelles infamies ?…

Il ne me répondit que par une contraction des sourcils qui exprimait la douleur, l'ennui et la crainte que lui causaient mes reproches. Je me tus aussitôt et lui demandai en quoi j'étais nécessaire au succès de son entreprise.

— Parce que la princesse, dans un accès de jalousie assez bien fondée, a demandé à te voir et à t'interroger. Mes ennemis avaient eu soin de l'informer que je passais toutes les matinées auprès d'une femme jeune et jolie qui était venue me trouver à Milan. Pendant longtemps j'ai réussi à lui faire croire que tu étais ma sœur ; mais, depuis un mois que je la délaisse entièrement, elle a des doutes et refuse de croire à la maladie, que je lui ai fait valoir comme une excuse. Aujourd'hui elle m'a déclaré que, si je la négligeais dans l'état où elle se trouve, elle ne croirait plus à mon affection et me retirerait la sienne.

— Si votre sœur est malade aussi et ne peut se passer de vous, a-t-elle dit, faites-la transporter dans ma maison ; mes femmes et mes médecins la soigneront. Vous pourrez la voir à toute heure ; et, si elle est vraiment votre sœur, je la chérirai comme si elle était la mienne aussi. En vain j'ai voulu combattre cette étrange fantaisie. Je lui ai dit que tu étais très-pauvre et très-fière, que rien au monde ne te ferait consentir à recevoir l'hospitalité, et qu'il était en effet inconvenant et indélicat que tu vinsses demeurer chez la maîtresse de ton frère. Elle n'a rien voulu entendre, et à toutes mes objections elle répond : — Je vois bien que vous me trompez ; ce n'est pas votre sœur. Si tu refuses, nous sommes perdus. Viens, viens, viens ; je t'en supplie, mon enfant, viens !

Je pris mon chapeau et mon châle sans répondre. Pendant que je m'habillais, des larmes coulaient lentement sur mes joues. Au moment de sortir avec moi de ma chambre, Leoni les essuya avec ses lèvres et me pressa mille fois encore dans ses bras, en me nommant sa bienfaitrice, son ange tutélaire et sa seule amie.

Je traversai en tremblant les vastes appartements de la princesse. En voyant la richesse de cette maison, j'avais un serrement de cœur indicible, et je me rappelais les dures paroles d'Henryet : — Quand elle sera morte, vous serez riche, Juliette ; vous hériterez de son luxe, vous coucherez dans son lit et vous pourrez porter ses robes. Je baissais les yeux en passant auprès des laquais ; il me semblait qu'ils me regardaient avec haine et avec envie ; et je me sentais plus vile qu'eux. Leoni serrait mon bras sous le sien en sentant trembler mon corps et fléchir mes jambes : — Courage, courage ! me disait-il tout bas.

Enfin nous arrivâmes à la chambre à coucher. La princesse était étendue sur une chaise longue et semblait nous attendre impatiemment. C'était une femme de trente ans environ, très-maigre, d'un jaune uni, et magnifiquement élégante quoique en déshabillé. Elle avait dû être très-belle au temps de sa fraîcheur, et elle avait encore une physionomie charmante. La maigreur de ses joues exagérait la grandeur de ses yeux, dont le blanc, vitrifié par la consomption, ressemblait à de la nacre de perle. Ses cheveux, fins et plats, étaient d'un noir luisant, et semblaient débiles et malades comme toute sa personne. Elle fit, en me voyant, une légère exclamation de joie, et me tendit une longue main effilée et bleuâtre que je crois voir encore. Je compris, à un regard de Leoni, que je devais baiser cette main, et je me résignai.

Leoni se sentait mal à l'aise sans doute, et cependant son aplomb et le calme de ses manières me confondirent. Il parlait de moi à sa maîtresse comme si elle n'eût jamais pu découvrir sa fourberie, et il lui exprimait sa tendresse devant moi comme s'il m'eût été impossible d'en ressentir de la douleur ou du dépit. La princesse semblait de temps en temps avoir des retours de méfiance, et je vis, à ses regards et à ses paroles, qu'elle m'étudiait pour détruire ses soupçons ou pour les confirmer. Ma douceur naturelle excluant toute espèce de haine, elle prit vite confiance en moi; et, jalouse qu'elle était avec emportement, elle pensa qu'il était impossible à une autre femme de consentir au rôle que je jouais. Une intrigante aurait pu l'accepter, mais mon ton et ma physionomie démentaient cette conjecture. La princesse se prit de passion pour moi. Elle ne voulait plus que je sortisse de sa chambre, elle m'accablait de soins et de caresses. Je fus un peu humiliée de sa générosité et j'eus envie de refuser; mais la crainte de déplaire à Leoni me fit supporter encore cette mortification. Ce que j'eus à souffrir dans les premiers jours, et les efforts que je fis pour assouplir à ce point mon orgueil, sont des choses inouïes. Cependant peu à peu ces souffrances s'apaisèrent et ma situation d'esprit devint tolérable. Leoni me témoignait à la dérobée une reconnaissance passionnée et une tendresse délirante. La princesse, malgré ses caprices, ses impatiences et tout le mal que son amour pour Leoni me causait, me devint agréable et presque chère. Elle avait le cœur ardent plutôt que tendre, et le caractère prodigue plutôt que généreux. Mais elle avait dans les manières une grâce irrésistible; l'esprit dont pétillait son langage au milieu des plus vives souffrances, le choix des mots ingénieux et caressants avec lesquels elle me remerciait de mes complaisances ou me priait d'oublier ses emportements, ses petites flatteries, ses finesses, sa coquetterie qui la suivit jusqu'au tombeau, tout en elle avait un caractère d'originalité, de noblesse et d'élégance, dont j'étais d'autant plus frappée que je n'avais jamais vu de près aucune femme de son rang, et que je n'étais point accoutumée à ce grand charme que leur donne l'usage de la bonne compagnie. Elle possédait ce don à un tel point, que je ne pus y résister, et que je me laissai dominer à son gré; elle était si malicieuse et si aimable avec Leoni, que je concevais qu'il fût devenu amoureux d'elle, et que j'avais fini par m'habituer à voir leurs baisers et à entendre leurs fadeurs sans en être révoltée. Il y avait vraiment des jours où ils avaient assez de grâce et d'esprit l'un et l'autre pour que j'eusse du plaisir à les écouter, et Leoni trouvait le moyen de m'adresser des choses si délicates, que je me sentais encore heureuse dans mon abominable abaissement. La haine que les laquais et les subalternes m'avaient d'abord témoignée s'était vite apaisée, grâce au soin que j'avais pris de leur abandonner tous les petits présents que me faisait leur maîtresse. J'eus même l'affection et la confiance des neveux et des cousins; une très-jolie petite nièce, que la princesse refusait obstinément de voir, fut enfin introduite par mes soins jusqu'à elle et lui plut extrêmement. Je la priai alors de me permettre de donner à cet enfant un joli écrin qu'elle m'avait forcée d'accepter dans la matinée; et cet acte de générosité l'engagea à remettre à la petite fille un présent beaucoup plus considérable. Leoni, qui n'avait rien de mesquin ni de petit dans sa cupidité, vit avec plaisir le secours accordé à une orpheline pauvre, et les autres parents commencèrent à croire qu'ils n'avaient rien à craindre de nous, et que nous n'avions pour la princesse qu'une amitié noble et désintéressée. Les tentatives de délation contre moi cessèrent donc entièrement, et, pendant deux mois, nous eûmes une vie très-calme. Je m'étonnai d'être presque heureuse.

XX.

La seule chose qui m'inquiétât sérieusement, c'était de voir toujours autour de nous le marquis de... Il s'était introduit, je ne sais à quel titre, chez la princesse, et l'amusait par son babil caustique et médisant. Il entraînait ensuite Leoni dans les autres appartements et avait avec lui de longs entretiens dont Leoni sortait toujours sombre. — Je hais et je méprise Lorenzo, me disait-il souvent; c'est la pire canaille que je connaisse, il est capable de tout. Je le pressais alors de rompre avec lui; mais il me répondait : — C'est impossible, Juliette; tu ne sais pas que lorsque deux coquins ont agi ensemble, ils ne se brouillent plus que pour s'envoyer l'un l'autre à l'échafaud. Ces paroles sinistres résonnaient si étrangement dans ce beau palais, au milieu de la vie paisible que nous y menions, et presque aux oreilles de cette princesse si gracieuse et si confiante, qu'il me passait un frisson dans les veines en les entendant.

Cependant les souffrances de notre malade augmentaient de jour en jour, et bientôt vint le moment où elle devait succomber infailliblement. Nous la vîmes s'éteindre peu à peu; mais elle ne perdit pas un instant sa présence d'esprit, ses plaisanteries et ses discours aimables. — Que je suis fâchée, disait-elle à Leoni, que Juliette soit ta sœur ! Maintenant que je pars pour l'autre monde, il faut bien que je renonce à toi. Je ne puis exiger ni désirer que tu me restes fidèle après ma mort. Malheureusement tu vas faire des sottises et te jeter à la tête de quelque femme indigne de toi. Je ne connais au monde que ta sœur qui te vaille; c'est un ange, et il n'y a que toi aussi qui sois digne d'elle.

Je ne pouvais résister à ces cajoleries bienveillantes, et je me prenais pour cette femme d'une affection plus vive à mesure que la mort la détachait de nous. Je ne voulais pas croire qu'elle pût nous être enlevée avec toute sa raison, tout son calme, et au milieu d'une si douce intimité. Je me demandais comment nous ferions pour vivre sans elle, et je ne pouvais m'imaginer son grand fauteuil doré vide, entre Leoni et moi, sans que mes yeux s'humectassent de larmes.

Un soir que je lui faisais la lecture pendant que Leoni était assis sur le tapis et lui réchauffait les pieds dans un manchon, elle reçut une lettre. Je la lut rapidement, jeta un grand cri et s'évanouit. Tandis que je volais à son secours, Leoni ramassa la lettre et en prit connaissance. Quoique l'écriture fût contrefaite, il reconnut la main du vicomte de Chalm. C'était une délation contre moi, des détails circonstanciés sur ma famille, sur mon enlèvement, sur mes relations avec Leoni; puis mille calomnies odieuses contre mes mœurs et mon caractère.

Au cri qu'avait jeté la princesse, Lorenzo, qui planait toujours comme un oiseau de malheur autour de nous, entra je ne sais comment, et Leoni, l'entraînant dans un coin, lui montra la lettre du vicomte. Lorsqu'ils se rapprochèrent de nous, le marquis était très-calme, et avait, comme à l'ordinaire, un sourire moqueur sur les lèvres, et Leoni, agité, semblait interroger ses regards pour lui demander conseil.

La princesse était toujours évanouie dans mes bras. Le marquis haussa les épaules. — Ta femme est insupportablement niaise, dit-il assez haut pour que je l'entendisse; sa présence désormais est du plus mauvais effet; renvoie-la, et dis-lui d'aller chercher du secours. Je me charge du tout.

— Mais que feras-tu? dit Leoni dans une grande anxiété.

— Sois tranquille, j'ai un expédient tout prêt depuis longtemps : c'est un papier qui est toujours sur moi. Mais renvoie Juliette...

Leoni me pria d'appeler les femmes; j'obéis et posai doucement la tête de la princesse sur un coussin. Mais quand je fus au moment de franchir la porte, je ne sais quelle force magnétique m'arrêta et me força de me retourner. Je vis le marquis s'approcher de la malade comme pour la secourir; mais sa figure me sembla si odieuse, celle de Leoni si pâle, que la peur me prit de laisser cette mourante seule avec eux. Je ne sais quelles idées vagues me passèrent par la tête; je me rapprochai du lit vivement, et, regardant Leoni avec terreur, je lui dis : — Prends garde, prends garde !... — A quoi? me répondit-il d'un air étonné. Le fait est que je ne le savais pas moi-même, et que j'eus honte de l'espèce de folie que je venais de montrer. L'air ironique du marquis acheva de me déconcerter. Je sortis et revins un instant après avec les femmes et le médecin. Celui-ci trouva la princesse en proie à une affreuse crispation de nerfs, et dit qu'il faudrait tâcher de lui faire avaler tout de suite une cuillerée de la potion calmante. On essaya en vain de lui desserrer les dents. — Que la signora s'en charge, dit une des femmes en me désignant ; la princesse n'accepte rien que de sa main et ne refuse jamais ce qui vient d'elle. J'essayai en effet, et la mourante céda doucement. Par un reste d'habitude, elle me pressa faiblement la main en me rendant la cuiller ; puis elle étendit violemment les bras, se leva comme si elle allait s'élancer au milieu de la chambre, et retomba raide morte sur son fauteuil.

Cette mort si soudaine me fit une impression horrible ; je m'évanouis, et l'on m'emporta. Je fus malade quelques jours ; et quand je revins à la vie, Leoni m'apprit que j'étais désormais chez moi, que le testament avait été ouvert et trouvé inattaquable de tous points, que nous étions à la tête d'une belle fortune et maîtres d'un palais magnifique.

— C'est à toi que je dois tout cela, Juliette, me dit-il, et de plus, je te dois la douceur de pouvoir songer sans honte et sans remords aux derniers moments de notre amie. Ta sensibilité, ta bonté angélique, les ont entourés de soins et en ont adouci la tristesse. Elle est morte dans tes bras, cette rivale qu'une autre que toi eût étranglée ! et tu l'as pleurée comme si elle eût été ta sœur. Tu es bonne, trop bonne, trop bonne ! Maintenant jouis du fruit de ton courage ; vois comme je suis heureux d'être riche, et de pouvoir t'entourer de nouveau de tout le bien-être dont tu as besoin.

— Tais-toi, lui dis-je, c'est à présent que je rougis et que je souffre. Tant que cette femme était là, et que je lui sacrifiais mon amour et ma fierté, je me consolais en sentant que j'avais de l'affection pour elle et que je m'immolais pour elle et pour toi. À présent je ne vois plus que ce qu'il y avait de bas et d'odieux dans ma situation. Comme tout le monde doit nous mépriser !

— Tu te trompes bien, ma pauvre enfant, dit Leoni ; tout le monde nous salue et nous honore, parce que nous sommes riches.

Mais Leoni ne jouit pas longtemps de son triomphe. Les cohéritiers, arrivés de Rome, furieux contre nous, ayant appris les détails de cette mort si prompte, nous accusèrent de l'avoir hâtée par le poison, et demandèrent qu'on déterrât le corps pour s'en assurer. On procéda à cette opération, et l'on reconnut au premier coup d'œil les traces d'un poison violent. — Nous sommes perdus ! me dit Leoni en entrant dans ma chambre ; Ildegonda est morte empoisonnée, et l'on nous accuse. Qui a fait cette abomination ? il ne faut pas le demander ; c'est Satan sous la figure de Lorenzo. Voilà comme il nous sert ; il est en sûreté, et nous sommes entre les mains de la justice. Te sens-tu le courage de sauter par la fenêtre ?

— Non, lui dis-je, je suis innocente, je ne crains rien ; si vous êtes coupable, fuyez.

— Je ne suis pas coupable, Juliette, dit-il en me serrant le bras avec violence ; ne m'accusez pas quand je ne m'accuse pas moi-même. Vous savez qu'ordinairement je ne m'épargne pas.

Nous fûmes arrêtés et jetés en prison. On instruisit contre nous un procès criminel ; mais il fut moins long et moins grave qu'on ne s'y attendait ; notre innocence nous sauva. En présence d'une si horrible accusation, je retrouvai toute la force que donne une conscience pure. Ma jeunesse et mon air de sincérité me gagnèrent l'esprit des juges au premier abord. Je fus promptement acquittée. L'honneur et la vie de Leoni furent un peu plus longtemps en suspens. Mais il était impossible, malgré les apparences, de trouver une preuve contre lui, car il n'était pas coupable ; il avait horreur de ce crime, son visage et ses réponses le disaient assez. Il sortit pur de cette accusation. Tous les laquais furent soupçonnés.

Le marquis avait disparu ; mais il revint secrètement au moment où nous sortions de prison, et intima à Leoni l'ordre de partager la succession avec lui. Il déclara que nous lui devions tout, que, sans la hardiesse et la promptitude de sa résolution, le testament eût été déchiré. Leoni lui fit les plus horribles menaces, mais le marquis ne s'en effraya point. Il avait, pour le tenir en respect, le meurtre de Henryet, commis sous ses yeux par Leoni, et il pouvait l'entraîner dans sa perte. Leoni furieux se soumit à lui payer une somme considérable. Ensuite nous recommençâmes à mener une vie folle et à étaler un luxe effréné : se ruiner de nouveau fut pour Leoni l'affaire de six mois. Je voyais sans regret s'en aller ces biens que j'avais acquis avec honte et douleur ; mais j'étais effrayée pour Leoni de la misère qui s'approchait encore de nous. Je savais qu'il ne pourrait pas la supporter, et que, pour en sortir, il se précipiterait dans de nouvelles fautes et dans de nouveaux dangers. Il était malheureusement impossible de l'amener à un sentiment de retenue et de prévoyance ; il répondait par des caresses ou des plaisanteries à mes prières et à mes avertissements. Il avait quinze chevaux anglais dans son écurie, une table ouverte à toute la ville, une troupe de musiciens à ses ordres. Mais ce qui le ruina le plus vite, ce furent les dons énormes qu'il fut obligé de faire à ses anciens compagnons pour les empêcher de venir fondre sur lui, et de faire de sa maison une caverne de voleurs. Il avait obtenu d'eux qu'ils n'exerceraient pas leur industrie chez lui ; et, pour les décider à sortir du salon quand ses hôtes commençaient à jouer, il était obligé de leur payer chaque jour une certaine redevance. Cette intolérable dépendance lui donnait parfois envie de fuir le monde et d'aller se cacher avec moi dans quelque tranquille retraite. Mais il est vrai de dire que cette idée l'effrayait encore plus ; car l'affection que je lui inspirais n'avait plus assez de force pour remplir toute sa vie. Il était toujours prévenant avec moi ; mais, comme à Venise, il me délaissait pour s'enivrer de tous les plaisirs de la richesse. Il menait au dehors la vie la plus dissolue, et entretenait plusieurs maîtresses qu'il choisissait dans un monde élégant, auxquelles il faisait des présents magnifiques, et dont la société flattait sa vanité insatiable. Vil et sordide pour acquérir, il était superbe dans sa prodigalité. Son mobile caractère changeait avec sa fortune, et son amour pour moi en subissait toutes les phases. Dans l'agitation et la souffrance que lui causaient ses revers, n'ayant que moi au monde pour le plaindre et pour l'aimer, il revenait à moi avec transport ; mais au milieu des plaisirs il m'oubliait, et cherchait ailleurs des jouissances plus vives. Je savais toutes ses infidélités ; soit paresse, soit indifférence, soit confiance en mon pardon infatigable, il ne se donnait plus la peine de me les cacher ; et quand je lui reprochais l'indélicatesse de cette franchise, il me rappelait ma conduite envers la princesse Zagarolo, et me demandait si ma miséricorde était déjà épuisée. Le passé m'enchaînait donc absolument à la patience et à la douleur. Ce qu'il y avait d'injuste dans la conduite de Leoni, c'est qu'il semblait croire que désormais je dusse accomplir tous ces sacrifices sans souffrir, et qu'une femme pût prendre l'habitude de vaincre sa jalousie...

Je reçus une lettre de ma mère, qui enfin avait eu de mes nouvelles par Henryet, et qui, au moment de se mettre en route pour venir me chercher, était tombée dangereusement malade. Elle me conjurait de la soigner, et me promettait de me recevoir sans reproches et avec reconnaissance. Cette lettre était mille fois trop douce et trop bonne. Je la baignai de mes larmes ; mais elle me semblait malgré moi déplacée, les expressions en étaient inconvenantes à force de tendresse et d'humilité. Le dirai-je, hélas ! ce n'était pas le pardon d'une mère généreuse, c'était l'appel d'une femme malade et ennuyée. Je partis aussitôt et la trouvai mourante. Elle me bénit, me pardonna et mourut dans mes bras, en me recommandant de la faire ensevelir dans un certaine robe qu'elle avait beaucoup aimée.

XXI.

Tant de fatigues, tant de douleurs, avaient presque épuisé ma sensibilité. Je pleurai à peine ma mère; je m'enfermai dans sa chambre après qu'on eut emporté son corps, et j'y restai morne et accablée pendant plusieurs mois, occupée seulement à retourner le passé sous toutes ses faces, et ne songeant pas à me demander ce que je ferais de l'avenir. Ma tante, qui d'abord m'avait fort mal accueillie, fut touchée de cette douleur muette, que son caractère comprenait mieux que l'expansion des larmes. Elle me donna des soins en silence, et veilla à ce que je ne me laissasse pas mourir de faim. La tristesse de cette maison, que j'avais vue si fraîche et si brillante, convenait à la situation de mon âme. Je revoyais les meubles qui me rappelaient les mille petits événements frivoles de mon enfance. Je comparais ce temps où une égratignure à mon doigt était l'accident le plus terrible qui pût bouleverser ma famille, à la vie infâme et sanglante que j'avais menée depuis. Je voyais, d'une part, ma mère au bal, de l'autre, la princesse Zagarolo empoisonnée dans mes bras, et peut-être de ma propre main. Le son des violons passait dans mes rêves au milieu des cris d'Henryet assassiné; et, dans l'obscurité de la prison où, pendant trois mois d'angoisses, j'avais attendu chaque jour une sentence de mort, je voyais arriver à moi, au milieu de l'éclat des bougies et du parfum des fleurs, mon fantôme vêtu d'un crêpe d'argent et couvert de pierreries. Quelquefois, fatiguée de ces rêves confus et effrayants, je soulevais les rideaux, je m'approchais de la fenêtre et je regardais cette ville où j'avais été si heureuse et si vantée, les arbres de cette promenade où tant d'admiration avait suivi chacun de mes pas. Mais bientôt je m'apercevais de l'insultante curiosité qu'excitait ma figure pâle. On s'arrêtait sous ma fenêtre, on se groupait pour parler de moi en me montrant presque au doigt. Alors je me retirais, je faisais retomber les rideaux, j'allais m'asseoir auprès du lit de ma mère, et j'y restais jusqu'à ce que ma tante vînt, avec sa figure et ses pas silencieux, me prendre le bras et me conduire à table. Ses manières en cette circonstance de ma vie me parurent les plus convenables et les plus généreuses qu'on pût avoir envers moi. Je n'aurais pas écouté les consolations, je n'aurais pu supporter les reproches, je n'aurais pas cru à des marques d'estime. L'affection muette et la pitié délicate me furent plus sensibles. Cette figure morne qui passait sans bruit autour de moi comme un fantôme, comme un souvenir du temps passé, était la seule qui ne pût ni me troubler ni m'effrayer. Quelquefois je prenais ses mains sèches, et je les pressais sur ma bouche pendant quelques minutes, sans dire un mot, sans laisser échapper un soupir. Elle ne répondait jamais à cette caresse, mais elle restait là sans impatience et ne retirait pas ses mains à mes baisers; c'était beaucoup.

Je ne pensais plus à Leoni que comme à un souvenir terrible que j'éloignais de toutes mes forces. Retourner vers lui était une pensée qui me faisait frémir comme eût fait la vue d'un vampire. Je n'avais plus assez de vigueur pour l'aimer ou le haïr. Il ne m'écrivait pas, et je ne m'en apercevais pas, tant j'avais peu compté sur ses lettres. Un jour il en arriva une qui m'apprit de nouvelles calamités. On avait trouvé un testament de la princesse Zagarolo dont la date était plus récente que celle du nôtre. Un de ses serviteurs, en qui elle avait confiance, en avait été le dépositaire depuis sa mort jusqu'à ce jour. Elle avait fait ce testament à l'époque où Leoni l'avait délaissée pour me soigner, et où elle avait eu des doutes sur notre fraternité. Depuis, elle avait songé à le déchirer en se réconciliant avec nous; mais, comme elle était sujette à mille caprices, elle avait gardé près d'elle les deux testaments, afin d'être toujours prête à en laisser subsister un. Leoni savait dans quel meuble était déposé le sien; mais l'autre était connu seulement de Vincenzo, l'homme de confiance de la princesse; et il devait, à un signe d'elle, le brûler ou le conserver. Elle ne s'attendait pas, l'infortunée, à une mort si violente et si soudaine. Vincenzo, que Leoni avait comblé de ses générosités, et qui lui était tout dévoué à cette époque, n'ayant d'ailleurs pas pu savoir les dernières intentions de la princesse, conserva le testament sans rien dire, et nous laissa posséder le nôtre. Il eût pu s'enrichir par ce moyen en nous menaçant ou en vendant son secret aux héritiers naturels; mais ce n'était pas un malhonnête homme ni un méchant cœur. Il nous laissa jouir de la succession sans exiger de meilleurs traitements que ceux qu'il recevait. Mais, quand j'eus quitté Leoni, il devint mécontent; car Leoni était brutal avec ses gens, et je les enchaînais seule à son service par mon indulgence. Un jour Leoni s'oublia jusqu'à frapper ce vieillard, qui aussitôt tira le testament de sa poche et lui déclara qu'il allait le porter chez les cousins de la princesse. Aucune menace, aucune prière, aucune offre d'argent ne put apaiser son ressentiment. Le marquis arriva et résolut d'employer la force pour lui arracher le fatal papier; mais Vincenzo, qui, malgré son âge, était un homme remarquablement vigoureux, le renversa, le frappa, menaça Leoni de le jeter par la fenêtre s'il s'attaquait à lui, et courut produire les pièces de sa vengeance. Leoni fut aussitôt dépossédé, condamné à représenter tout ce qu'il avait mangé de la succession, c'est-à-dire les trois quarts. Incapable de s'acquitter, il essaya vainement de fuir. Il fut mis en prison, et c'est de là qu'il m'écrivait, non pas tous les détails que je viens de vous dire et que j'ai sus depuis, mais en peu de mots l'horreur de sa situation. Si je ne venais à son secours, il pourrait languir toute sa vie dans la captivité la plus affreuse, car il n'avait plus le moyen de se procurer le bien-être dont nous avions pu nous entourer lors de notre première réclusion. Ses amis l'abandonnaient et se réjouissaient peut-être d'être débarrassés de lui. Il était absolument sans ressources, dans un cachot humide où la fièvre le dévorait déjà. On avait vendu ses bijoux et jusqu'à ses hardes; il avait à peine de quoi se préserver du froid.

Je partis aussitôt. Comme je n'avais jamais eu l'intention de me fixer à Bruxelles, et que la paresse de la douleur m'y avait seule enchaînée depuis une demi-année, j'avais converti à peu près tout mon héritage en argent comptant; j'avais formé souvent le projet de l'employer à fonder un hôpital pour les filles repenties, et à m'y faire religieuse. D'autres fois j'avais songé à placer cet argent sur la Banque de France, et à en faire pour Leoni une rente inaliénable qui le préservât à jamais du besoin et des bassesses. Je n'aurais gardé pour moi qu'une modique pension viagère, et j'aurais été m'ensevelir seule dans la vallée suisse, où le souvenir de mon bonheur m'aurait aidé à supporter l'horreur de la solitude. Lorsque j'appris le nouveau malheur où Leoni était tombé, je sentis mon amour et ma sollicitude pour lui se réveiller plus vifs que jamais. Je fis passer toute ma fortune à un banquier de Milan. Je n'en réservai qu'un capital suffisant pour doubler la pension que mon père avait léguée à ma tante. Ce capital fut, à sa grande satisfaction, la maison que nous habitions, et où elle avait passé la moitié de sa vie. Je lui en abandonnai la possession et je partis pour rejoindre Leoni. Elle ne me demanda pas où j'allais, elle le savait trop bien; elle n'essaya point de me retenir; elle ne me remercia point, elle me pressa la main; mais, en me retournant, je vis couler lentement sur sa joue ridée la première larme que je lui eusse jamais vu répandre.

XXII.

Je trouvai Leoni dans un état horrible, hâve, livide et presque fou. C'était la première fois que la misère et la souffrance l'avaient éteint réellement. Jusque-là il n'avait fait que voir crouler son opulence peu à peu, tout en cherchant et en trouvant les moyens de la rétablir. Ses désastres en ce genre avaient été grands; l'industrie et le hasard ne l'avaient jamais laissé longtemps aux prises avec les privations de l'indigence. Sa force morale s'était toujours maintenue, mais elle fut vaincue quand la force physique l'abandonna. Je le trouvai dans un état d'excitation nerveuse qui ressemblait à de la fureur. Je me portai caution de sa dette. Il me fut aisé de fournir les preuves de ma solvabilité, je les avais sur moi. Je n'entrai donc dans sa prison que pour l'en faire sortir. Sa joie fut si violente, qu'il ne put la soutenir, et qu'il fallut le transporter évanoui dans la voiture.

Je l'emmenai à Florence et l'entourai de tout le bien-être que je pus lui procurer. Toutes ses dettes payées, il me restait fort peu de chose. Je mis tous mes soins à lui faire oublier les souffrances de sa prison. Son corps robuste fut vite rétabli, mais son esprit resta malade. Les terreurs de l'obscurité et les angoisses du désespoir avaient fait une profonde impression sur cet homme actif, entreprenant, habitué aux jouissances de la richesse ou aux agitations de la vie aventureuse. L'inaction l'avait brisé. Il était devenu sujet à des frayeurs puériles, à des violences terribles; il ne pouvait plus supporter aucune contrariété; et ce qu'il y eut de plus affreux, c'est qu'il s'en prenait à moi de toutes celles que je ne pouvais lui éviter. Il avait perdu cette puissance de volonté qui lui faisait envisager sans crainte l'avenir le plus précaire. Il s'effrayait maintenant de la pauvreté, et me demandait chaque jour quelles ressources j'aurais quand celles que j'avais encore seraient épuisées. Je ne savais que répondre, j'étais épouvantée moi-même de notre prochain dénûment. Ce moment arriva. Je me mis à peindre à l'aquarelle des écrans, des tabatières et divers autres petits meubles en bois de Spa. Quand j'avais travaillé douze heures par jour, j'avais gagné huit ou dix francs. C'eût été assez pour mes besoins; mais pour Leoni c'était la misère la plus profonde. Il avait envie de cent choses impossibles; il se plaignait avec amertume, avec fureur de n'être plus riche. Il me reprochait souvent d'avoir payé ses dettes, et de ne pas m'être sauvée avec lui en emportant mon argent. J'étais forcée, pour l'apaiser, de lui prouver qu'il m'eût été impossible de le tirer de prison en commettant cette friponnerie. Il se mettait à la fenêtre et maudissait avec d'horribles juremens les gens riches qui passaient dans leurs équipages. Il me montrait ses vêtemens usés, et me disait avec un accent impossible à rendre : « Tu ne *peux* donc pas m'en faire faire d'autres? Tu ne *veux* donc pas ? » Il finit par me répéter si souvent que je pouvais le tirer de cette détresse et que j'avais l'égoïsme et la cruauté de l'y laisser, que je le crus fou et que je n'essayai plus de lui faire entendre raison. Je gardais le silence chaque fois qu'il y revenait, et je lui cachais mes larmes, qui ne servaient qu'à l'irriter. Il pensa que je comprenais ses abominables suggestions, et traita mon silence d'indifférence féroce et d'obstination imbécile. Plusieurs fois il me frappa violemment et m'eût tuée si on ne fût venu à mon secours. Il est vrai que quand ses accès étaient passés, il se jetait à mes pieds et me demandait pardon avec des larmes. Mais j'évitais, autant que possible, ces scènes de réconciliation, car l'attendrissement causait une nouvelle secousse à ses nerfs et provoquait le retour de la crise. Cette irritabilité cessa enfin et fit place à une sorte de désespoir morne et stupide plus affreux encore. Il me regardait d'un air sombre et semblait nourrir contre moi une haine cachée et des projets de vengeance. Quelquefois, en m'éveillant au milieu de la nuit, je le voyais debout auprès de mon lit avec sa figure sinistre, je croyais qu'il voulait me tuer, et je poussais des cris de terreur. Mais il haussait les épaules et retournait à son lit avec un rire hébété.

Malgré tout cela, je l'aimais encore, non plus tel qu'il était, mais à cause de ce qu'il avait été et de ce qu'il pouvait redevenir. Il y avait des momens où j'espérais qu'une heureuse révolution s'opérerait en lui, et qu'il sortirait de cette crise, renouvelé et corrigé de tous ses mauvais penchans. Il semblait ne plus songer à les satisfaire, et n'exprimait plus ni regrets ni désirs de quoi que ce soit. Je n'imaginais pas le sujet des longues méditations où il semblait plongé. La plupart du temps ses yeux étaient fixés sur moi avec une expression si étrange, que j'avais peur de lui. Je n'osais lui parler, mais je lui demandais grâce par des regards supplians. Alors il me semblait voir les siens s'humecter et un soupir imperceptible soulever sa poitrine; puis il détournait la tête comme s'il eût voulu cacher ou étouffer son émotion, et il retombait dans sa rêverie. Je me flattais alors qu'il faisait des réflexions salutaires, et que bientôt il m'ouvrirait son cœur pour me dire qu'il avait conçu la haine du vice et l'amour de la vertu.

Mes espérances s'affaiblirent lorsque je vis le marquis de... reparaître autour de nous. Il n'entrait jamais dans mon appartement, parce qu'il savait l'horreur que j'avais de lui; mais il passait sous les fenêtres et appelait Leoni, ou venait jusqu'à ma porte et frappait d'une certaine manière pour l'avertir. Alors Leoni sortait avec lui et restait longtemps dehors. Un jour je les vis passer et repasser plusieurs fois; le vicomte de Chalm était avec eux. — Leoni est perdu, pensai-je, et moi aussi; il va se commettre sous mes yeux quelque nouveau crime.

Le soir Leoni rentra tard; et, comme il quittait ses compagnons à la porte de la rue, je l'entendis prononcer ces paroles : — Mais vous lui direz bien que je suis fou; absolument fou; car, sans cela, je n'y aurais jamais consenti. Elle doit bien savoir que la misère m'a rendu fou. Je n'osai point lui demander d'explication, et je lui servis son modeste repas. Il n'y toucha pas et se mit à attiser le feu convulsivement; puis il me demanda de l'éther, et après en avoir pris une très-forte dose, il se coucha et parut dormir. Je travaillais tous les soirs aussi longtemps que je le pouvais sans être vaincue par le sommeil et la fatigue. Ce soir-là, je me sentis si lasse, que je m'endormis dès minuit. A peine étais-je couchée, que j'entendis un léger bruit, et il me sembla que Leoni s'habillait pour sortir. Je l'appelai et lui demandai ce qu'il faisait. — Rien, dit-il, je veux me lever et l'aller trouver; mais je crains ta lumière, tu sais que cela m'attaque les nerfs et me cause des douleurs affreuses à la tête; éteins-la. — J'obéis. — Est-ce fait ? me dit-il. Maintenant recouche-toi, j'ai besoin de t'embrasser, attends-moi. Cette marque d'affection, qu'il ne m'avait pas donnée depuis plusieurs semaines, fit tressaillir mon pauvre cœur de joie et d'espérance. Je me flattai que le réveil de sa tendresse allait amener celui de sa raison et de sa conscience. Je m'assis sur le bord de mon lit et je l'attendis avec transport. Il vint se jeter dans mes bras ouverts pour le recevoir, et, m'étreignant avec passion, il me renversa sur mon lit. Mais, au même instant, un sentiment de méfiance, qui me fut envoyé par la protection du ciel ou par la délicatesse de mon instinct, me fit passer la main sur le visage de celui qui m'embrassait. Leoni avait laissé croître sa barbe et ses moustaches depuis qu'il était malade; je trouvai un visage lisse et uni. Je fis un cri et le repoussai violemment.

— Qu'as-tu donc? me dit la voix de Leoni.
— Est-ce que tu as coupé ta barbe? lui dis-je.
— Tu le vois bien, me répondit-il.

Mais alors je m'aperçus que la voix parlait à mon oreille en même temps qu'une autre bouche se collait à la mienne. Je me dégageai avec la force que donnent la colère et le désespoir, et, m'enfuyant au bout de la chambre, je relevai précipitamment la lampe, que j'avais couverte et non éteinte. Je vis lord Edwards, assis sur le bord du lit, stupide et déconcerté (je crois qu'il était ivre), et, Leoni, qui venait à moi d'un air égaré. — Misérable ! m'écriai-je.

— Juliette, me dit-il avec des yeux hagards et une voix étouffée, cédez, si vous m'aimez. Il s'agit pour moi de sortir de la misère où vous voyez que je me consume. Il s'agit de ma vie et de ma raison, vous le savez bien. Mon salut sera le prix de votre dévouement; et quant à vous, vous serez désormais riche et heureuse avec un homme qui vous aime depuis longtemps, et à qui rien ne coûte pour vous obtenir. Consens-y, Juliette, ajouta-t-il à voix basse, ou je te poignarde quand il sera hors de la chambre?

La frayeur m'ôta le jugement : je m'élançai par la fenêtre au risque de me tuer. Des soldats qui passaient me relevèrent ; on me rapporta évanouie dans la maison. Quand je revins à moi, Leoni et ses complices l'avaient quittée. Ils avaient déclaré que je m'étais précipitée par la fenêtre dans un accès de fièvre cérébrale, tandis qu'ils étaient allés dans une autre chambre pour me chercher des secours. Ils avaient feint beaucoup de consternation. Leoni était resté jusqu'à ce que le chirurgien qui me soigna eût déclaré que je n'avais aucune fracture. Alors Leoni était sorti en disant qu'il allait rentrer, et depuis deux jours il n'avait pas reparu. Il ne revint pas, et je ne le revis jamais.

Ici Juliette termina son récit, et resta accablée de fatigue et de tristesse. — C'est alors, ma pauvre enfant, lui dis-je, que je fis connaissance avec toi. Je demeurais dans la même maison. Le récit de ta chute m'inspira de la curiosité. Bientôt j'appris que tu étais jeune et digne d'un intérêt sérieux ; que Leoni, après t'avoir accablée des plus mauvais traitements, t'avait enfin abandonnée mourante et dans la misère. Je voulus te voir ; tu étais dans le délire quand j'approchai de ton lit. Oh ! que tu étais belle, Juliette, avec tes épaules nues, tes cheveux épars, tes lèvres brûlées du feu de la fièvre, et ton visage animé par l'énergie de la souffrance ! Que tu me semblas belle encore, lorsque, abattue par la fatigue, tu retombas sur ton oreiller, pâle et penchée comme une rose blanche qui s'effeuille à la chaleur du jour ! Je ne pus m'arracher d'auprès de toi. Je me sentis saisi d'une sympathie irrésistible, entraîné par un intérêt que je n'avais jamais éprouvé. Je fis venir les premiers médecins de la ville ; je te procurai tous les secours qui te manquaient. Pauvre fille abandonnée ! je passai les nuits près de toi, je vis ton désespoir, je compris ton amour. Je n'avais jamais aimé, aucune femme ne me semblait pouvoir répondre à la passion que je me sentais capable de ressentir. Je cherchais un cœur aussi fervent que le mien. Je me méfiais de tous ceux que j'éprouvais, et bientôt je reconnaissais la prudence de ma retenue en voyant la sécheresse et la frivolité de ces cœurs féminins. Le tien me sembla le seul qui pût me comprendre. Une femme capable d'aimer et de souffrir comme tu avais fait était la réalisation de tous mes rêves. Je désirai, sans l'espérer beaucoup, obtenir ton affection. Ce qui me donna la présomption d'essayer de te consoler, ce fut la certitude que je sentis en moi de t'aimer sincèrement et généreusement. Tout ce que tu disais dans ton délire te faisait connaître à moi autant que le fait depuis notre intimité. Je connus que tu étais une femme sublime aux prières que tu adressais à Dieu à voix haute, avec un accent dont rien ne pourrait rendre la sainteté déchirante. Tu demandais pardon pour Leoni, toujours pardon, jamais vengeance ! Tu invoquais les âmes de tes parents, tu leur racontais d'une voix haletante par quels malheurs tu avais expié la faute et l'honneur. Quelquefois tu me prenais pour Leoni et tu m'adressais des reproches foudroyants ; d'autres fois tu te croyais avec lui en Suisse, et tu me pressais dans tes bras avec passion. Il m'eût été bien facile alors d'abuser de ton erreur, et l'amour qui s'allumait dans mon sein me faisait de tes caresses insensées un véritable supplice. Mais je serais mort plutôt que de succomber à mes désirs, et la fourberie de lord Edwards, dont tu me parlais sans cesse, me semblait la plus déshonorante infamie qu'un homme pût commettre. Enfin, j'ai eu le bonheur de sauver ta vie et ta raison, ma pauvre Juliette ; depuis ce temps j'ai bien souffert et j'ai été bien heureux par toi. Je suis un fou peut-être de ne pas me contenter de l'amitié et de la possession d'une femme telle que toi, mais mon amour est insatiable. Je voudrais être aimé comme le fut Leoni, et je me tourmente de cette folle ambition. Je n'ai pas son éloquence et ses séductions, mais je t'aime, moi. Je ne t'ai pas trompée, je ne te tromperai jamais. Ton cœur, longtemps fatigué, devrait s'être reposé à force de dormir en lui. Juliette ! Juliette ! quand m'aimeras-tu comme tu sais aimer ?

— A présent et toujours, me répondit-elle ; tu m'as sauvée, tu m'as guérie et tu m'aimes. J'étais une folle, je le vois bien, d'aimer un pareil homme. Tout ce que tu viens de me raconter m'a remis sous les yeux des infamies que j'avais presque oubliées. Maintenant je ne sens plus que de l'horreur pour le passé, et je ne veux plus y revenir. Tu as bien fait de me laisser dire tout cela ; je suis calme, et je sens bien que je ne peux plus aimer son souvenir. Tu es mon ami, toi ; tu es mon sauveur, mon frère et mon amant.

— Dis aussi ton mari, je t'en supplie, Juliette !

— Mon mari, si tu veux, dit-elle en m'embrassant avec une tendresse qu'elle ne m'avait jamais témoignée aussi vivement et qui m'arracha des larmes de joie et de reconnaissance.

XXIII.

Je me réveillai si heureux le lendemain que je ne pensai plus à quitter Venise. Le temps était magnifique, le soleil était doux comme au printemps. Des femmes élégantes couvraient les quais et s'amusaient aux lazzi des masques qui, à demi couchés sur les rampes des ponts, agaçaient les passants et adressaient tour à tour des impertinences et des flatteries aux femmes laides et jolies. C'était le mardi gras ; triste anniversaire pour Juliette. Je désirai la distraire ; je lui proposai de sortir, et elle y consentit.

Je la regardais avec orgueil marcher à mes côtés. On donne peu le bras aux femmes à Venise, on les soutient seulement par le coude en montant et en descendant les escaliers de marbre blanc qui à chaque pas se présentent pour traverser les canaux. Juliette avait tant de grâce et de souplesse dans tous ses mouvements, que j'avais une joie puérile à la sentir à peine s'appuyer sur ma main pour franchir ces ponts. Tous les regards se fixaient sur elle, et les femmes, qui jamais ne regardent avec plaisir la beauté d'une autre femme, regardaient au moins avec intérêt l'élégance de ses vêtements et de sa démarche, qu'elles eussent voulu imiter. Je crois encore voir la toilette et le maintien de Juliette. Elle avait une robe de velours violet avec un boa et un petit manchon d'hermine. Son chapeau de satin blanc encadrait son visage toujours pâle, mais si parfaitement beau que, malgré sept ou huit années de fatigues et de chagrins mortels, tout le monde lui donnait dix-huit ans tout au plus. Elle était chaussée de bas de soie violets, si transparents qu'on voyait au travers sa peau blanche et mate comme de l'albâtre. Quand elle avait passé et qu'on ne voyait plus sa figure, on suivait de l'œil ses petits pieds, si rares en Italie. J'étais heureux de la voir admirer ainsi ; je le lui disais, et elle me souriait avec une douceur affectueuse. J'étais heureux !...

Un bateau pavoisé et plein de masques et de musiciens s'avança sur le canal de la Giudecca. Je proposai à Juliette de prendre une gondole et d'en approcher pour voir les costumes. Elle y consentit. Plusieurs sociétés suivirent notre exemple, et bientôt nous nous trouvâmes engagés dans un groupe de gondoles et de barques qui accompagnaient avec nous le bateau pavoisé et semblaient lui servir d'escorte.

Nous entendîmes dire aux gondoliers que cette troupe de masques était composée des gens les plus riches et les plus à la mode dans Venise. Ils étaient en effet d'une élégance extrême ; leurs costumes étaient fort riches, et le bateau était orné de voiles de soie, de banderoles de gaze d'argent et de tapis d'Orient de la plus grande beauté. Leurs vêtements étaient ceux des anciens Vénitiens, que Paul Véronèse, par un heureux anachronisme, a reproduits dans plusieurs sujets de dévotion, entre autres dans le magnifique tableau des Noces, dont la république de Venise fit présent à Louis XIV, et qui est au musée de Paris. Sur le bord du bateau je remarquai surtout un homme vêtu d'une longue robe de soie vert-pâle, brodée de longues arabesques d'or et d'argent. Il était debout et jouait de la guitare dans une attitude si noble, sa haute taille était si bien prise, qu'il semblait fait exprès pour porter ces habits magnifiques. Je le fis remarquer à Juliette, qui leva les yeux sur lui machinalement, le vit à peine, et me répondit : « Oui, oui, superbe ! » en pensant à autre chose.

Il était debout et jouait de la guitare. (Page 39.)

Nous suivions toujours, et, poussés par les autres barques, nous touchions le bateau pavoisé du côté précisément où se tenait cet homme. Juliette était aussi debout avec moi et s'appuyait sur le couvert de la gondole pour ne pas être renversée par les secousses que nous recevions souvent. Tout à coup cet homme se pencha vers Juliette comme pour la reconnaître, passa la guitare à son voisin, arracha son masque noir et se tourna de nouveau vers nous. Je vis sa figure, qui était belle et noble s'il en fut jamais. Juliette ne le vit pas. Alors il l'appela à demi-voix, et elle tressaillit comme si elle eût été frappée d'une commotion galvanique.

— Juliette! répéta-t-il d'une voix plus forte.
— Leoni! s'écria-t-elle avec transport.

C'est encore pour moi comme un rêve. J'eus un éblouissement; je perdis la vue pendant une seconde, je crois. Juliette s'élança, impétueuse et forte. Tout à coup je la vis transportée comme par magie sur le bateau, dans les bras de Leoni; un baiser délirant unissait leurs lèvres. Le sang me monta au cerveau, me bourdonna dans les oreilles, me couvrit les yeux d'un voile plus épais; je ne sais pas ce qui se passa. Je revins à moi en montant l'escalier de mon auberge. J'étais seul; Juliette était partie avec Leoni.

Je tombai dans une rage inouïe, et pendant trois heures je me comportai comme un épileptique. Je reçus vers le soir une lettre de Juliette conçue en ces termes :

« Pardonne-moi, pardonne-moi, Bustamente; je l'aime,
« je le vénère, je le bénis à genoux pour ton amour et tes
« bienfaits. Ne me hais pas; tu sais que je ne m'appar-
« tiens pas, qu'une main invisible dispose de moi et me
« jette malgré moi dans les bras de cet homme. O mon
« ami, pardonne-moi, ne te venge pas! je l'aime, je ne
« puis vivre sans lui. Je ne puis savoir qu'il existe sans
« le désirer, je ne puis le voir passer sans le suivre. Je
« suis femme; il est mon maître, vois-tu : il est im-
« possible que je me dérobe à sa passion et à son auto-
« rité. Tu as vu si j'ai pu résister à son appel. Il y a eu
« comme une force magnétique, comme un aimant qui
« m'a soulevée et qui m'a jetée sur son cœur; et pourtant
« j'étais près de toi, j'avais ma main dans la tienne.
« Pourquoi ne m'as-tu pas retenue? tu n'en as pas eu la
« force; ta main s'est ouverte, ta bouche n'a même pas pu
« me rappeler; tu vois que cela ne dépend pas de nous.

Il fit un rugissement sourd, mordit le sable... (Page 43.)

« Il y a une volonté cachée, une puissance magique qui
« ordonne et opère ces choses étranges. Je ne puis briser
« la chaîne qui est entre moi et Leoni; c'est le boulet qui
« accouple les galériens, mais c'est la main de Dieu qui
« l'a rivé.
  « O mon cher Aleo, ne me maudis pas! je suis à tes
« pieds. Je te supplie de me laisser être heureuse. Si tu
« savais comme il m'aime encore, comme il m'a reçue avec
« joie! quelles caresses, quelles paroles, quelles larmes!...
« Je suis comme ivre, je crois rêver... Je dois oublier son
« crime envers moi : il était fou. Après m'avoir abandon-
« née, il est arrivé à Naples dans un tel état d'aliénation
« qu'il a été enfermé dans un hôpital de fous. Je ne sais
« par quel miracle il en est sorti guéri, ni par quelle pro-
« tection du sort il se trouve maintenant remonté au faîte
« de la richesse. Mais il est plus beau, plus brillant, plus
« passionné que jamais. Laisse-moi, laisse-moi l'aimer,
« dussé-je être heureuse seulement un jour et mourir de-
« main. Ne dois-tu pas me pardonner de l'aimer si folle-
« ment, toi qui as pour moi une passion aveugle et aussi
« mal placée?
  « Pardonne, je suis folle; je ne sais ni de quoi je te

« parle, ni ce que je te demande. Oh! ce n'est pas de me
« recueillir et de me pardonner quand il m'aura de nou-
« veau délaissée; non! j'ai trop d'orgueil, ne crains rien.
« Je sens que je ne te mérite plus, qu'en me jetant dans
« ce bateau je me suis à jamais séparée de toi, que je ne
« puis plus soutenir ton regard ni toucher ta main. Adieu
« donc, Aleo! Oui, je t'écris pour te dire adieu, car je ne
« puis pas me séparer de toi sans te dire que mon cœur
« en saigne déjà, et qu'il se brisera un jour de regret et
« de repentir. Va, tu seras vengé! Calme-toi maintenant,
« pardonne, plains-moi, prie pour moi; sache bien que
« je ne suis pas une ingrate stupide qui méconnaît ton
« caractère et ses devoirs envers toi. Je ne suis qu'une
« malheureuse que la fatalité entraîne et qui ne peut s'ar-
« rêter. Je me retourne vers toi, et je t'envoie mille adieux,
« mille baisers, mille bénédictions. Mais la tempête m'en-
« veloppe et m'emporte. En périssant sur les écueils où
« elle doit me briser, je répéterai ton nom, et je t'invo-
« querai comme un ange de pardon entre Dieu et moi.
    « Juliette. »

  Cette lettre me causa un nouvel accès de rage; puis je

tombai dans le désespoir; je sanglotai comme un enfant pendant plusieurs heures; et, succombant à la fatigue, je m'endormis sur ma chaise, seul, au milieu de cette grande chambre où Juliette m'avait conté son histoire la veille. Je me réveillai calme, j'allumai du feu; je fis plusieurs fois le tour de la chambre d'un pas lent et mesuré.

Quand le jour parut, je me rassis et je me rendormis: ma résolution était prise; j'étais tranquille. A neuf heures je sortis, je pris des informations dans toute la ville, et je m'enquis de certains détails dont j'avais besoin. On ignorait par quel procédé Leoni avait fait sa fortune. On savait seulement qu'il était riche, prodigue, dissolu; tous les hommes à la mode allaient chez lui, singeaient sa toilette et se faisaient ses compagnons de plaisir. Le marquis de... l'escortait partout et partageait son opulence; tous deux étaient amoureux d'une courtisane célèbre, et, par un caprice inouï, cette femme refusait leurs offres. Sa résistance avait tellement aiguillonné le désir de Leoni, qu'il lui avait fait des promesses exorbitantes, et qu'il n'y avait aucune folie où elle ne pût l'entraîner.

J'allai chez elle, et j'eus beaucoup de peine à la voir; enfin elle m'admit et me reçut d'un air hautain, en me demandant ce que je voulais du ton d'une personne pressée de congédier un importun.

— Je viens vous demander un service, lui dis-je. Vous haïssez Leoni?

— Oui, me répondit-elle, je le hais mortellement.

— Puis-je vous demander pourquoi?

— Il a séduit une jeune sœur que j'avais dans le Frioul, et qui était honnête et sainte; elle est morte à l'hôpital. Je voudrais manger le cœur de Leoni.

— Voulez-vous m'aider, en attendant, à lui faire subir une mystification cruelle?

— Oui.

— Voulez-vous lui écrire et lui donner un rendez-vous?

— Oui, pourvu que je ne m'y trouve pas.

— Cela va sans dire. Voici le modèle du billet que vous écrirez :

« Je sais que tu as retrouvé ta femme et que tu l'aimes.
« Je ne voulais pas de toi hier, cela me semblait trop
« facile; aujourd'hui il me paraît piquant de te rendre
« infidèle; je veux savoir d'ailleurs si le grand désir que
« tu as de me posséder est capable de tout, comme tu
« t'en vantes. Je sais que tu donnes un concert sur l'eau
« cette nuit; je serai dans une gondole et je suivrai. Tu
« connais mon gondolier Cristofano; tiens-toi sur le bord
« de ton bateau et saute dans ma gondole au moment où
« tu l'apercevras. Je te garderai une heure, après quoi
« j'aurai assez de toi peut-être pour toujours. Je ne veux
« pas de tes présents; je ne veux que cette preuve de
« ton amour. A ce soir, ou jamais. »

La Misana trouva le billet singulier, et le copia en riant.

— Que ferez-vous de lui quand vous l'aurez mis dans la gondole?

— Je le déposerai sur la rive du Lido, et le laisserai passer là une nuit un peu longue et un peu froide.

— Je vous embrasserais volontiers pour vous remercier, dit la courtisane; mais j'ai un amant que je veux aimer toute la semaine. Adieu.

— Il faut, lui dis-je, que vous mettiez votre gondolier à mes ordres.

— Sans doute, dit-elle; il est intelligent, discret, robuste : faites-en ce que vous voudrez.

XXIV.

Je rentrai chez moi; je passai le reste du jour à réfléchir mûrement à ce que j'allais faire. Le soir vint; Cristofano et la gondole m'attendaient sous la fenêtre. Je pris un costume de gondolier; le bateau de Leoni parut tout illuminé de verres de couleur qui brillaient comme des pierreries depuis le faîte des mâts jusqu'au bout des moindres cordages, et lançant des fusées de toutes parts dans les intervalles d'une musique éclatante. Je montai à l'arrière de la gondole, une rame à la main; je l'atteignis.

Leoni était sur le bord, dans le même costume que la veille; Juliette était assise au milieu des musiciens; elle avait aussi un costume magnifique; mais elle était abattue et pensive, et semblait ne pas s'occuper de lui. Cristofano ôta son chapeau et leva sa lanterne à la hauteur de son visage. Leoni le reconnut et sauta dans la gondole.

Aussitôt qu'il y fut entré, Cristofano lui dit que la Misana l'attendait dans une autre gondole, auprès du jardin public. — Eh! pourquoi n'est-elle pas ici? demanda-t-il.

— *Non so*, répondit le gondolier d'un air d'indifférence; et il se remit à ramer. Je le secondais vigoureusement, et en peu d'instants nous eûmes dépassé le jardin public. Il y avait autour de nous une brume épaisse. Leoni se pencha plusieurs fois et demanda si nous n'étions pas bientôt arrivés. Nous glissions toujours rapidement sur la lagune tranquille; la lune, pâle et baignée dans la vapeur, blanchissait l'atmosphère sans l'éclairer. Nous passâmes en contrebandiers la limite maritime qui ne se franchit point ordinairement sans une permission de la police, et nous ne nous arrêtâmes que sur la plage sablonneuse du Lido, assez loin pour ne pas risquer de rencontrer un être vivant.

— Coquins! s'écria notre prisonnier, où diable m'avez-vous conduit? où sont les escaliers du jardin public? où est la gondole de la Misana? Ventredieu! nous sommes dans le sable! Vous vous êtes perdus dans la brume, butors que vous êtes, et vous me débarquez au hasard...

— Non, Monsieur, lui dis-je en italien; ayez la bonté de faire dix pas avec moi, et vous trouverez la personne que vous cherchez. Il me suivit, et aussitôt Cristofano, conformément à mes ordres, s'éloigna avec la gondole, et alla m'attendre dans la lagune sur l'autre rive de l'île.

— T'arrêteras-tu, brigand! me cria Leoni quand nous eûmes marché sur la grève pendant quelques minutes. Veux-tu me faire geler ici? où est ta maîtresse? où me mènes-tu?

— Seigneur, lui répondis-je en me retournant et en tirant de dessous ma cape les objets que j'avais apportés, permettez-moi d'éclairer votre chemin. Alors je tirai ma lanterne sourde, je l'ouvris et je l'accrochai à un des pieux du rivage.

— Que diable fais-tu là? me dit-il, ai-je affaire à des fous? De quoi s'agit-il?

— Il s'agit, lui dis-je en tirant deux épées de dessous mon manteau, de vous battre avec moi.

— Avec toi, canaille! je te vais rosser comme tu le mérites.

— Un instant, lui dis-je en le prenant au collet avec une vigueur dont il fut un peu étourdi, je ne suis pas ce que vous croyez. Je suis noble tout aussi bien que vous; de plus, je suis un honnête homme et vous êtes un scélérat. Je vous fais donc beaucoup d'honneur en me battant avec vous. Il me sembla que mon adversaire tremblait et cherchait à s'échapper. Je le serrai davantage.

— Que me voulez-vous? Par le nom du diable! s'écria-t-il, qui êtes-vous? Je ne vous connais pas. Pourquoi m'amenez-vous ici? Votre intention est-elle de m'assassiner? Je n'ai aucun argent sur moi. Êtes-vous un voleur?

— Non, lui dis-je, il n'y a de voleur et d'assassin ici que vous; vous le savez bien.

— Êtes-vous donc mon ennemi?

— Oui, je suis votre ennemi.

— Comment vous nommez-vous?

— Cela ne vous regarde pas; vous le saurez si vous me tuez.

— Et si je ne veux pas vous tuer? s'écria-t-il en haussant les épaules et en s'efforçant de prendre de l'assurance.

— Alors vous vous laisserez tuer par moi, lui répondis-je, car je vous jure qu'un de nous deux doit rester ici cette nuit.

— Vous êtes un bandit! s'écria-t-il en faisant des efforts terribles pour se dégager. Au secours! au secours!

— Cela est fort inutile, lui dis-je; le bruit de la mer couvre votre voix, et vous êtes loin de tout secours humain. Tenez-vous tranquille ou je vous étrangle; ne me mettez pas en colère, profitez des chances de salut que je vous donne. Je veux vous tuer et non vous assassiner. Vous connaissez ce raisonnement-là. Battez-vous avec moi, et ne m'obligez pas à profiter de l'avantage de la force que j'ai sur vous, comme vous voyez. En parlant ainsi, je le secouais par les épaules et le faisais plier comme un jonc, bien qu'il fût plus grand que moi de toute la tête. Il comprit qu'il était à ma disposition, et il essaya de me dissuader.

— Mais, Monsieur, si vous n'êtes pas fou, me dit-il, vous avez une raison pour vous battre avec moi. Que vous ai-je fait?

— Il ne me plaît pas de vous le dire, répondis-je, et vous êtes un lâche de me demander la cause de ma vengeance, quand c'est vous qui devriez me demander raison.

— Eh de quoi? reprit-il. Je ne vous ai jamais vu. Il ne fait pas assez clair pour que je puisse bien distinguer vos traits, mais je suis sûr que j'entends votre voix pour la première fois.

— Poltron! vous ne sentez pas le besoin de vous venger d'un homme qui s'est moqué de vous, qui vous a fait donner un rendez-vous pour vous mystifier, et qui vous amène ici malgré vous pour vous provoquer? On m'avait dit que vous étiez brave; faut-il vous frapper pour éveiller votre courage?

— Vous êtes un insolent, dit-il en se faisant violence.

— À la bonne heure : je vous demande raison de ce mot et je vais vous donner raison sur l'heure de ce soufflet. Je lui frappai légèrement sur la joue. Il fit un hurlement de rage et de terreur.

— Ne craignez rien, lui dis-je en le tenant d'une main et en lui donnant de l'autre une épée; défendez-vous. Je sais que vous êtes le premier tireur de l'Europe, je suis loin d'être de votre force. Il est vrai que je suis calme et que vous avez peur, cela rend la chance égale. Sans lui donner le temps de répondre, je l'attaquai vigoureusement. Le misérable jeta son épée et se mit à fuir. Je le poursuivis, je l'atteignis, je le secouai avec fureur. Je le menaçai de le tirer dans la mer et de le noyer, s'il ne se défendait pas. Quand il vit que lui était impossible de s'échapper, il prit l'épée et retrouva ce courage désespéré que donnent aux plus peureux l'amour de la vie et le danger inévitable. Mais soit que la faible clarté de la lanterne ne lui permit pas de bien mesurer ses coups, soit que la peur qu'il venait d'avoir lui eût ôté toute présence d'esprit, je trouvai ce terrible duelliste d'une faiblesse désespérante. J'avais tellement envie de me massacrer, que je le ménageai longtemps. Enfin, il se jeta sur mon épée en voulant faire une feinte, et il s'enferra jusqu'à la garde.

— Justice! justice! dit-il en tombant. Je meurs assassiné!

— Tu demandes justice et tu l'obtiens, lui répondis-je. Tu meurs de ma main comme Henryet est mort de la tienne.

Il fit un rugissement sourd, mordit le sable et rendit l'âme.

Je pris les deux épées et j'allai retrouver la gondole; mais, en traversant l'île, je fus saisi de mille émotions inconnues. Ma force faiblit tout à coup; je m'assis sur une de ces tombes hébraïques qui sont à demi recouvertes par l'herbe, et que ronge incessamment le vent âpre et salé de la mer. La lune commençait à sortir des brouillards, et les pierres blanches de ce vaste cimetière se détachaient sur la verdure sombre du Lido. Je pensais à ce que je venais de faire, et ma vengeance, dont je m'étais promis tant de joie, m'apparut sous un triste aspect : j'avais comme des remords, et pourtant j'avais cru faire une action légitime et sainte en purgeant la terre et en délivrant Juliette de ce démon incarné. Mais je ne m'étais pas attendu à le trouver lâche. J'avais espéré rencontrer un ferrailleur audacieux, et en m'attaquant à lui j'avais fait le sacrifice de ma vie. J'étais troublé et comme épouvanté d'avoir pris la sienne si aisément. Je ne trouvais pas ma haine satisfaite par la vengeance; je la sentais éteinte par le mépris. Quant je l'ai vu si poltron, pensais-je, j'aurais dû l'épargner; j'aurais dû oublier mon ressentiment contre lui, et mon amour pour la femme capable de me préférer un pareil homme.

Des pensées confuses, des agitations douloureuses se pressèrent alors dans mon cerveau. Le froid, la nuit, la vue de ces tombeaux, me calmaient par instants; ils me plongeaient dans une stupeur rêveuse dont je sortais violemment et douloureusement en me rappelant tout à coup ma situation, le désespoir de Juliette, qui allait éclater demain, et l'aspect de ce cadavre qui gisait sur le sable ensanglanté non loin de moi. « Il n'est peut-être pas mort, » pensais-je. J'eus une envie vague de m'en assurer. J'aurais presque désiré lui rendre la vie. Les premières heures du jour me surprirent dans cette irrésolution, et je songeai alors que la prudence devait m'éloigner de ce lieu. J'allai rejoindre Cristofano, que je trouvai profondément endormi dans sa gondole, et que j'eus beaucoup de peine à réveiller. La vue de ce tranquille sommeil me fit envie. Comme Macbeth, je venais de divorcer pour longtemps avec lui.

Je revenais, lentement bercé par les eaux que colorait déjà en rose l'approche du soleil. Je passai tout auprès du bateau à vapeur qui voyage de Venise à Trieste. C'était l'heure de son départ; les roues battaient déjà l'eau écumante, et des étincelles rouges s'échappaient du tuyau avec des spirales d'une noire fumée. Plusieurs barques apportaient des passagers. Une gondole effleura la nôtre et s'accrocha au bâtiment. Un homme et une femme sortirent de cette gondole et grimpèrent légèrement l'escalier du paquebot. À peine étaient-ils sur le tillac que le bâtiment partit avec la rapidité de l'éclair. Le couple se pencha sur la rampe pour voir le sillage. Je reconnus Juliette et Leoni. Je crus faire un rêve; je passai ma main sur mes yeux, j'appelai Cristofano. — Est-ce bien là le baron Leone de Leoni qui part pour Trieste avec une dame? lui demandai-je. — Oui, Monseigneur, répondit-il. Je prononçai un blasphème épouvantable; puis, rappelant le gondolier : — Eh! quel est donc, lui dis-je, l'homme que nous avons emmené hier au soir au Lido?

— Votre Excellence le sait bien, répondit-il : c'est le marquis Lorenzo de....

FIN DE LEONE LEONI.

QUELQUES RÉFLEXIONS
SUR JEAN-JACQUES ROUSSEAU.

FRAGMENT D'UNE RÉPONSE A UN FRAGMENT DE LETTRE.

FRAGMENT DE LA LETTRE.

« . . . . . . J'allai de là visiter les Charmettes. Pour arriver à l'humble enclos, il faut suivre un petit vallon que traverse un petit ruisseau, et dont les pentes sont tapissées de prairies semées de jeunes taillis et bordées de vieux arbres. C'est un site frais, solitaire et tranquille, qui rappelle un peu nos traines de *la Renardière*. Après un quart-d'heure de marche, on est en face de la maisonnette. — Un toit en croupe dont l'ardoise ternie imite à s'y méprendre des bardeaux usés par le temps, des contrevents verts, une petite terrasse fermée par une barrière rustique, et, dans son prolongement, le jardinet où Jean-Jacques aimait à cultiver des fleurs. — Le jardin a toujours ma première visite. J'y cherchai le cabinet de houblon ; mais il a disparu. Je cueillis pour vous quelques rameaux d'un vieux buis, que je suppose être un des plus anciens hôtes de cet enclos. L'on assure que l'intérieur des appartements n'a point été changé : c'est un carreau de pièces inégales, des murs peints à la détrempe, avec des oiseaux et des fleurs imaginaires sur les impostes. A part une petite épinette, où Rousseau s'exerça sans doute bien souvent à déchiffrer la musique de Rameau, le surplus du mobilier rappelle beaucoup celui de Philémon ; mais propre et rangé comme si le maître n'était parti que d'hier. Tout ici respire la simplicité, l'innocence et le bonheur. Que de douces et tristes pensées évoque la vue de ces chaumières ! leur histoire est celle de nos plus beaux jours ! jours trop tôt écoulés, et dont il n'est pas sage de rêver le retour !

« Le chemin que j'ai pris pour retourner à Chambéry doit être celui que suivait Rousseau en faisant sa prière du matin, et l'admirable horizon qui s'y déroule de toutes parts est bien fait pour attirer l'âme au ciel. C'est un cadre de hautes montagnes ceignant une vaste plaine variée de prairies, de vergers, de riches guérets, et que découpent en larges festons les flots capricieux de l'Isère, etc. . . . . »

FRAGMENT DE LA RÉPONSE.

« . . . . Surtout, cher Malgache, n'oublie pas le rameau de buis. Nous le mettrons en guise de signet dans cette vieille Bible hollandaise que mon grand-père lui prêta pour composer *le Lévite d'Éphraïm*, et nous léguerons ces reliques à nos petits-enfants.

« *L'histoire de ces chaumières est celle de nos plus beaux jours !* Ce que tu dis là est bien vrai ! Qui de nous n'a pas vécu en imagination aux Charmettes les plus beaux jours de sa jeunesse ! Mon Dieu ! comme ce livre des *Confessions* nous a impressionnés ! Comme il a rempli toute une période de notre vie ! Comme nous l'avons aimé, ce Jean-Jacques, avec tous ses travers et tous ses défauts ! Comme nous avons suivi chacun de ses pas dans la montagne, chacune de ses transformations dans la vie, et comme nous l'avons pleuré en lisant ses dernières pages, les plus belles qu'il ait écrites avec les premiers livres des *Confessions* !

« Comme nous l'avons aimé ! » Dirai-je « comme nous l'aimons encore ? » Quant à moi, oui, je lui reste fidèle ; ou plutôt je suis revenu à lui après un refroidissement de quelques années. Il a tant de contradictions apparentes, qu'à l'âge où, moins enthousiastes, nous devenons plus sévères, nous sommes un peu effrayés des taches que nous lui découvrons. Te répéterai-je pourquoi et comment j'ai subi ces alternatives de vénération, de terreur et d'amour ? Tu le sais : nous avons parlé si souvent des *Confessions* sous nos ombrages de la Vallée-Noire ! Souviens-toi que nous tombions toujours d'accord sur ce point, et que c'était même notre consolation : *Jean-Jacques a été l'un des esprits les plus avancés du siècle dernier, quoiqu'à certains égards il ait conservé des préjugés barbares, qu'il ne faut imputer qu'à l'époque où il écrivait, et qu'il proscrirait aujourd'hui s'il recommençait son œuvre.* Ceci posé et démontré pour nous avec la plus grande évidence, nous sentions à l'aise pour entrer avec un respect mêlé de tendresse et de douleur dans la vie privée, dans la conscience intime, dans les *Confessions* de l'immortel ami. L'homme et l'œuvre, c'est-à-dire la conduite et les écrits, si contradictoires en apparence, et si souvent opposés l'un à l'autre dans les déclamations haineuses du temps, nous semblaient au contraire rentrer l'un dans l'autre, et s'expliquer mutuellement, sans qu'il fût besoin de charger la mémoire du grand homme ou de flétrir ceux de ses contemporains qu'il appela ses ennemis, et qui n'eurent d'autre tort que de ne pouvoir le comprendre. Quoique la lecture de ses plaintes éloquentes nous identifiât aux douleurs du philosophe persécuté, et nous fît parfois prendre en haine ceux qui concoururent involontairement au lent suicide de sa vie, nous reconnaissions leur devoir beaucoup de ménagements quand nous examinions de près les choses, quand nous lisions les pièces de ce long et amer procès intenté par lui à eux dans les *Confessions*, par eux à lui dans les mémoires où ils ont essayé de le rabaisser pour se justifier, quand nous songions surtout que cette cause est encore pendante devant le tribunal de l'opinion, et qu'elle affecte diversement les esprits sans avoir reçu la solution définitive que les parties ont réclamée avec tant de chaleur, et que Jean-Jacques, en plusieurs endroits, demande à la postérité d'un ton à faire tressaillir les juges les plus farouches.

« Te souviens-tu comme nous avons compulsé le dossier de cette grande affaire dans le précis qui accompagnait l'édition de 1824 ? Ce soin consciencieux qu'on avait alors de justifier Jean-Jacques par des faits fut très-louable, et il a porté ses fruits. Mais à mesure que le temps marche et que les impressions personnelles, les haines de parti, les susceptibilités de famille et les préjugés de caste s'effacent derrière nous, le jugement des hommes devient plus impartial, et l'auteur d'*Émile*, excusé et justifié sur certains points, reste inexcusable et injustifiable sur certains autres. Quelle sera donc l'impression de nos fils lorsque, fermant ce livre, si attachant et si fatigant, tantôt si brillant de poésie et tantôt si lourd de réalité, cynique et sublime tour à tour, ils se demanderont, au milieu du scepticisme de l'époque, ce que c'est que la grandeur humaine, et à quoi servent l'éloquence, les hautes inspirations, les rêves généreux, si toutes ces choses aboutissent, dans la vie de Jean-Jacques, au crime, au désespoir, à la misère, à l'isolement, à la folie, au suicide peut-être?

» « Cette question de toute une jeune génération n'est pas sans importance, et ce serait un devoir sérieux d'y répondre. Le temps n'est plus où l'on se tirait d'affaire en cachant les clefs de la bibliothèque, tandis que le bourreau lacérait solennellement de sa main souillée les protestations de la liberté morale, et qu'un mot de madame de Pompadour étouffait la voix des philosophes. Les modernes arrêts de l'intolérance administrative frappent aujourd'hui plus vainement encore, et nos enfants lisent, malgré les cuistres de tout genre qui aspirent à la direction des idées. Les œuvres de Voltaire et de Jean-Jacques sont dans la poche des étudiants tout aussi bien que sur le bureau des prétendus gardiens de la morale publique. Tous s'y complaisent, ceux qui condamnent sans appel comme ceux qui approuvent sans restriction. Si Jean-Jacques vivait, il irait encore en prison ou en exil; il se trouverait encore des mains pleines de péché pour lui jeter des pierres, et des âmes pleines d'amour pour le consoler. La fureur des uns, l'enthousiasme des autres, le placeraient-ils à son véritable rang? J'en doute beaucoup!

« Mais puisque nous voici sur ce chapitre de causerie, qui en vaut bien un autre, essayons à nous deux de le bien juger, sans avoir recours à des preuves matérielles, sans dresser une enquête, et sans chercher ailleurs que dans l'examen philosophique des *Confessions* le sens de cette vie de philosophe, mêlée de bien et de mal, pleine d'amour et d'égoïsme, et présentant ce contraste monstrueux, ces deux faits: la création d'*Émile* et l'abandon de ses propres enfants à la charité publique. En un mot, au lieu de nous attacher à la lettre du plaidoyer, efforçons-nous d'en saisir l'esprit. Il se passera encore du temps avant que cette manière d'envisager les causes soit introduite dans la législation, et que les hommes appelés à prononcer sur d'autres hommes aient vraiment l'intelligence du cœur humain ou se soucient de l'acquérir.

« De tout temps le progrès s'est accompli, n'est-ce pas, par le concours de deux races d'hommes opposées en apparence et même en fait l'une à l'autre, mais destinées à se réunir et à se confondre dans l'œuvre commune aux yeux de la postérité? La première de ces races se compose des hommes attachés au temps présent. Habiles à gouverner la marche des événements et à en recueillir les avantages, ils sont pleins des passions de leur époque, et ils réagissent sur ces passions avec plus ou moins d'éclat. On les appelle communément *hommes d'action*, et, parmi ces hommes-là, ceux qui réussissent à se mettre en évidence sont appelés *grands hommes*. Je te demanderai la permission, pour te faire mieux entendre ma définition, de les appeler *hommes forts*.

« Ceux de la seconde race sont inhabiles à la science des faits présents, incapables de gouverner les hommes d'une façon directe et matérielle, par conséquent de diriger avec éclat et bonheur leur propre destinée et d'élever à leur profit l'édifice de la fortune. Les yeux toujours fixés sur le passé ou sur l'avenir, qu'ils soient conservateurs ou novateurs, ils sont également remplis de la pensée d'un idéal qui les rend impropres au rôle rempli avec succès par les premiers. On les nomme ordinairement hommes de méditation, et leurs principaux maîtres, appelés aussi *grands hommes* dans l'histoire, je les appellerai *grands* par exclusion; bien que, dans ma pensée, les autres soient aussi revêtus d'une grandeur incontestable, mais parce que le mot de grandeur s'applique mieux, selon moi, à l'homme détaché de toute ambition personnelle, et celui de force à l'homme exalté et inspiré par le sentiment de son individualité.

« Ainsi donc, deux sortes d'hommes illustres: les forts et les grands. Dans la première série, les guerriers, les industriels, les administrateurs, tous les hommes à succès immédiat, brillants météores jetés sur la route de l'humanité pour éclairer et marquer chacun de ses pas. Dans la seconde, les poètes, les vrais artistes, tous les hommes à vues profondes, flambeaux divins envoyés ici-bas pour nous éclairer au delà de l'étroit horizon qui enferme notre existence passagère. Les forts déblaient le chemin, brisent les rochers, percent les forêts; ce sont les sapeurs de l'ambulante phalange humaine. Les autres tracent des plans, projettent des lignes au loin, et lancent des ponts sur l'abîme de l'inconnu. Ce sont les ingénieurs et les guides. Aux uns la force de l'esprit et de la volonté, aux autres la grandeur et l'élévation du génie.

« Je ne prétends pas que ma définition ne soit pas très-arbitraire dans la forme. Selon ma coutume, je demande que tu t'y prêtes, et que tu ne m'interrompes pas en me citant des noms propres, exceptions apparentes qui ne détruiraient pas mon raisonnement quant au fond. Selon cette définition, Napoléon ne serait qu'un *homme fort*, et je sais parfaitement qu'il serait contraire à tous les usages de la langue française de lui refuser l'épithète de *grand*. Je la lui donnerais d'ailleurs d'autant plus volontiers, qu'à bien des égards sa vie privée me semble empreinte d'une véritable grandeur de caractère qui me fait admirer au milieu de ses fautes plus qu'au sein de ses victoires. Mais, philosophiquement parlant, son œuvre personnelle n'est pas grande, et la postérité en jugera ainsi. Ce que je dis de lui s'applique à tous les hommes de sa trempe que nous voyons dans l'histoire.

« Ainsi, je divise les hommes éminents en deux parts, l'une qui arrange le présent, et l'autre qui prépare l'avenir. L'une succède toujours à l'autre. Après les penseurs, souvent méconnus et la plupart du temps persécutés, viennent des hommes forts qui réalisent le rêve des grands hommes et l'appliquent à leur époque. Pourquoi ceux-là, me diras-tu, ne sont-ils pas grands eux-mêmes, puisqu'ils joignent à la force de l'exécution l'amour et l'intelligence des grandes idées? C'est qu'ils ne sont point créateurs; c'est qu'ils arrivent au moment où la vérité, annoncée par les penseurs, est devenue évidente pour tous, à tel point que les masses consentent, que tous les esprits avancés appellent, et qu'il ne faut plus qu'une tête active et un bras vigoureux (ce qu'on appelle aujourd'hui une grande *capacité*) pour organiser. L'obstacle au succès immédiat des penseurs et à la gloire durable des applicateurs, c'est l'absence de foi au progrès et à la perfectibilité. Faute de cette notion, les institutions ont toujours été incomplètes, défectueuses, et forcément de peu de durée. L'homme fort a voulu toujours bâtir des demeures pour l'éternité, au lieu de comprendre qu'il n'avait à dresser que des tentes pour sa génération. A peine avait-il fait un pas, grâce aux grands hommes du passé, que, méconnaissant les grands hommes du présent, les traitant de rêveurs ou de factieux, il asseyait sa constitution nouvelle sur des bases prétendues inamovibles, et croyait avoir construit une barrière infranchissable. Mais le flot des idées, montant toujours, a toujours emporté toutes les digues, et il n'y a plus sur les bancs un seul professeur ni un seul écolier qui croient à la perfection de la république de Lycurgue.

« Le jour où la notion du progrès sera consacrée comme principe fondamental de toute législation sur la terre, où la loi, au lieu d'être considérée comme un poteau de mort autour duquel il faut accumuler les cadenas et les chaînes pour enserrer les hommes, mais comme un arbre de vie dont la sève, entretenue avec soin, doit toujours pousser des branches nouvelles pour abriter et protéger l'humanité, ce jour-là les institutions seront revêtues d'un caractère durable, parce que l'essence même de la foi sera le renouvellement perpétuel des formes. Alors il ne sera plus nécessaire qu'une loi tombe en décrépitude et devienne odieuse ou absurde au point d'être violemment abrogée au milieu des convulsions sociales. Toute loi sera développée, continuée, perfectionnée, et, par là, éternelle dans son essence. Les formes successives qu'elle aura revêtues en traversant les siècles pourront être enregistrées dans les archives de la famille humaine et gardées avec respect comme les monuments du passé, au lieu d'être lacérées et foulées aux pieds dans un jour de colère comme des prétentions tyranniques et des obstacles injustes.

« Quand ce jour, dont nous saluons l'aube dans notre pensée, sera venu pour nos descendants, cette vaine distinction des hommes forts et des grands hommes, des penseurs et des réalisateurs, des philosophes et des administrateurs, s'effacera comme un rêve des ténèbres. Le penseur, n'étant plus gêné dans son essor, pourra voir la société accepter ses décisions, et il ne sera plus nécessaire dans les vues providentielles que le martyre sanctionne toute démonstration nouvelle, tout essor de grandeur. L'homme d'action pourra donc être un homme de méditation, n'ayant plus à lutter contre les obstacles sans nombre et sans cesse renaissants qui absorbent et tuent aujourd'hui la raison et la vérité dans les âmes les plus énergiques. Et réciproquement, le penseur, n'étant plus livré à la risée des sots ou à la brutalité des puissants, ne risquera plus comme aujourd'hui de s'égarer à travers les abîmes et de tomber, par l'effet d'une réaction inévitable, dans des erreurs ou dans des travers causés par l'amertume et l'indignation de la souffrance. Jusque-là, nous verrons encore souvent, comme nous voyons toujours dans le passé, ces deux principes en lutte, le présent et l'avenir ; et, au lieu de s'unir et de s'entendre dans une œuvre commune, les hommes forts et les grands hommes se livrer une guerre acharnée ; les premiers, intelligents et grossiers malgré tout leur génie d'application, ne voyant que le jour présent et ne produisant que des faits éphémères sans valeur et sans effet le lendemain ; les seconds, injustes ou insensés, ne connaissant point assez les hommes de leur époque faute de pouvoir les étudier en paix et en liberté, présumant ou désespérant trop d'eux, se faisant de trop riantes illusions ou se livrant à de trop sombres découragements ; astres presque toujours voilés ! flambeaux tourmentés par le vent, qui presque tous s'éteignent dans l'orage sans avoir éclairé au delà d'un certain point de la route, malgré de rapides éclairs et de brillantes lueurs.

« Disons-le encore une fois, et posons-le en fait : cette erreur de la société engendre des vices inévitables chez ces hommes divers. Les hommes de force sont nécessairement enivrés et corrompus par l'ambition. Le besoin d'agir à tout prix sur des hommes ignorants ou vicieux les force d'abjurer dans leur cœur l'amour de la vérité et de la vertu. Voilà pourquoi je ne puis me résoudre à les placer aussi haut qu'ils le voudraient dans la hiérarchie des intelligences. Leur œuvre est facile, parce qu'ils profitent des éléments qu'ils trouvent dans l'humanité, au lieu d'imprimer à l'humanité une grandeur émanée de Dieu et d'eux-mêmes. Ce ne sont que d'habiles arrangeurs ; ils ne créent rien : une conscience timorée est un obstacle qu'ils ne connaissent plus, et, cet obstacle mis de côté, on ne sait pas combien de la fortune et la puissance sont faciles à conquérir avec tant soit peu d'intelligence et d'activité. Pour agir dans un milieu corrompu, il est impossible de ne pas se corrompre soi-même, quoiqu'on soit parti avec une bonne intention. — De leur côté, les penseurs, les grands hommes, toujours rebutés par le spectacle de cette corruption, et toujours exaltés par le rêve d'un état meilleur, arrivent aisément à l'orgueil, à l'isolement, au dédain, à l'humeur sombre et méfiante, heureux quand ils s'arrêtent à l'hypocondrie et ne vont pas jusqu'à l'égarement du désespoir.

« De là, Jean-Jacques d'une part ; Jean-Jacques le penseur, l'homme de génie et de méditation, l'homme misérable, injuste et désespéré. De l'autre, Voltaire, Diderot et les *holbachiens*, les hommes du jour, les critiques pleins d'action et de succès (applicateurs de la philosophie du dix-huitième siècle, désorganisant la société sans songer sérieusement au lendemain, pensant, dénigrant et philosophant avec la multitude, hommes puissants, hommes forts, hommes nécessaires, chers au public, portés en triomphe, écrasant et méprisant le misanthrope Rousseau au lieu de le défendre ou de le venger des arrêts de l'intolérance religieuse, contre lesquels il semble qu'ils eussent dû, conformément à leurs principes, faire cause commune avec lui.

« C'est que ces hommes si forts pour détruire (et la destruction était l'œuvre de cette époque-là, œuvre moins sublime, mais aussi utile, aussi nécessaire que l'était l'œuvre de Jean-Jacques), c'est, dis-je, que ces hommes d'activité et de popularité ne méritaient pas, rigoureusement parlant, le titre de philosophes. On les appelait ainsi, parce que c'était la mode : tout ce qui n'était pas catholique ou protestant s'appelait philosophe ; mais ils n'étaient, à vrai dire, que des critiques d'un ordre élevé. Ce qui prouve la différence entre eux et Jean-Jacques, c'est que, dès ce temps, dans le monde, on appelait Jean-Jacques *le philosophe*, comme si on eût senti qu'il était le seul. On disait de Voltaire *le philosophe de Ferney* : il était un de ces philosophes du siècle, le plus grand, le plus puissant dans cet ordre de forces ; mais Jean-Jacques était le philosophe de tous les temps comme celui de tous les pays. Les définitions instinctives d'une époque ont parfois un sens plus profond qu'on ne pense.

» Nous savons quelle était cette époque où naquit Rousseau. Nous savons dans quel milieu il se développa. Il l'a exprimé dans ses *Confessions* avec un cynisme effrayant. Ce cynisme de certains détails, qu'un bon goût susceptible voudrait pouvoir supprimer, est pourtant bien nécessaire pour caractériser l'horreur et l'effroi de cet homme éminemment chaste par nature au milieu des turpitudes de son époque. Je ne pense pas que l'aveu des misères auxquelles il fut entraîné ait jamais été contagieux pour les jeunes gens qui l'ont lu. Lorsque, dépravé secrètement lui-même par l'imprudence ou l'abandon de ceux qui devaient veiller sur lui, il se charge consciencieusement de honte et de ridicule, il est difficile de l'accuser d'impudence. Lorsque, exposé à des dangers immondes, il se sent défaillir de dégoût et d'épouvante, il est impossible de méconnaître le sentiment qu'il veut inspirer à la jeunesse. Lorsque appelé dans les bras de madame de Warens, il éprouve quelque chose qui ressemble au remords de l'inceste, il faut bien reconnaître en lui une admirable pureté de sentiments. Enfin, lorsque à Venise il pleure sur la dégradation d'une belle courtisane, au lieu d'assouvir sa passion, on est vivement pénétré de cette soif de l'idéal, qui, en amour comme en philosophie, en fait de religion comme en fait de socialisme, domine toute la vie de Jean-Jacques Rousseau.

« Il arrive à Paris, au foyer de la civilisation et de la corruption. Le venin de la contagion s'empare de lui, car il est homme, et à quelle foi irait-il demander une force surhumaine ? Le catholicisme et le protestantisme tombent en ruine autour de lui, et, comme toutes les intelligences de son temps, il sent que son œuvre est de créer une foi nouvelle. Mais, au sortir d'une existence et d'un entourage comme ceux qu'il nous a dépeints dans la première partie des *Confessions*, où prendrait-il tout à coup cette vertu sauvage, cette réaction ardente contre la société, cette passion de la vérité et de la liberté vers lesquelles nous le voyons, plus tard, aspirer de toutes les forces de son âme ?

« Jusque-là j'avais été bon : dès lors je devins vertueux, ou du moins enivré de la vertu. Cette ivresse « avait commencé dans ma tête, mais elle avait passé « dans mon cœur. Le plus noble orgueil y germa sur « les débris de la vanité déracinée. Je ne jouai rien : « je devins en effet tel que je parus ; et, pendant quatre « ans au moins que dura cette effervescence dans toute « sa force, rien de grand et de beau ne peut entrer dans « un cœur d'homme dont je ne fusse capable entre le ciel « et moi. Voilà d'où naquit ma subite éloquence : voilà « d'où se répandit dans mes premiers livres ce feu vrai-

« ment céleste qui m'embrasait, et dont, pendant qua-
« rante ans, il n'était pas échappé la moindre étincelle,
« parce qu'il n'était pas encore allumé. » (*Confessions*,
seconde partie, livre IX, 1756.)

« Cette page et les deux qui suivent, combien de fois
je les ai méditées ! J'y ai vu Jean-Jacques tout entier, se
connaissant, se jugeant et se dévoilant lui-même comme
aucun homme ne s'est jugé, connu et confessé. Que
pourrait lui demander le moraliste exigeant, lorsque après
avoir montré comment il devint puissant par l'enthousiasme, il cessa de l'être par lassitude et par douleur ?
Certes ce n'est pas là un homme qui se farde ou qui se
drape : c'est un homme, un homme véritable, non pas
tel que les hommes célèbres enivrés de leur supériorité
consentent à se montrer, mais tel que Dieu les fait et
nous les envoie. C'est un être sujet à toutes les faiblesses,
capable de tous les héroïsmes ; c'est l'être *ondoyant et
divers* de Montaigne, sensitive divine qui subit les influences délétères ou vivifiantes du milieu où elle s'élève,
qui se crispe sous le vent et s'épanouit sous le soleil.
Enfin c'est l'homme vrai, tel que la philosophie chrétienne l'avait en partie découvert et défini, toujours en
butte au mal, toujours accessible au bien, libre et flottant entre les deux principes allégoriques d'un bon et
d'un mauvais ange.

« Quand la philosophie et la religion de l'avenir auront étendu et développé cette définition, nous connaî-
trons mieux nos grands hommes, et nous donnerons à
ceux du passé leur véritable place dans un martyrologe
nouveau. Jusque-là nous flottons nous-mêmes entre une
puérile intolérance pour leurs fautes, et un aveugle engouement pour leur grandeur. Nous prenons généralement le parti de nier tout ce que nous ne savons pas expliquer ; nous nous enrôlons sous des bannières exclusi-
ves ; nous sommes pour Voltaire ou pour Rousseau,
comme on était pour Gluck ou pour Piccini, lorsque nous
devrions reconnaître que nous avons été engendrés spiri-
tuellement par les uns et par les autres, et que, s'il
nous est permis d'avoir une sympathie particulière pour
certains noms, ce doit être pour ceux qui ont le plus
aimé, le plus senti et le mieux compris, plutôt que pour
ceux qui se sont fait le plus admirer, le plus voir et le
mieux comprendre.

« Acceptons donc les erreurs de Rousseau, nous qui
l'aimons ; acceptons même ses crimes, car c'en fut un
que l'abandon de ses devoirs de père ; et ne cessons pas
pour cela de le vénérer, car il a expié ces jours d'erreur
par de longs et cuisants remords. Ne l'eût-il pas fait, il
nous faudrait encore vénérer en lui la vertu qui, après
ces jours malheureux, vint rayonner dans sa pensée, et
l'ardeur sainte qui en consuma les souillures.

« Entraîné par de mauvais exemples, séduit par des
sophismes odieux, il avait abandonné ses enfants. Lorsque après des années de méditation, il pesa l'énormité de
sa faute, il écrivit l'*Émile*, et Dieu, sinon l'opinion des
hommes, fit sa paix avec lui. Peut-être n'eût-il pas donné
à son siècle ce livre qui devait faire une si grande révolution dans les idées, et qui, malgré ses défauts, a produit de si heureux résultats, s'il avait élevé paisiblement
et régulièrement sa famille. Il eût sauvé quelques individus de l'isolement et de la misère ; il n'eût pas songé à
améliorer, ainsi qu'il l'a fait, toute une génération, et
conséquemment toutes les générations de l'avenir. Ceci
justifie la Providence seulement.

« Les remords de Jean-Jacques percent plutôt qu'ils
ne sont avoués dans les *Confessions*. C'est dans ses
derniers écrits, dans les *Rêveries*, que, sans jamais
être explicites, ils se révèlent dans toute leur profondeur. A l'endroit des *Confessions* où il fait le récit de
cette action capitale et terrible de sa vie, il ne montre
pas, comme il l'a fait dans des aveux moins importants,
une promptitude naïve et entière à s'accuser lui-même.
Il rejette le tort sur les pernicieuses influences au milieu
desquelles il s'est trouvé ; il se défend d'avoir, durant
plusieurs années, éprouvé le moindre repentir ; enfin il
fait valoir des motifs qui pourraient le justifier auprès de
ceux-là seulement qui n'auraient jamais senti frémir en

eux des entrailles paternelles. Mais ce sentiment-là est au
nombre de ceux que l'humanité ne méconnaîtra plus jamais, et cet endroit de la vie de Rousseau n'a pas trouvé
grâce devant elle.

« Mais est-il donc nécessaire d'arracher cette page sinistre pour conserver le respect qu'on doit au grand
homme infortuné ? Des générations se sont prosternées
durant des siècles devant l'effigie de saints qui furent,
pour la plupart, les plus grands pécheurs, les plus douloureux pénitents de l'humanité. La postérité n'a pas
contesté l'apothéose des pères de l'Église, en dépit des
égarements et des turpitudes au sein desquels l'éclair de
la grâce divine vint les trouver et les transformer. Le
temps n'est pas loin où l'opinion ne fera pas plus le procès à saint Rousseau qu'elle ne le fait à saint Augustin.
Elle le verra d'autant plus grand qu'il est parti de plus
bas et revenu de plus loin ; car Rousseau est un chrétien
tout aussi orthodoxe pour l'Église de l'avenir, que le cen-
tenier Matthieu et le persécuteur Paul le sont pour l'É-
glise du passé. Dans un temps où tout dogme se voile
et s'obscurcit sous l'examen de la raison épouvantée,
l'âme de Rousseau reste foncièrement chrétienne ; elle
rêve l'égalité, la tolérance, la fraternité, l'indépendance
des hommes, la soumission devant Dieu, la vie future et
la justice divine, sous d'autres formes, mais non en
vertu d'autres principes que les premiers chrétiens ne
l'ont fait. Elle pratique l'humilité, la pauvreté, le renoncement, la retraite, la méditation, comme ils l'ont fait,
et il couronne cette vie fortement empreinte de sentiments, sinon de formules chrétiennes, par un acte éclatant de christianisme primitif, par une confession publique. Cherchez un autre philosophe du dix-huitième siècle, qui, en secouant les lois religieuses, conserve une
conduite et des aspirations aussi pieusement conformes à
l'esprit de la religion éternelle dont le christianisme est
une phase, et où le scepticisme n'est qu'un accident !

« Résumons-nous. De tous les *beaux esprits* qui, des
salons du baron d'Holbach, se répandirent sur le siècle,
Jean-Jacques est le seul philosophe, parce qu'il est le
seul religieux. Enveloppée durant quarante ans dans un
milieu détestable, sa grandeur éclate tout d'un coup, se
révèle à lui-même et au monde entier. Mais combien
d'obstacles ne rencontre-t-elle pas aussitôt, et quelles
affreuses luttes ne va-t-elle pas soutenir ! L'intolérance
et le fanatisme des catholiques et des luthériens se réunissent contre lui ; mais c'est trop peu pour son malheur
et pour sa gloire. Il ne suffit pas des arrêts du parlement, de la persécution des petites républiques hugue-
notes, du fanatisme des paysans de Moutiers-Travers,
des dépits rancuniers de l'aristocratie ; ses plus amers,
ses plus dangereux ennemis, ceux-là seuls dont le jugement peut le poursuivre et l'atteindre aux yeux d'une
postérité désabusée de l'esprit de secte, ce sont ses anciens amis, ses illustres contemporains, les plus beaux
esprits philosophiques et critiques de l'époque, et, pour
rentrer dans ma définition, les hommes forts de son
temps.

« Mais pourquoi donc, de leur part, cette haine mesquine, ou tout au moins ce persiflage cruel qui jeta tant
d'amertume dans sa vie et d'égarement dans ses idées ?
C'est que les hommes d'action et les hommes de méditation sont ennemis naturels par le fait de la société et par
l'absence de la notion de perfectibilité. Non-seulement
les holbachiens ont nié la supériorité de Rousseau, parce
qu'elle blessait leur vanité et irritait en eux les petites
passions d'hommes de lettres ; mais encore ils l'ont méconnue, parce qu'elle offusquait leurs idées d'hommes
du dix-huitième siècle. Son amour subit et ardent pour
des vertus qu'il n'avait pas pu pratiquer encore, et qui
n'étaient pas immédiatement praticables (elles ne le furent pas pour Rousseau lui-même !) ne pouvait être compris que par des esprits évangéliques de la trempe du
sien. Et l'on sait que les mœurs de l'athéisme dominaient
alors. Ces hommes de mouvement, ne concevant pas
qu'il pût chercher ailleurs que dans la vie réelle et le
principe des institutions connues son rêve de grandeur
et de félicité, ne comprirent ni ses douleurs, ni ses dé-

Je cueillis pour vous quelques rameaux. (Page 44.)

faillances, ni ses erreurs de jugement. Ils lui reprochèrent de haïr les hommes, parce qu'il ne tolérait pas les ridicules et les vices de son temps, tout en portant l'humanité future dans ses entrailles. Ils le déclarèrent sauvage, misanthrope, parce qu'il méprisait les enivrements de la vanité et fuyait le théâtre des rivalités puériles. En un mot, ils firent comme les pharisiens de tous les âges à la venue des prophètes, et Dieu put dire d'eux aussi : « Je leur ai envoyé mon fils, et ils ne l'ont point connu. »

« Mais vous aussi, Jean-Jacques, vous fûtes aveuglé, vous ne comprîtes point l'œuvre de ces hommes qui marchaient devant vous pour vous préparer le chemin. Ils aidaient à votre œuvre en vous faisant la guerre, et ils déblayaient les obstacles de la route où votre parole devait passer. A vous aussi la foi en l'avenir a manqué. Vous étiez dévoré de la soif du progrès; vous en aviez le religieux instinct, puisque vous écriviez le Contrat Social et l'Émile. Si vous n'eussiez pas senti au fond de votre âme que l'homme est perfectible (vous qui en étiez une si auguste preuve), vous n'eussiez point cherché les moyens de le rendre heureux et juste ; mais votre calice fut si amer, que le découragement s'empara de vous, et que votre âme tomba dans l'angoisse. Au lieu de placer votre idéal devant vous, vous vous retournâtes douloureusement pour le trouver dans le passé, à l'aurore de la vie humaine, au fond de cette forêt primitive que vous alliez cherchant toujours, à l'île Saint-Pierre comme aux Charmettes, à l'ermitage de Montmorency comme à la ferme de Wooton, et qui vous fuyait toujours, parce que votre royaume n'était pas de ce monde, mais bien du monde que vous aviez d'abord aperçu en avant des siècles ; non au berceau, mais à l'âge viril de l'humanité.... »

GEORGE SAND.

www.ingramcontent.com/pod-product-compliance
Lightning Source LLC
Chambersburg PA
CBHW070528160426
43199CB00014B/2222